Kelley Blue Book

W9-BJJ-261

USED CAR GUIDE
Consumer Edition
1994 – 2008 Models

| Vol. 17 | October—December 2009 | No. 4 |

LES KELLEY – *Founder*
PAUL C. JOHNSON – – – – – – – – – – – – – – – – – *Publisher*
PATRICIA A. DEBACKER – – – – – – – – – – – *Editor-in-Chief*
LESA SPEROU – – – – – – – – – *Director, Data Configuration*
KELLY J. SALAZAR – – – – – – *Director, Strategic Initiatives*

Kelley Blue Book Used Car Guide, Consumer Edition is published four times per year in January, April, July and October for $9.95 per issue by Kelley Blue Book Co., P.O. Box 19691, Irvine, CA 92623. POSTMASTER: Send address changes to Kelley Blue Book Auto Market Report, P.O. Box 19691, Irvine, CA 92623.

This publication is distributed to the book trade by NBN (National Book Network), 4501 Forbes Blvd, Ste 200, Lanham, MD 20706.

Published at:

P.O. Box 19691, Irvine, California 92623

We assume no responsibility for errors or omissions.

Official Guidebooks Since 1926

ORDER YOUR BLUE BOOK NOW!

Kelley Blue Book
P.O. Box 19691
Irvine, California 92623

Please accept our order for _____ copies of the Kelley Blue Book Used Car Guide Consumer Edition, at $9.95 per copy, including shipping.

NAME _____

ADDRESS _____

CITY _____

STATE _____ ZIP _____

PHONE (_____) _____

VISA or MASTER CARD # _____

EXP. DATE _____ SIGNATURE _____

    Visa ☐   MasterCard ☐   Check Enclosed ☐

California residents please add sales tax. Shipping outside U.S. extra.

INTRODUCTION

Since 1926, Kelley Blue Book has provided the automotive industry with used vehicle values. Today we are the trusted resource relied upon by both the automotive industry and consumers. This **Consumer Edition** has been prepared to provide values and information relevant to the different types of consumer transactions.

What is a guidebook?

A guidebook such as this one is just that, a guide. To produce the most timely, accurate and trusted used vehicle values, Kelley Blue Book's pricing analysts constantly collect and review new and used vehicle transaction data, as well as information on each vehicle's current supply and demand. They then meticulously determine and report used car values based on real market information.

This guidebook represents the educated opinion of Kelley Blue Book's staff and each value is determined after carefully studying information we deem complete and reliable. We assume no responsibility for errors or omissions.

Is this book the same as the Kelley Blue Book trade publication?

This book contains the trusted values you have come to expect from Kelley Blue Book. The values in the Consumer Guide represent transactions relevant to consumers including Trade-In, Private Party and used Retail Values.

What is the difference between Trade-In, Private Party and Retail Values?

Kelley Blue Book provides several different values representing different types of transactions.

Trade-In Value is what consumers can expect to receive from a dealer for a Trade-In vehicle assuming an accurate appraisal of condition. This value will likely be less than the Private Party Value because the dealer incurs the cost of safety inspections, reconditioning and other costs of doing business.

Kelley Blue Book factors the following into our Trade-In values:

Safety Inspections — The dealer will incur the cost of inspecting and repairing the vehicle to ensure that it meets government requirements for safety and smog emissions.

Reconditioning — Before reselling a vehicle a dealer can spend hundreds or even thousands of dollars performing repairs, routine maintenance and cosmetic detailing and touch up.

The dealer also hopes to make a fair profit for his efforts.

INTRODUCTION

Private Party Value is what a buyer can expect to pay when buying a used car from a private party. The Private Party Value assumes the vehicle is sold "As Is" and carries no warranty (other than the continuing factory warranty). The final sale price will vary depending on the vehicle's actual condition and local maket conditions. This value may also be used to derive Fair Market Value for insurance and vehicle donation purposes.

Suggested Retail Value is representative of dealers' asking prices and is the starting point for negotiation between a consumer and a dealer. This Suggested Retail Value assumes that the vehicle has been fully reconditioned and has a clean Title History. This value also takes into account the dealers' profit, costs for advertising, sales commissions and other costs of doing business. The final sale price will likely be less depending on the vehicle's actual condition, popularity, type of warranty offered and local market conditions.

How does Condition affect the value of the vehicle and what is the difference between "Fair," "Good," and "Excellent" ratings? There is never a single correct value for a used vehicle. The value of a vehicle depends on several factors, most importantly condition and overall appearance. Supply and demand for a particular vehicle, local market conditions and the economy also play a role in determining a car's value.

Kelley Blue Book provides additional values for used vehicles in each of the following conditions:

"Excellent" condition means that the vehicle looks new, is in excellent mechanical condition and needs no reconditioning. This vehicle has never had any body or paint work and is free of rust. The vehicle has a clean Title History and will pass a smog and safety inspection. The engine compartment is clean, with no fluid leaks and is free of visible defects. The vehicle also has complete and verifiable service and maintenance records. Less than 5% of all used vehicles fall into this category.

"Good" condition means that the vehicle is free of any major defects. This vehicle has a clean Title History, the paint, body and interior have only minor (if any) blemishes and there are no major mechanical problems. There should be little or no rust on this vehicle. The tires match and have substantial tread wear left. A "good" vehicle will need some reconditioning or routine servicing to be sold at retail. Most consumer owned vehicles fall into this catagory.

"Fair" condition means that the vehicle has some mechanical or cosmetic defects and needs servicing but is still in reasonable running condition. This vehicle has a clean Title History, the paint, body and/or interior need work performed by a professional. The tires may need to be replaced. There may be some repairable rust damage.

HOW TO USE THE BLUE BOOK

FINDING A VEHICLE

There are two sections in this book, the Automobile or Car section up front and the Truck & Van Section in the back. The Truck & Van section is marked by black tabs on each page. Within each section, the makes are listed alphabetically and models are listed by size within each make. Model years are listed oldest to newest.

EQUIPMENT ADJUSTMENTS

To get the most accurate value, you will need to add or deduct from the base value depending on the equipment. "Adds" and "Deducts" appear underneath individual vehicles and in separate Equipment Schedules. A value in parentheses represents a "Deduct." More generic equipment adjustments appear in the Equipment Schedules. Schedules for cars are at the front of the book. Equipment schedules for trucks and vans are at the back of the book.

You should always add or subtract for each item that is listed separately, even if it is part of a package that you have already added for or if it was considered original standard equipment. If an equipment item is listed both underneath the vehicle listing and in the Equipment Schedule, use the value underneath the vehicle listing because it is specific to that vehicle.

MILEAGE

Mileage must also be taken into consideration to derive the most accurate valuation of a used vehicle. On page 9 we have listed an "acceptable" range of mileage for each model year. The range does not represent the average mileage driven for the model year but the point of resistence where value can be affected. As a vehicle gets older, condition is more important than mileage. Vehicles with more miles may sometimes be worth more than lower mileage vehicles if its condition is better. It is important to note that the values we list are intended for vehicles within the acceptable mileage range.

HOW TO USE THE BLUE BOOK

ABBREVIATIONS USED IN THIS BOOK

VIN — Vehicle Identification Number. The VIN may vary depending on model, engine, transmission and option packages.

W.B. — Wheelbase. This is the distance from the center of the front wheel to the center of the rear wheel.

CID/L — Engine size displacement in cubic inches or liters.

List — This is the original suggested retail price of the vehicle when it was sold new, including destination charges and equipment as indicated on the equipment schedule.

Trucks — Trucks listed in this guide have a smooth exterior with the rear wheel wells inside the bed. Value adjustments for models with the rear wheel wells on the outside of the bed can be found on the Truck Equipment Schedules under the Stepside listing.

Premium Sound — This refers to an upgraded sound system (Bose, JBL, Infinity, etc.) not simply a CD changer, equalizer or an aftermarket receiver.

VEHICLE IDENTIFICATION NUMBERS (VINs)

If you are not sure of the year or model of a vehicle, you can often determine them from the Vehicle Identification Number or VIN. Using VINs can get a bit technical. If you already know the year and the model of the vehicle you can skip this information.

Under 1995 Lincoln, you will see the heading "1995 LINCOLN - 1LN(LM81W)-S-#." What this means is that all 1995 Lincolns have a VIN starting with 1LN and have an S in the 10th position. The fourth through eighth positions determine the specific Lincoln model and are marked by parentheses. The hyphens indicate positions which can be ignored and the # symbol represents the individual vehicle's serial number.

Please note that we do not have room in this guidebook to list all the VIN information. There are some VINs that you cannot decode using the information provided. Also there are some VINs that indicate two or more possible models. In these cases you must determine the particular model by inspecting the vehicle.

TIPS ON BUYING A USED CAR

DEALER vs PRIVATE PARTY

There are advantages and disadvantages to buying a car from a dealer vs a Private Party. With a dealer, you may get a warranty and some dealerships offer certification programs for late model vehicles that will extend the original factory warranty. While buying from a dealership provides security, buying from a Private Party can save you money. When buying from a private party, ask for all repair and maintenance records and contact information of the previous owner in case you have questions later.

TRADING-IN YOUR VEHICLE

If you are trading your vehicle to a dealer, be sure to check the Trade-In Value and the Private Party Value of your vehicle. You may find it to your benefit to sell the vehicle yourself.

CHECKING OUT A USED VEHICLE

If you are contacting a used private party, be sure to ask why they are selling the vehicle. Ask them to describe the condition of the vehicle and how it was used (daily, as a second car, kids car). Ask if they have all of the repair and maintenance records for the vehicle. Ask if you can take the car to a mechanic for an inspection. This is extremely important as private party sales are "As Is" and once you have bought the vehicle, it's yours. If your state requires a smog certificate, insist that the vehicle pass a smog test before buying the car. Smog checks are the current owner's responsibility. Also be certain the vehicle's registration is current and paid to date. It can be costly to reinstate an expired registration. Registration fees vary from state to state, be sure to consult your state's Department of Motor Vehicles.

— Stand away from the vehicle and look at its body panels. Do they all match in color? Do they line up?

— Check the tires for wear. Uneven tire wear, balding on the sides or in the middle, could indicate the need for an alignment or a costly repair to the vehicle's suspension.

— Open the trunk, hood and doors. Look for paint specks or over spray, a sign that all or part of the vehicle has been repainted. If the vehicle has been repainted it is often a sign of some previous damage.

— Check the radiator fluid. If it is very dark or has oil droplets in it, there is a good chance the vehicle has a cracked head gasket meaning that coolant and oil are mixing together.

— Look at the condition of the rubber on each foot pedal and the leather on the steering wheel. Do they show heavy wear? Heavy wear in a low mileage vehicle may indicate that the vehicle has seen more mileage then the odometer indicates.

TIPS ON BUYING A USED CAR

— Spend as much time as you can inside the vehicle. Feel the seat, and we mean really feel it. Take a good long time to sit, because really, the seat is one of the most important parts of the vehicle.

— What about the steering wheel? Is it too high up or too close to the dash? When adjusted comfortably, does it cut off any or all the gauges? Look at the layout of the radio and heater controls. Can they be easily adjusted without taking your eyes off the road? Look over your shoulders, are there any blind spots that you cannot compensate for by using your mirrors? Climb into the seats, front and back. Is there enough legroom and headroom? Do the headrests come up far enough? Do they touch your head or are they raked back at an angle away from you? Does the seatbelt have an adjustable anchor or does it cut into your neck? Check to see how far the rear windows roll down. Some models have windows that only go down a few inches or are sealed in place and don't roll down at all. Take your time to explore all these areas.

— Then take it for a drive. How does it sound? A prolonged tapping could be the valves needing adjustment or a bad hydraulic lifter. Pump the brake pedal a few times and then press hard with your foot. If it slowly sinks all the way to the floor, there is either a leak in the line or the master cylinder/brake booster is dying. Shift into gear. If the vehicle is an automatic, the transmission should engage immediately and shifts should be crisp and quick. With your foot firmly on the brake, shift from drive to reverse; clunks or grinding noises could indicate a worn or broken engine/transmission mount, bad U-joints or differential wear.

— As you drive along, does the steering wheel shake or vibrate? It shouldn't. Vibration in the steering wheel can mean anything from an unbalanced wheel to a loose steering rack. Cars with ABS (anti-lock brakes) will have a slight pulsating action in the brake pedal when the brakes are applied with some force. Cars without ABS should not have a pulsating brake pedal.

— We also recommend that you contact your local Department of Motor Vehicles. Ask them what forms are required to transfer the vehicle title as well as any other required information. For example, some states require a smog certificate while others require the bill of sale from the current owner.

— Lastly, whatever you do, get it in WRITING. This means if you settle with a private party, write up a contract stating what you are paying for the vehicle and under what terms it is to be delivered. Likewise with a dealer, any work they promise to do or options they intend to add, get it in writing before you close the deal.

MILEAGE RANGES

ACCEPTABLE MILEAGE RANGES

The following are acceptable mileage ranges for each model year. They do **not** represent the average miles driven. Rather, they represent an accepted mileage range as demonstrated by market research. If a vehicle's mileage is outside of the accepted range, dollar adjustments may be necessary. Mileage higher than shown on the guidelines below can expect to encounter resistance from a buyer.

YEAR	ACCEPTABLE MILEAGE RANGE
1994 – 1996	96,000 – 101,000
1997	93,000 – 98,000
1998	90,000 – 95,000
1999	87,000 – 92,000
2000	84,000 – 89,000
2001	81,000 – 86,000
2002	79,000 – 84,000
2003	73,000 – 78,000
2004	67,000 – 72,000
2005	59,000 – 64,000
2006	47,000 – 52,000
2007	33,000 – 38,000
2008	19,000 – 24,000

PRIVATE PARTY & RETAIL EQUIPMENT VALUE CONVERSION

Use the chart below to convert Trade-In Equipment Values to Private Party and Retail Values. Simply find your total Trade-In Equipment Value under the Trade-In (TI) column then follow across to the Private Party and Retail (PP/R) column. This new figure will be your Private Party or Retail Equipment Value.

TI	PP/R	TI	PP/R	TI	PP/R	TI	PP/R	TI	PP/R
25	35	225	300	425	565	625	835	825	1100
50	65	250	335	450	600	650	865	850	1135
75	100	275	365	475	635	675	900	875	1165
100	135	300	400	500	665	700	935	900	1200
125	165	325	435	525	700	725	965	925	1235
150	200	350	465	550	735	750	1000	950	1265
175	235	375	500	575	765	775	1035	975	1300
200	265	400	535	600	800	800	1065	1000	1335

1994–1996 FACTORY EQUIP. TRADE-IN VALUES

Equipment	1	2	3	4	5	6
Automatic Trans	—	—	125	—	*	175
Power Steering	*	*	*	*	*	50
Air Conditioning	*	*	*	*	*	50
GROUP TOTAL	*	*	125	*	*	275
Cassette	*	*	*	50	25	25
Power Windows	*	*	*	25	25	25
Power Door Locks	*	*	25	25	25	25
Tilt Wheel	*	*	25	25	25	25
Cruise Control	*	*	25	25	25	25
BOTH GROUPS	*	*	200	150	125	400
CD (Single Disc)	100	100	100	100	100	100
CD (Multi Disc)	200	200	200	200	200	200
Leather	*	100	100	50	25	25
Sun Roof	*	50	50	50	50	25
Moon Roof	*	100	75	75	50	25
T-Bar Roof	—	—	225	225	—	100
Alloy Wheels	*	*	25	25	25	25
Premium Wheels	100	100	50	50	50	25
Third Seat (Wagon)	125	50	50	50	50	50
DEDUCT FOR:						
Manual Trans	—	(125)	—	(175)	(175)	*
w/o Power Steering	—	—	—	(50)	(50)	(50)
w/o Air Cond	(150)	(150)	(100)	(100)	(50)	(50)
w/o AM/FM Stereo	(25)	(25)	(25)	(25)	(25)	(25)

* — EQUIPMENT INCLUDED IN BASE PRICE

10   SEE PAGE 9 FOR PVT PARTY & RETAIL EQUIPMENT

1997 FACTORY EQUIPMENT TRADE-IN VALUES

Equipment	1	2	3	4	5	6
Automatic Trans	—	—	—	—	*	200
Power Steering	*	*	*	*	*	*
Air Conditioning	*	*	*	*	*	*
Power Windows	*	*	*	*	25	25
Power Door Locks	*	*	*	*	25	25
Tilt Wheel	*	*	*	*	25	25
Cruise Control	*	*	*	*	25	25
Cassette	*	*	*	*	25	25
GROUP TOTAL	*	*	*	*	125	325
Power Seat	*	*	25	25	25	25
Dual Power Seats	*	*	25	25	25	25
ABS (4 Wheel)	*	*	50	50	25	25
CD (Single Disc)	100	100	100	100	100	100
CD (Multi Disc)	200	200	200	200	200	200
Premium Sound	25	25	25	25	25	25
Navigation System	75	—	—	—	—	—
Leather	*	*	100	50	25	25
Sun Roof	*	50	50	50	50	25
Moon Roof	*	125	75	75	50	25
T-Bar Roof	—	—	—	250	—	—
Rear Spoiler	25	25	25	25	25	25
Alloy Wheels	*	*	25	25	25	25
Premium Wheels	125	125	75	75	50	25
Roof Rack (Wagon)	25	25	25	25	25	25
Third Seat (Wagon)	150	75	75	75	50	50
DEDUCT FOR:						
Manual Trans	—	—	—	—	(225)	*
w/o Power Steering	—	—	—	(50)	(50)	(50)
w/o Air Cond	(175)	(175)	(125)	(125)	(50)	(50)
w/o AM/FM Stereo	(25)	(25)	(25)	(25)	(25)	(25)
w/o Power Windows	—	(25)	—	(25)	—	—
w/o Pwr Door Locks	—	(25)	—	(25)	—	—
w/o Tilt Wheel	—	(50)	—	(50)	—	—
w/o Cruise Control	—	(25)	—	(25)	—	—
w/o Leather	(100)	(100)	—	—	—	—
w/o Sun/Moon Roof	(250)	—	—	—	—	—

* — EQUIPMENT INCLUDED IN BASE PRICE

1998 FACTORY EQUIPMENT TRADE-IN VALUES

Equipment	1	2	3	4	5	6
Automatic Trans	—	—	—	—	*	225
Power Steering	*	*	*	*	*	*
Air Conditioning	*	*	*	*	*	*
Power Windows	*	*	*	*	25	25
Power Door Locks	*	*	*	*	25	25
Tilt Wheel	*	*	*	*	25	25
Cruise Control	*	*	*	*	25	25
Cassette	*	*	*	*	25	25
GROUP TOTAL	*	*	*	*	125	350
Power Seat	*	*	25	25	25	25
Dual Power Seats	*	*	25	25	25	25
ABS (4 Wheel)	*	*	50	50	25	25
CD (Single Disc)	100	100	100	100	100	100
CD (Multi Disc)	200	200	200	200	200	200
Premium Sound	25	25	25	25	25	25
Navigation System	100	—	—	—	—	—
Leather	*	*	100	75	25	25
Sun Roof	*	50	50	50	50	25
Moon Roof	*	150	100	100	75	50
Rear Spoiler	25	25	25	25	25	25
Alloy Wheels	*	*	25	25	25	25
Premium Wheels	150	150	100	100	50	25
Roof Rack (Wagon)	25	25	25	25	25	25
Third Seat (Wagon)	200	100	100	100	50	50
DEDUCT FOR:						
Manual Trans	—	—	—	—	(275)	*
w/o Power Steering	—	—	—	(50)	(50)	(50)
w/o Air Cond.	(200)	(200)	(150)	(150)	(50)	(50)
w/o AM/FM Stereo	(25)	(25)	(25)	(25)	(25)	(25)
w/o Power Windows	—	(50)	—	(50)	—	—
w/o Pwr Door Locks	—	(25)	—	(25)	—	—
w/o Tilt Wheel	—	(50)	—	(50)	—	—
w/o Cruise Control	—	(25)	—	(25)	—	—
w/o Leather	(100)	(100)	—	—	—	—
w/o Sun/Moon Roof	(300)	—	—	—	—	—

* — EQUIPMENT INCLUDED IN BASE PRICE

1999 FACTORY EQUIPMENT TRADE-IN VALUES

Equipment	1	2	3	4	5	6
Automatic Trans	—	—	—	—	*	250
Power Steering	*	*	*	*	*	*
Air Conditioning	*	*	*	*	*	*
Power Windows	*	*	*	*	50	25
Power Door Locks	*	*	*	*	25	25
Tilt Wheel	*	*	*	*	25	25
Cruise Control	*	*	*	*	25	25
Cassette	*	*	*	*	25	25
GROUP TOTAL	*	*	*	*	150	375
Power Seat	*	*	25	25	25	25
Dual Power Seats	*	*	25	25	25	25
ABS (4 Wheel)	*	*	50	50	25	25
CD (Single Disc)	125	125	125	125	125	125
CD (Multi Disc)	225	225	225	225	225	225
Premium Sound	50	50	25	25	25	25
Navigation System	150	—	—	—	—	—
Leather	*	*	125	100	25	25
Sun Roof	*	75	50	50	50	25
Moon Roof	*	175	125	125	100	75
Rear Spoiler	25	25	25	25	25	25
Parking Sensors	125	—	—	—	—	—
Alloy Wheels	*	*	25	25	25	25
Premium Wheels	175	175	125	125	75	25
Roof Rack (Wagon)	25	25	25	25	25	25
Third Seat (Wagon)	250	125	125	125	75	75
DEDUCT FOR:						
Manual Trans	—	—	—	—	(325)	*
w/o Power Steering	—	—	—	(75)	(50)	(50)
w/o Air Cond	(225)	(225)	(175)	(175)	(75)	(75)
w/o AM/FM Stereo	(25)	(25)	(25)	(25)	(25)	(25)
w/o Power Windows	—	(75)	—	(75)	—	—
w/o Pwr Door Locks	—	(25)	—	(25)	—	—
w/o Tilt Wheel	—	(50)	—	(50)	—	—
w/o Cruise Control	—	(25)	—	(25)	—	—
w/o Leather	(125)	(125)	—	—	—	—
w/o Sun/Moon Roof	(325)	—	—	—	—	—

* — EQUIPMENT INCLUDED IN BASE PRICE

SEE PAGE 9 FOR PVT PARTY & RETAIL EQUIPMENT

2000 FACTORY EQUIPMENT TRADE-IN VALUES

Equipment	1	2	3	4	5	6
Automatic Trans	—	—	—	—	*	275
Power Steering	*	*	*	*	*	*
Air Conditioning	*	*	*	*	*	*
Power Windows	*	*	*	*	75	25
Power Door Locks	*	*	*	*	25	25
Tilt Wheel	*	*	*	*	50	25
Cruise Control	*	*	*	*	25	25
Cassette	*	*	*	*	25	25
GROUP TOTAL	*	*	*	*	200	400
Power Seat	*	*	25	25	25	25
Dual Power Seats	*	*	25	25	25	25
ABS (4 Wheel)	*	*	50	50	25	25
CD (Single Disc)	150	150	150	150	150	150
CD (Multi Disc)	250	250	250	250	250	250
Premium Sound	75	75	25	25	25	25
Navigation System	200	200	200	200	200	200
Leather	*	*	150	125	25	25
Sun Roof	*	100	75	75	50	25
Moon Roof	*	200	150	150	125	100
Rear Spoiler	25	25	25	25	25	25
Parking Sensors	150	100	—	—	—	—
Alloy Wheels	*	*	50	50	25	25
Premium Wheels	200	200	150	150	100	50
Roof Rack (Wagon)	25	25	25	25	25	25
Third Seat (Wagon)	300	150	150	150	100	100
DEDUCT FOR:						
Manual Trans	—	—	—	—	(375)	*
w/o Power Steering	—	—	—	(100)	(50)	(50)
w/o Air Cond	(250)	(250)	(200)	(200)	(100)	(100)
w/o AM/FM Stereo	(25)	(25)	(25)	(25)	(25)	(25)
w/o Power Windows	—	(100)	—	(100)	—	—
w/o Pwr Door Locks	—	(25)	—	(25)	—	—
w/o Tilt Wheel	—	(75)	—	(75)	—	—
w/o Cruise Control	—	(25)	—	(25)	—	—
w/o Leather	(150)	(150)	—	—	—	—
w/o Sun/Moon Roof	(350)	—	—	—	—	—

* — EQUIPMENT INCLUDED IN BASE PRICE

2001 FACTORY EQUIPMENT TRADE-IN VALUES

Equipment	1	2	3	4	5	6
Automatic Trans	—	—	—	—	*	300
Power Steering	*	*	*	*	*	*
Air Conditioning	*	*	*	*	*	*
Power Windows	*	*	*	*	100	50
Power Door Locks	*	*	*	*	25	25
Tilt Wheel	*	*	*	*	75	25
Cruise Control	*	*	*	*	25	25
Cassette	*	*	*	*	50	25
GROUP TOTAL	*	*	*	*	275	450
Power Seat	*	*	25	25	25	25
Dual Power Seats	*	*	50	50	25	25
ABS (4 Wheel)	*	*	75	75	25	25
CD (Single Disc)	175	175	175	175	175	175
CD (Multi Disc)	275	275	275	275	275	275
MP3 (Single Disc)	175	175	175	175	175	175
MP3 (Multi Disc)	275	275	275	275	275	275
Premium Sound	100	100	50	50	50	50
Navigation System	250	250	250	250	250	250
Leather	*	*	175	150	25	25
Sun Roof	*	125	100	100	75	50
Moon Roof	*	225	175	175	150	125
Rear Spoiler	25	25	25	25	25	25
Sensing Cruise Ctrl	350	—	—	—	—	—
Parking Sensors	175	125	—	—	—	—
Alloy Wheels	*	*	75	75	50	25
Premium Wheels	250	250	175	175	125	75
Premium Whls 19"+	450	450	450	450	450	450
Roof Rack (Wagon)	25	25	25	25	25	25
Third Seat (Wagon)	350	175	175	175	125	125
DEDUCT FOR:						
Manual Trans	—	—	—	—	(400)	*
w/o Power Steering	—	—	—	(125)	(75)	(75)
w/o Air Cond	(275)	(275)	(225)	(225)	(125)	(125)
w/o AM/FM Stereo	(25)	(25)	(25)	(25)	(25)	(25)
w/o Power Windows	—	(125)	—	(125)	—	—
w/o Pwr Door Locks	—	(25)	—	(25)	—	—
w/o Tilt Wheel	—	(100)	—	(100)	—	—
w/o Cruise Control	—	(25)	—	(25)	—	—
w/o Leather	(175)	(175)	—	—	—	—
w/o Sun/Moon Roof	(375)	—	—	—	—	—

* — EQUIPMENT INCLUDED IN BASE PRICE

2002 FACTORY EQUIPMENT TRADE-IN VALUES

Equipment	1	2	3	4	5	6
Automatic Trans	—	—	—	—	*	300
Power Steering	*	*	*	*	*	*
Air Conditioning	*	*	*	*	*	*
Power Windows	*	*	*	*	125	75
Power Locks	*	*	*	*	50	25
Tilt Wheel	*	*	*	*	100	50
Cruise Control	*	*	*	*	50	25
Cassette	*	*	*	*	75	50
GROUP TOTAL	*	*	*	*	400	525
Power Seat	*	*	50	50	25	25
Dual Power Seats	*	*	75	75	50	25
ABS (4 Wheel)	*	*	100	100	50	50
CD (Single Disc)	200	200	200	200	200	200
CD (Multi Disc)	300	300	300	300	300	300
MP3 (Single Disc)	200	200	200	200	200	200
MP3 (Multi Disc)	300	300	300	300	300	300
Premium Sound	125	125	75	75	75	75
Navigation System	300	300	300	300	300	300
Leather	*	*	200	175	50	25
Sun Roof	*	150	125	125	100	75
Moon Roof	*	250	200	200	175	150
Rear Spoiler	25	25	25	25	25	25
Sensing Cruise Ctrl	375	—	—	—	—	—
Parking Sensors	200	150	100	—	—	—
Alloy Wheels	*	*	100	100	75	50
Premium Wheels	300	300	200	200	150	100
Premium Whls 19"+	450	450	450	450	450	450
Roof Rack (Wagon)	25	25	25	25	25	25
Third Seat (Wagon)	400	200	200	200	150	150
DEDUCT FOR:						
Manual Trans	—	—	—	—	(425)	*
w/o Power Steering	—	—	—	(150)	(100)	(100)
w/o Air Cond	(300)	(300)	(250)	(250)	(150)	(150)
w/o AM/FM Stereo	(50)	(50)	(50)	(50)	(25)	(25)
w/o Power Windows	—	(150)	—	(150)	—	—
w/o Power Locks	—	(50)	—	(50)	—	—
w/o Tilt Wheel	—	(125)	—	(125)	—	—
w/o Cruise Control	—	(25)	—	(25)	—	—
w/o Leather	(200)	(200)	—	—	—	—
w/o Sun/Moon Roof	(400)	—	—	—	—	—

* — EQUIPMENT INCLUDED IN BASE PRICE

2003 FACTORY EQUIPMENT TRADE-IN VALUES

Equipment	1	2	3	4	5	6
Automatic Trans	—	—	—	—	*	350
Power Steering	*	*	*	*	*	*
Air Conditioning	*	*	*	*	*	*
Power Windows	*	*	*	*	125	75
Power Door Locks	*	*	*	*	50	25
Tilt Wheel	*	*	*	*	100	50
Cruise Control	*	*	*	*	50	25
Cassette	*	*	*	*	75	50
GROUP TOTAL	*	*	*	*	400	575
Power Seat	*	*	50	50	25	25
Dual Power Seats	*	*	100	100	50	25
ABS (4 Wheel)	*	*	100	100	50	50
CD (Single Disc)	200	200	200	200	200	200
CD (Multi Disc)	300	300	300	300	300	300
MP3 (Single Disc)	200	200	200	200	200	200
MP3 (Multi Disc)	300	300	300	300	300	300
Premium Sound	150	150	100	100	75	75
Video/DVD	250	250	250	250	250	250
Navigation System	325	325	325	325	325	325
Leather	*	*	250	200	75	50
Sun Roof	*	200	150	150	125	100
Moon Roof	*	300	250	250	200	175
Rear Spoiler	50	50	50	50	50	50
Sensing Cruise Ctrl	375	—	—	—	—	—
Parking Sensors	225	150	100	—	—	—
Alloy Wheels	*	*	100	100	75	50
Premium Wheels	325	325	225	225	150	100
Premium Whls 19"+	500	500	500	500	500	500
Roof Rack (Wagon)	50	50	50	50	50	50
Third Seat (Wagon)	425	225	225	225	175	175
DEDUCT FOR:						
Manual Trans	—	—	—	—	(450)	*
w/o Power Steering	—	—	—	(175)	(125)	(100)
w/o Air Cond	(375)	(375)	(300)	(300)	(200)	(200)
w/o AM/FM Stereo	(50)	(50)	(50)	(50)	(25)	(25)
w/o Power Windows	—	(175)	—	(175)	—	—
w/o Pwr Door Locks	—	(50)	—	(50)	—	—
w/o Tilt Wheel	—	(150)	—	(150)	—	—
w/o Cruise Control	—	(50)	—	(50)	—	—
w/o Leather	(250)	(250)	—	—	—	—
w/o Sun/Moon Roof	(475)	—	—	—	—	—

* — EQUIPMENT INCLUDED IN BASE PRICE

2004 FACTORY EQUIPMENT TRADE-IN VALUES

Equipment	1	2	3	4	5	6
Automatic Trans	—	—	—	—	✳	400
Power Steering	✳	✳	✳	✳	✳	✳
Air Conditioning	✳	✳	✳	✳	✳	✳
Power Windows	✳	✳	✳	✳	150	75
Power Door Locks	✳	✳	✳	✳	50	25
Tilt Wheel	✳	✳	✳	✳	100	50
Cruise Control	✳	✳	✳	✳	50	25
Cassette	✳	✳	✳	✳	75	50
GROUP TOTAL	✳	✳	✳	✳	425	625
Power Seat	✳	✳	50	50	25	25
Dual Power Seats	✳	✳	125	125	50	25
ABS (4 Wheel)	✳	✳	100	100	50	50
CD (Single Disc)	200	200	200	200	200	200
CD (Multi Disc)	300	300	300	300	300	300
MP3 (Single Disc)	200	200	200	200	200	200
MP3 (Multi Disc)	300	300	300	300	300	300
Premium Sound	175	175	125	125	75	75
Video/DVD	300	300	300	300	300	300
Navigation System	350	350	350	350	350	350
Leather	✳	✳	300	225	100	75
Sun Roof	✳	250	200	200	150	125
Moon Roof	✳	375	300	300	250	200
Rear Spoiler	75	75	75	75	75	75
Sensing Cruise Ctrl	400	—	—	—	—	—
Parking Sensors	250	175	100	—	—	—
Alloy Wheels	✳	✳	100	100	75	50
Premium Wheels	350	350	250	250	175	100
Premium Whls 19"+	550	550	550	550	550	550
Roof Rack (Wagon)	75	75	75	75	50	50
Third Seat (Wagon)	450	250	250	250	200	200
DEDUCT FOR:						
Manual Trans	—	—	—	—	(475)	✳
w/o Power Steering	—	—	—	(200)	(150)	(100)
w/o Air Cond	(450)	(450)	(350)	(350)	(250)	(250)
w/o AM/FM Stereo	(75)	(75)	(75)	(75)	(25)	(25)
w/o Power Windows	—	(200)	—	(200)	—	—
w/o Pwr Door Locks	—	(75)	—	(75)	—	—
w/o Tilt Wheel	—	(175)	—	(175)	—	—
w/o Cruise Control	—	(75)	—	(75)	—	—
w/o Leather	(300)	(300)	—	—	—	—
w/o Sun/Moon Roof	(550)	—	—	—	—	—

✳ — EQUIPMENT INCLUDED IN BASE PRICE

2005 FACTORY EQUIPMENT TRADE-IN VALUES

Equipment	1	2	3	4	5	6
Automatic Trans	—	—	—	—	*	450
Power Steering	*	*	*	*	*	*
Air Conditioning	*	*	*	*	*	*
Power Windows	*	*	*	*	175	75
Power Door Locks	*	*	*	*	50	25
Tilt Wheel	*	*	*	*	100	50
Cruise Control	*	*	*	*	50	25
Cassette	*	*	*	*	0	0
GROUP TOTAL	*	*	*	*	375	625
Power Seat	*	*	50	50	25	25
Dual Power Seats	*	*	150	150	50	25
ABS (4 Wheel)	*	*	100	100	50	50
CD (Single Disc)	200	200	200	200	200	200
CD (Multi Disc)	300	300	300	300	300	300
MP3 (Single Disc)	300	300	300	300	300	300
MP3 (Multi Disc)	400	400	400	400	400	400
Premium Sound	200	200	150	150	100	75
Video/DVD	350	350	350	350	350	350
Navigation System	400	400	400	400	400	400
Leather	*	*	350	250	125	100
Sun Roof	*	300	250	250	175	150
Moon Roof	*	450	350	350	300	250
Rear Spoiler	100	100	100	100	100	100
Sensing Cruise Ctrl	425	425	425	—	—	—
Parking Sensors	275	200	100	—	—	—
Alloy Wheels	*	*	100	100	75	50
Premium Wheels	400	400	275	275	200	100
Premium Whls 19"+	600	600	600	600	600	600
Roof Rack (Wagon)	100	100	100	100	50	50
Third Seat (Wagon)	475	275	275	275	225	225
DEDUCT FOR:						
Manual Trans	—	—	—	—	(500)	*
w/o Power Steering	—	—	—	(225)	(175)	(100)
w/o Air Cond	(525)	(525)	(400)	(400)	(300)	(300)
w/o AM/FM Stereo	(100)	(100)	(100)	(100)	(50)	(25)
w/o Power Windows	—	(225)	—	(225)	—	—
w/o Pwr Door Locks	—	(100)	—	(100)	—	—
w/o Tilt Wheel	—	(200)	—	(200)	—	—
w/o Cruise Control	—	(100)	—	(100)	—	—
w/o Leather	(350)	350	—	—	—	—
w/o Sun/Moon Roof	(600)	—	—	—	—	—

* — EQUIPMENT INCLUDED IN BASE PRICE

SEE PAGE 9 FOR PVT PARTY & RETAIL EQUIPMENT

2006 FACTORY EQUIPMENT TRADE-IN VALUES

Equipment	1	2	3	4	5	6
Automatic Trans	—	—	—	—	*	475
Power Steering	*	*	*	*	*	*
Air Conditioning	*	*	*	*	*	*
Power Windows	*	*	*	*	200	100
Power Door Locks	*	*	*	*	75	25
Tilt Wheel	*	*	*	*	100	75
Cruise Control	*	*	*	*	75	25
Cassette	—	*	*	*	*	*
GROUP TOTAL	*	*	*	*	450	700
Power Seat	*	*	75	75	25	25
Dual Power Seats	*	*	175	175	75	25
ABS (4 Wheel)	*	*	125	125	75	50
CD (Single Disc)	200	200	200	200	200	200
CD (Multi Disc)	300	300	300	300	300	300
MP3 (Single CD)	300	300	300	300	300	300
MP3 (Multi CD)	400	400	400	400	400	400
Premium Sound	225	225	175	175	125	75
Video/DVD	400	400	400	400	400	400
Navigation System	450	450	450	450	450	450
Leather	*	*	400	300	150	125
Sun Roof	*	350	300	300	200	175
Moon Roof	*	525	400	400	350	300
Rear Spoiler	100	100	100	100	100	100
Sensing Cruise Ctrl	450	450	450	—	—	—
Parking Sensors	300	225	125	—	—	—
Alloy Wheels	*	*	125	125	100	75
Premium Wheels	450	450	300	300	225	125
Premium Whls 19"+	675	675	675	675	675	675
Roof Rack (Wagon)	100	100	100	100	50	50
Third Seat (Wagon)	500	300	300	300	250	250
DEDUCT FOR:						
Manual Trans	—	—	—	—	(525)	*
w/o Power Steering	—	—	—	(250)	(200)	(125)
w/o Air Cond	(600)	(600)	(475)	(475)	(350)	(350)
w/o AM/FM Stereo	(125)	(125)	(125)	(125)	(75)	(25)
w/o Power Windows	—	(250)	—	(250)	—	—
w/o Pwr Door Locks	—	(125)	—	(125)	—	—
w/o Tilt Wheel	—	(250)	—	(225)	—	—
w/o Cruise Control	—	(125)	—	(125)	—	—
w/o Leather	(400)	(400)	—	—	—	—
w/o Sun/Moon Roof	(650)	—	—	—	—	—

* — EQUIPMENT INCLUDED IN BASE PRICE

2007 FACTORY EQUIPMENT TRADE-IN VALUES

Equipment	1	2	3	4	5	6
Automatic Trans	—	—	—	—	*	500
Power Steering	*	*	*	*	*	*
Air Conditioning	*	*	*	*	*	*
Power Windows	*	*	*	*	225	125
Power Door Locks	*	*	*	*	100	50
Tilt Wheel	*	*	*	*	125	100
Cruise Control	*	*	*	*	100	50
Cassette	*	*	*	*	*	*
GROUP TOTAL	*	*	*	*	550	825
Power Seat	*	*	100	100	50	25
Dual Power Seats	*	*	200	200	100	50
ABS (4 Wheel)	*	*	150	150	100	50
CD (Single Disc)	200	200	200	200	200	200
CD (Multi Disc)	300	300	300	300	300	300
MP3 (Single CD)	300	300	300	300	300	300
MP3 (Multi CD)	400	400	400	400	400	400
Premium Sound	250	250	200	200	150	100
Video/DVD	450	450	450	450	450	450
Navigation System	500	500	500	500	500	500
Leather	*	*	450	350	200	150
Sun Roof	*	400	350	350	250	200
Moon Roof	*	600	475	475	400	350
Rear Spoiler	100	100	100	100	100	100
Sensing Cruise Ctrl	475	475	475	—	—	—
Parking Sensors	325	250	150	—	—	—
Alloy Wheels	*	*	150	150	125	100
Premium Wheels	500	500	350	350	250	150
Premium Whls 19"+	750	750	750	750	750	750
Roof Rack (Wagon)	100	100	100	100	50	50
Third Seat (Wagon)	525	350	350	350	275	275
DEDUCT FOR:						
Manual Trans	—	—	—	—	(550)	*
w/o Power Steering	—	—	—	(275)	(225)	(150)
w/o Air Cond	(675)	(675)	(550)	(550)	(400)	(400)
w/o AM/FM Stereo	(150)	(150)	(150)	(150)	(100)	(50)
w/o Power Windows	—	(275)	—	(275)	—	—
w/o Pwr Door Locks	—	(150)	—	(150)	—	—
w/o Tilt Wheel	—	(300)	—	(250)	—	—
w/o Cruise Control	—	(150)	—	(150)	—	—
w/o Leather	(450)	(450)	—	—	—	—
w/o Sun/Moon Roof	(700)	—	—	—	—	—

* — EQUIPMENT INCLUDED IN BASE PRICE

2008 FACTORY EQUIPMENT TRADE-IN VALUES

Equipment	1	2	3	4	5	6
Automatic Trans	—	—	—	—	*	525
Power Steering	*	*	*	*	*	*
Air Conditioning	*	*	*	*	*	*
Power Windows	*	*	*	*	250	150
Power Door Locks	*	*	*	*	125	75
Tilt Wheel	*	*	*	*	150	125
Cruise Control	*	*	*	*	125	75
Cassette	*	*	*	*	*	*
GROUP TOTAL	*	*	*	*	650	950
Power Seat	*	*	125	125	75	25
Dual Power Seats	*	*	225	225	125	75
ABS (4 Wheel)	*	*	175	175	125	75
CD (Single Disc)	200	200	200	200	200	200
CD (Multi Disc)	300	300	300	300	300	300
MP3 (Single CD)	300	300	300	300	300	300
MP3 (Multi CD)	400	400	400	400	400	400
Premium Sound	275	275	225	225	175	125
Video/DVD	500	500	500	500	500	500
Navigation System	550	550	550	550	550	550
Leather	*	*	525	400	250	175
Sun Roof	*	475	400	400	300	250
Moon Roof	*	675	550	550	450	400
Rear Spoiler	100	100	100	100	100	100
Sensing Cruise Ctrl	500	500	500	—	—	—
Parking Sensors	350	275	175	—	—	—
Alloy Wheels	*	*	175	175	150	125
Premium Wheels	550	550	400	400	275	175
Premium Whls 19"+	825	825	825	825	825	825
Roof Rack (Wagon)	100	100	100	100	50	50
Third Seat (Wagon)	550	400	400	400	300	300
DEDUCT FOR:						
Manual Trans	—	—	—	—	(575)	*
w/o Power Steering	—	—	—	(300)	(250)	(175)
w/o Air Cond	(750)	(750)	(625)	(625)	(450)	(450)
w/o AM/FM Stereo	(175)	(175)	(175)	(175)	(125)	(75)
w/o Power Windows	—	(300)	—	(300)	—	—
w/o Pwr Door Locks	—	(175)	—	(175)	—	—
w/o Tilt Wheel	—	(350)	—	(275)	—	—
w/o Cruise Control	—	(175)	—	(175)	—	—
w/o Leather	(525)	(525)	—	—	—	—
w/o Sun/Moon Roof	(750)	—	—	—	—	—

* — EQUIPMENT INCLUDED IN BASE PRICE

2009 FACTORY EQUIPMENT TRADE-IN VALUES

Equipment	1	2	3	4	5	6
Automatic Trans	—	—	—	—	*	550
Power Steering	*	*	*	*	*	*
Air Conditioning	*	*	*	*	*	*
Power Windows	*	*	*	*	275	175
Power Door Locks	*	*	*	*	150	100
Tilt Wheel	*	*	*	*	175	150
Cruise Control	*	*	*	*	150	100
Cassette	*	*	*	*	*	*
GROUP TOTAL	*	*	*	*	750	1075
Power Seat	*	*	150	150	100	50
Dual Power Seats	*	*	250	250	150	100
ABS (4 Wheel)	*	*	200	200	150	100
CD (Single Disc)	200	200	200	200	200	200
CD (Multi Disc)	300	300	300	300	300	300
MP3 (Single CD)	300	300	300	300	300	300
MP3 (Multi CD)	400	400	400	400	400	400
Premium Sound	325	325	275	275	200	150
Video/DVD	550	550	550	550	550	550
Navigation System	600	600	600	600	600	600
Leather	*	*	600	450	300	200
Sun Roof	*	550	450	450	350	300
Moon Roof	*	750	625	625	500	450
Rear Spoiler	100	100	100	100	100	100
Sensing Cruise Ctrl	525	525	525	—	—	—
Parking Sensors	400	300	200	—	—	—
Alloy Wheels	*	*	200	200	175	150
Premium Wheels	600	600	450	450	300	200
Premium Whls 19"+	900	900	900	900	900	900
Roof Rack (Wagon)	100	100	100	100	50	50
Third Seat (Wagon)	600	450	450	450	350	350
DEDUCT FOR:						
Manual Trans	—	—	—	—	(600)	*
w/o Power Steering	—	—	—	(325)	(275)	(200)
w/o Air Cond	(850)	(850)	(700)	(700)	(500)	(500)
w/o AM/FM Stereo	(200)	(200)	(200)	(200)	(150)	(100)
w/o Power Windows	—	(350)	—	(350)	—	—
w/o Pwr Door Locks	—	(200)	—	(200)	—	—
w/o Tilt Wheel	—	(400)	—	(300)	—	—
w/o Cruise Control	—	(200)	—	(200)	—	—
w/o Leather	(600)	(600)	—	—	—	—
w/o Sun/Moon Roof	(800)	—	—	—	—	—

* — EQUIPMENT INCLUDED IN BASE PRICE

SEE PAGE 9 FOR PVT PARTY & RETAIL EQUIPMENT

1994 ACURA

Body	Type	VIN	List	Trade-In Fair	Good	Pvt-Party Good	Retail Excellent

Automobile Section

ACURA

1994 ACURA — JH4(DB764)-R-#

INTEGRA—4-Cyl.—Equipment Schedule 3
W.B. 101.2", 103.1" (4D); 1.8 Liter.

Body	Type	VIN	List	Fair	Good	Good	Excellent
RS Sedan 4D		DB764	16695	875	1225	2175	3650
RS Sport Coupe 2D		DC444	15935	900	1275	2225	3725
LS Sedan 4D		DB765	18565	1000	1400	2500	4125
LS Sport Coupe 2D		DC445	18565	1000	1400	2500	4125
GS-R Sedan 4D		DB858	20345	1125	1575	2725	4375
GS-R Sport Coupe 2D		DC238	20015	1150	1600	2750	4425
Manual Trans (Sedan)	3,5			(100)	(100)	(135)	(135)

VIGOR—5-Cyl.—Equipment Schedule 1
W.B. 110.4"; 2.5 Liter.

LS Sedan 4D		CC264	27485	1000	1425	2525	4150
GS Sedan 4D		CC266	29485	1150	1600	2750	4425
Manual Trans	5			(225)	(225)	(300)	(300)

LEGEND—V6—Equipment Schedule 1
W.B. 111.4", 114.6" (4D); 3.2 Liter.

L Sedan 4D		KA766	36485	1575	2050	3250	5050
L Coupe 2D		KA826	33085	1600	2100	3325	5125
LS Sedan 4D		KA767	38985	1725	2225	3450	5275
LS Coupe 2D		KA827	41885	1775	2275	3500	5350
GS Sedan 4D		KA768	41085	1850	2400	3650	5525
Manual Trans (Sedan)	1,5			(225)	(225)	(300)	(300)

NSX—V6—Equipment Schedule 2
W.B. 99.6"; 3.0 Liter.

| Sport Coupe 2D | | NA126 | 77200 | 22150 | 24700 | 28600 | 35600 |

1995 ACURA — JH4(DB764)-S-#

INTEGRA—4-Cyl.—Equipment Schedule 3
W.B. 101.2", 103.1" (4D); 1.8 Liter.

RS Sedan 4D		DB764	17390	1000	1400	2500	4125
RS Sport Coupe 2D		DC444	16630	1050	1475	2575	4225
LS Sedan 4D		DB765	20110	1150	1600	2750	4425
LS Sport Coupe 2D		DC445	19310	1150	1600	2750	4425
Special Ed Sedan 4D		DB766	21610	1150	1625	2775	4450
Special Ed Coupe 2D		DC446	21060	1200	1700	2850	4550
GS-R Sedan 4D		DB858	21100	1375	1850	3050	4775
GS-R Sport Coupe 2D		DC238	20770	1375	1850	3050	4775
Manual Trans (Sedan)	3,5			(100)	(100)	(135)	(135)

TL—5-Cyl.—Equipment Schedule 1
W.B. 111.8"; 2.5 Liter.

| 2.5 Sedan 4D | | UA265 | 30370 | 1275 | 1750 | 2950 | 4675 |

LEGEND—V6—Equipment Schedule 1
W.B. 111.4", 114.6" (4D); 3.2 Liter.

L Sedan 4D		KA766	38220	1850	2400	3675	5525
L Coupe 2D		KA826	39820	1900	2450	3700	5575
SE Sedan 4D		KA769	39320	1925	2475	3750	5625
LS Sedan 4D		KA767	40120	2025	2600	3875	5775
LS Coupe 2D		KA827	43620	2075	2650	3925	5850
GS Sedan 4D		KA768	42420	2200	2800	4100	6025
Manual Trans (Sedan)	1,5			(225)	(225)	(300)	(300)

NSX-T—V6—Equipment Schedule 2
W.B. 99.6"; 3.0 Liter.

| T-Targa 2D | | NA128 | 85225 | 24000 | 26750 | 31000 | 38300 |

1996 ACURA — JH4(DB764)-T-#

INTEGRA—4-Cyl.—Equipment Schedule 3
W.B. 101.2", 103.1" (4D); 1.8 Liter.

RS Sedan 4D		DB764	18080	1150	1625	2775	4475
RS Sport Coupe 2D		DC444	17320	1200	1675	2875	4575
LS Sedan 4D		DB765	20870	1375	1850	3075	4825
LS Sport Coupe 2D		DC445	20070	1375	1850	3075	4825
Special Ed Sedan 4D		DB766	22370	1400	1875	3075	4850
Special Ed Coupe 2D		DC446	21820	1475	1950	3150	4950

1996 ACURA

Body	Type	VIN	List	Trade-In Fair	Trade-In Good	Pvt-Party Good	Retail Excellent
GS-R Sedan 4D		DB858	21820	**1650**	**2150**	**3375**	**5200**
GS-R Sport Coupe 2D		DC238	21520	**1675**	**2175**	**3400**	**5225**
Manual Trans (Sedan)		3,5		**(125)**	**(125)**	**(165)**	**(165)**

TL—5-Cyl.—Equipment Schedule 1
W.B. 111.8"; 2.5 Liter.

2.5 Sedan 4D		UA265	30370	**1525**	**2025**	**3250**	**5075**

TL—V6—Equipment Schedule 1
W.B. 111.8"; 3.2 Liter.

3.2 Sedan 4D		UA365	35920	**2025**	**2575**	**3875**	**5775**

RL—V6—Equipment Schedule 1
W.B. 114.6"; 3.5 Liter.

3.5 Sedan 4D		KA964	41435	**2800**	**3425**	**4800**	**6900**
Traction Control		5,6		**125**	**125**	**165**	**165**

NSX—V6—Equipment Schedule 2
W.B. 99.6"; 3.0 Liter.

Sport Coupe 2D		NA126	83725	**25275**	**28225**	**32400**	**39900**
T-Targa 2D		NA128	87725	**25775**	**28725**	**32900**	**40500**

1997 ACURA — JH4(DC444)-V-#

INTEGRA—4-Cyl.—Equipment Schedule 3
W.B. 101.2", 103.1" (4D); 1.8 Liter.

RS Sport Coupe 2D		DC444	17335	**1350**	**1850**	**3050**	**4800**
LS Sedan 4D		DB765	20885	**1550**	**2050**	**3275**	**5100**
LS Sport Coupe 2D		DC445	20085	**1575**	**2075**	**3300**	**5125**
GS Sedan 4D		DB766	22385	**1775**	**2275**	**3550**	**5400**
GS Sport Coupe 2D		DC446	21835	**1775**	**2275**	**3550**	**5400**
GS-R Sedan 4D		DB858	21835	**1850**	**2375**	**3650**	**5525**
GS-R Sport Coupe 2D		DC238	21535	**1875**	**2425**	**3700**	**5525**
Type R Sport Cpe 2D		DC238	23535	********	********	********	**10550**
Manual Trans (Sedan)		3,5		**(150)**	**(150)**	**(200)**	**(200)**

CL—4-Cyl.—Equipment Schedule 1
W.B. 106.9"; 2.2 Liter.

2.2 Coupe 2D		YA125	24395	**1475**	**1950**	**3175**	**5000**
Manual Trans				**(250)**	**(250)**	**(335)**	**(335)**

CL—V6—Equipment Schedule 1
W.B. 106.9"; 3.0 Liter.

3.0 Coupe 2D		YA225	26895	**1875**	**2425**	**3725**	**5600**

TL—5-Cyl.—Equipment Schedule 1
W.B. 111.8"; 2.5 Liter.

2.5 Sedan 4D		UA265	30935	**1850**	**2375**	**3650**	**5525**

TL—V6—Equipment Schedule 1
W.B. 111.8"; 3.2 Liter.

3.2 Sedan 4D		UA365	33385	**2425**	**3025**	**4325**	**6350**
Traction Control				**150**	**150**	**200**	**200**

RL—V6—Equipment Schedule 1
W.B. 114.6"; 3.5 Liter.

3.5 Sedan 4D		KA964	41435	**3125**	**3800**	**5225**	**7400**
Traction Control				**150**	**150**	**200**	**200**

NSX—V6—Equipment Schedule 2
W.B. 99.6"; 3.0 Liter, 3.2 Liter.

Sport Coupe 2D		NA123	84725	**27925**	**31075**	**35400**	**43100**
T-Targa 2D		NA126	88725	**28325**	**31450**	**35800**	**43600**

1998 ACURA — JH4(DC444)-W-#

INTEGRA—4-Cyl.—Equipment Schedule 3
W.B. 101.2", 103.1" (4D); 1.8 Liter.

RS Sport Coupe 2D		DC444	17435	**1600**	**2075**	**3300**	**5125**
LS Sedan 4D		DB765	21235	**1800**	**2325**	**3575**	**5450**
LS Sport Coupe 2D		DC445	20435	**1850**	**2375**	**3625**	**5500**
GS Sedan 4D		DB766	22635	**2050**	**2625**	**3900**	**5800**
GS Sport Coupe 2D		DC446	22085	**2050**	**2625**	**3900**	**5800**
GS-R Sedan 4D		DB858	22035	**2150**	**2725**	**4000**	**5900**
GS-R Sport Coupe 2D		DC238	21735	**2200**	**2800**	**4075**	**6000**
Type R Sport Cpe 2D		DC231	23500	********	********	********	**11150**
Manual Trans (Sedan)		3,5		**(175)**	**(175)**	**(235)**	**(235)**

CL—4-Cyl.—Equipment Schedule 1
W.B. 106.9"; 2.3 Liter.

2.3 Coupe 2D		YA325	24595	**1775**	**2275**	**3550**	**5450**
Manual Trans		1		**(300)**	**(300)**	**(400)**	**(400)**

CL—V6—Equipment Schedule 1
W.B. 106.9"; 3.0 Liter.

3.0 Coupe 2D		YA225	27095	**2225**	**2825**	**4125**	**6100**

1998 ACURA

Body Type	VIN	List	Trade-In Fair	Trade-In Good	Pvt-Party Good	Retail Excellent
TL—5-Cyl.—Equipment Schedule 1						
W.B. 111.8"; 2.5 Liter.						
2.5 Sedan 4D	UA265	31135	**2250**	**2825**	**4150**	**6125**
TL—V6—Equipment Schedule 1						
W.B. 111.8"; 3.2 Liter.						
3.2 Sedan 4D	UA364	33585	**2875**	**3500**	**4900**	**7000**
Traction Control			**175**	**175**	**235**	**235**
RL—V6—Equipment Schedule 1						
W.B. 114.6"; 3.5 Liter.						
3.5 Sedan 4D	KA964	41635	**3575**	**4275**	**5725**	**7975**
Traction Control			**175**	**175**	**235**	**235**
NSX—V6—Equipment Schedule 2						
W.B. 99.6"; 3.0 Liter, 3.2 Liter.						
Sport Coupe 2D	NA123	84725	**30475**	**33900**	**38100**	**46200**
T-Targa 2D	NA126	88725	**30475**	**34200**	**38400**	**46600**

1999 ACURA — (JH4or19U)(DB765)-X-#

Body Type	VIN	List	Trade-In Fair	Trade-In Good	Pvt-Party Good	Retail Excellent
INTEGRA—4-Cyl.—Equipment Schedule 3						
W.B. 101.2", 103.1" (4D); 1.8 Liter.						
LS Sedan 4D	DB765	21255	**2175**	**2750**	**4050**	**5975**
LS Sport Coupe 2D	DC445	20455	**2225**	**2800**	**4125**	**6050**
GS Sedan 4D	DB766	22655	**2450**	**3050**	**4350**	**6375**
GS Sport Coupe 2D	DC446	22105	**2475**	**3075**	**4375**	**6400**
GS-R Sedan 4D	DB858	22855	**2575**	**3150**	**4500**	**6525**
GS-R Sport Coupe 2D	DC238	22555	**2650**	**3250**	**4600**	**6650**
Manual Trans (Sedan)	3,5		**(200)**	**(200)**	**(265)**	**(265)**
CL—4-Cyl.—Equipment Schedule 1						
W.B. 106.9"; 2.3 Liter.						
2.3 Coupe 2D	YA325	24355	**2150**	**2725**	**4050**	**6000**
Manual Trans			**(350)**	**(350)**	**(465)**	**(465)**
CL—V6—Equipment Schedule 1						
W.B. 106.9"; 3.0 Liter.						
3.0 Coupe 2D	YA225	26605	**2675**	**3275**	**4650**	**6725**
TL—V6—Equipment Schedule 1						
W.B. 108.1"; 3.2 Liter.						
3.2 Sedan 4D	UA564	28405	**2650**	**3250**	**4625**	**6700**
RL—V6—Equipment Schedule 1						
W.B. 114.6"; 3.5 Liter.						
3.5 Sedan 4D	KA964	42355	**4125**	**4875**	**6375**	**8725**
NSX—V6—Equipment Schedule 2						
W.B. 99.6"; 3.0 Liter, 3.2 Liter.						
Sport Coupe 2D	NA123	84745	**33025**	**36750**	**41000**	**49200**
T-Targa 2D	NA126	88745	**33325**	**37050**	**41300**	**49500**

2000 ACURA — (JH4or19U)(DB765)-Y-#

Body Type	VIN	List	Trade-In Fair	Trade-In Good	Pvt-Party Good	Retail Excellent
INTEGRA—4-Cyl.—Equipment Schedule 3						
W.B. 101.2", 103.1" (4D); 1.8 Liter.						
LS Sedan 4D	DB765	21355	**2650**	**3250**	**4575**	**6625**
LS Sport Coupe 2D	DC445	20555	**2750**	**3350**	**4700**	**6750**
GS Sedan 4D	DB766	22755	**2950**	**3575**	**4950**	**7025**
GS Sport Coupe 2D	DC446	22205	**3000**	**3625**	**5000**	**7075**
GS-R Sedan 4D	DB859	22955	**3075**	**3725**	**5100**	**7200**
GS-R Sport Coupe 2D	DC239	22655	**3150**	**3825**	**5200**	**7325**
Type R Sport Cpe 2D	DC231	24805	*****	*****	*****	**12900**
Manual Trans (Sedan)	3,5		**(200)**	**(200)**	**(265)**	**(265)**
TL—V6—Equipment Schedule 1						
W.B. 108.1"; 3.2 Liter.						
3.2 Sedan 4D	UA566	28855	**3225**	**3925**	**5350**	**7525**
RL—V6—Equipment Schedule 1						
W.B. 114.6"; 3.5 Liter.						
3.5 Sedan 4D	KA965	42455	**4750**	**5575**	**7175**	**9700**
NSX—V6—Equipment Schedule 2						
W.B. 99.6"; 3.0 Liter, 3.2 Liter.						
Sport Coupe 2D	NA123	84745	**35775**	**39700**	**43800**	**52200**
T-Targa 2D	NA126	88745	**36075**	**39975**	**44100**	**52500**

2001 ACURA — JH4or19U(DB765)-1-#

Body Type	VIN	List	Trade-In Fair	Trade-In Good	Pvt-Party Good	Retail Excellent
INTEGRA—4-Cyl.—Equipment Schedule 3						
W.B. 101.2", 103.1" (4D); 1.8 Liter.						
LS Sedan 4D	DB765	21480	**3225**	**3925**	**5300**	**7425**
LS Sport Coupe 2D	DC445	20680	**3325**	**4025**	**5400**	**7550**
GS Sedan 4D	DB766	22880	**3575**	**4275**	**5675**	**7875**

2001 ACURA

Body Type	VIN	List	Trade-In Fair	Trade-In Good	Pvt-Party Good	Retail Excellent
GS Sport Coupe 2D	DC446	22330	3625	4325	5750	7975
GS-R Sedan 4D	DB859	23080	3700	4400	5825	8025
GS-R Sport Coupe 2D	DC239	22780	3800	4525	5950	8175
Type R Sport Cpe 2D	DC231	24930	****	****	****	14050
Manual Trans (Sedan)	3,5	....	(200)	(200)	(265)	(265)
CL—V6—Equipment Schedule 1 W.B. 106.9"; 3.2 Liter.						
3.2 Coupe 2D	YA424	28460	3450	4150	5600	7850
3.2 Type S Coupe 2D	YA426	30810	4375	5175	6675	9050
TL—V6—Equipment Schedule 1 W.B. 108.1"; 3.2 Liter.						
3.2 Sedan 4D	UA566	29030	3975	4725	6200	8525
RL—V6—Equipment Schedule 1 W.B. 114.6"; 3.5 Liter.						
3.5 Sedan 4D	KA965	42630	5525	6425	8025	10700
NSX—V6—Equipment Schedule 2 W.B. 99.6"; 3.0 Liter, 3.2 Liter.						
Sport Coupe 2D	NA123	84845	36450	40475	44300	52400
Targa 2D	NA126	88845	36750	40775	44700	52800

2002 ACURA — JH4or19U(DC548)-2-#

Body Type	VIN	List	Trade-In Fair	Trade-In Good	Pvt-Party Good	Retail Excellent
RSX—4-Cyl.—Equipment Schedule 3 W.B. 101.2"; 2.0 Liter.						
Sport Coupe 2D	DC548	21330	4750	5575	7250	9850
Type S Sport Cpe 2D	DC530	23560	5525	6400	8100	10850
CL—V6—Equipment Schedule 1 W.B. 106.9"; 3.2 Liter.						
3.2 Coupe 2D	YA424	28510	4175	4925	6600	9125
3.2 Type S Coupe 2D	YA426	30860	5125	5975	7725	10450
TL—V6—Equipment Schedule 1 W.B. 108.1"; 3.2 Liter.						
3.2 Sedan 4D	UA566	29360	4725	5525	7275	9950
3.2 Type S Sedan 4D	UA568	31710	5375	6275	8000	10800
RL—V6—Equipment Schedule 1 W.B. 114.6"; 3.5 Liter.						
3.5 Sedan 4D	KA965	43630	6275	7250	9075	12000
NSX—V6—Equipment Schedule 2 W.B. 99.6"; 3.0 Liter, 3.2 Liter.						
Targa 2D	NA126	89745	37050	41050	44900	52900

2003 ACURA — JH4or19U(DC548)-3-#

Body Type	VIN	List	Trade-In Fair	Trade-In Good	Pvt-Party Good	Retail Excellent
RSX—4-Cyl.—Equipment Schedule 3 W.B. 101.2"; 2.0 Liter.						
Sport Coupe 2D	DC548	21375	5325	6200	7875	10550
Type S Sport Cpe 2D	DC530	23770	6225	7200	8925	11700
CL—V6—Equipment Schedule 1 W.B. 106.9"; 3.2 Liter.						
3.2 Coupe 2D	YA424	28700	4900	5750	7500	10200
3.2 Type S Coupe 2D	YA426	31050	6000	6950	8725	11550
TL—V6—Equipment Schedule 1 W.B. 108.1"; 3.2 Liter.						
3.2 Sedan 4D	UA566	29480	5525	6450	8200	11000
3.2 Type S Sedan 4D	UA568	31830	6300	7275	9075	11950
RL—V6—Equipment Schedule 1 W.B. 114.6"; 3.5 Liter.						
3.5 Sedan 4D	KA965	43650	7450	8550	10450	13500
NSX—V6—Equipment Schedule 2 W.B. 99.6"; 3.0 Liter, 3.2 Liter.						
Targa 2D	NA126	89765	37250	41250	44800	52500

2004 ACURA — (JH4or19U)(DC548)-4-#

Body Type	VIN	List	Trade-In Fair	Trade-In Good	Pvt-Party Good	Retail Excellent
RSX—4-Cyl.—Equipment Schedule 3 W.B. 101.2"; 2.0 Liter.						
Sport Coupe 2D	DC548	21470	6075	7025	8725	11450
Type S Sport Cpe 2D	DC530	23865	7150	8225	9950	12850
TSX—4-Cyl.—Equipment Schedule 3 W.B. 105.1"; 2.4 Liter.						
Sedan 4D	CL958	26990	7750	8875	10800	13950
TL—V6—Equipment Schedule 1 W.B. 107.9"; 3.2 Liter.						
3.2 Sedan 4D	UA566	33195	10050	11425	13400	16850

2004 ACURA

Body	Type	VIN	List	Trade-In Fair	Good	Pvt-Party Good	Retail Excellent
RL—V6—Equipment Schedule 1							
W.B. 114.6"; 3.5 Liter.							
3.5 Sedan 4D		KA965	46100	**8825**	**10050**	**12000**	**15300**
NSX—V6—Equipment Schedule 2							
W.B. 99.6"; 3.0 Liter, 3.2 Liter.							
Targa 2D		NA126	89765	**41350**	**45875**	**49200**	**57200**

2005 ACURA — (JH4or19U)(DC548)-5-#

Body	Type	VIN	List	Trade-In Fair	Good	Pvt-Party Good	Retail Excellent
RSX—4-Cyl.—Equipment Schedule 3							
W.B. 101.2"; 2.0 Liter.							
Sport Coupe 2D		DC548	21745	**7100**	**8150**	**9850**	**12700**
Type S Sport Cpe 2D		DC530	24240	**8325**	**9525**	**11250**	**14350**
TSX—4-Cyl.—Equipment Schedule 3							
W.B. 105.1"; 2.4 Liter.							
Sedan 4D		CL958	27760	**9100**	**10350**	**12200**	**15500**
TL—V6—Equipment Schedule 1							
W.B. 107.9"; 3.2 Liter.							
3.2 Sedan 4D		UA662	33670	**11700**	**13225**	**15200**	**18750**
RL SH-AWD—V6—Equipment Schedule 1							
W.B. 110.2"; 3.5 Liter.							
3.5 Sedan 4D		KB165	49670	**13325**	**15050**	**17050**	**20900**
NSX—V6—Equipment Schedule 2							
W.B. 99.6"; 3.0 Liter, 3.2 Liter.							
Targa 2D		NA126	89765	**45775**	**50675**	**54000**	**62300**

2006 ACURA — (JH4or19U)(DC548)-6-#

Body	Type	VIN	List	Trade-In Fair	Good	Pvt-Party Good	Retail Excellent
RSX—4-Cyl.—Equipment Schedule 3							
W.B. 101.2"; 2.0 Liter.							
Sport Coupe 2D		DC548	21840	**8375**	**9575**	**11250**	**14300**
Type S Sport Cpe 2D		DC530	24460	**9800**	**11125**	**12900**	**16050**
TSX—4-Cyl.—Equipment Schedule 3							
W.B. 105.1"; 2.4 Liter.							
Sedan 4D		CL958	28505	**10725**	**12150**	**14050**	**17500**
TL—V6—Equipment Schedule 1							
W.B. 107.9"; 3.2 Liter.							
3.2 Sedan 4D		UA662	33940	**13625**	**15325**	**17300**	**21100**
RL SH-AWD—V6—Equipment Schedule 1							
W.B. 110.2"; 3.5 Liter.							
3.5 Sedan 4D		KB165	49915	**15475**	**17350**	**19350**	**23300**

2007 ACURA — (JH4or19U)(CL958)-7-#

Body	Type	VIN	List	Trade-In Fair	Good	Pvt-Party Good	Retail Excellent
TSX—4-Cyl.—Equipment Schedule 3							
W.B. 105.1"; 2.4 Liter.							
Sedan 4D		CL958	28760	**12650**	**14300**	**16050**	**19600**
TL—V6—Equipment Schedule 1							
W.B. 107.9"; 3.2 Liter, 3.5 Liter.							
3.2 Sedan 4D		UA662	34295	**17200**	**19250**	**21200**	**25300**
Type S Sedan 4D		UA755	38795	**19100**	**21375**	**23300**	**27500**
RL SH-AWD—V6—Equipment Schedule 1							
W.B. 110.2"; 3.5 Liter.							
3.5 Sedan 4D		KB165	46450	**20775**	**23225**	**25200**	**29700**

2008 ACURA — (JH4or19U)(CL958)-8-#

Body	Type	VIN	List	Trade-In Fair	Good	Pvt-Party Good	Retail Excellent
TSX—4-Cyl.—Equipment Schedule 3							
W.B. 105.1"; 2.4 Liter.							
Sedan 4D		CL958	28905	**15050**	**16900**	**18700**	**22400**
TL—V6—Equipment Schedule 1							
W.B. 107.9"; 3.2 Liter, 3.5 Liter.							
3.2 Sedan 4D		UA662	34440	**20000**	**22350**	**24100**	**28300**
Type S Sedan 4D		UA755	38940	**21950**	**24500**	**26300**	**30700**
RL SH-AWD—V6—Equipment Schedule 1							
W.B. 110.2"; 3.5 Liter.							
3.5 Sedan 4D		KB165	46995	**23825**	**26550**	**28400**	**33000**

AUDI

1994 AUDI — WAU(BK88C)-R-#

Body	Type	VIN	List	Trade-In Fair	Good	Pvt-Party Good	Retail Excellent
90—V6—Equipment Schedule 3							
W.B. 102.8", 102.2" (Quattro); 2.8 Liter.							
S Sedan 4D		BK88C	28265	**850**	**1200**	**2125**	**3600**

1994 AUDI

Body	Type	VIN	List	Trade-In Fair	Trade-In Good	Pvt-Party Good	Retail Excellent
CS Sedan 4D		DK88C	31215	975	1350	2425	4050
CS Quattro Sedan 4D		EK88C	34865	1575	2050	3250	5050
Manual Trans				**(125)**	**(125)**	**(165)**	**(165)**
100—V6—Equipment Schedule 3							
W.B. 105.8", 106.0" (Quattro); 2.8 Liter.							
S Sedan 4D		BK84A	35565	925	1325	2375	4000
S Wagon 4D		CK84A	38515	1200	1700	2850	4550
CS Sedan 4D		DK84A	41015	1150	1600	2750	4425
CS Quattro Sedan 4D		EK84A	43465	1425	1900	3100	4875
CS Quattro Wagon 4D		FK84A	47465	1950	2500	3750	5625
Manual Trans				**(125)**	**(125)**	**(165)**	**(165)**
CABRIOLET—V6—Equipment Schedule 1							
W.B. 100.6"; 2.8 Liter.							
Convertible 2D		BL88G	39395	2075	2650	3900	5800
S4—5-Cyl. Turbo—Equipment Schedule 1							
W.B. 106.0"; 2.2 Liter.							
Quattro Sedan 4D		HR84A	51615	3275	3975	5425	7625
QUATTRO—V8—Equipment Schedule 1							
W.B. 106.4"; 4.2 Liter.							
Sedan 4D		BW84C	59145	4200	4950	6500	8900

1995 AUDI — WAU(BK88C)—S-#

Body	Type	VIN	List	Trade-In Fair	Trade-In Good	Pvt-Party Good	Retail Excellent
90—V6—Equipment Schedule 3							
W.B. 102.8", 102.2" (Quattro); 2.8 Liter.							
Sedan 4D		BK88C	26115	1000	1400	2500	4150
Sport Sedan 4D		DK88C	26515	1125	1575	2750	4425
Quattro AWD		C,E		1200	1200	1600	1600
Manual Trans				**(125)**	**(125)**	**(165)**	**(165)**
A6—V6—Equipment Schedule 3							
W.B. 105.8", 106.0" (Quattro); 2.8 Liter.							
Sedan 4D		FA84A	31045	1075	1525	2675	4350
Wagon 4D		HA84A	33615	1475	1950	3200	5000
Quattro AWD		G,J		1200	1200	1600	1600
Manual Trans				**(125)**	**(125)**	**(165)**	**(165)**
CABRIOLET—V6—Equipment Schedule 1							
W.B. 100.6"; 2.8 Liter.							
Convertible 2D		BL88G	36345	2475	3075	4400	6425
S6—5-Cyl. Turbo—Equipment Schedule 1							
W.B. 106.0"; 2.2 Liter.							
Quattro Sedan 4D		KA84A	45715	3800	4500	6025	8350
Quattro Wagon 4D		LA84A	48385	4500	5325	6950	9500

1996 AUDI — WAU(DA88D)—T-#

Body	Type	VIN	List	Trade-In Fair	Trade-In Good	Pvt-Party Good	Retail Excellent
A4—V6—Equipment Schedule 3							
W.B. 103.0"; 2.8 Liter.							
Sedan 4D		DA88D	26975	1375	1850	3075	4875
Quattro AWD		E		1250	1250	1665	1665
Manual Trans				**(125)**	**(125)**	**(165)**	**(165)**
A6—V6—Equipment Schedule 3							
W.B. 105.8"; 2.8 Liter.							
Sedan 4D		FA84A	32775	1325	1800	3050	4825
Wagon 4D		HA84A	34475	1825	2350	3650	5525
Quattro AWD		G,J		1250	1250	1665	1665
CABRIOLET—V6—Equipment Schedule 1							
W.B. 100.6"; 2.8 Liter.							
Convertible 2D		AA88G	37275	3000	3625	5025	7150

1997 AUDI — WAU(DA88A)—V-#

Body	Type	VIN	List	Trade-In Fair	Trade-In Good	Pvt-Party Good	Retail Excellent
A4—V6—Equipment Schedule 3							
W.B. 103.0"; 2.8 Liter.							
Sedan 4D		DA88A	28905	1750	2250	3525	5425
Quattro AWD		C,E		1275	1275	1700	1700
Manual Trans				**(150)**	**(150)**	**(200)**	**(200)**
4-Cyl. 1.8L Turbo		B		**(650)**	**(650)**	**(865)**	**(865)**
A6—V6—Equipment Schedule 3							
W.B. 105.8"; 2.8 Liter.							
Sedan 4D		FA84A	33100	1700	2200	3475	5375
Wagon 4D		HA84A	34900	2250	2850	4175	6175
Quattro AWD		G,J		1275	1275	1700	1700
A8—V8—Equipment Schedule 1							
W.B. 113.0"; 3.7 Liter, 4.2 Liter.							
Sedan 4D		AF84D	57400	1975	2525	3850	5750

Body	Type	VIN	List	Trade-In Fair	Trade-In Good	Pvt-Party Good	Retail Excellent
	Quattro AWD Sed 4D	AG84D	65000	3450	4150	5600	7875

CABRIOLET—V6—Equipment Schedule 1
W.B. 100.6"; 2.8 Liter.

| | Convertible 2D | AA88G | 38800 | 3575 | 4300 | 5725 | 8000 |

1998 AUDI — WAU(DD68D)-W-#

A4—V6—Equipment Schedule 3
W.B. 103.0"; 2.8 Liter.

	Sedan 4D	DD68D	29965	2175	2750	4100	6100
	Avant Wagon 4D	FD68D	30965	2525	3125	4500	6600
	Quattro AWD	G,C,E		1300	1300	1735	1735
	Manual Trans			(175)	(175)	(235)	(235)
	4-Cyl. 1.8L Turbo			(725)	(725)	(965)	(965)

A6—V6—Equipment Schedule 3
W.B. 105.8", 108.7" (Sed); 2.8 Liter.

	Sedan 4D	AA74B	34250	2000	2550	3900	5850
	Wagon 4D	JA84A	38050	2650	3250	4650	6750
	Quattro AWD	B,J		1300	1300	1735	1735

A8—V8—Equipment Schedule 1
W.B. 113.0"; 3.7 Liter, 4.2 Liter.

| | Sedan 4D | AF74D | 57900 | 1800 | 2325 | 3625 | 5525 |
| | Quattro AWD Sed 4D | BG74D | 65500 | 3450 | 4150 | 5600 | 7850 |

CABRIOLET—V6—Equipment Schedule 1
W.B. 100.6"; 2.8 Liter.

| | Convertible 2D | AA88G | 38800 | 4250 | 5000 | 6525 | 8925 |

1999 AUDI — WAU(DD38D)-X-#

A4—V6—Equipment Schedule 3
W.B. 103.0"; 2.8 Liter.

	Sedan 4D	DD38D	28890	2750	3350	4800	6925
	Quattro AWD	C,E		1325	1325	1765	1765
	Manual Trans			(200)	(200)	(265)	(265)
	4-Cyl. 1.8L Turbo	B		(800)	(800)	(1065)	(1065)

A4 AVANT QUATTRO AWD—V6—Equipment Schedule 3
W.B. 102.6"; 2.8 Liter.

	Wagon 4D	GD38D	31540	3475	4200	5675	7975
	Manual Trans			(200)	(200)	(265)	(265)
	4-Cyl. 1.8L Turbo	B		(800)	(800)	(1065)	(1065)

A6—V6—Equipment Schedule 3
W.B. 108.7"; 2.8 Liter.

| | Sedan 4D | AA24B | 34250 | 2550 | 3125 | 4550 | 6675 |
| | Quattro AWD | B | | 1325 | 1325 | 1765 | 1765 |

A6 AVANT QUATTRO AWD—V6—Equipment Schedule 3
W.B. 108.6"; 2.8 Liter.

| | Wagon 4D | DA24B | 37100 | 3275 | 3975 | 5450 | 7700 |

A8—V8—Equipment Schedule 1
W.B. 113.0"; 3.7 Liter, 4.2 Liter.

| | Sedan 4D | AF34D | 57900 | 1825 | 2350 | 3675 | 5575 |
| | Quattro AWD Sed 4D | BG34D | 65500 | 3675 | 4375 | 5875 | 8150 |

2000 AUDI — (WAUorTRU)(AH28D)-Y-#

A4—V6—Equipment Schedule 3
W.B. 103.0"; 2.8 Liter.

	Sedan 4D	AH28D	30390	3375	4100	5550	7850
	Quattro AWD	D		1350	1350	1800	1800
	Manual Trans			(200)	(200)	(265)	(265)
	4-Cyl. 1.8L Turbo	C		(875)	(875)	(1165)	(1165)

A4 AVANT QUATTRO AWD—V6—Equipment Schedule 3
W.B. 102.6"; 2.8 Liter.

	Wagon 4D	KH28D	33140	4225	5000	6550	8975
	Manual Trans			(200)	(200)	(265)	(265)
	4-Cyl. 1.8L Turbo	C		(875)	(875)	(1165)	(1165)

S4 QUATTRO AWD—V6 Turbo—Equipment Schedule 3
W.B. 102.6"; 2.7 Liter.

| | 2.7T Sedan 4D | DD68D | 39625 | 5450 | 6350 | 8100 | 10900 |

A6—V6—Equipment Schedule 3
W.B. 108.7"; 2.8 Liter.

| | Sedan 4D | BH24B | 34475 | 3175 | 3850 | 5325 | 7550 |
| | Quattro AWD | G,J | | 1350 | 1350 | 1800 | 1800 |

A6 AVANT QUATTRO AWD—V6—Equipment Schedule 3
W.B. 108.6"; 2.8 Liter.

| | Wagon 4D | LH24B | 37425 | 4000 | 4750 | 6300 | 8675 |

Body	Type	VIN	List	Trade-In Fair	Trade-In Good	Pvt-Party Good	Retail Excellent

A6 QUATTRO AWD—V6 Turbo—Equipment Schedule 3
W.B. 108.7"; 2.7 Liter.

| 2.7T Sedan 4D | ED24B | 39075 | 4675 | 5525 | 7125 | 9700 |

A6 QUATTRO AWD—V8—Equipment Schedule 3
W.B. 108.6"; 4.2 Liter.

| 4.2 Sedan 4D | ZL54B | 49425 | 5950 | 6875 | 8600 | 11350 |

A8 QUATTRO AWD—V8—Equipment Schedule 1
W.B. 113.4", 118.5" (L); 4.2 Liter.

| Sedan 4D | FL54D | 62525 | 4175 | 4925 | 6450 | 8825 |
| L Sedan 4D | FL54D | 68425 | 5650 | 6600 | 8225 | 10950 |

TT—4-Cyl. Turbo—Equipment Schedule 3
W.B. 95.4", 95.6"; 1.8 Liter.

| Coupe 2D | TC28N | 31025 | 4300 | 5100 | 6650 | 9075 |
| Quattro AWD | U | | 1350 | 1350 | 1800 | 1800 |

2001 AUDI — (WAUorTRU)(AH68D)-1-#

A4—V6—Equipment Schedule 3
W.B. 103.0"; 2.8 Liter.

Sedan 4D	AH68D	30890	4200	4950	6525	8975
Quattro AWD	D		1375	1375	1835	1835
Manual Trans			(200)	(200)	(265)	(265)
4-Cyl. 1.8L Turbo	C		(950)	(950)	(1265)	(1265)

A4 AVANT QUATTRO AWD—V6—Equipment Schedule 3
W.B. 102.6"; 2.8 Liter.

Wagon 4D	KH68D	33640	5075	5925	7600	10250
Manual Trans			(200)	(200)	(265)	(265)
4-Cyl. 1.8L Turbo	C		(950)	(950)	(1265)	(1265)

S4 QUATTRO AWD—V6 Turbo—Equipment Schedule 3
W.B. 102.6"; 2.7 Liter.

| 2.7T Sedan 4D | RD58D | 39450 | 6375 | 7375 | 9200 | 12150 |
| 2.7T Avant Wagon 4D | XD68D | 41050 | 7175 | 8250 | 10100 | 13200 |

A6—V6—Equipment Schedule 3
W.B. 108.7"; 2.8 Liter.

| Sedan 4D | BH54B | 34950 | 3950 | 4675 | 6250 | 8650 |
| Quattro AWD | E | | 1375 | 1375 | 1835 | 1835 |

A6 AVANT QUATTRO AWD—V6—Equipment Schedule 3
W.B. 108.7"; 2.8 Liter.

| Wagon 4D | LH54B | 37900 | 4825 | 5650 | 7300 | 9900 |

A6 QUATTRO AWD—V6 Turbo—Equipment Schedule 3
W.B. 108.7"; 2.7 Liter.

| 2.7T Sedan 4D | ED54B | 40050 | 5550 | 6475 | 8150 | 10900 |
| Sport Pkg | | | 350 | 350 | 465 | 465 |

ALLROAD QUATTRO AWD—V6 Turbo—Equipment Sch 1
W.B. 108.5"; 2.7 Liter.

| 2.7T Wagon 4D | YP54B | 43450 | 5850 | 6775 | 8500 | 11250 |

A6 QUATTRO AWD—V8—Equipment Schedule 3
W.B. 108.6"; 4.2 Liter.

| 4.2 Sedan 4D | ZL54B | 49950 | 6900 | 7975 | 9750 | 12700 |
| Sport Pkg | | | 350 | 350 | 465 | 465 |

A8 QUATTRO AWD—V8—Equipment Schedule 1
W.B. 113.4", 118.5" (L); 4.2 Liter.

| Sedan 4D | FL54D | 62750 | 4975 | 5800 | 7425 | 10000 |
| L Sedan 4D | ML54D | 68450 | 6600 | 7600 | 9300 | 12150 |

S8 QUATTRO AWD—V8—Equipment Schedule 1
W.B. 113.4"; 4.2 Liter.

| Sedan 4D | GU54D | 73050 | 8700 | 9900 | 11900 | 15250 |

TT—4-Cyl. Turbo—Equipment Schedule 3
W.B. 95.4"; 1.8 Liter.

Coupe 2D	SC28N	31750	5150	6000	7700	10350
Roadster 2D	TC28N	33750	6075	7050	8775	11550
Power Folding Roof			375	375	500	500
Quattro AWD			1375	1375	1835	1835

TT QUATTRO AWD—4-Cyl. HO Turbo—Equipment Schedule 2
W.B. 95.4"; 1.8 Liter.

| Coupe 2D | WT28N | 36650 | 6700 | 7700 | 9475 | 12400 |
| Roadster 2D | UT28N | 39450 | 7500 | 8575 | 10400 | 13450 |

2002 AUDI — (WAUorTRU)(JC58E)-2-#

A4—V6—Equipment Schedule 3
W.B. 104.3"; 3.0 Liter.

| Sedan 4D | JC58E | 31965 | 5150 | 6000 | 7875 | 10750 |
| Sport Pkg | | | 200 | 200 | 265 | 265 |

Body	Type	VIN	List	Trade-In Fair	Good	Pvt-Party Good	Retail Excellent
Quattro AWD		L		**1400**	**1400**	**1865**	**1865**
5-Spd Manual Trans				**(200)**	**(200)**	**(265)**	**(265)**
4-Cyl. 1.8L Turbo		C		**(1000)**	**(1000)**	**(1335)**	**(1335)**
A4 AVANT QUATTRO AWD—V6—Equipment Schedule 3							
W.B. 104.3"; 3.0 Liter.							
Wagon 4D		VC58E	34715	**6100**	**7050**	**8950**	**11950**
Sport Pkg				**200**	**200**	**265**	**265**
5-Spd Manual Trans				**(200)**	**(200)**	**(265)**	**(265)**
4-Cyl. 1.8L Turbo		C		**(1000)**	**(1000)**	**(1335)**	**(1335)**
S4 QUATTRO AWD—V6 Turbo—Equipment Schedule 3							
W.B. 102.6"; 2.7 Liter.							
2.7T Sedan 4D		RD68D	39475	**7350**	**8450**	**10500**	**13800**
2.7T Avant Wagon 4D		XD68D	41075	**8200**	**9375**	**11550**	**15100**
A6—V6—Equipment Schedule 3							
W.B. 108.7"; 3.0 Liter.							
Sedan 4D		JT54B	35975	**4700**	**5525**	**7350**	**10150**
Quattro AWD		L		**1400**	**1400**	**1865**	**1865**
A6 AVANT QUATTRO AWD—V6—Equipment Schedule 3							
W.B. 108.6"; 3.0 Liter.							
Wagon 4D		VT54B	38925	**5675**	**6600**	**8475**	**11400**
A6 QUATTRO AWD—V6 Turbo—Equipment Schedule 3							
W.B. 108.7"; 2.7 Liter.							
2.7T Sedan 4D		LD54B	40325	**6450**	**7425**	**9350**	**12400**
Sport Pkg				**350**	**350**	**465**	**465**
ALLROAD QUATTRO AWD—V6 Turbo—Equipment Sch 1							
W.B. 108.5"; 2.7 Liter.							
2.7T Wagon 4D		YD54B	43325	**6675**	**7675**	**9600**	**12700**
A6 QUATTRO AWD—V8—Equipment Schedule 3							
W.B. 108.6"; 4.2 Liter.							
4.2 Sedan 4D		ML54B	50225	**7900**	**9050**	**11100**	**14450**
Sport Pkg				**350**	**350**	**465**	**465**
S6 AVANT QUATTRO AWD—V8—Equipment Schedule 1							
W.B. 108.6"; 4.2 Liter.							
Wagon 4D		XU54B	61375	**13175**	**14850**	**17100**	**21200**
A8 QUATTRO AWD—V8—Equipment Schedule 1							
W.B. 113.4", 118.5" (L); 4.2 Liter.							
Sedan 4D		FL44D	62775	**6075**	**7025**	**8875**	**11800**
L Sedan 4D		ML44D	67775	**7825**	**8950**	**10950**	**14150**
S8 QUATTRO AWD—V8—Equipment Schedule 1							
W.B. 113.4"; 4.2 Liter.							
Sedan 4D		GU44D	74775	**10000**	**11375**	**13550**	**17300**
TT—4-Cyl. Turbo—Equipment Schedule 2							
W.B. 95.4"; 1.8 Liter.							
Coupe 2D		2A	31775	**6025**	**6975**	**8875**	**11850**
Roadster 2D		TC28N	33775	**7000**	**8050**	**10050**	**13200**
Power Folding Roof				**400**	**400**	**535**	**535**
TT QUATTRO AWD—4-Cyl. Turbo—Equipment Schedule 2							
W.B. 95.4"; 1.8 Liter.							
180 Coupe 2D		WC28N	33595	**6875**	**7925**	**9850**	**13000**
TT QUATTRO AWD—4-Cyl. HO Turbo—Equipment Schedule 2							
W.B. 95.6"; 1.8 Liter.							
225 Coupe 2D		WT28N	36675	**7675**	**8775**	**10800**	**14000**
225 Roadster 2D		UT28N	39475	**8500**	**9725**	**11800**	**15250**
225 ALMS Comm Cpe		WT28N	40245	**9275**	**10575**	**12700**	**16250**

2003 AUDI — (WAU,WUA,WA1orTRU)(JT58E)-3-#

Body	Type	VIN	List	Trade-In Fair	Good	Pvt-Party Good	Retail Excellent
A4—V6—Equipment Schedule 3							
W.B. 104.3", 104.5" (Cab); 3.0 Liter.							
Sedan 4D		JT58E	32250	**6125**	**7100**	**9000**	**12000**
Cabriolet 2D		AT28N	42160	**9050**	**10300**	**12400**	**15900**
Sport Pkg				**250**	**250**	**335**	**335**
Quattro AWD		L		**1450**	**1450**	**1935**	**1935**
5-Spd Manual Trans				**(225)**	**(225)**	**(300)**	**(300)**
4-Cyl. 1.8L Turbo		C		**(1150)**	**(1150)**	**(1535)**	**(1535)**
A4 AVANT QUATTRO AWD—V6—Equipment Schedule 3							
W.B. 104.3"; 3.0 Liter.							
Wagon 4D		VT58E	35000	**7250**	**8325**	**10250**	**13450**
Sport Pkg				**250**	**250**	**335**	**335**
5-Spd Manual Trans				**(225)**	**(225)**	**(300)**	**(300)**
4-Cyl. 1.8L Turbo		C		**(1150)**	**(1150)**	**(1535)**	**(1535)**
A6—V6—Equipment Schedule 3							
W.B. 108.7"; 3.0 Liter.							
Sedan 4D		JT54B	36360	**5625**	**6575**	**8425**	**11350**

Body	Type	VIN	List	Trade-In Fair	Trade-In Good	Pvt-Party Good	Retail Excellent
	Quattro AWD	L		1450	1450	1935	1935
A6 AVANT QUATTRO AWD—V6—Equipment Schedule 3							
W.B. 108.6"; 3.0 Liter.							
	Wagon 4D	VT54B	39310	6775	7825	9750	12900
A6 QUATTRO AWD—V6 Turbo—Equipment Schedule 3							
W.B. 108.7"; 2.7 Liter.							
	2.7T Sedan 4D	LD54B	41510	7650	8750	10750	13950
ALLROAD QUATTRO AWD—V6 Turbo—Equipment Schedule 1							
W.B. 108.5"; 2.7 Liter.							
	2.7T Wagon 4D	YD54B	45110	7875	9000	11050	14400
A6 QUATTRO AWD—V8—Equipment Schedule 3							
W.B. 108.6"; 4.2 Liter.							
	4.2 Sedan 4D	ML54B	48460	9325	10625	12750	16250
	Sport Pkg			375	375	500	500
S6 AVANT QUATTRO AWD—V8—Equipment Schedule 1							
W.B. 108.6"; 4.2 Liter.							
	Wagon 4D	XU54B	61060	15325	17250	19500	23800
RS6 QUATTRO AWD—V8 Bi Turbo—Equipment Schedule 1							
W.B. 108.6"; 4.2 Liter.							
	Sedan 4D	PV54B	84660	19200	21450	24100	29200
A8 QUATTRO AWD—V8—Equipment Schedule 3							
W.B. 113.4", 118.5" (L); 4.2 Liter.							
	Sedan 4D	FL44D	62860	8425	9625	11600	14900
	L Sedan 4D	ML44D	67860	10400	11750	13800	17400
S8 QUATTRO AWD—V8—Equipment Schedule 1							
W.B. 113.4"; 4.2 Liter.							
	Sedan 4D	GU44D	74460	12875	14550	16850	21000
TT—4-Cyl. Turbo—Equipment Schedule 2							
W.B. 95.4"; 1.8 Liter.							
	Coupe 2D	SC28N	33145	7175	8250	10200	13400
	Roadster 2D	TC28N	35145	8325	9525	11600	15000
	Power Folding Roof			400	400	535	535
TT QUATTRO AWD—4-Cyl. HO Turbo—Equipment Schedule 2							
W.B. 95.4"; 1.8 Liter.							
	Coupe 2D	WT28N	36845	9125	10400	12500	16000
	Roadster 2D	UT28N	39645	10100	11475	13600	17300

2004 AUDI — (WAU,WA1orTRU)(JT58E)-4-#

Body	Type	VIN	List	Trade-In Fair	Trade-In Good	Pvt-Party Good	Retail Excellent
A4—V6—Equipment Schedule 3							
W.B. 104.3", 104.5" (Cab); 3.0 Liter.							
	Sedan 4D	JT58E	31840	7325	8400	10400	13600
	Cabriolet 2D	AT48H	42490	10525	11950	14100	17800
	Sport Pkg			275	275	365	365
	Ultra Sport Pkg			1000	1000	1335	1335
	Quattro AWD	D,L		1475	1475	1965	1965
	5-Spd Manual Trans			(250)	(250)	(335)	(335)
	4-Cyl. 1.8L Turbo	C		(1300)	(1300)	(1735)	(1735)
A4 AVANT QUATTRO AWD—V6—Equipment Schedule 3							
W.B. 104.3"; 3.0 Liter.							
	Wagon 4D	VT58E	35480	8550	9775	11800	15250
	Sport Pkg			275	275	365	365
	Ultra Sport Pkg			1000	1000	1335	1335
	4-Cyl. 1.8L Turbo	C		(1300)	(1300)	(1735)	(1735)
S4 QUATTRO AWD—V8—Equipment Schedule 1							
W.B. 104.3", 104.5" (Cab); 4.2 Liter.							
	Sedan 4D	PL58E	47490	12650	14250	16600	20800
	Cabriolet 2D	RL48H	55720	15725	17650	20100	24700
S4 AVANT QUATTRO AWD—V8—Equipment Schedule 1							
W.B. 104.3"; 4.2 Liter.							
	Wagon 4D	XL68E	48490	13625	15325	17750	22100
A6—V6—Equipment Schedule 3							
W.B. 108.7"; 3.0 Liter.							
	Sedan 4D	JT54B	36640	6750	7800	9750	12900
	Quattro AWD	L		1475	1475	1965	1965
A6 AVANT QUATTRO AWD—V6—Equipment Schedule 3							
W.B. 108.6"; 3.0 Liter.							
	Wagon 4D	VT54B	40840	8075	9225	11250	14650
A6 QUATTRO AWD—V6 Turbo—Equipment Schedule 3							
W.B. 108.7"; 2.7 Liter.							
	2.7T Sedan 4D	LD54B	42840	9000	10250	12300	15800
	2.7T S-Line Sedan 4D	CD64B	43870	9575	10875	13000	16550
ALLROAD QUATTRO AWD—V6 Turbo—Equipment Schedule 1							
W.B. 108.5"; 2.7 Liter.							

Body	Type	VIN	List	Trade-In Fair	Trade-In Good	Pvt-Party Good	Retail Excellent
2.7T Wagon 4D		YD54B	40640	9250	10525	12600	16100
ALLROAD QUATTRO AWD—V8—Equipment Schedule 1							
W.B. 108.5"; 4.2 Liter.							
4.2 Wagon 4D		YL64B	47640	10825	12250	14350	18100
A6 QUATTRO AWD—V8—Equipment Schedule 3							
W.B. 108.6"; 4.2 Liter.							
4.2 Sedan 4D		ML54B	49690	10875	12350	14500	18250
Sport Pkg				400	400	535	535
A8 QUATTRO AWD—V8—Equipment Schedule 1							
W.B. 121.1"; 4.2 Liter.							
L Sedan 4D		ML44E	69190	13675	15375	17500	21500
TT—4-Cyl. Turbo—Equipment Schedule 2							
W.B. 95.4"; 1.8 Liter.							
Coupe 2D		SC28N	33940	8500	9725	11750	15200
Roadster 2D		TC28N	35940	9800	11125	13250	16850
Power Folding Roof				400	400	535	535
TT QUATTRO AWD—4-Cyl. HO Turbo—Equipment Schedule 2							
W.B. 95.6"; 1.8 Liter.							
Coupe 2D		WT28N	37390	10725	12150	14250	18000
Roadster 2D		UT28N	40190	11850	13375	15550	19400
TT QUATTRO AWD—V6—Equipment Schedule 2							
W.B. 95.6"; 3.2 Liter.							
Coupe 2D		WF28N	40590	11850	13425	15600	19450
Roadster 2D		UF28N	43590	12975	14600	16850	20900

2005 AUDI — (WAU,WA1orTRU)(JT58E)-5-#

Body	Type	VIN	List	Trade-In Fair	Trade-In Good	Pvt-Party Good	Retail Excellent
A4—V6—Equipment Schedule 3							
W.B. 104.3", 104.5" (Cab); 3.0 Liter.							
Sedan 4D		JT58E	32670	8725	9950	12050	15550
Cabriolet 2D		AT48H	43020	12350	13975	16150	20100
Sport Pkg				300	300	400	400
Ultra Sport Pkg				1000	1000	1335	1335
S-Line Pkg				800	800	1065	1065
Quattro AWD		D,L		1500	1500	2000	2000
5-Spd Manual Trans				(275)	(275)	(365)	(365)
4-Cyl. 1.8L Turbo		C		(1450)	(1450)	(1935)	(1935)
A4 AVANT QUATTRO AWD—V6—Equipment Schedule 3							
W.B. 104.3"; 3.0 Liter.							
Wagon 4D		VT58E	36510	10100	11475	13600	17250
Sport Pkg				300	300	400	400
Ultra Sport Pkg				1000	1000	1335	1335
4-Cyl. 1.8L Turbo		C		(1450)	(1450)	(1935)	(1935)
A4 (2005.5)—4-Cyl. Turbo—Equipment Schedule 3							
W.B. 104.3"; 2.0 Liter.							
2.0T Sedan 4D		AF78E	29270	9000	10250	12350	15900
Sport Pkg				300	300	400	400
Quattro AWD				1500	1500	2000	2000
A4 AVANT QUATTRO (2005.5)—4-Cyl. Turbo—Equip Sch 3							
W.B. 104.3"; 2.0 Liter.							
2.0T Wagon 4D		KF78E	32370	10625	12050	14150	17900
Sport Pkg				300	300	400	400
A4 QUATTRO AWD (2005.5)—V6—Equipment Schedule 3							
W.B. 104.3"; 3.2 Liter.							
3.2 Sedan 4D		DG78E	36120	10825	12300	14450	18200
Sport Pkg				300	300	400	400
A4 AVANT QUATTRO AWD (2005.5)—V6—Equipment Sch 3							
W.B. 104.3"; 3.2 Liter.							
3.2 Wagon 4D		KG78E	37120	12200	13775	15950	19900
Sport Pkg				300	300	400	400
S4 QUATTRO AWD—V8—Equipment Schedule 1							
W.B. 104.3", 104.5" (Cab); 4.2 Liter.							
Sedan 4D		PL58E	47770	14890	16525	18950	23400
Cabriolet 2D		RL48H	55870	18125	20275	22900	27800
S4 QUATTRO AWD—V8—Equipment Schedule 1							
W.B. 104.3"; 4.2 Liter.							
Wagon 4D		XL58E	48770	15775	17700	20200	24800
S4 QUATTRO AWD (2005.5)—V8—Equipment Schedule 1							
W.B. 104.3"; 4.2 Liter.							
Sedan 4D		GL68E	49320	16650	18725	21300	26000
S4 AVANT QUATTRO AWD (2005.5)—V8— Equipment Sch 1							
W.B. 104.3"; 4.2 Liter.							
Wagon 4D		UL58E	50320	17300	19350	22000	26800

2005 AUDI

Body	Type	VIN	List	Trade-In Fair	Trade-In Good	Pvt-Party Good	Retail Excellent
A6 QUATTRO AWD—V6—Equipment Schedule 3							
W.B. 111.9"; 3.2 Liter.							
Sedan 4D		DG54F	41620	**13225**	**14900**	**17100**	**21200**
Sport Pkg				425	425	565	565
A6 QUATTRO AWD—V8—Equipment Schedule 3							
W.B. 111.9"; 4.2 Liter.							
4.2 Sedan 4D		DL54F	51220	**15525**	**17450**	**19700**	**24000**
Sport Pkg				425	425	565	565
S-Line Pkg		E		800	800	1065	1065
ALLROAD QUATTRO AWD—V6 Turbo—Equipment Schedule 1							
W.B. 108.5"; 2.7 Liter.							
2.7T Wagon 4D		YD54B	44570	**13775**	**15525**	**17750**	**21900**
ALLROAD QUATTRO AWD—V8—Equipment Schedule 1							
W.B. 108.5"; 4.2 Liter.							
4.2 Wagon 4D		YL54B	47970	**15475**	**17400**	**19600**	**23900**
A8 QUATTRO AWD—V8—Equipment Schedule 1							
W.B. 115.9", 121.0" (L); 4.2 Liter.							
Sedan 4D		LL44E	67310	**16850**	**18875**	**21100**	**25500**
L Sedan 4D		ML44E	70620	**19300**	**21550**	**23800**	**28400**
A8 QUATTRO AWD—W12—Equipment Schedule 1							
W.B. 121.0"; 6.0 Liter.							
L Sedan 4D		MR44E	118120	**38525**	**42725**	**45400**	**52300**
TT—4-Cyl. Turbo—Equipment Schedule 2							
W.B. 95.4"; 1.8 Liter.							
Coupe 2D		SC28N	34220	**10100**	**11475**	**13600**	**17250**
Roadster 2D		TC28N	36220	**11575**	**13075**	**15300**	**19100**
Power Folding Roof				400	400	535	535
TT QUATTRO AWD—4-Cyl. HO Turbo—Equipment Schedule 2							
W.B. 95.4", 95.6" (Cpe); 1.8 Liter.							
Coupe 2D		WT28N	37620	**12650**	**14250**	**16400**	**20400**
Roadster 2D		UT28N	40420	**13825**	**15575**	**17800**	**21900**
TT QUATTRO AWD—V6—Equipment Schedule 2							
W.B. 95.6"; 3.2 Liter.							
Coupe 2D		WF28N	40870	**13825**	**15575**	**17800**	**21900**
Roadster 2D		UF28N	43870	**15100**	**16950**	**19150**	**23400**

2006 AUDI — (WAU,WUAorTRU)(HF68P)-6-#

Body	Type	VIN	List	Trade-In Fair	Trade-In Good	Pvt-Party Good	Retail Excellent
A3—4-Cyl. Turbo—Equipment Schedule 3							
W.B. 101.5"; 2.0 Liter.							
2.0T Wagon 4D		HF68P	26940	**10825**	**12250**	**14300**	**17950**
Dual Moon Roofs				550	550	735	735
Sport Pkg		M		325	325	435	435
A3 QUATTRO AWD—V6—Equipment Schedule 3							
W.B. 101.5"; 3.2 Liter.							
3.2 S-Line Wagon 4D		KD78P	34700	**15725**	**17650**	**19800**	**23900**
Dual Moon Roofs				550	550	735	735
A4—4-Cyl. Turbo—Equipment Schedule 3							
W.B. 104.3", 104.5" (Cab); 1.8 Liter, 2.0 Liter.							
2.0T Sedan 4D		AF78E	29560	**10200**	**11575**	**13700**	**17400**
1.8T Cabriolet 2D		AC48H	38060	**13875**	**15625**	**17800**	**21900**
S-Line Pkg		B,E		800	800	1065	1065
Quattro AWD		D,E		1525	1525	2035	2035
A4—V6—Equipment Schedule 3							
W.B. 104.3"; 3.2 Liter.							
3.2 Sedan 4D		AH78E	34660	**12250**	**13825**	**15950**	**19900**
S-Line Pkg		E		800	800	1065	1065
Quattro AWD		D		1525	1525	2035	2035
A4 QUATTRO AWD—V6—Equipment Schedule 3							
W.B. 104.5"; 3.0 Liter.							
3.0 Cabriolet 2D		DT48H	46210	**17000**	**19050**	**21400**	**25800**
S-Line Pkg		E		800	800	1065	1065
A4 AVANT QUATTRO AWD—4-Cyl. Turbo—Equipment Sch 3							
W.B. 104.3"; 2.0 Liter.							
2.0T Wagon 4D		KF78E	32660	**11950**	**13525**	**15700**	**19550**
S-Line Pkg		S		800	800	1065	1065
A4 AVANT QUATTRO AWD—V6—Equipment Schedule 3							
W.B. 104.3"; 3.2 Liter.							
3.2 Wagon 4D		KH78E	37760	**13675**	**15425**	**17600**	**21700**
S-Line Pkg		S		800	800	1065	1065
S4 QUATTRO AWD—V8—Equipment Schedule 1							
W.B. 104.3", 104.5" (Cab); 4.2 Liter.							
Sedan 4D		GL78E	49620	**19200**	**21450**	**24100**	**29100**
Special Ed Sedan 4D		GL78E	60970	**24700**	**27550**	**30200**	**35800**

· **EQUIPMENT & MILEAGE PAGE 9 TO 23**   **35**

Body	Type	VIN	List	Trade-In Fair	Trade-In Good	Pvt-Party Good	Retail Excellent
Cabriolet 2D		RL48H	57860	23725	26450	29100	34600
S4 AVANT QUATTRO AWD—V8—Equipment Schedule 1							
W.B. 104.3"; 4.2 Liter.							
Wagon 4D		UL78E	50620	19900	22250	24800	29900
A6—V6—Equipment Schedule 3							
W.B. 111.9"; 3.2 Liter.							
3.2 Sedan 4D		AH74F	41540	13375	15100	17250	21300
S-Line Pkg		B		800	800	1065	1065
A6 QUATTRO AWD—V6—Equipment Schedule 3							
W.B. 111.9"; 3.2 Liter.							
3.2 Sedan 4D		DG74F	44690	15475	17350	19550	23800
S-Line Pkg		E		800	800	1065	1065
A6 AVANT QUATTRO AWD—V6—Equipment Schedule 3							
W.B. 111.9"; 3.2 Liter.							
3.2 Wagon 4D		KG74F	47590	16550	18625	20900	25300
A6 QUATTRO AWD—V8—Equipment Schedule 3							
W.B. 111.9"; 4.2 Liter.							
4.2 Sedan 4D		DL74F	54490	17975	20100	22400	27000
S-Line Pkg		E		800	800	1065	1065
A8 QUATTRO AWD—V8—Equipment Schedule 1							
W.B. 115.9", 121.0" (L); 4.2 Liter.							
Sedan 4D		LL44E	68850	21950	24500	26700	31500
L Sedan 4D		ML44E	72810	24700	27550	29700	34800
Sport Pkg				800	800	1065	1065
A8 QUATTRO AWD—W12—Equipment Schedule 1							
W.B. 121.0"; 6.0 Liter.							
L Sedan 4D		MR44E	120610	45875	50775	53300	60900
TT—4-Cyl. Turbo—Equipment Schedule 2							
W.B. 95.4"; 1.8 Liter.							
Coupe 2D		SC28N	34710	11950	13525	15700	19550
Roadster 2D		TC28N	36710	13575	15300	17500	21600
Power Folding Roof				400	400	535	535
TT QUATTRO AWD—4-Cyl. HO Turbo—Equipment Schedule 2							
W.B. 95.6"; 1.8 Liter.							
Coupe 2D		WT28N	38110	14700	16550	18750	22900
Roadster 2D		UT28N	40910	16075	18025	20200	24500
TT QUATTRO AWD—V6—Equipment Schedule 2							
W.B. 95.6"; 3.2 Liter.							
Coupe 2D		WD28N	41360	16075	18025	20200	24500
Special Ed Coupe 2D		PD28N	44259	17300	19350	21700	26100
Roadster 2D		UD28N	44360	17450	19550	21900	26400
Special Ed Roadster 2D		RD28N	47259	18675	20875	23200	27800

Body	Type	VIN	List	Trade-In Fair	Trade-In Good	Pvt-Party Good	Retail Excellent
A3—4-Cyl. Turbo—Equipment Schedule 3							
W.B. 101.5"; 2.0 Liter.							
2.0T Wagon 4D		HF78P	27540	12875	14500	16500	20300
Dual Moon Roofs				650	650	865	865
S-Line Pkg				800	800	1065	1065
A3 QUATTRO AWD—V6—Equipment Schedule 3							
W.B. 101.5"; 3.2 Liter.							
3.2 S-Line Wagon 4D		KD78P	34700	18225	20375	22500	27000
Dual Moon Roofs				650	650	865	865
A4—4-Cyl. Turbo—Equipment Schedule 3							
W.B. 104.3"; 2.0 Liter.							
2.0T Sedan 4D		AF78E	30160	12250	13825	15950	19800
2.0T Cabriolet 2D		AF48H	39820	16275	18225	20500	24800
S-Line Pkg				800	800	1065	1065
Quattro AWD		D		1550	1550	2065	2065
A4—V6—Equipment Schedule 3							
W.B. 104.3"; 3.2 Liter.							
3.2 Sedan 4D		AH78E	36260	14450	16275	18400	22500
S-Line Pkg				800	800	1065	1065
Quattro AWD		D		1550	1550	2065	2065
A4 QUATTRO AWD—V6—Equipment Schedule 3							
W.B. 104.3"; 3.2 Liter.							
3.2 Cabriolet 2D		DH48H	47670	19700	22050	24300	29000
S-Line Pkg				800	800	1065	1065
A4 AVANT QUATTRO AWD—4-Cyl. Turbo—Equipment Sch 3							
W.B. 104.3"; 2.0 Liter.							
2.0T Wagon 4D		KF78E	33260	14150	15925	18150	22200
S-Line Pkg				800	800	1065	1065

Body	Type	VIN	List	Trade-In Fair	Good	Pvt-Party Good	Retail Excellent
A4 AVANT QUATTRO AWD—V6—Equipment Schedule 3							
W.B. 104.3"; 3.2 Liter.							
3.2 Wagon 4D		KH78E	39360	**16075**	**18025**	**20300**	**24600**
S-Line Pkg				800	800	1065	1065
RS 4 QUATTRO AWD—V8—Equipment Schedule 1							
W.B. 104.3"; 4.2 Liter.							
Sedan 4D		RU78E	68820	**33425**	**37150**	**39800**	**46300**
S4 QUATTRO AWD—V8—Equipment Schedule 1							
W.B. 104.3", 104.5" (Cab); 4.2 Liter.							
Sedan 4D		GL78E	50720	**22050**	**24600**	**27200**	**32500**
Cabriolet 2D		RL48H	58920	**27050**	**30075**	**32700**	**38600**
S4 AVANT QUATTRO AWD—V8—Equipment Schedule 1							
W.B. 104.3"; 4.2 Liter.							
Wagon 4D		UL78E	51720	**22825**	**25475**	**28100**	**33500**
A6—V6—Equipment Schedule 3							
W.B. 111.9"; 3.2 Liter.							
3.2 Sedan 4D		AH74F	42670	**15725**	**17650**	**19900**	**24200**
S-Line Pkg				800	800	1065	1065
A6 QUATTRO AWD—V6—Equipment Schedule 3							
W.B. 111.9"; 3.2 Liter.							
3.2 Sedan 4D		DH74F	45820	**17975**	**20100**	**22400**	**27000**
S-Line Pkg				800	800	1065	1065
A6 AVANT QUATTRO AWD—V6—Equipment Schedule 3							
W.B. 111.9"; 3.2 Liter.							
3.2 Wagon 4D		KH94F	48720	**19300**	**21550**	**23800**	**28500**
S-Line Pkg				800	800	1065	1065
A6 QUATTRO AWD—V8—Equipment Schedule 3							
W.B. 111.9"; 4.2 Liter.							
4.2 Sedan 4D		DV74F	56020	**20775**	**23225**	**25500**	**30300**
S-Line Pkg		B		800	800	1065	1065
S6 QUATTRO AWD—V10—Equipment Schedule 1							
W.B. 112.1"; 5.2 Liter.							
Sedan 4D		GN74F	72720	**38025**	**42150**	**44200**	**50400**
A8 QUATTRO AWD—V8—Equipment Schedule 1							
W.B. 115.9"; 121.0" (L); 4.2 Liter.							
Sedan 4D		LV44E	69620	**28425**	**31650**	**33700**	**39000**
L Sedan 4D		MV44E	73620	**31350**	**34900**	**36900**	**42500**
Sport Pkg				800	800	1065	1065
A8 QUATTRO AWD—W12—Equipment Schedule 1							
W.B. 121.0"; 6.0 Liter.							
L Sedan 4D		MR44E	121770	**54500**	**60275**	**62400**	**70400**
S8 QUATTRO AWD—V10—Equipment Schedule 1							
W.B. 115.9"; 5.2 Liter.							
Sedan 4D		PN44E	92720	**46650**	**51650**	**54100**	**61600**

2008 AUDI — (WAUorWUA)(HF78P)-8-#

Body	Type	VIN	List	Trade-In Fair	Good	Pvt-Party Good	Retail Excellent
A3—4-Cyl. Turbo—Equipment Schedule 3							
W.B. 101.5"; 2.0 Liter.							
2.0T Wagon 4D		HF78P	28185	**15325**	**17250**	**19250**	**23300**
Dual Moon Roofs				750	750	1000	1000
S-Line Pkg				800	800	1065	1065
A3 QUATTRO AWD—V6—Equipment Schedule 3							
W.B. 101.5"; 3.2 Liter.							
3.2 S-Line Wagon 4D		KD78P	35690	**21175**	**23725**	**25700**	**30300**
Dual Moon Roofs				750	750	1000	1000
A4—4-Cyl. Turbo—Equipment Schedule 3							
W.B. 104.3"; 2.0 Liter.							
2.0T Sedan 4D		AF78E	30975	**14650**	**16475**	**18650**	**22800**
2.0T Cabriolet 2D		AF48H	40525	**19000**	**21275**	**23500**	**28100**
S-Line Pkg		B		800	800	1065	1065
Quattro AWD		D		1575	1575	2100	2100
A4 AVANT QUATTRO AWD—4-Cyl. Turbo—Equipment Sch 3							
W.B. 104.3"; 2.0 Liter.							
2.0T Wagon 4D		KF78E	34075	**16750**	**18775**	**21100**	**25500**
S-Line Pkg		S		800	800	1065	1065
A4—V6—Equipment Schedule 3							
W.B. 104.3"; 3.2 Liter.							
3.2 Sedan 4D		AH78E	37075	**17000**	**19050**	**21400**	**25800**
S-Line Pkg		B		800	800	1065	1065
Quattro AWD		D		1575	1575	2100	2100
A4 QUATTRO AWD—V6—Equipment Schedule 3							
W.B. 104.3"; 3.2 Liter.							
3.2 Cabriolet 2D		DH48H	48675	**22725**	**25375**	**27600**	**32500**

2008 AUDI

Body	Type	VIN	List	Trade-In Fair	Good	Pvt-Party Good	Retail Excellent
S-Line Pkg		E		800	800	1065	1065
A4 AVANT QUATTRO AWD—V6—Equipment Schedule 3							
W.B. 104.3"; 3.2 Liter.							
3.2 Wagon 4D		KH78E	40175	18875	21075	23300	27900
S-Line Pkg		S		800	800	1065	1065
RS 4 QUATTRO AWD—V8—Equipment Schedule 1							
W.B. 104.5"; 4.2 Liter.							
Sedan 4D		RU78E	69785	38125	42325	44900	51600
Cabriolet 2D		YU78E	84775	42150	46750	49300	56500
S4 QUATTRO AWD—V8—Equipment Schedule 1							
W.B. 104.5"; 4.2 Liter.							
Cabriolet 2D		RL48H	60050	30675	34100	36800	42900
A5 QUATTRO AWD—V6—Equipment Schedule 1							
W.B. 108.3"; 3.2 Liter.							
Coupe 2D		DH78T	41975	30275	33625	36300	42400
S-Line Pkg		E		800	800	1065	1065
S5 QUATTRO AWD—V8—Equipment Schedule 1							
W.B. 108.3"; 4.2 Liter.							
Coupe 2D		RV78T	54325	37425	41550	44100	50900
A6—V6—Equipment Schedule 3							
W.B. 111.9"; 3.2 Liter.							
3.2 Sedan 4D		AH74F	43725	18525	20675	22900	27500
S-Line Pkg		B		800	800	1065	1065
A6 QUATTRO AWD—V6—Equipment Schedule 3							
W.B. 111.9"; 3.2 Liter.							
3.2 Sedan 4D		DH74F	46875	20875	23425	25600	30400
S-Line Pkg		E,S		800	800	1065	1065
A6 AVANT QUATTRO AWD—V6—Equipment Schedule 3							
W.B. 111.9"; 3.2 Liter.							
3.2 Wagon 4D		KH94F	49775	22250	24800	27000	31900
S-Line Pkg		E,S		800	800	1065	1065
A6 QUATTRO AWD—V8—Equipment Schedule 1							
W.B. 111.9"; 4.2 Liter.							
4.2 Sedan 4D		DV74F	57075	23900	26650	28800	33900
S-Line Pkg		B		800	800	1065	1065
S6 QUATTRO AWD—V10—Equipment Schedule 1							
W.B. 112.1"; 5.2 Liter.							
Sedan 4D		DN74F	74425	42625	47325	49200	55700
A8 QUATTRO AWD—V8—Equipment Schedule 1							
W.B. 115.9"; 121.0" (L); 4.2 Liter.							
Sedan 4D		LV44E	71465	38025	42150	44000	49900
L Sedan 4D		MV44E	75465	41150	45675	47300	53500
Sport Pkg				800	800	1065	1065
A8 QUATTRO AWD—W12—Equipment Schedule 1							
W.B. 121.0"; 6.0 Liter.							
L Sedan 4D		MR44E	122575	66150	73200	74800	83100
R8 QUATTRO AWD—V8—Equipment Schedule 1							
W.B. 104.3"; 4.2 Liter.							
Coupe 2D		AV342	124200	****	****	****	118200
S8 QUATTRO AWD—V10—Equipment Schedule 1							
W.B. 115.9"; 5.2 Liter.							
Sedan 4D		PN44E	96175	57725	63900	65900	73900
TT—4-Cyl. Turbo—Equipment Schedule 2							
W.B. 97.2"; 2.0 Liter.							
Coupe 2D		AF38J	35575	20000	22350	24600	29300
Roadster 2D		MF38J	37575	21850	24400	26700	31600
Power Folding Roof				400	400	535	535
S-Line Pkg				800	800	1065	1065
TT QUATTRO AWD—V6—Equipment Schedule 2							
W.B. 97.2"; 3.2 Liter.							
3.2 Coupe 2D		DD38J	43675	24900	27725	29900	35000
3.2 Roadster 2D		RD38J	46675	26450	29500	31800	37000
S-Line Pkg				800	800	1065	1065

BMW

1994 BMW — WB(AorS)(CA632)-R-#

3 SERIES—4-Cyl.—Equipment Schedule 1
W.B. 106.3"; 1.8 Liter.

Body	Type	VIN	List	Fair	Good	Good	Excellent
318i Sedan 4D		CA632	26720	1425	1900	3100	4875
318is Coupe 2D		BE632	27845	1500	1975	3200	4975

1994 BMW

Body Type	VIN	List	Trade-In Fair	Trade-In Good	Pvt-Party Good	Retail Excellent
318i Convertible 2D	BK632	31945	2350	2925	4250	6200
Hard Top (Conv)			300	300	400	400
Rollover Pkg (Conv)			100	100	135	135
Manual Trans (Sedan)			(300)	(300)	(400)	(400)
3 SERIES—6-Cyl.—Equipment Schedule 1						
W.B. 106.3"; 2.5 Liter.						
325i Sedan 4D	CB432	33350	2225	2825	4100	6025
325is Coupe 2D	BF432	33550	2175	2775	4050	5975
325i Convertible 2D	BJ632	40150	3650	4350	5850	8125
Hard Top (Conv)			300	300	400	400
Rollover Pkg (Conv)			100	100	135	135
Traction Control			100	100	135	135
Manual Trans (Sedan)			(300)	(300)	(400)	(400)
5 SERIES—6-Cyl.—Equipment Schedule 1						
W.B. 108.7"; 2.5 Liter.						
525i Sedan 4D	HD632	39775	2775	3375	4725	6775
525i Touring Wagon 4D	HJ632	41050	2725	3325	4675	6750
Traction Control			100	100	135	135
w/o Premium Pkg			(200)	(200)	(265)	(265)
Manual Trans			(350)	(350)	(465)	(465)
5 SERIES—V8—Equipment Schedule 1						
W.B. 108.7"; 3.0 Liter, 4.0 Liter.						
530i Sedan 4D	HE232	43050	3425	4150	5575	7825
530i Touring Wagon 4D	HK232	46250	3100	3775	5175	7325
540i Sedan 4D	HE632	48950	3825	4550	6050	8375
Traction Control (Sedan)			100	100	135	135
7 SERIES—V8—Equipment Schedule 1						
W.B. 111.5", 116.0" (iL); 4.0 Liter.						
740i Sedan 4D	GD432	57400	3100	3775	5200	7375
740iL Sedan 4D	GD832	61400	3400	4100	5525	7775
Traction Control			100	100	135	135
7 SERIES—V12—Equipment Schedule 1						
W.B. 116.0"; 5.0 Liter.						
750iL Sedan 4D	GC832	87400	3700	4400	5900	8200
8 SERIES—V8—Equipment Schedule 1						
W.B. 105.7"; 4.0 Liter.						
840Ci Coupe 2D	EF632	69850	9175	10425	12700	16400
8 SERIES—V12—Equipment Schedule 1						
W.B. 105.7"; 5.0 Liter, 5.6 Liter.						
850Ci Coupe 2D	EG232	88500	10400	11750	14200	18250
850CSi Coupe 2D	EG932	101500	****	****	****	37300

1995 BMW — WB(AorS)(CG632)-S-#

Body Type	VIN	List	Trade-In Fair	Trade-In Good	Pvt-Party Good	Retail Excellent
3 SERIES—4-Cyl.—Equipment Schedule 1						
W.B. 106.3"; 1.8 Liter.						
318ti H'Back Coupe 2D	CG632	25295	1000	1400	2525	4175
318i Sedan 4D	CA632	27645	1700	2200	3450	5325
318is Coupe 2D	BE632	29690	1775	2275	3550	5425
318i Convertible 2D	BK632	33965	2700	3300	4675	6750
Sport Pkg			175	175	235	235
Hard Top (Conv)			300	300	400	400
Rollover Pkg (Conv)			100	100	135	135
Manual Trans (Sedan)			(300)	(300)	(400)	(400)
3 SERIES—6-Cyl.—Equipment Schedule 1						
W.B. 106.3"; 2.5 Liter.						
325i Sedan 4D	CB432	34120	2575	3175	4550	6625
325is Coupe 2D	BF432	34220	2550	3125	4500	6550
325i Convertible 2D	BJ632	40970	4200	4950	6525	8950
Sport Pkg			175	175	235	235
Hard Top (Conv)			300	300	400	400
Rollover Pkg (Conv)			100	100	135	135
Traction Control			100	100	135	135
Manual Trans (Sedan)			(300)	(300)	(400)	(400)
M3—6-Cyl.—Equipment Schedule 1						
W.B. 106.7"; 3.0 Liter.						
Sedan 2D	BF932	38845	4350	5150	6750	9225
5 SERIES—6-Cyl.—Equipment Schedule 1						
W.B. 108.7"; 2.5 Liter.						
525i Sedan 4D	HD632	40195	3150	3825	5275	7450
525i Touring Wagon 4D	HJ632	42795	3100	3775	5225	7400
Traction Control			100	100	135	135
w/o Premium Pkg			(200)	(200)	(265)	(265)
Manual Trans			(350)	(350)	(465)	(465)

1995 BMW

Body	Type	VIN	List	Trade-In Fair	Good	Pvt-Party Good	Retail Excellent
5 SERIES—V8—Equipment Schedule 1							
W.B. 108.7"; 3.0 Liter, 4.0 Liter.							
530i Sedan 4D	HE232	44320	**3950**	**4675**	**6225**	**8600**
530i Touring Wagon 4D	HK232	47520	**3575**	**4275**	**5750**	**8050**
540i Sedan 4D	HE632	48420	**4375**	**5175**	**6750**	**9225**
Traction Control			**100**	**100**	**135**	**135**
7 SERIES—V8—Equipment Schedule 1							
W.B. 115.4", 120.9" (iL); 4.0 Liter.							
740i Sedan 4D	GF632	59370	**4225**	**5000**	**6575**	**9025**
740iL Sedan 4D	GJ632	61470	**4575**	**5400**	**7050**	**9625**
Traction Control			**100**	**100**	**135**	**135**
7 SERIES—V12—Equipment Schedule 1							
W.B. 120.9"; 5.4 Liter.							
750iL Sedan 4D	GK232	89770	**5775**	**6725**	**8500**	**11350**
8 SERIES—V8—Equipment Schedule 1							
W.B. 105.7"; 4.0 Liter.							
840Ci Coupe 2D	EF632	71670	**10300**	**11650**	**14050**	**18100**
8 SERIES—V12—Equipment Schedule 1							
W.B. 105.7"; 5.4 Liter, 5.6 Liter.							
850Ci Coupe 2D	EG432	90150	**10925**	**12400**	**14900**	**19000**
850CSi Coupe 2D	EG932	104650	********	********	********	**41600**

1996 BMW — WBA(CG732)-T-#

Body	Type	VIN	List	Trade-In Fair	Good	Pvt-Party Good	Retail Excellent
3 SERIES—4-Cyl.—Equipment Schedule 1							
W.B. 106.3"; 1.9 Liter.							
318ti H'Back Coupe 2D	CG732	26180	**1125**	**1575**	**2750**	**4475**
318i Sedan 4D	CD732	30120	**1950**	**2500**	**3800**	**5725**
318is Coupe 2D	BE732	30965	**2025**	**2575**	**3900**	**5825**
318i Convertible 2D	BH732	35745	**3075**	**3750**	**5175**	**7350**
Sport Pkg			**200**	**200**	**265**	**265**
Hard Top (Conv)			**350**	**350**	**465**	**465**
Rollover Pkg (Conv)			**150**	**150**	**200**	**200**
Traction Control			**125**	**125**	**165**	**165**
Manual Trans (Sedan)			**(325)**	**(325)**	**(435)**	**(435)**
3 SERIES—6-Cyl.—Equipment Schedule 1							
W.B. 106.3"; 2.8 Liter.							
328i Sedan 4D	CD132	36410	**2950**	**3600**	**5000**	**7150**
328is Coupe 2D	BG132	36500	**2925**	**3550**	**4950**	**7100**
328i Convertible 2D	BK832	42875	**4750**	**5550**	**7225**	**9850**
Sport Pkg			**200**	**200**	**265**	**265**
Hard Top (Conv)			**350**	**350**	**465**	**465**
Rollover Pkg (Conv)			**150**	**150**	**200**	**200**
Traction Control			**125**	**125**	**165**	**165**
Manual Trans (Sedan)			**(325)**	**(325)**	**(435)**	**(435)**
M3—6-Cyl.—Equipment Schedule 1							
W.B. 106.7"; 3.2 Liter.							
Coupe 2D	BG932	41205	**4950**	**5775**	**7475**	**10150**
Z3—4-Cyl.—Equipment Schedule 1							
W.B. 96.3"; 1.9 Liter.							
Roadster 2D	CH732	31445	**2350**	**2950**	**4275**	**6225**
Hard Top			**350**	**350**	**465**	**465**
Traction Control			**125**	**125**	**165**	**165**
7 SERIES—V8—Equipment Schedule 1							
W.B. 120.9"; 4.4 Liter.							
740iL Sedan 4D	GJ832	63060	**5200**	**6075**	**7825**	**10550**
7 SERIES—V12—Equipment Schedule 1							
W.B. 120.9"; 5.4 Liter.							
750iL Sedan 4D	GK232	92630	**6525**	**7525**	**9400**	**12450**
8 SERIES—V8—Equipment Schedule 1							
W.B. 105.7"; 4.4 Liter.							
840Ci Coupe 2D	EF832	76670	**11575**	**13075**	**15600**	**19800**
8 SERIES—V12—Equipment Schedule 1							
W.B. 105.7"; 5.4 Liter.							
850Ci Coupe 2D	EG432	95460	**12300**	**13925**	**16500**	**20900**

1997 BMW — WBA(CG732)-V-#

Body	Type	VIN	List	Trade-In Fair	Good	Pvt-Party Good	Retail Excellent
3 SERIES—4-Cyl.—Equipment Schedule 1							
W.B. 106.3"; 1.9 Liter.							
318ti H'Back Coupe 2D	CG732	26535	**1300**	**1775**	**3025**	**4800**
318i Sedan 4D	CC932	30745	**2300**	**2900**	**4225**	**6225**
318is Coupe 2D	BE732	31645	**2325**	**2925**	**4250**	**6250**
318i Convertible 2D	BH732	36145	**3550**	**4275**	**5725**	**8000**

Body Type	VIN	List	Trade-In Fair	Good	Pvt-Party Good	Retail Excellent
w/o Leather			0	0	0	0
Sport Pkg			225	225	300	300
Hard Top (Conv)			375	375	500	500
Rollover Pkg (Conv)			200	200	265	265
Manual Trans (Sedan)			(350)	(350)	(465)	(465)

3 SERIES—6-Cyl.—Equipment Schedule 1
W.B. 106.3"; 2.8 Liter.

Body Type	VIN	List	Trade-In Fair	Good	Pvt-Party Good	Retail Excellent
328i Sedan 4D	CD332	36845	3400	4100	5525	7800
328is Coupe 2D	BG132	36935	3350	4050	5525	7750
328i Convertible 2D	BK832	42935	5450	6325	8025	10800
Sport Pkg			225	225	300	300
Hard Top (Conv)			375	375	500	500
Rollover Pkg (Conv)			200	200	265	265
Manual Trans (Sedan)			(350)	(350)	(465)	(465)

M3—6-Cyl.—Equipment Schedule 1
W.B. 106.3"; 3.2 Liter.

Body Type	VIN	List	Trade-In Fair	Good	Pvt-Party Good	Retail Excellent
Sedan 4D	CD932	45400	5950	6900	8700	11550
Coupe 2D	BG932	44200	5650	6575	8325	11100

Z3—4-Cyl.—Equipment Schedule 1
W.B. 96.3"; 1.9 Liter.

Body Type	VIN	List	Trade-In Fair	Good	Pvt-Party Good	Retail Excellent
Roadster 2D	CH732	31695	2725	3325	4675	6750
Hard Top			375	375	500	500

Z3—6-Cyl.—Equipment Schedule 1
W.B. 96.3"; 2.8 Liter.

Body Type	VIN	List	Trade-In Fair	Good	Pvt-Party Good	Retail Excellent
Roadster 2D	CJ332	37445	3775	4475	5975	8250
Hard Top			375	375	500	500

5 SERIES—6-Cyl.—Equipment Schedule 1
W.B. 111.4"; 2.8 Liter.

Body Type	VIN	List	Trade-In Fair	Good	Pvt-Party Good	Retail Excellent
528i Sedan 4D	DD532	43895	3750	4450	5950	8275
w/o Premium Pkg			(400)	(400)	(535)	(535)
Manual Trans			(450)	(450)	(600)	(600)

5 SERIES—V8—Equipment Schedule 1
W.B. 111.4"; 4.4 Liter.

Body Type	VIN	List	Trade-In Fair	Good	Pvt-Party Good	Retail Excellent
540i Sedan 4D	DE632	50470	5225	6075	7800	10500

7 SERIES—V8—Equipment Schedule 1
W.B. 115.4"; 120.9"; 4.4 Liter.

Body Type	VIN	List	Trade-In Fair	Good	Pvt-Party Good	Retail Excellent
740i Sedan 4D	GF832	61420	5475	6375	8100	10900
740iL Sedan 4D	GJ832	65370	5950	6900	8700	11550

7 SERIES—V12—Equipment Schedule 1
W.B. 120.9"; 5.4 Liter.

Body Type	VIN	List	Trade-In Fair	Good	Pvt-Party Good	Retail Excellent
750iL Sedan 4D	GK232	93370	7425	8500	10450	13600

8 SERIES—V8—Equipment Schedule 1
W.B. 105.7"; 4.4 Liter.

Body Type	VIN	List	Trade-In Fair	Good	Pvt-Party Good	Retail Excellent
840Ci Coupe 2D	EF832	77970	13125	14800	17400	21900

8 SERIES—V12—Equipment Schedule 1
W.B. 105.7"; 5.4 Liter.

Body Type	VIN	List	Trade-In Fair	Good	Pvt-Party Good	Retail Excellent
850Ci Coupe 2D	EG432	96800	14150	15925	18600	23300

1998 BMW — WBA(CG832)-W-#

3 SERIES—4-Cyl.—Equipment Schedule 1
W.B. 106.3"; 1.9 Liter.

Body Type	VIN	List	Trade-In Fair	Good	Pvt-Party Good	Retail Excellent
318ti H'Back Coupe 2D	CG832	26685	1575	2075	3350	5225
318i Sedan 4D	CC032	31045	2725	3325	4700	6775
w/o Leather			0	0	0	0
Sport Pkg			250	250	335	335
Manual Trans (Sedan)			(375)	(375)	(500)	(500)

3 SERIES—6-Cyl.—Equipment Schedule 1
W.B. 106.3"; 2.5 Liter, 2.8 Liter.

Body Type	VIN	List	Trade-In Fair	Good	Pvt-Party Good	Retail Excellent
323is Coupe 2D	BF832	32370	2875	3500	4900	7025
323i Convertible 2D	BJ832	38995	4975	5800	7450	10050
328i Sedan 4D	CD432	36770	3925	4650	6150	8475
328is Coupe 2D	BG232	36870	3875	4600	6100	8425
328i Convertible 2D	BK832	44495	6175	7125	8875	11700
Sport Pkg			250	250	335	335
Hard Top (Conv)			400	400	535	535
Rollover Pkg (Conv)			250	250	335	335
Manual Trans (Sedan)			(375)	(375)	(500)	(500)

M3—6-Cyl.—Equipment Schedule 1
W.B. 106.7"; 3.2 Liter.

Body Type	VIN	List	Trade-In Fair	Good	Pvt-Party Good	Retail Excellent
Sedan 4D	CD032	43840	6775	7825	9675	12700
Coupe 2D	BG932	44200	6400	7400	9225	12200
Convertible 2D	BK033	46470	7450	8550	10500	13600
Hard Top (Conv)			400	400	535	535

1998 BMW

Body	Type	VIN	List	Trade-In Fair	Trade-In Good	Pvt-Party Good	Retail Excellent
Z3—4-Cyl.—Equipment Schedule 1							
W.B. 96.3"; 1.9 Liter.							
Roadster 2D		CH732	32120	3125	3800	5200	7350
Hard Top				400	400	535	535
Z3—6-Cyl.—Equipment Schedule 1							
W.B. 96.3", 96.8" (M); 2.8 Liter, 3.2 Liter.							
Roadster 2D		CJ332	37445	4300	5075	6600	8975
M Roadster 2D		CK932	42770	5675	6600	8275	11000
Hard Top				400	400	535	535
5 SERIES—6-Cyl.—Equipment Schedule 1							
W.B. 111.4"; 2.8 Liter.							
528i Sedan 4D		DD632	43895	4300	5075	6625	9050
w/o Premium Pkg				(500)	(500)	(665)	(665)
Sport Pkg				450	450	600	600
Manual Trans		5		(500)	(500)	(665)	(665)
5 SERIES—V8—Equipment Schedule 1							
W.B. 111.4"; 4.4 Liter.							
540i Sedan 4D		DE632	51070	5950	6875	8625	11400
Sport Pkg				450	450	600	600
7 SERIES—V8—Equipment Schedule 1							
W.B. 115.4", 120.9" (iL); 4.4 Liter.							
740i Sedan 4D		GF832	62070	6225	7200	9000	11850
740iL Sedan 4D		GJ832	66070	6750	7775	9600	12600
7 SERIES—V12—Equipment Schedule 1							
W.B. 120.9"; 5.4 Liter.							
750iL Sedan 4D		GK232	92670	8375	9575	11600	15050

1999 BMW — (4UorWB)(SorA)(CG833)-X-#

Body	Type	VIN	List	Trade-In Fair	Trade-In Good	Pvt-Party Good	Retail Excellent
3 SERIES—4-Cyl.—Equipment Schedule 1							
W.B. 106.3"; 1.9 Liter.							
318ti H'Back Coupe 2D		CG833	26270	2125	2675	4050	6025
w/o Leather				0	0	0	0
3 SERIES—6-Cyl.—Equipment Schedule 1							
W.B. 106.3", 107.3" (Sedan); 2.5 Liter, 2.8 Liter.							
323i Sedan 4D		AM332	30670	4200	4975	6500	8900
323is Coupe 2D		BF833	32645	3550	4250	5700	7975
323i Convertible 2D		BJ833	37695	5850	6775	8500	11250
328i Sedan 4D		AM633	37670	4975	5800	7450	10050
328is Coupe 2D		BG233	37145	4625	5475	7050	9600
328i Convertible 2D		BK833	43045	7150	8200	10050	13100
Sport Pkg				275	275	365	365
Hard Top (Conv)				425	425	565	565
Rollover Pkg (Conv)				275	275	365	365
Manual Trans (ex 2D)				(400)	(400)	(535)	(535)
M3—6-Cyl.—Equipment Schedule 1							
W.B. 106.3", 106.7" (Coupe); 3.2 Liter.							
Coupe 2D		BG933	41695	7425	8525	10450	13550
Convertible 2D		BK033	48145	8550	9775	11800	15250
Hard Top (Conv)				425	425	565	565
Z3—6-Cyl.—Equipment Schedule 1							
W.B. 96.3", 96.8" (M); 2.5 Liter, 2.8 Liter, 3.2 Liter.							
Coupe 2D		CK533	38045	4800	5625	7225	9750
2.3 Roadster 2D		CH933	33120	3325	4025	5450	7625
2.8 Roadster 2D		CH333	37745	5100	5950	7575	10150
M Coupe 2D		CM933	42670	6100	7050	8750	11500
M Roadster 2D		CK933	43270	6625	7625	9350	12250
Hard Top (Roadster)				425	425	565	565
5 SERIES—6-Cyl.—Equipment Schedule 1							
W.B. 111.4"; 2.8 Liter.							
528i Sedan 4D		DM633	42945	4925	5750	7400	10000
528iT Wagon 4D		DP633	44745	4375	5175	6725	9150
w/o Premium Pkg				(575)	(575)	(765)	(765)
Sport Pkg				500	500	665	665
Manual Trans				(550)	(550)	(735)	(735)
5 SERIES—V8—Equipment Schedule 1							
W.B. 111.4"; 4.4 Liter.							
540i Sedan 4D		DN633	51760	6725	7750	9525	12450
540iT Wagon 4D		DR633	54050	6400	7375	9150	12000
Sport Pkg				500	500	665	665
7 SERIES—V8—Equipment Schedule 1							
W.B. 115.4", 120.9" (iL); 4.4 Liter.							
740i Sedan 4D		GG833	62970	7025	8100	9950	13000
740iL Sedan 4D		GH833	66970	7625	8725	10600	13700

Body	Type	VIN	List	Trade-In Fair	Good	Pvt-Party Good	Retail Excellent
	Sport Pkg			500	500	665	665

7 SERIES—V12—Equipment Schedule 1
W.B. 120.9"; 5.4 Liter.

Body	Type	VIN	List	Fair	Good	Good	Excellent
	750iL Sedan 4D	GJ033	92670	9425	10725	12850	16350

2000 BMW — (4UorWB)(SorA)(AM334)-Y-#

3 SERIES—6-Cyl.—Equipment Schedule 1
W.B. 107.3"; 2.5 Liter, 2.8 Liter.

Body	Type	VIN	List	Fair	Good	Good	Excellent
	323i Sedan 4D	AM334	32680	4850	5675	7300	9850
	323i Wagon 4D	AR334	32985	4750	5575	7200	9750
	323Ci Coupe 2D	BM334	34280	5300	6175	7850	10500
	323Ci Convertible 2D	BR334	38285	7325	8425	10250	13250
	328i Sedan 4D	AM534	37670	5675	6625	8300	11050
	328Ci Coupe 2D	BM534	38335	6300	7275	9000	11800
	Hard Top (Conv)			450	450	600	600
	Premium Pkg			275	275	365	365
	Sport Pkg			300	300	400	400
	Sport Premium Pkg			350	350	465	465
	Manual Trans (ex 2D)			(425)	(425)	(565)	(565)

Z3—6-Cyl.—Equipment Schedule 1
W.B. 96.3"; 2.5 Liter, 2.8 Liter.

Body	Type	VIN	List	Fair	Good	Good	Excellent
	Coupe 2D	CK534	38395	5525	6425	8025	10650
	2.3 Roadster 2D	CH933	34470	3925	4650	6125	8400
	2.8 Roadster 2D	CH334	38445	5825	6750	8400	11050
	Hard Top (Roadster)			450	450	600	600

M—6-Cyl.—Equipment Schedule 1
W.B. 96.8"; 3.2 Liter.

Body	Type	VIN	List	Fair	Good	Good	Excellent
	Coupe 2D	CM934	42670	6900	7975	9800	12850
	Roadster 2D	CK934	43270	7475	8575	10450	13500
	Hard Top (Roadster)			450	450	600	600

Z8—V8—Equipment Schedule 1
W.B. 98.9"; 5.0 Liter.

Body	Type	VIN	List	Fair	Good	Good	Excellent
	Roadster 2D	EJ134	130670	****	****	****	59900

5 SERIES—6-Cyl.—Equipment Schedule 1
W.B. 111.4"; 2.8 Liter.

Body	Type	VIN	List	Fair	Good	Good	Excellent
	528i Sedan 4D	DM634	44595	5650	6575	8225	10950
	528iT Wagon 4D	DP634	46545	5050	5900	7550	10150
	w/o Premium Pkg			(650)	(650)	(865)	(865)
	Sport Pkg			550	550	735	735
	Manual Trans			(600)	(600)	(800)	(800)

5 SERIES—V8—Equipment Schedule 1
W.B. 111.4"; 4.4 Liter.

Body	Type	VIN	List	Fair	Good	Good	Excellent
	540i Sedan 4D	DN634	52970	7600	8700	10550	13550
	540iT Wagon 4D	DR634	55350	7250	8325	10150	13150
	Sport Pkg			550	550	735	735

M5—V8—Equipment Schedule 1
W.B. 111.4"; 5.0 Liter.

Body	Type	VIN	List	Fair	Good	Good	Excellent
	Sedan 4D	DE934	72070	13025	14650	17000	21200

7 SERIES—V8—Equipment Schedule 1
W.B. 115.4", 120.9" (iL); 4.4 Liter.

Body	Type	VIN	List	Fair	Good	Good	Excellent
	740i Sedan 4D	GG834	64670	8475	9675	11650	15000
	740iL Sedan 4D	GH834	66970	9100	10350	12400	15850
	Sport Pkg			550	550	735	735

7 SERIES—V12—Equipment Schedule 1
W.B. 120.9"; 5.4 Liter.

Body	Type	VIN	List	Fair	Good	Good	Excellent
	750iL Sedan 4D	GJ034	95270	11075	12550	14700	18500

2001 BMW — WBAorWBS(AV334)-1-#

3 SERIES—6-Cyl.—Equipment Schedule 1
W.B. 107.3"; 2.5 Liter, 3.0 Liter.

Body	Type	VIN	List	Fair	Good	Good	Excellent
	325i Sedan 4D	AV334	30060	5575	6525	8175	10900
	325xi AWD Sedan 4D	AV334	31810	6100	7050	8750	11500
	325Ci Coupe 2D	BN334	32060	6100	7050	8750	11500
	325Cic Convertible 2D	BS334	38010	6250	9425	11300	14500
	325iT Wagon 4D	AW334	32470	5525	6425	8050	10750
	325xiT AWD Wagon 4D	AW334	34220	6275	7250	8975	11750
	330i Sedan 4D	AV534	39280	6525	7525	9225	12050
	330xi AWD Sedan 4D	AV534	41030	7300	8375	10150	13150
	330Ci Coupe 2D	BN534	39335	7150	8200	10000	12950
	330Cic Convertible 2D	BS534	44245	9100	10350	12300	15650
	Hard Top (Conv)			475	475	635	635
	Premium Pkg			300	300	400	400

2001 BMW

Body	Type	VIN	List	Trade-In Fair	Trade-In Good	Pvt-Party Good	Retail Excellent
Sport Pkg				325	325	435	435
Manual Trans (ex 2D)				(425)	(425)	(565)	(565)
M3—6-Cyl.—Equipment Schedule 1							
W.B. 107.5"; 3.2 Liter.							
Coupe 2D		BL934	46045	10975	12450	14600	18350
Convertible 2D		BR934	54045	11625	13125	15350	19200
Hard Top (Conv)				475	475	635	635
Z3—6-Cyl.—Equipment Schedule 1							
W.B. 96.3"; 2.5 Liter, 3.0 Liter.							
2.5i Roadster 2D		CN334	34295	4600	5425	6925	9375
3.0i Coupe 2D		CK734	39845	6300	7275	8925	11650
3.0i Roadster 2D		CN534	39745	6625	7650	9300	12100
Hard Top (Roadster)				475	475	635	635
M—6-Cyl.—Equipment Schedule 1							
W.B. 96.8"; 3.2 Liter.							
Coupe 2D		CN934	45635	7850	9000	10900	14050
Roadster (Roadster)		CL934	46635	8375	9575	11550	14850
Hard Top (Roadster)				475	475	635	635
Z8—V8—Equipment Schedule 1							
W.B. 98.6"; 5.0 Liter.							
Roadster 2D		EJ134	130745	****	****	****	64400
5 SERIES—6-Cyl.—Equipment Schedule 1							
W.B. 111.4"; 2.5 Liter, 3.0 Liter.							
525i Sedan 4D		DT334	40195	5800	6750	8425	11150
525iT Wagon 4D		DS334	41995	5175	6025	7675	10300
530i Sedan 4D		DT534	44345	7100	8150	9950	12900
w/o Premium Pkg				(725)	(725)	(965)	(965)
Sport Pkg				575	575	765	765
Manual Trans				(650)	(650)	(865)	(865)
5 SERIES—V8—Equipment Schedule 1							
W.B. 111.4"; 4.4 Liter.							
540i Sedan 4D		DN634	51670	7925	9075	10900	13950
540iT Wagon 4D		DR634	54050	7550	8650	10450	13500
Sport Pkg				575	575	765	765
M5—V8—Equipment Schedule 1							
W.B. 111.4"; 5.0 Liter.							
Sedan 4D		DE934	69970	13725	15475	17850	22100
7 SERIES—V8—Equipment Schedule 1							
W.B. 115.4", 120.9" (iL); 4.4 Liter.							
740i Sedan 4D		GG834	63470	9500	10775	12850	16300
740iL Sedan 4D		GH834	67470	10150	11525	13600	17200
Sport Pkg				575	575	765	765
7 SERIES—V12—Equipment Schedule 1							
W.B. 120.9"; 5.4 Liter.							
750iL Sedan 4D		GJ034	92670	12300	13925	16100	20100
Sport Pkg				200	200	265	265

2002 BMW — WBA,WBS,4USor5UM(ET374)-2-#

Body	Type	VIN	List	Trade-In Fair	Trade-In Good	Pvt-Party Good	Retail Excellent
3 SERIES—6-Cyl.—Equipment Schedule 1							
W.B. 107.3"; 2.5 Liter, 3.0 Liter.							
325i Sedan 4D		ET374	32465	6375	7350	9300	12400
325xi AWD Sedan 4D		EU334	34215	6875	7925	9900	13050
325Ci Coupe 2D		BN334	34465	6875	7925	9900	13050
325Cic Convertible 2D		BS334	39470	9200	10475	12650	16200
325iT Wagon 4D		EN334	34865	6275	7250	9200	12300
325xiT AWD Wagon 4D		EP334	36615	7050	8100	10100	13300
330i Sedan 4D		EV334	38410	7325	8400	10400	13600
330xi AWD Sedan 4D		EW534	40160	8150	9325	11400	14850
330Ci Coupe 2D		BN534	39410	7975	9150	11200	14650
330Cic Convertible 2D		BS534	46820	10050	11425	13600	17350
Hard Top (Conv)				500	500	665	665
Premium Pkg				300	300	400	400
Sport Pkg				350	350	465	465
Manual Trans (ex 2D)				(425)	(425)	(565)	(565)
M3—6-Cyl.—Equipment Schedule 1							
W.B. 107.5"; 3.2 Liter.							
Coupe 2D		BL934	49745	12150	13725	16000	20100
Convertible 2D		BR934	55545	12850	14450	16850	21100
Hard Top (Conv)				500	500	665	665
Z3—6-Cyl.—Equipment Schedule 1							
W.B. 96.3"; 2.5 Liter, 3.0 Liter.							
2.5i Roadster 2D		CN334	34370	5300	6175	7875	10600
3.0i Coupe 2D		CK734	39920	7100	8150	10000	13000

2002 BMW

Body Type	VIN	List	Trade-In Fair	Trade-In Good	Pvt-Party Good	Retail Excellent
3.0i Roadster 2D	CN534	39820	7450	8550	10400	13450
Hard Top (Roadster)			500	500	665	665
Sport Pkg			200	200	265	265
M—6-Cyl.—Equipment Schedule 1						
W.B. 96.8"; 3.2 Liter.						
Coupe 2D	CN934	45635	8725	9950	12100	15650
Roadster 2D	CL934	46635	9325	10625	12850	16450
Hard Top (Roadster)			500	500	665	665
Z8—V8—Equipment Schedule 1						
W.B. 98.6"; 5.0 Liter.						
Roadster 2D	EJ134	132745	****	****	****	66000
5 SERIES—6-Cyl.—Equipment Schedule 1						
W.B. 111.4"; 2.5 Liter, 3.0 Liter.						
525i Sedan 4D	DT434	41070	6575	7600	9550	12700
525iT Wagon 4D	DS334	42870	5900	6825	8750	11750
530i Sedan 4D	DT634	44670	7950	9100	11150	14550
w/o Premium Pkg			(800)	(800)	(1065)	(1065)
Sport Pkg			600	600	800	800
Manual Trans			(700)	(700)	(935)	(935)
5 SERIES—V8—Equipment Schedule 1						
W.B. 111.4"; 4.4 Liter.						
540i Sedan 4D	DN634	53145	8825	10050	12200	15750
540iT Wagon 4D	DR634	55545	8425	9625	11700	15200
Sport Pkg			600	600	800	800
M5—V8—Equipment Schedule 1						
W.B. 111.4"; 5.0 Liter.						
Sedan 4D	DE934	72645	15100	17000	19450	24000
7 SERIES—V8—Equipment Schedule 1						
W.B. 117.7", 123.2" (Li); 4.4 Liter.						
745i Sedan 4D	GL634	68495	10525	11950	14250	18150
745Li Sedan 4D	GN634	72495	11225	12700	15050	19050
Sport Pkg			600	600	800	800

2003 BMW — WBA,WBSor4US(EV334)-3-#

Body Type	VIN	List	Trade-In Fair	Trade-In Good	Pvt-Party Good	Retail Excellent
3 SERIES—6-Cyl.—Equipment Schedule 1						
W.B. 107.3"; 2.5 Liter, 3.0 Liter.						
325i Sedan 4D	EV334	32270	7425	8500	10550	13750
325xi AWD Sedan 4D	EU334	34020	8025	9200	11300	14750
325Ci Coupe 2D	BN334	34070	8050	9200	11250	14600
325Cic Convertible 2D	BS334	40120	10150	11525	13700	17450
325iT Wagon 4D	EN334	33820	7325	8400	10450	13650
325xiT AWD Wagon 4D	EP334	35570	8250	9425	11550	15000
330i Sedan 4D	EV534	39070	8725	9950	12100	15650
330xi AWD Sedan 4D	EW534	40820	9500	10825	13000	16600
330Ci Coupe 2D	BN534	40070	9325	10625	12800	16400
330Cic Convertible 2D	BS534	44870	11375	12850	15100	19000
Hard Top (Conv)			525	525	700	700
Premium Pkg			350	350	465	465
Sport Pkg			250	250	335	335
Performance Pkg			1500	1500	2000	2000
5-Spd Manual (ex 2D)			(475)	(475)	(635)	(635)
M3—6-Cyl.—Equipment Schedule 1						
W.B. 107.5"; 3.2 Liter.						
Coupe 2D	BL934	49345	14075	15875	18250	22500
Convertible 2D	BR934	55195	14750	16600	19050	23500
Hard Top (Conv)			525	525	700	700
Z4—6-Cyl.—Equipment Schedule 1						
W.B. 98.2"; 2.5 Liter, 3.0 Liter.						
2.5i Roadster 2D	BT334	37690	8650	9850	11900	15300
3.0i Roadster 2D	BT534	43215	9325	10625	12700	16150
Premium Pkg			350	350	465	465
Sport Pkg			250	250	335	335
Z8—V8—Equipment Schedule 1						
W.B. 98.6"; 4.8 Liter, 5.0 Liter.						
Roadster 2D	EJ134	134295	****	****	****	73900
Alpina Roadster 2D	EJ134	139295	****	****	****	90100
5 SERIES—6-Cyl.—Equipment Schedule 1						
W.B. 111.4"; 2.5 Liter, 3.0 Liter.						
525i Sedan 4D	DT334	41770	7700	8825	10850	14100
525iT Wagon 4D	DS334	43470	6875	7925	9950	13150
530i Sedan 4D	DT534	45370	9275	10575	12750	16350
w/o Premium Pkg			(850)	(850)	(1135)	(1135)
Sport Pkg			700	700	935	935

2003 BMW

Body	Type	VIN	List	Trade-In Fair	Trade-In Good	Pvt-Party Good	Retail Excellent
Manual Trans		....		(550)	(550)	(735)	(735)

5 SERIES—V8—Equipment Schedule 1
W.B. 111.4"; 4.4 Liter.

Body	Type	VIN	List	Fair	Good	Good	Excellent
540i Sedan 4D		DN634	52495	10250	11625	13800	17600
540iT Wagon 4D		DR634	56085	9900	11225	13450	17100
Sport Pkg				700	700	935	935

M5—V8—Equipment Schedule 1
W.B. 111.4"; 5.0 Liter.

| Sedan 4D | | DE934 | 73195 | 17450 | 19550 | 22100 | 27000 |

7 SERIES—V8—Equipment Schedule 1
W.B. 117.7", 123.2" (Li); 4.4 Liter.

745i Sedan 4D		GL634	70895	12200	13775	16150	20300
745Li Sedan 4D		GN634	73195	13175	14850	17300	21600
Sport Pkg				700	700	935	935

7 SERIES—V12—Equipment Schedule 1
W.B. 123.2"; 6.0 Liter.

| 760Li Sedan 4D | | GN834 | 118195 | 26175 | 29100 | 32100 | 38300 |

2004 BMW — WBA,WBSor4US(EV334)-4-#

3 SERIES—6-Cyl.—Equipment Schedule 1
W.B. 107.3"; 2.5 Liter, 3.0 Liter.

325i Sedan 4D		EV334	33265	8700	9900	12050	15600
325xi AWD Sedan 4D		EU334	35015	9375	10675	12850	16450
325Ci Coupe 2D		BD334	34570	9375	10675	12850	16450
325Cic Convertible 2D		BW334	40720	11375	12850	15100	18950
325iT Wagon 4D		EN334	34815	8600	9800	11950	15500
325xiT AWD Wagon 4D		EP334	36565	9625	10925	13150	16800
330i Sedan 4D		EV534	39270	10350	11700	13900	17650
330xi AWD Sedan 4D		EW534	41020	11075	12550	14750	18550
330Ci Coupe 2D		BD534	40770	10825	12300	14500	18300
330Cic Convertible 2D		BW534	44570	12875	14500	16800	20900
Hard Top (Conv)				550	550	735	735
Premium Pkg				400	400	535	535
Sport Pkg				275	275	365	365
Performance Pkg				1500	1500	2000	2000
5-Spd Manual (ex 2D)				(500)	(500)	(665)	(665)

M3—6-Cyl.—Equipment Schedule 1
W.B. 107.5"; 3.2 Liter.

Coupe 2D		BL934	51340	16175	18175	20700	25300
Convertible 2D		BR934	56595	16900	18975	21600	26300
Hard Top (Conv)				550	550	735	735

Z4—6-Cyl.—Equipment Schedule 1
W.B. 98.2"; 2.5 Liter, 3.0 Liter.

2.5i Roadster 2D		BT334	37790	10050	11425	13500	17050
3.0i Roadster 2D		BT534	43315	10825	12250	14300	18000
Premium Pkg				400	400	535	535
Sport Pkg				275	275	365	365

5 SERIES—6-Cyl.—Equipment Schedule 1
W.B. 113.7"; 2.5 Liter, 3.0 Liter.

525i Sedan 4D		NA535	43670	12000	13575	15850	19800
530i Sedan 4D		NA735	48670	13825	15575	17900	22100
w/o Premium Pkg				(875)	(875)	(1165)	(1165)
Sport Pkg				800	800	1065	1065
Manual Trans				(600)	(600)	(800)	(800)

5 SERIES—V8—Equipment Schedule 1
W.B. 113.7"; 4.4 Liter.

| 545i Sedan 4D | | NB335 | 54995 | 14250 | 16025 | 18400 | 22600 |
| Sport Pkg | | | | 800 | 800 | 1065 | 1065 |

6 SERIES—V8—Equipment Schedule 1
W.B. 109.4"; 4.4 Liter.

645Ci Coupe 2D		EH734	69995	19550	21850	24400	29500
645Cic Convertible 2D		EK734	76995	22925	25575	28300	33800
Sport Pkg				800	800	1065	1065

7 SERIES—V8—Equipment Schedule 1
W.B. 117.7", 123.2" (Li); 4.4 Liter.

745i Sedan 4D		GL634	69195	14075	15825	18300	22600
745Li Sedan 4D		GN634	73195	15250	17150	19600	24200
Sport Pkg				800	800	1065	1065

7 SERIES—V12—Equipment Schedule 1
W.B. 117.7", 123.2" (Li); 6.0 Liter.

| 760i Sedan 4D | | GL834 | 111795 | 28325 | 31550 | 34500 | 40900 |
| 760Li Sedan 4D | | GN834 | 117795 | 30175 | 33525 | 36600 | 43100 |

2005 BMW

2005 BMW — WBA,WBSor4US(EV334)-5-#

3 SERIES—6-Cyl.—Equipment Schedule 1
W.B. 107.3"; 2.5 Liter, 3.0 Liter.

Body Type	VIN	List	Fair	Good	Pvt-Party Good	Retail Excellent
325i Sedan 4D	EV334	33715	10200	11575	13750	17550
325xi AWD Sedan 4D	EU334	35465	10975	12450	14650	18500
325Ci Coupe 2D	BD334	36115	10975	12450	14650	18500
325Ci Convertible 2D	BW334	42420	12750	14400	16650	20700
325i Wagon 4D	EN334	35615	10100	11475	13650	17450
325xi AWD Wagon 4D	EP334	37365	11275	12800	15000	18850
330i Sedan 4D	EV534	39120	12200	13775	16000	20000
330xi AWD Sedan 4D	EW534	40870	12850	14450	16700	20800
330Ci Coupe 2D	BD534	40720	12650	14250	16500	20600
330Ci Convertible 2D	BW534	46470	14550	16375	18650	22900
Hard Top (Conv)			575	575	765	765
Premium Pkg			450	450	600	600
Sport Pkg			300	300	400	400
Performance Pkg			1500	1500	2000	2000
5-Spd Manual (ex 2D)			(525)	(525)	(700)	(700)

M3—6-Cyl.—Equipment Schedule 1
W.B. 107.5"; 3.2 Liter.

Coupe 2D	BL934	51140	18575	20775	23300	28200
Convertible 2D	BR934	56495	19300	21550	24100	29100
Hard Top (Conv)			575	575	765	765
Club Sport Pkg			1100	1100	1465	1465
Competition Pkg			1100	1100	1465	1465

Z4—6-Cyl.—Equipment Schedule 1
W.B. 98.2"; 2.5 Liter, 3.0 Liter.

2.5i Roadster 2D	BT335	38415	11750	13275	15350	19100
3.0i Roadster 2D	BT535	44265	12500	14100	16150	20000
Premium Pkg			450	450	600	600
Sport Pkg			300	300	400	400

5 SERIES—6-Cyl.—Equipment Schedule 1
W.B. 113.7"; 2.5 Liter, 3.0 Liter.

525i Sedan 4D	NA535	44720	13875	15575	17950	22100
530i Sedan 4D	NA735	48820	15825	17775	20200	24700
w/o Premium Pkg			(900)	(900)	(1200)	(1200)
Sport Pkg			900	900	1200	1200

5 SERIES—V8—Equipment Schedule 1
W.B. 113.7"; 4.4 Liter.

545i Sedan 4D	NB335	56495	16375	18375	20800	25400
Sport Pkg			900	900	1200	1200

6 SERIES—V8—Equipment Schedule 1
W.B. 109.4"; 4.4 Liter.

645Ci Coupe 2D	EH734	70595	22550	25100	27700	33100
645Cic Convertible 2D	EK734	78895	26275	29200	31900	37800
Sport Pkg			900	900	1200	1200

7 SERIES—V8—Equipment Schedule 1
W.B. 117.7", 123.2" (Li); 4.4 Liter.

745i Sedan 4D	GL635	70595	16175	18175	20800	25500
745Li Sedan 4D	GN635	74595	17650	19800	22300	27100
Sport Pkg			900	900	1200	1200

7 SERIES—V12—Equipment Schedule 1
W.B. 117.7", 123.2" (Li); 6.0 Liter.

760i Sedan 4D	GL835	111895	32350	35975	38800	45500
760Li Sedan 4D	GN835	119295	34400	38225	41200	48000

2006 BMW — WBA,WBSor4US(VB135)-6-#

3 SERIES—6-Cyl.—Equipment Schedule 1
W.B. 107.3", 108.7" (Sed & Wag); 2.5 Liter, 3.0 Liter.

325i Sedan 4D	VB135	35315	13675	15375	17700	21900
325xi AWD Sedan 4D	VD135	37215	15250	17150	19450	23800
325Ci Coupe 2D	BD334	36715	14500	16325	18650	22900
325Ci Convertible 2D	BW334	43020	16175	18125	20500	24900
325xi AWD Wagon 4D	VT135	39015	14850	16700	18950	23200
330i Sedan 4D	VB535	40020	15975	17925	20200	24600
330xi AWD Sedan 4D	VD535	41920	17775	20000	22300	27000
330Ci Coupe 2D	BD534	41200	16325	18325	20700	25100
330Ci Convertible 2D	BW534	46870	18225	20375	22800	27500
Hard Top (Conv)			600	600	800	800
Premium Pkg			500	500	665	665
Sport Pkg			325	325	435	435

2006 BMW

Body	Type	VIN	List	Trade-In Fair	Trade-In Good	Pvt-Party Good	Retail Excellent
Performance Pkg				1500	1500	2000	2000
M3—6-Cyl.—Equipment Schedule 1							
W.B. 107.5"; 3.2 Liter.							
Coupe 2D		BL934	52640	22925	25575	28100	33400
Convertible 2D		BR934	58295	23625	26350	28900	34300
Hard Top (Conv)				600	600	800	800
Competition Pkg				1200	1200	1600	1600
Z4—6-Cyl.—Equipment Schedule 1							
W.B. 98.2"; 3.0 Liter.							
3.0i Roadster 2D		BU335	39135	13775	15525	17600	21600
3.0si Coupe 2D		DU534	40795	14950	16800	18850	22900
3.0si Roadster 2D		BU535	44485	15725	17650	19800	23900
Premium Pkg				500	500	665	665
Sport Pkg				325	325	435	435
Z4 M SERIES—6-Cyl.—Equipment Schedule 1							
W.B. 98.3"; 3.2 Liter.							
Coupe 2D		DU934	49995	19450	21750	24300	29200
Roadster 2D		BT935	51995	20200	22550	25000	30000
Premium Pkg				500	500	665	665
5 SERIES—6-Cyl.—Equipment Schedule 1							
W.B. 113.7", 113.6" (Wagon). 3.0 Liter.							
525i Sedan 4D		NE535	43195	16025	17975	20400	24900
525xi AWD Sedan 4D		NF535	45395	16750	18775	21200	25700
530i Sedan 4D		NE735	47495	18225	20375	22800	27500
530xi AWD Sedan 4D		NF735	49695	19000	21275	23600	28400
530xi AWD Wagon 4D		NN735	52095	19450	21750	24200	29000
w/o Premium Pkg				(925)	(925)	(1235)	(1235)
Sport Pkg				975	975	1300	1300
5 SERIES—V8—Equipment Schedule 1							
W.B. 113.7"; 4.8 Liter.							
550i Sedan 4D		NB535	58095	20975	23525	25900	30900
Sport Pkg				975	975	1300	1300
M5—V10—Equipment Schedule 1							
W.B. 113.7"; 5.0 Liter.							
Sedan 4D		NB935	84895	32250	35875	38500	44800
6 SERIES—V8—Equipment Schedule 1							
W.B. 109.4"; 4.8 Liter.							
650i Coupe 2D		EH134	72495	25575	28525	31200	36800
650i Convertible 2D		EK134	79495	29900	33225	35900	41900
Sport Pkg				975	975	1300	1300
M6—V10—Equipment Schedule 1							
W.B. 109.5"; 5.0 Liter.							
Coupe 2D		EH934	96795	37050	41050	43800	50700
7 SERIES—V8—Equipment Schedule 1							
W.B. 117.7", 123.2" (Li); 4.8 Liter.							
750i Sedan 4D		HL835	72495	26275	29200	31900	37700
750Li Sedan 4D		HN835	76495	27925	31075	33800	39800
Sport Pkg				975	975	1300	1300
7 SERIES—V12—Equipment Schedule 1							
W.B. 117.7", 123.2" (Li); 6.0 Liter.							
760i Sedan 4D		HL035	113895	44200	49000	51900	59900
760Li Sedan 4D		HN035	121295	46450	51450	54500	62600

2007 BMW — WBA,WBSor4US(VA335)-7-#

Body	Type	VIN	List	Trade-In Fair	Trade-In Good	Pvt-Party Good	Retail Excellent
3 SERIES—6-Cyl.—Equipment Schedule 1							
W.B. 108.7"; 3.0 Liter.							
328i Sedan 4D		VA335	36815	17875	20000	22400	27000
328xi AWD Sedan 4D		VC935	38715	19700	22050	24400	29200
328i Coupe 2D		WB335	39715	19450	21750	24100	29300
328xi AWD Coupe 2D		WC335	41515	20675	23125	25500	30400
328i Convertible 2D		WL135	43975	24200	27050	29400	34600
328i Wagon 4D		VS135	38615	18225	20375	22700	27400
328xi AWD Wagon 4D		VT735	40515	19800	22150	24500	29300
Premium Pkg				550	550	735	735
Sport Pkg				350	350	465	465
3 SERIES—6-Cyl. Twin Turbo—Equipment Schedule 1							
W.B. 108.7"; 3.0 Liter.							
335i Sedan 4D		VB735	39675	20575	23025	25400	30300
335xi AWD Sedan 4D		VD535	41575	22550	25100	27400	32500
335i Coupe 2D		WB335	44020	22925	25575	27900	33100
335i Convertible 2D		WL735	49875	28425	31650	34000	39700
Premium Pkg				550	550	735	735
Sport Pkg				350	350	465	465

Body	Type	VIN	List	Trade-In Fair	Good	Pvt-Party Good	Retail Excellent
Z4—6-Cyl.—Equipment Schedule 1							
W.B. 98.2"; 3.0 Liter.							
3.0i Roadster 2D		BU335	37095	**18075**	**20200**	**22300**	**26800**
3.0si Coupe 2D		DU535	41095	**19550**	**21850**	**24000**	**28500**
3.0si Roadster 2D		BU535	43095	**20200**	**22550**	**24600**	**29200**
Premium Pkg				550	550	735	735
Sport Pkg				350	350	465	465
Z4 M SERIES—6-Cyl.—Equipment Schedule 1							
W.B. 98.3"; 3.2 Liter.							
Coupe 2D		DU934	50795	**24400**	**27250**	**29700**	**35200**
Roadster 2D		BT935	52795	**25275**	**28225**	**30700**	**36200**
Premium Pkg				550	550	735	735
5 SERIES—6-Cyl.—Equipment Schedule 1							
W.B. 113.7", 113.6" (Wagon); 3.0 Liter.							
525i Sedan 4D		NE535	46920	**18575**	**20775**	**23200**	**27900**
525xi AWD Sedan 4D		NF535	49120	**19350**	**21650**	**24000**	**28800**
530i Sedan 4D		NE735	50920	**20975**	**23525**	**25900**	**30800**
530xi AWD Sedan 4D		NF735	53120	**21850**	**24400**	**26900**	**31900**
530xi AWD Wagon 4D		NN735	55520	**22350**	**24900**	**27200**	**32300**
w/o Premium Pkg				(950)	(950)	(1265)	(1265)
Sport Pkg				1050	1050	1400	1400
5 SERIES—V8—Equipment Schedule 1							
W.B. 113.7"; 4.8 Liter.							
550i Sedan 4D		NB535	60485	**24400**	**27250**	**29600**	**35000**
Sport Pkg				1050	1050	1400	1400
M5—V10—Equipment Schedule 1							
W.B. 113.7"; 5.0 Liter.							
Sedan 4D		NB935	86195	**36850**	**40975**	**43400**	**50100**
6-SERIES—V8—Equipment Schedule 1							
W.B. 109.4"; 4.8 Liter.							
650i Coupe 2D		EH135	74595	**29300**	**32525**	**35100**	**41100**
650i Convertible 2D		EK135	81595	**33800**	**37525**	**40100**	**46500**
Sport Pkg				1050	1050	1400	1400
M6—V10—Equipment Schedule 1							
W.B. 109.5"; 5.0 Liter.							
Coupe 2D		EH935	101995	**41850**	**46350**	**48900**	**56100**
Convertible 2D		EK935	108695	**46350**	**51350**	**54600**	**61600**
7 SERIES—V8—Equipment Schedule 1							
W.B. 117.7", 123.1" (Li); 4.8 Liter.							
750i Sedan 4D		HL835	75695	**30275**	**33625**	**36300**	**42400**
750Li Sedan 4D		HN835	78795	**32050**	**35675**	**38300**	**44600**
Sport Pkg				1050	1050	1400	1400
7 SERIES—V12—Equipment Schedule 1							
W.B. 123.1"; 6.0 Liter.							
760Li Sedan 4D		HN035	123795	**52525**	**58200**	**61000**	**69300**

2008 BMW — WBA,WBS(UP735)-8-#

Body	Type	VIN	List	Trade-In Fair	Good	Pvt-Party Good	Retail Excellent
1 SERIES—6-Cyl.—Equipment Schedule 1							
W.B. 104.7"; 3.0 Liter.							
128i Coupe 2D		UP735	33095	**19900**	**22250**	**24600**	**29500**
128i Convertible 2D		UL735	33875	**23125**	**25775**	**28100**	**33200**
Premium Pkg				575	575	765	765
Sport Pkg				375	375	500	500
1 SERIES—6-Cyl. Twin Turbo—Equipment Schedule 1							
W.B. 104.7"; 3.0 Liter.							
135i Coupe 2D		UC735	39395	**24000**	**26750**	**29100**	**34300**
135i Convertible 2D		UN935	39875	**27150**	**30275**	**32600**	**38100**
Premium Pkg				575	575	765	765
Sport Pkg				375	375	500	500
3 SERIES—6-Cyl.—Equipment Schedule 1							
W.B. 108.7"; 3.0 Liter.							
328i Sedan 4D		VA335	36895	**20875**	**23325**	**25700**	**30600**
328xi AWD Sedan 4D		VC935	38795	**22925**	**25575**	**27900**	**33000**
328i Coupe 2D		WB335	39795	**22550**	**25100**	**27400**	**32500**
328xi AWD Coupe 2D		WC335	41595	**23825**	**26550**	**28900**	**34100**
328i Convertible 2D		WL135	46800	**29700**	**33025**	**35400**	**41100**
328i Wagon 4D		VS135	38695	**21275**	**23825**	**26200**	**31200**
328xi AWD Wagon 4D		VT735	40595	**22925**	**25575**	**27900**	**33000**
Premium Pkg				575	575	765	765
Sport Pkg				375	375	500	500
3 SERIES—6-Cyl. Twin Turbo—Equipment Schedule 1							
W.B. 108.7"; 3.0 Liter.							
335i Sedan 4D		VB735	42400	**23900**	**26650**	**29000**	**34200**

2008 BMW

Body	Type	VIN	List	Trade-In Fair	Trade-In Good	Pvt-Party Good	Retail Excellent
	335xi AWD Sedan 4D	VD535	44300	25775	28725	31200	36600
	335i Coupe 2D	WB735	44300	26350	29300	31700	37000
	335xi AWD Coupe 2D	WC735	46100	27350	30475	32800	38300
	335i Convertible 2D	WL735	51150	34200	38025	40300	46400
	Premium Pkg			575	575	765	765
	Sport Pkg			375	375	500	500
M3—V8—Equipment Schedule 1							
W.B. 108.7"; 4.0 Liter.							
	Sedan 4D	VA935	56650	36450	40475	42800	49300
	Coupe 2D	WD935	59350	38225	42425	44800	51400
	Convertible 2D	WL935	68200	44300	49200	51500	58800
	Premium Pkg			575	575	765	765
Z4—6-Cyl.—Equipment Schedule 1							
W.B. 98.2"; 3.0 Liter.							
	3.0i Roadster 2D	BU335	40595	20975	23525	25500	30100
	3.0si Coupe 2D	DU535	43445	22725	25375	27400	32100
	3.0si Roadster 2D	BU535	45445	23325	25975	28000	32700
	Premium Pkg			575	575	765	765
	Sport Pkg			375	375	500	500
Z4 M SERIES—6-Cyl.—Equipment Schedule 1							
W.B. 98.3"; 3.2 Liter.							
	Coupe 2D	DU935	52870	28125	31350	33800	39600
	Roadster 2D	BT935	54870	29100	32450	34900	40700
	Premium Pkg			575	575	765	765
5 SERIES—6-Cyl.—Equipment Schedule 1							
W.B. 113.7"; 3.0 Liter.							
	528i Sedan 4D	NU535	46525	26850	29900	32200	37700
	528xi AWD Sedan 4D	NV135	48725	27725	30875	33200	38700
	w/o Premium Pkg			(975)	(975)	(1300)	(1300)
	Sport Pkg			1125	1125	1500	1500
5 SERIES—6-Cyl. Twin Turbo—Equipment Schedule 1							
W.B. 113.7", 113.6" (Wagon); 3.0 Liter.							
	535i Sedan 4D	NW135	51625	29500	32725	35100	40800
	535xi AWD Sedan 4D	NV935	53825	30275	33700	36100	41800
	535xi AWD Wagon 4D	PT735	56225	30975	34400	36800	42500
	w/o Premium Pkg			(975)	(975)	(1300)	(1300)
	Sport Pkg			1125	1125	1500	1500
5 SERIES—V8—Equipment Schedule 1							
W.B. 113.7"; 4.8 Liter.							
	550i Sedan 4D	NW535	61075	33525	37250	39500	45600
	Sport Pkg			1125	1125	1500	1500
M5—V10—Equipment Schedule 1							
W.B. 113.7"; 5.0 Liter.							
	Sedan 4D	NB935	86675	46950	52050	54400	61800
6 SERIES—V8—Equipment Schedule 1							
W.B. 109.4"; 4.8 Liter.							
	650i Coupe 2D	EA535	76375	41650	46150	48500	55400
	650i Convertible 2D	EB535	84775	46550	51550	54000	61300
	Sport Pkg			1125	1125	1500	1500
M6—V10—Equipment Schedule 1							
W.B. 109.5"; 5.0 Liter.							
	Coupe 2D	EH935	103075	55275	61150	63400	71500
	Convertible 2D	EK935	108875	60175	66650	68800	77300
7 SERIES—V8—Equipment Schedule 1							
W.B. 117.7", 123.2" (Li); 4.8 Liter.							
	750i Sedan 4D	HL835	76575	40575	45075	47600	54600
	750Li Sedan 4D	HN835	79675	42625	47225	49900	57100
	Sport Pkg			1125	1125	1500	1500
7 SERIES—V12—Equipment Schedule 1							
W.B. 123.2"; 6.0 Liter.							
	760Li Sedan 4D	HN035	125075	64975	71925	74200	83300
ALPINA B7—V8 Supercharged—Equipment Schedule 1							
W.B. 117.7"; 4.4 Liter.							
	Sedan 4D	HL835	117075	64375	71250	73500	82500

BUICK

1994 BUICK — 1G4(NV553)-R-#

SKYLARK—4-Cyl.—Equipment Schedule 5
W.B. 103.4"; 2.3 Liter.

Body	Type	VIN	List	Fair	Good	Good	Excellent
	Custom Sedan 4D	NV553	14914	350	475	1050	1950

Body	Type	VIN	List	Trade-In Fair	Trade-In Good	Pvt-Party Good	Retail Excellent
Custom Coupe 2D		NV153	14914	350	475	1050	1950
Limited Sedan 4D		NJ553	16684	375	525	1100	2050
V6 3.1 Liter		M		125	125	165	165
SKYLARK—V6—Equipment Schedule 5							
W.B. 103.4". 3.1 Liter.							
Gran Sport Sedan 4D		NM55M	18784	475	650	1300	2350
Gran Sport Coupe 2D		NM15M	18784	475	650	1300	2350
CENTURY—V6—Equipment Schedule 4							
W.B. 104.9". 3.1 Liter.							
Special Sedan 4D		AG55M	17325	525	725	1450	2625
Special Wagon 4D		AG85M	18175	525	725	1450	2625
Custom Sedan 4D		AH55M	19686	525	725	1450	2625
4-Cyl. 2.2 Liter		4		(150)	(150)	(200)	(200)
REGAL—V6—Equipment Schedule 4							
W.B. 107.5". 3.1 Liter.							
Custom Sedan 4D		WB55M	19672	700	1000	1850	3150
Custom Coupe 2D		WB15M	19372	575	775	1525	2750
Limited Sedan 4D		WD55L	21242	675	950	1775	3075
Gran Sport Sedan 4D		WF55L	21724	800	1125	1975	3375
Gran Sport Coupe 2D		WF15L	21442	700	975	1825	3125
Gran Touring Pkg				50	50	65	65
V6 3.8 Liter		L		150	150	200	200
LeSABRE—V6—Equipment Schedule 4							
W.B. 110.8". 3.8 Liter.							
Custom Sedan 4D		HP52L	22541	550	750	1500	2700
Limited Sedan 4D		HR52L	24995	850	1200	2125	3600
Gran Touring Pkg				50	50	65	65
PARK AVENUE—V6—Equipment Schedule 4							
W.B. 110.8". 3.8 Liter.							
Sedan 4D		CW52L	27624	800	1125	2025	3425
Gran Touring Pkg				50	50	65	65
PARK AVENUE—V6 Supercharged—Equipment Schedule 4							
W.B. 110.8". 3.8 Liter.							
Ultra Sedan 4D		CU521	32324	1050	1475	2550	4175
Gran Touring Pkg				50	50	65	65
ROADMASTER—V8—Equipment Schedule 2							
W.B. 115.9". 5.7 Liter.							
Sedan 4D		BN52P	27224	1000	1400	2475	4075
Limited Sedan 4D		BT52P	27734	1100	1525	2625	4275
Estate Wagon 4D		BR82P	29078	1900	2450	3700	5550

1995 BUICK — (1or2)G4(NV55D)-S-#

Body	Type	VIN	List	Trade-In Fair	Trade-In Good	Pvt-Party Good	Retail Excellent
SKYLARK—4-Cyl.—Equipment Schedule 5							
W.B. 103.4". 2.3 Liter.							
Custom Sedan 4D		NV55D	16070	400	575	1175	2175
Custom Coupe 2D		NV15D	16070	400	575	1175	2175
Gran Sport Pkg				50	50	65	65
V6 3.1 Liter		M		125	125	165	165
CENTURY—V6—Equipment Schedule 4							
W.B. 104.9". 3.1 Liter.							
Special Sedan 4D		AG55M	19171	625	875	1675	2975
Special Wagon 4D		AG85M	19989	625	875	1675	2975
Custom Sedan 4D		AH55M	18865	625	875	1675	2975
4-Cyl. 2.2 Liter		4		(150)	(150)	(200)	(200)
REGAL—V6—Equipment Schedule 4							
W.B. 107.5". 3.1 Liter.							
Custom Sedan 4D		WB52M	20650	800	1125	2050	3475
Custom Coupe 2D		WB12M	20333	625	875	1675	2975
Limited Sedan 4D		WD52L	22243	750	1075	1925	3325
Gran Sport Sedan 4D		WF52L	22878	875	1250	2200	3675
Gran Sport Coupe 2D		WF12L	19995	800	1125	2000	3425
Gran Touring Pkg				50	50	65	65
V6 3.8 Liter		L		150	150	200	200
LeSABRE—V6—Equipment Schedule 4							
W.B. 110.8". 3.8 Liter.							
Custom Sedan 4D		HP52L	23481	625	900	1700	3000
Limited Sedan 4D		HR52L	26050	975	1375	2450	4075
Gran Touring Pkg				50	50	65	65
PARK AVENUE—V6—Equipment Schedule 4							
W.B. 110.8". 3.8 Liter.							
Sedan 4D		CW52K	28879	950	1325	2400	4025
Gran Touring Pkg				50	50	65	65

1995 BUICK

Body	Type	VIN	List	Trade-In Fair	Trade-In Good	Pvt-Party Good	Retail Excellent
PARK AVENUE—V6 Supercharged—Equipment Schedule 4							
W.B. 110.8"; 3.8 Liter.							
Ultra Sedan 4D		CU521	33719	**1200**	**1700**	**2850**	**4550**
Gran Touring Pkg				**50**	**50**	**65**	**65**
ROADMASTER—V8—Equipment Schedule 2							
W.B. 115.9"; 5.7 Liter.							
Sedan 4D		BN52P	28425	**1175**	**1650**	**2800**	**4475**
Limited Sedan 4D		BT52P	29930	**1300**	**1775**	**2975**	**4675**
Estate Wagon 4D		BR82P	30365	**2275**	**2850**	**4150**	**6100**
RIVIERA—V6—Equipment Schedule 2							
W.B. 113.8"; 3.8 Liter.							
Coupe 2D		GD12K	28857	**1050**	**1475**	**2575**	**4225**
V6 3.8L Supercharged		1		**175**	**175**	**235**	**235**

1996 BUICK — (1,2or3)G4(NJ52T)–T–#

Body	Type	VIN	List	Trade-In Fair	Trade-In Good	Pvt-Party Good	Retail Excellent
SKYLARK—4-Cyl.—Equipment Schedule 5							
W.B. 103.4"; 2.4 Liter.							
Custom Sedan 4D		NJ52T	15995	**500**	**700**	**1375**	**2475**
Custom Coupe 2D		NJ12T	15995	**500**	**700**	**1375**	**2475**
Gran Sport Pkg				**75**	**75**	**100**	**100**
V6 3.1 Liter		M		**150**	**150**	**200**	**200**
CENTURY—V6—Equipment Schedule 4							
W.B. 104.9"; 3.1 Liter.							
Sedan 4D		AG55M	18235	**725**	**1025**	**1875**	**3250**
Wagon 4D		AG85M	19040	**725**	**1025**	**1875**	**3250**
4-Cyl. 2.2 Liter		4		**(175)**	**(175)**	**(235)**	**(235)**
REGAL—V6—Equipment Schedule 4							
W.B. 107.5"; 3.1 Liter.							
Custom Sedan 4D		WB52M	20280	**925**	**1300**	**2375**	**4000**
Custom Coupe 2D		WB12M	19985	**725**	**1025**	**1875**	**3250**
Limited Sedan 4D		WD52K	21735	**875**	**1250**	**2200**	**3675**
Gran Sport Sedan 4D		WF52K	22340	**1025**	**1450**	**2525**	**4175**
Gran Sport Coupe 2D		WF12K	21495	**900**	**1275**	**2350**	**3950**
Gran Touring Pkg				**75**	**75**	**100**	**100**
V6 3.8 Liter		K		**175**	**175**	**235**	**235**
LeSABRE—V6—Equipment Schedule 4							
W.B. 110.8"; 3.8 Liter.							
Custom Sedan 4D		HP52K	22345	**775**	**1075**	**2000**	**3425**
Limited Sedan 4D		HR52K	25975	**1175**	**1650**	**2800**	**4500**
Gran Touring Pkg				**75**	**75**	**100**	**100**
PARK AVENUE—V6—Equipment Schedule 4							
W.B. 110.8"; 3.8 Liter.							
Sedan 4D		CW52K	28845	**1175**	**1650**	**2800**	**4475**
Gran Touring Pkg				**75**	**75**	**100**	**100**
PARK AVENUE—V6 Supercharged—Equipment Schedule 4							
W.B. 110.8"; 3.8 Liter.							
Ultra Sedan 4D		CU521	33460	**1600**	**2100**	**3300**	**5100**
Gran Touring Pkg				**75**	**75**	**100**	**100**
ROADMASTER—V8—Equipment Schedule 2							
W.B. 115.9"; 5.7 Liter.							
Sedan 4D		BN52P	28590	**1600**	**2100**	**3325**	**5150**
Limited Sedan 4D		BT52P	30125	**1775**	**2300**	**3550**	**5400**
Estate Wagon 4D		BR82P	30230	**2775**	**3400**	**4750**	**6800**
RIVIERA—V6—Equipment Schedule 2							
W.B. 113.8"; 3.8 Liter.							
Coupe 2D		GD12K	30715	**1200**	**1700**	**2875**	**4575**
V6 3.8L Supercharged		1		**200**	**200**	**265**	**265**

1997 BUICK — (1,2or3)G4(NJ52T)–V–#

Body	Type	VIN	List	Trade-In Fair	Trade-In Good	Pvt-Party Good	Retail Excellent
SKYLARK—4-Cyl.—Equipment Schedule 5							
W.B. 103.4"; 2.4 Liter.							
Custom Sedan 4D		NJ52T	16495	**625**	**875**	**1675**	**3000**
Custom Coupe 2D		NJ12T	16495	**625**	**875**	**1675**	**3000**
Gran Sport Pkg				**100**	**100**	**135**	**135**
V6 3.1 Liter		M		**175**	**175**	**235**	**235**
CENTURY—V6—Equipment Schedule 4							
W.B. 109.0"; 3.1 Liter.							
Custom Sedan 4D		WS52M	18590	**725**	**1025**	**1900**	**3300**
Limited Sedan 4D		WY52M	19965	**950**	**1350**	**2450**	**4075**
REGAL—V6—Equipment Schedule 4							
W.B. 109.0"; 3.8 Liter.							
LS Sedan 4D		WB52K	21095	**1175**	**1625**	**2800**	**4500**

Body	Type	VIN	List	Trade-In Fair	Good	Pvt-Party Good	Retail Excellent
	Gran Touring Pkg			100	100	135	135

REGAL—V6 Supercharged—Equipment Schedule 4
W.B. 109.0"; 3.8 Liter.

GS Sedan 4D		WF521	23495	1850	2350	3600	5475

LeSABRE—V6—Equipment Schedule 4
W.B. 110.8"; 3.8 Liter.

Custom Sedan 4D		HP52K	23040	925	1300	2400	4050
Limited Sedan 4D		HR52K	26170	1450	1925	3125	4925
Gran Touring Pkg				100	100	135	135

PARK AVENUE—V6—Equipment Schedule 4
W.B. 113.8"; 3.8 Liter.

Sedan 4D		CW52K	30660	1625	2100	3325	5150
Gran Touring Pkg				100	100	135	135

PARK AVENUE—V6 Supercharged—Equipment Schedule 4
W.B. 113.8"; 3.8 Liter.

Ultra Sedan 4D		CU521	35660	2100	2675	3950	5850
Gran Touring Pkg				100	100	135	135

RIVIERA—V6—Equipment Schedule 2
W.B. 113.8"; 3.8 Liter.

Coupe 2D		GD22K	31375	1450	1925	3125	4925
V6 3.8L Supercharged		1		225	225	300	300

1998 BUICK — (1,2or3)G4(NJ52M)-W-#

SKYLARK—V6—Equipment Schedule 5
W.B. 103.4"; 3.1 Liter.

Custom Sedan 4D		NJ52M	16755	725	1025	1900	3325

CENTURY—V6—Equipment Schedule 4
W.B. 109.0"; 3.1 Liter.

Custom Sedan 4D		WS52M	19185	900	1250	2325	3950
Limited Sedan 4D		WY52M	20545	1150	1625	2800	4475

REGAL—V6—Equipment Schedule 4
W.B. 109.0"; 3.8 Liter.

LS Sedan 4D		WB52K	21495	1375	1850	3075	4850
Gran Touring Pkg				100	100	135	135

REGAL—V6 Supercharged—Equipment Schedule 4
W.B. 109.0"; 3.8 Liter.

GS Sedan 4D		WF521	24240	2100	2675	3950	5850

LeSABRE—V6—Equipment Schedule 4
W.B. 110.8"; 3.8 Liter.

Custom Sedan 4D		HP52K	23265	1100	1550	2725	4425
Limited Sedan 4D		HR52K	26395	1750	2275	3525	5400
Gran Touring Pkg				100	100	135	135

PARK AVENUE—V6—Equipment Schedule 4
W.B. 113.8"; 3.8 Liter.

Sedan 4D		CW52K	31340	1925	2475	3750	5600
Gran Touring Pkg				100	100	135	135

PARK AVENUE—V6 Supercharged—Equipment Schedule 4
W.B. 113.8"; 3.8 Liter.

Ultra Sedan 4D		CU521	36215	2500	3100	4400	6400
Gran Touring Pkg				100	100	135	135

RIVIERA—V6 Supercharged—Equipment Schedule 2
W.B. 113.8"; 3.8 Liter.

Coupe 2D		GD221	33165	1750	2250	3500	5350

1999 BUICK — (1,2or3)G4(WS52M)-X-#

CENTURY—V6—Equipment Schedule 4
W.B. 109.0"; 3.1 Liter.

Custom Sedan 4D		WS52M	19755	1100	1550	2675	4350
Limited		Y		500	500	665	665

REGAL—V6—Equipment Schedule 4
W.B. 109.0"; 3.8 Liter.

LS Sedan 4D		WB52K	22255	1650	2125	3375	5200
Gran Touring Pkg				100	100	135	135

REGAL—V6 Supercharged—Equipment Schedule 4
W.B. 109.0"; 3.8 Liter.

GS Sedan 4D		WF521	24955	2425	3025	4300	6275

LeSABRE—V6—Equipment Schedule 4
W.B. 110.8"; 3.8 Liter.

Custom Sedan 4D		HP52K	23535	1350	1825	3075	4850
Limited Sedan 4D		HR52K	26605	2100	2650	3950	5875
Gran Touring Pkg				100	100	135	135

1999 BUICK

Body	Type	VIN	List	Trade-In Fair	Trade-In Good	Pvt-Party Good	Retail Excellent
PARK AVENUE—V6—Equipment Schedule 4							
W.B. 113.8"; 3.8 Liter.							
Sedan 4D		CW52K	31800	**2325**	**2900**	**4200**	**6150**
Gran Touring Pkg				**100**	**100**	**135**	**135**
PARK AVENUE—V6 Supercharged—Equipment Schedule 4							
W.B. 113.8"; 3.8 Liter.							
Ultra Sedan 4D		CU521	36695	**2925**	**3550**	**4900**	**6975**
Gran Touring Pkg				**100**	**100**	**135**	**135**
RIVIERA—V6 Supercharged—Equipment Schedule 2							
W.B. 113.8"; 3.8 Liter.							
Coupe 2D		GD221	35830	**2125**	**2700**	**3975**	**5900**

2000 BUICK — (1,2or3)G4(WS52J)-Y-#

Body	Type	VIN	List	Trade-In Fair	Trade-In Good	Pvt-Party Good	Retail Excellent
CENTURY—V6—Equipment Schedule 4							
W.B. 109.0"; 3.1 Liter.							
Custom Sedan 4D		WS52J	20592	**1400**	**1850**	**3075**	**4850**
Century 2000 Pkg				**250**	**250**	**335**	**335**
Limited		Y		**550**	**550**	**735**	**735**
REGAL—V6—Equipment Schedule 4							
W.B. 109.0"; 3.8 Liter.							
LS Sedan 4D		WB52K	22780	**1925**	**2475**	**3750**	**5600**
Gran Touring Pkg				**100**	**100**	**135**	**135**
REGAL—V6 Supercharged—Equipment Schedule 4							
W.B. 109.0"; 3.8 Liter.							
GS Sedan 4D		WF521	25625	**2800**	**3400**	**4725**	**6750**
LeSABRE—V6—Equipment Schedule 4							
W.B. 112.2"; 3.8 Liter.							
Custom Sedan 4D		HP54K	24115	**1700**	**2175**	**3475**	**5375**
Limited Sedan 4D		HR54K	27310	**2500**	**3100**	**4425**	**6475**
Gran Touring Pkg				**100**	**100**	**135**	**135**
PARK AVENUE—V6—Equipment Schedule 4							
W.B. 113.8"; 3.8 Liter.							
Sedan 4D		CW52K	32395	**2750**	**3350**	**4700**	**6750**
Gran Touring Pkg				**100**	**100**	**135**	**135**
PARK AVENUE—V6 Supercharged—Equipment Schedule 4							
W.B. 113.8"; 3.8 Liter.							
Ultra Sedan 4D		CU521	37470	**3375**	**4075**	**5475**	**7625**
Gran Touring Pkg				**100**	**100**	**135**	**135**

2001 BUICK — (1or2)G4(WS52J)-2-#

Body	Type	VIN	List	Trade-In Fair	Trade-In Good	Pvt-Party Good	Retail Excellent
CENTURY—V6—Equipment Schedule 4							
W.B. 109.0"; 3.1 Liter.							
Custom Sedan 4D		WS52J	20870	**1775**	**2300**	**3550**	**5400**
Limited		Y		**600**	**600**	**800**	**800**
REGAL—V6—Equipment Schedule 4							
W.B. 109.0"; 3.8 Liter.							
LS Sedan 4D		WB52K	23445	**1875**	**2425**	**3700**	**5575**
Abboud Pkg				**100**	**100**	**135**	**135**
Gran Touring Pkg				**100**	**100**	**135**	**135**
REGAL—V6 Supercharged—Equipment Schedule 4							
W.B. 109.0"; 3.8 Liter.							
GS Sedan 4D		WF521	26695	**2825**	**3425**	**4775**	**6800**
Abboud Pkg				**100**	**100**	**135**	**135**
LeSABRE—V6—Equipment Schedule 4							
W.B. 112.2"; 3.8 Liter.							
Custom Sedan 4D		HP54K	24762	**2075**	**2650**	**3950**	**5900**
Limited Sedan 4D		HR54K	29451	**2975**	**3600**	**4975**	**7075**
Gran Touring Pkg				**100**	**100**	**135**	**135**
PARK AVENUE—V6—Equipment Schedule 4							
W.B. 113.8"; 3.8 Liter.							
Sedan 4D		CW52K	33700	**3200**	**3900**	**5275**	**7375**
Gran Touring Pkg				**100**	**100**	**135**	**135**
PARK AVENUE—V6 Supercharged—Equipment Schedule 4							
W.B. 113.8"; 3.8 Liter.							
Ultra Sedan 4D		CU521	38210	**3925**	**4650**	**6075**	**8300**
Gran Touring Pkg				**100**	**100**	**135**	**135**

2002 BUICK — (1or2)G4(WS52J)-2-#

Body	Type	VIN	List	Trade-In Fair	Trade-In Good	Pvt-Party Good	Retail Excellent
CENTURY—V6—Equipment Schedule 4							
W.B. 109.0"; 3.1 Liter.							
Custom Sedan 4D		WS52J	21325	**2075**	**2650**	**4075**	**6150**
Limited		Y		**650**	**650**	**865**	**865**

Body	Type	VIN	List	Trade-In Fair	Trade-In Good	Pvt-Party Good	Retail Excellent

REGAL—V6—Equipment Schedule 4
W.B. 109.0"; 3.8 Liter.

Body	Type	VIN	List	Fair	Good	Good	Excellent
LS Sedan 4D		WB52K	23840	1950	2500	3975	6050
Abboud Pkg				100	100	135	135
Gran Touring Pkg				100	100	135	135

REGAL—V6 Supercharged—Equipment Schedule 4
W.B. 109.0"; 3.8 Liter.

GS Sedan 4D		WF521	27895	2925	3550	5050	7300
Abboud Pkg				100	100	135	135

LeSABRE—V6—Equipment Schedule 4
W.B. 112.2"; 3.8 Liter.

Custom Sedan 4D		HP54K	24975	2425	3025	4525	6750
Limited Sedan 4D		HR54K	30675	3375	4050	5625	8000

PARK AVENUE—V6—Equipment Schedule 4
W.B. 113.8"; 3.8 Liter.

Sedan 4D		CW52K	34165	3650	4350	5900	8250
Gran Touring Pkg				100	100	135	135

PARK AVENUE—V6 Supercharged—Equipment Schedule 4
W.B. 113.8"; 3.8 Liter.

Ultra Sedan 4D		CU521	38675	4375	5200	6750	9200
Gran Touring Pkg				100	100	135	135

2003 BUICK — (1or2)G4(WS52J)-3-#

CENTURY—V6—Equipment Schedule 4
W.B. 109.0"; 3.1 Liter.

Sedan 4D		WS52J	21685	2475	3075	4525	6700
Limited		Y		750	750	1000	1000

REGAL—V6—Equipment Schedule 4
W.B. 109.0"; 3.8 Liter.

LS Sedan 4D		WB52K	24230	2500	3100	4575	6750
Abboud Pkg				125	125	165	165
Gran Touring Pkg				125	125	165	165

REGAL—V6 Supercharged—Equipment Schedule 4
W.B. 109.0"; 3.8 Liter.

GS Sedan 4D		WF521	28175	3525	4250	5750	8100
Abboud Pkg				125	125	165	165

LeSABRE—V6—Equipment Schedule 4
W.B. 112.2"; 3.8 Liter.

Custom Sedan 4D		HP52K	25730	3050	3700	5275	7600
Limited Sedan 4D		HR54K	31360	4125	4875	6500	8975
Celebration Edition				500	500	665	665

PARK AVENUE—V6—Equipment Schedule 4
W.B. 113.8"; 3.8 Liter.

Sedan 4D		CW54K	34615	4400	5225	6825	9350
Gran Touring Pkg				125	125	165	165

PARK AVENUE—V6 Supercharged—Equipment Schedule 4
W.B. 113.8"; 3.8 Liter.

Ultra Sedan 4D		CU541	39915	5375	6250	7900	10550

2004 BUICK — (1or2)G4(WS52J)-4-#

CENTURY—V6—Equipment Schedule 4
W.B. 109.0"; 3.1 Liter.

Sedan 4D		WS52J	22415	2950	3575	5050	7250
Limited				350	350	465	465
Special Edition				850	850	1135	1135

REGAL—V6—Equipment Schedule 4
W.B. 109.0"; 3.8 Liter.

LS Sedan 4D		WB52K	24895	3175	3850	5375	7650
Abboud Pkg				150	150	200	200
Gran Touring Pkg				150	150	200	200

REGAL—V6 Supercharged—Equipment Schedule 4
W.B. 109.0"; 3.8 Liter.

GS Sedan 4D		WF521	28345	4350	5150	6700	9125
Abboud Pkg				150	150	200	200

LeSABRE—V6—Equipment Schedule 4
W.B. 112.2"; 3.8 Liter.

Custom Sedan 4D		HP54K	26470	3800	4500	6100	8550
Limited Sedan 4D		HR54K	32245	4950	5775	7475	10100
Celebration Edition				500	500	665	665

PARK AVENUE—V6—Equipment Schedule 4
W.B. 113.8"; 3.8 Liter.

Sedan 4D		CW52K	35545	5325	6200	7825	10450

2004 BUICK

Body	Type	VIN	List	Trade-In Fair	Trade-In Good	Pvt-Party Good	Retail Excellent
	Gran Touring Pkg			150	150	200	200
PARK AVENUE—V6 Supercharged—Equipment Schedule 4							
W.B. 113.8"; 3.8 Liter.							
Ultra Sedan 4D		CU521	40720	6450	7425	9100	11850

2005 BUICK — (1or2)G4(WS52J)-5-#

Body	Type	VIN	List	Trade-In Fair	Trade-In Good	Pvt-Party Good	Retail Excellent
CENTURY—V6—Equipment Schedule 4							
W.B. 109.0"; 3.1 Liter.							
Sedan 4D		WS52J	22950	3475	4175	5650	7950
Limited				350	350	465	465
Special Edition				950	950	1265	1265
LACROSSE—V6—Equipment Schedule 4							
W.B. 110.5"; 3.6 Liter, 3.8 Liter.							
CX Sedan 4D		WC532	23495	5900	6825	8450	11100
CXL Sedan 4D		WD532	25995	6675	7700	9325	12100
CXS Sedan 4D		WE537	28995	7450	8550	10250	13100
LeSABRE—V6—Equipment Schedule 4							
W.B. 112.2"; 3.8 Liter.							
Custom Sedan 4D		HP52K	27270	4650	5475	7125	9725
Limited Sedan 4D		HR54K	32930	5925	6875	8575	11300
Celebration Edition				500	500	665	665
PARK AVENUE—V6—Equipment Schedule 4							
W.B. 113.8"; 3.8 Liter.							
Sedan 4D		CW54K	36350	6325	7300	8950	11650
PARK AVENUE—V6 Supercharged—Equipment Schedule 4							
W.B. 113.8"; 3.8 Liter.							
Special Ed Ultra 4D		CU541	41525	7625	8725	10400	13300

2006 BUICK — (1or2)G4(WC582)-6-#

Body	Type	VIN	List	Trade-In Fair	Trade-In Good	Pvt-Party Good	Retail Excellent
LACROSSE—V6—Equipment Schedule 4							
W.B. 110.5"; 3.6 Liter, 3.8 Liter.							
CX Sedan 4D		WC582	23595	6775	7825	9425	12150
CXL Sedan 4D		WD582	26095	7650	8750	10400	13250
CXS Sedan 4D		WE587	29095	8500	9725	11400	14400
LUCERNE—V6—Equipment Schedule 4							
W.B. 115.6"; 3.8 Liter.							
CX Sedan 4D		HP572	26990	7725	8825	10550	13500
CXL Sedan 4D		HD572	28990	9175	10425	12200	15400
V8 4.6 Liter		Y		800	800	1065	1065
LUCERNE—V8—Equipment Schedule 4							
W.B. 115.6"; 4.6 Liter.							
CXS Sedan 4D		HE57Y	35990	10775	12200	14000	17350

2007 BUICK — (1or2)G4(WC582)-7-#

Body	Type	VIN	List	Trade-In Fair	Trade-In Good	Pvt-Party Good	Retail Excellent
LACROSSE—V6—Equipment Schedule 4							
W.B. 110.5"; 3.6 Liter, 3.8 Liter.							
CX Sedan 4D		WC582	22915	7825	8950	10450	13200
CXL Sedan 4D		WD582	25330	8700	9900	11450	14350
CXS Sedan 4D		WE587	27545	9625	10925	12550	15550
LUCERNE—V6—Equipment Schedule 4							
W.B. 115.6"; 3.8 Liter.							
CX Sedan 4D		HP572	26265	9125	10400	12100	15200
CXL Sedan 4D		HD572	29280	10925	12400	14100	17400
V8 4.6 Liter		Y		800	800	1065	1065
LUCERNE—V8—Equipment Schedule 4							
W.B. 115.6"; 4.6 Liter.							
CXS Sedan 4D		HE57Y	35295	12500	14100	15900	19300

2008 BUICK — (1or2)G4(WC582)-8-#

Body	Type	VIN	List	Trade-In Fair	Trade-In Good	Pvt-Party Good	Retail Excellent
LACROSSE—V6—Equipment Schedule 4							
W.B. 110.5"; 3.6 Liter, 3.8 Liter.							
CX Sedan 4D		WC582	23995	9850	11175	12700	15650
CXL Sedan 4D		WD582	25995	10825	12250	13750	16800
CXS Sedan 4D		WE587	27995	11850	13375	14950	18150
LACROSSE—V8—Equipment Schedule 4							
W.B. 110.5"; 5.3 Liter.							
Super Sedan 4D		WN58C	31995	13475	15200	16750	20100
LUCERNE—V6—Equipment Schedule 4							
W.B. 115.6"; 3.8 Liter.							
CX Sedan 4D		HP572	26995	11475	12925	14650	18000
CXL Sedan 4D		HD572	29595	13625	15325	17000	20500
CXL Special Ed 4D		HR572	32150	14250	16025	17750	21300

Body	Type	VIN	List	Trade-In Fair	Good	Pvt-Party Good	Retail Excellent
LUCERNE—V8—Equipment Schedule 4							
W.B. 115.6"; 4.6 Liter.							
CXL Special Ed 4D	HR57Y	33850	14700	16525	18200	21800
CXS Sedan 4D	HE57Y	36595	15100	16950	18600	22200
Super Sedan 4D	HF579	39395	19600	21950	23600	27600

CADILLAC

1994 CADILLAC — 1G6(EL12Y)–R–#

Body	Type	VIN	List	Fair	Good	Good	Excellent
ELDORADO—V8—Equipment Schedule 2							
W.B. 108.0"; 4.6 Liter.							
Coupe 2D	EL12Y	38565	1650	2150	3375	5200
Touring Coupe 2D	ET129	41215	1950	2500	3750	5625
SEVILLE—V8—Equipment Schedule 2							
W.B. 111.0"; 4.6 Liter.							
SLS Sedan 4D	KS52Y	42265	2150	2725	4000	5900
STS Touring Sedan 4D	KY529	45515	2775	3375	4725	6775
DeVILLE—V8—Equipment Schedule 2							
W.B. 113.8"; 4.6 Liter, 4.9 Liter.							
Sedan 4D	KD52B	34400	1450	1925	3125	4900
Concours Sedan 4D	KF52Y	37215	1950	2500	3750	5625
FLEETWOOD—V8—Equipment Schedule 2							
W.B. 121.5"; 5.7 Liter.							
Sedan 4D	DW52P	35185	2650	3250	4600	6650
Brougham Pkg			200	200	265	265

1995 CADILLAC — 1G6(EL12Y)–S–#

Body	Type	VIN	List	Fair	Good	Good	Excellent
ELDORADO—V8—Equipment Schedule 2							
W.B. 108.0"; 4.6 Liter.							
Coupe 2D	EL12Y	39505	1950	2500	3775	5650
Touring Coupe 2D	ET129	42170	2300	2875	4200	6175
SEVILLE—V8—Equipment Schedule 2							
W.B. 111.0"; 4.6 Liter.							
SLS Sedan 4D	KS52Y	43220	2550	3125	4475	6525
STS Touring Sedan 4D	KY529	46570	3200	3900	5325	7525
DeVILLE—V8—Equipment Schedule 2							
W.B. 113.8"; 4.6 Liter, 4.9 Liter.							
Sedan 4D	KD52B	36320	1750	2250	3500	5350
Concours Sedan 4D	KF52Y	40035	2325	2900	4225	6200
FLEETWOOD—V8—Equipment Schedule 2							
W.B. 121.5"; 5.7 Liter.							
Sedan 4D	DW52P	37015	3125	3800	5225	7400
Brougham Pkg			200	200	265	265

1996 CADILLAC — 1G6(EL12Y)–T–#

Body	Type	VIN	List	Fair	Good	Good	Excellent
ELDORADO—V8—Equipment Schedule 2							
W.B. 108.0"; 4.6 Liter.							
Coupe 2D	EL12Y	41020	2325	2900	4225	6200
Touring Coupe 2D	ET129	43635	2725	3325	4700	6750
SEVILLE—V8—Equipment Schedule 2							
W.B. 111.0"; 4.6 Liter.							
SLS Sedan 4D	KS52Y	44420	2975	3600	5000	7125
STS Touring Sedan 4D	KY529	48135	3750	4450	5950	8250
DeVILLE—V8—Equipment Schedule 2							
W.B. 113.8"; 4.6 Liter.							
Sedan 4D	KD52Y	37420	2125	2700	4000	5925
Concours Sedan 4D	KF529	41135	2800	3425	4800	6875
FLEETWOOD—V8—Equipment Schedule 2							
W.B. 121.5"; 5.7 Liter.							
Sedan 4D	DW52P	38420	3725	4425	5925	8225
Brougham Pkg			250	250	335	335

1997 CADILLAC — (Wor1)(GorO)6(VR52R)–V–#

Body	Type	VIN	List	Fair	Good	Good	Excellent
CATERA—V6—Equipment Schedule 2							
W.B. 107.4"; 3.0 Liter.							
Sedan 4D	VR52R	33635	800	1150	2100	3600
ELDORADO—V8—Equipment Schedule 2							
W.B. 108.0"; 4.6 Liter.							
Coupe 2D	EL12Y	39883	2725	3325	4675	6750
Touring Coupe 2D	ET129	42060	3175	3850	5275	7425

1997 CADILLAC

Body	Type	VIN	List	Trade-In Fair	Trade-In Good	Pvt-Party Good	Retail Excellent
SEVILLE—V8—Equipment Schedule 2							
W.B. 111.0"; 4.6 Liter.							
SLS Sedan 4D		KS52Y	41883	2900	3500	4900	6975
STS Touring Sedan 4D		KY529	45660	3775	4500	5975	8250
DeVILLE—V8—Equipment Schedule 2							
W.B. 113.8"; 4.6 Liter.							
Sedan 4D		KD54Y	38445	2475	3075	4400	6450
d'Elegance Sedan 4D		KE54Y	40660	2900	3525	4925	7050
Concours Sedan 4D		KF549	42660	3250	3925	5350	7550

1998 CADILLAC — (Wor1)(GorO)6(VR52R)–W–#

Body	Type	VIN	List	Trade-In Fair	Trade-In Good	Pvt-Party Good	Retail Excellent
CATERA—V6—Equipment Schedule 2							
W.B. 107.4"; 3.0 Liter.							
Sedan 4D		VR52R	34250	925	1300	2400	4075
ELDORADO—V8—Equipment Schedule 2							
W.B. 108.0"; 4.6 Liter.							
Coupe 2D		EL12Y	39945	3175	3850	5250	7400
Touring Coupe 2D		ET129	43360	3750	4450	5925	8175
SEVILLE—V8—Equipment Schedule 2							
W.B. 112.2"; 4.6 Liter.							
SLS Sedan 4D		KS52Y	43160	2875	3500	4875	6975
STS Touring Sedan 4D		KY529	47660	3875	4600	6075	8350
DeVILLE—V8—Equipment Schedule 2							
W.B. 113.8"; 4.6 Liter.							
Sedan 4D		KD54Y	39145	2925	3550	4950	7050
d'Elegance Sedan 4D		KE54Y	41960	3400	4100	5525	7775
Concours Sedan 4D		KF549	42960	3800	4525	6000	8300

1999 CADILLAC — (Wor1)(Gor0)6(VR52R)–X–#

Body	Type	VIN	List	Trade-In Fair	Trade-In Good	Pvt-Party Good	Retail Excellent
CATERA—V6—Equipment Schedule 2							
W.B. 107.5"; 3.0 Liter.							
Sedan 4D		VR52R	34820	1100	1525	2725	4450
Sport				300	300	400	400
ELDORADO—V8—Equipment Schedule 2							
W.B. 108.0"; 4.6 Liter.							
Coupe 2D		EL12Y	40690	3750	4450	5925	8175
Touring Coupe 2D		ET129	44165	4375	5200	6700	9075
SEVILLE—V8—Equipment Schedule 2							
W.B. 112.2"; 4.6 Liter.							
SLS Sedan 4D		KS52Y	44025	3000	3625	5025	7125
STS Touring Sedan 4D		KY529	48520	4100	4850	6325	8650
DeVILLE—V8—Equipment Schedule 2							
W.B. 113.8"; 4.6 Liter.							
Sedan 4D		KD54Y	40085	3450	4150	5575	7825
d'Elegance Sedan 4D		KE54Y	43400	4025	4775	6275	8600
Concours Sedan 4D		KF549	43900	4425	5225	6750	9175

2000 CADILLAC — (Wor1)(Gor0)6(VR52R)–Y–#

Body	Type	VIN	List	Trade-In Fair	Trade-In Good	Pvt-Party Good	Retail Excellent
CATERA—V6—Equipment Schedule 2							
W.B. 107.5"; 3.0 Liter.							
Sedan 4D		VR52R	31500	1150	1625	2875	4650
Sport				300	300	400	400
ELDORADO—V8—Equipment Schedule 2							
W.B. 108.0"; 4.6 Liter.							
ESC Coupe 2D		EL12Y	39790	4400	5225	6700	9075
ETC Coupe 2D		ET129	43365	5150	6000	7600	10150
SEVILLE—V8—Equipment Schedule 2							
W.B. 112.2"; 4.6 Liter.							
SLS Sedan 4D		KS52Y	44550	3200	3875	5275	7425
STS Touring Sedan 4D		KY529	49150	4400	5225	6700	9075
DeVILLE—V8—Equipment Schedule 2							
W.B. 115.3"; 4.6 Liter.							
Sedan 4D		KD54Y	40955	2125	2700	4050	6025
DHS Sedan 4D		KE54Y	45370	3300	3975	5425	7625
DTS Sedan 4D		KF549	45370	3375	4075	5525	7725

2001 CADILLAC — (Wor1)(Gor0)6(VR52R)–1–#

Body	Type	VIN	List	Trade-In Fair	Trade-In Good	Pvt-Party Good	Retail Excellent
CATERA—V6—Equipment Schedule 2							
W.B. 107.4"; 3.0 Liter.							
Sedan 4D		VR52R	31945	1700	2200	3500	5425
Sport Pkg				300	300	400	400

2001 CADILLAC

Body	Type	VIN	List	Trade-In Fair	Trade-In Good	Pvt-Party Good	Retail Excellent
ELDORADO—V8—Equipment Schedule 2							
W.B. 108.0"; 4.6 Liter.							
ESC Coupe 2D		EL12Y	40756	**4300**	**5075**	**6550**	**8875**
ETC Coupe 2D		ET129	44331	**5100**	**5950**	**7525**	**10050**
SEVILLE—V8—Equipment Schedule 2							
W.B. 112.2"; 4.6 Liter.							
SLS Sedan 4D		KS52Y	42655	**3550**	**4275**	**5675**	**7900**
STS Touring Sedan 4D		KY529	48765	**4875**	**5700**	**7250**	**9750**
DeVILLE—V8—Equipment Schedule 2							
W.B. 115.3"; 4.6 Liter.							
Sedan 4D		KD54Y	42000	**2725**	**3325**	**4750**	**6850**
DHS Sedan 4D		KE54Y	46987	**3950**	**4675**	**6175**	**8500**
DTS Sedan 4D		KF549	46987	**4050**	**4800**	**6300**	**8650**

2002 CADILLAC — 1G6(EL12Y)-2-#

Body	Type	VIN	List	Trade-In Fair	Trade-In Good	Pvt-Party Good	Retail Excellent
ELDORADO—V8—Equipment Schedule 2							
W.B. 108.0"; 4.6 Liter.							
ESC Coupe 2D		EL12Y	42610	**5050**	**5900**	**7650**	**10400**
ETC Coupe 2D		ET129	45745	**5925**	**6850**	**8675**	**11550**
ECS Coupe 2D		ET129	48405	**6200**	**7150**	**9000**	**11900**
SEVILLE—V8—Equipment Schedule 2							
W.B. 112.2"; 4.6 Liter.							
SLS Sedan 4D		KS52Y	44269	**3200**	**3900**	**5525**	**7925**
STS Touring Sedan 4D		KY529	49825	**4600**	**5425**	**7175**	**9850**
DeVILLE—V8—Equipment Schedule 2							
W.B. 115.3"; 4.6 Liter.							
Sedan 4D		KD54Y	43070	**3350**	**4050**	**5750**	**8275**
DHS Sedan 4D		KE54Y	48000	**4650**	**5475**	**7200**	**9900**
DTS Sedan 4D		KF549	48000	**4800**	**5600**	**7450**	**10250**

2003 CADILLAC — 1G6(DM57N)-3-#

Body	Type	VIN	List	Trade-In Fair	Trade-In Good	Pvt-Party Good	Retail Excellent
CTS—V6—Equipment Schedule 2							
W.B. 113.4"; 3.2 Liter.							
Sedan 4D		DM57N	29990	**5950**	**6900**	**8825**	**11800**
Luxury Sport Pkg				**475**	**475**	**635**	**635**
SEVILLE—V8—Equipment Schedule 2							
W.B. 112.2"; 4.6 Liter.							
SLS Sedan 4D		KS54Y	45270	**3750**	**4475**	**6150**	**8650**
STS Touring Sedan 4D		KY549	51175	**5400**	**6275**	**8050**	**10900**
DeVILLE—V8—Equipment Schedule 2							
W.B. 115.3"; 4.6 Liter.							
Sedan 4D		KD54Y	43995	**4150**	**4900**	**6700**	**9375**
DHS Sedan 4D		KE54Y	48825	**5750**	**6700**	**8600**	**11550**
DTS Sedan 4D		KF549	48825	**5900**	**6825**	**8725**	**11700**

2004 CADILLAC — 1G6(DM57N)-4-#

Body	Type	VIN	List	Trade-In Fair	Trade-In Good	Pvt-Party Good	Retail Excellent
CTS—V6—Equipment Schedule 2							
W.B. 113.4"; 3.2 Liter.							
Sedan 4D		DM57N	33155	**7350**	**8425**	**10400**	**13600**
Luxury Sport Pkg				**550**	**550**	**735**	**735**
V6 3.6 Liter		7		**600**	**600**	**800**	**800**
CTS-V—V8—Equipment Schedule 2							
W.B. 113.4"; 5.7 Liter.							
Sedan 4D		DN57S	49995	**10825**	**12250**	**14550**	**18450**
SEVILLE—V8—Equipment Schedule 2							
W.B. 112.2"; 4.6 Liter.							
SLS Sedan 4D		KS52Y	47955	**4575**	**5400**	**7150**	**9850**
DeVILLE—V8—Equipment Schedule 2							
W.B. 115.3"; 4.6 Liter.							
Sedan 4D		KD54Y	45445	**5325**	**6200**	**8075**	**11050**
DHS Sedan 4D		KE54Y	50595	**7225**	**8300**	**10300**	**13500**
DTS Sedan 4D		KF549	50595	**7375**	**8450**	**10450**	**13650**
XLR—V8—Equipment Schedule 1							
W.B. 105.7"; 4.6 Liter.							
Hardtop Conv 2D		YV34A	76200	**17875**	**20000**	**22600**	**27500**

2005 CADILLAC — 1G6(DM56T)-5-#

Body	Type	VIN	List	Trade-In Fair	Trade-In Good	Pvt-Party Good	Retail Excellent
CTS—V6—Equipment Schedule 2							
W.B. 113.4"; 2.8 Liter.							
Sedan 4D		DM56T	33745	**8650**	**9850**	**11950**	**15450**
Luxury Pkg				**600**	**600**	**800**	**800**
V6 3.6 Liter		7		**600**	**600**	**800**	**800**

2005 CADILLAC

Body	Type	VIN	List	Trade-In Fair	Trade-In Good	Pvt-Party Good	Retail Excellent
CTS-V—V8—Equipment Schedule 2							
W.B. 113.4"; 5.7 Liter.							
Sedan 4D		DN56S	49995	**13025**	**14700**	**17100**	**21400**
STS-V6—Equipment Schedule 2							
W.B. 116.6"; 3.6 Liter.							
Sedan 4D		DW677	40995	**9850**	**11175**	**13350**	**16950**
STS—V8—Equipment Schedule 2							
W.B. 116.6"; 4.6 Liter.							
Sedan 4D		DC67A	47495	**10825**	**12300**	**14450**	**18200**
AWD				**2000**	**2000**	**2665**	**2665**
DEVILLE—V8—Equipment Schedule 2							
W.B. 115.3"; 4.6 Liter.							
Sedan 4D		KD54Y	46490	**6925**	**7975**	**10000**	**13200**
DHS Sedan 4D		KE54Y	52045	**9175**	**10425**	**12550**	**16050**
DTS Sedan 4D		KF549	52045	**9275**	**10575**	**12700**	**16200**
XLR—V8—Equipment Schedule 1							
W.B. 105.7"; 4.6 Liter.							
Hardtop Conv 2D		YV34A	76650	**20375**	**22825**	**25400**	**30600**

2006 CADILLAC — 1G6(DM57T)-6-#

Body	Type	VIN	List	Trade-In Fair	Trade-In Good	Pvt-Party Good	Retail Excellent
CTS—V6—Equipment Schedule 2							
W.B. 113.4"; 2.8 Liter.							
Sedan 4D		DM57T	32435	**10250**	**11625**	**13750**	**17450**
Luxury Pkg				**650**	**650**	**865**	**865**
V6 3.6 Liter		7		**600**	**600**	**800**	**800**
CTS-V—V8—Equipment Schedule 2							
W.B. 113.4"; 6.0 Liter.							
Sedan 4D		DN57U	51395	**15575**	**17500**	**20000**	**24600**
STS—V6—Equipment Schedule 2							
W.B. 116.4"; 3.6 Liter.							
Sedan 4D		DW677	41740	**12400**	**14025**	**16150**	**20100**
AWD				**2000**	**2000**	**2665**	**2665**
STS—V8—Equipment Schedule 2							
W.B. 116.4"; 4.6 Liter.							
Sedan 4D		DC67A	49240	**13525**	**15250**	**17450**	**21500**
AWD				**2000**	**2000**	**2665**	**2665**
STS-V—V8 Supercharged—Equipment Schedule 2							
W.B. 116.4"; 4.4 Liter.							
Sedan 4D		DX67D	77090	**20200**	**22550**	**24900**	**29800**
DTS—V8—Equipment Schedule 2							
W.B. 115.6"; 4.6 Liter.							
Sedan 4D		KD57Y	41990	**12700**	**14350**	**16500**	**20500**
Luxury Pkg				**800**	**800**	**1065**	**1065**
Performance Pkg				**1500**	**1500**	**2000**	**2000**
XLR—V8—Equipment Schedule 1							
W.B. 105.7"; 4.6 Liter.							
Hardtop Conv 2D		YV36A	77295	**23325**	**26075**	**28700**	**34100**
Star Black Ltd Conv 2D		YV36A	79795	**24100**	**26850**	**29500**	**35000**
XLR-V—V8 Supercharged—Equipment Schedule 1							
W.B. 105.7"; 4.4 Liter.							
Convertible 2D		YX36D	98300	**29200**	**32450**	**35200**	**41400**

2007 CADILLAC — 1G6(DM57T)-7-#

Body	Type	VIN	List	Trade-In Fair	Trade-In Good	Pvt-Party Good	Retail Excellent
CTS—V6—Equipment Schedule 2							
W.B. 113.4"; 2.8 Liter.							
Sedan 4D		DM57T	32905	**12700**	**14350**	**16500**	**20500**
Luxury Pkg				**700**	**700**	**935**	**935**
V6 3.6 Liter		7		**600**	**600**	**800**	**800**
CTS-V—V8—Equipment Schedule 2							
W.B. 113.4"; 6.0 Liter.							
Sedan 4D		DN57U	53205	**19000**	**21275**	**23900**	**28900**
STS—V6—Equipment Schedule 2							
W.B. 116.4"; 3.6 Liter.							
Sedan 4D		DW677	42765	**15475**	**17400**	**19600**	**23800**
Platinum Edition				**1500**	**1500**	**2000**	**2000**
4-AWD				**2000**	**2000**	**2665**	**2665**
STS—V8—Equipment Schedule 2							
W.B. 116.4"; 4.6 Liter.							
Sedan 4D		DC67A	53485	**17975**	**20100**	**22400**	**27000**
Platinum Edition				**1500**	**1500**	**2000**	**2000**
4-AWD				**2000**	**2000**	**2665**	**2665**

2007 CADILLAC

Body	Type	VIN	List	Trade-In Fair	Good	Pvt-Party Good	Retail Excellent
STS-V—V8 Supercharged—Equipment Schedule 2							
W.B. 116.4"; 4.4 Liter.							
Sedan 4D		DX67D	77485	23900	26650	29000	34200
DTS—V8—Equipment Schedule 2							
W.B. 115.6"; 4.6 Liter.							
Sedan 4D		KD57Y	41990	14900	16750	18950	23100
Luxury Pkg				800	800	1065	1065
Performance Pkg				1500	1500	2000	2000
XLR—V8—Equipment Schedule 1							
W.B. 105.7"; 4.6 Liter.							
Hardtop Conv 2D		YV36A	78495	26850	29900	32500	38400
Platinum Edition				1500	1500	2000	2000
XLR-V—V8 Supercharged—Equipment Schedule 1							
W.B. 105.7"; 4.4 Liter.							
Convertible 2D		YX36D	100000	33225	36950	39500	46000

2008 CADILLAC — 1G6(DM577)-8-#

Body	Type	VIN	List	Trade-In Fair	Good	Pvt-Party Good	Retail Excellent
CTS—V6—Equipment Schedule 2							
W.B. 113.4"; 3.6 Liter.							
Sedan 4D		DM577	34290	19700	22050	24300	29000
Luxury Pkg				750	750	1000	1000
4-AWD		G,H,S,T		2000	2000	2665	2665
V6 3.6 Liter DI		V		1500	1500	2000	2000
STS—V6—Equipment Schedule 2							
W.B. 116.4"; 3.6 Liter.							
Sedan 4D		DW67V	43135	19300	21550	23800	28400
Platinum Edition				1500	1500	2000	2000
4-AWD		A,D,B,L		2000	2000	2665	2665
STS—V8—Equipment Schedule 2							
W.B. 116.4"; 4.6 Liter.							
Sedan 4D		DC67A	53855	21850	24400	26700	31600
Platinum Edition				1500	1500	2000	2000
4-AWD		A,D,B,L		2000	2000	2665	2665
STS-V—V8 Supercharged—Equipment Schedule 2							
W.B. 116.4"; 4.4 Liter.							
Sedan 4D		DX67D	79000	28225	31450	33800	39400
DTS—V8—Equipment Schedule 2							
W.B. 115.6"; 4.6 Liter.							
Sedan 4D		KD57Y	42590	20875	23425	25600	30400
Luxury Pkg				800	800	1065	1065
Performance Pkg				1500	1500	2000	2000
Platinum Edition				1500	1500	2000	2000
XLR—V8—Equipment Schedule 1							
W.B. 105.7"; 4.6 Liter.							
Hardtop Conv 2D		YV36A	79600	30875	34300	36900	43100
Platinum Edition				1500	1500	2000	2000
XLR-V—V8 Supercharged—Equipment Schedule 1							
W.B. 105.7"; 4.4 Liter.							
Convertible 2D		YX36D	100000	37725	41850	44400	51200

CHEVROLET

1994 CHEVROLET — 1G1(JC544)-R-#

Body	Type	VIN	List	Trade-In Fair	Good	Pvt-Party Good	Retail Excellent
CAVALIER—4-Cyl.—Equipment Schedule 5							
W.B. 101.3"; 2.2 Liter.							
VL Sedan 4D		JC544	11082	475	650	1300	2350
VL Coupe 2D		JC144	10932	475	650	1300	2350
Wagon 4D		JC844	12375	525	725	1450	2625
RS Sedan 4D		JC544	11790	550	750	1475	2650
RS Coupe 2D		JC144	11685	525	700	1425	2575
RS Convertible 2D		JC344	17470	975	1350	2425	4025
V6 3.1 Liter		T		100	100	135	135
CAVALIER—V6—Equipment Schedule 5							
W.B. 101.3"; 3.1 Liter.							
Z24 Coupe 2D		JF14T	14965	800	1125	1975	3375
Z24 Convertible 2D		JF34T	20965	1125	1575	2700	4350
CORSICA—4-Cyl.—Equipment Schedule 5							
W.B. 103.4"; 2.2 Liter.							
LT Sedan 4D		LD554	13630	325	450	1025	1925
V6 3.1 Liter		M		125	125	165	165

1994 CHEVROLET

Body	Type	VIN	List	Trade-In Fair	Good	Pvt-Party Good	Retail Excellent
BERETTA—4-Cyl.—Equipment Schedule 5							
W.B. 103.4"; 2.2 Liter.							
Coupe 2D		LV154	13455	350	500	1075	2000
V6 3.1 Liter		M		125	125	165	165
BERETTA—4-Cyl. Quad 4—Equipment Schedule 5							
W.B. 103.4"; 2.3 Liter.							
Z26 Coupe 2D		LW15A	15795	550	750	1475	2650
Manual Trans				0	0	0	0
V6 3.1 Liter		M		125	125	165	165
LUMINA—V6—Equipment Schedule 4							
W.B. 107.5"; 3.1 Liter.							
Sedan 4D		WL54T	16645	250	350	900	1775
Euro Sedan 4D		WN54T	17815	375	525	1125	2100
Euro Coupe 2D		WN14T	17625	350	500	1100	2050
Z34 Coupe 2D		WP14X	19835	500	675	1350	2450
V6 3.4 Liter		X		150	150	200	200
CAMARO—V6—Equipment Schedule 4							
W.B. 101.1"; 3.4 Liter.							
Coupe 2D		FP22S	16250	1525	2000	3200	4975
Convertible 2D		FP32S	22021	2325	2900	4200	6125
Manual Trans				(150)	(150)	(200)	(200)
CAMARO—V8—Equipment Schedule 4							
W.B. 101.1"; 5.7 Liter.							
Z28 Coupe 2D		FP22P	19900	2075	2650	3900	5775
Z28 Convertible 2D		FP32P	25351	3175	3850	5250	7400
CAPRICE CLASSIC—V8—Equipment Schedule 4							
W.B. 115.9"; 4.3 Liter.							
Sedan 4D		BL52W	20698	525	700	1425	2575
LS Sedan 4D		BN52W	22010	675	950	1750	3050
Wagon 4D		BL82P	22703	1175	1650	2800	4475
V8 5.7 Liter		P		100	100	135	135
IMPALA SS—V8—Equipment Schedule 2							
W.B. 115.9"; 5.7 Liter.							
Sedan 4D		BN52P	23355	3725	4425	5900	8175
CORVETTE—V8—Equipment Schedule 2							
W.B. 96.2"; 5.7 Liter.							
Coupe 2D		YY22P	37345	6300	7275	9175	12150
Convertible 2D		YY32P	44120	7300	8375	10400	13550
ZR1 Coupe 2D		YZ22J	67993	21950	24500	28400	35300
Glass Roof Panel				250	250	335	335
Dual Roof Panels				300	300	400	400
Hard Top (Convertible)				200	200	265	265
Suspension Pkg				200	200	265	265
6-Spd Manual Trans				150	150	200	200

1995 CHEVROLET — (1or2)G1(JC524)-S-#

Body	Type	VIN	List	Trade-In Fair	Good	Pvt-Party Good	Retail Excellent
CAVALIER—4-Cyl.—Equipment Schedule 5							
W.B. 104.1"; 2.2 Liter, 2.3 Liter.							
Sedan 4D		JC524	12030	525	700	1450	2625
Coupe 2D		JC124	11825	475	650	1325	2400
LS Sedan 4D		JF524	12950	575	775	1550	2800
LS Convertible 2D		JF324	17695	1100	1525	2650	4300
Z24 Coupe 2D		JF12D	14295	675	950	1800	3125
CORSICA—4-Cyl.—Equipment Schedule 5							
W.B. 103.4"; 2.2 Liter.							
Sedan 4D		LD554	14385	400	575	1175	2175
V6 3.1 Liter		M		125	125	165	165
BERETTA—4-Cyl.—Equipment Schedule 5							
W.B. 103.4"; 2.2 Liter.							
Coupe 2D		LV154	14045	450	600	1250	2275
V6 3.1 Liter		M		125	125	165	165
BERETTA—V6—Equipment Schedule 5							
W.B. 103.4"; 3.1 Liter.							
Z26 Coupe 2D		LW15M	16790	625	900	1700	3000
LUMINA—V6—Equipment Schedule 4							
W.B. 107.5"; 3.1 Liter.							
Sedan 4D		WL52M	16837	425	600	1225	2225
LS Sedan 4D		WN52M	17712	575	775	1550	2800
V6 3.4 Liter		X		150	150	200	200
MONTE CARLO—V6—Equipment Schedule 4							
W.B. 107.5"; 3.1 Liter, 3.4 Liter.							
LS Coupe 2D		WW12M	17512	525	725	1475	2650
Z34 Coupe 2D		WX12X	19495	675	950	1800	3125

1995 CHEVROLET

Body	Type	VIN	List	Trade-In Fair	Trade-In Good	Pvt-Party Good	Retail Excellent
CAMARO—V6—Equipment Schedule 4							
W.B. 101.1"; 3.4 Liter.							
Coupe 2D		FP22S	17536	1550	2025	3225	5025
Convertible 2D		FP32S	22781	2375	2950	4275	6225
V6 3.8 Liter		K	____	100	100	135	135
CAMARO—V8—Equipment Schedule 4							
W.B. 101.1"; 5.7 Liter.							
Z28 Coupe 2D		FP22P	21236	2100	2675	3950	5850
Z28 Convertible 2D		FP32P	26388	3200	3875	5275	7450
CAPRICE CLASSIC—V8—Equipment Schedule 4							
W.B. 115.9"; 4.3 Liter.							
Sedan 4D		BL52W	21798	625	850	1650	2925
Wagon 4D		BL82P	24373	1475	1950	3150	4925
V8 5.7 Liter		P	____	100	100	135	135
IMPALA SS—V8—Equipment Schedule 2							
W.B. 115.9"; 5.7 Liter.							
Sedan 4D		BL52P	24385	4400	5225	6775	9225
CORVETTE—V8—Equipment Schedule 2							
W.B. 96.2"; 5.7 Liter.							
Coupe 2D		YY22P	37955	6750	7800	9725	12850
Convertible 2D		YY32P	44835	7850	8975	11050	14400
ZR1 Coupe 2D		YZ22J	68603	23425	26175	30300	37400
Glass Roof Panel			____	250	250	335	335
Dual Roof Panels			____	300	300	400	400
Hard Top (Convertible)			____	200	200	265	265
Suspension Pkg			____	200	200	265	265
6-Spd Manual Trans			____	150	150	200	200

1996 CHEVROLET — (1,2or4)G1(JC524)–T–#

Body	Type	VIN	List	Trade-In Fair	Trade-In Good	Pvt-Party Good	Retail Excellent
CAVALIER—4-Cyl.—Equipment Schedule 5							
W.B. 104.1"; 2.2 Liter, 2.4 Liter.							
Sedan 4D		JC524	12872	600	825	1600	2875
Coupe 2D		JC124	12672	575	775	1550	2800
LS Sedan 4D		JF524	13395	650	925	1775	3075
LS Convertible 2D		JF324	17995	1300	1775	2950	4675
Z24 Coupe 2D		JF12T	15490	800	1125	2050	3475
CORSICA—4-Cyl.—Equipment Schedule 5							
W.B. 103.4"; 2.2 Liter.							
Sedan 4D		LD554	14885	500	675	1350	2450
V6 3.1 Liter		M	____	150	150	200	200
BERETTA—4-Cyl.—Equipment Schedule 5							
W.B. 103.4"; 2.2 Liter.							
Coupe 2D		LV154	14545	550	750	1525	2750
V6 3.1 Liter		M	____	150	150	200	200
BERETTA—V6—Equipment Schedule 5							
W.B. 103.4"; 3.1 Liter.							
Z26 Coupe 2D		LW15M	17190	800	1125	2050	3475
LUMINA—V6—Equipment Schedule 4							
W.B. 107.5"; 3.1 Liter.							
Sedan 4D		WL52M	17863	500	675	1375	2475
LS Sedan 4D		WN52M	18812	625	900	1725	3050
V6 3.4 Liter		X	____	175	175	235	235
MONTE CARLO—V6—Equipment Schedule 4							
W.B. 107.5"; 3.1 Liter, 3.4 Liter.							
LS Coupe 2D		WW12M	18012	600	825	1625	2925
Z34 Coupe 2D		WX12X	19995	775	1075	2000	3425
CAMARO—V6—Equipment Schedule 4							
W.B. 101.1"; 3.8 Liter.							
Coupe 2D		FP22K	18411	1850	2375	3625	5500
Convertible 2D		FP32K	23796	2800	3400	4750	6800
RS Coupe 2D		FP22K	20911	2100	2675	3950	5850
RS Convertible 2D		FP32K	25246	3025	3675	5075	7200
Manual Trans			____	(200)	(200)	(265)	(265)
CAMARO—V8—Equipment Schedule 4							
W.B. 101.1"; 5.7 Liter.							
Z28 Coupe 2D		FP22P	21951	2500	3075	4400	6425
Z28 Convertible 2D		FP32P	27016	3750	4450	5925	8225
SS Pkg			____	875	875	1165	1165
CAPRICE CLASSIC—V8—Equipment Schedule 4							
W.B. 115.9"; 4.3 Liter.							
Sedan 4D		BL52W	21495	775	1075	2000	3425
Wagon 4D		BL82P	22995	1850	2375	3650	5525
V8 5.7 Liter		P	____	125	125	165	165

1996 CHEVROLET

Body	Type	VIN	List	Trade-In Fair	Trade-In Good	Pvt-Party Good	Retail Excellent
IMPALA SS—V8—Equipment Schedule 2							
W.B. 115.9"; 5.7 Liter.							
Sedan 4D		BL52P	24995	5600	6525	8250	11050
CORVETTE—V8—Equipment Schedule 2							
W.B. 96.2"; 5.7 Liter.							
Coupe 2D		YY22P	38400	7300	8375	10350	13500
Convertible 2D		YY32P	46235	8425	9625	11750	15300
Grand Sport Coupe 2D		YY225	42373	****	****	****	33700
Grand Sport Conv 2D		YY325	49838	****	****	****	43100
Collector Edition				2875	2875	3830	3830
Glass Roof Panel				250	250	335	335
Dual Roof Panels				300	300	400	400
Hard Top (Convertible)				250	250	335	335
Suspension Pkg				200	200	265	265
6-Spd Manual Trans				150	150	200	200
V8 5.7 Liter (LT4) (Base)		5		1100	1100	1465	1465

1997 CHEVROLET — (1,2or4)G1(JC524)–V–#

Body	Type	VIN	List	Trade-In Fair	Trade-In Good	Pvt-Party Good	Retail Excellent
CAVALIER—4-Cyl.—Equipment Schedule 5							
W.B. 104.1"; 2.2 Liter, 2.4 Liter.							
Sedan 4D		JC524	13357	700	1000	1850	3250
Coupe 2D		JC124	13157	650	925	1800	3125
RS Coupe 2D		JC124	14070	800	1125	2050	3500
LS Sedan 4D		JF524	13880	800	1100	2025	3475
LS Convertible 2D		JF324	18265	1575	2075	3300	5100
Z24 Coupe 2D		JF12T	15760	950	1325	2425	4050
MALIBU—V6—Equipment Schedule 5							
W.B. 107.0"; 3.1 Liter.							
Sedan 4D		ND52M	16390	475	650	1350	2475
LS Sedan 4D		NE52M	18715	625	875	1700	3050
4-Cyl. 2.4 Liter		T		(150)	(150)	(200)	(200)
LUMINA—V6—Equipment Schedule 4							
W.B. 107.5"; 3.1 Liter.							
Sedan 4D		WL52M	18485	500	675	1375	2525
LS Sedan 4D		WL52M	19695	625	875	1750	3075
LTZ Sedan 4D		WN52M	20200	650	900	1775	3125
V6 3.4 Liter		X		200	200	265	265
MONTE CARLO—V6—Equipment Schedule 4							
W.B. 107.5"; 3.1 Liter, 3.4 Liter.							
LS Coupe 2D		WW12M	18220	600	825	1650	2975
Z34 Coupe 2D		WX12X	20495	775	1100	2025	3500
CAMARO—V6—Equipment Schedule 4							
W.B. 101.1"; 3.8 Liter.							
Coupe 2D		FP22K	18786	1875	2425	3675	5525
Convertible 2D		FP32K	24341	2900	3525	4875	6950
RS Coupe 2D		FP22K	20541	2250	2825	4125	6050
RS Convertible 2D		FP32K	25741	3225	3900	5300	7450
Manual Trans				(250)	(250)	(335)	(335)
CAMARO—V8—Equipment Schedule 4							
W.B. 101.1"; 5.7 Liter.							
Z28 Coupe 2D		FP22P	22721	2700	3300	4650	6700
Z28 Convertible 2D		FP32P	28091	4150	4900	6400	8750
SS Pkg				1000	1000	1335	1335
CORVETTE—V8—Equipment Schedule 2							
W.B. 104.5"; 5.7 Liter.							
Coupe 2D		YY22G	38365	8775	10000	12150	15700
Glass Roof Panel				250	250	335	335
Dual Roof Panels				300	300	400	400
Suspension Pkg				200	200	265	265
6-Spd Manual Trans				150	150	200	200

1998 CHEVROLET–(1,2or4)(C,GorY)1(MR226)–W–

Body	Type	VIN	List	Trade-In Fair	Trade-In Good	Pvt-Party Good	Retail Excellent
METRO—3-Cyl.—Equipment Schedule 6							
W.B. 93.1"; 1.0 Liter.							
Coupe 2D		MR226	10110	425	575	1250	2300
METRO—4-Cyl.—Equipment Schedule 6							
W.B. 93.1"; 1.3 Liter.							
LSi Sedan 4D		MR522	11800	650	900	1775	3125
LSi Coupe 2D		MR222	10910	625	850	1675	3000
PRIZM—4-Cyl.—Equipment Schedule 6							
W.B. 97.0"; 1.8 Liter.							
Sedan 4D		SK528	15248	950	1350	2450	4100

1998 CHEVROLET

Body	Type	VIN	List	Trade-In Fair	Trade-In Good	Pvt-Party Good	Retail Excellent
LSi Sedan 4D		SK528	16208	1075	1525	2650	4325
CAVALIER—4-Cyl.—Equipment Schedule 5							
W.B. 104.1"; 2.2 Liter, 2.4 Liter.							
Sedan 4D		JC524	13705	850	1200	2175	3675
Coupe 2D		JC124	13505	800	1125	2075	3550
RS Coupe 2D		JC124	14945	950	1350	2450	4100
LS Sedan 4D		JF524	14750	950	1325	2425	4075
LS Convertible 2D		JF324		1700	2175	3425	5250
Z24 Coupe 2D		JF12T	16990	1125	1575	2725	4400
Z24 Convertible 2D		JF32T	20690	1875	2425	3700	5550
MALIBU—V6—Equipment Schedule 5							
W.B. 107.0"; 3.1 Liter.							
Sedan 4D		ND52M	16690	550	750	1550	2825
LS Sedan 4D		NE52M	18995	700	975	1875	3300
4-Cyl. 2.4 Liter		T		(175)	(175)	(235)	(235)
LUMINA—V6—Equipment Schedule 5							
W.B. 107.5"; 3.1 Liter.							
Sedan 4D		WL52M	18785	500	675	1400	2575
LS Sedan 4D		WL52M	20020	650	925	1800	3150
LTZ Sedan 4D		WN52M	20520	675	925	1825	3200
V6 3.8 Liter		K		225	225	300	300
MONTE CARLO—V6—Equipment Schedule 4							
W.B. 107.5"; 3.1 Liter, 3.8 Liter.							
LS Coupe 2D		WW12M	18570	625	850	1700	3050
Z34 Coupe 2D		WX12K	20845	825	1150	2125	3650
CAMARO—V6—Equipment Schedule 4							
W.B. 101.1"; 3.8 Liter.							
Coupe 2D		FP22K	19196	2000	2575	3850	5725
Convertible 2D		FP32K	24771	3075	3725	5100	7225
T-Bar Roof				275	275	365	365
Manual Trans				(300)	(300)	(400)	(400)
CAMARO—V8—Equipment Schedule 4							
W.B. 101.1"; 5.7 Liter.							
Z28 Coupe 2D		FP22G	22571	2975	3600	4975	7050
Z28 Convertible 2D		FP32G	27975	4600	5425	6975	9450
T-Bar Roof				275	275	365	365
SS Pkg				1100	1100	1465	1465
CORVETTE—V8—Equipment Schedule 2							
W.B. 104.5"; 5.7 Liter.							
Coupe 2D		YY22G	38365	9600	10925	13100	16700
Convertible 2D		YY32G	45295	11475	12975	15350	19350
Glass Roof Panel				250	250	335	335
Dual Roof Panels				300	300	400	400
Suspension Pkg				200	200	265	265
6-Spd Manual Trans				150	150	200	200

1999 CHEVROLET — (1,2or3)(C,GorY)1(MR226)–X–

Body	Type	VIN	List	Trade-In Fair	Trade-In Good	Pvt-Party Good	Retail Excellent
METRO—3-Cyl.—Equipment Schedule 6							
W.B. 93.1"; 1.0 Liter.							
Coupe 2D		MR226	10488	500	675	1475	2750
METRO—4-Cyl.—Equipment Schedule 6							
W.B. 93.1"; 1.3 Liter.							
LSi Sedan 4D		MR522	12187	775	1100	2075	3600
LSi Coupe 2D		MR222	11285	725	1025	1950	3425
PRIZM—4-Cyl.—Equipment Schedule 6							
W.B. 97.1"; 1.8 Liter.							
Sedan 4D		SK528	13828	1100	1550	2725	4425
LSi Sedan 4D		SK528	15269	1225	1725	2925	4650
CAVALIER—4-Cyl.—Equipment Schedule 5							
W.B. 104.1"; 2.2 Liter, 2.4 Liter.							
Sedan 4D		JC524	13876	1000	1425	2550	4225
Coupe 2D		JC124	13776	950	1350	2475	4150
RS Coupe 2D		JC124	15016	1125	1575	2750	4450
LS Sedan 4D		JF524	14921	1125	1575	2725	4425
Z24 Coupe 2D		JF12T	17261	1350	1825	3025	4775
Z24 Convertible 2D		JF32T	20861	2250	2825	4125	6025
MALIBU—V6—Equipment Schedule 5							
W.B. 107.5"; 3.1 Liter.							
Sedan 4D		ND52M,J	17080	625	875	1775	3150
LS Sedan 4D		NE52M,J	19445	825	1150	2150	3675
4-Cyl. 2.4 Liter		T		(200)	(200)	(265)	(265)
LUMINA—V6—Equipment Schedule 4							
W.B. 107.5"; 3.1 Liter, 3.8 Liter.							

1999 CHEVROLET

Body	Type	VIN	List	Trade-In Fair	Trade-In Good	Pvt-Party Good	Retail Excellent
Sedan 4D		WL52M	18982	550	725	1575	2875
LS Sedan 4D		WL52M	20480	700	1000	1925	3375
LTZ Sedan 4D		WN52K	20920	725	1025	1950	3425
MONTE CARLO—V6—Equipment Schedule 4							
W.B. 107.5"; 3.1 Liter, 3.8 Liter.							
LS Coupe 2D		WW12M	19070	650	925	1850	3250
Z34 Coupe 2D		WX12K	21095	900	1250	2375	4050
CAMARO—V6—Equipment Schedule 4							
W.B. 101.1"; 3.8 Liter.							
Coupe 2D		FP22K	19221	2175	2750	4050	5975
Convertible 2D		FP32K	24796	3300	3975	5375	7525
T-Bar Roof				300	300	400	400
Manual Trans				(350)	(350)	(465)	(465)
CAMARO—V8—Equipment Schedule 4							
W.B. 101.1"; 5.7 Liter.							
Z28 Coupe 2D		FP22G	22996	3275	3950	5350	7500
Z28 Convertible 2D		FP32G	28385	5125	5975	7550	10100
T-Bar Roof				300	300	400	400
SS Pkg				1200	1200	1600	1600
CORVETTE—V8—Equipment Schedule 2							
W.B. 104.5"; 5.7 Liter.							
Hard Top 2D		YY12G	39082	9275	10575	12650	16150
Coupe 2D		YY22G	39476	10425	11850	14050	17800
Convertible 2D		YY32G	45884	12550	14150	16500	20700
Glass Roof Panel				250	250	335	335
Dual Roof Panels				300	300	400	400
Suspension Pkg				200	200	265	265
6-Spd Manual Trans				150	150	200	200

2000 CHEVROLET — (1,2or3)(C,GorY)1(MR226)-Y-

Body	Type	VIN	List	Trade-In Fair	Trade-In Good	Pvt-Party Good	Retail Excellent
METRO—3-Cyl.—Equipment Schedule 6							
W.B. 93.1"; 1.0 Liter.							
Coupe 2D		MR226	10680	600	825	1700	3075
METRO—4-Cyl.—Equipment Schedule 6							
W.B. 93.1"; 1.3 Liter.							
LSi Sedan 4D		MR522	12395	975	1350	2500	4200
LSi Coupe 2D		MR222	11530	875	1250	2375	4050
PRIZM—4-Cyl.—Equipment Schedule 6							
W.B. 97.1"; 1.8 Liter.							
Sedan 4D		SK528	14246	1325	1825	3050	4800
LSi Sedan 4D		SK528	16272	1500	1975	3225	5025
CAVALIER—4-Cyl.—Equipment Schedule 4							
W.B. 104.1"; 2.2 Liter, 2.4 Liter.							
Sedan 4D		JC524	14275	1000	1400	2550	4250
Coupe 2D		JC124	14175	950	1325	2475	4175
LS Sedan 4D		JF524	15220	1100	1550	2750	4475
Z24 Coupe 2D		JF12T	17560	1375	1850	3075	4850
Z24 Convertible 2D		JF32T	21025	2375	2950	4250	6200
MALIBU—V6—Equipment Schedule 4							
W.B. 107.0"; 3.1 Liter.							
Sedan 4D		ND52J	16995	750	1075	2075	3600
LS Sedan 4D		NE52J	19625	975	1350	2500	4225
LUMINA—V6—Equipment Schedule 4							
W.B. 107.5"; 3.1 Liter.							
Sedan 4D		WL52J	19350	625	825	1750	3150
IMPALA—V6—Equipment Schedule 4							
W.B. 110.5"; 3.4 Liter, 3.8 Liter.							
Sedan 4D		WF52E	19787	1225	1725	2950	4700
LS Sedan 4D		WH52K	22925	1975	2550	3825	5725
MONTE CARLO—V6—Equipment Schedule 4							
W.B. 110.5"; 3.4 Liter, 3.8 Liter.							
LS Coupe 2D		WW12E	20090	1550	2025	3300	5150
SS Coupe 2D		WX12K	22295	2650	3250	4600	6650
CAMARO—V6—Equipment Schedule 4							
W.B. 101.1"; 3.8 Liter.							
Coupe 2D		FP22K	19360	2400	3000	4300	6300
Convertible 2D		FP32K	25490	3600	4300	5700	7925
T-Bar Roof				325	325	435	435
Manual Trans				(400)	(400)	(535)	(535)
CAMARO—V8—Equipment Schedule 4							
W.B. 101.1"; 5.7 Liter.							
Z28 Coupe 2D		FP22G	23515	3650	4350	5775	7975
Z28 Convertible 2D		FP32G	28900	5675	6625	8200	10850

Body Type	VIN	List	Trade-In Fair	Trade-In Good	Pvt-Party Good	Retail Excellent
T-Bar Roof			325	325	435	435
SS Pkg			1300	1300	1735	1735
CORVETTE—V8—Equipment Schedule 2						
W.B. 104.5"; 5.7 Liter.						
Hard Top 2D	YY12G	39205	9675	11025	13050	16550
Coupe 2D	YY22G	40085	10975	12450	14600	18350
Convertible 2D	YY32G	46510	13225	14900	17200	21400
Glass Roof Panel			250	250	335	335
Dual Roof Panels			300	300	400	400
Suspension Pkg			200	200	265	265
6-Spd Manual Trans			150	150	200	200

2001 CHEVROLET — (1or2)(C,GorY)(MR522)-1-#

Body Type	VIN	List	Trade-In Fair	Trade-In Good	Pvt-Party Good	Retail Excellent
METRO—4-Cyl.—Equipment Schedule 6						
W.B. 93.1"; 1.3 Liter.						
LSi Sedan 4D	MR522	12915	1200	1675	2900	4675
PRIZM—4-Cyl.—Equipment Schedule 6						
W.B. 97.0"; 1.8 Liter.						
Sedan 4D	SK528	14460	1650	2150	3425	5275
LSi Sedan 4D	SK528	16525	1825	2350	3625	5525
CAVALIER—4-Cyl.—Equipment Schedule 5						
W.B. 104.1"; 2.2 Liter, 2.4 Liter.						
Sedan 4D	JC524	14480	975	1400	2550	4250
Coupe 2D	JC124	14485	950	1325	2450	4150
LS Sedan 4D	JF524	15375	1125	1575	2750	4450
Z24 Coupe 2D	JF12T	17665	1400	1875	3100	4900
MALIBU—V6—Equipment Schedule 5						
W.B. 107.0"; 3.1 Liter.						
Sedan 4D	ND52J	17595	925	1300	2475	4200
LS Sedan 4D	NE52J	19875	1150	1600	2825	4575
LUMINA—V6—Equipment Schedule 4						
W.B. 107.5"; 3.1 Liter.						
Sedan 4D	WL52J	19490	725	1025	2075	3650
IMPALA—V6—Equipment Schedule 4						
W.B. 110.5"; 3.4 Liter, 3.8 Liter.						
Sedan 4D	WF52E	20271	1675	2175	3425	5300
LS Sedan 4D	WH52K	23825	2500	3075	4400	6400
MONTE CARLO—V6—Equipment Schedule 4						
W.B. 110.5"; 3.4 Liter, 3.8 Liter.						
LS Coupe 2D	WW12E	20410	1850	2350	3650	5550
SS Coupe 2D	WX15K	23000	3050	3675	5075	7175
CAMARO—V6—Equipment Schedule 4						
W.B. 101.1"; 3.8 Liter.						
Coupe 2D	FP22K	19635	2700	3325	4650	6700
Convertible 2D	FP32K	25760	3950	4700	6100	8350
T-Bar Roof			350	350	465	465
RS			200	200	265	265
Manual Trans			(425)	(425)	(565)	(565)
CAMARO—V8—Equipment Schedule 4						
W.B. 101.1"; 5.7 Liter.						
Z28 Coupe 2D	FP22G	23935	4125	4875	6300	8550
Z28 Convertible 2D	FP32G	29325	6325	7300	8925	11600
T-Bar Roof			350	350	465	465
SS Pkg			1400	1400	1865	1865
CORVETTE—V8—Equipment Schedule 2						
W.B. 104.5"; 5.7 Liter.						
Coupe 2D	YY22G	40475	11950	13525	15700	19550
Z06 Hard Top 2D	YY12G	47500	13625	15325	17650	21900
Convertible 2D	YY32G	47000	14400	16175	18450	22700
Glass Roof Panel			250	250	335	335
Dual Roof Panels			300	300	400	400
Suspension Pkg			200	200	265	265
Z51 Handling			200	200	265	265
6-Spd Manual Trans			150	150	200	200

2002 CHEVROLET — (1or2)(GorY)1(SK528)-2-#

Body Type	VIN	List	Trade-In Fair	Trade-In Good	Pvt-Party Good	Retail Excellent
PRIZM—4-Cyl.—Equipment Schedule 6						
W.B. 97.0"; 1.8 Liter.						
Sedan 4D	SK528	14815	1900	2450	3900	5975
LSi Sedan 4D	SK528	16880	2075	2650	4100	6225
CAVALIER—4-Cyl.—Equipment Schedule 5						
W.B. 104.1"; 2.2 Liter, 2.4 Liter.						

Body	Type	VIN	List	Trade-In Fair	Trade-In Good	Pvt-Party Good	Retail Excellent
Sedan 4D		JC524	15280	1100	1550	2950	4875
Coupe 2D		JC124	15180	1050	1500	2875	4800
LS Sedan 4D		JF524	16330	1250	1725	3125	5135
LS Coupe 2D		JS124	16230	1275	1750	3150	5130
LS Sport Sedan 4D		JF52F	17700	1550	2025	3450	5500
LS Sport Coupe 2D		JS12F	17600	1450	1925	3350	5375
Z24 Sedan 4D		JH52T	17900	1700	2200	3625	5675
Z24 Coupe 2D		JF12T	17800	1600	2100	3525	5550
MALIBU—V6—Equipment Schedule 5							
W.B. 107.0"; 3.1 Liter.							
Sedan 4D		ND52J	18120	1025	1450	2850	4800
LS Sedan 4D		NE52J	20325	1300	1800	3200	5225
IMPALA—V6—Equipment Schedule 4							
W.B. 110.5"; 3.4 Liter, 3.8 Liter.							
Sedan 4D		WF52E	20820	2025	2575	4050	6150
LS Sedan 4D		WH52K	24270	2875	3500	5050	7300
MONTE CARLO—V6—Equipment Schedule 4							
W.B. 110.5"; 3.4 Liter, 3.8 Liter.							
LS Coupe 2D		WW12E	20920	2075	2625	4125	6275
SS Coupe 2D		WX12K	23470	3375	4075	5625	8000
CAMARO—V6—Equipment Schedule 4							
W.B. 101.1"; 3.8 Liter.							
Coupe 2D		FP22K	20640	2950	3575	5125	7425
Convertible 2D		FP32K	26650	4275	5050	6675	9175
T-Bar Roof				400	400	535	535
RS				200	200	265	265
Manual Trans				(450)	(450)	(600)	(600)
CAMARO—V8—Equipment Schedule 4							
W.B. 101.1"; 5.7 Liter.							
Z28 Coupe 2D		FP22G	24770	4475	5300	6950	9550
Z28 Convertible 2D		FP32G	30165	6900	7975	9775	12750
35th Annv Coupe 2D		FP22G	27270	6100	7050	8825	11650
35th Annv Conv 2D		FP32G	32665	7950	9100	11000	14100
T-Bar Roof				400	400	535	535
SS Pkg				1500	1500	2000	2000
CORVETTE—V8—Equipment Schedule 2							
W.B. 104.5"; 5.7 Liter.							
Coupe 2D		YY22G	41650	12925	14550	16950	21200
Z06 Hard Top 2D		YY12G	50350	14650	16475	19000	23500
Convertible 2D		YY32G	48175	15475	17400	20000	24600
Glass Roof Panel				250	250	335	335
Dual Roof Panels				300	300	400	400
Suspension Pkg				200	200	265	265
Z51 Handling				200	200	265	265
6-Spd Manual Trans				150	150	200	200

Body	Type	VIN	List	Trade-In Fair	Trade-In Good	Pvt-Party Good	Retail Excellent
CAVALIER—4-Cyl.—Equipment Schedule 5							
W.B. 104.1"; 2.2 Liter.							
Sedan 4D		JC52F	15520	1375	1850	3275	5300
Coupe 2D		JC12F	15370	1325	1800	3200	5200
LS Sedan 4D		JF52F	16920	1625	2125	3550	5575
LS Coupe 2D		JF12F	16770	1650	2150	3575	5600
LS Sport Sedan 4D		JH52F	18120	1950	2500	3925	6000
LS Sport Coupe 2D		JH12F	17970	1850	2375	3825	5875
MALIBU—V6—Equipment Schedule 5							
W.B. 107.0"; 3.1 Liter.							
Sedan 4D		ND52J	18290	1300	1800	3225	5275
LS Sedan 4D		NE52J	20575	1700	2175	3650	5725
IMPALA—V6—Equipment Schedule 4							
W.B. 110.5"; 3.4 Liter, 3.8 Liter.							
Sedan 4D		WF52E	21350	2475	3075	4550	6750
LS Sedan 4D		WH52K	24460	3400	4100	5625	7975
MONTE CARLO—V6—Equipment Schedule 4							
W.B. 110.5"; 3.4 Liter, 3.8 Liter.							
LS Coupe 2D		WW12E	21350	2625	3200	4750	6975
SS Coupe 2D		WX12K	23665	4050	4775	6375	8825
CORVETTE—V8—Equipment Schedule 2							
W.B. 104.5"; 5.7 Liter.							
Coupe 2D		YY22G	43895	13925	15675	18050	22300
Z06 Hard Top 2D		YY12S	51155	15875	17825	20400	25000
Convertible 2D		YY32G	50370	16850	18875	21500	26400
50th Anniversary				3000	3000	4000	4000

2003 CHEVROLET

Body	Type	VIN	List	Trade-In Fair	Trade-In Good	Pvt-Party Good	Retail Excellent
	Glass Roof Panel		------	275	275	365	365
	Dual Roof Panels		------	350	350	465	465
	Suspension Pkg		------	250	250	335	335
	Z51 Handling		------	250	250	335	335
	6-Spd Manual Trans		------	175	175	235	235

2004 CHEVROLET — (1,2orK)(GorL)1(TD526)-4-#

AVEO—4-Cyl.—Equipment Schedule 6
W.B. 97.6"; 1.6 Liter.

Body	Type	VIN	List	Fair	Good	Good	Excellent
	SVM Sedan 4D	TD526	9995	1050	1475	2925	4925
	SVM Hatchback 4D	TD626	9995	1075	1525	2975	5000
	Sedan 4D	TD526	11690	1500	1975	3450	5525
	Hatchback 4D	TD626	11690	1525	2025	3500	5575
	LS Sedan 4D	TJ526	12585	1800	2300	3800	5925
	LS Hatchback 4D	TJ626	12585	1825	2325	3825	5950

CAVALIER—4-Cyl.—Equipment Schedule 5
W.B. 104.1"; 2.2 Liter.

Body	Type	VIN	List	Fair	Good	Good	Excellent
	Sedan 4D	JC52F	15995	1750	2250	3700	5775
	Coupe 2D	JC12F	15810	1700	2175	3650	5700
	LS Sedan 4D	JF52F	17230	2050	2600	4075	6175
	LS Coupe 2D	JF12F	17030	2075	2625	4100	6200
	LS Sport Sedan 4D	JH52F	18635	2425	3025	4475	6650
	LS Sport Coupe 2D	JH12F	18435	2275	2875	4325	6475

CLASSIC—4-Cyl.—Equipment Schedule 5
W.B. 107.0" 2.2 Liter.

Body	Type	VIN	List	Fair	Good	Good	Excellent
	Sedan 4D	ND52F	19380	2000	2550	4050	6175

MALIBU—4-Cyl.—Equipment Schedule 5
W.B. 106.3"; 2.2 Liter.

Body	Type	VIN	List	Fair	Good	Good	Excellent
	Sedan 4D	ZS52F	18995	2775	3400	4925	7175
	V6 3.5 Liter	8	------	500	500	665	665

MALIBU—V6—Equipment Schedule 5
W.B. 106.3", 112.3" (MAXX); 3.5 Liter.

Body	Type	VIN	List	Fair	Good	Good	Excellent
	MAXX Hatchback 4D	ZS638	21725	3250	3925	5475	7800
	LS Sedan 4D	ZT538	20995	3350	4050	5575	7925
	LS MAXX H'Back 4D	ZT638	22225	3425	4125	5650	8000
	LT Sedan 4D	ZU528	23495	3650	4350	5900	8275
	LT MAXX H'Back 4D	ZU668	24725	3725	4450	6000	8375

IMPALA—V6—Equipment Schedule 4
W.B. 110.5"; 3.4 Liter, 3.8 Liter.

Body	Type	VIN	List	Fair	Good	Good	Excellent
	Sedan 4D	WF52E	22150	2950	3600	5125	7400
	LS Sedan 4D	WH52K	25000	4000	4750	6300	8725

IMPALA—V6 Supercharged—Equipment Schedule 4
W.B. 110.5"; 3.8 Liter.

Body	Type	VIN	List	Fair	Good	Good	Excellent
	SS Sedan 4D	WP521	27995	6275	7250	8950	11700

MONTE CARLO—V6—Equipment Schedule 4
W.B. 110.5"; 3.4 Liter, 3.8 Liter.

Body	Type	VIN	List	Fair	Good	Good	Excellent
	LS Coupe 2D	WW12E	22075	3275	3975	5525	7900
	SS Coupe 2D	WX12K	24225	4825	5625	7300	9900

MONTE CARLO—V6 Supercharged—Equipment Schedule 4
W.B. 110.5"; 3.8 Liter.

Body	Type	VIN	List	Fair	Good	Good	Excellent
	SS Coupe 2D	WZ121	27795	5900	6825	8525	11250

CORVETTE—V8—Equipment Schedule 2
W.B. 104.5"; 5.7 Liter.

Body	Type	VIN	List	Fair	Good	Good	Excellent
	Coupe 2D	YY22G	44535	15325	17250	19600	24100
	Z06 Hard Top 2D	YY12S	52385	17650	19800	22300	27200
	Convertible 2D	YY32G	51535	18575	20775	23300	28300
	Commemorative Ed		------	600	600	800	800
	Glass Roof Panel		------	300	300	400	400
	Dual Roof Panels		------	400	400	535	535
	Suspension Pkg		------	275	275	365	365
	Z51 Handling		------	275	275	365	365
	6-Spd Manual Trans		------	200	200	265	265

2005 CHEVROLET—(1,2orK)(GorL)1(TD526)-5-#

AVEO—4-Cyl.—Equipment Schedule 6
W.B. 97.6"; 1.6 Liter.

Body	Type	VIN	List	Fair	Good	Good	Excellent
	SVM Sedan 4D	TD526	9995	1575	2050	3575	5675
	SVM Hatchback 4D	TD626	9995	1625	2100	3625	5750
	LS Sedan 4D	TD526	11840	2425	3050	4525	6750
	LS Hatchback 4D	TD626	11840	2450	3050	4550	6775
	LT Sedan 4D	TG526	13110	2750	3350	4900	7175
	LT Hatchback 4D	TG626	13335	2800	3400	4950	7225

2005 CHEVROLET

Body	Type	VIN	List	Trade-In Fair	Trade-In Good	Pvt-Party Good	Retail Excellent
COBALT—4-Cyl.—Equipment Schedule 5							
W.B. 103.3"; 2.2 Liter.							
Sedan 4D		AJ52F	15040	2850	3450	5000	7250
Coupe 2D		AJ12F	15040	2600	3175	4700	6925
LS Sedan 4D		AL52F	17335	3475	4200	5725	8050
LS Coupe 2D		AL12F	17335	3400	4100	5625	7975
LT Sedan 4D		AM52F	18760	4200	4950	6500	8925
COBALT—4-Cyl. Supercharged—Equipment Schedule 5							
W.B. 103.3"; 2.0 Liter.							
SS Coupe 2D		AP12P	21995	5875	6800	8450	11100
Manual Trans				0	0	0	0
CAVALIER—4-Cyl.—Equipment Schedule 5							
W.B. 104.1"; 2.2 Liter.							
Sedan 4D		JC52F	16025	2200	2775	4250	6375
Coupe 2D		JC12F	15825	2100	2675	4150	6275
LS Sedan 4D		JF52F	17705	2550	3125	4600	6775
LS Coupe 2D		JF12F	17505	2575	3150	4650	6825
LS Sport Sedan 4D		JH52F	19125	2925	3550	5050	7275
LS Sport Coupe 2D		JH12F	18925	2800	3400	4900	7125
CLASSIC—4-Cyl.—Equipment Schedule 5							
W.B. 107.0"; 2.2 Liter.							
Sedan 4D		ND52F	20130	2425	3025	4500	6725
MALIBU—4-Cyl.—Equipment Schedule 5							
W.B. 106.3"; 2.2 Liter.							
Sedan 4D		ZS528	19710	3300	3975	5525	7850
V6 3.5 Liter		8		500	500	665	665
MALIBU—V6—Equipment Schedule 5							
W.B. 106.3", 112.3" (MAXX); 3.5 Liter.							
MAXX Hatchback 4D		ZS628	21475	3850	4575	6125	8525
LS Sedan 4D		ZT528	21775	3950	4675	6225	8625
LS MAXX H'Back 4D		ZT628	21975	4000	4750	6300	8700
LT Sedan 4D		ZU548	24570	4250	5025	6575	9025
LT MAXX H'Back 4D		ZU648	25120	4350	5150	6725	9175
IMPALA—V6—Equipment Schedule 4							
W.B. 110.5"; 3.4 Liter, 3.8 Liter.							
Sedan 4D		WF52E	23130	3550	4250	5775	8125
LS Sedan 4D		WH52K	25990	4650	5475	7075	9625
IMPALA—V6 Supercharged—Equipment Schedule 4							
W.B. 110.5"; 3.8 Liter.							
SS Sedan 4D		WP521	29085	7275	8350	10050	12900
MONTE CARLO—V6—Equipment Schedule 4							
W.B. 110.5"; 3.4 Liter, 3.8 Liter.							
LS Coupe 2D		WW12E	23060	4200	4950	6575	9050
LT Coupe 2D		WX12K	25220	5100	5950	7650	10300
MONTE CARLO—V6 Supercharged—Equipment Schedule 4							
W.B. 110.5"; 3.8 Liter.							
SS Coupe 2D		WZ121	28885	7100	8150	9850	12750
CORVETTE—V8—Equipment Schedule 2							
W.B. 105.8"; 6.0 Liter.							
Coupe 2D		YY22U	44245	18675	20875	23400	28300
Convertible 2D		YY34U	52245	22250	24800	27400	32700
Glass Roof Panel				325	325	435	435
Dual Roof Panels				450	450	600	600
Suspension Pkg				300	300	400	400
Z51 Handling				300	300	400	400
6-Spd Manual Trans				225	225	300	300

2006 CHEVY—(1,2,3orK)(GorL)(1orN)(TD526)-6-#

Body	Type	VIN	List	Trade-In Fair	Trade-In Good	Pvt-Party Good	Retail Excellent
AVEO—4-Cyl.—Equipment Schedule 6							
W.B. 97.6"; 1.6 Liter.							
SVM Sedan 4D		TD526	9995	2275	2875	4375	6625
SVM Hatchback 4D		TD626	9995	2325	2925	4425	6675
LS Sedan 4D		TD526	12110	3200	3875	5425	7750
LS Hatchback 4D		TD626	12110	3250	3925	5500	7825
LT Sedan 4D		TG526	13530	3575	4300	5825	8200
LT Hatchback 4D		TG626	13775	3625	4325	5875	8250
COBALT—4-Cyl.—Equipment Schedule 5							
W.B. 103.3"; 2.2 Liter, 2.4 Liter.							
LS Sedan 4D		AK55F	15340	3575	4275	5825	8175
LS Coupe 2D		AK15F	15340	3275	3975	5525	7850
LT Sedan 4D		AL55F	17640	4300	5075	6625	9050
LT Coupe 2D		AL15F	17640	4175	4950	6500	8925
LTZ Sedan 4D		AZ55F	18990	5025	5875	7500	10050

2006 CHEVROLET

Body	Type	VIN	List	Trade-In Fair	Good	Pvt-Party Good	Retail Excellent
SS Sedan 4D		AM55B	19640	5125	5975	7575	10150
SS Coupe 2D		AM15B	19640	5375	6250	7850	10450

COBALT—4-Cyl. Supercharged—Equipment Schedule 5
W.B. 103.3"; 2.0 Liter.

| SS Coupe 2D | | AP15P | 21990 | 6875 | 7950 | 9550 | 12300 |
| Manual Trans | | | | 0 | 0 | 0 | 0 |

HHR—4-Cyl.—Equipment Schedule 5
W.B. 103.5"; 2.2 Liter.

LS Sport Wagon 4D		A13D	16990	4400	5225	6750	9200
LT Sport Wagon 4D		A23D	17990	4975	5800	7400	9950
4-Cyl. 2.4 Liter		P		350	350	465	465

MALIBU—4-Cyl.—Equipment Schedule 5
W.B. 106.3"; 2.2 Liter.

LS Sedan 4D		ZS55F	19990	4275	5050	6625	9050
LT Sedan 4D		ZT55F	19990	4725	5550	7150	9700
V6 3.5 Liter		8		500	500	665	665

MALIBU—V6—Equipment Schedule 5
W.B. 106.3", 112.3" (MAXX); 3.5 Liter, 3.9 Liter.

LS MAXX H'Back 4D		ZS658	20835	4650	5475	7075	9600
LT MAXX H'Back 4D		ZT658	21650	5075	5925	7525	10100
SS Sedan 4D		ZW571	24490	5650	6575	8175	10850
SS MAXX H'Back 4D		ZW671	24490	5750	6700	8300	10950
LTZ Sedan 4D		ZU578	24830	6250	7225	8850	11550
LTZ MAXX H'Back 4D		ZU678	25380	6325	7300	8925	11600

IMPALA—V6—Equipment Schedule 4
W.B. 110.5"; 3.5 Liter, 3.9 Liter.

LS Sedan 4D		WB55K	21990	5450	6325	7950	10550
LT Sedan 4D		WC551	22520	5775	6725	8325	11000
LTZ Sedan 4D		WU551	27530	7325	8425	10050	12900

IMPALA—V8—Equipment Schedule 4
W.B. 110.5"; 5.3 Liter.

| SS Sedan 4D | | WD55C | 27790 | 8375 | 9575 | 11250 | 14250 |

MONTE CARLO—V6—Equipment Schedule 4
W.B. 110.5"; 3.5 Liter, 3.9 Liter.

LS Coupe 2D		WJ15K	21990	4475	5300	6950	9525
LT Coupe 2D		WK15K	22520	5400	6275	7950	10600
LTZ Coupe 2D		WN151	26635	6075	7025	8725	11450

MONTE CARLO—V8—Equipment Schedule 4
W.B. 110.5"; 5.3 Liter.

| SS Coupe 2D | | WL15C | 27790 | 7875 | 9025 | 10700 | 13600 |

CORVETTE—V8—Equipment Schedule 2
W.B. 105.7"; 6.0 Liter, 7.0 Liter.

Coupe 2D		YY22U	47345	20875	23425	25900	31000
Convertible 2D		YY32U	53585	24800	27625	30300	35900
Z06 Coupe 2D		YY25E	65800	32925	36650	39400	45900
Glass Roof Panel				350	350	465	465
Dual Roof Panels				500	500	665	665
Suspension Pkg				325	325	435	435
Z51 Handling				325	325	435	435
6-Spd Manual Trans				250	250	335	335

2007 CHEVY—(1,2,3orK)(GorL)(1orN)(TD566)-7-#

AVEO—4-Cyl.—Equipment Schedule 6
W.B. 97.6"; 1.6 Liter.

| LS Sedan 4D | | TD566 | 12365 | 4125 | 4875 | 6325 | 8600 |
| LT Sedan 4D | | TG566 | 14015 | 4500 | 5325 | 6800 | 9200 |

AVEO5—4-Cyl.—Equipment Schedule 6
W.B. 97.6"; 1.6 Liter.

| SVM Hatchback 4D | | TD666 | 10045 | 3150 | 3825 | 5275 | 7450 |
| LS Hatchback 4D | | TD666 | 12515 | 4175 | 4925 | 6375 | 8650 |

COBALT—4-Cyl.—Equipment Schedule 5
W.B. 103.3"; 2.2 Liter, 2.4 Liter.

LS Sedan 4D		AK55F	14515	4375	5175	6625	8950
LS Coupe 2D		AK15F	14515	4100	4825	6275	8550
LT Sedan 4D		AL55F	15635	5150	6025	7500	9950
LT Coupe 2D		AL15F	15635	5025	5875	7375	9800
LTZ Sedan 4D		AL55F	18790	5975	6925	8425	11000
SS Sedan 4D		AM52B	19920	6150	7100	8625	11150
SS Coupe 2D		AM15B	19920	6325	7300	8800	11350

COBALT—4-Cyl. Supercharged—Equipment Schedule 5
W.B. 103.3"; 2.0 Liter.

| SS Coupe 2D | | AP18P | 21465 | 7975 | 9150 | 10750 | 13500 |
| Manual Trans | | | | 0 | 0 | 0 | 0 |

1009 **EQUIPMENT & MILEAGE PAGE 9 TO 23** 71

2007 CHEVROLET

Body	Type	VIN	List	Trade-In Fair	Trade-In Good	Pvt-Party Good	Retail Excellent
HHR—4-Cyl.—Equipment Schedule 5							
W.B. 103.5"; 2.2 Liter.							
LS Sport Wagon 4D		A13D	17470	5425	6325	7825	10300
LS Panel Sport Wag 2D		A15D	17750	6125	7075	8575	11100
LT Sport Wagon 4D		A23D	18470	6025	6975	8475	11050
LT Panel Sport Wag 2D		A25P	19595	6725	7750	9225	11850
4-Cyl. 2.4 Liter		P	....	350	350	465	465
MALIBU—4-Cyl.—Equipment Schedule 5							
W.B. 106.3"; 2.2 Liter.							
LS Sedan 4D		ZS58F	17710	5025	5850	7375	9850
LT Sedan 4D		ZT58N	18930	5575	6500	8000	10550
V6 3.5 Liter		N	....	500	500	665	665
MALIBU—V6—Equipment Schedule 5							
W.B. 106.3", 112.3" (MAXX); 3.5 Liter, 3.9 Liter.							
LS MAXX H'Back 4D		ZS68N	20385	5425	6300	7800	10300
LT MAXX H'Back 4D		ZT68N	21130	5875	6825	8325	10900
SS Sedan 4D		ZW571	23965	6525	7525	9050	11650
SS MAXX H'Back 4D		ZW671	24265	6675	7675	9200	11850
LTZ Sedan 4D		ZU57N	24170	7200	8275	9850	12550
LTZ MAXX H'Back 4D		ZU67N	24470	7250	8325	9900	12600
IMPALA—V6—Equipment Schedule 4							
W.B. 110.5"; 3.5 Liter, 3.9 Liter.							
LS Sedan 4D		WB55K	21515	6325	7300	8850	11450
LT Sedan 4D		WT55K	22125	6725	7750	9250	11900
LTZ Sedan 4D		WU551	26935	8375	9575	11150	14050
IMPALA—V8—Equipment Schedule 4							
W.B. 110.5"; 5.3 Liter.							
SS Sedan 4D		WD55C	28540	9575	10875	12500	15550
MONTE CARLO—V6—Equipment Schedule 4							
W.B. 110.5"; 3.5 Liter.							
LS Coupe 2D		WJ15K	21515	5900	6825	8425	11050
LT Coupe 2D		WK15K	23125	6975	8025	9600	12350
MONTE CARLO—V8—Equipment Schedule 4							
W.B. 110.5"; 5.3 Liter.							
SS Coupe 2D		WL15C	28240	9550	10875	12550	15600
CORVETTE—V8—Equipment Schedule 2							
W.B. 105.7"; 6.0 Liter, 7.0 Liter.							
Coupe 2D		YY25U	46245	23725	26450	28900	34300
Convertible 2D		YY36U	54320	27925	31175	33700	39500
Z06 Coupe 2D		YY25E	70000	36750	40875	43400	50200
Glass Roof Panel			....	375	375	500	500
Dual Roof Panels			....	550	550	735	735
Suspension Pkg			....	350	350	465	465
Z51 Handling			....	350	350	465	465
6-Spd Manual Trans			....	275	275	365	365
2008 CHEVY — (1,2,3orK)(GorL)(1orN)(TD566)-8-#							
AVEO—4-Cyl.—Equipment Schedule 6							
W.B. 97.6"; 1.6 Liter.							
LS Sedan 4D		TD566	12695	5150	6000	7300	9500
LT Sedan 4D		TG566	14330	5600	6525	7825	10100
AVEO5—4-Cyl.—Equipment Schedule 6							
W.B. 97.6"; 1.6 Liter.							
SVM Hatchback 4D		TD666	10610	4150	4900	6125	8175
LS Hatchback 4D		TD666	12545	5200	6050	7350	9575
COBALT—4-Cyl.—Equipment Schedule 5							
W.B. 103.3"; 2.2 Liter, 2.4 Liter.							
LS Sedan 4D		AK58F	15215	5875	6800	8175	10550
LS Coupe 2D		AK18F	15215	5550	6475	7825	10150
LT Sedan 4D		AL58F	15915	6725	7750	9150	11600
LT Coupe 2D		AL18F	15915	6575	7575	8975	11400
Sport Sedan 4D		AM58B	20540	7850	9000	10400	13050
Sport Coupe 2D		AM18B	20540	7950	9100	10600	13300
COBALT—4-Cyl. Turbo—Equipment Schedule 5							
W.B. 103.3"; 2.0 Liter.							
SS Coupe 2D		AP18X	22995	10825	12300	13800	16800
Manual Trans			....	0	0	0	0
HHR—4-Cyl.—Equipment Schedule 5							
W.B. 103.5"; 2.2 Liter.							
LS Sport Wagon 4D		A13D	17795	6675	7675	9050	11450
LS Panel Sport Wag 2D		A15D	18095	7400	8475	9850	12400
LT Sport Wagon 4D		A23D	18795	7300	8400	9775	12300
LT Panel Sport Wag 2D		A25D	19095	8075	9225	10700	13400

2008 CHEVROLET

Body	Type	VIN	List	Trade-In Fair	Good	Pvt-Party Good	Retail Excellent
4-Cyl. 2.4 Liter		P		350	350	465	465
HHR—4-Cyl. Turbo—Equipment Schedule 5							
W.B. 103.5"; 2.0 Liter.							
SS Sport Wagon 4D		A83X	22995	10200	11575	13100	16050
MALIBU CLASSIC—4-Cyl.—Equipment Schedule 5							
W.B. 106.3"; 2.2 Liter.							
LS Sedan 4D		ZS58F	18495	6800	7850	9225	11750
V6 3.5 Liter		N		500	500	665	665
MALIBU CLASSIC—V6—Equipment Schedule 5							
W.B. 106.3"; 3.5 Liter.							
LT Sedan 4D		ZT58N	20880	7450	8550	10000	12600
MALIBU—4-Cyl. Hybrid—Equipment Schedule 4							
W.B. 112.3"; 2.4 Liter.							
Sedan 4D		ZF585	22790	11800	13325	14950	18150
MALIBU—4-Cyl.—Equipment Schedule 4							
W.B. 112.3"; 2.4 Liter							
LS Sedan 4D		ZG58B	19995	9850	11175	12750	15700
LT Sedan 4D		ZH58B	20555	11075	12550	14100	17200
V6 3.5 Liter		N		500	500	665	665
V6 3.5 Liter		7		1000	1000	1335	1335
MALIBU—V6—Equipment Schedule 4							
W.B. 112.3"; 3.6 Liter.							
LTZ Sedan 4D		ZK587	26995	12925	14550	16150	19450
IMPALA—V6—Equipment Schedule 4							
W.B. 110.5"; 3.5 Liter, 3.9 Liter.							
LS Sedan 4D		WB55K	21940	8250	9425	10950	13650
LT Sedan 4D		WT55K	22550	8700	9900	11400	14200
LT 50th Anniv Ed Sed		WV55K	25995	9750	11075	12650	15600
LTZ Sedan 4D		WU553	27515	10475	11900	13500	16500
IMPALA—V8—Equipment Schedule 4							
W.B. 110.5"; 5.3 Liter.							
SS Sedan 4D		WD55C	28920	11850	13375	15000	18200
CORVETTE—V8—Equipment Schedule 2							
W.B. 105.7"; 6.2 Liter, 7.0 Liter.							
Coupe 2D		YY25W	47245	27150	30175	32600	38300
Convertible 2D		YY36W	55585	31750	35275	37700	43700
Z06 Coupe 2D		YY25E	71000	41250	45875	48300	55400
Glass Roof Panel				400	400	535	535
Dual Roof Panels				575	575	765	765
Suspension Pkg				375	375	500	500
Z51 Handling				375	375	500	500
6-Spd Manual Trans				300	300	400	400

CHRYSLER

1994 CHRYSLER — (1or3)C3–(A363)–R–#

Body	Type	VIN	List	Trade-In Fair	Good	Pvt-Party Good	Retail Excellent
LeBARON—V6—Equipment Schedule 4							
W.B. 100.6", 103.5" (Sed); 3.0 Liter.							
LE Sedan 4D		A363	17226	675	950	1800	3125
Landau Sedan 4D		A563	18438	725	1025	1875	3250
GTC/LX Convertible 2D		U453	18239	825	1150	2075	3500
4-Cyl. 2.5 Liter		K		(150)	(150)	(200)	(200)
CONCORDE—V6—Equipment Schedule 4							
W.B. 113.0"; 3.3 Liter.							
Sedan 4D		L56T	21017	400	550	1150	2125
V6 3.5 Liter		F		175	175	235	235
NEW YORKER—V6—Equipment Schedule 2							
W.B. 113.0"; 3.5 Liter.							
Sedan 4D		D46F	26126	625	875	1675	2975
LHS—V6—Equipment Schedule 2							
W.B. 113.0"; 3.5 Liter.							
Sedan 4D		D56F	30868	800	1125	2050	3475

1995 CHRYSLER — (1,2or4)C3–(U42Y)–S–#

Body	Type	VIN	List	Trade-In Fair	Good	Pvt-Party Good	Retail Excellent
SEBRING—4-Cyl.—Equipment Schedule 4							
W.B. 103.7"; 2.0 Liter.							
LX Coupe 2D		U42Y	17636	300	425	975	1875
V6 2.5 Liter		H,N		100	100	135	135
SEBRING—V6—Equipment Schedule 4							
W.B. 103.7"; 2.5 Liter.							
LXi Coupe 2D		U52H,N	20548	475	625	1300	2350

Body	Type	VIN	List	Trade-In Fair	Good	Pvt-Party Good	Retail Excellent
CIRRUS—V6—Equipment Schedule 4							
W.B. 108.0"; 2.5 Liter.							
LX Sedan 4D		J56H,N	17970	975	1350	2425	4050
LXi				50	50	65	65
4-Cyl. 2.4 Liter		X		(175)	(175)	(235)	(235)
LeBARON—V6—Equipment Schedule 4							
W.B. 100.6"; 3.0 Liter.							
GTC/LX Convertible 2D		U453	18709	950	1325	2425	4050
CONCORDE—V6—Equipment Schedule 4							
W.B. 113.0"; 3.3 Liter.							
Sedan 4D		D56T	21085	475	650	1325	2400
V6 3.5 Liter		F		175	175	235	235
NEW YORKER—V6—Equipment Schedule 2							
W.B. 113.0"; 3.5 Liter.							
Sedan 4D		C46F	26191	750	1050	1900	3300
LHS—V6—Equipment Schedule 2							
W.B. 113.0"; 3.5 Liter.							
Sedan 4D		C56F	30190	975	1350	2425	4050

1996 CHRYSLER — (1,2or4)C3—(U42Y)—T—#

Body	Type	VIN	List	Trade-In Fair	Good	Pvt-Party Good	Retail Excellent
SEBRING—4-Cyl.—Equipment Schedule 4							
W.B. 103.7", 106.0" (Conv); 2.0 Liter, 2.4 Liter.							
LX Coupe 2D		U42Y	18418	375	525	1125	2100
JX Convertible 2D		L45X	19995	750	1050	1900	3300
Manual Trans				(200)	(200)	(265)	(265)
V6 2.5 Liter		H,N		150	150	200	200
SEBRING—V6—Equipment Schedule 4							
W.B. 103.7", 106.0" (Conv); 2.5 Liter.							
LXi Coupe 2D		U52N	20685	600	800	1575	2825
JXi Convertible 2D		L55H	25210	1000	1400	2475	4125
CIRRUS—V6—Equipment Schedule 4							
W.B. 108.0"; 2.5 Liter.							
LX Sedan 4D		J56H	18895	925	1300	2375	4000
LXi				75	75	100	100
4-Cyl. 2.4 Liter		X		(200)	(200)	(265)	(265)
CONCORDE—V6—Equipment Schedule 4							
W.B. 113.0"; 3.3 Liter.							
LX Sedan 4D		D56T	19995	575	800	1600	2875
LXi				75	75	100	100
V6 3.5 Liter		F		225	225	300	300
NEW YORKER—V6—Equipment Schedule 2							
W.B. 113.0"; 3.5 Liter.							
Sedan 4D		C46F	27895	900	1250	2325	3950
LHS—V6—Equipment Schedule 2							
W.B. 113.0"; 3.5 Liter.							
Sedan 4D		C56F	30850	1150	1625	2775	4475

1997 CHRYSLER — (1,2,3or4)C3—(U42Y)—V—#

Body	Type	VIN	List	Trade-In Fair	Good	Pvt-Party Good	Retail Excellent
SEBRING—4-Cyl.—Equipment Schedule 4							
W.B. 103.7", 106.0" (Conv); 2.0 Liter, 2.4 Liter.							
LX Coupe 2D		U42Y	18541	425	600	1250	2300
JX Convertible 2D		L45X	21560	875	1250	2225	3725
JXi Convertible 2D		L55X	25195	1025	1450	2550	4200
Manual Trans				(250)	(250)	(335)	(335)
V6 2.5 Liter		H,N		200	200	265	265
SEBRING—V6—Equipment Schedule 4							
W.B. 103.7", 106.0" (Conv); 2.5 Liter.							
LXi Coupe 2D		U52N	21555	650	900	1750	3075
CIRRUS—V6—Equipment Schedule 4							
W.B. 108.0"; 2.5 Liter.							
LX Sedan 4D		J56H	19265	1000	1425	2525	4200
LXi				100	100	135	135
4-Cyl. 2.4 Liter		X		(225)	(225)	(300)	(300)
CONCORDE—V6—Equipment Schedule 4							
W.B. 113.0"; 3.5 Liter.							
LX Sedan 4D		D56F	20985	625	900	1750	3075
LXi				100	100	135	135
LHS—V6—Equipment Schedule 2							
W.B. 113.0"; 3.5 Liter.							
Sedan 4D		C56F	30850	1425	1900	3100	4875

Body	Type	VIN	List	Trade-In Fair	Trade-In Good	Pvt-Party Good	Retail Excellent

1998 CHRYSLER — (1,2,3or4)C3-(U49Y)-W-#

SEBRING—4-Cyl.—Equipment Schedule 4
W.B. 103.7", 106.0" (Conv); 2.0 Liter, 2.4 Liter.

LX Coupe 2D		U49Y	18850	525	700	1500	2750
JX Convertible 2D		L45X	21985	1050	1475	2625	4300
JXi Convertible 2D		L55X	25575	1175	1650	2850	4550
Limited				275	275	365	365
Manual Trans				(300)	(300)	(400)	(400)
V6 2.5 Liter		H,N		250	250	335	335

SEBRING—V6—Equipment Schedule 4
W.B. 103.7"; 2.5 Liter.

LXi Coupe 2D		U59N	21310	775	1075	2000	3475

CIRRUS—V6—Equipment Schedule 4
W.B. 108.0"; 2.5 Liter.

LXi Sedan 4D		J56H	19995	1250	1750	2950	4675

CONCORDE—V6—Equipment Schedule 4
W.B. 113.0"; 2.7 Liter.

LX Sedan 4D		D46R	21855	750	1050	2000	3475
LXi				100	100	135	135
V6 3.2 Liter		J		300	300	400	400

1999 CHRYSLER — (1,2,3or4)C3-(U42Y)-X-#

SEBRING—4-Cyl.—Equipment Schedule 4
W.B. 103.7"; 2.0 Liter.

LX Coupe 2D		U42Y	19390	625	875	1750	3125
Manual Trans				(350)	(350)	(465)	(465)
V6 2.5 Liter		N		225	225	300	300

SEBRING—V6—Equipment Schedule 4
W.B. 103.7", 106.0" (Conv); 2.5 Liter.

LXi Coupe 2D		U52N	21860	925	1300	2400	4075
JX Convertible 2D		L45H	24505	1125	1575	2750	4450
JXi Convertible 2D		L55N	26820	1575	2075	3325	5150
Limited				300	300	400	400

CIRRUS—V6—Equipment Schedule 4
W.B. 108.0"; 2.5 Liter.

LXi Sedan 4D		J56H	19995	1475	1950	3175	4975

CONCORDE—V6—Equipment Schedule 4
W.B. 113.0"; 2.7 Liter.

LX Sedan 4D		D46R	22115	900	1250	2375	4050
LXi				100	100	135	135
V6 3.2 Liter		J		325	325	435	435

300M—V6—Equipment Schedule 2
W.B. 113.0"; 3.5 Liter.

Sedan 4D		E66G	29445	1575	2075	3325	5175

LHS—V6—Equipment Schedule 2
W.B. 113.0"; 3.5 Liter.

Sedan 4D		C56G	29445	1100	1550	2725	4450

2000 CHRYSLER — (1,2,3or4)C3-(U42N)-Y-#

SEBRING—V6—Equipment Schedule 4
W.B. 103.7", 106.0" (Conv); 2.5 Liter.

LX Coupe 2D		U42N	19635	875	1225	2350	4025
LXi Coupe 2D		U52N	22015	1100	1525	2700	4400
JX Convertible 2D		L45H	24790	1350	1825	3050	4825
JXi Convertible 2D		L55H	27105	1850	2400	3675	5525
Limited				300	300	400	400

CIRRUS—4-Cyl.—Equipment Schedule 4
W.B. 108.0"; 2.0 Liter, 2.4 Liter.

LX Sedan 4D		J46B	17675	1050	1500	2650	4350
Manual Trans				(375)	(375)	(500)	(500)

CIRRUS—V6—Equipment Schedule 4
W.B. 108.0"; 2.5 Liter.

LXi Sedan 4D		J56H	20480	1700	2200	3450	5300

CONCORDE—V6—Equipment Schedule 4
W.B. 113.0"; 2.7 Liter, 3.2 Liter.

LX Sedan 4D		D46R	22550	1075	1500	2700	4400
LXi Sedan 4D		D36J	26480	1325	1800	3050	4825

300M—V6—Equipment Schedule 2
W.B. 113.0"; 3.5 Liter.

Sedan 4D		E66G	29690	1925	2475	3775	5675

Body	Type	VIN	List	Trade-In Fair	Good	Pvt-Party Good	Retail Excellent

LHS—V6—Equipment Schedule 2
W.B. 113.0"; 3.5 Liter.

| | Sedan 4D | C56G | 28695 | 1375 | 1850 | 3100 | 4925 |

2001 CHRYSLER — 1C(4or8)–(Y4BB)–1–#

PT CRUISER—4-Cyl.—Equipment Schedule 4
W.B. 103.0"; 2.4 Liter.

	Sport Wagon 4D	Y4BB	18325	1975	2525	3800	5700
	Limited Sport Wag 4D	Y4BB	20685	2175	2750	4050	5975
	Touring			200	200	265	265

SEBRING—4-Cyl.—Equipment Schedule 4
W.B. 103.7", 108.0" (Sed); 2.4 Liter.

	LX Sedan 4D	L46G	18520	1250	1725	2975	4750
	LX Coupe 2D	G42G	20495	1125	1575	2775	4500
	V6 2.7/3.0 Liter	R,H		375	375	500	500

SEBRING—V6—Equipment Schedule 4
W.B. 103.7", 106.0" (Conv), 108.0" (Sed); 2.7 Liter, 3.0 Liter.

	LXi Sedan 4D	L66R	21405	1975	2550	3825	5725
	LXi Coupe 2D	G62H	22885	1575	2075	3325	5175
	LX Convertible 2D	L55U	24945	1875	2425	3700	5575
	LXi Convertible 2D	L65U	27405	2450	3050	4325	6325
	Limited Convertible 2D	L65U	29490	3025	3650	5000	7075

CONCORDE—V6—Equipment Schedule 4
W.B. 113.0"; 2.7 Liter, 3.2 Liter.

| | LX Sedan 4D | D46R | 22995 | 1300 | 1775 | 3050 | 4850 |
| | LXi Sedan 4D | D36J | 27240 | 1650 | 2150 | 3425 | 5300 |

300M—V6—Equipment Schedule 2
W.B. 113.0"; 3.5 Liter.

| | Sedan 4D | E66G | 30170 | 2350 | 2925 | 4250 | 6225 |

LHS—V6—Equipment Schedule 2
W.B. 113.0"; 3.5 Liter.

| | Sedan 4D | C56G | 29210 | 1775 | 2275 | 3550 | 5450 |

PROWLER—V6—Equipment Schedule 1
W.B. 113.3"; 3.5 Liter.

| | Roadster 2D | W65G | 45400 | 18725 | 20975 | 23500 | 28500 |

2002 CHRYSLER–(1,2,3or4)C(3,4or8)–(Y48B)–2–#

PT CRUISER—4-Cyl.—Equipment Schedule 4
W.B. 103.0"; 2.4 Liter.

	Sport Wagon 4D	Y48B	18395	1850	2400	3800	5925
	Touring Sport Wag 4D	Y58B	19540	1900	2450	3900	5975
	Limited Sport Wag 4D	Y68B	21655	2075	2650	4125	6225
	Dream Cruiser Wag 4D	Y68B	23395	2575	3175	4650	6825
	Woodie Edition			200	200	265	265

SEBRING—4-Cyl.—Equipment Schedule 4
W.B. 103.7", 106.0" (Conv), 108.0" (Sed); 2.4 Liter.

	LX Sedan 4D	L46X	18535	1450	1925	3350	5375
	LX Coupe 2D	G42G	20615	1300	1775	3175	5200
	LX Convertible 2D	L55G	23905	2175	2775	4225	6350
	V6 2.7/3.0 Liter	R,H		400	400	535	535

SEBRING—V6—Equipment Schedule 4
W.B. 103.7", 106.0" (Conv), 108.0" (Sed); 2.7 Liter, 3.0 Liter.

	LXi Sedan 4D	L56R	20875	2225	2800	4275	6400
	LXi Coupe 2D	G52H	23130	1850	2375	3825	5900
	LXi Convertible 2D	L55R	26755	2750	3350	4875	7100
	GTC Convertible 2D	L75R	25875	2500	3075	4575	6750
	Limited Convertible 2D	L65R	29390	3400	4100	5600	7950

CONCORDE—V6—Equipment Schedule 4
W.B. 113.0"; 2.7 Liter, 3.5 Liter.

	LX Sedan 4D	D46R	22995	1325	1825	3275	5375
	LXi Sedan 4D	D36M	25600	1725	2225	3750	5875
	Limited Sedan 4D	D56G	28495	2150	2725	4250	6450

300M—V6—Equipment Schedule 2
W.B. 113.0"; 3.5 Liter.

| | Sedan 4D | E66G | 28995 | 3100 | 3775 | 5300 | 7600 |
| | Special Sedan 4D | E76K | 32595 | 3325 | 4025 | 5550 | 7900 |

PROWLER—V6—Equipment Schedule 1
W.B. 113.0"; 3.5 Liter.

| | Roadster 2D | W65G | 45400 | 20200 | 22550 | 25200 | 30500 |

1009

Body	Type	VIN	List	Trade-In Fair	Trade-In Good	Pvt-Party Good	Retail Excellent

2003 CHRYSLER—(1,2,3or4)C(3,4or8)—(Y48B)-3-#

PT CRUISER—4-Cyl.—Equipment Schedule 4
W.B. 103.0"; 2.4 Liter.

Sport Wagon 4D		Y48B	18815	2250	2850	4300	6450
Touring Sport Wag 4D		Y58B	19940	2300	2900	4350	6525
Limited Sport Wag 4D		Y68B	22180	2525	3125	4600	6775
Woodie Edition				225	225	300	300

PT CRUISER—4-Cyl. HO Turbo—Equipment Schedule 4
W.B. 103.0"; 2.4 Liter.

GT Sport Wagon 4D		Y78G	23170	3625	4325	5850	8200
Dream Cruiser				600	600	800	800

SEBRING—4-Cyl.—Equipment Schedule 4
W.B. 103.7", 106.0" (Conv), 108.0" (Sed); 2.4 Liter.

LX Sedan 4D		L46X	19930	1725	2225	3700	5750
LX Coupe 2D		G42G	21560	1550	2025	3475	5525
LX Convertible 2D		L45X	24560	2575	3175	4675	6875
V6 2.7/3.0 Liter		U,R		475	475	635	635

SEBRING—V6—Equipment Schedule 4
W.B. 103.7", 106.0" (Conv), 108.0" (Sed); 2.7 Liter, 3.0 Liter.

LXi Sedan 4D		L56R	21295	2600	3200	4675	6875
LXi Coupe 2D		G52H	23835	2250	2825	4300	6450
GTC Convertible 2D		L75R	26160	2925	3550	5075	7325
LXi Convertible 2D		L55T	27410	3225	3925	5450	7750
Limited Convertible 2D		L65R	30045	4050	4800	6350	8775

CONCORDE—V6—Equipment Schedule 4
W.B. 113.0"; 2.7 Liter, 3.5 Liter.

LX Sedan 4D		D46R	23510	1700	2200	3750	5900
LXi Sedan 4D		D36M	26240	2200	2775	4300	6550
Limited Sedan 4D		D56G	29135	2650	3250	4825	7100

300M—V6—Equipment Schedule 2
W.B. 113.0"; 3.5 Liter.

Sedan 4D		E66G	29245	3825	4550	6125	8550
Special Sedan 4D		E76K	32895	4075	4825	6400	8850

2004 CHRYSLER—(1,2,3or4)C(3,4or8)—(Y48B)-4-#

PT CRUISER—4-Cyl.—Equipment Schedule 4
W.B. 103.0"; 2.4 Liter.

Sport Wagon 4D		Y48B	19515	2775	3400	4900	7125
Touring Sport Wag 4D		Y58B	20585	2825	3450	4950	7175
Limited Sport Wag 4D		Y68B	22825	3075	3725	5250	7500
4-Cyl. 2.4L Turbo		8		650	650	865	865

PT CRUISER—4-Cyl. HO Turbo—Equipment Schedule 4
W.B. 103.0"; 2.4 Liter.

GT Sport Wagon 4D		Y78G	26245	4325	5125	6675	9100

SEBRING—4-Cyl.—Equipment Schedule 4
W.B. 103.7", 106.0" (Sed); 2.4 Liter.

Sedan 4D		L66R	19360	2025	2575	4075	6200
Coupe 2D		G42G	22305	1850	2350	3825	5925
Convertible 2D		L45J	25570	2900	3525	5025	7250
LX Sedan 4D		L46X	19500	2075	2625	4125	6250
LX Convertible 2D		L45X	25215	3025	3650	5175	7425
V6 2.7 Liter		T		550	550	735	735

SEBRING—V6—Equipment Schedule 4
W.B. 103.7", 106.0" (Conv), 108.0" (Sed); 2.7 Liter, 3.0 Liter.

LXi Sedan 4D		L56R	21840	3025	3675	5175	7450
LXi Convertible 2D		L55T	28140	3775	4500	6025	8375
GTC Convertible 2D		L75R	27045	3400	4100	5600	7925
Touring Sedan 4D		L56R	21200	2975	3625	5150	7400
Touring Convertible 2D		L55T	28370	4100	4825	6375	8775
Limited Sedan 4D		L66R	23490	3300	3975	5525	7825
Limited Coupe 2D		G52H	24580	3100	3750	5275	7550
Limited Convertible 2D		L65R	31180	4725	5550	7175	9700

CONCORDE—V6—Equipment Schedule 4
W.B. 113.0"; 2.7 Liter, 3.5 Liter.

LX Sedan 4D		D46R	24130	2150	2725	4300	6550
LXi Sedan 4D		D36M	26860	2750	3375	4975	7325
Limited Sedan 4D		D56G	29755	3175	3850	5475	7875

300M—V6—Equipment Schedule 2
W.B. 113.0"; 3.5 Liter.

Sedan 4D		E66G	29865	4625	5475	7100	9675
Special Sedan 4D		E76K	33295	4900	5725	7400	10000

Body	Type	VIN	List	Trade-In Fair	Trade-In Good	Pvt-Party Good	Retail Excellent
CROSSFIRE—V6—Equipment Schedule 1							
W.B. 94.5"; 3.2 Liter.							
Coupe 2D		N69L	35570	5975	6925	8675	11450

2005 CHRYSLER — (1,2,3or4)C(4or8)—(Y48B)—5

Body	Type	VIN	List	Fair	Good	Good	Excellent
PT CRUISER—4-Cyl.—Equipment Schedule 4							
W.B. 103.0"; 2.4 Liter.							
Sport Wagon 4D		Y48B	15820	3275	3975	5500	7800
Convertible 2D		Y45X	20820	4250	5025	6575	8975
Touring Sport Wag 4D		Y58B	17070	3325	4025	6575	7850
Touring Convertible 2D		Y55X	24490	4850	5675	7275	9800
Limited Sport Wagon 4D		Y68B	18730	3650	4350	5875	8225
4-Cyl. 2.4L Turbo		E	......	725	725	965	965
PT CRUISER—4-Cyl. HO Turbo—Equipment Schedule 4							
W.B. 103.0"; 2.4 Liter.							
GT Sport Wagon 4D		Y78S	23935	5050	5900	7500	10050
GT Convertible 2D		Y78S	28860	6575	7575	9200	11950
SEBRING—4-Cyl.—Equipment Schedule 4							
W.B. 103.7", 106.0" (Conv), 108.0" (Sed); 2.4 Liter.							
Sedan 4D		L46X	19975	2475	3075	4550	6750
Coupe 2D		G42G	22770	2200	2775	4275	6425
Convertible 2D		L45X	26035	3425	4125	5625	7975
V6 2.7 Liter		R	......	600	600	800	800
SEBRING—V6—Equipment Schedule 4							
W.B. 103.7", 106.0" (Conv), 108.0" (Sed); 2.7 Liter, 3.0 Liter.							
GTC Convertible 2D		L75R	27510	3975	4700	6250	8625
Touring Sedan 4D		L56R	20695	3625	4325	5875	8225
Touring Sedan 4D		L55T	28835	4700	5525	7125	9650
Limited Sedan 4D		L66R	22985	3925	4650	6200	8575
Limited Coupe 4D		G52H	25045	3625	4325	5850	8200
Limited Convertible 2D		L65R	31645	5525	6425	8025	10650
TSi Sedan 4D		L56R	24455	4775	5600	7225	9750
300—V6—Equipment Schedule 2							
W.B. 120.0"; 2.7 Liter, 3.5 Liter.							
Sedan 4D		A43R	24695	6900	7950	9700	12650
Touring Sedan 4D		A53G	27720	7400	8500	10250	13250
Touring AWD Sedan 4D		K53G	29995	8500	9725	11550	14750
Signature Series			......	400	400	535	535
Limited			......	1000	1000	1335	1335
300C—V8 HEMI—Equipment Schedule 2							
W.B. 120.0"; 5.7 Liter, 6.1 Liter.							
Sedan 4D		A63H	33495	8875	10100	12000	15250
AWD Sedan 4D		K63H	34820	10425	11800	13700	17150
SRT8 Sedan 4D		A73W	39995	12250	13825	15800	19400
CROSSFIRE—V6—Equipment Schedule 1							
W.B. 94.5"; 3.2 Liter.							
Coupe 2D		N69L	29920	7075	8150	9900	12800
Roadster 2D		N65L	34960	8425	9625	11400	14550
Limited Coupe 2D		N69L	35695	7675	8775	10550	13500
Limited Roadster 2D		N65L	39995	9575	10875	12750	16000
CROSSFIRE—V6 Supercharged—Equipment Schedule 1							
W.B. 94.5"; 3.2 Liter.							
SRT-6 Coupe 2D		N79N	45695	11275	12800	14650	18150
SRT-6 Roadster 2D		N75N	49995	12250	13825	15750	19300

2006 CHRYSLER — (1,2,3or4)C(4or8)—(Y48B)—6

Body	Type	VIN	List	Fair	Good	Good	Excellent
PT CRUISER—4-Cyl.—Equipment Schedule 4							
W.B. 103.0"; 2.4 Liter.							
Sport Wagon 4D		Y48B	16925	4100	4850	6375	8775
Convertible 2D		Y45X	21355	5150	6000	7600	10150
Touring Sport Wag 4D		Y58B	17995	4175	4925	6475	8875
Limited Sport Wag 4D		Y68B	20160	4475	5300	6850	9350
Route 66 Edition			......	300	300	400	400
Signature Series			......	250	250	400	400
4-Cyl. 2.4L Turbo		E,8	......	800	800	1065	1065
PT CRUISER—4-Cyl. Turbo—Equipment Schedule 4							
W.B. 103.0"; 2.4 Liter.							
Touring Convertible 2D		Y55X	24870	5800	6750	8350	11000
GT Sport Wagon 4D		Y78G	24635	6050	7000	8625	11250
GT Convertible 2D		Y75S	30050	7750	8875	10500	13350
SEBRING—4-Cyl.—Equipment Schedule 4							
W.B. 106.0", 108.0" (Sed); 2.4 Liter.							

Body	Type	VIN	List	Trade-In Fair	Good	Pvt-Party Good	Retail Excellent
Sedan 4D		L46X	20380	3000	3625	5150	7425
Convertible 2D		L45X	26440	4025	4775	6325	8700
V6 2.7 Liter		T		650	650	865	865

SEBRING—V6—Equipment Schedule 4
W.B. 106.0", 108.0" (Sed); 2.7 Liter.

TSi Sedan 4D		L36R	24665	5525	6450	8025	10650
GTC Convertible 2D		L75R	27915	4600	5425	7000	9500
Touring Sedan 4D		L56R	21100	4375	5175	6700	9125
Touring Convertible 2D		L55R	29240	5450	6350	7950	10550
Limited Sedan 4D		L66R	23390	4600	5425	7000	9500
Limited Convertible 2D		L65R	32050	6375	7350	8975	11650

300—V6—Equipment Schedule 2
W.B. 120.0"; 2.7 Liter, 3.5 Liter.

Sedan 4D		A43R	24200	8100	9275	11100	14200
Touring Sedan 4D		A53G	28300	8775	10000	11800	15000
Touring AWD Sedan 4D		K53G	30200	10000	11375	13250	16550
Signature Series				400	400	535	535
Limited				1000	1000	1335	1335

300C—V8 HEMI—Equipment Schedule 2
W.B. 120.0"; 5.7 Liter, 6.1 Liter.

Sedan 4D		A63H	34100	10675	12100	13950	17400
AWD Sedan 4D		K63H	35425	12100	13675	15600	19150
SRT8 Sedan 4D		A73W	42695	14025	15775	17750	21600

CROSSFIRE—V6—Equipment Schedule 1
W.B. 94.5"; 3.2 Liter.

Coupe 2D		N59L	30070	8200	9375	11150	14250
Roadster 2D		N55L	35110	9625	10925	12800	16000
Limited Coupe 2D		N69L	35120	8875	10100	11900	15100
Limited Roadster 2D		N65L	39470	10875	12350	14150	17550

CROSSFIRE—V6 Supercharged—Equipment Schedule 1
W.B. 94.5"; 3.2 Liter.

SRT-6 Coupe 2D		N79N	46085	12800	14450	16300	19900
SRT-6 Roadster 2D		N75N	50395	13825	15575	17450	21200

PT CRUISER—4-Cyl.—Equipment Schedule 4
W.B. 103.0"; 2.4 Liter.

Sport Wagon 4D		Y48B	16950	5050	5900	7400	9850
Convertible 2D		Y45X	21355	6225	7175	8700	11250
Touring Sport Wag 4D		Y58B	18545	5150	6000	7500	9950
Limited Sport Wag 4D		Y68B	21740	5525	6450	7925	10400
Signature Series				250	250	335	335
Street Cruiser PCH				400	400	535	535
4-Cyl. 2.4L Turbo		8,E		875	875	1165	1165

PT CRUISER—4-Cyl. Turbo—Equipment Schedule 4
W.B. 103.0"; 2.4 Liter.

Touring Convertible 2D		Y55X	26350	6950	8000	9500	12150
GT Sport Wagon 4D		Y78G	24835	7225	8300	9850	12500
GT Convertible 2D		Y75S	30250	9100	10350	11900	14850

SEBRING—4-Cyl.—Equipment Schedule 4
W.B. 108.9"; 2.4 Liter.

Sedan 4D		C46K	18995	5600	6525	8000	10500
Touring Sedan 4D		C56K	20195	5950	6875	8375	10900
Limited Sedan 4D		C66K	23995	7375	8450	9950	12600
V6 2.7L Flex Fuel		R		700	700	935	935
V6 3.5 Liter HO		M		750	750	1000	1000

300—V6—Equipment Schedule 2
W.B. 120.0"; 2.7 Liter, 3.5 Liter.

Sedan 4D		A43R	24480	9575	10875	12700	15900
Touring Sedan 4D		A53G	29290	10350	11700	13500	16750
Touring AWD Sedan 4D		K53G	31290	11700	13225	15050	18450
Signature Series				400	400	535	535
Limited				1000	1000	1335	1335

300C—V8 HEMI—Equipment Schedule 2
W.B. 120.0"; 5.7 Liter, 6.1 Liter.

Sedan 4D		A63H	34935	12650	14300	16100	19700
AWD Sedan 4D		K63H	36260	13975	15725	17550	21300
SRT8 Sedan 4D		A73W	40970	15925	17875	19800	23700

CROSSFIRE—V6—Equipment Schedule 1
W.B. 94.5"; 3.2 Liter.

Coupe 2D		N59L	30435	9475	10775	12500	15650
Roadster 2D		N55L	36595	11075	12550	14300	17600
Limited Coupe 2D		N69L	36560	10200	11575	13350	16550

Body	Type	VIN	List	Trade-In Fair	Trade-In Good	Pvt-Party Good	Retail Excellent
Limited Roadster 2D		N65L	40955	12350	13975	15750	19200

2008 CHRYSLER — (1,2,3or4)C(4or8)(Y48B)-8-#

PT CRUISER—4-Cyl.—Equipment Schedule 4
W.B. 103.0"; 2.4 Liter.

Body	Type	VIN	List	Trade-In Fair	Trade-In Good	Pvt-Party Good	Retail Excellent
Sport Wagon 4D		Y48B	17480	6275	7250	8600	11000
Convertible 2D		Y55X	19170	7550	8650	10050	12650
Touring Sport Wag 4D		Y58B	19570	6350	7325	8700	11100
Signature Series				250	250	335	335
4-Cyl. 2.4L Turbo		E		950	950	1265	1265

PT CRUISER—4-Cyl. Turbo—Equipment Schedule 4
W.B. 103.0"; 2.4 Liter.

Body	Type	VIN	List	Trade-In Fair	Trade-In Good	Pvt-Party Good	Retail Excellent
Limited Sport Wag 4D		Y688	23300	6775	7825	9200	11650

SEBRING—4-Cyl.—Equipment Schedule 4
W.B. 108.9"; 2.4 Liter.

Body	Type	VIN	List	Trade-In Fair	Trade-In Good	Pvt-Party Good	Retail Excellent
LX Sedan 4D		C46K	19365	7450	8550	9900	12350
LX Convertible 2D		C45K	26515	8200	9375	10900	13550
Touring Sedan 4D		C56K	20540	7900	9050	10500	13100
Limited Sedan 4D		C66K	24190	9375	10675	12100	14900
Signature Series				400	400	535	535
V6 3.5 Liter HO		M		750	750	1000	1000

SEBRING—V6—Equipment Schedule 4
W.B. 108.9"; 2.7 Liter, 3.5 Liter.

Body	Type	VIN	List	Trade-In Fair	Trade-In Good	Pvt-Party Good	Retail Excellent
Touring Convertible 2D		C55R	29115	9900	11225	12750	15700
Limited AWD Sedan 4D		D66M	28190	10625	12050	13550	16600
Limited Convertible 2D		C65M	32730	11125	12600	14100	17200
Power Hard Top				800	800	1065	1065

300—V6—Equipment Schedule 2
W.B. 120.0"; 2.7 Liter, 3.5 Liter.

Body	Type	VIN	List	Trade-In Fair	Trade-In Good	Pvt-Party Good	Retail Excellent
Sedan 4D		A43R	25270	11275	12800	14550	17950
Touring Sedan 4D		A53G	29265	12150	13725	15500	18950
Touring AWD Sedan 4D		K53G	32120	13675	15375	17150	20800
Limited Sedan 4D		A33G	32295	14075	15825	17600	21200
Limited AWD Sedan 4D		K33G	34490	15425	17350	19050	22700
Signature Series				400	400	535	535

300C—V8 HEMI—Equipment Schedule 2
W.B. 120.0"; 5.7 Liter, 6.1 Liter.

Body	Type	VIN	List	Trade-In Fair	Trade-In Good	Pvt-Party Good	Retail Excellent
Sedan 4D		A63H	36070	14900	16750	18500	22200
AWD Sedan 4D		K63H	38170	16075	18025	19900	23700
SRT8 Sedan 4D		A73W	44223	18125	20275	22100	26300

CROSSFIRE—V6—Equipment Schedule 1
W.B. 94.5"; 3.2 Liter.

Body	Type	VIN	List	Trade-In Fair	Trade-In Good	Pvt-Party Good	Retail Excellent
Limited Coupe 2D		N69L	35610	11750	13275	15050	18400
Limited Roadster 2D		N65L	40055	14025	15775	17500	21100

DODGE

1994 DODGE — (1,3orJ)B3-(A11A)-R-#

COLT—4-Cyl.—Equipment Schedule 6
W.B. 96.1", 98.4" (4D); 1.5 Liter, 1.8 Liter.

Body	Type	VIN	List	Trade-In Fair	Trade-In Good	Pvt-Party Good	Retail Excellent
Sedan 2D		A11A	10779	450	625	1275	2300
Sedan 4D		A36C	13248	550	750	1525	2750
ES Sedan 2D		A21A	11876	525	700	1375	2475
ES Sedan 4D		A46C	13824	600	800	1575	2825

SHADOW—4-Cyl.—Equipment Schedule 5
W.B. 97.2"; 2.2 Liter, 2.5 Liter.

Body	Type	VIN	List	Trade-In Fair	Trade-In Good	Pvt-Party Good	Retail Excellent
Hatchback Sedan 4D		P28D	11452	350	500	1075	2000
Hatchback 2D		P24D	11052	325	450	1025	1925
ES H'Back Sedan 4D		P68K	12614	450	600	1225	2225
ES Hatchback 2D		P64K	12214	425	600	1200	2175
V6 3.0 Liter		3		100	100	135	135

SPIRIT—4-Cyl.—Equipment Schedule 5
W.B. 103.5"; 2.5 Liter.

Body	Type	VIN	List	Trade-In Fair	Trade-In Good	Pvt-Party Good	Retail Excellent
Sedan 4D		A46K	14154	400	575	1175	2175
V6 3.0 Liter		3		150	150	200	200

INTREPID—V6—Equipment Schedule 4
W.B. 113.0"; 3.3 Liter.

Body	Type	VIN	List	Trade-In Fair	Trade-In Good	Pvt-Party Good	Retail Excellent
Sedan 4D		D46T	19106	250	350	900	1775
ES Sedan 4D		D56T	21423	400	550	1150	2125
V6 3.5 Liter		F		175	175	235	235

1994 DODGE

Body Type	VIN	List	Trade-In Fair	Trade-In Good	Pvt-Party Good	Retail Excellent
STEALTH—V6—Equipment Schedule 4						
W.B. 97.2"; 3.0 Liter.						
Coupe 2D	M44H	23659	1425	1900	3075	4825
R/T Coupe 2D	M64J	26404	1625	2125	3325	5125
Auto Trans			125	125	165	165
STEALTH—V6 Twin Turbo—Equipment Schedule 2						
W.B. 97.2"; 3.0 Liter.						
R/T AWD Coupe 2D	N74K	38785	3075	3725	5150	7275
VIPER—V10—Equipment Schedule 2						
W.B. 96.2"; 8.0 Liter.						
RT/10 Roadster 2D	R65E	58500	17750	19900	23300	29200

1995 DODGE — (1,4orJ)B3-(S27C)-S-#

Body Type	VIN	List	Trade-In Fair	Trade-In Good	Pvt-Party Good	Retail Excellent
NEON—4-Cyl.—Equipment Schedule 6						
W.B. 104.0"; 2.0 Liter.						
Sedan 4D	S27C	12195	250	350	900	1775
Highline Sedan 4D	S47C	12443	350	475	1075	2000
Highline Coupe 2D	S41C	12443	300	425	1000	1925
Sport Sedan 4D	S67C	14393	450	600	1250	2275
Sport Coupe 2D	S61C	14693	525	700	1450	2625
Competition Pkg			0	0	0	0
AVENGER—4-Cyl.—Equipment Schedule 4						
W.B. 103.7"; 2.0 Liter.						
Coupe 2D	U42Y	16309	175	250	775	1600
AVENGER—V6—Equipment Schedule 4						
W.B. 103.7"; 2.5 Liter.						
ES Coupe 2D	U52H,N	18260	475	625	1300	2350
SPIRIT—4-Cyl.—Equipment Schedule 5						
W.B. 103.5"; 2.5 Liter.						
Sedan 4D	A46K	14828	475	650	1350	2450
V6 3.0 Liter	3		150	150	200	200
STRATUS—4-Cyl.—Equipment Schedule 5						
W.B. 108.0"; 2.0 Liter, 2.4 Liter.						
Sedan 4D	J46K	15230	725	1025	1875	3250
STRATUS—V6—Equipment Schedule 4						
W.B. 108.0"; 2.5 Liter.						
ES Sedan 4D	J56H,N	17800	1075	1500	2625	4275
4-Cyl. 2.0L/2.4 Liter	C,X		(175)	(175)	(235)	(235)
INTREPID—V6—Equipment Schedule 4						
W.B. 113.0"; 3.3 Liter.						
Sedan 4D	D46T	19232	300	425	1000	1925
ES Sedan 4D	D56T	21379	475	650	1325	2400
V6 3.5 Liter	F		175	175	235	235
STEALTH—V6—Equipment Schedule 4						
W.B. 97.2"; 3.0 Liter.						
Hatchback 2D	M84H	24572	1675	2175	3425	5250
R/T Hatchback 2D	M44J	27756	1875	2425	3700	5550
Auto Trans			125	125	165	165
STEALTH—V6 Turbo—Equipment Schedule 2						
W.B. 97.2"; 3.0 Liter.						
R/T AWD H'Back 2D	N74K	39178	3575	4300	5750	8025
VIPER—V10—Equipment Schedule 2						
W.B. 96.2"; 8.0 Liter.						
RT/10 Roadster 2D	R65E	60500	18625	20875	24400	30500

1996 DODGE — (1,4orJ)B3-(S27C)-T-#

Body Type	VIN	List	Trade-In Fair	Trade-In Good	Pvt-Party Good	Retail Excellent
NEON—4-Cyl.—Equipment Schedule 6						
W.B. 104.0"; 2.0 Liter.						
Sedan 4D	S27C	11730	275	400	950	1850
Coupe 2D	S22C	11230	275	375	925	1800
Highline Sedan 4D	S47C	12735	375	525	1125	2100
Highline Coupe 2D	S42C	12535	350	475	1075	2000
Sport Sedan 4D	S67C	14165	475	650	1325	2400
Sport Coupe 2D	S62C	13965	575	750	1525	2750
AVENGER—4-Cyl.—Equipment Schedule 4						
W.B. 103.7"; 2.0 Liter.						
Coupe 2D	U41B	17008	250	350	900	1775
Manual Trans			(200)	(200)	(265)	(265)
AVENGER—V6—Equipment Schedule 4						
W.B. 103.7"; 2.5 Liter.						
ES Coupe 2D	U51H,N	19190	575	775	1550	2800
Manual Trans			(200)	(200)	(265)	(265)

Body Type	VIN	List	Trade-In Fair	Trade-In Good	Pvt-Party Good	Retail Excellent
4-Cyl. 2.0 Liter	B		(150)	(150)	(200)	(200)
STRATUS—4-Cyl.—Equipment Schedule 5						
W.B. 108.0"; 2.0 Liter, 2.4 Liter.						
Sedan 4D	J46C	15820	700	1000	1850	3200
STRATUS—V6—Equipment Schedule 4						
W.B. 108.0"; 2.5 Liter.						
ES Sedan 4D	J56H,N	18720	1025	1450	2550	4200
Manual Trans			(200)	(200)	(265)	(265)
4-Cyl. 2.0L/2.4 Liter	C,X		(200)	(200)	(265)	(265)
INTREPID—V6—Equipment Schedule 4						
W.B. 113.0"; 3.3 Liter.						
Sedan 4D	D46T	18995	400	550	1200	2225
ES Sedan 4D	D56F	22810	575	800	1600	2875
V6 3.5 Liter	F		225	225	300	300
STEALTH—V6—Equipment Schedule 4						
W.B. 97.2"; 3.0 Liter.						
Hatchback 2D	M84J	25651	1925	2475	3750	5625
R/T Hatchback 2D	M54J	29207	2200	2775	4075	6000
Auto Trans			125	125	165	165
STEALTH—V6 Twin Turbo—Equipment Schedule 2						
W.B. 97.2"; 3.0 Liter.						
R/T AWD H'Back 2D	N74K	35355	4150	4900	6425	8825
VIPER—V10—Equipment Schedule 2						
W.B. 96.2"; 8.0 Liter.						
RT/10 Roadster 2D	R65E	63100	20000	22350	26000	32100
GTS Coupe 2D	R69E	66700	21450	24000	27700	34300

1997 DODGE — (1or4)B3–(S27C)–V–#

Body Type	VIN	List	Trade-In Fair	Trade-In Good	Pvt-Party Good	Retail Excellent
NEON—4-Cyl.—Equipment Schedule 6						
W.B. 104.0"; 2.0 Liter.						
Sedan 4D	S27C	12430	325	450	1025	1950
Coupe 2D	S22C	12230	300	425	1000	1925
Highline Sedan 4D	S47C	13170	425	600	1175	2275
Highline Coupe 2D	S42C	12970	400	550	1175	2175
AVENGER—V6—Equipment Schedule 4						
W.B. 103.7"; 2.5 Liter.						
Coupe 2D	U42N	18857	600	800	1600	2875
ES Coupe 2D	U52N	19971	650	900	1750	3075
Manual Trans			(250)	(250)	(335)	(335)
4-Cyl. 2.0 Liter	Y		(175)	(175)	(235)	(235)
STRATUS—4-Cyl.—Equipment Schedule 5						
W.B. 108.0"; 2.0 Liter, 2.4 Liter.						
Sedan 4D	J46C	16545	750	1050	1925	3325
STRATUS—V6—Equipment Schedule 4						
W.B. 108.0"; 2.5 Liter.						
ES Sedan 4D	J56H	19390	1100	1550	2700	4350
Manual Trans			(250)	(250)	(335)	(335)
4-Cyl. 2.0L/2.4 Liter	C		(225)	(225)	(300)	(300)
INTREPID—V6—Equipment Schedule 4						
W.B. 113.0"; 3.3 Liter.						
Sedan 4D	D46T	19955	450	625	1300	2400
ES Sedan 4D	D56F	23460	625	900	1750	3075
V6 3.5 Liter	F		275	275	365	365
VIPER—V10—Equipment Schedule 2						
W.B. 96.2"; 8.0 Liter.						
GTS Coupe 2D	R69E	69300	21950	24500	28000	34500

1998 DODGE — (1,2or4)B3–(S47C)–W–#

Body Type	VIN	List	Trade-In Fair	Trade-In Good	Pvt-Party Good	Retail Excellent
NEON—4-Cyl.—Equipment Schedule 4						
W.B. 104.0"; 2.0 Liter.						
Highline Sedan 4D	S47C	12855	500	675	1400	2525
Highline Coupe 2D	S42C	12655	475	625	1325	2450
Competition Sedan 4D	S27C	14660	750	1050	1950	3375
Competition Coupe 2D	S22Y	14480	725	1025	1900	3325
AVENGER—V6—Equipment Schedule 4						
W.B. 103.7"; 2.5 Liter.						
Coupe 2D	U42N	18685	675	950	1825	3200
ES Coupe 2D	U52N	20525	775	1075	2000	3475
Manual Trans			(300)	(300)	(400)	(400)
4-Cyl. 2.0 Liter	Y		(200)	(200)	(265)	(265)
STRATUS—4-Cyl.—Equipment Schedule 5						
W.B. 108.0"; 2.0 Liter, 2.4 Liter.						

1998 DODGE

Body	Type	VIN	List	Trade-In Fair	Trade-In Good	Pvt-Party Good	Retail Excellent
Sedan 4D		J46C	16425	**800**	**1150**	**2075**	**3550**
STRATUS—V6—Equipment Schedule 4							
W.B. 108.0"; 2.5 Liter.							
ES Sedan 4D		J56N	19000	**1200**	**1675**	**2850**	**4550**
4-Cyl. 2.4 Liter		X		**(250)**	**(250)**	**(335)**	**(335)**
INTREPID—V6—Equipment Schedule 4							
W.B. 113.0"; 2.7 Liter, 3.2 Liter.							
Sedan 4D		D46R	20235	**550**	**750**	**1575**	**2875**
ES Sedan 4D		D56J	23015	**750**	**1050**	**2000**	**3475**
VIPER—V10—Equipment Schedule 2							
W.B. 96.2"; 8.0 Liter.							
RT/10 Roadster 2D		R65E	64700	**20675**	**23025**	**26400**	**32300**
GTS Coupe 2D		R69E	67900	**22450**	**25100**	**28500**	**34900**

1999 DODGE — (1,2or4)B3–(S47C)–X–#

NEON—4-Cyl.—Equipment Schedule 6
W.B. 104.0"; 2.0 Liter.

Body	Type	VIN	List	Fair	Good	Good	Excellent
Highline Sedan 4D		S47C	13320	**625**	**825**	**1675**	**3000**
Highline Coupe 2D		S42C	13120	**575**	**800**	**1625**	**2925**
Competition Sedan 4D		S27C	14985	**900**	**1250**	**2350**	**3975**
Competition Coupe 2D		S22Y	14805	**850**	**1200**	**2200**	**3725**
AVENGER—V6—Equipment Schedule 4							
W.B. 103.7"; 2.5 Liter.							
Coupe 2D		U42N	19665	**800**	**1125**	**2125**	**3650**
ES Coupe 2D		U52N	20975	**925**	**1300**	**2400**	**4075**
Manual Trans				**(350)**	**(350)**	**(465)**	**(465)**
4-Cyl. 2.0 Liter		Y		**(225)**	**(225)**	**(300)**	**(300)**
STRATUS—4-Cyl.—Equipment Schedule 5							
W.B. 108.0"; 2.0 Liter, 2.4 Liter.							
Sedan 4D		J46C	16865	**900**	**1275**	**2375**	**4025**
STRATUS—V6—Equipment Schedule 4							
W.B. 108.0"; 2.5 Liter.							
ES Sedan 4D		J56N	19495	**1375**	**1850**	**3075**	**4800**
INTREPID—V6—Equipment Schedule 4							
W.B. 113.0"; 2.7 Liter, 3.2 Liter.							
Sedan 4D		D46R	20495	**650**	**925**	**1850**	**3250**
ES Sedan 4D		D56J	23340	**900**	**1250**	**2375**	**4050**
VIPER—V10—Equipment Schedule 2							
W.B. 96.2"; 8.0 Liter.							
RT/10 Roadster 2D		R65E	66425	**20975**	**23425**	**26700**	**32500**
GTS Coupe 2D		R69E	68925	**22925**	**25675**	**29000**	**35300**
Competition Group		*		**1600**	**1600**	**2135**	**2135**

2000 DODGE — (1,2or4)B3–(S46C)–Y–#

NEON—4-Cyl.—Equipment Schedule 6
W.B. 105.0"; 2.0 Liter.

Body	Type	VIN	List	Fair	Good	Good	Excellent
Highline Sedan 4D		S46C	13890	**750**	**1050**	**2000**	**3475**
ES Sedan 4D		S56C	14680	**1050**	**1475**	**2625**	**4300**
AVENGER—V6—Equipment Schedule 4							
W.B. 103.7"; 2.5 Liter.							
Coupe 2D		U42N	18840	**975**	**1350**	**2500**	**4200**
ES Coupe 2D		U52N	21130	**1100**	**1525**	**2700**	**4400**
STRATUS—4-Cyl.—Equipment Schedule 5							
W.B. 108.0"; 2.0 Liter, 2.4 Liter.							
SE Sedan 4D		J46C	17525	**1050**	**1475**	**2625**	**4300**
STRATUS—V6—Equipment Schedule 4							
W.B. 108.0"; 2.5 Liter.							
ES Sedan 4D		J56N	20655	**1600**	**2100**	**3325**	**5150**
INTREPID—V6—Equipment Schedule 4							
W.B. 113.0"; 2.7 Liter, 3.2 Liter, 3.5 Liter.							
Sedan 4D		D46R	20950	**800**	**1125**	**2150**	**3725**
ES Sedan 4D		D56J	22530	**1075**	**1500**	**2700**	**4400**
R/T Sedan 4D		D76V	24995	**1975**	**2525**	**3800**	**5700**
VIPER—V10—Equipment Schedule 2							
W.B. 96.2"; 8.0 Liter.							
RT/10 Roadster 2D		R65E	70925	**21450**	**24000**	**27000**	**32800**
GTS Coupe 2D		R69E	73425	**23725**	**26350**	**29600**	**35800**
Competition Group				**1750**	**1750**	**2335**	**2335**

2001 DODGE — (1,2or4)B3–(S46C)–1–#

NEON—4-Cyl.—Equipment Schedule 6
W.B. 105.0"; 2.0 Liter.

2001 DODGE

Body Type	VIN	List	Trade-In Fair	Trade-In Good	Pvt-Party Good	Retail Excellent
Highline Sedan 4D	S46C	14275	925	1300	2425	4125
ES Sedan 4D	S46C	15095	1250	1725	2950	4700
Competition Sedan 4D	S66C	15155	1275	1750	2975	4725
R/T Coupe 4D	S66F	16845	1550	2050	3275	5100
STRATUS—4-Cyl.—Equipment Schedule 4 W.B. 103.7", 108.0"; (Sed); 2.4 Liter.						
SE Sedan 4D	J46X	18425	1225	1700	2925	4675
SE Coupe 2D	G42X	19230	1125	1575	2775	4500
Manual Trans			(425)	(425)	(565)	(565)
V6 2.7/3.0 Liter	U,H		375	375	500	500
STRATUS—V6—Equipment Schedule 4 W.B. 103.7", 108.0"; (Sed); 2.7 Liter, 3.0 Liter.						
ES Sedan 4D	J56U	21010	1900	2450	3700	5550
R/T Coupe 2D	G52H	22115	2125	2700	3975	5875
INTREPID—V6—Equipment Schedule 4 W.B. 113.0"; 2.7 Liter, 3.2 Liter, 3.5 Liter.						
SE Sedan 4D	D46R	21395	1000	1400	2575	4300
ES Sedan 4D	D56J	23090	1325	1800	3075	4875
R/T Sedan 4D	D66V	25460	2350	2950	4275	6250
VIPER—V10—Equipment Schedule 2 W.B. 96.2"; 8.0 Liter.						
R/T/10 Roadster 2D	R65E	67950	22050	24600	27500	33200
GTS Coupe 2D	R69E	70450	24400	27150	30200	36300
Competition Group			1875	1875	2500	2500

2002 DODGE — (1,2or4)B3–(S26C)–2–#

Body Type	VIN	List	Trade-In Fair	Trade-In Good	Pvt-Party Good	Retail Excellent
NEON—4-Cyl.—Equipment Schedule 6 W.B. 105.0"; 2.0 Liter.						
S Sedan 4D	S26C	10570	950	1325	2625	4500
Sedan 4D	S26C	13805	1000	1400	2750	4625
SXT Sedan 4D	S66C	14130	1200	1675	3050	5000
ACR Sedan 4D	S66F	14795	1275	1750	3100	5075
SE Sedan 4D	S46C	15330	1175	1650	3025	4975
ES Sedan 4D	S56C	15860	1375	1850	3250	5225
R/T Sedan 4D	S76F	16680	1700	2200	3625	5650
STRATUS—4-Cyl.—Equipment Schedule 4 W.B. 103.7", 108.0"; (Sed); 2.4 Liter.						
SE Sedan 4D	L46X	18290	1400	1875	3250	5250
SE Coupe 2D	G42X	19340	1300	1775	3175	5200
SXT Sedan 4D	L66X	19345	1650	2150	3575	5575
SXT Coupe 2D	G42G	19695	1625	2125	3550	5550
Manual Trans			(450)	(450)	(600)	(600)
V6 2.7/3.0 Liter	R,H		400	400	535	535
STRATUS—V6—Equipment Schedule 4 W.B. 103.7", 108.0"; (Sed); 2.7 Liter, 3.0 Liter.						
ES Sedan 4D	J56R	21255	2125	2700	4150	6225
R/T Sedan 4D	L76R	22150	3000	3625	5125	7350
R/T Coupe 2D	G52H	22360	2450	3050	4500	6650
INTREPID—V6—Equipment Schedule 4 W.B. 113.0"; 2.7 Liter, 3.5 Liter.						
SE Sedan 4D	D46R	21230	1000	1400	2825	4825
ES Sedan 4D	D56J	23155	1350	1850	3300	5400
SXT Sedan 4D	D66G	24170	1625	2100	3625	5725
R/T Sedan 4D	D66V	27240	2500	3100	4625	6875
VIPER—V10—Equipment Schedule 2 W.B. 96.2"; 8.0 Liter.						
R/T/10 Roadster 2D	R65E	75500	22550	25100	28000	33800
GTS Coupe 2D	R69E	76000	25000	27925	31000	37100
Competition Group			2000	2000	2665	2665

2003 DODGE — (1,2or4)B3–(S46C)–3–#

Body Type	VIN	List	Trade-In Fair	Trade-In Good	Pvt-Party Good	Retail Excellent
NEON—4-Cyl.—Equipment Schedule 6 W.B. 105.0"; 2.0 Liter.						
SE Sedan 4D	S46C	14100	1525	2000	3450	5475
SXT Sedan 4D	S66C	14295	1550	2025	3450	5500
R/T Sedan 4D	S76F	17250	2125	2700	4150	6225
NEON—4-Cyl. Turbo—Equipment Schedule 6 W.B. 105.0"; 2.0 Liter.						
SRT-4 Sedan 4D	S66S	19965	4975	5825	7450	10050
STRATUS—4-Cyl.—Equipment Schedule 4 W.B. 103.7", 108.0"; (Sed); 2.4 Liter.						
SE Sedan 4D	L46X	18470	1700	2175	3600	5625

2003 DODGE

Body Type	VIN	List	Trade-In Fair	Good	Pvt-Party Good	Retail Excellent
SE Coupe 2D	G42G	20680	1550	2025	3475	5525
SXT Sedan 4D	L46X	18340	1975	2525	3950	6025
SXT Coupe 2D	G42GX	20680	1925	2475	3900	5950
Manual Trans			(500)	(500)	(665)	(665)
V6 2.7/3.0 Liter	R,H		475	475	635	635

STRATUS—V6—Equipment Schedule 4
W.B. 103.7", 108.0" (Sed); 2.7 Liter, 3.0 Liter.

Body Type	VIN	List	Trade-In Fair	Good	Pvt-Party Good	Retail Excellent
ES Sedan 4D	J56U	21980	2575	3175	4625	6775
R/T Sedan 4D	L76R	22340	3400	4100	5575	7875
R/T Coupe 2D	G52H	23175	2850	3475	4950	7150

INTREPID—V6—Equipment Schedule 4
W.B. 113.0"; 2.7 Liter, 3.5 Liter.

Body Type	VIN	List	Trade-In Fair	Good	Pvt-Party Good	Retail Excellent
SE Sedan 4D	D46R	21720	1225	1700	3200	5300
ES Sedan 4D	D56J	25515	1725	2225	3775	5925
SXT Sedan 4D	D66G	24335	2025	2575	4125	6325

VIPER—V10—Equipment Schedule 2
W.B. 98.8"; 8.3 Liter.

Body Type	VIN	List	Trade-In Fair	Good	Pvt-Party Good	Retail Excellent
SRT-10 Roadster 2D	R65Z	83795	25175	28025	31100	37100

2004 DODGE — (1,2or4)B3-(S46C)-4-#

NEON—4-Cyl.—Equipment Schedule 6
W.B. 105.0"; 2.0 Liter.

Body Type	VIN	List	Trade-In Fair	Good	Pvt-Party Good	Retail Excellent
SE Sedan 4D	S46C	14745	1975	2525	3975	6050
SXT Sedan 4D	S66C	15115	2000	2550	4000	6075
R/T Sedan 4D	S76F	17895	2675	3275	4725	6900

NEON—4-Cyl. HO Turbo—Equipment Schedule 6
W.B. 105.0"; 2.4 Liter.

Body Type	VIN	List	Trade-In Fair	Good	Pvt-Party Good	Retail Excellent
SRT-4 Sedan 4D	S66S	20995	5875	6800	8450	11100

STRATUS—4-Cyl.—Equipment Schedule 4
W.B. 103.7", 108.0" (Sed); 2.4 Liter.

Body Type	VIN	List	Trade-In Fair	Good	Pvt-Party Good	Retail Excellent
SXT Sedan 4D	L66X	19155	2375	2975	4400	6550
SXT Coupe 2D	G42G	20535	2275	2875	4300	6450
SE Sedan 4D	L46X	20315	2025	2575	4025	6100
Manual Trans			(525)	(525)	(700)	(700)
V6 2.7 Liter	T		550	550	735	735

STRATUS—V6—Equipment Schedule 4
W.B. 103.7", 108.0" (Sed); 2.7 Liter, 3.0 Liter.

Body Type	VIN	List	Trade-In Fair	Good	Pvt-Party Good	Retail Excellent
ES Sedan 4D	J56R	22600	3075	3725	5200	7425
R/T Sedan 4D	L76R	23135	3900	4625	6125	8475
R/T Coupe 2D	G52H	23030	3300	4000	5500	7750

INTREPID—V6—Equipment Schedule 4
W.B. 113.0"; 2.7 Liter, 3.5 Liter.

Body Type	VIN	List	Trade-In Fair	Good	Pvt-Party Good	Retail Excellent
SE Sedan 4D	D46R	22270	1625	2125	3675	5850
ES Sedan 4D	D56J	26065	2175	2750	4300	6575
SXT Sedan 4D	D66G	24485	2525	3125	4700	7000

VIPER—V10—Equipment Schedule 2
W.B. 98.8"; 8.3 Liter.

Body Type	VIN	List	Trade-In Fair	Good	Pvt-Party Good	Retail Excellent
SRT-10 Roadster 2D	R65Z	84795	28025	31250	34200	40500

2005 DODGE — (1,2or4)B3-(S26C)-5-#

NEON—4-Cyl.—Equipment Schedule 6
W.B. 105.0"; 2.0 Liter.

Body Type	VIN	List	Trade-In Fair	Good	Pvt-Party Good	Retail Excellent
SE Sedan 4D	S26C	15160	2575	3150	4625	6775
SXT Sedan 4D	S56C	15530	2600	3175	4650	6825
Special Edition			100	100	135	135

NEON—4-Cyl. HO Turbo—Equipment Schedule 6
W.B. 105.0"; 2.4 Liter.

Body Type	VIN	List	Trade-In Fair	Good	Pvt-Party Good	Retail Excellent
SRT-4 Sedan 4D	S66S	21195	6875	7925	9550	12350

STRATUS—4-Cyl.—Equipment Schedule 4
W.B. 103.7", 108.0" (Sed); 2.4 Liter.

Body Type	VIN	List	Trade-In Fair	Good	Pvt-Party Good	Retail Excellent
SXT Sedan 4D	L46J	19770	2850	3475	4950	7150
SXT Coupe 2D	G42G	21825	2700	3325	4800	6975
Special Edition			200	200	265	265
Manual Trans			(550)	(550)	(735)	(735)
V6 2.7 Liter	R		600	600	800	800

STRATUS—V6—Equipment Schedule 4
W.B. 103.7", 108.0" (Sed); 2.7 Liter, 3.0 Liter.

Body Type	VIN	List	Trade-In Fair	Good	Pvt-Party Good	Retail Excellent
R/T Sedan 4D	L76T	22250	4325	5100	6600	8975
R/T Coupe 2D	G52H	24320	3875	4575	6075	8400

MAGNUM—V6—Equipment Schedule 4
W.B. 120.0"; 2.7 Liter, 3.5 Liter.

Body Type	VIN	List	Trade-In Fair	Good	Pvt-Party Good	Retail Excellent
SE Sport Wagon 4D	V48T	22495	5525	6425	8125	10900

Body Type	VIN	List	Trade-In Fair	Trade-In Good	Pvt-Party Good	Retail Excellent
SXT Sport Wagon 4D	V48T	26145	5725	6675	8375	11100
SXT AWD Sport Wagon	Z48V	28525	6225	7200	8950	11750
Special Edition Pkg			200	200	265	265
MAGNUM—V8 HEMI—Equipment Schedule 4						
W.B. 120.0"; 5.7 Liter.						
RT Sport Wagon 4D	V582	29995	8025	9200	11050	14100
RT AWD Sport Wagon	Z582	31995	8275	9475	11250	14400
VIPER—V10—Equipment Schedule 2						
W.B. 98.8"; 8.3 Liter.						
SRT-10 Roadster 2D	R65H	85395	31250	34800	37600	44200

2006 DODGE — (1,2or4)B3—(L46X)—6—#

Body Type	VIN	List	Trade-In Fair	Trade-In Good	Pvt-Party Good	Retail Excellent
STRATUS—4-Cyl.—Equipment Schedule 4						
W.B. 108.0"; 2.4 Liter.						
SXT Sedan 4D	L46X	20140	3400	4100	5550	7850
V6 2.7 Liter	R		750	750	1000	1000
STRATUS—V6—Equipment Schedule 4						
W.B. 108.0"; 2.7 Liter.						
R/T Sedan 4D	L76R	24120	5000	5850	7375	9850
MAGNUM—V6—Equipment Schedule 4						
W.B. 120.0"; 2.7 Liter, 3.5 Liter.						
Sport Wagon 4D	V47T	22995	6575	7575	9300	12150
SXT Sport Wagon 4D	V47T	25935	6775	7825	9550	12450
SXT AWD Sport Wagon	Z47V	29465	7525	8625	10350	13300
V8 5.7 Liter HEMI	2		1725	1725	2300	2300
MAGNUM—V8 HEMI—Equipment Schedule 4						
W.B. 120.0"; 5.7 Liter, 6.1 Liter.						
R/T Sport Wagon 4D	V572	30910	9325	10625	12450	15650
R/T AWD Sport Wagon	Z572	32910	9625	10925	12800	16000
SRT8 Sport Wagon 4D	V773	37995	11950	13525	15450	18950
CHARGER—V6—Equipment Schedule 4						
W.B. 120.0"; 2.7 Liter, 3.5 Liter.						
Sedan 4D	A43G	22295	7525	8625	10400	13350
SXT Sedan 4D	A43G	23245	7875	9000	10800	13750
V8 5.7 Liter HEMI	H		1725	1725	2300	2300
CHARGER—V8 HEMI—Equipment Schedule 4						
W.B. 120.0"; 5.7 Liter, 6.1 Liter.						
R/T Sedan 4D	A53H	29995	10975	12450	14300	17800
SRT8 Sedan 4D	A73W	38095	15000	16850	18800	22700
Daytona Edition			700	700	935	935
Performance Group			800	800	1065	1065
VIPER—V10—Equipment Schedule 2						
W.B. 98.8"; 8.3 Liter.						
SRT-10 Coupe 2D	R65H	86995	36150	40175	42900	49800
SRT-10 Convertible 2D	R65H	85745	34800	38600	41400	48100
First Edition Group			1000	1000	1335	1335

2007 DODGE — (1,2or4)B3—(B28C)—7—#

Body Type	VIN	List	Trade-In Fair	Trade-In Good	Pvt-Party Good	Retail Excellent
CALIBER—4-Cyl.—Equipment Schedule 6						
W.B. 103.7"; 1.8 Liter, 2.0 Liter, 2.4 Liter.						
Sport Wagon 4D	B28C	16085	5975	6900	8375	10900
SXT Sport Wagon 4D	B48C	17085	6200	7150	8650	11150
R/T Sport Wagon 4D	B78K	19135	6950	8000	9475	12100
R/T AWD Sport Wagon	E78K	19985	7350	8425	9950	12600
MAGNUM—V6—Equipment Schedule 4						
W.B. 120.0"; 2.7 Liter, 3.5 Liter.						
Sport Wagon 4D	V47T	23545	7875	9000	10650	13500
SXT Sport Wagon 4D	V47V	27405	8075	9225	11000	13950
SXT AWD Sport Wagon	Z47V	29835	9000	10250	11950	15050
V8 5.7 Liter HEMI	2		1850	1850	2465	2465
MAGNUM—V8 HEMI—Equipment Schedule 4						
W.B. 120.0"; 5.7 Liter, 6.1 Liter.						
R/T Sport Wagon 4D	V572	31590	10825	12300	14050	17350
R/T AWD Sport Wagon	Z572	33590	11225	12700	14450	17800
SRT8 Sport Wagon 4D	V773	38220	13725	15475	17300	21000
CHARGER—V6—Equipment Schedule 4						
W.B. 120.0"; 2.7 Liter, 3.5 Liter.						
SE Sedan 4D	A43R	23475	8875	10100	11850	14950
SE AWD Sedan 4D	K43G	26440	9475	10775	12550	15700
SXT Sedan 4D	A43G	26580	9550	10875	12650	15800
SXT AWD Sedan 4D	K43G	28830	10925	12400	14150	17450
V6 3.5L HO (SE RWD)	V		350	350	465	465

2007 DODGE

Body	Type	VIN	List	Trade-In Fair	Trade-In Good	Pvt-Party Good	Retail Excellent
V8 5.7 Liter HEMI		H		1850	1850	2465	2465
CHARGER—V8 HEMI—Equipment Schedule 4							
W.B. 120.0"; 5.7 Liter, 6.1 Liter.							
R/T Sedan 4D		A53H	30890	12650	14300	16050	19600
R/T AWD Sedan 4D		K53H	32890	14075	15825	17600	21300
SRT8 Sedan 4D		A73W	38695	17650	19800	21700	25800
Performance Group				800	800	1065	1065
Super Bee Special Ed				250	250	335	335
Daytona Edition				800	800	1065	1065

2008 DODGE — (1,2or3)B3–(B28C)–8–#

Body	Type	VIN	List	Trade-In Fair	Trade-In Good	Pvt-Party Good	Retail Excellent
CALIBER—4-Cyl.—Equipment Schedule 6							
W.B. 103.7"; 1.8 Liter, 2.0 Liter, 2.4 Liter.							
SE Sport Wagon 4D		B28C	14580	7250	8325	9625	12050
SXT Sport Wagon 4D		B48C	17200	7500	8600	9950	12400
R/T Sport Wagon 4D		B78K	18975	8275	9475	10900	13500
R/T AWD Sport Wagon		E78K	21075	8725	9950	11350	14000
CALIBER—4-Cyl. Turbo—Equipment Schedule 6							
W.B. 103.7"; 2.4 Liter.							
SRT4 Sport Wagon 4D		B68F	23015	10400	11750	13200	16000
AVENGER—4-Cyl.—Equipment Schedule 4							
W.B. 108.9"; 2.4 Liter.							
SE Sedan 4D		C46K	19265	7400	8475	9850	12400
SXT Sedan 4D		C56K	20195	7975	9150	10600	13300
V6 2.7 Liter		R		750	750	1000	1000
AVENGER—V6—Equipment Schedule 4							
W.B. 108.9"; 3.5 Liter.							
R/T Sedan 4D		C76M	23945	9675	10975	12500	15400
R/T AWD Sedan 4D		D76M	25945	10200	11575	13100	16050
MAGNUM—V6—Equipment Schedule 4							
W.B. 120.0"; 2.7 Liter, 3.5 Liter.							
Sport Wagon 4D		V4TT	24095	9325	10625	12300	15350
SXT Sport Wagon 4D		V37V	27900	9575	10875	12600	15700
SXT AWD Sport Wagon		Z37V	30530	10725	12150	13850	17100
V8 5.7 Liter HEMI		2		1975	1975	2635	2635
MAGNUM—V8 HEMI—Equipment Schedule 4							
W.B. 120.0"; 5.7 Liter, 6.1 Liter.							
R/T Sport Wagon 4D		V572	32455	12600	14200	15950	19350
R/T AWD Sport Wagon		Z572	34555	12975	14600	16350	19800
SRT8 Sport Wagon 4D		V773	38580	15725	17650	19450	23200
CHARGER—V6—Equipment Schedule 4							
W.B. 120.0"; 2.7 Liter, 3.5 Liter.							
Sedan 4D		A43R	22350	10425	11850	13550	16750
AWD Sedan 4D		K43G	26615	11175	12650	14300	17600
SXT Sedan 4D		A33G	26360	11475	12975	14700	18050
SXT AWD Sedan 4D		K33G	28710	12700	14350	16050	19550
V8 5.7 Liter HEMI		H		1975	1975	2635	2635
CHARGER—V8 HEMI—Equipment Schedule 4							
W.B. 120.0"; 5.7 Liter, 6.1 Liter.							
R/T Sedan 4D		A53H	31430	14600	16425	18200	21900
R/T AWD Sedan 4D		K53H	33530	16075	18025	19900	23700
SRT8 Sedan 4D		A73W	38993	20475	22925	24700	29000
Performance Group				800	800	1065	1065
Super Bee Special Ed				250	250	335	335
Daytona Edition				800	800	1065	1065
CHALLENGER—V8 HEMI—Equipment Schedule 4							
W.B. 98.8"; 6.1 Liter.							
SRT8 Coupe 2D		J74W	40158	27450	30575	32400	37500
VIPER—V10—Equipment Schedule 2							
W.B. 98.8"; 8.4 Liter.							
SRT-10 Coupe 2D		Z69Z	86496	44875	49775	52300	59800
SRT-10 Convertible 2D		Z65Z	85746	43325	48025	50600	57900

EAGLE

1994 EAGLE — (1,4orJ)E3–(A11A)–R–#

Body	Type	VIN	List	Trade-In Fair	Trade-In Good	Pvt-Party Good	Retail Excellent
SUMMIT—4-Cyl.—Equipment Schedule 6							
W.B. 96.1", 98.4" (Sed), 99.2" (Wag); 1.5 Liter, 1.8 Liter, 2.4 Liter.							
DL Coupe 2D		A11A	10779	500	675	1350	2400
LX Sedan 4D		A36C	13248	625	850	1625	2875
ES Sedan 4D		A46C	13824	625	875	1650	2925

1994 EAGLE

Body	Type	VIN	List	Trade-In Fair	Good	Pvt-Party Good	Retail Excellent
ES Coupe 2D		A21A	11876	550	750	1500	2700
ESi Sedan 4D		A46C	14607	675	950	1775	3075
ESi Coupe 2D		A31C	12324	600	800	1575	2800
DL Wagon 3D		B30C	14565	1000	1400	2475	4075
LX Wagon 3D		B50G	16233	1025	1450	2525	4150
AWD Wagon 3D		C40G	16285	1175	1650	2775	4450

VISION—V6—Equipment Schedule 4
W.B. 113.0"; 3.3 Liter, 3.5 Liter.

| ESi Sedan 4D | | D56T | 20272 | 225 | 325 | 850 | 1675 |
| TSi Sedan 4D | | D66F | 23737 | 275 | 375 | 900 | 1775 |

TALON—4-Cyl.—Equipment Schedule 4
W.B. 97.2"; 1.8 Liter, 2.0 Liter.

DL Coupe 2D		F34B	14080	625	900	1700	3000
ES Coupe 2D		F44E	16438	625	900	1700	3000
Auto Trans				125	125	165	165

TALON—4-Cyl. Turbo—Equipment Schedule 4
W.B. 97.2"; 2.0 Liter.

TSi Coupe 2D		F54F	18479	825	1150	2075	3500
TSi AWD Coupe 2D		G64F	20270	975	1375	2450	4075
Auto Trans				125	125	165	165

1995 EAGLE — (1,4orJ)E3–(A11A)–S–#

SUMMIT—4-Cyl.—Equipment Schedule 6
W.B. 96.1", 98.4" (Sed), 99.2" (Wag); 1.5 Liter, 1.8 Liter, 2.4 Liter.

DL Coupe 2D		A11A	11878	600	825	1600	2875
LX Sedan 4D		A36C	13553	700	1000	1850	3200
ESi Sedan 4D		A46C	15497	800	1125	2050	3475
ESi Coupe 2D		A31C	13257	675	950	1800	3125
DL Wagon 3D		B30C	15799	1125	1575	2725	4375
LX Wagon 3D		B50G	17305	1150	1625	2775	4450
AWD Wagon 3D		C50G	18461	1375	1850	3075	4800

VISION—V6—Equipment Schedule 4
W.B. 113.0"; 3.3 Liter.

ESi Sedan 4D		D56T	20232	250	350	900	1775
TSi Sedan 4D		D66F	23406	350	475	1075	2000
V6 3.5 Liter		F		175	175	235	235

TALON—4-Cyl.—Equipment Schedule 4
W.B. 98.8"; 2.0 Liter.

| ESi Coupe 2D | | K44Y | 16927 | 775 | 1100 | 2000 | 3425 |
| Auto Trans | | | | 125 | 125 | 165 | 165 |

TALON—4-Cyl. Turbo—Equipment Schedule 4
W.B. 98.8"; 2.0 Liter.

TSi Coupe 2D		K54F	19270	1000	1400	2500	4150
TSi AWD Coupe 2D		L54F	20758	1175	1675	2825	4525
Auto Trans				125	125	165	165

1996 EAGLE — (J,2or4)E3–(A31A)–T–#

SUMMIT—4-Cyl.—Equipment Schedule 6
W.B. 96.1", 98.4" (Sed), 99.2" (Wag); 1.5 Liter, 1.8 Liter, 2.4 Liter.

DL Coupe 2D		A31A	12271	675	950	1800	3125
LX Sedan 4D		A56C	14474	825	1175	2100	3550
ESi Sedan 4D		A46C	16411	950	1325	2400	4025
ESi Coupe 2D		A41A	13759	800	1125	2025	3475
DL Wagon 3D		B30C	16347	1300	1800	2975	4700
LX Wagon 3D		B50G	17873	1400	1875	3075	4825
AWD Wagon 3D		C60G	19009	1675	2175	3375	5200

VISION—V6—Equipment Schedule 4
W.B. 113.0"; 3.3 Liter.

ESi Sedan 4D		D56T	19795	325	450	1025	1950
TSi Sedan 4D		D66F	24385	425	575	1200	2225
V6 3.5 Liter		F		225	225	300	300

TALON—4-Cyl.—Equipment Schedule 4
W.B. 98.8"; 2.0 Liter.

Hatchback 2D		K24Y	15954	875	1225	2200	3725
ESi Hatchback 2D		K44Y	17563	875	1250	2325	3950
Auto Trans				125	125	165	165

TALON—4-Cyl. Turbo—Equipment Schedule 4
W.B. 98.8"; 2.0 Liter.

TSi Hatchback 2D		K54F	20140	1150	1625	2775	4475
TSi AWD H'Back 2D		L54F	21695	1425	1900	3125	4925
Auto Trans				125	125	165	165

Body	Type	VIN	List	Trade-In Fair	Good	Pvt-Party Good	Retail Excellent

1997 EAGLE — (2or4)E3-(D56F)-V-#

VISION—V6—Equipment Schedule 4
W.B. 113.0"; 3.5 Liter.

ESi Sedan 4D		D56F	20855	350	475	1100	2100
TSi Sedan 4D		D66F	25035	500	675	1400	2525

TALON—4-Cyl.—Equipment Schedule 4
W.B. 98.8"; 2.0 Liter.

Hatchback 2D		K24Y	16701	975	1375	2500	4175
ESi Hatchback 2D		K44Y	17587	1025	1425	2575	4250
Auto Trans				150	150	200	200

TALON—4-Cyl. Turbo—Equipment Schedule 4
W.B. 98.8"; 2.0 Liter.

TSi Hatchback 2D		K54F	20164	1375	1850	3075	4850
TSi AWD H'Back 2D		L54F	21666	1725	2225	3500	5350
Auto Trans				150	150	200	200

1998 EAGLE — 4E3-(K24Y)-W-#

TALON—4-Cyl.—Equipment Schedule 4
W.B. 98.8"; 2.0 Liter.

Hatchback 2D		K24Y	16400	1150	1625	2800	4525
ESi Hatchback 2D		K44Y	18550	1200	1675	2875	4600
Auto Trans				175	175	235	235

TALON—4-Cyl. Turbo—Equipment Schedule 4
W.B. 98.8"; 2.0 Liter.

TSi Hatchback 2D		K54F	21000	1700	2200	3450	5325
TSi AWD H'Back 2D		L54F	22110	2075	2625	3925	5850
Auto Trans				175	175	235	235

FORD

1994 FORD — (1FA,KNJor1ZV)-(T05H)-R-#

ASPIRE—4-Cyl.—Equipment Schedule 6
W.B. 90.7", 93.9" (4D); 1.3 Liter.

Hatchback 2D		T05H	9660	250	350	875	1725
Hatchback 4D		T06H	10525	325	450	1025	1925
SE Hatchback 2D		T07H	10315	325	450	1025	1925

ESCORT—4-Cyl.—Equipment Schedule 6
W.B. 98.4"; 1.8 Liter, 1.9 Liter.

Hatchback 2D		P10J	10510	225	325	850	1675
LX Hatchback 2D		P13J	11885	275	400	925	1800
LX Hatchback 2D		P11J	11225	250	350	875	1725
LX Hatchback 4D		P14J	11660	275	400	925	1800
LX Wagon 4D		P15J	12215	350	475	1050	1950
GT Hatchback 2D		P128	12675	300	425	1000	1875

TEMPO—4-Cyl.—Equipment Schedule 5
W.B. 99.9"; 2.3 Liter.

GL Sedan 2D		P31X	12065	300	425	1000	1875
GL Sedan 4D		P36X	12065	300	425	1000	1875
LX Sedan 4D		P37X	13350	325	450	1025	1925
V6 3.0 Liter		U		100	100	135	135

MUSTANG—V6—Equipment Schedule 4
W.B. 101.3"; 3.8 Liter.

Coupe 2D		P404	16455	1050	1500	2600	4250
Convertible 2D		P444	22840	1625	2125	3350	5150
Manual Trans				(150)	(150)	(200)	(200)

MUSTANG—V8—Equipment Schedule 4
W.B. 101.3"; 5.0 Liter.

GT Coupe 2D		P42T	19950	1650	2150	3375	5200
GT Convertible 2D		P45T	24640	2200	2800	4075	6000
Cobra Coupe 2D		P42D	22425	2950	3575	4975	7075
Cobra Convertible 2D		P45D	26845	3525	4250	5675	7950

PROBE—4-Cyl.—Equipment Schedule 5
W.B. 102.8"; 2.0 Liter.

Hatchback 2D		T20A	15975	725	1025	1850	3200
SE Pkg				50	50	65	65

PROBE—V6—Equipment Schedule 5
W.B. 102.8"; 2.5 Liter.

GT Hatchback 2D		T22B	19105	975	1350	2425	4025
GT Plus Pkg				50	50	65	65

1994 FORD

Body	Type	VIN	List	Trade-In Fair	Trade-In Good	Pvt-Party Good	Retail Excellent
TAURUS—V6—Equipment Schedule 4							
W.B. 106.0"; 3.0 Liter, 3.2 Liter.							
GL Sedan 4D		P52U	18280	325	450	1025	1925
GL Wagon 4D		P57U	19360	500	675	1350	2400
LX Sedan 4D		P53U	19825	450	600	1225	2225
LX Wagon 4D		P584	21630	600	825	1600	2825
SHO Sedan 4D		P54Y	25240	725	1025	1850	3200
Manual Trans				(200)	(200)	(265)	(265)
V6 3.8 Liter				100	100	135	135
THUNDERBIRD—V6—Equipment Schedule 4							
W.B. 113.0"; 3.8 Liter.							
LX Coupe 2D		P624	17325	475	625	1300	2350
V8 4.6 Liter		W		250	250	335	335
THUNDERBIRD—V6 Supercharged—Equipment Schedule 4							
W.B. 113.0"; 3.8 Liter.							
Super Coupe 2D		P64R	23525	900	1275	2225	3725
CROWN VICTORIA—V8—Equipment Schedule 4							
W.B. 114.4"; 4.6 Liter.							
Sedan 4D		P73W	19345	625	850	1625	2875
LX Sedan 4D		P74W	20995	750	1075	1925	3300

1995 FORD — (K,1,2,3or4)(FA,NJorZV)—(T05H)–S–#

Body	Type	VIN	List	Trade-In Fair	Trade-In Good	Pvt-Party Good	Retail Excellent
ASPIRE—4-Cyl.—Equipment Schedule 6							
W.B. 90.7", 93.9" (4D); 1.3 Liter.							
Hatchback 2D		T05H	9860	300	425	975	1875
Hatchback 4D		T06H	10425	375	525	1125	2100
SE Hatchback 2D		T07H	10535	375	525	1125	2100
ESCORT—4-Cyl.—Equipment Schedule 6							
W.B. 98.4"; 1.8 Liter, 1.9 Liter.							
Hatchback 2D		P10J	11115	275	375	925	1800
LX Sedan 4D		P13J	12390	325	450	1025	1950
LX Hatchback 2D		P11J	11785	300	425	975	1875
LX Hatchback 4D		P14J	12220	325	450	1025	1950
LX Wagon 4D		P15J	12775	400	550	1150	2125
GT Hatchback 2D		P128	13530	350	500	1100	2050
CONTOUR—4-Cyl.—Equipment Schedule 5							
W.B. 106.5"; 2.0 Liter.							
GL Sedan 4D		P653	15470	425	600	1225	2225
LX Sedan 4D		P663	16655	475	625	1300	2350
V6 2.5 Liter		L		100	100	135	135
CONTOUR—V6—Equipment Schedule 5							
W.B. 106.5"; 2.5 Liter.							
SE Sedan 4D		P67L	18355	625	850	1650	2925
MUSTANG—V6—Equipment Schedule 4							
W.B. 101.3"; 3.8 Liter.							
Coupe 2D		P404	17550	1200	1700	2850	4550
Convertible 2D		P444	23610	1925	2475	3725	5575
Hard Top (Conv)				500	500	665	665
MUSTANG—V8—Equipment Schedule 4							
W.B. 101.3"; 5.0 Liter.							
GTS Coupe 2D		P42T	19080	1550	2025	3225	5025
GT Coupe 2D		P42T	20710	1950	2500	3750	5625
GT Convertible 2D		P45T	25400	2575	3175	4525	6550
Cobra Coupe 2D		P42D	23060	3400	4125	5525	7775
Cobra Convertible 2D		P45D	27365	4100	4850	6375	8750
Hard Top (Conv)				500	500	665	665
PROBE—4-Cyl.—Equipment Schedule 5							
W.B. 102.8"; 2.0 Liter.							
Hatchback 2D		T20A	15890	875	1225	2175	3650
SE Pkg				50	50	65	65
PROBE—V6—Equipment Schedule 5							
W.B. 102.8"; 2.5 Liter.							
GT Hatchback 2D		T22B	19485	1125	1575	2700	4350
TAURUS—V6—Equipment Schedule 4							
W.B. 106.0"; 3.0 Liter, 3.2 Liter.							
GL Sedan 4D		P52U	18295	425	600	1225	2225
GL Wagon 4D		P57U	19390	625	850	1650	2925
SE Sedan 4D		P52U	19165	450	625	1275	2300
LX Sedan 4D		P53U	20290	575	775	1525	2750
LX Wagon 4D		P584	22090	750	1050	1900	3300
SHO Sedan 4D		P54Y	26465	925	1300	2350	3950
V6 3.8 Liter		4		100	100	135	135

1995 FORD

Body	Type	VIN	List	Trade-In Fair	Trade-In Good	Pvt-Party Good	Retail Excellent
THUNDERBIRD—V6—Equipment Schedule 4							
W.B. 113.0"; 3.8 Liter.							
LX Coupe 2D		P624	17895	525	725	1475	2650
V8 4.6 Liter		W		250	250	335	335
THUNDERBIRD—V6 Supercharged—Equipment Schedule 4							
W.B. 113.0"; 3.8 Liter.							
Super Coupe 2D		P64R	24195	1000	1425	2525	4150
CROWN VICTORIA—V8—Equipment Schedule 4							
W.B. 114.4"; 4.6 Liter.							
Sedan 4D		P73W	21315	700	1000	1850	3200
LX Sedan 4D		P74W	23365	875	1250	2200	3675

1996 FORD — (K,1,2or3)(NJ,FAorZV)-(T05H)-T-#

Body	Type	VIN	List	Trade-In Fair	Trade-In Good	Pvt-Party Good	Retail Excellent
ASPIRE—4-Cyl.—Equipment Schedule 6							
W.B. 90.7"; 93.9" (4D). 1.3 Liter.							
Hatchback 2D		T05H	10225	350	500	1100	2050
Hatchback 2D		T06H	11090	450	625	1300	2350
ESCORT—4-Cyl.—Equipment Schedule 6							
W.B. 98.4"; 1.8 Liter, 1.9 Liter.							
Hatchback 2D		P10J	11615	275	375	925	1800
LX Sedan 4D		P13J	12890	350	475	1075	2000
LX Hatchback 2D		P11J	12335	300	425	1000	1925
LX Hatchback 4D		P14J	12720	350	475	1075	2000
LX Wagon 4D		P15J	13275	425	600	1225	2225
GT Hatchback 2D		P128	14040	400	550	1150	2125
CONTOUR—4-Cyl.—Equipment Schedule 5							
W.B. 106.5"; 2.0 Liter.							
GL Sedan 4D		P653	15980	425	600	1250	2275
LX Sedan 4D		P663	16995	475	650	1325	2400
V6 2.5 Liter		L		125	125	165	165
CONTOUR—V6—Equipment Schedule 5							
W.B. 106.5"; 2.5 Liter.							
SE Sedan 4D		P67L	18865	625	875	1700	3000
MUSTANG—V6—Equipment Schedule 4							
W.B. 101.3"; 3.8 Liter.							
Coupe 2D		P404	18485	1475	1950	3175	4950
Convertible 2D		P444	23935	2175	2750	4025	5950
Manual Trans				(200)	(200)	(265)	(265)
MUSTANG—V8—Equipment Schedule 4							
W.B. 101.3"; 4.6 Liter.							
GT Coupe 2D		P42X	21740	2325	2900	4225	6175
GT Convertible 2D		P45X	26430	3025	3675	5075	7200
Cobra Coupe 2D		P47V	26645	4000	4725	6225	8575
Cobra Convertible 2D		P46V	29415	4725	5550	7175	9750
PROBE—4-Cyl.—Equipment Schedule 5							
W.B. 102.8"; 2.0 Liter.							
SE Hatchback 2D		T20A	16240	1000	1400	2500	4150
PROBE—V6—Equipment Schedule 5							
W.B. 102.8"; 2.5 Liter.							
GT Hatchback 2D		T22B	19545	1325	1800	3000	4725
TAURUS—V6—Equipment Schedule 4							
W.B. 108.5"; 3.0 Liter.							
G Sedan 4D		P51U	18545	400	550	1175	2175
GL Sedan 4D		P52U	19390	425	600	1250	2275
GL Wagon 4D		P57U	20470	625	875	1700	3000
LX Sedan 4D		P53S	21680	575	775	1550	2800
LX Wagon 4D		P58S	22700	775	1075	1975	3375
TAURUS—V8—Equipment Schedule 4							
W.B. 108.5"; 3.4 Liter.							
SHO Sedan 4D		P54N	27805	1400	1875	3075	4825
THUNDERBIRD—V6—Equipment Schedule 4							
W.B. 113.0"; 3.8 Liter.							
LX Coupe 2D		P624	17995	625	850	1675	2975
V8 4.6 Liter		W		275	275	365	365
CROWN VICTORIA—V8—Equipment Schedule 4							
W.B. 114.4"; 4.6 Liter.							
Sedan 4D		P73W	21780	875	1225	2175	3675
LX Sedan 4D		P74W	23895	1075	1500	2625	4300

1997 FORD — (K,1,2or3)(NJ,FAorZV)-(T05H)-V-#

ASPIRE—4-Cyl.—Equipment Schedule 6
W.B. 90.7", 93.9" (4D). 1.3 Liter.

Body	Type	VIN	List	Trade-In Fair	Trade-In Good	Pvt-Party Good	Retail Excellent
Hatchback 2D		T05H	10655	425	575	1225	2275
Hatchback 4D		T06H	11285	550	750	1550	2800

ESCORT—4-Cyl.—Equipment Schedule 6
W.B. 98.4"; 2.0 Liter.

Body	Type	VIN	List	Fair	Good	Good	Excellent
Sedan 4D		P10P	12225	275	375	950	1850
LX Sedan 4D		P13P	12975	350	475	1075	2050
LX Wagon 4D		P15P	13630	450	625	1250	2300

CONTOUR—4-Cyl.—Equipment Schedule 5
W.B. 106.5"; 2.0 Liter.

Sedan 4D		P653	16015	375	525	1150	2175
GL Sedan 4D		P653	16945	475	650	1350	2475
LX Sedan 4D		P663	17480	525	725	1500	2750
V6 2.5 Liter		L		150	150	200	200

CONTOUR—V6—Equipment Schedule 5
W.B. 106.5"; 2.5 Liter.

SE Sedan 4D		P67L	19350	700	1000	1875	3300

MUSTANG—V6—Equipment Schedule 4
W.B. 101.3"; 3.8 Liter.

Coupe 2D		P404	18810	1775	2275	3550	5400
Convertible 2D		P444	23710	2475	3075	4375	6375
Manual Trans				(250)	(250)	(335)	(335)

MUSTANG—V8—Equipment Schedule 4
W.B. 101.3"; 4.6 Liter.

GT Coupe 2D		P42X	20790	2725	3325	4675	6750
GT Convertible 2D		P45X	27010	3500	4200	5625	7875
Cobra Coupe 2D		P47V	27195	4525	5350	6950	9450
Cobra Convertible 2D		P46V	29995	5425	6300	7975	10700

PROBE—4-Cyl.—Equipment Schedule 5
W.B. 102.8"; 2.0 Liter.

Hatchback 2D		T20A	16235	1150	1625	2800	4500

PROBE—V6—Equipment Schedule 5
W.B. 102.8"; 2.5 Liter.

GT Hatchback 2D		T22B	18735	1625	2100	3350	5175
GTS Pkg				100	100	135	135

TAURUS—V6—Equipment Schedule 4
W.B. 108.5"; 3.0 Liter.

G Sedan 4D		P51U	19005	425	575	1250	2300
GL Sedan 4D		P52U	19785	475	650	1350	2475
GL Wagon 4D		P57U	20995	700	1000	1875	3300
LX Sedan 4D		P53S	22880	625	875	1700	3050
LX Wagon 4D		P58S	23985	875	1225	2200	3725

TAURUS—V8—Equipment Schedule 4
W.B. 108.5"; 3.4 Liter.

SHO Sedan 4D		P54N	28220	1650	2150	3400	5225

THUNDERBIRD—V6—Equipment Schedule 4
W.B. 113.0"; 3.8 Liter.

LX Coupe 2D		P624	18395	650	925	1800	3150
V8 4.6 Liter		W		300	300	400	400

CROWN VICTORIA—V8—Equipment Schedule 4
W.B. 114.4"; 4.6 Liter.

Sedan 4D		P73W	21425	1025	1450	2575	4250
		P74W	23440	1275	1775	2950	4675

1998 FORD — (1,2or3)FA-(P10P)-W-#

ESCORT—4-Cyl.—Equipment Schedule 6
W.B. 98.4"; 2.0 Liter.

LX Sedan 4D		P10P	12490	300	425	1050	2000
SE Sedan 4D		P13P	12995	400	575	1225	2275
SE Wagon 4D		P15P	14195	525	700	1425	2575
ZX2 Coupe 2D		P113	14325	600	800	1625	2925

CONTOUR—4-Cyl.—Equipment Schedule 5
W.B. 106.5"; 2.0 Liter.

Sedan 4D		P653	15980	425	600	1275	2350
GL Sedan 4D		P653	17305	550	750	1550	2825
LX Sedan 4D		P653	17760	625	825	1675	3000
SE Sedan 4D		P653	19475	650	925	1800	3150
V6 2.5 Liter		L		175	175	235	235

CONTOUR—V6—Equipment Schedule 5
W.B. 106.5"; 2.5 Liter.

SVT Sedan 4D		P68G	22900	1625	2100	3350	5175
Manual Trans				0	0	0	0

MUSTANG—V6—Equipment Schedule 4
W.B. 101.3"; 3.8 Liter.

1998 FORD

Body Type	VIN	List	Trade-In Fair	Good	Pvt-Party Good	Retail Excellent
Coupe 2D	P404	17805	2100	2650	3950	5850
Convertible 2D	P444	22305	2800	3425	4775	6825
Manual Trans			(300)	(300)	(400)	(400)
MUSTANG—V8—Equipment Schedule 4						
W.B. 101.3"; 4.6 Liter.						
GT Coupe 2D	P42X	21621	3125	3800	5175	7300
GT Convertible 2D	P45X	25605	4000	4750	6225	8525
Cobra Coupe 2D	P47V	26155	5175	6025	7650	10250
Cobra Convertible 2D	P46V	28955	6125	7075	8800	11550
TAURUS—V6—Equipment Schedule 4						
W.B. 108.5"; 3.0 Liter.						
LX Sedan 4D	P52U	19255	575	800	1625	2925
SE Sedan 4D	P52U	19995	725	1000	1900	3325
SE Wagon 4D	P57U	21655	1025	1425	2550	4225
V6 3.0 Liter 24V	S		175	175	235	235
TAURUS—V8—Equipment Schedule 4						
W.B. 108.5"; 3.4 Liter.						
SHO Sedan 4D	P54N	29470	1950	2500	3750	5625
CROWN VICTORIA—V8—Equipment Schedule 4						
W.B. 114.7"; 4.6 Liter.						
Sedan 4D	P73W	21725	1225	1700	2925	4650
LX Sedan 4D	P74W	23740	1600	2100	3350	5175

1999 FORD — (1,2or3)FA-(P10P)-X-#

Body Type	VIN	List	Trade-In Fair	Good	Pvt-Party Good	Retail Excellent
ESCORT—4-Cyl.—Equipment Schedule 6						
W.B. 98.4"; 2.0 Liter.						
LX Sedan 4D	P10P	12665	400	550	1225	2275
SE Sedan 4D	P13P	13350	500	675	1425	2575
SE Wagon 4D	P15P	14550	625	850	1700	3050
ZX2 Coupe 2D	P113	13705	675	975	1850	3250
S/R Performance Pkg			200	200	265	265
CONTOUR—4-Cyl.—Equipment Schedule 5						
W.B. 106.5"; 2.0 Liter.						
LX Sedan 4D	P653	15810	525	700	1525	2800
SE Sedan 4D	P663	17305	625	875	1775	3125
V6 2.5 Liter	L		200	200	265	265
CONTOUR—V6—Equipment Schedule 5						
W.B. 106.5"; 2.5 Liter.						
SVT Sedan 4D	P68G	23200	1875	2400	3675	5525
Manual Trans			0	0	0	0
MUSTANG—V6—Equipment Schedule 4						
W.B. 101.3"; 3.8 Liter.						
Coupe 2D	P404	18360	2100	2675	3975	5875
Convertible 2D	P444	22960	2825	3425	4775	6825
Manual Trans			(350)	(350)	(465)	(465)
MUSTANG—V8—Equipment Schedule 4						
W.B. 101.3"; 4.6 Liter.						
GT Coupe 2D	P42X	22760	3225	3900	5300	7425
GT Convertible 2D	P45X	26760	4200	4950	6425	8750
Cobra Coupe 2D	P47V	27995	5475	6350	7975	10600
Cobra Convertible 2D	P46V	31995	6500	7500	9200	12000
TAURUS—V6—Equipment Schedule 4						
W.B. 108.5"; 3.0 Liter.						
LX Sedan 4D	P52U	18670	700	975	1875	3325
SE Sedan 4D	P53U	18995	850	1200	2300	3950
SE Wagon 4D	P58U	19995	1175	1650	2875	4600
V6 3.0 Liter 24V	S		200	200	265	265
TAURUS—V8—Equipment Schedule 4						
W.B. 108.5"; 3.4 Liter.						
SHO Sedan 4D	P54N	29550	2300	2900	4200	6150
CROWN VICTORIA—V8—Equipment Schedule 4						
W.B. 114.7"; 4.6 Liter.						
Sedan 4D	P73W	22510	1525	2000	3225	5050
LX Sedan 4D	P74W	24530	1925	2475	3725	5600

2000 FORD — (1,2or3)FA-(P33P)-Y-#

Body Type	VIN	List	Trade-In Fair	Good	Pvt-Party Good	Retail Excellent
FOCUS—4-Cyl.—Equipment Schedule 6						
W.B. 103.0"; 2.0 Liter.						
LX Sedan 4D	P33P	13335	975	1375	2525	4225
SE Sedan 4D	P34P	13980	1150	1625	2825	4550
SE Wagon 4D	P36P	15795	1375	1850	3075	4850
Sony Special Edition			50	50	65	65

Body Type	VIN	List	Trade-In Fair	Good	Pvt-Party Good	Retail Excellent
4-Cyl. 2.0 Liter 16V	3		100	100	135	135
FOCUS—4-Cyl. 16V—Equipment Schedule 6						
W.B. 103.0"; 2.0 Liter.						
ZX3 Hatchback 2D	P313	13075	1375	1850	3075	4850
ZTS Sedan 4D	P383	15580	1375	1850	3075	4850
Kona Limited Edition			50	50	65	65
ESCORT—4-Cyl.—Equipment Schedule 6						
W.B. 98.4"; 2.0 Liter.						
Sedan 4D	P13P	12440	625	875	1750	3125
ZX2 Coupe 2D	P113	12970	850	1175	2175	3725
S/R Performance Pkg			200	200	265	265
CONTOUR—V6—Equipment Schedule 5						
W.B. 106.5"; 2.5 Liter.						
SE Sedan 4D	P66L	17265	650	925	1850	3250
SE Sport Sedan 4D	P66L	18195	1100	1550	2750	4475
SVT Sedan 4D	P68G	23250	2200	2800	4075	6000
Manual Trans (SVT)			0	0	0	0
4-Cyl. 2.0 Liter	Z,3		(200)	(200)	(265)	(265)
MUSTANG—V6—Equipment Schedule 4						
W.B. 101.3"; 3.8 Liter.						
Coupe 2D	P404	18410	2300	2875	4200	6150
Convertible 2D	P444	23260	3000	3625	5000	7075
Manual Trans			(400)	(400)	(535)	(535)
MUSTANG—V8—Equipment Schedule 4						
W.B. 101.3"; 4.6 Liter.						
GT Coupe 2D	P42X	22905	3500	4200	5600	7800
GT Convertible 2D	P45X	27160	4550	5350	6825	9200
TAURUS—V6—Equipment Schedule 4						
W.B. 108.5"; 3.0 Liter.						
LX Sedan 4D	P52U	18995	725	1025	2000	3500
SE Sedan 4D	P53U	19295	875	1250	2375	4075
SE Wagon 4D	P58U	20450	1275	1750	3000	4775
SES Sedan 4D	P55U	20290	1000	1400	2575	4275
SES Wagon 4D	P55U	20870	1725	2225	3500	5375
SEL Sedan 4D	P56U	21565	1100	1525	2725	4450
V6 3.0 Liter 24V	S		200	200	265	265
CROWN VICTORIA—V8—Equipment Schedule 4						
W.B. 114.7"; 4.6 Liter.						
Sedan 4D	P73W	22610	1850	2375	3650	5525
LX Sedan 4D	P74W	24725	2300	2900	4200	6150

2001 FORD — (1,2or3)FA–(P33P)–1–#

Body Type	VIN	List	Trade-In Fair	Good	Pvt-Party Good	Retail Excellent
FOCUS—4-Cyl.—Equipment Schedule 6						
W.B. 103.0"; 2.0 Liter.						
LX Sedan 4D	P33P	13645	1150	1625	2825	4575
SE Sedan 4D	P34P	14505	1425	1900	3125	4950
Street Edition			100	100	135	135
4-Cyl. 2.0 Liter 16V	3		100	100	135	135
FOCUS—4-Cyl. 16V—Equipment Schedule 6						
W.B. 103.0"; 2.0 Liter.						
ZX3 Hatchback 2D	P313	13385	1650	2150	3400	5250
ZTS Sedan 4D	P383	15725	1675	2175	3425	5275
SE Wagon 4D	P363	16700	1650	2150	3400	5250
Street Edition			100	100	135	135
S2 Feature Car			100	100	135	135
ZTW			225	225	300	300
Traction Control			200	200	265	265
ESCORT—4-Cyl.—Equipment Schedule 6						
W.B. 98.4"; 2.0 Liter.						
Sedan 4D	P13P	14230	800	1125	2125	3675
ZX2—4-Cyl.—Equipment Schedule 6						
W.B. 98.4"; 2.0 Liter.						
Coupe 2D	P113	13310	1025	1450	2625	4300
MUSTANG—V6—Equipment Schedule 4						
W.B. 101.3"; 3.8 Liter.						
Coupe 2D	P404	18195	2550	3150	4475	6525
Convertible 2D	P444	23610	3225	3900	5300	7425
Manual Trans			(425)	(425)	(565)	(565)
MUSTANG—V8—Equipment Schedule 4						
W.B. 101.3"; 4.6 Liter.						
GT Coupe 2D	P42X	23830	3850	4575	6000	8225
GT Convertible 2D	P45X	28085	4950	5775	7325	9800
Bullitt Coupe 2D	P42X	26830	4825	5650	7200	9650

2001 FORD

Body	Type	VIN	List	Trade-In Fair	Good	Pvt-Party Good	Retail Excellent
Cobra Coupe 2D		P47V	29205	6425	7425	9075	11800
Cobra Convertible 2D		P46V	33205	7675	8800	10500	13450

TAURUS—V6—Equipment Schedule 4
W.B. 108.5"; 3.0 Liter.

Body	Type	VIN	List	Fair	Good	Good	Excellent
LX Sedan 4D		P52U	19455	875	1250	2400	4100
SE Sedan 4D		P53U	19635	1050	1475	2650	4375
SE Wagon 4D		P58U	20790	1550	2025	3275	5125
SES Sedan 4D		P55U	20650	1150	1625	2850	4600
SES Wagon 4D		P55S	21225	2000	2575	3850	5750
SEL Sedan 4D		P56U	22135	1300	1775	3025	4800
V6 3.0 Liter 24V		S		200	200	265	265

CROWN VICTORIA—V8—Equipment Schedule 4
W.B. 114.7"; 4.6 Liter.

Body	Type	VIN	List	Fair	Good	Good	Excellent
Sedan 4D		P73W	22620	2250	2825	4125	6075
LX Sedan 4D		P74W	24735	2750	3350	4675	6725

2002 FORD — (1,2or3)FA-(P33P)-2-#

FOCUS—4-Cyl.—Equipment Schedule 6
W.B. 103.0"; 2.0 Liter.

Body	Type	VIN	List	Fair	Good	Good	Excellent
LX Sedan 4D		P33P	13220	1175	1650	3050	5025
SE Sedan 4D		P34P	14810	1475	1975	3400	5425
SE Wagon 4D		P36P	17015	1700	2200	3650	5700
4-Cyl. 2.0 Liter 16V		3		100	100	135	135

FOCUS—4-Cyl. 16V—Equipment Schedule 6
W.B. 103.0"; 2.0 Liter.

Body	Type	VIN	List	Fair	Good	Good	Excellent
ZX3 Hatchback 2D		P313	13700	1700	2200	3650	5700
ZTS Sedan 4D		P383	15730	1750	2250	3700	5750
ZX5 Hatchback 4D		P373	16105	2000	2550	4000	6100
SVT Hatchback 2D		P395	17995	2250	2850	4300	6450
ZTW Wagon 4D		P383	18195	1825	2325	3775	5850

ESCORT—4-Cyl.—Equipment Schedule 6
W.B. 98.4"; 2.0 Liter.

Body	Type	VIN	List	Fair	Good	Good	Excellent
Sedan 4D		P13P	14450	950	1325	2625	4500

ZX2—4-Cyl.—Equipment Schedule 6
W.B. 98.4"; 2.0 Liter.

Body	Type	VIN	List	Fair	Good	Good	Excellent
Coupe 2D		P113	13655	1175	1650	3025	4975

MUSTANG—V6—Equipment Schedule 4
W.B. 101.3"; 3.8 Liter.

Body	Type	VIN	List	Fair	Good	Good	Excellent
Coupe 2D		P404	18635	2775	3375	4900	7150
Convertible 2D		P444	23955	3450	4150	5700	8050
Manual Trans				(450)	(450)	(600)	(600)

MUSTANG—V8—Equipment Schedule 4
W.B. 101.3"; 4.6 Liter.

Body	Type	VIN	List	Fair	Good	Good	Excellent
GT Coupe 2D		P42X	24175	4175	4925	6525	8975
GT Convertible 2D		P45X	28430	5325	6200	7900	10600

TAURUS—V6—Equipment Schedule 4
W.B. 108.5"; 3.0 Liter.

Body	Type	VIN	List	Fair	Good	Good	Excellent
LX Sedan 4D		P52U	19445	975	1375	2750	4675
SE Sedan 4D		P53U	20070	1125	1575	3000	4975
SE Wagon 4D		P58U	22005	1725	2225	3675	5750
SES Sedan 4D		P55U	21085	1250	1725	3125	5150
SEL Sedan 4D		P56S	22995	1650	2125	3600	5650
SEL Wagon 4D		P59S	23265	1850	2375	3850	5925
V6 3.0 Liter 24V		S		200	200	265	265

CROWN VICTORIA—V8—Equipment Schedule 4
W.B. 114.7"; 4.6 Liter.

Body	Type	VIN	List	Fair	Good	Good	Excellent
Sedan 4D		P73W	23435	2600	3200	4700	6925
LX Sedan 4D		P74W	27025	3075	3750	5275	7575
LX Sport Sedan 4D		P74W	28840	3375	4075	5625	7975

THUNDERBIRD—V8—Equipment Schedule 2
W.B. 107.2"; 3.9 Liter.

Body	Type	VIN	List	Fair	Good	Good	Excellent
Soft Top Conv 2D		P60A	35495	10000	11375	13400	16900
Hard Top				550	550	735	735

2003 FORD — (1,2or3)FA-(P33P)-3-#

FOCUS—4-Cyl.—Equipment Schedule 6
W.B. 103.0"; 2.0 Liter, 2.3 Liter.

Body	Type	VIN	List	Fair	Good	Good	Excellent
LX Sedan 4D		P33P	13505	1525	2000	3450	5525
SE Sedan 4D		P34P	15175	1875	2425	3900	5975
SE Wagon 4D		P36P	17525	2125	2700	4175	6300
4-Cyl. 2.3 Liter 16V		Z		125	125	165	165

EQUIPMENT & MILEAGE PAGE 9 TO 23   95

Body	Type	VIN	List	Trade-In Fair	Trade-In Good	Pvt-Party Good	Retail Excellent
FOCUS—4-Cyl. 16V—Equipment Schedule 6							
W.B. 103.0"; 2.0 Liter, 2.3 Liter.							
ZX3 Hatchback 2D		P313	13990	2125	2700	4175	6300
ZX5 Hatchback 4D		P373	15900	2475	3075	4550	6750
ZTS Sedan 4D		P383	16095	2175	2750	4225	6350
ZTW Wagon 4D		P363	17870	2350	2950	4400	6575
ZX3 SVT Hatchback 2D		P395	19100	2775	3400	4900	7125
ZX5 SVT Hatchback 4D		P375	19600	3575	4300	5800	8150
ZX2—4-Cyl.—Equipment Schedule 6							
W.B. 98.4"; 2.0 Liter.							
Coupe 2D		P113	14250	1500	1975	3400	5425
MUSTANG—V6—Equipment Schedule 4							
W.B. 101.3"; 3.8 Liter.							
Coupe 2D		P404	18915	3300	3975	5525	7850
Convertible 2D		P444	24585	4125	4875	6450	8875
Manual Trans				(500)	(500)	(665)	(665)
MUSTANG—V8—Equipment Schedule 4							
W.B. 101.3"; 4.6 Liter.							
GT Coupe 2D		P42X	24785	4925	5775	7425	10050
GT Convertible 2D		P45X	29060	6200	7150	8875	11650
Mach I Coupe 2D		P42R	29810	6900	7950	9700	12600
MUSTANG—V8 Supercharged—Equipment Schedule 4							
W.B. 101.3"; 4.6 Liter.							
Cobra Coupe 2D		P48Y	33750	10475	11900	13850	17350
Cobra Convertible 2D		P49Y	37995	12050	13625	15650	19350
10th Anniversary Edition				300	300	400	400
TAURUS—V6—Equipment Schedule 4							
W.B. 108.5"; 3.0 Liter.							
LX Sedan 4D		P52U	20230	1400	1875	3325	5375
SE Sedan 4D		P53U	20345	1700	2200	3675	5750
SE Wagon 4D		P58U	21995	2350	2950	4400	6600
SES Sedan 4D		P55U	21670	1825	2325	3800	5900
SEL Sedan 4D		P56S	23570	2250	2825	4300	6450
SEL Wagon 4D		P59U	23820	2600	3200	4700	6900
V6 3.0 Liter 24V		S		250	250	335	335
CROWN VICTORIA—V8—Equipment Schedule 4							
W.B. 114.7"; 4.6 Liter.							
Sedan 4D		P73W	24510	3250	3950	5500	7825
LX Sedan 4D		P74W	27780	3825	4550	6125	8550
LX Sport Sedan 4D		P74W	29600	4200	4950	6550	9000
THUNDERBIRD—V8—Equipment Schedule 2							
W.B. 107.2"; 3.9 Liter.							
Soft Top Conv 2D		P60A	36895	11625	13125	15200	18850
007 Hard Top Conv 2D		P62A	43995	****	****	****	29200
Hard Top				625	625	835	835

Body	Type	VIN	List	Trade-In Fair	Trade-In Good	Pvt-Party Good	Retail Excellent
FOCUS—4-Cyl.—Equipment Schedule 6							
W.B. 103.0"; 2.0 Liter.							
LX Sedan 4D		P333	14640	1975	2525	4000	6100
SE Wagon 4D		P363	17675	2675	3275	4775	6975
4-Cyl. 2.0/2.3L 16V		PZ		150	150	200	200
FOCUS—4-Cyl. 16V—Equipment Schedule 6							
W.B. 103.0"; 2.0 Liter, 2.3 Liter.							
ZX3 Hatchback 2D		P313	14180	2675	3275	4775	6975
ZX5 Hatchback 4D		P373	15580	3075	3700	5225	7475
SE Sedan 4D		P34Z	15460	2400	3000	4450	6650
ZTS Sedan 4D		P38Z	16080	2700	3325	4825	7025
ZTW Wagon 4D		P35Z	18290	3000	3625	5150	7400
SVT Hatchback 2D		P395	19375	3400	4100	5600	7925
SVT Hatchback 4D		P375	19630	4300	5100	6650	9075
MUSTANG—V6—Equipment Schedule 4							
W.B. 101.3"; 3.8 Liter, 3.9 Liter.							
Coupe 2D		P404	19160	3975	4725	6300	8725
Convertible 2D		P444	24895	4875	5700	7350	9950
Manual Trans				(525)	(525)	(700)	(700)
MUSTANG—V8—Equipment Schedule 4							
W.B. 101.3"; 4.6 Liter.							
GT Coupe 2D		P42X	24685	5825	6750	8450	11150
GT Convertible 2D		P45X	29025	7200	8275	10000	12900
Mach I Coupe 2D		P42R	30260	8250	9425	11200	14350
MUSTANG—V8 Supercharged—Equipment Schedule 4							
W.B. 101.3"; 4.6 Liter.							

2004 FORD

Body Type	VIN	List	Trade-In Fair	Trade-In Good	Pvt-Party Good	Retail Excellent
Cobra Coupe 2D	P48Y	35200	12400	14025	15950	19600
Cobra Convertible 2D	P49Y	39575	14100	15875	17950	21900
TAURUS—V6—Equipment Schedule 4						
W.B. 108.5"; 3.0 Liter.						
LX Sedan 4D	P52U	20720	1950	2500	4000	6150
SE Sedan 4D	P53U	20855	2325	2925	4400	6625
SE Wagon 4D	P58S	22290	3050	3700	5225	7500
SES Sedan 4D	P55S	22040	2450	3050	4525	6750
SEL Sedan 4D	P56S	23965	2925	3550	5075	7350
SEL Wagon 4D	P59U	24115	3300	3975	5525	7850
V6 3.0 Liter 24V	S		275	275	365	365
CROWN VICTORIA—V8—Equipment Schedule 4						
W.B. 114.7"; 4.6 Liter.						
Sedan 4D	P73W	24345	4050	4800	6375	8825
LX Sedan 4D	P74W	27370	4650	5500	7125	9700
LX Sport Sedan 4D	P74W	30890	5050	5900	7575	10200
THUNDERBIRD—V8—Equipment Schedule 2						
W.B. 107.2"; 3.9 Liter.						
Soft Top Conv 2D	P60A	37530	13275	15000	17050	20900
Pacific Coast Conv 2D	P63A	43995	****	****	****	23200
Hard Top			700	700	935	935

2005 FORD — (1,2or3)(FAorZV)–(P31N)–5

Body Type	VIN	List	Trade-In Fair	Trade-In Good	Pvt-Party Good	Retail Excellent
FOCUS—4-Cyl.—Equipment Schedule 6						
W.B. 102.9"; 2.0 Liter, 2.3 Liter.						
ZX3 S Hatchback 2D	P31N	14545	3600	4300	5825	8150
ZX3 SE Hatchback 2D	P31N	15135	3600	4300	5825	8150
ZX3 SES Hatchback 2D	P31N	16235	3775	4475	6025	8375
ZX4 S Sedan 4D	P34N	15145	3250	3925	5450	7750
ZX4 SE Sedan 4D	P34N	15735	3250	3950	5475	7775
ZX4 SES Sedan 4D	P34N	16835	3450	4175	5675	8000
ZX4 ST Sedan 4D	P38Z	18335	4050	4775	6325	8700
ZX5 S Hatchback 4D	P38N	15845	4050	4775	6325	8700
ZX5 SE Hatchback 4D	P37N	16435	4050	4775	6325	8700
ZX5 SES H'Back 4D	P37N	17535	4125	4875	6425	8825
ZXW SE Wagon 4D	P36N	17435	3600	4300	5825	8150
ZXW SES Wagon 4D	P33N	18535	3775	4475	6025	8375
MUSTANG—V6—Equipment Schedule 4						
W.B. 107.1"; 4.0 Liter.						
Coupe 2D	T80N	20405	6675	7675	9350	12150
Convertible 2D	T84N	24495	7700	8800	10550	13500
Manual Trans			(550)	(550)	(735)	(735)
MUSTANG—V8—Equipment Schedule 4						
W.B. 107.1"; 4.6 Liter.						
GT Coupe 2D	T82H	25990	10400	11750	13600	17000
GT Convertible 2D	T85H	29995	11325	12800	14700	18200
TAURUS—V6—Equipment Schedule 4						
W.B. 108.5"; 3.0 Liter.						
SE Sedan 4D	P53U	21145	3050	3700	5225	7525
SE Wagon 4D	P58U	23015	3825	4550	6100	8500
SEL Sedan 4D	P56U	23055	3675	4375	5925	8300
SEL Wagon 4D	P59U	24005	4125	4875	6425	8850
V6 3.0 Liter 24V	S		300	300	400	400
FIVE HUNDRED—V6—Equipment Schedule 4						
W.B. 112.9"; 3.0 Liter.						
SE Sedan 4D	P231	22795	4575	5400	7000	9525
SE AWD Sedan 4D	P261	24495	5350	6225	7850	10450
SEL Sedan 4D	P241	24495	5300	6175	7800	10400
SEL AWD Sedan 4D	P271	26495	6025	6975	8625	11300
Limited Sedan 4D	P251	26795	6100	7050	8700	11400
Limited AWD Sedan 4D	P281	28495	6800	7875	9500	12300
CROWN VICTORIA—V8—Equipment Schedule 4						
W.B. 114.7"; 4.6 Liter.						
Sedan 4D	P73W	24810	4925	5775	7400	10000
LX Sedan 4D	P74W	27945	5625	6550	8200	10900
LX Sport Sedan 4D	P74W	31270	6075	7025	8700	11400
THUNDERBIRD—V8—Equipment Schedule 2						
W.B. 107.2"; 3.9 Liter.						
Soft Top Conv 2D	P60A	38065	15250	17150	19100	23000
50th Anniv Conv 2D	P69A	44430	18325	20475	22600	27000
Hard Top			775	775	1035	1035
GT—V8 Supercharged—Equipment Schedule 2						
W.B. 106.7"; 5.4 Liter.						

Body Type	VIN	List	Trade-In Fair	Trade-In Good	Pvt-Party Good	Retail Excellent
Coupe 2D	P90S	143345	****	****	****	137700

2006 FORD–(1,2or3)(F7,FAorZV)–(P31N)–6

FOCUS—4-Cyl.—Equipment Schedule 6
W.B. 102.9"; 2.0 Liter, 2.3 Liter.

Body Type	VIN	List	Fair	Good	Good	Excellent
ZX3 S Hatchback 2D	P31N	14905	4500	5325	6875	9375
ZX3 SE Hatchback 2D	P31N	15260	4525	5350	6900	9400
ZX3 SES Hatchback 2D	P31N	16020	4725	5525	7125	9650
ZX4 S Sedan 4D	P34N	15205	4175	4925	6475	8875
ZX4 SE Sedan 4D	P34N	15560	4175	4950	6500	8900
ZX4 SES Sedan 4D	P34N	16320	4375	5200	6750	9175
ZX4 ST Sedan 4D	P38Z	17585	5000	5825	7425	9950
ZX5 S Hatchback 4D	P37N	15905	5000	5825	7425	9950
ZX5 SE Hatchback 4D	P37N	16265	5000	5850	7450	10000
ZX5 SES Hatchback 4D	P37N	17030	5100	5950	7550	10100
ZXW SE Wagon 4D	P36N	17280	4500	5325	6875	9375
ZXW SES Wagon 4D	P36N	18040	4725	5525	7125	9650

FUSION—4-Cyl.—Equipment Schedule 4
W.B. 107.4"; 2.3 Liter.

Body Type	VIN	List	Fair	Good	Good	Excellent
S Sedan 4D	P06Z	18620	5525	6425	8050	10700
SE Sedan 4D	P07Z	19375	6125	7100	8725	11400
SEL Sedan 4D	P08Z	20460	6450	7450	9075	11800
Manual Trans			(575)	(575)	(765)	(765)
V6 3.0 Liter	1		750	750	1000	1000

MUSTANG—V6—Equipment Schedule 4
W.B. 107.1"; 4.0 Liter.

Body Type	VIN	List	Fair	Good	Good	Excellent
Coupe 2D	T80N	20830	7775	8900	10600	13500
Convertible 2D	T84N	24660	8900	10150	11950	15100
Manual Trans			(575)	(575)	(765)	(765)

MUSTANG—V8—Equipment Schedule 4
W.B. 107.1"; 4.6 Liter.

Body Type	VIN	List	Fair	Good	Good	Excellent
GT Coupe 2D	T82H	26855	11900	13475	15300	18750
GT Convertible 2D	T85H	31680	12875	14500	16350	20000

TAURUS—6-Cyl.—Equipment Schedule 4
W.B. 108.5"; 3.0 Liter.

Body Type	VIN	List	Fair	Good	Good	Excellent
SE Sedan 4D	P53U	21515	3875	4575	6150	8550
SEL Sedan 4D	P56U	23665	4500	5325	6900	9425

FIVE HUNDRED—V6—Equipment Schedule 4
W.B. 112.9"; 3.0 Liter.

Body Type	VIN	List	Fair	Good	Good	Excellent
SE Sedan 4D	P231	22930	5375	6250	7875	10500
SE AWD Sedan 4D	P261	24780	6175	7150	8775	11450
SEL Sedan 4D	P241	24930	6125	7100	8725	11400
SEL AWD Sedan 4D	P271	26780	6900	7975	9600	12400
Limited Sedan 4D	P251	27080	7000	8050	9700	12500
Limited AWD Sedan 4D	P281	28930	7825	8950	10600	13500

CROWN VICTORIA—V8—Equipment Schedule 4
W.B. 114.7"; 4.6 Liter.

Body Type	VIN	List	Fair	Good	Good	Excellent
Sedan 4D	P73W	25285	5975	6925	8575	11250
LX Sedan 4D	P74W	28830	6750	7750	9400	12200
LX Sport Sedan 4D	P74W	31605	7200	8275	9950	12800

GT—V8 Supercharged—Equipment Schedule 2
W.B. 106.7"; 5.4 Liter.

Body Type	VIN	List	Fair	Good	Good	Excellent
Coupe 2D	P90S	153345	****	****	****	149200
Heritage Coupe 2D		166345	****	****	****	170900

2007 FORD — (1,2or3)(F7,FAorZV)–(P31N)–7

FOCUS—4-Cyl.—Equipment Schedule 6
W.B. 102.9"; 2.0 Liter, 2.3 Liter.

Body Type	VIN	List	Fair	Good	Good	Excellent
S Hatchback 2D	P31N	14985	5600	6550	8025	10550
S Hatchback 4D	P37N	15985	6150	7100	8625	11150
S Sedan 4D	P34N	15310	5225	6100	7600	10050
SE Hatchback 2D	P31N	15365	5625	6575	8025	10550
SE Hatchback 4D	P37N	16370	6150	7100	8625	11150
SE Sedan 4D	P34N	15665	5250	6125	7600	10050
SE Wagon 4D	P36N	17385	5600	6550	8025	10550
ST Sedan 4D	P38Z	17690	6150	7100	8625	11150
SES Hatchback 2D	P31N	16125	5875	6800	8300	10850
SES Hatchback 4D	P37N	17135	6250	7225	8750	11300
SES Sedan 4D	P34N	16425	5500	6400	7875	10350
SES Wagon 4D	P36N	18145	5875	6800	8300	10850

FUSION—4-Cyl.—Equipment Schedule 4
W.B. 107.4"; 2.3 Liter.

Body Type	VIN	List	Trade-In Fair	Good	Pvt-Party Good	Retail Excellent
S Sedan 4D	P06Z	18845	6400	7375	8925	11500
SE Sedan 4D	P07Z	19705	7050	8100	9625	12300
SEL Sedan 4D	P08Z	20800	7425	8500	10050	12800
Manual Trans			(600)	(600)	(800)	(800)
V6 3.0 Liter	1		750	750	1000	1000
FUSION—V6—Equipment Schedule 4						
W.B. 107.4"; 3.0 Liter.						
SE AWD Sedan 4D	P011	23430	8250	9425	11050	13900
SEL AWD Sedan 4D	P021	24525	8875	10100	11700	14650
MUSTANG—V6—Equipment Schedule 4						
W.B. 107.1"; 4.0 Liter.						
Coupe 2D	T80N	20990	9050	10300	12000	15050
Convertible 2D	T84N	25815	10250	11625	13400	16550
Pony Pkg			200	200	265	265
Manual Trans			(600)	(600)	(800)	(800)
MUSTANG—V8—Equipment Schedule 4						
W.B. 107.1"; 4.6 Liter.						
GT Coupe 2D	T82H	27015	13625	15325	17050	20600
GT Convertible 2D	T85H	28195	15525	17450	19200	22900
Shelby Pkg			1150	1150	1535	1535
MUSTANG—V8 Supercharged—Equipment Schedule 4						
W.B. 107.1"; 5.4 Liter.						
Shelby GT500 Cobra Cpe	T88S	42975	****	****	****	35400
Shelby GT500 Cobra Cnv	T89S	47800	****	****	****	39000
TAURUS—6-Cyl.—Equipment Schedule 4						
W.B. 108.5"; 3.0 Liter.						
SE Sedan 4D	P53U	21745	4775	5600	7100	9525
SEL Sedan 4D	P56U	23895	5500	6400	7900	10400
FIVE HUNDRED—V6—Equipment Schedule 4						
W.B. 112.9"; 3.0 Liter.						
SEL Sedan 4D	P241	23420	7050	8125	9675	12350
SEL AWD Sedan 4D	P271	25270	7900	9050	10650	13500
Limited Sedan 4D	P251	26995	7975	9150	10750	13550
Limited AWD Sedan 4D	P281	28845	8900	10150	11750	14700
CROWN VICTORIA—V8—Equipment Schedule 4						
W.B. 114.6"; 4.6 Liter.						
Sedan 4D	P73W	25390	7200	8275	9850	12600
LX Sedan 4D	P74W	28385	8025	9200	10850	13650

2008 FORD — (1,2or3)(F7,FAorZV)-(P32N)-8-#

Body Type	VIN	List	Trade-In Fair	Good	Pvt-Party Good	Retail Excellent
FOCUS—4-Cyl.—Equipment Schedule 4						
W.B. 102.9"; 2.0 Liter.						
S Coupe 2D	P32N	14695	7050	8100	9475	11950
S Sedan 4D	P34N	14995	7225	8300	9675	12200
SE Coupe 2D	P33N	15695	7275	8350	9725	12250
SE Sedan 4D	P35N	15995	7300	8400	9675	12100
SES Coupe 2D	P33N	16695	7400	8475	9850	12400
SES Sedan 4D	P35N	16995	7500	8600	10000	12600
FUSION—4-Cyl.—Equipment Schedule 4						
W.B. 107.4"; 2.3 Liter.						
S Sedan 4D	P06Z	19370	8275	9475	11000	13700
SE Sedan 4D	P07Z	20295	9000	10250	11750	14600
SEL Sedan 4D	P08Z	21000	9425	10725	12250	15150
Manual Trans			(625)	(625)	(835)	(835)
V6 3.0 Liter	1		750	750	1000	1000
FUSION—V6—Equipment Schedule 4						
W.B. 107.4"; 3.0 Liter.						
SE AWD Sedan 4D	P011	24020	10350	11700	13300	16250
SEL AWD Sedan 4D	P021	24725	10975	12450	14000	17100
MUSTANG—V6—Equipment Schedule 4						
W.B. 107.1"; 4.0 Liter.						
Coupe 2D	T80N	20990	10475	11900	13550	16750
Convertible 2D	T84N	25815	11800	13325	15050	18400
Pony Pkg			200	200	265	265
Manual Trans			(625)	(625)	(835)	(835)
MUSTANG—V8—Equipment Schedule 4						
W.B. 107.1"; 4.6 Liter.						
GT Coupe 2D	T82H	27230	15475	17400	19100	22700
GT Convertible 2D	T85H	32055	17550	19700	21400	25300
Bullitt Pkg			1125	1125	1500	1500
Shelby Pkg			1225	1225	1635	1635
MUSTANG—V8 Supercharged—Equipment Schedule 4						
W.B. 107.1"; 5.4 Liter.						

Body Type	VIN	List	Trade-In Fair	Good	Pvt-Party Good	Retail Excellent
Shelby GT500 Cobra Cpe	T88S	43975	****	****	****	38400
Shelby GT500 Cobra Cnv	T89S	48800	****	****	****	42200
TAURUS—V6—Equipment Schedule 4						
W.B. 112.9"; 3.5 Liter.						
SEL Sedan 4D	P24W	23995	**10825**	**12250**	**13800**	**16850**
SEL AWD Sedan 4D	P27W	25845	**12250**	**13875**	**15450**	**18650**
Limited Sedan 4D	P25W	27980	**11750**	**13275**	**14900**	**18100**
Limited AWD Sedan 4D	P28W	29830	**13525**	**15250**	**16800**	**20200**
CROWN VICTORIA—V8—Equipment Schedule 4						
W.B. 114.7"; 4.6 Liter.						
Sedan 4D	P73V	26150	**8700**	**9900**	**11450**	**14300**
LX Sedan 4D	P74V	29145	**9575**	**10875**	**12500**	**15500**

GEO

1994 GEO — (1Y,JGorJ8)1(MS246)–R–#

METRO—3-Cyl.—Equipment Schedule 6
W.B. 89.2", 93.1" (4D); 1.0 Liter.

XFi Hatchback 2D	MS246	7791	275	375	925	1800
Hatchback 2D	MR246	8511	250	350	900	1775
Hatchback 4D	MR646	9011	275	375	925	1800

PRIZM—4-Cyl.—Equipment Schedule 6
W.B. 97.1"; 1.6 Liter, 1.8 Liter.

Sedan 4D	SK536	12480	500	675	1400	2525
LSi Sedan 4D	SK536	13410	600	800	1575	2800

1995 GEO — (JG,2Cor1Y)1(MR226)–S–#

METRO—3-Cyl.—Equipment Schedule 6
W.B. 93.1"; 1.0 Liter.

Hatchback 2D	MR226	9481	350	475	1075	2000
LSi Hatchback 2D	MR226	9781	400	550	1150	2125
4-Cyl. 1.3 Liter	9		50	50	65	65

METRO—4-Cyl.—Equipment Schedule 6
W.B. 93.1"; 1.3 Liter.

Sedan 4D	MR529	10741	400	550	1150	2125
LSi Sedan 4D	MR529	11141	400	550	1150	2125

PRIZM—4-Cyl.—Equipment Schedule 6
W.B. 97.1"; 1.6 Liter, 1.8 Liter.

Sedan 4D	SK526	13435	600	800	1575	2825
LSi Sedan 4D	SK526	14260	675	950	1775	3075

1996 GEO — (1Yor2C)1(MR226)–T–#

METRO—3-Cyl.—Equipment Schedule 6
W.B. 93.1"; 1.0 Liter.

Coupe 2D	MR226	9988	350	500	1125	2100
LSi Coupe 2D	MR226	10271	475	625	1325	2400
4-Cyl. 1.3 Liter	9		75	75	100	100

METRO—4-Cyl.—Equipment Schedule 6
W.B. 93.1"; 1.3 Liter.

Sedan 4D	MR529	11026	475	625	1325	2400
LSi Sedan 4D	MR529	11426	475	650	1350	2450

PRIZM—4-Cyl.—Equipment Schedule 6
W.B. 97.1"; 1.6 Liter, 1.8 Liter.

Sedan 4D	SK526	14300	675	950	1800	3125
LSi Sedan 4D	SK526	15010	775	1100	2000	3425

1997 GEO — (1Yor2C)1(MR226)–V–#

METRO—3-Cyl.—Equipment Schedule 6
W.B. 93.1"; 1.0 Liter.

Coupe 2D	MR226	10185	400	550	1200	2225

METRO—4-Cyl.—Equipment Schedule 6
W.B. 93.1"; 1.3 Liter.

LSi Sedan 4D	MR529	11546	600	800	1600	2875
LSi Coupe 2D	MR229	10606	550	750	1550	2800

PRIZM—4-Cyl.—Equipment Schedule 6
W.B. 97.1"; 1.6 Liter, 1.8 Liter.

Sedan 4D	SK526	14375	775	1075	2000	3425
LSi Sedan 4D	SK526	15020	900	1250	2325	3950

Body	Type	VIN	List	Trade-In Fair	Good	Pvt-Party Good	Retail Excellent

HONDA

1994 HONDA — (1HGorJHM)(EH235)-R-#

CIVIC—4-Cyl.—Equipment Schedule 6
W.B. 101.3", 103.2" (Sed, Cpe); 1.5 Liter, 1.6 Liter.

Body	Type	VIN	List	Fair	Good	Good	Excellent
CX Hatchback 2D		EH235	9750	625	850	1625	2875
DX Sedan 4D		EG854	12100	900	1275	2200	3675
DX Coupe 2D		EJ212	11570	800	1125	2050	3475
DX Hatchback 2D		EH236	11150	725	1025	1850	3200
VX Hatchback 2D		EH237	11850	850	1200	2100	3550
Si Hatchback 2D		EH338	13520	950	1350	2425	4025
LX Sedan 4D		EG855	13300	925	1300	2350	3950
EX Sedan 4D		EH959	16090	1000	1425	2525	4150
EX Coupe 2D		EJ112	13950	1000	1425	2525	4150

del SOL—4-Cyl.—Equipment Schedule 6
W.B. 93.3"; 1.5 Liter, 1.6 Liter.

Body	Type	VIN	List	Fair	Good	Good	Excellent
S Coupe 2D		EG114	14450	1225	1725	2875	4550
Si Coupe 2D		EH616	16450	1400	1875	3075	4800
VTEC Coupe 2D		EG217	17850	1550	2025	3225	5000

ACCORD—4-Cyl.—Equipment Schedule 3
W.B. 106.9"; 2.2 Liter.

Body	Type	VIN	List	Fair	Good	Good	Excellent
DX Sedan 4D		CD562	15430	1075	1500	2625	4275
DX Coupe 2D		CD722	15230	1100	1550	2675	4325
LX Sedan 4D		CD563	18450	1225	1725	2875	4575
LX Coupe 2D		CD723	18130	1350	1825	3025	4750
LX Wagon 4D		CE182	19280	1275	1750	2950	4650
EX Sedan 4D		CD565	20850	1275	1750	2950	4650
EX Coupe 2D		CD725	20650	1400	1850	3075	4800
EX Wagon 4D		CE189	21850	1575	2050	3250	5050
Manual Trans				(200)	(200)	(265)	(265)

PRELUDE—4-Cyl.—Equipment Schedule 3
W.B. 100.4"; 2.2 Liter, 2.3 Liter.

Body	Type	VIN	List	Fair	Good	Good	Excellent
S Coupe 2D		BA814	18450	1950	2525	3775	5650
Si Coupe 2D		BB215	21750	2150	2725	4000	5900
4WS Coupe 2D		BB216	24510	2175	2725	4025	5950
VTEC Coupe 2D		BB117	24850	2375	2975	4300	6250
Auto Trans				125	125	165	165

1995 HONDA — (1HGorJHM)(EH235)-S-#

CIVIC—4-Cyl.—Equipment Schedule 6
W.B. 101.3", 103.2" (Sed, Cpe); 1.5 Liter, 1.6 Liter.

Body	Type	VIN	List	Fair	Good	Good	Excellent
CX Hatchback 2D		EH235	10130	725	1025	1875	3250
DX Sedan 4D		EG854	12360	1050	1475	2600	4250
DX Coupe 2D		EJ212	11970	950	1325	2400	4025
DX Hatchback 2D		EH236	11480	875	1250	2200	3675
VX Hatchback 2D		EH237	12180	1000	1425	2500	4150
Si Hatchback 2D		EH338	13920	1100	1550	2700	4350
LX Sedan 4D		EG855	13700	1075	1525	2650	4300
EX Sedan 4D		EH959	16580	1200	1675	2825	4525
EX Coupe 2D		EJ112	14410	1175	1650	2800	4475

del SOL—4-Cyl.—Equipment Schedule 6
W.B. 93.3"; 1.5 Liter, 1.6 Liter.

Body	Type	VIN	List	Fair	Good	Good	Excellent
S Coupe 2D		EG114	15160	1500	1975	3200	4975
Si Coupe 2D		EH616	17330	1725	2200	3450	5275
VTEC Coupe 2D		EG217	19580	1850	2375	3625	5475

ACCORD—4-Cyl.—Equipment Schedule 3
W.B. 106.9"; 2.2 Liter.

Body	Type	VIN	List	Fair	Good	Good	Excellent
DX Sedan 4D		CD562	15930	1225	1725	2875	4575
LX Sedan 4D		CD563	18880	1475	1950	3150	4925
LX Coupe 2D		CD723	18680	1600	2075	3300	5100
LX Wagon 4D		CE182	19840	1525	2000	3225	5000
EX Sedan 4D		CD565	21440	1525	2000	3225	5000
EX Coupe 2D		CD725	21240	1625	2125	3350	5150
EX Wagon 4D		CE189	22470	1850	2375	3625	5475
Manual Trans				(200)	(200)	(265)	(265)
V6 2.7 Liter				100	100	135	135

PRELUDE—4-Cyl.—Equipment Schedule 3
W.B. 100.4"; 2.2 Liter, 2.3 Liter.

Body	Type	VIN	List	Fair	Good	Good	Excellent
S Coupe 2D		BA814	19930	2300	2900	4225	6175
Si Coupe 2D		BB215	22580	2500	3075	4400	6425

1995 HONDA

Body	Type	VIN	List	Trade-In Fair	Trade-In Good	Pvt-Party Good	Retail Excellent
SE Coupe 2D		BB217	23780	2500	3075	4425	6450
VTEC Coupe 2D		BB117	25730	2800	3400	4775	6850
Auto Trans				125	125	165	165

1996 HONDA — (1HG,2HGorJHM)(EJ632)–T–#

CIVIC—4-Cyl.—Equipment Schedule 6
W.B. 103.2"; 1.6 Liter.

Body	Type	VIN	List	Fair	Good	Good	Excellent
CX Hatchback 2D		EJ632	10360	825	1150	2100	3550
DX Sedan 4D		EJ652	12630	1200	1700	2875	4575
DX Coupe 2D		EJ612	12280	1100	1525	2675	4325
DX Hatchback 2D		EJ634	11630	1000	1425	2525	4175
HX Coupe 2D		EJ712	13480	1225	1725	2900	4600
LX Sedan 4D		EJ650	13980	1275	1750	2950	4675
EX Sedan 4D		EJ854	16660	1425	1900	3100	4875
EX Coupe 2D		EJ814	15330	1400	1875	3075	4850

del SOL—4-Cyl.—Equipment Schedule 6
W.B. 93.3"; 1.6 Liter.

Body	Type	VIN	List	Fair	Good	Good	Excellent
S Coupe 2D		EH614	15475	1825	2325	3575	5425
Si Coupe 2D		EH616	17695	2050	2600	3875	5750
VTEC Coupe 2D		EG217	19995	2200	2775	4050	5975

ACCORD—4-Cyl.—Equipment Schedule 3
W.B. 106.9"; 2.2 Liter.

Body	Type	VIN	List	Fair	Good	Good	Excellent
DX Sedan 4D		CD562	16280	1500	1975	3175	4975
Anniversary Ed Sed 4D		CD568	17390	1700	2200	3425	5275
LX Sedan 4D		CD563	19270	1850	2350	3625	5500
LX Coupe 2D		CD723	19070	1925	2475	3750	5625
LX Wagon 4D		CE182	20170	1875	2400	3675	5525
EX Sedan 4D		CD565	21780	1900	2450	3725	5600
EX Coupe 2D		CD725	21580	2050	2600	3875	5775
EX Wagon 4D		CE189	22810	2200	2775	4075	6000
Manual Trans		1,5,7		(200)	(200)	(265)	(265)
V6 2.7 Liter				175	175	235	235

PRELUDE—4-Cyl.—Equipment Schedule 3
W.B. 100.4"; 2.2 Liter, 2.3 Liter.

Body	Type	VIN	List	Fair	Good	Good	Excellent
S Coupe 2D		BA814	20340	2750	3350	4725	6775
Si Coupe 2D		BB215	23035	2975	3600	5000	7100
VTEC Coupe 2D		BB117	26260	3225	3925	5350	7550
Auto Trans				125	125	165	165

1997 HONDA — (1HG,2HGorJHM)(EJ632)–V–#

CIVIC—4-Cyl.—Equipment Schedule 6
W.B. 103.2"; 1.6 Liter.

Body	Type	VIN	List	Fair	Good	Good	Excellent
CX Hatchback 2D		EJ632	10945	950	1350	2450	4125
DX Sedan 4D		EJ652	13030	1475	1975	3200	5000
DX Coupe 2D		EJ612	12675	1275	1775	2975	4725
DX Hatchback 2D		EJ634	12195	1150	1625	2825	4525
HX Coupe 2D		EJ712	13795	1500	2000	3225	5025
LX Sedan 4D		EJ657	15045	1575	2050	3300	5125
EX Sedan 4D		EJ854	16875	1775	2275	3525	5400
EX Coupe 2D		EJ814	15645	1725	2225	3500	5350

del SOL—4-Cyl.—Equipment Schedule 6
W.B. 93.3"; 1.6 Liter.

Body	Type	VIN	List	Fair	Good	Good	Excellent
S Coupe 2D		EH614	15475	2125	2675	3950	5850
Si Coupe 2D		EH616	17695	2375	2975	4275	6225
VTEC Coupe 2D		EG217	19995	2575	3175	4500	6500

ACCORD—4-Cyl.—Equipment Schedule 3
W.B. 106.9"; 2.2 Liter.

Body	Type	VIN	List	Fair	Good	Good	Excellent
DX Sedan 4D		CD562	16295	1725	2225	3450	5300
LX Sedan 4D		CD563	19385	2125	2675	3975	5875
LX Coupe 2D		CD723	19185	2250	2825	4125	6075
LX Wagon 4D		CE182	20285	2175	2750	4050	5975
Special Edition 4D		CD560	20795	2125	2675	3975	5875
Special Edition 2D		CD720	20595	2250	2825	4125	6075
EX Sedan 4D		CD565	21895	2275	2850	4150	6100
EX Coupe 2D		CD725	21695	2425	3025	4325	6325
EX Wagon 4D		CE189	22925	2550	3125	4450	6475
Manual Trans		1,5,7		(250)	(250)	(335)	(335)
V6 2.7 Liter				250	250	335	335

PRELUDE—4-Cyl.—Equipment Schedule 3
W.B. 101.8"; 2.2 Liter.

Body	Type	VIN	List	Fair	Good	Good	Excellent
Coupe 2D		BB614	23595	3525	4250	5675	7925
Type SH Coupe 2D		BB615	26095	3875	4625	6100	8400

102   **DEDUCT FOR RECONDITIONING**

Body	Type	VIN	List	Trade-In Fair	Trade-In Good	Pvt-Party Good	Retail Excellent
Auto Trans		......	......	150	150	200	200

1998 HONDA — (1HG,2HGorJHM)(EJ632)-W-#

CIVIC—4-Cyl.—Equipment Schedule 6
W.B. 103.2"; 1.6 Liter.

Body	Type	VIN	List	Fair	Good	Good	Excellent
CX Hatchback 2D		EJ632	11045	1100	1550	2725	4425
DX Sedan 4D		EJ652	13130	1775	2275	3550	5400
DX Coupe 2D		EJ612	12975	1575	2075	3300	5125
DX Hatchback 2D		EJ634	12495	1425	1900	3125	4925
HX Coupe 2D		EJ712	13795	1825	2325	3600	5475
LX Sedan 4D		EJ657	15145	1875	2400	3675	5550
EX Sedan 4D		EJ854	16875	2100	2675	3975	5875
EX Coupe 2D		EJ814	15645	2075	2625	3925	5825

ACCORD—4-Cyl.—Equipment Schedule 3
W.B. 105.1", 106.9" (Sed); 2.3 Liter.

Body	Type	VIN	List	Fair	Good	Good	Excellent
DX Sedan 4D		CF864	16295	1900	2425	3700	5575
LX Sedan 4D		CG564	19485	2375	2975	4300	6250
LX Coupe 2D		CG324	19485	2525	3125	4450	6475
EX Sedan 4D		CG565	21995	2600	3200	4525	6550
EX Coupe 2D		CG325	21995	2775	3400	4725	6775
Manual Trans		1,3,5,7	......	(300)	(300)	(400)	(400)
V6 3.0 Liter VTEC				300	300	400	400

PRELUDE—4-Cyl.—Equipment Schedule 3
W.B. 101.8"; 2.2 Liter.

Body	Type	VIN	List	Fair	Good	Good	Excellent
Coupe 2D		BB614	23695	4025	4775	6250	8575
Type SH Coupe 2D		BB615	26195	4400	5200	6725	9125
Auto Trans				175	175	235	235

1999 HONDA — (1HG,2HGorJHM)(EJ632)-X-#

CIVIC—4-Cyl.—Equipment Schedule 6
W.B. 103.2"; 1.6 Liter.

Body	Type	VIN	List	Fair	Good	Good	Excellent
CX Hatchback 2D		EJ632	11065	1325	1825	3050	4800
DX Sedan 4D		EJ652	13200	2075	2650	3950	5850
DX Coupe 2D		EJ612	12995	1875	2425	3700	5575
DX Hatchback 2D		EJ634	12515	1725	2225	3500	5350
VP Sedan 4D		EJ661	15045	2075	2650	3950	5850
HX Coupe 2D		EJ712	13815	2150	2725	4025	5950
LX Sedan 4D		EJ657	15245	2225	2800	4100	6025
EX Sedan 4D		EJ854	17145	2500	3100	4425	6425
EX Coupe 2D		EJ814	15865	2475	3075	4375	6375
Si Coupe 2D		EM115	17860	3775	4500	5925	8175

ACCORD—4-Cyl.—Equipment Schedule 3
W.B. 105.1", 106.9" (Sed); 2.3 Liter.

Body	Type	VIN	List	Fair	Good	Good	Excellent
DX Sedan 4D		CF864	16415	2150	2725	4025	5975
LX Sedan 4D		CG564	19605	2700	3325	4675	6725
LX Coupe 2D		CG324	19605	2875	3500	4875	6950
EX Sedan 4D		CG565	22115	2975	3625	5000	7100
EX Coupe 2D		CG325	22115	3125	3800	5200	7350
Manual Trans		1,3,5	......	(350)	(350)	(465)	(465)
V6 3.0 Liter VTEC				350	350	465	465

PRELUDE—4-Cyl.—Equipment Schedule 3
W.B. 101.8"; 2.2 Liter.

Body	Type	VIN	List	Fair	Good	Good	Excellent
Coupe 2D		BB614	23865	4550	5375	6850	9275
Type SH Coupe 2D		BB615	26365	4975	5800	7400	9950
Auto Trans				200	200	265	265

2000 HONDA — (1HG,2HGorJHM)(ZE137)-Y-#

INSIGHT—3-Cyl. Hybrid—Equipment Schedule 3
W.B. 94.5"; 1.0 Liter.

Body	Type	VIN	List	Fair	Good	Good	Excellent
Hatchback 2D		ZE137	20495	4075	4800	6250	8550

CIVIC—4-Cyl.—Equipment Schedule 6
W.B. 103.2"; 1.6 Liter.

Body	Type	VIN	List	Fair	Good	Good	Excellent
CX Hatchback 2D		EJ632	11165	1675	2175	3450	5325
DX Sedan 4D		EJ652	13300	2475	3075	4400	6425
DX Coupe 2D		EJ612	13095	2275	2875	4200	6150
DX Hatchback 2D		EJ634	12615	2075	2650	3950	5875
VP Sedan 4D		EJ661	15145	2500	3100	4425	6450
HX Coupe 2D		EJ712	13915	2575	3175	4500	6525
LX Sedan 4D		EJ657	15345	2650	3225	4575	6625
EX Sedan 4D		EJ854	17245	2950	3575	4950	7050
EX Coupe 2D		EJ814	15965	2900	3525	4900	7000
Si Coupe 2D		EM115	17960	4300	5100	6575	8900

2000 HONDA

Body	Type	VIN	List	Trade-In Fair	Trade-In Good	Pvt-Party Good	Retail Excellent
ACCORD—4-Cyl.—Equipment Schedule 3							
W.B. 105.1", 106.9" (Sed); 2.3 Liter.							
DX Sedan 4D		CF864	16565	2500	3075	4400	6425
LX Sedan 4D		CG564	19755	3075	3750	5125	7225
LX Coupe 2D		CG324	19755	3250	3925	5325	7475
SE Sedan 4D		CG567	20905	3300	3975	5375	7525
EX Sedan 4D		CG565	22285	3425	4125	5525	7700
EX Coupe 2D		CG325	22285	3600	4300	5725	7950
Manual Trans				(400)	(400)	(535)	(535)
V6 3.0 Liter VTEC				400	400	535	535
PRELUDE—4-Cyl.—Equipment Schedule 3							
W.B. 101.8"; 2.2 Liter.							
Coupe 2D		BB614	23915	5125	5975	7550	10100
Type SH Coupe 2D		BB615	26415	5575	6525	8100	10750
Auto Trans				200	200	265	265
S2000—4-Cyl.—Equipment Schedule 2							
W.B. 94.5"; 2.0 Liter.							
Convertible 2D		AP114	32415	6775	7825	9525	12400
Hard Top				625	625	835	835

2001 HONDA — (1HGorJHM)(ZE135)-1-#

Body	Type	VIN	List	Trade-In Fair	Trade-In Good	Pvt-Party Good	Retail Excellent
INSIGHT—3-Cyl. Hybrid—Equipment Schedule 3							
W.B. 94.5"; 1.0 Liter.							
Hatchback 2D		ZE135	20620	4600	5425	6925	9350
CIVIC—4-Cyl.—Equipment Schedule 6							
W.B. 103.1"; 1.7 Liter.							
DX Sedan 4D		ES152	13400	2925	3575	4925	7025
DX Coupe 2D		EM212	13200	2750	3350	4700	6750
HX Coupe 2D		EM217	14000	3025	3650	5050	7150
LX Sedan 4D		ES155	15550	3100	3750	5150	7250
LX Coupe 2D		EM215	15250	3050	3675	5075	7175
EX Sedan 4D		ES257	17350	3475	4175	5550	7750
EX Coupe 2D		EM219	17350	3400	4100	5500	7675
GX Sedan 4D		EN264	20670	3125	3800	5200	7325
ACCORD—4-Cyl.—Equipment Schedule 3							
W.B. 105.1", 106.9" (Sed); 2.3 Liter.							
DX Sedan 4D		CF864	16640	2925	3550	4925	7000
VP Sedan 4D		CF866	17640	3125	3775	5175	7300
LX Sedan 4D		CG564	20030	3575	4300	5675	7900
LX Coupe 2D		CG324	20030	3750	4475	5900	8125
EX Sedan 4D		CG565	22640	4000	4750	6175	8450
EX Coupe 2D		CG325	22640	4175	4950	6375	8675
Manual Trans		1,5		(425)	(425)	(565)	(565)
V6 3.0 Liter VTEC				450	450	600	600
PRELUDE—4-Cyl.—Equipment Schedule 3							
W.B. 101.8"; 2.2 Liter.							
Coupe 2D		BB614	24040	5750	6700	8250	10900
Type SH Coupe 2D		BB615	26540	6250	7225	8875	11550
Auto Trans				200	200	265	265
S2000—4-Cyl.—Equipment Schedule 2							
W.B. 94.5"; 2.0 Liter.							
Convertible 2D		AP114	32740	7575	8675	10450	13450
Hard Top				650	650	865	865

2002 HONDA — (1HG,SHHorJHM)(ZE135)-2-#

Body	Type	VIN	List	Trade-In Fair	Trade-In Good	Pvt-Party Good	Retail Excellent
INSIGHT—3-Cyl. Hybrid—Equipment Schedule 3							
W.B. 94.5"; 1.0 Liter.							
Hatchback 2D		ZE135	21720	5075	5925	7625	10300
CIVIC—4-Cyl.—Equipment Schedule 6							
W.B. 101.2", 103.1" (Sed & Cpe); 1.7 Liter, 2.0 Liter.							
DX Sedan 4D		ES151	13450	3275	3975	5525	7850
DX Coupe 2D		EM212	13250	3075	3750	5275	7575
HX Coupe 2D		EM217	14050	3375	4050	5600	7950
LX Sedan 4D		ES155	15550	3475	4175	5725	8075
LX Coupe 2D		EM215	15350	3400	4100	5650	8000
EX Sedan 4D		ES257	17450	3900	4625	6200	8625
EX Coupe 2D		EM219	16950	3800	4525	6100	8500
Si Hatchback 2D		EP353	19440	4275	5050	6650	9125
ACCORD—4-Cyl.—Equipment Schedule 3							
W.B. 105.1", 106.9" (Sed); 2.3 Liter.							
DX Sedan 4D		CF864	16740	3300	4000	5525	7900
VP Sedan 4D		CF866	17740	3525	4250	5775	8150

2002 HONDA

Body	Type	VIN	List	Trade-In Fair	Trade-In Good	Pvt-Party Good	Retail Excellent
LX Sedan 4D		CG564	20130	4050	4800	6400	8850
LX Coupe 2D		CG324	20130	4225	5000	6600	9100
SE Sedan 4D		CG567	21290	4300	5100	6700	9200
SE Coupe 2D		CG320	21290	4425	5250	6900	9475
EX Sedan 4D		CG566	22740	4500	5325	6975	9550
EX Coupe 2D		CG325	22740	4675	5525	7175	9775
Manual Trans	1,5			(450)	(450)	(600)	(600)
V6 3.0 Liter VTEC				500	500	665	665

S2000—4-Cyl.—Equipment Schedule 2
W.B. 94.5"; 2.0 Liter.

| Convertible 2D | | AP114 | 32840 | 8275 | 9475 | 11450 | 14750 |
| Hard Top | | | | 650 | 650 | 865 | 865 |

2003 HONDA — (1HG,SHHorJHM)(ZE135)-3-#

INSIGHT—3-Cyl. Hybrid—Equipment Schedule 3
W.B. 94.5"; 1.0 Liter.

| Hatchback 2D | | ZE135 | 21740 | 5875 | 6800 | 8525 | 11250 |

CIVIC—4-Cyl.—Equipment Schedule 6
W.B. 101.2", 103.1" (Sed & Cpe); 1.7 Liter, 2.0 Liter.

DX Sedan 4D		ES151	13470	3725	4425	6000	8400
DX Coupe 2D		EM212	13270	3525	4250	5800	8175
HX Coupe 2D		EM217	14170	3850	4575	6150	8575
LX Sedan 4D		ES155	15670	4050	4800	6375	8825
LX Coupe 2D		EM215	15470	3925	4675	6250	8675
EX Sedan 4D		ES157	17520	4475	5275	6925	9475
EX Coupe 2D		EM219	17270	4350	5175	6800	9350
Si Hatchback 2D		EP335	19460	4875	5700	7375	10000

CIVIC—4-Cyl. Hybrid—Equipment Schedule 6
W.B. 103.2"; 1.3 Liter.

| Sedan 4D | | ES956 | 19990 | 4950 | 5800 | 7475 | 10100 |

ACCORD—4-Cyl.—Equipment Schedule 3
W.B. 105.1", 107.9" (Sed); 2.4 Liter.

DX Sedan 4D		CM551	17060	4225	4975	6575	9050
LX Sedan 4D		CM564	20460	4900	5725	7400	10050
LX Coupe 2D		CM712	20560	5050	5900	7575	10200
EX Sedan 4D		CM556	22860	5525	6400	8075	10800
EX Coupe 2D		CM716	22960	5575	6500	8200	10950
5-Spd Manual Trans	1,5			(500)	(500)	(665)	(665)
V6 3.0 Liter VTEC				575	575	765	765

S2000—4-Cyl.—Equipment Schedule 2
W.B. 94.5"; 2.0 Liter.

| Convertible 2D | | AP114 | 33060 | 9425 | 10725 | 12700 | 16100 |
| Hard Top | | | | 675 | 675 | 900 | 900 |

2004 HONDA — (1HG,SHHorJHM)(ZE135)-4-#

INSIGHT—3-Cyl. Hybrid—Equipment Schedule 3
W.B. 94.5"; 1.0 Liter.

| Hatchback 2D | | ZE135 | 21870 | 6725 | 7750 | 9425 | 12250 |

CIVIC—4-Cyl.—Equipment Schedule 6
W.B. 101.2", 103.1" (Sed & Cpe); 1.7 Liter, 2.0 Liter.

DX Sedan 4D		ES151	13500	4200	4975	6550	9025
Value Sedan 4D		ES163	14900	4425	5250	6875	9425
Value Coupe 2D		EM221	13900	4050	4800	6375	8825
HX Coupe 2D		EM217	14200	4350	5150	6725	9300
LX Sedan 4D		ES155	15850	4600	5450	7075	9675
LX Coupe 2D		EM215	15650	4475	5300	6925	9475
EX Sedan 4D		ES257	17750	5150	6000	7675	10300
EX Coupe 2D		EM219	17350	5000	5825	7500	10100
Si Hatchback 2D		EP335	19560	5550	6475	8125	10850
GX Sedan 4D		EN264	21250	4600	5450	7075	9650

CIVIC—4-Cyl. Hybrid—Equipment Schedule 6
W.B. 103.1"; 1.3 Liter.

| Sedan 4D | | ES956 | 20140 | 5600 | 6550 | 8175 | 10900 |

ACCORD—4-Cyl.—Equipment Schedule 3
W.B. 105.1", 107.9" (Sed); 2.4 Liter.

DX Sedan 4D		CM551	17190	4725	5525	7200	9800
LX Sedan 4D		CM553	20590	5650	6575	8250	11000
LX Coupe 2D		CM712	20690	5800	6750	8425	11150
EX Sedan 4D		CM556	22990	6375	7350	9100	11900
EX Coupe 2D		CM716	23090	6450	7450	9175	12000
5-Spd Manual Trans	1,5			(525)	(525)	(700)	(700)
V6 3.0 Liter VTEC				650	650	865	865

2004 HONDA

Body	Type	VIN	List	Trade-In Fair	Good	Pvt-Party Good	Retail Excellent
S2000—4-Cyl.—Equipment Schedule 2							
W.B. 94.5'; 2.2 Liter.							
Convertible 2D		AP214	33290	**10675**	**12100**	**14100**	**17650**
Hard Top			....	**700**	**700**	**935**	**935**

2005 HONDA — (1HG,SHHorJHM)(ZE137)-5-#

Body	Type	VIN	List	Trade-In Fair	Good	Pvt-Party Good	Retail Excellent
INSIGHT—3-Cyl. Hybrid—Equipment Schedule 3							
W.B. 94.5'; 1.0 Liter.							
Hatchback 2D		ZE137	22045	**7650**	**8750**	**10450**	**13400**
CIVIC—4-Cyl.—Equipment Schedule 6							
W.B. 101.2', 103.1" (Sed & Cpe); 1.7 Liter, 2.0 Liter.							
DX Sedan 4D		ES151	13675	**4725**	**5550**	**7200**	**9775**
Value Sedan 4D		ES163	15075	**5075**	**5925**	**7575**	**10200**
Value Coupe 2D		EM221	14075	**4600**	**5425**	**7050**	**9625**
HX Coupe 2D		EM217	14375	**4950**	**5800**	**7450**	**10050**
LX Sedan 4D		ES155	16025	**5300**	**6150**	**7825**	**10450**
LX Coupe 2D		EM215	15825	**5125**	**5975**	**7650**	**10300**
LX Special Ed Sed 4D		ES155	16775	**5525**	**6450**	**8100**	**10800**
LX Special Ed Cpe 2D		EM215	16575	**5375**	**6250**	**7925**	**10600**
EX Sedan 4D		ES257	17925	**5875**	**6800**	**8475**	**11150**
EX Coupe 2D		EM219	17525	**5675**	**6600**	**8250**	**10950**
EX Special Ed Sed 4D		ES257	18375	**6125**	**7075**	**8775**	**11500**
EX Special Ed Cpe 2D		EM219	17975	**5975**	**6925**	**8600**	**11300**
Si Hatchback 2D		EP335	19735	**6275**	**7250**	**8950**	**11700**
GX Sedan 4D		EN264	20910	**5350**	**6225**	**7900**	**10550**
CIVIC—4-Cyl. Hybrid—Equipment Schedule 6							
W.B. 103.1"; 1.3 Liter.							
Sedan 4D		ES956	20315	**6325**	**7300**	**9000**	**11750**
ACCORD—4-Cyl.—Equipment Schedule 3							
W.B. 105.1', 107.9" (Sed); 2.4 Liter.							
DX Sedan 4D		CM561	17510	**5450**	**6325**	**7975**	**10700**
LX Sedan 4D		CM564	20990	**6600**	**7600**	**9275**	**12100**
LX Coupe 2D		CM723	21090	**6725**	**7750**	**9450**	**12300**
LX Special Ed Cpe 2D		CM723	25065	**7275**	**8375**	**10050**	**12950**
EX Sedan 4D		CM567	23415	**7425**	**8500**	**10250**	**13150**
EX Coupe 2D		CM726	23515	**7500**	**8600**	**10350**	**13250**
5-Spd Manual Trans			....	**(550)**	**(550)**	**(735)**	**(735)**
V6 3.0 Liter VTEC			....	**725**	**725**	**965**	**965**
ACCORD—V6 Hybrid—Equipment Schedule 3							
W.B. 107.9"; 3.0 Liter.							
Sedan 4D		CN364	30655	**9625**	**10925**	**12800**	**16000**
S2000—4-Cyl.—Equipment Schedule 2							
W.B. 94.5'; 2.2 Liter.							
Convertible 2D		AP214	33465	**12100**	**13675**	**15700**	**19350**
Hard Top			....	**725**	**725**	**965**	**965**

2006 HONDA — (1HG,SHHorJHM)(ZE137)-6-#

Body	Type	VIN	List	Trade-In Fair	Good	Pvt-Party Good	Retail Excellent
INSIGHT—3-Cyl. Hybrid—Equipment Schedule 3							
W.B. 94.5'; 1.0 Liter.							
Hatchback 2D		ZE137	22080	**8600**	**9800**	**11550**	**14600**
CIVIC—4-Cyl.—Equipment Schedule 6							
W.B. 104.3', 106.3" (Sed); 1.8 Liter, 2.0 Liter.							
DX Sedan 4D		FA152	15110	**6050**	**7025**	**8700**	**11400**
DX Coupe 2D		FG112	14910	**5975**	**6900**	**8575**	**11250**
LX Sedan 4D		FA155	17060	**7100**	**8175**	**9850**	**12700**
LX Coupe 2D		FG116	16860	**6925**	**7975**	**9650**	**12500**
EX Sedan 4D		FA158	18810	**7775**	**8900**	**10600**	**13500**
EX Coupe 2D		FG118	18810	**7525**	**8625**	**10300**	**13200**
Si Coupe 2D		FG215	20540	**8725**	**9950**	**11700**	**14750**
GX Sedan 4D		FA465	24990	**9100**	**10350**	**12100**	**15200**
CIVIC—4-Cyl. Hybrid—Equipment Schedule 3							
W.B. 106.3'; 1.3 Liter.							
Sedan 4D		FA362	22400	**9000**	**10250**	**12000**	**15100**
ACCORD—4-Cyl.—Equipment Schedule 3							
W.B. 105.1', 107.9" (Sed); 2.4 Liter.							
VP Sedan 4D		CM561	19575	**6300**	**7275**	**8975**	**11750**
LX Sedan 4D		CM564	21375	**7725**	**8850**	**10550**	**13450**
LX Coupe 2D		CM723	21725	**7825**	**8975**	**10650**	**13550**
SE Sedan 4D		CM563	22075	**8075**	**9225**	**11000**	**14000**
EX Sedan 4D		CM567	23800	**8650**	**9850**	**11600**	**14700**
EX Coupe 2D		CM726	23900	**8725**	**9950**	**11700**	**14800**
5-Spd Manual Trans			....	**(575)**	**(575)**	**(765)**	**(765)**

2006 HONDA

Body	Type	VIN	List	Trade-In Fair	Good	Pvt-Party Good	Retail Excellent
V6 3.0 Liter VTEC				800	800	1065	1065
ACCORD—V6 Hybrid—Equipment Schedule 3							
W.B. 107.9"; 3.0 Liter.							
Sedan 4D		CN364	31540	10925	12400	14150	17500
S2000—4-Cyl.—Equipment Schedule 2							
W.B. 94.5"; 2.2 Liter.							
Convertible 2D		AP214	34600	13725	15475	17450	21300
Hard Top				750	750	1000	1000

2007 HONDA — (1HG,SHHorJHM)(GD374)-7-#

Body	Type	VIN	List	Trade-In Fair	Good	Pvt-Party Good	Retail Excellent
FIT—4-Cyl.—Equipment Schedule 6							
W.B. 96.5"; 1.5 Liter.							
Hatchback 4D		GD374	14445	6775	7825	9350	12000
Sport Hatchback 4D		GD376	15765	7375	8475	10050	12750
CIVIC—4-Cyl.—Equipment Schedule 6							
W.B. 104.3", 106.3" (Sed); 1.8 Liter, 2.0 Liter.							
DX Sedan 4D		FA152	15605	6875	7925	9475	12150
DX Coupe 2D		FG112	15405	6750	7775	9325	12000
LX Sedan 4D		FA155	17555	8025	9200	10850	13650
LX Coupe 2D		FG116	17355	7825	8950	10600	13450
EX Sedan 4D		FA158	19305	8725	9950	11550	14500
EX Coupe 2D		FG118	19305	8475	9675	11300	14200
Si Sedan 4D		FA555	21885	9950	11275	12950	15950
Si Coupe 2D		FG215	21685	9800	11125	12800	15850
GX Sedan 4D		FA465	25185	10200	11575	13250	16350
CIVIC—4-Cyl. Hybrid—Equipment Schedule 6							
W.B. 106.3"; 1.3 Liter.							
Sedan 4D		FA362	23195	10050	11425	13100	16150
ACCORD—4-Cyl.—Equipment Schedule 3							
W.B. 105.1", 107.9" (Sed); 2.4 Liter.							
VP Sedan 4D		CM561	20020	7400	8500	10100	12850
LX Sedan 4D		CM564	21520	9050	10300	11900	14900
LX Coupe 2D		CM723	21870	9125	10400	12000	15000
SE Sedan 4D		CM563	22220	9325	10625	12250	15250
EX Sedan 4D		CM567	23945	10050	11425	13100	16150
EX Coupe 2D		CM726	24045	10150	11525	13200	16250
6-Spd Manual Trans				(600)	(600)	(800)	(800)
V6 3.0 Liter VTEC				875	875	1165	1165
ACCORD—V6 Hybrid—Equipment Schedule 3							
W.B. 107.9"; 3.0 Liter.							
Sedan 4D		CN364	33585	12450	14075	15750	19050
S2000—4-Cyl.—Equipment Schedule 2							
W.B. 94.5"; 2.2 Liter.							
Convertible 2D		AP214	34845	15675	17600	19500	23400
Hard Top				775	775	1035	1035

2008 HONDA — (1HG,SHHorJHM)(GD374)-8-#

Body	Type	VIN	List	Trade-In Fair	Good	Pvt-Party Good	Retail Excellent
FIT—4-Cyl.—Equipment Schedule 6							
W.B. 96.5"; 1.5 Liter.							
Hatchback 4D		GD374	14585	7950	9100	10550	13200
Sport Hatchback 4D		GD376	15905	8600	9800	11250	14000
CIVIC—4-Cyl.—Equipment Schedule 6							
W.B. 104.3", 106.3" (Sed); 1.8 Liter, 2.0 Liter.							
DX Sedan 4D		FA152	15645	7900	9050	10500	13200
DX Coupe 2D		FG112	15445	7775	8900	10300	12900
LX Sedan 4D		FA155	17595	9175	10425	11900	14750
LX Coupe 2D		FG116	17395	8950	10200	11650	14450
EX Sedan 4D		FA158	19345	9900	11225	12750	15600
EX Coupe 2D		FG118	19345	9625	10925	12450	15350
Si Sedan 4D		FA555	21925	11225	12700	14200	17250
Si Coupe 2D		FG215	21725	11075	12550	14050	17100
Si Mugen Sedan 4D		FA555	30135	16325	18325	20000	23600
GX Sedan 4D		FA465	25225	11525	13025	14650	17850
CIVIC—4-Cyl. Hybrid—Equipment Schedule 6							
W.B. 106.3"; 1.3 Liter.							
Sedan 4D		FA362	23235	11375	12850	14400	17500
ACCORD—4-Cyl.—Equipment Schedule 3							
W.B. 107.9", 110.2" (Sed); 2.4 Liter.							
LX Sedan 4D		CP253	21795	12450	14075	15600	18800
LX-S Coupe 2D		CS113	23295	12650	14250	15950	19250
EX Sedan 4D		CP257	24495	13575	15300	16850	20200
EX Coupe 2D		CS117	24594	13675	15375	16950	20300

Body	Type	VIN	List	Trade-In Fair	Trade-In Good	Pvt-Party Good	Retail Excellent
	5-Spd Manual Trans		....	(625)	(625)	(835)	(835)
	6-Spd Manual Trans		....	0	0	0	0
	V6 3.5 Liter VTEC		....	950	950	1265	1265
S2000—4-Cyl.—Equipment Schedule 2							
W.B. 94.5"; 2.2 Liter.							
	Convertible 2D	AP214	34935	17875	20000	22000	26100
	CR Convertible 2D	AP212	37935	19550	21850	23700	27900
	Hard Top			800	800	1065	1065

HYUNDAI

1994 HYUNDAI — (KMHor2HM)(VD12J)–R–#

Body	Type	VIN	List	Fair	Good	Good	Excellent
EXCEL—4-Cyl.—Equipment Schedule 6							
W.B. 93.8"; 1.5 Liter.							
	Hatchback 2D	VD12J	9140	150	200	675	1425
	GL Sedan 4D	VF22J	9659	225	325	850	1675
	GS Hatchback 2D	VD32J	9659	200	275	800	1600
SCOUPE—4-Cyl.—Equipment Schedule 6							
W.B. 93.8"; 1.5 Liter.							
	Coupe 2D	VE22N	11409	350	500	1075	2000
	LS Coupe 2D	VE32N	11889	525	700	1425	2575
SCOUPE—4-Cyl. Turbo—Equipment Schedule 6							
W.B. 93.8"; 1.5 Liter.							
	Coupe 2D	VE32N	13189	600	825	1600	2825
ELANTRA—4-Cyl.—Equipment Schedule 5							
W.B. 98.4"; 1.6 Liter, 1.8 Liter.							
	Sedan 4D	JF22R	12674	225	300	800	1625
	GLS Sedan 4D	JF32M	13392	300	425	1000	1875
SONATA—4-Cyl.—Equipment Schedule 5							
W.B. 104.3"; 2.0 Liter.							
	Sedan 4D	BF22F	13984	250	350	900	1775
	GLS Sedan 4D	BF32F	15384	325	450	1025	1925
	V6 3.0 Liter			100	100	135	135

1995 HYUNDAI — KMH(VD14N)–S–#

Body	Type	VIN	List	Fair	Good	Good	Excellent
ACCENT—4-Cyl.—Equipment Schedule 6							
W.B. 94.5"; 1.5 Liter.							
	L Hatchback 2D	VD14N	9674	125	175	675	1425
	Hatchback 2D	VD14N	10310	175	250	775	1600
	Sedan 4D	VF14N	10834	225	325	875	1725
SCOUPE—4-Cyl.—Equipment Schedule 6							
W.B. 93.8"; 1.5 Liter.							
	Coupe 2D	VE12N	11905	425	600	1225	2225
	LS Coupe 2D	VE32N	12735	575	775	1550	2800
SCOUPE—4-Cyl. Turbo—Equipment Schedule 6							
W.B. 93.8"; 1.5 Liter.							
	Coupe 2D	VE32N	14045	675	950	1800	3125
ELANTRA—4-Cyl.—Equipment Schedule 5							
W.B. 98.4"; 1.6 Liter, 1.8 Liter.							
	Sedan 4D	JF13M	13149	275	375	925	1800
	SE Sedan 4D	JF23M	13848	275	375	925	1800
	GLS Sedan 4D	JF33M	14032	350	500	1100	2050
SONATA—4-Cyl.—Equipment Schedule 5							
W.B. 106.3"; 2.0 Liter.							
	Sedan 4D	CF14F	14614	325	475	1050	2000
	GL Sedan 4D	CF24F	15334	375	525	1125	2100
	V6 3.0 Liter	T		100	100	135	135
SONATA—V6—Equipment Schedule 5							
W.B. 106.3"; 3.0 Liter.							
	GLS Sedan 4D	CF34T	17804	600	825	1625	2875

1996 HYUNDAI — KMH(VD14N)–T–#

Body	Type	VIN	List	Fair	Good	Good	Excellent
ACCENT—4-Cyl.—Equipment Schedule 6							
W.B. 94.5"; 1.5 Liter.							
	L Hatchback 2D	VD14N	8690	150	200	700	1500
	Hatchback 2D	VD14N	10770	225	325	875	1775
	Sedan 4D	VF14N	11270	300	425	1000	1925
	GT Hatchback 2D	VD34N	11679	400	550	1175	2175
ELANTRA—4-Cyl.—Equipment Schedule 5							
W.B. 100.4"; 1.8 Liter.							
	Sedan 4D	JF24M	13434	400	550	1175	2175

1996 HYUNDAI

Body Type	VIN	List	Trade-In Fair	Trade-In Good	Pvt-Party Good	Retail Excellent
Wagon 4D	JW24M	14334	575	775	1575	2825
GLS Sedan 4D	JF34M	14679	500	675	1375	2475
GLS Wagon 4D	JW34M	15329	625	900	1725	3050
SONATA—4-Cyl.—Equipment Schedule 5						
W.B. 106.3"; 2.0 Liter.						
Sedan 4D	CF14F	15204	325	475	1075	2050
GL Sedan 4D	CF24F	16104	375	525	1175	2175
V6 3.0 Liter	T		175	175	235	235
SONATA—V6—Equipment Schedule 5						
W.B. 106.3"; 3.0 Liter.						
GLS Sedan 4D	CF34T	18404	600	825	1625	2925

1997 HYUNDAI — KMH(VD14N)-V-#

Body Type	VIN	List	Trade-In Fair	Trade-In Good	Pvt-Party Good	Retail Excellent
ACCENT—4-Cyl.—Equipment Schedule 6						
W.B. 94.5"; 1.5 Liter.						
L Hatchback 2D	VD14N	9014	175	250	800	1675
GS Hatchback 2D	VD34N	11419	300	400	1000	1950
GL Sedan 4D	VF24N	11819	375	525	1150	2175
GT Hatchback 2D	VD34N	12139	475	650	1350	2475
ELANTRA—4-Cyl.—Equipment Schedule 5						
W.B. 100.4"; 1.8 Liter.						
Sedan 4D	JF24M	13659	475	650	1350	2475
Wagon 4D	JW24M	14559	675	950	1850	3200
GLS Sedan 4D	JF34M	14879	600	825	1650	2975
GLS Wagon 4D	JW34M	15529	775	1075	2025	3475
TIBURON—4-Cyl.—Equipment Schedule 5						
W.B. 97.4"; 1.8 Liter, 2.0 Liter.						
Coupe 2D	JG24M	15609	950	1325	2425	4075
FX Coupe 2D	JG34M	17539	1100	1575	2725	4400
SONATA—4-Cyl.—Equipment Schedule 5						
W.B. 106.3"; 2.0 Liter.						
Sedan 4D	CF24F	15964	375	525	1150	2175
GL Sedan 4D	CF24F	16764	425	600	1275	2350
V6 3.0 Liter	T		250	250	335	335
SONATA—V6—Equipment Schedule 5						
W.B. 106.3"; 3.0 Liter.						
GLS Sedan 4D	CF34T	18964	675	925	1800	3150

1998 HYUNDAI — KMH(VD14N)-W-#

Body Type	VIN	List	Trade-In Fair	Trade-In Good	Pvt-Party Good	Retail Excellent
ACCENT—4-Cyl.—Equipment Schedule 6						
W.B. 94.5"; 1.5 Liter.						
L Hatchback 2D	VD14N	9534	250	350	950	1875
GS Hatchback 2D	VD34N	11328	375	525	1175	2225
GL Sedan 4D	VF24N	11728	475	625	1350	2475
GSi Hatchback 2D	VD34N	12573	575	775	1600	2925
ELANTRA—4-Cyl.—Equipment Schedule 5						
W.B. 100.4"; 1.8 Liter.						
Sedan 4D	JF24M	13728	600	800	1650	2975
Wagon 4D	JW24M	14628	825	1150	2125	3650
GLS Sedan 4D	JF34M	15023	700	1000	1900	3325
GLS Wagon 4D	JW34M	15673	925	1300	2425	4075
TIBURON—4-Cyl.—Equipment Schedule 5						
W.B. 97.4"; 2.0 Liter.						
Coupe 2D	JG24M	16217	1125	1575	2725	4425
FX Coupe 2D	JG34M	17717	1325	1825	3050	4800
SE Pkg			100	100	135	135
SONATA—4-Cyl.—Equipment Schedule 5						
W.B. 106.3"; 2.0 Liter.						
Sedan 4D	CF24F	15984	450	625	1325	2450
GL Sedan 4D	CF24F	16784	525	700	1525	2800
V6 3.0 Liter	T		300	300	400	400
SONATA—V6—Equipment Schedule 5						
W.B. 106.3"; 3.0 Liter.						
GLS Sedan 4D	CF34T	18984	775	1100	2050	3550

1999 HYUNDAI — KMH(VD14N)-X-#

Body Type	VIN	List	Trade-In Fair	Trade-In Good	Pvt-Party Good	Retail Excellent
ACCENT—4-Cyl.—Equipment Schedule 6						
W.B. 94.5"; 1.5 Liter.						
L Hatchback 2D	VD14N	9434	350	475	1125	2175
GS Hatchback 2D	VD34N	12129	475	650	1400	2575
GL Sedan 4D	VF24N	12129	600	800	1650	3000
Sport Pkg			150	150	200	200

Body	Type	VIN	List	Trade-In Fair	Good	Pvt-Party Good	Retail Excellent
ELANTRA—4-Cyl.—Equipment Schedule 5							
W.B. 100.4"; 2.0 Liter.							
GL Sedan 4D		JF24F	12734	625	900	1775	3150
GL Wagon 4D		JW34F	13634	900	1250	2375	4050
GLS Sedan 4D		JF34F	13934	775	1100	2075	3600
GLS Wagon 4D		JW34F	14434	1050	1450	2625	4300
TIBURON—4-Cyl.—Equipment Schedule 5							
W.B. 97.4"; 2.0 Liter.							
Coupe 2D		JG24F	16229	1375	1850	3075	4875
FX Coupe 2D		JG34F	17729	1650	2150	3425	5275
SONATA—4-Cyl.—Equipment Schedule 5							
W.B. 106.3"; 2.4 Liter.							
Sedan 4D		WF24S	16234	575	775	1650	3000
V6 2.5 Liter		V		350	350	465	465
SONATA—V6—Equipment Schedule 5							
W.B. 106.3"; 2.5 Liter.							
GLS Sedan 4D		WF34V	18234	875	1225	2375	4050
2000 HYUNDAI — KMH(CF35G)-Y-#							
ACCENT—4-Cyl.—Equipment Schedule 6							
W.B. 96.1"; 1.5 Liter.							
L Hatchback 2D		CF35G	9434	475	625	1425	2625
GS Hatchback 2D		CG35G	10784	625	850	1750	3150
GL Sedan 4D		CG45G	10884	725	1000	1975	3475
ELANTRA—4-Cyl.—Equipment Schedule 5							
W.B. 100.4"; 2.0 Liter.							
GLS Sedan 4D		JF34F	12984	975	1350	2525	4225
GLS Wagon 4D		JW34F	13684	1225	1725	2950	4700
TIBURON—4-Cyl.—Equipment Schedule 5							
W.B. 97.4"; 2.0 Liter.							
Coupe 2D		JG24F	15184	1775	2300	3575	5450
SONATA—4-Cyl.—Equipment Schedule 5							
W.B. 106.3"; 2.4 Liter.							
Sedan 4D		WF14S	15934	700	1000	1975	3475
SONATA—V6—Equipment Schedule 5							
W.B. 106.3"; 2.5 Liter.							
GLS Sedan 4D		WF34V	17934	1075	1500	2675	4400
2001 HYUNDAI — KMH(CF35G)-1-#							
ACCENT—4-Cyl.—Equipment Schedule 6							
W.B. 96.1"; 1.5 Liter, 1.6 Liter.							
L Hatchback 2D		CF35G	10184	625	875	1850	3300
GS Hatchback 2D		CH35C	10584	800	1125	2250	3950
GL Sedan 4D		CG45C	11084	900	1275	2425	4150
ELANTRA—4-Cyl.—Equipment Schedule 5							
W.B. 102.7"; 2.0 Liter.							
GLS Sedan 4D		JF35D	13734	1175	1650	2900	4675
GT Hatchback 4D		JF35D	15234	1575	2050	3325	5200
TIBURON—4-Cyl.—Equipment Schedule 5							
W.B. 97.4"; 2.0 Liter.							
Coupe 2D		JG25D	15734	2125	2675	4000	5925
SONATA—4-Cyl.—Equipment Schedule 5							
W.B. 106.3"; 2.4 Liter.							
Sedan 4D		WF15S	15934	925	1300	2475	4225
SONATA—V6—Equipment Schedule 5							
W.B. 106.3"; 2.5 Liter.							
GLS Sedan 4D		WF35V	17934	1350	1850	3100	4925
XG300—V6—Equipment Schedule 3							
W.B. 108.3"; 3.0 Liter.							
Sedan 4D		FU45D	23934	1575	2050	3325	5200
L Sedan 4D		FU45D	25434	1750	2250	3525	5425
2002 HYUNDAI — KMH(CF35G)-2-#							
ACCENT—4-Cyl.—Equipment Schedule 6							
W.B. 96.1"; 1.5 Liter, 1.6 Liter.							
L Hatchback 2D		CF35G	10244	775	1075	2400	4300
GS Hatchback 2D		CH35C	10744	950	1350	2700	4625
GL Sedan 4D		CG45C	11144	1050	1475	2875	4825
ELANTRA—4-Cyl.—Equipment Schedule 5							
W.B. 102.7"; 2.0 Liter.							
GLS Sedan 4D		DN45D	13794	1425	1900	3325	5375
GT Hatchback 4D		DN55D	15294	1850	2375	3850	5925

Body Type	VIN	List	Trade-In Fair	Good	Pvt-Party Good	Retail Excellent
SONATA—4-Cyl.—Equipment Schedule 5						
W.B. 106.3"; 2.4 Liter.						
Sedan 4D	WF15S	16494	1100	1550	2975	4975
V6 2.7 Liter	H		400	400	535	535
SONATA—V6—Equipment Schedule 5						
W.B. 106.3"; 2.7 Liter.						
GLS Sedan 4D	WF35H	17994	1675	2175	3650	5725
LX Sedan 4D	WF35H	19319	1975	2525	4000	6125
XG350—V6—Equipment Schedule 5						
W.B. 108.3"; 3.5 Liter.						
Sedan 4D	FU45E	24494	2650	3250	4725	6925
L Sedan 4D	FU45E	26094	2800	3425	4925	7150

2003 HYUNDAI — KMH(CF35C)-3-#

Body Type	VIN	List	Trade-In Fair	Good	Pvt-Party Good	Retail Excellent
ACCENT—4-Cyl.—Equipment Schedule 6						
W.B. 96.1"; 1.6 Liter.						
Hatchback 2D	CF35C	10745	975	1375	2775	4725
GL Hatchback 2D	CG35C	11144	1200	1675	3100	5125
GL Sedan 4D	CG45C	11544	1425	1900	3375	5425
GT Hatchback 2D	CG45C	11544	1625	2125	3600	5675
ELANTRA—4-Cyl.—Equipment Schedule 5						
W.B. 102.7"; 2.0 Liter.						
GLS Sedan 4D	DN45D	13794	1825	2350	3825	5925
GT Sedan 4D	DN55D	15444	2175	2775	4250	6400
GT Hatchback 4D	DN55D	15444	2275	2850	4325	6525
TIBURON—4-Cyl.—Equipment Schedule 3						
W.B. 99.6"; 2.0 Liter.						
Coupe 2D	HM65D	16494	3125	3800	5350	7650
5-Spd Manual Trans			(450)	(450)	(600)	(600)
TIBURON—V6—Equipment Schedule 3						
W.B. 99.6"; 2.7 Liter.						
GT Coupe 2D	HN65F	19244	3675	4375	5950	8350
5-Spd Manual Trans			(450)	(450)	(600)	(600)
SONATA—4-Cyl.—Equipment Schedule 5						
W.B. 106.3"; 2.4 Liter.						
Sedan 4D	WF15S	16494	1375	1850	3325	5400
V6 2.7 Liter	H		475	475	635	635
SONATA—V6—Equipment Schedule 5						
W.B. 106.3"; 2.7 Liter.						
GLS Sedan 4D	WF35H	18094	2000	2550	4050	6200
LX Sedan 4D	WF35H	19319	2375	2975	4475	6700
XG350—V6—Equipment Schedule 5						
W.B. 108.3"; 3.5 Liter.						
Sedan 4D	FU45E	24494	2850	3475	4975	7200
L Sedan 4D	FU45E	26094	3075	3700	5225	7500

2004 HYUNDAI — KMH(CF35C)-4-#

Body Type	VIN	List	Trade-In Fair	Good	Pvt-Party Good	Retail Excellent
ACCENT—4-Cyl.—Equipment Schedule 6						
W.B. 96.1"; 1.6 Liter.						
Hatchback 2D	CF35C	11289	1300	1800	3250	5325
GL Hatchback 2D	CG35C	11439	1675	2175	3650	5750
GL Sedan 4D	CG45C	11839	1975	2525	4025	6175
GT Hatchback 2D	CG45C	11939	2150	2725	4225	6400
ELANTRA—4-Cyl.—Equipment Schedule 5						
W.B. 102.7"; 2.0 Liter.						
GLS Sedan 4D	DN45D	14639	2350	2950	4425	6650
GT Sedan 4D	DN55D	16189	2750	3350	4875	7125
GT Hatchback 4D	DN55D	16189	2825	3450	4975	7225
TIBURON—4-Cyl.—Equipment Schedule 3						
W.B. 99.6"; 2.0 Liter.						
Coupe 2D	HM65D	18439	3775	4500	6075	8475
5-Spd Manual Trans			(475)	(475)	(635)	(635)
TIBURON—V6—Equipment Schedule 3						
W.B. 99.6"; 2.7 Liter.						
GT Coupe 2D	HN65F	19639	4375	5175	6775	9300
GT Special Ed Cpe 2D	HN65F	20987	5000	5850	7500	10100
5-Spd Manual Trans			(475)	(475)	(635)	(635)
SONATA—4-Cyl.—Equipment Schedule 5						
W.B. 106.3"; 2.4 Liter.						
Sedan 4D	WF15S	17339	1775	2300	3825	5975
V6 2.7 Liter	H		550	550	735	735

2004 HYUNDAI

Body	Type	VIN	List	Trade-In Fair	Good	Pvt-Party Good	Retail Excellent
SONATA—V6—Equipment Schedule 5							
W.B. 106.3"; 2.7 Liter.							
GLS Sedan 4D	WF35H	19339	2475	3075	4600	6850
LX Sedan 4D	WF35H	20339	2875	3500	5075	7375
XG350—V6—Equipment Schedule 3							
W.B. 108.3"; 3.5 Liter.							
Sedan 4D	FU45E	24589	3125	3800	5325	7600
L Sedan 4D	FU45E	26189	3375	4075	5575	7900

2005 HYUNDAI — KMH(CG35C)-5-#

Body	Type	VIN	List	Trade-In Fair	Good	Pvt-Party Good	Retail Excellent
ACCENT—4-Cyl.—Equipment Schedule 6							
W.B. 96.1"; 1.6 Liter.							
GLS Hatchback 2D	CG35C	11339	2250	2850	4350	6575
GLS Sedan 4D	CG45C	11839	2675	3275	4800	7050
GT Hatchback 2D	CG35C	11939	2825	3425	4975	7250
ELANTRA—4-Cyl.—Equipment Schedule 5							
W.B. 102.7"; 2.0 Liter.							
GLS Sedan 4D	DN46D	14644	3050	3675	5225	7525
GLS Hatchback 4D	DN56D	14944	3200	3875	5425	7750
GT Sedan 4D	DN46D	16194	3450	4150	5675	8025
GT Hatchback 4D	DN56D	16194	3525	4250	5775	8125
TIBURON—4-Cyl.—Equipment Schedule 3							
W.B. 99.6"; 2.0 Liter.							
GS Coupe 2D	HM65D	17494	4500	5325	6925	9475
5-Spd Manual Trans			(500)	(500)	(665)	(665)
TIBURON—V6—Equipment Schedule 3							
W.B. 99.6"; 2.7 Liter.							
GT Coupe 2D	HN65F	19494	5200	6050	7725	10350
SE Coupe 2D	HN65F	20594	5800	6750	8400	11100
5-Spd Manual Trans			(500)	(500)	(665)	(665)
SONATA—4-Cyl.—Equipment Schedule 5							
W.B. 106.3"; 2.4 Liter.							
GL Sedan 4D	WF25S	17394	2325	2900	4450	6725
V6 2.7 Liter	H		600	600	800	800
SONATA—V6—Equipment Schedule 5							
W.B. 106.3"; 2.7 Liter.							
GLS Sedan 4D	WF35H	19394	3075	3725	5325	7675
LX Sedan 4D	WF35H	20394	3525	4250	5825	8225
XG350—V6—Equipment Schedule 3							
W.B. 108.3"; 3.5 Liter.							
Sedan 4D	FU45E	24994	3550	4275	5775	8100
L Sedan 4D	FU45E	26594	3825	4550	6075	8425

2006 HYUNDAI — KMH(CN46C)-6-#

Body	Type	VIN	List	Trade-In Fair	Good	Pvt-Party Good	Retail Excellent
ACCENT—4-Cyl.—Equipment Schedule 6							
W.B. 98.4"; 1.6 Liter.							
GLS Sedan 4D	CN46C	12995	3625	4325	5875	8250
ELANTRA—4-Cyl.—Equipment Schedule 5							
W.B. 102.7"; 2.0 Liter.							
GLS Sedan 4D	DN46D	15095	3875	4600	6175	8575
GLS Hatchback 4D	DN56D	15495	4050	4800	6375	8775
Limited Sedan 4D	DN46D	16045	4175	4925	6500	8925
GT Hatchback 4D	DN56D	16415	4375	5175	6775	9275
TIBURON—4-Cyl.—Equipment Schedule 3							
W.B. 99.6"; 2.0 Liter.							
GS Coupe 2D	HM65D	17595	5350	6250	7875	10500
5-Spd Manual Trans			(525)	(525)	(700)	(700)
TIBURON—V6—Equipment Schedule 3							
W.B. 99.6"; 2.7 Liter.							
GT Coupe 2D	HN65F	19995	6075	7025	8700	11400
GT Limited Coupe 2D	HN65F	21995	6825	7875	9525	12300
SE Coupe 2D	HN65F	21595	6775	7800	9450	12250
5-Spd Manual Trans			(525)	(525)	(700)	(700)
SONATA—4-Cyl.—Equipment Schedule 5							
W.B. 107.4"; 2.4 Liter.							
GL Sedan 4D	ET46C	19395	4350	5150	6750	9250
GLS Sedan 4D	EU46C	19995	5175	6025	7750	10450
V6 3.3 Liter	F		650	650	865	865
SONATA—V6—Equipment Schedule 5							
W.B. 107.4"; 3.3 Liter.							
LX Sedan 4D	EU46F	23495	5650	6600	8275	11050

Body	Type	VIN	List	Trade-In Fair	Trade-In Good	Pvt-Party Good	Retail Excellent
AZERA—V6—Equipment Schedule 3							
W.B. 109.4"; 3.8 Liter.							
SE Sedan 4D		FC46F	24995	6050	6975	8675	11400
Limited Sedan 4D		FC46F	27495	7425	8500	10200	13100

2007 HYUNDAI — KMH(CM36C)-7-#

Body	Type	VIN	List	Fair	Good	Good	Excellent
ACCENT—4-Cyl.—Equipment Schedule 6							
W.B. 98.4"; 1.6 Liter.							
GS Hatchback 2D		CM36C	11945	3925	4650	6100	8350
GLS Sedan 4D		CN46C	13145	4475	5300	6775	9175
SE Hatchback 2D		CN36C	14495	4750	5575	7050	9450
ELANTRA—4-Cyl.—Equipment Schedule 5							
W.B. 104.3"; 2.0 Liter.							
GLS Sedan 4D		DU46D	16495	6125	7100	8600	11150
SE Sedan 4D		DU46D	17295	6275	7250	8750	11300
Limited Sedan 4D		DU46D	18295	6450	7425	8950	11500
TIBURON—4-Cyl.—Equipment Schedule 5							
W.B. 99.6"; 2.0 Liter.							
GS Coupe 2D		HM65D	18295	6900	7950	9500	12200
5-Spd Manual Trans				(550)	(550)	(735)	(735)
TIBURON—V6—Equipment Schedule 3							
W.B. 99.6"; 2.7 Liter.							
GT Coupe 2D		HN66F	20995	7700	8825	10450	13300
GT Limited Coupe 2D		HN66F	23295	8500	9725	11300	14250
SE Coupe 2D		HN66F	22595	8475	9675	11300	14200
5-Spd Manual Trans				(550)	(550)	(735)	(735)
SONATA—4-Cyl.—Equipment Schedule 5							
W.B. 107.4"; 2.4 Liter.							
GLS Sedan 4D		ET46C	18895	5700	6650	8250	10950
SONATA—V6—Equipment Schedule 5							
W.B. 107.4"; 3.3 Liter.							
SE Sedan 4D		EU46F	21595	6575	7575	9225	12000
Limited Sedan 4D		EU46F	23595	7225	8300	9950	12800
AZERA—V6—Equipment Schedule 3							
W.B. 109.4"; 3.3 Liter, 3.8 Liter.							
GLS Sedan 4D		FC46D	24895	6475	7475	9075	11750
SE Sedan 4D		FC46F	25195	7225	8300	9900	12700
Limited Sedan 4D		FC46F	27795	8725	9950	11600	14600

2008 HYUNDAI — (KMHOR5NP)(CM36C)-8-#

Body	Type	VIN	List	Fair	Good	Good	Excellent
ACCENT—4-Cyl.—Equipment Schedule 6							
W.B. 98.4"; 1.6 Liter.							
GS Hatchback 2D		CM36C	11395	4925	5775	7050	9225
GLS Sedan 4D		CN46C	13545	5525	6425	7725	9950
SE Hatchback 2D		CN36C	15195	5850	6775	8075	10400
ELANTRA—4-Cyl.—Equipment Schedule 5							
W.B. 104.3"; 2.0 Liter.							
GLS Sedan 4D		DU46D	15145	7350	8450	9800	12300
SE Sedan 4D		DU46D	17845	7500	8600	9950	12450
TIBURON—4-Cyl.—Equipment Schedule 3							
W.B. 99.6"; 2.0 Liter.							
GS Coupe 2D		HM65D	18595	8150	9325	10900	13650
5-Spd Manual Trans				(575)	(575)	(765)	(765)
TIBURON—V6—Equipment Schedule 3							
W.B. 99.6"; 2.7 Liter.							
GT Coupe 2D		HN66F	21495	9050	10300	11850	14750
GT Limited Coupe 2D		HN66F	22995	9950	11295	12900	15900
SE Coupe 2D		HN66F	22845	9850	11175	12800	15800
5-Spd Manual Trans				(575)	(575)	(765)	(765)
6-Spd Manual Trans				0	0	0	0
SONATA—V6—Equipment Schedule 5							
W.B. 107.4"; 3.3 Liter.							
GLS Sedan 4D		ET46F	21645	7975	9150	10800	13650
GLS Sedan 4D		EU46F	22745	8075	9225	10900	13750
SE Sedan 4D		EU46F	24695	8825	10050	11700	14700
Limited Sedan 4D				(750)	(750)	(1000)	(1000)
4-Cyl. 2.4 Liter		C					
AZERA—V6—Equipment Schedule 3							
W.B. 109.4"; 3.3 Liter, 3.8 Liter.							
GLS Sedan 4D		FC46D	25295	8375	9575	11150	14000
Limited Sedan 4D		FC46F	29245	10825	12300	13900	17100

Body	Type	VIN	List	Trade-In Fair	Good	Pvt-Party Good	Retail Excellent

INFINITI

1994 INFINITI — JNK(CP01D)–R–#

G20—4-Cyl.—Equipment Schedule 1
W.B. 100.4"; 2.0 Liter.

Sedan 4D		CP01D	25625	775	1100	1975	3375
Touring				100	100	135	135
Manual Trans				(225)	(225)	(300)	(300)

J30—V6—Equipment Schedule 1
W.B. 108.7"; 3.0 Liter.

Sedan 4D		AY21D	37400	1200	1675	2825	4525
Touring				100	100	135	135

Q45—V8—Equipment Schedule 1
W.B. 113.2"; 4.5 Liter.

Sedan 4D		NG01D	50900	875	1225	2175	3650
Active Suspension				200	200	265	265
Touring				100	100	135	135
Traction Control				100	100	135	135

1995 INFINITI — JNK(CP01D)–S–#

G20—4-Cyl.—Equipment Schedule 1
W.B. 100.4"; 2.0 Liter.

Sedan 4D		CP01D	26625	900	1275	2225	3725
Touring				100	100	135	135
Manual Trans				(225)	(225)	(300)	(300)

J30—V6—Equipment Schedule 1
W.B. 108.7"; 3.0 Liter.

Sedan 4D		AY21D	39000	1425	1900	3125	4900
Touring				100	100	135	135

Q45—V8—Equipment Schedule 1
W.B. 113.4"; 4.5 Liter.

Sedan 4D		NG01D	52850	1050	1500	2600	4275
Active Suspension				200	200	265	265
Touring				100	100	135	135
Traction Control				100	100	135	135

1996 INFINITI — JNK(CP01D)–T–#

G20—4-Cyl.—Equipment Schedule 1
W.B. 100.4"; 2.0 Liter.

Sedan 4D		CP01D	27630	1025	1450	2575	4250
Touring				125	125	165	165
Manual Trans				(225)	(225)	(300)	(300)

I30—V6—Equipment Schedule 1
W.B. 106.3"; 3.0 Liter.

Sedan 4D		CA21D	32000	1575	2075	3300	5100
Touring				150	150	200	200
Manual Trans				(225)	(225)	(300)	(300)

J30—V6—Equipment Schedule 1
W.B. 108.7"; 3.0 Liter.

Sedan 4D		AY21D	40400	1725	2225	3475	5325
Touring				150	150	200	200

Q45—V8—Equipment Schedule 1
W.B. 113.4"; 4.5 Liter.

Sedan 4D		NG01D	54000	1075	1500	2675	4350
Touring				150	150	200	200
Traction Control				125	125	165	165

1997 INFINITI — JNK(CA21D)–V–#

I30—V6—Equipment Schedule 1
W.B. 106.3"; 3.0 Liter.

Sedan 4D		CA21D	30395	1750	2250	3525	5375
Touring				200	200	265	265
Manual Trans				(275)	(275)	(365)	(365)

J30—V6—Equipment Schedule 1
W.B. 108.7"; 3.0 Liter.

Sedan 4D		AY21D	36245	1850	2400	3675	5525
Touring				200	200	265	265

Q45—V8—Equipment Schedule 1
W.B. 111.4"; 4.1 Liter.

1997 INFINITI

Body	Type	VIN	List	Trade-In Fair	Good	Pvt-Party Good	Retail Excellent
Sedan 4D		BY31D	48395	2875	3500	4900	7025
Touring				200	200	265	265

1998 INFINITI — JNK(CA21D)–W–#

I30—V6—Equipment Schedule 1
W.B. 106.3"; 3.0 Liter.

Sedan 4D		CA21D	30695	2175	2775	4075	6000
Touring				250	250	335	335
Manual Trans				(325)	(325)	(435)	(435)

Q45—V8—Equipment Schedule 1
W.B. 111.4"; 4.1 Liter.

Sedan 4D		BY31D	48395	3050	3700	5125	7275
Touring				250	250	335	335

1999 INFINITI — JNK(CP11A)–X–#

G20—4-Cyl.—Equipment Schedule 1
W.B. 102.4"; 2.0 Liter.

Sedan 4D		CP11A	23820	2125	2700	3975	5900
Touring				200	200	265	265
Manual Trans				(375)	(375)	(500)	(500)

I30—V6—Equipment Schedule 1
W.B. 106.3"; 3.0 Liter.

Sedan 4D		CA21A	30725	2600	3200	4550	6600
Limited Sedan 4D		CA21A	31625	2650	3250	4600	6675
Touring				300	300	400	400
Manual Trans				(375)	(375)	(500)	(500)

Q45—V8—Equipment Schedule 1
W.B. 111.4"; 4.1 Liter.

Sedan 4D		BY31A	48725	3425	4150	5575	7825
Touring				300	300	400	400

2000 INFINITI — JNK(CP11A)–Y–#

G20—4-Cyl.—Equipment Schedule 1
W.B. 102.4"; 2.0 Liter.

Sedan 4D		CP11A	24220	2425	3025	4325	6325
Touring				200	200	265	265
Manual Trans				(425)	(425)	(565)	(565)

I30—V6—Equipment Schedule 1
W.B. 108.3"; 3.0 Liter.

Sedan 4D		CA21A	29990	3350	4050	5475	7650
Touring				350	350	465	465

Q45—V8—Equipment Schedule 1
W.B. 111.4"; 4.1 Liter.

Sedan 4D		BY31A	49420	4125	4875	6400	8750
Touring				350	350	465	465
Anniversary Edition				300	300	400	400

2001 INFINITI — JNK(CP11A)–1–#

G20—4-Cyl.—Equipment Schedule 1
W.B. 102.4"; 2.0 Liter.

Sedan 4D		CP11A	24220	2875	3500	4850	6925
Touring				200	200	265	265
Manual Trans				(475)	(475)	(635)	(635)

I30—V6—Equipment Schedule 1
W.B. 108.3"; 3.0 Liter.

Sedan 4D		CA31A	29990	4075	4825	6300	8600
Touring				375	375	500	500

Q45—V8—Equipment Schedule 1
W.B. 111.4"; 4.1 Liter.

Sedan 4D		BY31A	49420	5125	5975	7600	10200
Touring				375	375	500	500

2002 INFINITI — JNK(CP11A)–2–#

G20—4-Cyl.—Equipment Schedule 1
W.B. 102.4"; 2.0 Liter.

Sedan 4D		CP11A	24340	3325	4025	5575	7925
Sport Pkg				200	200	265	265
Manual Trans				(500)	(500)	(665)	(665)

I35—V6—Equipment Schedule 1
W.B. 108.3"; 3.5 Liter.

Sedan 4D		DA31A	29295	4125	4900	6525	9025

2002 INFINITI

Body	Type	VIN	List	Trade-In Fair	Trade-In Good	Pvt-Party Good	Retail Excellent
Sport Pkg			....	400	400	535	535
Q45—V8—Equipment Schedule 1							
W.B. 113.0"; 4.5 Liter.							
Sedan 4D		BF01A	51045	6000	6950	8775	11650
Sport Pkg			....	400	400	535	535
Premium Pkg			....	1000	1000	1335	1335

2003 INFINITI — JNK(CV51E)-3-#

Body	Type	VIN	List	Trade-In Fair	Trade-In Good	Pvt-Party Good	Retail Excellent
G35—V6—Equipment Schedule 1							
W.B. 112.2"; 3.5 Liter.							
Sedan 4D		CV51E	29495	7900	9050	11000	14150
Coupe 2D		CV54E	32945	9275	10575	12550	15950
I35—V6—Equipment Schedule 1							
W.B. 108.3"; 3.5 Liter.							
Sedan 4D		DA31A	30995	5650	6575	8300	11050
Sport Pkg				475	475	635	635
M45—V8—Equipment Schedule 1							
W.B. 110.2"; 4.5 Liter.							
Sedan 4D		AY41E	43845	7425	8525	10450	13550
Q45—V8—Equipment Schedule 1							
W.B. 113.0"; 4.5 Liter.							
Sedan 4D		BF01A	52545	7475	8575	10450	13550
Premium Sedan 4D		BF01A	62145	10000	11325	13400	16900

2004 INFINITI — JNK(CV51E)-4-#

Body	Type	VIN	List	Trade-In Fair	Trade-In Good	Pvt-Party Good	Retail Excellent
G35—V6—Equipment Schedule 1							
W.B. 112.2"; 3.5 Liter.							
Sedan 4D		CV51E	31690	9325	10625	12550	15950
AWD Sedan 4D		CV51F	33490	10050	11425	13400	16850
Coupe 2D		CV54E	33140	10825	12300	14250	17850
I35—V6—Equipment Schedule 1							
W.B. 108.3"; 3.5 Liter.							
Sedan 4D		DA31A	31190	6650	7650	9425	12350
M45—V8—Equipment Schedule 1							
W.B. 110.2"; 4.5 Liter.							
Sedan 4D		AY41E	44840	8700	9900	11900	15300
Q45—V8—Equipment Schedule 1							
W.B. 113.0"; 4.5 Liter.							
Sedan 4D		BF01A	52990	9625	10925	12950	16400
Premium Sedan 4D		BF01A	62190	12500	14100	16150	20000
Journey Pkg				1300	1300	1735	1735

2005 INFINITI — JNK(CV51E)-5-#

Body	Type	VIN	List	Trade-In Fair	Trade-In Good	Pvt-Party Good	Retail Excellent
G35—V6—Equipment Schedule 1							
W.B. 112.2"; 3.5 Liter.							
Sedan 4D		CV51E	32460	10975	12450	14350	17850
x AWD Sedan 4D		CV51F	34260	11800	13325	15300	18850
Coupe 2D		CV54E	34160	12600	14200	16150	19900
Q45—V8—Equipment Schedule 1							
W.B. 113.0"; 4.5 Liter.							
Sedan 4D		BF01A	56810	12450	14075	16100	19900
Premium Pkg				1450	1450	1935	1935

2006 INFINITI — JNK(CV51E)-6-#

Body	Type	VIN	List	Trade-In Fair	Trade-In Good	Pvt-Party Good	Retail Excellent
G35—V6—Equipment Schedule 1							
W.B. 112.2"; 3.5 Liter.							
Sedan 4D		CV51E	32910	12875	14550	16500	20200
x AWD Sedan 4D		CV51F	34710	13825	15575	17500	21300
Coupe 2D		CV54E	34850	15300	17200	19100	23000
M35—V6—Equipment Schedule 1							
W.B. 114.2"; 3.5 Liter.							
Sedan 4D		AY01E	41250	16900	18975	21000	25200
AWD Sedan 4D		AY01F	43750	17550	19700	21700	25900
Sport Sedan 4D		AY01E	44050	17450	19550	21600	25800
Premium Pkg				800	800	1065	1065
M45—V8—Equipment Schedule 1							
W.B. 114.2"; 4.5 Liter.							
Sedan 4D		BY01E	47560	17875	20000	22200	26700
Sport Sedan 4D		BY01E	50360	18575	20775	23000	27500
Premium Pkg				800	800	1065	1065
Q45—V8—Equipment Schedule 1							
W.B. 113.0"; 4.5 Liter.							

Body	Type	VIN	List	Trade-In Fair	Trade-In Good	Pvt-Party Good	Retail Excellent
Sport Sedan 4D		BF01A	58750	16750	18775	20900	25200
Premium Pkg				1600	1600	2135	2135

2007 INFINITI — JNK(BV61E)-7-#

G35—V6—Equipment Schedule 1
W.B. 112.2"; 3.5 Liter.

Sedan 4D		BV61E	34500	17650	19800	21700	25800
Journey Sedan 4D		BV61E	34950	17775	20000	21900	26000
Sport Sedan 4D		BV61E	36500	18425	20575	22500	26800
x AWD Sedan 4D		BV61F	36800	18675	20875	22800	27000
Coupe 2D		CV54E	37000	17700	19900	21800	25900

M35—V6—Equipment Schedule 1
W.B. 114.2"; 3.5 Liter.

Sedan 4D		AY01E	42150	19450	21750	23700	28000
AWD Sedan 4D		AY01F	45250	20100	22450	24400	28700
Sport Sedan 4D		AY01E	44950	20000	22350	24300	28600
Premium Pkg				800	800	1065	1065

M45—V8—Equipment Schedule 1
W.B. 114.2"; 4.5 Liter.

Sedan 4D		BY01E	49800	21550	24000	26200	30900
Sport Sedan 4D		BY01E	51200	22250	24800	27000	31800
Premium Pkg				800	800	1065	1065

2008 INFINITI — JNK(BV61E)-8-#

G35—V6—Equipment Schedule 1
W.B. 112.2"; 3.5 Liter.

Sedan 4D		BV61E	32315	20375	22825	24600	28900
Journey Sedan 4D		BV61E	32765	20575	23025	24800	29100
Sport Sedan 4D		BV61E	33115	21275	23825	25600	29900
x AWD Sedan 4D		BV61F	34815	21450	23900	25800	30100

G37—V6—Equipment Schedule 1
W.B. 112.2"; 3.7 Liter.

Coupe 2D		CV64E	34965	24000	26750	28500	33000
Journey Coupe 2D		CV64E	35715	24100	26950	28700	33200
Sport Coupe 2D		CV64E	36265	24600	27450	29200	33800

M35—V6—Equipment Schedule 1
W.B. 114.2"; 3.5 Liter.

Sedan 4D		AY01E	43765	22550	25100	27000	31400
x AWD Sedan 4D		AY01F	45515	23225	25875	27600	32100
Premium Pkg				800	800	1065	1065

M45—V8—Equipment Schedule 1
W.B. 114.2"; 4.5 Liter.

Sedan 4D		BY01E	50065	25875	28800	30900	35900
AWD Sedan 4D		BY01F	52565	26650	29700	31800	36800
Premium Pkg				800	800	1065	1065

JAGUAR

1994 JAGUAR — SAJ(HX174)-R-#

XJ6—6-Cyl.—Equipment Schedule 1
W.B. 113.0"; 4.0 Liter.

Sedan 4D		HX174	52330	2125	2700	3975	5875
Vanden Plas Sedan 4D		KX174	59980	2300	2875	4175	6125

XJS—6-Cyl.—Equipment Schedule 2
W.B. 102.0"; 4.0 Liter.

Coupe 2D		NX574	52530	3625	4325	5800	8075
2+2 Convertible 2D		NX474	60530	5175	6025	7750	10450
Manual Trans				(225)	(225)	(300)	(300)

XJS—V12—Equipment Schedule 2
W.B. 102.0"; 6.0 Liter.

Coupe 2D		NX534	70530	4775	5600	7250	9850
2+2 Convertible 2D		NX234	80530	5825	6775	8575	11400

XJ12—V12—Equipment Schedule 1
W.B. 113.0"; 6.0 Liter.

Sedan 4D		MX134	72330	2350	2925	4250	6200

1995 JAGUAR — SAJ(HX174)-S-#

XJ6—6-Cyl.—Equipment Schedule 1
W.B. 113.0"; 4.0 Liter.

Sedan 4D		HX174	54030	2275	2850	4200	6175

1995 JAGUAR

Body	Type	VIN	List	Trade-In Fair	Trade-In Good	Pvt-Party Good	Retail Excellent
Vanden Plas Sedan 4D		KX174	62780	2925	3550	4975	7100
Traction Control				**100**	**100**	**135**	**135**
XJR—6-Cyl. Supercharged—Equipment Schedule 1							
W.B. 113.0"; 4.0 Liter.							
Sedan 4D		PX114	65580	3750	4450	5975	8300
XJS—6-Cyl.—Equipment Schedule 2							
W.B. 102.0"; 4.0 Liter.							
Coupe 2D		NX574	53980	4200	4950	6525	8950
2+2 Convertible 2D		NX274	62130	5900	6850	8675	11550
XJS—V12—Equipment Schedule 2							
W.B. 102.0"; 6.0 Liter.							
Coupe 2D		NX534	72930	5475	6375	8125	10950
2+2 Convertible 2D		NX234	83130	6675	7700	9600	12700
XJ12—V12—Equipment Schedule 1							
W.B. 113.0"; 6.0 Liter.							
Sedan 4D		MX134	77830	2525	3100	4475	6525

1996 JAGUAR — SAJ(HX174)-T-#

Body	Type	VIN	List	Fair	Good	Good	Excellent
XJ6—6-Cyl.—Equipment Schedule 1							
W.B. 113.0", 117.9" (Vanden Plas); 4.0 Liter.							
Sedan 4D		HX174	56900	2675	3275	4625	6700
Vanden Plas Sedan 4D		KX674	65000	4125	4875	6400	8800
Traction Control				**125**	**125**	**165**	**165**
XJR—6-Cyl. Supercharged—Equipment Schedule 1							
W.B. 113.0"; 4.0 Liter.							
Sedan 4D		PX114	66850	4325	5100	6675	9100
XJS—6-Cyl.—Equipment Schedule 2							
W.B. 102.0"; 4.0 Liter.							
2+2 Convertible 2D		NX274	62150	6750	7800	9675	12750
XJ12—V12—Equipment Schedule 1							
W.B. 117.9"; 6.0 Liter.							
Sedan 4D		MX634	79950	4725	5525	7200	9775

1997 JAGUAR — SAJ(HX124)-V-#

Body	Type	VIN	List	Fair	Good	Good	Excellent
XJ6—6-Cyl.—Equipment Schedule 1							
W.B. 113.0", 117.9" (L & Vanden Plas); 4.0 Liter.							
Sedan 4D		HX124	54980	3175	3850	5300	7475
L Sedan 4D		HX624	59980	3400	4100	5525	7800
Vanden Plas Sedan 4D		KX624	64380	4675	5525	7150	9725
Traction Control				**150**	**150**	**200**	**200**
XJR—6-Cyl. Supercharged—Equipment Schedule 1							
W.B. 113.0"; 4.0 Liter.							
Sedan 4D		PX114	67980	5075	5925	7625	10300
XK8—V8—Equipment Schedule 2							
W.B. 101.9"; 4.0 Liter.							
Coupe 2D		GX574	65480	5275	6150	7850	10550
Convertible 2D		GX274	70480	4975	5825	7500	10150
Traction Control				**150**	**150**	**200**	**200**

1998 JAGUAR — SAJ(HX124)-W-#

Body	Type	VIN	List	Fair	Good	Good	Excellent
XJ8—V8—Equipment Schedule 1							
W.B. 113.0", 117.9" (L & Vanden Plas); 4.0 Liter.							
Sedan 4D		HX124	55330	5275	6150	7850	10550
L Sedan 4D		HX624	60330	5375	6250	7950	10650
Vanden Plas Sedan 4D		KX624	64380	5700	6625	8350	11100
Traction Control				**175**	**175**	**235**	**235**
XJR—V8 Supercharged—Equipment Schedule 1							
W.B. 113.0"; 4.0 Liter.							
Sedan 4D		PX184	67980	6750	7800	9625	12650
XK8—V8—Equipment Schedule 2							
W.B. 101.9"; 4.0 Liter.							
Coupe 2D		GX524	65480	6025	6975	8775	11600
Convertible 2D		GX224	70480	5700	6625	8350	11100
Traction Control				**175**	**175**	**235**	**235**

1999 JAGUAR — SAJ(HX104)-X-#

Body	Type	VIN	List	Fair	Good	Good	Excellent
XJ8—V8—Equipment Schedule 1							
W.B. 113.0", 117.9" (L & Vanden Plas); 4.0 Liter.							
Sedan 4D		HX104	55780	5475	6375	8050	10800
L Sedan 4D		HX604	60830	5525	6450	8150	10900
Vanden Plas Sedan 4D		KX604	64880	5925	6875	8600	11350
Traction Control				**200**	**200**	**265**	**265**

1999 JAGUAR

Body	Type	VIN	List	Trade-In Fair	Trade-In Good	Pvt-Party Good	Retail Excellent
XJR—V8 Supercharged—Equipment Schedule 1							
W.B. 113.0"; 4.0 Liter.							
Sedan 4D		PX184	69030	**7100**	**8175**	**10050**	**13100**
XK8—V8—Equipment Schedule 2							
W.B. 101.9"; 4.0 Liter.							
Coupe 2D		GX504	66330	**6900**	**7975**	**9775**	**12750**
Convertible 2D		GX204	71330	**6550**	**7550**	**9325**	**12250**
Traction Control				**200**	**200**	**265**	**265**

2000 JAGUAR — SAJ(DorJ)(A01C)-Y-#

Body	Type	VIN	List	Trade-In Fair	Trade-In Good	Pvt-Party Good	Retail Excellent
S-TYPE—V6—Equipment Schedule 1							
W.B. 114.5"; 3.0 Liter.							
Sedan 4D		A01C	44980	**2450**	**3050**	**4400**	**6500**
Sport Pkg				**150**	**150**	**200**	**200**
S-TYPE—V8—Equipment Schedule 1							
W.B. 114.5"; 4.0 Liter.							
Sedan 4D		A01D	48580	**3525**	**4250**	**5700**	**7975**
Sport Pkg				**150**	**150**	**200**	**200**
XJ8—V8—Equipment Schedule 1							
W.B. 113.0", 117.9" (L & Vanden Plas).							
Sedan 4D		A14C	56245	**5850**	**6775**	**8475**	**11200**
L Sedan 4D		A23C	61295	**5875**	**6825**	**8550**	**11300**
Vanden Plas Sedan 4D		A24C	65345	**6300**	**7275**	**9050**	**11900**
XJR—V8 Supercharged—Equipment Schedule 1							
W.B. 113.0"; 4.0 Liter.							
Sedan 4D		A15B	69145	**7650**	**8750**	**10650**	**13700**
XJ8—V8 Supercharged—Equipment Schedule 1							
W.B. 117.9"; 4.0 Liter.							
Vanden Plas Sedan 4D		A14B	81245	**11325**	**12850**	**15000**	**18800**
XK8—V8—Equipment Schedule 2							
W.B. 101.9"; 4.0 Liter.							
Coupe 2D		A41C	66795	**7950**	**9100**	**11050**	**14200**
Convertible 2D		A42C	71795	**7575**	**8675**	**10500**	**13550**
XKR—V8 Supercharged—Equipment Schedule 2							
W.B. 101.9"; 4.0 Liter.							
Coupe 2D		A41B	77395	**9275**	**10575**	**12650**	**16150**
Convertible 2D		A42B	82395	**9275**	**10575**	**12650**	**16150**

2001 JAGUAR — SAJD(A01C)-1-#

Body	Type	VIN	List	Trade-In Fair	Trade-In Good	Pvt-Party Good	Retail Excellent
S-TYPE—V6—Equipment Schedule 1							
W.B. 114.5"; 3.0 Liter.							
Sedan 4D		A01C	46250	**3250**	**3950**	**5425**	**7650**
Sport Pkg				**150**	**150**	**200**	**200**
S-TYPE—V8—Equipment Schedule 1							
W.B. 114.5"; 4.0 Liter.							
Sedan 4D		A01D	49950	**4400**	**5200**	**6775**	**9250**
Sport Pkg				**150**	**150**	**200**	**200**
XJ8—V8—Equipment Schedule 1							
W.B. 113.0", 117.9" (L & Vanden Plas); 4.0 Liter.							
Sedan 4D		A14C	56950	**6400**	**7375**	**9150**	**12000**
L Sedan 4D		A23C	62950	**6425**	**7400**	**9175**	**12000**
Vanden Plas Sedan 4D		A24C	68250	**6875**	**7950**	**9700**	**12650**
XJR—V8 Supercharged—Equipment Schedule 1							
W.B. 113.0"; 4.0 Liter.							
Sedan 4D		A15B	69930	**8325**	**9525**	**11450**	**14750**
XJ8—V8 Supercharged—Equipment Schedule 1							
W.B. 117.9"; 4.0 Liter.							
Vanden Plas Sedan 4D		A25B	83950	**12350**	**13975**	**16150**	**20100**
XK8—V8—Equipment Schedule 2							
W.B. 101.9"; 4.0 Liter.							
Coupe 2D		A41C	69750	**9200**	**10475**	**12450**	**15850**
Convertible 2D		A42C	74750	**8775**	**10000**	**11950**	**15300**
XKR—V8 Supercharged—Equipment Schedule 2							
W.B. 101.9"; 4.0 Liter.							
Coupe 2D		A41B	80750	**10625**	**12050**	**14150**	**17900**
Convertible 2D		A42B	85750	**10625**	**12050**	**14150**	**17900**

2002 JAGUAR — SAJ-(A51D)-2-#

Body	Type	VIN	List	Trade-In Fair	Trade-In Good	Pvt-Party Good	Retail Excellent
X-TYPE AWD—V6—Equipment Schedule 2							
W.B. 106.7"; 2.5 Liter, 3.0 Liter.							
2.5L Sedan 4D		A51D	34370	**3275**	**3975**	**5525**	**7900**
2.5L Sport Sedan 4D		A53D	36370	**3450**	**4150**	**5725**	**8100**

2002 JAGUAR

Body Type	VIN	List	Trade-In Fair	Good	Pvt-Party Good	Retail Excellent
3.0L Sedan 4D	A51C	39095	3325	4025	5600	8025
3.0L Sport Sedan 4D	A53C	41095	3275	3975	5550	7975
Manual Trans			(500)	(500)	(665)	(665)
S-TYPE—V6—Equipment Schedule 1						
W.B. 114.5"; 3.0 Liter.						
Sedan 4D	A01C	46320	4225	5000	6750	9350
Sport			1000	1000	1335	1335
Manual Trans			(500)	(500)	(665)	(665)
S-TYPE—V8—Equipment Schedule 1						
W.B. 114.5"; 4.0 Liter.						
Sedan 4D	A01D	49975	5450	6350	8100	10950
Sport			1000	1000	1335	1335
XJ8—V8—Equipment Schedule 1						
W.B. 113.0"; 4.0 Liter.						
Sedan 4D	A14C	56975	7075	8125	10050	13200
XJ SPORT—V8—Equipment Schedule 1						
W.B. 113.0"; 4.0 Liter.						
Sedan 4D	A14C	59975	6300	7275	9225	12300
VANDEN PLAS—V8—Equipment Schedule 1						
W.B. 117.9"; 4.0 Liter.						
Sedan 4D	A24C	68975	7625	8725	10700	13900
XJR—V8 Supercharged—Equipment Schedule 1						
W.B. 113.0"; 4.0 Liter.						
Sedan 4D	A15B	72475	9175	10425	12550	16100
100 Sedan 4D	A15B		12500	14100	16400	20500
XJ SUPER—V8 Supercharged—Equipment Schedule 1						
W.B. 117.9"; 4.0 Liter.						
Sedan 4D	A25B	79975	13525	15250	17650	22000
XK8—V8—Equipment Schedule 2						
W.B. 101.9"; 4.0 Liter.						
Coupe 2D	A41C	69975	10475	11900	14050	17800
Convertible 2D	A42C	74975	10050	11425	13550	17250
XKR—V8 Supercharged—Equipment Schedule 2						
W.B. 101.9"; 4.0 Liter.						
Coupe 2D	A41B	82975	12050	13625	15950	20000
Convertible 2D	A42B	87975	12050	13625	15950	20000
100 Coupe 2D	A41B	84000	****	****	****	34300
100 Convertible 2D	A42B	86975	****	****	****	37100

2003 JAGUAR — SAJ-(A51D)-3-#

Body Type	VIN	List	Trade-In Fair	Good	Pvt-Party Good	Retail Excellent
X-TYPE AWD—V6—Equipment Schedule 2						
W.B. 106.7"; 2.5 Liter, 3.0 Liter.						
2.5L Sedan 4D	A51D	29950	4175	4925	5500	9175
3.0L Sedan 4D	A51C	36950	4250	5000	6700	9275
Sport Pkg			875	875	1165	1165
Manual Trans			(575)	(575)	(765)	(765)
S-TYPE—V6—Equipment Schedule 1						
W.B. 114.5"; 3.0 Liter.						
Sedan 4D	A01T	44975	5450	6325	8125	11000
Sport Pkg			1000	1000	1335	1335
Manual Trans			(575)	(575)	(765)	(765)
S-TYPE—V8—Equipment Schedule 1						
W.B. 114.5"; 4.2 Liter.						
Sedan 4D	A01U	49975	6675	7700	9550	12550
Sport Pkg			1000	1000	1335	1335
S-TYPE R—V8 Supercharged—Equipment Schedule 1						
W.B. 114.5"; 4.2 Liter.						
Sedan 4D	A03V	62400	8325	9500	11650	15150
XJ8—V8—Equipment Schedule 1						
W.B. 113.0"; 4.0 Liter.						
Sedan 4D	A14C	56975	8200	9375	11550	15050
XJ SPORT—V8—Equipment Schedule 1						
W.B. 113.0"; 4.0 Liter.						
Sedan 4D	A12C	59975	7750	8875	10900	14150
VANDEN PLAS—V8—Equipment Schedule 1						
W.B. 117.9"; 4.0 Liter.						
Sedan 4D	A24C	68975	9575	10875	13050	16600
XJR—V8 Supercharged—Equipment Schedule 1						
W.B. 113.0"; 4.0 Liter.						
Sedan 4D	A15B	72475	11275	12800	15000	18800
XJ SUPER—V8 Supercharged—Equipment Schedule 1						
W.B. 117.9"; 4.0 Liter.						
Sedan 4D	A25B	79975	16425	18425	21000	25700

2003 JAGUAR

Body	Type	VIN	List	Trade-In Fair	Good	Pvt-Party Good	Retail Excellent
XK8—V8—Equipment Schedule 2							
W.B. 101.9"; 4.2 Liter.							
Coupe 2D		A41U	69975	12600	14200	16400	20400
Convertible 2D		A42U	74975	11800	13325	15550	19400
XKR—V8 Supercharged—Equipment Schedule 2							
W.B. 101.9"; 4.2 Liter.							
Coupe 2D		A41V	81975	14250	16025	18450	22800
Convertible 2D		A42V	86975	14250	16025	18450	22800
Handling Pkg				2000	2000	2665	2665

2004 JAGUAR — SAJ–(A51D)–4–#

Body	Type	VIN	List	Trade-In Fair	Good	Pvt-Party Good	Retail Excellent
X-TYPE AWD—V6—Equipment Schedule 2							
W.B. 106.7"; 2.5 Liter, 3.0 Liter.							
2.5L Sedan 4D		A51D	30520	5475	6350	8100	10900
3.0L Sedan 4D		A51C	33995	5525	6450	8200	11000
Sport Pkg				975	975	1300	1300
Manual Trans				(650)	(650)	(865)	(865)
S-TYPE—V6—Equipment Schedule 1							
W.B. 114.5"; 3.0 Liter.							
Sedan 4D		A01T	44995	7025	8075	10000	13150
Sport Pkg				1000	1000	1335	1335
Manual Trans				(650)	(650)	(865)	(865)
S-TYPE—V8—Equipment Schedule 1							
W.B. 114.5"; 4.2 Liter.							
Sedan 4D		A01U	49995	8275	9475	11400	14700
Sport Pkg				1000	1000	1335	1335
S-TYPE R—V8 Supercharged—Equipment Schedule 1							
W.B. 114.5"; 4.2 Liter.							
Sedan 4D		A03V	63120	10200	11575	13750	17500
XJ8—V8—Equipment Schedule 1							
W.B. 119.4"; 4.2 Liter.							
Sedan 4D		A71C	59995	9675	10975	13250	17000
VANDEN PLAS—V8—Equipment Schedule 1							
W.B. 119.4"; 4.2 Liter.							
Sedan 4D		A74C	68995	11950	13525	15750	19600
XJR—V8 Supercharged—Equipment Schedule 1							
W.B. 119.4"; 4.2 Liter.							
Sedan 4D		A73B	74995	13775	15525	17800	22000
XK8—V8—Equipment Schedule 2							
W.B. 101.9"; 4.2 Liter.							
Coupe 2D		A41C	69995	15050	16900	19150	23400
Convertible 2D		A42C	74995	13925	15675	17900	22000
XKR—V8 Supercharged—Equipment Schedule 2							
W.B. 101.9"; 4.2 Liter.							
Coupe 2D		A41B	82995	16850	18875	21500	26200
Convertible 2D		A42B	87995	16850	18875	21500	26200
Handling Pkg				2000	2000	2665	2665

2005 JAGUAR — SAJD(A51D)–5–#

Body	Type	VIN	List	Trade-In Fair	Good	Pvt-Party Good	Retail Excellent
X-TYPE AWD—V6—Equipment Schedule 2							
W.B. 106.7"; 2.5 Liter, 3.0 Liter.							
2.5L Sedan 4D		A51D	32245	7125	8175	9950	12850
3.0L Sedan 4D		A51C	34995	7250	8325	10200	13250
3.0L Wagon 4D		A54C	36995	8475	9675	11550	14750
Sport Pkg				1075	1075	1435	1435
VDP Edition				1500	1500	2000	2000
Manual Trans				(725)	(725)	(965)	(965)
S-TYPE—V6—Equipment Schedule 1							
W.B. 114.5"; 3.0 Liter.							
Sedan 4D		A01T	45995	9025	10300	12250	15600
Sport Pkg				1000	1000	1335	1335
S-TYPE—V8—Equipment Schedule 1							
W.B. 114.5"; 4.2 Liter.							
Sedan 4D		A01U	51995	10300	11700	13700	17300
VDP Edition				1500	1500	2000	2000
Sport Pkg				1000	1000	1335	1335
S-TYPE R—V8 Supercharged—Equipment Schedule 1							
W.B. 114.5"; 4.2 Liter.							
Sedan 4D		A03V	58995	12400	13975	16300	20400
XJ8—V8—Equipment Schedule 1							
W.B. 119.4", 124.4" (L); 4.2 Liter.							
Sedan 4D		A71C	61495	11575	13075	15450	19450

2005 JAGUAR

Body	Type	VIN	List	Trade-In Fair	Good	Pvt-Party Good	Retail Excellent
L Sedan 4D		A79C	63495	12250	13875	16150	20300
VANDEN PLAS—V8—Equipment Schedule 1							
W.B. 124.4"; 4.2 Liter.							
Sedan 4D		A82C	70995	15525	17450	19700	23900
XJR—V8 Supercharged—Equipment Schedule 1							
W.B. 119.4"; 4.2 Liter.							
Sedan 4D		A73B	75995	16650	18725	21100	25600
XJ SUPER—V8 Supercharged—Equipment Schedule 1							
W.B. 124.4"; 4.2 Liter.							
Sedan 4D		A86B	89995	23325	26075	28700	34200
XK8—V8—Equipment Schedule 2							
W.B. 101.9"; 4.2 Liter.							
Coupe 2D		A41C	70495	17775	20000	22200	26900
Convertible 2D		A42C	75495	16375	18375	20700	25100
XKR—V8 Supercharged—Equipment Schedule 1							
W.B. 101.9"; 4.2 Liter.							
Coupe 2D		A41B	82995	19800	22150	24700	29800
Convertible 2D		A42B	87995	19800	22150	24700	29800
Handling Pkg				2000	2000	2665	2665

2006 JAGUAR — SAJ–(A51A)–6–#

Body	Type	VIN	List	Trade-In Fair	Good	Pvt-Party Good	Retail Excellent
X-TYPE AWD—V6—Equipment Schedule 1							
W.B. 106.7"; 3.0 Liter.							
3.0L Sedan 4D		A51A	32995	9400	10675	12600	15950
3.0L Wagon 4D		A54A	36995	10725	12150	14050	17550
Sport Pkg				1175	1175	1565	1565
VDP Edition				1500	1500	2000	2000
S-TYPE—V6—Equipment Schedule 1							
W.B. 114.5"; 3.0 Liter.							
Sedan 4D		A01A	45995	11475	12975	15000	18600
S-TYPE—V8—Equipment Schedule 1							
W.B. 114.5"; 4.2 Liter.							
Sedan 4D		A01B	52495	12800	14400	16500	20400
VDP Edition				1500	1500	2000	2000
S-TYPE R—V8 Supercharged—Equipment Schedule 1							
W.B. 114.5"; 4.2 Liter.							
Sedan 4D		A03C	63995	15050	16900	19350	23800
XJ8—V8—Equipment Schedule 1							
W.B. 119.4", 124.4" (L); 4.2 Liter.							
Sedan 4D		A71B	62495	17550	19700	22100	27000
L Sedan 4D		A79B	64995	18775	20975	23500	28400
VANDEN PLAS—V8—Equipment Schedule 1							
W.B. 124.4"; 4.2 Liter.							
Sedan 4D		A82B	74995	21450	23900	26300	31200
XJR—V8 Supercharged—Equipment Schedule 1							
W.B. 119.4"; 4.2 Liter.							
Sedan 4D		A73C	79995	23725	26450	28800	34000
XJ SUPER—V8 Supercharged—Equipment Schedule 1							
W.B. 124.4"; 4.2 Liter.							
Sedan 4D		A82C	91995	31175	34700	37300	43500
Portfolio Sedan 4D		A86C	115995	43225	47925	50700	58200
XK8—V8—Equipment Schedule 2							
W.B. 101.9"; 4.2 Liter.							
Coupe 2D		A41C	70495	21175	23725	26000	30900
Convertible 2D		A42C	75495	19350	21650	23900	28600
XKR—V8 Supercharged—Equipment Schedule 2							
W.B. 101.9"; 4.2 Liter.							
Coupe 2D		A41B	82995	23325	25975	28500	33800
Convertible 2D		A42B	87995	23325	25975	28500	33800
Handling Pkg				2000	2000	2665	2665

2007 JAGUAR — SAJ–(A51A)–7–#

Body	Type	VIN	List	Trade-In Fair	Good	Pvt-Party Good	Retail Excellent
X-TYPE AWD—V6—Equipment Schedule 2							
W.B. 106.7"; 3.0 Liter.							
3.0L Sedan 4D		A51A	34995	12200	13775	15650	19150
3.0L Wagon 4D		A54A	39995	13625	15325	17200	20900
S-TYPE—V6—Equipment Schedule 1							
W.B. 114.5"; 3.0 Liter.							
Sedan 4D		A01A	49000	14450	16275	18250	22100
S-TYPE—V8—Equipment Schedule 1							
W.B. 114.5"; 4.2 Liter.							
Sedan 4D		A01B	56000	17875	20000	22400	27000

2007 JAGUAR

Body Type	VIN	List	Trade-In Fair	Good	Pvt-Party Good	Retail Excellent
S-TYPE R—V8 Supercharged—Equipment Schedule 1						
W.B. 114.5"; 4.2 Liter.						
Sedan 4D	A03C	64000	24300	27150	29500	34900
XJ8—V8—Equipment Schedule 1						
W.B. 119.4", 124.4" (L); 4.2 Liter.						
Sedan 4D	A71B	64250	23900	26650	29200	34600
L Sedan 4D	A79B	67750	25675	28625	31300	36900
VANDEN PLAS—V8—Equipment Schedule 1						
W.B. 124.4"; 4.2 Liter.						
Sedan 4D	A82B	75500	29000	32350	34700	40400
XJR—V8 Supercharged—Equipment Schedule 1						
W.B. 119.4"; 4.2 Liter.						
Sedan 4D	A73C	81500	31075	34600	36900	42900
XJ SUPER—V8 Supercharged—Equipment Schedule 1						
W.B. 124.4"; 4.2 Liter.						
Sedan 4D	A82C	92000	39300	43600	46200	53000
XK—V8—Equipment Schedule 2						
W.B. 108.3"; 4.2 Liter.						
Coupe 2D	A43B	75500	32150	35775	38100	44200
Convertible 2D	A44B	81500	34975	38900	41400	47600
XKR—V8 Supercharged—Equipment Schedule 2						
W.B. 108.3"; 4.2 Liter.						
Coupe 2D	A43C	86500	38025	42150	44700	51500
Convertible 2D	A44C	92500	42050	46550	49100	56300

2008 JAGUAR — SAJ-(A51A)-8-#

Body Type	VIN	List	Trade-In Fair	Good	Pvt-Party Good	Retail Excellent
X-TYPE AWD—V6—Equipment Schedule 2						
W.B. 106.7"; 3.0 Liter.						
3.0L Sedan 4D	A51A	35725	15525	17450	19250	23000
3.0L Wagon 4D	A54A	39995	17100	19150	21000	25000
S-TYPE—V6—Equipment Schedule 2						
W.B. 114.5"; 3.0 Liter.						
Sedan 4D	A01A	50000	18125	20275	22300	26600
Satin Edition			1500	1500	2000	2000
S-TYPE—V8—Equipment Schedule 1						
W.B. 114.5"; 4.2 Liter.						
Sedan 4D	A01B	57500	21750	24300	26800	31800
Satin Edition			1500	1500	2000	2000
S-TYPE R—V8 Supercharged—Equipment Schedule 1						
W.B. 114.5"; 4.2 Liter.						
Sedan 4D	A03C	66000	28725	32050	34300	40000
XJ8—V8—Equipment Schedule 1						
W.B. 119.4", 124.4" (L); 4.2 Liter.						
Sedan 4D	A71B	65500	28425	31650	34200	40100
L Sedan 4D	A79B	69000	30775	34200	36800	42800
VANDEN PLAS—V8—Equipment Schedule 1						
W.B. 124.4"; 4.2 Liter.						
Sedan 4D	A82B	77750	34800	38600	40800	46800
XJR—V8 Supercharged—Equipment Schedule 1						
W.B. 119.4"; 4.2 Liter.						
Sedan 4D	A73C	85250	36550	40675	42800	49100
XJ SUPER—V8 Supercharged—Equipment Schedule 1						
W.B. 124.4"; 4.2 Liter.						
Sedan 4D	A86C	95750	45575	50475	52900	60300
XK—V8—Equipment Schedule 2						
W.B. 108.3"; 4.2 Liter.						
Coupe 2D	A43B	76500	37250	41250	43500	49900
Convertible 2D	A44B	82500	40375	44775	46900	53500
XKR—V8 Supercharged—Equipment Schedule 2						
W.B. 108.3"; 4.2 Liter.						
Coupe 2D	A43C	87700	43600	48325	50600	57600
Portfolio Coupe 2D	A45C	99700	66250	73300	75400	84400
Convertible 2D	A44C	93700	47725	52925	55300	62800
Portfolio Conv 2D	A46C	104800	67925	75075	77200	86300

KIA

1994 KIA — KNA(FA121)-R-#

Body Type	VIN	List	Trade-In Fair	Good	Pvt-Party Good	Retail Excellent
SEPHIA—4-Cyl.—Equipment Schedule 6						
W.B. 98.4"; 1.6 Liter.						
RS Sedan 4D	FA121	10130	100	150	625	1325

Body	Type	VIN	List	Trade-In Fair	Trade-In Good	Pvt-Party Good	Retail Excellent
LS Sedan 4D		FA121	10674	150	200	700	1450
GS Sedan 4D		FA121	11420	225	325	850	1675

1995 KIA — KNA(FA121)–S–#

SEPHIA—4-Cyl.—Equipment Schedule 6
W.B. 98.4"; 1.6 Liter, 1.8 Liter.
RS Sedan 4D		FA121	10140	125	200	675	1450
LS Sedan 4D		FA121	10730	175	250	775	1600
GS Sedan 4D		FA121	11630	250	375	925	1800

1996 KIA — KNA(FA125)–T–#

SEPHIA—4-Cyl.—Equipment Schedule 6
W.B. 98.4"; 1.6 Liter, 1.8 Liter.
RS Sedan 4D		FA125	11040	150	225	750	1550
LS Sedan 4D		FA125	11980	225	300	850	1725
GS Sedan 4D		FA125	12880	325	425	1025	1950

1997 KIA — KNA(FA125)–V–#

SEPHIA—4-Cyl.—Equipment Schedule 6
W.B. 98.4"; 1.6 Liter, 1.8 Liter.
RS Sedan 4D		FA125	11350	200	275	825	1675
LS Sedan 4D		FA125	12190	275	375	975	1875
GS Sedan 4D		FA125	13250	375	525	1125	2125

1998 KIA — KNA(FB121)–W–#

SEPHIA—4-Cyl.—Equipment Schedule 6
W.B. 100.8"; 1.8 Liter.
| Sedan 4D | | FB121 | 11605 | 375 | 550 | 1200 | 2225 |
| LS Sedan 4D | | FB121 | 12345 | 475 | 650 | 1350 | 2475 |

1999 KIA — KNA(FB121)–X–#

SEPHIA—4-Cyl.—Equipment Schedule 6
W.B. 100.8"; 1.8 Liter.
| Sedan 4D | | FB121 | 11605 | 475 | 650 | 1400 | 2575 |
| LS Sedan 4D | | FB121 | 12345 | 575 | 775 | 1625 | 2975 |

2000 KIA — KNA(FA121)–Y–#

SEPHIA—4-Cyl.—Equipment Schedule 6
W.B. 100.8"; 1.8 Liter.
| Sedan 4D | | FA121 | 11605 | 625 | 850 | 1750 | 3125 |
| LS Sedan 4D | | FA121 | 12345 | 700 | 975 | 1900 | 3375 |

SPECTRA—4-Cyl.—Equipment Schedule 6
W.B. 100.8"; 1.8 Liter.
| GS Sedan 4D | | FB161 | 11245 | 625 | 900 | 1825 | 3250 |
| GSX Sedan 4D | | FB161 | 13445 | 800 | 1125 | 2125 | 3675 |

2001 KIA — KNA(DC123)–1–#

RIO—4-Cyl.—Equipment Schedule 6
W.B. 94.9"; 1.5 Liter.
| Sedan 4D | | DC123 | 10175 | 525 | 700 | 1600 | 2975 |

SEPHIA—4-Cyl.—Equipment Schedule 6
W.B. 100.8"; 1.8 Liter.
| Sedan 4D | | FB121 | 11945 | 800 | 1125 | 2150 | 3725 |
| LS Sedan 4D | | FB121 | 12645 | 900 | 1250 | 2400 | 4100 |

SPECTRA—4-Cyl.—Equipment Schedule 6
W.B. 100.8"; 1.8 Liter.
| GS Hatchback 4D | | FB161 | 12345 | 825 | 1175 | 2325 | 4025 |
| GSX Hatchback 4D | | FB161 | 13645 | 975 | 1375 | 2575 | 4300 |

OPTIMA—4-Cyl.—Equipment Schedule 5
W.B. 106.3"; 2.4 Liter.
LX Sedan 4D		GD126	16599	675	950	1925	3425
SE Sedan 4D		GD126	18899	1000	1425	2600	4300
V6 2.5 Liter		4		450	450	600	600

2002 KIA — KNA(DC123)–2–#

RIO—4-Cyl.—Equipment Schedule 6
W.B. 94.9"; 1.5 Liter.
| Sedan 4D | | DC123 | 10660 | 650 | 900 | 2200 | 4075 |
| Cinco Wagon 4D | | DC163 | 11630 | 850 | 1200 | 2550 | 4450 |

2002 KIA

Body Type	VIN	List	Trade-In Fair	Trade-In Good	Pvt-Party Good	Retail Excellent
SPECTRA—4-Cyl.—Equipment Schedule 6						
W.B. 100.8"; 1.8 Liter.						
Sedan 4D	FB121	12450	900	1275	2625	4525
GS Hatchback 4D	FB161	12850	975	1375	2750	4675
LS Sedan 4D	FB121	13090	1025	1450	2850	4800
GSX Hatchback 4D	FB161	14090	1125	1600	3000	4975
OPTIMA—4-Cyl.—Equipment Schedule 6						
W.B. 106.3"; 2.4 Liter.						
LX Sedan 4D	GD126	16244	875	1250	2575	4475
SE Sedan 4D	GD126	17894	1225	1725	3125	5125
V6 2.7 Liter	8		500	500	665	665

2003 KIA — KNA(DC125)-3-#

Body Type	VIN	List	Trade-In Fair	Trade-In Good	Pvt-Party Good	Retail Excellent
RIO—4-Cyl.—Equipment Schedule 6						
W.B. 94.9"; 1.6 Liter.						
Sedan 4D	DC125	10495	850	1175	2550	4475
Cinco Wagon 4D	DC165	11995	1100	1525	2950	4950
SPECTRA—4-Cyl.—Equipment Schedule 6						
W.B. 100.8"; 1.8 Liter.						
Sedan 4D	FB121	12715	1100	1550	2975	4975
GS Hatchback 4D	FB161	13140	1200	1700	3125	5150
LS Sedan 4D	FB121	13320	1325	1800	3250	5300
GSX Hatchback 4D	FB161	14360	1475	1950	3425	5500
OPTIMA—4-Cyl.—Equipment Schedule 6						
W.B. 106.3"; 2.4 Liter.						
LX Sedan 4D	GD126	16915	1025	1450	2875	4850
SE Sedan 4D	GD126	18590	1550	2050	3500	5550
V6 2.7 Liter	8		575	575	765	765

2004 KIA — KNA(DC125)-4-#

Body Type	VIN	List	Trade-In Fair	Trade-In Good	Pvt-Party Good	Retail Excellent
RIO—4-Cyl.—Equipment Schedule 6						
W.B. 94.9"; 1.6 Liter.						
Sedan 4D	DC125	11030	1125	1575	3025	5050
Cinco Wagon 4D	DC165	12655	1525	2025	3500	5575
SPECTRA—4-Cyl.—Equipment Schedule 6						
W.B. 100.8", 102.8" (LX & EX); 1.8 Liter, 2.0 Liter.						
Sedan 4D	FB121	13320	1500	2000	3475	5550
GS Hatchback 4D	FB161	13580	1675	2175	3650	5750
LS Sedan 4D	FB121	13590	1800	2300	3800	5925
LX Sedan 4D	FB121	14120	1850	2350	3850	5975
EX Sedan 4D	FB121	14290	1900	2425	3925	6050
GSX Hatchback 4D	FB161	14630	1950	2500	4000	6150
OPTIMA—4-Cyl.—Equipment Schedule 5						
W.B. 106.3"; 2.4 Liter.						
LX Sedan 4D	GD126	16960	1325	1825	3275	5350
EX Sedan 4D	GD126	18635	1950	2500	4000	6150
V6 2.7 Liter	8		650	650	865	865
AMANTI—V6—Equipment Schedule 3						
W.B. 110.2"; 3.5 Liter.						
Sedan 4D	LD124	25535	4550	5375	7000	9575

2005 KIA — KNA(DC125)-5-#

Body Type	VIN	List	Trade-In Fair	Trade-In Good	Pvt-Party Good	Retail Excellent
RIO—4-Cyl.—Equipment Schedule 6						
W.B. 94.9"; 1.6 Liter.						
Sedan 4D	DC125	11080	1650	2125	3650	5775
Cinco Wagon 4D	DC165	12705	2125	2700	4225	6400
SPECTRA—4-Cyl.—Equipment Schedule 6						
W.B. 102.8"; 2.0 Liter.						
LX Sedan 4D	FB121	14120	2425	3050	4525	6750
EX Sedan 4D	FB121	14290	2500	3075	4625	6850
SX Sedan 4D	FB121	15535	2875	3475	5025	7300
SPECTRA5—4-Cyl.—Equipment Schedule 6						
W.B. 102.8"; 2.0 Liter.						
Hatchback 4D	FE161	15535	2925	3550	5100	7400
OPTIMA—4-Cyl.—Equipment Schedule 5						
W.B. 106.3"; 2.4 Liter.						
LX Sedan 4D	GD126	17740	1850	2375	3900	6050
EX Sedan 4D	GD126	19190	2550	3125	4675	6900
V6 2.7 Liter	8		725	725	965	965
AMANTI—V6—Equipment Schedule 3						
W.B. 110.2"; 3.5 Liter.						
Sedan 4D	LD124	25840	5375	6250	7925	10600

EQUIPMENT & MILEAGE PAGE 9 TO 23

Body	Type	VIN	List	Trade-In Fair	Trade-In Good	Pvt-Party Good	Retail Excellent

2006 KIA — KNA(DE123)-6-#

RIO—4-Cyl.—Equipment Schedule 6
W.B. 98.4"; 1.6 Liter.

Sedan 4D		DE123	11110	2450	3050	4575	6825
LX Sedan 4D		DE123	12985	2875	3500	5050	7350

RIO5—4-Cyl.—Equipment Schedule 6
W.B. 98.4"; 1.6 Liter.

SX Hatchback 4D		DE163	14040	3125	3800	5350	7675

SPECTRA—4-Cyl.—Equipment Schedule 6
W.B. 102.8"; 2.0 Liter.

LX Sedan 4D		FE121	13475	3175	3850	5400	7725
EX Sedan 4D		FE121	14840	3250	3925	5500	7825
SX Sedan 4D		FE121	16140	3650	4375	5925	8300

SPECTRA5—4-Cyl.—Equipment Schedule 6
W.B. 102.8"; 2.0 Liter.

Hatchback 4D		FE161	16140	3750	4450	6025	8400

OPTIMA—4-Cyl.—Equipment Schedule 5
W.B. 106.3"; 2.4 Liter.

LX Sedan 4D		GD126	18040	2550	3150	4700	6950
EX Sedan 4D		GD126	19490	3300	3975	5525	7900
V6 2.7 Liter		8		800	800	1065	1065

OPTIMA (2006.5)—4-Cyl.—Equipment Schedule 5
W.B. 107.1"; 2.4 Liter.

LX Sedan 4D		GE123	18250	4000	4750	6325	8725
EX Sedan 4D		GE123	19995	4800	5600	7225	9775
V6 2.7 Liter		4		800	800	1065	1065

AMANTI—V6—Equipment Schedule 3
W.B. 110.2"; 3.5 Liter.

Sedan 4D		LD124	28435	6300	7275	8975	11750

2007 KIA — KNA(DE123)-7-#

RIO—4-Cyl.—Equipment Schedule 6
W.B. 98.4"; 1.6 Liter.

Sedan 4D		DE123	11350	3275	3975	5400	7600
LX Sedan 4D		DE123	13275	3775	4475	5925	8175
SX Sedan 4D		DE123	14075	4000	4725	6175	8450

RIO5—4-Cyl.—Equipment Schedule 6
W.B. 98.4"; 1.6 Liter.

SX Hatchback 4D		DE163	14330	4050	4800	6250	8525

SPECTRA—4-Cyl.—Equipment Schedule 6
W.B. 102.8"; 2.0 Liter.

LX Sedan 4D		FE121	13495	4050	4800	6250	8550
EX Sedan 4D		FE121	15495	4125	4875	6350	8650
SX Sedan 4D		FE121	16595	4550	5375	6875	9275

SPECTRA5—4-Cyl.—Equipment Schedule 6
W.B. 102.8"; 2.0 Liter.

SX Hatchback 4D		FE161	16595	4675	5500	6975	9400

RONDO—V6—Equipment Schedule 4
W.B. 106.3"; 2.7 Liter.

LX Wagon 4D		FG526	19495	5500	6400	7900	10400
EX Wagon 4D		FG526	20795	6025	6975	8475	11050
4-Cyl. 2.4 Liter		5		(400)	(400)	(535)	(535)

OPTIMA—4-Cyl.—Equipment Schedule 5
W.B. 107.1"; 2.4 Liter.

LX Sedan 4D		GE123	18250	5025	5875	7375	9725
EX Sedan 4D		GE123	19995	5875	6825	8325	10900
V6 2.7 Liter		4		875	875	1165	1165

AMANTI—V6—Equipment Schedule 3
W.B. 110.2"; 3.8 Liter.

Sedan 4D		LD125	26175	7725	8850	10450	13300

2008 KIA — KNA(DE123)-8-#

RIO—4-Cyl.—Equipment Schedule 6
W.B. 98.4"; 1.6 Liter.

Sedan 4D		DE123	11515	4275	5025	6325	8425
LX Sedan 4D		DE123	13440	4750	5575	6850	9050
SX Sedan 4D		DE123	14240	5000	5850	7125	9325

RIO5—4-Cyl.—Equipment Schedule 6
W.B. 98.4"; 1.6 Liter.

LX Hatchback 4D		DE163	13540	4900	5750	7025	9200
SX Hatchback 4D		DE163	14495	5100	5950	7225	9425

2008 KIA

Body	Type	VIN	List	Trade-In Fair	Trade-In Good	Pvt-Party Good	Retail Excellent
SPECTRA—4-Cyl.—Equipment Schedule 6							
W.B. 102.8"; 2.0 Liter.							
LX Sedan 4D		FE121	13520	5050	5900	7250	9525
EX Sedan 4D		FE121	15520	5100	5975	7325	9600
SX Sedan 4D		FE121	16620	5600	6525	7900	10250
SPECTRA5—4-Cyl.—Equipment Schedule 6							
W.B. 102.8"; 2.0 Liter.							
SX Hatchback 4D		FE161	16620	5725	6675	8025	10400
RONDO—V6—Equipment Schedule 4							
W.B. 106.3"; 2.7 Liter.							
LX Wagon 4D		FG526	19495	6675	7700	9125	11600
EX Wagon 4D		FG526	20795	7225	8300	9725	12300
4-Cyl. 2.4 Liter		5		(450)	(450)	(600)	(600)
OPTIMA—4-Cyl.—Equipment Schedule 5							
W.B. 107.1"; 2.4 Liter.							
LX Sedan 4D		GE123	18390	6125	7075	8475	10900
EX Sedan 4D		GE123	20135	7025	8075	9500	12050
V6 2.7 Liter		4		950	950	1265	1265
AMANTI—V6—Equipment Schedule 3							
W.B. 110.2"; 3.8 Liter.							
Sedan 4D		LD125	26195	10675	12100	13700	16850

LEXUS

1994 LEXUS — JT8(GK13T)–R–#

Body	Type	VIN	List	Fair	Good	Good	Excellent
ES 300—V6—Equipment Schedule 1							
W.B. 103.1"; 3.0 Liter.							
Sedan 4D		GK13T	31070	1750	2250	3475	5325
GS 300—6-Cyl.—Equipment Schedule 1							
W.B. 109.4"; 3.0 Liter.							
Sedan 4D		JS47E	40370	2575	3150	4500	6525
Traction Control				100	100	135	135
SC 300—6-Cyl.—Equipment Schedule 1							
W.B. 105.9"; 3.0 Liter.							
Sport Coupe 2D		JZ31C	39370	4100	4850	6375	8750
Traction Control				100	100	135	135
SC 400—V8—Equipment Schedule 1							
W.B. 105.9"; 4.0 Liter.							
Sport Coupe 2D		UZ30C	45570	4725	5550	7200	9800
Traction Control				100	100	135	135
LS 400—V8—Equipment Schedule 1							
W.B. 110.8"; 4.0 Liter.							
Sedan 4D		UF11E	50370	3500	4225	5650	7925
Traction Control				100	100	135	135

1995 LEXUS — JT8(GK13T)–S–#

Body	Type	VIN	List	Fair	Good	Good	Excellent
ES 300—V6—Equipment Schedule 1							
W.B. 103.1"; 3.0 Liter.							
Sedan 4D		GK13T	34180	2050	2625	3900	5800
GS 300—6-Cyl.—Equipment Schedule 1							
W.B. 109.4"; 3.0 Liter.							
Sedan 4D		JS47E	45380	3025	3650	5050	7200
Traction Control				100	100	135	135
SC 300—6-Cyl.—Equipment Schedule 1							
W.B. 105.9"; 3.0 Liter.							
Sport Coupe 2D		JZ31C	44980	4400	5225	6775	9250
Traction Control				100	100	135	135
SC 400—V8—Equipment Schedule 1							
W.B. 105.9"; 4.0 Liter.							
Sport Coupe 2D		UZ30C	49780	5100	5950	7700	10400
Traction Control				100	100	135	135
LS 400—V8—Equipment Schedule 1							
W.B. 112.2"; 4.0 Liter.							
Sedan 4D		UF22E	52680	4000	4725	6250	8625
Traction Control				100	100	135	135

1996 LEXUS — JT8(BF12G)–T–#

Body	Type	VIN	List	Fair	Good	Good	Excellent
ES 300—V6—Equipment Schedule 1							
W.B. 103.1"; 3.0 Liter.							
Sedan 4D		BF12G	34895	2450	3050	4375	6400

1996 LEXUS

Body	Type	VIN	List	Trade-In Fair	Good	Pvt-Party Good	Retail Excellent
GS 300—6-Cyl.—Equipment Schedule 1							
W.B. 109.4"; 3.0 Liter.							
Sedan 4D		BD42S	48445	3500	4200	5650	7925
Traction Control				125	125	165	165
SC 300—6-Cyl.—Equipment Schedule 1							
W.B. 105.9"; 3.0 Liter.							
Sport Coupe 2D		CD32Z	47695	4750	5575	7225	9800
Traction Control				125	125	165	165
SC 400—V8—Equipment Schedule 1							
W.B. 105.9"; 4.0 Liter.							
Sport Coupe 2D		CH32Y	53845	5525	6425	8125	10900
Traction Control				125	125	165	165
LS 400—V8—Equipment Schedule 1							
W.B. 112.2"; 4.0 Liter.							
Sedan 4D		BH33F	54445	4325	5125	6700	9150
Traction Control				125	125	165	165

1997 LEXUS — JT8(BF22G)-V-#

Body	Type	VIN	List	Trade-In Fair	Good	Pvt-Party Good	Retail Excellent
ES 300—V6—Equipment Schedule 1							
W.B. 105.1"; 3.0 Liter.							
Sedan 4D		BF22G	33045	2900	3525	4925	7050
GS 300—6-Cyl.—Equipment Schedule 1							
W.B. 109.4"; 3.0 Liter.							
Sedan 4D		BD42S	48595	4075	4800	6325	8675
Traction Control				150	150	200	200
SC 300—6-Cyl.—Equipment Schedule 1							
W.B. 105.9"; 3.0 Liter.							
Sport Coupe 2D		CD32Z	43445	5525	6400	8075	10800
Traction Control				150	150	200	200
SC 400—V8—Equipment Schedule 1							
W.B. 105.9"; 4.0 Liter.							
Sport Coupe 2D		CH32Y	52295	6325	7300	9075	11950
Traction Control				150	150	200	200
LS 400—V8—Equipment Schedule 1							
W.B. 112.2"; 4.0 Liter.							
Sedan 4D		BH28F	54495	4800	5600	7250	9850
Traction Control				150	150	200	200

1998 LEXUS — JT8(BF28G)-W-#

Body	Type	VIN	List	Trade-In Fair	Good	Pvt-Party Good	Retail Excellent
ES 300—V6—Equipment Schedule 1							
W.B. 105.1"; 3.0 Liter.							
Sedan 4D		BF28G	33935	3400	4125	5525	7775
GS 300—6-Cyl.—Equipment Schedule 1							
W.B. 110.2"; 3.0 Liter.							
Sedan 4D		BD68S	40025	3850	4575	6050	8350
GS 400—V8—Equipment Schedule 1							
W.B. 110.2"; 4.0 Liter.							
Sedan 4D		BH68X	46315	4775	5600	7200	9750
SC 300—6-Cyl.—Equipment Schedule 1							
W.B. 105.9"; 3.0 Liter.							
Sport Coupe 2D		CD32Z	44565	6275	7250	9025	11850
Traction Control				175	175	235	235
SC 400—V8—Equipment Schedule 1							
W.B. 105.9"; 4.0 Liter.							
Sport Coupe 2D		CH32Y	54315	7200	8275	10100	13150
Traction Control				175	175	235	235
LS 400—V8—Equipment Schedule 1							
W.B. 112.2"; 4.0 Liter.							
Sedan 4D		BH28F	54515	5450	6350	8025	10750

1999 LEXUS — JT8(BF28G)-X-#

Body	Type	VIN	List	Trade-In Fair	Good	Pvt-Party Good	Retail Excellent
ES 300—V6—Equipment Schedule 1							
W.B. 105.1"; 3.0 Liter.							
Sedan 4D		BF28G	34235	4025	4775	6275	8600
Coach Edition				200	200	265	265
GS 300—6-Cyl.—Equipment Schedule 1							
W.B. 110.2"; 3.0 Liter.							
Sedan 4D		BD68S	40580	4475	5300	6850	9325
GS 400—V8—Equipment Schedule 1							
W.B. 110.2"; 4.0 Liter.							
Sedan 4D		BH68X	47020	5525	6425	8050	10750

1999 LEXUS

Body Type	VIN	List	Trade-In Fair	Trade-In Good	Pvt-Party Good	Retail Excellent
SC 300—6-Cyl.—Equipment Schedule 1						
W.B. 105.9"; 3.0 Liter.						
Sport Coupe 2D	CD32Z	46640	7125	8200	10000	12950
Traction Control			200	200	265	265
SC 400—V8—Equipment Schedule 1						
W.B. 105.9"; 4.0 Liter.						
Sport Coupe 2D	CH32Y	56830	8100	9275	11200	14450
Traction Control			200	200	265	265
LS 400—V8—Equipment Schedule 1						
W.B. 112.2"; 4.0 Liter.						
Sedan 4D	BH28F	55220	6300	7275	9025	11850

2000 LEXUS — JT8(BF28G)-Y-#

Body Type	VIN	List	Trade-In Fair	Trade-In Good	Pvt-Party Good	Retail Excellent
ES 300—V6—Equipment Schedule 1						
W.B. 105.1"; 3.0 Liter.						
Sedan 4D	BF28G	34785	4750	5575	7150	9650
Platinum Series			250	250	335	335
GS 300—6-Cyl.—Equipment Schedule 1						
W.B. 110.2"; 3.0 Liter.						
Sedan 4D	BD68S	40880	5275	6150	7775	10400
Platinum Series			250	250	335	335
GS 400—V8—Equipment Schedule 1						
W.B. 110.2"; 4.0 Liter.						
Sedan 4D	BH68X	47520	6350	7325	9025	11800
Platinum Series			250	250	335	335
SC 300—6-Cyl.—Equipment Schedule 1						
W.B. 105.9"; 3.0 Liter.						
Sport Coupe 2D	CD32Z	47140	8075	9225	11100	14300
Traction Control			225	225	300	300
SC 400—V8—Equipment Schedule 1						
W.B. 105.9"; 4.0 Liter.						
Sport Coupe 2D	CH32Y	57530	9175	10425	12400	15800
Traction Control			225	225	300	300
LS 400—V8—Equipment Schedule 1						
W.B. 112.2"; 4.0 Liter.						
Sedan 4D	BH28F	55420	7475	8550	10350	13350
Platinum Series			250	250	335	335

2001 LEXUS — JT(8orH)(BF28G)-1-#

Body Type	VIN	List	Trade-In Fair	Trade-In Good	Pvt-Party Good	Retail Excellent
ES 300—V6—Equipment Schedule 1						
W.B. 105.1"; 3.0 Liter.						
Sedan 4D	BF28G	34935	5600	6550	8175	10850
Coach Edition			200	200	265	265
IS 300—6-Cyl.—Equipment Schedule 1						
W.B. 105.1"; 3.0 Liter.						
Sedan 4D	BD182	34055	5800	6725	8350	11050
GS 300—6-Cyl.—Equipment Schedule 1						
W.B. 110.2"; 3.0 Liter.						
Sedan 4D	BD68S	41780	6200	7150	8825	11550
GS 430—V8—Equipment Schedule 1						
W.B. 110.2"; 4.3 Liter.						
Sedan 4D	BN68X	50580	7325	8400	10150	13100
LS 430—V8—Equipment Schedule 1						
W.B. 115.2"; 4.3 Liter.						
Sedan 4D	BN30F	54550	8950	10200	12100	15400
Ultra Luxury Pkg			2450	2450	3265	3265

2002 LEXUS — JT(8orH)(BF30G)-2-#

Body Type	VIN	List	Trade-In Fair	Trade-In Good	Pvt-Party Good	Retail Excellent
ES 300—V6—Equipment Schedule 1						
W.B. 107.1"; 3.0 Liter.						
Sedan 4D	BF30G	33640	7275	8350	10200	13300
IS 300—6-Cyl.—Equipment Schedule 1						
W.B. 105.1"; 3.0 Liter.						
Sedan 4D	BD192	33655	6675	7700	9500	12500
Sport Cross H'Back 4D	ED192	35195	6750	7800	9600	12600
Manual Trans			(500)	(500)	(665)	(665)
GS 300—6-Cyl.—Equipment Schedule 1						
W.B. 110.2"; 3.0 Liter.						
Sedan 4D	BD69S	41840	7100	8150	10000	13050
SportDesign			500	500	665	665
GS 430—V8—Equipment Schedule 1						
W.B. 110.2"; 4.3 Liter.						

Body	Type	VIN	List	Trade-In Fair	Trade-In Good	Pvt-Party Good	Retail Excellent
Sedan 4D		BL69S	48980	8275	9475	11450	14750
LS 430—V8—Equipment Schedule 1							
W.B. 115.2"; 4.3 Liter.							
Sedan 4D		BN30F	56080	10825	12300	14400	18150
Ultra Luxury Pkg				2500	2500	3335	3335
SC 430—V8—Equipment Schedule 1							
W.B. 103.1"; 4.3 Liter.							
Convertible 2D		FN48Y	59030	11700	13225	15500	19400

2003 LEXUS — JT(8orH)(BF30G)-3-#

Body	Type	VIN	List	Trade-In Fair	Trade-In Good	Pvt-Party Good	Retail Excellent
ES 300—V6—Equipment Schedule 1							
W.B. 107.1"; 3.0 Liter.							
Sedan 4D		BF30G	33780	8500	9725	11650	14950
IS 300—6-Cyl.—Equipment Schedule 1							
W.B. 105.1"; 3.0 Liter.							
Sedan 4D		BD192	32485	7725	8850	10700	13750
Sport Cross H'Back 4D		ED192	32525	7825	8950	10900	14050
SportDesign				800	800	1065	1065
Manual Trans				(500)	(500)	(665)	(665)
GS 300—6-Cyl.—Equipment Schedule 1							
W.B. 110.2"; 3.0 Liter.							
Sedan 4D		BD69S	40960	8250	9425	11350	14600
SportDesign				575	575	765	765
GS 430—V8—Equipment Schedule 1							
W.B. 110.2"; 4.3 Liter.							
Sedan 4D		BL69S	48400	9675	10975	13000	16450
LS 430—V8—Equipment Schedule 1							
W.B. 115.2"; 4.3 Liter.							
Sedan 4D		BN30F	56600	12200	13775	15900	19700
Ultra Luxury Pkg				2600	2600	3465	3465
SC 430—V8—Equipment Schedule 1							
W.B. 103.1"; 4.3 Liter.							
Convertible 2D		FN48Y	62600	14350	16175	18450	22700

2004 LEXUS — JT(8orH)(BA30G)-4-#

Body	Type	VIN	List	Trade-In Fair	Trade-In Good	Pvt-Party Good	Retail Excellent
ES 330—V6—Equipment Schedule 1							
W.B. 107.1"; 3.3 Liter.							
Sedan 4D		BA30G	32350	9950	11275	13250	16650
IS 300—6-Cyl.—Equipment Schedule 1							
W.B. 105.1"; 3.0 Liter.							
Sedan 4D		BD192	32815	9000	10250	12150	15500
Sport Cross H'Back 4D		ED192	32855	9125	10400	12300	15650
SportDesign				800	800	1065	1065
Manual Trans				(500)	(500)	(665)	(665)
GS 300—6-Cyl.—Equipment Schedule 1							
W.B. 110.2"; 3.0 Liter.							
Sedan 4D		BD68S	41010	9575	10875	12850	16200
GS 430—V8—Equipment Schedule 1							
W.B. 110.2"; 4.3 Liter.							
Sedan 4D		BL69S	48450	11225	12700	14700	18350
LS 430—V8—Equipment Schedule 1							
W.B. 115.2"; 4.3 Liter.							
Sedan 4D		BN30F	55750	14250	16025	18200	22200
Ultra Luxury Pkg				2700	2700	3600	3600
SC 430—V8—Equipment Schedule 1							
W.B. 103.1"; 4.3 Liter.							
Convertible 2D		FN48Y	63200	17100	19150	21600	26200

2005 LEXUS — JT(8orH)(BA30G)-5-#

Body	Type	VIN	List	Trade-In Fair	Trade-In Good	Pvt-Party Good	Retail Excellent
ES 330—V6—Equipment Schedule 1							
W.B. 107.1"; 3.3 Liter.							
Sedan 4D		BA30G	32600	11625	13125	15100	18650
IS 300—6-Cyl.—Equipment Schedule 1							
W.B. 105.1"; 3.0 Liter.							
Sedan 4D		BD192	34315	10425	11850	13750	17200
Sport Cross H'Back 4D		ED192	34355	10625	12050	13950	17450
Manual Trans				(500)	(500)	(665)	(665)
GS 300—6-Cyl.—Equipment Schedule 1							
W.B. 110.2"; 3.0 Liter.							
Sedan 4D		BD69S	41160	11175	12650	14600	18150
GS 430—V8—Equipment Schedule 1							
W.B. 110.2"; 4.3 Liter.							

1009

Body	Type	VIN	List	Trade-In Fair	Trade-In Good	Pvt-Party Good	Retail Excellent
Sedan 4D		BL69S	48600	12975	14650	16600	20400
LS 430—V8—Equipment Schedule 1							
W.B. 115.2"; 4.3 Liter.							
Sedan 4D		BN36F	56300	17000	19050	21300	25600
Ultra Luxury Pkg				2775	2775	3700	3700
SC 430—V8—Equipment Schedule 1							
W.B. 103.1"; 4.3 Liter.							
Convertible 2D		FN48Y	63800	20100	22550	24900	29800

2006 LEXUS — JT(8orH)(BA30G)-6-#

Body	Type	VIN	List	Trade-In Fair	Trade-In Good	Pvt-Party Good	Retail Excellent
ES 330—V6—Equipment Schedule 1							
W.B. 107.1"; 3.3 Liter.							
Sedan 4D		BA30G	32950	13625	15325	17300	21100
IS 250—V6—Equipment Schedule 1							
W.B. 107.5"; 2.5 Liter.							
Sedan 4D		BK262	31750	15475	17400	19350	23300
AWD Sedan 4D		CK262	34875	16900	18975	21000	25200
IS 350—V6—Equipment Schedule 1							
W.B. 107.5"; 3.5 Liter.							
Sedan 4D		BE262	36030	17650	19800	21800	26000
GS 300—V6—Equipment Schedule 1							
W.B. 112.2"; 3.0 Liter.							
Sedan 4D		BH96S	44800	17975	20100	22100	26500
AWD Sedan 4D		CH96S	46750	18675	20875	22900	27200
GS 430—V8—Equipment Schedule 1							
W.B. 112.2"; 4.3 Liter.							
Sedan 4D		BN96S	53025	20000	22350	24400	28900
LS 430—V8—Equipment Schedule 1							
W.B. 115.2"; 4.3 Liter.							
Sedan 4D		BN36F	57175	20575	23025	25100	29700
Ultra Luxury Pkg				2850	2850	3800	3800
SC 430—V8—Equipment Schedule 1							
W.B. 103.1"; 4.3 Liter.							
Convertible 2D		FN48Y	66005	23625	26350	28700	33800
Pebble Beach Special Ed				400	400	535	535

2007 LEXUS — JT(8orH)(BJ46G)-7-#

Body	Type	VIN	List	Trade-In Fair	Trade-In Good	Pvt-Party Good	Retail Excellent
ES 350—V6—Equipment Schedule 1							
W.B. 109.3"; 3.5 Liter.							
Sedan 4D		BJ46G	35145	20000	22350	24300	28600
Ultra Luxury Pkg				2925	2925	3900	3900
IS 250—V6—Equipment Schedule 1							
W.B. 107.5"; 2.5 Liter.							
Sedan 4D		BK262	32015	17975	20100	22100	26200
AWD Sedan 4D		CK262	34875	19550	21850	23800	28100
IS 350—V6—Equipment Schedule 1							
W.B. 107.5"; 3.5 Liter.							
Sedan 4D		BE262	36295	20275	22725	24600	29000
GS 350—V6—Equipment Schedule 1							
W.B. 112.2"; 3.5 Liter.							
Sedan 4D		BE96S	44845	24200	27050	28900	33700
AWD Sedan 4D		CE96S	46795	25000	27925	29800	34600
GS 430—V8—Equipment Schedule 1							
W.B. 112.2"; 4.3 Liter.							
Sedan 4D		BN96S	53070	26450	29500	31500	36600
GS 450h—V6 Hybrid—Equipment Schedule 1							
W.B. 112.2"; 3.5 Liter.							
Sedan 4D		BC96S	55595	27925	31175	33100	38300
LS 460—V8—Equipment Schedule 1							
W.B. 116.9", 121.7" (L); 4.6 Liter.							
Sedan 4D		BL46F	61715	34975	38900	41000	46800
L Sedan 4D		GL46F	71715	42425	47050	49300	56100
Executive Pkg				3000	3000	4000	4000
Luxury Pkg				500	500	665	665
Touring Pkg				600	600	800	800
SC 430—V8—Equipment Schedule 1							
W.B. 103.1"; 4.3 Liter.							
Convertible 2D		FN45Y	66150	27550	30675	32900	38400
Pebble Beach Special Ed				400	400	535	535

2008 LEXUS

Body Type	VIN	List	Trade-In Fair	Good	Pvt-Party Good	Retail Excellent
2008 LEXUS — JT(8orH)(BJ46G)-8-#						
ES 350—V6—Equipment Schedule 1						
W.B. 109.3"; 3.5 Liter.						
Sedan 4D	BJ46G	34485	23025	25675	27400	31900
Ultra Luxury Pkg			3000	3000	4000	4000
IS 250—V6—Equipment Schedule 1						
W.B. 107.5"; 2.5 Liter.						
Sedan 4D	BK262	32390	20875	23325	25100	29400
AWD Sedan 4D	CK262	34850	22550	25175	27000	31500
IS 350—V6—Equipment Schedule 1						
W.B. 107.5"; 3.5 Liter.						
Sedan 4D	BE262	36670	23325	26075	27800	32300
IS F—V8—Equipment Schedule 1						
W.B. 107.5"; 5.0 Liter.						
Sedan 4D	BP262	56765	34000	37725	39900	45800
GS 350—V6—Equipment Schedule 1						
W.B. 112.2"; 3.5 Liter.						
Sedan 4D	BE96S	44915	27525	30775	32500	37400
AWD Sedan 4D	CE96S	46865	28525	31750	33400	38400
GS 450h—V6 Hybrid—Equipment Schedule 1						
W.B. 112.2"; 3.5 Liter.						
Sedan 4D	BC96S	55665	31750	35275	37000	42200
GS 460—V8—Equipment Schedule 1						
W.B. 112.2"; 4.6 Liter.						
Sedan 4D	BN96S	53385	33025	36750	38400	43700
LS 460—V8—Equipment Schedule 1						
W.B. 116.9", 121.7" (L); 4.6 Liter.						
Sedan 4D	BL46F	62265	39600	43900	45700	51600
L Sedan 4D	GL46F	72265	47525	52725	54500	61300
Executive Pkg			3000	3000	4000	4000
Luxury Pkg			500	500	665	665
Touring Pkg			600	600	800	800
LS 600h—V8 Hybrid—Equipment Schedule 1						
W.B. 121.7"; 5.0 Liter.						
L Sedan 4D	DU46F	104765	63400	70175	72000	80500
Executive Pkg			3000	3000	4000	4000
SC 430—V8—Equipment Schedule 1						
W.B. 103.1"; 4.3 Liter.						
Convertible 2D	FN45Y	66220	32050	35675	37700	43300
Pebble Beach Special Ed			400	400	535	535

LINCOLN

Body Type	VIN	List	Trade-In Fair	Good	Pvt-Party Good	Retail Excellent
1994 LINCOLN — 1LN(LM81W)-R-#						
TOWN CAR—V8—Equipment Schedule 2						
W.B. 117.4"; 4.6 Liter.						
Executive Sedan 4D	LM81W	35930	1600	2075	3300	5100
Signature Sedan 4D	LM82W	37230	1725	2225	3450	5275
Cartier Dsgnr Sed 4D	LM83W	38725	1800	2325	3575	5425
CONTINENTAL—V6—Equipment Schedule 2						
W.B. 109.0"; 3.8 Liter.						
Executive Sedan 4D	LM974	34375	1200	1700	2850	4525
Signature Sedan 4D	LM984	36225	1275	1750	2925	4600
MARK VIII—V8—Equipment Schedule 2						
W.B. 113.0"; 4.6 Liter.						
Coupe 2D	LM91V	38675	1200	1700	2850	4550
1995 LINCOLN — 1LN(LM81W)-S-#						
TOWN CAR—V8—Equipment Schedule 2						
W.B. 117.4"; 4.6 Liter.						
Executive Sedan 4D	LM81W	37595	1900	2450	3700	5575
Signature Sedan 4D	LM82W	39695	2050	2625	3900	5800
Cartier Sedan 4D	LM83W	41825	2150	2725	4025	5950
Spinnaker Edition			50	50	65	65
CONTINENTAL—V6—Equipment Schedule 2						
W.B. 109.0"; 4.6 Liter.						
Sedan 4D	LM97V	41375	1200	1700	2850	4550
MARK VIII—V8—Equipment Schedule 2						
W.B. 113.0"; 4.6 Liter.						
Coupe 2D	LM91V	39425	1450	1925	3125	4900

1995 LINCOLN

Body	Type	VIN	List	Trade-In Fair	Trade-In Good	Pvt-Party Good	Retail Excellent
LSC				100	100	135	135

1996 LINCOLN — 1LN(LM81W)–T–#

TOWN CAR—V8—Equipment Schedule 2
W.B. 117.4"; 4.6 Liter.

Executive Sedan 4D		LM81W	38120	2325	2900	4225	6200
Signature Sedan 4D		LM82W	40170	2500	3075	4425	6450
Cartier Sedan 4D		LM83W	42600	2600	3200	4550	6625

CONTINENTAL—V8—Equipment Schedule 2
W.B. 109.0"; 4.6 Liter.

Sedan 4D		LM97V	42440	1525	2000	3225	5025

MARK VIII—V8—Equipment Schedule 2
W.B. 113.0"; 4.6 Liter.

Coupe 2D		LM91V	40290	1775	2275	3525	5375
LSC				125	125	165	165

1997 LINCOLN — 1LN(LM81W)–V–#

TOWN CAR—V8—Equipment Schedule 2
W.B. 117.4"; 4.6 Liter.

Executive Sedan 4D		LM81W	38720	2800	3400	4775	6825
Signature Sedan 4D		LM82W	41080	3050	3675	5075	7200
Cartier Sedan 4D		LM83W	43870	3200	3875	5300	7450

CONTINENTAL—V8—Equipment Schedule 2
W.B. 109.0"; 4.6 Liter.

Sedan 4D		LM97V	37850	1850	2375	3625	5500

MARK VIII—V8—Equipment Schedule 2
W.B. 113.0"; 4.6 Liter.

Coupe 2D		LM91V	36950	1800	2300	3550	5425
LSC				150	150	200	200

1998 LINCOLN — 1LN(LM81W)–W–#

TOWN CAR—V8—Equipment Schedule 2
W.B. 117.7"; 4.6 Liter.

Executive Sedan 4D		LM81W	38330	2825	3450	4800	6875
Signature Sedan 4D		LM82W	40150	3125	3800	5225	7375
Cartier Sedan 4D		LM83W	42500	3350	4050	5475	7675

CONTINENTAL—V8—Equipment Schedule 2
W.B. 109.0"; 4.6 Liter.

Sedan 4D		LM97V	38500	2275	2850	4150	6075

MARK VIII—V8—Equipment Schedule 2
W.B. 113.0"; 4.6 Liter.

Coupe 2D		LM91V	37500	1900	2450	3700	5575
LSC				175	175	235	235

1999 LINCOLN — 1LN(LM81W)–X–#

TOWN CAR—V8—Equipment Schedule 2
W.B. 117.7"; 4.6 Liter.

Executive Sedan 4D		LM81W	38995	3125	3800	5200	7350
Signature Sedan 4D		LM82W	40995	3550	4275	5675	7925
Cartier Sedan 4D		LM83W	43495	3850	4575	6025	8300

CONTINENTAL—V8—Equipment Schedule 2
W.B. 109.0"; 4.6 Liter.

Sedan 4D		LM97V	38995	2825	3425	4775	6800

2000 LINCOLN — 1LN(HM81W)–Y–#

TOWN CAR—V8—Equipment Schedule 2
W.B. 117.7", 123.7" (L Pkg); 4.6 Liter.

Executive Sedan 4D		HM81W	39300	3625	4325	5750	7975
Signature Sedan 4D		HM82W	41300	4125	4850	6325	8625
Cartier Sedan 4D		HM83W	43800	4450	5250	6750	9125
L Pkg				1450	1450	1935	1935
Touring Pkg				100	100	135	135

CONTINENTAL—V8—Equipment Schedule 2
W.B. 117.7"; 4.6 Liter.

Sedan 4D		HM97V	39550	2825	3450	4800	6850

LS—V6—Equipment Schedule 2
W.B. 114.5"; 3.0 Liter.

Sedan 4D		HM86S	31450	1525	2000	3300	5175
Sport Pkg				100	100	135	135
Manual Trans				(425)	(425)	(565)	(565)

Body	Type	VIN	List	Trade-In Fair	Trade-In Good	Pvt-Party Good	Retail Excellent

LS—V8—Equipment Schedule 2
W.B. 114.5"; 3.9 Liter.

	Type	VIN	List	Fair	Good	Good	Excellent
Sedan 4D		HM87A	35225	2750	3350	4725	6800
Sport Pkg				100	100	135	135

2001 LINCOLN — 1LN(HM81W)-1-#

TOWN CAR—V8—Equipment Schedule 2
W.B. 117.7", 123.7" (L); 4.6 Liter.

Type	VIN	List	Fair	Good	Good	Excellent
Executive Sedan 4D	HM81W	39865	4275	5050	6525	8850
Executive L Sed 4D	HM84W	44225	6000	6950	8550	11200
Signature Sedan 4D	HM82W	42035	4800	5625	7175	9650
Signature Touring 4D	HM82W	42745	4800	5625	7175	9650
Cartier Sedan 4D	HM83W	44420	5225	6075	7650	10200
Cartier L Sedan 4D	HM85W	49230	7500	8575	10350	13300

CONTINENTAL—V8—Equipment Schedule 2
W.B. 109.0"; 4.6 Liter.

Type	VIN	List	Fair	Good	Good	Excellent
Sedan 4D	HM97V	40100	3600	4300	5675	7875

LS—V6—Equipment Schedule 2
W.B. 114.5"; 3.0 Liter.

Type	VIN	List	Fair	Good	Good	Excellent
Sedan 4D	HM86S	32250	2025	2600	3950	5925
Sport Pkg			100	100	135	135
Manual Trans			(475)	(475)	(635)	(635)

LS—V8—Equipment Schedule 2
W.B. 114.5"; 3.9 Liter.

Type	VIN	List	Fair	Good	Good	Excellent
Sedan 4D	HM87A	36280	3325	4025	5475	7675
Sport Pkg			100	100	135	135

2002 LINCOLN — 1LN(HM81W)-2-#

TOWN CAR—V8—Equipment Schedule 2
W.B. 117.7", 123.7" (L); 4.6 Liter.

Type	VIN	List	Fair	Good	Good	Excellent
Executive Sedan 4D	HM81W	40540	4075	4825	6450	8925
Executive L Sed 4D	HM84W	44600	5925	6850	8600	11400
Signature Sedan 4D	HM82W	42710	4650	5475	7150	9775
Signature Touring 4D	HM82W	43420	4650	5475	7150	9775
Cartier Sedan 4D	HM83W	45095	5150	6000	7700	10400
Cartier L Sedan 4D	HM85W	49605	7525	8625	10500	13550

CONTINENTAL—V8—Equipment Schedule 2
W.B. 109.0"; 4.6 Liter.

Type	VIN	List	Fair	Good	Good	Excellent
Sedan 4D	HM97V	38555	4425	5250	6850	9375

LS—V6—Equipment Schedule 2
W.B. 114.5"; 3.0 Liter.

Type	VIN	List	Fair	Good	Good	Excellent
Sedan 4D	HM86S	33455	2650	3250	4825	7125
LSE			1500	1500	2000	2000
Manual Trans			(500)	(500)	(665)	(665)

LS—V8—Equipment Schedule 2
W.B. 114.5"; 3.9 Liter.

Type	VIN	List	Fair	Good	Good	Excellent
Sedan 4D	HM87A	37630	4025	4775	6425	8950
LSE			1500	1500	2000	2000

2003 LINCOLN — 1LN(HM81W)-3-#

TOWN CAR—V8—Equipment Schedule 2
W.B. 117.7", 123.7" (L); 4.6 Liter.

Type	VIN	List	Fair	Good	Good	Excellent
Executive Sedan 4D	HM81W	41140	4700	5525	7225	9850
Executive L Sed 4D	HM84W	45115	6825	7875	9650	12600
Signature Sedan 4D	HM82W	43600	5450	6325	8025	10800
Cartier Sedan 4D	HM83W	46110	6150	7125	8875	11700
Cartier L Sedan 4D	HM85W	51570	8700	9900	11800	15050
Limited Edition			500	500	665	665

LS—V6—Equipment Schedule 2
W.B. 114.5"; 3.0 Liter.

Type	VIN	List	Fair	Good	Good	Excellent
Sedan 4D	HM86S	34495	3375	4075	5700	8150

LS—V8—Equipment Schedule 2
W.B. 114.5"; 3.9 Liter.

Type	VIN	List	Fair	Good	Good	Excellent
Sedan 4D	HM87A	40695	4975	5825	7575	10300

2004 LINCOLN — 1LN(HM81W)-4-#

TOWN CAR—V8—Equipment Schedule 2
W.B. 117.7", 123.7" (L); 4.6 Liter.

Type	VIN	List	Fair	Good	Good	Excellent
Executive Sedan 4D	HM81W	42810	5750	6675	8400	11150
Executive L Sed 4D	HM84W	45790	8100	9275	11100	14250
Signature Sedan 4D	HM81W	41815	6575	7575	9325	12200
Ultimate Sedan 4D	HM83W	44925	7575	8675	10450	13450

Body	Type	VIN	List	Trade-In Fair	Trade-In Good	Pvt-Party Good	Retail Excellent
Ultimate L Sedan 4D		HM85W	50470	10250	11625	13500	16950

LS—V6—Equipment Schedule 2
W.B. 114.5"; 3.0 Liter.

| | Sedan 4D | HM86S | 32495 | 4400 | 5225 | 6900 | 9500 |

LS—V8—Equipment Schedule 2
W.B. 114.5"; 3.9 Liter.

| | Sedan 4D | HM87A | 40095 | 6200 | 7150 | 8975 | 11850 |
| | LSE | | | 1500 | 1500 | 2000 | 2000 |

2005 LINCOLN — 1LN(ForH)(M81W)-5-#

TOWN CAR—V8—Equipment Schedule 2
W.B. 117.7", 123.7" (L); 4.6 Liter.

	Signature Sedan 4D	M81W	42470	8100	9275	11100	14200
	Signature Ltd Sed	M83W	45310	9375	10675	12550	15800
	Signature Sedan 4D	M85W	50915	12250	13825	15750	19300
	Executive L Sedan	M84W	46445	9850	11175	13050	16350
	Limited Edition			300	·300	400	400

LS—V6—Equipment Schedule 2
W.B. 114.5"; 3.0 Liter.

| | Sedan 4D | M86S | 32965 | 5800 | 6725 | 8525 | 11350 |

LS—V8—Equipment Schedule 2
W.B. 114.5"; 3.9 Liter.

| | Sedan 4D | M87A | 40515 | 7800 | 8925 | 10750 | 13800 |
| | LSE | | | 1500 | 1500 | 2000 | 2000 |

2006 LINCOLN — (1or3)LN(ForH)(M261)-6

ZEPHYR—V6—Equipment Schedule 2
W.B. 107.4"; 3.0 Liter.

| | Sedan 4D | M261 | 29660 | 10150 | 11525 | 13350 | 16650 |

TOWN CAR—V8—Equipment Schedule 2
W.B. 117.7", 123.7" (L); 4.6 Liter.

	Signature Sedan 4D	M81W	42875	9675	10975	12850	16050
	Signature Ltd Sed	M82W	45740	10625	12050	13850	17250
	Designer Sedan 4D	M83W	46735	12250	13875	15750	19250
	Signature L Sedan	M85W	51345	13725	15475	17350	21100
	Executive L Sedan	M84W	46990	11225	12750	14550	18000

LS—V8—Equipment Schedule 2
W.B. 114.5"; 3.9 Liter.

| | Sedan 4D | M87A | 39945 | 9750 | 11075 | 13000 | 16300 |

2007 LINCOLN — (1or3)LN-(M26T)-7-#

MKZ—V6—Equipment Schedule 2
W.B. 107.4"; 3.5 Liter.

| | Sedan 4D | M26T | 29890 | 13025 | 14700 | 16450 | 20000 |
| | AWD Sedan 4D | M28T | 31765 | 14450 | 16275 | 18050 | 21700 |

TOWN CAR—V8—Equipment Schedule 2
W.B. 117.7", 123.7" (L); 4.6 Liter.

	Signature Sedan 4D	M81W	42985	12650	14300	16050	19550
	Signature Ltd Sed	M82W	45850	13625	15325	17100	20700
	Designer Sedan 4D	M83W	48110	15475	17400	19200	23000
	Signature L Sedan	M85W	51455	16900	18975	20900	24800
	Executive L Sedan	M84W	47160	14150	15925	17750	21400

2008 LINCOLN — (1or3)LN-(M26T)-8-#

MKZ—V6—Equipment Schedule 2
W.B. 107.4"; 3.5 Liter.

| | Sedan 4D | M26T | 30915 | 16225 | 18175 | 19900 | 23700 |
| | AWD Sedan 4D | M28T | 32785 | 17650 | 19800 | 21500 | 25400 |

TOWN CAR—V8—Equipment Schedule 2
W.B. 117.7", 123.7" (L); 4.6 Liter.

| | Signature Ltd Sed 4D | M82W | 45910 | 17550 | 19700 | 21400 | 25300 |
| | Signature L Sedan 4D | M85W | 51515 | 21375 | 23825 | 25600 | 29800 |

MAZDA

1994 MAZDA — (JM1or1YV)(BG232)-R-#

323—4-Cyl.—Equipment Schedule 6
W.B. 96.5"; 1.6 Liter.

| | Hatchback 2D | BG232 | 10220 | 575 | 775 | 1550 | 2750 |

1994 MAZDA

Body Type	VIN	List	Trade-In Fair	Good	Pvt-Party Good	Retail Excellent
MX-3—4-Cyl.—Equipment Schedule 6						
W.B. 96.3"; 1.6 Liter.						
Hatchback 2D	EC435	14840	900	1275	2200	3675
MX-3—V6—Equipment Schedule 6						
W.B. 96.3"; 1.8 Liter.						
GS Hatchback 2D	EC436	17340	1125	1575	2700	4325
PROTEGE'—4-Cyl.—Equipment Schedule 6						
W.B. 98.4"; 1.8 Liter.						
Sedan 4D	BG224	10570	550	750	1475	2650
DX Sedan 4D	BG224	13070	600	825	1600	2825
LX Sedan 4D	BG226	14770	650	925	1725	3000
626—4-Cyl.—Equipment Schedule 4						
W.B. 102.8"; 2.0 Liter.						
DX Sedan 4D	GE22C	15450	625	900	1700	2975
LX Sedan 4D	GE22C	17735	675	950	1775	3075
V6 2.5 Liter	D		100	100	135	135
626—V6—Equipment Schedule 4						
W.B. 102.8"; 2.5 Liter.						
ES Sedan 4D	GE22D	22740	950	1325	2400	4000
MX-6—4-Cyl.—Equipment Schedule 4						
W.B. 102.8"; 2.0 Liter.						
Coupe 2D	GE31C	19540	700	975	1825	3150
MX-6—V6—Equipment Schedule 4						
W.B. 102.8"; 2.5 Liter.						
LS Coupe 2D	GE31D	22690	700	975	1825	3150
MX-5 MIATA—4-Cyl.—Equipment Schedule 6						
W.B. 89.2"; 1.8 Liter.						
MX-5 Convertible 2D	NA353	17045	1350	1825	3025	4750
MX-5 M-Ed Conv 2D	NA353	21645	1825	2350	3600	5450
Auto Trans			0	0	0	0
Hard Top			300	300	400	400
RX-7—Rotary Turbo—Equipment Schedule 3						
W.B. 95.5"; 1.3 Liter.						
Coupe 2D	FD333	36395	9325	10625	12950	16700
Auto Trans			0	0	0	0
929—V6—Equipment Schedule 4						
W.B. 112.2"; 3.0 Liter.						
Sedan 4D	HD461	31895	1125	1575	2725	4375

1995 MAZDA — (JM1or1YV)(EC435)-S-#

Body Type	VIN	List	Trade-In Fair	Good	Pvt-Party Good	Retail Excellent
MX-3—4-Cyl.—Equipment Schedule 6						
W.B. 96.3"; 1.6 Liter.						
Hatchback 2D	EC435	15780	1000	1425	2500	4150
PROTEGE'—4-Cyl.—Equipment Schedule 6						
W.B. 102.6"; 1.5 Liter, 1.8 Liter.						
DX Sedan 4D	BA141	14010	600	825	1625	2875
LX Sedan 4D	BA141	14980	650	925	1725	3050
ES Sedan 4D	BA142	16585	775	1100	1975	3375
626—4-Cyl.—Equipment Schedule 4						
W.B. 102.8"; 2.0 Liter.						
DX Sedan 4D	GE22C	17630	750	1050	1900	3300
LX Sedan 4D	GE22C	18635	800	1125	2000	3425
V6 2.5 Liter	D		100	100	135	135
626—V6—Equipment Schedule 4						
W.B. 102.8"; 2.5 Liter.						
ES Sedan 4D	GE22D	23935	1100	1525	2650	4300
MX-6—4-Cyl.—Equipment Schedule 4						
W.B. 102.8"; 2.0 Liter.						
Coupe 2D	GE31C	20713	800	1125	2050	3475
MX-6—V6—Equipment Schedule 4						
W.B. 102.8"; 2.5 Liter.						
LS Coupe 2D	GE31D	22888	800	1125	2050	3475
MX-5 MIATA—4-Cyl.—Equipment Schedule 6						
W.B. 89.2"; 1.8 Liter.						
MX-5 Convertible 2D	NA353	17940	1675	2175	3400	5225
MX-5-Ed Conv 2D	NA353	23970	2175	2750	4050	5975
Auto Trans			0	0	0	0
Hard Top			300	300	400	400
RX-7—Rotary Turbo—Equipment Schedule 3						
W.B. 95.5"; 1.3 Liter.						
Coupe 2D	FD333	37950	10350	11700	14100	18150
Auto Trans			0	0	0	0

1995 MAZDA

Body	Type	VIN	List	Trade-In Fair	Good	Pvt-Party Good	Retail Excellent
MILLENIA—V6—Equipment Schedule 2							
W.B. 108.3"; 2.5 Liter.							
Sedan 4D		TA221	29335	1100	1550	2700	4350
MILLENIA—V6 Supercharged—Equipment Schedule 2							
W.B. 108.3"; 2.3 Liter.							
S Sedan 4D		TA222	32435	1800	2300	3550	5425
929—V6—Equipment Schedule 4							
W.B. 112.2"; 3.0 Liter.							
Sedan 4D		HD461	36235	1300	1800	2975	4700

1996 MAZDA — JM1(BB141)-T-#

Body	Type	VIN	List	Trade-In Fair	Good	Pvt-Party Good	Retail Excellent
PROTEGE'—4-Cyl.—Equipment Schedule 6							
W.B. 102.6"; 1.5 Liter, 1.8 Liter.							
DX Sedan 4D		BB141	13720	700	975	1825	3150
LX Sedan 4D		BB141	14590	775	1075	1975	3375
ES Sedan 4D		BB142	15145	900	1275	2350	3950
626—4-Cyl.—Equipment Schedule 4							
W.B. 102.8"; 2.0 Liter.							
DX Sedan 4D		GE22C	17960	875	1225	2175	3650
LX Sedan 4D		GE22C	18945	900	1275	2350	3950
Manual Trans				(200)	(200)	(265)	(265)
V6 2.5 Liter		D		150	150	200	200
626—V6—Equipment Schedule 4							
W.B. 102.8"; 2.5 Liter.							
ES Sedan 4D		GE22D	24045	1300	1775	2950	4675
Manual Trans				(200)	(200)	(265)	(265)
MX-6—4-Cyl.—Equipment Schedule 4							
W.B. 102.8"; 2.0 Liter.							
Coupe 2D		GE31C	21745	950	1350	2450	4075
Manual Trans				(200)	(200)	(265)	(265)
MX-6—V6—Equipment Schedule 4							
W.B. 102.8"; 2.5 Liter.							
LS Coupe 2D		GE31D	24100	1050	1475	2600	4275
M-Edition Coupe 2D		GE31D	27600	1100	1550	2675	4350
Manual Trans				(200)	(200)	(265)	(265)
MX-5 MIATA—4-Cyl.—Equipment Schedule 6							
W.B. 89.2"; 1.8 Liter.							
MX-5 Convertible 2D		NA353	18900	1950	2500	3775	5650
MX-5 M-Ed Conv 2D		NA353	25210	2550	3125	4475	6525
Auto Trans				0	0	0	0
Hard Top				350	350	465	465
MILLENIA—V6—Equipment Schedule 2							
W.B. 108.3"; 2.5 Liter.							
Sedan 4D		TA221	28445	1175	1650	2825	4525
L Sedan 4D		TA221	31845	1225	1700	2900	4625
MILLENIA—V6 Supercharged—Equipment Schedule 2							
W.B. 108.3"; 2.3 Liter.							
S Sedan 4D		TA222	34845	2000	2575	3850	5750

1997 MAZDA — JM1(BC141)-V-#

Body	Type	VIN	List	Trade-In Fair	Good	Pvt-Party Good	Retail Excellent
PROTEGE'—4-Cyl.—Equipment Schedule 6							
W.B. 102.6"; 1.5 Liter, 1.8 Liter.							
DX Sedan 4D		BC141	14170	725	1025	1900	3300
LX Sedan 4D		BC141	15140	825	1150	2075	3550
ES Sedan 4D		BC142	15745	975	1375	2475	4125
626—4-Cyl.—Equipment Schedule 4							
W.B. 102.8"; 2.0 Liter.							
DX Sedan 4D		GE22C	18160	975	1375	2475	4125
LX Sedan 4D		GE22C	19145	1025	1450	2550	4200
Manual Trans				(250)	(250)	(335)	(335)
V6 2.5 Liter		D		200	200	265	265
626—V6—Equipment Schedule 4							
W.B. 102.8"; 2.5 Liter.							
ES Sedan 4D		GE22D	24245	1550	2025	3225	5025
Manual Trans				(250)	(250)	(335)	(335)
MX-6—4-Cyl.—Equipment Schedule 4							
W.B. 102.8"; 2.0 Liter.							
Coupe 2D		GE31C	22345	1100	1550	2700	4375
Manual Trans				(250)	(250)	(335)	(335)
MX-6—V6—Equipment Schedule 4							
W.B. 102.8"; 2.5 Liter.							
LS Coupe 2D		GE31D	25200	1325	1800	3000	4750

1997 MAZDA

Body Type	VIN	List	Trade-In Fair	Trade-In Good	Pvt-Party Good	Retail Excellent
Manual Trans			**(250)**	**(250)**	**(335)**	**(335)**
MX-5 MIATA—4-Cyl.—Equipment Schedule 6						
W.B. 89.2"; 1.8 Liter.						
MX-5 Convertible 2D	NA353	20775	**2300**	**2900**	**4200**	**6175**
MX-5 STO-Ed Conv 2D	NA353	22970	**2750**	**3350**	**4725**	**6775**
MX-5 M-Ed Conv 2D	NA353	24935	**2950**	**3575**	**4975**	**7075**
Auto Trans			**0**	**0**	**0**	**0**
Hard Top			**375**	**375**	**500**	**500**
MILLENIA—V6—Equipment Schedule 6						
W.B. 108.3"; 2.5 Liter.						
Sedan 4D	TA221	29445	**1350**	**1825**	**3075**	**4850**
L Sedan 4D	TA221	33445	**1425**	**1900**	**3150**	**4975**
MILLENIA—V6 Supercharged—Equipment Schedule 6						
W.B. 108.3"; 2.3 Liter.						
S Sedan 4D	TA222	37045	**2300**	**2875**	**4225**	**6200**

1998 MAZDA — JM1(BB141)-W-#

Body Type	VIN	List	Trade-In Fair	Trade-In Good	Pvt-Party Good	Retail Excellent
PROTEGE'—4-Cyl.—Equipment Schedule 6						
W.B. 102.6"; 1.5 Liter, 1.8 Liter.						
DX Sedan 4D	BB141	14170	**775**	**1100**	**2025**	**3500**
LX Sedan 4D	BB141	15140	**900**	**1250**	**2350**	**3975**
ES Sedan 4D	BB142	15745	**1075**	**1500**	**2625**	**4300**
626—4-Cyl.—Equipment Schedule 4						
W.B. 105.1"; 2.0 Liter.						
DX Sedan 4D	GE22C	18690	**950**	**1325**	**2425**	**4075**
LX Sedan 4D	GE22C	19395	**1000**	**1425**	**2525**	**4200**
Manual Trans			**(300)**	**(300)**	**(400)**	**(400)**
V6 2.5 Liter	D		**250**	**250**	**335**	**335**
626—V6—Equipment Schedule 4						
W.B. 105.1"; 2.5 Liter.						
ES Sedan 4D	GE22D	25495	**1575**	**2075**	**3300**	**5100**
Manual Trans			**(300)**	**(300)**	**(400)**	**(400)**
MILLENIA—V6—Equipment Schedule 2						
W.B. 108.3"; 2.5 Liter.						
Sedan 4D	TA221	33445	**1675**	**2175**	**3475**	**5350**
MILLENIA—V6 Supercharged—Equipment Schedule 2						
W.B. 108.3"; 2.3 Liter.						
S Sedan 4D	TA222	37045	**2625**	**3225**	**4600**	**6675**

1999 MAZDA — (Jor1)(M1orYV)(BJ222)-X-#

Body Type	VIN	List	Trade-In Fair	Trade-In Good	Pvt-Party Good	Retail Excellent
PROTEGE'—4-Cyl.—Equipment Schedule 6						
W.B. 102.8"; 1.6 Liter, 1.8 Liter.						
DX Sedan 4D	BJ222	13995	**1025**	**1450**	**2600**	**4300**
LX Sedan 4D	BJ222	14725	**1150**	**1600**	**2800**	**4550**
ES Sedan 4D	BJ221	15375	**1400**	**1850**	**3075**	**4875**
626—4-Cyl.—Equipment Schedule 4						
W.B. 105.1"; 2.0 Liter.						
LX Sedan 4D	GF22C	19165	**1175**	**1650**	**2850**	**4575**
ES Sedan 4D	GF22C	20245	**1625**	**2125**	**3350**	**5175**
Manual Trans			**(350)**	**(350)**	**(465)**	**(465)**
V6 2.5 Liter	D		**300**	**300**	**400**	**400**
MX-5 MIATA—4-Cyl.—Equipment Schedule 6						
W.B. 89.2"; 1.8 Liter.						
Convertible 2D	NB353	21420	**3350**	**4050**	**5475**	**7650**
10th Anniversary Conv	NB353	27325	**5050**	**5900**	**7525**	**10100**
Auto Trans			**0**	**0**	**0**	**0**
Hard Top			**425**	**425**	**565**	**565**
MILLENIA—V6—Equipment Schedule 2						
W.B. 108.3"; 2.5 Liter.						
Sedan 4D	TA221	28995	**1950**	**2500**	**3825**	**5750**
MILLENIA—V6 Supercharged—Equipment Schedule 2						
W.B. 108.3"; 2.3 Liter.						
S Sedan 4D	TA222	31495	**3000**	**3650**	**5050**	**7200**

2000 MAZDA — (Jor1)(M1orYV)(BJ222)-Y-#

Body Type	VIN	List	Trade-In Fair	Trade-In Good	Pvt-Party Good	Retail Excellent
PROTEGE'—4-Cyl.—Equipment Schedule 6						
W.B. 102.8"; 1.6 Liter, 1.8 Liter.						
DX Sedan 4D	BJ222	13995	**1175**	**1650**	**2850**	**4575**
LX Sedan 4D	BJ222	14840	**1375**	**1850**	**3075**	**4850**
ES Sedan 4D	BJ221	15490	**1650**	**2150**	**3400**	**5250**
626—4-Cyl.—Equipment Schedule 4						
W.B. 105.1"; 2.0 Liter.						

2000 MAZDA

Body Type	VIN	List	Trade-In Fair	Good	Pvt-Party Good	Retail Excellent
LX Sedan 4D	GF22C	19695	1525	2000	3225	5025
ES Sedan 4D	GF22C	21095	1950	2500	3775	5650
Manual Trans			(400)	(400)	(535)	(535)
V6 2.5 Liter	D		350	350	465	465
MX-5 MIATA—4-Cyl.—Equipment Schedule 6						
W.B. 89.2"; 1.8 Liter.						
Convertible 2D	NB353	22595	3875	4600	6075	8350
LS Convertible 2D	NB353	25345	4525	5325	6800	9200
Special Ed Conv 2D	NB353	25505	4625	5450	6950	9350
Auto Trans			0	0	0	0
Hard Top			450	450	600	600
MILLENIA—V6—Equipment Schedule 2						
W.B. 108.3"; 2.5 Liter.						
Sedan 4D	TA221	25445	2275	2875	4225	6225
MILLENIA—V6 Supercharged—Equipment Schedule 2						
W.B. 108.3"; 2.3 Liter.						
S Sedan 4D	TA222	30445	3400	4100	5525	7775
Millennium Edition			150	150	200	200

2001 MAZDA — (Jor1)(M1orYV)(BJ222)-1-#

Body Type	VIN	List	Trade-In Fair	Good	Pvt-Party Good	Retail Excellent
PROTEGE'—4-Cyl.—Equipment Schedule 6						
W.B. 102.8"; 1.6 Liter, 2.0 Liter.						
DX Sedan 4D	BJ222	14095	1450	1925	3200	5025
LX Sedan 4D	BJ222	14895	1675	2175	3450	5300
ES Sedan 4D	BJ225	16015	1950	2500	3775	5675
MP3 Sedan 4D	BJ227	18500	3100	3775	5125	7225
626—4-Cyl.—Equipment Schedule 4						
W.B. 105.1"; 2.0 Liter.						
LX Sedan 4D	GF22C	20015	1525	2025	3250	5075
ES Sedan 4D	GF22C	21415	2000	2550	3825	5700
Manual Trans			(425)	(425)	(565)	(565)
V6 2.5 Liter	D		375	375	500	500
MX-5 MIATA—4-Cyl.—Equipment Schedule 6						
W.B. 89.2"; 1.8 Liter.						
Convertible 2D	NB353	21660	4425	5250	6750	9125
LS Convertible 2D	NB353	24410	5100	5950	7550	10100
SE Convertible 2D	NB353	26195	5250	6125	7725	10300
Auto Trans			0	0	0	0
Hard Top			475	475	635	635
MILLENIA—V6—Equipment Schedule 2						
W.B. 108.3"; 2.5 Liter.						
Sedan 4D	TA221	28505	2700	3300	4725	6825
MILLENIA—V6 Supercharged—Equipment Schedule 2						
W.B. 108.3"; 2.3 Liter.						
S Sedan 4D	TA222	31505	3900	4625	6125	8450

2002 MAZDA — (Jor1)(M1orYV)(BJ222)-2-#

Body Type	VIN	List	Trade-In Fair	Good	Pvt-Party Good	Retail Excellent
PROTEGE'—4-Cyl.—Equipment Schedule 6						
W.B. 102.8"; 2.0 Liter.						
DX Sedan 4D	BJ222	14530	1675	2175	3625	5675
LX Sedan 4D	BJ222	15335	1875	2425	3875	5950
ES Sedan 4D	BJ221	16060	2175	2775	4225	6350
PROTEGE'5—4-Cyl.—Equipment Schedule 6						
W.B. 102.8"; 2.0 Liter.						
Hatchback 4D	BJ245	16815	3150	3825	5350	7650
626—4-Cyl.—Equipment Schedule 4						
W.B. 105.1"; 2.0 Liter.						
LX Sedan 4D	GF22C	20015	1850	2400	3825	5875
ES Sedan 4D	GF22C	22915	2375	2950	4375	6525
Manual Trans			(450)	(450)	(600)	(600)
V6 2.5 Liter	D		400	400	535	535
MX-5 MIATA—4-Cyl.—Equipment Schedule 6						
W.B. 89.2"; 1.8 Liter.						
Convertible 2D	NB353	21660	4925	5750	7475	10150
LS Convertible 2D	NB353	24410	5600	6525	8275	11050
SE Convertible 2D	NB353	26275	5775	6725	8475	11250
Auto Trans			0	0	0	0
Hard Top			500	500	665	665
MILLENIA—V6—Equipment Schedule 2						
W.B. 108.3"; 2.5 Liter.						
Sedan 4D	TA221	28505	3025	3675	5300	7675

2002 MAZDA

Body	Type	VIN	List	Trade-In Fair	Good	Pvt-Party Good	Retail Excellent
MILLENIA—V6 Supercharged—Equipment Schedule 2							
W.B. 108.3"; 2.3 Liter.							
S Sedan 4D		TA222	31505	4325	5125	6775	9350

2003 MAZDA — (Jor1)(M1orYV)(BJ225)-3-#

PROTEGE'—4-Cyl.—Equipment Schedule 6							
W.B. 102.8"; 2.0 Liter.							
DX Sedan 4D		BJ225	14690	2025	2575	4050	6150
LX Sedan 4D		BJ225	15575	2275	2875	4325	6500
ES Sedan 4D		BJ225	16300	2625	3225	4725	6925
PROTEGE5—4-Cyl.—Equipment Schedule 6							
W.B. 102.8"; 2.0 Liter.							
Hatchback 4D		BJ245	17055	3750	4475	6025	8375
PROTEGE—4-Cyl. Turbo—Equipment Schedule 6							
W.B. 102.8"; 2.0 Liter.							
Mazdaspeed Sedan 4D		BJ227	20500	5000	5850	7500	10100
6—4-Cyl.—Equipment Schedule 4							
W.B. 105.3"; 2.3 Liter.							
i Sedan 4D		FP80C	19900	4000	4750	6325	8775
Sport Pkg				300	300	400	400
Manual Trans				(500)	(500)	(665)	(665)
6—V6—Equipment Schedule 4							
W.B. 105.3"; 3.0 Liter.							
s Sedan 4D		FP80D	22520	4325	5125	6725	9200
Sport Pkg				300	300	400	400
Manual Trans				(500)	(500)	(665)	(665)
MX-5 MIATA—4-Cyl.—Equipment Schedule 4							
W.B. 89.2"; 1.8 Liter.							
Club Sport Conv 2D		NB353	20000				
Convertible 2D		NB353	22125	5575	6500	8200	11000
Shinsen Conv 2D		NB353	23625	6200	7150	8950	11800
LS Convertible 2D		NB353	24905	6325	7300	9100	11950
SE Convertible 2D		NB353	26550	6750	7800	9575	12550
Auto Trans				0	0	0	0
Hard Top				525	525	700	700

2004 MAZDA — (Jor1)(M1orYV)(BK12F)-4-#

MAZDA3—4-Cyl.—Equipment Schedule 6							
W.B. 103.9"; 2.0 Liter, 2.3 Liter.							
i Sedan 4D		BK12F	14200	4575	5400	7025	9575
s Sedan 4D		BK123	16925	5175	6025	7700	10350
s Hatchback 4D		BK143	17415	5350	6225	7900	10550
MAZDA6—4-Cyl.—Equipment Schedule 4							
W.B. 105.3"; 2.3 Liter.							
i Sedan 4D		FP80C	20120	4600	5425	7075	9675
i Hatchback 4D		FP84C	22165	5100	5950	7650	10300
Sport Pkg				300	300	400	400
Manual Trans				(525)	(525)	(700)	(700)
MAZDA6—V6—Equipment Schedule 4							
W.B. 105.3"; 3.0 Liter.							
s Sedan 4D		FP80D	22765	5000	5850	7525	10150
s Hatchback 4D		FP84D	24315	5550	6500	8150	10900
s Wagon 4D		FP82D	23645	5375	6250	7925	10600
Sport Pkg				300	300	400	400
Manual Trans				(525)	(525)	(700)	(700)
MX-5 MIATA—4-Cyl.—Equipment Schedule 6							
W.B. 89.2"; 1.8 Liter.							
Convertible 2D		NB353	22388	6275	7250	9050	11900
LS Convertible 2D		NB353	25193	7100	8150	9950	12900
Auto Trans				0	0	0	0
Hard Top				550	550	735	735
MX-5 MIATA—4-Cyl. Turbo—Equipment Schedule 6							
W.B. 89.2"; 1.8 Liter.							
Mazdaspeed Conv		NB354	26020	7725	8850	10650	13650
RX-8—Rotary—Equipment Schedule 3							
W.B. 106.4"; 1.3 Liter.							
Coupe 4D		FE173	25700	6875	7950	9750	12750
Sport Pkg				500	500	665	665
Touring Pkg				700	700	935	935
Grand Touring Pkg				1000	1000	1335	1335

Body	Type	VIN	List	Trade-In Fair	Trade-In Good	Pvt-Party Good	Retail Excellent

2005 MAZDA — (Jor1)(M1orYV)-(K12F)-5-#

MAZDA3—4-Cyl.—Equipment Schedule 6
W.B. 103.9"; 2.0 Liter, 2.3 Liter.

i Sedan 4D	K12F	15075	5400	6275	7925	10600
s Sedan 4D	K123	17160	6025	6950	8650	11350
s Hatchback 4D	K143	17650	6225	7175	8875	11600
sp Sedan 4D	K323	19245	6625	7625	9300	12100
sp Hatchback 4D	K343	19245	6750	7775	9425	12250

MAZDA6—4-Cyl.—Equipment Schedule 4
W.B. 105.3"; 2.3 Liter.

i Sedan 4D	P80C	20590	5425	6300	7975	10650
i Sport Sedan 4D	P80C	23090	5925	6875	8550	11250
i Sport Hatchback 4D	P84C	23620	6175	7150	8850	11600
i Grand Touring Sed	P80C	24940	6425	7400	9125	11900
Manual Trans			(550)	(550)	(735)	(735)

MAZDA6—V6—Equipment Schedule 4
W.B. 105.3"; 3.0 Liter.

s Sedan 4D	P80D	24990	5850	6775	8450	11150
s Hatchback 4D	P84D	25690	6475	7450	9175	11950
s Base Sport Wag 4D	P82D	24590	6225	7200	8900	11650
s Sport Wagon 4D	P82D	25720	6625	7625	9325	12150
s Grand Touring Sed	P80D	26870	6675	7675	9375	12200
s Grand Touring Wag	P82D	27540	7050	8100	9800	12700
Manual Trans			(550)	(550)	(735)	(735)

MX-5 MIATA—4-Cyl.—Equipment Schedule 6
W.B. 89.2"; 1.8 Liter.

Convertible 2D	B353	22643	7075	8150	9900	12850
LS Convertible 2D	B353	25448	7950	9100	10950	14000
Auto Trans			0	0	0	0
Hard Top			575	575	765	765

MX-5 MIATA—4-Cyl. Turbo—Equipment Schedule 6
W.B. 89.2"; 1.8 Liter.

Mazdaspeed Conv 2D	B354	26325	8650	9850	11700	14900

RX-8—Rotary—Equipment Schedule 3
W.B. 106.4"; 1.3 Liter.

Coupe 4D	E173	26120	8025	9200	11100	14300
Shinka Special Ed 4D	E173	32220	8825	10050	12000	15300
Sport Pkg			500	500	665	665
Touring Pkg			700	700	935	935
Grand Touring Pkg			1000	1000	1335	1335

2006 MAZDA — (Jor1)(M1orYV)-(K12F)-6-#

MAZDA3—4-Cyl.—Equipment Schedule 6
W.B. 103.9"; 2.0 Liter, 2.3 Liter.

i Sedan 4D	K12F	15150	6275	7250	8925	11650
i Touring Sedan 4D	K12F	16550	6525	7525	9200	11950
s Sedan 4D	K123	17440	7000	8050	9725	12550
s Hatchback 4D	K143	17930	7225	8275	9950	12800
s Touring Sedan 4D	K123	18175	7300	8375	10050	12900
s Touring Hatchback 4D	K143	18175	7500	8600	10300	13150
s Grand Touring Sedan	K123	19725	7625	8725	10450	13400
s Grand Touring H'Bck	K143	19725	7775	8900	10650	13550

MAZDA6—4-Cyl.—Equipment Schedule 4
W.B. 105.3"; 2.3 Liter.

i Sedan 4D	P80C	20570	6375	7350	9050	11800
i Sport Sedan 4D	P80C	23270	6925	7975	9650	12500
i Sport Hatchback 4D	P84C	23670	7200	8275	10000	12850
i Grand Touring Sed	P80C	25270	7500	8600	10300	13200
i Grand Sport Sedan 4D	P80C	25770	7825	8950	10650	13500
Manual Trans			(575)	(575)	(765)	(765)

MAZDA6—V6—Equipment Schedule 4
W.B. 105.3"; 3.0 Liter.

s Sedan 4D	P80D	24520	6825	7900	9575	12400
s Wagon 4D	P82D	25120	7275	8350	10100	12900
s Sport Sedan 4D	P80D	25420	7325	8400	10100	12950
s Sport Hatchback 4D	P84D	26020	7550	8650	10350	13250
s Sport Wagon 4D	P82D	26120	7700	8825	10500	13450
s Grand Touring Sedan	P80D	27820	7775	8900	10600	13500
s Grand Touring Wagon	P82D	27720	8150	9325	11050	14100
s Grand Sport Sedan	P80D	28620	7825	8950	10650	13500
s Grand Sport H'Back 4D	P84D	29220	7975	9150	10900	13900

2006 MAZDA

Body	Type	VIN	List	Trade-In Fair	Trade-In Good	Pvt-Party Good	Retail Excellent
s Grand Sport Wag 4D		P82D	29420	8200	9375	11100	14150
Manual Trans				(575)	(575)	(765)	(765)

MAZDASPEED6 AWD—4-Cyl. Turbo—Equipment Schedule 4
W.B. 105.3"; 2.3 Liter.

Body	Type	VIN	List	Fair	Good	Good	Excellent
Sport Sedan 4D		G12L	28555	10150	11525	13400	16750
Grand Touring Sed 4D		G12L	30485	10825	12300	14150	17600

MX-5 MIATA—4-Cyl.—Equipment Schedule 6
W.B. 91.7"; 2.0 Liter.

Body	Type	VIN	List	Fair	Good	Good	Excellent
Club Spec Conv 2D		C25F	20995	8500	9725	11550	14700
Convertible 2D		C25F	21995	8875	10100	11950	15150
Touring Convertible 2D		C25F	22995	9525	10825	12700	15950
Sport Convertible 2D		C25F	23495	9900	11225	13100	16400
Grand Touring Conv		C25F	24995	10575	12000	13850	17250
3rd Generation Ltd Cnv		C25F	27260	11625	13125	15000	18500
Auto Trans				0	0	0	0
Hard Top				600	600	800	800

RX-8—Rotary—Equipment Schedule 3
W.B. 106.4"; 1.3 Liter.

Body	Type	VIN	List	Fair	Good	Good	Excellent
Coupe 4D		E173	26995	9375	10675	12600	15950
Shinka Spcl Ed 4D		E173	33880	10250	11625	13500	16950
Sport Pkg				500	500	665	665
Touring Pkg				700	700	935	935
Grand Touring Pkg				1000	1000	1335	1335

2007 MAZDA — (Jor1)(M1orYV)–(K12F)–7–#

MAZDA3—4-Cyl.—Equipment Schedule 6
W.B. 103.9"; 2.0 Liter, 2.3 Liter.

Body	Type	VIN	List	Fair	Good	Good	Excellent
i Sport Sedan 4D		K12F	15235	7375	8450	10000	12750
i Touring Sedan 4D		K12F	16715	7625	8725	10350	13150
s Sport Sedan 4D		K123	17650	8100	9275	10900	13700
s Sport Hatchback 4D		K143	18140	8375	9575	11150	14050
s Touring Sedan 4D		K123	18885	8475	9675	11250	14150
s Touring Hatchback 4D		K143	18885	8700	9900	11500	14400
s Grand Touring Sedan		K123	20355	8825	10050	11650	14550
s Grand Touring H'Bck		K143	20355	9000	10250	11850	14800

MAZDASPEED3—4-Cyl. Turbo—Equipment Schedule 6
W.B. 103.9"; 2.3 Liter.

Body	Type	VIN	List	Fair	Good	Good	Excellent
Sport Hatchback 4D		K14L	22800	10000	11325	13050	16150
Grand Touring H'Back		K14L	24515	10675	12100	13800	17000

MAZDA6—4-Cyl.—Equipment Schedule 4
W.B. 105.3"; 2.3 Liter.

Body	Type	VIN	List	Fair	Good	Good	Excellent
i Sport Sedan 4D		P80C	20425	7575	8675	10300	13150
i Sport Value Ed Sed		P80C	20925	7675	8775	10350	13150
i Spt Value Ed H'Back		P84C	21925	8475	9675	11300	14250
i Touring Sedan 4D		P80C	23015	8325	9525	11150	14050
i Touring Hatchback 4D		P84C	24015	8600	9800	11400	14350
i Grand Touring Sed		P80C	24585	8775	10000	11650	14650
i Grand Touring H'Back		P84C	25535	8900	10150	11750	14750
Manual Trans				(600)	(600)	(800)	(800)

MAZDA6—V6—Equipment Schedule 4
W.B. 105.3"; 3.0 Liter.

Body	Type	VIN	List	Fair	Good	Good	Excellent
s Sport Value Sedan 4D		P80D	23635	8075	9225	10900	13800
s Spt Value Ed H'Back		P84D	24635	8875	10100	11750	14750
s Spt Value Ed Wag 4D		P82D	24685	8550	9775	11400	14350
s Touring Sedan 4D		P80D	25725	8600	9800	11450	14450
s Touring H'Back 4D		P84D	26725	9125	10400	12050	15050
s Touring Wagon 4D		P82D	26775	9500	10825	12500	15550
s Grand Touring Sedan		P80D	27595	9100	10350	12000	15000
s Grand Touring H'Back		P84D	28345	9375	10675	12350	15400
s Grand Touring Wag		P82D	28395	9575	10875	12550	15650
Manual Trans				(600)	(600)	(800)	(800)

MAZDASPEED6 AWD—4-Cyl. Turbo—Equipment Schedule 4
W.B. 105.3"; 2.3 Liter.

Body	Type	VIN	List	Fair	Good	Good	Excellent
Sport Sedan 4D		G12L	28590	11700	13225	15100	18550
Grand Touring Sed 4D		G12L	30520	12500	14100	15950	19500

MX-5 MIATA—4-Cyl.—Equipment Schedule 6
W.B. 91.7"; 2.0 Liter.

Body	Type	VIN	List	Fair	Good	Good	Excellent
SV Convertible 2D		C25F	20995	9575	10875	12650	15800
Sport Conv 2D		C25F	21995	10000	11325	13100	16250
Sport Conv Hard Top		C26F	24945	11750	13275	15050	18400
Touring Convertible 2D		C25F	23800	10775	12200	13900	17200
Touring Conv Hard Top		C26F	24789	11900	13475	15250	18600
Grand Touring Conv		C25F	25060	11850	13375	15150	18500

Body	Type	VIN	List	Trade-In Fair	Good	Pvt-Party Good	Retail Excellent
Grand Touring HT 2D		C26F	28055	12925	14600	16350	19900
Auto Trans				0	0	0	0

RX-8—Rotary—Equipment Schedule 3
W.B. 106.4"; 1.3 Liter.

Body	Type	VIN	List	Fair	Good	Good	Excellent
Sport Coupe 4D		E173	27030	11025	12500	14350	17800
Touring Coupe 4D		E173	30930	11800	13325	15200	18700
Grand Touring Coupe		E173	32365	12350	13975	15850	19400
Performance Pkg				500	500	665	665

MAZDA3—4-Cyl.—Equipment Schedule 6
W.B. 103.9"; 2.0 Liter, 2.3 Liter.

Body	Type	VIN	List	Fair	Good	Good	Excellent
i Sport Sedan 4D		K12F	15370	8600	9800	11250	14000
i Touring Sedan 4D		K12F	16850	8875	10100	11550	14300
i Touring Value Sed 4D		K12F	17230	8950	10200	11650	14400
s Sport Sedan 4D		K123	18030	9400	10675	12150	15000
s Sport Hatchback 4D		K143	18520	9675	10975	12500	15350
s Touring Sedan 4D		K123	19020	9750	11075	12550	15450
s Touring Hatchback 4D		K143	19020	10000	11375	12900	15800
s Grand Touring Sedan		K123	20490	10150	11525	13050	15950
s Grand Touring H'Bck		K143	20490	10350	11700	13200	16100

MAZDASPEED3—4-Cyl. Turbo—Equipment Schedule 6
W.B. 103.9"; 2.3 Liter.

Body	Type	VIN	List	Fair	Good	Good	Excellent
Sport Hatchback 4D		K14L	22935	11425	12875	14500	17650
Grand Touring H'Back		K14L	24650	12150	13725	15300	18500

MAZDA6—4-Cyl.—Equipment Schedule 6
W.B. 105.3"; 2.3 Liter.

Body	Type	VIN	List	Fair	Good	Good	Excellent
i Sport Sedan 4D		P80C	19585	8875	10100	11700	14600
i Sport Value Sedan 4D		P80C	21245	8950	10200	11650	14450
i Spt Value Ed H'Back		P84C	22245	9850	11175	12800	15850
i Touring Sedan 4D		P80C	22835	9675	10975	12500	15400
i Touring Hatchback 4D		P84C	23835	10000	11325	12850	15800
i Grand Touring Sed		P80C	24685	10150	11525	13150	16200
i Grand Touring H'Back		P84C	25435	10350	11700	13250	16150
Manual Trans				(625)	(625)	(835)	(835)

MAZDA6—V6—Equipment Schedule 4
W.B. 105.3"; 3.0 Liter.

Body	Type	VIN	List	Fair	Good	Good	Excellent
s Sport Value Sedan 4D		P80D	23755	9425	10725	12300	15300
s Spt Value Ed H'Back		P84D	24755	10250	11625	13250	16300
s Touring Sedan 4D		P80D	25445	10000	11325	12950	16000
s Touring H'Back 4D		P84D	26445	10525	11950	13550	16700
s Grand Touring Sedan		P80D	27595	10475	11900	13500	16650
s Grand Touring H'Back		P84D	28345	10825	12250	13850	17050
Manual Trans				(625)	(625)	(835)	(835)

MX-5 MIATA—4-Cyl.—Equipment Schedule 6
W.B. 91.7"; 2.0 Liter.

Body	Type	VIN	List	Fair	Good	Good	Excellent
SV Convertible 2D		C25F	21180	11175	12650	14300	17500
Sport Conv 2D		C25F	22180	11525	13025	14700	17950
Sport Conv Hard Top		C26F	24995	13425	15150	16800	20300
Touring Convertible 2D		C25F	24225	12350	13975	15650	18950
Touring Conv Hard Top		C26F	26095	13675	15375	17100	20600
Grand Touring Conv		C25F	25485	13575	15300	17000	20500
Grand Touring HT 2D		C26F	27355	14750	16600	18350	22000
Special Ed Conv 2D		C26F	27225	14350	16125	17900	21500
Auto Trans				0	0	0	0

RX-8—Rotary—Equipment Schedule 3
W.B. 106.4"; 1.3 Liter.

Body	Type	VIN	List	Fair	Good	Good	Excellent
Sport Coupe 4D		E173	27030	12975	14600	16500	20200
Touring Coupe 4D		E173	30930	13775	15525	17450	21200
Grand Touring Coupe		E173	32365	14450	16225	18100	21900
40th Anniv Cpe 4D		E173	32705	14250	16025	17950	21700
Performance Pkg				500	500	665	665

MERCEDES-BENZ

C-CLASS—4-Cyl.—Equipment Schedule 1
W.B. 105.9"; 2.2 Liter.

Body	Type	VIN	List	Fair	Good	Good	Excellent
C220 Sedan 4D		HA22E	31085	1950	2500	3775	5650

C-CLASS—6-Cyl.—Equipment Schedule 1
W.B. 105.9"; 2.8 Liter.

1994 MERCEDES-BENZ

Body	Type	VIN	List	Trade-In Fair	Trade-In Good	Pvt-Party Good	Retail Excellent
	C280 Sedan 4D	HA28E	37105	2050	2625	3900	5800
	Slip Control			100	100	135	135
E-CLASS—6-Cyl.—Equipment Schedule 1							
W.B. 106.9", 110.2" (4D); 3.2 Liter.							
	E320 Sedan 4D	EA32E	42975	2150	2725	4000	5900
	E320 Coupe 2D	EA52E	62075	2950	3575	4975	7075
	E320 Cabriolet 2D	EA66E	77775	7025	8075	10000	13150
	E320 Wagon 4D	EA92E	46675	3175	3850	5275	7425
	Slip Control			100	100	135	135
	Sport Pkg			200	200	265	265
E-CLASS—V8—Equipment Schedule 1							
W.B. 110.2"; 4.2 Liter.							
	E420 Sedan 4D	EA34E	51475	3250	3950	5375	7550
	E500 Sedan 4D	EA36E	82975	10625	12050	14500	18550
	Slip Control			100	100	135	135
S-CLASS—6-Cyl.—Equipment Schedule 1							
W.B. 119.7"; 3.2 Liter.							
	S320 Sedan 4D	GA32E	71075	3925	4650	6175	8525
	Slip Control			100	100	135	135
S-CLASS—6-Cyl. Turbo Diesel—Equipment Schedule 1							
W.B. 119.7"; 3.5 Liter.							
	S350D Sedan 4D	GB34E	71075	5750	6700	8475	11300
S-CLASS—V8—Equipment Schedule 1							
W.B. 115.9", 123.6" (S420, S500 4D); 4.2 Liter, 5.0 Liter.							
	S420 Sedan 4D	GA43E	81675	4650	5475	7100	9700
	S500 Sedan 4D	GA51E	97875	4850	5675	7350	10000
	S500 Coupe 2D	GA70E	102375	6175	7125	8975	11900
	Slip Control			100	100	135	135
S-CLASS—V12—Equipment Schedule 1							
W.B. 115.9", 123.6" (4D); 6.0 Liter.							
	S600 Sedan 4D	GA57E	134485	3700	4400	5900	8200
	S600 Coupe 2D	GA76E	136775	4575	5400	7025	9600
SL-CLASS—6-Cyl.—Equipment Schedule 1							
W.B. 99.0"; 3.2 Liter.							
	SL320 Roadster 2D	FA63E	85675	7025	8075	10050	13200
	Slip Control			100	100	135	135
SL-CLASS—V8—Equipment Schedule 1							
W.B. 99.0"; 5.0 Liter.							
	SL500 Roadster 2D	FA67E	101275	8425	9625	11800	15350
SL-CLASS—V12—Equipment Schedule 1							
W.B. 99.0"; 6.0 Liter.							
	SL600 Roadster 2D	FA76E	123575	8650	9850	12050	15700

1995 MERCEDES-BENZ — WDB(HA22E)-S-#

Body	Type	VIN	List	Trade-In Fair	Trade-In Good	Pvt-Party Good	Retail Excellent
C-CLASS—4-Cyl.—Equipment Schedule 1							
W.B. 105.9"; 2.2 Liter.							
	C220 Sedan 4D	HA22E	32000	2325	2900	4250	6225
	Traction Control			100	100	135	135
C-CLASS—6-Cyl.—Equipment Schedule 1							
W.B. 105.9"; 2.8 Liter, 3.6 Liter.							
	C280 Sedan 4D	HA28E	38400	2425	3025	4350	6400
	C36 Sedan 4D	HM36E	50500	3975	4700	6250	8625
	Slip Control			100	100	135	135
E-CLASS—6-Cyl.—Equipment Schedule 1							
W.B. 106.9", 110.2" (4D); 3.2 Liter.							
	E320 Sedan 4D	EA32E	43975	2525	3100	4475	6525
	E320 Coupe 2D	EA52E	63475	3450	4175	5625	7925
	E320 Cabriolet 2D	EA66E	79475	8075	9225	11350	14850
	E320 Wagon 4D	EA92E	49600	3700	4400	5925	8250
	Slip Control			100	100	135	135
	Sport Pkg			200	200	265	265
E-CLASS—6-Cyl. Diesel—Equipment Schedule 1							
W.B. 110.2"; 3.0 Liter.							
	E300D Sedan 4D	EB31E	43100	3450	4175	5625	7925
E-CLASS—V8—Equipment Schedule 1							
W.B. 110.2"; 4.2 Liter.							
	E420 Sedan 4D	EA34E	52975	4050	4800	6350	8750
	Slip Control			100	100	135	135
S-CLASS—6-Cyl.—Equipment Schedule 1							
W.B. 119.7", 123.6" (LWB); 3.2 Liter.							
	S320 SWB Sedan 4D	GA32E	63175	3750	4450	5975	8300
	S320 LWB Sedan 4D	GA33E	66375	4050	4800	6350	8750
	Slip Control			100	100	135	135

1995 MERCEDES-BENZ

Body	Type	VIN	List	Trade-In Fair	Good	Pvt-Party Good	Retail Excellent
S-CLASS—6-Cyl. Turbo Diesel—Equipment Schedule 1							
W.B. 119.7"; 3.5 Liter.							
S350D Sedan 4D	GB34E	66375	6650	7650	9550	12650
S-CLASS—V8—Equipment Schedule 1							
W.B. 115.9", 123.6" (4D); 4.2 Liter, 5.0 Liter.							
S420 Sedan 4D	GA43E	76075	5125	5975	7725	10450
S500 Sedan 4D	GA51E	89675	5350	6225	7975	10750
S500 Coupe 2D	GA70E	94075	6750	7800	9725	12850
S-CLASS—V12—Equipment Schedule 1							
W.B. 115.9", 123.6" (4D); 6.0 Liter.							
S600 Sedan 4D	GA57E	133775	4275	5050	6625	9075
S600 Coupe 2D	GA76E	136775	5250	6125	7900	10650
SL-CLASS—6-Cyl.—Equipment Schedule 1							
W.B. 99.0"; 3.2 Liter.							
SL320 Roadster 2D	FA63E	78775	7975	9150	11300	14800
Slip Control			100	100	135	135
SL-CLASS—V8—Equipment Schedule 1							
W.B. 99.0"; 5.0 Liter.							
SL500 Roadster 2D	FA67E	91675	9250	10525	12850	16600
SL-CLASS—V12—Equipment Schedule 1							
W.B. 99.0"; 6.0 Liter.							
SL600 Roadster 2D	FA76E	123175	9800	11125	13500	17450

1996 MERCEDES-BENZ — WDB(HA22E)-T-#

Body	Type	VIN	List	Trade-In Fair	Good	Pvt-Party Good	Retail Excellent
C-CLASS—4-Cyl.—Equipment Schedule 1							
W.B. 105.9"; 2.2 Liter.							
C220 Sedan 4D	HA22E	33055	2750	3350	4750	6850
Traction Control			125	125	165	165
C-CLASS—6-Cyl.—Equipment Schedule 1							
W.B. 105.9"; 2.8 Liter, 3.6 Liter.							
C280 Sedan 4D	HA28E	37815	2825	3425	4850	6950
C36 Sedan 4D	HM36E	51595	3850	4575	6100	8450
Slip Control			125	125	165	165
Sport Pkg			250	250	335	335
E-CLASS—6-Cyl.—Equipment Schedule 1							
W.B. 111.5"; 3.2 Liter.							
E320 Sedan 4D	JF55F	45165	3225	3900	5350	7550
Slip Control			125	125	165	165
E-CLASS—6-Cyl. Diesel—Equipment Schedule 1							
W.B. 111.5"; 3.0 Liter.							
E300D Sedan 4D	JF20F	42465	4700	5525	7150	9750
S-CLASS—6-Cyl.—Equipment Schedule 1							
W.B. 119.7", 123.6" (LWB); 3.2 Liter.							
S320 SWB Sedan 4D	GA32E	63295	4600	5425	7075	9650
S320 LWB Sedan 4D	GA33E	66495	4775	5600	7275	9900
Slip Control			125	125	165	165
S-CLASS—V8—Equipment Schedule 1							
W.B. 115.9", 123.6" (4D); 4.2 Liter, 5.0 Liter.							
S420 Sedan 4D	GA43E	74495	5925	6875	8675	11550
S500 Sedan 4D	GA51E	88095	6175	7125	8975	11900
S500 Coupe 2D	GA70E	92495	7800	8925	10950	14200
S-CLASS—V12—Equipment Schedule 1							
W.B. 115.9", 123.6" (4D); 6.0 Liter.							
S600 Sedan 4D	GA57E	130895	4950	5775	7475	10150
S600 Coupe 2D	GA76E	133895	6075	7025	8850	11750
SL-CLASS—6-Cyl.—Equipment Schedule 1							
W.B. 99.0"; 3.2 Liter.							
SL320 Roadster 2D	FA63F	78895	8725	9950	12150	15800
Slip Control			125	125	165	165
Sport Pkg			925	925	1235	1235
SL-CLASS—V8—Equipment Schedule 1							
W.B. 99.0"; 5.0 Liter.							
SL500 Roadster 2D	FA67F	90495	10100	11475	13850	17800
Sport Pkg			925	925	1235	1235
SL-CLASS—V12—Equipment Schedule 1							
W.B. 99.0"; 6.0 Liter.							
SL600 Roadster 2D	FA76F	122595	10725	12150	14600	18650
Sport Pkg			925	925	1235	1235

1997 MERCEDES-BENZ — WDB(HA23E)-V-#

C-CLASS—4-Cyl.—Equipment Schedule 1
W.B. 105.9"; 2.3 Liter.

1997 MERCEDES-BENZ

Body	Type	VIN	List	Trade-In Fair	Good	Pvt-Party Good	Retail Excellent
C230 Sedan 4D		HA23E	33235	2500	3075	4475	6550
Traction Control				150	150	200	200
C-CLASS—6-Cyl.—Equipment Schedule 1							
W.B. 105.9"; 2.8 Liter, 3.6 Liter.							
C280 Sedan 4D		HA28E	37985	2925	3550	5000	7150
C36 Sedan 4D		HM36E	52520	4575	5400	7025	9600
Slip Control				150	150	200	200
Sport Pkg				275	275	365	365
E-CLASS—6-Cyl.—Equipment Schedule 1							
W.B. 111.5"; 3.2 Liter.							
E320 Sedan 4D		JF55F	46485	3800	4500	6025	8350
Slip Control				150	150	200	200
E-CLASS—6-Cyl. Diesel—Equipment Schedule 1							
W.B. 111.5"; 3.0 Liter.							
E300D Sedan 4D		JF20F	42475	5475	6375	8075	10850
E-CLASS—V8—Equipment Schedule 1							
W.B. 111.5"; 4.2 Liter.							
E420 Sedan 4D		JF72F	51585	5925	6875	8625	11450
Sport Pkg				625	625	835	835
S-CLASS—6-Cyl.—Equipment Schedule 1							
W.B. 119.7", 123.6" (LWB); 3.2 Liter.							
S320 SWB Sedan 4D		GA32G	63895	5400	6275	7975	10750
S320 LWB Sedan 4D		GA33G	67195	5575	6500	8225	11050
Slip Control				150	150	200	200
S-CLASS—V8—Equipment Schedule 1							
W.B. 115.9", 123.6" (4D); 4.2 Liter, 5.0 Liter.							
S420 Sedan 4D		GA43G	75795	6750	7775	9650	12700
S500 Sedan 4D		GA51G	89795	7000	8050	9950	13050
S500 Coupe 2D		GA70G	93795	8950	10200	12400	15950
S-CLASS—V12—Equipment Schedule 1							
W.B. 115.9", 123.6" (4D); 6.0 Liter.							
S600 Sedan 4D		GA57G	133895	5800	6750	8525	11350
S600 Coupe 2D		GA76G	136495	7075	8125	10050	13200
SL-CLASS—6-Cyl.—Equipment Schedule 1							
W.B. 99.0"; 3.2 Liter.							
SL320 Roadster 2D		FA63F	80195	8150	9325	11400	14850
Slip Control				150	150	200	200
Sport Pkg				1000	1000	1335	1335
Panorama Roof				750	750	1000	1000
SL-CLASS—V8—Equipment Schedule 1							
W.B. 99.0"; 5.0 Liter.							
SL500 Roadster 2D		FA67F	91795	10300	11650	14000	17900
Sport Pkg				625	625	835	835
Panorama Roof				750	750	1000	1000
SL-CLASS—V12—Equipment Schedule 1							
W.B. 99.0"; 6.0 Liter.							
SL600 Roadster 2D		FA76F	125895	10925	12400	14750	18750
Sport Pkg				1050	1050	1400	1400
Panorama Roof				750	750	1000	1000

1998 MERCEDES-BENZ — WDB(KK47F)-W-#

Body	Type	VIN	List	Trade-In Fair	Good	Pvt-Party Good	Retail Excellent
SLK-CLASS—4-Cyl. Supercharged—Equipment Schedule 1							
W.B. 94.5"; 2.3 Liter.							
SLK230 Roadster 2D		KK47F	40295	4650	5500	7125	9700
C-CLASS—4-Cyl.—Equipment Schedule 1							
W.B. 105.9" 2.3 Liter.							
C230 Sedan 4D		HA23G	33235	3025	3650	5100	7275
Slip Control				175	175	235	235
C-CLASS—V6—Equipment Schedule 1							
W.B. 105.9"; 2.8 Liter.							
C280 Sedan 4D		HA29G	37985	3125	3800	5250	7450
Sport Pkg				300	300	400	400
C-CLASS—V8—Equipment Schedule 1							
W.B. 105.9"; 4.3 Liter.							
C43 Sedan 4D		HA33G	53345	7175	8250	10150	13250
CLK-CLASS—V6—Equipment Schedule 1							
W.B. 105.9"; 3.2 Liter.							
CLK320 Coupe 2D		LJ65G	41555	3750	4450	5975	8300
E-CLASS—V6—Equipment Schedule 1							
W.B. 111.5"; 3.2 Liter.							
E320 Sedan 4D		JF65F	47205	4425	5250	6775	9225
E320 4Matic Sedan 4D		JF82F	49955	4625	5475	7075	9625
E320 Wagon 4D		JH65F	49900	4225	5000	6550	8950

1998 MERCEDES-BENZ

Body Type	VIN	List	Trade-In Fair	Good	Pvt-Party Good	Retail Excellent
E320 4Matic Wagon 4D	JH82F	52650	4625	5475	7075	9625
E-CLASS—6-Cyl. Turbo Diesel—Equipment Schedule 1						
W.B. 111.5"; 3.0 Liter.						
E300TD Sedan 4D	JF25F	45200	7525	8625	10550	13650
E-CLASS—V8—Equipment Schedule 1						
W.B. 111.5"; 4.3 Liter.						
E430 Sedan 4D	JF70F	52305	7775	8900	10800	13950
Sport Pkg			625	625	835	835
CL-CLASS—V8—Equipment Schedule 1						
W.B. 115.9"; 5.0 Liter.						
CL500 Coupe 2D	GA70G	92495	10300	11650	13950	17800
CL-CLASS—V12—Equipment Schedule 1						
W.B. 115.9"; 6.0 Liter.						
CL600 Coupe 2D	GA76G	135895	8275	9475	11550	15000
S-CLASS—6-Cyl.—Equipment Schedule 1						
W.B. 119.7" (LWB), 123.6" (LWB); 3.2 Liter.						
S320 SWB Sedan 4D	GA32G	64595	6250	7225	9025	11900
S320 LWB Sedan 4D	GA33G	67985	6475	7450	9250	12200
S-CLASS—V8—Equipment Schedule 1						
W.B. 123.6"; 4.2 Liter, 5.0 Liter.						
S420 Sedan 4D	GA43G	75795	7750	8875	10850	14000
S500 Sedan 4D	GA51G	89795	8025	9200	11200	14550
S-CLASS—V12—Equipment Schedule 1						
W.B. 123.6"; 6.0 Liter.						
S600 Sedan 4D	GA57G	135845	6850	7925	9775	12800
SL-CLASS—V8—Equipment Schedule 1						
W.B. 99.0"; 5.0 Liter.						
SL500 Roadster 2D	FA67F	81495	10675	12100	14400	18300
Sport Pkg			1175	1175	1565	1565
Panorama Roof			775	775	1035	1035
SL-CLASS—V12—Equipment Schedule 1						
W.B. 99.0"; 6.0 Liter.						
SL600 Roadster 2D	FA76F	127695	11425	12875	15250	19300
Sport Pkg			1175	1175	1565	1565
Panorama Roof			775	775	1035	1035

1999 MERCEDES-BENZ — WDB(KK47F)-X-#

Body Type	VIN	List	Trade-In Fair	Good	Pvt-Party Good	Retail Excellent
SLK-CLASS—4-Cyl. Supercharged—Equipment Schedule 1						
W.B. 94.5"; 2.3 Liter.						
SLK230 Roadster 2D	KK47F	41495	5300	6175	7900	10600
Sport Pkg			625	625	835	835
Manual Trans			(425)	(425)	(565)	(565)
C-CLASS—4-Cyl. Supercharged—Equipment Schedule 1						
W.B. 105.9"; 2.3 Liter.						
C230 Sedan 4D	HA24G	34795	3450	4175	5650	7975
Sport Pkg			325	325	435	435
C-CLASS—V6—Equipment Schedule 1						
W.B. 105.9"; 2.8 Liter.						
C280 Sedan 4D	HA29G	38630	3475	4200	5675	7975
Sport Pkg			325	325	435	435
C-CLASS—V8—Equipment Schedule 1						
W.B. 105.9"; 4.3 Liter.						
C43 Sedan 4D	HA33G	53595	8275	9475	11450	14800
CLK-CLASS—V6—Equipment Schedule 1						
W.B. 105.9"; 3.2 Liter.						
CLK320 Coupe 2D	LJ65G	42485	4425	5225	6800	9275
CLK320 Cabriolet 2D	LK65G	47795	5775	6725	8475	11250
CLK-CLASS—V8—Equipment Schedule 1						
W.B. 105.9"; 4.3 Liter.						
CLK430 Coupe 2D	LJ70G	49785	7550	8650	10550	13650
E-CLASS—V6—Equipment Schedule 1						
W.B. 111.5"; 3.2 Liter.						
E320 Sedan 4D	JF65F	47905	5200	6050	7725	10350
E320 AWD Sedan 4D	JF82F	50695	5500	6400	8075	10800
E320 Wagon 4D	JH65F	48905	5050	5900	7550	10150
E320 AWD Wagon 4D	JH82F	51695	5525	6425	8075	10800
E-CLASS—6-Cyl. Turbo Diesel—Equipment Schedule 1						
W.B. 111.5"; 3.0 Liter.						
E300TD Sedan 4D	JF25F	45430	8600	9800	11800	15200
E-CLASS—V8—Equipment Schedule 1						
W.B. 111.5"; 4.3 Liter, 5.5 Liter.						
E430 Sedan 4D	JF70F	53005	8950	10200	12200	15650
E55 Sedan 4D	JF744	69695	11650	13175	15450	19400

1999 MERCEDES-BENZ

Body	Type	VIN	List	Trade-In Fair	Trade-In Good	Pvt-Party Good	Retail Excellent
	Sport Pkg (E430)			625	625	835	835
CL-CLASS—V8—Equipment Schedule 1							
W.B. 115.9"; 5.0 Liter.							
CL500 Coupe 2D		GA70G	93795	11800	13325	15700	19700
CL-CLASS—V12—Equipment Schedule 1							
W.B. 115.9"; 6.0 Liter.							
CL600 Coupe 2D		GA76G	140495	9725	11025	13250	16850
S-CLASS—6-Cyl.—Equipment Schedule 1							
W.B. 119.7", 123.6" (LWB); 3.2 Liter.							
S320 SWB Sedan 4D		GA32G	65345	7225	8300	10150	13250
S320 LWB Sedan 4D		GA33G	68595	7475	8575	10450	13550
S-CLASS—V8—Equipment Schedule 1							
W.B. 123.6"; 4.2 Liter, 5.0 Liter.							
S420 Sedan 4D		GA43G	75795	8900	10150	12200	15650
S500 Sedan 4D		GA51G	89795	9250	10525	12600	16100
	Grand Edition (S500)			200	200	265	265
S-CLASS—V12—Equipment Schedule 1							
W.B. 123.6"; 6.0 Liter.							
S600 Sedan 4D		GA57G	137845	8150	9325	11300	14650
SL-CLASS—V8—Equipment Schedule 1							
W.B. 99.0"; 5.0 Liter.							
SL500 Roadster 2D		FA68F	82695	11225	12700	15000	18900
	Sport Pkg			1300	1300	1735	1735
	Panorama Roof			800	800	1065	1065
SL-CLASS—V12—Equipment Schedule 1							
W.B. 99.0"; 6.0 Liter.							
SL600 Roadster 2D		FA76F	130095	12050	13625	15950	20100
	Sport Pkg			1300	1300	1735	1735
	Panorama Roof			800	800	1065	1065

2000 MERCEDES-BENZ — WDB(KK47F)-Y-#

Body	Type	VIN	List	Trade-In Fair	Trade-In Good	Pvt-Party Good	Retail Excellent
SLK-CLASS—4-Cyl. Supercharged—Equipment Schedule 1							
W.B. 94.5"; 2.3 Liter.							
SLK230 Roadster 2D		KK47F	42495	6225	7200	8975	11800
	Sport Pkg			625	625	835	835
	designo Edition			700	700	935	935
	Manual Trans			(450)	(450)	(600)	(600)
C-CLASS—4-Cyl. Supercharged—Equipment Schedule 1							
W.B. 105.9"; 2.3 Liter.							
C230 Sedan 4D		HA24G	34820	4250	5025	6600	9050
	Sport Pkg			350	350	465	465
C-CLASS—V6—Equipment Schedule 1							
W.B. 105.9"; 2.8 Liter.							
C280 Sedan 4D		HA29G	39020	3975	4725	6300	8700
	Sport Pkg			350	350	465	465
C-CLASS—V8—Equipment Schedule 1							
W.B. 105.9"; 4.3 Liter.							
C43 Sedan 4D		HA33G	53595	6950	8000	9850	12850
CLK-CLASS—V6—Equipment Schedule 1							
W.B. 105.9"; 3.2 Liter.							
CLK320 Coupe 2D		LJ65G	43505	5225	6100	7800	10500
CLK320 Cabriolet 2D		LK65G	48695	6825	7900	9700	12700
	designo Edition			700	700	935	935
CLK-CLASS—V8—Equipment Schedule 1							
W.B. 105.9"; 4.3 Liter.							
CLK430 Coupe 2D		LJ70G	51005	6100	7050	8825	11650
CLK430 Cabriolet 2D		LK70G	56195	9325	10625	12700	16150
	designo Edition			700	700	935	935
E-CLASS—V6—Equipment Schedule 1							
W.B. 111.5"; 3.2 Liter.							
E320 Sedan 4D		JF65G	48825	6100	7050	8775	11550
E320 AWD Sedan 4D		JF82G	51625	6475	7475	9225	12100
E320 Wagon 4D		JH65F	49675	6000	6950	8675	11450
E320 AWD Wagon 4D		JH82F	52475	6525	7525	9275	12150
	designo Edition			700	700	935	935
E-CLASS—V8—Equipment Schedule 1							
W.B. 111.5"; 4.3 Liter, 5.5 Liter.							
E430 Sedan 4D		JF70G	54175	7675	8775	10600	13600
E430 AWD Sedan 4D		JF83G	56975	8275	9475	11400	14650
E55 Sedan 4D		JF74G	71395	10625	12050	14150	17800
	Sport Pkg (E430)			625	625	835	835
	designo Edition			700	700	935	935

2000 MERCEDES-BENZ

Body	Type	VIN	List	Trade-In Fair	Good	Pvt-Party Good	Retail Excellent
CL-CLASS—V8—Equipment Schedule 1							
W.B. 113.6"; 5.0 Liter.							
CL500 Coupe 2D		PJ75J	87145	9400	10675	12850	16400
S-CLASS—V8—Equipment Schedule 1							
W.B. 121.5"; 4.3 Liter, 5.0 Liter.							
S430 Sedan 4D		NG70J	70295	7525	8625	10500	13550
S500 Sedan 4D		NG75J	79445	8425	9625	11600	14950
Sport Pkg				1425	1425	1900	1900
designo Edition				700	700	935	935
Distronic Cruise Control				325	325	435	435
SL-CLASS—V8—Equipment Schedule 1							
W.B. 99.0"; 5.0 Liter.							
SL500 Roadster 2D		FA68F	84195	12100	13675	15950	20000
Sport Pkg				1425	1425	1900	1900
designo Edition				700	700	935	935
Panorama Roof				850	850	1135	1135
SL-CLASS—V12—Equipment Schedule 1							
W.B. 99.0"; 6.0 Liter.							
SL600 Roadster 2D		FA76F	132145	12975	14650	17000	21200
Sport Pkg				1425	1425	1900	1900
designo Edition				700	700	935	935
Panorama Roof				850	850	1135	1135

2001 MERCEDES-BENZ — WDB(KK49F)-1-#

Body	Type	VIN	List	Trade-In Fair	Good	Pvt-Party Good	Retail Excellent
SLK-CLASS—4-Cyl. Supercharged—Equipment Schedule 1							
W.B. 94.5"; 2.3 Liter.							
SLK230 Roadster 2D		KK49F	40495	7300	8375	10250	13300
Sport Pkg				625	625	835	835
designo Edition				750	750	1000	1000
Manual Trans				(475)	(475)	(635)	(635)
SLK-CLASS—V6—Equipment Schedule 1							
W.B. 94.5"; 3.2 Liter.							
SLK320 Roadster 2D		KK65F	45495	7500	8600	10450	13500
Sport Pkg				625	625	835	835
designo Edition				750	750	1000	1000
Manual Trans				(475)	(475)	(635)	(635)
C-CLASS—V6—Equipment Schedule 1							
W.B. 106.9"; 2.6 Liter, 3.2 Liter.							
C240 Sedan 4D		RF61G	34610	4350	5150	6750	9250
C320 Sedan 4D		RF64G	40310	5300	6175	7900	10600
Sport Pkg				375	375	500	500
Manual Trans				(475)	(475)	(635)	(635)
CLK-CLASS—V6—Equipment Schedule 1							
W.B. 105.9"; 3.2 Liter.							
CLK320 Coupe 2D		LJ65G	42595	6200	7175	8950	11800
CLK320 Cabriolet 2D		LK65G	49545	8025	9200	11100	14350
designo Edition				750	750	1000	1000
CLK-CLASS—V8—Equipment Schedule 1							
W.B. 105.9"; 4.3 Liter, 5.5 Liter.							
CLK430 Coupe 2D		LJ70G	50295	7325	8400	10250	13350
CLK430 Cabriolet 2D		LK70G	57145	10575	12000	14100	17750
CLK55 Coupe 2D		LJ74G	68045	8775	10000	12000	15350
designo Edition				750	750	1000	1000
E-CLASS—V6—Equipment Schedule 1							
W.B. 111.5"; 3.2 Liter.							
E320 Sedan 4D		JF65F	48495	7150	8200	10100	12950
E320 AWD Sedan 4D		JF82F	51345	7600	8725	10500	13500
E320 Wagon 4D		JH65F	49295	7125	8175	9950	12900
E320 AWD Wagon 4D		JH82F	52145	7700	8825	10650	13650
Sport Pkg (ex AWD)				625	625	835	835
designo Edition (ex AWD)				750	750	1000	1000
E-CLASS—V8—Equipment Schedule 1							
W.B. 111.5"; 4.3 Liter, 5.5 Liter.							
E430 Sedan 4D		JF70F	53845	9100	10350	12300	15650
E430 AWD Sedan 4D		JF83G	56695	9750	11075	13100	16550
E55 Sedan 4D		JF744	70945	12300	13925	16000	19900
Sport Pkg (ex AWD)				625	625	835	835
designo Ed (E430 RWD)				750	750	1000	1000
CL-CLASS—V8—Equipment Schedule 1							
W.B. 113.6"; 5.0 Liter, 5.5 Liter.							
CL500 Coupe 2D		PJ75J	89145	10975	12450	14600	18400
CL55 Coupe 2D		PJ73J	100145	16175	18125	20700	25400
Sport Pkg (CL500)				1550	1550	2065	2065

EQUIPMENT & MILEAGE PAGE 9 TO 23

2001 MERCEDES-BENZ

Body	Type	VIN	List	Trade-In Fair	Good	Pvt-Party Good	Retail Excellent
	designo Edition			750	750	1000	1000
CL-CLASS—V12—Equipment Schedule 1							
W.B. 113.6"; 5.8 Liter.							
	CL600 Coupe 2D	PJ78J	119145	14550	16375	18750	23100
	Sport Pkg			1550	1550	2065	2065
	designo Edition			750	750	1000	1000
S-CLASS—V8—Equipment Schedule 1							
W.B. 121.5"; 4.3 Liter, 5.0 Liter, 5.5 Liter.							
	S430 Sedan 4D	NG70J	71445	8950	10200	13200	15600
	S500 Sedan 4D	NG75J	80595	9950	11275	13350	16900
	S55 Sedan 4D	NG73J	98645	13425	15150	17400	21600
	Sport Pkg (S430,S500)			1550	1550	2065	2065
	designo Edition			750	750	1000	1000
S-CLASS—V12—Equipment Schedule 1							
W.B. 121.5"; 6.0 Liter.							
	S600 Sedan 4D	NG78J	115985	11375	12875	15000	18750
	Sport Pkg			1550	1550	2065	2065
	designo Edition			750	750	1000	1000
SL-CLASS—V8—Equipment Schedule 1							
W.B. 99.0"; 5.0 Liter.							
	SL500 Roadster 2D	FA68F	84445	13275	14950	17250	21400
	designo Edition			750	750	1000	1000
	Panorama Roof			900	900	1200	1200
SL-CLASS—V12—Equipment Schedule 1							
W.B. 99.0"; 6.0 Liter.							
	SL600 Roadster 2D	FA76F	129595	14200	15975	18350	22600
	designo Edition			750	750	1000	1000
	Panorama Roof			900	900	1200	1200

2002 MERCEDES-BENZ — WDB(KK49F)-2-#

Body	Type	VIN	List	Trade-In Fair	Good	Pvt-Party Good	Retail Excellent
SLK-CLASS—4-Cyl. Supercharged—Equipment Schedule 1							
W.B. 94.5"; 2.3 Liter.							
	SLK230 Roadster 2D	KK49F	41345	8425	9625	11700	15200
	Sport Pkg			625	625	835	835
	designo Edition			800	800	1065	1065
	Manual Trans			(500)	(500)	(665)	(665)
SLK-CLASS—V6—Equipment Schedule 1							
W.B. 94.5"; 3.2 Liter.							
	SLK320 Roadster 2D	KK65F	46745	8700	9900	12050	15550
	Sport Pkg			625	625	835	835
	designo Edition			800	800	1065	1065
	Manual Trans			(500)	(500)	(665)	(665)
SLK-CLASS—V6 Supercharged—Equipment Schedule 1							
W.B. 94.5"; 3.2 Liter.							
	SLK32 Roadster 2D	KK66F	55545	11700	13225	15550	19500
	designo Edition			800	800	1065	1065
C-CLASS—4-Cyl. Supercharged—Equipment Schedule 1							
W.B. 106.9"; 2.3 Liter.							
	C230 Sport Coupe 2D	RN47J	29490	4550	5350	7200	10000
	Manual Trans			(500)	(500)	(665)	(665)
C-CLASS—V6—Equipment Schedule 1							
W.B. 106.9"; 2.6 Liter, 3.2 Liter.							
	C240 Sedan 4D	RF61J	33680	5325	6200	8100	11050
	C320 Sedan 4D	RF64J	38780	6300	7275	9225	12300
	C320 Wagon 4D	RH64J	40280	6750	7775	9750	12900
	Sport Pkg			400	400	535	535
	Manual Trans			(500)	(500)	(665)	(665)
C-CLASS—V6 Supercharged—Equipment Schedule 1							
W.B. 106.9"; 3.2 Liter.							
	C32 Sedan 4D	RF65J	50545	9125	10400	12550	16100
CLK-CLASS—V6—Equipment Schedule 1							
W.B. 105.9"; 3.2 Liter.							
	CLK320 Coupe 2D	LJ65G	44565	7225	8300	10300	13500
	CLK320 Cabriolet 2D	LK65G	50245	9225	10525	12700	16250
	Sport Pkg			625	625	835	835
	designo Edition			800	800	1065	1065
CLK-CLASS—V8—Equipment Schedule 1							
W.B. 105.9"; 4.3 Liter, 5.5 Liter.							
	CLK430 Coupe 2D	LJ70G	52265	8725	9950	12050	15600
	CLK430 Cabriolet 2D	LK70G	57945	12000	13575	15900	19900
	CLK55 Coupe 2D	LJ74G	69095	10350	11700	13900	17700
	CLK55 Cabriolet 2D	LK74G	79645	13075	14750	17150	21400
	designo Edition			800	800	1065	1065

2002 MERCEDES-BENZ

Body	Type	VIN	List	Trade-In Fair	Trade-In Good	Pvt-Party Good	Retail Excellent
E-CLASS—V6—Equipment Schedule 1							
W.B. 111.5"; 3.2 Liter.							
E320 Sedan 4D		JF65J	50280	**8250**	**9425**	**11550**	**15000**
E320 AWD Sedan 4D		JF82J	53130	**8775**	**10000**	**12100**	**15650**
E320 Wagon 4D		JH65J	51080	**8275**	**9475**	**11550**	**15050**
E320 AWD Wagon 4D		JH82J	53130	**8900**	**10150**	**12300**	**15850**
Sport Pkg (ex AWD)				**625**	**625**	**835**	**835**
designo Edition (ex AWD)				**800**	**800**	**1065**	**1065**
E-CLASS—V8—Equipment Schedule 1							
W.B. 111.5"; 4.3 Liter, 5.5 Liter.							
E430 Sedan 4D		JF70J	55680	**10625**	**12050**	**14350**	**18300**
E430 AWD Sedan 4D		JF83J	58530	**11375**	**12850**	**15200**	**19200**
E55 Sedan 4D		JF74J	71995	**14100**	**15875**	**18400**	**22800**
Sport Pkg (E430 RWD)				**625**	**625**	**835**	**835**
designo Edition				**800**	**800**	**1065**	**1065**
CL-CLASS—V8—Equipment Schedule 1							
W.B. 113.6"; 5.0 Liter, 5.5 Liter.							
CL500 Coupe 2D		PJ75J	92395	**12700**	**14300**	**16750**	**21000**
CL55 Coupe 2D		PJ73J	105145	**18225**	**20375**	**23200**	**28300**
Sport Pkg (CL500)				**1650**	**1650**	**2200**	**2200**
designo Edition				**800**	**800**	**1065**	**1065**
CL-CLASS—V12—Equipment Schedule 1							
W.B. 113.6"; 5.8 Liter.							
CL600 Coupe 2D		PJ78J	120895	**16850**	**18875**	**21600**	**26500**
Sport Pkg				**1650**	**1650**	**2200**	**2200**
designo Edition				**800**	**800**	**1065**	**1065**
S-CLASS—V8—Equipment Schedule 1							
W.B. 121.5"; 4.3 Liter, 5.0 Liter, 5.5 Liter.							
S430 Sedan 4D		NG70J	72495	**10475**	**11900**	**14200**	**18100**
S500 Sedan 4D		NG81J	81845	**11575**	**13075**	**15450**	**19500**
S55 Sedan 4D		NG73J	101145	**15325**	**17250**	**19800**	**24400**
Sport Pkg (S430,S500)				**1650**	**1650**	**2200**	**2200**
designo Edition				**800**	**800**	**1065**	**1065**
S-CLASS—V12—Equipment Schedule 1							
W.B. 121.5"; 5.8 Liter.							
S600 Sedan 4D		NG78J	117545	**13325**	**15050**	**17500**	**21900**
Sport Pkg				**1650**	**1650**	**2200**	**2200**
designo Edition				**800**	**800**	**1065**	**1065**
SL-CLASS—V8—Equipment Schedule 1							
W.B. 99.0"; 5.0 Liter.							
SL500 Roadster 2D		FA68F	85445	**14550**	**16375**	**18900**	**23400**
Sport Pkg				**1650**	**1650**	**2200**	**2200**
Panorama Roof				**950**	**950**	**1265**	**1265**
Silver Arrow Edition				**1450**	**1450**	**1935**	**1935**
SL-CLASS—V12—Equipment Schedule 1							
W.B. 99.0"; 6.0 Liter.							
SL600 Roadster 2D		FA76F	132195	**15575**	**17500**	**20100**	**24800**
Panorama Roof				**950**	**950**	**1265**	**1265**
Silver Arrow Edition				**1450**	**1450**	**1935**	**1935**

2003 MERCEDES-BENZ — WDB(KK49F)-3-#

Body	Type	VIN	List	Trade-In Fair	Trade-In Good	Pvt-Party Good	Retail Excellent
SLK-CLASS—4-Cyl. Supercharged—Equipment Schedule 1							
W.B. 94.5"; 2.3 Liter.							
SLK230 Roadster 2D		KK49F	40265	**9950**	**11275**	**13500**	**17200**
Sport Pkg				**700**	**700**	**935**	**935**
designo Edition				**825**	**825**	**1100**	**1100**
Manual Trans				**(500)**	**(500)**	**(665)**	**(665)**
SLK-CLASS—V6—Equipment Schedule 1							
W.B. 94.5"; 3.2 Liter.							
SLK320 Roadster 2D		KK65F	45715	**10425**	**11850**	**14050**	**17850**
Sport Pkg				**700**	**700**	**935**	**935**
designo Edition				**825**	**825**	**1100**	**1100**
Manual Trans				**(500)**	**(500)**	**(665)**	**(665)**
SLK-CLASS—V6 Supercharged—Equipment Schedule 1							
W.B. 94.5"; 3.2 Liter.							
SLK32 Roadster 2D		KK66F	56115	**13775**	**15525**	**17900**	**22100**
designo Edition				**825**	**825**	**1100**	**1100**
C-CLASS—4-Cyl. Supercharged—Equipment Schedule 1							
W.B. 106.9"; 1.8 Liter.							
C230 Sport Sedan 4D		RF40J	30310	**6975**	**8025**	**10050**	**13250**
C230 Sport Coupe 2D		RN40J	28270	**5525**	**6400**	**8325**	**11300**
Manual Trans				**(500)**	**(500)**	**(665)**	**(665)**

Body	Type	VIN	List	Trade-In Fair	Trade-In Good	Pvt-Party Good	Retail Excellent
C-CLASS—V6—Equipment Schedule 1							
W.B. 106.9"; 2.6 Liter, 3.2 Liter.							
C240 Sedan 4D	RF61J	32165	**6700**	**7725**	**9725**	**12900**
C240 4Matic Sedan 4D	RF61J	33965	**7200**	**8275**	**10300**	**13500**
C240 Wagon 4D	RH61J	33544	**6750**	**7800**	**9775**	**12950**
C240 4Matic Wagon 4D	RH81J	35344	**7500**	**8600**	**10650**	**13900**
C320 Sedan 4D	RF64J	38790	**7850**	**8975**	**11050**	**14450**
C320 4Matic Sedan 4D	RF84J	40590	**8375**	**9575**	**11700**	**15200**
C320 Coupe 2D	RN64J	30620	**5125**	**5975**	**7900**	**10850**
C320 Wagon 4D	RH64J	38840	**8325**	**9525**	**11650**	**15150**
C320 4Matic Wagon 4D	RH84J	40640	**8875**	**10100**	**12250**	**15800**
Sport (C320 Sed & Cpe)		-------	**700**	**700**	**935**	**935**
Manual Trans		-------	**(500)**	**(500)**	**(665)**	**(665)**
C-CLASS—V6 Supercharged—Equipment Schedule 1							
W.B. 106.9"; 3.2 Liter.							
C32 Sedan 4D	RF65J	52065	**11075**	**12550**	**14750**	**18600**
CLK-CLASS—V6—Equipment Schedule 1							
W.B. 105.9", 106.9" (Coupe); 3.2 Liter.							
CLK320 Coupe 2D	TJ65J	44565	**8425**	**9625**	**11750**	**15250**
CLK320 Cabriolet 2D	LK65G	50615	**11475**	**12975**	**15300**	**19200**
Sport Pkg (Cabriolet)		-------	**700**	**700**	**935**	**935**
designo Edition		-------	**825**	**825**	**1100**	**1100**
CLK-CLASS—V8—Equipment Schedule 1							
W.B. 105.9", 106.9" (Coupe); 4.3 Liter, 5.0 Liter, 5.5 Liter.							
CLK430 Cabriolet 2D	LK70G	58315	**13025**	**14700**	**17000**	**21200**
CLK500 Coupe 2D	TJ75J	52865	**9500**	**10825**	**13000**	**16600**
CLK55 Coupe 2D	TJ76H	69470	**11375**	**12850**	**15100**	**19000**
designo Edition		-------	**825**	**825**	**1100**	**1100**
E-CLASS—V6—Equipment Schedule 1							
W.B. 111.5", 112.4" (Sed); 3.2 Liter.							
E320 Sedan 4D	UF65J	49165	**9750**	**11075**	**13300**	**16950**
E320 Wagon 4D	JH65J	55415	**10150**	**11525**	**13700**	**17450**
E320 4Matic Wagon 4D	JH82J	55415	**10825**	**12250**	**14450**	**18300**
Sport Pkg (Sedan)		-------	**700**	**700**	**935**	**935**
Panorama Roof		-------	**950**	**950**	**1265**	**1265**
E-CLASS—V8—Equipment Schedule 1							
W.B. 112.4"; 5.0 Liter.							
E500 Sedan 4D	UF70J	57065	**10875**	**12350**	**14650**	**18550**
Sport Pkg		-------	**700**	**700**	**935**	**935**
Panorama Roof		-------	**950**	**950**	**1265**	**1265**
E-CLASS—V8 Supercharged—Equipment Schedule 1							
W.B. 112.4"; 5.5 Liter.							
E55 Sedan 4D	UF72J	76720	**16125**	**18125**	**20700**	**25400**
Panorama Roof		-------	**950**	**950**	**1265**	**1265**
CL-CLASS—V8—Equipment Schedule 1							
W.B. 113.6"; 5.0 Liter.							
CL500 Coupe 2D	PJ75J	93315	**14075**	**15875**	**18350**	**22700**
Sport Pkg		-------	**1700**	**1700**	**2265**	**2265**
designo Edition		-------	**825**	**825**	**1100**	**1100**
CL-CLASS—V8 Supercharged—Equipment Schedule 1							
W.B. 113.6"; 5.5 Liter.							
CL55 Coupe 2D	PJ74J	115265	**19200**	**21450**	**24200**	**29300**
designo Edition		-------	**825**	**825**	**1100**	**1100**
CL-CLASS—V12 Twin Turbo—Equipment Schedule 1							
W.B. 113.6"; 5.5 Liter.							
CL600 Coupe 2D	PJ76J	127265	**19450**	**21750**	**24500**	**29700**
Sport Pkg		-------	**1700**	**1700**	**2265**	**2265**
designo Edition		-------	**825**	**825**	**1100**	**1100**
S-CLASS—V8—Equipment Schedule 1							
W.B. 121.5"; 4.3 Liter, 5.0 Liter.							
S430 Sedan 4D	NG70J	73265	**11575**	**13075**	**15450**	**19450**
S430 4Matic Sedan 4D	NG83J	76165	**12300**	**13925**	**16250**	**20400**
S500 Sedan 4D	NG75J	82665	**12975**	**14600**	**17050**	**21300**
S500 4Matic Sedan 4D	NG84J	85565	**14250**	**16025**	**18500**	**22900**
Sport Pkg		-------	**1700**	**1700**	**2265**	**2265**
designo Edition		-------	**825**	**825**	**1100**	**1100**
S-CLASS—V8 Supercharged—Equipment Schedule 1							
W.B. 121.5"; 5.5 Liter.							
S55 Sedan 4D	NG74J	107165	**17100**	**19150**	**21800**	**26700**
designo Edition		-------	**825**	**825**	**1100**	**1100**
S-CLASS—V12—Equipment Schedule 1							
W.B. 121.5"; 5.8 Liter.							
S600 Sedan 4D	NG76J	121205	**15525**	**17450**	**19900**	**24500**

2003 MERCEDES-BENZ

Body	Type	VIN	List	Trade-In Fair	Good	Pvt-Party Good	Retail Excellent
	Sport Pkg			1700	1700	2265	2265
	designo Edition			825	825	1100	1100

SL-CLASS—V8—Equipment Schedule 1
W.B. 100.8"; 5.0 Liter.

Body	Type	VIN	List	Trade-In Fair	Good	Pvt-Party Good	Retail Excellent
	SL500 Roadster 2D	SK75F	87655	19600	21950	24700	29900
	Sport Pkg			1700	1700	2265	2265
	designo Edition			825	825	1100	1100
	Panorama Roof			950	950	1265	1265
	Launch Edition			2000	2000	2665	2665

SL-CLASS—V8 Supercharged—Equipment Schedule 1
W.B. 100.8"; 5.5 Liter.

Body	Type	VIN	List	Trade-In Fair	Good	Pvt-Party Good	Retail Excellent
	SL55 Roadster 2D	SK74F	114915	22550	25100	27900	33500
	designo Edition			825	825	1100	1100
	Panorama Roof			950	950	1265	1265

2004 MERCEDES BENZ — WDB(KK49F)-4-#

SLK-CLASS—4-Cyl. Supercharged—Equipment Schedule 1
W.B. 94.5"; 1.8 Liter.

Body	Type	VIN	List	Trade-In Fair	Good	Pvt-Party Good	Retail Excellent
	SLK230 Roadster 2D	KK49F	40320	11650	13175	15450	19350
	Sport Pkg			775	775	1035	1035
	designo Edition			850	850	1135	1135
	Manual Trans			(500)	(500)	(665)	(665)

SLK-CLASS—V6—Equipment Schedule 1
W.B. 94.5"; 3.2 Liter.

Body	Type	VIN	List	Trade-In Fair	Good	Pvt-Party Good	Retail Excellent
	SLK320 Roadster 2D	KK65F	47330	12250	13825	16050	20100
	Sport Pkg			775	775	1035	1035
	designo Edition			850	850	1135	1135
	Manual Trans			(500)	(500)	(665)	(665)

SLK-CLASS—V6 Supercharged—Equipment Schedule 1
W.B. 94.5"; 3.2 Liter.

Body	Type	VIN	List	Trade-In Fair	Good	Pvt-Party Good	Retail Excellent
	SLK32 Roadster 2D	KK66F	56170	15875	17825	20200	24700
	designo Edition			850	850	1135	1135

C-CLASS—4-Cyl. Supercharged—Equipment Schedule 1
W.B. 106.9"; 1.8 Liter.

Body	Type	VIN	List	Trade-In Fair	Good	Pvt-Party Good	Retail Excellent
	C230 Sport Sedan 4D	RF40J	33180	8325	9525	11650	15150
	C230 Sport Coupe 2D	RN47J	30090	6700	7725	9725	12950
	Manual Trans			(500)	(500)	(665)	(665)

C-CLASS—V6—Equipment Schedule 1
W.B. 106.9"; 2.6 Liter, 3.2 Liter.

Body	Type	VIN	List	Trade-In Fair	Good	Pvt-Party Good	Retail Excellent
	C240 Sedan 4D	RF61J	33920	8150	9325	11450	14950
	C240 4Matic Sedan 4D	RF81J	35120	8700	9900	12050	15600
	C240 Wagon 4D	RH61J	35290	8200	9375	11500	15000
	C240 4Matic Wagon 4D	RH81J	36490	9050	10300	12450	16000
	C320 Sedan 4D	RF64J	39270	9400	10675	12900	16500
	C320 4Matic Sedan 4D	RF84J	40470	10000	11375	13550	17300
	C320 Coupe 2D	RN64J	29610	6350	7325	9325	12500
	C320 Wagon 4D	RH64J	40640	10000	11325	13500	17250
	C320 4Matic Wagon 4D	RH84J	41840	10525	11950	14150	17950
	Sport (C320 Sed & Cpe)			775	775	1035	1035
	Manual Trans			(500)	(500)	(665)	(665)

C-CLASS—V6 Supercharged—Equipment Schedule 1
W.B. 106.9"; 3.2 Liter.

Body	Type	VIN	List	Trade-In Fair	Good	Pvt-Party Good	Retail Excellent
	C32 Sedan 4D	RF65J	53120	13025	14700	16950	21100

CLK-CLASS—V6—Equipment Schedule 1
W.B. 106.9"; 3.2 Liter.

Body	Type	VIN	List	Trade-In Fair	Good	Pvt-Party Good	Retail Excellent
	CLK320 Coupe 2D	TJ65J	46480	10100	11475	13650	17400
	CLK320 Cabriolet 2D	LK65G	52120	13075	14750	17050	21200
	designo Edition			850	850	1135	1135

CLK-CLASS—V8—Equipment Schedule 1
W.B. 106.9"; 5.0 Liter, 5.5 Liter.

Body	Type	VIN	List	Trade-In Fair	Good	Pvt-Party Good	Retail Excellent
	CLK500 Coupe 2D	TJ75J	54520	11125	12600	14800	18650
	CLK500 Cabriolet 2D	TK75G	61570	15375	17300	19700	24100
	CLK55 Coupe 2D	TJ76H	70620	12850	14450	16750	20900
	CLK55 Cabriolet 2D	LJ74G	80220	16375	18375	20800	25300
	designo Edition			850	850	1135	1135

E-CLASS—V6—Equipment Schedule 1
W.B. 112.4"; 3.2 Liter.

Body	Type	VIN	List	Trade-In Fair	Good	Pvt-Party Good	Retail Excellent
	E320 Sedan 4D	UF65J	49410	11325	12800	15050	18900
	E320 4Matic Sedan 4D	UF82J	51910	12200	13775	15900	19700
	E320 Wagon 4D	UH65J	51910	12100	13675	15950	19900
	E320 4Matic Wagon 4D	UH82J	54410	12750	14400	16500	20400
	Sport/Appearance Pkg			775	775	1035	1035
	designo Edition			850	850	1135	1135

Body	Type	VIN	List	Trade-In Fair	Trade-In Good	Pvt-Party Good	Retail Excellent
	Panorama Roof			950	950	1265	1265

E-CLASS—V8—Equipment Schedule 1
W.B. 112.4"; 5.0 Liter.

Body	Type	VIN	List	Fair	Good	Good	Excellent
	E500 Sedan 4D	UF70J	58510	12350	13975	16300	20500
	E500 4Matic Sedan 4D	UF83J	60545	13275	14950	17350	21600
	E500 4Matic Wagon 4D	UH83J	63210	14400	16175	18600	23000
	Sport/Appearance Pkg			775	775	1035	1035
	designo Edition			850	850	1135	1135
	Panorama Roof			950	950	1265	1265

E-CLASS—V8 Supercharged—Equipment Schedule 1
W.B. 112.4"; 5.5 Liter.

	E55 Sedan 4D	UF76J	80070	18575	20775	23400	28400
	designo Edition			850	850	1135	1135
	Panorama Roof			950	950	1265	1265

CL-CLASS—V8—Equipment Schedule 1
W.B. 113.6"; 5.0 Liter.

	CL500 Coupe 2D	PJ75J	94520	15875	17775	20300	25000
	Sport Pkg			1750	1750	2335	2335
	designo Edition			850	850	1135	1135

CL-CLASS—V8 Supercharged—Equipment Schedule 1
W.B. 113.6"; 5.5 Liter.

| | CL55 Coupe 2D | PJ74J | 119520 | 21750 | 24300 | 27000 | 32500 |
| | designo Edition | | | 850 | 850 | 1135 | 1135 |

CL-CLASS—V12 Twin Turbo—Equipment Schedule 1
W.B. 113.6"; 5.5 Liter.

	CL600 Coupe 2D	PJ76J	129320	22350	24900	27600	33100
	Sport Pkg			1750	1750	2335	2335
	designo Edition			850	850	1135	1135

S-CLASS—V8—Equipment Schedule 1
W.B. 121.5"; 4.3 Liter. 5.0 Liter.

	S430 Sedan 4D	NG70J	74320	13025	14700	17100	21400
	S430 4Matic Sedan 4D	NG83J	78220	13875	15625	18050	22300
	S500 Sedan 4D	NG75J	83770	14750	16550	19000	23400
	S500 4Matic Sedan 4D	NG84J	86970	16175	18125	20700	25300
	Sport Pkg			1750	1750	2335	2335
	designo Edition			850	850	1135	1135

S-CLASS—V8 Supercharged—Equipment Schedule 1
W.B. 121.5"; 5.5 Liter.

| | S55 Sedan 4D | NG74J | 111870 | 19300 | 21550 | 24200 | 29300 |
| | designo Edition | | | 850 | 850 | 1135 | 1135 |

S-CLASS—V12 Bi-Turbo—Equipment Schedule 1
W.B. 121.5"; 5.5 Liter.

	S600 Sedan 4D	NG76J	124260	20775	23225	25900	31200
	Sport Pkg			1750	1750	2335	2335
	designo Edition			850	850	1135	1135

SL-CLASS—V8—Equipment Schedule 1
W.B. 100.8"; 5.0 Liter.

	SL500 Roadster 2D	SK75F	89800	20875	23325	26000	31300
	Sport Pkg			1750	1750	2335	2335
	designo Edition			850	850	1135	1135
	Panorama Roof			950	950	1265	1265

SL-CLASS—V8 Supercharged—Equipment Schedule 1
W.B. 100.8"; 5.5 Liter.

	SL55 Roadster 2D	SK74F	121450	26650	29700	32600	38700
	designo Edition			850	850	1135	1135
	Panorama Roof			950	950	1265	1265

SL-CLASS—V12 Twin Turbo—Equipment Schedule 1
W.B. 100.8"; 5.5 Liter.

	SL600 Roadster 2D	SK76F	128550	28800	32150	35100	41500
	Sport Pkg			1750	1750	2335	2335
	designo Edition			850	850	1135	1135
	Panorama Roof			950	950	1265	1265

2005 MERCEDES-BENZ — WDBorWDD(WK56F)-5

SLK-CLASS—V6—Equipment Schedule 1
W.B. 95.7"; 3.5 Liter.

	SLK350 Roadster 2D	WK56F	47610	16325	18325	20700	25200
	Sport Pkg			850	850	1135	1135
	designo Edition			875	875	1165	1165
	Manual Trans			(500)	(500)	(665)	(665)

SLK-CLASS—V8—Equipment Schedule 1
W.B. 95.7"; 5.5 Liter.

| | SLK55 Roadster 2D | WK73F | 61220 | 18925 | 21175 | 23600 | 28400 |

Body Type	VIN	List	Trade-In Fair	Trade-In Good	Pvt-Party Good	Retail Excellent
designo Edition		....	875	875	1165	1165
C-CLASS—4-Cyl. Supercharged—Equipment Schedule 1						
W.B. 106.9"; 1.8 Liter.						
C230 Sport Sedan 4D	RF40J	34650	**10050**	**11425**	**13650**	**17400**
C230 Sport Coupe 2D	RN40J	30850	**8275**	**9475**	**11600**	**15150**
Manual Trans		....	(500)	(500)	(665)	(665)
C-CLASS—V6—Equipment Schedule 1						
W.B. 106.9"; 2.6 Liter, 3.2 Liter.						
C240 Sedan 4D	RF61J	36660	**9950**	**11275**	**13500**	**17200**
C240 4Matic Sedan 4D	RF81J	37860	**10525**	**11950**	**14150**	**18000**
C240 Wagon 4D	RH61J	38030	**10000**	**11375**	**13550**	**17300**
C240 4Matic Wagon 4D	RH81J	39230	**10925**	**12400**	**14600**	**18400**
C320 Sedan 4D	RF64J	41960	**11375**	**12850**	**15100**	**18950**
C320 4Matic Sedan 4D	RF84J	43160	**12000**	**13575**	**15850**	**19800**
C320 Coupe 2D	RN64J	33250	**7950**	**9100**	**11250**	**14750**
Sport (C320 Sed & Cpe)		....	850	850	1135	1135
Manual Trans		....	(500)	(500)	(665)	(665)
C-CLASS—V8—Equipment Schedule 1						
W.B. 106.9"; 5.5 Liter.						
C55 Sedan 4D	RF76J	54620	**16475**	**18475**	**20900**	**25400**
CLK-CLASS—V6—Equipment Schedule 1						
W.B. 106.9"; 3.2 Liter.						
CLK320 Coupe 2D	TJ65G	47410	**12500**	**14100**	**16400**	**20500**
CLK320 Cabriolet 2D	TK65G	53420	**16025**	**17975**	**20400**	**24800**
designo Edition		....	875	875	1165	1165
CLK-CLASS—V8—Equipment Schedule 1						
W.B. 106.9"; 5.0 Liter, 5.5 Liter.						
CLK500 Coupe 2D	TJ75G	55910	**12975**	**14600**	**16900**	**21000**
CLK500 Cabriolet 2D	TK75G	61920	**17700**	**19900**	**22200**	**27000**
CLK55 Coupe 2D	TJ76G	71620	**14850**	**16700**	**19000**	**23300**
CLK55 Cabriolet 2D	TK76G	82870	**18875**	**21075**	**23500**	**28300**
designo Edition		....	875	875	1165	1165
E-CLASS—6-Cyl. Turbo Diesel—Equipment Schedule 1						
W.B. 112.4"; 3.2 Liter.						
E320 CDI Sedan 4D	UF26J	52855	**16750**	**18775**	**21200**	**25800**
designo Edition		....	875	875	1165	1165
Panorama Roof		....	950	950	1265	1265
E-CLASS—V6—Equipment Schedule 1						
W.B. 112.4"; 3.2 Liter.						
E320 Sedan 4D	UF65J	52280	**13225**	**14900**	**17150**	**21300**
E320 4Matic Sedan 4D	UF82J	54770	**14250**	**16025**	**18400**	**22600**
E320 Wagon 4D	UH65J	54400	**14350**	**16125**	**18450**	**22700**
E320 4Matic Wagon 4D	UH82J	56900	**15050**	**16900**	**19200**	**23500**
Sport/Appearance Pkg		....	850	850	1135	1135
designo Edition		....	875	875	1165	1165
Panorama Roof		....	950	950	1265	1265
E-CLASS—V8—Equipment Schedule 1						
W.B. 112.4"; 5.0 Liter.						
E500 Sedan 4D	UF70J	60480	**14450**	**16225**	**18700**	**23100**
E500 4Matic Sedan 4D	UF83J	61420	**15375**	**17300**	**19800**	**24300**
E500 4Matic Wagon 4D	UH83J	63950	**16600**	**18625**	**21100**	**25800**
Sport/Appearance Pkg		....	850	850	1135	1135
designo Edition		....	875	875	1165	1165
Panorama Roof		....	950	950	1265	1265
E-CLASS—V8 Supercharged—Equipment Schedule 1						
W.B. 112.4"; 5.5 Liter.						
E55 Sedan 4D	UF76J	81920	**21550**	**24000**	**26800**	**32000**
E55 Wagon 4D	UF86J	83220	**23025**	**25675**	**28300**	**33800**
designo Edition		....	875	875	1165	1165
Panorama Roof		....	950	950	1265	1265
CL-CLASS—V8—Equipment Schedule 1						
W.B. 113.6"; 5.0 Liter.						
CL500 Coupe 2D	PJ75J	94620	**18225**	**20375**	**23000**	**27900**
Sport Pkg		....	1800	1800	2400	2400
designo Edition		....	875	875	1165	1165
CL-CLASS—V8 Supercharged—Equipment Schedule 1						
W.B. 113.6"; 5.5 Liter.						
CL55 Coupe 2D	PJ74J	119620	**24900**	**27725**	**30500**	**36300**
designo Edition		....	875	875	1165	1165
CL-CLASS—V12 Twin Turbo—Equipment Schedule 1						
W.B. 113.6"; 5.5 Liter, 6.0 Liter.						
CL600 Coupe 2D	PJ76J	128620	**26175**	**29100**	**31900**	**37800**
CL65 Coupe 2D	PJ79J	178220	**43025**	**47725**	**51000**	**59000**

2005 MERCEDES-BENZ

Body	Type	VIN	List	Trade-In Fair	Good	Pvt-Party Good	Retail Excellent
Sport Pkg			-------	1800	1800	2400	2400
designo Edition			-------	875	875	1165	1165
S-CLASS—V8—Equipment Schedule 1							
W.B. 121.5"; 4.3 Liter, 5.0 Liter.							
S430 Sedan 4D		NG70J	76020	15100	17000	19450	23900
S430 4Matic Sedan 4D		NG83J	76020	16075	18025	20500	25100
S500 Sedan 4D		NG75J	84620	17100	19150	21800	26600
S500 4Matic Sedan 4D		NG84J	84620	18675	20875	23400	28400
Sport Pkg			-------	725	725	965	965
designo Edition			-------	875	875	1165	1165
S-CLASS—V8 Supercharged—Equipment Schedule 1							
W.B. 121.5"; 5.5 Liter.							
S55 Sedan 4D		NG74J	112620	22050	24600	27200	32600
designo Edition			-------	875	875	1165	1165
S-CLASS—V12 Twin Turbo—Equipment Schedule 1							
W.B. 121.5"; 6.0 Liter.							
S600 Sedan 4D		NG76J	125470	24300	27150	29800	35500
Sport Pkg			-------	1800	1800	2400	2400
designo Edition			-------	875	875	1165	1165
SL-CLASS—V8—Equipment Schedule 1							
W.B. 100.8"; 5.0 Liter.							
SL500 Roadster 2D		SK75F	91920	24600	27450	30100	35800
Sport Pkg			-------	1800	1800	2400	2400
designo Edition			-------	875	875	1165	1165
Panorama Roof			-------	950	950	1265	1265
SL-CLASS—V8 Supercharged—Equipment Schedule 1							
W.B. 100.8"; 5.5 Liter.							
SL55 Roadster 2D		SK74F	120120	31450	34975	37800	44400
designo Edition			-------	875	875	1165	1165
Panorama Roof			-------	950	950	1265	1265
SL-CLASS—V12 Twin Turbo—Equipment Schedule 1							
W.B. 100.8"; 6.0 Liter.							
SL600 Roadster 2D		SK76F	125620	33425	37150	40000	46700
SL65 Roadster 2D		SK79F	182720	48225	53500	56800	65500
Sport Pkg (SL600)			-------	1800	1800	2400	2400
designo Edition			-------	875	875	1165	1165
Panorama Roof			-------	950	950	1265	1265

2006 MERCEDES-BENZ — WDBorWDD(WK54F)-6

Body	Type	VIN	List	Trade-In Fair	Good	Pvt-Party Good	Retail Excellent
SLK-CLASS—V6—Equipment Schedule 1							
W.B. 95.7"; 3.0 Liter, 3.5 Liter.							
SLK280 Roadster 2D		WK54F	45085	16900	18975	21400	25900
SLK350 Roadster 2D		WK56F	49135	19000	21275	23600	28400
Sport Pkg			-------	925	925	1235	1235
designo Edition			-------	900	900	1200	1200
Manual Trans			-------	(500)	(500)	(665)	(665)
SLK-CLASS—V8—Equipment Schedule 1							
W.B. 95.7"; 5.5 Liter.							
SLK55 Roadster 2D		WK73F	63575	22450	25000	27400	32500
designo Edition			-------	900	900	1200	1200
C-CLASS—V6—Equipment Schedule 1							
W.B. 106.9"; 2.5 Liter, 3.0 Liter, 3.5 Liter.							
C230 Sport Sedan 4D		RF52J	33155	11850	13425	15750	19700
C280 Sedan 4D		RF54J	35515	12100	13675	15950	19900
C280 4Matic Sedan 4D		RF92J	37315	12750	14400	16650	20700
C350 Sedan 4D		RF56J	40715	13625	15325	17600	21800
C350 4Matic Sedan 4D		RF87J	42515	14400	16175	18450	22700
Manual Trans			-------	(500)	(500)	(665)	(665)
C-CLASS—V8—Equipment Schedule 1							
W.B. 106.9"; 5.5 Liter.							
C55 Sedan 4D		RF76J	56225	19600	21950	24300	29200
CLK-CLASS—V6—Equipment Schedule 1							
W.B. 106.9"; 3.5 Liter.							
CLK350 Coupe 2D		TJ56J	49025	15325	17250	19550	23900
CLK350 Cabriolet 2D		TK56G	55975	19300	21550	23900	28700
designo Edition			-------	900	900	1200	1200
CLK-CLASS—V8—Equipment Schedule 1							
W.B. 106.9"; 5.0 Liter, 5.5 Liter.							
CLK500 Coupe 2D		TJ57J	57325	15775	17700	20000	24400
CLK500 Cabriolet 2D		TK75G	64275	20975	23525	25900	30900
CLK55 Cabriolet 2D		TK76G	84275	22250	24800	27200	32300
designo Edition			-------	900	900	1200	1200

2006 MERCEDES-BENZ

Body	Type	VIN	List	Trade-In Fair	Good	Pvt-Party Good	Retail Excellent
E-CLASS—6-Cyl. Turbo Diesel—Equipment Schedule 1							
W.B. 112.4"; 3.2 Liter.							
E320 CDI Sedan 4D		UF26J	54845	19600	21950	24300	29200
designo Edition				900	900	1200	1200
E-CLASS—V6—Equipment Schedule 1							
W.B. 112.4"; 3.5 Liter.							
E350 Sedan 4D		UF56J	52325	16900	18975	21400	25900
E350 4Matic Sedan 4D		UF87J	54825	18575	20775	23200	27900
E350 Wagon 4D		UH56J	54505	16850	18875	21300	25800
E350 4Matic Wagon 4D		UH87J	57005	20100	22450	24800	29700
Sport/Appearance Pkg				925	925	1235	1235
designo Edition				900	900	1200	1200
Panorama Roof				975	975	1300	1300
E-CLASS—V8—Equipment Schedule 1							
W.B. 112.4"; 5.0 Liter.							
E500 Sedan 4D		UF70J	60675	17450	19550	22100	27000
E500 4Matic Sedan 4D		UF83J	64475	18525	20675	23300	28200
E500 4Matic Wagon 4D		UH83J	65505	19800	22150	24700	29800
Sport/Appearance Pkg				925	925	1235	1235
designo Edition				900	900	1200	1200
Panorama Roof				975	975	1300	1300
E-CLASS—V8 Supercharged—Equipment Schedule 1							
W.B. 112.4"; 5.5 Liter.							
E55 Sedan 4D		UF76J	84275	25475	28425	31200	36800
E55 Wagon 4D		UH76J	83375	26850	29900	32600	38500
designo Edition				900	900	1200	1200
Panorama Roof				975	975	1300	1300
CL-CLASS—V8—Equipment Schedule 1							
W.B. 113.6"; 5.0 Liter.							
CL500 Coupe 2D		PJ75J	97275	21650	24100	26800	32000
designo Edition				900	900	1200	1200
CL-CLASS—V8 Supercharged—Equipment Schedule 1							
W.B. 113.6"; 5.5 Liter.							
CL55 Coupe 2D		PJ74J	122975	29100	32450	35100	41300
designo Edition				900	900	1200	1200
CL-CLASS—V12 Twin Turbo—Equipment Schedule 1							
W.B. 113.6"; 5.5 Liter, 6.0 Liter.							
CL600 Coupe 2D		PJ76J	132875	30775	34200	36900	43200
CL65 Coupe 2D		PJ79J	182975	49200	54575	57500	66000
designo Edition				900	900	1200	1200
CLS-CLASS—V8—Equipment Schedule 1							
W.B. 112.4"; 5.0 Liter.							
CLS500 Coupe 4D		DJ75X	66975	25475	28325	31100	36800
Sport Pkg				1850	1850	2465	2465
designo Edition				900	900	1200	1200
CLS-CLASS—V8 Supercharged—Equipment Schedule 1							
W.B. 112.4"; 5.5 Liter.							
CLS55 Coupe 4D		DJ76X	89075	32250	35875	38600	45100
designo Edition				900	900	1200	1200
S-CLASS—V6—Equipment Schedule 1							
W.B. 121.5"; 3.7 Liter.							
S350 Sedan 4D		NF67J	65675	18075	20200	22800	27700
S-CLASS—V8—Equipment Schedule 1							
W.B. 121.5"; 4.3 Liter, 5.0 Liter.							
S430 Sedan 4D		NG70J	78025	18125	20275	22900	27800
S430 4Matic Sedan 4D		NG82J	79025	19300	21550	24200	29200
S500 Sedan 4D		NG75J	87825	20475	22925	25500	30700
S500 4Matic Sedan 4D		NG84J	88125	22150	24700	27300	32600
Sport Pkg				800	800	1065	1065
designo Edition				900	900	1200	1200
S-CLASS—V8 Supercharged—Equipment Schedule 1							
W.B. 121.5"; 5.5 Liter.							
S55 Sedan 4D		NG74J	116625	25775	28725	31500	37200
designo Edition				900	900	1200	1200
S-CLASS—V12 Twin Turbo—Equipment Schedule 1							
W.B. 121.5"; 5.5 Liter, 6.0 Liter.							
S600 Sedan 4D		NG74J	131725	28725	31950	34600	40700
S65 Sedan 4D		NG79J	169775	40175	44600	47400	54700
Sport Pkg (S600)				1850	1850	2465	2465
designo Edition				900	900	1200	1200
SL-CLASS—V8—Equipment Schedule 1							
W.B. 100.8"; 5.0 Liter.							
SL500 Roadster 2D		SK75F	94675	28900	32250	34900	41100

2006 MERCEDES-BENZ

Body	Type	VIN	List	Trade-In Fair	Good	Pvt-Party Good	Retail Excellent
Sport Pkg				1850	1850	2465	2465
designo Edition				900	900	1200	1200
Panorama Roof				975	975	1300	1300

SL-CLASS—V8 Supercharged—Equipment Schedule 1
W.B. 100.8"; 5.5 Liter.

SL55 Roadster 2D	SK74F	127875	37050	41050	43900	50900
designo Edition			900	900	1200	1200
Panorama Roof			975	975	1300	1300

SL-CLASS—V12 Twin Turbo—Equipment Schedule 1
W.B. 100.8"; 5.5 Liter, 6.0 Liter.

SL600 Roadster 2D	SK76F	134275	38700	42925	45700	52800
SL65 Roadster 2D	SK79F	188375	58700	64975	68100	77500
Sport Pkg (SL600)			1850	1850	2465	2465
designo Edition			900	900	1200	1200
Panorama Roof			975	975	1300	1300

2007 MERCEDES-BENZ — WDBorWDD(WK54F)-7

SLK-CLASS—V6—Equipment Schedule 1
W.B. 95.7"; 3.0 Liter, 3.5 Liter.

SLK280 Roadster 2D	WK54F	45555	20100	22450	24800	29700
SLK350 Roadster 2D	WK56F	49605	22350	24900	27200	32300
Sport Pkg			1000	1000	1335	1335
designo Edition			900	900	1200	1200
Manual Trans			(500)	(500)	(665)	(665)

SLK-CLASS—V8—Equipment Schedule 1
W.B. 95.7"; 5.5 Liter.

SLK55 Roadster 2D	WK73F	64575	30075	33425	35900	41700
designo Edition			900	900	1200	1200

C-CLASS—V6—Equipment Schedule 1
W.B. 106.9"; 2.5 Liter, 3.0 Liter, 3.5 Liter.

C230 Sport Sedan 4D	RF52J	34205	14400	16175	18500	22800
C280 Sedan 4D	RF54J	35965	14750	16550	18900	23200
C280 4Matic Sedan 4D	RF92J	37765	15475	17350	19700	24000
C350 Sedan 4D	RF56J	41165	16425	18425	20800	25300
C350 4Matic Sedan 4D	RF87J	42965	17300	19350	21800	26400
Manual Trans			(500)	(500)	(665)	(665)

CLK-CLASS—V6—Equipment Schedule 1
W.B. 106.9"; 3.5 Liter.

CLK350 Coupe 2D	TJ56J	49505	18675	20875	23300	28000
CLK350 Cabriolet 2D	TK56F	54975	23125	25775	28100	33300
designo Edition			900	900	1200	1200

CLK-CLASS—V8—Equipment Schedule 1
W.B. 106.9"; 5.5 Liter, 6.3 Liter.

CLK550 Coupe 2D	TJ72H	58205	21850	24400	26900	31900
CLK550 Cabriolet 2D	TK72F	63675	27150	30175	32500	38100
CLK63 Cabriolet 2D	TK77G	92575	33425	37150	39500	45700
designo Edition			900	900	1200	1200

E-CLASS—V6 Turbo Diesel—Equipment Schedule 1
W.B. 112.4"; 3.0 Liter.

E320 BLUETEC Sed	UF22X	52325	26550	29600	32000	37500
designo Edition			900	900	1200	1200
Panorama Roof			1000	1000	1335	1335

E-CLASS—V6—Equipment Schedule 1
W.B. 112.4"; 3.5 Liter.

E350 Sedan 4D	UF56X	51325	21650	24100	26600	31600
E350 4Matic Sedan	UF87X	56475	23025	25675	28000	33200
E350 4Matic Wagon	UH87X	53825	24700	27550	29900	35200
Sport Pkg (Sedan)			1000	1000	1335	1335
designo Edition			900	900	1200	1200
Panorama Roof			1000	1000	1335	1335

E-CLASS—V8—Equipment Schedule 1
W.B. 112.4"; 5.5 Liter, 6.3 Liter.

E550 Sedan 4D	UF72X	59775	25000	27825	30500	36200
E550 4Matic Sedan 4D	UF90X	62275	25775	28725	31400	37100
E63 Sedan 4D	UF77X	85375	38225	42425	45100	51900
E63 Wagon 4D	UH77X	86175	39400	43700	46400	53300
Sport Pkg (E550)			1000	1000	1335	1335
designo Edition			900	900	1200	1200
Panorama Roof			1000	1000	1335	1335

CL-CLASS—V8—Equipment Schedule 1
W.B. 116.3"; 5.5 Liter.

CL550 Coupe 2D	EJ71X	100675	52225	57925	60700	69000
Sport Pkg			1000	1000	1335	1335

Body Type	VIN	List	Trade-In Fair	Good	Pvt-Party Good	Retail Excellent
designo Edition	......	......	900	900	1200	1200
CL-CLASS—V12 Twin Turbo—Equipment Schedule 1						
W.B. 116.3"; 5.5 Liter.						
CL600 Coupe 2D	EJ76X	144975	57725	63900	66600	75500
designo Edition	......	......	900	900	1200	1200
CLS-CLASS—V8—Equipment Schedule 1						
W.B. 112.4"; 5.5 Liter, 6.3 Liter.						
CLS550 Coupe 4D	DJ72X	68975	31650	35175	37800	44100
CLS63 Coupe 4D	DJ77X	92975	42825	47425	50100	57300
Sport Pkg (CLS550)	......	......	1900	1900	2535	2535
designo Edition	......	......	900	900	1200	1200
S-CLASS—V8—Equipment Schedule 1						
W.B. 124.6"; 5.5 Liter.						
S550 Sedan 4D	NG71X	87175	43325	48025	50800	58300
S550 4Matic Sedan 4D	NG86X	89525	44300	49200	51900	59600
Sport Pkg	......	......	1000	1000	1335	1335
designo Edition	......	......	900	900	1200	1200
Panorama Roof	......	......	1000	1000	1335	1335
S-CLASS—V12 Twin Turbo—Equipment Schedule 1						
W.B. 124.6"; 5.5 Liter, 6.0 Liter.						
S600 Sedan 4D	NG76X	143675	55375	61350	64100	72700
S65 Sedan 4D	NG79X	184875	82025	90650	93300	104400
designo Edition	......	......	900	900	1200	1200
Panorama Roof	......	......	1000	1000	1335	1335
SL-CLASS—V8—Equipment Schedule 1						
W.B. 100.8"; 5.5 Liter.						
SL550 Roadster 2D	SK71F	97275	39800	44200	46700	53800
Sport Pkg	......	......	1900	1900	2535	2535
designo Edition	......	......	900	900	1200	1200
Panorama Roof	......	......	1000	1000	1335	1335
SL-CLASS—V8 Supercharged—Equipment Schedule 1						
W.B. 100.8"; 5.5 Liter.						
SL55 Roadster 2D	SK72F	132175	49000	54300	57000	65100
designo Edition	......	......	900	900	1200	1200
Panorama Roof	......	......	1000	1000	1335	1335
SL-CLASS—V12 Twin Turbo—Equipment Schedule 1						
W.B. 100.8"; 5.5 Liter, 6.0 Liter.						
SL600 Roadster 2D	SK77F	135375	51750	57325	60100	68400
SL65 Roadster 2D	SK79F	189375	77425	85550	88200	98900
Sport Pkg (SL600)	......	......	1900	1900	2535	2535
designo Edition	......	......	900	900	1200	1200
Panorama Roof	......	......	1000	1000	1335	1335

2008 MERCEDES-BENZ — WDBorWDD(WK54F)-8

Body Type	VIN	List	Trade-In Fair	Good	Pvt-Party Good	Retail Excellent
SLK-CLASS—V6—Equipment Schedule 1						
W.B. 95.7"; 3.0 Liter, 3.5 Liter.						
SLK280 Roadster 2D	WK54F	46115	23625	26350	28700	33900
SLK280 Edition Rdstr	WK54F	51100	25000	27825	30300	35600
SLK350 Roadster 2D	WK56F	49975	25975	28900	31400	36800
SLK350 Edition Rdstr	WK56F	56800	27450	30575	32900	38400
Sport Pkg	......	......	1050	1050	1400	1400
designo Edition	......	......	900	900	1200	1200
Manual Trans	......	......	(500)	(500)	(665)	(665)
SLK-CLASS—V8—Equipment Schedule 1						
W.B. 95.7"; 5.5 Liter.						
SLK55 Roadster 2D	WK73F	65025	37425	41550	43800	50200
designo Edition	......	......	900	900	1200	1200
C-CLASS—V6—Equipment Schedule 1						
W.B. 108.7"; 3.0 Liter, 3.5 Liter.						
C300 Sport Sed 4D	GF54X	34915	21550	24000	26500	31500
C300 Sport 4Matic 4D	GF81X	36715	22550	25175	27500	32600
C300 Luxury Sedan 4D	GF54X	35175	21850	24400	26900	31900
C300 Luxury 4Matic	GF81X	35925	22725	25375	27700	33200
C350 Sport Sedan 4D	GF56X	38775	24300	27150	29500	34700
Panorama Roof	......	......	1025	1025	1365	1365
Manual Trans	......	......	(500)	(500)	(665)	(665)
C-CLASS—V8—Equipment Schedule 1						
W.B. 108.7"; 6.3 Liter.						
C63 AMG Sedan 4D	GF77X	54625	39200	43500	45800	52200
Panorama Roof	......	......	1025	1025	1365	1365
CLK-CLASS—V6—Equipment Schedule 1						
W.B. 106.9"; 3.5 Liter.						
CLK350 Coupe 2D	TJ56H	47275	22450	25000	27300	32400

Body Type	VIN	List	Trade-In Fair	Trade-In Good	Pvt-Party Good	Retail Excellent
CLK350 Cabriolet 2D	TK56F	55325	27350	30475	32800	38300
designo Edition			900	900	1200	1200
CLK-CLASS—V8—Equipment Schedule 1						
W.B. 106.9"; 5.5 Liter, 6.3 Liter.						
CLK550 Coupe 2D	TJ72H	56975	28725	31950	34200	39900
CLK550 Cabriolet 2D	TK72F	64025	34200	38025	40300	46400
CLK63 Cabriolet 2D	TK77G	90325	41050	45575	47700	54400
designo Edition			900	900	1200	1200
CLK63 Black Series	TJ77H	135825	77525	85750	87500	97200
E-CLASS—V6 Turbo Diesel—Equipment Schedule 1						
W.B. 112.4"; 3.0 Liter.						
E320 BLUETEC Sed	UF22X	52675	30675	34100	36500	42200
designo Edition			900	900	1200	1200
Panorama Roof			1025	1025	1365	1365
E-CLASS—V6—Equipment Schedule 1						
W.B. 112.4"; 3.5 Liter.						
E350 Sedan 4D	UF56X	51675	26750	29800	32100	37600
E350 4Matic Sedan 4D	UF87X	53175	27925	31075	33400	39000
E350 4Matic Wagon	UH87X	56475	29600	32925	35300	41000
Sport Pkg (Sedan)			1050	1050	1400	1400
designo Edition			900	900	1200	1200
Panorama Roof			1025	1025	1365	1365
E-CLASS—V8—Equipment Schedule 1						
W.B. 112.4"; 5.5 Liter, 6.3 Liter.						
E550 Sedan 4D	UF72X	61875	31950	35575	38200	44500
E550 4Matic Sedan 4D	UF90X	63375	32925	36650	39200	45600
E63 Sedan 4D	UF77X	85775	46250	51250	53800	61300
E63 Wagon 4D	UH77X	86575	47425	52625	55200	62800
AMG Sport Pkg			1050	1050	1400	1400
designo Edition			900	900	1200	1200
Panorama Roof			1025	1025	1365	1365
CL-CLASS—V8—Equipment Schedule 1						
W.B. 116.3"; 5.5 Liter, 6.2 Liter.						
CL550 Coupe 2D	EJ71X	104425	61550	68100	70500	79200
CL63 Coupe 2D	EJ77X	138325	77525	85750	87900	97900
Sport Pkg			1050	1050	1400	1400
designo Edition			900	900	1200	1200
CL-CLASS—V12 Twin Turbo—Equipment Schedule 1						
W.B. 116.3"; 5.5 Liter, 6.0 Liter.						
CL600 Coupe 2D	EJ76X	148225	85550	94575	96600	107400
CL65 Coupe 2D	EJ79X	197775	115550	127500	129300	142400
designo Edition			900	900	1200	1200
CLS-CLASS—V8—Equipment Schedule 1						
W.B. 112.4"; 5.5 Liter, 6.3 Liter.						
CLS550 Coupe 4D	DJ72X	70075	39200	43500	46100	52900
CLS63 Coupe 4D	DJ77X	96975	51250	56750	59200	67100
Sport Pkg (CLS550)			1950	1950	2600	2600
designo Edition			900	900	1200	1200
S-CLASS—V8—Equipment Schedule 1						
W.B. 124.6"; 5.5 Liter, 6.3 Liter.						
S550 Sedan 4D	NG71X	88775	52125	57825	60300	68300
S550 4Matic Sedan 4D	NG86X	91775	53500	59300	61600	69800
S63 Sedan 4D	NG77X	127775	75950	83975	86200	96100
Sport Pkg			1050	1050	1400	1400
designo Edition			900	900	1200	1200
Panorama Roof			1025	1025	1365	1365
S-CLASS—V12 Twin Turbo—Equipment Schedule 1						
W.B. 124.6"; 6.0 Liter.						
S600 Sedan 4D	NG76X	147975	83200	92025	94100	104600
S65 Sedan 4D	NG79X	186575	100150	110650	112500	124500
designo Edition			900	900	1200	1200
SL-CLASS—V8—Equipment Schedule 1						
W.B. 100.8"; 5.5 Liter.						
SL550 Roadster 2D	SK71F	97425	47925	53125	55700	63300
Sport Pkg			1950	1950	2600	2600
designo Edition			900	900	1200	1200
Panorama Roof			1025	1025	1365	1365
SL-CLASS—V8 Supercharged—Equipment Schedule 1						
W.B. 100.8"; 5.5 Liter.						
SL550 Roadster 2D	SK72F	132725	58400	64575	67000	75600
designo Edition			900	900	1200	1200
Panorama Roof			1025	1025	1365	1365

Body	Type	VIN	List	Trade-In Fair	Good	Pvt-Party Good	Retail Excellent

SL-CLASS—V12 Twin Turbo—Equipment Schedule 1
W.B. 100.8"; 5.5 Liter, 6.0 Liter.

SL600 Roadster 2D	SK77F	134025	60950	67525	69900	78600
SL65 Roadster 2D	SK79F	188025	88700	98000	100100	111000
Sport Pkg (SL600)			1950	1950	2600	2600
designo Edition			900	900	1200	1200
Panorama Roof			1025	1025	1365	1365

MERCURY

1994 MERCURY — (1,3or6)M(E,AorP)(PM10J)–R–#

TRACER—4-Cyl.—Equipment Schedule 6
W.B. 98.4"; 1.8 Liter, 1.9 Liter.

Sedan 4D	PM10J	11350	275	375	900	1775
Wagon 4D	PM15J	11620	325	450	1025	1925
LTS Notchback 4D	PM148	13660	350	500	1075	2000

CAPRI—4-Cyl.—Equipment Schedule 6
W.B. 94.7"; 1.6 Liter.

Convertible 2D	CT01Z	13565	775	1100	1975	3375

CAPRI—4-Cyl. Turbo—Equipment Schedule 6
W.B. 94.7"; 1.6 Liter.

XR2 Convertible 2D	CT036	15275	900	1275	2225	3725

TOPAZ—4-Cyl.—Equipment Schedule 6
W.B. 99.9"; 2.3 Liter.

GS Sedan 2D	PM31X	12585	300	425	1000	1875
GS Sedan 4D	PM36X	12625	300	425	1000	1875
V6 3.0 Liter	U		100	100	135	135

SABLE—V6—Equipment Schedule 4
W.B. 106.0"; 3.0 Liter.

GS Sedan 4D	LM50U	19230	375	525	1100	2050
GS Wagon 4D	LM55U	20390	550	750	1475	2650
LS Sedan 4D	LM53U	21625	475	625	1275	2300
LS Wagon 4D	LM58U	22735	625	900	1700	2975
LTS Pkg			50	50	65	65
V6 3.8 Liter			100	100	135	135

COUGAR—V8—Equipment Schedule 4
W.B. 113.0"; 4.6 Liter.

XR-7 Coupe 2D	LM62W	18360	650	925	1725	3000
V6 3.8 Liter	4		(75)	(75)	(100)	(100)

GRAND MARQUIS—V8—Equipment Schedule 4
W.B. 114.4"; 4.6 Liter.

GS Sedan 4D	LM74W	21130	600	825	1625	2875
LS Sedan 4D	LM75W	23130	725	1025	1875	3250

1995 MERCURY — (1ME,2MEor3MA)(SM10J)–S–#

TRACER—4-Cyl.—Equipment Schedule 6
W.B. 98.4"; 1.8 Liter, 1.9 Liter.

Sedan 4D	SM10J	12040	325	450	1025	1950
Wagon 4D	SM15J	12310	400	575	1175	2175
LTS Notchback 4D	SM148	14445	450	600	1250	2275

MYSTIQUE—4-Cyl.—Equipment Schedule 5
W.B. 106.5"; 2.0 Liter.

GS Sedan 4D	LM653	16060	375	525	1125	2100
LS Sedan 4D	LM663	17920	475	650	1325	2400
Young America Edition			100	100	135	135
V6 2.5 Liter	L		100	100	135	135

SABLE—V6—Equipment Schedule 4
W.B. 106.0"; 3.0 Liter.

GS Sedan 4D	LM50U	19710	475	650	1325	2400
GS Wagon 4D	LM55U	20860	675	950	1775	3075
LS Sedan 4D	LM53U	21450	600	825	1625	2875
LS Wagon 4D	LM58U	22550	800	1125	2050	3475
LTS Pkg			50	50	65	65
V6 3.8 Liter	4		100	100	135	135

COUGAR—V8—Equipment Schedule 4
W.B. 113.0"; 4.6 Liter.

XR-7 Coupe 2D	LM62W	18960	725	1025	1875	3250
V6 3.8 Liter	4		(75)	(75)	(100)	(100)

GRAND MARQUIS—V8—Equipment Schedule 4
W.B. 114.4"; 4.6 Liter.

GS Sedan 4D	LM74W	22130	700	1000	1850	3200

Body	Type	VIN	List	Trade-In Fair	Trade-In Good	Pvt-Party Good	Retail Excellent
LS Sedan 4D		LM75W	24335	875	1225	2175	3650

1996 MERCURY — (1,2or3)M(EorA)–(M10J)–T–#

TRACER—4-Cyl.—Equipment Schedule 6
W.B. 98.4"; 1.8 Liter, 1.9 Liter.
Sedan 4D		M10J	12540	375	525	1150	2125
Wagon 4D		M15J	12810	450	625	1275	2350
LTS Notchback 4D		M148	14945	500	675	1375	2475

MYSTIQUE—4-Cyl.—Equipment Schedule 5
W.B. 106.5"; 2.0 Liter.
GS Sedan 4D		M653	16570	375	525	1150	2125
LS Sedan 4D		M663	19280	500	650	1350	2450
V6 2.5 Liter		L		125	125	165	165

SABLE—V6—Equipment Schedule 4
W.B. 108.5"; 3.0 Liter.
G Sedan 4D		M51U	18910	425	600	1250	2275
GS Sedan 4D		M50U	19755	500	650	1350	2450
GS Wagon 4D		M55U	20775	700	975	1825	3150
LS Sedan 4D		M53S	21995	625	850	1650	2925
LS Wagon 4D		M58S	23055	825	1175	2100	3550

COUGAR—V8—Equipment Schedule 4
W.B. 113.0"; 4.6 Liter.
XR-7 Coupe 2D		M62W	18445	825	1150	2050	3500
V6 3.8 Liter		4		(100)	(100)	(135)	(135)

GRAND MARQUIS—V8—Equipment Schedule 4
W.B. 114.4"; 4.6 Liter.
GS Sedan 4D		M74W	22595	875	1225	2175	3675
LS Sedan 4D		M75W	24785	1050	1475	2600	4275

1997 MERCURY — (1,2or3)ME–(M10P)–V–#

TRACER—4-Cyl.—Equipment Schedule 6
W.B. 98.4"; 2.0 Liter.
GS Sedan 4D		M10P	12355	275	400	975	1875
LS Sedan 4D		M13P	13200	400	550	1175	2175
LS Wagon 4D		M15P	13855	575	775	1550	2800

MYSTIQUE—4-Cyl.—Equipment Schedule 5
W.B. 106.5"; 2.0 Liter.
Sedan 4D		M653	16105	350	475	1100	2100
GS Sedan 4D		M653	17605	425	575	1250	2300
LS Sedan 4D		M663	19920	550	750	1550	2800
V6 2.5 Liter		L		150	150	200	200

SABLE—V6—Equipment Schedule 4
W.B. 108.5"; 3.0 Liter.
GS Sedan 4D		M50U	20295	550	750	1550	2825
GS Wagon 4D		M55U	20295	775	1100	2025	3475
LS Sedan 4D		M53S	23350	675	950	1850	3200
LS Wagon 4D		M58S	23350	950	1350	2475	4125

COUGAR—V8—Equipment Schedule 4
W.B. 113.0"; 4.6 Liter.
XR-7 Sedan 2D		M62W	19685	900	1275	2375	4000
V6 3.8 Liter		4		(125)	(125)	(165)	(165)

GRAND MARQUIS—V8—Equipment Schedule 4
W.B. 114.4"; 4.6 Liter.
GS Sedan 4D		M74W	23140	1050	1475	2600	4275
LS Sedan 4D		M75W	25330	1275	1775	2950	4675

1998 MERCURY — (1,2or3)ME–(M10P)–W–#

TRACER—4-Cyl.—Equipment Schedule 6
W.B. 98.4"; 2.0 Liter.
GS Sedan 4D		M10P	12565	350	475	1100	2100
LS Sedan 4D		M13P	13125	475	625	1325	2450
LS Wagon 4D		M15P	14620	625	900	1750	3075

MYSTIQUE—4-Cyl.—Equipment Schedule 5
W.B. 106.5"; 2.0 Liter.
Sedan 4D		M653	16105	400	550	1225	2275
GS Sedan 4D		M653	18230	500	650	1375	2525

MYSTIQUE—V6—Equipment Schedule 5
W.B. 106.5"; 2.5 Liter.
LS Sedan 4D		M66L	19295	675	975	1850	3250

SABLE—V6—Equipment Schedule 4
W.B. 108.5"; 3.0 Liter.
GS Sedan 4D		M50U	19995	650	925	1800	3150

Body Type	VIN	List	Trade-In Fair	Good	Pvt-Party Good	Retail Excellent
LS Sedan 4D	M53U	20995	800	1150	2100	3600
LS Wagon 4D	M58U	22835	1125	1575	2750	4450
V6 3.0 Liter 24V	S		175	175	235	235
GRAND MARQUIS—V8—Equipment Schedule 4						
W.B. 114.7"; 4.6 Liter.						
GS Sedan 4D	M74W	22495	1250	1725	2925	4675
LS Sedan 4D	M75W	24395	1600	2100	3350	5175

1999 MERCURY — (1,2or3)(MEorZW)–(M10P)–X–#

Body Type	VIN	List	Trade-In Fair	Good	Pvt-Party Good	Retail Excellent
TRACER—4-Cyl.—Equipment Schedule 6						
W.B. 98.4"; 2.0 Liter.						
GS Sedan 4D	M10P	12740	425	600	1300	2400
LS Sedan 4D	M13P	13485	575	775	1600	2925
LS Wagon 4D	M15P	14690	750	1050	2000	3475
MYSTIQUE—4-Cyl.—Equipment Schedule 5						
W.B. 106.5"; 2.0 Liter.						
GS Sedan 4D	M653	17740	575	800	1650	2975
MYSTIQUE—V6—Equipment Schedule 5						
W.B. 106.5"; 2.5 Liter.						
LS Sedan 4D	M66L	19095	800	1125	2100	3600
SABLE—V6—Equipment Schedule 4						
W.B. 108.5"; 3.0 Liter.						
GS Sedan 4D	M50U	18995	800	1125	2125	3650
LS Sedan 4D	M53U	20095	975	1375	2500	4200
LS Wagon 4D	M58U	21195	1400	1875	3100	4900
V6 3.0 Liter 24V	S		200	200	265	265
COUGAR—V6—Equipment Schedule 4						
W.B. 106.4"; 2.5 Liter.						
Coupe 2D	T61L	18630	1675	2175	3400	5225
Manual Trans			(200)	(200)	(265)	(265)
4-Cyl. 2.0 Liter	3		(325)	(325)	(435)	(435)
GRAND MARQUIS—V8—Equipment Schedule 4						
W.B. 114.7"; 4.6 Liter.						
GS Sedan 4D	M74W	22825	1575	2050	3300	5150
LS Sedan 4D	M75W	24725	1925	2475	3750	5625

2000 MERCURY — (1,2or3)(MEorZW)–(M653)–Y–#

Body Type	VIN	List	Trade-In Fair	Good	Pvt-Party Good	Retail Excellent
MYSTIQUE—4-Cyl.—Equipment Schedule 5						
W.B. 106.5"; 2.0 Liter.						
GS Sedan 4D	M653	17495	700	1000	1950	3425
MYSTIQUE—V6—Equipment Schedule 5						
W.B. 106.5"; 2.5 Liter.						
LS Sedan 4D	M66L	18795	975	1350	2500	4200
SABLE—V6—Equipment Schedule 4						
W.B. 108.5"; 3.0 Liter.						
GS Sedan 4D	M50U	19395	850	1200	2325	4025
GS Wagon 4D	M58U	21195	1125	1575	2775	4525
LS Sedan 4D	M53U	20495	1050	1475	2650	4350
V6 3.0 Liter 24V	S		200	200	265	265
SABLE—V6 24V—Equipment Schedule 4						
W.B. 108.5"; 3.0 Liter.						
LS Premium Sedan 4D	M55S	21795	1325	1800	3050	4825
LS Premium Wagon 4D	M59S	22895	1725	2225	3500	5375
COUGAR—V6—Equipment Schedule 4						
W.B. 106.4"; 2.5 Liter.						
Coupe 2D	T61L	18880	2000	2575	3825	5700
Manual Trans			(225)	(225)	(300)	(300)
4-Cyl. 2.0 Liter	3		(350)	(350)	(465)	(465)
GRAND MARQUIS—V8—Equipment Schedule 4						
W.B. 114.7"; 4.6 Liter.						
GS Sedan 4D	M74W	23020	1900	2450	3750	5650
LS Sedan 4D	M75W	24920	2300	2900	4225	6175

2001 MERCURY — (1or2)(MEorZW)–(M50U)–1–#

Body Type	VIN	List	Trade-In Fair	Good	Pvt-Party Good	Retail Excellent
SABLE—V6—Equipment Schedule 4						
W.B. 108.5"; 3.0 Liter.						
GS Sedan 4D	M50U	19785	1000	1425	2600	4300
GS Wagon 4D	M58U	21585	1375	1850	3075	4900
LS Sedan 4D	M53U	20885	1200	1675	2925	4700
V6 3.0 Liter 24V	S		200	200	265	265
SABLE—V6 24V—Equipment Schedule 4						
W.B. 108.5"; 3.0 Liter.						

Body	Type	VIN	List	Trade-In Fair	Trade-In Good	Pvt-Party Good	Retail Excellent
LS Premium Sedan 4D		M55S	22185	1600	2100	3375	5225
LS Premium Wagon 4D		M59S	23285	2000	2575	3850	5750
COUGAR—V6—Equipment Schedule 4							
W.B. 106.4"; 2.5 Liter.							
Coupe 2D		T61L	18545	2400	3000	4300	6250
C2 Coupe 2D		T61L	20660	2825	3450	4775	6800
Zn Coupe 2D		T61L	21645	2975	3600	4950	7000
Manual Trans				(250)	(250)	(335)	(335)
4-Cyl. 2.0 Liter		3		(375)	(375)	(500)	(500)
GRAND MARQUIS—V8—Equipment Schedule 4							
W.B. 114.7"; 4.6 Liter.							
GS Sedan 4D		M74W	23460	2350	2925	4250	6225
LS Sedan 4D		M75W	25360	2775	3375	4725	6750

2002 MERCURY — (1or2)(MEorZW)-(M50U)-2-#

Body	Type	VIN	List	Trade-In Fair	Trade-In Good	Pvt-Party Good	Retail Excellent
SABLE—V6—Equipment Schedule 4							
W.B. 108.5"; 3.0 Liter.							
GS Sedan 4D		M50U	20255	1100	1550	2950	4900
GS Wagon 4D		M58U	21685	1550	2025	3475	5525
SABLE—V6 24V—Equipment Schedule 4							
W.B. 108.5"; 3.0 Liter.							
LS Premium Sedan 4D		M55S	22680	1825	2325	3800	5875
LS Premium Wagon 4D		M59S	23845	2225	2825	4300	6450
COUGAR—V6—Equipment Schedule 4							
W.B. 106.4"; 2.5 Liter.							
Coupe 2D		M61L	18490	2725	3350	4825	7000
Sport Coupe 2D		M62L	18990	3075	3700	5225	7475
C2 Coupe 2D		M61L	19505	3125	3800	5325	7575
Xr Coupe 2D		M62L	19940	3325	4000	5525	7800
Manual Trans				(250)	(250)	(335)	(335)
4-Cyl. 2.0 Liter		3		(400)	(400)	(535)	(535)
35th Anniversary Ed				150	150	200	200
GRAND MARQUIS—V8—Equipment Schedule 4							
W.B. 114.7"; 4.6 Liter.							
GS Sedan 4D		M74W	24325	2700	3300	4825	7050
LS Sedan 4D		M75W	27800	3125	3800	5350	7650
LSE Sedan 4D		M75W	29305	3575	4275	5825	8200

2003 MERCURY — (1or2)ME-(M50U)-3-#

Body	Type	VIN	List	Trade-In Fair	Trade-In Good	Pvt-Party Good	Retail Excellent
SABLE—V6—Equipment Schedule 4							
W.B. 108.5"; 3.0 Liter.							
GS Sedan 4D		M50U	20770	1675	2175	3625	5700
GS Wagon 4D		M58U	22180	2225	2800	4275	6425
SABLE—V6 24V—Equipment Schedule 4							
W.B. 108.5"; 3.0 Liter.							
LS Premium Sedan 4D		M55S	23145	2450	3050	4525	6725
LS Premium Wagon 4D		M59S	24310	3000	3625	5150	7425
GRAND MARQUIS—V8—Equipment Schedule 4							
W.B. 114.7"; 4.6 Liter.							
GS Sedan 4D		M74W	24875	3350	4050	5575	7950
LS Sedan 4D		M75W	28605	3875	4600	6175	8600
LSE Sedan 4D		M75W	30110	4350	5150	6750	9200
Limited Edition				500	500	665	665
MARAUDER—V8—Equipment Schedule 2							
W.B. 114.7"; 4.6 Liter.							
Sedan 4D		M75V	34495	7350	8425	10200	13200

2004 MERCURY — (1or2)ME-(M50U)-4-#

Body	Type	VIN	List	Trade-In Fair	Trade-In Good	Pvt-Party Good	Retail Excellent
SABLE—V6—Equipment Schedule 4							
W.B. 108.5"; 3.0 Liter.							
GS Sedan 4D		M50U	21595	2300	2900	4375	6575
GS Wagon 4D		M58U	22595	2950	3600	5125	7400
SABLE—V6 24V—Equipment Schedule 4							
W.B. 108.5"; 3.0 Liter.							
LS Premium Sedan 4D		M55S	23895	3125	3775	5325	7625
LS Premium Wagon 4D		M59S	24795	3825	4550	6100	8500
GRAND MARQUIS—V8—Equipment Schedule 4							
W.B. 114.7"; 4.6 Liter.							
GS Sedan 4D		M74W	24695	4125	4875	6450	8900
LS Sedan 4D		M75W	29595	4700	5525	7175	9750
Limited Edition				500	500	665	665

Body Type	VIN	List	Trade-In Fair	Good	Pvt-Party Good	Retail Excellent

MARAUDER—V8—Equipment Schedule 2
W.B. 114.7"; 4.6 Liter.
| Sedan 4D | M79V | 34495 | 8275 | 9475 | 11250 | 14350 |

2005 MERCURY — (1or2)ME–(M50U)–5–#

SABLE—V6—Equipment Schedule 4
W.B. 108.5"; 3.0 Liter.
| GS Sedan 4D | M50U | 21525 | 3050 | 3700 | 5225 | 7525 |

SABLE—V6 24V—Equipment Schedule 4
W.B. 108.5"; 3.0 Liter.
| LS Sedan 4D | M55S | 24490 | 3925 | 4650 | 6200 | 8600 |
| LS Wagon 4D | M59S | 25800 | 4725 | 5525 | 7150 | 9700 |

MONTEGO—V6—Equipment Schedule 4
W.B. 112.9"; 3.0 Liter.
Luxury Sedan 4D	M401	24995	5300	6175	7800	10400
Luxury AWD Sedan 4D	M411	26695	6025	6975	8625	11300
Premier Sedan 4D	M421	27195	6100	7050	8700	11400
Premier AWD Sedan 4D	M431	28895	6800	7875	9500	12300

GRAND MARQUIS—V8—Equipment Schedule 4
W.B. 114.7"; 4.6 Liter.
GS Sedan 4D	M74W	25095	5000	5850	7500	10100
LS Sedan 4D	M75W	30150	5700	6625	8250	10950
LSE Sedan 4D	M75W	30620	5775	6725	8350	11050

2006 MERCURY — (1,2or3)ME–(M07Z)–6–#

MILAN—4-Cyl.—Equipment Schedule 4
W.B. 107.4"; 2.3 Liter.
Sedan 4D	M07Z	19820	6100	7075	8700	11350
Premier Sedan 4D	M08Z	21715	6825	7875	9475	12250
Manual Trans			(575)	(575)	(765)	(765)
V6 3.0 Liter	1		750	750	1000	1000

MONTEGO—V6—Equipment Schedule 4
W.B. 112.9"; 3.0 Liter.
Luxury Sedan 4D	M401	25130	6125	7100	8725	11400
Luxury AWD Sedan 4D	M411	26980	6900	7975	9600	12400
Premier Sedan 4D	M421	27580	7000	8050	9700	12500
Premier AWD Sedan 4D	M431	29430	7825	8950	10600	13500

GRAND MARQUIS—V8—Equipment Schedule 4
W.B. 114.7"; 4.6 Liter.
GS Sedan 4D	M74W	25555	6075	7025	8675	11350
LS Sedan 4D	M75W	30840	6825	7875	9500	12300
Limited Edition			500	500	665	665

2007 MERCURY—(1,2or3)ME–(M07Z)–7–#

MILAN—4-Cyl.—Equipment Schedule 4
W.B. 107.4"; 2.3 Liter.
Sedan 4D	M07Z	22465	7025	8075	9625	12300
Premier Sedan 4D	M08Z	23995	7850	8975	10550	13300
Manual Trans			(600)	(600)	(800)	(800)
V6 3.0 Liter	1		750	750	1000	1000

MILAN—V6—Equipment Schedule 4
W.B. 107.4"; 3.0 Liter.
| AWD Sedan 4D | M011 | 24315 | 8250 | 9425 | 11050 | 13900 |
| Premier AWD Sedan 4D | M021 | 25845 | 8875 | 10100 | 11700 | 14650 |

MONTEGO—V6—Equipment Schedule 4
W.B. 112.9"; 3.0 Liter.
Luxury Sedan 4D	M401	24220	7050	8125	9675	12350
Premier Sedan 4D	M421	27995	7975	9150	10750	13550
Premier AWD Sedan 4D	M431	29845	8900	10150	11750	14700

GRAND MARQUIS—V8—Equipment Schedule 4
W.B. 114.6"; 4.6 Liter.
GS Sedan 4D	M74V	25660	7300	8375	9950	12700
LS Sedan 4D	M75V	30320	8150	9325	11000	13850
Palm Beach Edition			500	500	665	665

2008 MERCURY — (1,2or3)ME–(M07Z)–8–#

MILAN—4-Cyl.—Equipment Schedule 4
W.B. 107.4"; 2.3 Liter.
Sedan 4D	M07Z	20325	9000	10250	11750	14600
Premier Sedan 4D	M08Z	22020	9850	11175	12750	15700
Manual Trans			(625)	(625)	(835)	(835)
V6 3.0 Liter	1		750	750	1000	1000

Body	Type	VIN	List	Trade-In Fair	Good	Pvt-Party Good	Retail Excellent
MILAN—V6—Equipment Schedule 4							
W.B. 107.4"; 3.0 Liter.							
AWD Sedan 4D		M011	24550	**10350**	**11700**	**13300**	**16250**
Premier AWD Sed 4D		M021	25870	**10975**	**12450**	**14000**	**17100**
SABLE—V6—Equipment Schedule 4							
W.B. 112.9"; 3.5 Liter.							
Sedan 4D		M40W	24290	**10825**	**12250**	**13800**	**16850**
AWD Sedan 4D		M41W	26140	**12100**	**13675**	**15250**	**18450**
Premier Sedan 4D		M42W	28080	**11750**	**13275**	**14900**	**18100**
Premier AWD Sed 4D		M43W	29930	**13025**	**14700**	**16250**	**19600**
GRAND MARQUIS—V8—Equipment Schedule 4							
W.B. 114.6"; 4.6 Liter.							
GS Sedan 4D		M74V	25830	**8775**	**10000**	**11550**	**14400**
LS Sedan 4D		M75V	28720	**9725**	**11025**	**12650**	**15650**
Palm Beach Edition				**500**	**500**	**665**	**665**

MINI

2003 MINI — WMW(RC334)-3-#

Body	Type	VIN	List	Trade-In Fair	Good	Pvt-Party Good	Retail Excellent
COOPER—4-Cyl.—Equipment Schedule 3							
W.B. 97.1"; 1.6 Liter.							
Hatchback 2D		RC334	18575	**7000**	**8050**	**9850**	**12850**
Sport Pkg				**400**	**400**	**535**	**535**
COOPER S—4-Cyl. Supercharged—Equipment Schedule 3							
W.B. 97.1"; 1.6 Liter.							
Hatchback 2D		RE334	20325	**8500**	**9725**	**11650**	**14900**
Sport Pkg				**400**	**400**	**535**	**535**
John Cooper Works Kit				**2000**	**2000**	**2665**	**2665**

2004 MINI — WMW(RC334)-4-#

Body	Type	VIN	List	Trade-In Fair	Good	Pvt-Party Good	Retail Excellent
COOPER—4-Cyl.—Equipment Schedule 3							
W.B. 97.1"; 1.6 Liter.							
Hatchback 2D		RC334	18299	**7975**	**9150**	**11000**	**14100**
Sport Pkg				**450**	**450**	**600**	**600**
COOPER S—4-Cyl. Supercharged—Equipment Schedule 3							
W.B. 97.1"; 1.6 Liter.							
Hatchback 2D		RE334	19999	**9675**	**10975**	**12900**	**16200**
Sport Pkg				**450**	**450**	**600**	**600**
MC40 Pkg				**2500**	**2500**	**3335**	**3335**
John Cooper Works Kit				**2000**	**2000**	**2665**	**2665**

2005 MINI — WMW(RC334)-5-#

Body	Type	VIN	List	Trade-In Fair	Good	Pvt-Party Good	Retail Excellent
COOPER—4-Cyl.—Equipment Schedule 3							
W.B. 97.1"; 1.6 Liter.							
Hatchback 2D		RC334	18299	**9100**	**10350**	**12200**	**15450**
Convertible 2D		RF334	22800	**10625**	**12050**	**13950**	**17400**
Sport Pkg				**500**	**500**	**665**	**665**
COOPER S—4-Cyl. Supercharged—Equipment Schedule 3							
W.B. 97.1"; 1.6 Liter.							
Hatchback 2D		RE334	20449	**10975**	**12450**	**14300**	**17800**
Convertible 2D		RH334	24950	**12450**	**14075**	**15950**	**19600**
Sport Pkg				**500**	**500**	**665**	**665**
John Cooper Works Kit				**2000**	**2000**	**2665**	**2665**

2006 MINI — WMW(RC335)-6-#

Body	Type	VIN	List	Trade-In Fair	Good	Pvt-Party Good	Retail Excellent
COOPER—4-Cyl.—Equipment Schedule 3							
W.B. 97.1"; 1.6 Liter.							
Hatchback 2D		RC335	18800	**10200**	**11575**	**13400**	**16700**
Convertible 2D		RF335	23300	**11900**	**13475**	**15350**	**18800**
Sport Pkg				**550**	**550**	**735**	**735**
Checkmate Pkg				**650**	**650**	**865**	**865**
COOPER S—4-Cyl. Supercharged—Equipment Schedule 3							
W.B. 97.1"; 1.6 Liter.							
Hatchback 2D		RE335	22500	**12250**	**13875**	**15750**	**19250**
Convertible 2D		RH335	26800	**13925**	**15675**	**17550**	**21300**
Sport Pkg				**550**	**550**	**735**	**735**
Checkmate Pkg				**650**	**650**	**865**	**865**
John Cooper Works (ex GP)				**4000**	**4000**	**5330**	**5330**

Body	Type	VIN	List	Trade-In Fair	Good	Pvt-Party Good	Retail Excellent

2007 MINI — WMW(MF335)-7-#

COOPER—4-Cyl.—Equipment Schedule 3
W.B. 97.1"; 1.6 Liter.

Hatchback 2D		MF335	20050	11475	12925	14650	18000
Convertible 2D		RF335	23900	13275	15000	16750	20300
Sport Pkg				600	600	800	800

COOPER S—4-Cyl. Turbocharged—Equipment Schedule 3
W.B. 97.1"; 1.6 Liter.

Hatchback 2D		MF735	23200	13675	15425	17150	20700
Convertible 2D		RH335	27400	15475	17350	19150	22900
Sport Pkg				600	600	800	800
John Cooper Works Kit				4000	4000	5330	5330

2008 MINI — WMW(MF335)-8-#

COOPER—4-Cyl.—Equipment Schedule 3
W.B. 97.1", 100.4" (Clubman); 1.6 Liter.

Hatchback 2D		MF335	19950	12875	14500	16150	19550
Convertible 2D		RF335	23850	14900	16750	18400	22100
Clubman H'Back 2D		ML335	21850	13675	15425	17100	20600
Sport Pkg				650	650	865	865

COOPER S—4-Cyl. Turbocharged—Equipment Schedule 3
W.B. 97.1", 100.4" (Clubman); 1.6 Liter.

Hatchback 2D		MF735	23100	15300	17200	18850	22500
Convertible 2D		RH335	27300	17200	19250	21000	24900
S Clubman H'Back 2D		MM335	25350	16650	18725	20500	24300
Sport Pkg				650	650	865	865
John Cooper Works Kit				4000	4000	5330	5330

MITSUBISHI

1994 MITSUBISHI — (JA3,4A3orKPH)(VD12J)-R-#

PRECIS—4-Cyl.—Equipment Schedule 6
W.B. 93.8"; 1.5 Liter.

Hatchback 2D		VD12J		150	200	675	1425

MIRAGE—4-Cyl.—Equipment Schedule 6
W.B. 96.1", 98.4" (Sed); 1.5 Liter, 1.8 Liter.

S Sedan 4D		EA26A	12928	450	600	1225	2225
S Coupe 2D		EA11A	10548	325	450	1025	1925
ES Sedan 4D		EA36C	13488	350	500	1075	2000
ES Coupe 2D		EA21A	11918	350	500	1075	2000
LS Sedan 4D		EA46C	15754	350	500	1075	2000
LS Coupe 2D		EA31C	13104	350	500	1075	2000

EXPO—4-Cyl.—Equipment Schedule 6
W.B. 99.2" (LRV), 107.1"; 1.8 Liter, 2.4 Liter.

LRV Wagon 3D		EB30C	14627	1025	1450	2525	4150
LRV Sport Wagon 3D		EB40G	17244	1075	1525	2625	4275
Wagon 4D		ED59G	17429	1200	1675	2850	4525
AWD Wagon 4D		EE59G	18869	1550	2050	3250	5025

ECLIPSE—4-Cyl.—Equipment Schedule 4
W.B. 97.2"; 1.8 Liter, 2.0 Liter.

Coupe 2D		CF34B	13686	625	900	1700	3000
GS Coupe 2D		CF44B	16037	700	975	1825	3150
GS 16V DOHC Cpe 2D		CF44E	16711	775	1100	1975	3375
Auto Trans				125	125	165	165

ECLIPSE—4-Cyl. Turbo—Equipment Schedule 4
W.B. 97.2"; 2.0 Liter.

GS DOHC Coupe 2D		CF54F	18949	900	1275	2225	3725
GSX AWD Coupe 2D		CG64F	21689	1200	1675	2850	4525
Auto Trans				125	125	165	165

GALANT—4-Cyl.—Equipment Schedule 4
W.B. 103.7"; 2.4 Liter.

S Sedan 4D		AJ46G	16204	575	775	1500	2700
ES Sedan 4D		AJ56G	17195	675	950	1750	3050
LS Sport Sedan 4D		AJ56G	18635	825	1150	2050	3475
GS DOHC Sedan 4D		AJ56L	21697	850	1175	2075	3500
Manual Trans				(200)	(200)	(265)	(265)

3000GT—V6—Equipment Schedule 4
W.B. 97.2"; 3.0 Liter.

Coupe 2D		AM54O	27645	2475	3075	4400	6400
SL Coupe 2D		AM64J	32120	2900	3525	4900	6975

Body	Type	VIN	List	Trade-In Fair	Trade-In Good	Pvt-Party Good	Retail Excellent
Auto Trans				125	125	165	165
3000GT—V6 Turbo—Equipment Schedule 2							
W.B. 97.2"; 3.0 Liter.							
VR-4 Coupe 2D		BN74K	41370	4800	5625	7300	9900
DIAMANTE—V6—Equipment Schedule 4							
W.B. 107.1", 107.2" (Wag); 3.0 Liter.							
ES Luxury Sedan 4D		AP47H	25995	950	1325	2400	4000
LS Luxury Sedan 4D		AP57J	32970	1225	1725	2875	4550
Wagon 4D		AC49S	26320	850	1200	2125	3550
Traction Control				100	100	135	135

1995 MITSUBISHI — (J,4or6)(A3orMM)A(A26A)–S–

MIRAGE—4-Cyl.—Equipment Schedule 6							
W.B. 96.1", 98.4" (Sed); 1.5 Liter, 1.8 Liter.							
S Sedan 4D		A26A	13707	550	750	1500	2700
S Coupe 2D		A11A	11563	450	625	1250	2275
ES Sedan 4D		A36C	14627	475	625	1300	2350
ES Coupe 2D		A21A	13367	475	625	1300	2350
LS Coupe 2D		A31C	14696	475	625	1300	2350
EXPO—4-Cyl.—Equipment Schedule 6							
W.B. 107.1"; 2.4 Liter.							
Wagon 4D		D59G	17894	1425	1900	3100	4875
AWD Wagon 4D		E59G	19364	1850	2375	3600	5475
ECLIPSE—4-Cyl.—Equipment Schedule 4							
W.B. 98.8"; 2.0 Liter.							
RS Coupe 2D		K34Y	15891	775	1100	1975	3375
GS Coupe 2D		K44Y	18544	925	1325	2375	4000
Auto Trans				125	125	165	165
ECLIPSE—4-Cyl. Turbo—Equipment Schedule 4							
W.B. 98.8"; 2.0 Liter.							
GS-T Coupe 2D		K54F	20419	1050	1500	2600	4250
GSX Coupe 2D		L54F	23349	1475	1950	3150	4925
Auto Trans				125	125	165	165
GALANT—4-Cyl.—Equipment Schedule 4							
W.B. 103.7"; 2.4 Liter.							
S Sedan 4D		J46G	17017	625	900	1700	3000
ES Sedan 4D		J56G	19089	750	1075	1925	3325
LS Sedan 4D		J56G	20689	900	1275	2225	3725
3000GT—V6—Equipment Schedule 2							
W.B. 97.2"; 3.0 Liter.							
Coupe 2D		M84J	28920	2825	3450	4825	6925
SL Coupe 2D		M54J	34220	3250	3950	5400	7600
SL Spyder Conv 2D		V65J	57969	6375	7350	9225	12250
Auto Trans				125	125	165	165
3000GT—V6 Turbo—Equipment Schedule 2							
W.B. 97.2"; 3.0 Liter.							
VR-4 Coupe 2D		N74K	43520	5300	6175	7925	10650
VR-4 Spyder Conv 2D		W75K	64919	8100	9275	11400	14900
DIAMANTE—V6—Equipment Schedule 4							
W.B. 107.1", 107.2" (Wag); 3.0 Liter.							
ES Luxury Sedan 4D		P47H	28370	1100	1525	2650	4300
LS Luxury Sedan 4D		P57J	35720	1475	1950	3150	4925
Wagon 4D		P49H	28720	975	1375	2450	4075
Traction Control				100	100	135	135

1996 MITSUBISHI — (Jor4)A3A(A26A)–T–#

MIRAGE—4-Cyl.—Equipment Schedule 6							
W.B. 96.1", 98.4" (Sed); 1.5 Liter, 1.8 Liter.							
S Sedan 4D		A26A	14834	600	800	1575	2825
S Coupe 2D		A11A	12422	450	625	1250	2300
LS Coupe 2D		A31C	14924	525	700	1450	2650
ECLIPSE—4-Cyl.—Equipment Schedule 4							
W.B. 98.8"; 2.0 Liter, 2.4 Liter.							
Coupe 2D		K34Y	15135	725	1000	1875	3250
RS Coupe 2D		K34Y	16281	900	1275	2325	3950
GS Coupe 2D		K44Y	19310	1125	1575	2725	4375
GS Spyder Conv 2+2		X35G	21227	1600	2100	3325	5150
Auto Trans				125	125	165	165
ECLIPSE—4-Cyl. Turbo—Equipment Schedule 4							
W.B. 98.8"; 2.0 Liter.							
GS-T Coupe 2D		K54F	21360	1275	1750	2950	4675
GS-T Spyder Conv 2+2		X55F	25410	2075	2650	3925	5825

1009

1996 MITSUBISHI

Body	Type	VIN	List	Trade-In Fair	Good	Pvt-Party Good	Retail Excellent
GSX Coupe 2D		L54F	24330	1800	2300	3550	5400
Auto Trans				125	125	165	165

GALANT—4-Cyl.—Equipment Schedule 4
W.B. 103.7"; 2.4 Liter.
S Sedan 4D		J46G	18535	775	1075	2000	3425
ES Sedan 4D		J56G	20210	900	1250	2325	3950
LS Sedan 4D		J56G	23280	1025	1450	2575	4250
Manual Trans				(200)	(200)	(265)	(265)

3000GT—V6—Equipment Schedule 4
W.B. 97.2"; 3.0 Liter.
Coupe 2D		M84J	31110	3350	4050	5500	7700
SL Coupe 2D		M54J	36250	3925	4650	6175	8500
SL Spyder Conv 2D		V65J	58600	7500	8575	10550	13750
Auto Trans				125	125	165	165

3000GT—V6 Turbo—Equipment Schedule 4
W.B. 97.2"; 3.0 Liter.
| VR-4 Coupe 2D | | N74K | 46878 | 6225 | 7175 | 9000 | 11900 |
| VR-4 Spyder Conv 2D | | W75K | 65740 | 9500 | 10825 | 13100 | 16850 |

DIAMANTE—V6—Equipment Schedule 4
W.B. 107.1"; 3.0 Liter.
| ES Luxury Sedan 4D | | P47H | 27540 | 1275 | 1750 | 2925 | 4625 |

1997 MITSUBISHI—(J,4or6)(A3orMM)A(Y26A)-V-#

MIRAGE—4-Cyl.—Equipment Schedule 6
W.B. 95.1", 98.4" (Sed); 1.5 Liter, 1.8 Liter.
DE Sedan 4D		Y26A	13390	550	725	1525	2750
DE Coupe 2D		Y11A	11962	375	525	1125	2125
LS Sedan 4D		Y36C	14907	500	700	1450	2650
LS Coupe 2D		Y31C	14547	500	675	1375	2475

ECLIPSE—4-Cyl.—Equipment Schedule 4
W.B. 98.8"; 2.0 Liter, 2.4 Liter.
Coupe 2D		K24Y	15821	850	1200	2175	3675
RS Coupe 2D		K34Y	18219	1050	1475	2600	4300
GS Coupe 2D		K44Y	20623	1375	1850	3075	4850
GS Spyder Conv 2D		X35G	22411	1900	2450	3725	5600
Auto Trans				150	150	200	200

ECLIPSE—4-Cyl. Turbo—Equipment Schedule 4
W.B. 98.8"; 2.0 Liter.
GS-T Coupe 2D		K54F	22440	1575	2050	3300	5125
GS-T Spyder Conv 2D		X55F	26800	2450	3075	4375	6375
GSX Coupe 2D		L54F	24490	2100	2675	3975	5875
Auto Trans				150	150	200	200

GALANT—4-Cyl.—Equipment Schedule 4
W.B. 103.7"; 2.4 Liter.
DE Sedan 4D		J46G	17964	875	1225	2200	3725
ES Sedan 4D		J56G	18535	1000	1400	2500	4175
LS Sedan 4D		J56G	24400	1150	1625	2800	4500
Manual Trans				(250)	(250)	(335)	(335)

3000GT—V6—Equipment Schedule 4
W.B. 97.2"; 3.0 Liter.
Coupe 2D		M44H	28400	3925	4675	6175	8500
SL Coupe 2D		M84J	34460	4575	5400	6950	9400
Auto Trans				150	150	200	200

3000GT—V6 Turbo—Equipment Schedule 2
W.B. 97.2"; 3.0 Liter.
| VR-4 Coupe 2D | | N74K | 45060 | 7150 | 8200 | 10100 | 13200 |

DIAMANTE—V6—Equipment Schedule 4
W.B. 107.1"; 3.5 Liter.
| ES Luxury Sedan 4D | | P37P | 26370 | 1200 | 1675 | 2825 | 4525 |
| LS Luxury Sedan 4D | | P47P | 30460 | 1775 | 2275 | 3500 | 5350 |

1998 MITSUBISHI—(J,4or6)(A3orMM)A(Y26A)-W-#

MIRAGE—4-Cyl.—Equipment Schedule 4
W.B. 95.1", 98.4" (Sed); 1.5 Liter, 1.8 Liter.
DE Sedan 4D		Y26A	13660	575	800	1625	2925
DE Coupe 2D		Y11A	12130	400	550	1225	2275
LS Sedan 4D		Y36C	15320	575	775	1575	2875
LS Coupe 2D		Y31C	14750	550	750	1550	2825

ECLIPSE—4-Cyl.—Equipment Schedule 4
W.B. 98.8"; 2.0 Liter, 2.4 Liter.
| RS Coupe 2D | | K24Y | 17775 | 1250 | 1725 | 2925 | 4675 |
| GS Coupe 2D | | K44Y | 20171 | 1725 | 2225 | 3475 | 5325 |

Body	Type	VIN	List	Trade-In Fair	Good	Pvt-Party Good	Retail Excellent
GS Spyder Conv 2D	X35G	22311		2300	2875	4175	6125
Auto Trans				175	175	235	235
ECLIPSE—4-Cyl. Turbo—Equipment Schedule 4							
W.B. 98.8"; 2.0 Liter.							
GS-T Coupe 2D	K54F	22380		1900	2450	3725	5600
GS-T Spyder Conv 2D	X55F	27080		2925	3550	4900	6975
GSX Coupe 2D	L54F	25740		2500	3100	4425	6425
Auto Trans				175	175	235	235
GALANT—4-Cyl.—Equipment Schedule 4							
W.B. 103.7"; 2.4 Liter.							
DE Sedan 4D	J46G	18222		1000	1425	2550	4225
ES Sedan 4D	J56G	18870		1125	1575	2750	4450
LS Sedan 4D	J56G	25730		1375	1850	3075	4850
Manual Trans				(300)	(300)	(400)	(400)
3000GT—V6—Equipment Schedule 4							
W.B. 97.2"; 3.0 Liter.							
Coupe 2D	M44H	28240		4550	5375	6900	9325
SL Coupe 2D	M84J	35660		5300	6175	7825	10450
Auto Trans				175	175	235	235
3000GT—V6 Turbo—Equipment Schedule 2							
W.B. 97.2"; 3.0 Liter.							
VR-4 Coupe 2D	N74K	46700		8100	9275	11250	14550
DIAMANTE—V6—Equipment Schedule 4							
W.B. 107.1"; 3.5 Liter.							
ES Luxury Sedan 4D	P37P	28120		1275	1775	2950	4675
LS Luxury Sedan 4D	P47P	33520		1900	2450	3700	5550

1999 MITSUBISHI — (J,4or6)(A3orMM)A(Y26A)-X-

Body	Type	VIN	List	Trade-In Fair	Good	Pvt-Party Good	Retail Excellent
MIRAGE—4-Cyl.—Equipment Schedule 6							
W.B. 95.1", 98.4" (Sed); 1.5 Liter, 1.8 Liter.							
DE Sedan 4D	Y26A	14405		625	900	1775	3150
DE Coupe 2D	Y11A	12455		450	625	1350	2475
LS Sedan 4D	Y36C	15432		625	900	1775	3150
LS Coupe 2D	Y31C	15025		625	875	1750	3125
ECLIPSE—4-Cyl.—Equipment Schedule 4							
W.B. 98.8"; 2.0 Liter, 2.4 Liter.							
RS Coupe 2D	K34Y	18474		1575	2050	3300	5150
GS Coupe 2D	K44Y	20214		2075	2650	3925	5850
GS Spyder Conv 2D	X35G	22836		2725	3325	4675	6725
Auto Trans				200	200	265	265
ECLIPSE—4-Cyl. Turbo—Equipment Schedule 4							
W.B. 98.8"; 2.0 Liter.							
GS-T Coupe 2D	K54F	23645		2325	2900	4225	6175
GS-T Spyder Conv 2D	X55F	27395		3375	4075	5475	7650
GSX Coupe 2D	L54F	26985		2950	3575	4950	7050
Auto Trans				200	200	265	265
GALANT—4-Cyl.—Equipment Schedule 4							
W.B. 103.7"; 2.4 Liter.							
DE Sedan 4D	A36G	17425		925	1300	2425	4100
ES Sedan 4D	A46G	18425		1050	1475	2625	4325
V6 3.0 Liter	L			350	350	465	465
GALANT—V6—Equipment Schedule 4							
W.B. 103.7"; 3.0 Liter.							
LS Sedan 4D	A56L	24685		1925	2475	3750	5625
GTZ Sedan 4D	A46L	24785		1975	2525	3800	5700
3000GT—V6—Equipment Schedule 4							
W.B. 97.2"; 3.0 Liter.							
Coupe 2D	M44H	25920		4600	5425	6975	9475
SL Coupe 2D	M84J	33870		6050	7000	8700	11450
Auto Trans				200	200	265	265
3000GT—V6 Turbo—Equipment Schedule 2							
W.B. 97.2"; 3.0 Liter.							
VR-4 Coupe 2D	N74K	45070		9125	10400	12400	15850
DIAMANTE—V6—Equipment Schedule 4							
W.B. 107.1"; 3.5 Liter.							
Luxury Sedan 4D	P37P	27669		1450	1925	3125	4900
Traction Control				175	175	235	235

2000 MITSUBISHI — (J,4or6)(A3orMM)A(Y26A)-Y-

Body	Type	VIN	List	Trade-In Fair	Good	Pvt-Party Good	Retail Excellent
MIRAGE—4-Cyl.—Equipment Schedule 6							
W.B. 95.1", 98.4" (Sed); 1.5 Liter, 1.8 Liter.							
DE Sedan 4D	Y26A	14412		750	1050	2000	3500

Body	Type	VIN	List	Trade-In Fair	Good	Pvt-Party Good	Retail Excellent
DE Coupe 2D		Y11A	13062	550	750	1600	2925
LS Sedan 4D		Y36C	17372	775	1075	2050	3550
LS Coupe 2D		Y31C	15032	750	1050	2000	3500

ECLIPSE—4-Cyl.—Equipment Schedule 4
W.B. 100.8"; 2.4 Liter.

RS Coupe 2D		C34G	18932	1350	1850	3100	4925
GS Coupe 2D		C44G	20482	1950	2500	3800	5700
Auto Trans				200	200	265	265

ECLIPSE—V6—Equipment Schedule 4
W.B. 100.8"; 3.0 Liter.

GT Coupe 2D		C84L	21622	2600	3200	4550	6600
Traction Control				200	200	265	265
Auto Trans				200	200	265	265

GALANT—4-Cyl.—Equipment Schedule 4
W.B. 103.7"; 2.4 Liter.

DE Sedan 4D		A36G	17792	1150	1625	2825	4550
ES Sedan 4D		A46G	18692	1325	1800	3025	4800
V6 3.0 Liter		L		400	400	535	535

GALANT—V6—Equipment Schedule 4
W.B. 103.7"; 3.0 Liter.

LS Sedan 4D		A56L	24092	2350	2950	4250	6200
GTZ Sedan 4D		A46L	24192	2400	3000	4300	6275

DIAMANTE—V6—Equipment Schedule 4
W.B. 107.1"; 3.5 Liter.

ES Sedan 4D		P57P	25467	1675	2150	3400	5225
LS Sedan 4D		P67P	28367	2425	3025	4300	6225

*2001 MITSUBISHI—(J,4or6)(A3orMM)A(Y11A)-1-#

MIRAGE—4-Cyl.—Equipment Schedule 6
W.B. 95.1", 98.4" (Sed); 1.5 Liter, 1.8 Liter.

DE Coupe 2D		Y11A	13277	675	950	1875	3375
ES Sedan 4D		Y26C	14147	875	1250	2400	4100
LS Sedan 4D		Y36C	14997	925	1325	2475	4200
LS Coupe 2D		Y31C	15237	925	1300	2450	4150

ECLIPSE—4-Cyl.—Equipment Schedule 4
W.B. 100.8"; 2.4 Liter.

RS Coupe 2D		C31G	18507	1750	2250	3550	5450
GS Coupe 2D		C41G	19317	2375	2975	4300	6325
GS Spyder Conv 2D		E35G	23927	3025	3675	5050	7175
Auto Trans				200	200	265	265

ECLIPSE—V6—Equipment Schedule 4
W.B. 100.8"; 3.0 Liter.

GT Coupe 2D		C81H	21467	3075	3725	5100	7225
GT Spyder Conv 2D		E55H	25927	4000	4750	6200	8475
Auto Trans				200	200	265	265
Traction Control				225	225	300	300

GALANT—4-Cyl.—Equipment Schedule 4
W.B. 103.7"; 2.4 Liter.

DE Sedan 4D		A36G	18077	1550	2050	3325	5175
ES Sedan 4D		A46G	18927	1725	2250	3525	5400
V6 3.0 Liter		H		450	450	600	600

GALANT—V6—Equipment Schedule 4
W.B. 103.7"; 3.0 Liter.

LS Sedan 4D		A56H	24427	2850	3475	4825	6875
GTZ Sedan 4D		A46H	24527	2900	3525	4875	6925

DIAMANTE—V6—Equipment Schedule 4
W.B. 107.1"; 3.5 Liter.

ES Sedan 4D		P57P	25907	1925	2475	3725	5575
LS Sedan 4D		P67P	28927	2775	3375	4675	6700

2002 MITSUBISHI—(J,4or6)(A3orMM)A(Y11A)-2-#

MIRAGE—4-Cyl.—Equipment Schedule 6
W.B. 95.1"; 1.5 Liter, 1.8 Liter.

DE Coupe 2D		Y11A	13362	750	1075	2375	4275
LS Coupe 2D		Y31C	15332	1025	1450	2825	4775

LANCER—4-Cyl.—Equipment Schedule 6
W.B. 102.4"; 2.0 Liter.

ES Sedan 4D		J26E	15242	1725	2225	3675	5750
LS Sedan 4D		J36E	16442	1875	2425	3875	5975
OZ Rally Sedan 4D		J86E	16832	2375	2950	4425	6625

ECLIPSE—4-Cyl.—Equipment Schedule 4
W.B. 100.8"; 2.4 Liter.

Body	Type	VIN	List	Trade-In Fair	Good	Pvt-Party Good	Retail Excellent
	RS Coupe 2D	C31G	18642	2050	2600	4100	6250
	GS Coupe 2D	C41G	19512	2750	3375	4900	7175
	GS Spyder Conv 2D	E35G	24172	3425	4125	5675	8050
	Auto Trans			200	200	265	265
ECLIPSE—V6—Equipment Schedule 4							
W.B. 100.8"; 3.0 Liter.							
	GT Coupe 2D	C81H	21702	3475	4175	5725	8100
	GT Spyder Conv 2D	E55H	26152	4450	5250	6925	9500
	Auto Trans			200	200	265	265
	Traction Control			250	250	335	335
GALANT—4-Cyl.—Equipment Schedule 4							
W.B. 103.7"; 2.4 Liter.							
	DE Sedan 4D	A36G	18262	1925	2475	3925	6025
	ES Sedan 4D	A46G	19072	2100	2675	4125	6250
	LS Sedan 4D	A46G	21672	2550	3125	4625	6800
	V6 3.0 Liter	L		500	500	665	665
GALANT—V6—Equipment Schedule 4							
W.B. 103.7"; 3.0 Liter.							
	GTZ Sedan 4D	A46H	24712	3350	4050	5550	7900
DIAMANTE—V6—Equipment Schedule 4							
W.B. 107.1"; 3.5 Liter.							
	ES Sedan 4D	P57P	26247	2150	2700	4150	6225
	VR-X Sedan 4D	P67P	27557	2575	3175	4625	6775
	LS Sedan 4D	P67P	29007	3000	3650	5125	7350

2003 MITSUBISHI — (J,4or6)(A3orMM)A(J26E)-3-#

Body	Type	VIN	List	Trade-In Fair	Good	Pvt-Party Good	Retail Excellent
LANCER—4-Cyl.—Equipment Schedule 6							
W.B. 102.4"; 2.0 Liter.							
	ES Sedan 4D	J26E	14587	2125	2700	4200	6350
	LS Sedan 4D	J36E	16617	2350	2950	4425	6625
	OZ Rally Sedan 4D	J86E	16317	2900	3525	5050	7325
LANCER AWD—4-Cyl. Turbo—Equipment Schedule 4							
W.B. 103.3"; 2.0 Liter.							
	Evolution Sedan 4D	H86F	29582	10425	11850	13850	17400
ECLIPSE—4-Cyl.—Equipment Schedule 4							
W.B. 100.8"; 2.4 Liter.							
	RS Coupe 2D	C34G	18717	2350	2950	4450	6700
	GS Coupe 2D	C44G	19617	3150	3850	5400	7750
	GS Spyder Conv 2D	E45G	24397	3925	4650	6250	8675
	Auto Trans			225	225	300	300
ECLIPSE—V6—Equipment Schedule 4							
W.B. 100.8"; 3.0 Liter.							
	GT Coupe 2D	C84H	21807	3975	4700	6300	8750
	GT Spyder Conv 2D	E85H	26477	5100	5950	7650	10300
	GTS Coupe 2D	C74H	24777	5125	5975	7675	10350
	GTS Spyder Conv 2D	E75H	28847	5700	6625	8325	11050
	Auto Trans			225	225	300	300
	Traction Control			275	275	365	365
GALANT—4-Cyl.—Equipment Schedule 4							
W.B. 103.7"; 2.4 Liter.							
	DE Sedan 4D	A36G	18347	2425	3025	4500	6700
	ES Sedan 4D	A46G	19157	2650	3250	4750	6950
	LS Sedan 4D	A46G	21757	3100	3750	5300	7575
	V6 3.0 Liter	H		575	575	765	765
GALANT—V6—Equipment Schedule 4							
W.B. 103.7"; 3.0 Liter.							
	GTZ Sedan 4D	A46H	25047	4050	4775	6350	8775
DIAMANTE—V6—Equipment Schedule 4							
W.B. 107.1"; 3.5 Liter.							
	ES Sedan 4D	P57P	26557	2325	2925	4325	6450
	VR-X Sedan 4D	P87P	27677	2825	3450	4900	7100
	LS Sedan 4D	P67P	29027	3300	4000	5500	7750

2004 MITSUBISHI — (J,4or6)(A3)A(J26E)-4-#

Body	Type	VIN	List	Trade-In Fair	Good	Pvt-Party Good	Retail Excellent
LANCER—4-Cyl.—Equipment Schedule 6							
W.B. 102.4"; 2.0 Liter, 2.4 Liter.							
	ES Sedan 4D	J26E	14172	2650	3250	4775	7025
	LS Sedan 4D	J36E	16572	2875	3500	5050	7350
	LS Wagon 4D	D29F	17172	3100	3775	5325	7650
	OZ Rally Sedan 4D	J86E	16372	3500	4225	5750	8125
	Ralliart Sedan 4D	J66F	18572	4325	5125	6725	9200
	Ralliart Wagon 4D	D69F	19772	4875	5725	7350	9950

2004 MITSUBISHI

Body	Type	VIN	List	Trade-In Fair	Trade-In Good	Pvt-Party Good	Retail Excellent
LANCER AWD—4-Cyl. Turbo—Equipment Schedule 4							
W.B. 103.3"; 2.0 Liter.							
Evolution RS Sedan 4D	H36D	27374	10875	12350	14300	17850
Evolution Sedan 4D	H86D	30574	12000	13575	15600	19250
ECLIPSE—4-Cyl.—Equipment Schedule 4							
W.B. 100.8"; 2.4 Liter.							
RS Coupe 2D	C34G	18892	2725	3325	4900	7175
GS Coupe 2D	C44G	19892	3650	4350	5950	8350
GS Spyder Conv 2D	E45G	24892	4425	5250	6875	9450
Auto Trans			250	250	335	335
ECLIPSE—V6—Equipment Schedule 4							
W.B. 100.8"; 3.0 Liter.							
GT Coupe 2D	C84H	22092	4450	5275	6900	9475
GT Spyder Conv 2D	E85H	26992	5775	6725	8425	11150
GTS Coupe 2D	C74H	25092	5775	6725	8425	11150
GTS Spyder Conv 2D	E75H	29372	6475	7475	9200	12000
Auto Trans			250	250	335	335
GALANT—4-Cyl.—Equipment Schedule 4							
W.B. 108.3"; 2.4 Liter.							
DE Sedan 4D	A36G	18592	3375	4075	5600	7950
ES Sedan 4D	A46G	19592	3675	4375	5925	8300
V6 3.8 Liter	S		650	650	865	865
GALANT—V6—Equipment Schedule 4							
W.B. 108.3"; 3.8 Liter.							
LS Sedan 4D	A46H	21592	4950	5775	7425	10000
GTS Sedan 4D	A46H	26292	5225	6100	7725	10350
DIAMANTE—V6—Equipment Schedule 4							
W.B. 107.2"; 3.5 Liter.							
ES Sedan 4D	P57P	25594	2600	3200	4650	6800
VR-X Sedan 4D	P87P	27414	3150	3825	5300	7550
LS Sedan 4D	P67P	28214	3725	4425	5925	8250

2005 MITSUBISHI — (J,4or6)(A3)A(J26E)-5-#

Body	Type	VIN	List	Trade-In Fair	Trade-In Good	Pvt-Party Good	Retail Excellent
LANCER—4-Cyl.—Equipment Schedule 6							
W.B. 102.4"; 2.0 Liter, 2.4 Liter.							
ES Sedan 4D	J26E	14574	3250	3925	5500	7850
OZ Rally Sedan 4D	J86E	16974	4225	5000	6575	9050
Ralliart Sedan 4D	J66E	18774	5150	6000	7675	10300
LANCER AWD—4-Cyl. Turbo—Equipment Schedule 4							
W.B. 103.3"; 2.0 Liter.							
Evolution RS Sedan 4D	H36D	28774	12400	14025	15950	19600
Evolution VIII Sedan	H76D	31074	13675	15375	17350	21200
Evolution MR Ed Sedan	H86D	35574	14900	16750	18750	22700
ECLIPSE—4-Cyl.—Equipment Schedule 4							
W.B. 100.8"; 2.4 Liter.							
GS Coupe 2D	C44G	20044	4225	5000	6600	9075
GS Spyder Conv 2D	E45G	25494	5075	5925	7575	10200
Auto Trans			275	275	365	365
ECLIPSE—V6—Equipment Schedule 4							
W.B. 100.8"; 3.0 Liter.							
GT Coupe 2D	C84H	23494	5075	5925	7575	10200
GT Spyder Conv 2D	E55H	27694	6575	7575	9250	12050
GTS Coupe 2D	C74H	25244	6550	7550	9225	12050
GTS Spyder Conv 2D	E75H	30094	7325	8400	10150	13050
Auto Trans			275	275	365	365
GALANT—4-Cyl.—Equipment Schedule 4							
W.B. 108.3"; 2.4 Liter.							
DE Sedan 4D	B26F	19294	3925	4650	6225	8625
ES Sedan 4D	B46F	20194	4275	5050	6625	9075
GALANT—V6—Equipment Schedule 4							
W.B. 108.3"; 3.8 Liter.							
LS Sedan 4D	B46S	22894	5650	6575	8200	10900
GTS Sedan 4D	B76S	26894	5975	6925	8575	11250

2006 MITSUBISHI — (J,4or6)(A3)A(J26E)-6-#

Body	Type	VIN	List	Trade-In Fair	Trade-In Good	Pvt-Party Good	Retail Excellent
LANCER—4-Cyl.—Equipment Schedule 6							
W.B. 102.4"; 2.0 Liter, 2.4 Liter.							
ES Sedan 4D	J26E	15174	4025	4775	6375	8825
SE Sedan 4D	J26E	16704	4025	4775	6375	8825
OZ Rally Sedan 4D	J86E	17474	5050	5900	7550	10150
Ralliart Sedan 4D	J66E	19574	6075	7025	8700	11400

Body	Type	VIN	List	Trade-In Fair	Good	Pvt-Party Good	Retail Excellent
LANCER AWD—4-Cyl. Turbo—Equipment Schedule 4							
W.B. 103.3"; 2.0 Liter.							
Evolution RS Sedan 4D		H36C	29274	13975	15725	17600	21400
Evolution IX Sedan 4D		H86C	31994	15325	17250	19150	23000
Evolution MR Sedan 4D		H86C	35784	16750	18775	20800	24900
ECLIPSE—4-Cyl.—Equipment Schedule 4							
W.B. 101.4"; 2.4 Liter.							
GS Coupe 2D		K24F	19994	5975	6925	8625	11350
Auto Trans				300	300	400	400
ECLIPSE—V6—Equipment Schedule 4							
W.B. 101.4"; 3.8 Liter.							
GT Coupe 2D		K34T	24294	7975	9150	10900	13900
GT Special Ed Cpe 2D		K44T	26824	8475	9675	11400	14500
Auto Trans				300	300	400	400
GALANT—4-Cyl.—Equipment Schedule 4							
W.B. 108.3"; 2.4 Liter.							
DE Sedan 4D		B26F	19994	4600	5425	7025	9575
ES Sedan 4D		B46F	20894	5000	5850	7475	10050
SE Sedan 4D		B36F	22594	5475	6375	7975	10600
GALANT—V6—Equipment Schedule 4							
W.B. 108.3"; 3.8 Liter.							
LS Sedan 4D		B46S	23594	6525	7525	9175	11900
GTS Sedan 4D		B76S	27594	6875	7950	9575	12350

2007 MITSUBISHI — (Jor4)(A3)A(J26E)-7-#

Body	Type	VIN	List	Trade-In Fair	Good	Pvt-Party Good	Retail Excellent
LANCER—4-Cyl.—Equipment Schedule 6							
W.B. 102.4"; 2.0 Liter.							
ES Sedan 4D		J26E	14599	4925	5750	7300	9775
ECLIPSE—4-Cyl.—Equipment Schedule 4							
W.B. 101.4"; 2.4 Liter.							
GS Coupe 2D		K24F	21224	6750	7775	9375	12100
GS Spyder Conv 2D		L25F	26914	8325	9525	11150	14100
SE Coupe 2D		K64F	23024	7425	8525	10100	12900
ECLIPSE—V6—Equipment Schedule 4							
W.B. 101.4"; 3.8 Liter.							
GT Coupe 2D		K34T	24924	8900	10150	11800	14800
GT Spyder Conv 2D		L35T	29794	10875	12300	14000	17250
GALANT—4-Cyl.—Equipment Schedule 4							
W.B. 108.3"; 2.4 Liter.							
DE Sedan 4D		B26F	20524	5525	6450	7975	10500
ES Sedan 4D		B36F	21624	5975	6925	8425	11000
SE Sedan 4D		B36F	23324	6450	7425	8975	11550
GALANT—V6—Equipment Schedule 4							
W.B. 108.3"; 3.8 Liter.							
GTS Sedan 4D		B56S	25624	7975	9150	10750	13550
Ralliart Sedan 4D		B76T	27624	8375	9575	11150	14000

2008 MITSUBISHI — (1,4orJ)A3-(U16U)-8-#

Body	Type	VIN	List	Trade-In Fair	Good	Pvt-Party Good	Retail Excellent
LANCER—4-Cyl.—Equipment Schedule 6							
W.B. 103.7"; 2.0 Liter.							
DE Sedan 4D		U16U	14615	7125	8200	9550	12050
ES Sedan 4D		U26U	16615	8100	9275	10750	13400
GTS Sedan 4D		U86U	18115	10100	11475	13000	15900
LANCER—4-Cyl. Turbo—Equipment Schedule 4							
W.B. 104.3"; 2.0 Liter.							
Evolution GSR Sedan		W86V	33615	20200	22550	24300	28400
Evolution MR Sedan		W56V	38940	22725	25375	27100	31600
ECLIPSE—4-Cyl.—Equipment Schedule 4							
W.B. 101.4"; 2.4 Liter.							
GS Coupe 2D		K24F	21624	7950	9100	10650	13450
GS Spyder Conv 2D		L25F	27324	9675	10975	12600	15650
SE Coupe 2D		K64F	25424	8700	9900	11450	14350
ECLIPSE—V6—Equipment Schedule 4							
W.B. 101.4"; 3.8 Liter.							
GT Coupe 2D		K34T	25124	10300	11650	13300	16350
GT Spyder Conv 2D		L35T	30224	12450	14075	15750	19050
SE Coupe 2D		K64T	29224	11225	12700	14350	17600
GALANT—4-Cyl.—Equipment Schedule 4							
W.B. 108.3"; 2.4 Liter.							
DE Sedan 4D		B26F	20624	7600	8700	10150	12750
ES Sedan 4D		B36F	21724	8025	9200	10700	13400

Body	Type	VIN	List	Trade-In Fair	Trade-In Good	Pvt-Party Good	Retail Excellent

GALANT—V6—Equipment Schedule 4
W.B. 108.3"; 3.8 Liter.
Ralliart Sedan 4D B76T 27774 **10675 12100 13500 16450**

NISSAN

1994 NISSAN — (1N4orJN1)(EB32A)–R–#

SENTRA—4-Cyl.—Equipment Schedule 6
W.B. 95.7"; 1.6 Liter, 2.0 Liter.

E Sedan 2D	EB32A	11924	425	575	1200	2175
E Sedan 4D	EB31P	12474	425	575	1200	2175
XE Sedan 2D	EB32A	12479	500	675	1350	2400
XE Sedan 4D	EB31P	12679	500	675	1350	2400
Limited Ed Sedan 2D	EB32A	13029	525	700	1450	2625
Limited Ed Sedan 4D	EB31P	13249	525	725	1475	2650
SE Sedan 2D	EB32A	13974	475	650	1300	2350
SE-R Sedan 2D	GB32A	15174	675	950	1775	3075
GXE Sedan 4D	EB31C	15049	625	850	1625	2875

240SX—4-Cyl.—Equipment Schedule 5
W.B. 97.4"; 2.4 Liter.

SE Convertible 2D	MS36A	25344	1950	2525	3775	5650

ALTIMA—4-Cyl.—Equipment Schedule 4
W.B. 103.1"; 2.4 Liter.

XE Sedan 4D	BU31F	16904	675	950	1800	3125
GXE Sedan 4D	BU31F	17264	700	975	1825	3150
SE Sedan 4D	BU31F	19384	775	1100	1975	3375
GLE Sedan 4D	BU31F	19559	950	1325	2400	4025
Manual Trans		--------	(200)	(200)	(265)	(265)

MAXIMA—V6—Equipment Schedule 4
W.B. 104.3"; 3.0 Liter.

GXE Sedan 4D	HJ01F	22579	1150	1600	2750	4425
SE Sedan 4D	EJ01F	24614	1150	1600	2750	4425
Manual Trans		--------	(200)	(200)	(265)	(265)

300ZX—V6—Equipment Schedule 3
W.B. 96.5", 101.2" (2+2); 3.0 Liter.

Coupe 2D	RZ24D	34079	3725	4450	5925	8200
2+2 Coupe 2D	RZ26D	36869	3925	4675	6175	8500
Convertible 2D	RZ27D	41259	4575	5400	6950	9450

300ZX—V6 Turbo—Equipment Schedule 3
W.B. 96.5"; 3.0 Liter.

Coupe 2D	CZ24D	40479	4575	5400	6950	9450

1995 NISSAN — (1N4orJN1)(AB41D)–S–#

SENTRA—4-Cyl.—Equipment Schedule 6
W.B. 99.8"; 1.6 Liter.

Sedan 4D	AB41D	11389	550	750	1500	2700
XE Sedan 4D	AB41D	13139	625	850	1650	2925
GXE Sedan 4D	AB41D	13839	650	925	1725	3050
GLE Sedan 4D	AB41D	14839	800	1125	2000	3425

200SX—4-Cyl.—Equipment Schedule 6
W.B. 99.8"; 1.6 Liter, 2.0 Liter.

Coupe 2D	AB42D	13874	625	875	1675	2975
SE Coupe 2D	AB42D	14674	650	925	1725	3050
SE-R Coupe 2D	BB42D	15674	775	1100	1975	3375

240SX—4-Cyl.—Equipment Schedule 5
W.B. 99.4"; 2.4 Liter.

Coupe 2D	AS44D	19758	2125	2700	3975	5900
SE Coupe 2D	AS44D	22439	2375	2950	4275	6250

ALTIMA—4-Cyl.—Equipment Schedule 4
W.B. 103.1"; 2.4 Liter.

XE Sedan 4D	BU31D	17848	800	1125	2050	3475
GXE Sedan 4D	BU31D	18218	800	1125	2050	3475
SE Sedan 4D	BU31D	20089	900	1275	2225	3725
GLE Sedan 4D	BU31D	20279	1100	1550	2675	4325

MAXIMA—V6—Equipment Schedule 4
W.B. 106.3"; 3.0 Liter.

GXE Sedan 4D	CA21D	21989	1675	2175	3400	5225
SE Sedan 4D	CA21D	22989	1675	2175	3400	5225
GLE Sedan 4D	CA21D	25209	2150	2725	4000	5900

300ZX—V6—Equipment Schedule 3
W.B. 96.5", 101.2" (2+2); 3.0 Liter.

Body	Type	VIN	List	Trade-In Fair	Trade-In Good	Pvt-Party Good	Retail Excellent
Coupe 2D		RZ24D	35399	4250	5025	6600	9025
2+2 Coupe 2D		RZ26D	38189	4450	5275	6825	9325
Convertible 2D		RZ27D	42579	5175	6025	7775	10500
300ZX—V6 Turbo—Equipment Schedule 3							
W.B. 96.5"; 3.0 Liter.							
Coupe 2D		CZ24D	41799	5200	6050	7775	10500

1996 NISSAN — (1N4or3N1)(AB41D)–T–#

Body	Type	VIN	List	Trade-In Fair	Trade-In Good	Pvt-Party Good	Retail Excellent
SENTRA—4-Cyl.—Equipment Schedule 6							
W.B. 99.8"; 1.6 Liter.							
Sedan 4D		AB41D	11904	625	875	1700	3000
XE Sedan 4D		AB41D	13934	700	1000	1875	3250
GXE Sedan 4D		AB41D	14864	750	1075	1950	3375
GLE Sedan 4D		AB41D	15634	925	1325	2400	4025
200SX—4-Cyl.—Equipment Schedule 6							
W.B. 99.8"; 1.6 Liter, 2.0 Liter.							
Coupe 2D		AB42D	14303	725	1025	1900	3300
SE Coupe 2D		AB42D	15274	775	1100	2000	3425
SE-R Coupe 2D		BB42D	16474	925	1300	2375	4000
240SX—4-Cyl.—Equipment Schedule 5							
W.B. 99.4"; 2.4 Liter.							
Coupe 2D		AS40S	20563	2525	3100	4450	6475
SE Coupe 2D		AS44D	23454	2800	3425	4800	6875
ALTIMA—4-Cyl.—Equipment Schedule 4							
W.B. 103.1"; 2.4 Liter.							
XE Sedan 4D		BU31D	18783	950	1325	2425	4050
GXE Sedan 4D		BU31D	19533	950	1350	2450	4075
SE Sedan 4D		BU31D	20534	1050	1475	2600	4275
GLE Sedan 4D		BU31D	21404	1325	1800	3000	4725
Manual Trans				(200)	(200)	(265)	(265)
MAXIMA—V6—Equipment Schedule 4							
W.B. 106.3"; 3.0 Liter.							
GXE Sedan 4D		CA21D	23084	1850	2375	3625	5500
SE Sedan 4D		CA21D	24084	1900	2450	3700	5575
GLE Sedan 4D		CA21D	26684	2425	3025	4325	6325
Manual Trans				(200)	(200)	(265)	(265)
300ZX—V6—Equipment Schedule 3							
W.B. 96.5", 101.2" (2+2); 3.0 Liter.							
Coupe 2D		RZ24D	37844	4825	5650	7300	9900
2+2 Coupe 2D		RZ26D	40594	5075	5925	7625	10300
Convertible 2D		RZ27D	45084	5850	6800	8575	11400
300ZX—V6 Turbo—Equipment Schedule 3							
W.B. 96.5"; 3.0 Liter.							
Coupe 2D		CZ24D	44384	5925	6875	8650	11500

1997 NISSAN–(1N4or3N1)(AB41D)–V–

Body	Type	VIN	List	Trade-In Fair	Trade-In Good	Pvt-Party Good	Retail Excellent
SENTRA—4-Cyl.—Equipment Schedule 6							
W.B. 99.8"; 1.6 Liter.							
Sedan 4D		AB41D	11919	725	1025	1950	3375
XE Sedan 4D		AB41D	14069	825	1175	2150	3650
GXE Sedan 4D		AB41D	15219	900	1250	2350	4000
GLE Sedan 4D		AB41D	16069	1075	1525	2675	4350
200SX—4-Cyl.—Equipment Schedule 6							
W.B. 99.8"; 1.6 Liter, 2.0 Liter.							
Coupe 2D		AB42D	14418	850	1200	2150	3650
SE Coupe 2D		AB42D	15769	900	1275	2375	4000
SE-R Coupe 2D		BB42D	17169	1075	1500	2625	4300
240SX—4-Cyl.—Equipment Schedule 5							
W.B. 99.4"; 2.4 Liter.							
Coupe 2D		AS44D	20628	2950	3575	4950	7050
SE Coupe 2D		AS44D	23269	3275	3950	5375	7550
LE Coupe 2D		AS44D	25719	3275	3975	5400	7575
ALTIMA—4-Cyl.—Equipment Schedule 4							
W.B. 103.1"; 2.4 Liter.							
XE Sedan 4D		BU31D	18798	1125	1575	2725	4400
GXE Sedan 4D		BU31D	19548	1150	1600	2775	4475
SE Sedan 4D		BU31D	20549	1300	1775	3000	4725
GLE Sedan 4D		BU31D	21419	1625	2125	3350	5175
Manual Trans				(250)	(250)	(335)	(335)
MAXIMA—V6—Equipment Schedule 4							
W.B. 106.3"; 3.0 Liter.							
GXE Sedan 4D		CA21D	23669	2050	2625	3900	5800

Body	Type	VIN	List	Trade-In Fair	Good	Pvt-Party Good	Retail Excellent
SE Sedan 4D		CA21D	24719	2200	2775	4050	5975
GLE Sedan 4D		CA21D	27319	2750	3350	4700	6750
Manual Trans				(250)	(250)	(335)	(335)

1998 NISSAN — (1N4or3N1)(AB41D)–W–#

SENTRA—4-Cyl.—Equipment Schedule 6
W.B. 99.8"; 1.6 Liter, 2.0 Liter.

Sedan 4D		AB41D	11989	875	1225	2325	3975
XE Sedan 4D		AB41D	14189	975	1375	2500	4175
GXE Sedan 4D		AB41D	15389	1050	1475	2625	4300
GLE Sedan 4D		AB41D	16239	1275	1785	2950	4700
SE Sedan 4D		AB41D	17239	1400	1875	3100	4900

200SX—4-Cyl.—Equipment Schedule 6
W.B. 99.8"; 1.6 Liter, 2.0 Liter.

Coupe 2D		AB42D	14638	975	1400	2500	4175
SE Coupe 2D		AB42D	15889	1075	1500	2625	4300
SE-R Coupe 2D		BB42D	17239	1250	1725	2925	4650

240SX—4-Cyl.—Equipment Schedule 5
W.B. 99.4"; 2.4 Liter.

Coupe 2D		AS44D	20648	3350	4050	5475	7675
SE Coupe 2D		AS44D	23289	3775	4500	5975	8250
LE Coupe 2D		AS44D	25739	3800	4525	6000	8275

ALTIMA—4-Cyl.—Equipment Schedule 4
W.B. 103.1"; 2.4 Liter.

XE Sedan 4D		DL01D	18179	1425	1900	3125	4925
GXE Sedan 4D		DL01D	18480	1500	1975	3200	5000
SE Sedan 4D		DL01D	19780	1700	2200	3450	5300
GLE Sedan 4D		DL01D	20380	2025	2575	3850	5750
Manual Trans				(300)	(300)	(400)	(400)

MAXIMA—V6—Equipment Schedule 4
W.B. 106.3"; 3.0 Liter.

GXE Sedan 4D		CA21D	23739	2350	2950	4250	6225
SE Sedan 4D		CA21D	24989	2525	3100	4450	6475
GLE Sedan 4D		CA21D	27389	3075	3725	5125	7250
Manual Trans				(300)	(300)	(400)	(400)

1999 NISSAN — (1N4,JN1or3N1)(AB41D)–X–#

SENTRA—4-Cyl.—Equipment Schedule 6
W.B. 99.8"; 1.6 Liter, 2.0 Liter.

XE Sedan 4D		AB41D	13319	1150	1600	2825	4550
GXE Sedan 4D		AB41D	14719	1275	1750	2975	4725
SE Sedan 4D		BB41D	15719	1725	2225	3500	5350

ALTIMA—4-Cyl.—Equipment Schedule 4
W.B. 103.1"; 2.4 Liter.

XE Sedan 4D		DL01D	18209	1775	2275	3550	5450
GXE Sedan 4D		DL01D	18510	1850	2350	3650	5525
SE Sedan 4D		DL01D	19810	2075	2625	3925	5850
GLE Sedan 4D		DL01D	20510	2450	3050	4350	6375
Manual Trans				(350)	(350)	(465)	(465)

MAXIMA—V6—Equipment Schedule 4
W.B. 106.3"; 3.0 Liter.

GXE Sedan 4D		CA21D	23769	2700	3325	4650	6700
SE Sedan 4D		CA21D	25019	2925	3550	4900	6975
GLE Sedan 4D		CA21D	27419	3500	4200	5600	7800
Manual Trans				(350)	(350)	(465)	(465)

2000 NISSAN — (1N4,JN1or3N1)(CB51D)–Y–#

SENTRA—4-Cyl.—Equipment Schedule 6
W.B. 99.8"; 1.8 Liter, 2.0 Liter.

XE Sedan 4D		CB51D	12169	1450	1925	3175	5000
GXE Sedan 4D		CB51D	14019	1600	2075	3350	5225
CA Sedan 4D		DB51D	15319	1850	2350	3650	5525
SE Sedan 4D		BB51D	15419	2075	2650	3950	5875

ALTIMA—4-Cyl.—Equipment Schedule 4
W.B. 103.1"; 2.4 Liter.

XE Sedan 4D		DL01D	18459	2175	2750	4050	6000
GXE Sedan 4D		DL01D	18659	2250	2825	4125	6075
SE Sedan 4D		DL01D	19960	2525	3125	4450	6475
GLE Sedan 4D		DL01D	20910	2925	3550	4925	7000
Manual Trans				(400)	(400)	(535)	(535)

MAXIMA—V6—Equipment Schedule 4
W.B. 108.3"; 3.0 Liter.

2000 NISSAN

Body Type	VIN	List	Trade-In Fair	Good	Pvt-Party Good	Retail Excellent
GXE Sedan 4D	CA31A	23269	3400	4100	5500	7675
SE Sedan 4D	CA31A	24669	3675	4375	5800	8000
GLE Sedan 4D	CA31A	26769	4300	5050	6525	8850
Manual Trans			(400)	(400)	(535)	(535)

2001 NISSAN — (1N4,JN1or3N1)(CB51D)-1-#

SENTRA—4-Cyl.—Equipment Schedule 6
W.B. 99.8"; 1.8 Liter, 2.0 Liter.

XE Sedan 4D	CB51D	13368	1800	2300	3300	5525
GXE Sedan 4D	CB51D	14019	1950	2500	3800	5725
CA Sedan 4D	DB51D	15319	2200	2775	4100	6050
SE Sedan 4D	BB51D	15419	2475	3075	4400	6425

ALTIMA—4-Cyl.—Equipment Schedule 4
W.B. 103.1"; 2.4 Liter.

XE Sedan 4D	DL01D	18459	2700	3300	4650	6700
GXE Sedan 4D	DL01D	18659	2750	3375	4700	6750
SE Sedan 4D	DL01D	19960	3075	3725	5100	7200
GLE Sedan 4D	DL01D	20190	3450	4150	5525	7725
LE			100	100	135	135
Manual Trans			(425)	(425)	(565)	(565)

MAXIMA—V6—Equipment Schedule 4
W.B. 108.3"; 3.0 Liter.

GXE Sedan 4D	CA31D	23469	3825	4550	5975	8200
SE Sedan 4D	CA31D	24869	4150	4900	6350	8625
SE 20th Anniv Sed 4D	CA31A	28169	4725	5550	7075	9500
GLE Sedan 4D	CA31D	26969	4725	5550	7075	9500
Manual Trans			(425)	(425)	(565)	(565)

2002 NISSAN — (1N4,JN1or3N1)(CB51D)-2-#

SENTRA—4-Cyl.—Equipment Schedule 6
W.B. 99.8"; 1.8 Liter, 2.5 Liter.

XE Sedan 4D	CB51D	13588	2300	2875	4350	6525
GXE Sedan 4D	CB51D	14289	2475	3075	4550	6750
CA Sedan 4D	DB51D	15439	2725	3325	4850	7100
SE-R Sedan 4D	AB51A	16539	2975	3600	5125	7400
SE-R Spec V Sedan 4D	AB51A	17539	3625	4325	5900	8275

ALTIMA—4-Cyl.—Equipment Schedule 4
W.B. 110.2"; 2.5 Liter.

2.5 Sedan 4D	AL11D	17869	3575	4275	5850	8225
2.5 S Sedan 4D	AL11D	19389	3700	4400	6000	8400
2.5 SL Sedan 4D	AL11D	23239	4225	5000	6600	9100
Manual Trans			(450)	(450)	(600)	(600)

ALTIMA—V6—Equipment Schedule 4
W.B. 110.2"; 3.5 Liter.

3.5 SE Sedan 4D	BL11D	23689	4650	5475	7125	9725
Manual Trans			(450)	(450)	(600)	(600)

MAXIMA—V6—Equipment Schedule 4
W.B. 108.3"; 3.5 Liter.

GXE Sedan 4D	CA31D	25239	4200	4975	6550	9025
SE Sedan 4D	CA31D	25989	4525	5350	6975	9550
GLE Sedan 4D	CA31D	27639	5150	6000	7700	10350

2003 NISSAN — (1N4,JN1or3N1)(CB51D)-3-#

SENTRA—4-Cyl.—Equipment Schedule 6
W.B. 99.8"; 1.8 Liter, 2.5 Liter.

XE Sedan 4D	CB51D	13888	2650	3250	4775	7025
GXE Sedan 4D	CB51D	14639	2825	3450	4975	7250
Limited Sedan 4D	AB51D	17139	3125	3800	5350	7675
SE-R Sedan 4D	AB51D	16739	3425	4125	5675	8025
SE-R Spec V Sed 4D	AB51D	17739	4200	4950	6550	9025

ALTIMA—4-Cyl.—Equipment Schedule 4
W.B. 110.2"; 2.5 Liter.

2.5 Sedan 4D	AL11D	17689	4300	5075	6700	9175
2.5 S Sedan 4D	AL11D	19539	4400	5200	6775	9275
2.5 SL Sedan 4D	AL11D	23539	5000	5850	7525	10150
Manual Trans			(500)	(500)	(665)	(665)

ALTIMA—V6—Equipment Schedule 4
W.B. 110.2"; 3.5 Liter.

3.5 SE Sedan 4D	BL11D	23689	5525	6400	8075	10800
Manual Trans			(500)	(500)	(665)	(665)

MAXIMA—V6—Equipment Schedule 4
W.B. 108.3"; 3.5 Liter.

1009

2003 NISSAN

Body	Type	VIN	List	Trade-In Fair	Trade-In Good	Pvt-Party Good	Retail Excellent
GXE Sedan 4D		DA31D	25439	4575	5400	7025	9600
SE Sedan 4D		DA31D	26189	5125	5975	7650	10300
GLE Sedan 4D		DA31D	28089	5700	6625	8300	11050

350Z—V6—Equipment Schedule 3
W.B. 104.3"; 3.5 Liter.

Coupe 2D		AZ34D	26809	8200	9375	11300	14550
Enthusiast Coupe 2D		AZ34D	29759	8475	9675	11600	14900
Performance Cpe 2D		AZ34D	30969	8650	9850	11800	15150
Touring Coupe 2D		AZ34D	32129	9000	10250	12200	15600
Track Coupe 2D		AZ34D	34619	9425	10725	12700	16100

2004 NISSAN—(1N4,JN1or3N1)(CB51D)-4-#

SENTRA—4-Cyl.—Equipment Schedule 6
W.B. 99.8"; 1.8 Liter, 2.5 Liter.

Sedan 4D		CB51D	12740	3075	3725	5275	7600
1.8 S Sedan 4D		CB51D	14740	3225	3925	5475	7825
2.5 S Sedan 4D		AB51D	17360	3450	4150	5700	8075
SE-R Sedan 4D		AB51D	17640	3975	4700	6300	8725
SE-R Spec V Sed 4D		AB51D	17840	4800	5600	7250	9850

ALTIMA—4-Cyl.—Equipment Schedule 4
W.B. 110.2"; 2.5 Liter.

2.5 Sedan 4D		AL11D	17890	5175	6025	7700	10350
2.5 S Sedan 4D		AL11D	19740	5250	6125	7825	10500
2.5 SL Sedan 4D		AL11D	23740	5950	6875	8575	11300
Manual Trans				(525)	(525)	(700)	(700)

ALTIMA—V6—Equipment Schedule 4
W.B. 110.2"; 3.5 Liter.

3.5 SE Sedan 4D		BL11D	23790	6500	7500	9200	12050
Manual Trans				(525)	(525)	(700)	(700)

MAXIMA—V6—Equipment Schedule 4
W.B. 111.2"; 3.5 Liter.

SE Sedan 4D		BA41E	27490	7575	8675	10400	13350
SL Sedan 4D		BA41E	29440	8275	9475	11250	14350

350Z—V6—Equipment Schedule 3
W.B. 104.3"; 3.5 Liter.

Coupe 2D		AZ34D	26910	9250	10525	12500	15900
Enthusiast Coupe 2D		AZ34D	29860	9550	10875	12850	16200
Enthusiast Roadster		AZ36A	35360	10875	12350	14350	17950
Performance Cpe 2D		AZ34D	31070	9725	11025	13050	16450
Track Coupe 2D		AZ34D	34720	10575	12000	14000	17550
Touring Coupe 2D		AZ34D	33820	10100	11475	13500	16950
Touring Roadster 2D		AZ36A	37730	11275	12800	14800	18400

2005 NISSAN — (1N4,JN1or3N1)(CB51D)-5-#

SENTRA—4-Cyl.—Equipment Schedule 6
W.B. 99.8"; 1.8 Liter, 2.5 Liter.

Sedan 4D		CB51D	13280	3550	4275	5825	8225
S Sedan 4D		CB51D	15280	3725	4450	6025	8425
SE-R Sedan 4D		AB51D	18180	4525	5350	6975	9525
SE-R Spec V Sed 4D		AB51D	18380	5500	6375	8025	10700
Special Edition				100	100	135	135

ALTIMA—4-Cyl.—Equipment Schedule 4
W.B. 110.2"; 2.5 Liter.

2.5 Sedan 4D		AL11D	17760	6175	7150	8850	11600
2.5 S Sedan 4D		AL11D	20110	6250	7225	8925	11700
SL				900	900	1200	1200
Manual Trans				(550)	(550)	(735)	(735)

ALTIMA—V6—Equipment Schedule 4
W.B. 110.2"; 3.5 Liter.

3.5 SE Sedan 4D		BL11D	24310	7675	8775	10500	13450
3.5 SL Sedan 4D		BL11D	27460	8250	9425	11200	14300
3.5 SE-R Sedan 4D		BL11D	29760	9200	10475	12300	15500
5-Spd Manual Trans				(550)	(550)	(735)	(735)

MAXIMA—V6—Equipment Schedule 4
W.B. 111.2"; 3.5 Liter.

SE Sedan 4D		BA41E	27660	8650	9850	11650	14750
SL Sedan 4D		BA41E	29910	9375	10675	12450	15650

350Z—V6—Equipment Schedule 3
W.B. 104.3"; 3.5 Liter.

Coupe 2D		AZ35D	27060	10475	11900	13850	17400
Enthusiast Coupe 2D		AZ35D	30010	10825	12300	14250	17800
Enthusiast Roadster		AZ36A	34710	12300	13925	15900	19600

2005 NISSAN

Body	Type	VIN	List	Trade-In Fair	Trade-In Good	Pvt-Party Good	Retail Excellent
Performance Cpe 2D		AZ34D	31210	11025	12500	14450	18050
Touring Coupe 2D		AZ34D	32360	11475	12925	14950	18550
Touring Roadster 2D		AZ36A	38110	12850	14450	16500	20300
Track Coupe 2D		AZ34D	34860	12000	13575	15600	19250
35th Anniv Coupe 2D		AZ34D	37660	13275	15000	17050	20900
Grand Touring Rdstr		AZ36D	39780	13625	15325	17400	21300

2006 NISSAN — (1N4,JN1or3N1)(CB51D)-6-#

SENTRA—4-Cyl.—Equipment Schedule 6
W.B. 99.8"; 1.8 Liter, 2.5 Liter.

Sedan 4D		CB51D	13680	4125	4875	6475	8950
S Sedan 4D		CB51D	15680	4300	5075	6675	9175
SE-R Sedan 4D		AB51D	18580	5200	6050	7725	10350
SE-R Spec V Sed 4D		AB51D	18780	6225	7175	8875	11600
Special Edition				100	100	135	135

ALTIMA—4-Cyl.—Equipment Schedule 4
W.B. 110.2"; 2.5 Liter.

2.5 Sedan 4D		AL11D	18230	7400	8475	10200	13100
2.5 S Sedan 4D		AL11D	20580	7425	8525	10250	13150
SL				900	900	1200	1200
5-Spd Manual Trans				(575)	(575)	(765)	(765)

ALTIMA—V6—Equipment Schedule 4
W.B. 110.2"; 3.5 Liter.

3.5 SE Sedan 4D		BL11D	24730	9000	10250	12000	15150
3.5 SL Sedan 4D		BL11D	27880	9575	10875	12700	15900
3.5 SE-R Sedan 4D		BL11D	30130	10675	12100	13850	17200
5-Spd Manual Trans				(575)	(575)	(765)	(765)
6-Spd Manual Trans				0	0	0	0

MAXIMA—V6—Equipment Schedule 4
W.B. 111.2"; 3.5 Liter.

SE Sedan 4D		BA41E	28330	9850	11175	12950	16100
SL Sedan 4D		BA41E	30580	10575	12000	13750	17000

350Z—V6—Equipment Schedule 3
W.B. 104.3"; 3.5 Liter.

Coupe 2D		AZ34D	28030	11950	13525	15500	19100
Enthusiast Coupe 2D		AZ34D	30730	12350	13975	15900	19550
Enthusiast Roadster		AZ36A	36430	14025	15775	17750	21600
Touring Coupe 2D		AZ34D	33330	13025	14650	16650	20400
Touring Roadster 2D		AZ36A	39030	14550	16375	18400	22200
Track Coupe 2D		AZ34D	34930	13625	15325	17300	21100
Grand Touring Cpe 2D		AZ34D	37230	14550	16375	18400	22200
Grand Touring Roadstr		AZ36D	41380	15425	17350	19250	23200

2007 NISSAN—(1N4,JN1or3N1)(BC11E)-7-#

VERSA—4-Cyl.—Equipment Schedule 6
W.B. 99.8", 102.4" (H'Back); 1.8 Liter.

S Sedan 4D		BC11E	13165	5850	6775	8325	10900
S Hatchback 4D		BC13E	13065	6025	6975	8500	11050
SL Sedan 4D		BC11E	15165	6325	7300	8825	11400
SL Hatchback 4D		BC13E	15065	6400	7400	8950	11550

SENTRA—4-Cyl.—Equipment Schedule 6
W.B. 105.7"; 2.0 Liter, 2.5 Liter.

Sedan 4D		AB61E	15365	6650	7650	9225	11900
S Sedan 4D		AB61E	16265	6900	7950	9500	12200
SL Sedan 4D		AB61E	19015	7125	8175	9750	12450
SE-R Sedan 4D		BB61E	20015	7800	8925	10550	13400
SE-R Spec V Sed		CB61E	20515	8950	10200	11800	14800

ALTIMA—4-Cyl.—Equipment Schedule 4
W.B. 109.3"; 2.5 Liter.

2.5 Sedan 4D		AL21E	18565	9750	11075	12750	15800
2.5 S Sedan 4D		AL21E	20415	10150	11525	13200	16250
SL				900	900	1200	1200

ALTIMA—4-Cyl. Hybrid—Equipment Schedule 4
W.B. 109.3"; 2.5 Liter.

Sedan 4D		CL21E	25015	12500	14100	15800	19100

ALTIMA—V6—Equipment Schedule 4
W.B. 109.3"; 3.5 Liter.

3.5 SE Sedan 4D		BL21E	25115	11850	13375	15050	18350
3.5 SL Sedan 4D		BL21E	29015	12500	14100	15800	19100

MAXIMA—V6—Equipment Schedule 4
W.B. 111.2"; 3.5 Liter.

SE Sedan 4D		BA41E	28665	11475	12925	14600	17800

Body	Type	VIN	List	Trade-In Fair	Trade-In Good	Pvt-Party Good	Retail Excellent
SL Sedan 4D		BA41E	30915	12200	13775	15400	18650

350Z—V6—Equipment Schedule 3
W.B. 104.3"; 3.5 Liter.

Coupe 2D		BZ34D	28515	13675	15425	17350	21100
Enthusiast Coupe 2D		BZ34D	30600	14075	15875	17800	21600
Enthusiast Roadster		BZ36A	36550	15875	17825	19800	23700
Touring Coupe 2D		BZ34D	33200	14850	16650	18550	22400
Touring Roadster 2D		BZ36A	38900	16600	18625	20600	24600
Grand Touring Cpe 2D		BZ34D	37100	16525	18525	20500	24500
Grand Touring Roadstr		BZ36A	41250	17550	19700	21700	25800
Nismo Coupe 2D		BZ34D	38695	****	****	****	28800

2008 NISSAN — (1N4,JN1or3N1)(BC11E)-8-#

VERSA—4-Cyl.—Equipment Schedule 6
W.B. 102.4"; 1.8 Liter.

S Sedan 4D		BC11E	13175	6950	8000	9375	11850
S Hatchback 4D		BC13E	13275	7125	8200	9550	12050
SL Sedan 4D		BC11E	15175	7450	8550	9950	12450
SL Hatchback 4D		BC13E	15275	7550	8650	10000	12550

SENTRA—4-Cyl.—Equipment Schedule 6
W.B. 105.7"; 2.0 Liter, 2.5 Liter.

Sedan 4D		AB61E	16875	7650	8775	10200	12800
S Sedan 4D		AB61E	16605	7900	9050	10550	13300
SL Sedan 4D		AB61E	19305	8100	9275	10850	13550
SE-R Sedan 4D		BB61E	20305	8900	10150	11700	14550
SE-R Spec V Sedan		CB61E	20805	10150	11525	13100	16100

ALTIMA—4-Cyl.—Equipment Schedule 4
W.B. 105.3", 109.3" (Sed); 2.5 Liter.

2.5 Sedan 4D		AL21E	18855	11275	12800	14300	17350
2.5 S Sedan 4D		AL21E	21205	11700	13225	14750	17900
2.5 S Coupe 2D		AL24E	21615	12500	14100	15800	19100
SL				900	900	1200	1200

ALTIMA—4-Cyl. Hybrid—Equipment Schedule 4
W.B. 109.3"; 2.5 Liter.

Sedan 4D		CL21E	25695	14250	16025	17650	21100

ALTIMA—V6—Equipment Schedule 4
W.B. 105.3", 109.3" (Sed); 3.5 Liter.

3.5 SE Sedan 4D		BL21E	25205	13525	15250	16800	20200
3.5 SE Coupe 2D		BL24E	26015	14350	16125	17800	21300
3.5 SL Sedan 4D		BL21E	28905	14250	16025	17650	21100

MAXIMA—V6—Equipment Schedule 4
W.B. 111.2"; 3.5 Liter.

SE Sedan 4D		BA41E	28755	13675	15425	16950	20300
SL Sedan 4D		BA41E	31005	14450	16225	17850	21300

350Z—V6—Equipment Schedule 3
W.B. 104.3"; 3.5 Liter.

Coupe 2D		BZ34D	28605	15725	17650	19550	23400
Enthusiast Coupe 2D		BZ34D	31305	16175	18125	20000	23900
Enthusiast Roadster		BZ36A	37255	18125	20275	22200	26400
Touring Coupe 2D		BZ34D	33935	16900	18975	20900	24900
Touring Roadster 2D		BZ36A	39605	18875	21075	22900	27100
Grand Touring Cpe 2D		BZ34D	37835	18875	21075	22900	27100
Grand Touring Roadstr		BZ36A	41955	19900	22250	24100	28300
Nismo Coupe 2D		BZ34D	38775				

OLDSMOBILE

1994 OLDSMOBILE — (1or3)G3(NL553)-R-#

ACHIEVA—4-Cyl.—Equipment Schedule 5
W.B. 103.4"; 2.3 Liter.

S Sedan 4D		NL553	16045	225	325	850	1675
S Coupe 2D		NL153	15945	225	325	850	1675
SL Sedan 4D		NF55A	18715	300	425	950	1850
SC Coupe 2D		NF15A	18715	300	425	950	1850
V6 3.1 Liter		M		125	125	165	165

CIERA—V6—Equipment Schedule 4
W.B. 104.9"; 3.1 Liter.

S Sedan 4D		AG55M	17725	575	775	1550	2750
4-Cyl. 2.2 Liter		4		(150)	(150)	(200)	(200)

CUTLASS SUPREME—V6—Equipment Schedule 4
W.B. 107.5"; 3.1 Liter.

1994 OLDSMOBILE

Body	Type	VIN	List	Trade-In Fair	Trade-In Good	Pvt-Party Good	Retail Excellent
S Sedan 4D		WH55M	18827	625	875	1675	2975
S Coupe 2D		WH15M	18662	600	800	1575	2825
Convertible Cpe 2D		WT35M	25800	1200	1700	2850	4550
V6 3.4 Liter		X		150	150	200	200
CUTLASS CRUISER—V6—Equipment Schedule 4							
W.B. 104.9"; 3.1 Liter.							
S Wagon 4D		AJ85M	18757	625	850	1625	2875
EIGHTY EIGHT—V6—Equipment Schedule 4							
W.B. 110.8"; 3.8 Liter.							
Royale Sedan 4D		HN52L	22480	400	575	1150	2125
Royale LS Sedan 4D		HY52L	23450	450	600	1225	2225
LSS Pkg				50	50	65	65
NINETY EIGHT—V6—Equipment Schedule 4							
W.B. 110.8"; 3.8 Liter.							
Regency Sedan 4D		CX52L	26695	700	975	1825	3125
Reg Elite Sed 4D		CW53L	28600	700	1000	1850	3150
V6 3.8L Supercharged		1		150	150	200	200

1995 OLDSMOBILE — (1or2)G3(NL55D)-S-#

Body	Type	VIN	List	Trade-In Fair	Trade-In Good	Pvt-Party Good	Retail Excellent
ACHIEVA—4-Cyl.—Equipment Schedule 5							
W.B. 103.4"; 2.3 Liter.							
S Sedan 4D		NL55D	14750	325	450	1025	1950
S Coupe 2D		NL15D	14750	300	425	1000	1925
V6 3.1 Liter		M		125	125	165	165
CIERA—V6—Equipment Schedule 4							
W.B. 104.9"; 3.1 Liter.							
SL Sedan 4D		AJ55M	16595	775	1100	1975	3375
SL Wagon 4D		AJ85M	17595	800	1125	2000	3425
4-Cyl. 2.2 Liter		4		(150)	(150)	(200)	(200)
CUTLASS SUPREME—V6—Equipment Schedule 4							
W.B. 107.5"; 3.1 Liter.							
S Sedan 4D		WH52M	18995	700	975	1825	3150
S Coupe 2D		WH12M	18995	625	900	1700	3000
Convertible 2D		WT32M	26531	1400	1850	3075	4800
V6 3.4 Liter		X		150	150	200	200
EIGHTY EIGHT—V6—Equipment Schedule 4							
W.B. 110.8"; 3.8 Liter.							
Royale Sedan 4D		HN52K	20995	475	650	1325	2400
Royale LS Sedan 4D		HY52K	23295	525	700	1450	2625
LSS Pkg				50	50	65	65
V6 3.8L Supercharged		1		150	150	200	200
NINETY EIGHT—V6—Equipment Schedule 4							
W.B. 110.7"; 3.8 Liter.							
Reg Elite Sed 4D		CX52K	26695	825	1150	2075	3500
V6 3.8L Supercharged		1		150	150	200	200
AURORA—V8—Equipment Schedule 2							
W.B. 113.8"; 4.0 Liter.							
Sedan 4D		GR52C	31995	1150	1625	2775	4450

1996 OLDSMOBILE — (1or2)G3(NL52T)-T-#

Body	Type	VIN	List	Trade-In Fair	Trade-In Good	Pvt-Party Good	Retail Excellent
ACHIEVA—4-Cyl.—Equipment Schedule 5							
W.B. 103.4"; 2.4 Liter.							
SL Sedan 4D		NL52T	15790	400	550	1175	2175
SC Coupe 2D		NL12T	15790	375	550	1150	2125
V6 3.1 Liter		M		150	150	200	200
CIERA—V6—Equipment Schedule 4							
W.B. 104.9"; 3.1 Liter.							
SL Sedan 4D		AJ55M	15305	800	1125	2025	3475
SL Wagon 4D		AJ85M	17995	825	1150	2050	3500
4-Cyl. 2.2 Liter		4		(175)	(175)	(235)	(235)
CUTLASS SUPREME—V6—Equipment Schedule 4							
W.B. 107.5"; 3.1 Liter.							
SL Sedan 4D		WH52M	17995	775	1100	2025	3475
SL Coupe 2D		WH12M	17995	750	1050	1925	3325
V6 3.4 Liter		X		175	175	235	235
EIGHTY EIGHT—V6—Equipment Schedule 4							
W.B. 110.8"; 3.8 Liter.							
Sedan 4D		HN52K	21370	600	800	1600	2875
LS Sedan 4D		HN52K	23400	625	875	1675	3000
LSS Sedan 4D		HY52K	26600	1000	1425	2525	4175
V6 3.8L Supercharged		1		200	200	265	265

1996 OLDSMOBILE

Body	Type	VIN	List	Trade-In Fair	Good	Pvt-Party Good	Retail Excellent
NINETY EIGHT—V6—Equipment Schedule 4							
W.B. 110.7"; 3.8 Liter.							
Reg Elite Sed 4D	CX52K	28800	1025	1450	2575	4250
AURORA—V8—Equipment Schedule 2							
W.B. 113.8"; 4.0 Liter.							
Sedan 4D	GR62C	35000	1400	1850	3075	4825

1997 OLDSMOBILE — (1or2)G3(NL52T)–V–#

Body	Type	VIN	List	Trade-In Fair	Good	Pvt-Party Good	Retail Excellent
ACHIEVA—4-Cyl.—Equipment Schedule 5							
W.B. 103.4"; 2.4 Liter.							
SL Sedan 4D	NL52T	15750	500	675	1375	2475
SC Coupe 2D	NL12T	15950	475	625	1325	2400
V6 3.1 Liter	M		175	175	235	235
CUTLASS—V6—Equipment Schedule 4							
W.B. 107.0"; 3.1 Liter.							
Sedan 4D	WH52K	18170	775	1100	2025	3475
GLS Sedan 4D	WH52M	19225	950	1350	2475	4125
CUTLASS SUPREME—V6—Equipment Schedule 4							
W.B. 107.5"; 3.1 Liter.							
SL Sedan 4D	WH52M	19500	900	1250	2350	4000
SL Coupe 2D	WH12M	19500	825	1175	2150	3650
EIGHTY EIGHT—V6—Equipment Schedule 4							
W.B. 110.8"; 3.8 Liter.							
Sedan 4D	HN52K	23100	675	975	1850	3200
LS Sedan 4D	HN52K	24400	750	1050	1950	3375
LSS—V6—Equipment Schedule 4							
W.B. 110.8"; 3.8 Liter.							
Sedan 4D	HY52K	28300	1200	1675	2850	4550
V6 3.8L Supercharged	1		250	250	335	335
REGENCY—V6—Equipment Schedule 4							
W.B. 110.8"; 3.8 Liter.							
Sedan 4D	HC52K	28600	1300	1800	3000	4725
AURORA—V8—Equipment Schedule 2							
W.B. 113.8"; 4.0 Liter.							
Sedan 4D	GR62C	36400	1350	1850	3050	4775

1998 OLDSMOBILE — (1or2)G3(NL52T)–W–#

Body	Type	VIN	List	Trade-In Fair	Good	Pvt-Party Good	Retail Excellent
ACHIEVA—4-Cyl.—Equipment Schedule 4							
W.B. 103.4"; 2.4 Liter.							
SL Sedan 4D	NL52T	18340	725	1025	1900	3325
V6 3.1 Liter	M		200	200	265	265
CUTLASS—V6—Equipment Schedule 4							
W.B. 107.0"; 3.1 Liter.							
GL Sedan 4D	NB52M	18950	875	1225	2325	3950
GLS Sedan 4D	NG52M	19950	1100	1525	2700	4375
INTRIGUE—V6—Equipment Schedule 4							
W.B. 109.0"; 3.8 Liter.							
Sedan 4D	WH52K	21250	700	975	1850	3250
GL Sedan 4D	WS52K	22650	800	1125	2050	3500
GLS Sedan 4D	WX52K	24660	950	1350	2425	4075
EIGHTY EIGHT—V6—Equipment Schedule 4							
W.B. 110.8"; 3.8 Liter.							
Sedan 4D	HN52K	23400	825	1175	2150	3675
LS Sedan 4D	HN52K	24800	900	1275	2400	4050
LSS—V6—Equipment Schedule 4							
W.B. 110.8"; 3.8 Liter.							
Sedan 4D	HY52K	28700	1500	1975	3200	5000
V6 3.8L Supercharged	1		300	300	400	400
REGENCY—V6—Equipment Schedule 4							
W.B. 110.8"; 3.8 Liter.							
Sedan 4D	HC52K	29000	1625	2125	3350	5200
AURORA—V8—Equipment Schedule 2							
W.B. 113.8"; 4.0 Liter.							
Sedan 4D	GR62C	36625	1400	1850	3075	4850

1999 OLDSMOBILE — (1or2)G3(NK52T)–X–#

Body	Type	VIN	List	Trade-In Fair	Good	Pvt-Party Good	Retail Excellent
ALERO—4-Cyl.—Equipment Schedule 5							
W.B. 107.0"; 2.4 Liter.							
GX Sedan 4D	NK52T	16850	850	1200	2200	3725
GX Coupe 2D	NK12T	16850	800	1100	2075	3550
GL Sedan 4D	NL52T	18745	950	1350	2475	4150
GL Coupe 2D	NL12T	19180	925	1300	2400	4050

Body Type	VIN	List	Trade-In Fair	Trade-In Good	Pvt-Party Good	Retail Excellent
V6 3.4 Liter	E	....	**200**	**200**	**265**	**265**
ALERO—V6—Equipment Schedule 4						
W.B. 107.0"; 3.4 Liter.						
GLS Sedan 4D	NF52E	21400	**1425**	**1900**	**3125**	**4900**
GLS Coupe 2D	NF12E	21400	**1325**	**1800**	**3000**	**4750**
CUTLASS—V6—Equipment Schedule 4						
W.B. 107.0"; 3.1 Liter.						
GL Sedan 4D	NB52M	19325	**1000**	**1400**	**2550**	**4225**
GLS Sedan 4D	NG52M	20250	**1250**	**1725**	**2925**	**4650**
INTRIGUE—V6—Equipment Schedule 4						
W.B. 109.0"; 3.5 Liter, 3.8 Liter.						
GX Sedan 4D	WH52K	21735	**825**	**1175**	**2150**	**3650**
GL Sedan 4D	WS52K	23135	**950**	**1350**	**2450**	**4100**
GLS Sedan 4D	WX52K	25505	**1150**	**1625**	**2775**	**4475**
EIGHTY EIGHT—V6—Equipment Schedule 4						
W.B. 110.8"; 3.8 Liter.						
Sedan 4D	HN52K	24170	**1000**	**1425**	**2550**	**4250**
LS Sedan 4D	HZ52K	25720	**1100**	**1550**	**2725**	**4425**
LSS—V6—Equipment Schedule 4						
W.B. 110.8"; 3.8 Liter.						
Sedan 4D	HY52K	29720	**1825**	**2350**	**3625**	**5500**
V6 3.8L Supercharged	1		**325**	**325**	**435**	**435**
AURORA—V8—Equipment Schedule 2						
W.B. 113.8"; 4.0 Liter.						
Sedan 4D	GR62C	36899	**1550**	**2025**	**3250**	**5075**

Body Type	VIN	List	Trade-In Fair	Trade-In Good	Pvt-Party Good	Retail Excellent
ALERO—4-Cyl.—Equipment Schedule 5						
W.B. 107.0"; 2.4 Liter.						
GX Sedan 4D	NK52T	16995	**1075**	**1525**	**2675**	**4350**
GX Coupe 2D	NK12T	16995	**1025**	**1425**	**2550**	**4250**
GL Sedan 4D	NL52T	18185	**1175**	**1650**	**2825**	**4550**
GL Coupe 2D	NL12T	18185	**1125**	**1575**	**2775**	**4475**
V6 3.4 Liter	E		**200**	**200**	**265**	**265**
ALERO—V6—Equipment Schedule 4						
W.B. 107.0"; 3.4 Liter.						
GLS Sedan 4D	NF52E	21900	**1850**	**2400**	**3650**	**5525**
GLS Coupe 2D	NF12E	21900	**1775**	**2275**	**3525**	**5375**
INTRIGUE—V6—Equipment Schedule 4						
W.B. 109.0"; 3.5 Liter.						
GX Sedan 4D	WH52H	22650	**1000**	**1400**	**2525**	**4225**
GL Sedan 4D	WS52H	24280	**1150**	**1600**	**2800**	**4500**
GLS Sedan 4D	WX52H	26280	**1475**	**1950**	**3175**	**4975**
Sterling Edition			**50**	**50**	**65**	**65**

Body Type	VIN	List	Trade-In Fair	Trade-In Good	Pvt-Party Good	Retail Excellent
ALERO—4-Cyl.—Equipment Schedule 5						
W.B. 107.0"; 2.4 Liter.						
GX Sedan 4D	NK52T	17785	**1225**	**1700**	**2925**	**4675**
GX Coupe 2D	NK12T	17785	**1150**	**1625**	**2825**	**4550**
GL Sedan 4D	NL52T	19195	**1375**	**1850**	**3075**	**4875**
GL Coupe 2D	NL12T	19195	**1300**	**1800**	**3025**	**4775**
V6 3.4 Liter	E		**200**	**200**	**265**	**265**
ALERO—V6—Equipment Schedule 4						
W.B. 107.0"; 3.4 Liter.						
GLS Sedan 4D	NF52E	22540	**2200**	**2775**	**4050**	**5975**
GLS Coupe 2D	NF12E	22765	**2075**	**2625**	**3900**	**5775**
INTRIGUE—V6—Equipment Schedule 4						
W.B. 109.0"; 3.5 Liter.						
GX Sedan 4D	WH52H	22995	**1175**	**1675**	**2875**	**4600**
GL Sedan 4D	WS52H	24750	**1450**	**1925**	**3150**	**4950**
GLS Sedan 4D	WX52H	27115	**1850**	**2400**	**3650**	**5525**
AURORA—V6—Equipment Schedule 2						
W.B. 112.2"; 3.5 Liter.						
Sedan 4D	GR64H	31579	**2125**	**2700**	**3975**	**5900**
AURORA—V8—Equipment Schedule 2						
W.B. 112.2"; 4.0 Liter.						
Sedan 4D	GS64C	35314	**2950**	**3575**	**4925**	**7000**

ALERO—4-Cyl.—Equipment Schedule 5
W.B. 107.0"; 2.2 Liter.

Body	Type	VIN	List	Trade-In Fair	Trade-In Good	Pvt-Party Good	Retail Excellent
GX Sedan 4D		NK52T	18055	1450	1925	3350	5350
GX Coupe 2D		NK12T	18055	1375	1850	3225	5225
GL Sedan 4D		NL52T	20040	1600	2100	3525	5525
GL Coupe 2D		NL12T	20265	1550	2025	3425	5450
V6 3.4 Liter		E		200	200	265	265

ALERO—V6—Equipment Schedule 4
W.B. 107.0"; 3.4 Liter.

GLS Sedan 4D		NF52E	22675	2575	3150	4625	6775
GLS Coupe 2D		NF12E	22900	2400	3000	4450	6600

INTRIGUE—V6—Equipment Schedule 4
W.B. 109.0"; 3.5 Liter.

GX Sedan 4D		WH52H	23427	1400	1875	3250	5250
GL Sedan 4D		WS52H	25012	1700	2200	3625	5650
GLS Sedan 4D		WX52H	28502	2175	2750	4175	6275

AURORA—V6—Equipment Schedule 2
W.B. 112.2"; 3.5 Liter.

Sedan 4D		GR64H	31665	1925	2475	3950	6025

AURORA—V8—Equipment Schedule 2
W.B. 112.2"; 4.0 Liter.

Sedan 4D		GS64C	35660	2800	3425	4925	7150

2003 OLDSMOBILE — 1G3(NK52F)-3-#

ALERO—4-Cyl.—Equipment Schedule 5
W.B. 107.0"; 2.2 Liter.

GX Sedan 4D		NK52F	18335	1775	2300	3725	5775
GX Coupe 2D		NK12F	18335	1675	2175	3600	5625
GL Sedan 4D		NL52F	20175	1975	2550	4000	6075
GL Coupe 2D		NL12F	20175	1925	2475	3900	5975
V6 3.4 Liter		E		250	250	335	335

ALERO—V6—Equipment Schedule 4
W.B. 107.0"; 3.4 Liter.

GLS Sedan 4D		NF52E	22755	3050	3700	5200	7425
GLS Coupe 2D		NF12E	23005	2875	3500	5000	7200

AURORA—V8—Equipment Schedule 2
W.B. 112.2"; 4.0 Liter.

Sedan 4D		GS64C	34775	3475	4175	5675	8000

2004 OLDSMOBILE — 1G3(NK52F)-4-#

ALERO—4-Cyl.—Equipment Schedule 5
W.B. 107.0"; 2.2 Liter.

GX Sedan 4D		NK52F	18825	2150	2725	4175	6275
GX Coupe 2D		NK12F	18825	2025	2575	4025	6100
GL Sedan 4D		NL52F	20775	2450	3050	4475	6650
GL Coupe 2D		NL12F	20775	2375	2975	4400	6550
V6 3.4 Liter		E		275	275	365	365

ALERO—V6—Equipment Schedule 4
W.B. 107.0"; 3.4 Liter.

GLS Sedan 4D		NF52E	23425	3600	4300	5800	8100
GLS Coupe 2D		NF12E	23675	3400	4100	5575	7875

PLYMOUTH

1994 PLYMOUTH — (1,3,4orJ)P3—(A11A)—R-#

COLT—4-Cyl.—Equipment Schedule 6
W.B. 96.1", 98.4" (4D); 1.5 Liter, 1.8 Liter.

Sedan 2D		A11A	10779	450	625	1275	2300
Sedan 4D		A36C	13428	550	750	1525	2750
GL Sedan 2D		A21A	11400	525	700	1375	2475
GL Sedan 4D		A46C	13824	600	800	1575	2825

COLT VISTA—4-Cyl.—Equipment Schedule 6
W.B. 99.2"; 1.8 Liter, 2.4 Liter.

Wagon 3D		B30C	14565	1050	1475	2575	4225
SE Wagon 3D		B50G	16233	1125	1575	2700	4325
AWD Wagon 3D		C40G	16777	1225	1700	2875	4550

SUNDANCE—4-Cyl.—Equipment Schedule 5
W.B. 97.2"; 2.2 Liter, 2.5 Liter.

Hatchback 2D		P24D	11052	325	450	1025	1925
Sedan 4D		P28D	11452	350	500	1075	2000

SUNDANCE—V6—Equipment Schedule 5
W.B. 97.2"; 3.0 Liter.

Duster Hatchback 2D		P643	13008	450	625	1250	2275

Body	Type	VIN	List	Trade-In Fair	Good	Pvt-Party Good	Retail Excellent
Duster Sedan 4D	P683	13408	**475**	**625**	**1275**	**2300**
4-Cyl. 2.5 Liter	K		**(100)**	**(100)**	**(135)**	**(135)**

LASER—4-Cyl.—Equipment Schedule 4
W.B. 97.2"; 1.8 Liter, 2.0 Liter.

Hatchback 2D	F34B	14042	**750**	**1050**	**1900**	**3300**
RS Hatchback 2D	F44E	16353	**825**	**1150**	**2075**	**3500**
Auto Trans			**125**	**125**	**165**	**165**

LASER—4-Cyl. Turbo—Equipment Schedule 4
W.B. 97.2"; 2.0 Liter.

RS Hatchback 2D	F44F	17887	**875**	**1250**	**2200**	**3675**
RS AWD H'Back 2D	G44F	20015	**1150**	**1625**	**2750**	**4425**
Auto Trans			**125**	**125**	**165**	**165**

ACCLAIM—4-Cyl.—Equipment Schedule 5
W.B. 103.5"; 2.5 Liter.

Sedan 4D	A46K	14154	**400**	**575**	**1175**	**2175**
V6 3.0 Liter	3		**150**	**150**	**200**	**200**

1995 PLYMOUTH — (1,3,4orJ)P3–(S27C)–S–#

NEON—4-Cyl.—Equipment Schedule 6
W.B. 104.0"; 2.0 Liter.

Sedan 4D	S27C	12195	**250**	**350**	**900**	**1775**
Highline Sedan 4D	S47C	12443	**350**	**475**	**1075**	**2000**
Highline Coupe 2D	S41C	12443	**300**	**425**	**1000**	**1925**
Sport Sedan 4D	S67C	14393	**450**	**600**	**1250**	**2275**
Sport Coupe 2D	S61C	14693	**525**	**700**	**1450**	**2625**

ACCLAIM—4-Cyl.—Equipment Schedule 5
W.B. 103.5"; 2.5 Liter.

Sedan 4D	A46K	14828	**475**	**650**	**1350**	**2450**
V6 3.0 Liter	3		**375**	**375**	**500**	**500**

1996 PLYMOUTH — (1or3)P3–(S27C)–T–#

NEON—4-Cyl.—Equipment Schedule 6
W.B. 104.0"; 2.0 Liter.

Sedan 4D	S27C	11730	**275**	**400**	**950**	**1850**
Coupe 2D	S22C	11230	**275**	**375**	**925**	**1800**
Highline Sedan 4D	S47C	12735	**375**	**525**	**1125**	**2100**
Highline Coupe 2D	S42C	12535	**350**	**475**	**1075**	**2000**
Sport Sedan 4D	S67C	14165	**475**	**650**	**1325**	**2400**
Sport Coupe 2D	S62C	13965	**575**	**750**	**1525**	**2750**

BREEZE—4-Cyl.—Equipment Schedule 5
W.B. 108.0"; 2.0 Liter.

Sedan 4D	J46C	15645	**400**	**550**	**1175**	**2175**

1997 PLYMOUTH — (1or3)P3–(S27C)–V–#

NEON—4-Cyl.—Equipment Schedule 6
W.B. 104.0"; 2.0 Liter.

Sedan 4D	S27C	12430	**325**	**450**	**1025**	**1950**
Coupe 2D	S22C	12230	**300**	**425**	**1000**	**1925**
Highline Sedan 4D	S47C	13170	**425**	**600**	**1225**	**2275**
Highline Coupe 2D	S42C	12970	**400**	**550**	**1175**	**2175**

BREEZE—4-Cyl.—Equipment Schedule 5
W.B. 108.0"; 2.0 Liter.

Sedan 4D	J46C	16380	**400**	**550**	**1200**	**2225**

PROWLER—V6—Equipment Schedule 1
W.B. 113.0"; 3.5 Liter.

Roadster 2D	W65F	39000	**13075**	**14750**	**17350**	**21800**

1998 PLYMOUTH — (1or3)P3–(S47C)–W–#

NEON—4-Cyl.—Equipment Schedule 6
W.B. 104.0"; 2.0 Liter.

Highline Sedan 4D	S47C	12855	**500**	**675**	**1400**	**2525**
Highline Coupe 2D	S42C	12655	**475**	**625**	**1325**	**2450**
Competition Sedan 4D	S27C	14660	**750**	**1050**	**1950**	**3375**
Competition Coupe 2D	S22C	14480	**725**	**1025**	**1900**	**3325**

BREEZE—4-Cyl.—Equipment Schedule 5
W.B. 108.0"; 2.0 Liter, 2.4 Liter.

Sedan 4D	J46C	16260	**400**	**575**	**1225**	**2300**

1999 PLYMOUTH — (1or3)P3(EorH)(S47C)–X–#

NEON—4-Cyl.—Equipment Schedule 6
W.B. 104.0"; 2.0 Liter.

1999 PLYMOUTH

Body Type	VIN	List	Trade-In Fair	Trade-In Good	Pvt-Party Good	Retail Excellent
Highline Sedan 4D	S47C	13320	625	825	1675	3000
Highline Coupe 2D	S42C	13120	575	800	1625	2925
Competition Sedan 4D	S27C	14985	900	1250	2350	3975
Competition Coupe 2D	S22C	14805	850	1200	2200	3725
BREEZE—4-Cyl.—Equipment Schedule 5						
W.B. 108.0"; 2.0 Liter, 2.4 Liter.						
Sedan 4D	J46C	16700	450	625	1350	2475
PROWLER—V6—Equipment Schedule 1						
W.B. 113.3"; 3.5 Liter.						
Roadster 2D	W65G	40000	15725	17650	20200	24900

2000 PLYMOUTH — (1or3)P3(EorH)(S46C)-Y-#

NEON—4-Cyl.—Equipment Schedule 6						
W.B. 105.0"; 2.0 Liter.						
Highline Sedan 4D	S46C	13890	750	1075	2000	3475
LX Sedan 4D	S46C	14680	1050	1475	2625	4300
BREEZE—4-Cyl.—Equipment Schedule 5						
W.B. 108.0"; 2.0 Liter, 2.4 Liter.						
Sedan 4D	J46C	17525	575	775	1625	2975
PROWLER—V6—Equipment Schedule 1						
W.B. 113.3"; 3.5 Liter.						
Roadster 2D	W65G	43500	17150	19200	21900	26800

2001 PLYMOUTH — 1P3(EorH)(S46C)-1-#

NEON—4-Cyl.—Equipment Schedule 6						
W.B. 105.0"; 2.0 Liter.						
Highline Sedan 4D	S46C	14275	925	1300	2425	4125
LX Sedan 4D	S46C	15095	1250	1725	2950	4700

PONTIAC

1994 PONTIAC — (1G,JGorKL)2(JB54H)-R-#

Body Type	VIN	List	Trade-In Fair	Trade-In Good	Pvt-Party Good	Retail Excellent
SUNBIRD—4-Cyl.—Equipment Schedule 5						
W.B. 101.3"; 2.0 Liter.						
LE Sedan 4D	JB54H	11519	375	525	1100	2050
LE Coupe 2D	JB14H	11519	375	525	1100	2050
LE Convertible 2D	JB34H	17279	725	1025	1850	3200
V6 3.1 Liter	T		100	100	135	135
SUNBIRD—4-Cyl.—Equipment Schedule 5						
W.B. 101.3"; 3.1 Liter.						
SE Coupe 2D	JL14T	14179	450	600	1225	2225
GRAND AM—4-Cyl.—Equipment Schedule 5						
W.B. 103.4"; 2.3 Liter.						
SE Sedan 4D	NE553	14484	500	675	1350	2400
SE Coupe 2D	NE153	14384	500	675	1350	2400
GT Sedan 4D	NW55A	16354	575	775	1550	2750
GT Coupe 2D	NW15A	16254	550	750	1475	2650
Manual Trans			0	0	0	0
V6 3.1 Liter	M		125	125	165	165
FIREBIRD—V6—Equipment Schedule 4						
W.B. 101.1"; 3.4 Liter.						
Hatchback 2D	FS22S	16735	1525	2000	3200	4975
Convertible 2D	FS32S	22444	2350	2925	4225	6175
Manual Trans			(150)	(150)	(200)	(200)
FIREBIRD—V8—Equipment Schedule 4						
W.B. 101.1"; 5.7 Liter.						
Formula H'Back 2D	FV22P	19615	2050	2625	3875	5750
Formula Convertible 2D	FV32P	25544	2975	3600	4975	7075
Trans Am H'Back 2D	FV22P	21005	2400	3000	4300	6250
Trans Am GT H'Bk 2D	FV22P	22505	2550	3125	4450	6450
Trans Am GT Conv 2D	FV32P	27744	3600	4300	5775	8025
GRAND PRIX—V6—Equipment Schedule 4						
W.B. 107.5"; 3.1 Liter.						
SE Sedan 4D	WJ52M	17094	550	750	1500	2700
SE Coupe 2D	WJ16M	17295	475	650	1325	2400
GT/GTP Pkg			50	50	65	65
V6 3.4 Liter	X		150	150	200	200
BONNEVILLE—V6—Equipment Schedule 4						
W.B. 110.8"; 3.8 Liter.						
SE Sedan 4D	HX52L	21627	475	650	1300	2350
SSE Sedan 4D	HZ52L	26459	675	950	1750	3050

1994 PONTIAC

Body	Type	VIN	List	Trade-In Fair	Trade-In Good	Pvt-Party Good	Retail Excellent
SLE Pkg				75	75	100	100

BONNEVILLE—V6 Supercharged—Equipment Schedule 4
W.B. 110.8"; 3.8 Liter.

SSEi Sedan 4D		HZ521	29141	1000	1425	2500	4125

1995 PONTIAC — (1G,JGorKL)2(JB524)-S-#

SUNFIRE—4-Cyl.—Equipment Schedule 5
W.B. 104.1"; 2.2 Liter, 2.3 Liter.

Body	Type	VIN	List	Fair	Good	Good	Excellent
SE Sedan 4D		JB524	12989	375	525	1125	2100
SE Coupe 2D		JB124	12839	350	475	1075	2000
SE Convertible 2D		JB334	18034	825	1150	2075	3500
GT Coupe 2D		JD12D	14824	525	700	1450	2625

GRAND AM—4-Cyl.—Equipment Schedule 5
W.B. 103.4"; 2.3 Liter.

SE Sedan 4D		NE55D	15084	600	800	1575	2825
SE Coupe 2D		NE15D	14984	600	800	1575	2825
GT Sedan 4D		NW55D	16204	675	950	1775	3075
GT Coupe 2D		NW15D	16104	625	900	1700	3000
Manual Trans				0	0	0	0
V6 3.1 Liter		M		125	125	165	165

FIREBIRD—V6—Equipment Schedule 4
W.B. 101.1"; 3.4 Liter.

Hatchback 2D		FS22S	17764	1600	2100	3325	5125
Convertible 2D		FS32S	23214	2475	3075	4375	6400
V6 3.8 Liter		K		100	100	135	135

FIREBIRD—V8—Equipment Schedule 4
W.B. 101.1"; 5.7 Liter.

Formula H'Back 2D		FV22P	21450	2175	2750	4025	5950
Formula Convertible 2D		FV32P	26404	3100	3775	5175	7325
Trans Am H'Back 2D		FV22P	22344	2525	3100	4425	6450
Trans Am Conv 2D		FV32P	28414	3775	4475	5975	8275

GRAND PRIX—V6—Equipment Schedule 4
W.B. 107.5"; 3.1 Liter.

SE Sedan 4D		WJ52M	17589	625	850	1650	2925
SE Coupe 2D		WJ16M	17919	575	775	1525	2750
GT/GTP Pkg				50	50	65	65
V6 3.4 Liter		X		150	150	200	200

BONNEVILLE—V6—Equipment Schedule 4
W.B. 110.8"; 3.8 Liter.

SE Sedan 4D		HX52K	21584	575	775	1550	2800
SSE Sedan 4D		HZ52K	26389	775	1100	1975	3375
SLE Pkg				75	75	100	100
V6 3.8L Supercharged (SE)		1		150	150	200	200

BONNEVILLE—V6 Supercharged—Equipment Schedule 4
W.B. 110.8"; 3.8 Liter.

SSEi Sedan 4D		HZ521	27556	1175	1650	2800	4475

1996 PONTIAC — (1,2,3or4)G2(JB524)-T-#

SUNFIRE—4-Cyl.—Equipment Schedule 5
W.B. 104.1"; 2.2 Liter, 2.4 Liter.

Body	Type	VIN	List	Fair	Good	Good	Excellent
SE Sedan 4D		JB524	13514	475	625	1300	2350
SE Coupe 2D		JB124	13344	425	600	1250	2275
SE Convertible 2D		JB324	18229	1000	1400	2475	4125
GT Coupe 2D		JD12T	15299	625	875	1675	2975

GRAND AM—4-Cyl.—Equipment Schedule 5
W.B. 103.4"; 2.4 Liter.

SE Sedan 4D		NE52T	15624	700	1000	1850	3200
SE Coupe 2D		NE12T	15624	700	1000	1850	3200
GT Sedan 4D		NW52T	16794	825	1150	2050	3500
GT Coupe 2D		NW12T	16794	775	1100	2000	3425
Manual Trans				0	0	0	0
V6 3.1 Liter		M		150	150	200	200

FIREBIRD—V6—Equipment Schedule 4
W.B. 101.1"; 3.8 Liter.

Coupe 2D		FS22K	19408	1900	2450	3700	5575
Convertible 2D		FS32K	23739	2875	3500	4875	6975
Manual Trans				(200)	(200)	(265)	(265)

FIREBIRD—V8—Equipment Schedule 4
W.B. 101.1"; 5.7 Liter.

Formula Coupe 2D		FV22P	22363	2550	3125	4450	6475
Formula Conv 2D		FV32P	26579	3600	4300	5775	8025
Trans Am Coupe 2D		FV22P	22709	2950	3575	4975	7075

1996 PONTIAC

Body	Type	VIN	List	Trade-In Fair	Good	Pvt-Party Good	Retail Excellent
Trans Am Conv 2D		FV32P	28659	4375	5175	6725	9150
Ram Air Handling Pkg				575	575	765	765

GRAND PRIX—V6—Equipment Schedule 4
W.B. 107.5"; 3.1 Liter.

Body	Type	VIN	List	Fair	Good	Good	Excellent
SE Sedan 4D		WJ52M	18049	675	950	1825	3150
SE Coupe 2D		WJ12M	18899	625	850	1675	2975
GT/GTP Pkg				75	75	100	100
V6 3.4 Liter		X		175	175	235	235

BONNEVILLE—V6—Equipment Schedule 4
W.B. 110.8"; 3.8 Liter.

Body	Type	VIN	List	Fair	Good	Good	Excellent
SE Sedan 4D		HX52K	22374	675	950	1800	3125
SSE Sedan 4D		HZ52K	27149	950	1325	2400	4025
SLE Pkg				100	100	135	135
V6 3.8L Supercharged (SE)		1		200	200	265	265

BONNEVILLE—V6 Supercharged—Equipment Schedule 4
W.B. 110.8"; 3.8 Liter.

Body	Type	VIN	List	Fair	Good	Good	Excellent
SSEi Sedan 4D		HZ521	28491	1500	1975	3175	4950

1997 PONTIAC — (1,2,3or4)G2(JB524)-V-#

SUNFIRE—4-Cyl.—Equipment Schedule 5
W.B. 104.1"; 2.2 Liter, 2.4 Liter.

Body	Type	VIN	List	Fair	Good	Good	Excellent
SE Sedan 4D		JB524	14079	575	775	1575	2825
SE Coupe 2D		JB124	13939	550	725	1525	2750
SE Convertible 2D		JB324	19399	1200	1675	2850	4550
GT Coupe 2D		JD12T	15859	750	1050	1925	3325

GRAND AM—4-Cyl.—Equipment Schedule 5
W.B. 103.4"; 2.4 Liter.

Body	Type	VIN	List	Fair	Good	Good	Excellent
SE Sedan 4D		NE52T	15969	875	1225	2175	3675
SE Coupe 2D		NE12T	15969	875	1225	2175	3675
GT Sedan 4D		NW52T	17209	1000	1400	2500	4150
GT Coupe 2D		NW12T	17209	950	1325	2425	4050
Manual Trans				0	0	0	0
V6 3.1 Liter		M		175	175	235	235

FIREBIRD—V6—Equipment Schedule 4
W.B. 101.1"; 3.8 Liter.

Body	Type	VIN	List	Fair	Good	Good	Excellent
Coupe 2D		FS22K	19209	2000	2550	3825	5700
Convertible 2D		FS32K	24374	3075	3725	5125	7225
Manual Trans				(250)	(250)	(335)	(335)

FIREBIRD—V8—Equipment Schedule 4
W.B. 101.1"; 5.7 Liter.

Body	Type	VIN	List	Fair	Good	Good	Excellent
Formula Coupe 2D		FV22P	21179	2825	3450	4800	6850
Formula Conv 2D		FV32P	26979	3950	4700	6175	8475
Trans Am Coupe 2D		FV22P	23339	3375	4075	5500	7675
Trans Am Conv 2D		FV32P	28899	4850	5675	7300	9850
Ram Air Handling Pkg				650	650	865	865

GRAND PRIX—V6—Equipment Schedule 4
W.B. 110.5"; 3.8 Liter.

Body	Type	VIN	List	Fair	Good	Good	Excellent
SE Sedan 4D		WJ52K	19249	750	1050	1975	3425
GT Sedan 4D		WP52K	20359	1075	1500	2650	4300
GT Coupe 2D		WP12K	20029	1000	1400	2500	4175
GTP Pkg				100	100	135	135
V6 3.1 Liter		M		(250)	(250)	(335)	(335)
V6 3.8L Supercharged		1		275	275	365	365

BONNEVILLE—V6—Equipment Schedule 4
W.B. 110.8"; 3.8 Liter.

Body	Type	VIN	List	Fair	Good	Good	Excellent
SE Sedan 4D		HX52K	22914	825	1175	2125	3600
SSE Sedan 4D		HZ52K	27769	1150	1625	2800	4500
SLE				125	125	165	165
V6 3.8L Superchrgd (SE)		1		250	250	335	335

BONNEVILLE—V6 Supercharged—Equipment Schedule 4
W.B. 110.8"; 3.8 Liter.

Body	Type	VIN	List	Fair	Good	Good	Excellent
SSEi Sedan 4D		HZ521	29111	1850	2375	3625	5500

1998 PONTIAC — (1,2,3or4)G2(JB524)-W-#

SUNFIRE—4-Cyl.—Equipment Schedule 5
W.B. 104.1"; 2.2 Liter, 2.4 Liter.

Body	Type	VIN	List	Fair	Good	Good	Excellent
SE Sedan 4D		JB524	14425	700	975	1850	3250
SE Coupe 2D		JB124	14425	650	925	1800	3150
SE Convertible 2D		JB324	19995	1550	2050	3275	5075
GT Coupe 2D		JD12T	16805	900	1250	2350	3975

GRAND AM—4-Cyl.—Equipment Schedule 5
W.B. 103.4"; 2.4 Liter.

1998 PONTIAC

Body	Type	VIN	List	Trade-In Fair	Good	Pvt-Party Good	Retail Excellent
SE Sedan 4D		NE52T	16359	1050	1475	2625	4300
SE Coupe 2D		NE12T	16209	1050	1475	2625	4300
GT Sedan 4D		NW52T	17809	1175	1625	2825	4525
GT Coupe 2D		NW12T	17659	1125	1575	2725	4425
Manual Trans				0	0	0	0
V6 3.1 Liter		M		200	200	265	265
FIREBIRD—V6—Equipment Schedule 4							
W.B. 101.1"; 3.8 Liter.							
Coupe 2D		FS22K	20380	2150	2700	4000	5900
Convertible 2D		FS32K	25545	3300	4000	5400	7550
T-Bar Roof				275	275	365	365
Manual Trans				(300)	(300)	(400)	(400)
FIREBIRD—V8—Equipment Schedule 4							
W.B. 101.1"; 5.7 Liter.							
Formula Coupe 2D		FV22P	23290	3150	3825	5225	7350
Trans Am Coupe 2D		FV22P	26400	3875	4600	6050	8325
Trans Am Conv 2D		FV32P	30140	5375	6250	7900	10550
T-Bar Roof				275	275	365	365
Ram Air Handling Pkg				725	725	965	965
GRAND PRIX—V6—Equipment Schedule 4							
W.B. 110.5"; 3.8 Liter.							
SE Sedan 4D		WJ52K	19885	800	1125	2100	3600
GT Sedan 4D		WP52K	21215	1200	1700	2875	4600
GT Coupe 2D		WP12K	20965	1075	1500	2650	4325
GTP Pkg				100	100	135	135
V6 3.1 Liter		M		(250)	(250)	(335)	(335)
V6 3.8L Supercharged		1		300	300	400	400
BONNEVILLE—V6—Equipment Schedule 4							
W.B. 110.8"; 3.8 Liter.							
SE Sedan 4D		HX52K	23215	1000	1400	2500	4175
SSE Sedan 4D		HZ52K	29895	1500	1975	3175	4975
SLE Pkg				150	150	200	200
BONNEVILLE—V6 Supercharged—Equipment Schedule 4							
W.B. 110.8"; 3.8 Liter.							
SSEi Sedan 4D		HZ521	31165	2200	2775	4050	5975

1999 PONTIAC — (1,2,3or4)G2(JB524)-X-#

Body	Type	VIN	List	Trade-In Fair	Good	Pvt-Party Good	Retail Excellent
SUNFIRE—4-Cyl.—Equipment Schedule 5							
W.B. 104.1"; 2.2 Liter, 2.4 Liter.							
SE Sedan 4D		JB524	14685	850	1200	2200	3725
SE Coupe 2D		JB124	14685	825	1150	2125	3650
GT Coupe 2D		JD12T	17065	1075	1500	2650	4325
GT Convertible 2D		JB32T	21655	2000	2575	3825	5700
GRAND AM—4-Cyl.—Equipment Schedule 5							
W.B. 106.7"; 2.4 Liter.							
SE Sedan 4D		NE52T	16995	1025	1450	2575	4250
SE Coupe 2D		NE12T	16595	1025	1450	2575	4250
V6 3.4 Liter		E		225	225	300	300
GRAND AM—V6—Equipment Schedule 5							
W.B. 106.7"; 3.4 Liter.							
GT Sedan 4D		NW52E	19995	1450	1925	3150	4925
GT Coupe 2D		NW12E	19595	1400	1875	3100	4875
FIREBIRD—V6—Equipment Schedule 4							
W.B. 101.1"; 3.8 Liter.							
Coupe 2D		FS22K	20540	2350	2950	4250	6225
Convertible 2D		FS32K	26465	3600	4300	5725	7950
T-Bar Roof				300	300	400	400
Manual Trans				(350)	(350)	(465)	(465)
FIREBIRD—V8—Equipment Schedule 4							
W.B. 101.1"; 5.7 Liter.							
Formula Coupe 2D		FV22G	23930	3550	4275	5675	7900
Trans Am Coupe 2D		FV22G	27040	4425	5225	6725	9075
Trans Am Conv 2D		FV32G	31110	5925	6875	8525	11200
T-Bar Roof				300	300	400	400
Ram Air Handling Pkg				800	800	1065	1065
GRAND PRIX—V6—Equipment Schedule 4							
W.B. 110.5"; 3.8 Liter.							
SE Sedan 4D		WJ52K	20210	900	1250	2375	4050
GT Sedan 4D		WP52K	21705	1475	1950	3175	5000
GT Coupe 2D		WP12K	21555	1175	1650	2875	4600
V6 3.1 Liter		M		(250)	(250)	(335)	(335)
GRAND PRIX—V6 Supercharged—Equipment Schedule 4							
W.B. 110.5"; 3.8 Liter.							

1999 PONTIAC

Body	Type	VIN	List	Trade-In Fair	Good	Pvt-Party Good	Retail Excellent
GTP Sedan 4D		WR521	24470	2275	2875	4175	6125
GTP Coupe 2D		WR121	24320	2125	2700	3975	5900
BONNEVILLE—V6—Equipment Schedule 4							
W.B. 110.8"; 3.8 Liter.							
SE Sedan 4D		HX52K	23715	1175	1650	2850	4575
SSE Sedan 4D		HZ52K	30715	1850	2400	3650	5525
SLE Pkg				150	150	200	200
BONNEVILLE—V6 Supercharged—Equipment Schedule 4							
W.B. 110.8"; 3.8 Liter.							
SSEi Sedan 4D		HZ521	31665	2600	3200	4525	6550

2000 PONTIAC — (1,2,3or4)G2(JB524)-Y-#

Body	Type	VIN	List	Trade-In Fair	Good	Pvt-Party Good	Retail Excellent
SUNFIRE—4-Cyl.—Equipment Schedule 5							
W.B. 104.1"; 2.2 Liter, 2.4 Liter.							
SE Sedan 4D		JB524	15120	950	1325	2450	4125
SE Coupe 2D		JB124	15020	925	1300	2400	4075
GT Coupe 2D		JD12T	17530	1175	1650	2825	4550
GT Convertible 2D		JD32T	22120	2275	2875	4150	6050
GRAND AM—4-Cyl.—Equipment Schedule 5							
W.B. 107.0"; 2.4 Liter.							
SE Sedan 4D		NE52T	17540	1225	1700	2900	4650
SE Coupe 2D		NE12T	17240	1225	1700	2900	4650
V6 3.4 Liter		E		250	250	335	335
GRAND AM—V6—Equipment Schedule 5							
W.B. 107.0"; 3.4 Liter.							
SE Sedan 4D		NW52K	20385	1775	2275	3525	5400
GT Coupe 2D		NW12E	20085	1725	2225	3475	5325
FIREBIRD—V6—Equipment Schedule 4							
W.B. 101.1"; 3.8 Liter.							
Coupe 2D		FS22K	20535	2625	3225	4550	6600
Convertible 2D		FS32K	26460	3975	4700	6150	8400
T-Bar Roof				325	325	435	435
Manual Trans				(400)	(400)	(535)	(535)
FIREBIRD—V8—Equipment Schedule 4							
W.B. 101.1"; 5.7 Liter.							
Formula Coupe 2D		FV22G	24055	4000	4750	6175	8450
Trans Am Coupe 2D		FV22G	27165	5025	5875	7450	9950
Trans Am Conv 2D		FV32G	31235	6575	7575	9250	12050
T-Bar Roof				325	325	435	435
Ram Air Handling Pkg				875	875	1165	1165
GRAND PRIX—V6—Equipment Schedule 4							
W.B. 110.5"; 3.8 Liter.							
SE Sedan 4D		WJ52K	20610	1025	1425	2625	4350
GT Sedan 4D		WP52K	22105	1775	2275	3550	5450
GT Coupe 2D		WP12K	21955	1400	1875	3125	4950
V6 3.1 Liter		J		(250)	(250)	(335)	(335)
GRAND PRIX—V6 Supercharged—Equipment Schedule 4							
W.B. 110.5"; 3.8 Liter.							
GTP Sedan 4D		WR521	24870	2600	3175	4550	6600
GTP Coupe 2D		WR121	24720	2425	3025	4325	6325
BONNEVILLE—V6—Equipment Schedule 4							
W.B. 112.2"; 3.8 Liter.							
SE Sedan 4D		HX52K	24295	1250	1725	2950	4700
SLE Sedan 4D		HY52K	27995	1925	2475	3775	5650
SSEi Sedan 4D		HZ52K	32250	2825	3425	4775	6800
V6 3.8L Supercharged		1		350	350	465	465

2001 PONTIAC — (1,2or3)G(2or7)(JB524)-1-#

Body	Type	VIN	List	Trade-In Fair	Good	Pvt-Party Good	Retail Excellent
SUNFIRE—4-Cyl.—Equipment Schedule 5							
W.B. 104.1"; 2.2 Liter, 2.4 Liter.							
SE Sedan 4D		JB524	16650	1175	1650	2875	4600
SE Coupe 2D		JB124	15395	1150	1625	2825	4550
GT Coupe 2D		JD12T	17625	1500	2000	3225	5050
GRAND AM—4-Cyl.—Equipment Schedule 5							
W.B. 107.0"; 2.4 Liter.							
SE Sedan 4D		NE52T	17800	1400	1875	3100	4900
SE Coupe 2D		NE12T	17500	1400	1875	3100	4900
V6 3.4 Liter		E		250	250	335	335
GRAND AM—V6—Equipment Schedule 5							
W.B. 107.0"; 3.4 Liter.							
GT Sedan 4D		NW52K	21110	1975	2525	3800	5675
GT Coupe 2D		NW12E	20810	1925	2475	3750	5600

2001 PONTIAC

Body	Type	VIN	List	Trade-In Fair	Trade-In Good	Pvt-Party Good	Retail Excellent
FIREBIRD—V6—Equipment Schedule 4							
W.B. 101.1"; 3.8 Liter.							
Coupe 2D	FS22K	20810	**2950**	**3600**	**4950**	**7025**
Convertible 2D	FS32K	26735	**4375**	**5175**	**6625**	**8950**
T-Bar Roof		....	**350**	**350**	**465**	**465**
Manual Trans		....	**(425)**	**(425)**	**(565)**	**(565)**
75th Anniversary		....	**375**	**375**	**500**	**500**
FIREBIRD—V8—Equipment Schedule 4							
W.B. 101.1"; 5.7 Liter.							
Formula Coupe 2D	FV22G	24480	**4500**	**5325**	**6750**	**9125**
Trans Am Coupe 2D	FV22G	27590	**5700**	**6625**	**8175**	**10800**
Trans Am Conv 2D	FV32G	31660	**7275**	**8350**	**10050**	**12900**
T-Bar Roof		....	**350**	**350**	**465**	**465**
Ram Air Handling Pkg		....	**950**	**950**	**1265**	**1265**
75th Anniversary		....	**375**	**375**	**500**	**500**
NHRA Pkg		....	**200**	**200**	**265**	**265**
GRAND PRIX—V6—Equipment Schedule 4							
W.B. 110.5"; 3.1 Liter, 3.8 Liter.							
SE Sedan 4D	WJ52J	21135	**1175**	**1650**	**2925**	**4725**
GT Sedan 4D	WP52K	22615	**2100**	**2675**	**4000**	**5975**
GT Coupe 2D	WP12K	22465	**1675**	**2175**	**3500**	**5400**
Special Edition		....	**100**	**100**	**135**	**135**
GRAND PRIX—V6 Supercharged—Equipment Schedule 4							
W.B. 110.5"; 3.8 Liter.							
GTP Sedan 4D	WR521	26135	**2925**	**3550**	**4950**	**7050**
GTP Coupe 2D	WR121	25935	**2775**	**3375**	**4750**	**6825**
Special Edition		....	**100**	**100**	**135**	**135**
BONNEVILLE—V6—Equipment Schedule 4							
W.B. 112.2"; 3.8 Liter.							
SE Sedan 4D	HX52K	25730	**1625**	**2125**	**3400**	**5250**
SLE Sedan 4D	HY52K	28700	**2375**	**2950**	**4275**	**6225**
BONNEVILLE—V6 Supercharged—Equipment Schedule 4							
W.B. 112.2"; 3.8 Liter.							
SSEi Sedan 4D	HZ521	33070	**3300**	**4000**	**5375**	**7500**

2002 PONTIAC — (1or2)G2(JB524)-2-#

Body	Type	VIN	List	Trade-In Fair	Trade-In Good	Pvt-Party Good	Retail Excellent
SUNFIRE—4-Cyl.—Equipment Schedule 5							
W.B. 104.1"; 2.2 Liter, 2.4 Liter.							
SE Sedan 4D	JB524	16545	**1425**	**1900**	**3325**	**5325**
SE Coupe 2D	JB124	16045	**1400**	**1850**	**3250**	**5250**
GT Coupe 2D	JD12T	18205	**1775**	**2275**	**3700**	**5725**
GRAND AM—4-Cyl.—Equipment Schedule 5							
W.B. 107.0"; 2.2 Liter.							
SE Sedan 4D	NE52T	18360	**1625**	**2125**	**3550**	**5575**
SE Coupe 2D	NE12T	18210	**1625**	**2125**	**3550**	**5575**
V6 3.4 Liter	E	....	**250**	**250**	**335**	**335**
GRAND AM—V6—Equipment Schedule 5							
W.B. 107.0"; 3.4 Liter.							
GT Sedan 4D	NW52E	21425	**2250**	**2825**	**4300**	**6425**
GT Coupe 2D	NW12E	21275	**2175**	**2775**	**4225**	**6325**
FIREBIRD—V6—Equipment Schedule 4							
W.B. 101.1"; 3.8 Liter.							
Coupe 2D	FS22K	21105	**3225**	**3925**	**5500**	**7850**
Convertible 2D	FS32K	27205	**4750**	**5550**	**7250**	**9900**
T-Bar Roof		....	**400**	**400**	**535**	**535**
GT Pkg		....	**200**	**200**	**265**	**265**
Manual Trans		....	**(450)**	**(450)**	**(600)**	**(600)**
FIREBIRD—V8—Equipment Schedule 4							
W.B. 101.1"; 5.7 Liter.							
Formula Coupe 2D	FV22G	26235	**4975**	**5800**	**7525**	**10200**
Trans Am Coupe 2D	FV22G	28265	**6300**	**7275**	**9075**	**11950**
Trans Am Conv 2D	FV32G	32335	**7900**	**9050**	**11000**	**14150**
Collector Ed Cpe 2D	FV22G	31265	**7225**	**8275**	**10150**	**13200**
Collector Ed Conv 2D	FV32G	35335	**8950**	**10200**	**12150**	**15550**
T-Bar Roof		....	**400**	**400**	**535**	**535**
NHRA Pkg		....	**200**	**200**	**265**	**265**
Ram Air Handling Pkg		....	**1000**	**1000**	**1335**	**1335**
GRAND PRIX—V6—Equipment Schedule 4							
W.B. 110.5"; 3.1 Liter, 3.8 Liter.							
SE Sedan 4D	WJ52J	21575	**1400**	**1875**	**3350**	**5425**
GT Sedan 4D	WP52K	23695	**2450**	**3050**	**4550**	**6775**
GT Coupe 2D	WP12K	23545	**1925**	**2475**	**3975**	**6125**

2002 PONTIAC

Body	Type	VIN	List	Trade-In Fair	Trade-In Good	Pvt-Party Good	Retail Excellent
GRAND PRIX—V6 Supercharged—Equipment Schedule 4							
W.B. 110.5"; 3.8 Liter.							
GTP Sedan 4D		WR521	26415	3250	3925	5525	7875
GTP Coupe 2D		WR121	26235	3075	3725	5275	7600
BONNEVILLE—V6—Equipment Schedule 4							
W.B. 112.2"; 3.8 Liter.							
SE Sedan 4D		HX52K	26355	1950	2500	3950	6025
SLE Sedan 4D		HY52K	29545	2725	3325	4825	7025
BONNEVILLE—V6 Supercharged—Equipment Schedule 4							
W.B. 112.2"; 3.8 Liter.							
SSEi Sedan 4D		HZ521	33605	3775	4475	6025	8400

2003 PONTIAC — (1or5)G2orY2(JB12F)-3-#

Body	Type	VIN	List	Trade-In Fair	Trade-In Good	Pvt-Party Good	Retail Excellent
SUNFIRE—4-Cyl.—Equipment Schedule 5							
W.B. 104.1"; 2.2 Liter.							
Coupe 2D		JB12F	15435	1700	2200	3625	5675
VIBE—4-Cyl.—Equipment Schedule 6							
W.B. 102.4"; 1.8 Liter.							
Sport Wagon 4D		SL628	16900	3350	4050	5550	7875
GT Sport Wagon		SN62L	19900	3500	4225	5725	8050
AWD Sport Wagon 4		SM628	20100	3725	4450	5975	8350
GRAND AM—4-Cyl.—Equipment Schedule 5							
W.B. 107.0"; 2.2 Liter.							
SE Sedan 4D		NE52F	18465	1950	2525	3950	6025
V6 3.4 Liter		E		300	300	400	400
GRAND AM—V6—Equipment Schedule 5							
W.B. 107.0"; 3.4 Liter.							
GT Sedan 4D		NW52E	21640	2725	3325	4800	7000
GT Coupe 2D		NW12E	21640	2675	3275	4750	6925
GRAND PRIX—V6—Equipment Schedule 4							
W.B. 110.5"; 3.1 Liter, 3.8 Liter.							
SE Sedan 4D		WK52J	22140	1825	2325	3850	5975
GT Sedan 4D		WP52K	23990	3075	3725	5300	7625
Wide Track Sport Pkg				400	400	535	535
GRAND PRIX—V6 Supercharged—Equipment Schedule 4							
W.B. 110.5"; 3.8 Liter.							
GTP Sedan 4D		WR521	26800	3925	4650	6275	8725
BONNEVILLE—V6—Equipment Schedule 4							
W.B. 112.2"; 3.8 Liter.							
SE Sedan 4D		HX52K	26665	2475	3075	4550	6750
SLE Sedan 4D		HY52K	29855	3375	4075	5575	7925
BONNEVILLE—V6 Supercharged—Equipment Schedule 4							
W.B. 112.2"; 3.8 Liter.							
SSEi Sedan 4D		HZ541	34085	4650	5500	7100	9650

2004 PONTIAC — (1,2,5or6)G2orY2(JB12F)-4-#

Body	Type	VIN	List	Trade-In Fair	Trade-In Good	Pvt-Party Good	Retail Excellent
SUNFIRE—4-Cyl.—Equipment Schedule 5							
W.B. 104.1"; 2.2 Liter.							
Coupe 2D		JB12F	16695	2050	2600	4050	6150
VIBE—4-Cyl.—Equipment Schedule 6							
W.B. 102.4" 1.8 Liter.							
Sport Wagon 4D		SL628	17045	4125	4875	6425	8825
GT Sport Wagon		SN62L	19995	4425	5225	6800	9300
AWD Sport Wagon 4D		SM628	20345	4700	5525	7125	9650
GRAND AM—4-Cyl.—Equipment Schedule 5							
W.B. 107.0"; 2.2 Liter.							
SE Sedan 4D		NE52F	18545	2375	2975	4400	6575
V6 3.4 Liter		E		325	325	435	435
GRAND AM—V6—Equipment Schedule 5							
W.B. 107.0"; 3.4 Liter.							
GT Sedan 4D		NW52E	22450	3250	3925	5425	7700
GT Coupe 2D		NW12E	22450	3175	3850	5350	7625
GRAND PRIX—V6—Equipment Schedule 4							
W.B. 110.5"; 3.8 Liter.							
GT Sedan 4D		WP522	22395	3950	4675	6300	8750
GRAND PRIX—V6 Supercharged—Equipment Schedule 4							
W.B. 110.5"; 3.8 Liter.							
GTP Sedan 4D		WR524	26495	4750	5550	7250	9850
BONNEVILLE—V6—Equipment Schedule 4							
W.B. 112.2"; 3.8 Liter.							
SE Sedan 4D		HX52K	27570	3075	3750	5275	7550
SLE Sedan 4D		HY52K	30420	4125	4875	6425	8825

2004 PONTIAC

Body	Type	VIN	List	Trade-In Fair	Good	Pvt-Party Good	Retail Excellent
BONNEVILLE—V8—Equipment Schedule 4							
W.B. 112.2"; 4.6 Liter.							
GXP Sedan 4D		HZ54Y	35995	5675	6625	8225	10900
GTO—V8—Equipment Schedule 2							
W.B. 109.8"; 5.7 Liter.							
Coupe 2D		VX13G	33495	8425	9625	11500	14700

2005 PONTIAC — (1,2,3,5or6)G2orY2(JB12F)-5

Body	Type	VIN	List	Trade-In Fair	Good	Pvt-Party Good	Retail Excellent
SUNFIRE—4-Cyl.—Equipment Schedule 5							
W.B. 104.1"; 2.2 Liter.							
Coupe 2D		JB12F	15650	2525	3125	4575	6750
VIBE—4-Cyl.—Equipment Schedule 6							
W.B. 102.4"; 1.8 Liter.							
Sport Wagon 4D		SL628	18735	5000	5850	7450	10000
GT Sport Wagon 4D		SN62L	20535	5500	6375	7975	10600
AWD Sport Wagon 4D		SM628	20885	5775	6725	8325	11000
GRAND AM—4-Cyl.—Equipment Schedule 5							
W.B. 107.0"; 2.2 Liter.							
SE Sedan 4D		NE52F	20580	2875	3475	4975	7200
V6 3.4 Liter		E		350	350	465	465
GRAND AM—V6—Equipment Schedule 5							
W.B. 107.0"; 3.4 Liter.							
GT Coupe 2D		NW12E	22990	3825	4550	6050	8375
GRAND PRIX—V6—Equipment Schedule 4							
W.B. 110.5"; 3.8 Liter.							
Sedan 4D		WP522	23560	4300	5100	6725	9200
GT Sedan 4D		WS522	25460	4925	5775	7450	10100
GRAND PRIX—V6 Supercharged—Equipment Schedule 4							
W.B. 110.5"; 3.8 Liter.							
GTP Sedan 4D		WR524	27220	5925	6875	8575	11300
GRAND PRIX—V8—Equipment Schedule 4							
W.B. 110.5"; 5.3 Liter.							
GXP Sedan 4D		WC52C	29995	7350	8450	10200	13150
G6—V6—Equipment Schedule 4							
W.B. 112.3"; 3.5 Liter.							
Sedan 4D		ZG528	21700	5175	6025	7625	10200
GT Sedan 4D		ZH528	23925	5300	6150	7775	10350
BONNEVILLE—V6—Equipment Schedule 4							
W.B. 112.2"; 3.8 Liter.							
SE Sedan 4D		HX52K	28650	3875	4600	6125	8500
SLE Sedan 4D		HY52K	31035	4975	5825	7425	10000
BONNEVILLE—V8—Equipment Schedule 4							
W.B. 112.2"; 4.6 Liter.							
GXP Sedan 4D		HZ54Y	36120	6750	7750	9375	12150
GTO—V8—Equipment Schedule 2							
W.B. 109.8"; 6.0 Liter.							
Coupe 2D		VX12U	34295	10400	11750	13650	17050

2006 PONTIAC — (1,2,3,5or6)G2orY2(SL658)-6

Body	Type	VIN	List	Trade-In Fair	Good	Pvt-Party Good	Retail Excellent
VIBE—4-Cyl.—Equipment Schedule 6							
W.B. 102.4"; 1.8 Liter.							
Sport Wagon 4D		SL658	16990	6050	7000	8625	11250
GT Sport Wagon 4D		SN65L	21015	6650	7675	9275	12000
AWD Sport Wagon 4D		SM658	20665	7000	8050	9675	12450
SOLSTICE—4-Cyl.—Equipment Schedule 6							
W.B. 95.1"; 2.4 Liter.							
Convertible 2D		MB35B	19995	9400	10675	12550	15800
GRAND PRIX—V6—Equipment Schedule 4							
W.B. 110.5"; 3.8 Liter.							
Sedan 4D		WP552	22990	5450	6350	8025	10750
GRAND PRIX—V6 Supercharged—Equipment Schedule 4							
W.B. 110.5"; 3.8 Liter.							
GT Sedan 4D		WR554	26745	6400	7375	9100	11900
GRAND PRIX—V8—Equipment Schedule 4							
W.B. 110.5"; 5.3 Liter.							
GXP Sedan 4D		WC55C	29395	8825	10050	11800	14950
G6—4-Cyl.—Equipment Schedule 4							
W.B. 112.3"; 2.4 Liter.							
Sedan 4D		ZF55B	18990	5325	6200	7800	10400
G6—V6—Equipment Schedule 4							
W.B. 112.3"; 3.5 Liter, 3.9 Liter.							
Sedan 4D		ZG558	20655	6000	6950	8575	11200

2006 PONTIAC

Body Type	VIN	List	Trade-In Fair	Trade-In Good	Pvt-Party Good	Retail Excellent
GT Sedan 4D	ZH558	23180	6150	7100	8700	11350
GT Coupe 2D	ZH158	22955	6425	7425	9050	11750
GT Hard Top Conv 2D	ZH358	28490	10425	11800	13500	16700
GTP Sedan 4D	ZM551	24835	6975	8025	9625	12400
GTP Coupe 2D	ZM151	24610	7125	8175	9800	12600
GTP Hard Top Conv 2D	ZM351	29990	10725	12150	13850	17100

GTO—V8—Equipment Schedule 2
W.B. 109.8"; 6.0 Liter.

| Coupe 2D | VX12U | 32995 | 12100 | 13675 | 15550 | 19100 |

2007 PONTIAC — (1,2,3,5or6)G2orY2(SL658)-7

VIBE—4-Cyl.—Equipment Schedule 6
W.B. 102.4"; 1.8 Liter.

| Sport Wagon 4D | SL658 | 17215 | 7250 | 8325 | 9850 | 12550 |

SOLSTICE—4-Cyl.—Equipment Schedule 6
W.B. 95.1"; 2.4 Liter.

| Convertible 2D | MB35B | 22955 | 10475 | 11900 | 13600 | 16800 |

SOLSTICE—4-Cyl. Turbo—Equipment Schedule 6
W.B. 95.1"; 2.0 Liter.

| GXP Convertible 2D | MG35X | 27955 | 12600 | 14200 | 15950 | 19350 |

GRAND PRIX—V6—Equipment Schedule 4
W.B. 110.5"; 3.8 Liter.

| Sedan 4D | WP552 | 22315 | 6025 | 6975 | 8600 | 11250 |

GRAND PRIX—V6 Supercharged—Equipment Schedule 4
W.B. 110.5"; 3.8 Liter.

| GT Sedan 4D | WR554 | 25235 | 7325 | 8400 | 10050 | 12850 |

GRAND PRIX—V8—Equipment Schedule 4
W.B. 110.5"; 5.3 Liter.

| GXP Sedan 4D | WC55C | 29315 | 9900 | 11225 | 12950 | 16100 |

G5—4-Cyl.—Equipment Schedule 4
W.B. 103.5"; 2.2 Liter, 2.4 Liter.

| Coupe 2D | AL15F | 15845 | 5525 | 6425 | 7900 | 10350 |
| GT Coupe 2D | AN15B | 18645 | 6950 | 7975 | 9500 | 12150 |

G6—4-Cyl.—Equipment Schedule 4
W.B. 112.3"; 2.4 Liter.

| Sedan 4D | ZG55B | 19265 | 6150 | 7125 | 8625 | 11150 |
| Sport Pkg | | | 350 | 350 | 465 | 465 |

G6—V6—Equipment Schedule 4
W.B. 112.3"; 3.5 Liter, 3.6 Liter, 3.9 Liter.

GT Sedan 4D	ZH55N	22845	7075	8125	9650	12300
GT Coupe 2D	ZH15N	22615	7400	8500	10000	12700
GT Hard Top Conv 2D	ZH35N	29215	11700	13225	14850	18100
GTP Sedan 4D	ZM557	25115	7975	9150	10750	13500
GTP Coupe 2D	ZM157	24915	8100	9275	10900	13650
Sport Pkg			300	300	400	400

2008 PONTIAC—(1,2,3or6G2,5Y2orKL2)(SL658)-8

VIBE—4-Cyl.—Equipment Schedule 6
W.B. 102.4"; 1.8 Liter.

| Sport Wagon 4D | SL658 | 17345 | 8700 | 9900 | 11350 | 14150 |

SOLSTICE—4-Cyl.—Equipment Schedule 6
W.B. 95.1"; 2.4 Liter.

| Convertible 2D | MB35B | 22295 | 12050 | 13625 | 15250 | 18450 |

SOLSTICE—4-Cyl. Turbo—Equipment Schedule 6
W.B. 95.1"; 2.0 Liter.

| GXP Convertible 2D | MG35X | 27895 | 14300 | 16075 | 17750 | 21300 |

GRAND PRIX—V6—Equipment Schedule 4
W.B. 110.5"; 3.8 Liter.

| Sedan 4D | WP552 | 22500 | 8025 | 9200 | 10850 | 13650 |

GRAND PRIX—V8—Equipment Schedule 4
W.B. 110.5"; 5.3 Liter.

| GXP Sedan 4D | WC55C | 29500 | 11575 | 13075 | 14800 | 18150 |

G5—4-Cyl.—Equipment Schedule 4
W.B. 103.5"; 2.2 Liter, 2.4 Liter.

| Coupe 2D | AL15F | 16450 | 6975 | 8025 | 9325 | 11750 |
| GT Coupe 2D | AN15B | 20560 | 8500 | 9725 | 11100 | 13800 |

G6—4-Cyl.—Equipment Schedule 4
W.B. 112.3"; 2.4 Liter.

| Sedan 4D | ZG55B | 19995 | 7725 | 8850 | 10250 | 12800 |
| Sport Pkg | | | 375 | 375 | 500 | 500 |

G6—V6—Equipment Schedule 4
W.B. 112.3"; 3.5 Liter, 3.6 Liter, 3.9 Liter.

Body	Type	VIN	List	Trade-In Fair	Good	Pvt-Party Good	Retail Excellent
GT Sedan 4D		ZH55N	22995	8700	9900	11350	14150
GT Coupe 2D		ZH15N	22995	9050	10300	11800	14600
GT Hard Top Conv 2D		ZH35N	29995	13675	15425	16950	20300
GXP Sedan 4D		ZM557	27310	9675	10975	12500	15400
GXP Coupe 2D		ZM157	27105	9750	11075	12600	15550
Sport Pkg				325	325	435	435

G8—V6—Equipment Schedule 4
W.B. 114.8"; 3.6 Liter.

Body	Type	VIN	List	Trade-In Fair	Good	Pvt-Party Good	Retail Excellent
Sedan 4D		EC557	27595	13925	15675	17500	21200

G8—V8—Equipment Schedule 4
W.B. 114.8"; 6.0 Liter.

Body	Type	VIN	List	Trade-In Fair	Good	Pvt-Party Good	Retail Excellent
GT Sedan 4D		ER55Y	29995	16125	18075	19900	23800

PORSCHE

1994 PORSCHE — WP0(AA296)-R-#

968—4-Cyl.—Equipment Schedule 1
W.B. 94.5"; 3.0 Liter.

Body	Type	VIN	List	Trade-In Fair	Good	Pvt-Party Good	Retail Excellent
Coupe 2D		AA296	43887	7000	8050	9300	13150
Cabriolet 2D		CA296	55530	10000	11325	13700	17650
Tiptronic Auto Trans				300	300	400	400

911 CARRERA 2—6-Cyl.—Equipment Schedule 1
W.B. 89.4"; 3.6 Liter.

Body	Type	VIN	List	Trade-In Fair	Good	Pvt-Party Good	Retail Excellent
RS America Coupe 2D		AB296	55525	10250	11625	14000	18050
Coupe 2D		AB296	65715	10000	11375	13750	17700
Targa 2D		BB296	66615	9750	11075	13450	17300
Cabriolet 2D		CB296	74915	13225	14900	17650	22300
Full Leather				100	100	135	135
Tiptronic Auto Trans				300	300	400	400

911 CARRERA 4 AWD—6-Cyl.—Equipment Schedule 1
W.B. 89.4"; 3.6 Liter.

Body	Type	VIN	List	Trade-In Fair	Good	Pvt-Party Good	Retail Excellent
Coupe 2D		AB296	81551	11225	12750	15250	19450
Full Leather				100	100	135	135

911 TURBO 3.6—6-Cyl. Turbo—Equipment Schedule 1
W.B. 89.4"; 3.6 Liter.

Body	Type	VIN	List	Trade-In Fair	Good	Pvt-Party Good	Retail Excellent
Coupe 2D		AC296	101825	18275	20475	24000	30000

928 GTS—V8—Equipment Schedule 1
W.B. 98.4"; 5.4 Liter.

Body	Type	VIN	List	Trade-In Fair	Good	Pvt-Party Good	Retail Excellent
Coupe 2D		AA292	85085	16275	18275	21500	27000

1995 PORSCHE — WP0(AA296)-S-#

968—4-Cyl.—Equipment Schedule 1
W.B. 94.5"; 3.0 Liter.

Body	Type	VIN	List	Trade-In Fair	Good	Pvt-Party Good	Retail Excellent
Coupe 2D		AA296	43887	7800	8925	11000	14300
Cabriolet 2D		CA296	55530	11075	12550	15050	19200
Tiptronic Auto Trans				300	300	400	400

911 CARRERA—6-Cyl.—Equipment Schedule 1
W.B. 89.4"; 3.6 Liter.

Body	Type	VIN	List	Trade-In Fair	Good	Pvt-Party Good	Retail Excellent
Coupe 2D		AA299	63055	10825	12250	14750	18900
Cabriolet 2D		CA299	71355	14200	15975	18950	23900
Full Leather				100	100	135	135
Hard Top (Cabriolet)				300	300	400	400
Aero Kit				1200	1200	1600	1600
Tiptronic Auto Trans				300	300	400	400

911 CARRERA 4 AWD—6-Cyl.—Equipment Schedule 1
W.B. 89.4"; 3.6 Liter.

Body	Type	VIN	List	Trade-In Fair	Good	Pvt-Party Good	Retail Excellent
Coupe 2D		AA299	70055	11950	13525	16150	20600
Cabriolet 2D		CA299	78355	14700	16525	19500	24600
Full Leather				100	100	135	135
Hard Top (Cabriolet)				300	300	400	400
Aero Kit				1200	1200	1600	1600

928 GTS—V8—Equipment Schedule 1
W.B. 98.4"; 5.4 Liter.

Body	Type	VIN	List	Trade-In Fair	Good	Pvt-Party Good	Retail Excellent
Coupe 2D		AA292	85085	17500	19600	23000	28800

1996 PORSCHE — WP0(AA299)-T-#

911 CARRERA—6-Cyl.—Equipment Schedule 1
W.B. 89.5"; 3.6 Liter.

Body	Type	VIN	List	Trade-In Fair	Good	Pvt-Party Good	Retail Excellent
Coupe 2D		AA299	67043	11650	13175	15750	20000
Targa 2D		DA299	74043	13025	14700	17450	22100
Cabriolet 2D		CA299	76293	15325	17250	20200	25300

1996 PORSCHE

Body	Type	VIN	List	Trade-In Fair	Trade-In Good	Pvt-Party Good	Retail Excellent
	Full Leather	....	....	100	100	135	135
	Hard Top (Cabriolet)	....	....	350	350	465	465
	Aero Kit	....	....	1300	1300	1735	1735
	Tiptronic Auto Trans	....	....	350	350	465	465

911 CARRERA 4 AWD—6-Cyl.—Equipment Schedule 1
W.B. 89.5"; 3.6 Liter.

Body	Type	VIN	List	Fair	Good	Good	Excellent
Coupe 2D		AA299	73393	12925	14550	17300	21900
4S Coupe 2D		AA299	76289	23025	25775	29600	36500
Cabriolet 2D		CA299	82643	15825	17750	20800	26000
	Full Leather	....	....	100	100	135	135
	Hard Top (Cabriolet)	....	....	350	350	465	465
	Aero Kit	....	....	1300	1300	1735	1735

911 TURBO—6-Cyl. Turbo—Equipment Schedule 1
W.B. 89.5"; 3.6 Liter.

Body	Type	VIN	List	Fair	Good	Good	Excellent
Coupe 2D		AC299	115050	32250	35775	40800	49700

1997 PORSCHE — WPO(CA298)–V–#

BOXSTER—6-Cyl.—Equipment Schedule 1
W.B. 95.1"; 2.5 Liter.

Body	Type	VIN	List	Fair	Good	Good	Excellent
Cabriolet 2D		CA298	43086	6275	7250	9100	12050
	Full Leather	....	....	100	100	135	135
	Hard Top	....	....	375	375	500	500
	Aero Kit	....	....	1400	1400	1865	1865
	Sport Touring Pkg	....	....	1150	1150	1535	1535
	Tiptronic Auto Trans	....	....	400	400	535	535

911 CARRERA—6-Cyl.—Equipment Schedule 1
W.B. 89.5"; 3.6 Liter.

Body	Type	VIN	List	Fair	Good	Good	Excellent
Coupe 2D		AA299	67063	12400	14025	16550	20900
S Coupe 2D		AA299	67063	12850	14450	17050	21500
Targa 2D		DA299	74063	14400	16175	18950	23700
Cabriolet 2D		CA299	76313	16325	18325	21400	26600
	Full Leather	....	....	100	100	135	135
	Hard Top (Cabriolet)	....	....	375	375	500	500
	Aero Kit	....	....	1400	1400	1865	1865
	Tiptronic Auto Trans	....	....	400	400	535	535

911 CARRERA 4 AWD—6-Cyl.—Equipment Schedule 1
W.B. 89.5"; 3.6 Liter.

Body	Type	VIN	List	Fair	Good	Good	Excellent
4S Coupe 2D		AA299	76313	25675	28625	32600	39900
Cabriolet 2D		CA299	81663	17250	19300	22400	27900
	Full Leather	....	....	100	100	135	135
	Hard Top (Cabriolet)	....	....	375	375	500	500
	Aero Kit	....	....	1400	1400	1865	1865

911 TURBO—6-Cyl. Turbo—Equipment Schedule 1
W.B. 89.5"; 3.6 Liter.

Body	Type	VIN	List	Fair	Good	Good	Excellent
Coupe 2D		AC299	105765	35875	39800	44900	54300

1998 PORSCHE — WPO(CA298)–W–#

BOXSTER—6-Cyl.—Equipment Schedule 1
W.B. 95.2"; 2.5 Liter.

Body	Type	VIN	List	Fair	Good	Good	Excellent
Cabriolet 2D		CA298	44316	6725	7725	9600	12650
	Full Leather	....	....	100	100	135	135
	Hard Top	....	....	400	400	535	535
	Aero Kit	....	....	1500	1500	2000	2000
	Sport Touring Pkg	....	....	1225	1225	1635	1635
	Tiptronic Auto Trans	....	....	450	450	600	600

911 CARRERA—6-Cyl.—Equipment Schedule 1
W.B. 89.4"; 3.6 Liter.

Body	Type	VIN	List	Fair	Good	Good	Excellent
S Coupe 2D		AA299	67461	14150	15925	18600	23200
Targa 2D		DA299	74461	15875	17825	20700	25700
Cabriolet 2D		CA299	76711	17500	19600	22600	28000
	Full Leather	....	....	100	100	135	135
	Hard Top (Cabriolet)	....	....	400	400	535	535
	Aero Kit	....	....	1500	1500	2000	2000
	Tiptronic Auto Trans	....	....	450	450	600	600

911 CARRERA 4 AWD—6-Cyl.—Equipment Schedule 1
W.B. 89.4"; 3.6 Liter.

Body	Type	VIN	List	Fair	Good	Good	Excellent
4S Coupe 2D		AA299	76711	28425	31650	35800	43300
Cabriolet 2D		CA299	82061	18925	21175	24300	29900
	Full Leather	....	....	100	100	135	135
	Hard Top (Cabriolet)	....	....	400	400	535	535
	Aero Kit	....	....	1500	1500	2000	2000

EQUIPMENT & MILEAGE PAGE 9 TO 23

1999 PORSCHE

Body	Type	VIN	List	Trade-In Fair	Trade-In Good	Pvt-Party Good	Retail Excellent

1999 PORSCHE — WPO(CA298)–X–#

BOXSTER—6-Cyl.—Equipment Schedule 1
W.B. 95.2"; 2.5 Liter.

Body	Type	VIN	List	Fair	Good	Good	Excellent
Cabriolet 2D		CA298	44316	7325	8400	10300	13450
Full Leather				125	125	165	165
Hard Top				425	425	565	565
Aero Kit				1575	1575	2100	2100
Sport Design Pkg				500	500	665	665
Sport Touring Pkg				1300	1300	1735	1735
Tiptronic Auto Trans				500	500	665	665

911 CARRERA—6-Cyl.—Equipment Schedule 1
W.B. 92.6"; 3.4 Liter.

Body	Type	VIN	List	Fair	Good	Good	Excellent
Coupe 2D		AA299	70815	11900	13475	15850	19900
Cabriolet 2D		CA299	80245	15050	16900	19500	24200
Full Leather				125	125	165	165
Hard Top (Cabriolet)				425	425	565	565
Aero Kit				1575	1575	2100	2100
Tiptronic Auto Trans				500	500	665	665

911 CARRERA 4 AWD—6-Cyl.—Equipment Schedule 1
W.B. 92.6"; 3.4 Liter.

Body	Type	VIN	List	Fair	Good	Good	Excellent
Coupe 2D		AA299	75980	15050	16900	19500	24200
Cabriolet 2D		CA299	85420	16800	18825	21700	26800
Full Leather				125	125	165	165
Hard Top (Cabriolet)				425	425	565	565
Aero Kit				1575	1575	2100	2100
Tiptronic Auto Trans				500	500	665	665

2000 PORSCHE — WPO(CA298)–Y–#

BOXSTER—6-Cyl.—Equipment Schedule 1
W.B. 95.2"; 2.7 Liter, 3.2 Liter.

Body	Type	VIN	List	Fair	Good	Good	Excellent
Cabriolet 2D		CA298	44745	8100	9275	11300	14650
S Cabriolet 2D		CB298	53245	10575	12000	14200	18000
Full Leather				150	150	200	200
Hard Top				450	450	600	600
Aero Kit				1650	1650	2200	2200
Sport Design Pkg				500	500	665	665
Sport Touring Pkg				1375	1375	1835	1835
Tiptronic Auto Trans				550	550	735	735

911 CARRERA—6-Cyl.—Equipment Schedule 1
W.B. 92.6"; 3.4 Liter.

Body	Type	VIN	List	Fair	Good	Good	Excellent
Coupe 2D		AA299	71375	13325	15000	17400	21700
Cabriolet 2D		CA299	80755	16225	18175	20800	25600
Full Leather				150	150	200	200
Hard Top (Cabriolet)				450	450	600	600
Aero Kit				1650	1650	2200	2200
Tiptronic Auto Trans				550	550	735	735

911 CARRERA 4 AWD—6-Cyl.—Equipment Schedule 1
W.B. 92.6"; 3.4 Liter.

Body	Type	VIN	List	Fair	Good	Good	Excellent
Coupe 2D		AA299	76805	16650	18675	21300	26200
Cabriolet 2D		CA299	86185	18475	20675	23500	28700
Full Leather				150	150	200	200
Hard Top (Cabriolet)				450	450	600	600
Aero Kit				1650	1650	2200	2200
Millennium Pkg				3450	3450	4600	4600
Tiptronic Auto Trans				550	550	735	735

2001 PORSCHE — WPO(CA298)–1–#

BOXSTER—6-Cyl.—Equipment Schedule 1
W.B. 95.2"; 2.7 Liter, 3.2 Liter.

Body	Type	VIN	List	Fair	Good	Good	Excellent
Cabriolet 2D		CA298	42865	9200	10475	12550	16000
S Cabriolet 2D		CB298	50965	11850	13425	15700	19600
Full Leather				175	175	235	235
Hard Top				475	475	635	635
Aero Kit				1725	1725	2300	2300
Sport Design Pkg				500	500	665	665
Sport Touring Pkg				1450	1450	1935	1935
Tiptronic Auto Trans				575	575	765	765

911 CARRERA—6-Cyl.—Equipment Schedule 1
W.B. 92.6"; 3.4 Liter.

Body	Type	VIN	List	Fair	Good	Good	Excellent
Coupe 2D		AA299	70275	14950	16800	19250	23700
Cabriolet 2D		CA299	79775	17700	19800	22400	27400

2001 PORSCHE

Body Type	VIN	List	Trade-In Fair	Good	Pvt-Party Good	Retail Excellent
Full Leather		------	175	175	235	235
Hard Top (Cabriolet)		------	475	475	635	635
Aero Kit		------	1725	1725	2300	2300
Tiptronic Auto Trans		------	575	575	765	765

911 CARRERA 4 AWD—6-Cyl.—Equipment Schedule 1
W.B. 92.6"; 3.4 Liter.

Body Type	VIN	List	Trade-In Fair	Good	Pvt-Party Good	Retail Excellent
Coupe 2D	AA299	75320	18525	20775	23500	28600
Cabriolet 2D	CA299	84820	20375	22725	25600	31000
Full Leather		------	175	175	235	235
Hard Top (Cabriolet)		------	475	475	635	635
Aero Kit		------	1725	1725	2300	2300
Tiptronic Auto Trans		------	575	575	765	765

911 TURBO AWD—6-Cyl. Turbo—Equipment Schedule 1
W.B. 92.5"; 3.6 Liter.

Body Type	VIN	List	Trade-In Fair	Good	Pvt-Party Good	Retail Excellent
Coupe 2D	AB299	111765	29100	32350	35800	42600
Full Leather		------	175	175	235	235
Aero Kit		------	1725	1725	2300	2300
Tiptronic Auto Trans		------	575	575	765	765

2002 PORSCHE — WPO(CA298)-2-#

BOXSTER—6-Cyl.—Equipment Schedule 1
W.B. 95.2"; 2.7 Liter, 3.2 Liter.

Body Type	VIN	List	Trade-In Fair	Good	Pvt-Party Good	Retail Excellent
Cabriolet 2D	CA298	43365	9625	10925	13200	16950
S Cabriolet 2D	CB298	52365	12500	14100	16500	20700
Full Leather		------	200	200	265	265
Hard Top		------	500	500	665	665
Aero Kit		------	1800	1800	2400	2400
Sport Design Pkg		------	500	500	665	665
Sport Touring Pkg		------	1500	1500	2000	2000
Tiptronic Auto Trans		------	600	600	800	800

911 CARRERA—6-Cyl.—Equipment Schedule 1
W.B. 92.6"; 3.6 Liter.

Body Type	VIN	List	Trade-In Fair	Good	Pvt-Party Good	Retail Excellent
Coupe 2D	AA299	73450	16850	18875	21600	26500
Targa 2D	AA299	75965	19350	21650	24500	29800
Cabriolet 2D	CA299	83150	19350	21650	24500	29800
Full Leather		------	200	200	265	265
Hard Top (Cabriolet)		------	500	500	665	665
Aero Kit		------	1800	1800	2400	2400
Tiptronic Auto Trans		------	600	600	800	800

911 CARRERA 4 AWD—6-Cyl.—Equipment Schedule 1
W.B. 92.5" (4S), 92.6"; 3.6 Liter.

Body Type	VIN	List	Trade-In Fair	Good	Pvt-Party Good	Retail Excellent
4S Coupe 2D	AA299	80965	20675	23125	26000	31500
Cabriolet 2D	CA299	88750	22550	25100	28000	33800
Full Leather		------	200	200	265	265
Hard Top (Cabriolet)		------	500	500	665	665
Aero Kit		------	1800	1800	2400	2400
Tiptronic Auto Trans		------	600	600	800	800

911 TURBO AWD—6-Cyl. Turbo—Equipment Schedule 1
W.B. 92.6"; 3.6 Liter.

Body Type	VIN	List	Trade-In Fair	Good	Pvt-Party Good	Retail Excellent
Coupe 2D	AB299	115765	34600	38425	42000	49700
Full Leather		------	200	200	265	265
Aero Kit		------	1800	1800	2400	2400
Tiptronic Auto Trans		------	600	600	800	800

911 TURBO—6-Cyl. Turbo—Equipment Schedule 1
W.B. 92.6"; 3.6 Liter.

Body Type	VIN	List	Trade-In Fair	Good	Pvt-Party Good	Retail Excellent
GT2 Coupe 2D	AB299	180665	****	****	****	82700

2003 PORSCHE — WPO(CA298)-3-#

BOXSTER—6-Cyl.—Equipment Schedule 1
W.B. 95.1"; 2.7 Liter, 3.2 Liter.

Body Type	VIN	List	Trade-In Fair	Good	Pvt-Party Good	Retail Excellent
Cabriolet 2D	CA298	45485	11125	12600	14900	18850
S Cabriolet 2D	CB298	54485	14400	16175	18650	23100
Full Leather		------	250	250	335	335
Hard Top		------	550	550	735	735
Aero Kit		------	1925	1925	2565	2565
Sport Design Pkg		------	575	575	765	765
Tiptronic Auto Trans		------	700	700	935	935

911 CARRERA—6-Cyl.—Equipment Schedule 1
W.B. 92.6"; 3.6 Liter.

Body Type	VIN	List	Trade-In Fair	Good	Pvt-Party Good	Retail Excellent
Coupe 2D	AA299	72435	19350	21650	24400	29600
Targa 2D	BA299	79835	22250	24800	27600	33200
Cabriolet 2D	CA299	82235	22350	24900	27700	33300

2003 PORSCHE

Body	Type	VIN	List	Trade-In Fair	Good	Pvt-Party Good	Retail Excellent
	Full Leather			250	250	335	335
	Hard Top (Cabriolet)			550	550	735	735
	Aero Kit			1925	1925	2565	2565
	Tiptronic Auto Trans			700	700	935	935
911 CARRERA 4 AWD—6-Cyl.—Equipment Schedule 1							
W.B. 92.6"; 3.6 Liter.							
	4S Coupe 2D	AA299	82565	23625	26350	29200	35000
	Cabriolet 2D	CA299	87835	25875	28800	31900	38000
	Full Leather			250	250	335	335
	Hard Top (Cabriolet)			550	550	735	735
	Aero Kit			1925	1925	2565	2565
	Tiptronic Auto Trans			700	700	935	935
911 TURBO AWD—6-Cyl. Turbo—Equipment Schedule 1							
W.B. 92.6"; 3.6 Liter.							
	Coupe 2D	AB299	118265	39600	44000	47500	55700
	Full Leather			250	250	335	335
	Aero Kit			1925	1925	2565	2565
	Tiptronic Auto Trans			700	700	935	935
911 TURBO—6-Cyl. Turbo—Equipment Schedule 1							
W.B. 92.6"; 3.6 Liter.							
	GT2 Coupe 2D	AB299	183765	****	****	****	92800

2004 PORSCHE — WPO(CA298)-4-#

Body	Type	VIN	List	Trade-In Fair	Good	Pvt-Party Good	Retail Excellent
BOXSTER—6-Cyl.—Equipment Schedule 1							
W.B. 95.1"; 2.7 Liter, 3.2 Liter.							
	Cabriolet 2D	CA298	45485	13125	14800	17200	21500
	S Cabriolet 2D	CB298	54485	16850	18875	21500	26300
	Full Leather			300	300	400	400
	Hard Top			575	575	765	765
	Aero Kit			2050	2050	2735	2735
	Sport Design Pkg			650	650	865	865
	Special Edition			2000	2000	2665	2665
	Tiptronic Auto Trans			800	800	1065	1065
911 CARRERA—6-Cyl.—Equipment Schedule 1							
W.B. 92.6"; 3.6 Liter.							
	Coupe 2D	AA299	72435	22450	25000	27700	33200
	Targa 2D	BA299	79835	25675	28625	31600	37500
	Cabriolet 2D	CA299	82235	25775	28725	31700	37600
	40th Anniversary Ed			5000	5000	6665	6665
	Full Leather			300	300	400	400
	Hard Top (Cabriolet)			575	575	765	765
	Aero Kit			2050	2050	2735	2735
	Tiptronic Auto Trans			800	800	1065	1065
911 CARRERA 4 AWD—6-Cyl.—Equipment Schedule 1							
W.B. 92.5"; 3.6 Liter.							
	Cabriolet 2D	CA299	86285	29700	33025	36100	42500
	4S Coupe 2D	AA299	84165	27150	30175	33100	39300
	4S Cabriolet 2D	CA299	93965	32450	36075	39100	46000
	Full Leather			300	300	400	400
	Hard Top (Cabriolet)			575	575	765	765
	Aero Kit			2050	2050	2735	2735
	Tiptronic Auto Trans			800	800	1065	1065
911 TURBO AWD—6-Cyl. Turbo—Equipment Schedule 1							
W.B. 92.5"; 3.6 Liter.							
	Coupe 2D	AB299	120465	45175	50075	53700	62400
	Cabriolet 2D	CB299	130265	49100	54500	58100	67300
	Full Leather			300	300	400	400
	Aero Kit			2050	2050	2735	2735
	Tiptronic Auto Trans			800	800	1065	1065
911 TURBO—6-Cyl. Turbo—Equipment Schedule 1							
W.B. 92.7"; 3.6 Liter.							
	GT2 Coupe 2D	AB299	193765	****	****	****	103300
911—6-Cyl.—Equipment Schedule 1							
W.B. 92.7"; 3.6 Liter.							
	GT3 Coupe 2D	AC299	101965	39600	43900	47200	55000
CARRERA GT—V10—Equipment Schedule 1							
W.B. 107.5"; 5.7 Liter.							
	Roadster 2D	CA298	446165	****	****	****	294600

2005 PORSCHE — WPO(CA298)-5-#

BOXSTER—6-Cyl.—Equipment Schedule 1
W.B. 95.1"; 2.7 Liter, 3.2 Liter.

2005 PORSCHE

Body	Type	VIN	List	Trade-In Fair	Trade-In Good	Pvt-Party Good	Retail Excellent
	Cabriolet 2D	CA298	44595	15475	17400	19900	24500
	S Cabriolet 2D	CB298	53895	19600	21950	24500	29600
	Full Leather			350	350	465	465
	Hard Top			600	600	800	800
	Aero Kit			2175	2175	2900	2900
	Sport Pkg			725	725	965	965
	Tiptronic Auto Trans			875	875	1165	1165

911 CARRERA—6-Cyl.—Equipment Schedule 1
W.B. 92.5" (S), 92.6"; 3.6 Liter, 3.8 Liter.

Body	Type	VIN	List	Trade-In Fair	Trade-In Good	Pvt-Party Good	Retail Excellent
	Coupe 2D	AA299	73165	25875	28800	31700	37500
	Targa 2D	BA299	79865	29500	32825	35800	42000
	Cabriolet 2D	CA299	82965	29700	33025	35900	42200
	S Coupe 2D	AB299	79895	27825	30975	33800	39900
	S Cabriolet 2D	CB299	89695	32150	35775	38600	45300
	Full Leather			350	350	465	465
	Hard Top (Cabriolet)			600	600	800	800
	Aero Kit			2175	2175	2900	2900
	Tiptronic Auto Trans			875	875	1165	1165

911 CARRERA 4 AWD—6-Cyl.—Equipment Schedule 1
W.B. 92.5"; 3.6 Liter.

Body	Type	VIN	List	Trade-In Fair	Trade-In Good	Pvt-Party Good	Retail Excellent
	4S Coupe 2D	AA299	84195	31450	34975	37800	44400
	4S Cabriolet 2D	CA299	93995	37350	41450	44500	51700
	Full Leather			350	350	465	465
	Hard Top (Cabriolet)			600	600	800	800
	Aero Kit			2175	2175	2900	2900
	Tiptronic Auto Trans			875	875	1165	1165

911 TURBO AWD—6-Cyl. Turbo—Equipment Schedule 1
W.B. 92.5"; 3.6 Liter.

Body	Type	VIN	List	Trade-In Fair	Trade-In Good	Pvt-Party Good	Retail Excellent
	Cabriolet 2D	CB299	130295	55575	61550	65500	74500
	S Coupe 2D	AB299	133495	54200	59975	63500	72800
	S Cabriolet 2D	CB299	143295	57325	63500	66900	76600
	Full Leather			350	350	465	465
	Aero Kit			2175	2175	2900	2900
	Tiptronic Auto Trans			875	875	1165	1165

911 TURBO—6-Cyl. Turbo—Equipment Schedule 1
W.B. 92.7"; 3.6 Liter.

Body	Type	VIN	List	Trade-In Fair	Trade-In Good	Pvt-Party Good	Retail Excellent
	GT2 Coupe 2D	AB299	193795	****	****	****	113900

911—6-Cyl.—Equipment Schedule 1
W.B. 92.7"; 3.6 Liter.

Body	Type	VIN	List	Trade-In Fair	Trade-In Good	Pvt-Party Good	Retail Excellent
	GT3 Coupe 2D	AC299	101995	44700	49600	52800	61100

CARRERA GT—V10—Equipment Schedule 1
W.B. 107.5"; 5.7 Liter.

Body	Type	VIN	List	Trade-In Fair	Trade-In Good	Pvt-Party Good	Retail Excellent
	Roadster 2D	CA298	448400	****	****	****	322600

2006 PORSCHE — WPO(CA298)-6-#

BOXSTER—6-Cyl.—Equipment Schedule 1
W.B. 95.1"; 2.7 Liter, 3.2 Liter.

Body	Type	VIN	List	Trade-In Fair	Trade-In Good	Pvt-Party Good	Retail Excellent
	Cabriolet 2D	CA298	45795	18325	20475	23100	28000
	S Cabriolet 2D	CB298	55495	22825	25475	28100	33500
	Full Leather			400	400	535	535
	Hard Top			625	625	835	835
	Aero Kit			2300	2300	3065	3065
	Sport Pkg			800	800	1065	1065
	Tiptronic Auto Trans			950	950	1265	1265

CAYMAN—6-Cyl.—Equipment Schedule 1
W.B. 95.1"; 3.4 Liter.

Body	Type	VIN	List	Trade-In Fair	Trade-In Good	Pvt-Party Good	Retail Excellent
	S Coupe 2D	AB298	59695	24100	26850	29500	35000
	Full Leather			625	625	835	835
	Tiptronic Auto Trans			950	950	1265	1265

911 CARRERA—6-Cyl.—Equipment Schedule 1
W.B. 92.5"; 3.6 Liter, 3.8 Liter.

Body	Type	VIN	List	Trade-In Fair	Trade-In Good	Pvt-Party Good	Retail Excellent
	Coupe 2D	AA299	73615	29700	33025	35800	41900
	Cabriolet 2D	CA299	83715	34000	37725	40500	47100
	S Coupe 2D	AB299	83715	31850	35375	38100	44500
	S Cabriolet 2D	CB299	93745	36550	40675	43400	50300
	Full Leather			400	400	535	535
	Hard Top (Cabriolet)			625	625	835	835
	Aero Kit			2300	2300	3065	3065
	Tiptronic Auto Trans			950	950	1265	1265

911 CARRERA 4 AWD—6-Cyl.—Equipment Schedule 1
W.B. 92.5"; 3.6 Liter, 3.8 Liter.

Body	Type	VIN	List	Trade-In Fair	Trade-In Good	Pvt-Party Good	Retail Excellent
	Coupe 2D	AA299	79415	31450	34975	37700	44100
	Cabriolet 2D	CA299	89445	38600	42825	45700	52700

Body	Type	VIN	List	Trade-In Fair	Trade-In Good	Pvt-Party Good	Retail Excellent
4S Coupe 2D		AB299	89415	36075	40075	42800	49700
4S Cabriolet 2D		CB299	99445	42625	47225	50200	57900
Full Leather				400	400	535	535
Hard Top (Cabriolet)				625	625	835	835
Aero Kit				2300	2300	3065	3065
Tiptronic Auto Trans				950	950	1265	1265

2007 PORSCHE — WPO(CA298)-7-#

BOXSTER—6-Cyl.—Equipment Schedule 1
W.B. 95.1"; 2.7 Liter, 3.4 Liter.

Body	Type	VIN	List	Trade-In Fair	Trade-In Good	Pvt-Party Good	Retail Excellent
Cabriolet 2D		CA298	46395	21650	24100	26800	32000
S Cabriolet 2D		CB298	56295	26550	29600	32200	38000
Full Leather				450	450	600	600
Hard Top				650	650	865	865
Aero Kit				2400	2400	3200	3200
Sport Pkg				875	875	1165	1165
Tiptronic Auto Trans				1025	1025	1365	1365

CAYMAN—6-Cyl.—Equipment Schedule 1
W.B. 95.1"; 2.7 Liter, 3.4 Liter.

Body	Type	VIN	List	Trade-In Fair	Trade-In Good	Pvt-Party Good	Retail Excellent
Coupe 2D		AA298	54955	22825	25475	28100	33500
S Coupe 2D		AB298	64455	27925	31075	33700	39600
Full Leather				650	650	865	865
Tiptronic Auto Trans				1025	1025	1365	1365

911 CARRERA—6-Cyl.—Equipment Schedule 1
W.B. 92.5"; 3.6 Liter, 3.8 Liter.

Body	Type	VIN	List	Trade-In Fair	Trade-In Good	Pvt-Party Good	Retail Excellent
Coupe 2D		AA299	73195	34000	37725	40400	46800
Cabriolet 2D		CA299	83395	38700	42925	45600	52500
S Coupe 2D		AB299	83395	36250	40275	42900	49600
S Cabriolet 2D		CB299	93595	41450	45950	48600	55900
Full Leather				450	450	600	600
Hard Top (Cabriolet)				650	650	865	865
Aero Kit				2400	2400	3200	3200
Tiptronic Auto Trans				1025	1025	1365	1365

911 CARRERA 4 AWD—6-Cyl.—Equipment Schedule 1
W.B. 92.5"; 3.6 Liter, 3.8 Liter.

Body	Type	VIN	List	Trade-In Fair	Trade-In Good	Pvt-Party Good	Retail Excellent
Coupe 2D		AA299	78995	35875	39875	42500	49200
Cabriolet 2D		CA299	89195	43600	48400	51200	58700
4S Coupe 2D		AB299	89195	41150	45675	48200	55400
4S Cabriolet 2D		CB299	99395	48325	53600	56400	64300
Full Leather				450	450	600	600
Hard Top (Cabriolet)				650	650	865	865
Aero Kit				2400	2400	3200	3200
Tiptronic Auto Trans				1025	1025	1365	1365

911 TARGA AWD—6-Cyl.—Equipment Schedule 1
W.B. 92.5"; 3.6 Liter, 3.8 Liter.

Body	Type	VIN	List	Trade-In Fair	Trade-In Good	Pvt-Party Good	Retail Excellent
4 Coupe 2D		BA299	86495	37050	41050	43700	50500
4S Coupe 2D		BB299	96695	40775	45275	47800	55000
Full Leather				450	450	600	600
Tiptronic Auto Trans				1025	1025	1365	1365

911 GT3—6-Cyl.—Equipment Schedule 1
W.B. 92.7"; 3.6 Liter.

Body	Type	VIN	List	Trade-In Fair	Trade-In Good	Pvt-Party Good	Retail Excellent
Coupe 2D		AC299	106795	72025	79575	82300	92400
Full Leather				450	450	600	600

911 TURBO AWD—6-Cyl. Turbo—Equipment Schedule 1
W.B. 92.5"; 3.6 Liter.

Body	Type	VIN	List	Trade-In Fair	Trade-In Good	Pvt-Party Good	Retail Excellent
Coupe 2D		AD299	123695	72125	79775	82400	92600
Full Leather				450	450	600	600
Tiptronic Auto Trans				1025	1025	1365	1365

2008 PORSCHE — WPO(CA298)-8-#

BOXSTER—6-Cyl.—Equipment Schedule 1
W.B. 95.1"; 2.7 Liter, 3.4 Liter.

Body	Type	VIN	List	Trade-In Fair	Trade-In Good	Pvt-Party Good	Retail Excellent
Cabriolet 2D		CA298	46660	25475	28325	31100	36800
Limited Ed Cabriolet		CA298	50760	29000	32350	34900	41000
S Cabriolet 2D		CB298	56560	30875	34300	36900	43100
S Limited Ed Cabriolet		CB298	60760	32450	36075	38600	45000
Full Leather				525	525	700	700
Hard Top				675	675	900	900
Aero Kit				2500	2500	3335	3335
Sport Pkg				950	950	1265	1265
Tiptronic Auto Trans				1100	1100	1465	1465

Body	Type	VIN	List	Trade-In Fair	Good	Pvt-Party Good	Retail Excellent
CAYMAN—6-Cyl.—Equipment Schedule 1							
W.B. 95.1"; 2.7 Liter, 3.4 Liter.							
Coupe 2D		AA298	53470	26750	29800	32400	38200
S Coupe 2D		AB298	63170	32250	35875	38500	44800
Full Leather		-------		675	675	900	900
Design Edition 1		-------		950	950	1265	1265
Tiptronic Auto Trans		-------		1100	1100	1465	1465
911 CARRERA—6-Cyl.—Equipment Schedule 1							
W.B. 92.5"; 3.6 Liter, 3.8 Liter.							
Coupe 2D		AA299	74360	38800	43125	45700	52500
Cabriolet 2D		CA299	84660	43800	48600	51200	58500
S Coupe 2D		AB299	84660	41250	45875	48300	55400
S Cabriolet 2D		CB299	94960	46850	51950	54500	62000
Full Leather		-------		525	525	700	700
Hard Top (Cabriolet)		-------		675	675	900	900
Aero Kit		-------		2500	2500	3335	3335
Tiptronic Auto Trans		-------		1100	1100	1465	1465
911 CARRERA 4 AWD—6-Cyl.—Equipment Schedule 1							
W.B. 92.5"; 3.6 Liter, 3.8 Liter.							
Coupe 2D		AA299	80260	40875	45375	47800	54900
Cabriolet 2D		CA299	90560	49300	54575	57100	65000
4S Coupe 2D		AB299	90560	46650	51750	54300	61800
4S Cabriolet 2D		CB299	100860	54675	60575	63000	71200
Full Leather		-------		525	525	700	700
Hard Top (Cabriolet)		-------		675	675	900	900
Aero Kit		-------		2500	2500	3335	3335
Tiptronic Auto Trans		-------		1100	1100	1465	1465
911 TARGA AWD—6-Cyl.—Equipment Schedule 1							
W.B. 92.5"; 3.6 Liter, 3.8 Liter.							
4 Coupe 2D		BA299	87860	42050	46650	49200	56300
4S Coupe 2D		BB299	98160	46150	51150	53700	61300
Full Leather		-------		525	525	700	700
Tiptronic Auto Trans		-------		1100	1100	1465	1465
911 TURBO AWD—6-Cyl. Turbo—Equipment Schedule 1							
W.B. 92.5"; 3.6 Liter.							
Coupe 2D		AD299	127060	80250	88700	90800	101100
Cabriolet 2D		CD299	137360	80350	88800	90900	101200
Full Leather		-------		525	525	700	700
Tiptronic Auto Trans		-------		1100	1100	1465	1465

SAAB

1994 SAAB — YS3(DM35B)-R-#

Body	Type	VIN	List	Trade-In Fair	Good	Pvt-Party Good	Retail Excellent
900—4-Cyl.—Equipment Schedule 3							
W.B. 102.4"; 2.1 Liter, 2.3 Liter.							
S Coupe 2D		DM35B	22750	275	400	950	1850
S Hatchback 4D		DM55B	21450	275	400	950	1850
S Convertible 2D		AK75E	33735	1450	1925	3125	4900
V6 2.5 Liter		V		200	200	265	265
900—V6—Equipment Schedule 3							
W.B. 102.4"; 2.5 Liter.							
SE Hatchback 4D		DM55V	27450	625	900	1700	3000
Auto Trans		-------		125	125	165	165
900—4-Cyl. Turbo—Equipment Schedule 3							
W.B. 102.4"; 2.0 Liter.							
SE Coupe 2D		DN35L	27740	675	950	1800	3125
Convertible 2D		AL75L	38875	2175	2775	4050	5975
Commem Ed Conv 2D		AL75T	40875	2375	2950	4275	6225
9000—4-Cyl.—Equipment Schedule 2							
W.B. 105.2"; 2.3 Liter.							
CS Hatchback 4D		CM68B	30670	625	900	1700	3000
CD Sedan 4D		CM48B	32745	600	800	1575	2825
CSE Hatchback 4D		CM68B	34450	775	1100	1975	3375
CDE Sedan 4D		CM48B	34090	800	1125	2000	3425
4-Cyl. 2.3 Liter Turbo		M		700	700	935	935
9000—4-Cyl. Turbo—Equipment Schedule 2							
W.B. 105.2"; 2.3 Liter.							
Aero Hatchback 4D		CN68M	39150	1100	1525	2650	4300
Traction Control		-------		100	100	135	135

1995 SAAB

Body	Type	VIN	List	Trade-In Fair	Trade-In Good	Pvt-Party Good	Retail Excellent

1995 SAAB — YS3(DD35B)–S–#

900—4-Cyl.—Equipment Schedule 3
W.B. 102.4"; 2.3 Liter.

Body	Type	VIN	List	Fair	Good	Good	Excellent
S Coupe 2D		DD35B	24545	350	475	1075	2050
S Hatchback 4D		DD55B	24225	325	450	1050	2000
S Convertible 2D		DD75B	33465	1450	1925	3150	4925
Auto Trans				125	125	165	165

900—V6—Equipment Schedule 3
W.B. 102.4"; 2.5 Liter.

SE Hatchback 4D		DF55V	29150	750	1075	1950	3375
Auto Trans				125	125	165	165

900—4-Cyl. Turbo—Equipment Schedule 3
W.B. 102.4"; 2.0 Liter.

SE Coupe 2D		DF35N	29460	800	1125	2050	3500
SE Convertible 2D		DF78N	39990	2100	2675	3950	5875
Auto Trans				125	125	165	165
V6 2.5 Liter		V		200	200	265	265

9000—4-Cyl. Light Pressure Turbo—Equipment Schedule 2
W.B. 105.2"; 2.3 Liter.

CS Hatchback 4D		CD68U	32695	750	1050	1925	3325

9000—4-Cyl. Turbo—Equipment Schedule 2
W.B. 105.2"; 2.3 Liter.

Aero Hatchback 4D		CH68M,R	41770	1275	1750	2950	4675

9000—V6—Equipment Schedule 2
W.B. 105.2"; 3.0 Liter.

CSE Hatchback 4D		CF68W	39120	1000	1400	2500	4150
CDE Sedan 4D		CF48W	39465	950	1325	2425	4050
4-Cyl. 2.3 Liter Turbo		M		0	0	0	0

1996 SAAB — YS3(DD35B)–T–#

900—4-Cyl.—Equipment Schedule 3
W.B. 102.4"; 2.3 Liter.

S Coupe 2D		DD35B	24490	425	600	1250	2300
S Hatchback 4D		DD55B	25190	400	575	1225	2275
S Convertible 2D		DD75B	34490	1825	2325	3575	5450
Auto Trans				125	125	165	165

900—4-Cyl. Turbo—Equipment Schedule 3
W.B. 102.4"; 2.0 Liter.

SE Coupe 2D		DF35N	29490	975	1350	2475	4125
SE Hatchback 4D		DF55N	30190	975	1375	2500	4150
SE Convertible 2D		DF75N	40490	2575	3150	4500	6550
Auto Trans				125	125	165	165
V6 2.5 Liter				250	250	335	335

9000—4-Cyl. Light Pressure Turbo—Equipment Schedule 2
W.B. 105.2"; 2.3 Liter.

CS Hatchback 4D		CD68U	32695	875	1250	2325	3950
Manual Trans		5		(225)	(225)	(300)	(300)

9000—4-Cyl. Turbo—Equipment Schedule 2
W.B. 105.2"; 2.3 Liter.

Aero Hatchback 4D		CH58M,R	42735	1625	2100	3350	5175
Manual Trans		5		(125)	(125)	(165)	(165)

9000—V6—Equipment Schedule 2
W.B. 105.2"; 3.0 Liter.

CSE Hatchback 4D		CF68W	40690	1175	1650	2825	4525
Manual Trans				(225)	(225)	(300)	(300)
4-Cyl. 2.3 Liter Turbo		M		0	0	0	0

1997 SAAB — YS3(DD35B)–V–#

900—4-Cyl.—Equipment Schedule 3
W.B. 102.4"; 2.3 Liter.

S Coupe 2D		DD35B	25520	525	725	1525	2800
S Hatchback 4D		DD55B	26520	475	650	1375	2525
S Convertible 2D		DD75B	35520	2075	2650	3925	5850
Auto Trans				150	150	200	200

900—4-Cyl. Turbo—Equipment Schedule 3
W.B. 102.4"; 2.0 Liter.

SE Coupe 2D		DF35N	30520	1100	1550	2725	4425
SE Hatchback 4D		DF55N	31520	1100	1550	2725	4425
SE Convertible 2D		DF75N	41520	3000	3625	5025	7150
Auto Trans				150	150	200	200
V6 2.5 Liter		V		275	275	365	365

1009

1997 SAAB

Body	Type	VIN	List	Trade-In Fair	Trade-In Good	Pvt-Party Good	Retail Excellent
9000—4-Cyl. Light Pressure Turbo—Equipment Schedule 2							
W.B. 105.2"; 2.3 Liter.							
CS Hatchback 4D		CD68U	35360	1100	1525	2700	4375
Manual Trans				(275)	(275)	(365)	(365)
9000—4-Cyl. Turbo—Equipment Schedule 2							
W.B. 105.2"; 2.3 Liter.							
Aero Hatchback 4D		CH68M	43065	2125	2700	4000	5925
Manual Trans				(150)	(150)	(200)	(200)
9000—V6—Equipment Schedule 2							
W.B. 105.2"; 3.0 Liter.							
CSE Hatchback 4D		CF68W	41020	1525	2000	3225	5050
Manual Trans		5		(275)	(275)	(365)	(365)
4-Cyl. 2.3 Liter Turbo		U		0	0	0	0

1998 SAAB — YS3(DD55B)–W–#

Body	Type	VIN	List	Trade-In Fair	Trade-In Good	Pvt-Party Good	Retail Excellent
900—4-Cyl.—Equipment Schedule 3							
W.B. 102.4"; 2.3 Liter.							
S Hatchback 4D		DD55B	27505	625	875	1750	3125
S Convertible 2D		DD75B	36945	2450	3050	4350	6375
Auto Trans				175	175	235	235
900—4-Cyl. Turbo—Equipment Schedule 3							
W.B. 102.4"; 2.0 Liter.							
S Coupe 2D		DD35N	25050	850	1200	2300	3950
SE Coupe 2D		DF35N	31545	1400	1875	3125	4925
SE Hatchback 4D		DF55N	32545	1375	1850	3100	4900
SE Convertible 2D		DF75N	42745	3525	4225	5650	7900
Auto Trans				175	175	235	235
9000—4-Cyl. Turbo—Equipment Schedule 2							
W.B. 105.2"; 2.3 Liter.							
CSE Hatchback 4D		CF68M	40175	1925	2475	3775	5675
Manual Trans		5		(325)	(325)	(435)	(435)

1999 SAAB — YS3(DD38N)–X–#

Body	Type	VIN	List	Trade-In Fair	Trade-In Good	Pvt-Party Good	Retail Excellent
9-3—4-Cyl. Turbo—Equipment Schedule 3							
W.B. 102.6"; 2.0 Liter.							
Hatchback 2D		DD38N	26225	875	1225	2400	4150
Hatchback 4D		DD58N	26725	1000	1400	2600	4350
Convertible 2D		DD78N	38725	3325	4025	5475	7700
SE Hatchback 4D		DF58N	33275	1650	2125	3450	5350
SE Convertible 2D		DF78N	44570	3275	3975	5425	7650
Auto Trans				200	200	265	265
4-Cyl. 2.0L HO Turbo		P		225	225	300	300
9-3—4-Cyl. HO Turbo—Equipment Schedule 3							
W.B. 102.6"; 2.3 Liter.							
Viggen Coupe 2D		DP35G	38325	4300	5075	6625	9025
9-5—V6 Turbo—Equipment Schedule 2							
W.B. 106.4"; 3.0 Liter.							
Sedan 4D		ED48Z	35640	1075	1500	2725	4500
Wagon 4D		ED58Z	37475	1375	1850	3125	5000
SE Sedan 4D		EF48Z	37825	1600	2075	3400	5300
Manual Trans				(375)	(375)	(500)	(500)
4-Cyl. 2.3L Turbo		E		(800)	(800)	(1065)	(1065)

2000 SAAB — YS3(DD35H)–Y–#

Body	Type	VIN	List	Trade-In Fair	Trade-In Good	Pvt-Party Good	Retail Excellent
9-3—4-Cyl. Turbo—Equipment Schedule 3							
W.B. 102.6"; 2.0 Liter.							
Hatchback 2D		DD35H	27675	1150	1625	2925	4775
Hatchback 4D		DD55H	28175	1325	1800	3100	5000
Convertible 2D		DD75H	41225	4000	4725	6250	8600
Auto Trans		8		200	200	265	265
9-3—4-Cyl. HO Turbo—Equipment Schedule 3							
W.B. 102.6"; 2.0 Liter, 2.3 Liter.							
SE Hatchback 4D		DF55K	33670	2100	2675	4050	6050
SE Convertible 2D		DF75K	44770	3925	4650	6175	8525
Viggen Hatchback 2D		DP35G	38325	5025	5850	7500	10100
Viggen Hatchback 4D		DP55G	38325	4275	5050	6575	9050
Viggen Convertible 2D		DP75G	45570	6575	7575	9325	12200
Auto Trans		8		200	200	265	265
9-5—4-Cyl. Turbo—Equipment Schedule 2							
W.B. 106.4", 106.6" (Wagon); 2.3 Liter.							
Sedan 4D		ED48E	35300	1400	1875	3200	5125
Wagon 4D		ED58E	35300	1800	2325	3675	5650

Body Type	VIN	List	Trade-In Fair	Trade-In Good	Pvt-Party Good	Retail Excellent
Gary Fisher Edition		....	550	550	735	735
Manual Trans	5	....	(425)	(425)	(565)	(565)
9-5—4-Cyl. HO Turbo—Equipment Schedule 2						
W.B. 106.4"; 106.6" (Wagon); 2.0 Liter.						
Aero Sedan 4D	EH48G	41550	2925	3550	5000	7175
Aero Wagon 4D	EH58G	44145	3425	4125	5600	7875
Manual Trans	5		(425)	(425)	(565)	(565)
9-5—V6 Turbo—Equipment Schedule 2						
W.B. 106.4"; 106.6" (Wagon); 3.0 Liter.						
SE Sedan 4D	EF48Z	38325	2000	2575	3925	5925
SE Wagon 4D	EF58Z	38325	2225	2800	4200	6225

2001 SAAB — YS3(DD35H)-1-#

Body Type	VIN	List	Trade-In Fair	Trade-In Good	Pvt-Party Good	Retail Excellent
9-3—4-Cyl. Turbo—Equipment Schedule 3						
W.B. 102.6"; 2.0 Liter.						
Hatchback 2D	DD35H	27070	1675	2175	3550	5525
Hatchback 4D	DD55H	27570	1850	2375	3750	5750
Auto Trans			200	200	265	265
9-3—4-Cyl. HO Turbo—Equipment Schedule 3						
W.B. 102.6"; 2.0 Liter, 2.3 Liter.						
SE Hatchback 4D	DF55K	33170	2700	3300	4750	6875
SE Convertible 2D	DF75K	40570	4650	5475	7075	9600
Viggen Hatchback 2D	DP35G	38570	5875	6800	8475	11200
Viggen Hatchback 4D	DP55G	38570	5050	5900	7525	10100
Viggen Convertible 2D	DP75G	45570	7550	8650	10450	13500
Auto Trans			200	200	265	265
9-5—4-Cyl. Turbo—Equipment Schedule 2						
W.B. 106.4"; 2.3 Liter.						
Sedan 4D	ED48E	34570	1900	2450	3850	5850
Wagon 4D	ED58E	35270	2325	2925	4300	6400
Manual Trans			(475)	(475)	(635)	(635)
9-5—4-Cyl. HO Turbo—Equipment Schedule 2						
W.B. 106.4"; 2.3 Liter.						
Aero Sedan 4D	EH48G	40750	3525	4250	5725	8000
Aero Wagon 4D	EH58G	41450	4125	4875	6425	8800
Manual Trans			(475)	(475)	(635)	(635)
9-5—V6 Turbo—Equipment Schedule 2						
W.B. 106.4"; 3.0 Liter.						
SE Sedan 4D	EF48Z	39225	2575	3150	4575	6725
SE Wagon 4D	EF58Z	39925	2800	3400	4850	7025

2002 SAAB — YS3(DF55K)-2-#

Body Type	VIN	List	Trade-In Fair	Trade-In Good	Pvt-Party Good	Retail Excellent
9-3—4-Cyl. Turbo—Equipment Schedule 3						
W.B. 102.6"; 2.0 Liter.						
SE Hatchback 4D	DF55K	29820	3275	3975	5625	8100
SE Convertible 2D	DF75K	41820	5425	6300	8125	11000
Auto Trans			200	200	265	265
9-3—4-Cyl. HO Turbo—Equipment Schedule 3						
W.B. 102.6"; 2.3 Liter.						
Viggen Hatchback 2D	DP35G	38720	6725	7725	9625	12700
Viggen Hatchback 4D	DP55G	38720	5850	6775	8650	11500
Viggen Convertible 2D	DP75G	45620	8500	9725	11750	15150
9-5—4-Cyl. Turbo—Equipment Schedule 2						
W.B. 106.4"; 2.3 Liter.						
Linear Sedan 4D	EB49E	35820	2425	3050	4650	6975
Linear Wagon 4D	EB59E	36520	2875	3475	5150	7550
Manual Trans	5		(500)	(500)	(665)	(665)
9-5—4-Cyl. HO Turbo—Equipment Schedule 2						
W.B. 106.4"; 2.3 Liter.						
Aero Sedan 4D	EH49G	40475	4175	4925	6650	9225
Aero Wagon 4D	EH59G	41175	4800	5625	7425	10200
Manual Trans	5		(500)	(500)	(665)	(665)
9-5—V6 Turbo—Equipment Schedule 2						
W.B. 106.4"; 3.0 Liter.						
Arc Sedan 4D	ED49Z	39275	3100	3775	5450	7900
Arc Wagon 4D	ED59Z	39975	3375	4075	5725	8225

2003 SAAB — YS3(FB45S)-3-#

Body Type	VIN	List	Trade-In Fair	Trade-In Good	Pvt-Party Good	Retail Excellent
9-3—4-Cyl. Turbo—Equipment Schedule 3						
W.B. 105.3"; 2.0 Liter.						
Linear Sedan 4D	FB45S	26525	2725	3325	5000	7425
Auto Trans			225	225	300	300

Body	Type	VIN	List	Trade-In Fair	Trade-In Good	Pvt-Party Good	Retail Excellent
9-3—4-Cyl. HO Turbo—Equipment Schedule 3							
W.B. 102.6", 105.3" (Sed); 2.0 Liter.							
Arc Sedan 4D		FD46Y	30620	4025	4775	6500	9100
Vector Sedan 4D		FF46Y	33120	4750	5575	7375	10150
SE Convertible 2D		DF75K	40620	6400	7375	9250	12250
Auto Trans				225	225	300	300
9-5—4-Cyl. Turbo—Equipment Schedule 2							
W.B. 106.4"; 2.3 Liter.							
Linear Sedan 4D		EB49E	35920	3000	3625	5325	7775
Linear Wagon 4D		EB59E	36620	3475	4200	5875	8400
Manual Trans				(550)	(550)	(735)	(735)
9-5—4-Cyl. HO Turbo—Equipment Schedule 2							
W.B. 106.4"; 2.3 Liter.							
Aero Sedan 4D		EH49G	40575	4975	5800	7625	10400
Aero Wagon 4D		EH59G	41275	5700	6650	8475	11350
Manual Trans				(550)	(550)	(735)	(735)
9-5—V6 Turbo—Equipment Schedule 2							
W.B. 106.4"; 3.0 Liter.							
Arc Sedan 4D		ED49Z	39275	3800	4500	6225	8800
Arc Wagon 4D		ED59Z	39975	4100	4850	6575	9200

2004 SAAB — YS3(FB45S)-4-#

Body	Type	VIN	List	Trade-In Fair	Trade-In Good	Pvt-Party Good	Retail Excellent
9-3—4-Cyl. Turbo—Equipment Schedule 3							
W.B. 105.3"; 2.0 Liter.							
Linear Sedan 4D		FB45S	26765	3450	4150	5900	8475
Auto Trans				250	250	335	335
9-3—4-Cyl. HO Turbo—Equipment Schedule 3							
W.B. 105.3"; 2.0 Liter.							
Arc Sedan 4D		FD46Y	30860	4925	5750	7600	10400
Arc Convertible 2D		FD75Y	40670	8200	9375	11350	14700
Aero Sedan 4D		FF45X	34710	5500	6400	8225	11100
Aero Convertible 2D		FH76Y	43175	9050	10300	12300	15750
Auto Trans				250	250	335	335
9-5—4-Cyl. Turbo—Equipment Schedule 2							
W.B. 106.4"; 2.3 Liter.							
Linear Wagon 4D		EB59E	34225	4300	5100	6900	9650
Arc Sedan 4D		ED49G	36455	4650	5500	7300	10100
Arc Wagon 4D		ED59G	37165	5025	5850	7700	10550
Manual Trans				(600)	(600)	(800)	(800)
9-5—4-Cyl. HO Turbo—Equipment Schedule 2							
W.B. 106.4"; 2.3 Liter.							
Aero Sedan 4D		EH49G	41490	6000	6950	8825	11750
Aero Wagon 4D		EH59G	42195	6825	7875	9750	12850
Manual Trans				(600)	(600)	(800)	(800)

2005 SAAB — (YS3orJF4)(GG616)-5-#

Body	Type	VIN	List	Trade-In Fair	Trade-In Good	Pvt-Party Good	Retail Excellent
9-2X AWD—4-Cyl.—Equipment Schedule 3							
W.B. 99.4"; 2.5 Liter.							
Linear Wagon 4D		GG616	24935	4775	5600	7400	10150
9-2X AWD—4-Cyl. Turbo—Equipment Schedule 3							
W.B. 99.4"; 2.0 Liter.							
Aero Wagon 4D		GG226	28895	6175	7125	8950	11850
9-3—4-Cyl. Turbo—Equipment Schedule 3							
W.B. 105.3"; 2.0 Liter.							
Linear Sedan 4D		FB45S	28920	4425	5225	7025	9775
Linear Convertible 2D		FB75S	39170	8100	9275	11250	14550
Auto Trans				275	275	365	365
9-3—4-Cyl. HO Turbo—Equipment Schedule 3							
W.B. 105.3"; 2.0 Liter.							
Arc Sedan 4D		FD45Y	32320	6075	7025	8925	11900
Arc Convertible 2D		FD75Y	42170	9675	10975	13050	16500
Aero Sedan 4D		FF45Y	34920	6675	7700	9600	12700
Aero Convertible 2D		FH75Y	44670	10625	12050	14100	17700
Auto Trans				275	275	365	365
9-5—4-Cyl. Turbo—Equipment Schedule 2							
W.B. 106.4"; 2.3 Liter.							
Linear Wagon 4D		EB59E	34620	5400	6300	8150	11050
Arc Sedan 4D		ED49A	36970	5775	6725	8600	11550
Arc Wagon 4D		ED59A	37770	6150	7100	9000	12000
Manual Trans				(650)	(650)	(865)	(865)
9-5—4-Cyl. HO Turbo—Equipment Schedule 2							
W.B. 106.4"; 2.3 Liter.							

2005 SAAB

Body	Type	VIN	List	Trade-In Fair	Good	Pvt-Party Good	Retail Excellent
Aero Sedan 4D		EH49G	42020	8200	9375	11350	14700
Aero Wagon 4D		EH59G	42820	9100	10350	12350	15800
Manual Trans				(650)	(650)	(865)	(865)

2006 SAAB — (YS3orJF4)(GG616)-6-#

9-2X AWD—4-Cyl.—Equipment Schedule 3
W.B. 99.4"; 2.5 Liter.

2.5i Wagon 4D		GG616	24960	6100	7050	8925	11850

9-2X AWD—4-Cyl. Turbo—Equipment Schedule 3
W.B. 99.4"; 2.5 Liter.

Aero Wagon 4D		GG726	28920	7625	8750	10650	13700

9-3—4-Cyl. Turbo—Equipment Schedule 3
W.B. 105.3"; 2.0 Liter.

2.0T Sedan 4D		FD45Y	27970	6400	7375	9325	12450
2.0T Convertible 2D		FD75Y	38510	10425	11850	13900	17500
2.0T SportCombi Wag		FD55Y	28970	8150	9325	11350	14700
Auto Trans				300	300	400	400

9-3—6-Cyl. Turbo—Equipment Schedule 3
W.B. 105.3"; 2.8 Liter.

Aero Sedan 4D		FH41U	33970	8875	10100	12100	15550
Aero Convertible 2D		FH71U	43970	13225	14900	17000	20900
Aero SportCombi Wag		FH51U	34970	10875	12350	14400	18050
Aero 20th Anniv Conv		FH71U	44615	14350	16125	18250	22200
Auto Trans				300	300	400	400

9-5—4-Cyl. Turbo—Equipment Schedule 2
W.B. 106.4"; 2.3 Liter.

2.3T Sedan 4D		ED45G	36170	8950	10200	12200	15650
2.3T SportCombi Wag		ED56G	37170	9950	11275	13350	16850
Manual Trans				(675)	(675)	(900)	(900)

2007 SAAB — (YS3orJF4)(FD46Y)-7-#

9-3—4-Cyl. Turbo—Equipment Schedule 3
W.B. 105.3"; 2.0 Liter.

2.0T Sedan 4D		FD46Y	28265	8075	9225	11200	14550
2.0T Convertible 2D		FD76Y	38865	12500	14100	16100	19900
2.0T SportCombi Wag		FD56Y	29265	10000	11375	13400	16900
Auto Trans		9		300	300	400	400

9-3—V6 Turbo—Equipment Schedule 3
W.B. 105.3"; 2.8 Liter.

Aero Sedan 4D		FH46U	34570	10775	12200	14200	17850
Aero Convertible 2D		FH76U	44470	15475	17400	19450	23500
Aero SportCombi Wag		FH56U	35470	12975	14650	16700	20600
Auto Trans		1		300	300	400	400
4-Cyl. 2.0L Turbo (Wag)		Y		(1800)	(1800)	(2400)	(2400)

9-5—4-Cyl. Turbo—Equipment Schedule 3
W.B. 106.4"; 2.3 Liter.

2.3T Sedan 4D		ED45G	36465	10875	12350	14350	18000
2.3T Aero Sedan 4D		EH49G	36535	11525	13025	15100	18750
2.3T SportCombi Wag		ED55G	37465	12000	13575	15650	19350
2.3T Aero SportCombi		EH59G	37535	12650	14300	16350	20200
Manual Trans				(700)	(700)	(935)	(935)

2008 SAAB — (YS3orJF4)(FD46Y)-8-#

9-3—4-Cyl. Turbo—Equipment Schedule 3
W.B. 105.3"; 2.0 Liter.

2.0T Sedan 4D		FD46Y	29735	10150	11525	13550	17150
2.0T Convertible 2D		FD76Y	41060	14900	16750	18800	22800
2.0T SportCombi Wag		FD56Y	30980	12250	13875	15950	19700
Auto Trans		9		300	300	400	400

9-3—V6 Turbo—Equipment Schedule 3
W.B. 105.3"; 2.8 Liter.

Aero Sedan 4D		FH46U	36715	13025	14700	16750	20600
Aero Convertible 2D		FH76U	47015	18225	20375	22500	26900
Aero SportCombi Wag		FH56U	37615	15475	17350	19450	23500
AWD		2,7		2000	2000	2665	2665
Auto Trans		1,2		300	300	400	400

9-3 AWD—V6 Turbo—Equipment Schedule 3
W.B. 105.3"; 2.8 Liter.

Turbo X Sedan 4D		FM47R	43860	17775	20000	22100	26400
Turbo X SportCombi		FM57U	44660	18575	20775	22800	27200
Auto Trans		1		300	300	400	400

Body	Type	VIN	List	Trade-In Fair	Good	Pvt-Party Good	Retail Excellent

9-5—4-Cyl. Turbo—Equipment Schedule 2
W.B. 106.4"; 2.3 Liter.

Body	Type	VIN	List	Fair	Good	Good	Excellent
2.3T Sedan 4D		ED49G	37205	13175	14850	16900	20800
2.3T Aero Sedan 4D		EH49G	38300	13925	15675	17750	21700
2.3T SportCombi Wag		ED59G	38455	14350	16175	18250	22200
2.3T Aero SportCombi		EH59G	39550	15100	17000	19000	23000
Manual Trans		5		(725)	(725)	(965)	(965)

SATURN

1994 SATURN — 1G8Z(F559)–R–#

SATURN—4-Cyl.—Equipment Schedule 6
W.B. 99.2", 102.4" (4D); 1.9 Liter.

Type	VIN	List	Fair	Good	Good	Excellent
SL Sedan 4D	F559	11210	300	425	1000	1875
SL1 Sedan 4D	G559	12010	450	600	1225	2225
SL2 Sedan 4D	J557	13010	575	775	1500	2700
SC1 Coupe 2D	E159	12910	475	625	1275	2300
SC2 Coupe 2D	G157	14110	600	800	1575	2800
SW1 Wagon 4D	G859	12910	525	700	1425	2575
SW2 Wagon 4D	J857	13810	600	825	1600	2825

1995 SATURN — 1G8Z(F528)–S–#

SATURN—4-Cyl.—Equipment Schedule 6
W.B. 99.2", 102.4" (4D); 1.9 Liter.

Type	VIN	List	Fair	Good	Good	Excellent
SL Sedan 4D	F528	11260	350	475	1075	2000
SL1 Sedan 4D	G528	12260	500	650	1325	2400
SL2 Sedan 4D	J527	13260	625	825	1625	2875
SC1 Coupe 2D	E128	13130	525	700	1450	2625
SC2 Coupe 2D	G127	14260	625	900	1700	3000
SW1 Wagon 4D	G828	12960	575	775	1525	2750
SW2 Wagon 4D	J827	13960	650	925	1750	3050

1996 SATURN — 1G8Z(F528)–T–#

SATURN—4-Cyl.—Equipment Schedule 6
W.B. 99.2", 102.4" (4D); 1.9 Liter.

Type	VIN	List	Fair	Good	Good	Excellent
SL Sedan 4D	F528	11805	350	500	1100	2050
SL1 Sedan 4D	G528	12705	525	700	1450	2650
SL2 Sedan 4D	J527	13605	650	925	1775	3075
SC1 Coupe 2D	E128	13505	575	775	1550	2800
SC2 Coupe 2D	G127	14605	700	1000	1850	3200
SW1 Wagon 4D	G828	13305	625	850	1650	2925
SW2 Wagon 4D	J827	14205	725	1025	1875	3250

1997 SATURN — 1G8Z(F528)–V–#

SATURN—4-Cyl.—Equipment Schedule 6
W.B. 102.4"; 1.9 Liter.

Type	VIN	List	Fair	Good	Good	Excellent
SL Sedan 4D	F528	11925	375	525	1175	2175
SL1 Sedan 4D	G528	12925	600	800	1600	2875
SL2 Sedan 4D	J527	13825	725	1050	1925	3325
SC1 Coupe 2D	E128	13825	625	875	1725	3050
SC2 Coupe 2D	G127	15025	800	1125	2050	3500
SW1 Wagon 4D	G828	13525	675	950	1825	3150
SW2 Wagon 4D	J827	14425	825	1150	2075	3550

1998 SATURN — 1G8Z(F528)–W–#

SATURN—4-Cyl.—Equipment Schedule 6
W.B. 102.4"; 1.9 Liter.

Type	VIN	List	Fair	Good	Good	Excellent
SL Sedan 4D	F528	11995	450	625	1300	2400
SL1 Sedan 4D	G528	12695	650	925	1800	3150
SL2 Sedan 4D	J527	13195	850	1200	2175	3675
SC1 Coupe 2D	E128	13995	725	1025	1950	3375
SC2 Coupe 2D	G127	15295	925	1300	2400	4050
SW1 Wagon 4D	G828	13695	775	1100	2025	3500
SW2 Wagon 4D	J827	14695	950	1325	2425	4075

1999 SATURN — 1G8Z(F528)–X–#

SATURN—4-Cyl.—Equipment Schedule 6
W.B. 102.4"; 1.9 Liter.

Type	VIN	List	Fair	Good	Good	Excellent
SL Sedan 4D	F528	11995	525	725	1550	2825

Body Type	VIN	List	Trade-In Fair	Trade-In Good	Pvt-Party Good	Retail Excellent
SL1 Sedan 4D	G528	12695	775	1100	2050	3550
SL2 Sedan 4D	J527	13195	975	1375	2525	4200
SC1 Coupe 2D	E128	13345	875	1225	2325	3975
SC1 Coupe 3D	E128	13845	900	1275	2375	4050
SC2 Coupe 2D	G127	14945	1075	1525	2675	4350
SC2 Coupe 3D	G127	15445	1100	1550	2725	4425
SW1 Wagon 4D	G828	13695	925	1300	2400	4075
SW2 Wagon 4D	J827	14695	1100	1525	2700	4375

2000 SATURN — 1G8(JorZ)(F528)-Y-#

SATURN—4-Cyl.—Equipment Schedule 6
W.B. 102.4"; 1.9 Liter.

	VIN	List	Fair	Good	Good	Excellent
SL Sedan 4D	F528	12085	625	900	1800	3200
SL1 Sedan 4D	G528	12885	925	1325	2450	4125
SL2 Sedan 4D	J527	13335	1150	1600	2800	4525
SC1 Coupe 3D	N128	12975	1050	1500	2650	4350
SC2 Coupe 3D	R127	15585	1325	1825	3050	4800
SW2 Wagon 4D	J827	14730	1300	1800	3025	4775

SATURN L-SERIES—4-Cyl.—Equipment Schedule 3
W.B. 106.5"; 2.2 Liter.

	VIN	List	Fair	Good	Good	Excellent
LS Sedan 4D	R52F	16700	1000	1425	2600	4325
LS1 Sedan 4D	T52F	18150	1225	1700	2950	4725
LW1 Wagon 4D	U82F	19375	1475	1950	3200	5025
Manual Trans			(400)	(400)	(535)	(535)

SATURN L-SERIES—V6—Equipment Schedule 3
W.B. 106.5"; 3.0 Liter.

	VIN	List	Fair	Good	Good	Excellent
LS2 Sedan 4D	W52R	20575	1975	2525	3825	5725
LW2 Wagon 4D	R21800	21800	2225	2800	4100	6050

2001 SATURN — 1G8(JorZ)(F528)-1-#

SATURN—4-Cyl.—Equipment Schedule 6
W.B. 102.4"; 1.9 Liter.

	VIN	List	Fair	Good	Good	Excellent
SL Sedan 4D	F528	11995	825	1150	2300	3975
SL1 Sedan 4D	G528	12910	1125	1575	2800	4550
SL2 Sedan 4D	J527	13360	1425	1900	3175	5000
SC1 Coupe 3D	N128	13960	1275	1750	3000	4775
SC2 Coupe 3D	R127	16110	1650	2150	3425	5275
SW2 Wagon 4D	J827	14755	1625	2125	3400	5250

SATURN L-SERIES—4-Cyl.—Equipment Schedule 3
W.B. 106.5"; 2.2 Liter.

	VIN	List	Fair	Good	Good	Excellent
L100 Sedan 4D	R52F	16245	1275	1750	2975	4725
L200 Sedan 4D	T52F	18210	1600	2100	3350	5175
LW200 Wagon 4D	U82F	19335	1850	2375	3650	5525
Manual Trans			(425)	(425)	(565)	(565)

SATURN L-SERIES—V6—Equipment Schedule 3
W.B. 106.5"; 3.0 Liter.

	VIN	List	Fair	Good	Good	Excellent
L300 Sedan 4D	W52R	19995	2425	3025	4300	6250
LW300 Wagon 4D	W82R	21860	2675	3275	4575	6575

2002 SATURN — 1G8(JorZ)(F528)-2-#

SATURN—4-Cyl.—Equipment Schedule 6
W.B. 102.4"; 1.9 Liter.

	VIN	List	Fair	Good	Good	Excellent
SL Sedan 4D	F528	11995	975	1350	2700	4625
SL1 Sedan 4D	G528	13275	1325	1800	3200	5225
SL2 Sedan 4D	J527	13800	1675	2175	3625	5675
SC1 Coupe 3D	N128	14325	1500	1975	3400	5450
SC2 Coupe 3D	R127	16545	1900	2450	3900	5975

SATURN L-SERIES—4-Cyl.—Equipment Schedule 3
W.B. 106.5"; 2.2 Liter.

	VIN	List	Fair	Good	Good	Excellent
L100 Sedan 4D	R52F	16870	1600	2100	3525	5525
L200 Sedan 4D	T52F	19070	1950	2500	3925	5975
LW200 Wagon 4D	U82F	20515	2200	2800	4225	6325
Manual Trans			(450)	(450)	(600)	(600)

SATURN L-SERIES—V6—Equipment Schedule 3
W.B. 106.5"; 3.0 Liter.

	VIN	List	Fair	Good	Good	Excellent
L300 Sedan 4D	W52R	20920	2825	3425	4925	7125
LW300 Wagon 4D	W82R	22850	3075	3725	5225	7475

2003 SATURN — 1G8(AF54F)-3-#

ION—4-Cyl.—Equipment Schedule 6
W.B. 103.2"; 2.2 Liter.

	VIN	List	Fair	Good	Good	Excellent
1 Sedan 4D	AF54F	12955	1575	2075	3525	5575

2003 SATURN

Body	Type	VIN	List	Trade-In Fair	Good	Pvt-Party Good	Retail Excellent
2 Sedan 4D		AZ52F	14075	**1900**	**2450**	**3925**	**6025**
3 Sedan 4D		AK52F	15575	**2225**	**2800**	**4275**	**6425**
2 Quad Coupe 2D		AM12F	14595	**2275**	**2850**	**4325**	**6500**
3 Quad Coupe 2D		AV12F	16095	**2675**	**3275**	**4775**	**7000**

SATURN L-SERIES—4-Cyl.—Equipment Schedule 3
W.B. 106.5"; 2.2 Liter.

L200 Sedan 4D		JT54F	19040	**2300**	**2900**	**4325**	**6450**
LW200 Wagon 4D		JU84F	20850	**2625**	**3225**	**4675**	**6825**
Manual Trans				**(500)**	**(500)**	**(665)**	**(665)**

SATURN L-SERIES—V6—Equipment Schedule 3
W.B. 106.5"; 3.0 Liter.

L300 Sedan 4D		JW54R	21255	**3300**	**4000**	**5500**	**7775**
LW300 Wagon 4D		JW84R	23185	**3650**	**4350**	**5850**	**8175**

2004 SATURN — 1G8(AF54F)-4-#

ION—4-Cyl.—Equipment Schedule 6
W.B. 103.2"; 2.2 Liter.

1 Sedan 4D		AF54F	10995	**2000**	**2550**	**4050**	**6200**
2 Sedan 4D		AZ52F	14750	**2400**	**3000**	**4475**	**6700**
3 Sedan 4D		AK52F	16275	**2725**	**3325**	**4875**	**7125**
2 Quad Coupe 2D		AM12F	14850	**2775**	**3375**	**4925**	**7175**
3 Quad Coupe 2D		AV12F	16800	**3250**	**3950**	**5500**	**7825**

ION—4-Cyl. Supercharged—Equipment Schedule 6
W.B. 103.5"; 2.0 Liter.

Red Line Quad Cpe 2D		AY12P	20950	**5975**	**6925**	**8600**	**11300**

SATURN L-SERIES—4-Cyl.—Equipment Schedule 3
W.B. 106.5"; 2.2 Liter.

L300 Sedan 4D		JC54R	16995	**2775**	**3400**	**4900**	**7100**
L300 Wagon 4D		JC84R	19045	**3125**	**3800**	**5300**	**7550**

SATURN L-SERIES—V6—Equipment Schedule 3
W.B. 106.5"; 3.0 Liter.

L300 Sedan 4D		JD54R	21410	**3950**	**4700**	**6225**	**8575**
L300 Wagon 4D		JD84R	23560	**4325**	**5125**	**6675**	**9075**

2005 SATURN — 1G8(AF52F)-5-#

ION—4-Cyl.—Equipment Schedule 6
W.B. 103.2"; 2.2 Liter.

1 Sedan 4D		AF52F	12955	**2525**	**3100**	**4650**	**6875**
2 Sedan 4D		AZ52F	14945	**2975**	**3600**	**5150**	**7425**
3 Sedan 4D		AK52F	16470	**3350**	**4025**	**5675**	**7925**
2 Quad Coupe 2D		AM12F	15495	**3375**	**4075**	**5600**	**7975**
3 Quad Coupe 2D		AV12F	17245	**3950**	**4700**	**6250**	**8650**

ION—4-Cyl. Supercharged—Equipment Schedule 6
W.B. 103.2"; 2.0 Liter.

Red Line Quad Cpe 2D		AY12P	21450	**6500**	**7500**	**9150**	**11900**

SATURN L-SERIES—V6—Equipment Schedule 3
W.B. 106.5"; 3.0 Liter.

L300 Sedan 4D		JD54R	21995	**4750**	**5575**	**7125**	**9625**

2006 SATURN — 1G8(AZ55F)-6-#

ION—4-Cyl.—Equipment Schedule 6
W.B. 103.2"; 2.2 Liter, 2.4 Liter.

2 Sedan 4D		AZ55F	13450	**3650**	**4350**	**5925**	**8300**
3 Sedan 4D		AK55F	14890	**4100**	**4850**	**6425**	**8850**
2 Quad Coupe 2D		AM15F	13490	**4150**	**4900**	**6475**	**8900**
3 Quad Coupe 2D		AV15F	16190	**4750**	**5550**	**7175**	**9725**

ION—4-Cyl. Supercharged—Equipment Schedule 6
W.B. 103.2"; 2.0 Liter.

Red Line Quad Cpe 2D		AY15P	19990	**7125**	**8175**	**9850**	**12650**

2007 SATURN — 1G8(AZ55F)-7-#

ION—4-Cyl.—Equipment Schedule 6
W.B. 103.2"; 2.2 Liter, 2.4 Liter.

2 Sedan 4D		AZ55F	13780	**4475**	**5275**	**6775**	**9200**
3 Sedan 4D		AK55F	15220	**4975**	**5800**	**7325**	**9775**
2 Quad Coupe 2D		AM15F	14780	**5000**	**5850**	**7375**	**9850**
3 Quad Coupe 2D		AV15F	16520	**5700**	**6625**	**8150**	**10700**

ION—4-Cyl. Supercharged—Equipment Schedule 6
W.B. 103.2"; 2.0 Liter.

Red Line Quad Cpe 2D		AY15P	20420	**7900**	**9050**	**10650**	**13500**

AURA—V6—Equipment Schedule 4
W.B. 112.3"; 3.5 Liter, 3.6 Liter.

Body	Type	VIN	List	Trade-In Fair	Good	Pvt-Party Good	Retail Excellent
XE Sedan 4D		ZS57N	20595	7500	8600	10150	12900
XR Sedan 4D		ZV577	24595	9050	10300	11900	14850
Panoramic Power Roof				475	475	635	635
SKY—4-Cyl.—Equipment Schedule 3							
W.B. 95.1"; 2.4 Liter.							
Roadster 2D		MB35B	26045	11475	12975	14750	18100
SKY—4-Cyl. Turbo—Equipment Schedule 3							
W.B. 95.1"; 2.0 Liter.							
Red Line Roadster 2D		MG35X	29745	13575	15300	17050	20600

2008 SATURN — 1G8(AR671)-8-#

Body	Type	VIN	List	Trade-In Fair	Good	Pvt-Party Good	Retail Excellent
ASTRA—4-Cyl.—Equipment Schedule 4							
W.B. 102.9"; 1.8 Liter.							
XE Hatchback 4D		AR671	17718	8075	9225	10800	13550
XR Hatchback 2D		AT271	18870	8500	9725	11250	14100
XR Hatchback 4D		AT671	19115	8650	9850	11400	14250
AURA—4-Cyl. Hybrid—Equipment Schedule 4							
W.B. 112.3"; 2.4 Liter.							
Green Line Sedan 4D		ZR5576	22790	10825	12300	13750	16750
AURA—V6—Equipment Schedule 4							
W.B. 112.3"; 3.5 Liter, 3.6 Liter.							
XE Sedan 4D		ZS57N	21495	8825	10050	11500	14250
XR Sedan 4D		ZV577	25495	10425	11850	13400	16300
4-Cyl. 2.4 Liter		B		(400)	(400)	(535)	(535)
SKY—4-Cyl.—Equipment Schedule 3							
W.B. 95.1"; 2.4 Liter.							
Roadster 2D		MB35B	26500	13125	14800	16450	19900
SKY—4-Cyl. Turbo—Equipment Schedule 3							
W.B. 95.1"; 2.0 Liter.							
Red Line Roadster 2D		MG35X	30700	15375	17300	19000	22700

SCION

2004 SCION — JT(KorL)(KT624)-4-#

Body	Type	VIN	List	Trade-In Fair	Good	Pvt-Party Good	Retail Excellent
xA—4-Cyl.—Equipment Schedule 6							
W.B. 93.3"; 1.5 Liter.							
Hatchback 4D		KT624	12965	3975	4700	6275	8675
xB—4-Cyl.—Equipment Schedule 6							
W.B. 98.4"; 1.5 Liter.							
Sport Wagon 4D		KT324	14165	5000	5825	7500	10100

2005 SCION — JT(KorL)(KT624)-5-#

Body	Type	VIN	List	Trade-In Fair	Good	Pvt-Party Good	Retail Excellent
xA—4-Cyl.—Equipment Schedule 6							
W.B. 93.3"; 1.5 Liter.							
Hatchback 4D		KT624	12995	4475	5275	6900	9425
Release Series 1.0				800	800	1065	1065
Release Series 2.0				600	600	800	800
xB—4-Cyl.—Equipment Schedule 6							
W.B. 98.4"; 1.5 Liter.							
Sport Wagon 4D		KT324	14195	5625	6550	8200	10900
Release Series 2.0				600	600	800	800
tC—4-Cyl.—Equipment Schedule 4							
W.B. 106.3"; 2.4 Liter.							
Hatchback Coupe 2D		DE177	17265	6150	7125	8775	11500

2006 SCION — JT(KorL)(KT624)-6-#

Body	Type	VIN	List	Trade-In Fair	Good	Pvt-Party Good	Retail Excellent
xA—4-Cyl.—Equipment Schedule 6							
W.B. 93.3"; 1.5 Liter.							
Hatchback 4D		KT621	13245	5075	5925	7575	10200
Release Series 2.0				600	600	800	800
Release Series 3.0 or 4.0				1000	1000	1335	1335
xB—4-Cyl.—Equipment Schedule 6							
W.B. 98.4"; 1.5 Liter.							
Sport Wagon 4D		KT324	14395	6325	7300	8975	11700
Release Series 2.0				600	600	800	800
Release Series 3.0 or 4.0				1000	1000	1335	1335
tC—4-Cyl.—Equipment Schedule 4							
W.B. 106.3"; 2.4 Liter.							
Hatchback Coupe 2D		DE177	17515	6975	8025	9675	12500
Release Series 2.0				900	900	1200	1200

Body	Type	VIN	List	Trade-In Fair	Trade-In Good	Pvt-Party Good	Retail Excellent
	Special Edition....................................			2000	2000	2665	2665

2007 SCION — JT(KorL)(DE177)-7-#

tC—4-Cyl.—Equipment Schedule 4
W.B. 106.3"; 2.4 Liter.

Body	Type	VIN	List	Fair	Good	Good	Excellent
	Spec H'Back Coupe 2D	DE177	16340	7550	8675	10200	12950
	Hatchback Coupe 2D	DE177	17740	7850	8975	10600	13450
	Release Series 3.0			900	900	1200	1200

2008 SCION — JT(KorL)(KU104)-8-#

xD—4-Cyl.—Equipment Schedule 4
W.B. 96.9"; 1.8 Liter.

Body	Type	VIN	List	Fair	Good	Good	Excellent
	Hatchback 4D	KU104	15970	9050	10300	11750	14500

xB—4-Cyl.—Equipment Schedule 6
W.B. 102.4"; 2.4 Liter.

| | Sport Wagon 4D | KE50E | 16270 | 9525 | 10825 | 12350 | 15200 |

tC—4-Cyl.—Equipment Schedule 4
W.B. 106.3"; 2.4 Liter.

	Spec H'Back Coupe 2D	DE167	16720	8650	9850	11300	14050
	Hatchback Coupe 2D	DE167	18420	8950	10200	11650	14400
	Release Series 4.0						

SUBARU

1994 SUBARU — (JF1,JF2,4S3or4S4)(KA722)-R-#

JUSTY—3-Cyl.—Equipment Schedule 6
W.B. 90.0"; 1.2 Liter.

Body	Type	VIN	List	Fair	Good	Good	Excellent
	DL Hatchback 2D	KA722	8194	300	425	1000	1875
	GL AWD Hatchback 5D	KD83A	10048	375	525	1100	2050

LOYALE AWD—4-Cyl.—Equipment Schedule 4
W.B. 96.9"; 1.8 Liter.

| | Wagon 4D | AN52B | 13998 | 975 | 1375 | 2450 | 4050 |
| | Auto Trans | | | 175 | 175 | 235 | 235 |

IMPREZA—4-Cyl.—Equipment Schedule 5
W.B. 99.2"; 1.8 Liter.

	Sedan 4D	GC214	11645	575	775	1550	2750
	L Sedan 4D	GC224	15195	625	900	1700	2975
	L Wagon 4D	GF224	15595	775	1100	1950	3325
	AWD			475	475	635	635

IMPREZA AWD—4-Cyl.—Equipment Schedule 5
W.B. 99.2"; 1.8 Liter.

| | LS Sedan 4D | GC255 | 18995 | 1000 | 1425 | 2500 | 4125 |
| | LS Wagon 4D | GF255 | 19395 | 1150 | 1625 | 2775 | 4425 |

LEGACY—4-Cyl.—Equipment Schedule 4
W.B. 101.6"; 2.2 Liter.

	L Sedan 4D	BC633	17395	725	1025	1875	3250
	L Wagon 4D	BJ633	18695	875	1225	2175	3650
	LS Sedan 4D	BC653	20145	800	1125	2000	3425
	LS Wagon 4D	BJ653	20845	950	1325	2400	4000
	AWD			475	475	635	635
	Manual Trans			(200)	(200)	(265)	(265)

LEGACY AWD—4-Cyl.—Equipment Schedule 4
W.B. 101.6"; 2.2 Liter.

| | LSi Sedan 4D | BC653 | 22295 | 1125 | 1575 | 2725 | 4375 |
| | LSi Wagon 4D | BJ653 | 23295 | 1325 | 1800 | 3000 | 4700 |

LEGACY AWD—4-Cyl. Turbo—Equipment Schedule 4
W.B. 101.6"; 2.2 Liter.

	Sport Sedan 4D	BC673	22645	1075	1525	2625	4275
	Touring Wagon 4D	BJ673	23645	1200	1675	2850	4525
	Manual Trans			(200)	(200)	(265)	(265)

SVX—6-Cyl.—Equipment Schedule 4
W.B. 102.8"; 3.3 Liter.

	L Coupe 2D	CX323	24345	1650	2150	3375	5200
	LS Coupe 2D	CX345	28995	1925	2475	3725	5575
	LSi AWD Coupe 2D	CX355	34295	2425	3025	4325	6325

1995 SUBARU — 4S3orJF1(GC215)-S-#

IMPREZA—4-Cyl.—Equipment Schedule 5
W.B. 99.2"; 1.8 Liter, 2.2 Liter.

| | Sedan 4D | GC215 | 13420 | 650 | 925 | 1725 | 3050 |

1995 SUBARU

Body	Type	VIN	List	Trade-In Fair	Good	Pvt-Party Good	Retail Excellent
	Coupe 2D	GM215	13715	600	825	1625	2875
	L Sedan 4D	GC235	15025	750	1050	1900	3300
	L Coupe 2D	GM235	15025	675	950	1800	3125
	AWD			500	500	665	665

IMPREZA AWD—4-Cyl.—Equipment Schedule 5
W.B. 99.2"; 1.8 Liter, 2.2 Liter.

	L Wagon 4D	GF235	16425	1200	1675	2800	4525
	LX Sedan 4D	GC655	17470	1175	1650	2800	4475
	LX Coupe 2D	GM655	17770	1100	1525	2675	4325
	LX Wagon 4D	GF655	17870	1400	1875	3075	4825
	Outback Wagon 4D	GF235	17225	1600	2075	3300	5100

LEGACY—4-Cyl.—Equipment Schedule 4
W.B. 103.5"; 2.2 Liter.

	Sedan 4D	BD635	16517	1000	1400	2500	4125
	L Sedan 4D	BD635	18264	1000	1400	2500	4125
	L Wagon 4D	BK635	18964	1150	1600	2750	4425
	AWD			500	500	665	665

LEGACY AWD—4-Cyl.—Equipment Schedule 4
W.B. 103.5"; 2.2 Liter.

	Brighton Wagon 4D	BK625	17643	1400	1850	3075	4800
	Outback Wagon 4D	BK635	21095	2125	2700	3975	5875
	LS Sedan 4D	BD655	21595	1475	1950	3150	4925
	LS Wagon 4D	BK655	22295	1650	2150	3375	5200
	LSi Sedan 4D	BD655	24095	1650	2150	3375	5200
	LSi Wagon 4D	BK655	24795	1900	2450	3700	5550

SVX—6-Cyl.—Equipment Schedule 4
W.B. 102.8"; 3.3 Liter.

	L Coupe 2D	CX335	27275	1875	2425	3675	5550
	L AWD Coupe 2D	CX335	28775	2275	2850	4175	6125
	LSi Coupe 2D	CX355	34825	2775	3375	4750	6825

1996 SUBARU — JF1or4S3(GM225)-T-#

IMPREZA AWD—4-Cyl.—Equipment Schedule 5
W.B. 99.2"; 1.8 Liter, 2.2 Liter.

	Brighton Coupe 2D	GM225	13990	1025	1425	2550	4200
	L Sedan 4D	GC435	16890	1175	1650	2825	4525
	L Coupe 2D	GM435	16890	1100	1550	2700	4375
	L Wagon 4D	GF435	16490	1475	1950	3150	4950
	LX Sedan 4D	GC455	18290	1450	1925	3150	4925
	LX Coupe 2D	GM455	18590	1325	1800	3000	4725
	LX Wagon 4D	GF455	18690	1725	2250	3475	5325
	Outback Wagon 4D	GF485	18890	1900	2450	3725	5600
	2WD			(575)	(575)	(765)	(765)

LEGACY—4-Cyl.—Equipment Schedule 4
W.B. 103.5"; 2.2 Liter.

	L Sedan 4D	BD335	18775	1125	1600	2750	4450
	L Wagon 4D	BK335	19475	1350	1850	3050	4800
	AWD			575	575	765	765
	Manual Trans (Sedan)	4		(200)	(200)	(265)	(265)

LEGACY AWD—4-Cyl.—Equipment Schedule 4
W.B. 103.5"; 2.2 Liter, 2.5 Liter.

	Brighton Wagon 4D	BK425	18075	1675	2175	3400	5225
	Outback Wagon 4D	BG685	22490	2500	3100	4425	6450
	LS Sedan 4D	BD455	22590	1775	2300	3550	5400
	LS Wagon 4D	BK455	23290	1950	2500	3775	5650
	GT Sedan 4D	BD675	22790	1975	2525	3825	5700
	GT Wagon 4D	BK675	23490	2250	2825	4125	6075
	LSi Sedan 4D	BD665	25290	1925	2475	3750	5625
	LSi Wagon 4D	BK665	25990	2250	2825	4125	6075
	4-Cyl. 2.5L (Outback)	6		150	150	200	200

SVX AWD—6-Cyl.—Equipment Schedule 4
W.B. 102.8"; 3.3 Liter.

	L Coupe 2D	CX835	30490	2675	3275	4625	6700
	LSi Coupe 2D	CX865	35990	3200	3875	5300	7475

1997 SUBARU — JF1or4S3(GM425)-V-#

IMPREZA AWD—4-Cyl.—Equipment Schedule 5
W.B. 99.2"; 1.8 Liter, 2.2 Liter.

	Brighton Coupe 2D	GM425	15290	1125	1575	2725	4425
	L Sedan 4D	GC435	17190	1400	1875	3100	4875
	L Coupe 2D	GM435	17190	1275	1750	2950	4675
	L Sport Wagon 4D	GF435	17590	1725	2225	3450	5300

1009

1997 SUBARU

Body Type	VIN	List	Trade-In Fair	Good	Pvt-Party Good	Retail Excellent
Outback Sport Wagon	GF485	19290	**2200**	**2775**	**4075**	**6000**

LEGACY AWD—4-Cyl.—Equipment Schedule 4
W.B. 103.5"; 2.2 Liter, 2.5 Liter.

Brighton Wagon 4D	BK425	18490	**2275**	**2850**	**4150**	**6100**
L Sedan 4D	BD435	20490	**2100**	**2675**	**3950**	**5850**
L Wagon 4D	BK435	21190	**2425**	**3025**	**4325**	**6325**
Outback Wagon 4D	BG685	23790	**3250**	**3950**	**5350**	**7525**
Outback Ltd Wag 4D	BG685	25490	**3375**	**4075**	**5475**	**7675**
GT Sedan 4D	BD675	24090	**2725**	**3325**	**4675**	**6725**
GT Wagon 4D	BK675	24790	**3000**	**3650**	**5025**	**7150**
LSi Sedan 4D	BD665	25490	**2700**	**3300**	**4650**	**6700**
LSi Wagon 4D	BK665	26190	**2975**	**3600**	**4975**	**7075**
Manual Trans (Sedan)			**(250)**	**(250)**	**(335)**	**(335)**

SVX AWD—6-Cyl.—Equipment Schedule 4
W.B. 102.8"; 3.3 Liter.

L Coupe 2D	CX835	31120	**3075**	**3725**	**5150**	**7300**
LSi Coupe 2D	CX865	36740	**3700**	**4400**	**5875**	**8150**

1998 SUBARU — JF1or4S3(GC435)-W-#

IMPREZA AWD—4-Cyl.—Equipment Schedule 5
W.B. 99.2"; 2.2 Liter, 2.5 Liter.

L Sedan 4D	GC435	17190	**1675**	**2150**	**3400**	**5225**
L Coupe 2D	GM435	17190	**1500**	**2000**	**3200**	**5000**
L Sport Wagon 4D	GF435	17590	**1975**	**2525**	**3800**	**5675**
Outback Sport Wag 4D	GF485	19290	**2500**	**3100**	**4400**	**6400**
2.5RS Coupe 2D	GM675	20490	**2700**	**3300**	**4650**	**6675**

LEGACY AWD—4-Cyl.—Equipment Schedule 4
W.B. 103.5"; 2.2 Liter, 2.5 Liter.

Brighton Wagon 4D	BK425	18524	**2675**	**3275**	**4600**	**6650**
L Sedan 4D	BD435	20490	**2475**	**3075**	**4375**	**6375**
L Wagon 4D	BK435	21190	**2825**	**3450**	**4800**	**6875**
Outback Wagon 4D	BG685	23790	**3750**	**4475**	**5925**	**8175**
Outback Ltd Wag 4D	BG685	25890	**3950**	**4675**	**6125**	**8425**
GT Sedan 4D	BD675	24090	**3150**	**3825**	**5225**	**7350**
GT Limited Sedan 4D	BE656	25390	**3300**	**3975**	**5400**	**7550**
GT Wagon 4D	BK675	24790	**3500**	**4200**	**5600**	**7825**
Manual Trans (Sedan)			**(300)**	**(300)**	**(400)**	**(400)**
Dual Power Moon Roofs			**100**	**100**	**135**	**135**

1999 SUBARU — JF1or4S3(GC435)-X-#

IMPREZA AWD—4-Cyl.—Equipment Schedule 5
W.B. 99.2"; 2.2 Liter, 2.5 Liter.

L Sedan 4D	GC435	17190	**1950**	**2500**	**3750**	**5625**
L Coupe 2D	GM435	17190	**1800**	**2300**	**3550**	**5425**
L Sport Wagon 4D	GF435	17590	**2300**	**2900**	**4175**	**6125**
Outback Sport Wag 4D	GF485	19290	**2850**	**3450**	**4800**	**6850**
2.5RS Coupe 2D	GM675	20490	**3050**	**3700**	**5075**	**7150**

LEGACY AWD—4-Cyl.—Equipment Schedule 4
W.B. 103.5"; 2.2 Liter, 2.5 Liter.

Brighton Wagon 4D	BK425	18524	**3100**	**3750**	**5150**	**7275**
L Sedan 4D	BD435	20490	**2900**	**3525**	**4900**	**6975**
L Wagon 4D	BK435	21190	**3300**	**3975**	**5400**	**7550**
Outback Wagon 4D	BG686	23790	**4300**	**5100**	**6600**	**8950**
Outback Ltd Wag 4D	BG685	25890	**4525**	**5350**	**6850**	**9250**
GT Sedan 4D	BD675	24090	**3675**	**4375**	**5825**	**8050**
GT Limited Sedan 4D	BE656	25390	**3850**	**4575**	**6025**	**8300**
GT Wagon 4D	BK675	24790	**4050**	**4800**	**6275**	**8575**
Sport Util Sedan 4D	BD685	23890	**4100**	**4825**	**6300**	**8625**
Ltd Sport Util Sed 4D	BD685	26090	**4450**	**5250**	**6750**	**9150**
Dual Moon Roofs			**125**	**125**	**165**	**165**
Manual Trans (Sedan)			**(350)**	**(350)**	**(465)**	**(465)**

2000 SUBARU — JF1or4S3(GC435)-Y-#

IMPREZA AWD—4-Cyl.—Equipment Schedule 5
W.B. 99.2"; 2.2 Liter, 2.5 Liter.

L Sedan 4D	GC435	17190	**2325**	**2925**	**4225**	**6175**
L Coupe 2D	GM435	17190	**2125**	**2700**	**3975**	**5900**
L Sport Wagon 4D	GF435	17590	**2700**	**3300**	**4625**	**6675**
Outback Sport Wag 4D	GF485	19390	**3250**	**3925**	**5300**	**7425**
2.5RS Sedan 4D	GC675	20590	**3375**	**4075**	**5475**	**7625**
2.5RS Coupe 2D	GM675	20590	**3475**	**4200**	**5575**	**7775**

2000 SUBARU

Body	Type	VIN	List	Trade-In Fair	Good	Pvt-Party Good	Retail Excellent
LEGACY AWD—4-Cyl.—Equipment Schedule 4							
W.B. 104.3"; 2.5 Liter.							
Brighton Wagon 4D		BH625	19690	3175	3850	5250	7375
L Sedan 4D		BE635	20490	2950	3600	4975	7050
L Wagon 4D		BH635	21190	3375	4075	5475	7650
GT Sedan 4D		BE645	24090	3825	4550	5975	8225
GT Limited Sedan 4D		BE656	25590	4000	4750	6175	8450
GT Wagon 4D		BH645	24990	4225	4975	6450	8750
Dual Moon Roofs				150	150	200	200
Manual Trans (Sedan)				(400)	(400)	(535)	(535)
OUTBACK AWD—4-Cyl.—Equipment Schedule 4							
W.B. 104.3"; 2.5 Liter.							
Wagon 4D		BH666	23990	4300	5075	6550	8875
Limited Sedan 4D		BE686	26390	4475	5275	6750	9125
Limited Wagon 4D		BH686	27390	4550	5350	6875	9300
Dual Moon Roofs				150	150	200	200

2001 SUBARU — JF1or4S3(GC435)-1-#

Body	Type	VIN	List	Trade-In Fair	Good	Pvt-Party Good	Retail Excellent
IMPREZA AWD—4-Cyl.—Equipment Schedule 5							
W.B. 99.2"; 2.2 Liter, 2.5 Liter.							
L Sedan 4D		GC435	17290	2775	3375	4725	6750
L Coupe 2D		GM435	17290	2550	3125	4475	6500
L Sport Wagon 4D		GF435	17690	3125	3800	5175	7300
Outback Sport Wag 4D		GF485	18490	3725	4425	5850	8050
2.5RS Sedan 4D		GC675	20790	3850	4575	6000	8225
2.5RS Coupe 2D		GM675	20790	4000	4725	6150	8400
LEGACY AWD—4-Cyl.—Equipment Schedule 4							
W.B. 104.3"; 2.5 Liter.							
L Sedan 4D		BE635	20590	3525	4225	5625	7825
L Wagon 4D		BH635	21290	3975	4725	6150	8400
GT Sedan 4D		BE645	24190	4475	5275	6750	9100
GT Limited Sedan 4D		BE656	25690	4625	5450	6950	9375
GT Wagon 4D		BH645	25090	4875	5700	7250	9700
Dual Moon Roofs				175	175	235	235
Manual Trans (Sedan)				(425)	(425)	(565)	(565)
OUTBACK AWD—4-Cyl.—Equipment Schedule 4							
W.B. 104.3"; 2.5 Liter.							
Wagon 4D		BH665	24190	4975	5825	7375	9850
Limited Sedan 4D		BE686	26490	5175	6050	7600	10100
Limited Wagon 4D		BH686	27590	5300	6175	7725	10250
Dual Moon Roofs				175	175	235	235
OUTBACK AWD—H6—Equipment Schedule 4							
W.B. 104.3"; 3.0 Liter.							
L.L. Bean Wagon 4D		BH806	29990	5675	6600	8175	10800
VDC Wagon 4D		BH896	32390	6525	7525	9175	11900
Dual Moon Roofs				175	175	235	235

2002 SUBARU — JF1or4S3(GG655)-2-#

Body	Type	VIN	List	Trade-In Fair	Good	Pvt-Party Good	Retail Excellent
IMPREZA AWD—4-Cyl.—Equipment Schedule 5							
W.B. 99.4"; 2.5 Liter.							
2.5TS Sport Wagon 4D		GG655	18820	3550	4250	5800	8150
Outback Sport Wag 4D		GF485	20020	4175	4925	6525	8975
2.5RS Sedan 4D		GC675	20320	4300	5075	6675	9150
IMPREZA AWD—4-Cyl. Turbo—Equipment Schedule 4							
W.B. 99.4"; 2.0 Liter.							
WRX Sedan 4D		GD295	25520	5575	6525	8250	11050
WRX Sport Wagon 4D		GG295	25520	5400	6275	7975	10750
LEGACY AWD—4-Cyl.—Equipment Schedule 4							
W.B. 104.3"; 2.5 Liter.							
L Sedan 4D		BE635	20620	4050	4800	6400	8850
L Wagon 4D		BH635	21320	4500	5325	6975	9550
GT Sedan 4D		BE645	24220	5075	5925	7625	10300
GT Limited Sedan 4D		BE656	26020	5250	6125	7850	10550
GT Wagon 4D		BH645	25120	5525	6425	8125	10900
Dual Moon Roofs				200	200	265	265
Manual Trans (Sedan)				(450)	(450)	(600)	(600)
OUTBACK AWD—4-Cyl.—Equipment Schedule 4							
W.B. 104.3"; 2.5 Liter.							
Wagon 4D		BH665	24220	5625	6550	8250	11050
Limited Sedan 4D		BE686	26520	5850	6800	8525	11300
Limited Wagon 4D		BH686	27620	6000	6925	8675	11450
Dual Moon Roofs				200	200	265	265

2002 SUBARU

Body	Type	VIN	List	Trade-In Fair	Trade-In Good	Pvt-Party Good	Retail Excellent
OUTBACK AWD—H6—Equipment Schedule 4							
W.B. 104.3"; 3.0 Liter.							
Sedan 4D		BE896	28520	5900	6850	8575	11350
L.L. Bean Wagon 4D		BH806	30020	6375	7350	9150	12000
VDC Sedan 4D		BH806	30920	6750	7800	9575	12500
VDC Wagon 4D		BH896	32420	7275	8350	10200	13250
Dual Moon Roofs				200	200	265	265

2003 SUBARU — JF1or4S3(GG655)-3-#

Body	Type	VIN	List	Trade-In Fair	Trade-In Good	Pvt-Party Good	Retail Excellent
IMPREZA AWD—4-Cyl.—Equipment Schedule 5							
W.B. 99.4"; 2.5 Liter.							
2.5TS Sport Wagon 4D		GG655	18920	4200	4950	6550	9000
Outback Sport Wag		GG685	20120	4875	5700	7350	9950
2.5RS Sedan 4D		GD675	20420	4950	5800	7475	10100
IMPREZA AWD—4-Cyl. Turbo—Equipment Schedule 4							
W.B. 99.4"; 2.0 Liter.							
WRX Sedan 4D		GD296	25720	6600	7600	9375	12300
WRX Sport Wagon 4D		GG296	25220	6325	7300	9075	11950
LEGACY AWD—4-Cyl.—Equipment Schedule 4							
W.B. 104.3"; 2.5 Liter.							
L Sedan 4D		BE635	20820	4650	5475	7125	9700
L Wagon 4D		BE635	21520	5175	6050	7725	10400
L Special Ed Sed 4D		BE635	21320	4750	5575	7250	9850
L Special Ed Wag 4D		BH635	22420	5325	6200	7875	10550
GT Sedan 4D		BE646	26320	5850	6775	8500	11250
GT Wagon 4D		BH646	27220	6350	7325	9075	11900
Dual Moon Roofs				275	275	365	365
Manual Trans (Sedan)				(500)	(500)	(665)	(665)
OUTBACK AWD—4-Cyl.—Equipment Schedule 4							
W.B. 104.3"; 2.5 Liter.							
Wagon 4D		BH675	24370	6450	7450	9175	12000
Limited Sedan 4D		BE686	26820	6725	7725	9475	12350
Limited Wagon 4D		BH686	27920	6850	7900	9650	12550
Dual Moon Roofs				275	275	365	365
OUTBACK AWD—H6—Equipment Schedule 4							
W.B. 104.3"; 3.0 Liter.							
Sedan 4D		BE896	29020	6750	7775	9500	12400
Wagon 4D		BH896	27520	6350	7350	9075	11900
L.L. Bean Wagon 4D		BH806	30520	7300	8375	10150	13150
VDC Sedan 4D		BE896	31420	7750	8875	10700	13700
VDC Wagon 4D		BH896	32920	8325	9525	11350	14550

2004 SUBARU — JF1or4S3(GG655)-4-#

Body	Type	VIN	List	Trade-In Fair	Trade-In Good	Pvt-Party Good	Retail Excellent
IMPREZA AWD—4-Cyl.—Equipment Schedule 5							
W.B. 99.4"; 2.5 Liter.							
2.5TS Sport Wagon 4D		GG655	19245	4900	5750	7400	10000
Outback Sport Wag		GG685	20445	5675	6625	8275	11000
2.5RS Sedan 4D		GD675	20745	5725	6675	8325	11050
IMPREZA AWD—4-Cyl. Turbo—Equipment Schedule 4							
W.B. 99.4"; 2.0 Liter.							
WRX Sedan 4D		GD296	26045	7625	8725	10550	13550
WRX Sport Wagon 4D		GG296	25545	7300	8375	10200	13200
IMPREZA AWD—4-Cyl. HO Turbo—Equipment Schedule 4							
W.B. 100.0"; 2.5 Liter.							
WRX STi Sedan 4D		GD706	31545	11475	12975	14950	18550
LEGACY AWD—4-Cyl.—Equipment Schedule 4							
W.B. 104.3"; 2.5 Liter.							
L Sedan 4D		BE635	21245	5425	6325	7975	10700
L Wagon 4D		BH635	21945	5975	6925	8650	11400
GT Sedan 4D		BE646	26645	6750	7800	9525	12400
GT Wagon 4D		BH646	27545	7325	8400	10150	13100
Dual Moon Roofs				350	350	465	465
Manual Trans (Sedan)				(525)	(525)	(700)	(700)
OUTBACK AWD—4-Cyl.—Equipment Schedule 4							
W.B. 104.3"; 2.5 Liter.							
Wagon 4D		BH675	24695	7400	8475	10250	13200
Limited Sedan 4D		BE686	27145	7700	8825	10600	13550
Limited Wagon 4D		BH686	28245	7875	9025	10800	13750
Dual Moon Roofs				350	350	465	465
OUTBACK AWD—H6—Equipment Schedule 4							
W.B. 104.3"; 3.0 Liter.							
Sedan 4D		BE896	29345	7750	8875	10650	13600

Body Type	VIN	List	Trade-In Fair	Good	Pvt-Party Good	Retail Excellent
35th Anniv Wagon 4D	BH815	27645	**7300**	**8375**	**10150**	**13100**
L.L. Bean Wagon 4D	BH806	30845	**8325**	**9525**	**11350**	**14500**
VDC Sedan 4D	BE896	31545	**8875**	**10100**	**11950**	**15150**
VDC Wagon 4D	BH896	33045	**9500**	**10825**	**12700**	**15950**

2005 SUBARU — (JFor4S)(1,3or4)(GG675)-5-#

IMPREZA AWD—4-Cyl.—Equipment Schedule 5
W.B. 99.4"; 2.5 Liter.

2.5RS Sport Wagon 4D	GG675	19470	**5750**	**6675**	**8325**	**11050**
Outback Sport Wag	GG685	20370	**6625**	**7625**	**9300**	**12100**
Outback Spt Spcl Ed	GG685	20320	**6750**	**7800**	**9475**	**12300**
2.5RS Sedan 4D	GD675	19470	**5650**	**6575**	**8225**	**10950**

IMPREZA AWD—4-Cyl. Turbo—Equipment Schedule 4
W.B. 99.4"; 2.0 Liter.

WRX Sedan 4D	GD296	26470	**8700**	**9900**	**11750**	**14950**
WRX Sport Wagon 4D	GG296	25970	**8325**	**9525**	**11350**	**14500**

IMPREZA AWD—4-Cyl. HO Turbo—Equipment Schedule 4
W.B. 99.4"; 2.5 Liter.

WRX STi Sedan 4D	GD706	32770	**12975**	**14650**	**16600**	**20300**

LEGACY AWD—4-Cyl.—Equipment Schedule 4
W.B. 105.1"; 2.5 Liter.

2.5i Sedan 4D	BL616	22870	**6675**	**7675**	**9375**	**12200**
2.5i Wagon 4D	BP616	23870	**7275**	**8350**	**10050**	**12950**
2.5i Limited Sedan 4D	BL626	26120	**7675**	**8800**	**10500**	**13450**
2.5i Limited Wagon 4D	BP626	27320	**7875**	**9000**	**10800**	**13800**
Dual Moon Roofs			450	450	600	600
Manual Trans (Sedan)			(550)	(550)	(735)	(735)

LEGACY AWD—4-Cyl. Turbo—Equipment Schedule 4
W.B. 105.1"; 2.5 Liter.

2.5GT Sedan 4D	BL686	27870	**8150**	**9325**	**11100**	**14200**
2.5GT Wagon 4D	BP686	28870	**8775**	**10000**	**11800**	**14950**
2.5GT Limited Sed 4D	BL676	30370	**10525**	**11950**	**13800**	**17150**
2.5GT Limited Wag 4D	BP676	31570	**10875**	**12350**	**14200**	**17600**
Dual Moon Roofs			450	450	600	600
Manual Trans (Sedan)			(550)	(550)	(735)	(735)

OUTBACK AWD—4-Cyl.—Equipment Schedule 4
W.B. 105.1"; 2.5 Liter.

2.5i Wagon 4D	BP61C	25870	**7975**	**9150**	**10950**	**13950**
2.5i Limited Wagon	BP62C	28670	**8700**	**9900**	**11700**	**14850**
Dual Moon Roofs			450	450	600	600

OUTBACK AWD—4-Cyl. Turbo—Equipment Schedule 4
W.B. 105.1"; 2.5 Liter.

2.5XT Wagon 4D	BP68C	29870	**9100**	**10350**	**12150**	**15350**
2.5XT Limited Wag	BP67C	32570	**9375**	**10675**	**12500**	**15700**
Dual Moon Roofs			450	450	600	600

OUTBACK AWD—H6—Equipment Schedule 4
W.B. 105.1"; 3.0 Liter.

3.0R Sedan 4D	BL84C	31670	**10575**	**12000**	**13800**	**17200**
3.0R L.L. Bean Wagon	BP86C	32870	**11225**	**12750**	**14600**	**18050**
3.0R VDC Ltd Wagon	BP85C	34070	**12150**	**13725**	**15600**	**19150**
Dual Moon Roofs			450	450	600	600

2006 SUBARU — (JFor4S)(1,3or4)(GG676)-6-#

IMPREZA AWD—4-Cyl.—Equipment Schedule 5
W.B. 99.4"; 2.5 Liter.

2.5i Sport Wagon	GG676	19720	**6700**	**7725**	**9375**	**12150**
2.5i Sedan 4D	GD676	19720	**6625**	**7625**	**9275**	**12050**
Outback Sport Wag	GG686	20620	**7650**	**8775**	**10400**	**13200**

IMPREZA AWD—4-Cyl. Turbo—Equipment Schedule 4
W.B. 99.4"; 2.5 Liter.

WRX TR Sedan 4D	GD796	24620	**9750**	**11075**	**12950**	**16200**
WRX Sedan 4D	GD796	26620	**10825**	**12250**	**14100**	**17500**
WRX Sport Wagon 4D	GG796	26120	**10425**	**11850**	**13700**	**17100**
WRX Limited Sedan	GD796	29120	**11900**	**13475**	**15350**	**18850**
WRX Limited Spt Wag	GG796	28620	**11650**	**13175**	**15050**	**18550**

IMPREZA AWD—4-Cyl. HO Turbo—Equipment Schedule 4
W.B. 100.0"; 2.5 Liter.

WRX STi Sedan 4D	GD706	33620	**15525**	**17450**	**19350**	**23200**

LEGACY AWD—4-Cyl.—Equipment Schedule 4
W.B. 105.1"; 2.5 Liter.

i Sedan 4D	BL616	23520	**7825**	**8950**	**10650**	**13500**
i Wagon 4D	BP616	24520	**8425**	**9625**	**11350**	**14450**

Body Type	VIN	List	Trade-In Fair	Trade-In Good	Pvt-Party Good	Retail Excellent
i Limited Sedan 4D	BL626	26120	8900	10150	11900	15000
i Limited Wagon 4D	BP626	27320	9200	10475	12250	15400
Dual Moon Roofs			550	550	735	735
Manual Trans (Sedan)			(575)	(575)	(765)	(765)

LEGACY AWD—4-Cyl. Turbo—Equipment Schedule 4
W.B. 105.1"; 2.5 Liter.

GT Limited Sed 4D	BL676	30620	12050	13625	15450	18850
GT Limited Wag 4D	BP676	31820	12450	14075	15900	19350
Manual Trans (Sedan)			(575)	(575)	(765)	(765)

OUTBACK AWD—4-Cyl.—Equipment Schedule 4
W.B. 105.1"; 2.5 Liter.

2.5i Wagon 4D	BP61C	26420	9250	10525	12300	15450
2.5i Limited Sedan 4D	BL62C	28020	9800	11125	12900	16100
2.5i Limited Wagon	BP62C	29220	10050	11425	13250	16450
Dual Moon Roofs			550	550	735	735

OUTBACK AWD—4-Cyl. Turbo—Equipment Schedule 4
W.B. 105.1"; 2.5 Liter.

2.5XT Wagon 4D	BP68C	29220	10425	11850	13600	16900
2.5XT Limited Wagon	BP67C	32820	10775	12200	13950	17300
Dual Moon Roofs			550	550	735	735

OUTBACK AWD—H6—Equipment Schedule 4
W.B. 105.1"; 3.0 Liter.

3.0R Wagon 4D	BP84C	29620	10775	12200	13950	17300
3.0R L.L. Bean Sed 4D	BL86C	31920	12150	13725	15500	18950
3.0R L.L. Bean Wagon	BP86C	33120	12850	14450	16250	19800
3.0R VDC Ltd Wagon	BP85C	36320	13825	15575	17400	21100
Dual Moon Roofs			550	550	735	735

IMPREZA AWD—4-Cyl.—Equipment Schedule 5
W.B. 99.4"; 2.5 Liter.

2.5i Sport Wagon	GG616	19420	7800	8925	10500	13450
2.5i Sedan 4D	GD616	19420	7700	8825	10500	13350
Outback Sport Wag	GG626	20620	8825	10050	11700	14650

IMPREZA AWD—4-Cyl. Turbo—Equipment Schedule 4
W.B. 99.4"; 2.5 Liter.

WRX Sedan 4D	GD746	25620	12100	13675	15450	18850
WRX Sport Wagon	GD746	25120	11700	13225	15000	18400
WRX TR Sedan 4D	GD756	24620	10975	12450	14200	17500
WRX Limited Sedan	GD746	29120	13275	15000	16800	20400
WRX Limited Spt Wag	GD746	28620	12975	14650	16450	20000

IMPREZA AWD—4-Cyl. HO Turbo—Equipment Schedule 4
W.B. 99.4"; 2.5 Liter.

| WRX STi Sedan 4D | GD766 | 34120 | 17300 | 19350 | 21300 | 25300 |
| WRX STi Limited Sed | GD776 | 37120 | 17550 | 19700 | 21600 | 25600 |

LEGACY AWD—4-Cyl.—Equipment Schedule 4
W.B. 105.1"; 2.5 Liter.

i Sedan 4D	BL616	22120	9175	10425	12100	15150
i Wagon 4D	BP616	23620	9850	11175	12900	15950
i Limited Sedan 4D	BL626	24720	10400	11750	13450	16600
i Limited Wagon 4D	BP626	25920	10775	12200	13850	17050
Dual Moon Roofs			650	650	865	865
Manual Trans (Sedan)			(600)	(600)	(800)	(800)

LEGACY AWD—4-Cyl. Turbo—Equipment Schedule 4
W.B. 105.1"; 2.5 Liter.

GT Limited Sedan 4D	BL676	30120	13825	15575	17300	20900
GT Limited Wagon 4D	BP676	31520	14200	15975	17700	21300
GT spec.B Sedan 4D	BL696	34620	15325	17250	19000	22700
Manual Trans (Sedan)			(600)	(600)	(800)	(800)

OUTBACK AWD—4-Cyl.—Equipment Schedule 4
W.B. 105.1"; 2.5 Liter.

2.5i Basic Wagon 4D	BP61C	23620	10425	11850	13500	16700
2.5i Wagon 4D	BP61C	25220	10775	12200	13850	17050
2.5i Limited Sedan 4D	BL62C	27020	11375	12850	14550	17850
2.5i Limited Wagon 4D	BP62C	28020	11650	13175	14900	18200
Dual Moon Roofs			650	650	865	865

OUTBACK AWD—4-Cyl. Turbo—Equipment Schedule 4
W.B. 105.1"; 2.5 Liter.

| 2.5XT Limited Wagon | BP63C | 32820 | 12400 | 14025 | 15700 | 19050 |
| Dual Moon Roofs | | | 650 | 650 | 865 | 865 |

OUTBACK AWD—H6 HO—Equipment Schedule 4
W.B. 105.1"; 3.0 Liter.

| 3.0R L.L. Bean Sedan | BL86C | 30920 | 13925 | 15675 | 17400 | 21000 |

Body	Type	VIN	List	Trade-In Fair	Good	Pvt-Party Good	Retail Excellent
	3.0R L.L. Bean Wagon	BP86C	32120	**14650**	**16475**	**18250**	**21900**
	Dual Moon Roofs			650	650	865	865

2008 SUBARU — (JFor4S)(1,3or4)(GE616)-8-#

IMPREZA AWD—4-Cyl.—Equipment Schedule 5
W.B. 103.1"; 2.5 Liter.
	2.5i Sedan 4D	GE616	18640	**8900**	**10150**	**11700**	**14600**
	2.5i Sport Wagon	GH616	19140	**9450**	**10725**	**12350**	**15300**
	Outback Sport Wag	GG636	21640	**10575**	**12000**	**13600**	**16700**
	Premium Pkg			200	200	265	265

IMPREZA AWD—4-Cyl. Turbo—Equipment Schedule 4
W.B. 103.1", 103.3" (STI); 2.5 Liter.
	WRX Sedan 4D	GE756	25995	**14400**	**16175**	**17950**	**21600**
	WRX Sport Wagon 4D	GH746	26495	**14650**	**16475**	**18250**	**21900**
	WRX STI Sport Wag	GR796	35640	**20475**	**22925**	**24700**	**28900**
	Premium Pkg			500	500	665	665

LEGACY AWD—4-Cyl.—Equipment Schedule 4
W.B. 105.1"; 2.5 Liter.
	2.5i Sedan 4D	BL616	22140	**10575**	**12000**	**13600**	**16750**
	2.5i Limited Sedan 4D	BL626	24740	**11850**	**13425**	**15100**	**18400**
	Manual Trans			(625)	(625)	(835)	(835)

LEGACY AWD—4-Cyl. Turbo—Equipment Schedule 4
W.B. 105.1"; 2.5 Liter.
	2.5GT Limited Sedan	BL676	30440	**15625**	**17550**	**19200**	**22800**
	2.5GT spec.B Sedan	BL696	34640	**17300**	**19350**	**21100**	**24900**
	Manual Trans			(625)	(625)	(835)	(835)

LEGACY AWD—6-Cyl.—Equipment Schedule 4
W.B. 105.1"; 3.0 Liter.
| | 3.0R Limited Sedan 4D | BL856 | 31940 | **16075** | **18025** | **19700** | **23400** |

OUTBACK AWD—4-Cyl.—Equipment Schedule 4
W.B. 105.1"; 2.5 Liter.
	Basic Wagon 4D	BP61C	23640	**12250**	**13875**	**15550**	**18850**
	2.5i Wagon 4D	BP61C	25240	**12650**	**14250**	**15950**	**19250**
	2.5i Limited Wagon 4D	BP62C	28040	**13575**	**15300**	**16950**	**20400**
	Dual Moon Roofs			750	750	1000	1000

OUTBACK AWD—4-Cyl. Turbo—Equipment Schedule 4
W.B. 105.1"; 2.5 Liter.
| | 2.5XT Ltd Wag 4D | BP63C | 32840 | **14400** | **16175** | **17850** | **21400** |
| | Dual Moon Roofs | | | 750 | 750 | 1000 | 1000 |

OUTBACK AWD—H6—Equipment Schedule 4
W.B. 105.1"; 3.0 Liter.
| | 3.0R L.L. Bean Wag | BP86C | 32140 | **16750** | **18775** | **20500** | **24300** |
| | Dual Moon Roofs | | | 750 | 750 | 1000 | 1000 |

SUZUKI

1994 SUZUKI — (JSor2S)2(AE34S)-R-#

SWIFT—4-Cyl.—Equipment Schedule 6
W.B. 89.2", 93.1" (Sed); 1.3 Liter.
	GA Sedan 4D	AE34S	8844	**175**	**250**	**750**	**1550**
	GA Hatchback 2D	AC34S	7864	**125**	**175**	**675**	**1425**
	GS Sedan 4D	AE34S	10344	**275**	**375**	**925**	**1800**
	GT Hatchback 2D	AC34S	10974	**350**	**500**	**1075**	**2000**

1995 SUZUKI — (JSor2S)2(AB21H)-S-#

SWIFT—4-Cyl.—Equipment Schedule 6
W.B. 93.1"; 1.3 Liter.
| | Hatchback 2D | AB21H | 9029 | **225** | **300** | **825** | **1675** |

ESTEEM—4-Cyl.—Equipment Schedule 6
W.B. 97.6"; 1.6 Liter.
| | GL Sedan 4D | GB31S | 11789 | **275** | **400** | **950** | **1850** |
| | GLX Sedan 4D | GB31S | 14789 | **350** | **500** | **1100** | **2050** |

1996 SUZUKI — (JSor2S)2(AB21H)-T-#

SWIFT—4-Cyl.—Equipment Schedule 6
W.B. 93.1"; 1.3 Liter.
| | Hatchback 2D | AB21H | 9359 | **275** | **375** | **950** | **1850** |

ESTEEM—4-Cyl.—Equipment Schedule 6
W.B. 97.6"; 1.6 Liter.
| | GL Sedan 4D | GB31S | 11989 | **350** | **475** | **1075** | **2050** |

1996 SUZUKI

Body	Type	VIN	List	Trade-In Fair	Trade-In Good	Pvt-Party Good	Retail Excellent
GLX Sedan 4D		GB31S	13289	450	625	1250	2300

1997 SUZUKI — (JSor2S)2(AB21H)-V-#

SWIFT—4-Cyl.—Equipment Schedule 6
W.B. 93.1"; 1.3 Liter.

Hatchback 2D		AB21H	9359	350	475	1075	2050

ESTEEM—4-Cyl.—Equipment Schedule 6
W.B. 97.6"; 1.6 Liter.

GL Sedan 4D		GB31S	13319	375	550	1175	2175
GLX Sedan 4D		GB31S	14419	500	675	1375	2475

1998 SUZUKI — (JSor2S)2(AB21H)-W-#

SWIFT—4-Cyl.—Equipment Schedule 6
W.B. 93.1"; 1.3 Liter.

Hatchback 2D		AB21H	9479	375	550	1200	2225

ESTEEM—4-Cyl.—Equipment Schedule 6
W.B. 97.6"; 1.6 Liter.

GL Sedan 4D		GB31S	12429	475	625	1325	2450
GL Wagon 4D		GB31W	12929	575	775	1600	2875
GLX Sedan 4D		GB31S	13529	600	800	1625	2925
GLX Wagon 4D		GB31W	14029	625	900	1750	3075

1999 SUZUKI — (JSor2S)3(AB21H)-X-#

SWIFT—4-Cyl.—Equipment Schedule 6
W.B. 93.1"; 1.3 Liter.

Hatchback 2D		AB21H	9479	500	675	1475	2750

ESTEEM—4-Cyl.—Equipment Schedule 6
W.B. 97.6"; 1.6 Liter, 1.8 Liter.

GL Sedan 4D		GB31S	12629	575	775	1625	2975
GL Wagon 4D		GB31W	13129	675	950	1850	3300
GLX Sedan 4D		GB31S	13729	700	975	1875	3325
GLX Wagon 4D		GB31W	14229	750	1075	2025	3500

2000 SUZUKI — (JSor2S)3(AB21H)-Y-#

SWIFT—4-Cyl.—Equipment Schedule 6
W.B. 93.1"; 1.3 Liter.

GA Hatchback 2D		AB21H	9499	625	875	1775	3150
GL Hatchback 2D		AB21H	10499	725	1000	1950	3425

ESTEEM—4-Cyl.—Equipment Schedule 6
W.B. 97.6"; 1.6 Liter, 1.8 Liter.

GL Sedan 4D		GB31S	13349	700	975	1900	3375
GL Wagon 4D		GB31W	13849	825	1150	2175	3725
GLX Sedan 4D		GB31S	14349	850	1200	2300	3975
GLX Wagon 4D		GB31W	14849	925	1300	2425	4100

2001 SUZUKI — (JSor2S)2(AB21H)-1-#

SWIFT—4-Cyl.—Equipment Schedule 6
W.B. 93.1"; 1.3 Liter.

GA Hatchback 2D		AB21H	9729	800	1150	2275	3950
GL Hatchback 2D		AB21H	10729	900	1275	2425	4125

ESTEEM—4-Cyl.—Equipment Schedule 6
W.B. 97.6"; 1.8 Liter.

GL Sedan 4D		GB41S	13679	900	1250	2400	4100
GL Wagon 4D		GB41W	14179	1025	1425	2600	4300
GLX Sedan 4D		GB41S	14479	1050	1475	2650	4375
GLX Wagon 4D		GB41W	14979	1125	1575	2775	4525

2002 SUZUKI — JS2(RA41S)-2-#

AERIO—4-Cyl.—Equipment Schedule 6
W.B. 97.6"; 2.0 Liter.

S Sedan 4D		RA41S	13999	775	1075	2400	4300
GS Sedan 4D		RA41S	14999	925	1300	2650	4575
SX Wagon 4D		RC41S	14999	1075	1500	2900	4850

ESTEEM—4-Cyl.—Equipment Schedule 6
W.B. 97.6"; 1.8 Liter.

GL Sedan 4D		GB41S	13799	1025	1450	2825	4775
GL Wagon 4D		GB41W	14299	1150	1625	3025	5000
GLX Sedan 4D		GB41S	14799	1200	1675	3075	5050
GLX Wagon 4D		GB41W	15299	1325	1825	3225	5225

2003 SUZUKI

Body	Type	VIN	List	Trade-In Fair	Good	Pvt-Party Good	Retail Excellent

2003 SUZUKI — JS2(RA41S)-3-#

AERIO—4-Cyl.—Equipment Schedule 6
W.B. 97.6"; 2.0 Liter.

S Sedan 4D		RA41S	14094	1025	1450	2875	4850
GS Sedan 4D		RA41S	15294	1225	1725	3125	5175
SX Wagon 4D		RC41H	15594	1475	1950	3425	5500
AWD				350	350	465	465

2004 SUZUKI — JS2orKL5(RA61S)-4-#

AERIO—4-Cyl.—Equipment Schedule 6
W.B. 97.6"; 2.3 Liter.

S Sedan 4D		RA61S	13499	1350	1850	3300	5375
LX Sedan 4D		RA61S	15199	1675	2175	3650	5750
SX Wagon 4D		RC61H	15499	1900	2450	3950	6075
AWD				400	400	535	535

FORENZA—4-Cyl.—Equipment Schedule 3
W.B. 102.4"; 2.0 Liter.

S Sedan 4D		JD52Z	13799	1575	2075	3550	5625
LX Sedan 4D		JJ52Z	15699	1875	2400	3900	6025
EX Sedan 4D		JJ52Z	16499	2050	2600	4100	6250
Manual Trans				(525)	(525)	(700)	(700)

VERONA—6-Cyl.—Equipment Schedule 3
W.B. 106.3"; 2.5 Liter.

S Sedan 4D		VJ52L	16999	2250	2850	4300	6475
LX Sedan 4D		VJ52L	18299	2575	3150	4650	6850
EX Sedan 4D		VM52L	19999	2825	3425	4950	7175

2005 SUZUKI — JS2orKL5(RA62S)-5-#

AERIO—4-Cyl.—Equipment Schedule 6
W.B. 97.6"; 2.3 Liter.

S Sedan 4D		RA62S	13994	2000	2550	4075	6225
LX Sedan 4D		RA61S	15694	2350	2950	4450	6675
SX Wagon 4D		RC61H	15994	2625	3225	4750	7000
AWD		B,D		450	450	600	600

FORENZA—4-Cyl.—Equipment Schedule 3
W.B. 102.4"; 2.0 Liter.

S Sedan 4D		JD56Z	14794	2200	2775	4300	6475
S Wagon 4D		JD86Z	15294	2450	3050	4550	6775
LX Sedan 4D		JJ56Z	16694	2550	3125	4675	6900
LX Wagon 4D		JJ86Z	17194	2775	3375	4925	7200
EX Sedan 4D		JJ56Z	17494	2700	3300	4950	7125
EX Wagon 4D		JJ86Z	17994	2975	3600	5150	7450
Manual Trans				(550)	(550)	(735)	(735)

RENO—4-Cyl.—Equipment Schedule 4
W.B. 102.4"; 2.0 Liter.

S Hatchback 4D		JD66Z	14794	2125	2700	4225	6400
LX Hatchback 4D		JJ66Z	16694	3075	3725	5275	7575
EX Hatchback 4D		JJ66Z	17494	3375	4075	5600	7975
Manual Trans				(550)	(550)	(735)	(735)

VERONA—6-Cyl.—Equipment Schedule 3
W.B. 106.3"; 2.5 Liter.

S Sedan 4D		VJ56L	17994	2775	3400	4925	7175
LX Sedan 4D		VJ56L	19794	3125	3800	5325	7600
EX Sedan 4D		VM56L	20994	3400	4100	5625	7975

2006 SUZUKI — JS2orKL5(RA62S)-6-#

AERIO—4-Cyl.—Equipment Schedule 6
W.B. 97.6"; 2.3 Liter.

Sedan 4D		RA62S	14579	2800	3400	4975	7250
SX Wagon 4D		RC61H	15079	3475	4200	5725	8075
AWD		B,D		500	500	665	665

FORENZA—4-Cyl.—Equipment Schedule 3
W.B. 102.4"; 2.0 Liter.

Sedan 4D		JD56Z	15179	2975	3600	5175	7475
Wagon 4D		JD86Z	15879	3250	3925	5500	7825
Manual Trans				(575)	(575)	(765)	(765)

RENO—4-Cyl.—Equipment Schedule 4
W.B. 102.4"; 2.0 Liter.

Hatchback 4D		JD66Z	14679	2875	3500	5050	7350
Manual Trans				(575)	(575)	(765)	(765)

1009

2006 SUZUKI

Body Type	VIN	List	Trade-In Fair	Good	Pvt-Party Good	Retail Excellent
VERONA—6-Cyl.—Equipment Schedule 3						
W.B. 106.3"; 2.5 Liter.						
Sedan 4D	VJ56L	18879	3425	4125	5650	7975
Luxury Sedan 4D	VM56L	20879	3800	4525	6075	8425

2007 SUZUKI — JS2orKL5(RA62S)-7-#

Body Type	VIN	List	Trade-In Fair	Good	Pvt-Party Good	Retail Excellent
AERIO—4-Cyl.—Equipment Schedule 6						
W.B. 97.6"; 2.3 Liter.						
Sedan 4D	RA62S	14894	3725	4425	5900	8150
AWD	B		550	550	735	735
SX4—4-Cyl.—Equipment Schedule 4						
W.B. 98.4"; 2.0 Liter.						
Hatchback Sedan 4D	YB413	16594	5950	6900	8450	11050
Sport H'Back Sed 4D	YB417	17994	6475	7475	9025	11650
Manual Trans			(600)	(600)	(800)	(800)
FORENZA—4-Cyl.—Equipment Schedule 3						
W.B. 102.4"; 2.0 Liter.						
Sedan 4D	JD56Z	15594	3850	4575	6050	8325
Wagon 4D	JD86Z	16294	4175	4925	6400	8700
Manual Trans			(600)	(600)	(800)	(800)
RENO—4-Cyl.—Equipment Schedule 4						
W.B. 102.4"; 2.0 Liter.						
Hatchback 4D	JD66Z	15094	3750	4450	5925	8175
Manual Trans			(600)	(600)	(800)	(800)

2008 SUZUKI — JS2orKL5(YC414)-8-#

Body Type	VIN	List	Trade-In Fair	Good	Pvt-Party Good	Retail Excellent
SX4—4-Cyl.—Equipment Schedule 4						
W.B. 98.4"; 2.0 Liter.						
Sedan 4D	YC414	16495	6750	7775	9200	11750
Hatchback 4D	YA415	16445	6750	7775	9200	11750
AWD Hatchback 4D	YB413	16995	7050	8125	9575	12150
Manual Trans			(625)	(625)	(835)	(835)
FORENZA—4-Cyl.—Equipment Schedule 3						
W.B. 102.4"; 2.0 Liter.						
Sedan 4D	JD56Z	15974	4900	5725	7075	9325
Wagon 4D	JD86Z	16874	5225	6075	7450	9750
Manual Trans			(625)	(625)	(835)	(835)
RENO—4-Cyl.—Equipment Schedule 4						
W.B. 102.4"; 2.0 Liter.						
Hatchback 4D	JD66Z	15324	4725	5550	6900	9150
Manual Trans			(625)	(625)	(835)	(835)

TOYOTA

1994 TOYOTA — (1,4orJ)(NorT)(1,2orX)(EL46S)-R-#

Body Type	VIN	List	Trade-In Fair	Good	Pvt-Party Good	Retail Excellent
TERCEL—4-Cyl.—Equipment Schedule 6						
W.B. 93.7"; 1.5 Liter.						
Sedan 2D	EL46S	10223	625	850	1625	2875
DX Sedan 2D	EL43S	12028	750	1050	1875	3250
DX Sedan 4D	EL43T	12028	800	1125	2025	3425
PASEO—4-Cyl.—Equipment Schedule 6						
W.B. 93.7"; 1.5 Liter.						
Coupe 2D	EL45U	13753	875	1250	2175	3650
COROLLA—4-Cyl.—Equipment Schedule 6						
W.B. 97.0"; 1.6 Liter, 1.8 Liter.						
Sedan 4D	AE04B	13308	750	1050	1900	3300
DX Sedan 4D	AE09B	14998	800	1125	2050	3475
DX Wagon 4D	AE09V	15553	975	1375	2450	4075
LE Sedan 4D	AE00B	18113	850	1200	2125	3600
CAMRY—4-Cyl.—Equipment Schedule 4						
W.B. 103.1"; 2.2 Liter.						
DX Sedan 4D	SK11E	19293	1225	1700	2875	4550
DX Coupe 2D	SK11C	18963	1075	1525	2625	4275
DX Wagon 4D	SK11W	20703	1400	1875	3075	4800
LE Sedan 4D	SK12E	19613	1275	1750	2950	4675
LE Coupe 2D	SK12C	19323	1150	1600	2750	4425
LE Wagon 4D	SK12W	21003	1450	1925	3125	4900
XLE Sedan 4D	SK13E	21643	1375	1850	3050	4775
V6 3.0 Liter	G		75	75	100	100
CAMRY—V6—Equipment Schedule 4						
W.B. 103.1"; 3.0 Liter.						

Body	Type	VIN	List	Trade-In Fair	Good	Pvt-Party Good	Retail Excellent
SE Sedan 4D		GK14E	22913	1625	2125	3350	5150
SE Coupe 4D		GK14C	22623	1525	2000	3225	5000
MR2—4-Cyl.—Equipment Schedule 6							
W.B. 94.5": 2.2 Liter.							
Coupe 2D		SW21M	23613	2300	2875	4175	6125
MR2—4-Cyl. Turbo—Equipment Schedule 6							
W.B. 94.5": 2.0 Liter.							
Coupe 2D		SW22M	28663	3675	4375	5875	8150
CELICA—4-Cyl.—Equipment Schedule 4							
W.B. 99.9": 1.8 Liter, 2.2 Liter.							
ST Sport Coupe 2D		AT00F	18628	1725	2225	3450	5275
ST Liftback 2D		AT00N	18968	1800	2325	3575	5425
GT Sport Coupe 2D		ST07F	20053	1800	2325	3575	5425
GT Liftback 2D		ST07N	20523	1875	2425	3675	5525
Auto Trans				125	125	165	165
SUPRA—6-Cyl.—Equipment Schedule 4							
W.B. 100.4": 3.0 Liter.							
Liftback 2D		JA81L	36185	9250	10525	12850	16550
Sport Roof		J		200	200	265	265
Auto Trans				125	125	165	165
SUPRA—6-Cyl. Turbo—Equipment Schedule 4							
W.B. 100.4": 3.0 Liter.							
Liftback 2D		JA82L	43185	15150	17050	20100	25200
Sport Roof		J		200	200	265	265
6-Spd Manual Trans				1500	1500	2000	2000

1995 TOYOTA — (1,4orJ)(NorT)(1,2,5orX)(EL55D)–S

Body	Type	VIN	List	Trade-In Fair	Good	Pvt-Party Good	Retail Excellent
TERCEL—4-Cyl.—Equipment Schedule 6							
W.B. 93.7": 1.5 Liter.							
Sedan 2D		EL55D	11535	750	1075	1925	3325
DX Sedan 2D		EL56D	12685	925	1300	2350	3950
DX Sedan 4D		EL56E	13125	975	1375	2450	4075
PASEO—4-Cyl.—Equipment Schedule 6							
W.B. 93.7": 1.5 Liter.							
Coupe 2D		EL45U	14725	1000	1425	2500	4150
COROLLA—4-Cyl.—Equipment Schedule 6							
W.B. 97.0": 1.6 Liter, 1.8 Liter.							
Sedan 4D		AE04B	13782	875	1225	2175	3650
DX Sedan 4D		AE09B	15552	925	1325	2375	4000
DX Wagon 4D		AE09V	16527	1100	1550	2700	4350
LE Sedan 4D		AE00B	17075	975	1375	2450	4075
CAMRY—4-Cyl.—Equipment Schedule 6							
W.B. 103.1": 2.2 Liter.							
DX Sedan 4D		SK11E	19815	1500	1975	3175	4975
DX Coupe 2D		SK11C	19430	1275	1750	2925	4650
LE Sedan 4D		SK12E	19955	1575	2050	3250	5050
LE Coupe 2D		SK12C	19665	1375	1850	3050	4775
LE Wagon 4D		SK12W	21365	1750	2250	3475	5325
XLE Sedan 4D		SK13E	22015	1625	2125	3350	5150
V6 3.0 Liter		G		75	75	100	100
CAMRY—V6—Equipment Schedule 4							
W.B. 103.1": 3.0 Liter.							
SE Sedan 4D		GK14E	23895	1925	2475	3725	5575
SE Coupe 2D		GK14C	23605	1800	2325	3575	5425
MR2—4-Cyl.—Equipment Schedule 6							
W.B. 94.5": 2.2 Liter.							
Coupe 2D		SW21M	24655	2725	3325	4700	6750
MR2—4-Cyl. Turbo—Equipment Schedule 6							
W.B. 94.5": 2.0 Liter.							
Coupe 2D		SW22N	29755	4100	4850	6400	8800
CELICA—4-Cyl.—Equipment Schedule 4							
W.B. 99.9": 1.8 Liter, 2.2 Liter.							
ST Sport Coupe 2D		AT00F	19410	2050	2625	3900	5775
ST Liftback 2D		AT00N	19760	2175	2750	4025	5950
GT Sport Coupe 2D		ST07F	20925	2175	2750	4025	5950
GT Liftback 2D		ST07N	21415	2250	2825	4125	6075
GT Convertible 2D		ST07K	25635	3100	3775	5175	7325
Auto Trans				125	125	165	165
AVALON—V6—Equipment Schedule 4							
W.B. 107.1": 3.0 Liter.							
XL Sedan 4D		GB10E	23155	1725	2225	3450	5275
XLS Sedan 4D		GB11E	27085	2375	2975	4300	6250

Body	Type	VIN	List	Trade-In Fair	Trade-In Good	Pvt-Party Good	Retail Excellent
SUPRA—6-Cyl.—Equipment Schedule 4							
W.B. 100.4"; 3.0 Liter.							
SE Liftback 2D		JA81L	31497	9800	11125	13700	17900
Liftback 2D		JA81L	37297	10250	11625	14000	18050
Sport Roof		J		200	200	265	265
Auto Trans				125	125	165	165
SUPRA—6-Cyl. Turbo—Equipment Schedule 4							
W.B. 100.4"; 3.0 Liter.							
Liftback 2D		JA82L	46997	16800	18825	22400	28300
Sport Roof		J		200	200	265	265
6-Spd Manual Trans				1500	1500	2000	2000

1996 TOYOTA — (4T,JTor1N)(1,2,5orX)(AC52L)-T-#

Body	Type	VIN	List	Trade-In Fair	Trade-In Good	Pvt-Party Good	Retail Excellent
TERCEL—4-Cyl.—Equipment Schedule 6							
W.B. 93.7"; 1.5 Liter.							
Sedan 2D		AC52L	11981	900	1250	2225	3725
DX Sedan 2D		AC52L	13458	1075	1525	2650	4300
DX Sedan 4D		BC52L	13768	1150	1625	2775	4450
PASEO—4-Cyl.—Equipment Schedule 6							
W.B. 93.7"; 1.5 Liter.							
Coupe 2D		CC52H	14383	1150	1625	2775	4450
COROLLA—4-Cyl.—Equipment Schedule 6							
W.B. 97.0"; 1.6 Liter, 1.8 Liter.							
Sedan 4D		BA02E	14538	975	1350	2450	4075
DX Sedan 4D		BB02E	15448	1100	1525	2675	4325
DX Wagon 4D		EB02E	16598	1375	1850	3050	4800
CAMRY—4-Cyl.—Equipment Schedule 4							
W.B. 103.1"; 2.2 Liter.							
DX Sedan 4D		BG12K	19848	1750	2275	3525	5375
DX Coupe 2D		CG12K	19458	1500	1975	3175	4975
LE Sedan 4D		BG12K	20588	1850	2350	3625	5500
LE Coupe 2D		CG12K	20298	1625	2125	3350	5175
LE Wagon 4D		EG12K	22028	2050	2600	3875	5775
XLE Sedan 4D		BG12K	22698	1900	2450	3725	5600
Manual Trans				(200)	(200)	(265)	(265)
V6 3.0 Liter		F		125	125	165	165
CAMRY—V6—Equipment Schedule 4							
W.B. 103.1"; 3.0 Liter.							
SE Sedan 4D		BF12K	24538	2275	2850	4150	6100
SE Coupe 2D		CF12K	24248	2100	2675	3975	5875
CELICA—4-Cyl.—Equipment Schedule 4							
W.B. 99.9"; 1.8 Liter, 2.2 Liter.							
ST Sport Coupe 2D		CB02T	19638	2450	3050	4350	6350
ST Liftback 2D		DB02T	19998	2575	3150	4500	6525
GT Sport Coupe 2D		CG02T	21183	2600	3175	4525	6550
GT Liftback 2D		DG02T	21693	2675	3275	4625	6675
GT Convertible 2D		FG02T	25893	3675	4375	5850	8125
Auto Trans				125	125	165	165
AVALON—V6—Equipment Schedule 4							
W.B. 107.1"; 3.0 Liter.							
XL Sedan 4D		BF12B	23838	1950	2500	3750	5625
XLS Sedan 4D		BF12B	27668	2700	3300	4650	6700
SUPRA—6-Cyl.—Equipment Schedule 4							
W.B. 100.4"; 3.0 Liter.							
Liftback 2D		DD82A	39020	11275	12800	15500	19900
Sport Roof				250	250	335	335
Auto Trans				125	125	165	165
SUPRA—6-Cyl. Turbo—Equipment Schedule 4							
W.B. 100.4"; 3.0 Liter.							
Liftback 2D		DE82A	50820	18075	20275	23800	29900

1997 TOYOTA—(4T,JTor1N)(1,2,5orX)(AC52L)-V-#

Body	Type	VIN	List	Trade-In Fair	Trade-In Good	Pvt-Party Good	Retail Excellent
TERCEL—4-Cyl.—Equipment Schedule 6							
W.B. 93.7"; 1.5 Liter.							
CE Sedan 2D		AC52L	12508	1300	1775	2975	4675
CE Sedan 4D		BC52L	13968	1550	2025	3225	5025
Limited Edition				25	25	35	35
PASEO—4-Cyl.—Equipment Schedule 6							
W.B. 93.7"; 1.5 Liter.							
Coupe 2D		CC52H	14553	1375	1850	3075	4800
Convertible 2D		FC52H	18073	2125	2675	3950	5850

1997 TOYOTA

Body	Type	VIN	List	Trade-In Fair	Trade-In Good	Pvt-Party Good	Retail Excellent
COROLLA—4-Cyl.—Equipment Schedule 6							
W.B. 97.0"; 1.6 Liter, 1.8 Liter.							
Sedan 4D		BA02E	15028	1100	1550	2700	4375
CE Sedan 4D		BA02E	15063	1125	1575	2725	4425
DX Sedan 4D		BB02E	16445	1275	1775	2975	4725
CAMRY—4-Cyl.—Equipment Schedule 4							
W.B. 105.1"; 2.2 Liter.							
CE Sedan 4D		BG22K	19918	1750	2250	3500	5350
LE Sedan 4D		BG22K	20288	1850	2375	3625	5500
XLE Sedan 4D		BG22K	22228	1950	2500	3750	5625
Manual Trans				(250)	(250)	(335)	(335)
V6 3.0 Liter		F		175	175	235	235
CELICA—4-Cyl.—Equipment Schedule 4							
W.B. 99.9"; 1.8 Liter, 2.2 Liter.							
ST Sport Coupe 2D		CB02T	19703	2825	3425	4800	6850
ST Liftback 2D		DB02T	20063	2950	3575	4950	7050
GT Liftback 2D		DG02T	21893	3075	3700	5100	7225
GT Convertible 2D		FG02T	26093	4250	5000	6525	8900
Auto Trans				150	150	200	200
AVALON—V6—Equipment Schedule 4							
W.B. 107.1"; 3.0 Liter.							
XL Sedan 4D		BF12B	23958	2200	2775	4050	5975
XLS Sedan 4D		BF12B	27468	3050	3675	5075	7175
SUPRA—6-Cyl.—Equipment Schedule 4							
W.B. 100.4"; 3.0 Liter.							
Ltd Edition LBack 2D		DD82A	30340	12600	14200	16950	21600
Sport Roof		P		275	275	365	365
Auto Trans				150	150	200	200
SUPRA—6-Cyl. Turbo—Equipment Schedule 4							
W.B. 100.4"; 3.0 Liter.							
Ltd Edition LBack 2D		DE82A	39040	20575	22925	26700	33000
6-Spd Manual Trans				1650	1650	2200	2200

1998 TOYOTA—(4T,JTor1N)(1,2,5orX)(AC52L)–W–#

Body	Type	VIN	List	Trade-In Fair	Trade-In Good	Pvt-Party Good	Retail Excellent
TERCEL—4-Cyl.—Equipment Schedule 6							
W.B. 93.7"; 1.5 Liter.							
CE Sedan 2D		AC52L	13110	1575	2050	3275	5100
COROLLA—4-Cyl.—Equipment Schedule 6							
W.B. 97.0"; 1.8 Liter.							
VE Sedan 4D		BR12E	13443	1600	2100	3325	5175
CE Sedan 4D		BR12E	14208	1675	2150	3400	5250
LE Sedan 4D		BR12E	15218	1875	2425	3700	5575
CAMRY—4-Cyl.—Equipment Schedule 4							
W.B. 105.2"; 2.2 Liter.							
CE Sedan 4D		BG22K	20464	2050	2600	3900	5800
LE Sedan 4D		BG22K	20858	2175	2750	4050	5975
XLE Sedan 4D		BG22K	23279	2325	2900	4200	6150
Manual Trans				(300)	(300)	(400)	(400)
V6 3.0 Liter		F		225	225	300	300
CELICA—4-Cyl.—Equipment Schedule 4							
W.B. 99.9"; 2.2 Liter.							
GT Sport Coupe 2D		CG02T	20531	3225	3900	5300	7450
GT Liftback 2D		DG02T	21701	3500	4200	5600	7825
GT Convertible 2D		FG02T	24970	4775	5600	7200	9725
Auto Trans				175	175	235	235
AVALON—V6—Equipment Schedule 4							
W.B. 107.1"; 3.0 Liter.							
XL Sedan 4D		BF18B	24698	2525	3100	4450	6475
XLS Sedan 4D		BF18B	28548	3450	4150	5550	7775
SUPRA—6-Cyl.—Equipment Schedule 4							
W.B. 100.4"; 3.0 Liter.							
Liftback 2D		DD82A	31338	13925	15675	18500	23300
Sport Roof		P		300	300	400	400
SUPRA—6-Cyl. Turbo—Equipment Schedule 4							
W.B. 100.4"; 3.0 Liter.							
Liftback 2D		DE82A	40728	22250	24900	28500	35000
6-Spd Manual Trans				1725	1725	2300	2300

1999 TOYOTA—(J,1,2or4)(NorT)(X,1,2or5)(BR12E)–X

Body	Type	VIN	List	Trade-In Fair	Trade-In Good	Pvt-Party Good	Retail Excellent
COROLLA—4-Cyl.—Equipment Schedule 6							
W.B. 97.0"; 1.8 Liter.							
VE Sedan 4D		BR12E	13588	1850	2400	3675	5550

Body	Type	VIN	List	Trade-In Fair	Trade-In Good	Pvt-Party Good	Retail Excellent
CE Sedan 4D		BR12E	14278	1950	2500	3775	5675
LE Sedan 4D		BR12E	15288	2250	2825	4125	6050
CAMRY—4-Cyl.—Equipment Schedule 4							
W.B. 105.2"; 2.2 Liter.							
CE Sedan 4D		BG22K	19444	2475	3075	4375	6400
LE Sedan 4D		BG22K	20218	2600	3200	4525	6575
XLE Sedan 4D		BG22K	23178	2750	3375	4725	6775
Manual Trans				(350)	(350)	(465)	(465)
V6 3.0 Liter		F		275	275	365	365
SOLARA—4-Cyl.—Equipment Schedule 4							
W.B. 105.1"; 2.2 Liter.							
SE Coupe 2D		CG22P	19858	2500	3100	4425	6450
Manual Trans				(350)	(350)	(465)	(465)
V6 3.0 Liter		F		275	275	365	365
SOLARA—V6—Equipment Schedule 4							
W.B. 105.1"; 3.0 Liter.							
SLE Coupe 2D		CF22P	25408	3450	4150	5550	7775
CELICA—4-Cyl.—Equipment Schedule 4							
W.B. 99.9"; 2.2 Liter.							
GT Liftback 2D		DG02T	22240	4000	4725	6200	8475
GT Convertible 2D		FG02T	25319	5425	6300	7925	10550
Auto Trans				200	200	265	265
AVALON—V6—Equipment Schedule 4							
W.B. 107.1"; 3.0 Liter.							
XL Sedan 4D		BF18B	24988	2900	3525	4875	6950
XLS Sedan 4D		BF18B	28998	3925	4650	6075	8350

2000 TOYOTA—(J,1,2or4)(NorT)(X,1,2or5)(BT123)–Y

Body	Type	VIN	List	Trade-In Fair	Trade-In Good	Pvt-Party Good	Retail Excellent
ECHO—4-Cyl.—Equipment Schedule 6							
W.B. 93.3"; 1.5 Liter.							
Sedan 4D		BT123	11945	1350	1850	3075	4825
Coupe 2D		AT123	11645	1150	1625	2825	4550
COROLLA—4-Cyl.—Equipment Schedule 6							
W.B. 97.0"; 1.8 Liter.							
VE Sedan 4D		BR12E	13603	2200	2775	4075	6025
CE Sedan 4D		BR12E	14653	2300	2900	4200	6175
LE Sedan 4D		BR12E	15523	2650	3225	4575	6625
CAMRY—4-Cyl.—Equipment Schedule 4							
W.B. 105.2"; 2.2 Liter.							
CE Sedan 4D		BG22K	19820	2950	3575	4950	7025
LE Sedan 4D		BG22K	20743	3075	3725	5100	7200
XLE Sedan 4D		BG22K	24423	3225	3900	5300	7425
Manual Trans				(400)	(400)	(535)	(535)
V6 3.0 Liter		F		325	325	435	435
SOLARA—4-Cyl.—Equipment Schedule 4							
W.B. 105.1"; 2.2 Liter.							
SE Coupe 2D		CG22P	20193	2950	3600	4975	7050
SE Convertible 2D		FG22P	25523	4250	5000	6475	8775
Manual Trans				(400)	(400)	(535)	(535)
V6 3.0 Liter		F		325	325	435	435
SOLARA—V6—Equipment Schedule 4							
W.B. 105.1"; 3.0 Liter.							
SLE Coupe 2D		CF22P	26293	4000	4750	6175	8450
SLE Convertible 2D		FF22P	30943	5250	6125	7700	10250
MR2 SPYDER—4-Cyl.—Equipment Schedule 4							
W.B. 96.5"; 1.8 Liter.							
Convertible 2D		FG320	23553	4900	5725	7300	9775
CELICA—4-Cyl.—Equipment Schedule 4							
W.B. 102.3"; 1.8 Liter.							
GT Liftback 2D		DR32T	17970	3750	4450	5875	8100
GT-S Liftback 2D		DY32T	21620	4400	5225	6750	9150
Auto Trans				200	200	265	265
AVALON—V6—Equipment Schedule 4							
W.B. 107.1"; 3.0 Liter.							
XL Sedan 4D		BF28B	25650	3975	4700	6150	8425
XLS Sedan 4D		BF28B	30210	5075	5925	7475	10000

2001 TOYOTA—(J,1,2or4)(NorT)(D,X,1or2)(BT123)–1

Body	Type	VIN	List	Trade-In Fair	Trade-In Good	Pvt-Party Good	Retail Excellent
ECHO—4-Cyl.—Equipment Schedule 6							
W.B. 93.3"; 1.5 Liter.							
Sedan 4D		BT123	11930	1725	2225	3500	5375
Coupe 2D		AT123	11400	1525	2000	3250	5100

Body	Type	VIN	List	Trade-In Fair	Good	Pvt-Party Good	Retail Excellent

COROLLA—4-Cyl.—Equipment Schedule 6
W.B. 97.0"; 1.8 Liter.

	Type	VIN	List	Fair	Good	Good	Excellent
CE Sedan 4D		BR12E	13753	2700	3325	4650	6725
S Sedan 4D		BR12E	14343	3025	3650	5050	7150
LE Sedan 4D		BR12E	14863	3075	3700	5100	7200

PRIUS—4-Cyl. HYBRID—Equipment Schedule 3
W.B. 100.4"; 1.5 Liter.

Sedan 4D	BK12U	20450	4925	5750	7300	9800

CAMRY—4-Cyl.—Equipment Schedule 4
W.B. 105.1"; 2.2 Liter.

CE Sedan 4D	BG22K	19733	3500	4200	5600	7800
LE Sedan 4D	BG22K	20895	3625	4325	5750	7975
XLE Sedan 4D	BG22K	24575	3800	4525	5950	8175
Manual Trans			(425)	(425)	(565)	(565)
V6 3.0 Liter	F		375	375	500	500

SOLARA—4-Cyl.—Equipment Schedule 4
W.B. 105.1"; 2.2 Liter.

SE Coupe 2D	CG22P	20245	3500	4200	5600	7800
SE Convertible 2D	FG22P	25575	4875	5700	7250	9700
Manual Trans			(425)	(425)	(565)	(565)
V6 3.0 Liter	F		375	375	500	500

SOLARA—V6—Equipment Schedule 4
W.B. 105.1"; 3.0 Liter.

SLE Coupe 2D	CF22P	25645	4575	5400	6900	9325
SLE Convertible 2D	FF22P	30995	5975	6925	8525	11150

MR2 SPYDER—4-Cyl.—Equipment Schedule 4
W.B. 96.5"; 1.8 Liter.

Convertible 2D	FG320	24065	5525	6425	7975	10550

CELICA—4-Cyl.—Equipment Schedule 4
W.B. 102.3"; 1.8 Liter.

GT Liftback 2D	DR32T	18285	4300	5075	6525	8825
GT-S Liftback 2D	DY32T	21935	5025	5850	7400	9900
Auto Trans			200	200	265	265

AVALON—V6—Equipment Schedule 4
W.B. 107.1"; 3.0 Liter.

XL Sedan 4D	BF28B	26325	4475	5300	6750	9100
XLS Sedan 4D	BF28B	30885	5650	6600	8150	10750

2002 TOYOTA—(J,1,2or4)(NorT)(D,X,1or2)(BT123)-2

ECHO—4-Cyl.—Equipment Schedule 4
W.B. 93.3"; 1.5 Liter.

Sedan 4D	BT123	12265	2000	2575	4025	6125
Coupe 2D	AT123	11675	1825	2350	3800	5875

COROLLA—4-Cyl.—Equipment Schedule 6
W.B. 97.0"; 1.8 Liter.

CE Sedan 4D	BR12E	13533	3050	3700	5225	7525
S Sedan 4D	BR12E	14073	3375	4075	5625	7975
LE Sedan 4D	BR12E	14443	3425	4125	5675	8025

PRIUS—4-Cyl. HYBRID—Equipment Schedule 3
W.B. 100.4"; 1.5 Liter.

Sedan 4D	BK12U	20480	5425	6325	8025	10800

CAMRY—4-Cyl.—Equipment Schedule 4
W.B. 107.1"; 2.4 Liter.

LE Sedan 4D	BE32K	20285	3925	4650	6250	8675
SE Sedan 4D	BE32K	21625	4050	4800	6400	8850
XLE Sedan 4D	BF32K	22780	4225	5000	6600	9100
Manual Trans			(450)	(450)	(600)	(600)
V6 3.0 Liter	F		400	400	535	535

SOLARA—4-Cyl.—Equipment Schedule 4
W.B. 105.1"; 2.4 Liter.

SE Coupe 2D	CE22P	20650	4025	4750	6350	8800
SE Convertible 2D	FE22P	25980	5475	6375	8075	10850
Manual Trans			(450)	(450)	(600)	(600)
V6 3.0 Liter	F		400	400	535	535

SOLARA—V6—Equipment Schedule 4
W.B. 105.1"; 3.0 Liter.

SLE Coupe 2D	CF22P	25160	5175	6025	7725	10400
SLE Convertible 2D	FF22P	31010	6675	7675	9425	12350

MR2 SPYDER—4-Cyl.—Equipment Schedule 4
W.B. 96.5"; 1.8 Liter.

Convertible 2D	FR320	25000	6025	6975	8750	11550

CELICA—4-Cyl.—Equipment Schedule 4
W.B. 102.4"; 1.8 Liter.

Body Type	VIN	List	Trade-In Fair	Trade-In Good	Pvt-Party Good	Retail Excellent
GT Liftback 2D	DR32T	18390	4750	5550	7225	9850
GT-S Liftback 2D	DY32T	22040	5525	6425	8125	10900
Auto Trans			200	200	265	265
AVALON—V6—Equipment Schedule 4						
W.B. 107.1"; 3.0 Liter.						
XL Sedan 4D	BF28B	26330	4925	5750	7425	10050
XLS Sedan 4D	BF28B	30890	6175	7125	8875	11700

2003 TOYOTA–J,1,2or4(NorT)D,X,1or2(BT123)–3

Body Type	VIN	List	Trade-In Fair	Trade-In Good	Pvt-Party Good	Retail Excellent
ECHO—4-Cyl.—Equipment Schedule 6						
W.B. 93.3"; 1.5 Liter.						
Sedan 4D	BT123	12375	2425	3025	4475	6650
Coupe 2D	AT123	11785	2175	2750	4225	6350
COROLLA—4-Cyl.—Equipment Schedule 6						
W.B. 102.4"; 1.8 Liter.						
CE Sedan 4D	BR32E	14055	3925	4650	6225	8650
S Sedan 4D	BR32E	15000	4300	5100	6725	9200
LE Sedan 4D	BR32E	15165	4350	5150	6775	9325
Sport Pkg			100	100	135	135
TRD Pkg			200	200	265	265
PRIUS—4-Cyl. Hybrid—Equipment Schedule 3						
W.B. 100.4"; 1.5 Liter.						
Sedan 4D	BK12U	20730	6250	7225	8975	11800
MATRIX—4-Cyl.—Equipment Schedule 6						
W.B. 102.4"; 1.8 Liter.						
Sport Wagon 4D	KR32E	15155	4200	4950	6525	8950
XR Sport Wagon 4D	KR32E	16665	4450	5250	6850	9375
XRS Sport Wagon 4D	KY32E	19235	5050	5900	7550	10150
4WD Sport Wagon 4D	LR32E	17600	4750	5575	7200	9775
4WD XR Sport Wag 4D	LR32E	18930	4875	5700	7325	9900
TRD Pkg			400	400	535	535
CAMRY—4-Cyl.—Equipment Schedule 4						
W.B. 107.1"; 2.4 Liter.						
LE Sedan 4D	BE30K	20285	4650	5475	7125	9700
SE Sedan 4D	BE30K	21625	4850	5675	7350	9950
XLE Sedan 4D	BF30K	22780	5100	5950	7625	10300
Manual Trans			(500)	(500)	(665)	(665)
V6 3.0 Liter	F		475	475	635	635
SOLARA—4-Cyl.—Equipment Schedule 4						
W.B. 105.1"; 2.4 Liter.						
SE Coupe 2D	CE22P	20650	4675	5500	7150	9750
SE Convertible 2D	FE22P	25980	6350	7350	9075	11900
Manual Trans			(500)	(500)	(665)	(665)
V6 3.0 Liter	F		475	475	635	635
SOLARA—V6—Equipment Schedule 4						
W.B. 105.1"; 3.0 Liter.						
SLE Coupe 2D	CF22P	25160	6025	6975	8700	11450
SLE Convertible 2D	FF22P	31010	7750	8850	10650	13650
MR2 SPYDER—4-Cyl.—Equipment Schedule 4						
W.B. 96.5"; 1.8 Liter.						
Convertible 2D	FR320	25055	6825	7900	9625	12550
CELICA—4-Cyl.—Equipment Schedule 4						
W.B. 102.4"; 1.8 Liter.						
GT Liftback 2D	DR32T	18610	5375	6250	7925	10600
GT-S Liftback 2D	DY32T	22455	6275	7250	9000	11800
Auto Trans			225	225	300	300
AVALON—V6—Equipment Schedule 4						
W.B. 107.1"; 3.0 Liter.						
XL Sedan 4D	BF28B	26330	5525	6400	8075	10800
XLS Sedan 4D	BF28B	27150	6925	7975	9725	12650

2004 TOYOTA–(J,1,2or4)(NorT)D,Xor1(BT123)–4–#

Body Type	VIN	List	Trade-In Fair	Trade-In Good	Pvt-Party Good	Retail Excellent
ECHO—4-Cyl.—Equipment Schedule 6						
W.B. 93.3"; 1.5 Liter.						
Sedan 4D	BT123	12215	2900	3525	5050	7275
Coupe 2D	AT123	11685	2650	3250	4750	6950
COROLLA—4-Cyl.—Equipment Schedule 6						
W.B. 102.4"; 1.8 Liter.						
CE Sedan 4D	BR32E	14085	4400	5225	6850	9400
S Sedan 4D	BR32E	15030	4900	5725	7400	10000
LE Sedan 4D	BR32E	15295	4950	5775	7450	10050

Body	Type	VIN	List	Trade-In Fair	Good	Pvt-Party Good	Retail Excellent
PRIUS—4-Cyl. Hybrid—Equipment Schedule 3							
W.B. 106.3"; 1.5 Liter.							
Hatchback Sedan 4D		KB20U	20510	8150	9325	11150	14300
MATRIX—4-Cyl.—Equipment Schedule 6							
W.B. 102.4"; 1.8 Liter.							
Sport Wagon 4D		KR32E	15185	4925	5775	7400	9950
XR Sport Wagon 4D		KR32E	16695	5250	6125	7750	10350
XRS Sport Wagon 4D		KY32E	19265	5900	6825	8475	11150
4WD Sport Wagon 4D		LR32E	17630	5550	6475	8075	10750
4WD XR Sport Wag 4D		LR32E	18960	5700	6650	8275	10950
Sport Pkg				400	400	535	535
CAMRY—4-Cyl.—Equipment Schedule 4							
W.B. 107.1"; 2.4 Liter.							
Sedan 4D		BE32K	19390	5175	6050	7725	10400
LE Sedan 4D		BE32K	20390	5525	6450	8125	10850
SE Sedan 4D		BE32K	21220	5775	6700	8375	11100
XLE Sedan 4D		BE32K	22810	6100	7050	8750	11500
Manual Trans				(525)	(525)	(700)	(700)
V6 3.0/3.3 Liter		F,A		550	550	735	735
SOLARA—4-Cyl.—Equipment Schedule 4							
W.B. 107.2"; 2.4 Liter.							
SE Coupe 2D		CE38P	20465	5375	6250	7925	10600
SE Sport Coupe 2D		CE38P	21960	6200	7175	8900	11700
SLE Coupe 2D		CE38P	23510	6850	7925	9625	12500
Manual Trans				(525)	(525)	(700)	(700)
V6 3.3 Liter		A		550	550	735	735
SOLARA—V6—Equipment Schedule 4							
W.B. 107.1"; 3.3 Liter.							
SE Convertible 2D		FA22P	26465	7250	8325	10100	13050
SLE Convertible 2D		FA22P	29965	8775	10000	11850	15050
MR2 SPYDER—4-Cyl.—Equipment Schedule 4							
W.B. 96.5"; 1.8 Liter.							
Convertible 2D		FR320	25410	7700	8825	10650	13650
CELICA—4-Cyl.—Equipment Schedule 4							
W.B. 102.4"; 1.8 Liter.							
GT Liftback 2D		DR32T	17905	6025	6975	8675	11400
GT-S Liftback 2D		DY32T	22570	7125	8175	9900	12800
Auto Trans				250	250	335	335
AVALON—V6—Equipment Schedule 4							
W.B. 107.1"; 3.0 Liter.							
XL Sedan 4D		BF28B	26560	6150	7125	8800	11550
XLS Sedan 4D		BF28B	31020	7825	8950	10700	13650

2005 TOYOTA—(J,1,2or4)(NorT)D,Xor1(BT123)-5

Body	Type	VIN	List	Trade-In Fair	Good	Pvt-Party Good	Retail Excellent
ECHO—4-Cyl.—Equipment Schedule 6							
W.B. 93.3"; 1.5 Liter.							
Sedan 4D		BT123	12620	3500	4200	5725	8050
Coupe 2D		AT123	12090	3200	3900	5425	7725
COROLLA—4-Cyl.—Equipment Schedule 6							
W.B. 102.4"; 1.8 Liter.							
CE Sedan 4D		BR32E	14220	5025	5875	7525	10150
S Sedan 4D		BR32E	15265	5550	6475	8125	10850
LE Sedan 4D		BR32E	15430	5600	6525	8175	10900
XRS Sedan 4D		BY32E	17995	6050	7000	8675	11400
PRIUS—4-Cyl. Hybrid—Equipment Schedule 3							
W.B. 106.3"; 1.5 Liter.							
Hatchback Sedan 4D		KB22U	21515	9275	10575	12400	15650
MATRIX—4-Cyl.—Equipment Schedule 6							
W.B. 102.4"; 1.8 Liter.							
Sport Wagon 4D		KR32E	15300	5825	6750	8375	11050
XR Sport Wagon 4D		KR32E	16780	6125	7100	8725	11400
XRS Sport Wagon 4D		KY32E	19290	6850	7900	9525	12300
4WD Sport Wagon 4D		LR32E	17835	6525	7500	9175	11900
4WD XR Sport Wag 4D		LR32E	19175	6700	7700	9325	12100
CAMRY—4-Cyl.—Equipment Schedule 4							
W.B. 107.1"; 2.4 Liter.							
Sedan 4D		BE32K	19415	6150	7125	8800	11550
LE Sedan 4D		BE32K	20515	6575	7625	9275	12100
SE Sedan 4D		BE32K	21345	6850	7900	9600	12450
XLE Sedan 4D		BE32K	22935	7275	8350	10050	12950
Manual Trans				(550)	(550)	(735)	(735)
V6 3.0/3.3 Liter		F,A		600	600	800	800

Body	Type	VIN	List	Trade-In Fair	Good	Pvt-Party Good	Retail Excellent
SOLARA—4-Cyl.—Equipment Schedule 4							
W.B. 107.1"; 2.4 Liter.							
SE Coupe 2D	CE38P	20590	6250	7225	8925	11700
SE Sport Coupe 2D	CE38P	22085	7200	8275	9950	12850
SLE Coupe 2D	CE38P	23635	7950	9100	10900	13900
Manual Trans			(550)	(550)	(735)	(735)
V6 3.3 Liter	A		600	600	800	800
SOLARA—V6—Equipment Schedule 4							
W.B. 107.1"; 3.3 Liter.							
SE Convertible 2D	FA38P	26920	8375	9575	11350	14450
SLE Convertible 2D	FA38P	30190	10050	11425	13300	16550
MR2 SPYDER—4-Cyl.—Equipment Schedule 4							
W.B. 96.5"; 1.8 Liter.							
Convertible 2D	FR320	26685	8650	9850	11650	14750
CELICA—4-Cyl.—Equipment Schedule 4							
W.B. 102.4"; 1.8 Liter.							
GT Liftback 2D	DR32T	19830	6825	7875	9525	12350
GT-S Liftback 2D	DY32T	23575	8025	9200	10950	13950
Auto Trans			275	275	365	365
AVALON—V6—Equipment Schedule 4							
W.B. 111.0"; 3.5 Liter.							
XL Sedan 4D	BK36B	26890	9200	10475	12250	15450
Touring Sedan 4D	BK36B	29140	10250	11625	13450	16700
XLS Sedan 4D	BK36B	31340	11025	12500	14300	17700
Limited Sedan 4D	BK36B	34080	11850	13375	15250	18700

2006 TOYOTA—(1,2,4orJ)(NorT)(1,DorX)(BR32E)—6

Body	Type	VIN	List	Trade-In Fair	Good	Pvt-Party Good	Retail Excellent
COROLLA—4-Cyl.—Equipment Schedule 6							
W.B. 102.4"; 1.8 Liter.							
CE Sedan 4D	BR32E	14545	5675	6625	8250	10950
S Sedan 4D	BR32E	15590	6275	7250	8950	11700
LE Sedan 4D	BR32E	15755	6325	7300	9000	11750
XRS Sedan 4D	BY32E	18320	6800	7850	9500	12300
PRIUS—4-Cyl. Hybrid—Equipment Schedule 3							
W.B. 106.3"; 1.5 Liter.							
Hatchback Sedan 4D	KB22U	22305	10425	11800	13600	16900
MATRIX—4-Cyl.—Equipment Schedule 6							
W.B. 102.4"; 1.8 Liter.							
Sport Wagon 4D	KR32E	15650	6825	7900	9500	12250
XR Sport Wagon 4D	KR32E	17130	7200	8250	9850	12650
XRS Sport Wagon 4D	KY32E	19640	7950	9100	10800	13700
4WD Sport Wagon 4D	LR32E	18185	7625	8725	10350	13200
4WD XR Sport Wag 4D	LR32E	19525	7800	8925	10550	13400
CAMRY—4-Cyl.—Equipment Schedule 4							
W.B. 107.1"; 2.4 Liter.							
Sedan 4D	BE32K	18985	7325	8400	10100	12950
LE Sedan 4D	BE32K	20915	7800	8925	10600	13500
SE Sedan 4D	BE32K	21745	8100	9275	11050	14050
XLE Sedan 4D	BE32K	23335	8600	9800	11550	14650
Manual Trans			(575)	(575)	(765)	(765)
V6 3.0/3.3 Liter	F.A		650	650	865	865
SOLARA—4-Cyl.—Equipment Schedule 4							
W.B. 107.1"; 2.4 Liter.							
SE Coupe 2D	CE38P	20900	7325	8400	10100	12950
SE Sport Coupe 2D	CE38P	22395	8325	9525	11250	14300
SLE Coupe 2D	CE38P	23945	9175	10425	12200	15350
Manual Trans			(575)	(575)	(765)	(765)
V6 3.3 Liter	A		650	650	865	865
SOLARA—V6—Equipment Schedule 4							
W.B. 107.1"; 3.3 Liter.							
SE Convertible 2D	FA38P	27480	9625	10925	12750	15950
SLE Convertible 2D	FA38P	30750	11525	13025	14850	18250
AVALON—V6—Equipment Schedule 4							
W.B. 111.0"; 3.5 Liter.							
XL Sedan 4D	BK36B	27165	10400	11750	13500	16750
Touring Sedan 4D	BK36B	29415	11475	12975	14750	18150
XLS Sedan 4D	BK36B	31615	12350	13975	15750	19200
Limited Sedan 4D	BK36B	34355	13275	14900	16700	20300

2007 TOYOTA—(1,2,4orJ)(NorT)(1,DorX)(JT923)—7

YARIS—4-Cyl.—Equipment Schedule 6
W.B. 96.9", 100.4" (Sedan); 1.5 Liter.

Body	Type	VIN	List	Trade-In Fair	Trade-In Good	Pvt-Party Good	Retail Excellent
	Hatchback 2D	JT923	11630	5225	6100	7625	10100
	Sedan 4D	BT923	12505	5825	6750	8275	10850
	S Sedan 4D	BT923	14005	6425	7425	8950	11550
COROLLA—4-Cyl.—Equipment Schedule 6							
W.B. 102.4"; 1.8 Liter.							
	CE Sedan 4D	BR32E	14785	6475	7475	9025	11650
	S Sedan 4D	BR32E	15830	7125	8175	9725	12400
	LE Sedan 4D	BR32E	15995	7150	8225	9750	12450
PRIUS—4-Cyl. Hybrid—Equipment Schedule 3							
W.B. 106.3"; 1.5 Liter.							
	Hatchback Sedan 4D	KB20U	22755	11650	13175	14900	18200
	Touring H'Back 4D	KB20U	23650	11900	13475	15200	18500
MATRIX—4-Cyl.—Equipment Schedule 6							
W.B. 102.4"; 1.8 Liter.							
	Sport Wagon 4D	KR30E	15840	8025	9200	10800	13550
	XR Sport Wagon 4D	KR30E	17320	8425	9625	11150	14000
CAMRY—4-Cyl. Hybrid—Equipment Schedule 4							
W.B. 109.3"; 2.4 Liter.							
	Sedan 4D	BB46K	26480	13825	15575	17200	20700
CAMRY—4-Cyl.—Equipment Schedule 4							
W.B. 109.3"; 2.4 Liter.							
	CE Sedan 4D	BE46K	19900	9725	11025	12700	15750
	LE Sedan 4D	BE46K	21355	10250	11625	13300	16350
	SE Sedan 4D	BE46K	22520	10925	12400	14000	17200
	XLE Sedan 4D	BE46K	25280	11175	12650	14250	17450
	Manual Trans			(600)	(600)	(800)	(800)
	V6 3.5 Liter	K		700	700	935	935
SOLARA—4-Cyl.—Equipment Schedule 4							
W.B. 107.1"; 2.4 Liter.							
	SE Coupe 2D	CE30P	21340	8700	9900	11500	14450
	Sport Coupe 2D	CE30P	23610	9800	11125	12800	15850
	SLE Coupe 2D	CE30P	24485	10725	12150	13800	16950
	Manual Trans			(600)	(600)	(800)	(800)
	V6 3.3 Liter	A		700	700	935	935
SOLARA—V6—Equipment Schedule 4							
W.B. 107.1"; 3.3 Liter.							
	SE Convertible 2D	FA38P	27770	11225	12750	14350	17600
	Sport Convertible 2D	FA38P	30040	12400	14025	15700	19000
	SLE Convertible 2D	FA38P	31040	13275	14950	16650	20100
AVALON—V6—Equipment Schedule 4							
W.B. 111.0"; 3.5 Liter.							
	XL Sedan 4D	BK36B	27455	11900	13475	15100	18400
	Touring Sedan 4D	BK36B	29705	13125	14800	16400	19800
	XLS Sedan 4D	BK36B	31905	14075	15875	17500	21000
	Limited Sedan 4D	BK36B	34645	15100	16950	18550	22100

2008 TOYOTA—(1,2,4orJ)(NorT)(1,DorX)(JT923)-8

Body	Type	VIN	List	Trade-In Fair	Trade-In Good	Pvt-Party Good	Retail Excellent
YARIS—4-Cyl.—Equipment Schedule 6							
W.B. 96.9", 100.4" (Sedan); 1.5 Liter.							
	Hatchback 2D	JT923	11960	6250	7225	8600	11000
	Sedan 4D	BT923	12835	6900	7975	9325	11800
	S Hatchback 2D	JT923	13635	7000	8050	9425	11900
	S Sedan 4D	BT923	14335	7575	8675	10050	12600
COROLLA—4-Cyl.—Equipment Schedule 6							
W.B. 102.4"; 1.8 Liter.							
	CE Sedan 4D	BR32E	15065	7475	8575	10000	12550
	S Sedan 4D	BR32E	16110	8150	9325	10850	13500
	LE Sedan 4D	BR32E	16275	8200	9375	10900	13550
PRIUS—4-Cyl. Hybrid—Equipment Schedule 3							
W.B. 106.3"; 1.5 Liter.							
	Hatchback Sedan 4D	KB20U	22985	13075	14750	16350	19700
	Touring H'Back 4D	KB20U	23880	13325	15050	16700	20100
MATRIX—4-Cyl.—Equipment Schedule 6							
W.B. 102.4"; 1.8 Liter.							
	Sport Wagon 4D	KR30E	16170	9475	10775	12200	15000
	XR Sport Wagon 4D	KR30E	17650	9850	11175	12650	15500
CAMRY—4-Cyl. Hybrid—Equipment Schedule 4							
W.B. 109.3"; 2.4 Liter.							
	Sedan 4D	BB46K	25860	15675	17600	19250	22800
CAMRY—4-Cyl.—Equipment Schedule 4							
W.B. 109.3"; 2.4 Liter.							
	Sedan 4D	BE46K	20280	11275	12800	14300	17350
	LE Sedan 4D	BE46K	21735	11800	13325	14900	18050

2008 TOYOTA

Body Type	VIN	List	Trade-In Fair	Good	Pvt-Party Good	Retail Excellent
SE Sedan 4D	BE46K	22900	12600	14200	15750	18950
XLE Sedan 4D	BE46K	25660	12850	14450	16000	19300
Manual Trans			(625)	(625)	(835)	(835)
V6 3.5 Liter	K		750	750	1000	1000
SOLARA—4-Cyl.—Equipment Schedule 4						
W.B. 107.1"; 2.4 Liter.						
SE Coupe 2D	CE30P	21420	10100	11475	13000	15950
SE Sport Coupe 2D	CE30P	23690	11325	12800	14350	17450
SLE Coupe 2D	CE30P	24565	12300	13925	15500	18650
Manual Trans			(625)	(625)	(835)	(835)
V6 3.3 Liter	A		750	750	1000	1000
SOLARA—V6—Equipment Schedule 4						
W.B. 107.1"; 3.3 Liter.						
SE Convertible 2D	FA38P	27850	12875	14500	16150	19500
Sport Convertible 2D	FA38P	30120	14100	15875	17600	21100
SLE Convertible 2D	FA38P	31120	15100	16950	18550	22100
AVALON—V6—Equipment Schedule 4						
W.B. 111.0"; 3.5 Liter.						
XL Sedan 4D	BK36B	27735	14200	15975	17600	21000
Touring Sedan 4D	BK36B	29985	15475	17400	19000	22500
XLS Sedan 4D	BK36B	32035	16550	18625	20300	24000
Limited Sedan 4D	BK36B	35075	17650	19800	21400	25200

VOLKSWAGEN

1994 VOLKSWAGEN — (9orW)(BorV)W(BA81H)–R

Body Type	VIN	List	Fair	Good	Good	Excellent
GOLF III—4-Cyl.—Equipment Schedule 6						
W.B. 97.3"; 2.0 Liter.						
GL Hatchback 2D	BA81H	13565	675	950	1775	3075
GL Hatchback 4D	FB21H	13140	675	950	1800	3125
JETTA III—4-Cyl.—Equipment Schedule 6						
W.B. 97.3"; 2.0 Liter.						
GL Sedan 4D	RB21H	14365	750	1050	1900	3300
GLS Sedan 4D	SB81H	16090	850	1175	2100	3550
JETTA III—V6—Equipment Schedule 6						
W.B. 97.3"; 2.8 Liter.						
GLX Sedan 4D	TS81H	20365	1375	1850	3050	4775
PASSAT—V6—Equipment Schedule 4						
W.B. 103.3"; 2.8 Liter.						
GLX Sedan 4D	JF431	24340	1225	1725	2875	4575
GLX Wagon 4D	NF431	24765	1275	1750	2950	4650
CORRADO—V6—Equipment Schedule 3						
W.B. 97.2"; 2.8 Liter.						
SLC Coupe 2D	EF450	25540	2575	3175	4525	6550

1995 VOLKSWAGEN — (3VWorWVW)(JB81H)–S–#

Body Type	VIN	List	Fair	Good	Good	Excellent
GOLF III—4-Cyl.—Equipment Schedule 6						
W.B. 97.3"; 2.0 Liter.						
City Hatchback 4D	JB81H	11915	650	925	1725	3050
Hatchback 4D	KA81H	12890	700	1000	1850	3200
GL Hatchback 2D	BA81H	14265	775	1100	1975	3375
GL Hatchback 4D	FA81H	14590	800	1125	2000	3425
Sport Hatchback 2D	BA81H	15640	1150	1600	2750	4425
GTI—V6—Equipment Schedule 6						
W.B. 97.3"; 2.8 Liter.						
Coupe 2D	HD81H	19265	1950	2500	3775	5650
JETTA III—4-Cyl.—Equipment Schedule 6						
W.B. 97.3"; 2.0 Liter.						
City Sedan 4D	VB81H	12915	825	1150	2075	3500
Sedan 4D	PB81H	13865	825	1150	2075	3500
GL Sedan 4D	RA81H	16065	950	1325	2400	4025
GLS Sedan 4D	SB81H	17415	1075	1500	2625	4275
JETTA III—V6—Equipment Schedule 6						
W.B. 97.3"; 2.8 Liter.						
GLX Sedan 4D	TD81H	20365	1625	2125	3350	5150
CABRIO—4-Cyl.—Equipment Schedule 3						
W.B. 97.4"; 2.0 Liter.						
Convertible 2D	BC81E	21215	1100	1525	2675	4325
Manual Trans			(100)	(100)	(135)	(135)
PASSAT—4-Cyl.—Equipment Schedule 4						
W.B. 103.3"; 2.0 Liter.						

1995 VOLKSWAGEN

Body	Type	VIN	List	Trade-In Fair	Good	Pvt-Party Good	Retail Excellent
	GLS Sedan 4D..............CC83A	19215	900	1250	2225	3725
PASSAT—V6—Equipment Schedule 4							
W.B. 103.3"; 2.8 Liter.							
	GLX Sedan 4D..............EE83A	22080	1550	2025	3225	5025
	GLX Wagon 4D..............FE83A	22510	1600	2075	3300	5100

1996 VOLKSWAGEN — (3VWorWVW)(FA81H)–T–#

Body	Type	VIN	List	Fair	Good	Good	Excellent
GOLF—4-Cyl.—Equipment Schedule 6							
W.B. 97.4"; 2.0 Liter.							
	GL Hatchback 4D..............FA81H	14435	1000	1425	2525	4175
	GTI Hatchback 2D..............DA81H	16425	1350	1825	3025	4750
GOLF—4-Cyl. Turbo Diesel—Equipment Schedule 6							
W.B. 97.4"; 1.9 Liter.							
	TDI Hatchback 4D..............FF81H	15660	1225	1725	2900	4600
GOLF GTI VR6—V6—Equipment Schedule 6							
W.B. 97.4"; 2.8 Liter.							
	Hatchback 2D..............HD81H	20110	2275	2850	4150	6100
JETTA—4-Cyl.—Equipment Schedule 6							
W.B. 97.4"; 2.0 Liter.							
	GL Sedan 4D..............RA81H	15535	1025	1450	2550	4200
	GLS Sedan 4D..............SA81H	16725	1150	1625	2800	4475
	Trek Edition..............W		50	50	65	65
	Wolfsburg Edition..............P		50	50	65	65
JETTA—4-Cyl. Turbo Diesel—Equipment Schedule 6							
W.B. 97.4"; 1.9 Liter.							
	TDI Sedan 4D..............RF81H	16760	1700	2200	3450	5275
JETTA—V6—Equipment Schedule 6							
W.B. 97.4"; 2.8 Liter.							
	GLX Sedan 4D..............TD81H	21035	1975	2525	3775	5650
CABRIO—4-Cyl.—Equipment Schedule 3							
W.B. 97.2"; 2.0 Liter.							
	Convertible 2D..............BB81E	21260	1300	1775	2975	4700
	Manual Trans..............		(125)	(125)	(165)	(165)
PASSAT—4-Cyl.—Equipment Schedule 4							
W.B. 103.3"; 2.0 Liter.							
	GLS Sedan 4D..............GC83A	19715	1025	1450	2575	4250
	Manual Trans..............		(200)	(200)	(265)	(265)
PASSAT—4-Cyl. Turbo Diesel—Equipment Schedule 4							
W.B. 103.3"; 1.9 Liter.							
	TDI Sedan 4D..............GG83A	19905	2275	2850	4150	6100
	TDI Wagon 4D..............HG83A	20335	2425	3025	4325	6325
PASSAT—V6—Equipment Schedule 4							
W.B. 103.3"; 2.8 Liter.							
	GLX Sedan 4D..............EE83A	23115	1850	2350	3625	5500
	GLX Wagon 4D..............FE83A	23545	1900	2425	3700	5575
	Manual Trans..............		(200)	(200)	(265)	(265)

1997 VOLKSWAGEN — (3VWorWVW)(FA81H)–V–#

Body	Type	VIN	List	Fair	Good	Good	Excellent
GOLF—4-Cyl.—Equipment Schedule 6							
W.B. 97.4"; 2.0 Liter.							
	GL Hatchback 4D..............FA81H	14830	1150	1625	2825	4525
	GTI Hatchback 2D..............DA81H	16820	1625	2100	3350	5175
	Jazz Edition..............M		50	50	65	65
	Trek Edition..............L		50	50	65	65
	K2 Edition..............K		50	50	65	65
GOLF GTI VR6—V6—Equipment Schedule 6							
W.B. 97.4"; 2.8 Liter.							
	Hatchback 2D..............HD81H	20210	2700	3300	4650	6725
JETTA—4-Cyl.—Equipment Schedule 6							
W.B. 97.4"; 2.0 Liter.							
	GL Sedan 4D..............RA81H	15930	1150	1625	2825	4525
	GT Sedan 4D..............VA81H	16325	1375	1850	3075	4850
	GLS Sedan 4D..............SA81H	17420	1550	2025	3275	5100
	Trek Edition..............W		50	50	65	65
JETTA—4-Cyl. Turbo Diesel—Equipment Schedule 6							
W.B. 97.4"; 1.9 Liter.							
	TDI Sedan 4D..............RF81H	17105	1975	2525	3800	5700
JETTA—V6—Equipment Schedule 6							
W.B. 97.4"; 2.8 Liter.							
	GLX Sedan 4D..............TD81H	21055	2325	2925	4225	6200
CABRIO—4-Cyl.—Equipment Schedule 3							
W.B. 97.4"; 2.0 Liter.							

1997 VOLKSWAGEN

Body	Type	VIN	List	Trade-In Fair	Good	Pvt-Party Good	Retail Excellent
Convertible 2D		AA81E	20785	1525	2025	3225	5025
Highline Conv 2D		BA81E	23050	1725	2225	3475	5300
Manual Trans				(150)	(150)	(200)	(200)

PASSAT—4-Cyl. Turbo Diesel—Equipment Schedule 4
W.B. 103.3"; 1.9 Liter.

| TDI Sedan 4D | | GG83A | 19930 | 2725 | 3325 | 4675 | 6725 |
| TDI Wagon 4D | | HG83A | 20360 | 2875 | 3500 | 4875 | 6950 |

PASSAT—V6—Equipment Schedule 4
W.B. 103.3"; 2.8 Liter.

GLX Sedan 4D		EE83A	23190	2250	2825	4125	6075
GLX Wagon 4D		FE83A	23620	2350	2925	4250	6200
Manual Trans				(250)	(250)	(335)	(335)

1998 VOLKSWAGEN–(3VWorWVW)(FA81H)–W–#

GOLF—4-Cyl.—Equipment Schedule 6
W.B. 97.4"; 2.0 Liter.

GL Hatchback 4D		FA81H	14855	1450	1925	3150	4950
GTI Hatchback 2D		DA81H	17170	1925	2475	3750	5625
K2 Edition		K		50	50	65	65

GOLF GTI VR6—V6—Equipment Schedule 6
W.B. 97.4"; 2.8 Liter.

| Hatchback 2D | | HD81H | 20735 | 3125 | 3800 | 5200 | 7350 |

NEW BEETLE—4-Cyl.—Equipment Schedule 6
W.B. 98.9"; 2.0 Liter.

| Hatchback 2D | | BB61C | 15700 | 1550 | 2050 | 3275 | 5100 |

NEW BEETLE—4-Cyl. Turbo Diesel—Equipment Schedule 6
W.B. 98.9"; 1.9 Liter.

| TDI Hatchback 2D | | BF61C | 16975 | 3100 | 3775 | 5175 | 7300 |

JETTA—4-Cyl.—Equipment Schedule 6
W.B. 97.4"; 2.0 Liter.

GL Sedan 4D		RA81H	15955	1400	1875	3100	4900
GT Sedan 4D		VA81H	16350	1650	2125	3375	5225
GLS Sedan 4D		SA81H	17445	1850	2350	3625	5500
K2 Edition		Y		50	50	65	65
Wolfsburg		P		50	50	65	65

JETTA—4-Cyl. Turbo Diesel—Equipment Schedule 6
W.B. 97.4"; 1.9 Liter.

| TDI Sedan 4D | | RF81H | 17130 | 2300 | 2900 | 4200 | 6150 |

JETTA—V6—Equipment Schedule 6
W.B. 97.4"; 2.8 Liter.

| GLX Sedan 4D | | TD81H | 21455 | 2725 | 3325 | 4675 | 6750 |

CABRIO—4-Cyl.—Equipment Schedule 3
W.B. 97.4"; 2.0 Liter.

GL Convertible 2D		AA81E	20835	1800	2300	3550	5400
GLS Convertible 2D		BA81E	23665	2000	2550	3825	5700
Manual Trans				(175)	(175)	(235)	(235)

PASSAT—4-Cyl. Turbo—Equipment Schedule 4
W.B. 106.4"; 1.8 Liter.

GLS Sedan 4D		MA63B	22325	1725	2225	3475	5325
GLS Wagon 4D		NA63B	22875	1800	2325	3575	5450
Manual Trans				(300)	(300)	(400)	(400)
V6 2.8 Liter		D		250	250	335	335

PASSAT—4-Cyl. Turbo Diesel—Equipment Schedule 4
W.B. 106.4"; 1.9 Liter.

| GLS TDI Sedan 4D | | MG63B | 22575 | 4025 | 4775 | 6250 | 8550 |
| Manual Trans | | | | (300) | (300) | (400) | (400) |

PASSAT—V6—Equipment Schedule 4
W.B. 106.4"; 2.8 Liter.

| GLX Sedan 4D | | PD63B | 27825 | 2850 | 3475 | 4825 | 6900 |
| Manual Trans | | | | (300) | (300) | (400) | (400) |

1999 VOLKSWAGEN — (3orW)VW(FB81H)–X–#

GOLF—4-Cyl.—Equipment Schedule 6
W.B. 97.4"; 2.0 Liter.

| GL Hatchback 4D | | FB81H | 14855 | 1775 | 2275 | 3550 | 5425 |
| Wolfsburg | | J | | 50 | 50 | 65 | 65 |

GOLF GTI VR6—V6—Equipment Schedule 6
W.B. 97.4"; 2.8 Liter.

| Hatchback 2D | | HD81H | 20735 | 3450 | 4150 | 5550 | 7750 |

NEW GOLF—4-Cyl.—Equipment Schedule 6
W.B. 98.9"; 2.0 Liter.

| GL Hatchback 2D | | BC31J | 15425 | 2075 | 2650 | 3950 | 5850 |

EQUIPMENT & MILEAGE PAGE 9 TO 23

1999 VOLKSWAGEN

Body	Type	VIN	List	Trade-In Fair	Good	Pvt-Party Good	Retail Excellent
	GLS Hatchback 4D	GC31J	16875	2275	2875	4175	6125
NEW GOLF—4-Cyl. Turbo Diesel—Equipment Schedule 6							
W.B. 98.9"; 1.9 Liter.							
	GL TDI H'Back 2D	BF31J	16720	3700	4425	5850	8075
	GLS TDI H'Back 4D	GF31J	17925	3850	4575	6000	8250
NEW GTI—4-Cyl.—Equipment Schedule 6							
W.B. 98.9"; 2.0 Liter.							
	GLS Hatchback 2D	DC31J	18025	2675	3275	4625	6675
NEW GTI—V6—Equipment Schedule 6							
W.B. 98.9"; 2.8 Liter.							
	GLX Hatchback 2D	DE21J	22675	3975	4725	6175	8450
NEW BEETLE—4-Cyl.—Equipment Schedule 6							
W.B. 98.9"; 2.0 Liter.							
	GL Hatchback 2D	BC21C	16425	1850	2375	3650	5525
	GLS Hatchback 2D	CC21C	17375	2100	2675	3975	5875
NEW BEETLE—4-Cyl. Turbo—Equipment Schedule 6							
W.B. 98.9"; 1.8 Liter.							
	GLS Hatchback 2D	CD21C	19525	2250	2850	4150	6100
	GLX Hatchback 2D	DD21C	21425	2425	3025	4300	6300
NEW BEETLE—4-Cyl. Turbo Diesel—Equipment Schedule 6							
W.B. 98.9"; 1.9 Liter.							
	GLS TDI H'Back 2D	CF21C	18425	3625	4325	5750	7975
JETTA—4-Cyl.—Equipment Schedule 6							
W.B. 97.4"; 2.0 Liter.							
	GL Sedan 4D	RB81H	16205	1700	2200	3475	5325
	Wolfsburg	P		50	50	65	65
JETTA—4-Cyl. Turbo Diesel—Equipment Schedule 6							
W.B. 97.4"; 1.9 Liter.							
	TDI Sedan 4D	RF81H	17130	2700	3300	4650	6700
JETTA—V6—Equipment Schedule 6							
W.B. 97.4"; 2.8 Liter.							
	GLX Sedan 4D	TD81H	21455	3150	3825	5225	7350
NEW JETTA—4-Cyl.—Equipment Schedule 6							
W.B. 98.9"; 2.0 Liter.							
	GL Sedan 4D	RC29M	16400	1825	2325	3600	5475
	GLS Sedan 4D	SC29M	16875	1875	2425	3700	5575
NEW JETTA—4-Cyl. Turbo Diesel—Equipment Schedule 6							
W.B. 98.9"; 1.9 Liter.							
	GL TDI Sedan 4D	RF29M	17695	3800	4525	5950	8200
	GLS TDI Sedan 4D	SF29M	17925	3900	4650	6075	8350
NEW JETTA VR6—V6—Equipment Schedule 6							
W.B. 98.9"; 2.8 Liter.							
	GLS Sedan 4D	SE29M	20475	2975	3600	4975	7075
	GLX Sedan 4D	TE29M	24025	3400	4100	5500	7675
CABRIO—4-Cyl.—Equipment Schedule 3							
W.B. 97.4"; 2.0 Liter.							
	GL Convertible 2D	AB81E	20835	2075	2650	3950	5850
	GLS Convertible 2D	BB81E	23665	2325	2925	4225	6175
	Manual Trans			(200)	(200)	(265)	(265)
NEW CABRIO—4-Cyl.—Equipment Schedule 3							
W.B. 97.4"; 2.0 Liter.							
	GL Convertible 2D	CB81E	22015	2325	2925	4225	6175
	GLS Convertible 2D	DB81E	24700	2575	3175	4500	6525
	Manual Trans			(200)	(200)	(265)	(265)
PASSAT—4-Cyl. Turbo—Equipment Schedule 4							
W.B. 106.4"; 1.8 Liter.							
	GLS Sedan 4D	MA63B	22775	2000	2550	3850	5750
	GLS Wagon 4D	NA63B	23325	2100	2675	3975	5900
	Manual Trans			(350)	(350)	(465)	(465)
	V6 2.8 Liter	D		300	300	400	400
PASSAT—V6—Equipment Schedule 4							
W.B. 106.4"; 2.8 Liter.							
	GLX Sedan 4D	UD63B	30300	3250	3925	5350	7500
2000 VOLKSWAGEN — (3orW)VW(BC21J)-Y-#							
GOLF—4-Cyl.—Equipment Schedule 6							
W.B. 98.9"; 2.0 Liter.							
	GL Hatchback 2D	BC21J	15425	2475	3075	4400	6425
	GLS Hatchback 4D	GC21J	16875	2675	3275	4625	6675
GOLF—4-Cyl. Turbo—Equipment Schedule 6							
W.B. 98.9"; 1.8 Liter.							
	GLS Hatchback 4D	GH21J	18425	2950	3575	4950	7050

1009

2000 VOLKSWAGEN

Body Type	VIN	List	Trade-In Fair	Good	Pvt-Party Good	Retail Excellent
GOLF—4-Cyl. Turbo Diesel—Equipment Schedule 6						
W.B. 98.9"; 1.9 Liter.						
GL TDI H'Back 2D	BF21J	16720	4275	5025	6500	8825
GLS TDI H'Back 4D	GF21J	17295	4375	5175	6725	9125
GTI—4-Cyl.—Equipment Schedule 6						
W.B. 98.9"; 2.0 Liter.						
GLS Hatchback 2D	DC21J	18200	3075	3750	5125	7250
GTI—4-Cyl. Turbo—Equipment Schedule 6						
W.B. 98.9"; 1.8 Liter.						
GLS Hatchback 2D	DH21J	19750	3950	4675	6125	8400
GTI—V6—Equipment Schedule 6						
W.B. 98.9"; 2.8 Liter.						
GLX Hatchback 2D	DE21J	23145	4500	5300	6825	9250
NEW BEETLE—4-Cyl.—Equipment Schedule 6						
W.B. 98.9"; 2.0 Liter.						
GL Hatchback 2D	BC21C	16425	2225	2800	4100	6050
GLS Hatchback 2D	CC21C	17375	2475	3075	4400	6425
NEW BEETLE—4-Cyl. Turbo—Equipment Schedule 6						
W.B. 98.9"; 1.8 Liter.						
GLS Hatchback 2D	CD21C	19525	2650	3250	4600	6650
GLX Hatchback 2D	DD21C	21600	2825	3425	4800	6875
NEW BEETLE—4-Cyl. Turbo Diesel—Equipment Schedule 6						
W.B. 98.9"; 1.9 Liter.						
GLS TDI H'Back 2D	CF21C	18425	4175	4925	6400	8700
JETTA—4-Cyl.—Equipment Schedule 6						
W.B. 98.9"; 2.0 Liter.						
GL Sedan 4D	RC29M	17225	2175	2750	4050	6000
GLS Sedan 4D	SC29M	18175	2250	2850	4175	6125
JETTA—4-Cyl. Turbo—Equipment Schedule 6						
W.B. 98.9"; 1.8 Liter.						
GLS Sedan 4D	SD29M	19725	2625	3200	4550	6600
JETTA—4-Cyl. Turbo Diesel—Equipment Schedule 6						
W.B. 98.9"; 1.9 Liter.						
GL TDI Sedan 4D	RF29M	18520	4325	5125	6600	8925
GLS TDI Sedan 4D	SF29M	19225	4450	5250	6750	9200
JETTA—V6—Equipment Schedule 6						
W.B. 98.9"; 2.8 Liter.						
GLS Sedan 4D	SE29M	20475	3450	4150	5525	7725
GLX Sedan 4D	TE29M	24695	3900	4625	6075	8350
CABRIO—4-Cyl.—Equipment Schedule 3						
W.B. 97.4"; 2.0 Liter.						
GL Convertible 2D	CC21V	22015	2750	3350	4700	6750
GLS Convertible 2D	DC21V	24700	3000	3625	5000	7075
Manual Trans			(200)	(200)	(265)	(265)
PASSAT—4-Cyl. Turbo—Equipment Schedule 4						
W.B. 106.4"; 1.8 Liter.						
GLS Sedan 4D	MA23B	22800	2375	2975	4300	6275
GLS Wagon 4D	NA23B	23600	2500	3100	4425	6450
Manual Trans			(400)	(400)	(535)	(535)
V6 2.8 Liter	D		350	350	465	465
PASSAT—V6—Equipment Schedule 4						
W.B. 106.4"; 2.8 Liter.						
GLX Sedan 4D	PD23B	29255	3725	4450	5875	8100
GLX Wagon 4D	VD23B	30055	3925	4650	6100	8350
Manual Trans			(400)	(400)	(535)	(535)
PASSAT 4MOTION AWD—V6—Equipment Schedule 4						
W.B. 106.4"; 2.8 Liter.						
GLS Sedan 4D	TH23B	27050	4100	4850	6300	8575
GLS Wagon 4D	RH23B	27850	4250	5000	6475	8775
GLX Sedan 4D	UH23B	30905	4525	5350	6800	9200
GLX Wagon 4D	WH23B	31705	4600	5425	6950	9400

2001 VOLKSWAGEN — (3orW)VW(BK21J)-1-#

Body Type	VIN	List	Trade-In Fair	Good	Pvt-Party Good	Retail Excellent
GOLF—4-Cyl.—Equipment Schedule 6						
W.B. 98.9"; 2.0 Liter.						
GL Hatchback 2D	BK21J	15425	2925	3550	4925	7000
GLS Hatchback 4D	GK21J	16875	3100	3750	5150	7250
GOLF—4-Cyl. Turbo—Equipment Schedule 6						
W.B. 98.9"; 1.8 Liter.						
GLS Hatchback 4D	GC21J	18425	3425	4125	5525	7700
GOLF—4-Cyl. Turbo Diesel—Equipment Schedule 6						
W.B. 98.9"; 1.9 Liter.						
GL TDI H'Back 2D	BP21J	16720	4825	5650	7200	9650

EQUIPMENT & MILEAGE PAGE 9 TO 23 237

Body Type	VIN	List	Trade-In Fair	Good	Pvt-Party Good	Retail Excellent
GLS TDI H'Back 4D	GP21J	17925	5000	5850	7400	9900
GTI—4-Cyl. Turbo—Equipment Schedule 6						
W.B. 98.9"; 1.8 Liter.						
GLS Hatchback 2D	DC21J	19800	4475	5300	6750	9125
GTI—V6—Equipment Schedule 6						
W.B. 98.9"; 2.8 Liter.						
GLX Hatchback 2D	PG21J	23425	5100	5950	7500	10000
NEW BEETLE—4-Cyl.—Equipment Schedule 6						
W.B. 98.7"; 2.0 Liter.						
GL Hatchback 2D	BK21C	16425	2650	3250	4600	6650
GLS Hatchback 2D	CK21C	17375	2900	3525	4900	6975
NEW BEETLE—4-Cyl. Turbo—Equipment Schedule 6						
W.B. 98.7"; 1.8 Liter.						
GLS Hatchback 2D	CD21C	19525	3075	3725	5125	7225
Sport Hatchback 2D	ED21C	21175	3100	3775	5175	7300
GLX Hatchback 2D	DD21C	21700	3250	3925	5325	7475
NEW BEETLE—4-Cyl. Turbo Diesel—Equipment Schedule 6						
W.B. 98.7"; 1.9 Liter.						
GLSTDI H'Back 2D	CP21C	18425	4725	5550	7075	9525
JETTA—4-Cyl.—Equipment Schedule 6						
W.B. 98.9", 99.0" (Wag); 2.0 Liter.						
GL Sedan 4D	RK29M	17725	2600	3200	4525	6575
GLS Sedan 4D	SK29M	18175	2675	3300	4650	6700
GLS Sedan 4D	SK21J	19150	2925	3550	4925	7000
JETTA—4-Cyl. Turbo—Equipment Schedule 6						
W.B. 98.9"; 1.8 Liter.						
GLS Sedan 4D	SD29M	19725	3050	3675	5075	7175
Wolfsburg Edition			50	50	65	65
JETTA—4-Cyl. Turbo Diesel—Equipment Schedule 6						
W.B. 98.9"; 1.9 Liter.						
GL TDI Sedan 4D	RP29M	18520	4925	5750	7300	9775
GLS TDI Sedan 4D	SP29M	19225	5075	5925	7450	9950
JETTA—V6—Equipment Schedule 6						
W.B. 98.9", 99.0" (Wag); 2.8 Liter.						
GLS Sedan 4D	SG29M	20475	3950	4700	6125	8375
GLS Wagon 4D	SJ21J	21450	4100	4825	6275	8550
GLX Sedan 4D	TG29M	24825	4450	5250	6725	9050
GLX Wagon 4D	TG21J	25950	4575	5400	6900	9325
CABRIO—4-Cyl.—Equipment Schedule 3						
W.B. 97.4"; 2.0 Liter.						
GL Convertible 2D	BC21V	21625	3175	3850	5225	7350
GLS Convertible 2D	CC21V	22000	3475	4175	5550	7725
GLX Convertible 2D	DC21V	23700	3700	4400	5800	8000
Manual Trans			(200)	(200)	(265)	(265)
PASSAT—4-Cyl. Turbo—Equipment Schedule 4						
W.B. 106.4"; 1.8 Liter.						
GLS Sedan 4D	AD23B	23050	2825	3450	4800	6875
GLS Wagon 4D	HD23B	23850	2975	3625	4975	7075
Manual Trans			(425)	(425)	(565)	(565)
V6 2.8 Liter	H		375	375	500	500
NEW PASSAT—4-Cyl. Turbo—Equipment Schedule 4						
W.B. 106.4"; 1.8 Liter.						
GLS Sedan 4D	PD23B	23375	3000	3650	5025	7125
GLS Wagon 4D	VD23B	24175	3125	3775	5175	7300
Manual Trans			(425)	(425)	(565)	(565)
V6 2.8 Liter	H		375	375	500	500
PASSAT—V6—Equipment Schedule 4						
W.B. 106.4"; 2.8 Liter.						
GLX Sedan 4D	BH23B	29810	4300	5075	6550	8850
GLX Wagon 4D	JH23B	30610	4475	5275	6750	9100
Manual Trans			(425)	(425)	(565)	(565)
NEW PASSAT—V6—Equipment Schedule 4						
W.B. 106.4"; 2.8 Liter.						
GLX Sedan 4D	RD23B	30375	3525	4250	5625	7850
GLX Wagon 4D	WD23B	31175	4150	4925	6350	8650
Manual Trans			(425)	(425)	(565)	(565)
PASSAT 4MOTION AWD—V6—Equipment Schedule 4						
W.B. 106.4"; 2.8 Liter.						
GLS Sedan 4D	DH23B	27400	4625	5450	6950	9375
GLS Wagon 4D	KH23B	28200	4775	5600	7150	9600
GLX Sedan 4D	EH23B	31560	5125	5975	7525	10050
GLX Wagon 4D	LH23B	32360	5200	6075	7625	10150

1009

Body	Type	VIN	List	Trade-In Fair	Good	Pvt-Party Good	Retail Excellent

NEW PASSAT 4MOTION AWD—V6—Equipment Schedule 4
W.B. 106.4"; 2.8 Liter.

Body	Type	VIN	List	Fair	Good	Good	Excellent
GLS Sedan 4D		SH23B	27625	3725	4450	5875	8100
GLS Wagon 4D		XH23B	28425	4075	4825	6250	8525
GLX Sedan 4D		TH23B	32125	4325	5125	6575	8900
GLX Wagon 4D		YH23B	32925	4650	5475	7000	9425

2002 VOLKSWAGEN—(3,9orW)(BorV)W(BK21J)–2

GOLF—4-Cyl.—Equipment Schedule 6
W.B. 98.9"; 2.0 Liter.

GL Hatchback 4D		BK21J	15600	3250	3950	5475	7800
GL Hatchback 4D		FK21J	15800	3350	4025	5575	7925
GLS Hatchback 4D		GK21J	17150	3450	4150	5700	8050

GOLF—4-Cyl. Turbo Diesel—Equipment Schedule 6
W.B. 98.9"; 1.9 Liter.

GL TDI H'Back 2D		BP21J	16895	5350	6225	7925	10600
GL TDI H'Back 4D		FP21J	17095	5300	6175	7875	10550
GLS TDI H'Back 4D		GP21J	18200	5525	6425	8100	10850

GTI—4-Cyl. Turbo—Equipment Schedule 6
W.B. 98.9"; 1.8 Liter.

Hatchback 2D		DE61J	19460	4975	5800	7500	10150
337 Edition H'Back 2D		DE61J	22775	5400	6275	7975	10700

GTI VR6—V6—Equipment Schedule 6
W.B. 98.9"; 2.8 Liter.

Hatchback 2D		DH61J	20845	5600	6550	8225	11000

NEW BEETLE—4-Cyl.—Equipment Schedule 6
W.B. 98.7"; 2.0 Liter.

GL Hatchback 2D		BK21C	16450	2975	3600	5125	7400
GLS Hatchback 2D		CK21C	17400	3200	3900	5425	7750

NEW BEETLE—4-Cyl. Turbo—Equipment Schedule 6
W.B. 98.7"; 1.8 Liter.

GLS Hatchback 2D		CD21C	19750	3425	4125	5675	8025
Sport Hatchback 2D		ED21C	20800	3475	4175	5725	8075
GLX Hatchback 2D		DD21C	22050	3600	4300	5875	8250
S Hatchback 2D		FE21C	23905	4350	5150	6775	9325

NEW BEETLE—4-Cyl. Turbo Diesel—Equipment Schedule 6
W.B. 98.7"; 1.9 Liter.

GLS TDI H'Back 2D		CP21C	18450	5250	6125	7825	10500

JETTA—4-Cyl.—Equipment Schedule 6
W.B. 98.9", 99.0" (Wag); 2.0 Liter.

GL Sedan 4D		RK69M	17400	2925	3550	5075	7350
GL Wagon 4D		RK61J	18200	3075	3750	5275	7575
GLS Sedan 4D		SK69M	18450	3000	3650	5175	7475
GLS Wagon 4D		SK21J	19250	3250	3950	5475	7800

JETTA—4-Cyl. Turbo—Equipment Schedule 6
W.B. 98.9", 99.0" (Wag); 1.8 Liter.

GLS Sedan 4D		SE69M	20100	3375	4075	5625	7975
GLS Wagon 4D		SE61J	20900	3650	4350	5925	8300

JETTA—4-Cyl. Turbo Diesel—Equipment Schedule 6
W.B. 98.9", 99.0" (Wag); 1.9 Liter.

GL TDI Sedan 4D		RP69M	18695	5425	6325	8000	10750
GL TDI Wagon 4D		RP69M	19495	5575	6525	8200	10950
GLS TDI Sedan 4D		SP69M	19500	5575	6500	8175	10950
GLS TDI Wagon 4D		SP69M	20300	5725	6650	8375	11100

JETTA—V6—Equipment Schedule 6
W.B. 98.9", 99.0" (Wag); 2.8 Liter.

GLS Sedan 4D		SH69M	20750	4350	5150	6775	9325
GLS Wagon 4D		SH61J	21550	4500	5325	6950	9525
GLI Sedan 4D		VH69M	23500	5375	6250	7950	10650
GLX Sedan 4D		TH69M	25250	4900	5725	7425	10050
GLX Wagon 4D		TH61J	26050	5075	5925	7625	10300

CABRIO—4-Cyl.—Equipment Schedule 3
W.B. 97.4"; 2.0 Liter.

GL Convertible 2D		BC21V	21025	3575	4275	5800	8150
GLS Convertible 2D		CC21V	22025	3875	4600	6175	8575
GLX Convertible 2D		DC21V	23725	4100	4850	6425	8850
Manual Trans				(200)	(200)	(265)	(265)

PASSAT—4-Cyl. Turbo—Equipment Schedule 4
W.B. 106.4"; 1.8 Liter.

GLS Sedan 4D		PD63B	23375	3400	4125	5675	8025
GLS Wagon 4D		VD63B	24175	3550	4250	5825	8200
Manual Trans				(450)	(450)	(600)	(600)
V6 2.8 Liter		H		400	400	535	535

2002 VOLKSWAGEN

Body	Type	VIN	List	Trade-In Fair	Good	Pvt-Party Good	Retail Excellent
PASSAT—V6—Equipment Schedule 4							
W.B. 106.4"; 2.8 Liter.							
GLX Sedan 4D	RH63B	30375	**4025**	**4750**	**6350**	**8800**
GLX Wagon 4D	WH63B	31175	**4650**	**5475**	**7125**	**9725**
Manual Trans			**(450)**	**(450)**	**(600)**	**(600)**
PASSAT 4MOTION AWD—V6—Equipment Schedule 4							
W.B. 106.4"; 2.8 Liter.							
GLS Sedan 4D	SH63B	27625	**4225**	**5000**	**6600**	**9100**
GLS Wagon 4D	XH63B	28425	**4550**	**5375**	**7025**	**9600**
GLX Sedan 4D	TH63B	32125	**4850**	**5675**	**7375**	**10000**
GLX Wagon 4D	ZH63B	32925	**5225**	**6075**	**7800**	**10500**
PASSAT 4MOTION AWD—W8—Equipment Schedule 4							
W.B. 106.4"; 4.0 Liter.							
Sedan 4D	UH63B	38450	**6800**	**7850**	**9600**	**12550**
Wagon 4D	ZH63B	39250	**6975**	**8025**	**9800**	**12800**

2003 VOLKSWAGEN — (3,9orW)(BorV)W(BK21J)-3

Body	Type	VIN	List	Trade-In Fair	Good	Pvt-Party Good	Retail Excellent
GOLF—4-Cyl.—Equipment Schedule 6							
W.B. 98.9"; 2.0 Liter.							
GL Hatchback 2D	BK21J	15870	**3725**	**4425**	**6000**	**8375**
GL Hatchback 4D	FK21J	16070	**3825**	**4550**	**6125**	**8525**
GLS Hatchback 4D	GK21J	18095	**3950**	**4700**	**6275**	**8675**
GOLF—4-Cyl. Turbo Diesel—Equipment Schedule 6							
W.B. 98.9"; 1.9 Liter.							
GL TDI H'Back 2D	BP21J	17295	**6150**	**7100**	**8825**	**11600**
GL TDI H'Back 4D	FP21J	17495	**6150**	**7100**	**8825**	**11600**
GLS TDI H'Back 4D	GP21J	19285	**6375**	**7350**	**9075**	**11900**
GTI—4-Cyl. Turbo—Equipment Schedule 6							
W.B. 98.9"; 1.8 Liter.							
Hatchback 2D	DE61J	19640	**5675**	**6600**	**8300**	**11050**
20th Anniv H'Back 2D	DE61J	23800	**6225**	**7200**	**8950**	**11750**
GTI VR6—V6—Equipment Schedule 6							
W.B. 98.9"; 2.8 Liter.							
Hatchback 2D	DH61J	22570	**6400**	**7400**	**9125**	**11950**
NEW BEETLE—4-Cyl.—Equipment Schedule 6							
W.B. 98.7", 98.8" (Conv); 2.0 Liter.							
GL Hatchback 2D	BK21C	16525	**3400**	**4100**	**5625**	**7975**
GL Convertible 2D	BK21Y	21025	**5125**	**5975**	**7650**	**10300**
GLS Hatchback 2D	CK21C	18390	**3700**	**4400**	**5975**	**8350**
GLS Convertible 2D	CK21Y	22425	**5700**	**6625**	**8300**	**11050**
NEW BEETLE—4-Cyl. Turbo—Equipment Schedule 6							
W.B. 98.7", 98.8" (Conv); 1.8 Liter.							
GL Hatchback 2D	BD21C	19025	**3725**	**4450**	**6025**	**8400**
GLS Hatchback 2D	CD21C	20430	**3925**	**4675**	**6250**	**8650**
GLS Convertible 2D	CD21Y	24675	**5800**	**6750**	**8425**	**11150**
GLX Hatchback 2D	DE21C	22215	**4125**	**4900**	**6475**	**8925**
GLX Convertible 2D	DD21Y	26125	**6975**	**8000**	**9775**	**12700**
S Hatchback 2D	FE21C	24115	**4975**	**5825**	**7475**	**10100**
NEW BEETLE—4-Cyl. Turbo Diesel—Equipment Schedule 6							
W.B. 98.7"; 1.9 Liter.							
GL TDI H'Back 2D	BP21C	17770	**5950**	**6875**	**8600**	**11350**
GLS TDI H'Back 2D	CP21C	19570	**6050**	**7000**	**8725**	**11500**
JETTA—4-Cyl.—Equipment Schedule 6							
W.B. 98.9", 99.0 (Wag); 2.0 Liter.							
GL Sedan 4D	RK69M	17675	**3325**	**4000**	**5525**	**7875**
GL Wagon 4D	RK61J	18475	**3525**	**4250**	**5800**	**8150**
GLS Sedan 4D	SK69M	19365	**3425**	**4125**	**5650**	**8000**
GLS Wagon 4D	SK61J	20165	**3725**	**4425**	**6000**	**8375**
JETTA—4-Cyl. Turbo—Equipment Schedule 6							
W.B. 98.9", 99.0" (Wag); 1.8 Liter.							
GL Sedan 4D	RE69M	19325	**3625**	**4325**	**5875**	**8250**
GL Wagon 4D	RE61J	20125	**3925**	**4650**	**6225**	**8625**
Wolfsburg Sedan 4D	PE69M	20075	**3775**	**4500**	**6050**	**8450**
GLS Sedan 4D	SE29M	21015	**3900**	**4625**	**6200**	**8600**
GLS Wagon 4D	SE61J	21815	**4175**	**4925**	**6525**	**8975**
JETTA—4-Cyl. Turbo Diesel—Equipment Schedule 6							
W.B. 98.9", 99.0" (Wag); 1.9 Liter.							
GL TDI Sedan 4D	RP69M	19065	**6275**	**7250**	**8975**	**11750**
GL TDI Wagon 4D	RP61J	19865	**6450**	**7450**	**9175**	**12000**
GLS TDI Sedan 4D	SP69M	20545	**6425**	**7425**	**9150**	**11950**
GLS TDI Wagon 4D	SP61J	21345	**6600**	**7600**	**9300**	**12150**
JETTA—V6—Equipment Schedule 6							
W.B. 98.9"; 2.8 Liter.							

Body	Type	VIN	List	Trade-In Fair	Trade-In Good	Pvt-Party Good	Retail Excellent
GLI Sedan 4D		VH69M	23525	6125	7075	8800	11550
GLX Sedan 4D		TH69M	27515	5600	6525	8200	10950

PASSAT—4-Cyl. Turbo—Equipment Schedule 4
W.B. 106.4"; 1.8 Liter.

GL Sedan 4D		MD63B	23400	3100	3775	5325	7650
GL Wagon 4D		ND63B	24200	3475	4175	5725	8100
GLS Sedan 4D		PD63B	24535	4050	4775	6375	8825
GLS Wagon 4D		VD63B	27835	4175	4925	6525	9000
Manual Trans				(500)	(500)	(665)	(665)
V6 2.8 Liter		H		475	475	635	635

PASSAT—V6—Equipment Schedule 4
W.B. 106.4"; 2.8 Liter.

GLX Sedan 4D		RH63B	30400	4850	5675	7350	9950
GLX Wagon 4D		WH63B	31200	5575	6500	8200	10950
Manual Trans				(500)	(500)	(665)	(665)

PASSAT 4MOTION AWD—V6—Equipment Schedule 4
W.B. 106.4"; 2.8 Liter.

GLX Sedan 4D		TH63B	32150	5725	6650	8325	11050
GLX Wagon 4D		YH63B	32950	6125	7075	8775	11550

PASSAT 4MOTION AWD—W8—Equipment Schedule 4
W.B. 106.4"; 4.0 Liter.

Sedan 4D		UK63B	38475	7950	9100	10950	14050
Wagon 4D		ZK63B	39275	8100	9275	11100	14250

2004 VOLKSWAGEN—(W,3or9)(VorB)W(BK21J)-4-#

GOLF—4-Cyl.—Equipment Schedule 6
W.B. 98.9"; 2.0 Liter.

GL Hatchback 2D		BK21J	16155	4225	5000	6575	9025
GL Hatchback 4D		FK21J	16355	4325	5125	6750	9250
GLS Hatchback 4D		GK21J	18715	4475	5300	6900	9450

GOLF—4-Cyl. Turbo Diesel—Equipment Schedule 6
W.B. 98.9"; 1.9 Liter.

GL TDI H'Back 4D		FP21J	17775	7075	8125	9850	12750
GLS TDI H'Back 4D		GP21J	19895	7300	8375	10100	13050

GTI—4-Cyl. Turbo—Equipment Schedule 6
W.B. 98.9"; 1.8 Liter.

Hatchback 2D		DE61J	19825	6450	7425	9150	11950

GTI VR6—V6—Equipment Schedule 6
W.B. 98.9"; 2.8 Liter.

Hatchback 2D		DH61J	22645	7250	8325	10100	13050

R32 AWD—V6—Equipment Schedule 3
W.B. 99.1"; 3.2 Liter.

Hatchback 2D		KG61J	29675	10625	12050	13950	17450

NEW BEETLE—4-Cyl.—Equipment Schedule 6
W.B. 98.7", 98.8" (Conv); 2.0 Liter.

GL Hatchback 2D		BK21C	16995	3925	4650	6225	8625
GL Convertible 2D		BK21Y	21475	5800	6725	8375	11050
GLS Hatchback 2D		CK21C	19095	4225	5000	6575	9025
GLS Convertible 2D		CK21Y	23215	6450	7450	9150	11950

NEW BEETLE—4-Cyl. Turbo—Equipment Schedule 6
W.B. 98.7", 98.8 (Conv); 1.8 Liter.

GLS Hatchback 2D		CD21C	21055	4450	5275	6875	9425
GLS Convertible 2D		CD21Y	25395	6575	7575	9275	12100
S Hatchback 2D		FE21C	24425	5650	6600	8225	10950

NEW BEETLE—4-Cyl. Turbo—Equipment Schedule 6
W.B. 98.7"; 1.9 Liter.

GL TDI H'Back 2D		BP21C	18205	6775	7825	9500	12350
GLS TDI H'Back 2D		CP21C	20335	6925	7975	9675	12550

JETTA—4-Cyl.—Equipment Schedule 6
W.B. 98.9", 99.0 (Wag); 2.0 Liter.

GL Sedan 4D		RK29M	18005	3775	4500	6075	8475
GL Wagon 4D		RK61J	19005	4025	4775	6350	8775
GLS Sedan 4D		SK29M	20035	3925	4650	6225	8625
GLS Wagon 4D		SK21J	21035	4200	4975	6550	9000

JETTA—4-Cyl. Turbo—Equipment Schedule 6
W.B. 98.9", 99.0 (Wag); 1.8 Liter.

GL Sedan 4D		RE69M	19485	4150	4900	6475	8900
GLS Sedan 4D		SE69M	21515	4400	5200	6800	9325
GLS Wagon 4D		SE61J	22515	4725	5525	7175	9750
GLI Sedan 4D		VE69M	24375	6975	8025	9725	12600

JETTA—4-Cyl. Turbo Diesel—Equipment Schedule 6
W.B. 98.9", 99.0 (Wag); 1.9 Liter.

GL TDI Sedan 4D		RP29M	19245	7200	8250	10000	12900

2004 VOLKSWAGEN

Body	Type	VIN	List	Trade-In Fair	Trade-In Good	Pvt-Party Good	Retail Excellent
GL TDI Wagon 4D		RP21J	20245	7375	8450	10200	13150
GLS TDI Sedan 4D		SP69M	21055	7350	8425	10150	13100
GLS TDI Wagon 4D		SP61J	22055	7500	8600	10350	13300

JETTA—V6—Equipment Schedule 6
W.B. 98.9"; 2.8 Liter.

GLI Sedan 4D		VH69M	23785	6925	7975	9675	12550

PASSAT—4-Cyl. Turbo—Equipment Schedule 4
W.B. 106.4"; 1.8 Liter.

GL Sedan 4D		MD63B	23430	3775	4500	6100	8525
GL Wagon 4D		ND63B	24430	4175	4950	6550	9025
GLS Sedan 4D		PD63B	25030	4775	5600	7275	9900
GLS Wagon 4D		VD63B	26030	4925	5750	7425	10050
Manual Trans				(525)	(525)	(700)	(700)

PASSAT 4MOTION AWD—4-Cyl. Turbo—Equipment Schedule 4
W.B. 106.4"; 1.8 Liter.

GLS Sedan 4D		PD63B	26780	5900	6825	8525	11250
GLS Wagon 4D		VD63B	27780	6325	7300	9025	11800
Manual Trans				(525)	(525)	(700)	(700)

PASSAT—4-Cyl. Turbo Diesel—Equipment Schedule 4
W.B. 106.4"; 2.0 Liter.

GL TDI Sedan 4D		ME63B	23635	10150	11525	13450	16800
GL TDI Wagon 4D		NE63B	24635	10200	11575	13500	16850
GLS TDI Sedan 4D		PE63B	25235	11075	12550	14450	17950
GLS TDI Wagon 4D		VE63B	26235	11325	12800	14750	18300
Manual Trans				(525)	(525)	(700)	(700)

PASSAT—V6—Equipment Schedule 4
W.B. 106.4"; 2.8 Liter.

GLX Sedan 4D		RH63B	31430	5850	6775	8475	11200
GLX Wagon 4D		WH63B	32430	6675	7700	9400	12250
Manual Trans				(525)	(525)	(700)	(700)

PASSAT 4MOTION AWD—V6—Equipment Schedule 4
W.B. 106.4"; 2.8 Liter.

GLX Sedan 4D		TH63B	33180	6725	7750	9475	12350
GLX Wagon 4D		YH63B	34180	7150	8200	9950	12850

PASSAT 4MOTION AWD—W8—Equipment Schedule 4
W.B. 106.4"; 4.0 Liter.

Sedan 4D		UK63B	39235	9200	10475	12350	15600
Wagon 4D		ZK63B	40235	9425	10725	12600	15900
Sport Pkg				275	275	365	365

PHAETON AWD—V8—Equipment Schedule 1
W.B. 118.1"; 4.2 Liter.

Sedan 4D		AF63D	65215	11075	12550	14650	18400
4-Seater Pkg				650	650	865	865

PHAETON AWD—W12—Equipment Schedule 1
W.B. 118.1"; 6.0 Liter.

Sedan 4D		AH63D	80515	17775	20000	22400	27100
4-Seater Pkg				650	650	865	865

2005 VOLKSWAGEN—(W,3or9)(VorB)W(BL61J)–5–#

GOLF—4-Cyl.—Equipment Schedule 6
W.B. 98.9"; 2.0 Liter.

GL Hatchback 2D		BL61J	15830	4800	5625	7275	9850
GL Hatchback 4D		FL61J	16030	4950	5800	7450	10050
GLS Hatchback 4D		GL61J	18390	5100	5975	7600	10200

GOLF—4-Cyl. Turbo Diesel—Equipment Schedule 6
W.B. 98.9"; 1.9 Liter.

GL TDI H'Back 4D		FR61J	17450	8250	9425	11200	14250
GLS TDI H'Back 4D		GR61J	19580	8475	9675	11400	14500

GTI—4-Cyl. Turbo—Equipment Schedule 6
W.B. 98.9"; 1.8 Liter.

Hatchback 2D		DE61J	19510	7275	8350	10050	12950

GTI VR6—V6—Equipment Schedule 6
W.B. 98.9"; 2.8 Liter.

Hatchback 2D		DH61J	22330	8150	9325	11100	14150

NEW BEETLE—4-Cyl.—Equipment Schedule 6
W.B. 98.9"; 98.8" (Conv); 2.0 Liter.

GL Hatchback 2D		BK31C	17145	4450	5250	6875	9400
GL Convertible 2D		BM31Y	21865	6525	7525	9200	12000
GLS Hatchback 2D		CK31C	19345	4800	5625	7275	9850
GLS Convertible 2D		CM31Y	23615	7300	8375	10050	12950
Bi-Color H'Back 2D		CK31C	21360	5350	6225	7900	10550
Dark Flint Ed Conv		CM31Y	26405	7675	8775	10500	13400

2005 VOLKSWAGEN

Body	Type	VIN	List	Trade-In Fair	Good	Pvt-Party Good	Retail Excellent
NEW BEETLE—4-Cyl. Turbo—Equipment Schedule 6							
W.B. 98.7", 98.8" (Conv); 1.8 Liter.							
GLS Hatchback 2D	CD31C	21515	5075	5925	7550	10150
GLS Convertible 2D	CD31Y	26025	7400	8500	10200	13100
NEW BEETLE—4-Cyl. Turbo Diesel—Equipment Schedule 6							
W.B. 98.7"; 1.9 Liter.							
GLS TDI H'Back 2D	CR31C	20585	7875	9000	10800	13750
JETTA—4-Cyl.—Equipment Schedule 6							
W.B. 98.9", 99.0" (Wag); 2.0 Liter.							
GL Sedan 4D	RK69M	18255	4300	5100	6675	9150
GL Wagon 4D	RL61J	19255	4550	5375	6975	9525
GLS Sedan 4D	SK69M	20295	4450	5250	6875	9400
GLS Wagon 4D	SL61J	21295	4725	5550	7175	9750
JETTA—4-Cyl. Turbo—Equipment Schedule 6							
W.B. 98.9", 99.0" (Wag); 1.8 Liter.							
GLS Wagon 4D	SE61J	22775	5375	6250	7900	10550
GLI Sedan 4D	SE69M	24645	7850	8975	10750	13750
JETTA—4-Cyl. Turbo Diesel—Equipment Schedule 6							
W.B. 98.9", 99.0" (Wag); 1.9 Liter.							
GL TDI Wagon 4D	RR61J	20505	8375	9575	11300	14400
GLS TDI Sedan 4D	SR69M	21315	8325	9525	11250	14350
GLS TDI Wagon 4D	SR61J	22315	8500	9725	11450	14550
NEW JETTA—5-Cyl.—Equipment Schedule 6							
W.B. 101.5"; 2.5 Liter.							
Value Edition Sed 4D	PF71K	18515	4950	5800	7450	10500
2.5 Sedan 4D	SF71K	21005	5825	6750	8425	11100
Package #1			450	450	600	600
Package #2			1000	1000	1335	1335
NEW JETTA—4-Cyl. Turbo Diesel—Equipment Schedule 6							
W.B. 101.5"; 1.9 Liter.							
TDI Sedan 4D	RT71K	22000	9750	11075	12900	16100
Package #1			450	450	600	600
Package #2			1000	1000	1335	1335
PASSAT—4-Cyl. Turbo—Equipment Schedule 4							
W.B. 106.4"; 1.8 Liter.							
GL Sedan 4D	MD63B	23760	4575	5400	7050	9625
GL Wagon 4D	ND63B	24760	5025	5850	7525	10150
GLS Sedan 4D	AD63B	26030	5700	6650	8300	11050
GLS Wagon 4D	CD63B	27030	5825	6750	8450	11150
Manual Trans			(550)	(550)	(735)	(735)
PASSAT 4MOTION AWD—4-Cyl. Turbo—Equipment Schedule 4							
W.B. 106.4"; 1.8 Liter.							
GLS Sedan 4D	BD63B	27780	6925	7975	9675	12550
GLS Wagon 4D	DD63B	28780	7450	8525	10250	13200
Manual Trans			(550)	(550)	(735)	(735)
PASSAT—4-Cyl. Turbo Diesel—Equipment Schedule 4							
W.B. 106.4"; 2.0 Liter.							
GL TDI Sedan 4D	ME63B	23935	11475	12925	14800	18300
GL TDI Wagon 4D	NE63B	24935	11700	13225	15100	18600
GLS TDI Sedan 4D	AE63B	26235	12550	14150	16000	19600
GLS TDI Wagon 4D	CE63B	27235	12925	14550	16450	20100
PASSAT—V6—Equipment Schedule 4							
W.B. 106.4"; 2.8 Liter.							
GLX Sedan 4D	RU63B	31440	7000	8050	9775	12650
GLX Wagon 4D	WU63B	32440	7900	9050	10850	13850
Manual Trans			(550)	(550)	(735)	(735)
PASSAT 4MOTION AWD—V6—Equipment Schedule 4							
W.B. 106.4"; 2.8 Liter.							
GLX Sedan 4D	TU63B	33190	7875	9000	10800	13800
GLX Wagon 4D	YU63B	34190	8325	9525	11300	14400
PHAETON—V8—Equipment Schedule 1							
W.B. 118.1"; 4.2 Liter.							
Sedan 4D	AF93D	68865	15100	17000	19250	23500
4-Seater Pkg			725	725	965	965
PHAETON—W12—Equipment Schedule 1							
W.B. 118.1"; 6.0 Liter.							
Sedan 4D	AH93D	99715	22550	25175	27600	32800
4-Seater Pkg			725	725	965	965

2006 VOLKSWAGEN(W,3or9)(VorB)W(BR71K)—6–#

RABBIT—5-Cyl.—Equipment Schedule 6							
W.B. 101.5"; 2.5 Liter.							
Hatchback 2D	BR71K	15620	6225	7175	8850	11550

2006 VOLKSWAGEN

Body	Type	VIN	List	Trade-In Fair	Good	Pvt-Party Good	Retail Excellent
Hatchback 4D		DR71K	17620	6700	7725	9375	12150
GOLF—4-Cyl.—Equipment Schedule 6							
W.B. 98.9"; 2.0 Liter.							
GL Hatchback 4D		FL61J	16645	5625	6575	8200	10900
GLS Hatchback 4D		GL61J	19005	5800	6750	8375	11050
GOLF—4-Cyl. Turbo Diesel—Equipment Schedule 6							
W.B. 98.9"; 1.9 Liter.							
GLS TDI H'Back 4D		GR61J	20195	9525	10825	12600	15800
GTI—4-Cyl. Turbo—Equipment Schedule 6							
W.B. 98.9", 101.5"; 1.8 Liter, 2.0 Liter.							
1.8T Hatchback 2D		DE61J	20955	7875	9000	10750	13700
2.0T Hatchback 2D		EV71K	22620	9625	10925	12700	15900
Package #2				1000	1000	1335	1335
NEW BEETLE—5-Cyl.—Equipment Schedule 6							
W.B. 98.7"; 98.8" (Conv); 2.5 Liter.							
2.5 Hatchback 2D		PG31C	17795	6550	7550	9200	11950
2.5 Convertible 2D		PF31Y	22535	8250	9425	11150	14150
Package #1				450	450	600	600
Package #2				1000	1000	1335	1335
NEW BEETLE—4-Cyl. Turbo Diesel—Equipment Schedule 6							
W.B. 98.7"; 1.9 Liter.							
TDI Hatchback 2D		PR31C	19005	9100	10350	12100	15200
Package #1		R		450	450	600	600
Package #2		S		1000	1000	1335	1335
JETTA—5-Cyl.—Equipment Schedule 6							
W.B. 101.5"; 2.5 Liter.							
2.5 Value Edition Sed		PF71K	18515	5625	6550	8175	10850
2.5 Sedan 4D		RF71K	20905	6575	7575	9225	12000
Package #1		S		500	500	665	665
Package #2		D		1000	1000	1335	1335
JETTA—4-Cyl. Turbo—Equipment Schedule 6							
W.B. 101.5"; 2.0 Liter.							
2.0T Sedan 4D		AJ71K	24205	7625	8725	10400	13300
GLI Sedan 4D		TJ71K	24405	8825	10050	11750	14850
Package #1		K		500	500	665	665
Package #2		M		1000	1000	1335	1335
Package #3		N		1600	1600	2135	2135
JETTA—4-Cyl. Turbo Diesel—Equipment Schedule 6							
W.B. 101.5"; 1.9 Liter.							
TDI Sedan 4D		RT71K	21905	10925	12400	14150	17450
TDI Spcl Ed Sed		FT71K	24620	11700	13225	15000	18400
Package #1				500	500	665	665
Package #2				1000	1000	1335	1335
PASSAT—4-Cyl. Turbo—Equipment Schedule 4							
W.B. 106.7"; 2.0 Liter.							
2.0T Value Ed Sedan		AK73C	24640	7050	8100	9800	12650
2.0T Sedan 4D		AK73C	25590	7150	8200	9900	12750
Luxury Pkg				1000	1000	1335	1335
PASSAT—V6—Equipment Schedule 4							
W.B. 106.7"; 3.6 Liter.							
3.6 Sedan 4D		AU73C	30565	9250	10525	12300	15450
Luxury or Sport Pkg				1000	1000	1335	1335
PASSAT 4MOTION AWD—V6—Equipment Schedule 4							
W.B. 106.4"; 3.6 Liter.							
3.6 Sedan 4D		BU73C	32515	9900	11225	13000	16200
Luxury or Sport Pkg				1000	1000	1335	1335
PHAETON—V8—Equipment Schedule 1							
W.B. 118.1"; 4.2 Liter.							
Sedan 4D		AF03D	68655	20000	22350	24600	29400
4-Seater Pkg				800	800	1065	1065
PHAETON—W12—Equipment Schedule 1							
W.B. 118.1"; 6.0 Liter.							
Sedan 4D		AK03D	100255	29500	32825	35300	41200
4-Passenger				800	800	1065	1065

2007 VOLKSWAGEN—(W,3or9)(VorB)W(AR71K)–7

Body	Type	VIN	List	Trade-In Fair	Good	Pvt-Party Good	Retail Excellent
RABBIT—5-Cyl.—Equipment Schedule 6							
W.B. 101.5"; 2.5 Liter.							
Hatchback 2D		AR71K	15620	7025	8075	9625	12300
Hatchback 4D		CR71K	17620	7550	8675	10200	12950
GTI—4-Cyl. Turbo—Equipment Schedule 6							
W.B. 101.5"; 2.0 Liter.							
2.0T Hatchback 2D		EV71K	22730	10775	12200	13850	17000

1009

Body	Type	VIN	List	Trade-In Fair	Trade-In Good	Pvt-Party Good	Retail Excellent
2.0T Hatchback 4D		GV71K	23230	11175	12650	14250	17450
Package #2				1000	1000	1335	1335

EOS—4-Cyl. Turbo—Equipment Schedule 3
W.B. 101.5"; 2.0 Liter.

Body	Type	VIN	List	Fair	Good	Good	Excellent
Hardtop Conv 2D		AA71F	28620	14075	15825	17500	21000
2.0T Hardtop Conv 2D		CA71F	31695	15150	17050	18700	22300

EOS—V6—Equipment Schedule 3
W.B. 101.5"; 3.2 Liter.

Body	Type	VIN	List	Fair	Good	Good	Excellent
3.2L Hardtop Conv 2D		DB71F	37480	17775	20000	21800	25700

NEW BEETLE—5-Cyl.—Equipment Schedule 6
W.B. 98.7"; 98.8" (Conv); 2.5 Liter.

Body	Type	VIN	List	Fair	Good	Good	Excellent
2.5 Hatchback 2D		PF31C	17810	7375	8475	10000	12750
2.5 Convertible 2D		PF31Y	22750	9250	10525	12150	15150
Package #1				450	450	600	600
Package #2				1000	1000	1335	1335

JETTA—5-Cyl.—Equipment Schedule 6
W.B. 101.5"; 2.5 Liter.

Body	Type	VIN	List	Fair	Good	Good	Excellent
Sedan 4D		GF71K	17120	6375	7375	8925	11550
2.5 Sedan 4D		PF71K	18620	7425	8525	10050	12800
Wolfsburg Ed Sedan		EF71K	19990	8250	9425	11050	13900
Package #1				500	500	665	665
Package #2				1000	1000	1335	1335

JETTA—4-Cyl. Turbo—Equipment Schedule 6
W.B. 101.5"; 2.0 Liter.

Body	Type	VIN	List	Fair	Good	Good	Excellent
2.0T Sedan 4D		AJ71K	22620	8550	9775	11350	14250
GLI Sedan 4D		TJ71K	24620	9900	11225	12850	15900
Package #1				500	500	665	665
Package #2				1000	1000	1335	1335

PASSAT—4-Cyl. Turbo—Equipment Schedule 4
W.B. 106.7"; 2.0 Liter.

Body	Type	VIN	List	Fair	Good	Good	Excellent
Sedan 4D		JK73C	24665	9275	10575	12200	15250
Wagon 4D		XK73C	26085	9625	10925	12600	15700
2.0T Sedan 4D		AK73C	25665	9500	10825	12450	15500
2.0T Value Ed Wag 4D		LK73C	25855	10200	11575	13250	16350
2.0T Wagon 4D		LK73C	26865	10350	11700	13400	16500
2.0T Wolfsburg Ed Sed		AK73C	27630	11075	12550	14200	17450
Luxury Pkg				1000	1000	1335	1335
Sport Pkg				1000	1000	1335	1335

PASSAT—V6—Equipment Schedule 4
W.B. 106.7"; 3.6 Liter.

Body	Type	VIN	List	Fair	Good	Good	Excellent
3.6 Sedan 4D		AU73C	30590	11800	13325	15000	18300
3.6 Wagon 4D		LU73C	31790	13275	15000	16700	20200
Luxury Pkg				1000	1000	1335	1335
Sport Pkg				1000	1000	1335	1335

PASSAT 4MOTION AWD—V6—Equipment Schedule 4
W.B. 106.7"; 3.6 Liter.

Body	Type	VIN	List	Fair	Good	Good	Excellent
3.6 Sedan 4D		BU73C	32540	12550	14150	15850	19200
3.6 Wagon 4D		MU73C	33740	14400	16175	17900	21500
Luxury Pkg				1000	1000	1335	1335
Sport Pkg				1000	1000	1335	1335

2008 VOLKSWAGEN—(W,3or9)(VorB)W(AA71K)-8

RABBIT—5-Cyl.—Equipment Schedule 6
W.B. 101.5"; 2.5 Liter.

Body	Type	VIN	List	Fair	Good	Good	Excellent
Hatchback 2D		AA71K	16130	8025	9200	10650	13300
Hatchback 4D		CA71K	18125	8600	9800	11250	14000

GTI—4-Cyl. Turbo—Equipment Schedule 6
W.B. 101.5"; 2.0 Liter.

Body	Type	VIN	List	Fair	Good	Good	Excellent
2.0T Hatchback 2D		EV71K	23370	12050	13625	15150	18350
2.0T Hatchback 4D		GV71K	23870	12500	14100	15650	18850

EOS—4-Cyl. Turbo—Equipment Schedule 3
W.B. 101.5"; 2.0 Liter.

Body	Type	VIN	List	Fair	Good	Good	Excellent
Hardtop Conv 2D		AA71F	30630	15575	17500	19150	22700
Komfort HT Conv 2D		AH71F	32985	16850	18875	20600	24300
LUX Hardtop Conv 2D		FA71F	35630	17200	19250	21000	24700

EOS—V6—Equipment Schedule 3
W.B. 101.5"; 3.2 Liter.

Body	Type	VIN	List	Fair	Good	Good	Excellent
VR6 Hardtop Conv 2D		DB71F	38630	19600	21950	23600	27500

NEW BEETLE—5-Cyl.—Equipment Schedule 6
W.B. 98.8"; 2.5 Liter.

Body	Type	VIN	List	Fair	Good	Good	Excellent
S Hatchback 2D		PW31C	18005	8425	9625	11100	13850
S Convertible 2D		PF31Y	23765	10425	11850	13450	16400
SE Hatchback 2D		RW31C	21080	9000	10250	11750	14600

Body Type	VIN	List	Trade-In Fair	Good	Pvt-Party Good	Retail Excellent
SE Convertible 2D	RF31Y	26265	11225	12700	14250	17400
Package #1			450	450	600	600
GLI—4-Cyl. Turbo—Equipment Schedule 4						
W.B. 101.5"; 2.0 Liter.						
2.0T Sedan 4D	BJ71K	25945	12050	13625	15150	18350
JETTA—5-Cyl.—Equipment Schedule 6						
W.B. 101.5"; 2.5 Liter.						
S Sedan 4D	JM71K	17630	8250	9425	10950	13650
SE Sedan 4D	RM71K	20400	9375	10675	12200	15100
SEL Sedan 4D	RM71K	23465	10675	12100	13650	16700
JETTA—4-Cyl. Turbo—Equipment Schedule 6						
W.B. 101.5"; 2.0 Liter.						
Wolfsburg Ed Sedan	RJ71K	21525	10300	11650	13250	16200
R32—V6—Equipment Schedule 3						
W.B. 101.5"; 3.2 Liter.						
Hatchback 2D	KC71K	33630	16750	18775	20500	24300
PASSAT—4-Cyl. Turbo—Equipment Schedule 4						
W.B. 106.7"; 2.0 Liter.						
Sedan 4D	JK73C	25630	10825	12250	13800	16900
Wagon 4D	XK73C	26830	11175	12650	14200	17350
Komfort Sedan 4D	AK73C	28430	11900	13475	15150	18400
Komfort Wagon 4D	LK73C	29630	13525	15250	16850	20300
LUX Sedan 4D	EK73C	30630	12700	14350	15950	19350
LUX Wagon 4D	TK73C	31830	14300	16075	17750	21300
PASSAT—V6—Equipment Schedule 4						
W.B. 106.7"; 3.6 Liter.						
VR6 Sedan 4D	CU73C	36630	13525	15250	16850	20300
PASSAT 4MOTION AWD—V6—Equipment Schedule 4						
W.B. 106.7"; 3.6 Liter.						
VR6 Sedan 4D	DU73C	38580	14300	16075	17750	21300
VR6 Wagon 4D	RU73C	39780	16325	18325	20000	23700

VOLVO

1994 VOLVO — YV1(LS551)–R–#

Body Type	VIN	List	Trade-In Fair	Good	Pvt-Party Good	Retail Excellent
850—5-Cyl.—Equipment Schedule 3						
W.B. 104.9"; 2.4 Liter.						
Sedan 4D	LS551	24725	875	1225	2175	3650
Wagon 4D	LW551	28120	1325	1800	3000	4700
Manual Trans						
850—5-Cyl. Turbo—Equipment Schedule 1						
W.B. 104.9"; 2.3 Liter.						
Sedan 4D	LS571	31900	1600	2100	3325	5125
Wagon 4D	LW571	32900	1850	2375	3625	5475
940—4-Cyl.—Equipment Schedule 3						
W.B. 109.1"; 2.3 Liter.						
Sedan 4D	JS881	23325	1050	1475	2575	4225
Wagon 4D	JW881	24425	1100	1525	2650	4300
940—4-Cyl. Turbo—Equipment Schedule 1						
W.B. 109.1"; 2.3 Liter.						
Sedan 4D	JS871	27220	1275	1750	2950	4650
Wagon 4D	JW871	28220	1725	2225	3450	5275
960—6-Cyl.—Equipment Schedule 1						
W.B. 109.1"; 2.9 Liter.						
Sedan 4D	KS951	33875	1050	1500	2600	4250
Wagon 4D	KW951	34875	1250	1725	2900	4600

1995 VOLVO — YV1(LS551)–S–#

Body Type	VIN	List	Trade-In Fair	Good	Pvt-Party Good	Retail Excellent
850—5-Cyl.—Equipment Schedule 3						
W.B. 104.9"; 2.4 Liter.						
Sedan 4D	LS551	25540	1025	1450	2550	4225
Wagon 4D	LW551	26840	1375	1850	3050	4800
GLT Sedan 4D	LS551	27570	1350	1825	3025	4775
GLT Wagon 4D	LW551	28870	1400	1875	3100	4875
Manual Trans			(125)	(125)	(165)	(165)
850—5-Cyl. Turbo—Equipment Schedule 1						
W.B. 104.9"; 2.3 Liter.						
Sedan 4D	LS571	32000	1950	2500	3775	5650
Wagon 4D	LW571	33300	2200	2800	4100	6025
T-5 R Sedan 4D	LS581	36005	2475	3075	4400	6425
T-5 R Wagon 4D	LW581	37555	2750	3350	4725	6775

1995 VOLVO

Body Type	VIN	List	Trade-In Fair	Trade-In Good	Pvt-Party Good	Retail Excellent
940—4-Cyl.—Equipment Schedule 3						
W.B. 109.1"; 2.3 Liter.						
Sedan 4D	JS831	24315	1225	1725	2900	4600
Wagon 4D	JW831	25615	1325	1800	3025	4750
GL Sedan 4D	JS831	25295	1225	1725	2900	4600
940—4-Cyl. Turbo—Equipment Schedule 1						
W.B. 109.1"; 2.3 Liter.						
Sedan 4D	JS861	24820	1600	2075	3300	5125
Wagon 4D	JW861	26120	2100	2675	3950	5875
960—6-Cyl.—Equipment Schedule 1						
W.B. 109.1"; 2.9 Liter.						
Sedan 4D	KS961	30360	1250	1725	2925	4650
Wagon 4D	KW961	31660	1575	2050	3275	5100

1996 VOLVO — YV1(LS554)-T-#

Body Type	VIN	List	Trade-In Fair	Trade-In Good	Pvt-Party Good	Retail Excellent
850—5-Cyl.—Equipment Schedule 3						
W.B. 104.9"; 2.4 Liter.						
Sedan 4D	LS554	26620	1225	1700	2875	4600
Wagon 4D	LW554	27920	1700	2200	3450	5300
GLT Sedan 4D	LS554	29695	1675	2175	3425	5275
GLT Wagon 4D	LW554	30995	1775	2275	3525	5400
Manual Trans			(125)	(125)	(165)	(165)
850—5-Cyl. Turbo—Equipment Schedule 1						
W.B. 104.9"; 2.3 Liter.						
Sedan 4D	LS572	33145	2400	2975	4300	6300
Wagon 4D	LW572	34445	2700	3300	4675	6750
TLA Sedan 4D	LS572	37380	2975	3600	5000	7125
TLA Wagon 4D	LW572	38830	3250	3950	5375	7575
R Sedan 4D	LS572	38420	3250	3950	5375	7575
R Wagon 4D	LW572	39870	3725	4425	5925	8225
960—6-Cyl.—Equipment Schedule 1						
W.B. 109.1"; 2.9 Liter.						
Sedan 4D	KS960	34455	1575	2050	3275	5100
Wagon 4D	KW960	35755	1900	2450	3725	5600

1997 VOLVO — YV1(LS555)-V-#

Body Type	VIN	List	Trade-In Fair	Trade-In Good	Pvt-Party Good	Retail Excellent
850—5-Cyl.—Equipment Schedule 3						
W.B. 104.9"; 2.4 Liter.						
Sedan 4D	LS555	28180	1575	2050	3300	5125
Wagon 4D	LW555	29480	2075	2650	3925	5850
Manual Trans			(150)	(150)	(200)	(200)
850—5-Cyl. Turbo—Equipment Schedule 1						
W.B. 104.9"; 2.3 Liter, 2.4 Liter.						
GLT Sedan 4D	LS564	33525	2775	3375	4750	6800
GLT Wagon 4D	LW564	34825	2575	3150	4500	6550
T-5 Sedan 4D	LS572	36190	2950	3575	4975	7075
T-5 Wagon 4D	LW572	37490	3275	3975	5400	7575
R Sedan 4D	LS582	39180	3600	4300	5750	8000
R Wagon 4D	LW582	40630	3950	4675	6175	8500
960—6-Cyl.—Equipment Schedule 1						
W.B. 109.1"; 2.9 Liter.						
Sedan 4D	KS960	34795	1950	2500	3775	5650
Wagon 4D	KW960	36345	2400	2975	4300	6300
90 SERIES—6-Cyl.—Equipment Schedule 1						
W.B. 109.1"; 2.9 Liter.						
S90 Sedan 4D	KS960	34875	2225	2825	4125	6075
V90 Wagon 4D	KW960	36425	2825	3425	4825	6900

1998 VOLVO — YV1(LS553)-W-#

Body Type	VIN	List	Trade-In Fair	Trade-In Good	Pvt-Party Good	Retail Excellent
70 SERIES—5-Cyl.—Equipment Schedule 3						
W.B. 104.9"; 2.4 Liter.						
S70 Sedan 4D	LS553	28535	875	1225	2350	4025
V70 Wagon 4D	LW553	29835	1300	1800	3025	4800
Manual Trans	4		(175)	(175)	(235)	(235)
70 SERIES—5-Cyl. Turbo—Equipment Schedule 1						
W.B. 104.9", 104.5" (AWD); 2.3 Liter, 2.4 Liter.						
C70 Coupe 2D	NK537	40545	3000	3650	5025	7150
C70 Convertible 2D	NC567	43570	2575	3175	4500	6550
S70 GLT Sedan 4D	LS564	33015	2000	2550	3850	5750
V70 GLT Wagon 4D	LW564	34315	2025	2575	3875	5800
S70 T-5 Sedan 4D	LS534	35560	2350	2950	4275	6250
V70 T-5 Wagon 4D	LW534	36860	2750	3375	4725	6775

1998 VOLVO

Body Type	VIN	List	Trade-In Fair	Good	Pvt-Party Good	Retail Excellent
V70 AWD Wagon 4D	LW564	36195	3325	4025	5450	7650
V70 XC AWD Wagon 4D	LZ564	38195	3525	4250	5675	7925
V70 R AWD Wagon 4D	LW524	41570	4375	5175	6700	9100

90 SERIES—6-Cyl.—Equipment Schedule 1
W.B. 109.1"; 2.9 Liter.

Body Type	VIN	List	Fair	Good	Good	Excellent
S90 Sedan 4D	KS960	34875	2750	3375	4725	6775
V90 Wagon 4D	KW960	36425	3375	4075	5500	7700

1999 VOLVO — YV1(LS55A)-X-#

70 SERIES—5-Cyl.—Equipment Schedule 3
W.B. 104.9"; 2.4 Liter.

Body Type	VIN	List	Fair	Good	Good	Excellent
S70 Sedan 4D	LS55A	28935	1150	1625	2850	4600
V70 Wagon 4D	LW55A	30235	1775	2275	3550	5450
Manual Trans	4		(200)	(200)	(265)	(265)

70 SERIES—5-Cyl. Turbo—Equipment Schedule 1
W.B. 104.3"; 104.5" (S70 AWD), 104.9" (C70, S70/V70 GLT, T-5 & R); 2.3 Liter, 2.4 Liter.

Body Type	VIN	List	Fair	Good	Good	Excellent
C70 LT Coupe 2D	NK56D	37570	3075	3700	5100	7225
C70 HT Coupe 2D	NK53D	40945	3700	4425	5850	8100
C70 Convertible 2D	NC56D	43970	3125	3800	5200	7350
S70 GLT Sedan 4D	LS56A	35105	2550	3125	4475	6525
V70 GLT Wagon 4D	LW56A	36405	2725	3325	4675	6750
S70 T-5 Sedan 4D	LS53A	37155	2975	3600	5000	7100
V70 T-5 Wagon 4D	LW53A	38455	3400	4100	5525	7700
S70 AWD Sedan 4D	LT56A	36985	3525	4250	5650	7900
V70 AWD Wagon 4D	LV56A	38285	4025	4750	6225	8525
V70 XC AWD Wag 4D	LZ56A	39460	4250	5000	6475	8825
V70 R AWD Wagon 4D	LV52A	41970	5150	6025	7625	10200

80 SERIES—6-Cyl.—Equipment Schedule 1
W.B. 109.9"; 2.9 Liter.

Body Type	VIN	List	Fair	Good	Good	Excellent
S80 2.9 Sedan 4D	TS97D	38790	2375	2975	4300	6300

80 SERIES—6-Cyl. Turbo—Equipment Schedule 1
W.B. 109.9"; 2.8 Liter.

Body Type	VIN	List	Fair	Good	Good	Excellent
S80 T-6 Sedan 4D	TS90D	43755	3550	4275	5700	7950

2000 VOLVO — YV1(VS252)-Y-#

40 SERIES—4-Cyl. Turbo—Equipment Schedule 3
W.B. 100.3"; 1.9 Liter.

Body Type	VIN	List	Fair	Good	Good	Excellent
S40 Sedan 4D	VS252	23475	1175	1675	2925	4700
V40 Wagon 4D	VW252	24475	2000	2575	3875	5825

70 SERIES—5-Cyl.—Equipment Schedule 3
W.B. 104.9"; 2.4 Liter.

Body Type	VIN	List	Fair	Good	Good	Excellent
S70 Sedan 4D	LS61J	29075	1675	2175	3475	5375
S70 SE Sedan 4D	LS61J	30075	1800	2325	3625	5525
V70 Wagon 4D	LW61J	30375	2325	2900	4250	6225
V70 SE Wagon 4D	LW61J	31575	2425	3025	4350	6375
Manual Trans	4		(200)	(200)	(265)	(265)

70 SERIES—5-Cyl. Turbo—Equipment Schedule 1
W.B. 104.5", 104.9" (C70, S70 & V70 exc. AWD); 2.3 Liter, 2.4 Liter.

Body Type	VIN	List	Fair	Good	Good	Excellent
C70 LT Coupe 2D	NK56D	36475	3750	4450	5900	8150
C70 LT Convertible 2D	NC56D	45675	3825	4550	6000	8275
C70 HT Coupe 2D	NK53D	40575	4350	5150	6625	9000
C70 HT Conv 2D	NC53D	47075	4450	5275	6800	9250
S70 GLT Sedan 4D	LS56D	34675	3175	3850	5250	7400
S70 GLT SE Sedan 4D	LS56D	33075	3375	4100	5500	7700
V70 GLT Wagon 4D	LW56D	35975	3500	4200	5625	7850
S70 T-5 Sedan 4D	LS53D	37275	3700	4400	5850	8100
S70 AWD Sedan 4D	LT56D	36575	4275	5050	6525	8875
V70 XC AWD Wag 4D	LZ56D	39075	5025	5850	7450	10000
V70 XC AWD SE Wag	LZ56D	37575	4600	5425	6950	9425
V70 R AWD Wagon 4D	LV60D	42075	6025	6975	8650	11350

80 SERIES—6-Cyl.—Equipment Schedule 1
W.B. 109.9"; 2.9 Liter.

Body Type	VIN	List	Fair	Good	Good	Excellent
S80 2.9 Sedan 4D	TS94D	37775	2975	3600	5025	7150

80 SERIES—6-Cyl. Turbo—Equipment Schedule 1
W.B. 109.9"; 2.8 Liter.

Body Type	VIN	List	Fair	Good	Good	Excellent
S80 T-6 Sedan 4D	TS90D	42275	4275	5050	6550	8900

2001 VOLVO — YV1(VS295)-1-#

40 SERIES—4-Cyl. Turbo—Equipment Schedule 3
W.B. 100.9"; 1.9 Liter.

Body Type	VIN	List	Fair	Good	Good	Excellent
S40 Sedan 4D	VS295	24075	1800	2300	3625	5525

1009

2001 VOLVO

Body	Type	VIN	List	Trade-In Fair	Trade-In Good	Pvt-Party Good	Retail Excellent
S40 SE Sedan 4D		VS295	28025	2625	3200	4575	6650
V40 Wagon 4D		VW295	25075	2675	3275	4650	6725
V40 SE Wagon 4D		VW295	29025	3175	3850	5250	7400
60 SERIES—5-Cyl.—Equipment Schedule 3							
W.B. 106.9"; 2.4 Liter.							
S60 2.4 Sedan 4D		RS61N	27075	2425	3050	4375	6400
60 SERIES—5-Cyl. Turbo—Equipment Schedule 3							
W.B. 106.9"; 2.3 Liter, 2.4 Liter.							
S60 2.4T Sedan 4D		RS58D	30375	3225	3900	5325	7475
S60 T5 Sedan 4D		RS53D	32375	4250	5000	6475	8800
70 SERIES—5-Cyl.—Equipment Schedule 3							
W.B. 108.5"; 2.4 Liter.							
V70 Wagon 4D		SW61N	30075	4225	4975	6450	8775
70 SERIES—5-Cyl. Turbo—Equipment Schedule 1							
W.B. 104.9", 108.5" (V70 ex XC), 108.8" (XC); 2.3 Liter, 2.4 Liter.							
C70 LT Convertible 2D		NC56D	44075	4625	5450	6975	9425
C70 HT Coupe 2D		NK53D	38475	5200	6050	7650	10200
C70 HT Conv 2D		NC53D	47075	5325	6200	7800	10350
V70 2.4T Wagon 4D		SW58D	35375	5100	5950	7525	10050
V70 T5 Wagon 4D		SW53D	36675	5525	6425	8000	10600
V70 XC AWD Wag 4D		SZ58D	37975	6075	7050	8675	11350
80 SERIES—6-Cyl.—Equipment Schedule 1							
W.B. 109.9"; 2.9 Liter.							
S80 2.9 Sedan 4D		TS94D	38675	3675	4400	5850	8125
80 SERIES—6-Cyl. Turbo—Equipment Schedule 1							
W.B. 109.9"; 2.8 Liter.							
S80 T-6A Sedan 4D		TS90D	42675	5075	5925	7550	10100
S80 T-6 Executive 4D		TS90D	48075	5300	6175	7800	10400

2002 VOLVO — YV1(VS295)-2-#

40 SERIES—4-Cyl. Turbo—Equipment Schedule 3							
W.B. 100.9"; 1.9 Liter.							
S40 Sedan 4D		VS295	24525	2400	3000	4500	6750
V40 Wagon 4D		VW295	25525	3325	4025	5575	7975
60 SERIES—5-Cyl.—Equipment Schedule 3							
W.B. 106.9"; 2.4 Liter.							
S60 2.4 Sedan 4D		RS61N	27750	3075	3725	5300	7650
60 SERIES—5-Cyl. Turbo—Equipment Schedule 3							
W.B. 106.9"; 2.3 Liter, 2.4 Liter.							
S60 2.4T Sedan 4D		RS58D	32250	3950	4675	6300	8775
S60 T5 Sedan 4D		RS53D	34650	5025	5875	7600	10300
S60 2.4T AWD Sed 4D		RH58D	34000	4300	5100	6775	9350
70 SERIES—5-Cyl.—Equipment Schedule 3							
W.B. 108.5"; 2.4 Liter.							
V70 Wagon 4D		SW61N	30650	4975	5825	7525	10200
70 SERIES—5-Cyl. Turbo—Equipment Schedule 1							
W.B. 104.9", 108.5" (V70 ex XC), 108.8" (XC); 2.3 Liter, 2.4 Liter.							
C70 LT Convertible 2D		NC56D	44750	5475	6350	8075	10850
C70 HT Coupe 2D		NK53D	38150	6050	7000	8775	11600
C70 HT Convertible		NC53D	46750	6175	7150	8950	11800
V70 2.4T Wagon 4D		SW58D	36150	5975	6925	8675	11500
V70 2.4T AWD Wag 4D		SJ58D	37900	6950	8000	9850	12850
V70 T5 Wagon 4D		SW53D	38350	6400	7375	9200	12100
V70 XC AWD Wag 4D		SZ58D	38425	7000	8050	9900	12900
80 SERIES—6-Cyl.—Equipment Schedule 1							
W.B. 109.9"; 2.9 Liter.							
S80 2.9 Sedan 4D		TS94D	38775	4400	5200	6900	9525
80 SERIES—6-Cyl. Turbo—Equipment Schedule 1							
W.B. 109.9"; 2.9 Liter.							
S80 T-6 Sedan 4D		TS90D	42775	5925	6875	8675	11500
S80 T-6 Executive 4D		TS90D	50575	6125	7100	8925	11800

2003 VOLVO — YV1(VS275)-3-#

40 SERIES—4-Cyl. Turbo—Equipment Schedule 3							
W.B. 100.9"; 1.9 Liter.							
S40 Sedan 4D		VS275	24560	3025	3675	5250	7600
V40 Wagon 4D		VW275	25560	4150	4900	6525	9025
60 SERIES—5-Cyl.—Equipment Schedule 3							
W.B. 107.0"; 2.4 Liter.							
S60 2.4 Sedan 4D		RS61T	28030	3800	4500	6125	8575
60 SERIES—5-Cyl. Turbo—Equipment Schedule 3							
W.B. 107.0"; 2.3 Liter, 2.4 Liter, 2.5 Liter.							

EQUIPMENT & MILEAGE PAGE 9 TO 23

Body	Type	VIN	List	Trade-In Fair	Trade-In Good	Pvt-Party Good	Retail Excellent
	S60 2.4T Sedan 4D	RS58D	31085	**4850**	**5675**	**7400**	**10050**
	S60 2.5T AWD Sed 4D	RH59H	32835	**5350**	**6225**	**7975**	**10700**
	S60 T5 Sedan 4D	RS53D	34685	**6025**	**6950**	**8700**	**11500**

70 SERIES—5-Cyl.—Equipment Schedule 3
W.B. 108.5"; 2.4 Liter.

Body	Type	VIN	List	Trade-In Fair	Trade-In Good	Pvt-Party Good	Retail Excellent
	V70 Wagon 4D	SW61T	29530	**6000**	**6925**	**8700**	**11500**

70 SERIES—5-Cyl. Turbo—Equipment Schedule 1
W.B. 104.9", 108.5" (V70), 108.8" (XC70); 2.3 Liter, 2.4 Liter, 2.5 Liter.

Body	Type	VIN	List	Trade-In Fair	Trade-In Good	Pvt-Party Good	Retail Excellent
	C70 LT Convertible 2D	NC63D	44785	**6525**	**7525**	**9300**	**12200**
	C70 HT Conv 2D	NC62D	47785	**7375**	**8450**	**10300**	**13300**
	V70 2.4T Wagon 4D	SW58D	31530	**7100**	**8175**	**9950**	**12950**
	V70 2.5T AWD Wag 4D	SJ59H	33280	**8250**	**9425**	**11300**	**14500**
	V70 T5 Wagon 4D	SW53D	35730	**7700**	**8825**	**10650**	**13650**
	XC70 AWD Wagon 4D	SZ59H	34530	**8275**	**9475**	**11350**	**14550**

80 SERIES—6-Cyl.—Equipment Schedule 1
W.B. 109.9"; 2.9 Liter.

Body	Type	VIN	List	Trade-In Fair	Trade-In Good	Pvt-Party Good	Retail Excellent
	S80 2.9 Sedan 4D	TS92D	39110	**5275**	**6150**	**7900**	**10650**

80 SERIES—6-Cyl. Turbo—Equipment Schedule 1
W.B. 109.9"; 2.9 Liter.

Body	Type	VIN	List	Trade-In Fair	Trade-In Good	Pvt-Party Good	Retail Excellent
	S80 T6 Sedan 4D	TS91D	44595	**7000**	**8050**	**9900**	**12900**
	S80 T6 Elite Sedan 4D	TS91Z	48880	**7250**	**8325**	**10200**	**13250**

2004 VOLVO — YV1(VS275)-4-#

40 SERIES—4-Cyl. Turbo—Equipment Schedule 3
W.B. 101.0"; 1.9 Liter.

Body	Type	VIN	List	Trade-In Fair	Trade-In Good	Pvt-Party Good	Retail Excellent
	S40 Sedan 4D	VS275	25385	**3875**	**4600**	**6225**	**8675**
	S40 LSE Sedan 4D	VS275	29530	**4825**	**5625**	**7325**	**9950**
	V40 Wagon 4D	VW275	26385	**5125**	**5975**	**7675**	**10350**
	V40 LSE Wagon 4D	VW275	30530	**6000**	**6925**	**8675**	**11450**

40 SERIES—5-Cyl.—Equipment Schedule 3
W.B. 103.9"; 2.4 Liter.

Body	Type	VIN	List	Trade-In Fair	Trade-In Good	Pvt-Party Good	Retail Excellent
	S40 2.4i Sedan 4D	MS382	27110	**5000**	**5825**	**7525**	**10200**

40 SERIES—5-Cyl. Turbo—Equipment Schedule 3
W.B. 103.9"; 2.5 Liter.

Body	Type	VIN	List	Trade-In Fair	Trade-In Good	Pvt-Party Good	Retail Excellent
	S40 T5 Sedan 4D	MS682	29970	**6100**	**7050**	**8800**	**11600**

60 SERIES—5-Cyl.—Equipment Schedule 3
W.B. 106.9" 2.4 Liter.

Body	Type	VIN	List	Trade-In Fair	Trade-In Good	Pvt-Party Good	Retail Excellent
	S60 2.4 Sedan 4D	RS61T	28645	**4675**	**5525**	**7175**	**9800**

60 SERIES—5-Cyl. Turbo—Equipment Schedule 3
W.B. 106.9", 107.0" (R); 2.3 Liter, 2.5 Liter.

Body	Type	VIN	List	Trade-In Fair	Trade-In Good	Pvt-Party Good	Retail Excellent
	S60 2.5T Sedan 4D	RS59V	30295	**6000**	**6925**	**8675**	**11450**
	S60 2.5T AWD Sed 4D	RH59H	32070	**6550**	**7550**	**9275**	**12150**
	S60 T5 Sedan 4D	RS53D	35170	**7200**	**8250**	**10050**	**13050**
	S60 R AWD Sedan 4D	RH52Y	39185	**9000**	**10250**	**12100**	**15400**

70 SERIES—5-Cyl.—Equipment Schedule 3
W.B. 108.5"; 2.4 Liter.

Body	Type	VIN	List	Trade-In Fair	Trade-In Good	Pvt-Party Good	Retail Excellent
	V70 Wagon 4D	SW61T	30145	**7200**	**8250**	**10050**	**13050**

70 SERIES—5-Cyl. Turbo—Equipment Schedule 1
W.B. 104.9", 108.5" (V70), 108.8" (XC70); 2.3L, 2.4L, 2.5L.

Body	Type	VIN	List	Trade-In Fair	Trade-In Good	Pvt-Party Good	Retail Excellent
	C70 LT Convertible 2D	NC63D	40565	**7800**	**8925**	**10800**	**13850**
	C70 HT Conv 2D	NC62D	43565	**8725**	**9950**	**11800**	**15050**
	V70 2.5T Wagon 4D	SW59V	35070	**8425**	**9625**	**11450**	**14650**
	V70 2.5T AWD Wag 4D	SJ59H	36895	**9725**	**11025**	**12950**	**16300**
	V70 T5 Wagon 4D	SW53D	38145	**9175**	**10425**	**12300**	**15600**
	V70 R AWD Wagon 4D	SJ52Y	40635	**11075**	**12550**	**14450**	**18000**
	XC70 AWD Wagon 4D	SZ59H	38145	**9750**	**11075**	**13000**	**16350**

80 SERIES—6-Cyl.—Equipment Schedule 1
W.B. 109.9"; 2.9 Liter.

Body	Type	VIN	List	Trade-In Fair	Trade-In Good	Pvt-Party Good	Retail Excellent
	S80 2.9 Sedan 4D	TS92D	39725	**6325**	**7300**	**9125**	**12000**

80 SERIES—5-Cyl. Turbo—Equipment Schedule 1
W.B. 109.9"; 2.5 Liter.

Body	Type	VIN	List	Trade-In Fair	Trade-In Good	Pvt-Party Good	Retail Excellent
	S80 2.5T Sedan 4D	TR59V	38630	**6800**	**7850**	**9625**	**12600**
	S80 2.5T AWD Sed 4D	TH59H	40380	**7425**	**8500**	**10300**	**13350**

80 SERIES—6-Cyl. Twin Turbo—Equipment Schedule 1
W.B. 109.9"; 2.9 Liter.

Body	Type	VIN	List	Trade-In Fair	Trade-In Good	Pvt-Party Good	Retail Excellent
	S80 T6 Sedan 4D	TS91Z	45210	**8250**	**9425**	**11300**	**14550**
	S80 T6 Premier Sed 4D	TS91Z	49200	**8650**	**9850**	**11750**	**15050**

2005 VOLVO — YV1(MS382)-5-#

40 SERIES—5-Cyl.—Equipment Schedule 3
W.B. 103.9"; 2.4 Liter.

2005 VOLVO

Body	Type	VIN	List	Trade-In Fair	Trade-In Good	Pvt-Party Good	Retail Excellent
S40 2.4i Sedan 4D		MS382	25145	6200	7150	8900	11700
40 SERIES—5-Cyl. Turbo—Equipment Schedule 3							
W.B. 103.9"; 2.5 Liter.							
S40 T5 Sedan 4D		MS682	27945	7450	8550	10300	13300
S40 T5 AWD Sedan 4D		MH682	29595	8025	9200	11050	14100
50 SERIES—5-Cyl.—Equipment Schedule 3							
W.B. 103.9"; 2.4 Liter.							
2.4i Sport Wagon 4D		MW382	28640	7225	8300	10100	13050
50 SERIES—5-Cyl. Turbo—Equipment Schedule 3							
W.B. 103.9"; 2.5 Liter.							
T5 Sport Wagon 4D		MW682	30159	9050	10300	12150	15350
T5 AWD Sport Wag 4D		MJ682	31809	9725	11025	12900	16150
60 SERIES—5-Cyl.—Equipment Schedule 3							
W.B. 106.9"; 2.4 Liter.							
S60 2.4 Sedan 4D		RS612	28920	5825	6750	8475	11200
60 SERIES—5-Cyl. Turbo—Equipment Schedule 3							
W.B. 106.9"; 2.4 Liter, 2.5 Liter.							
S60 2.5T Sedan 4D		RS592	30420	7350	8425	10200	13150
S60 2.5T AWD Sed 4D		RH592	32070	7975	9150	10950	14000
S60 T5 Sedan 4D		RS547	35170	8600	9800	11650	14800
S60 R AWD Sedan 4D		RH527	37935	10625	12050	13900	17300
70 SERIES—5-Cyl.—Equipment Schedule 3							
W.B. 108.5"; 2.4 Liter.							
V70 Wagon 4D		SW612	30445	8650	9850	11700	14850
70 SERIES—5-Cyl. Turbo—Equipment Schedule 1							
W.B. 108.5", 108.8" (XC70); 2.4 Liter, 2.5 Liter.							
V70 2.5T Wagon 4D		SW592	36895	10000	11375	13250	16550
V70 T5 Wagon 4D		SW547	39345	10925	12400	14250	17700
V70 R AWD Wagon 4D		SJ527	40635	12925	14600	16500	20200
XC70 AWD Wagon 4D		SZ592	38145	11525	13025	14950	18400
80 SERIES—5-Cyl. Turbo—Equipment Schedule 1							
W.B. 109.9"; 2.5 Liter.							
S80 2.5T Sedan 4D		TS592	39185	8100	9275	11150	14300
S80 2.5T AWD Sed 4D		TH592	40835	8825	10050	11900	15150
80 SERIES—6-Cyl. Twin Turbo—Equipment Schedule 1							
W.B. 109.9"; 2.9 Liter.							
S80 T6 Sedan 4D		TS911	45210	9750	11075	13000	16350
S80 T6 Premier Sed 4D		TR911	49200	10200	11575	13500	16900

2006 VOLVO — YV1(MS382)-6-#

Body	Type	VIN	List	Trade-In Fair	Trade-In Good	Pvt-Party Good	Retail Excellent
40 SERIES—5-Cyl.—Equipment Schedule 3							
W.B. 103.9"; 2.4 Liter.							
S40 2.4i Sedan 4D		MS382	25650	7675	8800	10550	13500
40 SERIES—5-Cyl. Turbo—Equipment Schedule 3							
W.B. 103.9"; 2.5 Liter.							
S40 T5 Sedan 4D		MS682	28510	9050	10300	12100	15300
S40 T5 AWD Sedan 4D		MH682	30285	9675	10975	12850	16050
50 SERIES—5-Cyl.—Equipment Schedule 3							
W.B. 103.9"; 2.4 Liter.							
2.4i Sport Wagon 4D		MW382	26900	8825	10050	11850	15000
50 SERIES—5-Cyl. Turbo—Equipment Schedule 3							
W.B. 103.9"; 2.5 Liter.							
T5 Sport Wagon 4D		MW682	29735	10825	12250	14050	17450
T5 AWD Sport Wag 4D		MJ682	31510	11575	13075	14950	18400
60 SERIES—5-Cyl. Turbo—Equipment Schedule 3							
W.B. 106.9"; 2.4 Liter, 2.5 Liter.							
S60 2.5T Sedan 4D		RS592	30965	8950	10200	12000	15200
S60 2.5T AWD Sed 4D		RH592	32740	9675	10975	12850	16050
S60 T5 Sedan 4D		RS547	33940	10300	11650	13500	16800
S60 R AWD Sedan 4D		RH527	39865	12500	14100	15950	19500
70 SERIES—5-Cyl.—Equipment Schedule 3							
W.B. 108.5"; 2.4 Liter.							
V70 2.4 Wagon 4D		SW612	31140	10400	11750	13550	16900
70 SERIES—5-Cyl. Turbo—Equipment Schedule 1							
W.B. 103.9" (C70), 108.5" (V70), 108.8" (XC70); 2.5 Liter.							
C70 T5 Convertible 2D		MC682	38710	17775	20000	21900	26100
V70 2.5T Wagon 4D		SW592	36445	11850	13425	15300	18750
V70 R AWD Wagon 4D		SJ527	42640	15100	17000	18850	22700
XC70 AWD Wagon 4D		SZ592	39390	13525	15250	17100	20800
XC70 Ocean Race Wag		SZ592	41430	14800	16650	18500	22300
80 SERIES—5-Cyl. Turbo—Equipment Schedule 1							
W.B. 109.9"; 2.5 Liter.							
S80 2.5T Sedan 4D		TS592	38280	9725	11025	12950	16250

2006 VOLVO

Body	Type	VIN	List	Trade-In Fair	Trade-In Good	Pvt-Party Good	Retail Excellent
S80 2.5T AWD Sed 4D		TH592	40055	**10475**	**11900**	**13800**	**17250**

2007 VOLVO — YV1(MS382)-7-#

40 SERIES—5-Cyl.—Equipment Schedule 3
W.B. 103.9"; 2.4 Liter.

S40 2.4i Sedan 4D		MS382	26185	**9450**	**10725**	**12500**	**15650**

40 SERIES—5-Cyl. Turbo—Equipment Schedule 3
W.B. 103.9"; 2.5 Liter.

S40 T5 Sedan 4D		MS682	29085	**10925**	**12400**	**14150**	**17450**
S40 T5 AWD Sedan 4D		MH682	30935	**11650**	**13175**	**14950**	**18350**

50 SERIES—5-Cyl.—Equipment Schedule 3
W.B. 103.9"; 2.4 Liter.

V50 2.4i Sport Wagon		MW382	27385	**10725**	**12150**	**13900**	**17200**

50 SERIES—5-Cyl. Turbo—Equipment Schedule 3
W.B. 103.9"; 2.5 Liter.

V50 T5 Sport Wag 4D		MW682	30285	**12875**	**14500**	**16250**	**19800**
V50 T5 AWD Spt Wag 4D		MJ682	32135	**13675**	**15425**	**17250**	**20900**

60 SERIES—5-Cyl. Turbo—Equipment Schedule 3
W.B. 106.9"; 2.4 Liter, 2.5 Liter.

S60 2.5T Sedan 4D		RS592	31580	**10875**	**12350**	**14100**	**17400**
S60 2.5T AWD Sed 4D		RH592	33430	**11700**	**13225**	**15000**	**18400**
S60 T5 Sedan 4D		RS547	34680	**12250**	**13875**	**15650**	**19050**
S60 R AWD Sedan 4D		RH577	40930	**14700**	**16525**	**18350**	**22100**

70 SERIES—5-Cyl.—Equipment Schedule 3
W.B. 108.5"; 2.4 Liter.

V70 2.4 Wagon 4D		SW612	31740	**12400**	**14025**	**15800**	**19200**

70 SERIES—5-Cyl. Turbo—Equipment Schedule 1
W.B. 103.9" (C70), 108.5" (V70), 108.5" (XC70); 2.5 Liter.

C70 T5 Convertible 2D		MC682	42430	**20575**	**23025**	**24800**	**29100**
V70 2.5T Wagon 4D		SW592	37120	**14075**	**15875**	**17650**	**21300**
V70 R AWD Wagon 4D		SJ527	45285	**17650**	**19800**	**21600**	**25600**
XC70 AWD Wagon 4D		SZ592	40110	**15875**	**17825**	**19600**	**23400**

80 SERIES—6-Cyl.—Equipment Schedule 1
W.B. 111.6"; 3.2 Liter.

S80 Sedan 4D		AS982	39400	**15100**	**17000**	**18850**	**22700**
Sport Pkg				350	350	465	465

80 SERIES—V8—Equipment Schedule 1
W.B. 111.6"; 4.4 Liter.

S80 Sedan 4D		AH852	48045	**18575**	**20775**	**22700**	**27000**
Sport Pkg				350	350	465	465

2008 VOLVO — YV1(MK672)-8-#

30 SERIES—5-Cyl. Turbo—Equipment Schedule 3
W.B. 103.9"; 2.5 Liter.

C30 T5 1.0 H'Back 2D		MK672	23695	**12850**	**14450**	**16350**	**20000**
C30 T5 2.0 H'Back 2D		MK672	26445	**14075**	**15825**	**17700**	**21500**
T5 2.0 R-Design H'Back		MK672	26445	**14450**	**16275**	**18250**	**22100**

40 SERIES—5-Cyl.—Equipment Schedule 3
W.B. 103.9"; 2.5 Liter.

S40 2.4i Sedan 4D		MS382	26360	**12100**	**13675**	**15450**	**18800**

40 SERIES—5-Cyl. Turbo—Equipment Schedule 3
W.B. 103.9"; 2.5 Liter.

S40 T5 Sedan 4D		MS672	29260	**13675**	**15425**	**17150**	**20700**
S40 T5 AWD Sedan 4D		MH672	31110	**14450**	**16275**	**18000**	**21600**

50 SERIES—5-Cyl.—Equipment Schedule 3
W.B. 103.9"; 2.4 Liter.

V50 2.4i Sport Wagon		MW382	27560	**12975**	**14650**	**16400**	**19900**

50 SERIES—5-Cyl. Turbo—Equipment Schedule 3
W.B. 103.9"; 2.5 Liter.

V50 T5 Sport Wag 4D		MW672	30460	**15325**	**17250**	**18950**	**22600**
V50 T5 AWD Spt Wag		MJ672	32310	**16275**	**18225**	**20000**	**23700**

60 SERIES—5-Cyl. Turbo—Equipment Schedule 3
W.B. 106.9"; 2.4 Liter, 2.5 Liter.

S60 2.5T Sedan 4D		RS592	31630	**13225**	**14900**	**16600**	**20100**
S60 2.5T AWD Sed 4D		RH592	33480	**14100**	**15875**	**17650**	**21200**
S60 T5 Sedan 4D		RS547	34730	**14650**	**16475**	**18200**	**21800**

70 SERIES—5-Cyl. Turbo—Equipment Schedule 1
W.B. 103.9"; 2.5 Liter.

C70 T5 Convertible 2D		MC672	42230	**23725**	**26450**	**28100**	**32500**

70 SERIES—6-Cyl.—Equipment Schedule 3
W.B. 110.9"; 3.2 Liter.

V70 3.2 Wagon 4D		SW612	33210	**16025**	**17975**	**19700**	**23500**

1009

Body	Type	VIN	List	Trade-In Fair	Good	Pvt-Party Good	Retail Excellent
70 SERIES AWD—6-Cyl.—Equipment Schedule 1							
W.B. 110.8"; 3.2 Liter.							
XC70 3.2 AWD Wagon 4D	BZ982	37520	**19800**	**22150**	**23800**	**27900**
80 SERIES—6-Cyl.—Equipment Schedule 1							
W.B. 111.6"; 3.2 Liter.							
S80 Sedan 4D	AS982	39450	**17775**	**20000**	**21800**	**25800**
Sport Pkg		....	375	375	500	500
80 SERIES AWD—6-Cyl. Turbo—Equipment Schedule 1							
W.B. 111.6"; 3.0 Liter.							
S80 T6 Sedan 4D	AH992	42790	**19550**	**21850**	**23600**	**27800**
Sport Pkg		....	375	375	500	500
80 SERIES AWD—V8—Equipment Schedule 1							
W.B. 111.6"; 4.4 Liter.							
S80 Sedan 4D	AH852	49955	**21550**	**24000**	**25900**	**30200**
Sport Pkg		....	375	375	500	500

Body	Type	VIN	List	Trade-In Fair	Good	Pvt-Party Good	Retail Excellent

TRUCKS & VANS

Truck & Van Section

ACURA

1996 ACURA — JAE(DJ58V)-T-#

SLX 4WD—V6—Truck Equipment Schedule T3
Sport Utility 4D DJ58V 38420 **1225 1700 2925 4700**

1997 ACURA — JAE(DJ58V)-V-#

SLX 4WD—V6—Truck Equipment Schedule T3
Sport Utility 4D DJ58V 38735 **1250 1750 3000 4775**

1998 ACURA — JAE(DJ58X)-W-#

SLX 4WD—V6—Truck Equipment Schedule T3
Sport Utility 4D DJ58X 36735 **1400 1875 3125 4975**

1999 ACURA — JAE(DJ58X)-X-#

SLX 4WD—V6—Truck Equipment Schedule T3
Sport Utility 4D DJ58X 36755 **1675 2175 3500 5425**

2000 ACURA — No Production

2001 ACURA — 2HN(YD182)-1-#

MDX 4WD—V6—Truck Equipment Schedule T3
Sport Utility 4D YD182 34850 **5525 6450 8050 10700**
Touring Spt Util 4D YD186 37450 **6425 7400 9100 11850**

2002 ACURA — 2HN(YD182)-2-#

MDX 4WD—V6—Truck Equipment Schedule T3
Sport Utility 4D YD182 35180 **6525 7525 9400 12450**
Touring Spt Util 4D YD186 37780 **7475 8575 10550 13700**

2003 ACURA — 2HN(YD182)-3-#

MDX 4WD—V6—Truck Equipment Schedule T3
Sport Utility 4D YD182 36200 **8025 9200 11150 14450**
Touring Spt Util 4D YD186 38800 **9175 10425 12450 15900**

2004 ACURA — 2NH(YD182)-4-#

MDX 4WD—V6—Truck Equipment Schedule T3
Sport Utility 4D YD182 36945 **9800 11125 13150 16600**
Touring Spt Util 4D YD186 39545 **11075 12550 14600 18250**

2005 ACURA — 2HN(YD182)-5-#

MDX 4WD—V6—Truck Equipment Schedule T3
Sport Utility 4D YD182 37270 **11700 13225 15250 18850**
Touring Spt Util 4D YD186 40095 **13075 14750 16750 20600**

2006 ACURA — 2HN(YD182)-6-#

MDX 4WD—V6—Truck Equipment Schedule T3
Sport Utility 4D YD182 37740 **13825 15575 17550 21400**
Touring Spt Util 4D YD186 40565 **15325 17250 19150 23100**

2007 ACURA — 2HN(TB182)-7-#

RDX AWD—4-Cyl. Turbo—Truck Equipment Schedule T3
Sport Utility 4D TB182 33610 **17550 19700 21600 25600**
MDX AWD—V6—Truck Equipment Schedule T3
Sport Utility 4D YD282 40665 **25100 27925 30000 34900**

2008 ACURA — 2HNor5J8(TB182)-8-#

RDX AWD—4-Cyl. Turbo—Truck Equipment Schedule T3
Sport Utility 4D TB182 33910 **20100 22450 24200 28300**
MDX AWD—V6—Truck Equipment Schedule T3
Sport Utility 4D YD282 40910 **27925 31175 32900 37800**

Body	Type	VIN	List	Trade-In Fair	Good	Pvt-Party Good	Retail Excellent

BMW

2003 BMW — 5UX(FA535)-3-#

X5 AWD—6-Cyl.—Truck Equipment Schedule T3

3.0i Sport Utility 4D	FA535	42920	11650	13175	15400	19300
Sport Pkg			250	250	335	335

X5 AWD—V8—Truck Equipment Schedule T3

4.4i Sport Utility 4D	FB335	50645	12000	13575	15800	19700
4.6is Sport Utility 4D	FB935	67495	17650	19800	22200	27000
Sport Pkg			250	250	335	335

2004 BMW — WBXor5UX(PA734)-4-#

X3 AWD—6-Cyl.—Truck Equipment Schedule T3

2.5i Sport Utility 4D	PA734	33740	10000	11325	13400	16900
3.0i Sport Utility 4D	PA934	38270	10825	12250	14300	17950
Sport Pkg			275	275	365	365
Premium Pkg			1000	1000	1335	1335

X5 AWD—6-Cyl.—Truck Equipment Schedule T3

3.0i Sport Utility 4D	FA135	40995	13325	15050	17250	21300
Sport Pkg			275	275	365	365

X5 AWD—V8—Truck Equipment Schedule T3

4.4i Sport Utility 4D	FB535	52195	14025	15775	18000	22100
4.8is Sport Utility 4D	FA935	70495	19000	21275	23700	28500
Sport Pkg			275	275	365	365

2005 BMW — WBXor5UX(PA734)-5-#

X3 AWD—6-Cyl.—Truck Equipment Schedule T3

2.5i Sport Utility 4D	PA734	34715	11425	12875	14900	18550
3.0i Sport Utility 4D	PA934	38445	12400	14025	16000	19800
Sport Pkg			300	300	400	400
Premium Pkg			1000	1000	1335	1335

X5 AWD—6-Cyl.—Truck Equipment Schedule T3

3.0i Sport Utility 4D	FA135	45120	15200	17100	19250	23400
Sport Pkg			300	300	400	400

X5 AWD—V8—Truck Equipment Schedule T3

4.4i Sport Utility 4D	FB535	53495	16125	18075	20300	24600
4.8is Sport Utility 4D	FA935	70795	21850	24400	26800	31800
Sport Pkg			300	300	400	400

2006 BMW — WBXor5UX(PA934)-6-#

X3 AWD—6-Cyl.—Truck Equipment Schedule T3

3.0i Sport Utility 4D	PA934	38945	15200	17100	19100	23100
Sport Pkg			325	325	435	435
Premium Pkg			1000	1000	1335	1335

X5 AWD—6-Cyl.—Truck Equipment Schedule T3

3.0i Sport Utility 4D	FA135	45920	17975	20100	22300	26800
Sport Pkg			325	325	435	435

X5 AWD—V8—Truck Equipment Schedule T3

4.4i Sport Utility 4D	FB535	54295	20000	22350	24500	29200
4.8is Sport Utility 4D	FA935	71795	25575	28525	30900	36200
Sport Pkg			325	325	435	435

2007 BMW — WBXor5UX(PC934)-7-#

X3 AWD—6-Cyl.—Truck Equipment Schedule T3

3.0si Sport Utility 4D	PC934	41145	19300	21550	23600	27900
Sport Pkg			350	350	465	465
Premium Pkg			1000	1000	1335	1335

X5 AWD—6-Cyl.—Truck Equipment Schedule T3

3.0si Sport Utility 4D	FE435	48045	30475	33900	36100	41600
Sport Pkg			350	350	465	465
Third Seat			700	700	935	935
Adaptive Cruise			475	475	635	635

X5 AWD—V8—Truck Equipment Schedule T3

4.8i Sport Utility 4D	FE834	55195	33225	36950	39000	44800
Sport Pkg			350	350	465	465
Third Seat			700	700	935	935
Adaptive Cruise			475	475	635	635

TRUCKS & VANS

Body	Type	VIN	List	Trade-In Fair	Trade-In Good	Pvt-Party Good	Retail Excellent

TRUCKS & VANS

2008 BMW — WBXor5UX(PC934)-8-#

X3 AWD—6-Cyl.—Truck Equipment Schedule T3

3.0si Sport Utility 4D	PC934	40225	24900	27725	29500	34200
Sport Pkg			375	375	500	500
Premium Pkg			1000	1000	1335	1335

X5 AWD—6-Cyl.—Truck Equipment Schedule T3

3.0si Sport Utility 4D	FE435	46675	33325	37050	38900	44500
Sport Pkg			375	375	500	500
Third Row			750	750	1000	1000
Adaptive Cruise Control			500	500	665	665

X5 AWD—V8—Truck Equipment Schedule T3

4.8i Sport Utility 4D	FE835	55275	39100	43425	45200	51300
Sport Pkg			375	375	500	500
Third Row			750	750	1000	1000
Adaptive Cruise Control			500	500	665	665

X6 AWD—V6 Twin Turbo—Truck Equipment Schedule T3

35i Sport Utility 4D	FG435	53275	44975	49875	51700	58400
Sport Pkg			375	375	500	500
Adaptive Cruise Control			500	500	665	665

X6 AWD—V8 Twin Turbo—Truck Equipment Schedule T3

50i Sport Utility 4D	FG835	63775	50675	56150	57900	65100
Sport Pkg			375	375	500	500
Adaptive Cruise Control			500	500	665	665

BUICK

2003 BUICK — 3G5-(A03E)-3-#

RENDEZVOUS—V6—Truck Equipment Schedule T3

CX Sport Utility 4D	A03E	26975	3700	4425	6100	8600
CXL Sport Utility 4D	B03E	30200	4225	4975	6675	9225
Third Seat			300	300	400	400
AWD	B		650	650	865	865

2004 BUICK — (3G5or5GA)-(A03E)-4-#

RENDEZVOUS—V6—Truck Equipment Schedule T3

CX Sport Utility 4D	A03E	26545	4900	5750	7525	10250
CXL Sport Utility 4D	A03E	31410	5500	6375	8125	10950
Third Seat			350	350	465	465
AWD	B		725	725	965	965
V6 3.6 Liter	7		400	400	535	535

RENDEZVOUS AWD—V6—Truck Equipment Schedule T3

Ultra Sport Utility 4D	B037	39695	6600	7600	9400	12350
Third Seat			350	350	465	465

RAINIER AWD—6-Cyl.—Truck Equipment Schedule T1

CXL Sport Utility 4D	T13S	37895	6150	7100	8900	11750
2WD	S		(650)	(650)	(865)	(865)
V8 5.3 Liter	P		350	350	465	465

2005 BUICK — (3G5or5GA)-(V23L)-5-#

TERRAZA—V6—Truck Equipment Schedule T3

CX Minivan 4D	V23L	28825	5525	6425	8125	10900
CX AWD Minivan 4D	X23L	31705	6000	6950	8675	11450
CXL Minivan 4D	V33L	31885	6525	7525	9250	12100
CXL AWD Minivan	X33L	34570	7025	8075	9850	12750

RENDEZVOUS—V6—Truck Equipment Schedule T3

CX Sport Utility 4D	A04E	27270	6275	7250	9025	11900
CXL Sport Utility 4D	A03E	31600	6900	7950	9725	12700
Ultra Sport Utility 4D	A03E	36840	8075	9225	11100	14250
Third Seat			400	400	535	535
AWD	B		800	800	1065	1065
V6 3.6 Liter	7		400	400	535	535

RAINIER AWD—6-Cyl.—Truck Equipment Schedule T1

CXL Sport Utility 4D	T13S	37590	7350	8425	10250	13250
2WD	S		(725)	(725)	(965)	(965)
V8 5.3 Liter	M		375	375	465	465

2006 BUICK — (3G5or5GA)-(V23L)-6-#

TERRAZA—V6—Truck Equipment Schedule T3

CX Minivan 4D	V23L	28530	6875	7925	9625	12500

Body Type	VIN	List	Trade-In Fair	Good	Pvt-Party Good	Retail Excellent
CX AWD Minivan 4D	X23L	30990	7400	8500	10200	13150
CXL Minivan 4D	V33L	31930	7975	9150	10950	13950
CXL AWD Minivan	X33L	33990	8550	9775	11550	14650
RENDEZVOUS—V6—Truck Equipment Schedule T3						
CX Sport Utility 4D	A03L	27305	7825	8950	10800	13850
CXL Sport Utility 4D	A03L	30955	8500	9725	11550	14700
Third Seat			425	425	565	565
AWD	B		875	875	1165	1165
V6 3.6 Liter	7		400	400	535	535
RAINIER AWD—6-Cyl.—Truck Equipment Schedule T1						
CXL Sport Utility 4D	T13S	35785	8725	9950	11750	14950
2WD	S		(800)	(800)	(1065)	(1065)
V8 5.3 Liter	M		400	400	535	535

2007 BUICK — (3G5or5GA)-(V231)-7-#

TERRAZA—V6—Truck Equipment Schedule T3						
CX Minivan 4D	V231	27275	8725	9950	11650	14650
CX Plus Minivan 4D	V231	28615	9000	10250	11900	14950
CXL Minivan 4D	V331	31395	10000	11325	13050	16150
RENDEZVOUS—V6—Truck Equipment Schedule T3						
CX Sport Utility 4D	A03L	25795	9525	10825	12600	15750
CXL Sport Utility 4D	A03L	29370	10350	11700	13500	16700
Third Seat			450	450	600	600
RAINIER AWD—6-Cyl.—Truck Equipment Schedule T1						
CXL Sport Utility 4D	T13S	34140	10425	11800	13550	16800
2WD	S		(875)	(875)	(1165)	(1165)
V8 5.3 Liter	M		400	400	535	535

2008 BUICK — (3G5or5GA)-(R137)-8-#

ENCLAVE—V6—Truck Equipment Schedule T3						
CX Sport Utility 4D	R137	34760	20100	22450	24200	28400
CXL Sport Utility 4D	R237	36990	22925	25575	27300	31900
AWD	V		1025	1025	1365	1365

CADILLAC

1999 CADILLAC — 1GY-(K13R)-X-#

ESCALADE AWD—V8—Truck Equipment Schedule T3						
Sport Utility 4D	K13R	46525	4500	5325	6925	9425

2000 CADILLAC — 1GY-(K13R)-Y-#

ESCALADE AWD—V8—Truck Equipment Schedule T3						
Sport Utility 4D	K13R	46875	4750	5575	7175	9725

2001 CADILLAC — No Production

2002 CADILLAC — (1or3)GY-(K63N)-2-#

ESCALADE AWD—V8—Truck Equipment Schedule T3						
Sport Utility 4D	K63N	51980	8700	9900	12000	15500
2WD	C		(500)	(500)	(665)	(665)
V8 5.3 Liter	T		(300)	(300)	(400)	(400)
ESCALADE EXT AWD—V8—Truck Equipment Schedule T3						
Sport Util Pickup 4D	K13N	49990	10475	11900	14150	18050

2003 CADILLAC — (1or3)GY-(K63N)-3-#

ESCALADE AWD—V8—Truck Equipment Schedule T3						
Sport Utility 4D	K63N	53975	10425	11850	14000	17700
2WD	C		(575)	(575)	(765)	(765)
V8 5.3 Liter	T		(350)	(350)	(465)	(465)
ESCALADE EXT AWD—V8—Truck Equipment Schedule T3						
Sport Util Pickup 4D	K63N	51215	12150	13725	15950	20000
ESCALADE ESV AWD—V8—Truck Equipment Schedule T3						
Sport Utility 4D	K66N	56160	11025	12450	14650	18400

2004 CADILLAC — (1or3)GY-(E63A)-4-#

SRX—V8—Truck Equipment Schedule T3						
Sport Utility 4D	E63A	46995	9050	10300	12250	15650
Third Seat			800	800	1065	1065
Luxury Performance			1650	1650	2200	2200

2004 CADILLAC

Body	Type	VIN	List	Trade-In Fair	Trade-In Good	Pvt-Party Good	Retail Excellent
	AWD			725	725	965	965
	V6 3.6 Liter	7		(400)	(400)	(535)	(535)
ESCALADE AWD—V8—Truck Equipment Schedule T3							
Sport Utility 4D		K63N	55695	12500	14100	16200	20100
	2WD	C		(650)	(650)	(865)	(865)
	V8 5.3 Liter	T		(375)	(375)	(500)	(500)
ESCALADE EXT AWD—V8—Truck Equipment Schedule T3							
Sport Util Pickup 4D		K63N	52975	13825	15575	17900	22100
ESCALADE ESV AWD—V8—Truck Equipment Schedule T3							
Sport Utility 4D		K66N	58095	13375	15100	17250	21300
Platinum Sport Util 4D		K66N	69730	16125	18075	20400	24800

2005 CADILLAC — (1or3)GY–(E63A)–5–#

Body	Type	VIN	List	Trade-In Fair	Trade-In Good	Pvt-Party Good	Retail Excellent
SRX—V8—Truck Equipment Schedule T3							
Sport Utility 4D		E63A	50830	10675	12100	14050	17600
	Third Seat			800	800	1065	1065
	Luxury Performance			1725	1725	2300	2300
	AWD			800	800	1065	1065
	V6 3.6 Liter	7		(450)	(450)	(600)	(600)
ESCALADE AWD—V8—Truck Equipment Schedule T3							
Sport Utility 4D		K63N	56615	14650	16475	18550	22600
	2WD	C		(725)	(725)	(965)	(965)
	V8 5.3 Liter	T		(400)	(400)	(535)	(535)
ESCALADE EXT AWD—V8—Truck Equipment Schedule T3							
Sport Util Pickup 4D		K62N	53895	15475	17400	19700	24000
ESCALADE ESV AWD—V8—Truck Equipment Schedule T3							
Sport Utility 4D		K66N	59015	16125	18075	20300	24600
Platinum Sport Util		K66N	70385	19100	21375	23600	28300

2006 CADILLAC — (1or3)GY–(E63A)–6–#

Body	Type	VIN	List	Trade-In Fair	Trade-In Good	Pvt-Party Good	Retail Excellent
SRX—V8—Truck Equipment Schedule T3							
Sport Utility 4D		E63A	47995	12550	14150	16050	19700
	Third Seat			800	800	1065	1065
	AWD			875	875	1165	1165
	V6 3.6 Liter	7		(500)	(500)	(665)	(665)
ESCALADE AWD—V8—Truck Equipment Schedule T3							
Sport Utility 4D		K63N	57280	17000	19050	21200	25500
	2WD	C		(800)	(800)	(1065)	(1065)
ESCALADE EXT AWD—V8—Truck Equipment Schedule T3							
Sport Util Pickup 4D		K62N	54210	17350	19450	21800	26400
ESCALADE ESV AWD—V8—Truck Equipment Schedule T3							
Sport Utility 4D		K66N	59680	19300	21550	23700	28200
Platinum Sport Util		K66N	71050	22550	25100	27200	32100

2007 CADILLAC — (1or3)GY–(E63A)–7–#

Body	Type	VIN	List	Trade-In Fair	Trade-In Good	Pvt-Party Good	Retail Excellent
SRX—V8—Truck Equipment Schedule T3							
Sport Utility 4D		E63A	43870	16125	18075	19900	23800
	Third Seat			800	800	1065	1065
	4-AWD			950	950	1265	1265
	V6 3.6 Liter	7		(550)	(550)	(735)	(735)
ESCALADE AWD—V8—Truck Equipment Schedule T3							
Sport Utility 4D		K638	57675	28525	31750	33800	39100
	2WD	C		(875)	(875)	(1165)	(1165)
ESCALADE EXT AWD—V8—Truck Equipment Schedule T3							
Sport Util Pickup 4D		K628	54605	28625	31850	34100	39700
ESCALADE ESV AWD—V8—Truck Equipment Schedule T3							
Sport Utility 4D		K668	60075	30275	33700	35800	41300

2008 CADILLAC — (1or3)GY–(E23A)–8–#

Body	Type	VIN	List	Trade-In Fair	Trade-In Good	Pvt-Party Good	Retail Excellent
SRX—V8—Truck Equipment Schedule T3							
Sport Utility 4D		E23A	44670	20375	22825	24600	28800
	Third Row			800	800	1065	1065
	4-AWD		4,5	1025	1025	1365	1365
	V6 3.6 Liter	7		(575)	(575)	(765)	(765)
ESCALADE AWD—V8—Truck Equipment Schedule T3							
Sport Utility 4D		K638	58195	32350	35975	37700	43100
	2WD	C		(950)	(950)	(1265)	(1265)
ESCALADE EXT AWD—V8—Truck Equipment Schedule T3							
Sport Util Pickup 4D		K628	55115	32250	35875	37900	43700
ESCALADE ESV AWD—V8—Truck Equipment Schedule T3							
Sport Utility 4D		K668	60610	34900	38800	40600	46200
	2WD			(950)	(950)	(1265)	(1265)

Body Type	VIN	List	Trade-In Fair	Good	Pvt-Party Good	Retail Excellent

CHEVROLET/GMC

1994 CHEVY/GMC — 1G(C,T,NorB)–(T18Z)–R–#

S10 BLAZER/JIMMY 4WD—V6—Truck Equipment Sch T1

Body Type	VIN	List	Fair	Good	Pvt-Party Good	Retail Excellent
Sport Utility 2D	T18Z	19649	600	825	1650	2975
Sport Utility 4D	T13Z	21377	825	1150	2100	3600
2WD	S		(125)	(125)	(165)	(165)
V6 4.3L High Output			100	100	135	135

BLAZER/YUKON 4WD—V8—Truck Equipment Schedule T1

Sport Utility 2D	K18K	23460	1300	1800	3000	4750
V8 6.5L Turbo Diesel	S		275	275	365	365

SUBURBAN—V8—Truck Equipment Schedule T1

C1500 Sport Utility	C16K	21651	1375	1850	3075	4825
C2500 Sport Utility	C26K	22883	1500	1975	3225	5025
w/o Third Seat			(200)	(200)	(265)	(265)
4WD	K		500	500	665	665
V8 454/7.4 Liter	N		150	150	200	200
V8 6.5L Turbo Diesel	F		275	275	365	365

LUMINA—V6—Truck Equipment Schedule T2

Cargo	U06D	16015	225	325	875	1775

LUMINA—V6—Truck Equipment Schedule T1

Passenger	U06D	18175	325	475	1075	2050
5 Passenger			(200)	(200)	(265)	(265)
V6 3.8 Liter	L		50	50	65	65

ASTRO/SAFARI—V6—Truck Equipment Schedule T2

Cargo Minivan	M15Z	15985	575	800	1600	2875
Extended Cargo	M19Z	16458	650	900	1750	3075
AWD	L		250	250	335	335
V6 4.3L High Output	W		100	100	135	135

ASTRO/SAFARI—V6—Truck Equipment Schedule T1

Minivan	M15Z	17819	675	950	1825	3150
Extended Minivan	M19Z	18121	750	1050	1950	3375
5 Passenger			(200)	(200)	(265)	(265)
AWD	L		250	250	335	335
V6 4.3L High Output	W		100	100	135	135

SPORTVAN/RALLY WAGON—V8—Truck Equipment Sch T1

G20 Passenger Van	G25H	20344	875	1250	2225	3725
G30 Passenger Van	G35K	21696	925	1275	2375	4000
5 Passenger			(200)	(200)	(265)	(265)
146" W.B.	9		50	50	65	65
V6 4.3 Liter	Z		(200)	(200)	(265)	(265)
V8 454/7.4 Liter	N		100	100	135	135
V8 6.5 Liter Diesel	P		(100)	(100)	(135)	(135)

G-SERIES/VANDURA—V6—Truck Equipment Schedule T1

G10 Cargo Van	G15Z	17544	650	925	1750	3075
G20 Cargo Van	G25Z	17534	700	1000	1875	3250
G30 Cargo Van	G35Z	17661	750	1050	1925	3325
146" W.B.	9		50	50	65	65
V8 5.0, 5.7 Liter	H,K		100	100	135	135
V8 454/7.4 Liter	N		200	200	265	265
V8 6.5 Liter Diesel	P		(75)	(75)	(100)	(100)

S10/SONOMA PICKUP—4-Cyl.—Truck Equipment Schedule T2

Short Bed	S144	10201	450	625	1275	2350
Long Bed	S144	10501	350	500	1125	2100
Extended Cab	S194	12260	675	950	1800	3125
4WD	T		400	400	535	535
V6 4.3 Liter	Z		150	150	200	200
V6 4.3L High Output	W		200	200	265	265

REGULAR CAB PICKUP—V8—Truck Equipment Schedule T1

1500 Short Bed	C14H	16322	1600	2075	3325	5150
1500 Long Bed	C14H	16602	1500	1975	3225	5025
2500 Long Bed	C24H	17579	1325	1825	3025	4775
3500 Long Bed	C34K	19313	1375	1880	3075	4825
Work Truck/Special			(250)	(250)	(335)	(335)
4WD	K		500	500	665	665
V6 4.3 Liter	Z		(350)	(350)	(465)	(465)
V8 5.7 Liter	K		75	75	100	100
V8 454/7.4 Liter	N		150	150	200	200
V8 6.5 Liter Diesel	P,Y		(100)	(100)	(135)	(135)
V8 6.5L Turbo Diesel	F,S		275	275	365	365

TRUCKS & VANS

Body Type	VIN	List	Trade-In Fair	Trade-In Good	Pvt-Party Good	Retail Excellent
EXTENDED CAB PICKUP—V8—Truck Equipment Schedule T1						
1500 Short Bed	C19H	18319	1850	2375	3650	5525
1500 Long Bed	C19H	19162	1800	2300	3575	5450
2500 Short Bed	C29H	20107	2000	2550	3850	5750
2500 Long Bed	C29K	20995	1850	2375	3650	5525
3500 Long Bed	C39K	22547	1875	2425	3700	5575
4WD	K		500	500	665	665
V6 4.3 Liter	Z		(350)	(350)	(465)	(465)
V8 5.7 Liter	K		75	75	100	100
V8 454/7.4 Liter	N		150	150	200	200
V8 6.5 Liter Diesel	PY		(100)	(100)	(135)	(135)
V8 6.5L Turbo Diesel	F,S		275	275	365	365
CREW CAB PICKUP—V8—Truck Equipment Schedule T1						
3500 Long Bed	C33K	21652	2375	2975	4300	6300
4WD	K		500	500	665	665
V8 454/7.4 Liter	N		150	150	200	200
V8 6.5L Turbo Diesel	F,S		275	275	365	365

1995 CHEVY/GMC — 1G(C,T,NorB)–(T18W)–S–#

Body Type	VIN	List	Trade-In Fair	Trade-In Good	Pvt-Party Good	Retail Excellent
BLAZER/JIMMY 4WD—V6—Truck Equipment Schedule T1						
Sport Utility 2D	T18W	20390	700	1000	1900	3300
Sport Utility 4D	T13W	22438	975	1350	2475	4125
2WD	S		(125)	(125)	(165)	(165)
TAHOE/YUKON 4WD—V8—Truck Equipment Schedule T1						
Sport Utility 2D	K13K	24215	625	900	1775	3125
Sport Utility 4D	K13K	29195	1075	1500	2675	4350
2WD	C		(125)	(125)	(165)	(165)
V8 6.5L Turbo Diesel	S		275	275	365	365
SUBURBAN—V8—Truck Equipment Schedule T1						
C1500 Sport Utility	C16K	24264	1550	2025	3275	5125
C2500 Sport Utility	C26K	25497	1675	2175	3450	5325
w/o Third Seat			(200)	(200)	(265)	(265)
4WD	K		500	500	665	665
V8 454/7.4 Liter	N		150	150	200	200
V8 6.5L Turbo Diesel	F		275	275	365	365
LUMINA—V6—Truck Equipment Schedule T2						
Cargo	U06D	16775	275	375	950	1875
LUMINA—V6—Truck Equipment Schedule T1						
Passenger	U06D	19625	400	550	1200	2225
5 Passenger			(200)	(200)	(265)	(265)
V6 3.8 Liter	L		50	50	65	65
ASTRO/SAFARI—V6—Truck Equipment Schedule T2						
Cargo Minivan	M19W	18340	725	1025	1925	3325
Dutch Doors			50	50	65	65
AWD	L		250	250	335	335
ASTRO/SAFARI—V6—Truck Equipment Schedule T1						
Minivan	M19W	19886	850	1175	2150	3650
5 Passenger			(200)	(200)	(265)	(265)
Dutch Doors			50	50	65	65
AWD	L		250	250	335	335
SPORTVAN/RALLY WAGON—V8—Truck Equipment Sch T1						
G20 Passenger Van	G25H	21776	1025	1425	2550	4225
G30 Passenger Van	G35K	22595	1050	1475	2600	4275
5 Passenger			(200)	(200)	(265)	(265)
146" W.B.	9		50	50	65	65
V6 4.3 Liter	Z		(200)	(200)	(265)	(265)
V8 454/7.4 Liter	N		100	100	135	135
V8 6.5 Liter Diesel	Y		(100)	(100)	(135)	(135)
G-SERIES/VANDURA—V6—Truck Equipment Schedule T1						
G10 Cargo Van	G15Z	18588	750	1075	1975	3425
G20 Cargo Van	G25Z	18578	825	1150	2100	3600
G30 Cargo Van	G35Z	18732	850	1200	2175	3675
146" W.B.			50	50	65	65
V8 5.0, 5.7 Liter	H,K		100	100	135	135
V8 454/7.4 Liter	N		200	200	265	265
V8 6.5 Liter Diesel	Y		(75)	(75)	(100)	(100)
S10/SONOMA PICKUP—4-Cyl.—Truck Equipment Schedule T2						
Short Bed	S144	10820	525	700	1475	2700
Long Bed	S144	11130	425	600	1250	2300
Extended Cab	S194	12990	750	1075	1975	3425
4WD	T		400	400	535	535
V6 4.3 Liter	Z		150	150	200	200
V6 4.3L High Output	W		200	200	265	265

1009

Body	Type	VIN	List	Trade-In Fair	Trade-In Good	Pvt-Party Good	Retail Excellent

REGULAR CAB PICKUP—V8—Truck Equipment Schedule T1

Body	Type	VIN	List	Fair	Good	Good	Excellent
1500 Short Bed		C14H	17217	1850	2400	3675	5550
1500 Long Bed		C14H	17497	1700	2200	3450	5325
2500 Long Bed		C24H	18679	1600	2075	3325	5150
3500 HD Long Bed		C34K	19803	1650	2150	3400	5250
Work Truck/Special				(250)	(250)	(335)	(335)
4WD		K		500	500	665	665
V6 4.3 Liter		Z		(350)	(350)	(465)	(465)
V8 5.7 Liter		K		75	75	100	100
V8 454/7.4 Liter		N		150	150	200	200
V8 6.5 Liter Diesel		P		(100)	(100)	(135)	(135)
V8 6.5L Turbo Diesel		S		275	275	365	365

EXTENDED CAB PICKUP—V8—Truck Equipment Schedule T1

Body	Type	VIN	List	Fair	Good	Good	Excellent
1500 Short Bed		C19H	19177	2125	2700	4000	5950
1500 Long Bed		C19H	19545	2050	2625	3925	5850
2500 Short Bed		C29H	21115	2325	2900	4250	6225
2500 Long Bed		C29H	21172	2300	2875	4225	6200
3500 HD Long Bed		C39K	23129	2175	2775	4075	6025
4WD		K		500	500	665	665
V6 4.3 Liter		Z		(350)	(350)	(465)	(465)
V8 5.7 Liter		K		75	75	100	100
V8 454/7.4 Liter		N		150	150	200	200
V8 6.5 Liter Diesel		P		(100)	(100)	(135)	(135)
V8 6.5L Turbo Diesel		S		275	275	365	365

CREW CAB PICKUP—V8—Truck Equipment Schedule T1

Body	Type	VIN	List	Fair	Good	Good	Excellent
3500 Long Bed		C33K	22389	2775	3375	4775	6850
4WD		K		500	500	665	665
V8 454/7.4 Liter		N		150	150	200	200
V8 6.5L Turbo Diesel		F,S		275	275	365	365

1996 CHEVY/GMC — 1G(C,K,NorT)-(T18W)-T-#

BLAZER/JIMMY 4WD—V6—Truck Equipment Schedule T1

Body	Type	VIN	List	Fair	Good	Good	Excellent
Sport Utility 2D		T18W	21694	800	1125	2075	3550
Sport Utility 4D		T13W	23742	1100	1550	2700	4375
2WD		S		(200)	(200)	(265)	(265)

TAHOE/YUKON 4WD—V8—Truck Equipment Schedule T1

Body	Type	VIN	List	Fair	Good	Good	Excellent
Sport Utility 2D		K18R	26596	875	1225	2325	4000
Sport Utility 4D		K13R	31079	1525	2000	3250	5100
2WD		C		(200)	(200)	(265)	(265)
V8 6.5 Turbo Diesel		S		325	325	435	435

SUBURBAN—V8—Truck Equipment Schedule T1

Body	Type	VIN	List	Fair	Good	Good	Excellent
C1500 Sport Utility		C16R	26709	1850	2400	3700	5600
C2500 Sport Utility		C26R	27942	2000	2550	3850	5775
w/o Third Seat				(250)	(250)	(335)	(335)
4WD		K		600	600	800	800
V8 454/7.4 Liter		J		175	175	235	235
V8 6.5L Turbo Diesel		F		325	325	435	435

LUMINA—V6—Truck Equipment Schedule T2

Body	Type	VIN	List	Fair	Good	Good	Excellent
Cargo		U06E	18415	325	450	1100	2100

LUMINA—V6—Truck Equipment Schedule T1

Body	Type	VIN	List	Fair	Good	Good	Excellent
Passenger		U06E	20435	500	675	1475	2700
5 Passenger				(250)	(250)	(335)	(335)

ASTRO/SAFARI—V6—Truck Equipment Schedule T2

Body	Type	VIN	List	Fair	Good	Good	Excellent
Cargo/SL Cargo		M19W	19152	750	1050	1975	3425
Dutch Doors				75	75	100	100
AWD		L		300	300	400	400

ASTRO/SAFARI—V6—Truck Equipment Schedule T1

Body	Type	VIN	List	Fair	Good	Good	Excellent
Minivan/SL Minivan		M19W	19736	900	1250	2350	4000
5 Passenger				(250)	(250)	(335)	(335)
Dutch Doors				75	75	100	100
AWD		L		300	300	400	400

EXPRESS/SAVANA—V8—Truck Equipment Schedule T1

Body	Type	VIN	List	Fair	Good	Good	Excellent
1500 Passenger Van		G15M	23342	1125	1575	2775	4475
2500 Passenger Van		G25R	25767	1175	1650	2850	4575
3500 Passenger Van		G35R	25927	1225	1725	2925	4675
5 Passenger				(250)	(250)	(335)	(335)
155" W.B.		9		75	75	100	100
V6 4.3 Liter		W		(250)	(250)	(335)	(335)
V8 454/7.4 Liter		J		125	125	165	165
V8 6.5 Liter Diesel		F		125	125	165	165

SPORTVAN/RALLY WAGON—V8—Truck Equipment Sch T1

Body	Type	VIN	List	Fair	Good	Good	Excellent
G30 Passenger Van		G35K	23451	1050	1500	2650	4325
146" W.B.				75	75	100	100

TRUCKS & VANS

Body Type	VIN	List	Trade-In Fair	Trade-In Good	Pvt-Party Good	Retail Excellent
V8 454/7.4 Liter	N		125	125	165	165
V8 6.5 Liter Diesel	Y		(125)	(125)	(165)	(165)

G-SERIES/SAVANA—V6—Truck Equip Schedule T1

1500 Cargo Van	G15W	20214	875	1225	2325	3950
2500 Cargo Van	G25W	20639	925	1300	2400	4050
3500 Cargo Van	G35R	22019	975	1350	2475	4150
155" W.B.			75	75	100	100
V8 5.0, 5.7 Liter	M,R		125	125	165	165
V8 454/7.4 Liter	J		250	250	335	335
V8 6.5L Turbo Diesel	F		200	200	265	265

G-SERIES/VANDURA—V8—Truck Equipment Schedule T1

G30 Classic	G39K	20469	925	1300	2400	4050
146" W.B.			75	75	100	100
V6 4.3 Liter			(250)	(250)	(335)	(335)
V8 454/7.4 Liter	N		125	125	165	165
V8 6.5 Liter Diesel	F,S		(100)	(100)	(135)	(135)

S10/SONOMA PICKUP—4-Cyl.—Truck Equipment Schedule T2

Short Bed	S144	11755	575	775	1600	2925
Long Bed	S144	12065	475	625	1350	2475
Extended Cab	S194	14470	825	1175	2150	3675
Third Door			150	150	200	200
4WD	T		525	525	700	700
V6 4.3 Liter	X		200	200	265	265
V6 4.3L High Output	W		250	250	335	335

REGULAR CAB PICKUP—V8—Truck Equipment Schedule T1

1500 Short Bed	C14M	18311	1850	2400	3675	5575
1500 Long Bed	C14M	18591	1775	2275	3550	5425
2500 Long Bed	C24M	19273	1675	2175	3425	5300
3500 Long Bed	C34R	20477	1775	2275	3550	5425
Work Truck/Special			(300)	(300)	(400)	(400)
4WD	K		600	600	800	800
V6 4.3 Liter	W		(375)	(375)	(500)	(500)
V8 5.7 Liter	R		125	125	165	165
V8 454/7.4 Liter	J		175	175	235	235
V8 6.5L Turbo Diesel	F,S		325	325	435	435

EXTENDED CAB PICKUP—V8—Truck Equipment Schedule T1

1500 Short Bed	C19M	20371	2275	2850	4200	6175
1500 Long Bed	C19M	20819	2175	2750	4050	6000
2500 Short Bed	C29M	21889	2575	3150	4525	6575
2500 HD Long Bed	C29M	21946	2500	3075	4425	6475
3500 Long Bed	C39R	23903	2375	2975	4300	6325
Third Door			125	125	165	165
4WD	K		600	600	800	800
V6 4.3 Liter	W		(375)	(375)	(500)	(500)
V8 5.7 Liter	R		125	125	165	165
V8 454/7.4 Liter	J		175	175	235	235
V8 6.5L Turbo Diesel	F,S		325	325	435	435

CREW CAB PICKUP—V8—Truck Equipment Schedule T1

3500 Long Bed	C33R	23611	3025	3675	5100	7250
4WD	K		600	600	800	800
V8 454/7.4 Liter	J		175	175	235	235
V8 6.5L Turbo Diesel	F,S		325	325	435	435

1997 CHEVY/GMC — 1G(C,K,NorT)–T18W–V–#

BLAZER/JIMMY 4WD—V6—Truck Equipment Schedule T1

Sport Utility 2D	T18W	22631	875	1225	2350	4025
Sport Utility 4D	T13W	24631	1225	1700	2925	4675
2WD	S		(250)	(250)	(335)	(335)

TAHOE/YUKON 4WD—V8—Truck Equipment Schedule T1

Sport Utility 2D	K18R	27642	1150	1625	2850	4600
Sport Utility 4D	K13R	32125	2025	2600	3900	5850
2WD	C		(400)	(400)	(535)	(535)
V8 6.5L Turbo Diesel	S		375	375	500	500

SUBURBAN—V8—Truck Equipment Schedule T1

C1500 Sport Utility	C16R	27350	2200	2800	4125	6100
C2500 Sport Utility	C26R	28583	2350	2925	4300	6300
w/o Third Seat			(275)	(275)	(365)	(365)
4WD	K		700	700	935	935
V8 454/7.4 Liter	J		200	200	265	265
V8 6.5L Turbo Diesel	F		375	375	500	500

VENTURE—V6—Truck Equipment Schedule T1

Minivan	U03E	20495	600	825	1675	3000
Extended Minivan	X06E	21660	675	950	1850	3250

TRUCKS & VANS

Body Type	VIN	List	Trade-In Fair	Trade-In Good	Pvt-Party Good	Retail Excellent
w/o 2nd Sliding Door			(50)	(50)	(65)	(65)
ASTRO/SAFARI—V6—Truck Equipment Schedule T2						
Cargo/SL Cargo	M19W	19583	775	1100	2025	3500
Dutch Doors			100	100	135	135
AWD	L		350	350	465	465
ASTRO/SAFARI—V6—Truck Equipment Schedule T1						
Base/SLX Minivan	M19W	20167	925	1300	2425	4075
5 Passenger			(275)	(275)	(365)	(365)
Dutch Doors			100	100	135	135
AWD	L		350	350	465	465
EXPRESS/SAVANA—V8—Truck Equipment Schedule T1						
1500 Passenger Van	G15M	23380	1300	1775	3000	4775
2500 Passenger Van	G25M	25411	1400	1850	3100	4900
3500 Passenger Van	G35M	25571	1475	1950	3200	5025
5 Passenger			(275)	(275)	(365)	(365)
155" W.B.	9		100	100	135	135
V6 4.3 Liter	W		(275)	(275)	(365)	(365)
V8 454/7.4 Liter	J		150	150	200	200
V8 6.5L Turbo Diesel	F		150	150	200	200
G-SERIES/SAVANA—V6—Truck Equipment Schedule T1						
1500 Cargo Van	G15W	20662	975	1375	2500	4175
2500 Cargo Van	G25W	21087	1025	1425	2575	4275
3500 Cargo Van	G35M	22467	1075	1500	2650	4350
155" W.B.	9		100	100	135	135
V8 5.0, 5.7 Liter	M,R		150	150	200	200
V8 454/7.4 Liter	J		275	275	365	365
V8 6.5L Turbo Diesel	F		250	250	335	335
S10/SONOMA PICKUP—4-Cyl.—Truck Equipment Schedule T2						
Short Bed	S144	12008	650	925	1800	3150
Long Bed	S144	12308	550	725	1550	2825
Extended Cab	S194	14863	950	1350	2475	4150
Third Door			175	175	235	235
4WD	T		650	650	865	865
V6 4.3 Liter	X		225	225	300	300
V6 4.3L High Output	W		275	275	365	365
REGULAR CAB PICKUP—V8—Truck Equipment Schedule T1						
1500 Short Bed	C14M	18837	1900	2450	3750	5650
1500 Long Bed	C14M	19137	1800	2300	3600	5500
2500 Long Bed	C24M	19819	1825	2325	3625	5525
3500 Long Bed	C34R	20807	1900	2450	3750	5650
Work Truck/Special			(350)	(350)	(465)	(465)
4WD	K		700	700	935	935
V6 4.3 Liter			(400)	(400)	(535)	(535)
V8 5.7 Liter	R		175	175	235	235
V8 454/7.4 Liter	J		200	200	265	265
V8 6.5L Turbo Diesel	F,S		375	375	500	500
EXTENDED CAB PICKUP—V8—Truck Equipment Schedule T1						
1500 Short Bed	C19M	20817	2500	3075	4425	6475
1500 Long Bed	C19M	21417	2350	2950	4300	6300
2500 Short Bed	C29M	22435	2825	3450	4850	6950
2500 HD Long Bed	C29M	22272	2750	3375	4750	6825
3500 Long Bed	C39R	24229	2650	3250	4625	6700
Third Door			150	150	200	200
4WD	K		700	700	935	935
V6 4.3 Liter			(400)	(400)	(535)	(535)
V8 5.7 Liter	R		175	175	235	235
V8 454/7.4 Liter	J		200	200	265	265
V8 6.5L Turbo Diesel	F,S		375	375	500	500
CREW CAB PICKUP—V8—Truck Equipment Schedule T1						
3500 Long Bed	C33R	23937	3350	4050	5525	7750
4WD	K		700	700	935	935
V8 454/7.4 Liter	J		200	200	265	265
V8 6.5L Turbo Diesel	F		375	375	500	500

1998 CHEVY/GMC–1G(C,K,NorT)–J186–W–#

Body Type	VIN	List	Trade-In Fair	Trade-In Good	Pvt-Party Good	Retail Excellent
TRACKER 4WD—4-Cyl.—Truck Equipment Schedule T2						
Sport Util Conv 2D	J186	15301	600	800	1650	3000
Sport Utility 4D	J186	16251	950	1350	2475	4175
2WD	E		(300)	(300)	(400)	(400)
BLAZER/JIMMY 4WD—V6—Truck Equipment Schedule T1						
Sport Utility 2D	T18W	24166	1000	1400	2575	4300
Sport Utility 4D	T13W	25691	1450	1925	3175	5000
2WD	S		(300)	(300)	(400)	(400)

1998 CHEVROLET/GMC

Body	Type	VIN	List	Trade-In Fair	Trade-In Good	Pvt-Party Good	Retail Excellent
ENVOY 4WD—V6—Truck Equipment Schedule T3							
Sport Utility 4D	K13W	34650	2275	2850	4175	6150
TAHOE/YUKON 4WD—V8—Truck Equipment Schedule T1							
Sport Utility 2D	K18R	27670	1600	2100	3375	5250
Sport Utility 4D	K13R	32625	2600	3200	4575	6650
2WD	C		(425)	(425)	(565)	(565)
V8 6.5L Turbo Diesel	S		425	425	565	565
SUBURBAN—V8—Truck Equipment Schedule T1							
C1500 Sport Utility	C16R	27767	2600	3200	4575	6650
C2500 Sport Utility	C26R	29351	2725	3350	4725	6825
w/o Third Seat			(300)	(300)	(400)	(400)
4WD	K		800	800	1065	1065
V8 454/7.4 Liter	J		225	225	300	300
V8 6.5L Turbo Diesel	F		425	425	565	565
VENTURE—V6—Truck Equipment Schedule T2							
Cargo Minivan	G05E	21329	550	750	1575	2875
w/o 2nd Sliding Door			(50)	(50)	(65)	(65)
VENTURE—V6—Truck Equipment Schedule T2							
Minivan	U05E	21999	700	975	1875	3325
Extended Minivan	X09E	22829	800	1100	2075	3600
w/o 2nd Sliding Door			(50)	(50)	(65)	(65)
ASTRO/SAFARI—V6—Truck Equipment Schedule T2							
Cargo/SL Cargo	M19W	19925	825	1150	2150	3675
Dutch Doors			100	100	135	135
AWD	L		400	400	535	535
ASTRO/SAFARI—V6—Truck Equipment Schedule T1							
Base/SLX Minivan	M19W	21628	1000	1400	2525	4225
5 Passenger			(300)	(300)	(400)	(400)
Dutch Doors			100	100	135	135
AWD	L		400	400	535	535
EXPRESS/SAVANA—V8—Truck Equipment Schedule T1							
1500 Passenger Van	G15M	23871	1550	2025	3275	5100
2500 Passenger Van	G25R	25876	1650	2150	3400	5250
3500 Passenger Van	G35R	26165	1750	2275	3525	5400
5 Passenger			(300)	(300)	(400)	(400)
155" W.B.	9		100	100	135	135
V6 4.3 Liter	W		(300)	(300)	(400)	(400)
V8 454/7.4 Liter	J		175	175	235	235
V8 6.5L Turbo Diesel	F		175	175	235	235
G-SERIES/SAVANA—V6—Truck Equipment Schedule T1							
1500 Cargo Van	G15W	21102	1100	1550	2725	4425
2500 Cargo Van	G25W	21527	1125	1600	2800	4525
3500 Cargo Van	G35R	23061	1175	1650	2875	4600
155" W.B.	9		100	100	135	135
V8 5.0, 5.7 Liter	M,R		175	175	235	235
V8 454/7.4 Liter	J		300	300	400	400
V8 6.5L Turbo Diesel	F		300	300	400	400
S10/SONOMA PICKUP—4-Cyl.—Truck Equipment Schedule T2							
Short Bed	S144	12508	750	1075	2050	3550
Long Bed	S144	13172	625	875	1775	3150
Extended Cab	S194	15740	1100	1550	2725	4450
Third Door			200	200	265	265
4WD	T		750	750	1000	1000
V6 4.3 Liter	X		250	250	335	335
V6 4.3L High Output	W		300	300	400	400
REGULAR CAB PICKUP—V8—Truck Equipment Schedule T1							
1500 Short Bed	C14M	19250	2000	2575	3875	5800
1500 Long Bed	C14M	19550	1850	2400	3675	5575
2500 Long Bed	C24M	20232	1975	2550	3850	5750
3500 Long Bed	C34R	21419	2100	2650	3975	5900
Work Truck/Special			(400)	(400)	(535)	(535)
4WD	K		800	800	1065	1065
V6 4.3 Liter	W		(425)	(425)	(565)	(565)
V8 5.7 Liter	R		200	200	265	265
V8 454/7.4 Liter	J		225	225	300	300
V8 6.5L Turbo Diesel	F,S		425	425	565	565
EXTENDED CAB PICKUP—V8—Truck Equipment Schedule T1							
1500 Short Bed	C19M	21250	2725	3325	4700	6750
1500 Long Bed	C19M	22045	2550	3150	4500	6550
2500 Short Bed	C29M	22848	3100	3775	5200	7350
2500 HD Long Bed	C29M	22884	3000	3650	5050	7175
3500 Long Bed	C39R	24842	2900	3525	4925	7025
Third Door			175	175	235	235

1009

Body	Type	VIN	List	Trade-In Fair	Trade-In Good	Pvt-Party Good	Retail Excellent
4WD		K		800	800	1065	1065
V6 4.3 Liter		W		(425)	(425)	(565)	(565)
V8 5.7 Liter		R		200	200	265	265
V8 454/7.4 Liter		J		225	225	300	300
V8 6.5L Turbo Diesel		F,S		425	425	565	565
CREW CAB PICKUP—V8—Truck Equipment Schedule T1							
3500 Long Bed		C33R	24549	3725	4425	5900	8175
4WD		K		800	800	1065	1065
V8 454/7.4 Liter		J		225	225	300	300
V8 6.5L Turbo Diesel		F		425	425	565	565

1999 CHEVY/GMC–(1,2or3)(CorG)(A,CorN)–J186–X

Body	Type	VIN	List	Trade-In Fair	Trade-In Good	Pvt-Party Good	Retail Excellent
TRACKER 4WD—4-Cyl.—Truck Equipment Schedule T2							
Sport Util Conv 2D		J186	15095	650	925	1850	3300
Sport Utility 4D		J136	16295	1075	1500	2675	4375
2WD		E		(350)	(350)	(465)	(465)
BLAZER/JIMMY 4WD—V6—Truck Equipment Schedule T1							
Sport Utility 2D		T18W	22995	1150	1625	2850	4600
Sport Utility 4D		T13W	25945	1700	2200	3500	5400
2WD		S		(350)	(350)	(465)	(465)
ENVOY 4WD—V6—Truck Equipment Schedule T3							
Sport Utility 4D		K13W	34125	2675	3275	4625	6700
TAHOE/YUKON 4WD—V8—Truck Equipment Schedule T1							
Sport Utility 2D		K18R	27995	2075	2650	3975	5950
Sport Utility 4D		K13R	32950	3175	3850	5300	7475
2WD		C		(450)	(450)	(600)	(600)
V8 6.5L Turbo Diesel		F		475	475	635	635
YUKON DENALI 4WD—V8—Truck Equipment Schedule T3							
Sport Utility 4D		K13R	43505	4450	5275	6825	9300
SUBURBAN—V8—Truck Equipment Schedule T1							
C1500 Sport Utility		C16R	28267	3000	3625	5050	7200
C2500 Sport Utility		C26R	29851	3100	3775	5200	7375
w/o Third Seat				(325)	(325)	(435)	(435)
4WD		K		900	900	1200	1200
V8 454/7.4 Liter		J		250	250	335	335
V8 6.5L Turbo Diesel		F		475	475	635	635
VENTURE—V6—Truck Equipment Schedule T2							
Cargo Minivan 4D		G05Z	22025	650	900	1825	3250
VENTURE—V6—Truck Equipment Schedule T1							
Minivan 4D		U05E	22625	825	1175	2275	3950
Extended Minivan		X09E	23625	925	1300	2450	4150
w/o 2nd Sliding Door				(50)	(50)	(65)	(65)
ASTRO/SAFARI—V6—Truck Equipment Schedule T2							
Cargo/SL Cargo		M19W	20268	900	1275	2425	4100
Dutch Doors				100	100	135	135
AWD		L		450	450	600	600
ASTRO/SAFARI—V6—Truck Equipment Schedule T1							
Minivan/SL Minivan		M19W	21547	1100	1550	2725	4450
Dutch Doors				100	100	135	135
AWD		L		450	450	600	600
EXPRESS/SAVANA—V8—Truck Equipment Schedule T1							
1500 Passenger Van		G15M	24100	1825	2350	3650	5525
2500 Passenger Van		G25R	26105	1925	2475	3775	5675
3500 Passenger Van		G35R	26394	2050	2625	3925	5850
5 Passenger				(325)	(325)	(435)	(435)
155" W.B.		9		100	100	135	135
V6 4.3 Liter		W		(325)	(325)	(435)	(435)
V8 454/7.4 Liter		J		200	200	265	265
V8 6.5L Turbo Diesel		F,S		200	200	265	265
EXPRESS/SAVANA—V6—Truck Equipment Schedule T1							
1500 Cargo Van		G15W	21505	1275	1775	3000	4775
2500 Cargo Van		G25W	21955	1350	1850	3075	4875
3500 Cargo Van		G35R	23489	1425	1875	3150	4975
155" W.B.		9		100	100	135	135
V8 5.0, 5.7 Liter		M,R		200	200	265	265
V8 454/7.4 Liter		J		325	325	435	435
V8 6.5L Turbo Diesel		F,S		325	325	435	435
S10/SONOMA PICKUP—4-Cyl.—Truck Equipment Schedule T2							
Short Bed		S144	12658	900	1275	2400	4100
Long Bed		S144	13322	750	1050	2025	3550
Extended Cab		S194	15890	1300	1800	3025	4800
Third Door				200	200	265	265
4WD		T		850	850	1135	1135

Body Type	VIN	List	Trade-In Fair	Good	Pvt-Party Good	Retail Excellent
V6 4.3 Liter	X		275	275	365	365
V6 4.3L High Output	W		325	325	435	435
SILVERADO/SIERRA REGULAR CAB—V8 (New)—Truck Sch T1						
1500 Short Bed	C14V	18390	2750	3375	4750	6825
1500 Long Bed	C14V	18690	2550	3150	4500	6575
2500 Short Bed	C24T	21601	2900	3525	4925	7050
2500 HD Long Bed	C24T	22445	3200	3875	5325	7500
4WD	K		900	900	1200	1200
V6 4.3 Liter	W		(450)	(450)	(600)	(600)
V8 5.3 Liter	T		225	225	300	300
V8 6.0 Liter	U		250	250	335	335
V8 6.5L Turbo Diesel	F,S		475	475	635	635
SILVERADO/SIERRA EXTENDED CAB—V8 (New)—Truck Sch T1						
1500 Short Bed	C19V	22635	3950	4700	6175	8500
1500 Long Bed	C19V	22935	3700	4400	5875	8150
2500 Short Bed	C29T	24051	4375	5175	6700	9100
2500 HD Short Bed	K29T	27995	4675	5500	7075	9600
2500 HD Long Bed	C29T	25195	4275	5025	6550	8925
4WD	K		900	900	1200	1200
V6 4.3 Liter	W		(450)	(450)	(600)	(600)
V8 5.3 Liter	T		225	225	300	300
V8 6.0 Liter	U		250	250	335	335
V8 6.5L Turbo Diesel	F,S		475	475	635	635
REGULAR CAB PICKUP—V8—Truck Equipment Schedule T1						
2500 HD Long Bed	C24R	21558	2375	2975	4300	6325
3500 Long Bed	C34R	21856	2300	2875	4225	6225
4WD	K		900	900	1200	1200
V8 454/7.4 Liter	J		250	250	335	335
V8 6.5L Turbo Diesel	F,S		475	475	635	635
EXTENDED CAB PICKUP—V8—Truck Equipment Schedule T1						
1500 Short Bed	C19M	23366	2950	3575	4975	7100
2500 HD Short Bed	K29M	26268	3550	4275	5700	7975
2500 HD Short Bed	C29M	23162	3275	3950	5400	7575
3500 Long Bed	C39R	25282	3150	3825	5250	7425
4WD	K		900	900	1200	1200
V8 5.7 Liter	R		225	225	300	300
V8 454/7.4 Liter	J		250	250	335	335
V8 6.5L Turbo Diesel	F,S		475	475	635	635
CREW CAB PICKUP—V8—Truck Equipment Schedule T1						
2500 Short Bed	C23R	24547	3575	4300	5725	7975
3500 Short Bed	C33J	26466	4100	5050	6575	8950
3500 Long Bed	C33R	24986	4100	4850	6325	8675
4WD	K		900	900	1200	1200
V8 454/7.4 Liter	J		250	250	335	335
V8 6.5L Turbo Diesel	F,S		475	475	635	635

2000 CHEVY/GMC–(1,2or3)(CorG)(1,CorN)–J186–Y

Body Type	VIN	List	Trade-In Fair	Good	Pvt-Party Good	Retail Excellent
TRACKER 4WD—4-Cyl.—Truck Equipment Schedule T2						
Sport Util Conv 2D	J186	15425	775	1100	2150	3725
Sport Utility 4D	J13C	16650	1225	1700	2950	4725
2WD	E		(400)	(400)	(535)	(535)
BLAZER/JIMMY 4WD—V6—Truck Equipment Schedule T1						
Sport Utility 2D	T18W	23495	1425	1875	3150	5000
Sport Utility 4D	T13W	26995	2025	2575	3900	5825
2WD	S		(400)	(400)	(535)	(535)
ENVOY 4WD—V6—Truck Equipment Schedule T3						
Sport Utility 4D	T13W	34695	3075	3750	5150	7275
TAHOE 4WD—V8 4.8L Engine (New)—Truck Equipment Schedule T1						
Sport Utility 4D	K13V	29441	3850	4550	6050	8350
w/o Third Seat			(350)	(350)	(465)	(465)
2WD	C		(475)	(475)	(635)	(635)
V8 5.3 Liter	T		250	250	335	335
TAHOE 4WD—V8 5.7L Engine—Truck Equipment Schedule T1						
Sport Utility 4D	K13R	39544	3300	4000	5450	7650
2WD	C		(475)	(475)	(635)	(635)
YUKON 4WD—V8 (New)—Truck Equipment Schedule T1						
SLE Sport Utility 4D	K13V	35835	3925	4650	6150	8450
w/o Third Seat			(350)	(350)	(465)	(465)
2WD	C		(475)	(475)	(635)	(635)
V8 5.3 Liter	T		250	250	335	335
YUKON DENALI 4WD—V8—Truck Equipment Schedule T3						
Sport Utility 4D	K13R	44185	5200	6050	7750	10400

1009

Body	Type	VIN	List	Trade-In Fair	Trade-In Good	Pvt-Party Good	Retail Excellent
SUBURBAN—V8—Truck Equipment Schedule T1							
C1500 Sport Utility	C16T	27651	3425	4125	5550	7800
C2500 Sport Utility	C26U	29535	3550	4275	5700	7975
w/o Third Seat			(350)	(350)	(465)	(465)
4WD	K		1000	1000	1335	1335
YUKON XL—V8—Truck Equipment Schedule T1							
1500 Sport Utility	C13T	35178	3500	4225	5650	7925
2500 Sport Utility	C23U	36696	3650	4375	5825	8100
w/o Third Seat			(350)	(350)	(465)	(465)
4WD	K		1000	1000	1335	1335
VENTURE—V6—Truck Equipment Schedule T2							
Cargo Minivan 4D	U05E	22330	800	1125	2150	3725
VENTURE—V6—Truck Equipment Schedule T1							
Minivan 4D	U05E	21230	1025	1450	2625	4325
Extended Minivan	X09E	24930	1100	1550	2750	4500
ASTRO/SAFARI—V6—Truck Equipment Schedule T2							
Cargo/SL Cargo	M19W	20635	1050	1450	2650	4350
Dutch Doors			100	100	135	135
AWD	L		500	500	665	665
ASTRO/SAFARI—V6—Truck Equipment Schedule T1							
Minivan/SL Minivan	M19W	21982	1250	1725	2950	4725
Dutch Doors			100	100	135	135
AWD	L		500	500	665	665
EXPRESS/SAVANA—V8—Truck Equipment Schedule T1							
1500 Passenger Van	G15M	24240	2175	2750	4075	6025
2500 Passenger Van	G25R	26245	2275	2875	4200	6175
3500 Passenger Van	G35R	26534	2450	3050	4350	6375
5 Passenger	9		(350)	(350)	(465)	(465)
155" W.B.			100	100	135	135
V6 4.3 Liter	W		(350)	(350)	(465)	(465)
V8 454/7.4 Liter	J		200	200	265	265
V8 6.5L Turbo Diesel	F		225	225	300	300
EXPRESS/SAVANA—V6—Truck Equipment Schedule T1							
1500 Cargo Van	G15W	21910	1575	2075	3350	5225
2500 Cargo Van	G25W	22360	1650	2125	3425	5300
3500 Cargo Van	G35R	23894	1700	2200	3500	5400
155" W.B.			100	100	135	135
V8 5.0, 5.7 Liter	M,R		200	200	265	265
V8 454/7.4 Liter	J		350	350	465	465
V8 6.5L Turbo Diesel	F		350	350	465	465
S10/SONOMA PICKUP—4-Cyl.—Truck Equipment Schedule T2							
Short Bed	S144	12610	1075	1525	2725	4475
Long Bed	S144	12661	925	1300	2475	4200
Extended Cab	S194	15309	1600	2100	3375	5250
Third Door			200	200	265	265
4WD	T		950	950	1265	1265
V6 4.3 Liter	W		350	350	465	465
SILVERADO/SIERRA REGULAR CAB—V8 (New)—Truck Equipment Schedule T1							
1500 Short Bed	C14V	18510	3075	3725	5150	7325
1500 Long Bed	C14V	18810	2850	3475	4900	7025
2500 Long Bed	C24T	21950	3225	3925	5350	7550
2500 HD Long Bed	C24T	23074	3600	4300	5750	8000
4WD	K		1000	1000	1335	1335
V6 4.3 Liter	T		(450)	(450)	(600)	(600)
V8 5.3 Liter	T		250	250	335	335
V8 6.0 Liter	U		275	275	365	365
SILVERADO/SIERRA EXTENDED CAB—V8 (New)—Truck Equipment Schedule T1							
1500 Short Bed	C19V	22884	4400	5200	6725	9125
1500 Long Bed	C19V	23184	4125	4875	6375	8725
2500 Short Bed	C29T	24400	4825	5650	7275	9800
2500 HD Short Bed	C29T	28324	5150	6000	7650	10250
2500 HD Long Bed	C29T	25524	4975	5800	7425	10000
4WD	K		1000	1000	1335	1335
Fourth Door			200	200	265	265
V6 4.3 Liter	T		(450)	(450)	(600)	(600)
V8 5.3 Liter	T		250	250	335	335
V8 6.0 Liter	U		275	275	365	365
REGULAR CAB PICKUP—V8—Truck Equipment Schedule T1							
2500 HD Long Bed	C24R	21837	2600	3200	4575	6650
3500 Long Bed	C34R	22435	2500	3075	4450	6500
4WD	K		1000	1000	1335	1335
V8 454/7.4 Liter	J		275	275	365	365
V8 6.5L Turbo Diesel	F		525	525	700	700

TRUCKS & VANS

Body / Type	VIN	List	Trade-In Fair	Trade-In Good	Pvt-Party Good	Retail Excellent
EXTENDED CAB PICKUP—V8—Truck Equipment Schedule T1						
2500 HD Short Bed	K29R	26547	3900	4625	6100	8400
2500 HD Long Bed	C29R	23441	3550	4250	5700	7950
3500 Long Bed	C39R	25861	3425	4150	5550	7800
4WD	K		1000	1000	1335	1335
V8 454/7.4 Liter	J		275	275	365	365
V8 6.5L Turbo Diesel	F		525	525	700	700
CREW CAB PICKUP—V8—Truck Equipment Schedule T1						
2500 Short Bed	C23R	24826	3900	4625	6100	8400
3500 Short Bed	C33R	27045	4650	5500	7050	9550
3500 Long Bed	C33R	25565	4450	5275	6750	9175
4WD	K		1000	1000	1335	1335
V8 454/7.4 Liter	J		275	275	365	365
V8 6.5L Turbo Diesel	F		525	525	700	700

2001 CHEVY/GMC—(1,2or3)(CorG)(A,CorN)—J186–1

Body / Type	VIN	List	Trade-In Fair	Trade-In Good	Pvt-Party Good	Retail Excellent
TRACKER 4WD—4-Cyl.—Truck Equipment Schedule T2						
Sport Util Conv 2D	J186	16760	950	1350	2525	4275
Sport Utility 4D	J13C	17380	1500	2000	3275	5125
ZR2 Spt Utl Conv 2D	J78C	18835	1275	1750	3000	4800
ZR2 Sport Utility 4D	J734	21200	2075	2625	3950	5875
LT Sport Utility 4D	J634	21880	2475	3075	4400	6425
2WD	E		(450)	(450)	(600)	(600)
V6 2.5 Liter	4		375	375	500	500
BLAZER/JIMMY 4WD—V6—Truck Equipment Schedule T1						
Sport Utility 2D	T13W	23745	1750	2250	3575	5525
Sport Utility 4D	T13W	27345	2400	3000	4325	6375
2WD	S		(450)	(450)	(600)	(600)
TAHOE 4WD—V8—Truck Equipment Schedule T1						
Sport Utility 4D	K13V	31021	4525	5350	6900	9350
w/o Third Seat			(375)	(375)	(500)	(500)
2WD	C		(500)	(500)	(665)	(665)
V8 5.3 Liter	T		275	275	365	365
YUKON 4WD—V8—Truck Equipment Schedule T1						
SLE Sport Utility 4D	K13T	36128	4625	5450	7000	9475
w/o Third Seat			(375)	(375)	(500)	(500)
2WD	C		(500)	(500)	(665)	(665)
V8 5.3 Liter	T,Z		275	275	365	365
YUKON DENALI AWD—V8—Truck Equipment Schedule T3						
Sport Utility 4D	K13U	46680	5600	6525	8200	10950
SUBURBAN—V8—Truck Equipment Schedule T1						
C1500 Sport Utility	C16T	29428	3925	4650	6150	8450
C2500 Sport Utility	C26U	31287	4075	4800	6300	8625
w/o Third Seat			(375)	(375)	(500)	(500)
4WD	K		1100	1100	1465	1465
V8 8.1 Liter	G		275	275	365	365
YUKON XL—V8—Truck Equipment Schedule T1						
1500 Sport Utility	C13T	36287	4025	4750	6225	8550
2500 Sport Utility	C23U	37659	4200	4950	6450	8800
4WD	K		1100	1100	1465	1465
V8 8.1 Liter	G		275	275	365	365
YUKON XL DENALI AWD—V8—Truck Equipment Schedule T3						
1500 Sport Utility 4D	K16U	48185	6875	7925	9700	12650
VENTURE—V6—Truck Equipment Schedule T1						
Minivan 4D	U05E	21605	1250	1725	2975	4750
Extended Minivan	X09E	26085	1375	1850	3100	4925
ASTRO/SAFARI—V6—Truck Equipment Schedule T2						
Cargo/SL Cargo	M19W	21238	1225	1700	2950	4725
Dutch Doors			100	100	135	135
AWD	L		525	525	700	700
ASTRO/SAFARI—V6—Truck Equipment Schedule T1						
Minivan 3D	M19W	23886	1525	2000	3250	5100
Dutch Doors			100	100	135	135
AWD	L		525	525	700	700
EXPRESS/SAVANA VAN—V8—Truck Equipment Schedule T1						
1500 Passenger Van	G15M	24730	2650	3250	4600	6650
2500 Passenger Van	G25R	26735	2750	3375	4700	6750
3500 Passenger Van	G35R	27024	2925	3550	4925	7000
155" W.B.			100	100	135	135
V6 4.3 Liter	W		(375)	(375)	(500)	(500)
V8 8.1 Liter	G		200	200	265	265
V8 6.5L Turbo Diesel	F		250	250	335	335

Body Type	VIN	List	Trade-In Fair	Trade-In Good	Pvt-Party Good	Retail Excellent
EXPRESS/SAVANA VAN—V8—Truck Equipment Schedule T1						
1500 Cargo Van	G15W	22520	1925	2475	3775	5700
2500 Cargo Van	G25W	22650	1975	2550	3850	5775
3500 Cargo Van	G35R	24929	2050	2600	3925	5875
155" W.B.			100	100	135	135
V6 4.3 Liter	W		(200)	(200)	(265)	(265)
V8 8.1 Liter			375	375	500	500
V8 6.5L Turbo Diesel	F		375	375	500	500
S10/SONOMA PICKUP—4-Cyl. Flex Fuel—Truck Equip Schedule T2						
Short Bed	S145	12859	1350	1825	3075	4925
Long Bed	S145	13210	1150	1600	2850	4625
Extended Cab	S195	16203	1950	2500	3800	5725
Third Door			200	200	265	265
4WD	T		1050	1050	1400	1400
V6 4.3 Liter	W		375	375	500	500
S10/SONOMA CREW CAB 4WD—V6—Truck Equip Schedule T1						
LS/SLS Short Bed	T13W	23589	3575	4275	5675	7900
SILVERADO/SIERRA REGULAR CAB—V8—Truck Equip Schedule T1						
1500 Short Bed	C14V	19185	3400	4100	5550	7800
1500 Long Bed	C14V	19485	3150	3825	5275	7475
2500 Short Bed	C24U	23689	3600	4300	5775	8025
2500 HD Long Bed	C24U	24109	3975	4725	6200	8525
3500 Long Bed	C34U	25361	4025	4775	6275	8600
4WD	K		1100	1100	1465	1465
V6 4.3 Liter	W		(450)	(450)	(600)	(600)
V8 5.3 Liter	T		275	275	365	365
V8 8.1 Liter			275	275	365	365
V8 6.6L Turbo Diesel	1		4100	4100	5465	5465
SILVERADO/SIERRA EXTENDED CAB—V8—Truck Equip Schedule T1						
1500 Short Bed	C19V	23589	4825	5650	7250	9775
1500 Long Bed	C19V	23889	4525	5325	6875	9350
2500 Short Bed	K29U	29039	5325	6200	7800	10400
2500 HD Short Bed	C29U	26614	5600	6525	8150	10850
2500 HD Long Bed	C29U	26859	5475	6375	7975	10600
3500 Long Bed	C39U	28141	5575	6500	8125	10800
4WD	K		1100	1100	1465	1465
V6 4.3 Liter	W		(450)	(450)	(600)	(600)
V8 5.3 Liter	T		275	275	365	365
V8 8.1 Liter			275	275	365	365
V8 6.6L Turbo Diesel	G		4100	4100	5465	5465
SIERRA EXTENDED CAB PICKUP AWD—V8—Truck Equip Schedule T1						
1500 C3 Short Bed	C19V	38995	8075	9250	11100	14250
SILVERADO/SIERRA CREW CAB—V8—Truck Equipment Schedule T1						
1500 HD Short Bed	C13U	28912	6675	7700	8875	11050
2500 HD Short Bed	C23U	27984	5950	6875	8525	11200
2500 HD Long Bed	C23U	28284	5850	6775	8425	11100
3500 Long Bed	C33U	30766	6000	6950	8600	11300
4WD	K		1100	1100	1465	1465
V8 8.1 Liter	G		275	275	365	365
V8 6.6L Turbo Diesel	1		4100	4100	5465	5465

2002 CHEVY/GMC—1,2or3(CorG)A,CorN—(J18C)—2

Body Type	VIN	List	Trade-In Fair	Trade-In Good	Pvt-Party Good	Retail Excellent
TRACKER 4WD—4-Cyl.—Truck Equipment Schedule T2						
Sport Util Conv 2D	J18C	17415	1050	1475	2950	5000
Sport Utility 4D	J18C	18105	1700	2200	3750	5900
ZR2 Spt Utl Conv 2D	J78C	19395	1425	1900	3425	5550
ZR2 Sport Utility 4D	J734	21845	2300	2875	4425	6700
LT Sport Utility 4D	J634	22270	2725	3325	4925	7250
2WD	E		(500)	(500)	(665)	(665)
V6 2.5 Liter	4		400	400	535	535
BLAZER 4WD—V6—Truck Equipment Schedule T1						
Sport Utility 2D	T18W	23895	1975	2525	4100	6350
Sport Utility 4D	T13W	26130	2675	3275	4900	7250
2WD	S		(500)	(500)	(665)	(665)
TRAILBLAZER 4WD—6-Cyl.—Truck Equipment Schedule T1						
Sport Utility 4D	T1S3	28130	3075	3750	5425	7850
Extended Spt Util 4D	T16S	33610	3850	4575	6250	8800
2WD	S		(500)	(500)	(665)	(665)
ENVOY 4WD—6-Cyl.—Truck Equipment Schedule T1						
Sport Utility 4D	T13S	31770	3875	4625	6300	8850
2WD	S		(500)	(500)	(665)	(665)
ENVOY XL 4WD—6-Cyl.—Truck Equipment Schedule T1						
Sport Utility 4D	T16S	33820	3850	4575	6250	8800

TRUCKS & VANS

TRUCKS & VANS

Body Type	VIN	List	Trade-In Fair	Trade-In Good	Pvt-Party Good	Retail Excellent
2WD	S		(500)	(500)	(665)	(665)
TAHOE 4WD—V8—Truck Equipment Schedule T1						
Sport Utility 4D	K13V	36345	5150	6000	7825	10650
w/o Third Seat			(400)	(400)	(535)	(535)
2WD	C		(500)	(500)	(665)	(665)
V8 5.3 Liter	T,Z		300	300	400	400
YUKON 4WD—V8—Truck Equipment Schedule T1						
Sport Utility 4D	K13V	37000	5250	6100	7925	10750
w/o Third Seat			(400)	(400)	(535)	(535)
2WD	C		(500)	(500)	(665)	(665)
V8 5.3 Liter	T,Z		300	300	400	400
YUKON DENALI 4WD—V8—Truck Equipment Schedule T3						
Sport Utility 4D	K13U	47355	6225	7200	9150	12200
SUBURBAN—V8—Truck Equipment Schedule T1						
C1500 Sport Utility	C16T	35988	4300	5100	6800	9450
C2500 Sport Utility	C26U	37601	4425	5225	7000	9700
4WD	K		1200	1200	1600	1600
V8 8.1 Liter	G		300	300	400	400
YUKON XL—V8—Truck Equipment Schedule T1						
1500 Sport Utility	C13T	37047	4375	5175	6950	9650
2500 Sport Utility	C23U	38419	4550	5375	7125	9850
4WD	K		1200	1200	1600	1600
V8 8.1 Liter	G		300	300	400	400
YUKON XL DENALI AWD—V8—Truck Equipment Schedule T3						
1500 Sport Utility 4D	K16U	48890	7725	8850	10900	14150
VENTURE—V6—Truck Equipment Schedule T2						
Cargo Minivan 4D	U05E	24697	1075	1525	3000	5025
VENTURE—V6—Truck Equipment Schedule T1						
Minivan 4D	U03E	22035	1450	1925	3425	5525
Extended Minivan 4D	X03E	26255	1575	2075	3575	5700
5 Passenger			(400)	(400)	(535)	(535)
AWD			550	550	735	735
ASTRO/SAFARI—V6—Truck Equipment Schedule T2						
Cargo/SL Cargo	M19W	21768	1375	1850	3350	5450
Dutch Doors			100	100	135	135
AWD	L		550	550	735	735
ASTRO/SAFARI—V6—Truck Equipment Schedule T1						
Minivan 3D	M19W	24416	1675	2175	3675	5800
Dutch Doors			100	100	135	135
AWD	L		550	550	735	735
EXPRESS/SAVANA VAN—V8—Truck Equipment Schedule T1						
1500 Passenger Van	G15M	25287	3000	3650	5275	7650
2500 Passenger Van	G25R	27292	3100	3775	5375	7775
3500 Passenger Van	G35R	27581	3300	3975	5600	8025
155" W.B.			100	100	135	135
V6 4.3 Liter	W		(400)	(400)	(535)	(535)
V8 8.1 Liter	G		200	200	265	265
V8 6.5L Turbo Diesel	F		250	250	335	335
EXPRESS/SAVANA VAN—V8—Truck Equipment Schedule T1						
1500 Cargo Van	G15W	22948	2175	2750	4300	6575
2500 Cargo Van	G25W	23078	2250	2825	4375	6650
3500 Cargo Van	G35R	25357	2325	2900	4450	6750
155" W.B.			100	100	135	135
V6 4.3 Liter	W		(200)	(200)	(265)	(265)
V8 8.1 Liter	G		400	400	535	535
V8 6.5L Turbo Diesel	F		400	400	535	535
S10/SONOMA PICKUP—4-Cyl. Flex Fuel—Truck Equipment Schedule T2						
Short Bed	S145	14327	1525	2025	3550	5700
Long Bed	S145	15772	1325	1800	3300	5425
Extended Cab	S195	16309	2175	2750	4300	6575
4WD	T		1150	1150	1535	1535
V6 4.3 Liter	W		400	400	535	535
S10/SONOMA CREW CAB PICKUP 4WD—V6—Truck Equipment Schedule T1						
LS/SLS Short Bed	T13W	24584	3925	4650	6300	8825
AVALANCHE 4WD—V8—Truck Equipment Schedule T1						
1500 Spt Util Pickup	C13T	33965	6225	7200	9200	12300
2500 Spt Util Pickup	C23G	35865	7350	8450	10500	13750
2WD			(500)	(500)	(665)	(665)
NorthFace Edition			600	600	800	800
SILVERADO/SIERRA REGULAR CAB—V8—Truck Equipment Schedule T1						
1500 Short Bed	C14V	20028	3550	4275	5950	8475
1500 Long Bed	C14V	20328	3275	3975	5650	8125
2500 Long Bed	C24U	24182	3775	4500	6200	8775

Body Type	VIN	List	Trade-In Fair	Good	Pvt-Party Good	Retail Excellent
2500 HD Long Bed	C24U	24672	4175	4925	6675	9275
3500 Long Bed	C34U	29017	4225	4975	6725	9325
4WD	K	—	1200	1200	1600	1600
V6 4.3 Liter	W,X	—	(450)	(450)	(600)	(600)
V8 5.3 Liter	T	—	300	300	400	400
V8 8.1 Liter	G	—	300	300	400	400
V8 6.6L Turbo Diesel	1	—	4250	4250	5665	5665
SILVERADO/SIERRA EXTENDED CAB—V8—Truck Equipment Schedule T1						
1500 Short Bed	C19V	23952	5075	5925	7750	10550
1500 Short Bed	C19V	25052	4750	5575	7375	10150
2500 Short Bed	K29U	29407	5575	6500	8325	11200
2500 HD Short Bed	K29U	27177	5875	6825	8675	11600
2500 HD Long Bed	C29U	27452	5750	6700	8550	11450
3500 Long Bed	C39U	28734	5925	6875	8725	11650
Quadrasteer		—	525	525	700	700
4WD	K	—	1200	1200	1600	1600
V6 4.3 Liter	W,X	—	(450)	(450)	(600)	(600)
V8 5.3 Liter	T	—	300	300	400	400
V8 8.1 Liter	G	—	300	300	400	400
V8 6.6L Turbo Diesel	1	—	4250	4250	5665	5665
SIERRA DENALI EXT CAB PICKUP AWD—V8—Truck Equipment Schedule T3						
1500 Short Bed	K69U	44105	9525	10825	13000	16550
SILVERADO/SIERRA CREW CAB PICKUP—V8—Truck Equipment Schedule T1						
1500 HD Short Bed	C13U	29425	7225	8300	9425	11650
2500 HD Short Bed	C23U	28577	6225	7200	9100	12100
2500 HD Long Bed	C23U	28877	6125	7100	8975	11950
3500 Long Bed	C33U	30159	6325	7300	9200	12200
4WD	K	—	1200	1200	1600	1600
V8 8.1 Liter	G	—	300	300	400	400
V8 6.6L Turbo Diesel	1	—	4250	4250	5665	5665

2003 CHEVY/GMC—1,2or3(CorG)A, CorN—(J18C)—3

Body Type	VIN	List	Trade-In Fair	Good	Pvt-Party Good	Retail Excellent
TRACKER 4WD—4-Cyl.—Truck Equipment Schedule T2						
Sport Util Conv 2D	J18C	17815	1400	1875	3425	5550
Sport Utility 4D	J13C	18505	2200	2775	4325	6600
ZR2 Spt Utl Conv 2D	J78C	19675	1900	2425	4000	6200
ZR2 Sport Utility 4D	J734	22125	2900	3525	5125	7500
LT Sport Utility 4D	J634	22550	3375	4075	5700	8125
2WD	E	—	(575)	(575)	(765)	(765)
V6 2.5 Liter	4	—	475	475	635	635
BLAZER 4WD—V6—Truck Equipment Schedule T1						
Sport Utility 2D	T18X	24705	2175	2750	4325	6625
Sport Utility 4D	T13X	26585	2975	3625	5250	7650
2WD	S	—	(575)	(575)	(765)	(765)
TRAILBLAZER 4WD—6-Cyl.—Truck Equipment Schedule T1						
Sport Utility 4D	T13S	28800	3725	4450	6125	8625
Extended Spt Util 4D	T16S	33510	4350	5175	6900	9550
2WD	S	—	(575)	(575)	(765)	(765)
V8 5.3 Liter	P	—	325	325	435	435
ENVOY 4WD—6-Cyl.—Truck Equipment Schedule T1						
Sport Utility 4D	T13S	30820	4550	5350	7100	9775
2WD	S	—	(575)	(575)	(765)	(765)
ENVOY XL 4WD—6-Cyl.—Truck Equipment Schedule T1						
Sport Utility 4D	T16S	33220	5225	6100	7875	10650
2WD	S	—	(575)	(575)	(765)	(765)
V8 5.3 Liter	P	—	325	325	435	435
TAHOE 4WD—V8—Truck Equipment Schedule T1						
Sport Utility 4D	K13V	37387	6550	7550	9400	12400
w/o Third Seat		—	(475)	(475)	(635)	(635)
2WD	C	—	(575)	(575)	(765)	(765)
V8 5.3 Liter	T,Z	—	325	325	435	435
YUKON 4WD—V8—Truck Equipment Schedule T1						
Sport Utility 4D	K13V	37920	6625	7650	9500	12550
w/o Third Seat		—	(475)	(475)	(635)	(635)
2WD	C	—	(575)	(575)	(765)	(765)
V8 5.3 Liter	T,Z	—	325	325	435	435
YUKON DENALI 4WD—V8—Truck Equipment Schedule T3						
Sport Utility 4D	K13U	49195	8500	9725	11800	15300
SUBURBAN—V8—Truck Equipment Schedule T1						
C1500 Sport Utility	C16T	37030	5725	6650	8475	11350
C2500 Sport Utility	C26U	38643	5950	6875	8725	11600
Quadrasteer		—	600	600	800	800
4WD	K	—	1375	1375	1835	1835

Body Type	VIN	List	Trade-In Fair	Good	Pvt-Party Good	Retail Excellent
V8 8.1 Liter	G		350	350	465	465
YUKON XL—V8—Truck Equipment Schedule T1						
1500 Sport Utility	C13T	37967	5825	6750	8600	11500
2500 Sport Utility	C23U	39435	6050	7000	8850	11750
Quadrasteer			600	600	800	800
4WD	K		1375	1375	1835	1835
V8 8.1 Liter	G		350	350	465	465
YUKON XL DENALI AWD—V8—Truck Equipment Schedule T3						
1500 Sport Utility 4D	K16U	50859	9425	10725	12900	16450
VENTURE—V6—Truck Equipment Schedule T2						
Cargo Minivan 4D	U03E	22925	1350	1850	3350	5475
VENTURE—V6—Truck Equipment Schedule T1						
Minivan 4D	U03E	23139	1850	2350	3900	6075
Extended Minivan 4D	X03E	24509	1925	2475	4025	6200
5 Passenger			(475)	(475)	(635)	(635)
AWD	V		650	650	865	865
ASTRO/SAFARI—V6—Truck Equipment Schedule T2						
Cargo/SL Cargo 3D	M19X	21952	1700	2200	3750	5900
Dutch Doors			150	150	200	200
AWD	L		650	650	865	865
ASTRO/SAFARI—V6—Truck Equipment Schedule T1						
Minivan 3D	M19X	23801	2025	2575	4125	6325
Dutch Doors			150	150	200	200
AWD	L		650	650	865	865
EXPRESS/SAVANA VAN—V8—Truck Equipment Schedule T1						
1500 Passenger Van	G15X	27005	3775	4500	6150	8625
2500 Passenger Van	G25U	28000	3950	4675	6325	8825
3500 Passenger Van	G35U	28504	4150	4925	6575	9100
155" W.B.			150	150	200	200
AWD	H		650	650	865	865
V6 4.3 Liter	X		(475)	(475)	(635)	(635)
EXPRESS/SAVANA VAN—V8—Truck Equipment Schedule T1						
1500 Cargo Van	G15X	23265	2925	3575	5175	7550
2500 Cargo Van	G25X	23415	3025	3650	5275	7650
3500 Cargo Van	G35U	25969	3100	3775	5400	7800
155" W.B.			150	150	200	200
V6 4.3 Liter	X		(250)	(250)	(335)	(335)
V8 6.0 Liter	U		450	450	600	600
S10/SONOMA PICKUP—4-Cyl.—Truck Equipment Schedule T2						
Short Bed	S14H	14771	1950	2500	4075	6300
Long Bed	S14H	16216	1725	2225	3775	5975
Extended Cab	S19H	16593	2700	3300	4925	7250
4WD	T		1325	1325	1765	1765
V6 4.3 Liter	X		475	475	635	635
S10/SONOMA CREW CAB PICKUP 4WD—V6—Truck Equipment Schedule T1						
LS/SLS Short Bed	T13X	24404	5000	5825	7575	10300
SSR REGULAR CAB PICKUP—V8—Truck Equipment Schedule T3						
LS Convertible 2D	S14P	41995	13575	15300	17500	21600
AVALANCHE 4WD—V8—Truck Equipment Schedule T1						
1500 Spt Util Pickup	K13T	35139	7200	8200	10350	13600
2500 Spt Util Pickup	K23G	37039	8475	9675	11800	15350
2WD	C		(575)	(575)	(765)	(765)
North Face Edition			675	675	900	900
SILVERADO/SIERRA REGULAR CAB PICKUP—V8—Truck Equipment Sched T1						
1500 Short Bed	C14V	20726	4000	4725	6450	9050
1500 Long Bed	C14V	21026	3700	4400	6125	8675
2500 Long Bed	C24U	23627	4250	5025	6750	9375
2500 HD Long Bed	C24U	23877	4650	5500	7275	10050
3500 Long Bed	K34U	29317	4725	5550	7350	10100
Work Truck			(650)	(650)	(865)	(865)
4WD	K		1375	1375	1835	1835
V6 4.3 Liter	X		(525)	(525)	(700)	(700)
V8 5.3 Liter	T		325	325	435	435
V8 8.1 Liter	G		350	350	465	465
V8 6.6L Turbo Diesel	1		4475	4475	5965	5965
SILVERADO/SIERRA EXT CAB PICKUP—V8—Truck Equipment Schedule T1						
1500 Short Bed	C19V	24485	5725	6675	8475	11350
1500 Long Bed	C19V	25565	5375	6250	8075	10950
2500 Short Bed	K29U	29822	6275	7250	9125	12100
2500 HD Short Bed	K29U	26257	6800	7850	9725	12800
2500 HD Long Bed	C29U	26532	6700	7725	9600	12650
3500 Long Bed	C39U	28909	6850	7925	9775	12850
Quadrasteer			600	600	800	800

Body	Type	VIN	List	Trade-In Fair	Good	Pvt-Party Good	Retail Excellent
Work Truck				(650)	(650)	(865)	(865)
4WD	K			1375	1375	1835	1835
V6 4.3 Liter	X			(525)	(525)	(700)	(700)
V8 5.3 Liter	T			325	325	435	435
V8 6.6L Turbo Diesel	G			350	350	465	465
	1			4475	4475	5965	5965
SILVERADO SS EXT CAB PICKUP AWD—V8—Truck Equipment Schedule T3							
1500 Short Bed	K19U	39995		11075	12550	14600	18350
SIERRA DENALI EXT CAB PICKUP AWD—V8—Truck Equipment Schedule T3							
1500 Short Bed	K19U	44995		10975	12450	14550	18250
SILVERADO/SIERRA CREW CAB PICKUP—V8—Truck Equipment Schedule T1							
1500 HD Short Bed	C13U	30442		8100	9250	10400	12700
2500 HD Short Bed	C23U	29277		7450	8550	10500	13600
2500 HD Long Bed	C23U	29577		7375	8450	10400	13500
3500 Long Bed	C33U	30714		7550	8650	10600	13700
Quadrasteer				600	600	800	800
4WD	K			1375	1375	1835	1835
V8 8.1 Liter	G			350	350	465	465
V8 6.6L Turbo Diesel	1			4475	4475	5965	5965

2004 CHEVY/GMC—(1,2or3)(CorG)(A,CorN)–J134–4

Body	Type	VIN	List	Trade-In Fair	Good	Pvt-Party Good	Retail Excellent
TRACKER 4WD—V6—Truck Equipment Schedule T2							
Sport Utility 4D	J134	21355		2875	3475	5100	7450
ZR2 Sport Utility 4D	J734	22705		3650	4350	5975	8425
LT Sport Utility 4D	J634	23105		4225	4975	6625	9150
2WD	E			(650)	(650)	(865)	(865)
BLAZER 4WD—V6—Truck Equipment Schedule T1							
Sport Utility 2D	T18X	25395		2550	3150	4800	7150
Sport Utility 4D	T13X	27345		3475	4175	5825	8300
2WD	S			(650)	(650)	(865)	(865)
TRAILBLAZER 4WD—6-Cyl.—Truck Equipment Schedule T1							
Sport Utility 4D	T13S	30045		4525	5350	7075	9750
Extended Spt Util 4D	T16S	32595		5125	5975	7750	10500
2WD	S			(650)	(650)	(865)	(865)
V8 5.3 Liter	P			350	350	465	465
ENVOY 4WD—6-Cyl.—Truck Equipment Schedule T1							
Sport Utility 4D	T13S	31745		5425	6300	8050	10850
2WD	S			(650)	(650)	(865)	(865)
ENVOY XL 4WD—6-Cyl.—Truck Equipment Schedule T1							
Sport Utility 4D	T16S	33845		6050	7000	8800	11650
2WD	S			(650)	(650)	(865)	(865)
V8 5.3 Liter	P			350	350	465	465
ENVOY XUV 4WD—6-Cyl.—Truck Equipment Schedule T1							
Sport Utility 4D	T12S	34115		6350	7325	9125	12000
2WD	S			(650)	(650)	(865)	(865)
V8 5.3 Liter	P			350	350	465	465
TAHOE 4WD—V8—Truck Equipment Schedule T1							
Sport Utility 4D	K13V	38425		8075	9225	11150	14450
w/o Third Seat				(550)	(550)	(735)	(735)
2WD	C			(650)	(650)	(865)	(865)
V8 5.3 Liter	T,Z			350	350	465	465
YUKON 4WD—V8—Truck Equipment Schedule T1							
Sport Utility 4D	K13V	38785		8150	9325	11250	14550
w/o Third Seat				(550)	(550)	(735)	(735)
2WD	C			(650)	(650)	(865)	(865)
V8 5.3 Liter	T			350	350	465	465
YUKON DENALI AWD—V8—Truck Equipment Schedule T3							
Sport Utility 4D	K13U	50125		10925	12400	14550	18350
SUBURBAN—V8—Truck Equipment Schedule T1							
C1500 Sport Utility	C16T	37865		7275	8350	10200	13300
C2500 Sport Utility	C26U	39465		7550	8675	10550	13650
Quadrasteer				675	675	900	900
4WD	K			1550	1550	2065	2065
V8 8.1 Liter	G			400	400	535	535
YUKON XL—V8—Truck Equipment Schedule T1							
1500 Sport Utility	C13T	38775		7400	8500	10350	13450
2500 Sport Utility	C23U	40275		7675	8775	10650	13750
Quadrasteer				675	675	900	900
4WD	K			1550	1550	2065	2065
V8 8.1 Liter	G			400	400	535	535
YUKON XL DENALI AWD—V8—Truck Equipment Schedule T3							
1500 Sport Utility 4D	K16U	51775		11275	12750	14950	18750

Body	Type	VIN	List	Trade-In Fair	Trade-In Good	Pvt-Party Good	Retail Excellent

VENTURE—V6—Truck Equipment Schedule T2

Cargo Minivan 4D	U03E	23120	1800	2325	3850	6025

VENTURE—V6—Truck Equipment Schedule T1

Minivan 4D	U03E	21995	2350	2950	4475	6750
Extended Minivan 4D	X09E	23570	2475	3075	4625	6875
5 Passenger			(550)	(550)	(735)	(735)
AWD	V		725	725	965	965

ASTRO/SAFARI—V6—Truck Equipment Schedule T2

Cargo 3D	M19X	22965	2150	2725	4275	6500
Dutch Doors			200	200	265	265
AWD	L		725	725	965	965

ASTRO/SAFARI—V6—Truck Equipment Schedule T1

Minivan 3D	M19X	24395	2525	3100	4675	6925
Dutch Doors			200	200	265	265
AWD	L		725	725	965	965

EXPRESS/SAVANA VAN—V8—Truck Equipment Schedule T1

1500 Passenger Van	G15T	27280	4700	5525	7250	9900
2500 Passenger Van	G25U	28685	4925	5750	7475	10150
3500 Passenger Van	G35U	29089	5125	6000	7700	10400
155" W.B.			175	175	235	235
AWD	H		650	650	865	865
V6 4.3 Liter	X		(550)	(550)	(735)	(735)

EXPRESS/SAVANA VAN—V8—Truck Equipment Schedule T1

1500 Cargo Van	G15X	23185	3800	4525	6150	8625
2500 Cargo Van	G25X	23965	3900	4625	6275	8775
3500 Cargo Van	G35U	27194	4075	4800	6450	8975
3500 Van Cab-Ch	G35U		3875	4575	6225	8725
155" W.B.			175	175	235	235
AWD			650	650	865	865
V6 4.3 Liter	X		(275)	(275)	(365)	(365)
V8 6.0 Liter			475	475	635	635

S10/SONOMA CREW CAB PICKUP 4WD—V6—Truck Equipment Schedule T1

LS/SLS Short Bed	T13X	25095	6225	7175	8950	11800

COLORADO/CANYON PICKUP—4-Cyl.—Truck Equipment Schedule T2

Regular Cab	S148	16200	2500	3075	4675	6975
Extended Cab	S198	18545	3425	4150	5750	8175
Crew Cab	S138	20670	4375	5175	6850	9475
4WD	T		1500	1500	2000	2000
5-Cyl. 3.5 Liter	6		200	200	265	265

SSR REGULAR CAB PICKUP—V8—Truck Equipment Schedule T3

Convertible 2D	S14P	41995	15825	17750	20000	24200

AVALANCHE 4WD—V8—Truck Equipment Schedule T1

1500 Spt Util Pickup	K12T	36100	8250	9425	11550	15050
2500 Spt Util Pickup	K22G	37935	9575	10875	13100	16700
2WD	C		(650)	(650)	(865)	(865)

SILVERADO/SIERRA REGULAR CAB PICKUP—V8—Truck Equipment Sched T1

1500 Short Bed	C14V	23400	4375	5175	6950	9675
1500 Long Bed	C14V	23700	4100	4850	6600	9200
2500 Long Bed	C24U	26660	4700	5525	7300	10050
2500 HD Long Bed	C24U	26910	5175	6050	7850	10650
3500 Long Bed	K34U	30940	5275	6150	7975	10800
Work Truck			(800)	(800)	(1065)	(1065)
4WD	K		1550	1550	2065	2065
V6 4.3 Liter	X		(600)	(600)	(800)	(800)
V8 5.3 Liter	T		350	350	465	465
V8 8.1 Liter	G		400	400	535	535
V8 6.6L Turbo Diesel	1,2		4700	4700	6265	6265

SILVERADO/SIERRA EXT CAB PICKUP—V8—Truck Equipment Schedule T1

1500 Short Bed	C19V	26260	6375	7375	9200	12200
1500 Long Bed	C19V	26815	5950	6900	8750	11650
2500 Short Bed	K29U	31615	6975	8025	9900	12950
2500 HD Short Bed	C29U	29160	7750	8850	10750	13850
2500 HD Long Bed	C29U	29460	7650	8775	10650	13750
3500 Long Bed	C39U	30400	7825	8950	10900	14100
Work Truck			(800)	(800)	(1065)	(1065)
Quadrasteer			675	675	900	900
4WD	K		1550	1550	2065	2065
V6 4.3 Liter	X		(600)	(600)	(800)	(800)
V8 5.3 Liter	T		350	350	465	465
V8 6.0 Liter (1500)	U		550	550	735	735
V8 8.1 Liter	G		400	400	535	535
V8 6.6L Turbo Diesel	1,2		4700	4700	6265	6265

TRUCKS & VANS

Body	Type	VIN	List	Trade-In Fair	Trade-In Good	Pvt-Party Good	Retail Excellent
SILVERADO SS EXT CAB PICKUP AWD—V8—Truck Equipment Schedule T3							
1500 Short Bed		K19N	40195	12350	13975	16050	19900
SIERRA DENALI EXT CAB PICKUP AWD—V8—Truck Equipment Schedule T3							
1500 Short Bed		K19U	41995	12400	14025	16050	19900
SILVERADO/SIERRA CREW CAB PICKUP—V8—Truck Equipment Schedule T1							
1500 Short Bed		C13T	31020	8975	10250	11300	13600
2500 Short Bed		C23U	31540	8200	9375	11300	14600
2500 HD Short Bed		C23U	31460	8650	9850	11800	15150
2500 HD Long Bed		C23U	31160	8550	9775	11700	15050
3500 Long Bed		C33U	32400	8775	10000	11950	15300
Work Truck				(800)	(800)	(1065)	(1065)
Quadrasteer				675	675	900	900
4WD		K		1550	1550	2065	2065
V8 8.1 Liter		G		400	400	535	535
V8 6.6L Turbo Diesel		1,2		4700	4700	6265	6265

2005 CHEVY/GMC—(1,2or3)(CorG)(A,CorN)—T18X—5

Body	Type	VIN	List	Trade-In Fair	Trade-In Good	Pvt-Party Good	Retail Excellent
BLAZER 4WD—V6—Truck Equipment Schedule T1							
Sport Utility 2D		T18X	25850	3125	3775	5475	7925
Sport Utility 2D		T13X	28025	4150	4925	6600	9175
2WD		S		(725)	(725)	(965)	(965)
EQUINOX—V6—Truck Equipment Schedule T1							
LS Sport Utility 4D		L13F	21660	4700	5525	7225	9900
LT Sport Utility 4D		L63F	23600	5325	6200	7950	10700
AWD		2,7		800	800	1065	1065
TRAILBLAZER 4WD—6-Cyl.—Truck Equipment Schedule T1							
Sport Utility 4D		T13S	30655	5525	6450	8200	11000
Extended Spt Util 4D		T16S	32775	6000	6950	8725	11550
2WD		S		(725)	(725)	(965)	(965)
V8 5.3 Liter		K		375	375	500	500
ENVOY 4WD—6-Cyl.—Truck Equipment Schedule T1							
Sport Utility 4D		T13S	32685	6450	7450	9200	12100
2WD		S		(725)	(725)	(965)	(965)
ENVOY DENALI 4WD—V8—Truck Equipment Schedule T3							
Sport Utility 4D		T63M	39640	11025	12500	14450	18000
2WD		S		(725)	(725)	(965)	(965)
ENVOY XL 4WD—6-Cyl.—Truck Equipment Schedule T1							
Sport Utility 4D		T16S	34355	7075	8125	9950	12900
2WD		S		(725)	(725)	(965)	(965)
V8 5.3 Liter		M		375	375	500	500
ENVOY XL DENALI 4WD—V8—Truck Equipment Schedule T3							
Sport Utility 4D		T16M	40920	11025	12500	14400	17900
2WD		S		(725)	(725)	(965)	(965)
ENVOY XUV 4WD—6-Cyl.—Truck Equipment Schedule T1							
Sport Utility 4D		T12S	34440	7550	8650	10450	13450
2WD		S		(725)	(725)	(965)	(965)
V8 5.3 Liter		M		375	375	500	500
TAHOE 4WD—V8—Truck Equipment Schedule T1							
Sport Utility 4D		K13V	39185	9900	11225	13200	16600
w/o Third Seat		C		(600)	(600)	(800)	(800)
2WD		C		(725)	(725)	(965)	(965)
V8 5.3 Liter		T		375	375	500	500
YUKON 4WD—V8—Truck Equipment Schedule T1							
Sport Utility 4D		K13V	39545	10000	11325	13300	16700
w/o Third Seat		C		(600)	(600)	(800)	(800)
2WD		C		(725)	(725)	(965)	(965)
V8 5.3 Liter		T		375	375	500	500
YUKON DENALI AWD—V8—Truck Equipment Schedule T3							
Sport Utility 4D		K63U	50885	13625	15325	17500	21600
SUBURBAN—V8—Truck Equipment Schedule T1							
C1500 Sport Utility		C16Z	38875	9125	10400	12300	15650
C2500 Sport Utility		C26U	40475	9475	10775	12700	16050
Quadrasteer				750	750	1000	1000
4WD		K		1725	1725	2300	2300
V8 8.1 Liter		G		450	450	600	600
YUKON XL—V8—Truck Equipment Schedule T1							
1500 Sport Utility		C16Z	39535	9275	10575	12550	15900
2500 Sport Utility		C26U	41035	9575	10875	12850	16200
Quadrasteer				750	750	1000	1000
4WD		K		1725	1725	2300	2300
V8 8.1 Liter		G		450	450	600	600
YUKON XL DENALI AWD—V8—Truck Equipment Schedule T3							
1500 Sport Utility 4D		K66U	52535	13425	15150	17350	21400

Body Type	VIN	List	Trade-In Fair	Good	Pvt-Party Good	Retail Excellent
VENTURE—V6—Truck Equipment Schedule T2						
Cargo Minivan 4D	V03E	23880	2500	3075	4650	6925
VENTURE—V6—Truck Equipment Schedule T1						
Extended Minivan 4D	V09E	24080	3250	3925	5500	7875
5 Passenger			(600)	(600)	(800)	(800)
ASTRO/SAFARI—V6—Truck Equipment Schedule T2						
Cargo 3D	M19X	23540	2875	3500	5100	7425
Dutch Doors			250	250	335	335
AWD	L		800	800	1065	1065
ASTRO/SAFARI—V6—Truck Equipment Schedule T1						
Minivan 3D	M19X	25040	3225	3900	5500	7850
Dutch Doors			250	250	335	335
AWD	L		800	800	1065	1065
UPLANDER—V6—Truck Equipment Schedule T2						
Cargo Minivan 4D	V13L	21415	2025	2575	4175	6425
UPLANDER—V6—Truck Equipment Schedule T1						
Extended Minivan 4D	V03L	24350	2450	3050	4650	6950
LS Extended Minivan	V23L	26955	2800	3400	5025	7400
LT Extended Minivan	V33L	29385	3400	4100	5700	8125
LT AWD Ext Minivan	X33L	32100	3700	4425	6050	8525
EXPRESS/SAVANA VAN—V8—Truck Equipment Schedule T1						
1500 Passenger Van	G15T	26305	5875	6800	8550	11300
2500 Passenger Van	G25V	29405	6075	7025	8775	11550
3500 Passenger Van	G35U	30009	6325	7300	9075	11900
155" W.B.			200	200	265	265
AWD	H		725	725	965	965
V6 4.3 Liter	X		(600)	(600)	(800)	(800)
EXPRESS/SAVANA VAN—V8—Truck Equipment Schedule T1						
1500 Cargo Van	G15T	23575	4825	5650	7375	10050
2500 Cargo Van	G25V	24275	4975	5800	7525	10200
3500 Cargo Van	G35U	26809	5175	6025	7750	10450
155" W.B.			200	200	265	265
AWD	H		725	725	965	965
V6 4.3 Liter	X		(300)	(300)	(400)	(400)
V8 6.0 Liter			500	500	665	665
COLORADO/CANYON PICKUP—4-Cyl.—Truck Equipment Schedule T2						
Regular Cab	S148	16430	3000	3625	5250	7650
Extended Cab	S198	18775	4050	4800	6450	8950
Crew Cab	X33L	21920	5100	5950	7675	10350
4WD	T		1675	1675	2235	2235
5-Cyl. 3.5 Liter	6		200	200	265	265
SSR REGULAR CAB PICKUP—V8—Truck Equipment Schedule T3						
Convertible 2D	S14H	43055	18125	20275	22500	27000
AVALANCHE 4WD—V8—Truck Equipment Schedule T1						
1500 Spt Util Pickup	K12T	37170	9275	10575	12750	16350
2500 Spt Util Pickup	K22G	39005	10775	12200	14400	18200
2WD	C		(725)	(725)	(965)	(965)
SILVERADO/SIERRA REGULAR CAB PICKUP—V8—Truck Equipment Sched T1						
1500 Short Bed	C14V	23635	4900	5725	7550	10350
1500 Long Bed	C14V	23935	4550	5375	7150	9900
2500 HD Long Bed	C24U	27700	5775	6725	8525	11400
3500 Long Bed	K34U	31730	5850	6800	8625	11500
Work Truck			(950)	(950)	(1265)	(1265)
4WD	K		1725	1725	2300	2300
V6 4.3 Liter	X		(675)	(675)	(900)	(900)
V8 5.3 Liter	T,Z		375	375	500	500
V8 8.1 Liter	G		450	450	600	600
V8 6.6L Turbo Diesel	2		4900	4900	6530	6530
SILVERADO/SIERRA EXT CAB—V8 Hybrid—Truck Equipment Schedule T1						
1500 LS/SLE Short	C19T	28845	10975	12450	14400	18000
4WD	K		1725	1725	2300	2300
SILVERADO/SIERRA EXT CAB PICKUP—V8—Truck Equipment Schedule T1						
1500 Short Bed	C19V	27295	7100	8175	10050	13100
1500 Long Bed	C19V	28295	6625	7625	9450	12450
2500 HD Short Bed	C29U	30000	8700	9900	11800	15100
2500 HD Long Bed	C29U	30300	8600	9800	11700	15000
3500 Long Bed	C39U	31240	8825	10050	12000	15300
Work Truck			(950)	(950)	(1265)	(1265)
Quadrasteer			750	750	1000	1000
4WD	K		1725	1725	2300	2300
V6 4.3 Liter	X		(675)	(675)	(900)	(900)
V8 5.3 Liter	B,T,Z		375	375	500	500
V8 6.0 Liter (1500)	U		550	550	735	735

Body Type	VIN	List	Trade-In Fair	Trade-In Good	Pvt-Party Good	Retail Excellent
V8 8.1 Liter	G	....	450	450	600	600
V8 6.6L Turbo Diesel	2	....	4900	4900	6530	6530
SILVERADO SS EXT CAB PICKUP—V8—Truck Equipment Schedule T3						
1500 Short Bed	K19N	36440	12975	14650	16650	20500
AWD			1725	1725	2300	2300
SILVERADO/SIERRA CREW CAB PICKUP—V8—Truck Equipment Schedule T1						
1500 Short Bed	C13TU	30875	9900	11225	12250	14550
1500 HD Short Bed	C13U	32480	9125	10400	12300	15650
2500 HD Short Bed	C23U	32100	9900	11225	13200	16600
2500 HD Long Bed	C23U	32400	9800	11125	13100	16500
3500 Long Bed	C33U	33340	10000	11375	13350	16750
Work Truck			(950)	(950)	(1265)	(1265)
Quadrasteer			750	750	1000	1000
4WD	K		1725	1725	2300	2300
V8 8.1 Liter	G		450	450	600	600
V8 6.6L Turbo Diesel	2		4900	4900	6530	6530
SIERRA DENALI CREW CAB PICKUP AWD—V8—Truck Equipment Schedule T3						
1500 Short Bed	K63N	42585	15325	17250	19300	23400

2006 CHEVY—(1,2or3)(CorG)(A,CorN)—(L13F)—6—#

Body Type	VIN	List	Trade-In Fair	Trade-In Good	Pvt-Party Good	Retail Excellent
EQUINOX—V6—Truck Equipment Schedule T1						
LS Sport Utility 4D	L13F	22345	5800	6725	8475	11250
LT Sport Utility 4D	L63F	22990	6450	7450	9200	12100
AWD	2,7		875	875	1165	1165
TRAILBLAZER 4WD—6-Cyl.—Truck Equipment Schedule T1						
Sport Utility 4D	T13S	27240	6750	7775	9525	12450
Ext Spt Util 4D	T16S	28840	7150	8225	10000	12950
2WD	S		(800)	(800)	(1065)	(1065)
V8 5.3 Liter	M		400	400	535	535
TRAILBLAZER 4WD—V8—Truck Equipment Schedule T1						
SS Sport Utility 4D	T13H	33505	12000	13575	15450	18950
2WD	S		(800)	(800)	(1065)	(1065)
ENVOY 4WD—6-Cyl.—Truck Equipment Schedule T1						
Sport Utility 4D	T13S	31550	7700	8800	10650	13700
2WD	S		(800)	(800)	(1065)	(1065)
ENVOY DENALI 4WD—V8—Truck Equipment Schedule T3						
Sport Utility 4D	T63M	39395	13275	14950	16800	20500
2WD	S		(800)	(800)	(1065)	(1065)
ENVOY XL 4WD—6-Cyl.—Truck Equipment Schedule T1						
Sport Utility 4D	T16S	32880	8325	9525	11350	14500
2WD	S		(800)	(800)	(1065)	(1065)
V8 5.3 Liter	M		400	400	535	535
ENVOY XL DENALI 4WD—V8—Truck Equipment Schedule T3						
Sport Utility 4D	T66M	40825	12925	14600	16500	20200
2WD	S		(800)	(800)	(1065)	(1065)
TAHOE 4WD—V8—Truck Equipment Schedule T1						
Sport Utility 4D	K13T	40750	12200	13775	15700	19300
w/o Third Seat			(650)	(650)	(865)	(865)
2WD	C		(800)	(800)	(1065)	(1065)
V8 5.3 Liter	T		400	400	535	535
YUKON 4WD—V8—Truck Equipment Schedule T1						
Sport Utility 4D	K13V	37640	12250	13875	15800	19400
w/o Third Seat			(650)	(650)	(865)	(865)
2WD	C		(800)	(800)	(1065)	(1065)
V8 5.3 Liter	T		400	400	535	535
YUKON DENALI AWD—V8—Truck Equipment Schedule T3						
Sport Utility 4D	K63N	51160	16750	18775	21000	25400
SUBURBAN—V8—Truck Equipment Schedule T1						
C1500 Sport Utility	C16Z	39640	11475	12925	14900	18400
C2500 Sport Utility	C26U	40815	11850	13375	15300	18850
4WD	K		1900	1900	2535	2535
V8 8.1 Liter	G		500	500	665	665
YUKON XL—V8—Truck Equipment Schedule T1						
1500 Sport Utility	C16Z	38730	11625	13125	15050	18600
2500 Sport Utility	C26U	41405	11900	13475	15400	18950
4WD	K		1900	1900	2535	2535
V8 8.1 Liter	G		500	500	665	665
YUKON XL DENALI—V8—Truck Equipment Schedule T3						
1500 Sport Utility 4D	K66U	52810	16025	17975	20200	24400
UPLANDER—V6—Truck Equipment Schedule T2						
Cargo Minivan 4D	V13L	21640	3075	3700	5325	7725
UPLANDER—V6—Truck Equipment Schedule T1						
LS Minivan 4D	U23L	21990	3075	3725	5350	7750

TRUCKS & VANS

TRUCKS & VANS

Body Type	VIN	List	Trade-In Fair	Trade-In Good	Pvt-Party Good	Retail Excellent
LS Extended Minivan	V23L	24575	3875	4600	6250	8725
LT Extended Minivan	V33L	28385	4525	5350	7025	9625
LT AWD Ext Minivan	X33L	34535	4900	5725	7400	10050
EXPRESS/SAVANA VAN—V8—Truck Equipment Schedule T1						
1500 Passenger Van	G15T	26770	7300	8375	10100	13050
2500 Passenger Van	G25V	28625	7550	8650	10350	13300
3500 Passenger Van	G35U	30704	7775	8900	10700	13700
155" W.B.			225	225	300	300
AWD	H		800	800	1065	1065
V6 4.3 Liter	X		(650)	(650)	(865)	(865)
EXPRESS/SAVANA VAN—V8—Truck Equipment Schedule T1						
1500 Cargo Van	G15X	23980	6125	7075	8775	11550
2500 Cargo Van	G25V	25750	6275	7250	8975	11750
3500 Cargo Van	G35U	27434	6525	7500	9200	12050
155" W.B.			225	225	300	300
AWD	H		800	800	1065	1065
V6 4.3 Liter	X		(325)	(325)	(435)	(435)
V8 6.0 Liter	U		525	525	700	700
V8 6.6L Turbo Diesel	2		5100	5100	6800	6800
COLORADO/CANYON PICKUP—4-Cyl.—Truck Equipment Schedule T2						
Regular Cab	S148	15990	3625	4325	5975	8425
Extended Cab	S198	18365	4775	5600	7300	9950
Crew Cab	S138	22995	5950	6900	8600	11350
4WD	T		1850	1850	2465	2465
5-Cyl. 3.5 Liter	6		200	200	265	265
SSR REGULAR CAB PICKUP—V8—Truck Equipment Schedule T3						
Convertible 2D	S14H	39990	20775	23225	25200	29800
AVALANCHE 4WD—V8—Truck Equipment Schedule T1						
1500 Spt Util Pickup	K12Z	37885	10425	11850	14050	17850
2500 Spt Util Pickup	K22G	39295	12000	13575	15800	19700
2WD	C		(800)	(800)	(1065)	(1065)
SILVERADO/SIERRA REGULAR CAB PICKUP—V8—Truck Equipment Sched T1						
1500 Short Bed	C14V	24390	5500	6400	8200	11050
1500 Long Bed	C14V	24690	5100	5950	7775	10600
2500 HD Long Bed	C24U	27295	6450	7425	9250	12200
3500 Long Bed	C34U	30275	6525	7525	9350	12300
Work Truck			(1100)	(1100)	(1465)	(1465)
4WD	K		1900	1900	2535	2535
V6 4.3 Liter	X		(750)	(750)	(1000)	(1000)
V8 5.3 Liter	T		400	400	535	535
V8 8.1 Liter	G		500	500	665	665
V8 6.6L Turbo Diesel	2		5100	5100	6800	6800
SILVERADO/SIERRA EXT CAB—V8 Hybrid—Truck Equipment Schedule T1						
1500 LT/SLE Short	C19T	26485	12200	13775	15750	19350
4WD	K		1900	1900	2535	2535
SILVERADO/SIERRA EXT CAB PICKUP—V8—Truck Equipment Schedule T1						
1500 LT 5 3/4'	C19T	30130	8375	9575	11450	14700
1500 6 1/2'	C19V	27195	7900	9050	10950	14100
1500 8'	C19T	28125	7375	8450	10300	13350
2500 HD Short Bed	C29U	29570	9750	11075	13050	16400
2500 HD Long Bed	C29U	29860	9675	10975	12900	16250
3500 Long Bed	C39U	32790	9900	11225	13200	16550
Work Truck			(1100)	(1100)	(1465)	(1465)
4WD	K		1900	1900	2535	2535
V6 4.3 Liter	X		(750)	(750)	(1000)	(1000)
V8 5.3 Liter	T		400	400	535	535
V8 6.0 Liter (1500)	U		550	550	735	735
V8 8.1 Liter	G		500	500	665	665
V8 6.6L Turbo Diesel	2,D		5100	5100	6800	6800
SILVERADO SS EXTENDED CAB PICKUP—V8—Truck Equipment Schedule T3						
1500 Short Bed	C19N	36625	14450	16225	18250	22100
SILVERADO/SIERRA CREW CAB PICKUP—V8—Truck Equipment Schedule T1						
1500 Short Bed	C13V	27990	10875	12350	13250	15600
1500 HD Short Bed	C13U	32855	10150	11525	13450	16850
2500 HD Short Bed	C23U	31540	11275	12750	14700	18250
2500 HD Long Bed	C23U	31830	11225	12700	14600	18150
3500 Long Bed	C33U	35005	11425	12875	14850	18400
Work Truck			(1100)	(1100)	(1465)	(1465)
4WD	K		1900	1900	2535	2535
V8 6.0 Liter (1500 ex HD)	U		550	550	735	735
V8 8.1 Liter	G		500	500	665	665
V8 6.6L Turbo Diesel	2,D		5100	5100	6800	6800

Body	Type	VIN	List	Trade-In Fair	Trade-In Good	Pvt-Party Good	Retail Excellent
SIERRA DENALI CREW CAB PICKUP AWD—V8—Truck Equipment Schedule T3							
1500 Short Bed		K63N	42610	17100	19150	21300	25500

2007 CHEVY—(1,2or3)(CorG)(A,CorN)—(L13F)—7—#

Body	Type	VIN	List	Trade-In Fair	Trade-In Good	Pvt-Party Good	Retail Excellent
EQUINOX—V6—Truck Equipment Schedule T1							
LS Sport Utility 4D		L13F	22680	7075	8125	9800	12650
LT Sport Utility 4D		L63F	23655	7825	8950	10700	13600
AWD		2,7		950	950	1265	1265
TRAILBLAZER 4WD—6-Cyl.—Truck Equipment Schedule T1							
Sport Utility 4D		T13S	27735	8200	9375	11100	14100
2WD		S		(875)	(875)	(1165)	(1165)
V8 5.3 Liter		M		400	400	535	535
TRAILBLAZER AWD—V8—Truck Equipment Schedule T1							
SS Sport Utility 4D		T13H	34015	14025	15775	17550	21200
2WD		S		(875)	(875)	(1165)	(1165)
ENVOY 4WD—6-Cyl.—Truck Equipment Schedule T1							
Sport Utility 4D		T13S	29330	9200	10475	12200	15350
2WD		S		(875)	(875)	(1165)	(1165)
ENVOY DENALI 4WD—V8—Truck Equipment Schedule T3							
Sport Utility 4D		T63M	37570	15725	17650	19500	23300
2WD		S		(875)	(875)	(1165)	(1165)
ACADIA—V6—Truck Equipment Schedule T1							
Sport Utility 4D		R13T	29990	15100	17000	18800	22600
AWD		V		950	950	1265	1265
TAHOE—V8—Truck Equipment Schedule T1							
LS Sport Utility 4D		K130	38170	18575	20775	22700	27000
w/o Third Seat				(700)	(700)	(935)	(935)
2WD		C		(875)	(875)	(1165)	(1165)
V8 5.3 Liter		J		400	400	535	535
YUKON 4WD—V8—Truck Equipment Schedule T1							
Sport Utility 4D		K130	38865	18675	20875	22800	27000
w/o Third Seat				(700)	(700)	(935)	(935)
2WD		C		(875)	(875)	(1165)	(1165)
V8 5.3 Liter		J		400	400	535	535
YUKON DENALI AWD—V8—Truck Equipment Schedule T3							
Sport Utility 4D		K638	48370	25275	28125	30400	35600
SUBURBAN—V8—Truck Equipment Schedule T1							
C1500 Sport Utility		C16J	37365	17975	20100	22100	26300
C2500 Sport Utility		C26K	38550	18425	20575	22500	26800
4WD		K		2075	2075	2765	2765
V8 6.0 Liter (1500)		Y		550	550	735	735
YUKON XL—V8—Truck Equipment Schedule T1							
1500 Sport Utility		C16J	40970	17975	20100	22100	26300
2500 Sport Utility		C26K	42170	18425	20575	22500	26800
4WD		K		2075	2075	2765	2765
V8 6.0 Liter (1500)		Y		550	550	735	735
YUKON XL DENALI AWD—V8—Truck Equipment Schedule T3							
1500 Sport Utility 4D		K168	50870	28225	31450	33600	39100
UPLANDER—V6—Truck Equipment Schedule T2							
Cargo Minivan 4D		V131	22670	4575	5400	6950	9450
UPLANDER—V6—Truck Equipment Schedule T1							
LS Minivan 4D		U231	20770	4575	5400	6950	9450
LS Extended Minivan		V231	23845	5475	6350	7950	10550
LT Extended Minivan		V331	27970	6175	7150	8750	11400
EXPRESS/SAVANA VAN—V8—Truck Equipment Schedule T1							
1500 Passenger Van		G15T	26460	9100	10350	12000	15050
2500 Passenger Van		G25V	27265	9325	10625	12300	15400
3500 Passenger Van		G35U	29299	9625	10925	12650	15750
155" W.B.				250	250	335	335
AWD		H		875	875	1165	1165
EXPRESS/SAVANA VAN—V8—Truck Equipment Schedule T1							
1500 Cargo Van		G15X	22720	7725	8850	10500	13350
2500 Cargo Van		G25V	23495	7875	9000	10700	13550
3500 Cargo Van		G35M	26099	8150	9325	11050	13950
155" W.B.				250	250	335	335
AWD		H		875	875	1165	1165
V6 4.3 Liter		X		(350)	(350)	(465)	(465)
V8 6.0 Liter		U		550	550	735	735
V8 6.6L Turbo Diesel		2		5300	5300	7065	7065
COLORADO/CANYON PICKUP—4-Cyl.—Truck Equipment Schedule T2							
Regular Cab		S149	14495	4425	5225	6775	9250
Extended Cab		S199	16895	5725	6650	8225	10850
Crew Cab		S139	20895	6975	8025	9650	12400

TRUCKS & VANS

TRUCKS & VANS

Body Type	VIN	List	Trade-In Fair	Trade-In Good	Pvt-Party Good	Retail Excellent
4WD	T	____	2025	2025	2700	2700
5-Cyl. 3.7 Liter	E	____	200	200	265	265
AVALANCHE 4WD—V8—Truck Equipment Schedule T1						
Sport Util Pickup 4D	K123	35865	17700	19900	22100	26800
2WD	C	____	(875)	(875)	(1165)	(1165)
SILVERADO/SIERRA CLASSIC REGULAR CAB—V8—Truck Schedule T1						
1500 Short Bed	C14V	23015	6900	7975	9725	12650
1500 Long Bed	C14V	23455	6475	7475	9225	12100
2500 HD Long Bed	C24U	24915	7950	9100	10950	14000
3500 Long Bed	C34U	25410	8025	9200	11050	14100
Work Truck			(1250)	(1250)	(1665)	(1665)
4WD	K	____	2075	2075	2765	2765
V6 4.3 Liter	X	____	(800)	(800)	(1065)	(1065)
V8 5.3 Liter	T	____	400	400	535	535
V8 8.1 Liter	G	____	550	550	735	735
V8 6.6L Turbo Diesel	D	____	5300	5300	7065	7065
SILVERADO/SIERRA CLASSIC EXT—V8 Hybrid—Truck Equipment Schedule T1						
1500 LT/SLE Short	C19T	29900	14200	15975	17900	21700
4WD	K	____	2075	2075	2765	2765
SILVERADO/SIERRA CLASSIC EXT CAB—V8—Truck Equipment Schedule T1						
1500 5 3/4'	C19T	27830	10050	11425	13300	16600
1500 6 1/2'	C19V	25785	9525	10825	12700	15950
1500 8'	C19T	26815	9000	10250	12100	15300
2500 HD Short Bed	C29U	28310	11650	13175	15050	18550
2500 HD Long Bed	C29U	28665	11575	13075	15000	18450
3500 Long Bed	C39U	29520	11850	13375	15250	18750
Work Truck			(1250)	(1250)	(1665)	(1665)
4WD	K	____	2075	2075	2765	2765
V6 4.3 Liter	X	____	(800)	(800)	(1065)	(1065)
V8 5.3 Liter	T	____	400	400	535	535
V8 6.0 Liter	N	____	550	550	735	735
V8 8.1 Liter	G	____	550	550	735	735
V8 6.6L Turbo Diesel	D	____	5300	5300	7065	7065
SILVERADO SS CLASSIC EXT CAB—V8—Truck Equipment Schedule T3						
1500 Short Bed	C19N	34180	16650	18725	20700	24700
SILVERADO/SIERRA CLASSIC CREW CAB—V8—Truck Equipment Schedule T1						
1500 Short Bed	C13V	25595	10925	12400	14250	17650
1500 HD Short Bed	C13V	30545	12000	13575	15450	18950
2500 HD Short Bed	C23U	30295	13425	15150	17000	20700
2500 HD Long Bed	C23U	30595	13325	15050	16900	20600
3500 Long Bed	C33U	31515	13575	15300	17150	20900
Work Truck			(1250)	(1250)	(1665)	(1665)
4WD	K	____	2075	2075	2765	2765
V8 6.0 Liter (1500 ex HD)	N	____	550	550	735	735
V8 8.1 Liter	G	____	550	550	735	735
V8 6.6L Turbo Diesel	D	____	5300	5300	7065	7065
SIERRA DENALI CLASSIC CREW CAB AWD—V8—Truck Schedule T3						
1500 Short Bed	K63N	40025	19800	22150	24100	28400
SILVERADO/SIERRA REGULAR CAB—V8—Truck Equipment Schedule T1						
1500 Short Bed	C14C	24145	9275	10575	12400	15650
1500 Long Bed	C14C	24705	8875	10100	11950	15150
2500 HD Long Bed	C24U	24575	9475	10775	12600	15900
3500 Long Bed	C34K	28060	9525	10825	12700	15950
Work Truck			(1250)	(1250)	(1665)	(1665)
4WD	K	____	2075	2075	2765	2765
V6 4.3 Liter	X	____	(800)	(800)	(1065)	(1065)
V8 5.3 Liter	J	____	400	400	535	535
V8 6.6L Turbo Diesel	6	____	5300	5300	7065	7065
SILVERADO/SIERRA EXT CAB PICKUP—V8—Truck Equipment Schedule T1						
1500 5 3/4'	C19C	26565	11525	13025	14900	18400
1500 6 1/2'	C19C	26860	11425	12875	14750	18250
1500 8'	C19J	28205	10625	12050	13900	17300
2500 HD Short Bed	C29K	30470	13675	15425	17350	21100
2500 HD Long Bed	C29K	30765	13525	15250	17150	20900
3500 Long Bed	C39K	31790	13925	15675	17550	21300
Work Truck			(1250)	(1250)	(1665)	(1665)
4WD	K	____	2075	2075	2765	2765
V6 4.3 Liter	X	____	(800)	(800)	(1065)	(1065)
V8 5.3 Liter	J	____	400	400	535	535
V8 6.0 Liter (1500)	Y	____	550	550	735	735
V8 6.6L Turbo Diesel	6	____	5300	5300	7065	7065
SILVERADO/SIERRA CREW CAB PICKUP—V8—Truck Equipment Schedule T1						
1500 Short Bed	C13C	29415	13225	14900	16800	20500

Body Type	VIN	List	Trade-In Fair	Trade-In Good	Pvt-Party Good	Retail Excellent
2500 HD Short Bed	C23K	32545	15525	17450	19350	23200
2500 HD Long Bed	C23K	32840	15375	17300	19150	23000
3500 HD Long Bed	C33K	34000	16025	17975	19900	23800
Work Truck			(1250)	(1250)	(1665)	(1665)
4WD	K		2075	2075	2765	2765
V8 6.0 Liter (1500)	Y		550	550	735	735
V8 6.6L Turbo Diesel	6		5300	5300	7065	7065
SIERRA DENALI CREW CAB PICKUP AWD—V8—Truck Equipment Schedule T3						
1500 Short Bed	K63N	42095	22550	25100	27000	31700
2WD	C		(875)	(875)	(1165)	(1165)

Body Type	VIN	List	Trade-In Fair	Trade-In Good	Pvt-Party Good	Retail Excellent
EQUINOX—V6—Truck Equipment Schedule T1						
LS Sport Utility 4D	L13F	22995	8875	10100	11750	14750
LT Sport Utility 4D	L33F	23855	9675	10975	12700	15800
LTZ Sport Utility 4D	L73F	27695	11375	12850	14600	17950
Sport SUV 4D	L937	27995	11900	13475	15200	18550
AWD			1025	1025	1365	1365
TRAILBLAZER 4WD—6-Cyl.—Truck Equipment Schedule T1						
Sport Utility 4D	T13S	29650	11025	12500	14250	17550
2WD	S		(950)	(950)	(1265)	(1265)
V8 5.3 Liter	M		400	400	535	535
TRAILBLAZER AWD—V8—Truck Equipment Schedule T1						
SS Sport Utility 4D	T33H	33990	17350	19450	21200	25100
2WD	S		(950)	(950)	(1265)	(1265)
ENVOY 4WD—6-Cyl.—Truck Equipment Schedule T1						
Sport Utility 4D	T23S	29850	11475	12975	14750	18100
2WD	S		(950)	(950)	(1265)	(1265)
ENVOY DENALI 4WD—V8—Truck Equipment Schedule T3						
Sport Utility 4D	T43M	36730	19600	21950	23700	27700
2WD	S		(950)	(950)	(1265)	(1265)
ACADIA—V6—Truck Equipment Schedule T1						
SLE Sport Utility 4D	R137	29845	17550	19700	21500	25500
SLT Sport Utility 4D	T13S	35410	21650	24100	26000	30300
AWD	V		1025	1025	1365	1365
TAHOE 4WD—V8 Hybrid—Truck Equipment Schedule T1						
Sport Utility 4D	K135	53295	27150	30175	32200	37300
w/o Third Row			(750)	(750)	(1000)	(1000)
2WD	C		(950)	(950)	(1265)	(1265)
TAHOE 4WD—V8—Truck Equipment Schedule T1						
LS Sport Utility 4D	K130	38795	23025	25675	27400	31900
w/o Third Row			(750)	(750)	(1000)	(1000)
2WD	C		(950)	(950)	(1265)	(1265)
V8 5.3 Liter	J		400	400	535	535
YUKON 4WD—V8 Hybrid—Truck Equipment Schedule T1						
Sport Utility 4D	K135	53755	27150	30175	32200	37300
w/o Third Row			(750)	(750)	(1000)	(1000)
2WD	C		(950)	(950)	(1265)	(1265)
YUKON 4WD—V8—Truck Equipment Schedule T1						
Sport Utility 4D	K230	39490	23125	25775	27500	32000
w/o Third Row			(750)	(750)	(1000)	(1000)
2WD	C		(950)	(950)	(1265)	(1265)
V8 5.3 Liter	J		400	400	535	535
YUKON DENALI AWD—V8—Truck Equipment Schedule T3						
Sport Utility 4D	K038	49420	30775	34200	36300	41700
2WD	C		(950)	(950)	(1265)	(1265)
SUBURBAN—V8—Truck Equipment Schedule T1						
C1500 Sport Utility	C16J	38185	21450	23900	25800	30100
C2500 Sport Utility	C46K	39570	21950	24500	26300	30700
4WD	K		2250	2250	3000	3000
V8 6.0 Liter (1500)	Y		550	550	735	735
YUKON XL—V8—Truck Equipment Schedule T1						
1500 Sport Utility	C26J	41790	21550	24000	25900	30200
2500 Sport Utility	C56K	43190	22050	24600	26400	30800
4WD	K		2250	2250	3000	3000
V8 6.0 Liter (1500)	Y		550	550	735	735
YUKON XL DENALI AWD—V8—Truck Equipment Schedule T3						
1500 Sport Utility	K068	51980	32725	36450	38400	44100
2WD	C		(950)	(950)	(1265)	(1265)
UPLANDER—V6—Truck Equipment Schedule T2						
Cargo Minivan 4D	V131	23385	7500	8600	10100	12750
UPLANDER—V6—Truck Equipment Schedule T1						
LS Minivan 4D	U231	21870	7500	8600	10100	12750

TRUCKS & VANS

Body Type	VIN	List	Trade-In Fair	Good	Pvt-Party Good	Retail Excellent
LS Extended Minivan	V231	24540	8425	9625	11200	14050
LT Extended Minivan	V331	29540	9200	10475	12100	15050
EXPRESS/SAVANA VAN—V8—Truck Equipment Schedule T1						
1500 Passenger Van	G154	26710	11700	13225	14900	18200
2500 Passenger Van	G25K	28195	12000	13575	15250	18500
3500 Passenger Van	G35K	29914	12200	13925	15600	18900
155" W.B.			275	275	365	365
AWD	H		950	950	1265	1265
EXPRESS/SAVANA VAN—V8—Truck Equipment Schedule T1						
1500 Cargo Van	G154	23130	10000	11325	12950	16000
2500 Cargo Van	G25C	24205	10150	11525	13150	16200
3500 Cargo Van	G35C	26809	10425	11850	13500	16600
3500 Van Cab-Ch	G31K		10200	11575	13200	16250
155" W.B.			275	275	365	365
AWD	H		950	950	1265	1265
V6 4.3 Liter	X		(375)	(375)	(500)	(500)
V8 6.0 Liter	K		575	575	765	765
V8 6.6L Turbo Diesel	6		5500	5500	7330	7330
COLORADO/CANYON PICKUP—4-Cyl.—Truck Equipment Schedule T2						
Regular Cab	S149	15470	5800	6750	8125	10550
Extended Cab	S199	17760	7175	8250	9675	12250
Crew Cab	S139	21600	8550	9775	11300	14100
Work Truck (Canyon)			(400)	(400)	(535)	(535)
4WD	T		2200	2200	2935	2935
5-Cyl. 3.7 Liter	E		200	200	265	265
AVALANCHE 4WD—V8—Truck Equipment Schedule T1						
Sport Util Pickup 4D	K123	36610	20475	22925	25100	29900
2WD	C		(950)	(950)	(1265)	(1265)
SILVERADO/SIERRA REGULAR CAB PICKUP—V8—Truck Equipment Schedule T1						
1500 Short Bed	C24C	25495	11325	12800	14650	18100
1500 Long Bed	C24C	25620	10825	12250	14050	17450
2500 HD Long Bed	C54K	28400	11475	12975	14850	18300
3500 Long Bed	C84K	28340	11575	13075	14950	18400
Work Truck			(1375)	(1375)	(1835)	(1835)
4WD	K		2250	2250	3000	3000
V6 4.3 Liter	X		(850)	(850)	(1135)	(1135)
V8 5.3 Liter	J		400	400	535	535
V8 6.6L Turbo Diesel	6		5500	5500	7330	7330
SILVERADO/SIERRA EXT CAB PICKUP—V8—Truck Equipment Schedule T1						
1500 5 3/4'	C29C	26935	13725	15475	17300	21000
1500 6 1/2'	C29C	27230	13575	15300	17100	20800
1500 8'	C29J	28125	13750	14400	16200	19800
2500 HD Short Bed	C59K	30750	16075	18025	19900	23700
2500 HD Long Bed	C59K	31045	15875	17825	19700	23500
3500 Long Bed	C89K	31610	16275	18275	20100	24000
Work Truck			(1375)	(1375)	(1835)	(1835)
4WD	K		2250	2250	3000	3000
V6 4.3 Liter	X		(850)	(850)	(1135)	(1135)
V8 5.3 Liter	J		400	400	535	535
V8 6.0 Liter (1500)	Y		550	550	735	735
V8 6.6L Turbo Diesel	6		5500	5500	7330	7330
SILVERADO/SIERRA CREW CAB PICKUP—V8—Truck Equipment Schedule T1						
1500 Short Bed	C23C	29785	15525	17450	19250	23000
2500 HD Short Bed	C53K	32825	18075	20200	22100	26200
2500 HD Long Bed	C53K	33120	17875	20000	21900	26000
3500 Long Bed	C83K	34555	18675	20875	22700	26900
Work Truck			(1375)	(1375)	(1835)	(1835)
4WD	K		2250	2250	3000	3000
V8 6.0 Liter (1500)	Y		550	550	735	735
V8 6.6L Turbo Diesel	6		5500	5500	7330	7330
SIERRA DENALI CREW CAB PICKUP AWD—V8—Truck Schedule T3						
1500 Short Bed	K638	42120	25475	28425	30300	35000
2WD	C		(950)	(950)	(1265)	(1265)

CHRYSLER

1994 CHRYSLER — (1or3)C4–(H54L)–R–#

Body Type	VIN	List	Trade-In Fair	Good	Pvt-Party Good	Retail Excellent
TOWN & COUNTRY—V6—Truck Equipment Schedule T3						
Minivan	H54L	27844	1150	1600	2775	4450
5 Passenger			(200)	(200)	(265)	(265)
w/o Rear Air Conditioning			(100)	(100)	(135)	(135)

Body	Type	VIN	List	Trade-In Fair	Trade-In Good	Pvt-Party Good	Retail Excellent
	AWD	K		250	250	335	335

1995 CHRYSLER — (1or3)C4-(H54L)-S-#

TOWN & COUNTRY—V6—Truck Equipment Schedule T3

Body	Type	VIN	List	Fair	Good	Good	Excellent
	Minivan	H54L	28240	1325	1800	3025	4775
	5 Passenger			(200)	(200)	(265)	(265)
	w/o Rear Air Conditioning			(100)	(100)	(135)	(135)
	AWD	K		250	250	335	335

1996 CHRYSLER — 1C4-(P55R)-T-#

TOWN & COUNTRY—V6—Truck Equipment Schedule T3

Body	Type	VIN	List	Fair	Good	Good	Excellent
	LX Minivan	P55R	25850	1375	1850	3075	4850
	Minivan	P54R	25865	1850	2350	3625	5525
	LXi Minivan	P64L	30605	1875	2425	3725	5600
	5 Passenger			(250)	(250)	(335)	(335)
	w/o Quad Seating			(125)	(125)	(165)	(165)
	w/o 2nd Sliding Door			(50)	(50)	(65)	(65)
	w/o Rear Air Conditioning			(125)	(125)	(165)	(165)

1997 CHRYSLER — 1C4-(P55R)-V-#

TOWN & COUNTRY—V6—Truck Equipment Schedule T3

Body	Type	VIN	List	Fair	Good	Good	Excellent
	SX Minivan	P55R	28070	1550	2025	3275	5100
	LX Minivan	P54R	28285	2050	2625	3900	5825
	LXi Minivan	P64L	32045	2175	2750	4075	6000
	5 Passenger			(275)	(275)	(365)	(365)
	w/o Quad Seating			(150)	(150)	(200)	(200)
	w/o Rear Air Conditioning			(150)	(150)	(200)	(200)
	AWD	T		350	350	465	465

1998 CHRYSLER — 1C4-(P55R)-W-#

TOWN & COUNTRY—V6—Truck Equipment Schedule T3

Body	Type	VIN	List	Fair	Good	Good	Excellent
	SX Minivan	P55R	28150	1750	2250	3525	5400
	LX Minivan	P54R	28605	2325	2900	4250	6225
	LXi Minivan	P64L	32300	2525	3100	4450	6500
	w/o Quad Seating			(150)	(150)	(200)	(200)
	w/o Rear Air Conditioning			(175)	(175)	(235)	(235)
	AWD	T		400	400	535	535

1999 CHRYSLER — 1C4-(P55R)-X-#

TOWN & COUNTRY—V6—Truck Equipment Schedule T3

Body	Type	VIN	List	Fair	Good	Good	Excellent
	SX Minivan	P55R	28855	1950	2500	3825	5725
	LX Minivan	P54R	29130	2625	3225	4575	6650
	LXi Minivan	P64L	31955	2850	3475	4850	6995
	Limited Minivan	P64L	34345	3550	4275	5700	7950
	w/o Rear Air Conditioning			(200)	(200)	(265)	(265)
	AWD	T		450	450	600	600

2000 CHRYSLER — 1C4-(J253)-Y-#

VOYAGER—V6—Truck Equipment Schedule T1

Body	Type	VIN	List	Fair	Good	Good	Excellent
	Minivan 4D	J253	20895	1250	1725	2975	4775
	SE Minivan 4D	J453	23840	1200	1675	2925	4700
	Grand Minivan 4D	J243	22545	1450	1925	3175	5025
	SE Grand Minivan 4D	J443	24835	1575	2075	3350	5225
	5 Passenger			(350)	(350)	(465)	(465)
	w/o 2nd Sliding Door			(50)	(50)	(65)	(65)
	4-Cyl. 2.4 Liter	B		(650)	(650)	(865)	(865)

TOWN & COUNTRY—V6—Truck Equipment Schedule T3

Body	Type	VIN	List	Fair	Good	Good	Excellent
	LX Minivan	P44R	26950	2950	3575	4950	7050
	LXi Minivan	P54L	31530	3225	3925	5325	7475
	Limited Minivan	P64L	34855	4075	4825	6275	8575
	w/o Rear Air Conditioning			(225)	(225)	(300)	(300)
	AWD	T		500	500	665	665

2001 CHRYSLER — 1C(4or8)-(J24G)-1-#

VOYAGER—V6—Truck Equipment Schedule T1

Body	Type	VIN	List	Fair	Good	Good	Excellent
	Minivan	J24G	20770	1525	2025	3300	5175
	LX Minivan	J54G	24165	1500	1975	3250	5100
	5 Passenger			(375)	(375)	(500)	(500)
	4-Cyl. 2.4 Liter	B		(700)	(700)	(935)	(935)

TRUCKS & VANS

2001 CHRYSLER

Body	Type	VIN	List	Trade-In Fair	Good	Pvt-Party Good	Retail Excellent
TOWN & COUNTRY—V6—Truck Equipment Schedule T3							
LX Minivan		P44G	26155	3350	4025	5425	7575
EX Minivan		P54L	26830	3550	4275	5650	7875
LXi Minivan		P64G	30705	3725	4425	5850	8050
Limited Minivan		P64L	35490	4625	5450	6950	9375
w/o Quad Seating				(150)	(150)	(200)	(200)
w/o Rear Air Conditioning				(250)	(250)	(335)	(335)
AWD		T		525	525	700	700

2002 CHRYSLER — 1C(4or8)-(J15B)-2-#

Body	Type	VIN	List	Trade-In Fair	Good	Pvt-Party Good	Retail Excellent
VOYAGER—V6—Truck Equipment Schedule T1							
eC Minivan		J15B	16995	1575	2075	3600	5750
Minivan		J253	19995	1700	2200	3750	5925
LX Minivan		J453	24060	1675	2175	3700	5875
5 Passenger				(400)	(400)	(535)	(535)
4-Cyl. 2.4 Liter		B		(750)	(750)	(1000)	(1000)
TOWN & COUNTRY—V6—Truck Equipment Schedule T3							
eL Minivan		P343	24330	2725	3350	4950	7300
LX Minivan		P443	27065	3650	4350	6000	8475
EX Minivan		P74L	26830	3900	4650	6300	8825
LXi Minivan		P543	30970	4100	4825	6500	9050
Limited Minivan		P64L	35990	5125	5975	7750	10500
w/o Quad Seating				(150)	(150)	(200)	(200)
w/o Rear Air Conditioning				(250)	(250)	(335)	(335)
AWD		T		550	550	735	735

2003 CHRYSLER — 1C(4or8)-(J453)-3-#

Body	Type	VIN	List	Trade-In Fair	Good	Pvt-Party Good	Retail Excellent
VOYAGER—V6—Truck Equipment Schedule T1							
LX Minivan		J453	24025	1950	2500	4075	6300
5 Passenger				(475)	(475)	(635)	(635)
4-Cyl. 2.4 Liter		B		(875)	(875)	(1165)	(1165)
TOWN & COUNTRY—V6—Truck Equipment Schedule T3							
Minivan		P24R	25975	3075	3750	5375	7775
eL Minivan		P343	24830	3000	3625	5250	7625
LX Minivan		P443	27010	4075	4825	6500	9025
EX Minivan		P74L	27235	4500	5300	7000	9650
LXi Minivan		P54L	34080	4800	5625	7350	10050
Limited Minivan		P64L	36535	6100	7050	8850	11700
w/o Quad Seating				(200)	(200)	(265)	(265)
w/o Rear Air Conditioning				(300)	(300)	(400)	(400)
AWD		T		650	650	865	865

2004 CHRYSLER — (1or2)C(4or8)-(P45R)-4-#

Body	Type	VIN	List	Trade-In Fair	Good	Pvt-Party Good	Retail Excellent
TOWN & COUNTRY—V6—Truck Equipment Schedule T3							
Minivan		P45R	23520	3525	4225	5850	8300
LX Minivan		P44R	27490	4625	5450	7150	9800
eX Minivan		P74L	30110	5250	6125	7875	10600
Touring Minivan		P54L	33245	5675	6625	8350	11100
Limited Minivan		P64L	38380	7225	8275	10100	13100
w/o Quad Seating				(250)	(250)	(335)	(335)
w/o Rear Air Conditioning				(350)	(350)	(465)	(465)
AWD		T		725	725	965	965
PACIFICA—V6—Truck Equipment Schedule T3							
Minivan		M684	30410	6025	6975	8775	11650
AWD		F		725	725	965	965

2005 CHRYSLER — (1or2)C(4or8)-(P45R)-5

Body	Type	VIN	List	Trade-In Fair	Good	Pvt-Party Good	Retail Excellent
TOWN & COUNTRY—V6—Truck Equipment Schedule T3							
Minivan		P45R	21185	4200	4950	6600	9125
LX Minivan		P44R	25640	5475	6350	8050	10800
Touring Minivan		P54L	27940	6775	7825	9550	12450
Limited Minivan		P64L	35940	8550	9775	11600	14750
w/o Quad Seating				(300)	(300)	(400)	(400)
w/o Rear Air Conditioning				(400)	(400)	(535)	(535)
Signature Series				500	500	665	665
PACIFICA—V6—Truck Equipment Schedule T3							
Minivan		M48L	24995	5475	6350	8100	10900
Touring Minivan		M684	28525	7300	8375	10200	13200
AWD		F		800	800	1065	1065
PACIFICA AWD—V6—Truck Equipment Schedule T3							
Limited Minivan		F784	36995	9125	10400	12250	15550

Body	Type	VIN	List	Trade-In Fair	Good	Pvt-Party Good	Retail Excellent

TRUCKS & VANS

2006 CHRYSLER — (1or2)C(4or8)–(P45R)-6

TOWN & COUNTRY—V6—Truck Equipment Schedule T3

Minivan		P45R	21735	5175	6025	7725	10400
LX Minivan		P44R	26100	6600	7600	9300	12150
Touring Minivan		P54L	28590	8200	9375	11150	14200
Limited Minivan		P64L	36465	10250	11625	13450	16700
w/o Quad Seating				(325)	(325)	(435)	(435)
w/o Rear Air Conditioning				(425)	(425)	(565)	(565)
Signature Series				500	500	665	665

PACIFICA—V6—Truck Equipment Schedule T3

Minivan		M484	25895	6700	7725	9475	12400
Touring Minivan		M684	29095	8725	9950	11750	14950
Limited Minivan		M784	35540	10725	12150	14000	17400
Signature Series				500	500	665	665
AWD				875	875	1165	1165

2007 CHRYSLER–(1or2)C(4or8)–(W58N)-7-#

ASPEN 4WD—V8—Truck Equipment Schedule T1

Limited Spt Util 4D		W58N	34265	12750	14400	16150	19700
2WD		X		(875)	(875)	(1165)	(1165)
V8 5.7 Liter HEMI		2		1050	1050	1400	1400

TOWN & COUNTRY—V6—Truck Equipment Schedule T3

Minivan		P45R	21985	6675	7675	9275	12000
LX Minivan		P44R	26350	8250	9425	11100	14050
Touring Minivan		P54L	28790	10150	11525	13250	16350
Limited Minivan		P64L	36860	12450	14075	15800	19200
w/o Quad Seating				(350)	(350)	(465)	(465)
w/o Rear Air Conditioning				(450)	(450)	(600)	(600)
Signature Series				500	500	665	665

PACIFICA—V6—Truck Equipment Schedule T3

Minivan		M48L	24890	8200	9375	11100	14100
Touring Minivan		M68X	27980	10400	11750	13500	16750
Limited Minivan		M78X	34155	12600	14200	15950	19450
Signature Series				500	500	665	665
AWD		F		950	950	1265	1265

2008 CHRYSLER–(1or2)C(4or8)–(W58N)-8-#

ASPEN 4WD—V8—Truck Equipment Schedule T1

Limited Spt Util 4D		W58N	35625	14900	16750	18450	22100
2WD		X		(950)	(950)	(1265)	(1265)
V8 5.7 Liter HEMI		2		1125	1125	1500	1500

TOWN & COUNTRY—V6—Truck Equipment Schedule T3

LX Minivan		R44H	23190	11800	13325	15000	18300
Touring Minivan		R54P	28430	14025	15775	17400	20900
Limited Minivan		R64X	36400	16525	18525	20200	23800
w/o Quad Seating				(375)	(375)	(500)	(500)
w/o Rear Air Conditioning				(475)	(475)	(635)	(635)

PACIFICA—V6—Truck Equipment Schedule T3

Minivan		M48L	27310	10150	11525	13250	16350
Touring Minivan		M68X	30435	12550	14150	15900	19300
Limited Minivan		M78X	34880	14900	16750	18450	22100
Signature Series				500	500	665	665
AWD		F		1025	1025	1365	1365

DODGE/PLYMOUTH

1994 DODGE/PLYM — (1orJ)BorP(4or7)–(H11K)-R

CARAVAN C/V—4-Cyl.—Truck Equipment Schedule T2

Cargo Minivan		H11K	14972	300	425	1025	1950
V6 3.0 Liter		3		200	200	265	265

CARAVAN C/V—V6—Truck Equipment Schedule T2

Extended Minivan		H14R	17426	475	650	1350	2450

CARAVAN/VOYAGER—4-Cyl.—Truck Equipment Schedule T1

Minivan		H25K	17350	500	675	1375	2475
5 Passenger				(200)	(200)	(265)	(265)
V6 3.0 Liter		3		200	200	265	265

CARAVAN/VOYAGER—V6—Truck Equipment Schedule T1

SE Minivan		H453	19113	550	725	1525	2750
LE Minivan		H553	22523	675	950	1825	3150

TRUCKS & VANS

Body	Type	VIN	List	Trade-In Fair	Good	Pvt-Party Good	Retail Excellent
ES/LX Minivan		H553	23230	675	950	1825	3150
Grand Minivan		H243	19595	825	1150	2100	3550
SE Grand Minivan		H44R	20278	900	1275	2325	3950
LE Grand Minivan		H54R	23443	975	1350	2450	4075
ES Grand Minivan		H54R	23952	1050	1475	2575	4250
5 Passenger				(200)	(200)	(265)	(265)
AWD		K		250	250	335	335
V6 3.8 Liter		L		50	50	65	65
RAM WAGON—V8—Truck Equipment Schedule T1							
B150 Passenger Van		B15Y	16643	775	1100	2000	3425
B250 Passenger Van		B25Y	20412	825	1150	2100	3550
B350 Passenger Van		B35Y	21113	925	1325	2400	4025
5 Passenger				(200)	(200)	(265)	(265)
Maxi-Wagon		4		50	50	65	65
V6 3.9 Liter		X		(200)	(200)	(265)	(265)
V8 5.9 Liter		Z		50	50	65	65
RAM VAN—V6—Truck Equipment Schedule T1							
B150 Cargo Van		B11X	17431	625	850	1675	2975
B250 Cargo Van		B21X	17844	675	950	1800	3125
Maxi-Van		4		50	50	65	65
V8 5.2 Liter		Y		100	100	135	135
V8 5.9 Liter		Z		200	200	265	265
RAM VAN—V8—Truck Equipment Schedule T1							
B350 Cargo Van		B31Y	19124	750	1075	1950	3375
Maxi-Van		4		50	50	65	65
V8 5.9 Liter		Z		50	50	65	65
DAKOTA PICKUP—4-Cyl.—Truck Equipment Schedule T2							
WS Short Bed		L26G	10249	350	500	1125	2100
WS Long Bed		L26G	11774	400	575	1225	2275
Sport Short Bed		L26G	11237	400	575	1225	2275
Short Bed		L26G	11927	450	625	1300	2400
Long Bed		L26G	12777	375	525	1150	2175
4WD		G		400	400	535	535
V6 3.9 Liter		X		125	125	165	165
V8 5.2 Liter		Y		150	150	200	200
DAKOTA PICKUP—V6—Truck Equipment Schedule T2							
Sport Club Cab		L23X	14537	875	1225	2200	3725
Club Cab		L23X	14794	925	1300	2375	4025
4WD		G		400	400	535	535
V8 5.2 Liter		W		100	100	135	135
RAM REGULAR CAB PICKUP—V8—Truck Equipment Schedule T1							
1500 Short Bed		C16Y	17265	775	1100	2025	3475
1500 Long Bed		C16Y	17537	650	925	1775	3125
2500 Long Bed		C26Y	18205	900	1275	2375	4000
3500 Long Bed		C36Z	20706	1000	1400	2525	4175
Work Special				(250)	(250)	(335)	(335)
4WD		F,M		500	500	665	665
V6 3.9 Liter		X		(350)	(350)	(465)	(465)
6-Cyl. 5.9L Turbo Dsl		C		1475	1475	1965	1965
V8 5.9 Liter		Z		75	75	100	100
V10 8.0 Liter		W		100	100	135	135

1995 DODGE/PLYM — (1orJ)BorP(4or7)-(H11K)-S

Body	Type	VIN	List	Trade-In Fair	Good	Pvt-Party Good	Retail Excellent
CARAVAN C/V—4-Cyl.—Truck Equipment Schedule T2							
Cargo Minivan		H11K	16705	350	500	1125	2125
V6 3.0 Liter		3		200	200	265	265
CARAVAN C/V—V6—Truck Equipment Schedule T2							
Extended Minivan		H14R	18245	550	750	1550	2800
CARAVAN/VOYAGER—4-Cyl.—Truck Equipment Schedule T1							
Minivan		H25K	17930	575	775	1550	2825
5 Passenger				(200)	(200)	(265)	(265)
V6 3.0 Liter		3		200	200	265	265
CARAVAN/VOYAGER—V6—Truck Equipment Schedule T1							
SE Minivan		H453	20275	625	825	1650	2975
LE Minivan		H553	23940	750	1075	1975	3425
ES Minivan		H553	24895	750	1050	1950	3375
Grand Minivan		H243	20025	950	1325	2425	4075
SE Grand Minivan		H44R	20375	1000	1425	2550	4225
LE Grand Minivan		H54R	24240	1100	1525	2675	4350
ES Grand Minivan		H54R	25095	1175	1650	2825	4550
5 Passenger				(200)	(200)	(265)	(265)
AWD		K		250	250	335	335
V6 3.8 Liter		L		50	50	65	65

Body Type	VIN	List	Trade-In Fair	Good	Pvt-Party Good	Retail Excellent
RAM WAGON—V8—Truck Equipment Schedule T1						
1500 Passenger Van	B15Y	17951	875	1250	2325	3950
2500 Passenger Van	B25Y	21627	950	1325	2425	4075
3500 Passenger Van	B35Y	22627	1075	1500	2650	4325
5 Passenger			(200)	(200)	(265)	(265)
Maxi-Wagon	4		50	50	65	65
V6 3.9 Liter	X		(200)	(200)	(265)	(265)
V8 5.9 Liter	Z		50	50	65	65
RAM VAN—V6—Truck Equipment Schedule T1						
1500 Cargo Van	B11X	18605	725	1025	1900	3325
2500 Cargo Van	B21X	18743	800	1125	2050	3500
Maxi-Van	4		50	50	65	65
V8 5.2 Liter	Y		100	100	135	135
V8 5.9 Liter	Z		200	200	265	265
RAM VAN—V8—Truck Equipment Schedule T1						
3500 Cargo Van	B31Y	20673	900	1275	2350	4000
Maxi-Van	4		50	50	65	65
V8 5.9 Liter	Z		50	50	65	65
DAKOTA PICKUP—4-Cyl.—Truck Equipment Schedule T2						
WS Short Bed	L26G	10975	425	600	1250	2300
WS Long Bed	L26G	12291	475	625	1350	2450
Sport Short Bed	L26G	11489	475	625	1350	2450
Short Bed	L26G	12710	525	700	1475	2700
Long Bed	L26G	13921	450	600	1275	2350
4WD	G		400	400	535	535
V6 3.9 Liter	X		125	125	165	165
V8 5.2 Liter	Y		150	150	200	200
DAKOTA PICKUP—V6—Truck Equipment Schedule T2						
Sport Club Cab	L23X	14722	975	1375	2500	4150
Club Cab	L23X	16006	1050	1475	2600	4275
4WD	G		400	400	535	535
V8 5.2 Liter	Y		100	100	135	135
RAM REGULAR CAB PICKUP—V8—Truck Equipment Schedule T1						
1500 Short Bed	C16Y	17594	875	1225	2300	3950
1500 Long Bed	C16Y	17878	725	1025	1925	3375
2500 Short Bed	C26Y	18851	1025	1450	2575	4275
3500 Long Bed	C36Z	21468	1100	1550	2750	4450
Work Special			(250)	(250)	(335)	(335)
4WD	F		500	500	665	665
V6 3.9 Liter	X		(350)	(350)	(465)	(465)
6-Cyl. 5.9L Turbo Dsl	C		1500	1500	2000	2000
V8 5.9 Liter	Z		75	75	100	100
V10 8.0 Liter	W		100	100	135	135
RAM CLUB CAB PICKUP—V8—Truck Equipment Schedule T1						
1500 Short Bed	C13Y	20040	1400	1850	3100	4900
1500 Long Bed	C13Y	20321	1200	1700	2900	4650
2500 Short Bed	C23Z	21840	1725	2225	3500	5375
2500 Long Bed	C23Z	22046	1600	2100	3375	5225
3500 Long Bed	C33Z	23667	1725	2225	3500	5375
4WD	F		500	500	665	665
6-Cyl. 5.9L Turbo Dsl	C		1500	1500	2000	2000
V8 5.9 Liter	Z		75	75	100	100
V10 8.0 Liter	W		100	100	135	135

1996 DODGE/PLYM—(1,2or3)BorP(4or7)—(P253)—T

Body Type	VIN	List	Trade-In Fair	Good	Pvt-Party Good	Retail Excellent
CARAVAN/VOYAGER—V6—Truck Equipment Schedule T1						
Minivan	P253	18510	850	1200	2200	3725
SE Minivan	P453	21070	800	1125	2075	3550
LE Minivan	P55R	24180	900	1275	2375	4025
ES Minivan	P55R	25605	1100	1575	2750	4450
Grand Minivan	P243	19410	925	1325	2425	4075
SE Grand Minivan	P443	21810	1025	1450	2575	4275
LE Grand Minivan	P54R	24670	1125	1575	2775	4475
ES Grand Minivan	P54R	26595	1225	1700	2900	4625
5 Passenger			(250)	(250)	(335)	(335)
w/o 2nd Sliding Door	B		(50)	(50)	(65)	(65)
4-Cyl. 2.4 Liter			(375)	(375)	(500)	(500)
V6 3.8 Liter	L		75	75	100	100
RAM WAGON—V8—Truck Equipment Schedule T1						
1500 Passenger Van	B15Y	19965	1025	1425	2550	4250
2500 Passenger Van	B24Y	21374	1075	1525	2675	4350
3500 Passenger Van	B34Y	22575	1225	1700	2900	4625
Maxi-Wagon			75	75	100	100

SEE BACK PAGES FOR TRUCK EQUIPMENT 287

1009

TRUCKS & VANS

Body Type	VIN	List	Trade-In Fair	Good	Pvt-Party Good	Retail Excellent
V6 3.9 Liter	X		(250)	(250)	(335)	(335)
V8 5.9 Liter	Z		50	50	65	65
RAM VAN—V6—Truck Equipment Schedule T1						
1500 Cargo Van	B11X	18460	850	1200	2200	3725
2500 Cargo Van	B21X	18563	925	1325	2425	4075
Maxi-Van			75	75	100	100
V8 5.2 Liter	Y		125	125	165	165
V8 5.9 Liter	Z		250	250	335	335
RAM VAN—V8—Truck Equipment Schedule T1						
3500 Cargo Van	B31Y	21075	1075	1525	2675	4350
Maxi-Van			75	75	100	100
V8 5.9 Liter	Z		50	50	65	65
DAKOTA PICKUP—4-Cyl.—Truck Equipment Schedule T2						
WS Short Bed	L26G	11764	425	600	1300	2400
WS Long Bed	L26G	12380	475	650	1375	2525
Sport Short Bed	L26G	12440	475	650	1375	2525
Short Bed	L26G	13665	550	750	1550	2825
Long Bed	L26X	14176	450	625	1325	2450
4WD	G		525	625	700	700
V6 3.9 Liter	X		150	150	200	200
V8 5.2 Liter	Y		200	200	265	265
DAKOTA PICKUP—V6—Truck Equipment Schedule T2						
Sport Club Cab	L23X	15616	1025	1450	2575	4275
Club Cab	L23X	16746	1100	1525	2700	4375
4WD	G		525	625	700	700
V8 5.2 Liter	Y		125	125	165	165
RAM REGULAR CAB PICKUP—V8—Truck Equipment Schedule T1						
1500 Short Bed	C16Y	18032	925	1300	2400	4075
1500 Long Bed	C16Y	18316	750	1075	2025	3500
2500 Long Bed	C26Y	19569	1100	1525	2700	4400
3500 Long Bed	C365	22286	1175	1675	2875	4625
Work Special			(300)	(300)	(400)	(400)
4WD	F		600	600	800	800
V6 3.9 Liter	X		(375)	(375)	(500)	(500)
6-Cyl. 5.9L Turbo Diesel	C		1875	1875	2500	2500
V8 5.9 Liter	Z		125	125	165	165
V10 8.0 Liter	W		125	125	165	165
RAM CLUB CAB PICKUP—V8—Truck Equipment Schedule T1						
1500 Short Bed	C13Y	20190	1550	2025	3300	5150
1500 Long Bed	C13Y	20471	1350	1825	3075	4850
2500 Short Bed	C23Z	22958	1925	2475	3775	5700
2500 Long Bed	C23Z	23164	1800	2325	3625	5525
3500 Long Bed	C33Z	24685	1925	2475	3775	5700
4WD	F		600	600	800	800
6-Cyl. 5.9L Turbo Diesel	C		1875	1875	2500	2500
V8 5.9 Liter	Z,5		125	125	165	165
V10 8.0 Liter	W		125	125	165	165

Body Type	VIN	List	Trade-In Fair	Good	Pvt-Party Good	Retail Excellent
CARAVAN/VOYAGER—V6—Truck Equipment Schedule T1						
Minivan	P253	19570	925	1275	2400	4050
SE Minivan	P453	22495	875	1225	2300	3950
LE Minivan	P55R	25715	975	1375	2500	4175
ES Minivan	P55R	27055	1225	1700	2925	4650
Grand Minivan	P243	20565	1000	1425	2550	4250
SE Grand Minivan	P443	23325	1100	1550	2700	4400
LE Grand Minivan	P54R	24405	1275	1750	2975	4725
ES Grand Minivan	P54R	26995	1400	1875	3100	4900
5 Passenger			(275)	(275)	(365)	(365)
w/o 2nd Sliding Door			(50)	(50)	(65)	(65)
AWD	T		350	350	465	465
4-Cyl. 2.4 Liter	B		(450)	(450)	(600)	(600)
V6 3.8 Liter	L		100	100	135	135
RAM WAGON—V8—Truck Equipment Schedule T1						
1500 Passenger Van	B15Y	21192	1100	1525	2700	4400
2500 Passenger Van	B25Y	22555	1150	1625	2825	4550
3500 Passenger Van	B35Y	23755	1375	1850	3075	4875
Maxi-Wagon			100	100	135	135
V6 3.9 Liter	X		(275)	(275)	(365)	(365)
V8 5.9 Liter	Z		50	50	65	65
RAM VAN—V6—Truck Equipment Schedule T1						
1500 Cargo Van	B11X	19090	950	1325	2450	4125
2500 Cargo Van	B21X	19295	1025	1450	2600	4300

1009

Body Type	VIN	List	Trade-In Fair	Trade-In Good	Pvt-Party Good	Retail Excellent
Maxi-Van			100	100	135	135
V8 5.2 Liter	Y		150	150	200	200
V8 5.9 Liter	Z		275	275	365	365
RAM VAN—V8—Truck Equipment Schedule T1						
3500 Cargo Van	B31Y	21885	1175	1650	2875	4600
Maxi-Van			100	100	135	135
V8 5.9 Liter	Z		50	50	65	65
DAKOTA PICKUP—4-Cyl.—Truck Equipment Schedule T1						
Short Bed	L26P	14959	600	800	1650	2975
Long Bed	L26P	15419	675	675	1475	2700
4WD	G		650	650	865	865
V6 3.9 Liter	X		175	175	235	235
V8 5.2 Liter	Y		250	250	335	335
DAKOTA PICKUP—V6—Truck Equipment Schedule T1						
Club Cab	L23X	18654	1200	1675	2900	4625
4WD	G		650	650	865	865
V8 5.2 Liter	Y		150	150	200	200
RAM REGULAR CAB PICKUP—V8—Truck Equipment Schedule T1						
1500 Short Bed	C16Y	18831	1000	1400	2550	4250
1500 Long Bed	C16Y	19116	825	1150	2150	3675
2500 Long Bed	C26Z	21134	1175	1625	2850	4600
3500 Long Bed	C36Z	22619	1325	1825	3075	4850
Work Special			(350)	(350)	(465)	(465)
4WD	F		700	700	935	935
V6 3.9 Liter	X		(400)	(400)	(535)	(535)
6-Cyl. 5.9L Turbo Diesel	D		2250	2250	3000	3000
V8 5.9 Liter	5,Z		175	175	235	235
V10 8.0 Liter	W		150	150	200	200
RAM CLUB CAB PICKUP—V8—Truck Equipment Schedule T1						
1500 Short Bed	C13Y	20914	1725	2250	3525	5400
1500 Long Bed	C13Y	21194	1500	2000	3250	5100
2500 Short Bed	C23Z	23139	2150	2725	4050	6000
2500 Long Bed	C23Z	23344	2025	2575	3900	5825
3500 Long Bed	C33Z	24964	2150	2725	4050	6000
4WD	F		700	700	935	935
6-Cyl. 5.9L Turbo Diesel	D		2250	2250	3000	3000
V8 5.9 Liter	5,Z		175	175	235	235
V10 8.0 Liter	W		150	150	200	200

Body Type	VIN	List	Trade-In Fair	Trade-In Good	Pvt-Party Good	Retail Excellent
DURANGO 4WD—V8—Truck Equipment Schedule T1						
SLT Sport Utility 4D	S28Y	28575	2125	2700	4025	5975
w/o Third Seat			(350)	(350)	(465)	(465)
V6 3.9 Liter	X		(350)	(350)	(465)	(465)
V8 5.9 Liter	Z		175	175	235	235
CARAVAN/VOYAGER—V6—Truck Equipment Schedule T1						
Minivan	P253	20535	1000	1400	2550	4275
SE Minivan	P453	22065	950	1350	2500	4200
LE Minivan	P55R	25610	1075	1500	2700	4400
Grand Minivan	P243	20730	1100	1550	2725	4450
SE Grand Minivan	P443	23060	1175	1675	2900	4650
LE Grand Minivan	P54R	26605	1475	1950	3200	5050
ES Grand Minivan	P54R	27760	1625	2125	3400	5250
5 Passenger			(300)	(300)	(400)	(400)
w/o 2nd Sliding Door			(50)	(50)	(65)	(65)
AWD	T		400	400	535	535
4-Cyl. 2.4 Liter	B		(525)	(525)	(700)	(700)
V6 3.8 Liter	L		100	100	135	135
RAM WAGON—V8—Truck Equipment Schedule T1						
1500 Passenger Van	B15Y	21655	1175	1675	2875	4600
2500 Passenger Van	B25Y	23480	1325	1800	3025	4800
3500 Maxi Passenger	B35Y	26185	1550	2050	3300	5125
V6 3.9 Liter	X		(300)	(300)	(400)	(400)
V8 5.9 Liter	Z		50	50	65	65
RAM VAN—V6—Truck Equipment Schedule T1						
1500 Cargo Van	B11X	19440	1050	1475	2650	4325
Maxi-Van			100	100	135	135
V8 5.2 Liter	Y		175	175	235	235
V8 5.9 Liter	Z		300	300	400	400
RAM VAN—V8—Truck Equipment Schedule T1						
2500 Cargo Van	B21Y	21375	1325	1825	3050	4825
3500 Cargo Van	B31Y	22545	1375	1850	3100	4900
Maxi-Van			100	100	135	135

TRUCKS & VANS

Body Type	VIN	List	Trade-In Fair	Good	Pvt-Party Good	Retail Excellent
V8 5.9 Liter	Z		50	50	65	65
DAKOTA PICKUP—4-Cyl.—Truck Equipment Schedule T1						
Short Bed	L26P	15235	625	900	1800	3200
R/T Short Bed	L26P	19205	975	1375	2525	4225
Long Bed	L26P	15695	575	775	1625	2975
4WD	G		750	750	1000	1000
V6 3.9 Liter	X		200	200	265	265
V8 5.2 Liter	Y		300	300	400	400
V8 5.9 Liter (ex R/T)	Z		400	400	535	535
DAKOTA PICKUP—V6—Truck Equipment Schedule T1						
Club Cab	L22X	18430	1425	1875	3125	4950
R/T Club Cab	L22Z	21360	1850	2375	3675	5550
4WD	G		750	750	1000	1000
4-Cyl. 2.5 Liter	G		(200)	(200)	(265)	(265)
V8 5.2 Liter	Y		175	175	235	235
V8 5.9 Liter (ex R/T)	Z		300	300	400	400
RAM REGULAR CAB PICKUP—V8—Truck Equipment Schedule T1						
1500 Short Bed	C16Y	19240	1075	1525	2725	4450
1500 Long Bed	C16Y	19525	900	1275	2400	4100
2500 Long Bed	C26Z	21900	1325	1800	3050	4850
3500 Long Bed	C36Z	23190	1525	2000	3275	5125
Work Special			(400)	(400)	(535)	(535)
4WD	F		800	800	1065	1065
V6 3.9 Liter	X		(425)	(425)	(565)	(565)
6-Cyl. 5.9L Turbo Dsl	6,D		2600	2600	3465	3465
V8 5.9 Liter	5,2		200	200	265	265
V10 8.0 Liter	W		175	175	235	235
RAM CLUB CAB PICKUP—V8—Truck Equipment Schedule T1						
1500 Short Bed	C12Y	21365	1950	2500	3800	5725
1500 Long Bed	C12Y	21645	1725	2225	3500	5400
2500 Short Bed	C22Z	23680	2425	3025	4350	6400
2500 Short Bed	C22Z	23870	2300	2900	4225	6225
4WD	F		800	800	1065	1065
6-Cyl. 5.9L Turbo Dsl	6,D		2600	2600	3465	3465
V8 5.9 Liter	Z		200	200	265	265
V10 8.0 Liter	W		175	175	235	235
RAM QUAD CAB PICKUP—V8—Truck Equipment Schedule T1						
1500 Short Bed	C13Y	22115	2200	2775	4125	6100
1500 Long Bed	C13Y	22395	2025	2575	3900	5850
2500 Short Bed	C23Z	24430	2725	3325	4700	6775
2500 Long Bed	C23Z	24620	2550	3150	4525	6600
3500 Long Bed	C33Z	26325	2750	3350	4725	6825
4WD	F		800	800	1065	1065
6-Cyl. 5.9L Turbo Dsl	6,D		2600	2600	3465	3465
V8 5.9 Liter	5,2		200	200	265	265
V10 8.0 Liter	W		175	175	235	235

1999 DODGE/PLYM—(1,2,3or4)B4—(S28Y)—X—#

Body Type	VIN	List	Trade-In Fair	Good	Pvt-Party Good	Retail Excellent
DURANGO 4WD—V8—Truck Equipment Schedule T1						
SLT Sport Utility 4D	S28Y	29030	2400	3000	4300	6325
w/o Third Seat			(400)	(400)	(535)	(535)
2WD	R		(350)	(350)	(465)	(465)
V6 3.9 Liter	X		(400)	(400)	(535)	(535)
V8 5.9 Liter	Z		200	200	265	265
CARAVAN/VOYAGER—V6—Truck Equipment Schedule T1						
Minivan 4D	P253	21185	1100	1550	2750	4475
SE Minivan 4D	P453	22460	1075	1500	2700	4425
LE Minivan 4D	P55R	26280	1175	1650	2900	4650
Grand Minivan 4D	P243	22580	1225	1700	2950	4725
SE Grand Minivan 4D	P443	23455	1350	1850	3075	4900
LE Grand Minivan 4D	P54R	27275	1700	2250	3475	5350
ES Grand Minivan 4D	P54L	29485	1875	2425	3700	5600
5 Passenger			(325)	(325)	(435)	(435)
w/o 2nd Sliding Door			(50)	(50)	(65)	(65)
AWD	T		450	450	600	600
4-Cyl. 2.4 Liter	B		(600)	(600)	(800)	(800)
V6 3.8 Liter	L		100	100	135	135
RAM WAGON—V8—Truck Equipment Schedule T1						
1500 Passenger Van	B15Y	22000	1400	1850	3100	4925
2500 Passenger Van	B25Y	23725	1550	2025	3300	5150
3500 Maxi Passenger	B35Y	26430	1825	2325	3600	5500
V6 3.9 Liter	X		(325)	(325)	(435)	(435)
V8 5.9 Liter	Z		50	50	65	65

TRUCKS & VANS

Body Type	VIN	List	Trade-In Fair	Trade-In Good	Pvt-Party Good	Retail Excellent
RAM VAN—V6—Truck Equipment Schedule T1						
1500 Cargo Van	B11X	19685	1200	1675	2900	4650
Maxi-Van			100	100	135	135
V8 5.2 Liter	Y		200	200	265	265
V8 5.9 Liter	Z		325	325	435	435
RAM VAN—V8—Truck Equipment Schedule T1						
2500 Cargo Van	B21Y	21620	1600	2075	3350	5200
3500 Cargo Van	B31Y	22790	1650	2125	3400	5275
Maxi-Van			100	100	135	135
V8 5.9 Liter	Z		50	50	65	65
DAKOTA PICKUP—4-Cyl.—Truck Equipment Schedule T1						
Short Bed	L26P	15545	725	1025	2000	3500
Long Bed	L26P	16005	650	900	1825	3250
R/T Short Bed	L26Z	19745	1100	1550	2750	4475
4WD	G		850	850	1135	1135
V6 3.9 Liter	X		225	225	300	300
V8 5.2 Liter	Y		325	325	435	435
V8 5.9 Liter (ex R/T)	Z		450	450	600	600
DAKOTA PICKUP—V6—Truck Equipment Schedule T1						
Club Cab	L22X	18740	1650	2150	3425	5300
R/T Club Cab	L22Z	20215	2100	2675	3975	5900
4WD	G		850	850	1135	1135
4-Cyl. 2.5 Liter	P		(225)	(225)	(300)	(300)
V8 5.2 Liter	Y		200	200	265	265
V8 5.9 Liter (ex R/T)	Z		325	325	435	435
RAM REGULAR CAB PICKUP—V8—Truck Equipment Schedule T1						
1500 Short Bed	C16Y	19485	1175	1650	2925	4700
1500 Long Bed	C16Y	19770	1000	1400	2575	4300
2500 Long Bed	C26Z	22145	1500	1975	3250	5125
3500 Long Bed	C36Z	23935	1725	2225	3525	5425
Work Special			(425)	(425)	(565)	(565)
4WD	F		900	900	1200	1200
V6 3.9 Liter	X		(450)	(450)	(600)	(600)
6-Cyl. 5.9L Turbo Diesel	6		2950	2950	3930	3930
V8 5.9 Liter	5,Z		225	225	300	300
V10 8.0 Liter	W		200	200	265	265
RAM CLUB CAB PICKUP—V8—Truck Equipment Schedule T1						
1500 Short Bed	C12Y	21515	2175	2750	4075	6050
1500 Long Bed	C12Y	21795	1900	2450	3775	5700
2500 Short Bed	C22Z	23330	2725	3325	4700	6775
2500 Long Bed	C22Z	23520	2550	3150	4500	6575
4WD	F		900	900	1200	1200
6-Cyl. 5.9L Turbo Diesel	6		2950	2950	3930	3930
V8 5.9 Liter	Z		225	225	300	300
V10 8.0 Liter	W		200	200	265	265
RAM QUAD CAB PICKUP—V8—Truck Equipment Schedule T1						
1500 Short Bed	C13Y	22310	2475	3075	4400	6450
1500 Long Bed	C13Y	22590	2275	2850	4200	6175
2500 Short Bed	C23Z	24125	3025	3675	5075	7225
2500 Long Bed	C23Z	24315	2850	3475	4875	6975
3500 Long Bed	C33Z	26915	3050	3700	5100	7250
4WD	F		900	900	1200	1200
6-Cyl. 5.9L Turbo Dsl	6		2950	2950	3930	3930
V8 5.9 Liter	5,Z		225	225	300	300
V10 8.0 Liter	W		200	200	265	265

2000 DODGE/PLYM—(1,2,3or4)B4—(S28N)—Y—#

Body Type	VIN	List	Trade-In Fair	Trade-In Good	Pvt-Party Good	Retail Excellent
DURANGO 4WD—V8—Truck Equipment Schedule T1						
SLT Sport Utility 4D	S28N	29060	2725	3325	4700	6750
R/T Sport Utility 4D	S28Z	33810	3075	3750	5150	7275
w/o Third Seat			(450)	(450)	(600)	(600)
2WD	R		(400)	(400)	(535)	(535)
V8 5.9 Liter (ex R/T)	Z		225	225	300	300
CARAVAN/VOYAGER—V6—Truck Equipment Schedule T1						
Minivan 4D	P243	21905	1250	1725	2975	4775
SE Minivan 4D	P443	23675	1200	1675	2925	4700
Grand Minivan 4D	P243	22380	1450	1925	3175	5025
SE Grand Minivan 4D	P443	24670	1575	2075	3350	5225
LE Grand Minivan 4D	P54R	27785	1925	2475	3800	5700
ES Grand Minivan 4D	P54L	29995	2150	2725	4050	6000
5 Passenger			(350)	(350)	(465)	(465)
w/o 2nd Sliding Door			(50)	(50)	(65)	(65)
AWD	T		500	500	665	665

TRUCKS & VANS

Body Type	VIN	List	Trade-In Fair	Trade-In Good	Pvt-Party Good	Retail Excellent
4-Cyl. 2.4 Liter	B		(650)	(650)	(865)	(865)
V6 3.8 Liter	L		100	100	135	135
GRAND CARAVAN AWD—V6—Truck Equipment Schedule T1						
Sport Minivan 4D	T44L	28670	2025	2575	3900	5825
5 Passenger			(350)	(350)	(465)	(465)
RAM WAGON—V8—Truck Equipment Schedule T1						
1500 Passenger Van	B15Y	22245	1700	2175	3475	5375
2500 Passenger Van	B25Y	23670	1850	2375	3675	5575
3500 Maxi Passenger	B35Y	26675	2125	2700	4025	5975
V6 3.9 Liter	X		(350)	(350)	(465)	(465)
V8 5.9 Liter	Z		50	50	65	65
RAM VAN—V6—Truck Equipment Schedule T1						
1500 Cargo Van	B11X	19575	1475	1975	3250	5100
Maxi-Van			100	100	135	135
V8 5.2 Liter	T,Y		200	200	265	265
V8 5.9 Liter	Z		350	350	465	465
RAM VAN—V8—Truck Equipment Schedule T1						
2500 Cargo Van	B21Y	21075	1900	2450	3775	5675
3500 Cargo Van	B31X	23260	1950	2500	3800	5725
Maxi-Van			100	100	135	135
V8 5.9 Liter	Z		50	50	65	65
DAKOTA PICKUP—4-Cyl.—Truck Equipment Schedule T1						
Short Bed	L26P	15850	875	1225	2400	4125
R/T Short Bed	L26Z	20090	1300	1775	3050	4875
4WD	G		950	950	1265	1265
V6 3.9 Liter	X		250	250	335	335
V8 4.7 Liter	Y		350	350	465	465
V8 5.9 Liter (ex R/T)	Z		500	500	665	665
DAKOTA PICKUP—V6—Truck Equipment Schedule T1						
Club Cab	L22X	19045	1925	2475	3800	5700
R/T Club Cab	L22Z	22340	2425	3025	4375	6425
Quad Cab	L2AX	20290	2250	2825	4150	6125
4WD	G		950	950	1265	1265
4-Cyl. 2.5 Liter	P		(250)	(250)	(335)	(335)
V8 4.7 Liter	N		200	200	265	265
V8 5.9 Liter (ex R/T)	Z		350	350	465	465
RAM REGULAR CAB PICKUP—V8—Truck Equipment Schedule T1						
1500 Short Bed	C16Y	19695	1350	1825	3100	4975
1500 Long Bed	C16Y	19980	1100	1550	2800	4575
2500 Long Bed	C26Z	22570	1675	2175	3500	5425
3500 Long Bed	C36Z	24330	1900	2450	3775	5725
Work Special			(450)	(450)	(600)	(600)
4WD	F		1000	1000	1335	1335
V6 3.9 Liter	X		(450)	(450)	(600)	(600)
6-Cyl. 5.9L Turbo Diesel	6		3300	3300	4400	4400
V8 5.9 Liter	Z,5		250	250	335	335
V10 8.0 Liter	W		225	225	300	300
RAM CLUB CAB PICKUP—V8—Truck Equipment Schedule T1						
1500 Short Bed	C12Y	21890	2425	3025	4375	6450
4WD	F		1000	1000	1335	1335
V8 5.9 Liter	Z		250	250	335	335
RAM QUAD CAB PICKUP—V8—Truck Equipment Schedule T1						
1500 Short Bed	C13Y	22750	2750	3350	4750	6850
1500 Long Bed	C13Y	23030	2525	3100	4500	6575
2500 Short Bed	C23Z	24335	3325	4025	5475	7675
2500 Long Bed	C23Z	24525	3150	3825	5250	7425
3500 Long Bed	C33Z	27125	3375	4075	5500	7725
4WD	F		1000	1000	1335	1335
6-Cyl. 5.9L Turbo Dsl	6		3300	3300	4400	4400
V8 5.9 Liter	Z,5		250	250	335	335
V10 8.0 Liter	W		225	225	300	300

2001 DODGE—(1 or 2)B(4,7 or 8)—(S28N)-1

Body Type	VIN	List	Trade-In Fair	Trade-In Good	Pvt-Party Good	Retail Excellent
DURANGO 4WD—V8—Truck Equipment Schedule T1						
SLT Sport Utility 4D	S28N	30740	3075	3750	5175	7325
R/T Sport Utility 4D	S28Z	30990	3500	4225	5625	7875
w/o Third Seat			(475)	(475)	(635)	(635)
2WD	R		(450)	(450)	(600)	(600)
V8 5.9 Liter (ex R/T)	Z		250	250	335	335
CARAVAN—V6—Truck Equipment Schedule T1						
SE Minivan 4D	P44B	19800	1525	2025	3300	5175
Sport Minivan 4D	P64G	24165	1500	1975	3250	5100
SE Grand Minivan 4D	P44G	22440	1575	2075	3350	5225

1009

Body Type	VIN	List	Trade-In Fair	Trade-In Good	Pvt-Party Good	Retail Excellent
Sport Grand 4D	P64G	24915	1875	2425	3700	5600
EX Grand Minivan 4D	P44L	26725	1825	2350	3625	5525
ES Grand Minivan 4D	P54L	29750	2525	3125	4475	6500
5 Passenger			(375)	(375)	(500)	(500)
AWD	T		525	525	700	700
4-Cyl. 2.4 Liter	B		(700)	(700)	(935)	(935)
V6 3.8 Liter	L		475	475	635	635
RAM WAGON—V8—Truck Equipment Schedule T1						
1500 Passenger Van	B15Y	22615	2050	2600	3925	5850
2500 Passenger Van	B25Y	24040	2225	2800	4125	6075
3500 Maxi Passenger	B35Y	27055	2525	3125	4475	6500
V6 3.9 Liter	X		(375)	(375)	(500)	(500)
V8 5.9 Liter	Z		50	50	65	65
RAM VAN—V6—Truck Equipment Schedule T1						
1500 Cargo Van	B11X	19890	1850	2375	3675	5575
2500 Cargo Van	B21X	21390	1950	2525	3825	5750
Maxi-Van			100	100	135	135
V8 5.2 Liter	Y		200	200	265	265
V8 5.9 Liter	Z		375	375	500	500
RAM VAN—V8—Truck Equipment Schedule T1						
3500 Cargo Van	B31Y	23575	2350	2950	4300	6275
Maxi-Van			100	100	135	135
V8 5.9 Liter	Z		50	50	65	65
DAKOTA PICKUP—4-Cyl.—Truck Equipment Schedule T1						
Short Bed	L26P	16255	1050	1475	2725	4525
R/T Short Bed	L26Z	20505	1600	2100	3425	5350
4WD	G		1050	1050	1400	1400
V6 3.9 Liter	X		250	250	335	335
V8 4.7 Liter	N		375	375	500	500
V8 5.9 Liter (ex R/T)	Z		550	550	735	735
DAKOTA PICKUP—V6—Truck Equipment Schedule T1						
Club Cab	L22X	19580	2325	2900	4275	6275
R/T Club Cab	L22Z	22885	2800	3425	4825	6925
Quad Cab	L23X	21950	2625	3225	4600	6700
4WD	G		1050	1050	1400	1400
4-Cyl. 2.5 Liter	P		(275)	(275)	(365)	(365)
V8 4.7 Liter	N		200	200	265	265
V8 5.6 Liter (ex R/T)	Z		375	375	500	500
RAM REGULAR CAB PICKUP—V8—Truck Equipment Schedule T1						
1500 Short Bed	C16Y	20145	1525	2025	3350	5275
1500 Long Bed	C16Y	20430	1225	1700	3025	4875
2500 Long Bed	C26Z	23475	1850	2375	3750	5700
3500 Long Bed	C36Z	25360	2100	2675	4050	6050
Work Special			(475)	(475)	(635)	(635)
4WD	F		1100	1100	1465	1465
V6 3.9 Liter	X		(450)	(450)	(600)	(600)
6-Cyl. 5.9L Turbo Diesel	6		3650	3650	4865	4865
6-Cyl. 5.9L HO Turbo Dsl	7		4300	4300	5730	5730
V8 5.9 Liter	Z		275	275	365	365
V10 8.0 Liter	W		225	225	300	300
RAM CLUB CAB PICKUP—V8—Truck Equipment Schedule T1						
1500 Short Bed	C12Y	21465	2700	3300	4700	6800
4WD	F		1100	1100	1465	1465
V8 5.9 Liter	Z		275	275	365	365
RAM QUAD CAB PICKUP—V8—Truck Equipment Schedule T1						
1500 Short Bed	C13Y	23375	3000	3650	5075	7225
1500 Long Bed	C13Y	23655	2775	3400	4800	6900
2500 Short Bed	C23Z	25440	3650	4350	5825	8100
2500 Long Bed	C23Z	25630	3475	4175	5600	7875
3500 Long Bed	C33Z	28155	3725	4425	5900	8175
4WD	F		1100	1100	1465	1465
6-Cyl. 5.9L Turbo Dsl	6		3650	3650	4865	4865
6-Cyl. 5.9L HO Turbo Dsl	7		4300	4300	5730	5730
V8 5.9 Liter	Z		275	275	365	365
V10 8.0 Liter	W		225	225	300	300

2002 DODGE — 1B(4,7or8)-(S38N)-2-#

Body Type	VIN	List	Trade-In Fair	Trade-In Good	Pvt-Party Good	Retail Excellent
DURANGO 4WD—V8—Truck Equipment Schedule T1						
Sport Utility 4D	S38N	27595	3400	4100	5750	8225
R/T Sport Utility 4D	S78Z	37070	4300	5100	6800	9400
w/o Third Seat			(500)	(500)	(665)	(665)
2WD	R		(500)	(500)	(665)	(665)
V8 5.9 Liter (ex R/T)	Z		250	250	335	335

SEE BACK PAGES FOR TRUCK EQUIPMENT

TRUCKS & VANS

Body	Type	VIN	List	Trade-In Fair	Trade-In Good	Pvt-Party Good	Retail Excellent
CARAVAN—V6—Truck Equipment Schedule T1							
eC Minivan 4D	P15B	16995	1575	2075	3600	5750
SE Minivan 4D	P44B	19795	1700	2200	3750	5925
Sport Minivan 4D	P64G	24060	1675	2175	3700	5875
SE Grand Minivan 4D	P44G	22440	1750	2250	3800	5975
eL Grand Minivan 4D	P343	24175	1900	2450	4025	6225
Sport Grand 4D	P64G	24930	2075	2625	4200	6425
EX Grand Minivan 4D	P44L	26725	2000	2550	4125	6325
ES Grand Minivan 4D	P54L	30135	2775	3400	5000	7350
5 Passenger			(400)	(400)	(535)	(535)
AWD	T		550	550	735	735
4-Cyl. 2.4 Liter	B		(750)	(750)	(1000)	(1000)
V6 3.8 Liter	L		500	500	665	665
RAM WAGON—V8—Truck Equipment Schedule T1							
1500 Passenger Van	B15Y	22035	2325	2925	4475	6750
2500 Passenger Van	B25Y	24050	2500	3100	4675	6975
3500 Maxi Passenger	B35Y	27055	2825	3450	5050	7400
V6 3.9 Liter	X		(400)	(400)	(535)	(535)
V8 5.9 Liter	Z		50	50	65	65
RAM VAN—V6—Truck Equipment Schedule T1							
1500 Cargo Van	B11X	20050	2075	2650	4200	6425
2500 Cargo Van	B21X	21595	2200	2775	4325	6600
Maxi-Van			100	100	135	135
V8 5.2 Liter	Y		200	200	265	265
V8 5.9 Liter	Z		400	400	535	535
RAM VAN—V8—Truck Equipment Schedule T1							
3500 Cargo Van	B31Y	23780	2625	3225	4825	7150
Maxi-Van			100	100	135	135
V8 5.9 Liter	Z		50	50	65	65
DAKOTA PICKUP—4-Cyl.—Truck Equipment Schedule T1							
Short Bed	L26P	16370	1150	1625	3150	5300
R/T Short Bed	L26Z	21290	1800	2325	3900	6125
4WD	G		1150	1150	1535	1535
V6 3.9 Liter	X		250	250	335	335
V8 4.7 Liter	N		400	400	535	535
V8 5.9 Liter (ex R/T)	Z		600	600	800	800
DAKOTA PICKUP—V6—Truck Equipment Schedule T1							
Club Cab	L22X	19695	2575	3175	4800	7150
R/T Club Cab	L22Z	23585	3075	3750	5400	7850
Quad Cab	L23X	21985	2875	3500	5150	7550
4WD	G		1150	1150	1535	1535
4-Cyl. 2.5 Liter	P		(300)	(300)	(400)	(400)
V8 4.7 Liter	N		200	200	265	265
V8 5.9 Liter (ex R/T)	Z		400	400	535	535
RAM REGULAR CAB PICKUP—V8—Truck Equipment Schedule T1							
1500 Short Bed	C16Y	19620	2225	2800	4400	6750
1500 Long Bed	C16Y	19905	1950	2500	4125	6400
2500 HD Long Bed	C26Z	23490	1850	2375	4000	6250
3500 Long Bed	C36Z	25375	2125	2700	4300	6625
4WD	F		1200	1200	1600	1600
V6 3.7 Liter	K		(450)	(450)	(600)	(600)
6-Cyl. 5.9L Turbo Diesel	6		4000	4000	5330	5330
6-Cyl. 5.9L HO Turbo Dsl	7		4500	4500	6000	6000
V8 5.9 Liter	Z		300	300	400	400
V10 8.0 Liter	W		225	225	300	300
RAM QUAD CAB PICKUP—V8—Truck Equipment Schedule T1							
1500 Short Bed	C13Y	23840	3850	4575	6275	8850
1500 Long Bed	C13Y	24120	3600	4300	6000	8550
2500 Short Bed	C23Z	25455	3775	4500	6200	8775
2500 Long Bed	C23Z	25645	3600	4300	6000	8550
3500 Long Bed	C33Z	28170	3875	4575	6300	8875
4WD	F		1200	1200	1600	1600
6-Cyl. 5.9L Turbo Dsl	6		4000	4000	5330	5330
6-Cyl. 5.9L HO Turbo Dsl	7		4500	4500	6000	6000
V8 5.9 Liter	Z		300	300	400	400
V10 8.0 Liter	W		225	225	300	300

2003 DODGE — (1,2or3)D(3,4,7or8)—(S38N)—3

Body	Type	VIN	List	Trade-In Fair	Trade-In Good	Pvt-Party Good	Retail Excellent
DURANGO 4WD—V8—Truck Equipment Schedule T1							
Sport Utility 4D	S38N	28875	3925	4675	6350	8875
R/T Sport Utility 4D	S78Z	38670	4975	5800	7575	10300
w/o Third Seat			(475)	(475)	(635)	(635)
2WD	R		(575)	(575)	(765)	(765)

Body Type	VIN	List	Trade-In Fair	Trade-In Good	Pvt-Party Good	Retail Excellent
V8 5.9 Liter (ex R/T)	Z		300	300	400	400
CARAVAN—V6—Truck Equipment Schedule T2						
Cargo Minivan	P253	21965	950	1350	2825	4900
Grand Cargo Minivan	P253	22850	1175	1650	3175	5300
CARAVAN—V6—Truck Equipment Schedule T1						
SE Minivan 4D	P25B	21440	1950	2500	4075	6300
Sport Minivan 4D	P453	25110	2125	2700	4275	6525
SE Grand Minivan 4D	P24R	22890	2050	2625	4200	6425
eL Grand Minivan 4D	P343	24425	2250	2850	4400	6700
Sport Grand 4D	P44R	28040	2450	3075	4625	6925
EX Grand Minivan 4D	P74L	26400	2375	2975	4525	6800
ES Grand Minivan 4D	P54L	33335	3200	3875	5500	7925
5 Passenger			(475)	(475)	(635)	(635)
AWD	T		650	650	865	865
4-Cyl. 2.4 Liter	B		(875)	(875)	(1165)	(1165)
V6 3.8 Liter			575	575	765	765
RAM VAN—V6—Truck Equipment Schedule T1						
1500 Cargo Van	B11X	20685	2600	3200	4800	7125
2500 Cargo Van	B21X	21640	2750	3375	4975	7325
Maxi-Van			150	150	200	200
V8 5.2 Liter	Y		250	250	335	335
V8 5.9 Liter			450	450	600	600
RAM VAN—V8—Truck Equipment Schedule T1						
3500 Cargo Van	B31Y	24415	3250	3925	5525	7975
Maxi-Van			150	150	200	200
V8 5.9 Liter	Z		100	100	135	135
DAKOTA PICKUP—V6—Truck Equipment Schedule T1						
Short Bed	L16X	17680	1550	2025	3650	5875
R/T Short Bed	L76Z	22800	2300	2875	4500	6825
Club Cab	L22X	19375	3100	3775	5450	7925
R/T Club Cab	L22Z	25100	3475	4475	6200	8750
Quad Cab	L23X	22550	3525	4225	5900	8425
4WD	G		1325	1325	1765	1765
V8 4.7 Liter	N		250	250	335	335
V8 5.9 Liter (ex R/T)			475	475	635	635
RAM REGULAR CAB PICKUP—V8—Truck Equipment Schedule T1						
1500 Short Bed	A16N	20225	3275	3975	5650	8150
1500 Long Bed	A16N	20510	2950	3575	5275	7725
4WD	U		1375	1375	1835	1835
V6 3.7 Liter	K		(525)	(525)	(700)	(700)
V8 5.7 Liter HEMI	D		875	875	1165	1165
V8 5.9 Liter	Z,5		250	250	335	335
RAM REGULAR CAB PICKUP—V8 HEMI—Truck Equipment Schedule T1						
2500 Long Bed	A26D	24255	3775	4475	6200	8775
3500 Long Bed	A36D	26140	4075	4825	6550	9175
4WD	U		1375	1375	1835	1835
6-Cyl. 5.9L Turbo Diesel	6		4150	4150	5530	5530
6-Cyl. 5.9L HO Turbo Dsl	C		4725	4725	6300	6300
V10 8.0 Liter	W		250	250	335	335
RAM QUAD CAB PICKUP—V8—Truck Equipment Schedule T1						
1500 Short Bed	A18N	24960	5000	5825	7650	10450
1500 Long Bed	A18N	25240	4675	5525	7300	10050
4WD	U		1375	1375	1835	1835
V6 3.7 Liter	K		(525)	(525)	(700)	(700)
V8 5.7 Liter HEMI	D		875	875	1165	1165
V8 5.9 Liter	Z,5		250	250	335	335
RAM QUAD CAB PICKUP—V8 HEMI—Truck Equipment Schedule T1						
2500 Short Bed	A28D	26600	5775	6725	8525	11400
2500 Long Bed	A28D	26790	5575	6500	8300	11150
3500 Short Bed	A386	32455	5950	6875	8750	11650
3500 Long Bed	A38D	29315	5825	6750	8600	11500
4WD	U		1375	1375	1835	1835
6-Cyl. 5.9L Turbo Dsl	6		4150	4150	5530	5530
6-Cyl. 5.9L HO Turbo Dsl	C		4725	4725	6300	6300
V10 8.0 Liter	W		250	250	335	335

2004 DODGE—(1,3orW)D(2,3,4,5,7or8)—(S38N)—4

Body Type	VIN	List	Trade-In Fair	Trade-In Good	Pvt-Party Good	Retail Excellent
DURANGO 4WD—V8—Truck Equipment Schedule T1						
Sport Utility 4D	S38N	29350	5625	6550	8300	11100
w/o Third Seat			(550)	(550)	(735)	(735)
2WD	R		(650)	(650)	(865)	(865)
V6 3.7 Liter	K		(800)	(800)	(1065)	(1065)
V8 5.7 Liter	D		800	800	1065	1065

SEE BACK PAGES FOR TRUCK EQUIPMENT

TRUCKS & VANS

Body	Type	VIN	List	Trade-In Fair	Trade-In Good	Pvt-Party Good	Retail Excellent
CARAVAN—V6—Truck Equipment Schedule T2							
Cargo Minivan		P21R	22585	1125	1600	3125	5275
Grand Cargo Minivan		P23R	23455	1500	1975	3550	5725
CARAVAN—V6—Truck Equipment Schedule T1							
SE Minivan 4D		P25B	21795	2400	3000	4575	6875
SXT Minivan 4D		P45R	24850	2575	3175	4775	7100
SE Grand Minivan 4D		P24R	24975	2550	3125	4725	7025
EX Grand Minivan 4D		P74L	27225	2875	3500	5125	7475
SXT Grand Minivan		P44L	30335	3525	4225	5850	8300
5 Passenger		T		(550)	(550)	(735)	(735)
AWD		T		725	725	965	965
4-Cyl. 2.4 Liter		B		(1000)	(1000)	(1335)	(1335)
V6 3.8 Liter		L		650	650	865	865
DAKOTA PICKUP—V6—Truck Equipment Schedule T1							
Short Bed		L16X	18725	2050	2625	4250	6575
Club Cab		L22X	21395	3800	4500	6225	8775
Quad Cab		L23X	23595	4300	5075	6825	9500
4WD		G		1500	1500	2000	2000
V8 4.7 Liter		N		550	550	735	735
RAM REGULAR CAB PICKUP—V8—Truck Equipment Schedule T1							
1500 Short Bed		A16N	21900	3850	4575	6300	8875
1500 Long Bed		A16N	22185	3475	4175	5875	8400
4WD		U		1550	1550	2065	2065
V6 3.7 Liter		K		(600)	(600)	(800)	(800)
V8 5.7 Liter HEMI		D		950	950	1265	1265
RAM REGULAR CAB PICKUP—V8 HEMI—Truck Equipment Schedule T1							
2500 Long Bed		A26D	25695	4450	5250	7025	9750
3500 Long Bed		A36D	27715	4775	5600	7400	10150
4WD		U		1550	1550	2065	2065
6-Cyl. 5.9L Turbo Diesel		6		4300	4300	5730	5730
6-Cyl. 5.9L HO Turbo Dsl		C		4950	4950	6600	6600
RAM REGULAR CAB PICKUP—V10—Truck Equipment Schedule T1							
SRT-10 1500 Short		A16H	45795	13675	15375	17500	21500
6-Spd Manual Trans				0	0	0	0
RAM QUAD CAB PICKUP—V8—Truck Equipment Schedule T1							
1500 Short Bed		A18N	26060	5875	6800	8625	11500
1500 Long Bed		A18N	26415	5525	6425	8225	11050
4WD		U		1550	1550	2065	2065
V6 3.7 Liter		K		(600)	(600)	(800)	(800)
V8 5.7 Liter HEMI		D		950	950	1265	1265
RAM QUAD CAB PICKUP—V8 HEMI—Truck Equipment Schedule T1							
2500 Short Bed		A28D	28150	6850	7900	9750	12800
2500 Long Bed		A28D	28340	6650	7650	9500	12500
3500 Short Bed		A386	34530	7025	8075	9950	13050
3500 Long Bed		A38D	30790	6900	7950	9800	12850
4WD		U		1550	1550	2065	2065
6-Cyl. 5.9L Turbo Dsl		6		4300	4300	5730	5730
6-Cyl. 5.9L HO Turbo Dsl		C		4950	4950	6600	6600
2005 DODGE — (1,3orW)D(2,3,4,5,7or8)-(B38N)-5							
DURANGO 4WD—V8—Truck Equipment Schedule T1							
Sport Utility 4D		B38N	30360	6625	7650	9425	12350
w/o Third Seat		D		(600)	(600)	(800)	(800)
2WD		D		(725)	(725)	(965)	(965)
V6 3.7 Liter		K		900	900	1200	1200
V8 5.7 Liter HEMI		D		900	900	1200	1200
CARAVAN—V6—Truck Equipment Schedule T2							
Cargo Minivan		P21R	20185	1625	2100	3700	5900
Grand Cargo Minivan		P23R	20885	2025	2600	4200	6450
CARAVAN—V6—Truck Equipment Schedule T1							
Minivan 4D		P25B	18995	3075	3725	5350	7750
SXT Minivan 4D		P45R	22485	3250	3925	5525	7975
Grand Minivan 4D		P24R	22185	3225	3900	5525	7950
SXT Grand Minivan		P44L	27185	4250	5025	6675	9200
5 Passenger				(600)	(600)	(800)	(800)
4-Cyl. 2.4 Liter		B		(1100)	(1100)	(1465)	(1465)
DAKOTA PICKUP—V6—Truck Equipment Schedule T1							
Club Cab		E22K	20305	4475	5300	7050	9750
Quad Cab		E28K	22514	5125	5975	7775	10550
4WD		W		1675	1675	2235	2235
V8 4.7 Liter/V8 4.7L HO		N,J		625	625	835	835
RAM REGULAR CAB PICKUP—V8—Truck Equipment Schedule T1							
1500 Short Bed		A16N	22910	4425	5250	7025	9750

2005 DODGE

Body Type	VIN	List	Trade-In Fair	Trade-In Good	Pvt-Party Good	Retail Excellent
1500 Long Bed	A16N	23195	4075	4825	6575	9200
4WD	U		1725	1725	2300	2300
V6 3.7 Liter	K		(675)	(675)	(900)	(900)
V8 5.7 Liter HEMI	D		1025	1025	1365	1365
RAM REGULAR CAB PICKUP—V8 HEMI—Truck Equipment Schedule T1						
2500 Long Bed	R26D	26510	5250	6100	7925	10750
3500 Long Bed	R36D	28395	5575	6500	8300	11150
4WD	S		1725	1725	2300	2300
6-Cyl. 5.9L HO Turbo Dsl	C		5175	5175	6900	6900
RAM REGULAR CAB PICKUP 4WD—V8 HEMI—Truck Equipment Schedule T1						
2500 Power Wagon	S26D	36660	10425	11800	13750	17250
RAM REGULAR CAB PICKUP—V10—Truck Equipment Schedule T1						
SRT-10 1500 Short	A16H	45850	15425	17350	19400	23500
6-Spd Manual Trans			0	0	0	0
RAM QUAD CAB PICKUP—V8—Truck Equipment Schedule T1						
1500 Short Bed	A18N	26920	6775	7825	9650	12650
1500 Long Bed	A18N	27275	6425	7400	9225	12200
4WD	S		1725	1725	2300	2300
V6 3.7 Liter	K		(675)	(675)	(900)	(900)
V8 5.7 Liter HEMI	D		1025	1025	1365	1365
RAM QUAD CAB PICKUP—V10—Truck Equipment Schedule T1						
SRT-10 1500 Short	A18H	50850	17875	20000	22200	26800
RAM QUAD CAB PICKUP 4WD—V8 HEMI—Truck Equipment Schedule T1						
2500 Power Wagon	R28D	41040	12600	14200	16200	20000
RAM QUAD CAB PICKUP—V8 HEMI—Truck Equipment Schedule T1						
2500 Short Bed	R28D	28950	7975	9150	11050	14250
2500 Long Bed	R28D	29080	7775	8900	10800	13950
3500 Short Bed	R48D	35480	8150	9325	11200	14450
3500 Long Bed	R48D	31605	8025	9200	11100	14300
4WD	S		1725	1725	2300	2300
6-Cyl. 5.9L HO Turbo Dsl	C		5175	5175	6900	6900

2006 DODGE — (1,3orW)D(2,3,4,5,7or8)-(B38N)-6

Body Type	VIN	List	Trade-In Fair	Trade-In Good	Pvt-Party Good	Retail Excellent
DURANGO 4WD—V8—Truck Equipment Schedule T1						
Sport Utility 4D	B38N	31825	7875	9000	10850	13900
w/o Third Seat			(650)	(650)	(865)	(865)
2WD	D		(800)	(800)	(1065)	(1065)
V6 3.7 Liter	K		(1000)	(1000)	(1335)	(1335)
V8 5.7 Liter HEMI	2		975	975	1300	1300
CARAVAN—V6—Truck Equipment Schedule T2						
Cargo Minivan	P21R	20645	2425	3050	4625	6950
Grand Cargo Minivan	P23R	21345	2950	3575	5225	7600
CARAVAN—V6—Truck Equipment Schedule T1						
SE Minivan 4D	P25R	19095	4100	4850	6500	9000
SXT Minivan 4D	P45R	23035	4275	5025	6675	9200
Grand Minivan 4D	P24R	23745	4275	5000	6700	9200
SXT Grand Minivan	P44L	27830	5300	6175	7875	10550
5 Passenger			(650)	(650)	(865)	(865)
4-Cyl. 2.4 Liter	B		(1200)	(1200)	(1600)	(1600)
DAKOTA PICKUP—V6—Truck Equipment Schedule T1						
Club Cab	E22K	21750	5450	6350	8100	10950
Quad Cab	E28K	23150	6175	7125	8925	11800
4WD	W		1850	1850	2465	2465
V8 4.7L/V8 4.7L HO	N,J		700	700	935	935
RAM REGULAR CAB PICKUP—V8—Truck Equipment Schedule T1						
1500 Short Bed	A16N	23580	5150	6000	7825	10650
1500 Long Bed	A16N	23865	4700	5525	7325	10100
4WD	U		1900	1900	2535	2535
V6 3.7 Liter	K		(750)	(750)	(1000)	(1000)
V8 5.7 Liter HEMI	2		1100	1100	1465	1465
RAM REGULAR CAB PICKUP—V8 HEMI—Truck Equipment Schedule T1						
Long Bed	R26D	27180	6050	7000	8850	11750
3500 Long Bed	L36D	29065	6425	7400	9225	12200
4WD	S,X		1900	1900	2535	2535
6-Cyl. 5.9L HO Turbo Dsl	C		5400	5400	7200	7200
RAM REGULAR CAB PICKUP 4WD—V8 HEMI—Truck Equipment Schedule T1						
2500 Power Wagon	S26D	38645	11850	13425	15400	18950
RAM REGULAR CAB PICKUP—V10—Truck Equipment Schedule T1						
SRT-10 1500 Short	A16H	48505	17300	19350	21500	25700
6-Spd Manual Trans			0	0	0	0
RAM QUAD CAB PICKUP—V8—Truck Equipment Schedule T1						
1500 Short Bed	A18N	27650	7750	8875	10800	13900
1500 Long Bed	A18N	28005	7375	8450	10300	13350

TRUCKS & VANS

Body	Type	VIN	List	Trade-In Fair	Trade-In Good	Pvt-Party Good	Retail Excellent
4WD		U		1900	1900	2535	2535
V6 3.7 Liter		K		(750)	(750)	(1000)	(1000)
V8 5.7 Liter HEMI		2		1100	1100	1465	1465
RAM QUAD CAB PICKUP 4WD—V8 HEMI—Truck Equipment Schedule T1							
2500 Power Wagon		R28D	41475	14250	16025	18000	21900
RAM QUAD CAB PICKUP—V10—Truck Equipment Schedule T1							
SRT-10 1500 Short		A18H	52710	20000	22350	24500	29900
RAM QUAD CAB PICKUP—V8 HEMI—Truck Equipment Schedule T1							
2500 Short Bed		R28D	30055	5200	10475	12400	15750
2500 Long Bed		R28D	30245	9000	10250	12150	15450
3500 Short Bed		L38C	37065	9400	10675	12650	15950
3500 Long Bed		L48D	32695	9275	10575	12500	15850
4WD		S,X		1900	1900	2535	2535
6-Cyl. 5.9L HO Turbo Dsl		C		5400	5400	7200	7200
RAM MEGA CAB PICKUP—V8 HEMI—Truck Equipment Schedule T1							
1500 Short Bed		R19D	32760	10425	11850	13750	17250
2500 Short Bed		R29D	35065	12300	13925	15900	19500
4WD		A,S		1900	1900	2535	2535
6-Cyl. 5.9L HO Turbo Dsl		C		5400	5400	7200	7200
RAM MEGA CAB PICKUP—6-Cyl. HO Turbo Diesel—Truck Equipment Schedule T1							
3500 Short Bed		L39C	41505	17000	19050	21200	25400
4WD		X		1900	1900	2535	2535

2007 DODGE — (1,2or3)D(2,3,4,5,7or8)–(U28K)–7

Body	Type	VIN	List	Trade-In Fair	Trade-In Good	Pvt-Party Good	Retail Excellent
NITRO 4WD—V6—Truck Equipment Schedule T1							
SXT Sport Utility 4D		U28K	21545	8075	9225	10950	13850
SLT Sport Utility 4D		U58K	24805	9275	10575	12250	15350
R/T Sport Utility 4D		U586	25795	11475	12925	14650	18000
2WD		T		(875)	(875)	(1165)	(1165)
DURANGO 4WD—V8—Truck Equipment Schedule T1							
Sport Utility 4D		B38N	29855	9500	10775	12550	15700
w/o Third Seat		D		(700)	(700)	(935)	(935)
2WD		D		(875)	(875)	(1165)	(1165)
V6 3.7 Liter		K		(1100)	(1100)	(1465)	(1465)
V8 5.7 Liter HEMI		2		1050	1050	1400	1400
CARAVAN—V6—Truck Equipment Schedule T2							
Cargo Minivan		P21R	20845	3750	4450	6000	8350
Grand Cargo Minivan		P23R	21545	4325	5125	6700	9175
CARAVAN—V6—Truck Equipment Schedule T1							
Minivan 4D		P25R	19345	5600	6525	8075	10700
SXT Minivan 4D		P45R	23235	5725	6675	8250	10900
Grand Minivan 4D		P24R	23995	5775	6725	8300	10950
SXT Grand Minivan		P44L	28030	6850	7900	9475	12200
5 Passenger				(700)	(700)	(935)	(935)
4-Cyl. 2.4 Liter		B		(1300)	(1300)	(1735)	(1735)
DAKOTA PICKUP—V6—Truck Equipment Schedule T1							
Club Cab		E22K	20840	6175	7125	8850	11600
Quad Cab		E28K	23540	7400	8500	10200	13150
4WD		W		2025	2025	2700	2700
V8 4.7 Liter/V8 4.7L HO		N,J		750	750	1000	1000
RAM REGULAR CAB PICKUP—V8—Truck Equipment Schedule T1							
1500 Short Bed		A16N	23940	5900	6850	8600	11400
1500 Long Bed		A16N	24225	5450	6350	8075	10850
4WD		U		2075	2075	2765	2765
V6 3.7 Liter		K		(800)	(800)	(1065)	(1065)
V8 5.7 Liter HEMI		2		1175	1175	1565	1565
RAM REGULAR CAB PICKUP—V8 HEMI—Truck Equipment Schedule T1							
2500 Long Bed		R26D	27540	6950	8000	9775	12700
3500 Long Bed		L36D	29425	7350	8425	10200	13200
4WD		S,X		2075	2075	2765	2765
6-Cyl. 5.9L HO Turbo Dsl		C		5600	5600	7465	7465
6-Cyl. 6.7L Turbo Dsl		A		5900	5900	7865	7865
RAM REGULAR CAB PICKUP 4WD—V8 HEMI—Truck Equipment Schedule T1							
2500 Power Wagon		S26D	37955	13425	15150	17000	20700
RAM QUAD CAB PICKUP—V8—Truck Equipment Schedule T1							
1500 Short Bed		A18N	28010	8825	10050	11850	15050
1500 Long Bed		A18N	28365	8375	9575	11400	14550
4WD		U		2075	2075	2765	2765
V6 3.7 Liter		K		(800)	(800)	(1065)	(1065)
V8 5.7 Liter HEMI		2		1175	1175	1565	1565
RAM QUAD CAB PICKUP—V8 HEMI—Truck Equipment Schedule T1							
2500 Short Bed		R28D	30340	10425	11850	13700	17050
2500 Long Bed		R28D	30530	10250	11625	13500	16800

Body	Type	VIN	List	Trade-In Fair	Trade-In Good	Pvt-Party Good	Retail Excellent
3500	Short Bed	L38A	37425	10725	12150	14000	17400
3500	Long Bed	L48D	33055	10525	11950	13800	17200
4WD		S,X		2075	2075	2765	2765
	6-Cyl. 5.9L HO Turbo Dsl	C		5600	5600	7465	7465
	6-Cyl. 6.7L Turbo Diesel	A		5900	5900	7865	7865

RAM QUAD CAB PICKUP 4WD—V8 HEMI—Truck Equipment Schedule T1

Body	Type	VIN	List	Fair	Good	Good	Excellent
2500	Power Wagon	S28D	40890	16025	17975	15900	23800

RAM MEGA CAB PICKUP—V8 HEMI—Truck Equipment Schedule T1

Body	Type	VIN	List	Fair	Good	Good	Excellent
1500	Short Bed	A19D	33095	11750	13275	15150	18650
2500	Short Bed	R29D	35400	13775	15525	17450	21200
4WD		S,U		2075	2075	2765	2765
	6-Cyl. 6.7L HO Turbo Dsl	A		5600	5600	7465	7465
	6-Cyl. 6.7L Turbo Diesel	A		5900	5900	7865	7865

RAM MEGA CAB PICKUP—6-Cyl. HO Turbo Diesel—Truck Schedule T1

Body	Type	VIN	List	Fair	Good	Good	Excellent
3500	Short Bed	L39C	43155	18925	21175	23100	27300
4WD		X		2075	2075	2765	2765

2008 DODGE — (1,3orW)D(2,3,4,5,7or8)–(U28K)–8

NITRO 4WD—V6—Truck Equipment Schedule T1

Body	Type	VIN	List	Fair	Good	Good	Excellent
SXT Sport Utility 4D		U28K	21915	9425	10725	12300	15250
SLT Sport Utility 4D		U58K	25325	10725	12150	13750	16850
R/T Sport Utility 4D		U58E	28500	13025	14700	16350	19800
2WD		T		(950)	(950)	(1265)	(1265)

DURANGO 4WD—V8—Truck Equipment Schedule T1

Body	Type	VIN	List	Fair	Good	Good	Excellent
Sport Utility 4D		B38N	30480	11475	12975	14750	18100
w/o Third Row				(750)	(750)	(1000)	(1000)
2WD		D		(950)	(950)	(1265)	(1265)
V6 3.7 Liter		K		(1200)	(1200)	(1600)	(1600)
V8 5.7 Liter HEMI		2		1125	1125	1500	1500

CARAVAN—V6—Truck Equipment Schedule T2

Body	Type	VIN	List	Fair	Good	Good	Excellent
Grand Cargo Minvan		N11H	22470	7675	8800	10300	12950
V6 3.3L Flex Fuel		E		0	0	0	0

CARAVAN—V6—Truck Equipment Schedule T1

Body	Type	VIN	List	Fair	Good	Good	Excellent
SE Grand Minivan		N44H	22470	9200	10475	12100	15050
SXT Grand Minivan		N54P	27535	10350	11700	13400	16450
5 Passenger Seating				(750)	(750)	(1000)	(1000)

DAKOTA PICKUP—V6—Truck Equipment Schedule T1

Body	Type	VIN	List	Fair	Good	Good	Excellent
Extended Cab		E32K	21215	7825	8950	10650	13500
Crew Cab		E38K	23915	9900	11225	12950	16100
4WD		W		2200	2200	2935	2935
V8 4.7L Flex Fuel		N		800	800	1065	1065

RAM REGULAR CAB PICKUP—V8—Truck Equipment Schedule T1

Body	Type	VIN	List	Fair	Good	Good	Excellent
1500	Short Bed	A16N	24195	7900	9050	10800	13750
1500	Long Bed	A16N	24480	7375	8450	10150	13050
4WD		U		2250	2250	3000	3000
V6 3.7 Liter		K		(850)	(850)	(1135)	(1135)
V8 5.7 Liter HEMI		2		1250	1250	1665	1665

RAM REGULAR CAB PICKUP—V8 HEMI—Truck Equipment Schedule T1

Body	Type	VIN	List	Fair	Good	Good	Excellent
2500	Long Bed	R26D	27765	9100	10350	12100	15250
3500	Long Bed	L36D	29610	9450	10725	12550	15750
4WD		S,X		2250	2250	3000	3000
	6-Cyl. 5.9L HO Turbo Dsl	C		5800	5800	7730	7730
	6-Cyl. 6.7L Turbo Diesel	A		6100	6100	8130	8130

RAM REGULAR CAB PICKUP 4WD—V8 HEMI—Truck Equipment Schedule T1

Body	Type	VIN	List	Fair	Good	Good	Excellent
2500	Power Wagon	S26D	40020	16175	18175	20100	24000
	6-Cyl. 6.7 Turbo Diesel	A		6100	6100	8130	8130

RAM QUAD CAB PICKUP—V8—Truck Equipment Schedule T1

Body	Type	VIN	List	Fair	Good	Good	Excellent
1500	Short Bed	A18N	28365	11025	12500	14350	17750
1500	Long Bed	A18N	29900	10575	12000	13800	17150
4WD		U		2250	2250	3000	3000
V6 3.7 Liter		K		(850)	(850)	(1135)	(1135)
V8 5.7 Liter HEMI		2		1250	1250	1665	1665

RAM QUAD CAB PICKUP—V8 HEMI—Truck Equipment Schedule T1

Body	Type	VIN	List	Fair	Good	Good	Excellent
2500	Short Bed	R28D	30475	12875	14550	16400	20000
2500	Long Bed	R28D	30740	12700	14350	16150	19700
3500	Long Bed	L48D	33315	12975	14650	16500	20100
4WD		S,X		2250	2250	3000	3000
	6-Cyl. 6.7L Turbo Diesel	A		6100	6100	8130	8130
	6-Cyl. 5.9L HO Turbo Dsl	C		5800	5800	7730	7730

RAM QUAD CAB PICKUP—6-Cyl. Turbo Diesel—Truck Schedule T1

Body	Type	VIN	List	Fair	Good	Good	Excellent
3500	Short Bed	L38A	38105	13175	14850	16650	20300
4WD		S,X		2250	2250	3000	3000

Body	Type	VIN	List	Trade-In Fair	Good	Pvt-Party Good	Retail Excellent
RAM QUAD CAB PICKUP 4WD—V8 HEMI—Truck Equipment Schedule T1							
2500 Power Wagon	S28D	43180	19000	21275	23100	27200
6-Cyl. 6.7 Turbo Diesel	A		6100	6100	8130	8130
RAM MEGA CAB PICKUP—V8 HEMI—Truck Equipment Schedule T1							
1500 Short Bed	A19D	33695	14250	16025	17900	21600
2500 Short Bed	R29D	35880	16425	18425	20300	24200
4WD	S,U		2250	2250	3000	3000
6-Cyl. 6.7 Turbo Diesel	A		6100	6100	8130	8130
RAM MEGA CAB PICKUP—6-Cyl. Turbo Diesel—Truck Equip Sch T1							
3500 Short Bed	L39A	44750	21950	24500	26300	30700
4WD	X		2250	2250	3000	3000

FORD

1994 FORD — 1F(MorT)-(U24X)-R-#

Body	Type	VIN	List	Trade-In Fair	Good	Pvt-Party Good	Retail Excellent
EXPLORER 4WD—V6—Truck Equipment Schedule T1							
Sport Utility 2D	U24X	21145	525	700	1475	2700
Sport Utility 4D	U34X	22055	800	1125	2075	3550
2WD	2		(125)	(125)	(165)	(165)
BRONCO 4WD—V8—Truck Equipment Schedule T1							
Sport Utility 2D	U15N	24036	1900	2450	3725	5625
V8 5.8 Liter	H		75	75	100	100
AEROSTAR—V6—Truck Equipment Schedule T2							
Cargo Minivan	A14U	13796	550	725	1525	2750
Extended Cargo	A34U	16346	575	775	1575	2825
Window Minivan	A15U	16091	550	750	1550	2800
Extended Window	A35U	16641	575	800	1600	2875
4WD	2,4		250	250	335	335
V6 4.0 Liter	X		50	50	65	65
AEROSTAR—V6—Truck Equipment Schedule T1							
Minivan	A11U	16302	600	825	1625	2925
Extended Minivan	A31U	17747	650	900	1750	3075
5 Passenger			(200)	(200)	(265)	(265)
4WD	2,4		250	250	335	335
V6 4.0 Liter	X		50	50	65	65
CLUB WAGON—V8—Truck Equipment Schedule T1							
Passenger Van	E11N	19790	900	1275	2325	3950
Heavy Duty Van	E31H	21739	950	1325	2425	4050
Super Passenger Van	S31H	22925	1000	1400	2500	4150
5 Passenger			(200)	(200)	(265)	(265)
6-Cyl. 4.9 Liter	Y		(200)	(200)	(265)	(265)
V8 460/7.5 Liter	G		100	100	135	135
V8 7.3 Liter Diesel	M		(100)	(100)	(135)	(135)
ECONOLINE—6-Cyl.—Truck Equipment Schedule T1							
E150 Cargo Van	E14Y	16923	525	725	1475	2700
E250 Cargo Van	E24Y	17635	575	775	1575	2825
E250 Extended Cargo	E24Y	18434	750	1050	1925	3325
E350 Cargo Van	E34Y	18416	625	900	1725	3050
E350 Extended Cargo	E34Y	19385	825	1150	2100	3550
V8 5.0, 5.8 Liter	N,H		100	100	135	135
V8 460/7.5 Liter	G		200	200	265	265
V8 7.3 Liter Diesel	M		200	200	265	265
RANGER PICKUP—4-Cyl.—Truck Equipment Schedule T2							
Short Bed	R10A	9826	425	600	1225	2275
Long Bed	R10A	10200	350	475	1100	2050
Super Cab	R14A	12469	625	900	1725	3050
Splash Short Bed	R10A	13305	575	775	1550	2800
Splash Super Cab	R14A	14774	750	1050	1925	3325
4WD	1		400	400	535	535
V6 3.0 Liter	U		125	125	165	165
V6 4.0 Liter	X		150	150	200	200
REGULAR CAB PICKUP—V8—Truck Equipment Schedule T1							
F150 Short Bed	F15N	16434	850	1200	2175	3675
F150 Lightning	F15R	23127	1900	2450	3725	5625
F150 Long Bed	F15N	16658	775	1075	1975	3425
F250 Long Bed	F25H	17480	1175	1650	2850	4575
F350 Long Bed	F35H	20088	1200	1675	2875	4575
Special			(250)	(250)	(335)	(335)
4WD	4,6		500	500	665	665
6-Cyl. 4.9 Liter	Y		(350)	(350)	(465)	(465)
V8 5.8 Liter	H,R		75	75	100	100

Body Type	VIN	List	Trade-In Fair	Trade-In Good	Pvt-Party Good	Retail Excellent
V8 460/7.5 Liter	G		150	150	200	200
V8 7.3 Liter Diesel	M		200	200	265	265
V8 7.3 Turbo Diesel	K		600	600	800	800
V8 7.3L Power Stroke	F		1600	1600	2135	2135
SUPER CAB PICKUP—V8—Truck Equipment Schedule T1						
F150 Short Bed	X15N	18040	1525	2000	3250	5050
F150 Long Bed	X15N	18283	1475	1975	3200	5000
F250 Long Bed	X25H	20578	1775	2275	3550	5450
F350 Long Bed	X35G	22410	1850	2350	3625	5525
Special			(250)	(250)	(335)	(335)
4WD	4,6		500	500	665	665
6-Cyl. 4.9 Liter	Y		(350)	(350)	(465)	(465)
V8 5.8 Liter	H		75	75	100	100
V8 460/7.5 Liter	G		150	150	200	200
V8 7.3 Liter Diesel	M		200	200	265	265
V8 7.3 Turbo Diesel	K		600	600	800	800
V8 7.3L Power Stroke	F		1600	1600	2135	2135
CREW CAB PICKUP—V8—Truck Equipment Schedule T1						
F350 Long Bed	W35H	21591	1850	2400	3675	5550
4WD	6		500	500	665	665
V8 460/7.5 Liter	G		150	150	200	200
V8 7.3 Liter Diesel	M		200	200	265	265
V8 7.3L Turbo Diesel	K		600	600	800	800
V8 7.3L Power Stroke	F		1600	1600	2135	2135

1995 FORD—(1or2)F(B,MorT)—(U24X)-S-#

Body Type	VIN	List	Trade-In Fair	Trade-In Good	Pvt-Party Good	Retail Excellent
EXPLORER 4WD—V6—Truck Equipment Schedule T1						
Sport Utility 2D	U24X	22380	575	775	1600	2875
Sport Utility 4D	U34X	23735	875	1250	2325	3950
2WD	2		(125)	(125)	(165)	(165)
BRONCO 4WD—V8—Truck Equipment Schedule T1						
Sport Utility 2D	U15N	24305	2225	2825	4125	6100
V8 5.8 Liter	H		75	75	100	100
AEROSTAR—V6—Truck Equipment Schedule T2						
Cargo Minivan	A14U	17486	625	825	1650	2975
AEROSTAR—V6—Truck Equipment Schedule T1						
Minivan	A11U	17895	750	1075	1975	3425
Extended Minivan	A31U	22261	825	1150	2100	3600
5 Passenger			(200)	(200)	(265)	(265)
4WD	4		250	250	335	335
V6 4.0 Liter	X		50	50	65	65
WINDSTAR—V6—Truck Equipment Schedule T2						
Cargo Minivan	A544	18655	275	400	1000	1925
WINDSTAR—V6—Truck Equipment Schedule T1						
GL Minivan	A514	19995	400	575	1225	2275
LX Minivan	A514	24080	500	675	1450	2650
CLUB WAGON—V8—Truck Equipment Schedule T1						
Passenger Van	E11N	21286	1025	1450	2575	4250
Heavy Duty Van	E31H	22967	1150	1525	2675	4350
Super Passenger Van	S31H	24780	1150	1600	2775	4475
6-Cyl. 4.9 Liter	G		(200)	(200)	(265)	(265)
V8 460/7.5 Liter	G		100	100	135	135
V8 7.3L Turbo Diesel	F		1125	1125	1500	1500
ECONOLINE—6-Cyl.—Truck Equipment Schedule T1						
E150 Cargo Van	E14Y	17675	625	875	1700	3050
E250 Cargo Van	E24Y	18514	650	925	1800	3150
E250 Extended Cargo	E24Y	19328	875	1250	2325	3950
E350 Cargo Van	E34Y	19723	750	1050	1950	3375
E350 Extended Cargo	E34Y	20707	1000	1400	2525	4175
V8 5.0, 5.8 Liter	N,H		100	100	135	135
V8 460/7.5 Liter	G		200	200	265	265
V8 7.3L Turbo Diesel	F		1300	1300	1735	1735
RANGER PICKUP—4-Cyl.—Truck Equipment Schedule T2						
Short Bed	R10A	10746	475	650	1425	2625
Long Bed	R10A	11130	425	575	1225	2275
Super Cab	R14A	13298	700	1000	1850	3250
Splash Short Bed	R10A	13825	625	900	1750	3075
Splash Super Cab	R14A	15400	850	1200	2175	3675
4WD	1,5		400	400	535	535
V6 3.0 Liter	U		125	125	165	165
V6 4.0 Liter	X		150	150	200	200
REGULAR CAB PICKUP—V8—Truck Equipment Schedule T1						
F150 Short Bed	F15N	17418	975	1350	2475	4150

TRUCKS & VANS

Body Type	VIN	List	Trade-In Fair	Good	Pvt-Party Good	Retail Excellent
F150 Lightning	F15R		2200	2800	4125	6100
F150 Long Bed	F15N	17642	875	1225	2300	3950
F250 Long Bed	F25H	18264	1425	1900	3150	4975
F350 Long Bed	F35H	20236	1450	1925	3175	5000
Special			(250)	(250)	(335)	(335)
4WD	4,6		500	500	665	665
6-Cyl. 4.9 Liter	Y,Z		(350)	(350)	(465)	(465)
V8 5.8 Liter	H,R		75	75	100	100
V8 460/7.5 Liter	G		150	150	200	200
V8 7.3L Turbo Diesel	F		1600	1600	2135	2135
SUPER CAB PICKUP—V8—Truck Equipment Schedule T1						
F150 Short Bed	X15N	19297	1800	2300	3575	5475
F150 Long Bed	X15N	19540	1750	2250	3525	5425
F250 Long Bed	X25H	20670	2075	2650	3950	5900
F350 Long Bed	X35G	22730	2150	2725	4050	6000
Special			(250)	(250)	(335)	(335)
4WD	4,6		500	500	665	665
6-Cyl. 4.9 Liter	Y		(350)	(350)	(465)	(465)
V8 5.8 Liter	H		75	75	100	100
V8 460/7.5 Liter	G		150	150	200	200
V8 7.3L Turbo Diesel	F		1600	1600	2135	2135
CREW CAB PICKUP—V8—Truck Equipment Schedule T1						
F350 Long Bed	W35H	21938	2200	2775	4125	6100
4WD	6		500	500	665	665
V8 460/7.5 Liter	G		150	150	200	200
V8 7.3L Turbo Diesel	F		1600	1600	2135	2135

1996 FORD—(1or2)F(B,MorT)—(U24X)—T-#

Body Type	VIN	List	Trade-In Fair	Good	Pvt-Party Good	Retail Excellent
EXPLORER 4WD—V6—Truck Equipment Schedule T1						
Sport Utility 2D	U24X	22980	625	850	1700	3050
XL Sport Utility 4D	U34X	24335	975	1350	2475	4150
2WD	2		(200)	(200)	(265)	(265)
4WD	5		0	0	0	0
V8 5.0 Liter	P		125	125	165	165
BRONCO 4WD—V8—Truck Equipment Schedule T1						
XL Sport Utility 2D	U15N	25375	2625	3225	4600	6675
V8 5.8 Liter	H		125	125	165	165
AEROSTAR—V6—Truck Equipment Schedule T2						
Cargo Minivan	A14U	17966	575	775	1575	2875
AEROSTAR—V6—Truck Equipment Schedule T1						
XLT Minivan	A11U	18375	725	1025	1925	3375
XLT Extended	A31U	22840	775	1100	2025	3500
5 Passenger			(250)	(250)	(335)	(335)
4WD	4		300	300	400	400
V6 4.0 Liter	X		75	75	100	100
WINDSTAR—V6—Truck Equipment Schedule T2						
Cargo Minivan	A544	18825	325	450	1075	2050
V6 3.0 Liter	U		(125)	(125)	(165)	(165)
WINDSTAR—V6—Truck Equipment Schedule T1						
GL Minivan	A514	20785	450	625	1325	2450
LX Minivan	A514	25340	575	775	1575	2875
V6 3.0 Liter	U		(125)	(125)	(165)	(165)
CLUB WAGON—V8—Truck Equipment Schedule T1						
XL Passenger Van	E11N	22224	1100	1550	2700	4400
XL Heavy Duty Van	E31H	23925	1150	1625	2825	4525
XL Super Pass Van	S31H	25764	1225	1725	2925	4675
6-Cyl. 4.9 Liter	Y		(250)	(250)	(335)	(335)
V8 460/7.5 Liter	G		125	125	165	165
V8 7.3L Turbo Diesel	F		1300	1300	1735	1735
ECONOLINE—6-Cyl.—Truck Equipment Schedule T1						
E150 Cargo Van	E14Y	18255	675	975	1850	3250
E250 Cargo Van	E24Y	18680	750	1050	1975	3425
E250 Extended Cargo	E24Y	19400	975	1375	2500	4175
E350 Cargo Van	E34Y	20305	850	1175	2150	3675
E350 Extended Cargo	E34Y	21290	1100	1525	2700	4375
V8 5.0, 5.8 Liter	N,H		125	125	165	165
V8 460/7.5 Liter	G		250	250	335	335
V8 7.3L Turbo Diesel	F		1475	1475	1965	1965
RANGER PICKUP—4-Cyl.—Truck Equipment Schedule T2						
Short Bed	R10A	11087	600	800	1650	2975
Long Bed	R10A	11472	500	675	1475	2700
Super Cab	R14A	14217	850	1200	2200	3725
Splash Short Bed	R10A	14645	750	1075	2000	3475

Body Type	VIN	List	Trade-In Fair	Good	Pvt-Party Good	Retail Excellent
Splash Super Cab	R14U	16305	1025	1450	2575	4275
4WD	1,5		525	525	700	700
V6 3.0 Liter	U		150	150	200	200
V6 4.0 Liter	X		200	200	265	265
REGULAR CAB PICKUP—V8—Truck Equipment Schedule T1						
F150 Short Bed	F15N	18327	1100	1550	2725	4450
F150 Long Bed	F15N	18552	1000	1400	2550	4250
F250 Long Bed	F25H	19017	1600	2100	3375	5225
F350 Long Bed	F35H	20157	1675	2175	3450	5325
Special			(300)	(300)	(400)	(400)
4WD	4,6		600	600	800	800
6-Cyl. 4.9 Liter	Y		(375)	(375)	(500)	(500)
V8 5.8 Liter	H		125	125	165	165
V8 460/7.5 Liter	G		175	175	235	235
V8 7.3L Turbo Diesel	F		1925	1925	2565	2565
SUPER CAB PICKUP—V8—Truck Equipment Schedule T1						
F150 Short Bed	X15N	20352	975	2550	3850	5775
F150 Long Bed	X15N	20597	1925	2475	3775	5700
F250 Short Bed	X25H	21667	2475	2975	4425	6475
F250 Long Bed	X25H	21487	2375	2975	4300	6350
F350 Long Bed	X35G	23485	2500	3075	4450	6525
Special			(300)	(300)	(400)	(400)
4WD	4,6		600	600	800	800
6-Cyl. 4.9 Liter	Y		(375)	(375)	(500)	(500)
V8 5.8 Liter	H		125	125	165	165
V8 460/7.5 Liter	G		175	175	235	235
V8 7.3L Turbo Diesel	F		1925	1925	2565	2565
CREW CAB PICKUP—V8—Truck Equipment Schedule T1						
F250 Short Bed	W25G	23422	2825	3450	4875	7000
F350 Long Bed	W35H	23482	2575	3150	4525	6625
4WD	6		600	600	800	800
V8 460/7.5 Liter	G		175	175	235	235
V8 7.3L Turbo Diesel	F		1925	1925	2565	2565

1997 FORD—(1or2)F(B,M,orT)—(U24X)—V-#

Body Type	VIN	List	Trade-In Fair	Good	Pvt-Party Good	Retail Excellent
EXPLORER 4WD—V6—Truck Equipment Schedule T1						
Sport Utility 2D	U24X	24065	700	975	1875	3325
XL Sport Utility 4D	U34X	25420	1075	1525	2700	4400
2WD	2		(250)	(250)	(335)	(335)
4WD			0	0	0	0
V6 4.0 Liter SOHC	E		150	150	200	200
V8 5.0 Liter	P		150	150	200	200
EXPEDITION 4WD—V8—Truck Equipment Schedule T1						
XLT Sport Utility 4D	U18W	30510	1800	2300	3575	5475
w/o Third Seat			(350)	(350)	(465)	(465)
2WD	7		(400)	(400)	(535)	(535)
V8 5.4 Liter	L		175	175	235	235
AEROSTAR—V6—Truck Equipment Schedule T2						
Cargo Minivan	A14U	17995	525	725	1525	2800
AEROSTAR—V6—Truck Equipment Schedule T1						
XLT Minivan	A11U	18405	725	1025	1925	3375
XLT Extended	A31U	21170	775	1100	2025	3500
5 Passenger			(275)	(275)	(365)	(365)
4WD	4		350	350	465	465
V6 4.0 Liter	X		100	100	135	135
WINDSTAR—V6—Truck Equipment Schedule T2						
Cargo Minivan	A544	19600	350	500	1150	2175
V6 3.0 Liter	U		(150)	(150)	(200)	(200)
WINDSTAR—V6—Truck Equipment Schedule T1						
Minivan	A514	19995	475	650	1375	2525
GL Minivan	A514	23070	500	675	1400	2575
LX Minivan	A514	26195	625	850	1700	3050
V6 3.0 Liter	U		(150)	(150)	(200)	(200)
CLUB WAGON—V8—Truck Equipment Schedule T1						
XL Passenger Van	E11N	23210	1175	1675	2875	4625
XL Heavy Duty Van	E31L	25255	1300	1775	3000	4775
XL Super Pass Van	S31L	27135	1400	1875	3125	4925
V6 4.2 Liter	2		(275)	(275)	(365)	(365)
V8 7.3L Turbo Diesel	F		1475	1475	1965	1965
V10 6.8 Liter	S		350	350	465	465
ECONOLINE—V6—Truck Equipment Schedule T1						
E150 Cargo Van	E142	19370	775	1100	2050	3550
E250 Cargo Van	E242	20090	850	1200	2200	3725

Body Type	VIN	List	Trade-In Fair	Trade-In Good	Pvt-Party Good	Retail Excellent
E250 Extended Cargo	E242	20905	1125	1575	2750	4475
E350 Cargo Van	E34L	22430	950	1350	2475	4150
E350 Extended Cargo	E34L	23415	1250	1725	2925	4675
V8 4.6, 5.4 Liter	6,L		150	150	200	200
V8 7.3L Turbo Diesel	F		1650	1650	2200	2200
V10 6.8 Liter	S		300	300	400	400
RANGER PICKUP—4-Cyl.—Truck Equipment Schedule T2						
Short Bed	R10A	11060	700	975	1875	3300
Long Bed	R10A	11445	600	825	1675	3000
Super Cab	R14A	14905	1025	1450	2575	4275
Splash Short Bed	R10A	15385	950	1325	2450	4125
Splash Super Cab	R14U	17010	1250	1725	2950	4675
4WD	1,5		650	650	865	865
V6 3.0 Liter	U		175	175	235	235
V6 4.0 Liter	X		225	225	300	300
REGULAR CAB PICKUP—V8—Truck Equipment Schedule T1						
F150 Short Bed	F176,W	17480	1375	1850	3100	4900
F150 Long Bed	F176,W	17750	1175	1625	2850	4600
F250 Long Bed	F276,W	18770	1725	2250	3525	5400
F250 H.D. Long Bed	F25H	20265	2150	2725	4050	6000
F350 Long Bed	F35H	20775	2175	2750	4075	6050
Standard (Work Truck)			(350)	(350)	(465)	(465)
4WD	6,8		700	700	935	935
V6 4.2 Liter	2		(400)	(400)	(535)	(535)
V8 5.4 Liter	L		175	175	235	235
V8 460/7.5 Liter	G		200	200	265	265
V8 7.3L Turbo Diesel	F		2250	2250	3000	3000
SUPER CAB PICKUP—V8—Truck Equipment Schedule T1						
F150 Short Bed	X176,W	19635	2325	2925	4250	6250
F150 Long Bed	X176,W	19920	2150	2725	4050	6000
F250 Long Bed	X276,W	20620	2850	3475	4875	6975
F250 H.D. Short Bed	X25H	22285	2375	2975	4300	6325
F250 H.D. Long Bed	X25H	22105	2275	2850	4200	6175
F350 Long Bed	X35G	23875	2675	3275	4650	6725
Standard (Work Truck)			(350)	(350)	(465)	(465)
4WD	6,8		700	700	935	935
V6 4.2 Liter	2		(400)	(400)	(535)	(535)
V8 5.4 Liter	L		175	175	235	235
V8 460/7.5 Liter	G		200	200	265	265
V8 7.3L Turbo Diesel	F		2250	2250	3000	3000
CREW CAB PICKUP—V8—Truck Equipment Schedule T1						
F250 Short Bed	W25G	24160	3225	3900	5300	7550
F350 Long Bed	W35H	24220	2950	3575	4975	7100
4WD	6		700	700	935	935
V8 460/7.5 Liter	G		200	200	265	265
V8 7.3L Turbo Diesel	F		2250	2250	3000	3000

1998 FORD –(1or2)F(B,MorT)–(U24X)–W–#

Body Type	VIN	List	Trade-In Fair	Trade-In Good	Pvt-Party Good	Retail Excellent
EXPLORER 4WD—V6—Truck Equipment Schedule T1						
Sport Utility 2D	U24X	24315	800	1125	2125	3675
XL Sport Utility 4D	U34X	24995	1225	1700	2925	4700
2WD	2		(300)	(300)	(400)	(400)
AWD	5		0	0	0	0
V6 4.0 Liter SOHC	E		150	150	200	200
V8 5.0 Liter	P		175	175	235	235
EXPEDITION 4WD—V8—Truck Equipment Schedule T1						
XLT Sport Utility 4D	U18W	31225	2075	2625	3950	5875
w/o Third Seat			(400)	(400)	(535)	(535)
2WD	7		(425)	(425)	(565)	(565)
V8 5.4 Liter	L		200	200	265	265
WINDSTAR—V6—Truck Equipment Schedule T2						
Cargo Minivan	A544	18590	400	575	1250	2350
V6 3.0 Liter	U		(175)	(175)	(235)	(235)
WINDSTAR—V6—Truck Equipment Schedule T1						
Minivan	A514	20970	500	750	1575	2875
GL Minivan	A514	24025	550	750	1600	2925
LX Minivan	A514	28365	675	950	1850	3300
Limited Minivan	A514	30085	825	1150	2150	3675
V6 3.0 Liter	U		(175)	(175)	(235)	(235)
CLUB WAGON—V8—Truck Equipment Schedule T1						
XL Passenger Van	E11N	23090	1350	1850	3075	4850
XL Heavy Duty Van	E31L	25255	1500	1975	3225	5050
XL Super Pass Van	S31L	26970	1625	2125	3375	5225

TRUCKS & VANS

Body	Type	VIN	List	Trade-In Fair	Trade-In Good	Pvt-Party Good	Retail Excellent
	V6 4.2 Liter	2	......	(300)	(300)	(400)	(400)
	V8 7.3L Turbo Diesel	F	......	1650	1650	2200	2200
	V10 6.8 Liter	S	......	400	400	535	535
ECONOLINE—V6—Truck Equipment Schedule T1							
	E150 Cargo Van	E142	19885	900	1275	2400	4075
	E250 Cargo Van	E242	20210	975	1375	2500	4200
	E250 Extended Cargo	E242	20910	1325	1800	3025	4800
	E350 Cargo Van	E34L	22870	1100	1550	2725	4425
	E350 Extended Cargo	E34L	23850	1500	1975	3225	5050
	V8 4.6, 5.4 Liter	6,L	......	175	175	235	235
	V8 7.3L Turbo Diesel	F	......	1800	1800	2400	2400
	V10 6.8 Liter	S	......	350	350	465	465
RANGER PICKUP—4-Cyl.—Truck Equipment Schedule T2							
	XL Short Bed	R10C	11575	625	900	1800	3200
	XL Long Bed	R10C	12045	525	725	1550	2875
	Splash Short Bed	R10C	15195	950	1350	2475	4175
	Super Cab 2D	R14C	15030	1025	1425	2575	4300
	Super Cab 4D	R14C	15625	1625	2125	3400	5250
	Splash Super Cab 2D	R14U	16825	1275	1775	3000	4775
	Splash Super Cab 4D	R14U	17420	1625	2125	3400	5250
	4WD	1,5	......	750	750	1000	1000
	V6 3.0 Liter	U	......	200	200	265	265
	V6 4.0 Liter	X	......	250	250	335	335
REGULAR CAB PICKUP—V8—Truck Equipment Schedule T1							
	F150 Short Bed	F176,W	18815	1650	2150	3425	5325
	F150 Long Bed	F176,W	19115	1375	1850	3125	4950
	F250 Long Bed	F276,W	20225	1375	2550	3850	5800
	Standard (Work Truck)		......	(400)	(400)	(535)	(535)
	4WD	6,8	......	800	800	1065	1065
	V6 4.2 Liter	2	......	(425)	(425)	(565)	(565)
	V8 5.4 Liter	L	......	200	200	265	265
SUPER CAB PICKUP—V8—Truck Equipment Schedule T1							
	F150 Short Bed	X176,W	21255	2675	3275	4650	6750
	F150 Long Bed	X176,W	21555	2475	3075	4425	6475
	F250 Short Bed	X276,W	22300	3225	3925	5350	7550
	Standard (Work Truck)		......	(400)	(400)	(535)	(535)
	4WD	6,8	......	800	800	1065	1065
	V6 4.2 Liter	2	......	(425)	(425)	(565)	(565)
	V8 5.4 Liter	L	......	200	200	265	265

1999 FORD—(1,2or3)F(B,MorT)—(U24X)—X—

Body	Type	VIN	List	Trade-In Fair	Trade-In Good	Pvt-Party Good	Retail Excellent
EXPLORER 4WD—V6—Truck Equipment Schedule T1							
	Sport Utility 4D	U24X	24545	950	1325	2475	4200
	XL Sport Utility 4D	U34X	25310	1475	1950	3200	5050
	2WD	2	......	(350)	(350)	(465)	(465)
	AWD	5	......	0	0	0	0
	V6 4.0 Liter SOHC	E	......	150	150	200	200
	V8 5.0 Liter	P	......	200	200	265	265
EXPEDITION 4WD—V8—Truck Equipment Schedule T1							
	XLT Sport Utility 4D	U18W	32610	2425	3025	4350	6375
	w/o Third Seat	7	......	(450)	(450)	(600)	(600)
	2WD		......	(450)	(450)	(600)	(600)
	V8 5.4 Liter	L	......	225	225	300	300
WINDSTAR—V6—Truck Equipment Schedule T2							
	Cargo Minivan	A544	18955	475	650	1425	2625
	V6 3.0 Liter	U	......	(200)	(200)	(265)	(265)
WINDSTAR—V6—Truck Equipment Schedule T1							
	Minivan	A51U	21300	625	875	1775	3150
	LX Minivan	A514	24590	625	900	1800	3200
	SE Minivan	A524	28075	775	1100	2100	3650
	SEL Minivan	A534	30995	950	1325	2475	4175
	w/o 2nd Sliding Door		......	(50)	(50)	(65)	(65)
ECONOLINE WAGON—V8—Truck Equipment Schedule T1							
	E150 XL Passenger	E112	22710	1450	2075	3350	5200
	E350 XL Super Duty	S31L	25595	1750	2250	3525	5425
	E350 XL S.D. Ext	S31L	27285	1850	2400	3700	5575
	V6 4.2 Liter	2	......	(325)	(325)	(435)	(435)
	V8 7.3L Turbo Diesel	F	......	1800	1800	2400	2400
	V10 6.8 Liter	S	......	450	450	600	600
ECONOLINE VAN—V6—Truck Equipment Schedule T1							
	E150 Cargo Van	E142	20270	1075	1525	2700	4425
	E250 Cargo Van	E24L	20350	1125	1575	2800	4550
	E250 Extended Cargo	S24L	21050	1600	2075	3350	5200

Body Type	VIN	List	Trade-In Fair	Trade-In Good	Pvt-Party Good	Retail Excellent
E350 Super Cargo	E34L	23300	1300	1800	3025	4800
E350 Ext SD Cargo	S34L	.....	1800	2300	3575	5475
V8 4.6, 5.4 Liter	W,L	.....	200	200	265	265
V8 7.3L Turbo Diesel	F	.....	1950	1950	2600	2600
V10 6.8 Liter	S	.....	400	400	535	535
RANGER PICKUP—4-Cyl.—Truck Equipment Schedule T2						
Short Bed	R10C	11795	750	1050	2025	3550
Long Bed	R10C	12265	625	850	1750	3150
Super Cab 2D	R14C	15250	1150	1625	2850	4600
Super Cab 4D	R14X	15910	1875	2425	3725	5600
4WD	1,5	.....	850	850	1135	1135
V6 3.0L Flex Fuel	V	.....	225	225	300	300
V6 4.0 Liter	V	.....	275	275	365	365
REGULAR CAB PICKUP—V8—Truck Equipment Schedule T1						
F150 Short Bed	F17W	19205	1900	2450	3775	5700
F150 Long Bed	F17W	19505	1650	2150	3425	5325
F250 Long Bed	F276,W	20575	2300	2875	4250	6250
Work Truck		.....	(425)	(425)	(565)	(565)
4WD	6,8	.....	900	900	1200	1200
V6 4.2 Liter	2	.....	(450)	(450)	(600)	(600)
V8 5.4 Liter	L	.....	225	225	300	300
REGULAR CAB PICKUP—V8 Supercharged—Truck Schedule T1						
F150 Lightning	F073	29355	6150	7100	8825	11600
SUPER CAB PICKUP—V8—Truck Equipment Schedule T1						
F150 Short Bed	X17W	21985	3000	3650	5050	7200
F150 Long Bed	X17W	22285	2800	3425	4825	6925
F250 Short Bed	X276,W	23355	3650	4350	5825	8100
Work Truck		.....	(425)	(425)	(565)	(565)
4WD	6,8	.....	900	900	1200	1200
V6 4.2 Liter	2	.....	(450)	(450)	(600)	(600)
V8 5.4 Liter	L	.....	225	225	300	300
SUPER DUTY REGULAR CAB—V8—Truck Equipment Schedule T1						
F250 Long Bed	F20L	21505	3275	3950	5425	7625
F350 Long Bed	F30L	22150	3400	4100	5550	7800
4WD	1	.....	900	900	1200	1200
V10 6.8 Liter	S	.....	400	400	535	535
V8 7.3L Turbo Diesel	F	.....	2900	2900	3865	3865
SUPER DUTY SUPER CAB—V8—Truck Equipment Schedule T1						
F250 Short Bed	X20L	23260	4450	5250	6775	9200
F250 Long Bed	X20L	23460	4275	5025	6550	8950
F350 Short Bed	X30L	24245	4625	5450	7050	9575
F350 Long Bed	X30L	24445	4525	5325	6925	9425
4WD	1	.....	900	900	1200	1200
V8 7.3L Turbo Diesel	F	.....	2900	2900	3865	3865
V10 6.8 Liter	S	.....	400	400	535	535
SUPER DUTY CREW CAB—V8—Truck Equipment Schedule T1						
F250 Short Bed	W20L	24985	5150	6000	7650	10250
F250 Long Bed	W20L	25185	4975	5800	7450	10050
F350 Short Bed	W30L	25835	5350	6225	7900	10550
F350 Long Bed	W30L	26035	5225	6100	7750	10400
4WD	1	.....	900	900	1200	1200
V8 7.3L Turbo Diesel	F	.....	2900	2900	3865	3865
V10 6.8 Liter	S	.....	400	400	535	535

2000 FORD—(1,2or3)F(B,MorT)—(U70X)—Y—

Body Type	VIN	List	Trade-In Fair	Trade-In Good	Pvt-Party Good	Retail Excellent
EXPLORER SPORT 4WD—V6—Truck Equipment Schedule T1						
Utility 2D	U70X	24690	1125	1575	2800	4550
2WD	6	.....	(400)	(400)	(535)	(535)
V6 4.0 Liter SOHC	E	.....	150	150	200	200
EXPLORER 4WD—V6—Truck Equipment Schedule T1						
XL Sport Utility 4D	U72X	26790	1775	2275	3575	5475
Eddie Bauer Spt Util	U74P	34470	2325	2925	4250	6225
2WD	6	.....	(400)	(400)	(535)	(535)
AWD	8	.....	0	0	0	0
V6 4.0 Liter SOHC	E	.....	150	150	200	200
V8 5.0 Liter	P	.....	200	200	265	265
EXPEDITION 4WD—V8—Truck Equipment Schedule T1						
XLT Sport Utility 4D	U166	33165	2800	3400	4800	6900
Eddie Bauer Spt Util	U18L	40575	3425	4125	5525	7775
w/o Third Seat		.....	(500)	(500)	(665)	(665)
2WD	5,7	.....	(475)	(475)	(635)	(635)
V8 5.4 Liter	L	.....	250	250	335	335

1009

Body Type	VIN	List	Trade-In Fair	Trade-In Good	Pvt-Party Good	Retail Excellent
EXCURSION 4WD—V10—Truck Equipment Schedule T1						
XLT Sport Utility 4D	U41S	38090	3225	3900	5325	7525
w/o Third Seat		------	(500)	(500)	(665)	(665)
2WD		------	(475)	(475)	(635)	(635)
V8 5.4 Liter	L	------	(450)	(450)	(600)	(600)
V8 7.3L Turbo Diesel	F	------	3200	3200	4265	4265
WINDSTAR—V6—Truck Equipment Schedule T2						
Cargo Minivan	A544	20395	600	825	1725	3125
WINDSTAR—V6—Truck Equipment Schedule T1						
Minivan	A504	23080	750	1075	2050	3600
LX Minivan	A514	25045	775	1125	2100	3650
SE Minivan	A524	28195	950	1325	2475	4200
SEL Minivan	A534	31095	1100	1550	2750	4475
Limited Minivan	A534	33990	1175	1675	2900	4650
w/o 2nd Sliding Door	U	------	(50)	(50)	(65)	(65)
V6 3.0 Liter	2	------	(225)	(225)	(300)	(300)
ECONOLINE WAGON—V8—Truck Equipment Schedule T1						
E150 Passenger Van	E112	28170	1875	2400	3700	5600
E350 Super Duty Van	E31L	25900	2050	2600	3925	5850
E350 Super Duty Ext	S31L	27570	2175	2750	4075	6025
V6 4.2 Liter	2	------	(350)	(350)	(465)	(465)
V8 7.3L Turbo Diesel	F	------	1950	1950	2600	2600
V10 6.8 Liter	S	------	500	500	665	665
ECONOLINE VAN—V6—Truck Equipment Schedule T1						
E150 Cargo Van	E142	20950	1300	1800	3050	4850
E250 Cargo Van	E24L	22055	1400	1875	3275	4975
E250 Extended Cargo	E24L	22900	1900	2450	3775	5675
E350 Super Cargo	E34L	24500	1625	2125	3400	5275
E350 Ext SD Cargo	S34L	25475	2125	2700	4025	5975
V8 4.6, 5.4 Liter	W,L	------	200	200	265	265
V8 7.3L Turbo Diesel	F	------	2100	2100	2800	2800
V10 6.8 Liter	S	------	450	450	600	600
RANGER PICKUP—4-Cyl.—Truck Equipment Schedule T2						
Short Bed	R10C	11995	900	1250	2425	4125
Long Bed	R10C	12465	750	1050	2050	3600
Super Cab 2D	R14C	15655	1425	1900	3150	5000
Super Cab 4D	R14C	16230	1950	2500	3825	5725
4WD	1,5	------	950	950	1265	1265
V6 3.0L Flex Fuel	V	------	250	250	335	335
V6 4.0 Liter	X	------	300	300	400	400
REGULAR CAB PICKUP—V8—Truck Equipment Schedule T1						
F150 Short Bed	F17W	19510	2200	2775	4150	6150
F150 Long Bed	F17W	19810	1900	2450	3775	5725
4WD	6,8	------	1000	1000	1335	1335
Work Truck		------	(450)	(450)	(600)	(600)
V6 4.2 Liter	2	------	(450)	(450)	(600)	(600)
V8 5.4 Liter	L	------	250	250	335	335
REGULAR CAB—V8 Supercharged—Truck Equip Schedule T1						
F150 Lightning	P073	30895	6825	7875	9600	12500
SUPER CAB PICKUP—V8—Truck Equipment Schedule T1						
F150 Short Bed	X17W	22195	3375	4075	5500	7725
F150 Harley Davidson	X17L	33800	5975	6900	8600	11300
F150 Long Bed	X17W	22495	3150	3825	5250	7425
4WD	6,8	------	1000	1000	1335	1335
Work Truck		------	(450)	(450)	(600)	(600)
V6 4.2 Liter	2	------	(450)	(450)	(600)	(600)
V8 5.4 Liter	L	------	250	250	335	335
SUPER DUTY REGULAR CAB PICKUP—V8—Truck Equip Schedule T1						
F250 Long Bed	F20L	22450	3750	4450	5925	8225
F350 Long Bed	F30L	23175	3900	4625	6125	8425
4WD	1	------	1000	1000	1335	1335
V8 7.3L Turbo Diesel	F	------	3200	3200	4265	4265
V10 6.8 Liter	S	------	450	450	600	600
SUPER DUTY SUPER CAB PICKUP—V8—Truck Equip Schedule T1						
F250 Short Bed	X20L	24820	5025	5850	7475	10050
F250 Long Bed	X20L	24820	4800	5625	7225	9750
F350 Short Bed	X30L	25410	5250	6100	7750	10350
F350 Long Bed	X30L	25610	5100	5950	7575	10150
4WD	1	------	1000	1000	1335	1335
V8 7.3L Turbo Diesel	F	------	3200	3200	4265	4265
V10 6.8 Liter	S	------	450	450	600	600
SUPER DUTY CREW CAB PICKUP—V8—Truck Equipment Schedule T1						
F250 Short Bed	W20L	25930	5775	6725	8375	11050

TRUCKS & VANS

Body	Type	VIN	List	Trade-In Fair	Trade-In Good	Pvt-Party Good	Retail Excellent
F250 Long Bed	W20L	26130	5575	6500	8125	10800
F350 Short Bed	W30L	26590	5975	6900	8600	11300
F350 Long Bed	W30L	26790	5875	6825	8500	11200
4WD	1		1000	1000	1335	1335
V8 7.3L Turbo Diesel	F		3200	3200	4265	4265
V10 6.8 Liter	S		450	450	600	600

2001 FORD — (1or2)F(B,MorT)–(U021)–1–#

ESCAPE 4WD—V6—Truck Equipment Schedule T1

Body	Type	VIN	List	Fair	Good	Good	Excellent
XLS Sport Utility 4D	U021	21185	2825	3450	4825	6925
XLT Sport Utility 4D	U021	22815	3250	3925	5350	7525
2WD			(500)	(500)	(665)	(665)
4-Cyl. 2.0 Liter	B		(475)	(475)	(635)	(635)
EXPLORER SPORT 4WD—V6—Truck Equipment Schedule T1						
Sport Utility 2D	U70E	24435	1475	1950	3225	5075
2WD	6		(450)	(450)	(600)	(600)
EXPLORER 4WD—V6—Truck Equipment Schedule T1						
XLS Sport Utility 4D	U71E	27570	2125	2700	4050	6025
Eddie Bauer Spt Util	U74E	34590	2675	3275	4650	6750
2WD	6		(450)	(450)	(600)	(600)
AWD	8		0	0	0	0
V8 5.0 Liter	P		200	200	265	265
EXPLORER SPORT TRAC 4WD—V6—Truck Equipment Sch T1						
Utility Pickup 4D	U77E	25010	3425	4125	5525	7750
2WD	6		(450)	(450)	(600)	(600)
EXPEDITION 4WD—V8—Truck Equipment Schedule T1						
XLT Sport Utility 4D	U16W	33405	3250	3925	5350	7525
Eddie Bauer Spt Util	U18L	41410	3925	4650	6125	8400
w/o Third Seat			(550)	(550)	(735)	(735)
2WD	5		(500)	(500)	(665)	(665)
V8 5.4 Liter	L		275	275	365	365
EXCURSION 4WD—V10—Truck Equipment Schedule T1						
XLT Sport Utility 4D	U41S	38925	3700	4425	5875	8150
w/o Third Seat			(550)	(550)	(735)	(735)
2WD	0,2		(500)	(500)	(665)	(665)
V8 5.4 Liter	L		(475)	(475)	(635)	(635)
V8 7.3L Turbo Diesel	F		3500	3500	4665	4665
WINDSTAR—V6—Truck Equipment Schedule T2						
Cargo Minivan	A544	20540	750	1075	2075	3650
WINDSTAR—V6—Truck Equipment Schedule T1						
LX Minivan	A514	25320	950	1350	2525	4250
SE Sport Minivan	A574	27755	1125	1575	2800	4550
SE Minivan	A524	28915	1125	1600	2825	4575
SEL Minivan	A534	31435	1325	1825	3075	4875
Limited Minivan	A584	34085	1500	1975	3225	5075
w/o 2nd Sliding Door	0		(50)	(50)	(65)	(65)
ECONOLINE WAGON—V8—Truck Equipment Schedule T1						
E150 Passenger Van	E11W	24060	2275	2850	4175	6150
E350 Super Duty	E31L	26350	2475	3075	4375	6400
E350 Super Duty Ext	S31L	27970	2600	3200	4525	6575
V6 4.2 Liter	2		(375)	(375)	(500)	(500)
V8 7.3L Turbo Diesel	F		2100	2100	2800	2800
V10 6.8 Liter	S		550	550	735	735
ECONOLINE VAN—V6—Truck Equipment Schedule T1						
E150 Cargo Van	E142	21445	1675	2175	3475	5375
E250 Cargo Van	E24L	22565	1750	2275	3575	5500
E250 Extended Cargo	S24L	23410	2325	2900	4250	6225
E350 Super Cargo	E34L	24995	1975	2550	3850	5775
E350 Ext SD Cargo	S34L	25970	2550	3150	4500	6550
Crew Van Pkg			200	200	265	265
V8 4.6, 5.4 Liter	W,L		200	200	265	265
V8 7.3L Turbo Diesel	F		2250	2250	3000	3000
V10 6.8 Liter	S		475	475	635	635
RANGER PICKUP—4-Cyl.—Truck Equipment Schedule T2						
Short Bed	R10C	12400	1075	1500	2750	4525
Long Bed	R10C	13515	925	1350	2500	4250
Super Cab 2D	R14C	18465	1750	2250	3550	5450
Super Cab 4D	R14C	20960	2350	2925	4275	6250
4WD	1,5		1050	1050	1400	1400
V6 3.0 Liter	U		250	250	335	335
V6 4.0 Liter	E		325	325	435	435
REGULAR CAB PICKUP—V8—Truck Equipment Schedule T1						
F150 Short Bed	F17W	20170	2500	3100	4550	6725

Body Type	VIN	List	Trade-In Fair	Trade-In Good	Pvt-Party Good	Retail Excellent
F150 Long Bed	F17W	20470	**2175**	**2750**	**4200**	**6275**
Work Truck			(475)	(475)	(635)	(635)
4WD	6,8		1100	1100	1465	1465
V6 4.2 Liter	2		(450)	(450)	(600)	(600)
V8 5.4 Liter	L,Z		275	275	365	365
REGULAR CAB PICKUP—V8 Supercharged—Truck Schedule T1						
F150 Lightning	F073	32460	**7550**	**8650**	**10450**	**13500**
SUPER CAB PICKUP—V8—Truck Equipment Schedule T1						
F150 Short Bed	X17W	22855	**3750**	**4475**	**6025**	**8375**
F150 Long Bed	X17W	23155	**3525**	**4225**	**5725**	**8050**
Work Truck			(475)	(475)	(635)	(635)
4WD	6,8		1100	1100	1465	1465
V6 4.2 Liter	2		(450)	(450)	(600)	(600)
V8 5.4 Liter	L,Z		275	275	365	365
SUPERCREW PICKUP—V8—Truck Equipment Schedule T1						
F150 Short Bed 4D	W07W	26940	**4950**	**5775**	**7425**	**10050**
F150 King Ranch	W07W	31455	**6300**	**7275**	**8950**	**11700**
F150 HarleyDavidson	W07L	34495	**8800**	**10050**	**11900**	**15150**
4WD	8		1100	1100	1465	1465
V8 5.4 Liter	L		275	275	365	365
SUPER DUTY REGULAR CAB—V8—Truck Equipment Schedule T1						
F250 Long Bed	F20L	23155	**4225**	**4975**	**6500**	**8850**
F350 Long Bed	F30L	23580	**4375**	**5175**	**6700**	**9100**
4WD	1		1100	1100	1465	1465
V8 7.3L Turbo Diesel	F		3500	3500	4665	4665
V10 6.8 Liter	S		475	475	635	635
SUPER DUTY SUPER CAB—V8—Truck Equipment Schedule T1						
F250 Short Bed	X20L	25295	**5575**	**6500**	**8125**	**10800**
F250 Long Bed	X20L	25495	**5375**	**6275**	**7900**	**10500**
F350 Short Bed	X30L	26085	**5800**	**6750**	**8375**	**11050**
F350 Long Bed	X30L	26285	**5675**	**6600**	**8225**	**10900**
4WD	1		1100	1100	1465	1465
V8 7.3L Turbo Diesel	F		3500	3500	4665	4665
V10 6.8 Liter	S		475	475	635	635
SUPER DUTY CREW CAB—V8—Truck Equipment Schedule T1						
F250 Short Bed	W20L	25295	**6400**	**7400**	**9075**	**11850**
F250 Long Bed	W20L	26085	**6200**	**7175**	**8825**	**11550**
F350 Short Bed	W30L	27265	**6600**	**7625**	**9300**	**12150**
F350 Long Bed	W30L	27465	**6550**	**7550**	**9225**	**12050**
Platinum Edition			100	100	135	135
4WD	1		1100	1100	1465	1465
V8 7.3L Turbo Diesel	F		3500	3500	4665	4665
V10 6.8 Liter	S		475	475	635	635

2002 FORD — (1or2)F(B,MorT)–(U021)–2–#

Body Type	VIN	List	Trade-In Fair	Trade-In Good	Pvt-Party Good	Retail Excellent
ESCAPE 4WD—V6—Truck Equipment Schedule T1						
XLS Sport Utility 4D	U021	21910	**3225**	**3925**	**5550**	**8000**
XLT Sport Utility 4D	U041	23935	**3725**	**4425**	**6100**	**8625**
2WD			(500)	(500)	(665)	(665)
4-Cyl. 2.0 Liter	B		(500)	(500)	(665)	(665)
EXPLORER SPORT 4WD—V6—Truck Equipment Schedule T1						
Sport Utility 2D	U70E	24785	**2025**	**2575**	**4125**	**6350**
2WD	6		(500)	(500)	(665)	(665)
EXPLORER 4WD—V6—Truck Equipment Schedule T1						
XLS Sport Utility 4D	U72E	27775	**2725**	**3325**	**4975**	**7325**
Eddie Bauer Spt Util	U74K	35135	**3225**	**3900**	**5550**	**8000**
Third Seat			400	400	535	535
2WD	6		(500)	(500)	(665)	(665)
V8 4.6 Liter	W		200	200	265	265
EXPLORER SPORT TRAC 4WD—V6—Truck Equipment Schedule T1						
Utility Pickup 4D	U77E	25410	**4100**	**4850**	**6575**	**9150**
2WD	6		(500)	(500)	(665)	(665)
EXPEDITION 4WD—V8—Truck Equipment Schedule T1						
XLT Sport Utility 4D	U16W	33810	**3600**	**4300**	**5975**	**8475**
Eddie Bauer Spt Util	U18L	41825	**4300**	**5075**	**6775**	**9375**
w/o Third Seat			(600)	(600)	(800)	(800)
2WD	5,7		(500)	(500)	(665)	(665)
V8 5.4 Liter	L		300	300	400	400
EXCURSION 4WD—V10—Truck Equipment Schedule T1						
XLT Sport Utility 4D	U41S	38985	**4075**	**4825**	**6550**	**9150**
w/o Third Seat			(600)	(600)	(800)	(800)
2WD			(500)	(500)	(665)	(665)
V8 5.4 Liter	L		(500)	(500)	(665)	(665)

Body	Type	VIN	List	Trade-In Fair	Trade-In Good	Pvt-Party Good	Retail Excellent
	V8 7.3L Turbo Diesel	F		3800	3800	5065	5065
WINDSTAR—V6—Truck Equipment Schedule T2							
	Cargo Minivan	A544	20905	850	1200	2600	4575
WINDSTAR—V6—Truck Equipment Schedule T1							
	LX Minivan	A514	22995	1050	1475	2950	4975
	SE Minivan	A524	29280	1300	1775	3250	5350
	SEL Minivan	A534	31950	1500	2000	3500	5600
	Limited Minivan	A584	34360	1700	2175	3700	5850
	w/o 2nd Sliding Door	0		(50)	(50)	(65)	(65)
ECONOLINE WAGON—V6—Truck Equipment Schedule T1							
	E150 Passenger Van	E11W	24660	2575	3175	4750	7050
	V8 4.6, 5.4 Liter	W		200	200	265	265
ECONOLINE WAGON—V8—Truck Equipment Schedule T1							
	E350 Super Duty	E31L	26950	2750	3375	4975	7325
	E350 Super Duty Ext	S31L	28370	2925	3550	5150	7525
	V8 7.3L Turbo Diesel	F		2250	2250	3000	3000
	V10 6.8 Liter	S		600	600	800	800
ECONOLINE VAN—V6—Truck Equipment Schedule T1							
	E150 Cargo Van	E142	21880	1925	2475	4025	6225
	E250 Cargo Van	E242	22750	2000	2575	4125	6325
	E250 Ext Cargo	E242	23960	2600	3200	4800	7125
	E350 Super Cargo	E34L	25230	2275	2850	4400	6675
	E350 Ext SD Cargo	E34L	26520	2875	3500	5125	7475
	Crew Van Pkg			200	200	265	265
	V8 4.6/5.4 Liter	W,L		200	200	265	265
	V8 7.3L Turbo Diesel	F		2400	2400	3200	3200
	V10 6.8 Liter	S		500	500	665	665
RANGER PICKUP—4-Cyl.—Truck Equipment Schedule T2							
	Short Bed	R10C	12725	1175	1650	3150	5250
	Long Bed	R10C	13655	1025	1450	2925	4975
	Super Cab 2D	R14C	16400	1900	2450	4025	6225
	Super Cab 4D	R14C	18075	2550	3150	4750	7050
	4WD	1,5		1150	1150	1535	1535
	V6 3.0 Liter	U		250	250	335	335
	V6 3.0L Flex Fuel	V		250	250	335	335
	V6 4.0 Liter	E		350	350	465	465
REGULAR CAB PICKUP—V8—Truck Equipment Schedule T1							
	F150 Short Bed	F17W	20640	2600	3200	4950	7425
	F150 Long Bed	F17W	20940	2250	2850	4550	6975
	Work Truck			(500)	(500)	(665)	(665)
	4WD	6,8		1200	1200	1600	1600
	V6 4.2 Liter	2		(450)	(450)	(600)	(600)
	V8 5.4 Liter	L,Z		300	300	400	400
	V8 5.4L Bi-Fuel	M		300	300	400	400
REGULAR CAB PICKUP—V8 Supercharged—Truck Equipment Schedule T1							
	F150 Lightning	F073	32490	8025	9200	11300	14750
SUPER CAB PICKUP—V8—Truck Equipment Schedule T1							
	F150 Short Bed	X17W	23290	3950	4675	6500	9200
	F150 Long Bed	X17W	22840	3675	4400	6200	8850
	F150 King Ranch	X17W	29735	5300	6150	8075	11050
	4WD	6,8		1200	1200	1600	1600
	Work Truck			(500)	(500)	(665)	(665)
	V6 4.2 Liter	2		(450)	(450)	(600)	(600)
	V8 5.4 Liter	L,Z		300	300	400	400
SUPERCREW PICKUP—V8—Truck Equipment Schedule T1							
	F150 Short Bed 4D	W07W	27660	5200	6050	7975	10950
	F150 King Ranch 4D	W07W	32135	6675	7675	9675	12850
	4WD	8		1200	1200	1600	1600
	V8 5.4 Liter	L		300	300	400	400
SUPERCREW PICKUP—V8 Supercharged—Truck Equipment Schedule T1							
	F150 Harley-Davidson	W073	36520	9375	10675	12900	16500
SUPER DUTY REGULAR CAB PICKUP—V8—Truck Equipment Schedule T1							
	F250 Long Bed	F20L	22725	4500	5300	7175	10000
	F350 Long Bed	F30L	23985	4675	5500	7350	10200
	4WD	1		1200	1200	1600	1600
	V8 7.3L Turbo Diesel	F		3800	3800	5065	5065
	V10 6.8 Liter	S		500	500	665	665
SUPER DUTY SUPER CAB PICKUP—V8—Truck Equipment Schedule T1							
	F250 Short Bed	X20L	25715	5975	6925	8875	11900
	F250 Long Bed	X20L	25915	5750	6700	8625	11600
	F350 Short Bed	X30L	26505	6175	7150	9125	12100
	F350 Long Bed	X30L	26705	6050	7000	8950	12000
	4WD	1		1200	1200	1600	1600

Body Type	VIN	List	Trade-In Fair	Trade-In Good	Pvt-Party Good	Retail Excellent
V8 7.3L Turbo Diesel	F		3800	3800	5065	5065
V10 6.8 Liter	S		500	500	665	665
SUPER DUTY CREW CAB PICKUP—V8—Truck Equipment Schedule T1						
F250 Short Bed	W20L	27025	6825	7875	9850	13050
F250 Long Bed	W20L	27225	6625	7625	9600	12750
F350 Short Bed	W30L	27685	7050	8100	10100	13350
F350 Long Bed	W30L	27885	7000	8050	10050	13300
4WD	I		1200	1200	1600	1600
V8 7.3L Turbo Diesel	F		3800	3800	5065	5065
V10 6.8 Liter	S		500	500	665	665

2003 FORD — (1or2)F(B,MorT)-(U921)-3-#

Body Type	VIN	List	Trade-In Fair	Trade-In Good	Pvt-Party Good	Retail Excellent
ESCAPE 4WD—V6—Truck Equipment Schedule T1						
XLS Sport Utility 4D	U921	22550	3825	4550	6225	8750
XLT Sport Utility 4D	U931	25475	4300	5075	6800	9450
Limited Sport Util 4D	U941	27475	4625	5450	7200	9900
2WD	0		(575)	(575)	(765)	(765)
4-Cyl. 2.0 Liter	B		(600)	(600)	(800)	(800)
EXPLORER SPORT 4WD—V6—Truck Equipment Schedule T1						
XLS Sport Util 2D	U70E	25825	3000	3650	5250	7625
2WD	6		(575)	(575)	(765)	(765)
EXPLORER 4WD—V6—Flex Fuel—Truck Equipment Schedule T1						
XLS Sport Utility 4D	U72K	28470	3925	4650	6325	8850
Eddie Bauer Spt Util	U74K	35970	4600	5425	7175	9850
Third Seat			475	475	635	635
2WD	6		(575)	(575)	(765)	(765)
AWD	8		0	0	0	0
V8 4.6 Liter	W		250	250	335	335
EXPLORER SPORT TRAC 4WD—V6—Truck Equipment Schedule T1						
XLS Util Pickup 4D	U77E	26185	5375	6275	8025	10850
2WD	6		(575)	(575)	(765)	(765)
EXPEDITION 4WD—V8—Truck Equipment Schedule T1						
XLT Sport Utility 4D	U16W	34165	5125	5975	7775	10550
Eddie Bauer Spt Util	U18L	39140	5975	6925	8750	11600
w/o Third Seat			(700)	(700)	(935)	(935)
2WD	5,7		(575)	(575)	(765)	(765)
V8 5.4 Liter	L		325	325	435	435
EXCURSION 4WD—V10—Truck Equipment Schedule T1						
XLT Sport Utility 4D	U41S	39635	5200	6050	7875	10700
Eddie Bauer Spt Util	U45S	44405	6300	7275	9150	12100
w/o Third Seat			(475)	(475)	(635)	(635)
2WD	0,2,4		(575)	(500)	(765)	(765)
V8 5.4 Liter	L		(500)	(500)	(665)	(665)
V8 6.0L Turbo Diesel	P		4225	4225	5630	5630
V8 7.3L Turbo Diesel	F		3925	3925	5230	5230
WINDSTAR—V6—Truck Equipment Schedule T1						
Cargo Minivan	A544	21360	1175	1650	3125	5225
WINDSTAR—V6—Truck Equipment Schedule T1						
LX Minivan	A514	23365	1525	2000	3550	5675
SE Minivan	A524	29675	1850	2375	3925	6100
SEL Minivan	A534	32405	2075	2650	4200	6400
Limited Minivan	A584	35110	2275	2875	4400	6650
w/o 2nd Sliding Door	0		(175)	(175)	(235)	(235)
ECONOLINE WAGON—V6—Truck Equipment Schedule T1						
E150 Passenger Van	E11W	25250	3125	3800	5400	7800
V8 4.6, 5.4 Liter	W		250	250	335	335
ECONOLINE WAGON—V8—Truck Equipment Schedule T1						
E350 Super Duty	E31L	24790	3350	4050	5675	8100
E350 Super Duty Ext	S31L	28910	3800	4525	6175	8650
V8 7.3L Turbo Diesel	F		2500	2500	3335	3335
V10 6.8 Liter	S		650	650	865	865
ECONOLINE VAN—V6—Truck Equipment Schedule T1						
E150 Super Cargo	E142	22420	2600	3200	4800	7125
E250 Super Cargo	E242	23290	2725	3325	4925	7250
E250 Ext SD Cargo	E242	24200	3400	4100	5725	8150
E350 Super Cargo	E34L	25770	3025	3650	5275	7650
E350 Ext SD Cargo	E34L	26760	3700	4425	6075	8550
Crew Van Pkg			250	250	335	335
V8 4.6, 5.4 Liter	W,L		250	250	335	335
V8 7.3L Turbo Diesel	F		2750	2750	3665	3665
V10 6.8 Liter	S		550	550	735	735
RANGER PICKUP—4-Cyl.—Truck Equipment Schedule T2						
Short Bed	R10D	13620	1775	2275	3825	6025

TRUCKS & VANS

Body	Type	VIN	List	Trade-In Fair	Trade-In Good	Pvt-Party Good	Retail Excellent
Long Bed		R10D	14370	1500	1975	3525	5700
Super Cab 2D		R14U	17320	2650	3250	4875	7200
Super Cab 4D		R44E	18605	3375	4100	5700	8150
4WD		1,5		1325	1325	1765	1765
V6 3.0 Liter		U		300	300	400	400
V6 3.0L Flex Fuel		E		300	300	400	400
V6 4.0 Liter		V		425	425	565	565

REGULAR CAB PICKUP—V8—Truck Equipment Schedule T1

Body	Type	VIN	List	Fair	Good	Good	Excellent
F150 Short Bed		F17W	21300	2800	3400	5100	7525
F150 Long Bed		F17W	21600	2425	3025	4675	7025
Work Truck				(650)	(650)	(865)	(865)
4WD		6,8		1375	1375	1835	1835
V6 4.2 Liter		2		(525)	(525)	(700)	(700)
V8 5.4 Liter		L,Z		325	325	435	435
V8 5.4L Bi-Fuel		M		325	325	435	435

REGULAR CAB PICKUP—V8 Supercharged—Truck Equipment Schedule T1

Body	Type	VIN	List	Fair	Good	Good	Excellent
F150 Lightning		F073	33255	9100	10350	12350	15800

SUPER CAB PICKUP—V8—Truck Equipment Schedule T1

Body	Type	VIN	List	Fair	Good	Good	Excellent
F150 Short Bed		X17W	23950	4300	5075	6775	9425
F150 Long Bed		X17W	24250	4025	4825	6500	9100
F150 King Ranch 4D		X17W	31660	5825	6775	8600	11500
Work Truck				(650)	(650)	(865)	(865)
4WD		6,8		1375	1375	1835	1835
V6 4.2 Liter		2		(525)	(525)	(700)	(700)
V8 5.4 Liter		L,Z		325	325	435	435

SUPERCREW PICKUP—V8—Truck Equipment Schedule T1

Body	Type	VIN	List	Fair	Good	Good	Excellent
F150 Short Bed 4D		W07W	28320	5800	6750	8575	11450
F150 King Ranch 4D		W07W	33115	7700	8825	10750	13900
4WD		8		1375	1375	1835	1835
V8 5.4 Liter		L		325	325	435	435

SUPERCREW PICKUP—V8 Supercharged—Truck Equipment Schedule T1

Body	Type	VIN	List	Fair	Good	Good	Excellent
F150 HarleyDavidson		W073	37295	10625	12050	14150	17800

SUPER DUTY REGULAR CAB PICKUP—V8—Truck Equipment Schedule T1

Body	Type	VIN	List	Fair	Good	Good	Excellent
F250 Long Bed		F20L	23760	5250	6125	8025	11000
F350 Long Bed		F30L	24215	5450	6350	8275	11250
4WD		1		1375	1375	1835	1835
V8 6.0L Turbo Diesel		P		4225	4225	5630	5630
V8 7.3L Turbo Diesel		F		3925	3925	5230	5230
V10 6.8 Liter		S		550	550	735	735

SUPER DUTY SUPER CAB PICKUP—V8—Truck Equipment Schedule T1

Body	Type	VIN	List	Fair	Good	Good	Excellent
F250 Short Bed		X20L	25945	6925	7975	10000	13200
F250 Long Bed		X20L	26145	6675	7700	9675	12850
F350 Short Bed		X30L	26735	7200	8275	10300	13500
F350 Long Bed		X30L	26935	7050	8100	10100	13300
4WD		1		1375	1375	1835	1835
V8 6.0L Turbo Diesel		P		4225	4225	5630	5630
V8 7.3L Turbo Diesel		F		3925	3925	5230	5230
V10 6.8 Liter		S		550	550	735	735

SUPER DUTY CREW CAB PICKUP—V8—Truck Equipment Schedule T1

Body	Type	VIN	List	Fair	Good	Good	Excellent
F250 Short Bed		W20L	27355	7900	9050	11100	14500
F250 King Ranch 6'		W20L	36460	8825	10050	12150	15700
F250 Long Bed		W20L	27555	7700	8825	10850	14100
F250 King Ranch 8'		W20L	36660	8500	9725	11800	15300
F350 Short Bed		W30L	28015	8150	9325	11400	14850
F350 King Ranch 6'		W30L	37325	9125	10400	12500	16050
F350 Long Bed		W30L	28215	8075	9225	11300	14750
F350 King Ranch 8'		W30L	37525	8825	10050	12150	15700
4WD		1		1375	1375	1835	1835
V8 6.0L Turbo Diesel		P		4225	4225	5630	5630
V8 7.3L Turbo Diesel		F		3925	3925	5230	5230
V10 6.8 Liter		S		550	550	735	735

2004 FORD—(1or2)F(B,MorT)–(U921)–4–#

ESCAPE 4WD—V6—Truck Equipment Schedule T1

Body	Type	VIN	List	Fair	Good	Good	Excellent
XLS Sport Utility 4D		U921	22515	4500	5325	7050	9725
XLT Sport Utility 4D		U931	24770	5050	5900	7650	10400
Limited Sport Util 4D		U941	26830	5500	6375	8125	10950
2WD		0		(650)	(650)	(865)	(865)
4-Cyl. 2.0 Liter		B		(700)	(700)	(935)	(935)

EXPLORER 4WD—V6 Flex Fuel—Truck Equipment Schedule T1

Body	Type	VIN	List	Fair	Good	Good	Excellent
XLS Sport Utility 4D		U72K	29155	5250	6125	7875	10650
Eddie Bauer Spt Util		U74K	36435	6175	7150	8950	11800
Third Seat				550	550	735	735

TRUCKS & VANS

Body / Type	VIN	List	Trade-In Fair	Trade-In Good	Pvt-Party Good	Retail Excellent
2WD	6	......	(650)	(650)	(865)	(865)
AWD	8	......	0	0	0	0
V8 4.6 Liter	W	......	300	300	400	400
EXPLORER SPORT TRAC 4WD—V6 Flex Fuel—Truck Equipment Schedule T1						
XLS Utility Pickup	U77K	26460	6800	7850	9675	12650
2WD	6	......	(650)	(650)	(865)	(865)
EXPEDITION 4WD—Truck Equipment Schedule T1						
XLS Sport Utility 4D	U16W	35305	6750	7800	9625	12600
Eddie Bauer Spt Util	U18L	42790	7825	8950	10900	14050
w/o Third Seat			(800)	(800)	(1065)	(1065)
2WD	3,5,7	......	(650)	(650)	(865)	(865)
V8 5.4 Liter	L	......	350	350	465	465
EXCURSION 4WD—V10—Truck Equipment Schedule T1						
XLS Sport Utility 4D	U41S	40485	6425	7425	9225	12200
Eddie Bauer Spt Util	U45S	44985	7675	8775	10650	13750
w/o Third Seat			(800)	(800)	(1065)	(1065)
2WD	0,2,4	......	(650)	(650)	(865)	(865)
V8 5.4 Liter	L	......	(500)	(500)	(665)	(665)
V8 6.0L Turbo Diesel	P	......	4450	4450	5930	5930
FREESTAR—V6—Truck Equipment Schedule T2						
Cargo Minivan	A546	22070	800	1125	2575	4625
FREESTAR—V6—Truck Equipment Schedule T1						
S Minivan	A546	24460	1600	2100	3650	5825
SE Minivan	A526	26930	1825	2350	3900	6100
SES Minivan	A576	28750	2075	2625	4225	6450
SEL Minivan	A532	29995	2275	2850	4425	6700
Limited Minivan	A582	33630	2625	3225	4825	7150
ECONOLINE WAGON—V8—Truck Equipment Schedule T1						
E150 Passenger Van	E11W	25255	3875	4600	6225	8725
E350 Super Duty	E31L	27995	4150	4900	6550	9075
E350 Super Duty Ext	S31L	29415	4850	5675	7375	10050
V8 5.4 Liter (E150)			275	275	365	365
V8 6.0L Turbo Diesel	P	......	2750	2750	3665	3665
V10 6.8 Liter	S	......	675	675	900	900
ECONOLINE VAN—V8—Truck Equipment Schedule T1						
E150 Super Cargo	E14W	23060	3400	4100	5700	8125
E250 Super Cargo	E24W	24105	3525	4250	5850	8300
E250 Ext SD Cargo	E24W	25220	4300	5100	6750	9275
E350 Super Cargo	E34L	26110	3875	4600	6250	8750
E350 Ext SD Cargo	E34L	27705	4650	5475	7150	9800
Crew Van Pkg			275	275	365	365
V8 5.4 Liter	L	......	275	275	365	365
V8 6.0L Turbo Diesel	P	......	3100	3100	4130	4130
V10 6.8 Liter	S	......	575	575	765	765
RANGER PICKUP—4-Cyl.—Truck Equipment Schedule T2						
Short Bed	R10D	14385	2450	3050	4625	6925
Long Bed	R10D	15135	2150	2725	4300	6550
Super Cab 2D	R14U	18120	3525	4225	5850	8300
Super Cab 4D	R44E	19405	4325	5125	6800	9425
4WD	1,5	......	1500	1500	2000	2000
V6 3.0 Liter	U	......	350	350	465	465
V6 4.0 Liter	E	......	500	500	665	665
HERITAGE REGULAR CAB PICKUP—V8—Truck Equipment Sch T1						
F150 Short Bed	F17W	21765	4875	5700	7525	10300
F150 Long Bed	F17W	22065	4450	5250	7025	9750
Work Truck			(800)	(800)	(1065)	(1065)
4WD	6,8	......	1550	1550	2065	2065
V6 4.2 Liter			(600)	(600)	(800)	(800)
V8 5.4L Bi-Fuel	Z	......	350	350	465	465
REGULAR CAB PICKUP—V8 Supercharged—Truck Equipment Schedule T1						
F150 Lightning	F073	33560	11850	13425	15500	19250
HERITAGE SUPER CAB PICKUP—V8—Truck Equipment Schedule T1						
F150 Short Bed	X17W	24415	6450	7450	9275	12250
F150 Long Bed	X17W	24715	6225	7200	9050	12000
Work Truck			(800)	(800)	(1065)	(1065)
4WD	8	......	1550	1550	2065	2065
V6 4.2 Liter	2	......	(600)	(600)	(800)	(800)
V8 5.4L Bi-Fuel	Z	......	350	350	465	465
REGULAR CAB PICKUP—V8—Truck Equipment Schedule T1						
F150 Short Bed	F12W	20415	4975	5825	7625	10400
F150 Long Bed	F12W	22310	4575	5400	7175	9900
4WD	4	......	1550	1550	2065	2065
V8 5.4 Liter	5	......	350	350	465	465

TRUCKS & VANS

TRUCKS & VANS

Body Type	VIN	List	Trade-In Fair	Trade-In Good	Pvt-Party Good	Retail Excellent
SUPER CAB PICKUP—V8—Truck Equipment Schedule T1						
F150 5 1/2'	X12W	25010	6550	7550	9400	12400
F150 6 1/2'	X12W	24660	6575	7600	9425	12450
F150 8'	X12W	24960	6325	7300	9150	12100
4WD	4		1550	1550	2065	2065
V8 5.4 Liter	5		350	350	465	465
SUPERCREW PICKUP—V8—Truck Equipment Schedule T1						
F150 Short Bed 4D	W12W	29815	8150	9325	11250	14550
4WD	4		1550	1550	2065	2065
V8 5.4 Liter	5		350	350	465	465
SUPER DUTY REGULAR CAB PICKUP—V8—Truck Equipment Schedule T1						
F250 Long Bed	F20L	24430	6025	6950	8950	12000
F350 Long Bed	F30L	24885	6225	7175	9175	12250
4WD	1		1550	1550	2065	2065
V8 6.0L Turbo Diesel	P		4450	4450	5930	5930
V10 6.8 Liter	S		575	575	765	765
SUPER DUTY SUPER CAB PICKUP—V8—Truck Equipment Schedule T1						
F250 Short Bed	X20L	26615	7900	9050	11100	14550
F250 Long Bed	X20L	26815	7625	8725	10800	14050
F350 Short Bed	X30L	27405	8200	9375	11450	14900
F350 Long Bed	X30L	27605	8025	9200	11250	14650
4WD	1		1550	1550	2065	2065
V8 6.0L Turbo Diesel	P		4450	4450	5930	5930
V10 6.8 Liter	S		575	575	765	765
SUPER DUTY SUPER CAB PICKUP 4WD—V8 Turbo Diesel—Truck Schedule T1						
F250 Harley 6'	X20S	39890	13725	15475	17800	22000
F250 Harley 8'	X20S	40090	13475	15200	17450	21600
F350 Harley 6'	X31S	40895	14025	15775	18050	22200
F350 Harley 8'	X31S	41095	13675	15425	17700	21900
V10 6.8 Liter	S		(650)	(650)	(865)	(865)
SUPER DUTY CREW CAB PICKUP—V8—Truck Schedule T1						
F250 Short Bed	W20L	28025	9050	10300	12450	15950
F250 King Ranch 6'	W20L	37350	10000	11375	13550	17250
F250 Long Bed	W20L	28225	8775	10000	12100	15650
F250 King Ranch 8'	W20L	37550	9725	11025	13200	16800
F350 Short Bed	W30L	28685	9325	10625	12750	16300
F350 King Ranch 6'	W30L	38215	10400	11750	13900	17600
F350 Long Bed	W30L	28885	9175	10425	12550	16050
F350 King Ranch 8'	W30L	38415	10000	11375	13500	17150
4WD	1		1550	1550	2065	2065
V8 6.0L Turbo Diesel	P		4450	4450	5930	5930
V10 6.8 Liter	S		575	575	765	765
SUPER DUTY CREW CAB PICKUP 4WD—V8 Turbo Diesel—Truck Schedule T1						
F250 Harley 6'	W21S	42385	16125	18075	20500	25000
F250 Harley 8'	W21S	42585	15875	17825	20200	24600
F350 Harley 6'	W35S	43000	16225	18175	20600	25100
F350 Harley 8'	W35S	43200	16025	17975	20400	24800
V10 6.8 Liter	S		(650)	(650)	(865)	(865)

2005 FORD—(1or2)F(B,MorT)—(U96H)—5—#

Body Type	VIN	List	Trade-In Fair	Trade-In Good	Pvt-Party Good	Retail Excellent
ESCAPE 4WD—4-Cyl. Hybrid—Truck Equipment Schedule T1						
Sport Utility 4D	U96H	28595	8425	9625	11500	14700
2WD	0		(725)	(725)	(965)	(965)
ESCAPE 4WD—V6—Truck Equipment Schedule T1						
XLS Sport Utility 4D	U922	23045	5400	6275	8025	10800
XLT Sport Utility 4D	U931	25545	5950	6900	8650	11450
Limited Sport Util 4D	U941	27145	6475	7475	9225	12100
2WD	0		(725)	(725)	(965)	(965)
4-Cyl. 2.3 Liter	Z		(800)	(800)	(1065)	(1065)
FREESTYLE AWD—V6—Truck Equipment Schedule T1						
SE Sport Utility 4D	K041	27295	6000	6950	8725	11550
SEL Sport Utility 4D	K051	28685	6525	7525	9275	12200
Limited Sport Utility	K061	30895	7125	8175	9950	12950
2WD	0		(725)	(725)	(965)	(965)
EXPLORER 4WD—V6 Flex Fuel—Truck Equipment Schedule T1						
XLS Sport Utility 4D	U72K	29880	6750	7800	9550	12500
Eddie Bauer Spt Util	U74K	36995	7900	9050	10900	14000
Third Seat			600	600	800	800
2WD	6		(725)	(725)	(965)	(965)
V8 4.6 Liter	W		350	350	465	465
EXPLORER SPORT TRAC 4WD—V6 Flex Fuel—Truck Schedule T1						
XLS Utility Pickup	U77K	27125	8425	9625	11500	14700
2WD	6		(725)	(725)	(965)	(965)

1009

Body Type	VIN	List	Trade-In Fair	Trade-In Good	Pvt-Party Good	Retail Excellent
EXPEDITION 4WD—V8—Truck Equipment Schedule T1						
XLS Sport Utility 4D	U145	35935	8725	9950	11850	15100
Eddie Bauer Spt Util	U185	43725	9950	11275	13250	16600
King Ranch Sport Util	U185	46560	10975	12450	14350	17900
w/o Third Seat			(900)	(900)	(1200)	(1200)
2WD	3,5,7,9	------	(725)	(725)	(965)	(965)
EXCURSION 4WD—V10—Truck Equipment Schedule T1						
XLS Sport Utility 4D	U41S	41065	7975	9150	11050	14250
Eddie Bauer Spt Util	U45S	46145	9325	10625	12550	15950
w/o Third Seat			(900)	(900)	(1200)	(1200)
2WD	0,2,4	------	(725)	(725)	(965)	(965)
V8 5.4 Liter	L	------	(500)	(500)	(665)	(665)
V8 6.0L Turbo Diesel	P	------	4675	4675	6230	6230
FREESTAR—V6—Truck Equipment Schedule T2						
Cargo Minivan	A546	22295	1225	1725	3250	5400
FREESTAR—V6—Truck Equipment Schedule T1						
S Minivan	A506	24595	2300	2900	4700	6725
SE Minivan	A516	27195	2525	3100	4700	6975
SES Minivan	A576	28695	2800	3400	5000	7325
SEL Minivan	A522	29695	3025	3650	5250	7600
Limited Minivan	A582	33395	3425	4125	5700	8100
ECONOLINE WAGON—V8—Truck Equipment Schedule T1						
E150 Super Duty	E11W	25525	4800	5600	7325	10000
E350 Super Duty	E31L	28265	5125	5975	7700	10400
E350 Super Duty Ext	S31L	30865	6100	7050	8800	11600
V8 5.4 Liter (E150)		------	300	300	400	400
V8 6.0L Turbo Diesel	P	------	3000	3000	4000	4000
V10 6.8 Liter	S	------	700	700	935	935
ECONOLINE VAN—V8—Truck Equipment Schedule T1						
E150 Super Cargo	E14W	23330	4375	5175	6850	9450
E250 Super Cargo	E24W	24375	4500	5300	7000	9625
E250 Ext SD Cargo	E24W	25695	5400	6300	8000	10750
E350 Super Cargo	E34L	27160	4900	5725	7425	10100
E350 Ext SD Cargo	E34L	28295	5775	6700	8400	11150
Crew Van Pkg			300	300	400	400
V8 5.4 Liter	L	------	300	300	400	400
V8 6.0L Turbo Diesel	P	------	3450	3450	4600	4600
V10 6.8 Liter	S	------	600	600	800	800
RANGER PICKUP—4-Cyl.—Truck Equipment Schedule T2						
Short Bed	R10D	14985	3225	3925	5525	7975
Long Bed	R10D	17865	2900	3525	5150	7525
Super Cab 2D	R14U	17685	4475	5300	6975	9600
Super Cab 4D	R44U	20250	5425	6300	8000	10750
4WD	1,5	------	1675	1675	2235	2235
V6 3.0 Liter	U	------	400	400	535	535
V6 4.0 Liter	E	------	550	550	735	735
REGULAR CAB PICKUP—V8—Truck Equipment Schedule T1						
F150 Short Bed	F12W	21436	5725	6675	8475	11350
F150 Long Bed	F12W	21736	5325	6200	8000	10850
4WD	4	------	1725	1725	2300	2300
V6 4.2 Liter	2	------	(675)	(675)	(900)	(900)
V8 5.4 Liter	5	------	375	375	500	500
SUPER CAB PICKUP—V8—Truck Equipment Schedule T1						
F150 5 1/2'	X12W	25430	7450	8525	10400	13450
F150 6 1/2'	X12W	25080	7475	8575	10450	13500
F150 8'	X125	26580	7225	8275	10150	13200
4WD	4	------	1725	1725	2300	2300
V8 5.4 Liter	5	------	375	375	500	500
SUPERCREW PICKUP—V8—Truck Equipment Schedule T1						
F150 Short Bed 4D	W12W	30185	9275	10575	12550	15900
F150 King Ranch	W125	36325	12050	13625	15650	19300
4WD	4	------	1725	1725	2300	2300
V8 5.4 Liter	5	------	375	375	500	500
SUPER DUTY REGULAR CAB PICKUP—V8—Truck Equipment Schedule T1						
F250 Long Bed	F205	25525	6775	7825	9850	13050
F350 Long Bed	F305	26270	7025	8075	10100	13300
4WD	1	------	1725	1725	2300	2300
V8 6.0L Turbo Diesel	P	------	4675	4675	6230	6230
V10 6.8 Liter	Y	------	600	600	800	800
SUPER DUTY SUPER CAB PICKUP—V8—Truck Equipment Schedule T1						
F250 Short Bed	X205	27710	8900	10150	12250	15800
F250 Long Bed	X205	27910	8550	9775	11850	15350
F350 Short Bed	X305	28790	9250	10525	12650	16150

TRUCKS & VANS

Body	Type	VIN	List	Trade-In Fair	Trade-In Good	Pvt-Party Good	Retail Excellent
F350 Long Bed		X305	28990	9100	10350	12450	15950
4WD		1		1725	1725	2300	2300
V8 6.0L Turbo Diesel		P		4675	4675	6230	6230
V10 6.8 Liter		Y		600	600	800	800

SUPER DUTY CREW CAB PICKUP—V8—Truck Equipment Schedule T1

Body	Type	VIN	List	Fair	Good	Good	Excellent
F250 Short Bed		W205	29120	10150	11525	13650	17300
F250 King Ranch 6'		W205	37105	11275	12750	14900	18700
F250 King Ranch 8'		W205	39320	9850	11175	13350	16950
F350 Short Bed		W305	37305	10875	12350	14500	18250
F350 King Ranch 6'		W305	30070	10425	11850	14000	17700
F350 King Ranch 8'		W305	38450	11650	13175	15300	19200
F350 Long Bed		W305	30270	10300	11650	13800	17500
F350 King Ranch 8'		W305	38650	11275	12750	14900	18700
4WD		1		1725	1725	2300	2300
V8 6.0L Turbo Diesel		P		4675	4675	6230	6230
V10 6.8 Liter		Y		600	600	800	800

SUPER DUTY CREW CAB PICKUP 4WD—V8 Turbo Diesel—Truck Schedule T1

Body	Type	VIN	List	Fair	Good	Good	Excellent
F250 Harley 6'		W215	41835	18075	20200	22500	27200
F250 Harley 8'		W215	42035	17775	20000	22300	27000
F350 Harley 6'		W315	42610	18225	20375	22700	27400
F350 Harley 8'		W315	42810	17975	20100	22500	27100
V10 6.8 Liter (F250)		Y		(725)	(725)	(965)	(965)

ESCAPE 4WD—4-Cyl. Hybrid—Truck Equipment Schedule T1

Body	Type	VIN	List	Fair	Good	Good	Excellent
Sport Utility 4D		U96H	29140	9900	11225	13100	16400
2WD		0		(800)	(800)	(1065)	(1065)

ESCAPE 4WD—V6—Truck Equipment Schedule T1

XLS Sport Utility 4D		U92Z	22435	6450	7425	9200	12050
XLT Utility 4D		U931	25755	7025	8100	9850	12800
Limited Sport Util 4D		U941	27295	7650	8775	10550	13500
2WD		0		(800)	(800)	(1065)	(1065)
4-Cyl. 2.3 Liter		Z		(900)	(900)	(1200)	(1200)

FREESTYLE AWD—V6—Truck Equipment Schedule T1

SE Sport Utility 4D		K041	27655	7100	8150	9900	12850
SEL Sport Utility 4D		K051	29055	7650	8750	10600	13600
Limited Sport Utility		K061	31280	8375	9575	11400	14550
2WD		1,2,3		(800)	(800)	(1065)	(1065)

EXPLORER 4WD—V6—Truck Equipment Schedule T1

XLS Sport Utility 4D		U72E	29400	8775	10000	11800	15000
Eddie Bauer Spt Util		U74E	33070	10100	11475	13350	16650
Third Seat				650	650	865	865
2WD		6		(800)	(800)	(1065)	(1065)
V8 4.6 Liter		8		400	400	535	535

EXPEDITION 4WD—V8—Truck Equipment Schedule T1

XLS Sport Utility 4D		U145	36010	11175	12650	14500	18000
Eddie Bauer Spt Util		U185	42710	12550	14150	16050	19700
King Ranch Sport Util		U185	46060	13475	15200	17100	20900
w/o Third Seat				(975)	(975)	(1300)	(1300)
2WD		3,5,7,9		(800)	(800)	(1065)	(1065)

FREESTAR—V6—Truck Equipment Schedule T2

| Cargo Minivan | | A546 | 20380 | 2200 | 2775 | 4325 | 6625 |

FREESTAR—V6—Truck Equipment Schedule T1

SE Minivan		A516	24385	3550	4275	5850	8275
SEL Minivan		A522	27345	4125	4875	6500	8975
Limited Minivan		A582	30305	4550	5375	7025	9600

ECONOLINE WAGON—V8—Truck Equipment Schedule T1

E150 Super Duty		E11W	26170	6000	6950	8650	11400
E350 Super Duty		E31L	28610	6375	7350	9075	11850
E350 Super Duty Ext		S31L	30600	7650	8775	10500	13450
V8 5.4 Liter (E150)		L		325	325	435	435
V8 6.0L Turbo Diesel		P		3250	3250	4330	4330
V10 6.8 Liter		S		725	725	965	965

ECONOLINE VAN—V8—Truck Equipment Schedule T1

E150 Super Cargo		E14W	23975	5575	6500	8175	10900
E250 Super Cargo		E24W	24590	5700	6650	8325	11050
E250 Ext SD Cargo		E24W	25740	6725	7725	9425	12250
E350 Super Cargo		E34L	27380	6125	7100	8800	11550
E350 Ext SD Cargo		E34L	28310	7100	8150	9850	12750
E350 Cab-Ch/DR		E39L		5525	6425	8100	10850
Crew Van Pkg				325	325	435	435
V8 5.4 Liter (E150/E250)		L		325	325	435	435
V8 6.0L Turbo Diesel		P		3800	3800	5065	5065

Body Type	VIN	List	Trade-In Fair	Trade-In Good	Pvt-Party Good	Retail Excellent
V10 6.8 Liter	S		625	625	835	835
RANGER PICKUP—4-Cyl.—Truck Equipment Schedule T2						
Short Bed	R10D	15085	4175	4950	6650	9200
Long Bed	R10D	16190	3825	4550	6200	8675
Super Cab 2D	R14D	17895	5600	6525	8200	10950
Super Cab 4D	R44U	19850	6600	7600	9300	12150
4WD	1,5		1850	1850	2465	2465
V6 3.0 Liter	U		450	450	600	600
V6 4.0 Liter	E		600	600	800	800
REGULAR CAB PICKUP—V8—Truck Equipment Schedule T1						
F150 Short Bed	F12W	21650	6575	7575	9400	12400
F150 Long Bed	F12W	21945	6125	7100	8925	11850
4WD	4		1900	1900	2535	2535
V6 4.2 Liter	2		(750)	(750)	(1000)	(1000)
V8 5.4 Liter	5		400	400	535	535
SUPER CAB PICKUP—V8—Truck Equipment Schedule T1						
F150 5 1/2'	X12W	26300	8425	9625	11500	14750
F150 6 1/2'	X12W	24985	8475	9675	11550	14800
F150 Harley 6'	X125	35645	13175	14850	16800	20600
F150 8'	X125	25280	8200	9375	11250	14500
4WD	4		1900	1900	2535	2535
V8 5.4 Liter	5		400	400	535	535
SUPERCREW PICKUP—V8—Truck Equipment Schedule T1						
F150 5 1/2'	W12W	31035	10475	11900	13800	17300
F150 6 1/2'	W12W	31335	10350	11700	13650	17100
F150 King Ranch 5'	W125	37180	13725	15475	17450	21300
F150 King Ranch 6'	W125	37480	13675	15375	17350	21200
4WD	4		1900	1900	2535	2535
V8 5.4 Liter	5		400	400	535	535
SUPER DUTY REGULAR CAB PICKUP—V8—Truck Equipment Schedule T1						
F250 Long Bed	F205	24835	7700	8825	10900	14150
F350 Long Bed	F305	25565	7950	9100	11150	14600
4WD	1		1900	1900	2535	2535
V8 6.0L Turbo Diesel	P		4900	4900	6530	6530
V10 6.8 Liter	Y		625	625	835	835
SUPER DUTY SUPER CAB PICKUP—V8—Truck Equipment Schedule T1						
F250 Short Bed	X205	26965	10000	11375	13500	17150
F250 Long Bed	X205	27165	9675	10975	13150	16700
F350 Short Bed	X305	28875	10425	11800	13900	17600
F350 Long Bed	X305	29065	10200	11575	13650	17350
4WD	1		1900	1900	2535	2535
V8 6.0L Turbo Diesel	P		4900	4900	6530	6530
V10 6.8 Liter	Y		625	625	835	835
SUPER DUTY CREW CAB PICKUP—V8—Truck Equipment Schedule T1						
F250 Short Bed	W205	28345	11425	12875	15050	18800
F250 King Ranch 6'	W205	39950	12650	14250	16350	20300
F250 Long Bed	W205	28540	11075	12550	14650	18400
F250 King Ranch 8'	W205	40145	12250	13825	15950	19800
F350 Short Bed	W305	29275	11750	13275	15450	19250
F350 King Ranch 6'	W305	41110	13025	14700	16900	20900
F350 Long Bed	W305	29475	11475	12975	15150	18900
F350 King Ranch 8'	W305	41305	12650	14250	16350	20300
4WD	1		1900	1900	2535	2535
V8 6.0L Turbo Diesel	P		4900	4900	6530	6530
V10 6.8 Liter	Y		625	625	835	835
SUPER DUTY CREW CAB PICKUP 4WD—V8 Turbo Diesel—Schedule T1						
F250 Harley 6 3/4'	W215	50780	20100	22450	24700	29500
F250 Harley 8'	W215	50985	19800	22150	24400	29200
F350 Harley 6 3/4'	W315	51555	20275	22725	25000	29800
F350 Harley 8'	W315	51760	20000	22350	24600	29400

Body Type	VIN	List	Trade-In Fair	Trade-In Good	Pvt-Party Good	Retail Excellent
ESCAPE 4WD—4-Cyl. Hybrid—Truck Equipment Schedule T1						
Sport Utility 4D	U59H	27925	11525	13025	14800	18200
2WD	0		(875)	(875)	(1165)	(1165)
ESCAPE 4WD—V6—Truck Equipment Schedule T1						
XLS Sport Utility 4D	U921	24525	7700	8825	10500	13400
XLT Sport Utility 4D	U931	25525	8325	9525	11250	14250
Limited Sport Util 4D	U941	27045	9050	10300	12050	15150
2WD	0		(875)	(875)	(1165)	(1165)
4-Cyl. 2.3 Liter	Z		(1000)	(1000)	(1335)	(1335)
EDGE—V6—Truck Equipment Schedule T1						
SE Sport Utility 4D	K36C	25995	10425	11850	13550	16800

TRUCKS & VANS

Body Type	VIN	List	Trade-In Fair	Good	Pvt-Party Good	Retail Excellent
SEL Sport Utility 4D	K38C	27990	11650	13175	14950	18300
SEL Plus Spt Util 4D	K39C	29745	13675	15375	17150	20800
AWD	4		950	950	1265	1265
FREESTYLE AWD—V6—Truck Equipment Schedule T1						
SEL Sport Utility 4D	K051	28120	9000	10250	11950	15050
Limited Sport Utility	K061	31405	9850	11175	12950	16100
2WD	2,3		(875)	(875)	(1165)	(1165)
EXPLORER 4WD—V6—Truck Equipment Schedule T1						
XLT Sport Utility 4D	U73E	28290	10825	12300	14050	17350
Eddie Bauer Spt Util	U74E	31290	12450	14075	15850	19300
Third Seat			700	700	935	935
2WD	6		(875)	(875)	(1165)	(1165)
V8 4.6 Liter	8		450	450	600	600
EXPLORER SPORT TRAC 4WD—V6—Truck Equipment Schedule T1						
XLT Utility Pickup	U51K	27475	12750	14400	16150	19700
2WD	3		(875)	(875)	(1165)	(1165)
V8 4.6 Liter	8		450	450	600	600
EXPEDITION 4WD—V8—Truck Equipment Schedule T1						
XLT Sport Utility 4D	U165	32895	15475	17350	19200	23000
Eddie Bauer Spt Util	U165	39295	16425	18425	20300	24300
w/o Third Seat			(1050)	(1050)	(1400)	(1400)
2WD	3,5,7,9		(875)	(875)	(1165)	(1165)
EXPEDITION EL 4WD—V8—Truck Equipment Schedule T1						
XLT Sport Utility 4D	K165	37345	15825	17750	19600	23400
Eddie Bauer Spt Util	K185	41945	17450	19550	21500	25500
w/o Third Seat			(1050)	(1050)	(1400)	(1400)
2WD	5,7,9		(875)	(875)	(1165)	(1165)
FREESTAR—V6—Truck Equipment Schedule T2						
Cargo Minivan	A542	20480	3650	4350	5825	8125
FREESTAR—V6—Truck Equipment Schedule T1						
SE Minivan	A512	24485	5075	5825	7500	10000
SEL Minivan	A522	27445	5700	6650	8200	10800
Limited Minivan	A582	30355	6200	7175	8750	11350
ECONOLINE WAGON—V8—Truck Equipment Schedule T1						
E150 Super Duty	E11W	26460	7600	8700	10300	13150
E350 Super Duty	E31L	28485	7975	9150	10850	13700
E350 Super Duty Ext	S31L	31190	9525	10825	12550	15650
V8 5.4 Liter (E150)	L		350	350	465	465
V8 6.0L Turbo Diesel	P		3500	3500	4665	4665
ECONOLINE VAN—V8—Truck Equipment Schedule T1						
E150 Super Cargo	E14W	24250	7100	8150	9775	12550
E250 Super Cargo	E24W	24865	7225	8300	9900	12700
E250 Ext SD Cargo	E24W	26550	8275	9475	11150	14100
E350 Super Cargo	E34L	27745	7725	8825	10450	13300
E350 Ext SD Cargo	E34L	29120	8725	9950	11650	14650
E350 Cab-Ch/DR	E39L		6750	7750	9350	12100
Crew Van Pkg			350	350	465	465
V8 5.4 Liter (E150/E250)	L		350	350	465	465
V8 6.0L Turbo Diesel	P		4150	4150	5530	5530
V10 6.8 Liter	S		650	650	865	865
RANGER PICKUP—4-Cyl.—Truck Equipment Schedule T2						
Short Bed	R10D	14495	5325	6200	7775	10350
Long Bed	R10D	15700	4925	5750	7325	9850
Super Cab 2D	R14D	15905	6900	7950	9550	12300
Super Cab 4D	R44D	18520	7950	9100	10800	13650
4WD	1,5		2025	2025	2700	2700
V6 3.0 Liter	U		500	500	665	665
V6 4.0 Liter	E		650	650	865	865
REGULAR CAB PICKUP—V8—Truck Equipment Schedule T1						
F150 Short Bed	F12W	21840	7450	8550	10300	13300
F150 Long Bed	F12W	24485	7000	8050	9800	12750
4WD	4		2075	2075	2765	2765
V6 4.2 Liter	4		(800)	(800)	(1065)	(1065)
V8 5.4 Liter	5		400	400	535	535
SUPER CAB PICKUP—V8—Truck Equipment Schedule T1						
F150 5 1/2	X12W	25790	9475	10775	12600	15900
F150 6 1/2	X12W	24540	9500	10775	12650	15950
F150 8'	X125	24540	9250	10525	12350	15600
4WD	4		2075	2075	2765	2765
V8 5.4 Liter	5		400	400	535	535
SUPERCREW PICKUP—V8—Truck Equipment Schedule T1						
F150 5 1/2	W12W	30490	11750	13275	15150	18650
F150 6 1/2	W12W	30790	11525	13025	14900	18400

Body	Type	VIN	List	Trade-In Fair	Trade-In Good	Pvt-Party Good	Retail Excellent
F150	KingRanch 5 1/2	W125	36290	15475	17350	19250	23100
F150	KingRanch 6 1/2	W125	36590	15325	17250	19150	23000
F150	Harley Davidson	W125	37150	16750	18775	20800	24800
4WD		4		2075	2075	2765	2765
V8 5.4 Liter		5		400	400	535	535

SUPER DUTY REGULAR CAB PICKUP—V8—Truck Equipment Schedule T1

F250	Long Bed	F205	25795	8650	9850	11950	15400
F350	Long Bed	F305	26625	8950	10200	12250	15750
4WD		1		2075	2075	2765	2765
V8 6.0L Turbo Diesel		P		5100	5100	6800	6800
V10 6.8 Liter		Y		650	650	865	865

SUPER DUTY SUPER CAB PICKUP—V8—Truck Equipment Schedule T1

F250	Short Bed	X205	27925	11225	12700	14800	18500
F250	Long Bed	X205	28125	10825	12250	14350	18050
F350	Short Bed	X305	28985	11575	13075	15200	18950
F350	Long Bed	X305	29175	11375	12850	14950	18700
4WD		1		2075	2075	2765	2765
V8 6.0L Turbo Diesel		P		5100	5100	6800	6800
V10 6.8 Liter		Y		650	650	865	865

SUPER DUTY CREW CAB PICKUP—V8—Truck Equipment Schedule T1

F250	Short Bed	W205	29305	12700	14350	16450	20400
F250	King Ranch 6 3/4	W205	40060	14075	15825	17950	22000
F250	Long Bed	W20P	29500	12300	13925	16000	19900
F250	King Ranch 8'	W205	40255	13575	15300	17400	21400
F350	Short Bed	W305	30235	13025	14700	16850	20800
F350	King Ranch 6 3/4	W305	41220	14450	16275	18400	22500
F350	Long Bed	W305	30435	12750	14400	16500	20400
F350	King Ranch 8'	W305	41415	14075	15825	17950	22000
4WD				2075	2075	2765	2765
V8 6.0L Turbo Diesel		P		5100	5100	6800	6800
V10 6.8 Liter		Y		650	650	865	865

SUPER DUTY CREW CAB PICKUP 4WD—V8 Turbo Diesel—Schedule T1

F250	Harley 6 3/4'	W21P	50890	22150	24700	27000	31800
F250	Harley 8'	W21P	51095	21750	24300	26600	31400
F350	Harley 6 3/4'	W31P	51665	22550	25100	27200	32100
F350	Harley 8'	W31P	51870	22050	24600	26900	31700

2008 FORD (1,2or3)F(D,MorT)–U59H-8

ESCAPE 4WD—4-Cyl. Hybrid—Truck Equipment Schedule T1

Sport Utility 4D		U59H	27680	15725	17650	19350	23000
2WD		0,4		(950)	(950)	(1265)	(1265)

ESCAPE 4WD—V6—Truck Equipment Schedule T1

XLS Sport Utility 4D		U92Z	22175	10825	12250	13950	17200
XLT Sport Utility 4D		U931	24485	11475	12975	14750	18100
Limited Sport Util 4D		U941	26185	12250	13875	15600	19000
2WD		0,4		(1100)	(1100)	(1465)	(1465)
4-Cyl. 2.3 Liter		Z					

EDGE—V6—Truck Equipment Schedule T1

SE Sport Utility 4D		K36C	26025	12350	13975	15650	19000
SEL Sport Utility 4D		K38C	28020	13675	15375	17100	20600
Limited Spt Util 4D		K39C	29775	16650	18725	20500	24300
AWD		4		1025	1025	1365	1365

TAURUS X AWD—V6—Truck Equipment Schedule T1

SEL Sport Utility 4D		K05W	29215	12875	14500	16250	19700
Eddie Bauer Spt Util		K08W	31955	14025	15775	17500	21100
Limited Sport Util		K06W	32935	14400	16175	17900	21500
2WD		2,3,7		(950)	(950)	(1265)	(1265)

EXPLORER 4WD—V6—Truck Equipment Schedule T1

XLT Sport Utility 4D		U73E	28805	13225	14900	16600	20100
Eddie Bauer Spt Util		U74E	31525	15250	17150	18800	22400
Third Row				750	750	1000	1000
2WD		6		(950)	(950)	(1265)	(1265)
AWD		8		0	0	0	0
V8 4.6 Liter		8		475	475	635	635

EXPLORER SPORT TRAC 4WD—V6—Truck Equipment Schedule T1

XLT Utility Pickup		U51K	27930	15200	17100	18800	22400
2WD		3		(950)	(950)	(1265)	(1265)
AWD				0	0	0	0
V8 4.6 Liter		8		475	475	635	635

EXPEDITION 4WD—V8—Truck Equipment Schedule T1

XLT Sport Utility 4D		U165	34420	19700	22050	23800	27900
Eddie Bauer Spt Util		U185	39665	20875	23325	25100	29300
King Ranch Spt Util		U185	43765	21275	23825	25500	29800

TRUCKS & VANS

2008 FORD

Body	Type	VIN	List	Trade-In Fair	Good	Pvt-Party Good	Retail Excellent
w/o Third Row				(1125)	(1125)	(1500)	(1500)
2WD		5,7,9		(950)	(950)	(1265)	(1265)
EXPEDITION EL 4WD—V8—Truck Equipment Schedule T1							
XLT Sport Utility 4D	K165	37945	20100	22450	24200	28300	
Eddie Bauer Spt Util	K185	42315	21750	24300	26100	30400	
King Ranch Spt Util	K185	46415	22650	25275	27000	31500	
w/o Third Row				(1125)	(1125)	(1500)	(1500)
2WD		5,7,9		(950)	(950)	(1265)	(1265)
ECONOLINE WAGON—V8—Truck Equipment Schedule T1							
E150 Super Duty	E11W	26790	10050	11425	13050	16100	
E350 Super Duty	E31L	30320	10475	11900	13500	16650	
E350 Super Duty Ext	S31L	32710	12350	13975	15650	18950	
V8 5.4 Liter (E150)	L		375	375	500	500	
V8 6.0L Turbo Diesel	P		3750	3750	5000	5000	
ECONOLINE VAN—V8—Truck Equipment Schedule T1							
E150 Cargo Van	E14W	24595	9250	10525	12150	15100	
E150 Extended Cargo	S14W	25595	9575	10875	12500	15550	
E250 Cargo Van	E24W	25925	9375	10675	12250	15250	
E250 Extended Cargo	E24W	27075	10525	11950	13550	16700	
E350 Super Cargo	E34L	28715	9900	11225	12850	15900	
E350 Ext SD Cargo	E34L	29645	11025	12500	14100	17300	
E350 Cab-Ch/DR	E39L		8825	10050	11650	14550	
Crew Van Pkg			375	375	500	500	
V8 5.4 Liter (E150/E250)	L		375	375	500	500	
V6 6.0L Turbo Diesel	P		4475	4475	5965	5965	
V10 6.8 Liter	S		675	675	900	900	
RANGER PICKUP—4-Cyl.—Truck Equipment Schedule T2							
Short Bed	R10D	14655	6925	7975	9475	12100	
Long Bed	R10D	15925	6525	7525	9000	11500	
Super Cab 2D	R14D	16130	8700	9900	11450	14350	
Super Cab 4D	R44U	19825	9800	11125	12750	15800	
4WD		1,5		2200	2200	2935	2935
V6 3.0 Liter	U		525	525	700	700	
V6 4.0 Liter	E		700	700	935	935	
REGULAR CAB PICKUP—V8—Truck Equipment Schedule T1							
F150 Short Bed	F12W	20115	9525	10825	12650	15850	
F150 Long Bed	F12W	20415	9100	10350	12100	15250	
4WD		4		2250	2250	3000	3000
V6 4.2 Liter	2		(850)	(850)	(1135)	(1135)	
V8 5.4 Liter	5		400	400	535	535	
SUPER CAB PICKUP—V8—Truck Equipment Schedule T1							
F150 5 1/2'	X12W	25920	11700	13225	15050	18500	
F150 6 1/2'	X12W	24365	11750	13275	15100	18550	
F150 8'	X125	24665	11475	12975	14850	18300	
4WD		4		2250	2250	3000	3000
V8 5.4 Liter	5		400	400	535	535	
SUPERCREW PICKUP—V8—Truck Equipment Schedule T1							
F150 5 1/2'	W12W	30620	14200	15975	17800	21500	
F150 6 1/2'	W12W	30920	14025	15775	17600	21300	
F150 KingRanch 6 1/2'	W125	36420	18425	20575	22400	26600	
F150 KingRanch 6 1/2'	W125	36720	18225	20375	22200	26400	
4WD		4		2250	2250	3000	3000
V8 5.4 Liter	5		400	400	535	535	
SUPERCREW PICKUP AWD—V8—Truck Equipment Schedule T1							
F150 Harley Davidson	W145	37425	19550	21850	23600	27800	
2WD				(950)	(950)	(1265)	(1265)
SUPER DUTY REGULAR CAB PICKUP—V8—Truck Equipment Schedule T1							
F250 Long Bed	F205	24795	12600	14200	16300	20200	
F350 Long Bed	F305	25515	12875	14500	16650	20600	
4WD		1,3		2250	2250	3000	3000
V8 6.4L Turbo Diesel	R		5300	5300	7065	7065	
V10 6.8 Liter	Y		675	675	900	900	
SUPER DUTY SUPER CAB PICKUP—V8—Truck Equipment Schedule T1							
F250 Short Bed	X205	26920	15300	17200	19300	23400	
F250 Long Bed	X205	27115	14900	16750	18850	22900	
F350 Short Bed	X305	27965	15725	17650	19800	23900	
F350 Long Bed	X305	28155	15475	17350	19500	23600	
4WD		1,3		2250	2250	3000	3000
V8 6.4L Turbo Diesel	R		5300	5300	7065	7065	
V10 6.8 Liter	Y		675	675	900	900	
SUPER DUTY CREW CAB PICKUP—V8—Truck Equipment Schedule T1							
F250 Short Bed	W205	28280	16900	18975	21100	25400	
F250 Long Bed	W205	28475	16525	18525	20700	24900	

Body	Type	VIN	List	Trade-In Fair	Trade-In Good	Pvt-Party Good	Retail Excellent
F250 King Ranch 6'		W205	40385	18425	20575	22700	27100
F250 King Ranch 8'		W205	40575	17875	20000	22100	26600
F350 Short Bed		W305	29200	17300	19350	21500	25800
F350 Long Bed		W305	29400	16900	18975	21100	25400
F350 King Ranch 6'		W305	41275	18875	21075	23200	27600
F350 King Ranch 8'		W305	41465	18425	20575	22700	27100
4WD		1,3		2250	2250	3000	3000
V8 6.4L Turbo Diesel		R		5300	5300	7065	7065
V10 6.8 Liter		Y		675	675	900	900
SUPER DUTY CREW CAB 4WD—V8 Turbo Diesel—Truck Schedule T1							
F250 Harley Short		W21R	52425	27150	30275	32300	37500
F250 Harley Long		W21R	52620	26850	29900	31900	37100
F350 Harley Short		W31R	53075	27625	30775	32800	38000
F350 Harley Long		W31R	53270	27050	30075	32100	37300
V10 6.8 Liter		Y		(950)	(950)	(1265)	(1265)
SUPER DUTY CREW CAB—V8 Turbo Diesel—Truck Equipment Schedule T1							
F450 Long Bed		W42R	41620	20200	22550	24600	29200
F450 King Ranch 8'		W42R	53715	23525	26275	28300	33100
4WD		1,3		2250	2250	3000	3000

GMC — See CHEVROLET TRUCKS

GEO

1994 GEO — 2CC–(J18U)–R–#

TRACKER 4WD—4-Cyl.—Truck Equipment Schedule T2

Body	Type	VIN	List	Fair	Good	Good	Excellent
Sport Utility 2D		J18U	12901	400	550	1175	2175
Spt Utility Conv 2D		J18U	12741	425	575	1225	2275
LSi Sport Utility 2D		J18U	14065	550	750	1525	2750
LSi Spt Util Conv 2D		J18U	13800	525	700	1450	2650
2WD		E		(125)	(125)	(165)	(165)

1995 GEO — 2C(CorN)–(J186)–S–#

TRACKER 4WD—4-Cyl.—Truck Equipment Schedule T2

Body	Type	VIN	List	Fair	Good	Good	Excellent
Sport Utility 2D		J186	13631	475	625	1350	2450
Spt Utility Conv 2D		J186	13551	500	675	1400	2525
LSi Sport Utility 2D		J186	14795	625	875	1700	3050
LSi Spt Util Conv 2D		J186	14615	600	825	1650	2975
2WD		E		(125)	(125)	(165)	(165)

1996 GEO — 2C(CorN)–(J186)–T–#

TRACKER 4WD—4-Cyl.—Truck Equipment Schedule T2

Body	Type	VIN	List	Fair	Good	Good	Excellent
Sport Utility Conv 2D		J136	15071	500	675	1475	2700
Sport Utility 4D		J136	15941	825	1175	2150	3650
LSi Spt Util Conv 2D		J136	15501	600	825	1650	2975
LSi Sport Utility 4D		J136	16331	900	1250	2350	4000
2WD		E		(200)	(200)	(265)	(265)

1997 GEO — 2C(CorN)–(J186)–V–#

TRACKER 4WD—4-Cyl.—Truck Equipment Schedule T2

Body	Type	VIN	List	Fair	Good	Good	Excellent
Spt Utility Conv 2D		J186	15096	525	725	1550	2825
Sport Utility 4D		J136	15966	900	1250	2350	4025
LSi Sport Utility 4D		J186	16356	950	1350	2475	4150
2WD		E		(250)	(250)	(335)	(335)

HONDA

1994 HONDA — 4S6(CG58E)–R–#

PASSPORT—4-Cyl.—Truck Equipment Schedule T1

Body	Type	VIN	List	Fair	Good	Good	Excellent
DX Sport Utility 4D		CG58E	16035	575	775	1550	2800
Manual Trans				(125)	(125)	(165)	(165)
PASSPORT 4WD—V6—Truck Equipment Schedule T1							
LX Sport Utility 4D		CY58V	22825	950	1325	2425	4050
EX Sport Utility 4D		CY58V	25375	1150	1600	2775	4450
2WD		G		(125)	(125)	(165)	(165)

TRUCKS & VANS

Body Type	VIN	List	Trade-In Fair	Good	Pvt-Party Good	Retail Excellent
1995 HONDA — (JHMor4S6)(CG58E)-S-#						
PASSPORT—4-Cyl.—Truck Equipment Schedule T1						
DX Sport Utility 4D	CG58E	16610	675	950	1850	3200
Dual Air Bags			0	0	0	0
Manual Trans			(125)	(125)	(165)	(165)
PASSPORT 4WD—V6—Truck Equipment Schedule T1						
LX Sport Utility 4D	CY58V	23830	1050	1500	2625	4300
EX Sport Utility 4D	CY58V	26930	1300	1775	3000	4750
2WD	G		(125)	(125)	(165)	(165)
Dual Air Bags			0	0	0	0
ODYSSEY—4-Cyl.—Truck Equipment Schedule T1						
LX Minivan 4D	RA184	23380	2000	2575	3875	5775
EX Minivan 4D	RA187	25390	2150	2725	4025	5975
1996 HONDA — (JHMor4S6)(CK58E)-T-#						
PASSPORT—4-Cyl.—Truck Equipment Schedule T1						
DX Sport Utility 4D	CK58E	18385	825	1175	2150	3650
Manual Trans			(125)	(125)	(165)	(165)
PASSPORT 4WD—V6—Truck Equipment Schedule T1						
LX Sport Utility 4D	CM58V	25895	1175	1650	2850	4575
EX Sport Utility 4D	CM58V	29425	1525	2000	3250	5075
2WD	G		(200)	(200)	(265)	(265)
ODYSSEY—4-Cyl.—Truck Equipment Schedule T1						
LX Minivan 4D	RA184	23955	2200	2775	4100	6050
EX Minivan 4D	RA187	25945	2325	2925	4250	6225
1997 HONDA–(JHL,JHMor4S6)(RD184)-V-#						
CR-V 4WD—4-Cyl.—Truck Equipment Schedule T2						
Sport Utility 4D	RD184	19695	2100	2675	4000	5950
PASSPORT 4WD—V6—Truck Equipment Schedule T1						
LX Sport Utility 4D	CM58V	25895	1325	1825	3050	4800
EX Sport Utility 4D	CM58V	29425	1725	2250	3500	5375
2WD	G		(250)	(250)	(335)	(335)
ODYSSEY—4-Cyl.—Truck Equipment Schedule T1						
LX Minivan 4D	RA184	23955	2375	2975	4300	6325
EX Minivan 4D	RA187	25945	2550	3125	4500	6550
1998 HONDA–(JHL,JHMor4S6)(RD174)-W-#						
CR-V 4WD—4-Cyl.—Truck Equipment Schedule T2						
LX Sport Utility 4D	RD174	19145	2475	3075	4400	6425
EX Sport Utility 4D	RD176	20645	2900	3525	4925	7025
2WD	2		(300)	(300)	(400)	(400)
PASSPORT 4WD—V6—Truck Equipment Schedule T1						
LX Sport Utility 4D	CM58W	26995	1525	2025	3275	5100
EX Sport Utility 4D	CM58W	29345	1950	2500	3800	5700
2WD	K		(300)	(300)	(400)	(400)
ODYSSEY—4-Cyl.—Truck Equipment Schedule T1						
LX Minivan 4D	RA386	24205	2575	3175	4525	6600
EX Minivan 4D	RA387	26195	2775	3375	4750	6825
1999 HONDA–(JHL,2HKor4S6)(RD174)-X-#						
CR-V 4WD—4-Cyl.—Truck Equipment Schedule T2						
LX Sport Utility 4D	RD174	19365	2900	3525	4925	7050
EX Sport Utility 4D	RD176	20865	3375	4100	5525	7750
2WD	2		(350)	(350)	(465)	(465)
PASSPORT 4WD—V6—Truck Equipment Schedule T1						
LX Sport Utility 4D	CM58W	27015	1775	2275	3550	5450
EX Sport Utility 4D	CM58W	29365	2250	2825	4150	6100
2WD	K		(350)	(350)	(465)	(465)
ODYSSEY—V6—Truck Equipment Schedule T1						
LX Minivan 4D	RL184	23615	2625	3225	4575	6650
EX Minivan 4D	RL186	26215	3075	3750	5150	7275
2000 HONDA–(JHL,2HKor4S6)(RD174)-Y-#						
CR-V 4WD—4-Cyl.—Truck Equipment Schedule T2						
LX Sport Utility 4D	RD174	19465	3400	4100	5525	7725
EX Sport Utility 4D	RD176	20965	3975	4725	6200	8500
SE Sport Utility 4D	RD187	23015	4075	4825	6300	8600
2WD	2		(400)	(400)	(535)	(535)

2000 HONDA

Body Type	VIN	List	Trade-In Fair	Good	Pvt-Party Good	Retail Excellent
PASSPORT 4WD—V6—Truck Equipment Schedule T1						
LX Sport Utility 4D	CM58V	27515	**2050**	**2625**	**3925**	**5850**
LX Sport Utility 4D	CM58V	29465	**2600**	**3175**	**4525**	**6575**
2WD	K		**(400)**	**(400)**	**(535)**	**(535)**
ODYSSEY—V6—Truck Equipment Schedule T1						
LX Minivan 4D	RL185	23815	**2875**	**3500**	**4875**	**6950**
EX Minivan 4D	RL186	26415	**3375**	**4075**	**5500**	**7675**

2001 HONDA—(JHL,2HKor4S6)(RD174)-1-#

Body Type	VIN	List	Trade-In Fair	Good	Pvt-Party Good	Retail Excellent
CR-V 4WD—4-Cyl.—Truck Equipment Schedule T2						
LX Sport Utility 4D	RD174	19590	**4025**	**4775**	**6225**	**8525**
EX Sport Utility 4D	RD176	21190	**4625**	**5450**	**7000**	**9450**
SE Sport Utility 4D	RD187	23240	**4775**	**5575**	**7150**	**9625**
2WD	2		**(450)**	**(450)**	**(600)**	**(600)**
PASSPORT 4WD—V6—Truck Equipment Schedule T1						
LX Sport Utility 4D	CM58W	27740	**2450**	**3050**	**4350**	**6375**
EX Sport Utility 4D	CM58W	29690	**3000**	**3625**	**5025**	**7125**
2WD	K		**(450)**	**(450)**	**(600)**	**(600)**
ODYSSEY—V6—Truck Equipment Schedule T1						
LX Minivan 4D	RL185	24340	**3175**	**3875**	**5250**	**7400**
EX Minivan 4D	RL186	26840	**3750**	**4475**	**5900**	**8150**

2002 HONDA—(JHL,2HKor4S6)(RD784)-2-#

Body Type	VIN	List	Trade-In Fair	Good	Pvt-Party Good	Retail Excellent
CR-V 4WD—4-Cyl.—Truck Equipment Schedule T2						
LX Sport Utility 4D	RD784	19640	**4300**	**5075**	**6750**	**9350**
EX Sport Utility 4D	RD788	21940	**4975**	**5800**	**7600**	**10350**
2WD	2		**(500)**	**(500)**	**(665)**	**(665)**
PASSPORT 4WD—V6—Truck Equipment Schedule T1						
LX Sport Utility 4D	CM58W	28040	**2700**	**3325**	**4925**	**7250**
EX Sport Utility 4D	CM58W	29990	**3300**	**4000**	**5625**	**8050**
2WD	K		**(500)**	**(500)**	**(665)**	**(665)**
ODYSSEY—V6—Truck Equipment Schedule T1						
LX Minivan 4D	RL185	24690	**3400**	**4100**	**5750**	**8200**
EX Minivan 4D	RL186	27190	**4025**	**4775**	**6450**	**9000**

2003 HONDA—(Jor5)HorJ(L,Kor6)(YH282)-3

Body Type	VIN	List	Trade-In Fair	Good	Pvt-Party Good	Retail Excellent
ELEMENT 4WD—4-Cyl.—Truck Equipment Schedule T2						
DX Sport Utility 4D	YH282	18760	**4200**	**4950**	**6700**	**9325**
LX Sport Utility 4D	YH285	21310	**4950**	**5800**	**7550**	**10300**
2WD			**(575)**	**(575)**	**(765)**	**(765)**
CR-V 4WD—4-Cyl.—Truck Equipment Schedule T2						
LX Sport Utility 4D	RD774	19760	**5025**	**5875**	**7650**	**10400**
EX Sport Utility 4D	RD778	22060	**5825**	**6750**	**8550**	**11400**
2WD	2		**(575)**	**(575)**	**(765)**	**(765)**
PILOT 4WD—V6—Truck Equipment Schedule T1						
LX Sport Utility 4D	YF181	27360	**4925**	**5750**	**7525**	**10250**
EX Sport Utility 4D	YF184	29730	**6275**	**7250**	**9075**	**12000**
ODYSSEY—V6—Truck Equipment Schedule T1						
LX Minivan 4D	RL185	24860	**4025**	**4750**	**6425**	**8975**
EX Minivan 4D	RL186	27360	**4700**	**5525**	**7250**	**9950**

2004 HONDA—(J,2or5)F,HorJ(K,L,Nor6)(YH282)-4

Body Type	VIN	List	Trade-In Fair	Good	Pvt-Party Good	Retail Excellent
ELEMENT 4WD—4-Cyl.—Truck Equipment Schedule T2						
DX Sport Utility 4D	YH282	17990	**4950**	**5800**	**7550**	**10300**
LX Sport Utility 4D	YH273	19590	**5525**	**6425**	**8175**	**11000**
EX Sport Utility 4D	YH285	20790	**5825**	**6750**	**8525**	**11350**
2WD	1		**(650)**	**(650)**	**(865)**	**(865)**
CR-V 4WD—4-Cyl.—Truck Equipment Schedule T2						
LX Sport Utility 4D	RD774	19860	**5900**	**6850**	**8625**	**11450**
EX Sport Utility 4D	RD778	22240	**6800**	**7850**	**9650**	**12650**
2WD	2		**(650)**	**(650)**	**(865)**	**(865)**
PILOT 4WD—V6—Truck Equipment Schedule T1						
LX Sport Utility 4D	YF181	27590	**5950**	**6900**	**8700**	**11550**
EX Sport Utility 4D	YF184	29960	**7550**	**8650**	**10500**	**13550**
ODYSSEY—V6—Truck Equipment Schedule T1						
LX Minivan 4D	RL185	24980	**4750**	**5550**	**7275**	**9950**
EX Minivan 4D	RL186	27480	**5525**	**6450**	**8175**	**11000**

2005 HONDA—(J,2or5)F,HorJ(K,L,Nor6)(YH273)-5

Body Type	VIN	List	Trade-In Fair	Good	Pvt-Party Good	Retail Excellent
ELEMENT 4WD—4-Cyl.—Truck Equipment Schedule T2						
LX Sport Utility 4D	YH273	18990	**6500**	**7500**	**9250**	**12150**

TRUCKS & VANS

Body	Type	VIN	List	Trade-In Fair	Good	Pvt-Party Good	Retail Excellent
	EX Sport Utility 4D	YH276	20790	6825	7875	9650	12600
	2WD	1		(725)	(725)	(965)	(965)

CR-V 4WD—4-Cyl.—Truck Equipment Schedule T2

Body	Type	VIN	List	Fair	Good	Good	Excellent
	LX Sport Utility 4D	RD774	21710	6950	7975	9775	12750
	EX Sport Utility 4D	RD778	22965	7950	9100	11000	14100
	SE Sport Utility 4D	RD779	25565	8600	9800	11650	14900
	2WD	6		(725)	(725)	(965)	(965)

PILOT 4WD—V6—Truck Equipment Schedule T1

| | LX Sport Utility 4D | YF181 | 27865 | 7200 | 8275 | 10100 | 13100 |
| | EX Sport Utility 4D | YF184 | 30435 | 8950 | 10200 | 12100 | 15350 |

ODYSSEY—V6—Truck Equipment Schedule T1

	LX Minivan 4D	RL185	25510	8200	9375	11200	14350
	EX Minivan 4D	RL186	28510	9200	10475	12350	15600
	Touring Minivan 4D	RL188	35010	11425	12875	14800	18350

2006 HONDA—(J,2or5)(F,HorJ)(J,K,L,Nor6)YH273-6

ELEMENT 4WD—4-Cyl.—Truck Equipment Schedule T2

	LX Sport Utility 4D	YH273	19700	7650	8750	10600	13600
	EX Sport Utility 4D	YH276	21575	8025	9200	11050	14100
	EX-P Sport Util 4D	YH277	22920	8150	9325	11150	14250
	2WD	1		(800)	(800)	(1065)	(1065)

CR-V 4WD—4-Cyl.—Truck Equipment Schedule T2

	LX Sport Utility 4D	RD774	22145	8150	9325	11150	14250
	EX Sport Utility 4D	RD778	24300	9275	10575	12400	15650
	SE Sport Utility 4D	RD779	26000	10050	11425	13300	16600
	2WD	6		(800)	(800)	(1065)	(1065)

PILOT 4WD—V6—Truck Equipment Schedule T1

	LX Sport Utility 4D	YF181	28745	10525	11950	13800	17200
	EX Sport Utility 4D	YF184	31295	12500	14100	15950	19550
	2WD	2		(800)	(800)	(1065)	(1065)

ODYSSEY—V6—Truck Equipment Schedule T1

	LX Minivan 4D	RL185	25895	10050	11425	13300	16550
	EX Minivan 4D	RL186	28945	11225	12700	14500	17950
	Touring Minivan 4D	RL188	37145	13625	15325	17200	20900

RIDGELINE 4WD—V6—Truck Equipment Schedule T1

	RT Short Bed	YK162	28250	9800	11125	13200	16650
	RTS Short Bed	YK164	30625	11025	12500	14500	18150
	RTL Short Bed	YK165	32040	12500	14100	16100	19900

2007 HONDA—(J,2or5)(F,HorJ)(J,K,L,Nor6)YH273-7

ELEMENT 4WD—4-Cyl.—Truck Equipment Schedule T2

	LX Sport Utility 4D	YH273	21695	9050	10300	12000	15100
	EX Sport Utility 4D	YH277	23705	9400	10675	12450	15550
	2WD	1		(875)	(875)	(1165)	(1165)

ELEMENT—4-Cyl.—Truck Equipment Schedule T2

| | SC Sport Utility 4D | YH179 | 24090 | 9575 | 10875 | 12650 | 15800 |

CR-V 4WD—4-Cyl.—Truck Equipment Schedule T2

	LX Sport Utility 4D	RE483	22395	10775	12200	13900	17200
	EX Sport Utility 4D	RE485	24645	11950	13525	15300	18650
	2WD	3		(875)	(875)	(1165)	(1165)

PILOT 4WD—V6—Truck Equipment Schedule T1

	LX Sport Utility 4D	YF181	28990	12650	14250	15950	19450
	EX Sport Utility 4D	YF184	31540	14700	16550	18350	22000
	2WD	2		(875)	(875)	(1165)	(1165)

ODYSSEY—V6—Truck Equipment Schedule T1

	LX Minivan 4D	RL382	26240	12450	14075	15800	19150
	EX Minivan 4D	RL384	29290	13675	15375	17150	20700
	Touring Minivan 4D	RL388	37490	16325	18325	20100	23900

RIDGELINE 4WD—V6—Truck Equipment Schedule T1

	RT Short Bed	YK162	28395	10925	12400	14350	17900
	RTX Short Bed	YK163	28895	11625	13125	15100	18700
	RTS Short Bed	YK164	30870	12250	13825	15800	19450
	RTL Short Bed	YK165	33535	13875	15625	17600	21500

2008 HONDA—(J,2or5)(F,HorJ)(J,K,L,Nor6)YH273-8

ELEMENT 4WD—4-Cyl.—Truck Equipment Schedule T2

	LX Sport Utility 4D	YH273	21015	10875	12350	14000	17200
	EX Sport Utility 4D	YH277	23025	11325	12800	14500	17750
	2WD	1		(950)	(950)	(1265)	(1265)

ELEMENT—4-Cyl.—Truck Equipment Schedule T2

| | SC Sport Utility 4D | YH179 | 23410 | 11525 | 13025 | 14700 | 18000 |

1009

Body	Type	VIN	List	Trade-In Fair	Good	Pvt-Party Good	Retail Excellent

CR-V 4WD—4-Cyl.—Truck Equipment Schedule T2
LX Sport Utility 4D		RE483	22535	12150	13725	15450	18750
EX Sport Utility 4D		RE485	24785	13425	15150	16850	20400
2WD		3		(950)	(950)	(1265)	(1265)

PILOT 4WD—V6—Truck Equipment Schedule T1
VP Sport Utility 4D		YF182	29630	14850	16700	18400	22100
EX Sport Utility 4D		YF184	31780	17200	19250	21000	24900
SE Sport Utility 4D		YF183	33630	17700	19900	21600	25500
2WD		2		(950)	(950)	(1265)	(1265)

ODYSSEY—V6—Truck Equipment Schedule T1
LX Minivan 4D		RL382	26495	14450	16225	17900	21400
EX Minivan 4D		RL384	29595	15775	17700	19350	23000
Touring Minivan 4D		RL388	40645	18675	20875	22600	26600

RIDGELINE 4WD—V6—Truck Equipment Schedule T1
RT Short Bed		YK162	28635	13225	14900	16900	20700
RTX Short Bed		YK163	29135	13975	15725	17700	21600
RTS Short Bed		YK164	31060	14650	16475	18400	22300
RTL Short Bed		YK165	33725	16425	18425	20500	24600

HUMMER

1994 HUMMER—137(YA82)--R-#

H1 4WD—V8 DIESEL—Truck Equipment Schedule T3
Hard Top 2D		YA82	42706	17650	19800	23200	29100
Open Top 4D		YA85	47440	18525	20775	24300	30400
Hard Top 4D		YA83	53960	18975	21175	24800	31000
Wagon 4D		YA84	57019	19500	21750	25500	31800
GA Pkg				1000	1000	1335	1335
GC Pkg				1500	1500	2000	2000
Winch				400	400	535	535

1995 HUMMER—137(YA82)--S-#

H1 4WD—V8 DIESEL—Truck Equipment Schedule T3
Hard Top 2D		YA82	43265	19300	21550	25200	31500
HardTop Enlarged 2D		YA82	46970	19700	22050	25800	32100
OpenTop Recruit 4D		YA85	50317	20275	22650	26400	32800
Open Top 4D		YA85	53239	20275	22650	26400	32800
Hard Top 4D		YA83	57652	20675	23125	27000	33500
Wagon 4D		YA84	60858	21275	23825	27600	34400
GA Pkg				1000	1000	1335	1335
GC Pkg				1500	1500	2000	2000
Winch				400	400	535	535
V8 5.7 Liter		D		(1000)	(1000)	(1335)	(1335)

1996 HUMMER — 137(YA82)--T-#

H1 4WD—V8 DIESEL—Truck Equipment Schedule T3
Hard Top 2D		YA82	46765	20100	22450	26000	32200
HardTop Enlarged 2D		YA82	50649	20475	22925	26600	32800
OpenTop Recruit 4D		YA85	54230	21075	23525	27100	33600
Open Top 4D		YA85	57346	21075	23525	27100	33600
Hard Top 4D		YA83	62037	21550	24100	27800	34400
Wagon 4D		YA84	65421	22150	24800	28500	35300
GA Pkg				1150	1150	1535	1535
GC Pkg				1750	1750	2335	2335
Winch				475	475	635	635
V8 5.7 Liter		D		(1075)	(1075)	(1435)	(1435)
V8 6.5L Turbo Diesel		Z		875	875	1165	1165

1997 HUMMER — 137(YA82)--V-#

H1 4WD—V8 DIESEL—Truck Equipment Schedule T3
Hard Top 2D		YA82	55749	21275	23825	27300	33600
Open Top 4D		YA85	61954	21950	24500	28000	34500
Hard Top 4D		YA83	67330	22650	25175	28900	35500
Wagon 4D		YA84	70614	23225	25875	29600	36400
GA Pkg				1300	1300	1735	1735
GC Pkg				1975	1975	2635	2635
Winch				550	550	735	735
V8 6.5L Turbo Diesel		Z		1000	1000	1335	1335

1998 HUMMER

TRUCKS & VANS

Body Type	VIN	List	Trade-In Fair	Trade-In Good	Pvt-Party Good	Retail Excellent

1998 HUMMER — 137(YA82)--W-#

H1 4WD—V8 DIESEL—Truck Equipment Schedule T3

Hard Top 2D	YA82	57859	22150	24800	28100	34400
Open Top 4D	YA85	64451	22925	25575	29100	35500
Hard Top 4D	YA83	70174	23625	26350	29900	36500
Wagon 4D	YA84	73605	24300	27150	30800	37400
GA Pkg			1450	1450	1935	1935
GC Pkg			2200	2200	2935	2935
Winch			600	600	800	800
V8 6.5L Turbo Diesel	Z		1100	1100	1465	1465

1999 HUMMER — 137(YA82)--X-#

H1 4WD—V8 DIESEL—Truck Equipment Schedule T3

Hard Top 2D	YA82	66522	23125	25775	29100	35400
Open Top 4D	YA85	73580	24000	26750	30200	36600
Hard Top 4D	YA83	79677	24800	27625	31100	37600
Wagon 4D	YA84	83211	25575	28525	32000	38800
GA Pkg			1600	1600	2135	2135
GC Pkg			2425	2425	3235	3235
Winch			650	650	865	865

2000 HUMMER — 137(ZA89)--Y-#

H1 4WD—V8 Turbo Diesel—Truck Equipment Sch T3

Hard Top 2D	ZA89	70819	26650	29700	33100	39900
Open Top 4D	ZA90	80499	27625	30775	34300	41200
Hard Top 4D	ZA83	87058	28525	31750	35300	42300
Wagon 4D	ZA84	90844	29400	32725	36400	43500
Slantback 4D	ZA91	93197	29700	33025	36700	43900
GA Pkg			1750	1750	2335	2335
GC Pkg			2650	2650	3530	3530
Winch			700	700	935	935

2001 HUMMER — 137(ZA82)--1-#

H1 4WD—V8 Turbo Diesel—Truck Equipment Sch T3

Hard Top 2D	ZA82	76862	29400	32725	36100	43000
Open Top 4D	ZA85	86408	30475	33800	37300	44400
Hard Top 4D	ZA83	91553	31450	34975	38500	45800
Wagon 4D	ZA84	95404	32350	35975	39500	46900
GA Pkg			1875	1875	2500	2500
GC Pkg			2875	2875	3830	3830
Winch			750	750	1000	1000

2002 HUMMER — 137(ZA85)--2-#

H1 4WD—V8 Turbo Diesel—Truck Equipment Schedule T3

Open Top 4D	ZA85	98681	33525	37250	40900	48300
Enclosed Wagon 4D	ZA84	109834	35575	39500	43100	51000
Winch			800	800	1065	1065

2003 HUMMER — 5GR-(N23U)-3-#

H2 4WD—V8—Truck Equipment Schedule T3

Sport Utility 4D	N23U	50200	13425	15150	17450	21700
Third Seat			475	475	635	635
Adventure Pkg			300	300	400	400
Lux Pkg			300	300	400	400
Air Suspension			400	400	535	535

H1 4WD—V8 Turbo Diesel—Truck Equipment Schedule T3

Open Top 4D	A903	106185	38025	42150	45700	53500
Wagon 4D	A843	117508	40575	45075	48600	56800
Winch			925	925	1235	1235

2004 HUMMER — 5GR-(N23U)-4-#

H2 4WD—V8—Truck Equipment Schedule T3

Sport Utility 4D	N23U	51395	15825	17750	20100	24600
Limited Ed Spt Util	N23U	59840	16025	17975	20400	24800
Third Seat			550	550	735	735
Adventure Pkg			350	350	465	465
Lux Pkg			350	350	465	465
Air Suspension			400	400	535	535

2004 HUMMER

Body	Type	VIN	List	Trade-In Fair	Good	Pvt-Party Good	Retail Excellent
H1 4WD—V8 Turbo Diesel—Truck Equipment Schedule T3							
Open Top 4D		A903	106185	42625	47225	50700	58900
Wagon 4D		ZA84	117508	45775	50675	54200	62800
Winch				1050	1050	1400	1400
Adventure Pkg				350	350	465	465

2005 HUMMER — 5GR-(N23U)-5-#

Body	Type	VIN	List	Trade-In Fair	Good	Pvt-Party Good	Retail Excellent
H2 4WD—V8—Truck Equipment Schedule T3							
Sport Utility 4D		N23U	52000	18525	20675	23100	27900
Third Seat				600	600	800	800
Adventure Pkg				400	400	535	535
Lux Pkg				400	400	535	535
Air Suspension				400	400	535	535
H2 SUT 4WD—V8—Truck Equipment Schedule T3							
Sport Utility Pickup		N22U	53055	18875	21075	23500	28300
Adventure Pkg				400	400	535	535
Victory Red Ltd Ed				400	400	535	535
Lux Pkg				400	400	535	535
Air Suspension				400	400	535	535

2006 HUMMER — 5G(RorT)-(N136)-6-#

Body	Type	VIN	List	Trade-In Fair	Good	Pvt-Party Good	Retail Excellent
H3 4WD—5-Cyl.—Truck Equipment Schedule T3							
Sport Utility 4D		N136	31195	13025	14700	16600	20300
Adventure Pkg				425	425	565	565
Luxury Pkg				425	425	565	565
Off-Road Suspension				400	400	535	535
H2 4WD—V8—Truck Equipment Schedule T3							
Sport Utility 4D		N23U	53855	21650	24100	26500	31500
Third Seat				650	650	865	865
Adventure Pkg				425	425	565	565
Limited Edition				425	425	565	565
Luxury Pkg				425	425	565	565
Air Suspension				400	400	535	535
H2 SUT 4WD—V8—Truck Equipment Schedule T3							
Sport Utility Pickup		N22U	53910	20875	23425	25800	30700
Adventure Pkg				425	425	565	565
Limited Edition				425	425	565	565
Luxury Pkg				425	425	565	565
Air Suspension				400	400	535	535
H1 4WD—V8 Turbo Diesel—Truck Equipment Schedule T3							
Open Top 4D		PH90	129399	67925	75075	78100	88200
Wagon 4D		PH84	140796	72025	79675	82700	93200
Winch				1300	1300	1735	1735
Adventure Pkg				425	425	565	565

2007 HUMMER — 5G(RorT)-(N13E)-7-#

Body	Type	VIN	List	Trade-In Fair	Good	Pvt-Party Good	Retail Excellent
H3 4WD—5-Cyl.—Truck Equipment Schedule T3							
Sport Utility 4D		N13E	31690	15150	17050	18850	22600
Adventure Pkg				450	450	600	600
Luxury Pkg				450	450	600	600
H3X				450	450	600	600
Off-Road Suspension				400	400	535	535
H2 4WD—V8—Truck Equipment Schedule T3							
Sport Utility 4D		N23U	54255	27450	30575	32900	38400
Third Seat				700	700	935	935
Adventure Pkg				450	450	600	600
Luxury Pkg				450	450	600	600
Special Edition				450	450	600	600
Air Suspension				400	400	535	535
H2 SUT 4WD—V8—Truck Equipment Schedule T3							
Sport Utility Pickup		N22U	54300	25675	28625	31000	36300
Adventure Pkg				450	450	600	600
Luxury Pkg				450	450	600	600
Special Edition				450	450	600	600
Air Suspension				400	400	535	535

2008 HUMMER — 5G(RorT)-(N13E)-8-#

Body	Type	VIN	List	Trade-In Fair	Good	Pvt-Party Good	Retail Excellent
H3 4WD—5-Cyl.—Truck Equipment Schedule T3							
Sport Utility 4D		N13E	32390	17550	19700	21400	25300
Adventure Pkg		3		475	475	635	635
Luxury Pkg		4		475	475	635	635
Off-Road Suspension				400	400	535	535

2008 HUMMER

Body Type	VIN	List	Trade-In Fair	Good	Pvt-Party Good	Retail Excellent
H3x 4WD—5-Cyl.—Truck Equipment Schedule T3						
Sport Utility 4D	N53E	40685	18575	20775	22500	26600
Luxury Pkg	4		475	475	635	635
H3 ALPHA 4WD—V8—Truck Equipment Schedule T3						
Sport Utility 4D	N63L	39260	18775	20975	22700	26800
Luxury Pkg	4		475	475	635	635
Off-Road Suspension			400	400	535	535
H2 4WD—V8—Truck Equipment Schedule T3						
Sport Utility 4D	N238	56410	34100	37825	40000	45900
Third Row			750	750	1000	1000
Adventure Pkg	7		475	475	635	635
Luxury Pkg	8		475	475	635	635
Air Suspension			400	400	535	535
H2 SUT 4WD—V8—Truck Equipment Schedule T3						
Sport Utility Pickup	N928	56455	31350	34900	37000	42700
Adventure Pkg			475	475	635	635
Luxury Pkg	0		475	475	635	635
Air Suspension	E		400	400	535	535

HYUNDAI

2003 HYUNDAI — KM8S(B82B)-3-#

Body Type	VIN	List	Fair	Good	Good	Excellent
SANTA FE—4-Cyl.—Truck Equipment Schedule T3						
Sport Utility 4D	B82B	17894	1575	2075	3625	5800
SANTA FE 4WD—V6—Truck Equipment Schedule T2						
GLS Sport Utility 4D	C72D	21894	2275	2850	4425	6725
LX Sport Utility 4D	C72D	24394	2825	3450	5075	7425
2WD	8		(575)	(575)	(765)	(765)
V6 3.5 Liter	E		500	500	665	665

2004 HYUNDAI — KM8S(B82B)-4-#

SANTA FE—4-Cyl.—Truck Equipment Schedule T2						
Sport Utility 4D	B82B	18589	2200	2775	4350	6675
SANTA FE 4WD—V6—Truck Equipment Schedule T2						
GLS Sport Utility 4D	C72D	23089	3025	3650	5300	7700
LX Sport Utility 4D	C72E	26089	3725	4450	6100	8600
2WD	8		(650)	(650)	(865)	(865)
V6 3.5 Liter	E		500	500	665	665

2005 HYUNDAI — KM8S(SC73D)-5-#

SANTA FE 4WD—V6—Truck Equipment Schedule T2						
GLS Sport Util 4D	SC73D	23594	3875	4600	6275	8775
LX Sport Utility 4D	SC73E	26594	4725	5525	7250	9900
2WD	1		(725)	(725)	(965)	(965)
V6 3.5 Liter (GLS)	E		500	500	665	665
TUCSON 4WD—4-Cyl.—Truck Equipment Schedule T1						
GL Sport Utility 4D	JM72B	19594	3675	4375	6050	8525
2WD	1		(725)	(725)	(965)	(965)
TUCSON 4WD—V6—Truck Equipment Schedule T1						
GLS Sport Util 4D	JN72D	22094	4900	5725	7450	10150
LX Sport Utility 4D	JN72D	23344	5575	6525	8225	11000
2WD	1		(725)	(725)	(965)	(965)

2006 HYUNDAI — KM8S(SC73D)-6-#

SANTA FE 4WD—V6—Truck Equipment Schedule T2						
GLS Sport Utility 4D	SC73D	23795	4800	5625	7375	10050
Limited Sport Util	SC73E	26495	5825	6750	8500	11250
2WD	1		(800)	(800)	(1065)	(1065)
V6 3.5 Liter (GLS)	E		500	500	665	665
TUCSON 4WD—4-Cyl.—Truck Equipment Schedule T1						
GL Sport Utility 4D	JM72B	19595	4775	5575	7300	9950
2WD	1		(800)	(800)	(1065)	(1065)
TUCSON 4WD—V6—Truck Equipment Schedule T1						
GLS Sport Util 4D	JN72D	22495	6100	7050	8800	11600
Limited Sport Util	JN72D	23795	6825	7900	9600	12500
2WD	1		(800)	(800)	(1065)	(1065)

2007 HYUNDAI — KM8S(SG73D)7-#

SANTA FE AWD—V6—Truck Equipment Schedule T2						
GLS Sport Util 4D	SG73D	23595	7900	9050	10750	13650

328   DEDUCT FOR RECONDITIONING

1009

Body	Type	VIN	List	Trade-In Fair	Good	Pvt-Party Good	Retail Excellent
	SE Sport Utility 4D	SH73E	26295	8475	9675	11350	14350
	Limited Sport Util	SH73E	28595	9100	10350	12050	15150
	Third Seat			450	450	600	600
	2WD	1		(875)	(875)	(1165)	(1165)

TUCSON 4WD—4-Cyl.—Truck Equipment Schedule T1

Body	Type	VIN	List	Trade-In Fair	Good	Pvt-Party Good	Retail Excellent
	GLS Sport Util 4D	JM72B	18995	5925	6850	8500	11150
	2WD	1		(875)	(875)	(1165)	(1165)

TUCSON 4WD—V6—Truck Equipment Schedule T1

Body	Type	VIN	List	Trade-In Fair	Good	Pvt-Party Good	Retail Excellent
	SE Sport Utility 4D	JN72D	22995	7400	8475	10100	12950
	Limited Sport Util	JN72D	24345	8150	9325	11050	14000
	2WD	1		(875)	(875)	(1165)	(1165)

VERACRUZ—V6—Truck Equipment Schedule T1

Body	Type	VIN	List	Trade-In Fair	Good	Pvt-Party Good	Retail Excellent
	GLS Sport Util 4D	NU13C	28695	13425	15150	16900	20500
	SE Sport Utility 4D	NU13C	30395	14100	15875	17650	21300
	Limited Sport Util	NU73C	34695	15775	17700	19500	23300
	AWD	7		950	950	1265	1265

ENTOURAGE—V6—Truck Equipment Schedule T1

Body	Type	VIN	List	Trade-In Fair	Good	Pvt-Party Good	Retail Excellent
	GLS Minivan	MC233	24495	6000	6950	8525	11100
	SE Minivan	MC233	26995	6500	7500	9075	11750
	Limited Minivan	MC233	29495	7500	8600	10200	12950

2008 HYUNDAI — KM8(SG73D)-8-#

SANTA FE AWD—V6—Truck Equipment Schedule T2

Body	Type	VIN	List	Trade-In Fair	Good	Pvt-Party Good	Retail Excellent
	GLS Sport Util 4D	SG73D	24690	9325	10625	12250	15250
	SE Sport Utility 4D	SH73E	26495	9900	11225	12900	15950
	Limited Sport Util	SH73E	30295	10625	12050	13700	16850
	Third Row			475	475	635	635
	2WD	1		(950)	(950)	(1265)	(1265)

TUCSON 4WD—4-Cyl.—Truck Equipment Schedule T1

Body	Type	VIN	List	Trade-In Fair	Good	Pvt-Party Good	Retail Excellent
	GLS Sport Util 4D	JM12B	20195	7050	8100	9625	12300
	Limited Sport Util	JN12B	22895	7725	8825	10400	13150

TUCSON 4WD—V6—Truck Equipment Schedule T1

Body	Type	VIN	List	Trade-In Fair	Good	Pvt-Party Good	Retail Excellent
	SE Sport Utility 4D	JN72D	23645	8650	9850	11450	14350
	Limited Sport Util	JN72D	25445	9475	10775	12400	15400
	2WD	1		(950)	(950)	(1265)	(1265)

VERACRUZ—V6—Truck Equipment Schedule T1

Body	Type	VIN	List	Trade-In Fair	Good	Pvt-Party Good	Retail Excellent
	GLS Sport Util 4D	NU13C	27595	17350	19450	21200	25100
	SE Sport Utility 4D	NU13C	29295	18125	20275	22100	26100
	Limited Sport Util	NU13C	34745	19900	22250	23900	28000
	AWD	7		1025	1025	1365	1365

ENTOURAGE—V6—Truck Equipment Schedule T1

Body	Type	VIN	List	Trade-In Fair	Good	Pvt-Party Good	Retail Excellent
	GLS Minivan	MC233	24595	12800	14450	16000	19350
	Limited Minivan	MC233	30495	14450	16225	17850	21300

INFINITI

1997 INFINITI — JN6(AR05Y)-V-#

QX4 4WD—V6—Truck Equipment Schedule T3

Body	Type	VIN	List	Trade-In Fair	Good	Pvt-Party Good	Retail Excellent
	Sport Utility 4D	AR05Y	36045	3450	4150	5600	7875

1998 INFINITI — JN6(AR05Y)-W-#

QX4 4WD—V6—Truck Equipment Schedule T3

Body	Type	VIN	List	Trade-In Fair	Good	Pvt-Party Good	Retail Excellent
	Sport Utility 4D	AR05Y	36045	3875	4600	6075	8400

1999 INFINITI — JN6(AR05Y)-X-#

QX4 4WD—V6—Truck Equipment Schedule T3

Body	Type	VIN	List	Trade-In Fair	Good	Pvt-Party Good	Retail Excellent
	Sport Utility 4D	AR05Y	36075	4300	5100	6625	9000

2000 INFINITI — JNR(AR05Y)-Y-#

QX4 4WD—V6—Truck Equipment Schedule T3

Body	Type	VIN	List	Trade-In Fair	Good	Pvt-Party Good	Retail Excellent
	Sport Utility 4D	AR05Y	36075	4825	5650	7225	9725

2001 INFINITI — JNR(DR07Y)-1-#

QX4 4WD—V6—Truck Equipment Schedule T3

Body	Type	VIN	List	Trade-In Fair	Good	Pvt-Party Good	Retail Excellent
	Sport Utility 4D	DR07Y	36075	5825	6750	8375	11050
	2WD	X		(450)	(450)	(600)	(600)

TRUCKS & VANS

Body	Type	VIN	List	Trade-In Fair	Trade-In Good	Pvt-Party Good	Retail Excellent
2002 INFINITI — JNR(DR07Y)-2-#							
QX4 4WD—V6—Truck Equipment Schedule T3							
Sport Utility 4D		DR07Y	36095	6350	7325	9200	12150
2WD		X		(500)	(500)	(665)	(665)
2003 INFINITI — JNR(AS08W)-3-#							
FX35 AWD—V6—Truck Equipment Schedule T3							
Sport Utility 4D		AS08W	36245	11325	12800	14900	18650
Intelligent Cruise Cntrl				375	375	500	500
Sport Pkg				1000	1000	1335	1335
2WD		U		(575)	(575)	(765)	(765)
FX45 AWD—V8—Truck Equipment Schedule T3							
Sport Utility 4D		BS08W	44770	12800	14400	16600	20600
Intelligent Cruise Cntrl				375	375	500	500
QX4 4WD—V6—Truck Equipment Schedule T3							
Sport Utility 4D		DR09Y	36695	7225	8300	10150	13250
2WD		X		(575)	(575)	(765)	(765)
2004 INFINITI — JNR(AS08W)-4-#							
FX35 AWD—V6—Truck Equipment Schedule T3							
Sport Utility 4D		AS08W	36395	12850	14450	16550	20500
Intelligent Cruise Cntrl				400	400	535	535
Sport Pkg				1000	1000	1335	1335
2WD		U		(650)	(650)	(865)	(865)
FX45 AWD—V8—Truck Equipment Schedule T3							
Sport Utility 4D		BS08W	44920	14700	16525	18650	22800
Intelligent Cruise Cntrl				400	400	535	535
QX56 4WD—V8—Truck Equipment Schedule T3							
Sport Utility 4D		AA08C	51080	14900	16750	19000	23200
Intelligent Cruise Cntrl				400	400	535	535
2WD				(650)	(650)	(865)	(865)
2005 INFINITI — JNR(AS08W)-5-#							
FX35 AWD—V6—Truck Equipment Schedule T3							
Sport Utility 4D		AS08W	37060	14500	16325	18400	22300
Adaptive Cruise Control				425	425	565	565
Sport Pkg				1000	1000	1335	1335
2WD		U		(725)	(725)	(965)	(965)
FX45 AWD—V8—Truck Equipment Schedule T3							
Sport Utility 4D		BS08W	46060	16750	18775	20900	25200
Adaptive Cruise Control				425	425	565	565
QX56 4WD—V8—Truck Equipment Schedule T3							
Sport Utility 4D		AA08C	51700	17350	19450	21700	26200
Adaptive Cruise Control				425	425	565	565
2WD				(725)	(725)	(965)	(965)
2006 INFINITI — JNR(AS08W)-6-#							
FX35 AWD—V6—Truck Equipment Schedule T3							
Sport Utility 4D		AS08W	40050	16550	18625	20600	24700
Adaptive Cruise Control				450	450	600	600
Sport Pkg				1000	1000	1335	1335
2WD		U		(800)	(800)	(1065)	(1065)
FX45 AWD—V8—Truck Equipment Schedule T3							
Sport Utility 4D		BS08W	50500	19300	21550	23600	28000
Adaptive Cruise Control				450	450	600	600
QX56 4WD—V8—Truck Equipment Schedule T3							
Sport Utility 4D		AA08C	53250	20100	22450	24600	29200
Adaptive Cruise Control				450	450	600	600
2WD		A		(800)	(800)	(1065)	(1065)
2007 INFINITI — JNR(AS08W)-7-#							
FX35 AWD—V6—Truck Equipment Schedule T3							
Sport Utility 4D		AS08W	40000	18775	20975	22900	27100
Adaptive Cruise Control				475	475	635	635
Sport Pkg				1000	1000	1335	1335
2WD		U		(875)	(875)	(1165)	(1165)
FX45 AWD—V8—Truck Equipment Schedule T3							
Sport Utility 4D		BS08W	50550	21850	24400	26400	30900
Adaptive Cruise Control				475	475	635	635

Body	Type	VIN	List	Trade-In Fair	Good	Pvt-Party Good	Retail Excellent
QX56 4WD—V8—Truck Equipment Schedule T3							
Sport Utility 4D	AA08C	53850	24100	26850	28900	33700
Adaptive Cruise Control			475	475	635	635
2WD	A		(875)	(875)	(1165)	(1165)

Body	Type	VIN	List	Trade-In Fair	Good	Pvt-Party Good	Retail Excellent
EX35 AWD—V6—Truck Equipment Schedule T3							
Sport Utility 4D	AJ09F	33415	22050	24600	26400	30700
Journey Sport Util	AJ09F	36965	23725	26450	28100	32600
Adaptive Cruise Control			500	500	665	665
2WD			(950)	(950)	(1265)	(1265)
FX35 AWD—V6—Truck Equipment Schedule T3							
Sport Utility 4D	AS08W	40365	21075	23625	25300	29600
Adaptive Cruise Control			500	500	665	665
Sport Pkg			1000	1000	1335	1335
2WD	U		(950)	(950)	(1265)	(1265)
FX45 AWD—V8—Truck Equipment Schedule T3							
Sport Utility 4D	BS08W	50915	26275	29300	31100	35800
Adaptive Cruise Control			500	500	665	665
QX56 4WD—V8—Truck Equipment Schedule T3							
Sport Utility 4D	AA08C	56165	31950	35575	37300	42700
Adaptive Cruise Control			500	500	665	665
2WD	D		(950)	(950)	(1265)	(1265)

ISUZU

Body	Type	VIN	List	Trade-In Fair	Good	Pvt-Party Good	Retail Excellent
AMIGO 4WD—4-Cyl.—Truck Equipment Schedule T2							
S Sport Utility 2D	Y07E	17149	400	575	1200	2225
XS Sport Utility 2D	Y07E	17549	450	625	1275	2350
2WD	G		(125)	(125)	(165)	(165)
RODEO 4WD—V6—Truck Equipment Schedule T1							
S Sport Utility 4D	Y58V	21574	750	1075	1950	3375
LS Sport Utility 4D	Y58V	25274	1000	1400	2500	4150
2WD	G		(125)	(125)	(165)	(165)
4-Cyl. 2.6 Liter	E		(300)	(300)	(400)	(400)
TROOPER 4WD—V6—Truck Equipment Schedule T1							
S Sport Utility 4D	H58V	23700	850	1200	2150	3650
RS Sport Utility 2D	H57W	25550	900	1275	2325	3950
LS Sport Utility 4D	H58H	28400	1200	1675	2850	4550
SE Sport Utility 4D	H58W	33200	1550	2025	3250	5050
PICKUP—4-Cyl.—Truck Equipment Schedule T2							
S Short Bed	L11E	12349	400	550	1175	2175
S Long Bed	L14E	11159	425	600	1225	2275
S Spacecab	L16E	13059	625	850	1675	2975
4WD	R		400	400	535	535
4-Cyl. 2.3 Liter	L		(100)	(100)	(135)	(135)
V6 3.1 Liter	Z		100	100	135	135

Body	Type	VIN	List	Trade-In Fair	Good	Pvt-Party Good	Retail Excellent
RODEO 4WD—V6—Truck Equipment Schedule T1							
S Sport Utility 4D	Y58V	22750	875	1250	2325	3950
LS Sport Utility 4D	Y58V	26670	1150	1600	2775	4475
2WD	G,K		(125)	(125)	(165)	(165)
4-Cyl. 2.6 Liter	E		(300)	(300)	(400)	(400)
TROOPER 4WD—V6—Truck Equipment Schedule T1							
S Sport Utility 4D	J58V	26270	1000	1425	2550	4225
RS Sport Utility 2D	J57W	29220	1075	1500	2650	4325
LS Sport Utility 4D	J58V	30400	1475	1950	3200	5000
SE Sport Utility 4D	J58V	34445	1875	2425	3700	5575
Ltd Sport Utility 4D	J58W	37220	2100	2675	3975	5900
PICKUP—4-Cyl.—Truck Equipment Schedule T2							
S Short Bed	L11L	10399	450	625	1300	2400
S Long Bed	L14L	11809	475	650	1425	2625
PICKUP 4WD—4-Cyl.—Truck Equipment Schedule T1							
S Short Bed	R11E	14519	1100	1525	2675	4350

Body	Type	VIN	List	Trade-In Fair	Good	Pvt-Party Good	Retail Excellent
RODEO 4WD—V6—Truck Equipment Schedule T1							
S Sport Utility 4D	M58V	25085	1025	1425	2575	4250

Body	Type	VIN	List	Trade-In Fair	Good	Pvt-Party Good	Retail Excellent
LS Sport Utility 4D	M58V	28705	1350	1850	3075	4825
2WD	K		(200)	(200)	(265)	(265)
4-Cyl. 2.6 Liter	E		(350)	(350)	(465)	(465)
OASIS—4-Cyl.—Truck Equipment Schedule T1							
S Minivan 4D	J184	23940	1725	2225	3500	5375
LS Minivan 4D	J187	26435	1925	2475	3750	5650
TROOPER 4WD—V6—Truck Equipment Schedule T1							
S Sport Utility 4D	J58V	28585	1050	1500	2650	4325
LS Sport Utility 4D	J58V	32015	1575	2050	3300	5150
Ltd Sport Utility 4D	J58V	38435	2225	2800	4125	6075
SE Sport Utility 4D	J58V	38945	2000	2550	3850	5750
HOMBRE—4-Cyl.—Truck Equipment Schedule T2							
S Short Bed	S144	11719	525	725	1525	2800
XS Short Bed	S144	12548	575	750	1575	2875

1997 ISUZU—(JR2,1GG,4S2orJAC)—(M58V)—V

Body	Type	VIN	List	Trade-In Fair	Good	Pvt-Party Good	Retail Excellent
RODEO 4WD—V6—Truck Equipment Schedule T1							
S Sport Utility 4D	M58V	25235	1150	1625	2800	4525
LS Sport Utility 4D	M58V	28855	1625	2125	3375	5225
2WD	K		(250)	(250)	(335)	(335)
4-Cyl. 2.6 Liter	E		(375)	(375)	(500)	(500)
OASIS—4-Cyl.—Truck Equipment Schedule T1							
S Minivan 4D	J184	24175	1850	2375	3650	5525
LS Minivan 4D	J187	26435	2075	2625	3925	5850
TROOPER 4WD—V6—Truck Equipment Schedule T1							
S Sport Utility 4D	J58V	28245	1125	1600	2775	4500
LS Sport Utility 4D	J58V	32715	1750	2275	3525	5400
Ltd Sport Utility 4D	J58V	38435	2500	3100	4450	6475
HOMBRE—4-Cyl.—Truck Equipment Schedule T2							
S Short Bed	S144	11992	625	850	1700	3050
XS Short Bed	S144	12419	625	900	1775	3125
XS Spacecab	S194	14774	1000	1425	2550	4250
V6 4.3 Liter	X		175	175	235	235

1998 ISUZU—(JR2,1GG,4S2orJAC)—(M57D)—W

Body	Type	VIN	List	Trade-In Fair	Good	Pvt-Party Good	Retail Excellent
AMIGO 4WD—4-Cyl.—Truck Equipment Schedule T2							
S Sport Utility 2D	M57D	17945	1075	1525	2700	4400
2WD	K		(300)	(300)	(400)	(400)
V6 3.2 Liter	W		450	450	600	600
RODEO 4WD—V6—Truck Equipment Schedule T1							
S Sport Utility 4D	M58W	25635	1300	1800	3025	4800
LS Sport Utility 4D	M58W	29355	1850	2375	3675	5550
2WD	K		(300)	(300)	(400)	(400)
4-Cyl. 2.2 Liter	D		(400)	(400)	(535)	(535)
OASIS—4-Cyl.—Truck Equipment Schedule T1							
S Minivan 4D	J286	23977	1950	2525	3800	5700
LS Minivan 4D	J287	26247	2225	2800	4125	6075
TROOPER 4WD—V6—Truck Equipment Schedule T1							
S Sport Utility 4D	J58X	28245	1275	1750	2975	4725
HOMBRE—4-Cyl.—Truck Equipment Schedule T2							
S Short Bed	S144	12169	725	1000	1950	3425
XS Short Bed	S144	12704	750	1050	2000	3500
XS Spacecab	S194	15650	1150	1625	2825	4575
4WD	T		750	750	1000	1000
V6 4.3 Liter	X		200	200	265	265

1999 ISUZU—(JAC,JR2,4S2or1GG)—(M57D)—X—

Body	Type	VIN	List	Trade-In Fair	Good	Pvt-Party Good	Retail Excellent
AMIGO 4WD—4-Cyl.—Truck Equipment Schedule T2							
S Sport Utility 4D	M57D	18825	1275	1750	2975	4750
2WD	K		(350)	(350)	(465)	(465)
Hard Top			100	100	135	135
V6 3.2 Liter	W		500	500	665	665
RODEO 4WD—V6—Truck Equipment Schedule T1							
S Sport Utility 4D	M58W	26135	1450	1925	3175	5000
LS Sport Utility 4D	M58W	27985	2050	2600	3900	5825
LSE Sport Utility 4D	M58W	31145	2500	3100	4425	6450
2WD	K		(350)	(350)	(465)	(465)
4-Cyl. 2.2 Liter	D		(425)	(425)	(565)	(565)
VEHICROSS 4WD—V6—Truck Equipment Schedule T1							
Sport Utility 2D	N57X	29595	3850	4575	6050	8350
OASIS—4-Cyl.—Truck Equipment Schedule T1							
S Minivan 4D	J286	24175	2150	2725	4050	5975

Body	Type	VIN	List	Trade-In Fair	Trade-In Good	Pvt-Party Good	Retail Excellent
TROOPER 4WD—V6—Truck Equipment Schedule T1							
S Sport Utility 4D		J58X	27595	**1475**	**1950**	**3200**	**5025**
Performance Pkg				**200**	**200**	**265**	**265**
HOMBRE—4-Cyl.—Truck Equipment Schedule T2							
S Short Bed		S144	12040	**850**	**1200**	**2350**	**4025**
XS Short Bed		S144	12575	**900**	**1250**	**2375**	**4075**
XS Spacecab		S194	15695	**1425**	**1900**	**3150**	**4975**
Third Door				**200**	**200**	**265**	**265**
4WD		T		**850**	**850**	**1135**	**1135**
V6 4.3 Liter		X		**225**	**225**	**300**	**300**

2000 ISUZU — (JAC,4S2or1GG)–(M57D)–Y–#

Body	Type	VIN	List	Trade-In Fair	Trade-In Good	Pvt-Party Good	Retail Excellent
AMIGO 4WD—4-Cyl.—Truck Equipment Schedule T2							
S Sport Utility 2D		M57D	20190	**1575**	**2050**	**3350**	**5225**
2WD		K		**(400)**	**(400)**	**(535)**	**(535)**
Hard Top				**100**	**100**	**135**	**135**
V6 3.2 Liter		W		**550**	**550**	**735**	**735**
RODEO 4WD—V6—Truck Equipment Schedule T1							
S Sport Utility 4D		M58W	24935	**1650**	**2125**	**3400**	**5275**
LS Sport Utility 4D		M58W	27615	**2300**	**2900**	**4200**	**6175**
LSE Sport Utility 4D		M58W	31760	**2775**	**3375**	**4750**	**6800**
2WD		K		**(400)**	**(400)**	**(535)**	**(535)**
4-Cyl. 2.2 Liter		D		**(450)**	**(450)**	**(600)**	**(600)**
VEHICROSS 4WD—V6—Truck Equipment Schedule T1							
Sport Utility 2D		N57X	31045	**4350**	**5150**	**6650**	**9025**
TROOPER 4WD—V6—Truck Equipment Schedule T1							
S Sport Utility 4D		J58X	29445	**1725**	**2225**	**3500**	**5400**
LS Sport Utility 4D		J58X	31145	**2550**	**3125**	**4475**	**6500**
Limited Sport Util 4D		J58X	35193	**3575**	**4300**	**5700**	**7925**
2WD				**(650)**	**(650)**	**(865)**	**(865)**
HOMBRE—4-Cyl.—Truck Equipment Schedule T2							
S Short Bed		S144	11855	**1050**	**1475**	**2675**	**4400**
XS Short Bed		S144	13355	**1075**	**1525**	**2725**	**4475**
S Spacecab		S194	14180	**1550**	**2050**	**3325**	**5175**
XS Spacecab		S194	16005	**1750**	**2275**	**3550**	**5450**
Third Door				**200**	**200**	**265**	**265**
4WD		T		**950**	**950**	**1265**	**1265**
V6 4.3 Liter		W		**250**	**250**	**335**	**335**

2001 ISUZU — (JACor4S2)–(M57W)–1–#

Body	Type	VIN	List	Trade-In Fair	Trade-In Good	Pvt-Party Good	Retail Excellent
RODEO SPORT 4WD—V6—Truck Equipment Schedule T2							
Soft Top 2D		M57W	20270	**1925**	**2475**	**3775**	**5700**
Hard Top 2D		M57W	20880	**2025**	**2575**	**3900**	**5825**
2WD		K		**(450)**	**(450)**	**(600)**	**(600)**
4-Cyl. 2.2 Liter		D		**(475)**	**(475)**	**(635)**	**(635)**
RODEO 4WD—V6—Truck Equipment Schedule T1							
S Sport Utility 4D		M58W	26025	**1900**	**2450**	**3750**	**5675**
LS Sport Utility 4D		M58W	27480	**2675**	**3275**	**4625**	**6675**
LSE Sport Utility 4D		M58W	31950	**3125**	**3800**	**5200**	**7325**
2WD		K		**(450)**	**(450)**	**(600)**	**(600)**
4-Cyl. 2.2 Liter		D		**(475)**	**(475)**	**(635)**	**(635)**
VEHICROSS 4WD—V6—Truck Equipment Schedule T1							
Sport Utility 2D		N57X	31045	**4975**	**5800**	**7375**	**9900**
TROOPER 4WD—V6—Truck Equipment Schedule T1							
S Sport Utility 4D		J58X	29690	**2050**	**2600**	**3925**	**5850**
LS Sport Utility 4D		J58X	31285	**2925**	**3550**	**4925**	**7025**
Limited Sport Util 4D		J58X	35333	**4075**	**4800**	**6250**	**8525**
2WD				**(725)**	**(725)**	**(965)**	**(965)**

2002 ISUZU — (JACor4S2)–(M57W)–2–#

Body	Type	VIN	List	Trade-In Fair	Trade-In Good	Pvt-Party Good	Retail Excellent
RODEO SPORT 4WD—V6—Truck Equipment Schedule T2							
Soft Top 2D		M57W	22655	**2200**	**2775**	**4325**	**6600**
Hard Top 2D		M57W	22380	**2300**	**2875**	**4425**	**6700**
2WD		K		**(500)**	**(500)**	**(665)**	**(665)**
4-Cyl. 2.2 Liter		D		**(500)**	**(500)**	**(665)**	**(665)**
RODEO 4WD—V6—Truck Equipment Schedule T1							
S Sport Utility 4D		M58W	25305	**2100**	**2675**	**4250**	**6475**
LS Sport Utility 4D		M58W	28355	**2900**	**3500**	**5125**	**7500**
LSE Sport Utility 4D		M58W	32340	**3425**	**4125**	**5750**	**8200**
2WD		K		**(500)**	**(500)**	**(665)**	**(665)**
4-Cyl. 2.2 Liter		D		**(500)**	**(500)**	**(665)**	**(665)**

2002 ISUZU

Body	Type	VIN	List	Trade-In Fair	Good	Pvt-Party Good	Retail Excellent
AXIOM 4WD—V6—Truck Equipment Schedule T1							
Sport Utility 4D		F58X	29625	2150	2725	4300	6525
XS Sport Utility 4D		F58X	31945	2325	2925	4475	6750
2WD				(500)	(500)	(665)	(665)
TROOPER 4WD—V6—Truck Equipment Schedule T1							
S Sport Utility 4D		J58X	30015	2275	2875	4425	6700
LS Sport Utility 4D		J58X	33300	3225	3900	5525	7950
Limited Sport Util 4D		J58X	37270	4425	5225	6950	9600
2WD				(800)	(800)	(1065)	(1065)

2003 ISUZU — (4NUor4S2)-(K57D)-3-#

Body	Type	VIN	List	Trade-In Fair	Good	Pvt-Party Good	Retail Excellent
RODEO SPORT—4-Cyl.—Truck Equipment Schedule T2							
S Soft Top 2D		K57D	14624	1675	2175	3725	5900
RODEO SPORT 4WD—V6—Truck Equipment Schedule T2							
S Hard Top 2D		M57W	20040	2700	3300	4900	7225
2WD		K		(575)	(575)	(765)	(765)
4-Cyl. 2.2 Liter		D		(575)	(575)	(765)	(765)
RODEO 4WD—V6—Truck Equipment Schedule T1							
S Sport Utility 4D		M58W	22004	2650	3250	4850	7175
2WD		K		(575)	(575)	(765)	(765)
4-Cyl. 2.2 Liter		D		(575)	(575)	(765)	(765)
AXIOM 4WD—V6—Truck Equipment Schedule T1							
S Sport Utility 4D		F58X	27620	2775	3400	5000	7350
XS Sport Utility 4D		F58X	30620	3000	3625	5250	7625
2WD		E		(575)	(575)	(765)	(765)
ASCENDER 4WD—6-Cyl.—Truck Equipment Schedule T1							
S Sport Utility 4D		T16S	31974	3125	3800	5450	7875
LS				500	500	665	665
Limited				900	900	1200	1200
2WD		S		(575)	(575)	(765)	(765)
V8 5.3 Liter		T		350	350	465	465

2004 ISUZU — (4NUor4S2)-(M58W)-4-#

Body	Type	VIN	List	Trade-In Fair	Good	Pvt-Party Good	Retail Excellent
RODEO 4WD—V6—Truck Equipment Schedule T1							
S Sport Utility 4D		M58W	23479	3375	4075	5675	8100
2WD		K		(650)	(650)	(865)	(865)
V6 3.5 Liter		Y		500	500	665	665
AXIOM 4WD—V6—Truck Equipment Schedule T1							
S Sport Utility 4D		F58X	28149	3550	4275	5875	8325
XS Sport Utility 4D		F58X	31149	3800	4525	6150	8625
2WD		E		(650)	(650)	(865)	(865)
ASCENDER 4WD—6-Cyl.—Truck Equipment Schedule T1							
S Sport Utility 4D		T16S	31849	3775	4500	6175	8675
w/o Third Seat		3		(900)	(900)	(1200)	(1200)
LS				500	500	665	665
Limited				900	900	1200	1200
2WD		S		(650)	(650)	(865)	(865)
V8 5.3 Liter		P		400	400	535	535

2005 ISUZU — 4NU-(T16S)-5-#

Body	Type	VIN	List	Trade-In Fair	Good	Pvt-Party Good	Retail Excellent
ASCENDER 4WD—6-Cyl.—Truck Equipment Schedule T1							
S Sport Utility 4D		T16S	32083	4550	5375	7100	9775
w/o Third Seat		3		(900)	(900)	(1200)	(1200)
LS				500	500	665	665
Limited				900	900	1200	1200
2WD		S		(725)	(725)	(965)	(965)
V8 5.3 Liter		M		450	450	600	600

2006 ISUZU — (1GGor4NU)-(S198)-6-#

Body	Type	VIN	List	Trade-In Fair	Good	Pvt-Party Good	Retail Excellent
i280 EXTENDED CAB PICKUP—4-Cyl.—Truck Equipment Schedule T2							
S Short Bed		S198	17649	4450	5250	6875	9425
LS Short Bed		S198	19649	4650	5475	7100	9675
i350 CREW CAB PICKUP 4WD—5-Cyl.—Truck Equipment Schedule T1							
LS Short Bed		T136	28018	5900	6825	8475	11150
ASCENDER 4WD—6-Cyl.—Truck Equipment Schedule T1							
S Sport Utility 4D		T16S	31878	5600	6525	8250	11050
w/o Third Seat		3		(900)	(900)	(1200)	(1200)
LS				500	500	665	665
Limited				900	900	1200	1200
2WD		S		(800)	(800)	(1065)	(1065)
V8 5.3 Liter		M		500	500	665	665

Body	Type	VIN	List	Trade-In Fair	Good	Pvt-Party Good	Retail Excellent

2007 ISUZU — (1GGor4NU)–(S199)–7–#

i290 EXTENDED CAB PICKUP—4-Cyl.—Truck Equipment Schedule T2

S Short Bed		S199	17674	**5375**	**6250**	**7750**	**10250**
LS Short Bed		S199	20613	**5550**	**6475**	**8000**	**10550**

i370 EXTENDED CAB PICKUP—5-Cyl.—Truck Equipment Schedule T2

LS Short Bed		S19E	21763	**6400**	**7375**	**8900**	**11500**

i370 CREW CAB PICKUP—5-Cyl.—Truck Equipment Schedule T2

LS Short Bed		S13E	28043	**6900**	**7950**	**9475**	**12150**
4WD		T		**2025**	**2025**	**2700**	**2700**

ASCENDER 4WD—6-Cyl.—Truck Equipment Schedule T1

S Sport Utility 4D		T13S	28694	**6900**	**7950**	**9625**	**12450**
LS				**500**	**500**	**665**	**665**
2WD		S		**(875)**	**(875)**	**(1165)**	**(1165)**

2008 ISUZU — (1GGor4NU)–(S199)–8–#

i290 EXTENDED CAB PICKUP—4-Cyl.—Truck Equipment Schedule T2

S Short Bed		S199	18084	**6750**	**7800**	**9200**	**11700**

i370 EXTENDED CAB PICKUP—5-Cyl.—Truck Equipment Schedule T2

LS Short Bed		S19E	23084	**7900**	**9050**	**10550**	**13250**

i370 CREW CAB PICKUP—5-Cyl.—Truck Equipment Schedule T2

LS Short Bed		S13E	25214	**8475**	**9675**	**11150**	**13900**
4WD		T		**2200**	**2200**	**2935**	**2935**

ASCENDER 4WD—6-Cyl.—Truck Equipment Schedule T1

S Sport Utility 4D		T13S	29884	**8425**	**9625**	**11250**	**14200**
LS				**500**	**500**	**665**	**665**
2WD		S		**(950)**	**(950)**	**(1265)**	**(1265)**

JEEP

1994 JEEP — 1J4–(Y19P)–R–#

WRANGLER 4WD—4-Cyl.—Truck Equipment Schedule T2

S Sport Utility 2D		Y19P	12610	**1850**	**2375**	**3650**	**5525**
w/o Rear Seat				**(50)**	**(50)**	**(65)**	**(65)**
Hard Top				**250**	**250**	**335**	**335**

WRANGLER 4WD—6-Cyl.—Truck Equipment Schedule T2

SE Sport Utility 2D		Y29S	14949	**2575**	**3150**	**4500**	**6550**
Sahara Spt Util 2D		Y49S	17372	**2650**	**3250**	**4600**	**6675**
Renegade Spt Util 2D		Y69S	19201	**2675**	**3275**	**4650**	**6725**
w/o Rear Seat				**(50)**	**(50)**	**(65)**	**(65)**
Hard Top				**250**	**250**	**335**	**335**

CHEROKEE 4WD—6-Cyl.—Truck Equipment Schedule T1

SE Sport Utility 2D		J27S	17402	**650**	**925**	**1775**	**3125**
SE Sport Utility 4D		J28S	18412	**775**	**1100**	**2025**	**3475**
Sport 2D		J67S	18947	**625**	**900**	**1750**	**3075**
Sport 4D		J68S	19957	**775**	**1100**	**2025**	**3475**
Country Sport Util 2D		J77S	20584	**650**	**925**	**1775**	**3125**
Country Sport Util 4D		J78S	21594	**775**	**1100**	**2025**	**3475**
2WD		T		**(125)**	**(125)**	**(165)**	**(165)**
4-Cyl. 2.5 Liter		P		**(300)**	**(300)**	**(400)**	**(400)**

GRAND CHEROKEE 4WD—6-Cyl.—Truck Equipment Sch T1

SE Sport Utility 4D		Z68S	23488	**750**	**1075**	**1975**	**3425**
Laredo Sport Util 4D		Z58S	23627	**925**	**1325**	**2400**	**4050**
2WD		X		**(125)**	**(125)**	**(165)**	**(165)**
V8 5.2 Liter		Y		**150**	**150**	**200**	**200**

GRAND CHEROKEE 4WD—V8—Truck Equipment Schedule T3

Limited Sport Util 4D		Z78Y	30113	**1800**	**2300**	**3575**	**5450**
6-Cyl. 4.0 Liter		S		**(150)**	**(150)**	**(200)**	**(200)**

1995 JEEP — 1J4–(Y19P)–S–#

WRANGLER 4WD—4-Cyl.—Truck Equipment Schedule T2

S Sport Utility 2D		Y19P	13038	**2100**	**2675**	**3975**	**5900**
w/o Rear Seat				**(50)**	**(50)**	**(65)**	**(65)**
Rio Grande Pkg				**250**	**250**	**335**	**335**
Hard Top				**250**	**250**	**335**	**335**

WRANGLER 4WD—6-Cyl.—Truck Equipment Schedule T2

SE Sport Utility 2D		Y29S	15932	**2875**	**3500**	**4925**	**7050**
Sahara Spt Util 2D		Y49S	17957	**3000**	**3625**	**5050**	**7200**
w/o Rear Seat				**(50)**	**(50)**	**(65)**	**(65)**
Hard Top				**250**	**250**	**335**	**335**

Body Type	VIN	List	Trade-In Fair	Good	Pvt-Party Good	Retail Excellent
CHEROKEE 4WD—6-Cyl.—Truck Equipment Schedule T1						
SE Sport Utility 2D	J27S	18194	725	1025	1900	3325
SE Sport Utility 4D	J28S	19228	850	1200	2175	3675
Sport 2D	J67S	19800	700	1000	1900	3300
Sport 4D	J68S	20834	875	1225	2200	3725
Country Sport Util 4D	J78S	22398	850	1200	2175	3675
2WD	T		(125)	(125)	(165)	(165)
4-Cyl. 2.5 Liter	P		(300)	(300)	(400)	(400)
GRAND CHEROKEE 4WD—6-Cyl.—Truck Equipment Sch T1						
SE Sport Utility 4D	Z68S	25075	875	1250	2325	3950
Laredo Sport Util 4D	Z58S	25706	1075	1500	2650	4325
2WD	X		(125)	(125)	(165)	(165)
V8 5.2 Liter	Y		150	150	200	200
GRAND CHEROKEE 4WD—V8—Truck Equipment Schedule T3						
Limited/Orvis 4D	Z78Y	31182	2075	2650	3950	5875
2WD	X		(125)	(125)	(165)	(165)
6-Cyl. 4.0 Liter	S		(150)	(150)	(200)	(200)

Body Type	VIN	List	Trade-In Fair	Good	Pvt-Party Good	Retail Excellent
CHEROKEE 4WD—6-Cyl.—Truck Equipment Schedule T1						
SE Sport Utility 2D	J27S	18369	825	1175	2150	3650
SE Sport Utility 4D	J28S	19403	975	1350	2475	4150
Sport 2D	J67S	19908	800	1150	2100	3600
Sport 4D	J68S	20942	975	1375	2500	4175
Country Sport Util 4D	J78S	22476	975	1350	2475	4150
2WD	T		(200)	(200)	(265)	(265)
4-Cyl. 2.5 Liter	P		(350)	(350)	(465)	(465)
GRAND CHEROKEE 4WD—6-Cyl.—Truck Equipment Sch T1						
Laredo Sport Util 4D	Z58S	27071	1225	1700	2900	4625
2WD	X		(200)	(200)	(265)	(265)
V8 5.2 Liter	Y		225	225	300	300
GRAND CHEROKEE 4WD—V8—Truck Equipment Schedule T3						
Limited/Orvis 4D	Z78Y	33406	2425	3025	4325	6350
2WD	X		(200)	(200)	(265)	(265)
6-Cyl. 4.0 Liter	S		(225)	(225)	(300)	(300)

Body Type	VIN	List	Trade-In Fair	Good	Pvt-Party Good	Retail Excellent
WRANGLER 4WD—4-Cyl.—Truck Equipment Schedule T2						
SE Sport Utility 2D	Y29P	14857	2850	3450	4850	6950
w/o Rear Seat			(100)	(100)	(135)	(135)
Hard Top			300	300	400	400
WRANGLER 4WD—6-Cyl.—Truck Equipment Schedule T2						
Sport Utility 2D	Y19S	17665	3525	4250	5675	7950
Sahara Spt Util 2D	Y49S	19363	3550	4275	5725	7975
w/o Rear Seat			(100)	(100)	(135)	(135)
Hard Top			300	300	400	400
CHEROKEE 4WD—6-Cyl.—Truck Equipment Schedule T1						
SE Sport Utility 2D	J27S	19280	950	1325	2450	4150
SE Sport Utility 4D	J28S	20315	1075	1525	2700	4425
Sport 2D	J67S	20895	925	1300	2425	4125
Sport 4D	J68S	21930	1125	1575	2775	4500
Country Sport Util 4D	J78S	23945	1075	1525	2700	4425
2WD	T		(250)	(250)	(335)	(335)
4-Cyl. 2.5 Liter	P		(375)	(375)	(500)	(500)
GRAND CHEROKEE 4WD—6-Cyl.—Truck Equipment Sch T1						
Laredo Sport Util 4D	Z58S	28040	1450	1925	3175	5000
TSi Sport Util 4D	Z58Y	30190	1625	2125	3375	5250
2WD	X		(250)	(250)	(335)	(335)
V8 5.2 Liter	Y		300	300	400	400
GRAND CHEROKEE 4WD—V8—Truck Equipment Schedule T3						
Limited/Orvis 4D	Z78Y	34315	2750	3375	4750	6825
2WD	X		(250)	(250)	(335)	(335)
6-Cyl. 4.0 Liter	S		(300)	(300)	(400)	(400)

Body Type	VIN	List	Trade-In Fair	Good	Pvt-Party Good	Retail Excellent
WRANGLER 4WD—4-Cyl.—Truck Equipment Schedule T2						
SE Sport Utility 2D	Y29P	15480	3100	3775	5200	7350
w/o Rear Seat			(100)	(100)	(135)	(135)
Hard Top			325	325	435	435
WRANGLER 4WD—6-Cyl.—Truck Equipment Schedule T2						
Sport Utility 2D	Y19S	18030	3900	4625	6100	8425
Sahara Spt Util 2D	Y49S	20140	3925	4650	6125	8450

Body	Type	VIN	List	Trade-In Fair	Good	Pvt-Party Good	Retail Excellent
	w/o Rear Seat		------	(100)	(100)	(135)	(135)
	Hard Top		------	325	325	435	435
CHEROKEE 4WD—6-Cyl.—Truck Equipment Schedule T1							
	SE Sport Utility 2D	J27S	20270	1075	1525	2700	4425
	SE Sport Utility 4D	J28S	21305	1300	1775	3025	4800
	Sport 2D	J67S	21885	1075	1500	2675	4400
	Sport 4D	J68S	22920	1325	1825	3075	4850
	Classic Sport Util 4D	J68S	23370	1300	1775	3025	4800
	Limited Sport Util 4D	J78S	24885	2250	2825	4150	6125
	2WD	T		(300)	(300)	(400)	(400)
	4-Cyl. 2.5 Liter	P		(400)	(400)	(535)	(535)
GRAND CHEROKEE 4WD—6-Cyl.—Truck Equipment Sch T1							
	Laredo Sport Util 4D	Z58S	28340	1700	2200	3500	5375
	Special Ed Sport Util	Z48S	30040	1775	2275	3575	5475
	TSi Sport Utility 4D	Z58S	30490	1875	2425	3725	5625
	2WD	X		(300)	(300)	(400)	(400)
	V8 5.2 Liter	Y		350	350	465	465
GRAND CHEROKEE 4WD—V8—Truck Equipment Schedule T3							
	Limited Sport Util 4D	Z78Y	35195	3075	3725	5150	7300
	5.9 Limited Sport Util	Z88Z	38700	3725	4450	5925	8200
	2WD	X		(300)	(300)	(400)	(400)
	6-Cyl. 4.0 Liter	S		(350)	(350)	(465)	(465)

Body	Type	VIN	List	Trade-In Fair	Good	Pvt-Party Good	Retail Excellent
WRANGLER 4WD—4-Cyl.—Truck Equipment Schedule T2							
	SE Sport Utility 2D	Y29P	15670	3425	4125	5550	7775
	w/o Rear Seat		------	(100)	(100)	(135)	(135)
	Hard Top		------	350	350	465	465
WRANGLER 4WD—6-Cyl.—Truck Equipment Schedule T2							
	Sport Utility 2D	Y19S	18330	4300	5050	6550	8925
	Sahara Spt Util 2D	Y49S	20495	4325	5100	6625	9000
	w/o Rear Seat		------	(100)	(100)	(135)	(135)
	Hard Top		------	350	350	465	465
CHEROKEE 4WD—6-Cyl.—Truck Equipment Schedule T1							
	SE Sport Utility 2D	F27P	20815	1300	1775	3025	4800
	SE Sport Utility 4D	F28P	21850	1575	2075	3325	5200
	Sport 2D	F67S	22540	1250	1725	2975	4750
	Sport 4D	F68S	23575	1625	2125	3400	5275
	Classic Sport Util 4D	F68S	23945	1575	2075	3325	5200
	Limited Sport Util 4D	F78S	25505	2625	3225	4575	6650
	2WD	T		(350)	(350)	(465)	(465)
	4-Cyl. 2.5 Liter	P		(425)	(425)	(565)	(565)
GRAND CHEROKEE 4WD—6-Cyl.—Truck Equipment Sch T1							
	Laredo Sport Util 4D	W58S	28225	2000	2550	3875	5800
	2WD	2		(350)	(350)	(465)	(465)
	V8 4.7 Liter	N		400	400	535	535
GRAND CHEROKEE 4WD—V8—Truck Equipment Schedule T3							
	Limited Sport Util	W68N	35480	3475	4175	5600	7825
	2WD	2		(350)	(350)	(465)	(465)
	6-Cyl. 4.0 Liter	S		(400)	(400)	(535)	(535)

Body	Type	VIN	List	Trade-In Fair	Good	Pvt-Party Good	Retail Excellent
WRANGLER 4WD—4-Cyl.—Truck Equipment Schedule T2							
	SE Sport Utility 2D	A29P	16305	3825	4550	6000	8250
	w/o Rear Seat		------	(100)	(100)	(135)	(135)
	Hard Top		------	375	375	500	500
WRANGLER 4WD—6-Cyl.—Truck Equipment Schedule T2							
	Sport Utility 2D	A49S	18995	4700	5525	7100	9575
	Sahara Spt Util 2D	A59S	20925	4750	5575	7150	9625
	w/o Rear Seat		------	(100)	(100)	(135)	(135)
	Hard Top		------	375	375	500	500
CHEROKEE 4WD—6-Cyl.—Truck Equipment Schedule T1							
	SE Sport Utility 2D	F27P	21285	1625	2100	3400	5275
	SE Sport Utility 4D	F28P	22320	1900	2450	3750	5675
	Sport 2D	F47S	21860	1550	2025	3300	5175
	Sport 4D	F48S	22895	1950	2500	3800	5725
	Classic Sport Util 4D	F58S	23420	1900	2450	3750	5675
	Limited Sport Util 4D	F68S	25745	3050	3675	5075	7200
	2WD	T		(400)	(400)	(535)	(535)
	4-Cyl. 2.5 Liter	P		(450)	(450)	(600)	(600)
GRAND CHEROKEE 4WD—6-Cyl.—Truck Equipment Sch T1							
	Laredo Sport Util 4D	W48S	29075	2375	2975	4300	6300

Body Type	VIN	List	Trade-In Fair	Trade-In Good	Pvt-Party Good	Retail Excellent
2WD	X	......	(400)	(400)	(535)	(535)
V8 4.7 Liter	N	......	450	450	600	600
GRAND CHEROKEE 4WD—V8—Truck Equipment Schedule T3						
Limited Spt Util 4D	258N	35950	3925	4650	6125	8400
2WD	X	......	(400)	(400)	(535)	(535)
6-Cyl. 4.0 Liter	S	......	(450)	(450)	(600)	(600)

2001 JEEP — 1J4-(A29P)-1-#

Body Type	VIN	List	Trade-In Fair	Trade-In Good	Pvt-Party Good	Retail Excellent
WRANGLER 4WD—4-Cyl.—Truck Equipment Schedule T2						
SE Sport Utility 2D	A29P	16095	4300	5050	6525	8850
w/o Rear Seat			(100)	(100)	(135)	(135)
Hard Top			400	400	535	535
WRANGLER 4WD—6-Cyl.—Truck Equipment Schedule T2						
Sport Utility 2D	A49S	19615	5250	6125	7700	10250
Sahara Spt Util 2D	A59S	22895	5300	6175	7750	10300
Hard Top			400	400	535	535
CHEROKEE 4WD—6-Cyl.—Truck Equipment Schedule T1						
Sport Utility 2D	F27S	21780	2000	2550	3900	5850
SE Sport Utility 4D	F28S	22815	2325	2925	4275	6275
Sport Utility 2D	F47S	22410	1925	2475	3800	5750
Sport Utility 4D	F48S	23445	2375	2975	4300	6350
Classic Sport Util 4D	F58S	23835	2325	2925	4275	6275
Limited Sport Util 4D	F68S	23970	3525	4250	5650	7900
2WD	T	......	(450)	(450)	(600)	(600)
GRAND CHEROKEE 4WD—6-Cyl.—Truck Equipment Sch T1						
Laredo Sport Util 4D	W48S	29855	2775	3400	4775	6875
2WD	X	......	(450)	(450)	(600)	(600)
V8 4.7 Liter	N	......	500	500	665	665
GRAND CHEROKEE 4WD—V8—Truck Equipment Schedule T3						
Limited Spt Util 4D	W58N	35870	4425	5225	6725	9100
2WD	X	......	(450)	(450)	(600)	(600)
6-Cyl. 4.0 Liter	S	......	(500)	(500)	(665)	(665)

2002 JEEP — 1J(4or8)-(A29P)-2-#

Body Type	VIN	List	Trade-In Fair	Trade-In Good	Pvt-Party Good	Retail Excellent
WRANGLER 4WD—4-Cyl.—Truck Equipment Schedule T2						
SE Sport Utility 2D	A29P	16410	4625	5450	7175	9850
w/o Rear Seat			(100)	(100)	(135)	(135)
Hard Top			400	400	535	535
WRANGLER 4WD—6-Cyl.—Truck Equipment Schedule T2						
X Sport Utility 2D	A49S	18995	4900	5725	7500	10250
Sport Utility 2D	A49S	20665	5650	6600	8375	11200
Sahara Spt Util 2D	A59S	24035	5700	6650	8425	11250
Hard Top			400	400	535	535
LIBERTY 4WD—V6—Truck Equipment Schedule T1						
Sport Utility 4D	L48K	21070	4100	4850	6575	9150
Limited Utility 4D	L58K	23305	4500	5325	7075	9775
Renegade Utility 4D	L38K	23855	4700	5525	7275	10000
2WD	K	......	(500)	(500)	(665)	(665)
4-Cyl. 2.4 Liter	1	......	(500)	(500)	(665)	(665)
GRAND CHEROKEE 4WD—6-Cyl.—Truck Equipment Schedule T1						
Laredo Sport Util 4D	W48S	27995	3075	3750	5425	7850
Sport Utility 4D	W38S	29140	3225	3900	5550	8000
2WD	X	......	(500)	(500)	(665)	(665)
V8 4.7 Liter	N	......	550	550	735	735
GRAND CHEROKEE 4WD—V8—Truck Equipment Schedule T3						
Limited Spt Util 4D	W58N	33300	4825	5650	7450	10200
Overland Spt Util 4D	W68N	37430	6125	7075	8950	11900
2WD	X	......	(500)	(500)	(665)	(665)
6-Cyl. 4.0 Liter	S	......	(550)	(550)	(735)	(735)

2003 JEEP — 1J(4or8)-(A291)-3-#

Body Type	VIN	List	Trade-In Fair	Trade-In Good	Pvt-Party Good	Retail Excellent
WRANGLER 4WD—4-Cyl.—Truck Equipment Schedule T2						
SE Sport Utility 2D	A291	16910	5300	6175	7925	10700
w/o Rear Seat			(150)	(150)	(200)	(200)
Hard Top			475	475	635	635
WRANGLER 4WD—6-Cyl.—Truck Equipment Schedule T2						
X Sport Utility 2D	A39S	19295	5725	6650	8425	11250
Sport Utility 2D	A49S	21105	6475	7475	9275	12200
Sahara Spt Util 2D	A59S	24695	6600	7600	9400	12350
Rubicon Spt Utl 2D	A59S	24995	7075	8125	9950	13000
Hard Top			475	475	635	635

Body Type	VIN	List	Trade-In Fair	Trade-In Good	Pvt-Party Good	Retail Excellent
LIBERTY 4WD—V6—Truck Equipment Schedule T1						
Sport Utility 4D	L48K	21880	4375	5200	6925	9575
Limited Utility 4D	L58K	24045	5025	5875	7650	10400
Renegade Utility 4D	L38K	24630	5200	6075	7850	10600
2WD	K		(575)	(575)	(765)	(765)
4-Cyl. 2.4 Liter	1		(600)	(600)	(800)	(800)
GRAND CHEROKEE 4WD—6-Cyl.—Truck Equipment Schedule T1						
Laredo Sport Util 4D	W48S	28640	3775	4500	6175	8675
2WD	X		(575)	(575)	(765)	(765)
V8 4.7 Liter	N		650	650	865	865
GRAND CHEROKEE 4WD—V8—Truck Equipment Schedule T3						
Limited Spt Util 4D	W58N	34920	5950	6875	8700	11550
Overland Spt Util 4D	W68J	37975	7325	8400	10250	13350
2WD	X		(575)	(575)	(765)	(765)
6-Cyl. 4.0 Liter	S		(675)	(675)	(900)	(900)

2004 JEEP — 1J(4or8)-(A291)-4-#

Body Type	VIN	List	Trade-In Fair	Trade-In Good	Pvt-Party Good	Retail Excellent
WRANGLER 4WD—4-Cyl.—Truck Equipment Schedule T2						
SE Sport Utility 2D	A291	17515	6075	7025	8800	11650
w/o Rear Seat			(175)	(175)	(235)	(235)
Hard Top			550	550	735	735
WRANGLER 4WD—6-Cyl.—Truck Equipment Schedule T2						
X Sport Utility 2D	A49S	19945	6675	7675	9450	12400
Sport Utility 2D	A49S	21930	7425	8525	10350	13350
Unlimited Util LWB	A49S	24995	6925	7975	9775	12750
Sahara Spt Util 2D	A59S	25520	7600	8700	10550	13550
Rubicon Spt Utl 2D	A59S	25695	8100	9275	11150	14350
Hard Top			550	550	735	735
LIBERTY 4WD—V6—Truck Equipment Schedule T1						
Sport Utility 4D	L48K	21855	4900	5725	7475	10200
Limited Utility 4D	L58K	24870	5700	6650	8400	11200
Renegade Utility 4D	L38K	25455	5900	6825	8625	11450
2WD	K		(650)	(650)	(865)	(865)
4-Cyl. 2.4 Liter	1		(700)	(700)	(935)	(935)
GRAND CHEROKEE 4WD—6-Cyl.—Truck Equipment Schedule T1						
Laredo Sport Util 4D	W48S	29875	4600	5425	7150	9850
2WD	X		(650)	(650)	(865)	(865)
V8 4.7 Liter	N,J		725	725	965	965
GRAND CHEROKEE 4WD—V8—Truck Equipment Schedule T3						
Limited Spt Util 4D	W58N	35655	7200	8275	10100	13150
Overland Spt Util 4D	W68J	39920	8700	9900	11800	15100
2WD	X		(650)	(650)	(865)	(865)
6-Cyl. 4.0 Liter	S		(800)	(800)	(1065)	(1065)

2005 JEEP — 1J(4or8)-(A291)-5-#

Body Type	VIN	List	Trade-In Fair	Trade-In Good	Pvt-Party Good	Retail Excellent
WRANGLER 4WD—4-Cyl.—Truck Equipment Schedule T2						
SE Sport Utility 2D	A291	18510	6975	8025	9800	12750
w/o Rear Seat			(200)	(200)	(265)	(265)
6-Cyl. 4.0 Liter	S		1000	1000	1335	1335
WRANGLER 4WD—6-Cyl.—Truck Equipment Schedule T2						
X Sport Utility 2D	A39S	20820	7725	8850	10650	13650
Sport Utility 2D	A49S	23600	8475	9675	11500	14700
Unlimited Util LWB	A44S	24355	7900	9050	10900	13950
Rubicon Spt Utl 2D	A69S	27825	9200	10475	12350	15600
Rubicon LWB Util 2D	A69S	28825	8875	10100	11950	15150
Unltd Rubicon LWB	A69S	29195	9475	10775	12650	15950
Hard Top			600	600	800	800
LIBERTY 4WD—V6—Truck Equipment Schedule T1						
Sport Utility 4D	L48K	22985	5550	6475	8225	11050
Limited Utility 4D	L58K	25645	6600	7600	9375	12300
Renegade Utility 4D	L38K	24920	6750	7800	9500	12500
2WD	K		(725)	(725)	(965)	(965)
4-Cyl. 2.4 Liter	1		(800)	(800)	(1065)	(1065)
4-Cyl. 2.8L Turbo Diesel	5		2000	2000	2665	2665
GRAND CHEROKEE 4WD—V6—Truck Equipment Schedule T1						
Laredo Sport Util 4D	R48S	28745	6400	7400	9175	12050
2WD	S		(725)	(725)	(965)	(965)
V8 4.7 Liter	N		800	800	1065	1065
GRAND CHEROKEE 4WD—V8—Truck Equipment Schedule T3						
Limited Spt Util 4D	R58N	34690	9400	10675	12600	15950
2WD	S		(725)	(725)	(965)	(965)
V8 5.7 Liter HEMI	2		800	800	1065	1065

TRUCKS & VANS

Body Type	VIN	List	Trade-In Fair	Good	Pvt-Party Good	Retail Excellent
2006 JEEP — 1J(4or8)–(A291)–6–#						
WRANGLER 4WD—4-Cyl.—Truck Equipment Schedule T2						
SE Sport Utility 2D	A291	18730	7975	9150	10950	14000
w/o Rear Seat			(225)	(225)	(300)	(300)
6-Cyl. 4.0 Liter	S		1000	1000	1335	1335
WRANGLER 4WD—6-Cyl.—Truck Equipment Schedule T2						
X Sport Utility 2D	A39S	21040	8900	10150	11950	15150
Sport Utility 2D	A49S	23900	9625	10925	12800	16000
Unlimited LWB Util	A44S	24655	9050	10300	12100	15300
Rubicon Sport Utl 2D	A69S	28125	10425	11850	13650	17000
Unltd Rubicon LWB	A69S	29125	10775	12200	14000	17400
Hard Top			650	650	865	865
LIBERTY 4WD—V6—Truck Equipment Schedule T1						
Sport Utility 4D	L48K	23965	6475	7450	9200	12100
Renegade Utility 4D	L38K	25855	7875	9000	10850	13900
Limited Sport Utl	L58K	27405	7700	8800	10600	13550
2WD	K		(800)	(800)	(1065)	(1065)
4-Cyl. 2.8L Turbo Diesel	5		2000	2000	2665	2665
COMMANDER 4WD—V8—Truck Equipment Schedule T1						
Sport Utility 4D	G48N	29985	8825	10050	11900	15100
Limited Sport Util	G58N	38900	10625	12050	13900	17300
2WD	H		(800)	(800)	(1065)	(1065)
V6 3.7 Liter	K		(1000)	(1000)	(1335)	(1335)
V8 5.7 Liter HEMI	2		875	875	1165	1165
GRAND CHEROKEE 4WD—V6—Truck Equipment Schedule T1						
Laredo Sport Util 4D	R48K	29830	8025	9200	11050	14100
2WD	S		(800)	(800)	(1065)	(1065)
V8 4.7 Liter	N		875	875	1165	1165
GRAND CHEROKEE 4WD—V8—Truck Equipment Schedule T3						
Limited Spt Util 4D	R58N	36700	11475	12975	14850	18350
2WD	S		(800)	(800)	(1065)	(1065)
V8 5.7 Liter HEMI	2		875	875	1165	1165
GRAND CHEROKEE 4WD—V8 HEMI—Truck Equipment Schedule T3						
SRT8 Sport Util 4D	R783	39995	19600	21950	23900	28300
Overland Sport Utl 4D	R682	42925	13125	14800	16700	20400
2WD	S		(800)	(800)	(1065)	(1065)
2007 JEEP — 1J(4or8)–(F28W)–7–#						
PATRIOT 4WD—4-Cyl.—Truck Equipment Schedule T1						
Sport Utility 4D	F28W	16735	7200	8250	9850	12650
Limited Sport Util 4D	F48W	21735	9900	11600	14600	14600
2WD	T		(875)	(875)	(1165)	(1165)
COMPASS 4WD—4-Cyl.—Truck Equipment Schedule T1						
Sport SUV 4D	F47W	17585	7350	8425	10100	12900
Limited Sport Util 4D	F57W	21740	8075	9225	10950	13850
2WD	T		(875)	(875)	(1165)	(1165)
WRANGLER 4WD—V6—Truck Equipment Schedule T1						
X Sport Utility 2D	A241	18765	10825	12300	13500	17200
Unlimited X Spt Util	A391	22410	12100	13675	15400	18750
Sahara Spt Util 2D	A541	23530	12350	13975	15700	19100
Unltd Sahara 4D	A591	26735	14300	16075	17850	21500
Rubicon Spt Utl 2D	A641	26750	14025	15775	17500	21100
Unltd Rubicon 4D	A691	28895	15625	17550	19350	23100
Hard Top			700	700	935	935
2WD	B		(875)	(875)	(1165)	(1165)
LIBERTY 4WD—V6—Truck Equipment Schedule T1						
Sport Utility 4D	L48K	23460	7675	8800	10450	13350
Limited Utility 4D	L58K	27045	9050	10300	12000	15100
2WD	K		(875)	(875)	(1165)	(1165)
COMMANDER 4WD—V8—Truck Equipment Schedule T1						
Sport Utility 4D	G48N	30485	10575	12000	13750	17000
Limited Sport Util	G58N	39215	12600	14200	15950	19450
2WD	H		(875)	(875)	(1165)	(1165)
V6 3.7 Liter	K		(1100)	(1100)	(1465)	(1465)
V8 5.7 Liter HEMI	2		950	950	1265	1265
COMMANDER 4WD—V8 HEMI—Truck Equipment Schedule T1						
Overland Sport Util	G682	44545	16525	18525	20400	24400
2WD	H		(875)	(875)	(1165)	(1165)
GRAND CHEROKEE 4WD—V6—Truck Equipment Schedule T1						
Laredo Sport Util 4D	R48K	30205	9950	11275	13050	16200
2WD	S		(875)	(875)	(1165)	(1165)

Body Type	VIN	List	Trade-In Fair	Good	Pvt-Party Good	Retail Excellent
V8 4.7 Liter	N	......	950	950	1265	1265
GRAND CHEROKEE 4WD—V8—Truck Equipment Schedule T3						
Limited Spt Util 4D	R58N	37890	13825	15575	17350	21000
2WD	S	......	(875)	(875)	(1165)	(1165)
V6 3.0L Turbo Diesel	M	......	2500	2500	3335	3335
V8 5.7 Liter HEMI	2	......	950	950	1265	1265
GRAND CHEROKEE 4WD—V8 HEMI—Truck Equipment Schedule T3						
SRT8 Sport Util 4D	R783	40675	22550	25175	27100	31700
Overland Sport Utl 4D	R682	43260	15525	17450	19300	23100
2WD	S	......	(875)	(875)	(1165)	(1165)
V6 3.0L Turbo Diesel	M	......	2500	2500	3335	3335

Body Type	VIN	List	Trade-In Fair	Good	Pvt-Party Good	Retail Excellent
PATRIOT 4WD—4-Cyl.—Truck Equipment Schedule T1						
Sport SUV 4D	F28W	18885	8475	9675	11200	14050
Limited Sport Util 4D	F48W	23605	10100	11475	13100	16100
2WD	T	......	(950)	(950)	(1265)	(1265)
COMPASS 4WD—4-Cyl.—Truck Equipment Schedule T1						
Sport SUV 4D	F47W	19885	8600	9800	11350	14200
Limited Sport Util 4D	F57W	23915	9400	10675	12300	15250
2WD	T	......	(950)	(950)	(1265)	(1265)
WRANGLER 4WD—V6—Truck Equipment Schedule T2						
X Sport Utility 2D	A241	19320	12250	13875	15450	18650
Unlimited X Spt Util	A391	23240	13675	15375	17050	20500
Sahara Spt Util 2D	A541	24775	13975	15725	17400	20900
Unltd Sahara Util 4D	A591	28150	16025	17975	19700	23400
Rubicon Spt Util 2D	A641	27880	15725	17650	19300	22900
Unltd Rubicon 4D	A691	30195	17450	19550	21300	25100
Hard Top	B	......	750	750	1000	1000
2WD		......	(950)	(950)	(1265)	(1265)
LIBERTY 4WD—V6—Truck Equipment Schedule T1						
Sport Utility 4D	N28K	23425	10000	11325	13050	16150
Limited Sport Util 4D	N58K	26785	11525	13025	14700	18000
2WD	P	......	(950)	(950)	(1265)	(1265)
COMMANDER 4WD—V8—Truck Equipment Schedule T1						
Sport Utility 4D	G48N	30110	12600	14200	15950	19350
Limited Sport Util	G58N	39620	14700	16550	18300	21900
2WD	H	......	(950)	(950)	(1265)	(1265)
V6 3.7 Liter	K	......	(1200)	(1200)	(1600)	(1600)
V8 5.7 Liter HEMI	2	......	1025	1025	1365	1365
COMMANDER 4WD—V8 HEMI—Truck Equipment Schedule T1						
Overland Sport Util	G682	44545	19000	21275	23000	27000
2WD	H	......	(950)	(950)	(1265)	(1265)
GRAND CHEROKEE 4WD—V6—Truck Equipment Schedule T1						
Laredo Sport Util 4D	R48K	31085	12100	13675	15450	18800
2WD	S	......	(950)	(950)	(1265)	(1265)
V6 3.0L Turbo Diesel	M	......	2500	2500	3335	3335
V8 4.7L Flex Fuel	N	......	1025	1025	1365	1365
GRAND CHEROKEE 4WD—V8—Truck Equipment Schedule T3						
Limited Spt Util 4D	R58N	39250	16900	18975	20800	24600
2WD	S	......	(950)	(950)	(1265)	(1265)
V6 3.0L Turbo Diesel	M	......	2500	2500	3335	3335
V8 5.7 Liter HEMI	2	......	1025	1025	1365	1365
GRAND CHEROKEE 4WD—V8 HEMI—Truck Equipment Schedule T3						
SRT8 Sport Util 4D	R783	41220	25775	28725	30500	35100
Overland Sport Utl 4D	R682	44135	18675	20875	22600	26700
2WD	S	......	(950)	(950)	(1265)	(1265)
V6 3.0L Turbo Diesel	M	......	2500	2500	3335	3335

KIA

Body Type	VIN	List	Trade-In Fair	Good	Pvt-Party Good	Retail Excellent
SPORTAGE 4WD—4-Cyl.—Truck Equipment Schedule T2						
Sport Utility 4D	JA721	14895	400	550	1200	2225
EX Sport Utility 4D	JA721	15895	475	650	1350	2475
2WD		......	(125)	(125)	(165)	(165)
4-Cyl. 2.0L DOHC	3	......	50	50	65	65

Body Type	VIN	List	Trade-In Fair	Good	Pvt-Party Good	Retail Excellent
SPORTAGE 4WD—4-Cyl.—Truck Equipment Schedule T2						
Sport Utility 4D	JA723	15720	450	625	1300	2400

TRUCKS & VANS

Body	Type	VIN	List	Trade-In Fair	Trade-In Good	Pvt-Party Good	Retail Excellent
EX Sport Utility 4D		JA723	16420	**550**	**750**	**1550**	**2825**
2WD		B		**(200)**	**(200)**	**(265)**	**(265)**

1997 KIA — KND(JA723)-V-#

SPORTAGE 4WD—4-Cyl.—Truck Equipment Schedule T2
Sport Utility 4D		JA723	16420	**525**	**725**	**1550**	**2825**
EX Sport Utility 4D		JA723	17040	**650**	**925**	**1825**	**3200**
2WD		B		**(250)**	**(250)**	**(335)**	**(335)**

1998 KIA — KND(JA723)-W-#

SPORTAGE 4WD—4-Cyl.—Truck Equipment Schedule T2
Sport Utility 4D		JA723	17845	**625**	**900**	**1800**	**3200**
EX Sport Utility 4D		JA723	18945	**775**	**1100**	**2100**	**3650**
2WD		B		**(300)**	**(300)**	**(400)**	**(400)**

1999 KIA — KNM(JA623)-X-#

SPORTAGE 4WD—4-Cyl.—Truck Equipment Schedule T2
Sport Util Conv 2D		JA623	14945	**600**	**825**	**1725**	**3125**
Sport Utility 4D		JA723	16745	**775**	**1100**	**2125**	**3675**
EX Sport Utility 4D		JA723	19045	**950**	**1350**	**2500**	**4225**
2WD		B		**(350)**	**(350)**	**(465)**	**(465)**

2000 KIA — KNM(JA623)-Y-#

SPORTAGE 4WD—4-Cyl.—Truck Equipment Schedule T2
Sport Util Conv 2D		JA623	14945	**775**	**1075**	**2100**	**3675**
Sport Utility 4D		JA723	16745	**975**	**1375**	**2575**	**4300**
EX Sport Utility 4D		JA723	19045	**1150**	**1625**	**2875**	**4650**
2WD		B		**(400)**	**(400)**	**(535)**	**(535)**

2001 KIA — KND(JB623)-1-#

SPORTAGE 4WD—4-Cyl.—Truck Equipment Schedule T2
Sport Util Conv 2D		JB623	15345	**1000**	**1400**	**2625**	**4375**
Sport Utility 4D		JB723	17245	**1250**	**1725**	**3000**	**4800**
EX Sport Utility 4D		JB723	19545	**1525**	**2025**	**3300**	**5200**
Limited Spt Util 4D		JB723	20090	**1875**	**2425**	**3750**	**5675**
2WD		B		**(450)**	**(450)**	**(600)**	**(600)**

2002 KIA — KND(JA623)-2-#

SPORTAGE 4WD—4-Cyl.—Truck Equipment Schedule T2
Sport Util Conv 2D		JA623	15640	**1150**	**1625**	**3100**	**5225**
Sport Utility 4D		JA723	18715	**1500**	**1975**	**3525**	**5675**
2WD		B		**(500)**	**(500)**	**(665)**	**(665)**
SEDONA—V6—Truck Equipment Schedule T1							
LX Minivan		UP131	19590	**700**	**1000**	**2375**	**4325**
EX Minivan		UP131	21590	**1000**	**1425**	**2875**	**4900**

2003 KIA — KND(UP131)-3-#

SEDONA—V6—Truck Equipment Schedule T1
LX Minivan		UP131	19965	**950**	**1350**	**2825**	**4875**
EX Minivan		UP131	22180	**1375**	**1850**	**3375**	**5525**
SORENTO 4WD—V6—Truck Equipment Schedule T1							
LX Sport Utility 4D		JC733	21795	**2825**	**3425**	**5075**	**7450**
EX Sport Utility 4D		JC733	24595	**3925**	**4650**	**6350**	**8875**
2WD				**(575)**	**(575)**	**(765)**	**(765)**

2004 KIA — KND(UP131)-4-#

SEDONA—V6—Truck Equipment Schedule T1
LX Minivan		UP131	20615	**1375**	**1850**	**3400**	**5550**
EX Minivan		UP131	22725	**1950**	**2500**	**4050**	**6275**
SORENTO 4WD—V6—Truck Equipment Schedule T1							
LX Sport Utility 4D		JC733	23290	**3575**	**4300**	**5925**	**8425**
EX Sport Utility 4D		JC733	25490	**4700**	**5525**	**7250**	**9950**
2WD		D		**(650)**	**(650)**	**(865)**	**(865)**

2005 KIA — KND(JE723)-5-#

SPORTAGE 4WD—V6—Truck Equipment Schedule T2
LX Sport Utility 4D		JE723	20290	**3725**	**4425**	**6075**	**8575**
EX Sport Utility 4D		JE723	21990	**4500**	**5325**	**7000**	**9650**
2WD		F		**(725)**	**(725)**	**(965)**	**(965)**

2005 KIA

Body	Type	VIN	List	Trade-In Fair	Trade-In Good	Pvt-Party Good	Retail Excellent
4-Cyl. 2.0 Liter		4	.....	(600)	(600)	(800)	(800)
SEDONA—V6—Truck Equipment Schedule T1							
LX Minivan		UP131	20840	2125	2700	4275	6500
EX Minivan		UP131	23240	2750	3350	4950	7275
SORENTO 4WD—V6—Truck Equipment Schedule T1							
LX Sport Utility 4D		JC733	23840	4475	5275	7000	9650
EX Sport Utility 4D		JC733	26140	5600	6525	8250	11050
2WD		D		(725)	(725)	(965)	(965)

2006 KIA — KND(JE723)-6-#

Body	Type	VIN	List	Trade-In Fair	Trade-In Good	Pvt-Party Good	Retail Excellent
SPORTAGE 4WD—V6—Truck Equipment Schedule T2							
LX Sport Utility 4D		JE723	20890	4875	5700	7425	10100
EX Sport Utility 4D		JE723	22590	5775	6700	8400	11150
2WD		F		(800)	(800)	(1065)	(1065)
4-Cyl. 2.0 Liter		F		(650)	(650)	(865)	(865)
SEDONA—V6—Truck Equipment Schedule T1							
LX Minivan		MB233	23665	3675	4400	6000	8425
EX Minivan		MB233	26265	4350	5150	6800	9350
SORENTO 4WD—V6—Truck Equipment Schedule T1							
LX Sport Utility 4D		JC733	24470	5575	6500	8225	11050
EX Sport Utility 4D		JC733	26770	6700	7725	9475	12400
2WD		D		(800)	(800)	(1065)	(1065)

2007 KIA — KND(JE723)-7-#

Body	Type	VIN	List	Trade-In Fair	Trade-In Good	Pvt-Party Good	Retail Excellent
SPORTAGE 4WD—V6—Truck Equipment Schedule T2							
LX Sport Utility 4D		JE723	21790	6150	7100	8750	11450
EX Sport Utility 4D		JE723	23490	7100	8150	9800	12600
2WD		F		(875)	(875)	(1165)	(1165)
4-Cyl. 2.0 Liter		4		(700)	(700)	(935)	(935)
SEDONA—V6—Truck Equipment Schedule T1							
Minivan 4D		MB133	21195	4900	5750	7300	9775
LX Minivan 4D		MB233	24295	5300	6175	7725	10250
EX Minivan 4D		MB233	26895	6050	7000	8575	11150
SORENTO 2WD—V6—Truck Equipment Schedule T1							
Sport Utility 4D		JD736	20665	6025	6975	8650	11350
SORENTO 4WD—V6—Truck Equipment Schedule T1							
LX Sport Utility 4D		JC736	25265	6850	7900	9550	12350
EX Sport Utility 4D		JC736	26865	7975	9150	10900	13850
2WD		D		(875)	(875)	(1165)	(1165)

2008 KIA — KND(JE723)-8-#

Body	Type	VIN	List	Trade-In Fair	Trade-In Good	Pvt-Party Good	Retail Excellent
SPORTAGE 4WD—V6—Truck Equipment Schedule T2							
LX Sport Utility 4D		JE723	21970	7575	8700	10250	12950
EX Sport Utility 4D		JE723	23520	8600	9800	11400	14300
2WD		F		(950)	(950)	(1265)	(1265)
4-Cyl. 2.0 Liter		F		(750)	(750)	(1000)	(1000)
SEDONA—V6—Truck Equipment Schedule T1							
Minivan 4D		MB133	21420	7125	8200	9625	12200
LX Minivan 4D		MB233	24320	7550	8650	10100	12750
EX Minivan 4D		MB233	26920	8325	9525	11050	13800
SORENTO—V6—Truck Equipment Schedule T1							
Sport Utility 4D		JD735	21695	7825	8950	10600	13450
SORENTO 4WD—V6—Truck Equipment Schedule T1							
LX Sport Utility 4D		JC735	24895	8700	9900	11550	14550
EX Sport Utility 4D		JC736	26895	9800	11125	12850	15950
2WD		D		(950)	(950)	(1265)	(1265)

LAND ROVER

1994 LAND ROVER — SAL(DV228)-R-#

Body	Type	VIN	List	Trade-In Fair	Trade-In Good	Pvt-Party Good	Retail Excellent
DEFENDER 90 4WD—V8—Truck Equipment Schedule T2							
Sport Utility 2D		DV228	28495	****	****	****	25800
DISCOVERY 4WD—V8—Truck Equipment Schedule T3							
Sport Utility 4D		JY124	30725	800	1125	2075	3550
Dual Moon Roofs				475	475	635	635
Rear Jump Seats				200	200	265	265
Manual Trans				(250)	(250)	(335)	(335)
Rear Air Conditioning				100	100	135	135
RANGE ROVER 4WD—V8—Truck Equipment Schedule T3							
County Sport Utl 4D		HV124	47525	1575	2050	3300	5125

Body	Type	VIN	List	Trade-In Fair	Trade-In Good	Pvt-Party Good	Retail Excellent
	County LWB 4D — HC134		50825	1450	1925	3175	5000

1995 LAND ROVER — SAL(DV228)-S-#

DEFENDER 90 4WD—V8—Truck Equipment Schedule T2
| | Soft Top Spt Util 2D | DV228 | 29275 | **** | **** | **** | 29200 |
| | Hard Top Spt Util 2D | DV228 | | **** | **** | **** | 29600 |

DISCOVERY 4WD—V8—Truck Equipment Schedule T3
	Sport Utility 4D	JY124	32375	925	1325	2425	4075
	Dual Moon Roofs			500	500	665	665
	Rear Jump Seats			200	200	265	265
	Rear Air Conditioning			100	100	135	135
	Manual Trans			(250)	(250)	(335)	(335)

RANGE ROVER 4WD—V8—Truck Equipment Schedule T3
	County Classic 4D	HV124	45625	1450	1925	3200	5025
	County LWB 4D	HC134	53125	1550	2025	3300	5150
	4.0 SE Sport Util 4D	PV124	54625	3025	3675	5125	7325

1996 LAND ROVER — SAL(JY124)-T-#

DISCOVERY 4WD—V8—Truck Equipment Schedule T3
	SD Sport Utility 4D	JY124	32975	1075	1525	2700	4400
	SE Sport Utility 4D	JY124	35975	1700	2175	3475	5375
	SE7 Sport Utility 4D	JY124	38550	1875	2400	3725	5625
	Rear Jump Seats (Ex SE7)			250	250	335	335
	Dual Moon Roofs			550	550	735	735
	Manual Trans	8		(250)	(250)	(335)	(335)

RANGE ROVER 4WD—V8—Truck Equipment Schedule T3
| | 4.0 SE Spt Util 4D | PV124 | 55625 | 3500 | 4225 | 5700 | 8000 |
| | 4.6 HSE Spt Util 4D | PV144 | 62625 | 5150 | 6025 | 7775 | 10500 |

1997 LAND ROVER — SAL(DV224)-V-#

DEFENDER 90 4WD—V8—Truck Equipment Schedule T2
| | Soft Top Spt Util 2D | DV324 | 32625 | **** | **** | **** | 34200 |
| | Hard Top Spt Util 2D | DV324 | 34625 | **** | **** | **** | 34900 |

DISCOVERY 4WD—V8—Truck Equipment Schedule T3
	SD Sport Utility 4D	JY124	34625	1200	1675	2900	4675
	XD Sport Utility 4D	JY124	36125	1850	2375	3700	5600
	SE Sport Utility 4D	JY124	36625	1875	2425	3725	5650
	SE7 Sport Utility 4D	JY124	39125	2100	2675	4000	5975
	Rear Jump Seats (Ex SE7)			275	275	365	365
	Dual Moon Roofs			575	575	765	765
	Manual Trans	8		(275)	(275)	(365)	(365)

RANGE ROVER 4WD—V8—Truck Equipment Schedule T3
| | 4.0 SE Spt Util 4D | PV124 | 56125 | 3650 | 4350 | 5850 | 8175 |
| | 4.6 HSE Spt Util 4D | PV144 | 63625 | 5250 | 6100 | 7825 | 10550 |

1998 LAND ROVER — SAL(JY124)-W-#

DISCOVERY 4WD—V8—Truck Equipment Schedule T3
	LE Sport Utility 4D	JY124	35125	2225	2800	4150	6125
	LSE Sport Utility 4D	JY124	38625	2450	3075	4400	6475
	Rear Jump Seats			300	300	400	400
	Rear Air Conditioning			175	175	235	235
	Dual Moon Roofs			600	600	800	800

RANGE ROVER 4WD—V8—Truck Equipment Schedule T3
| | 4.0 SE Spt Util 4D | PV124 | 56625 | 3875 | 4600 | 6150 | 8525 |
| | 4.6 HSE Spt Util 4D | PV144 | 64125 | 5475 | 6350 | 8075 | 10850 |

1999 LAND ROVER — SAL(JY124)-X-#

DISCOVERY 4WD—V8—Truck Equipment Schedule T3
	SD Sport Utility 4D	JY124	33625	1000	1400	2625	4375
	Rear Jump Seats			325	325	435	435
	Dual Moon Roofs			625	625	835	835

DISCOVERY SERIES II 4WD—V8—Truck Equipment Schedule T3
	Sport Utility 4D	TY124	36725	1675	2150	3475	5400
	Rear Jump Seats			325	325	435	435
	Rear Air Conditioning			200	200	265	265
	Dual Moon Roofs			625	625	835	835
	Performance Pkg			500	500	665	665

RANGE ROVER 4WD—V8—Truck Equipment Schedule T3
	4.0 SE Sport Utility 4D	PA124	57625	4025	4750	6300	8675
	4.0 S Sport Utility 4D	PA124	57625	4150	4900	6450	8875
	4.0 SE Sport Utility 4D	PV124	58625	4275	5025	6600	9025

1999 LAND ROVER

Body	Type	VIN	List	Trade-In Fair	Trade-In Good	Pvt-Party Good	Retail Excellent
4.6 HSE Sport Util 4D		PV144	66625	**5800**	**6750**	**8450**	**11200**

2000 LAND ROVER — SAL(TY124)-Y-#

DISCOVERY SERIES II 4WD—V8—Truck Equipment Schedule T3
SD Sport Utility 4D		TY124	33975	1325	1800	3100	4975
SD7 Sport Utility 4D		TY124	35725	1850	2400	3750	5700
Sport Utility 4D		TY124	36725	2250	2825	4200	6225
Rear Jump Seats				350	350	465	465
Rear Air Conditioning				225	225	300	300
Dual Moon Roofs				650	650	865	865
Performance Pkg				550	550	735	735

RANGE ROVER 4WD—V8—Truck Equipment Schedule T3
County Sport Util 4D		PA124	58925	3675	4375	5925	8250
4.0 Sport Util 4D		PA124	59625	4175	4925	6475	8900
4.0 SE Sport Util 4D		PV124	59625	4750	5575	7225	9800
4.6 HSK Spt Util 4D		PF164	67625	5825	6775	8500	11250
4.6 HSE Spt Util 4D		PV144	67925	6275	7250	9050	11900
4.6 Vitesse Util 4D		PF164	68625	6850	7925	9725	12700
4.6 Holland Holland		PV164	79625	9225	10475	12550	15950

2001 LAND ROVER — SAL(TY124)-1-#

DISCOVERY SERIES II 4WD—V8—Truck Equipment Schedule T3
SD Sport Utility 4D		TY124	33975	2000	2550	3925	5925
SD7 Sport Utility 4D		TY124	35725	2600	3175	4600	6750
LE Sport Utility 4D		TY124	34975	3075	3750	5200	7400
LE7 Sport Utility 4D		TY124	36725	3250	3950	5425	7650
SE Sport Utility 4D		TY124	36975	3300	4000	5475	7700
SE7 Sport Utility 4D		TY124	38725	3625	4350	5825	8125
Rear Jump Seats				375	375	500	500
Rear Air Conditioning				250	250	335	335
Dual Moon Roofs				675	675	900	900
Performance Pkg				575	575	765	765

RANGE ROVER 4WD—V8—Truck Equipment Schedule T3
| 4.6 SE Sport Util 4D | | PV164 | 62625 | 5225 | 6075 | 7750 | 10400 |
| 4.6 HSE Sport Util | | PV164 | 68625 | 6925 | 7975 | 9750 | 12700 |

2002 LAND ROVER — SAL(NM222)-2-#

FREELANDER AWD—V6—Truck Equipment Schedule T3
S Sport Utility 4D		NM222	25600	2025	2575	4175	6450
SE Sport Utility 4D		NY222	28400	2900	3525	5175	7575
HSE Sport Util 4D		NE222	32200	3750	4475	6175	8700

DISCOVERY SERIES II 4WD—Truck Equipment Schedule T3
SD Sport Utility 4D		TL144	33995	2675	3275	4950	7375
SD7 Sport Utility 4D		TK144	34995	3325	4000	5700	8225
SE Sport Utility 4D		TY144	37795	4075	4825	6575	9200
SE7 Sport Utility 4D		TW124	38875	4375	5175	6975	9725
Rear Jump Seats				400	400	535	535
Rear Air Conditioning				250	250	335	335
Dual Moon Roofs				700	700	935	935
Performance Pkg				600	600	800	800

RANGE ROVER 4WD—V8—Truck Equipment Schedule T3
| 4.6 HSE Sport Util | | PL162 | 68665 | 7575 | 8675 | 10900 | 14350 |

2003 LAND ROVER — SAL(NM222)-3-#

FREELANDER AWD—V6—Truck Equipment Schedule T3
S Sport Utility 4D		NM222	25600	2375	2975	4575	6900
SE3 Sport Utility 2D		NY122	26995	3350	4050	5700	8175
SE Sport Utility 4D		NY222	28400	3350	4050	5700	8175
HSE Sport Util 4D		NE222	32200	4325	5125	6875	9550

DISCOVERY 4WD—V8—Truck Equipment Schedule T3
S Sport Utility 4D		TL144	34995	2950	3575	5300	7800
SE Sport Utility 4D		TY144	33995	4600	5425	7250	10050
SE7 Sport Utility 4D		TW124	39995	4925	5775	7625	10450
HSE Sport Utility 4D		TP144	40995	6000	6950	8850	11800
HSE7 Sport Util 4D		TR144	41995	6125	7075	8975	11950
Rear Jump Seats				475	475	635	635
Rear Air Conditioning				300	300	400	400
Dual Moon Roofs				750	750	1000	1000
Suspension Pkg				700	700	935	935

RANGE ROVER 4WD—V8—Truck Equipment Schedule T3
| HSE Sport Util 4D | | MB114 | 71865 | 11025 | 12500 | 14900 | 18950 |

TRUCKS & VANS

Body	Type	VIN	List	Trade-In Fair	Good	Pvt-Party Good	Retail Excellent

TRUCKS & VANS

2004 LAND ROVER — SAL(NY222)-4-#

FREELANDER AWD—V6—Truck Equipment Schedule T3

SE Sport Utility 4D		NY222	25995	3975	4700	6400	8975
SE3 Sport Utility 2D		NY222	28195	3975	4700	6400	8975
HSE Sport Util 4D		NE222	28995	5100	5950	7725	10500

DISCOVERY 4WD—V8—Truck Equipment Schedule T3

S Sport Utility 4D		TL194	34995	3450	4150	5875	8475
SE Sport Utility 4D		TY194	39250	5400	6275	8125	11050
SE7 Sport Utility 4D		TW194	40350	5675	6625	8475	11400
HSE Sport Utility 4D		TP194	41250	6900	7950	9850	12950
HSE7 Sport Util 4D		TR194	42250	7025	8075	10000	13150
G4 Sport Utility 4D		TL194	39995	6075	7025	8925	11900
Rear Jump Seats				550	550	735	735
Rear Air Conditioning				350	350	465	465
Dual Moon Roofs				775	775	1035	1035
Suspension Pkg				800	800	1065	1065

RANGE ROVER 4WD—V8—Truck Equipment Schedule T3

HSE Sport Util 4D		ME114	72250	14075	15875	18400	22800
Westminster Util		MH114	84700	18225	20375	23100	28200

2005 LAND ROVER — SAL(NY222)-5-#

FREELANDER AWD—V6—Truck Equipment Schedule T3

SE Sport Utility 4D		NY222	27495	4725	5550	7325	10050
SE3 Sport Util 2D		NM122	27495	4725	5550	7325	10050

LR3 4WD—V6—Truck Equipment Schedule T3

Sport Utility 4D		AB244	38950	12150	13725	16000	20100
SE Sport Utility 4D		AD244	41950	13425	15150	17450	21700
Third Seat				600	600	800	800

LR3 4WD—V8—Truck Equipment Schedule T3

SE Sport Utility 4D		AD254	44995	13725	15475	17850	22100
HSE Sport Utility 4D		AF254	49995	14800	16650	19000	23400
Third Seat				600	600	800	800

RANGE ROVER 4WD—V8—Truck Equipment Schedule T3

HSE Sport Util 4D		ME114	73750	17300	19350	22100	27000
Westminster Util		MH114	86000	21950	24500	27200	32700

2006 LAND ROVER — SAL(AB244)-6-#

LR3 4WD—V6—Truck Equipment Schedule T3

Sport Utility 4D		AB244	38950	13825	15575	17900	22100
SE Sport Utility 4D		AD244	41950	15250	17150	19500	23900
Third Seat			C,E	650	650	865	865

LR3 4WD—V8—Truck Equipment Schedule T3

SE Sport Utility 4D		AD254	45450	15525	17450	19900	24300
HSE Sport Utility 4D		AG254	53450	16900	18975	21500	26100
Third Seat			G	650	650	865	865

RANGE ROVER SPORT 4WD—V8—Truck Equipment Schedule T3

HSE Sport Util 4D		SF254	56750	23525	26275	28600	33700

RANGE ROVER SPORT 4WD—V8 Supercharged—Truck Equipment Sch T3

Sport Utility 4D		SD234	69750	28325	31550	34000	39700
Adaptive Cruise				450	450	600	600

RANGE ROVER 4WD—V8—Truck Equipment Schedule T3

HSE Sport Util 4D		ME154	74950	25775	28725	31600	37400

RANGE ROVER 4WD—V8 Supercharged—Truck Equipment Sch T3

Sport Utility 4D		MF134	89950	32625	36350	39200	45800

2007 LAND ROVER — SAL(AD244)-7-#

LR3 4WD—V6—Truck Equipment Schedule T3

SE Sport Utility 4D		AD244	42150	17000	19050	21500	26100
Third Seat				700	700	935	935

LR3 4WD—V8—Truck Equipment Schedule T3

SE Sport Utility 4D		AE254	48950	18925	21175	23600	28400
HSE Sport Util 4D		AG254	53950	20575	23025	25400	30400
Third Seat				700	700	935	935

RANGE ROVER SPORT 4WD—V8—Truck Equipment Schedule T3

HSE Sport Util 4D		SF254	57950	29200	32450	34800	40400

RANGE ROVER SPORT 4WD—V8 Supercharged—Truck Equipment Sch T3

Sport Utility 4D		SD234	71250	34400	38225	40500	46600
Adaptive Cruise				475	475	635	635

RANGE ROVER 4WD—V8—Truck Equipment Schedule T3

HSE Sport Util 4D		ME154	77250	32525	36150	38900	45400

Body	Type	VIN	List	Trade-In Fair	Trade-In Good	Pvt-Party Good	Retail Excellent
RANGE ROVER 4WD—V8 Supercharged—Truck Equipment Schedule T3							
Sport Utility 4D		MF134	92750	**41450**	**45950**	**48700**	**56100**

2008 LAND ROVER — SAL(FP24N)-8-#

Body	Type	VIN	List	Trade-In Fair	Trade-In Good	Pvt-Party Good	Retail Excellent
LR2 AWD—6-Cyl.—Truck Equipment Schedule T3							
SE Sport Utility 4D		FP24N	34700	**18075**	**20200**	**22100**	**26100**
HSE Sport Util 4D		FR24N	36150	**19700**	**22050**	**23800**	**27900**
LR3 4WD—V8—Truck Equipment Schedule T3							
SE Sport Utility 4D		AE254	49300	**26450**	**29500**	**31900**	**37400**
HSE Sport Utility 4D		AG254	54800	**28425**	**31650**	**34000**	**39700**
Third Row				**750**	**750**	**1000**	**1000**
RANGE ROVER SPORT 4WD—V8—Truck Equipment Schedule T3							
HSE Sport Util 4D		SF254	58500	**36075**	**40075**	**42000**	**48000**
RANGE ROVER SPORT 4WD—V8 Supercharged—Truck Equipment Sch T3							
Sport Utility 4D		SH234	71950	**43125**	**47825**	**49900**	**56500**
Adaptive Cruise Control				**500**	**500**	**665**	**665**
RANGE ROVER 4WD—V8—Truck Equipment Schedule T3							
HSE Sport Util 4D		ME154	77950	**42825**	**47525**	**50200**	**57600**
RANGE ROVER 4WD—V8 Supercharged—Truck Equipment Schedule T3							
Sport Utility 4D		MF134	93600	**52525**	**58200**	**60800**	**68900**

LEXUS

1996 LEXUS — JT6(HJ88J)-T-#

Body	Type	VIN	List	Trade-In Fair	Trade-In Good	Pvt-Party Good	Retail Excellent
LX 450 4WD—6-Cyl.—Truck Equipment Schedule T3							
Sport Utility 4D		HJ88J	47995	**6750**	**7800**	**9725**	**12850**

1997 LEXUS — JT6(HJ88J)-V-#

LX 450 4WD—6-Cyl.—Truck Equipment Schedule T3							
Sport Utility 4D		HJ88J	48945	**7800**	**8925**	**10900**	**14100**

1998 LEXUS — JT6(HT00W)-W-#

LX 470 4WD—V8—Truck Equipment Schedule T3							
Sport Utility 4D		HT00W	55445	**10300**	**11700**	**13900**	**17700**

1999 LEXUS — JT6(HF10U)-X-#

RX 300 4WD—V6—Truck Equipment Schedule T3							
Sport Utility 4D		HF10U	34980	**5950**	**6900**	**8575**	**11300**
2WD		G		**(550)**	**(550)**	**(735)**	**(735)**
LX 470 4WD—V8—Truck Equipment Schedule T3							
Sport Utility 4D		HT00W	56400	**11525**	**13025**	**15250**	**19150**

2000 LEXUS — JT6(HF10U)-Y-#

RX 300 4WD—V6—Truck Equipment Schedule T3							
Sport Utility 4D		HF10U	35680	**6700**	**7725**	**9425**	**12300**
2WD		G		**(475)**	**(475)**	**(635)**	**(635)**
LX 470 4WD—V8—Truck Equipment Schedule T3							
Sport Utility 4D		HT00W	59500	**12850**	**14500**	**16800**	**20900**

2001 LEXUS — JTJ(HF10U)-1-#

RX 300 4WD—V6—Truck Equipment Schedule T3							
Sport Utility 4D		HF10U	37430	**7625**	**8725**	**10500**	**13450**
Silversport Edition				**200**	**200**	**265**	**265**
2WD				**(500)**	**(500)**	**(665)**	**(665)**
LX 470 4WD—V8—Truck Equipment Schedule T3							
Sport Utility 4D		HT00W	61950	**14300**	**16125**	**18400**	**22600**

2002 LEXUS — JTJ(HF10U)-2-#

RX 300 4WD—V6—Truck Equipment Schedule T3							
Sport Utility 4D		HF10U	37580	**8500**	**9725**	**11750**	**15150**
Coach Edition				**250**	**250**	**335**	**335**
2WD		G		**(500)**	**(500)**	**(665)**	**(665)**
LX 470 4WD—V8—Truck Equipment Schedule T3							
Sport Utility 4D		HT00W	63051	**15825**	**17750**	**20200**	**24800**

2003 LEXUS — JTJ(HF10U)-3-#

RX 300 4WD—V6—Truck Equipment Schedule T3							
Sport Utility 4D		HF10U	38800	**9175**	**10425**	**12450**	**15850**

TRUCKS & VANS

Body	Type	VIN	List	Trade-In Fair	Good	Pvt-Party Good	Retail Excellent
2WD		G		(575)	(575)	(765)	(765)
GX 470 4WD—V8—Truck Equipment Schedule T3							
Sport Utility 4D		BT20X	45500	12750	14400	16600	20600
Third Row Seat				800	800	1065	1065
LX 470 4WD—V8—Truck Equipment Schedule T3							
Sport Utility 4D		HT00W	63700	18425	20575	23100	28000

2004 LEXUS — JTJ(HA31U)-4-#

Body	Type	VIN	List	Trade-In Fair	Good	Pvt-Party Good	Retail Excellent
RX 330 AWD—V6—Truck Equipment Schedule T3							
Sport Utility 4D		HA31U	39195	12550	14150	16200	20000
Dynamic Cruise Control				400	400	535	535
Performance Pkg				2500	2500	3335	3335
2WD		G		(650)	(650)	(865)	(865)
GX 470 4WD—V8—Truck Equipment Schedule T3							
Sport Utility 4D		BT20X	45700	15250	17150	19350	23600
Third Row Seat				800	800	1065	1065
LX 470 4WD—V8—Truck Equipment Schedule T3							
Sport Utility 4D		HT00W	64800	21375	23825	26300	31400

2005 LEXUS — JTJ(HA31U)-5-#

Body	Type	VIN	List	Trade-In Fair	Good	Pvt-Party Good	Retail Excellent
RX 330 AWD—V6—Truck Equipment Schedule T3							
Sport Utility 4D		HA31U	37800	14400	16175	18250	22100
Dynamic Cruise Control				425	425	565	565
Performance Pkg				2500	2500	3335	3335
2WD		G		(725)	(725)	(965)	(965)
GX 470 4WD—V8—Truck Equipment Schedule T3							
Sport Utility 4D		BT20X	46425	17875	20000	22200	26800
Third Row Seat				800	800	1065	1065
LX 470 4WD—V8—Truck Equipment Schedule T3							
Sport Utility 4D		HT00W	65400	24300	27150	29500	34800

2006 LEXUS — JTJ(HA31U)-6-#

Body	Type	VIN	List	Trade-In Fair	Good	Pvt-Party Good	Retail Excellent
RX 330 AWD—V6—Truck Equipment Schedule T3							
Sport Utility 4D		HA31U	38420	16425	18425	20400	24500
Dynamic Cruise Control				450	450	600	600
Performance Pkg				2500	2500	3335	3335
2WD		G		(800)	(800)	(1065)	(1065)
RX 400h AWD—V6 Hybrid—Truck Equipment Schedule T3							
Sport Utility 4D		HW31U	49060	19900	22250	24300	28700
Dynamic Cruise Control				450	450	600	600
2WD		G		(800)	(800)	(1065)	(1065)
GX 470 4WD—V8—Truck Equipment Schedule T3							
Sport Utility 4D		BT20X	47185	20875	23325	25400	30000
Third Row Seat				800	800	1065	1065
LX 470 4WD—V8—Truck Equipment Schedule T3							
Sport Utility 4D		HT00W	67945	27625	30775	33000	38500

2007 LEXUS — JTJ-(HK31U)-7-#

Body	Type	VIN	List	Trade-In Fair	Good	Pvt-Party Good	Retail Excellent
RX 350 AWD—V6—Truck Equipment Schedule T3							
Sport Utility 4D		HK31U	39495	21375	23825	25800	30200
Dynamic Cruise Control				475	475	635	635
Performance Pkg				2500	2500	3335	3335
2WD		G		(875)	(875)	(1165)	(1165)
RX 400h AWD—V6 Hybrid—Truck Equipment Schedule T3							
Sport Utility 4D		HW31U	43275	22450	25000	27000	31500
Dynamic Cruise Control				475	475	635	635
2WD		G		(875)	(875)	(1165)	(1165)
GX 470 4WD—V8—Truck Equipment Schedule T3							
Sport Utility 4D		BT20X	47330	25575	28525	30600	35600
Third Row Seat				800	800	1065	1065
LX 470 4WD—V8—Truck Equipment Schedule T3							
Sport Utility 4D		HT00W	68090	34200	38025	40100	46000

2008 LEXUS — JTJ-(HK31U)-8-#

Body	Type	VIN	List	Trade-In Fair	Good	Pvt-Party Good	Retail Excellent
RX 350 AWD—V6—Truck Equipment Schedule T3							
Sport Utility 4D		HK31U	39565	24700	27550	29200	33800
Dynamic Cruise Control				500	500	665	665
Performance Pkg				2500	2500	3335	3335
2WD		G		(1500)	(1500)	(2000)	(2000)
RX 400h AWD—V6 Hybrid—Truck Equipment Schedule T3							
Sport Utility 4D		HW31U	43345	27925	31075	32700	37600

Body	Type	VIN	List	Trade-In Fair	Trade-In Good	Pvt-Party Good	Retail Excellent
Dynamic Cruise Control				500	500	665	665
2WD		G		(950)	(950)	(1265)	(1265)
GX 470 4WD—V8—Truck Equipment Schedule T3							
Sport Utility 4D		BT20X	47580	31950	35575	37300	42600
Third Row				800	800	1065	1065
LX 570 4WD—V8—Truck Equipment Schedule T3							
Sport Utility 4D		HY00W	74565	55850	61850	63500	71000

LINCOLN

1998 LINCOLN — 5LM-(U28L)-W-#

NAVIGATOR 4WD—V8—Truck Equipment Schedule T3							
Sport Utility 4D		U28L	43300	3100	3775	5225	7400
w/o Rear Air Conditioning				(175)	(175)	(235)	(235)
2WD		7		(425)	(425)	(565)	(565)

1999 LINCOLN — 5LM-(U28L)-X-#

NAVIGATOR 4WD—V8—Truck Equipment Schedule T3							
Sport Utility 4D		U28L	43800	3625	4325	5800	8075
w/o Rear Air Conditioning				(200)	(200)	(265)	(265)
2WD		7		(450)	(450)	(600)	(600)

2000 LINCOLN — 5LM-(U28A)-Y-#

NAVIGATOR 4WD—V8—Truck Equipment Schedule T3							
Sport Utility 4D		U28A	46500	4300	5075	6600	9000
w/o Rear Air Conditioning				(225)	(225)	(300)	(300)
2WD		7		(475)	(475)	(635)	(635)

2001 LINCOLN — 5LM-(U28A,R)-1-#

NAVIGATOR 4WD—V8—Truck Equipment Schedule T3							
Sport Utility 4D		U28A,R	48085	5075	5925	7575	10150
2WD		7		(500)	(500)	(665)	(665)

2002 LINCOLN — 5LM-(U28R)-2-#

NAVIGATOR 4WD—V8—Truck Equipment Schedule T3							
Sport Utility 4D		U28R	48680	5875	6800	8700	11650
2WD		7		(500)	(500)	(665)	(665)
BLACKWOOD—V8—Truck Equipment Schedule T3							
Sport Util Pickup 4D		W05A	52500	8500	9725	11750	15150

2003 LINCOLN — 5LM-(U88H)-3-#

AVIATOR AWD—V8—Truck Equipment Schedule T3							
Sport Utility 4D		U88H	42945	7525	8625	10550	13600
2WD		6		(575)	(575)	(765)	(765)
NAVIGATOR 4WD—V8—Truck Equipment Schedule T3							
Sport Utility 4D		U28R	52425	9100	10350	12400	15900
2WD				(575)	(575)	(765)	(765)

2004 LINCOLN — 5LM-(U88H)-4-#

AVIATOR AWD—V8—Truck Equipment Schedule T3							
Sport Utility 4D		U88H	43400	8425	9625	11500	14750
2WD		6		(650)	(650)	(865)	(865)
NAVIGATOR 4WD—V8—Truck Equipment Schedule T3							
Sport Utility 4D		U28R	52775	11325	12800	14900	18650
2WD		7		(650)	(650)	(865)	(865)

2005 LINCOLN — 5LM-(U88H)-5-#

AVIATOR AWD—V8—Truck Equipment Schedule T3							
Sport Utility 4D		U88H	44150	9450	10725	12650	15950
2WD		6		(725)	(725)	(965)	(965)
NAVIGATOR 4WD—V8—Truck Equipment Schedule T3							
Sport Utility 4D		U285	53985	13725	15475	17600	21600
2WD		7		(725)	(725)	(965)	(965)

2006 LINCOLN —5L(MorT)-(W165)-6-#

MARK LT—V8—Truck Equipment Schedule T3							
Super Crew Pickup		W165	39995	16325	18325	20300	24300
4WD		8		1900	1900	2535	2535

TRUCKS & VANS

Body Type	VIN	List	Trade-In Fair	Good	Pvt-Party Good	Retail Excellent
NAVIGATOR 4WD—V8—Truck Equipment Schedule T3						
Sport Utility 4D	U285	53075	16325	18325	20400	24600
Limited Edition			400	400	535	535
2WD	7		(800)	(800)	(1065)	(1065)

2007 LINCOLN — 5L(MorT)–(U68C)–7–#

Body Type	VIN	List	Trade-In Fair	Good	Pvt-Party Good	Retail Excellent
MKX—V6—Truck Equipment Schedule T3						
Sport Utility 4D	U68C	34795	18525	20675	22600	26800
Elite Pkg			400	400	535	535
AWD	8		950	950	1265	1265
MARK LT—V8—Truck Equipment Schedule T3						
Super Crew 5 1/2'	W165	42095	18575	20775	22700	26900
Super Crew 6 1/2'	W165	42395	18425	20575	22500	26700
4WD	8		2075	2075	2765	2765
NAVIGATOR 4WD—V8—Truck Equipment Schedule T3						
Sport Utility 4D	U285	49475	24000	26750	28800	33600
Elite Pkg			400	400	535	535
2WD	7		(875)	(875)	(1165)	(1165)
NAVIGATOR L 4WD—V8—Truck Equipment Schedule T3						
Sport Utility 4D	L285	52475	25675	28625	30700	35800
Elite Pkg			400	400	535	535
2WD	7		(875)	(875)	(1165)	(1165)

2008 LINCOLN — 5L(MorT)–(U68C)–8–#

Body Type	VIN	List	Trade-In Fair	Good	Pvt-Party Good	Retail Excellent
MKX—V6—Truck Equipment Schedule T3						
Sport Utility 4D	U68C	36095	20875	23325	25000	29200
Limited Edition			400	400	535	535
AWD	8		1025	1025	1365	1365
MARK LT—V8—Truck Equipment Schedule T3						
Super Crew 5 1/2'	W165	39265	22050	24600	26400	30700
Super Crew 6 1/2'	W165	39565	21850	24400	26200	30500
4WD	8		2250	2250	3000	3000
NAVIGATOR 4WD—V8—Truck Equipment Schedule T3						
Sport Utility 4D	U285	51555	28225	31450	33300	38300
Elite Pkg			400	400	535	535
2WD	7		(950)	(950)	(1265)	(1265)
NAVIGATOR L 4WD—V8—Truck Equipment Schedule T3						
Sport Utility 4D	L285	54555	30000	33325	35200	40400
Elite Pkg			400	400	535	535
2WD	7		(950)	(950)	(1265)	(1265)

MAZDA

1994 MAZDA — (JMor4F)(2or3)–(V521)–R

Body Type	VIN	List	Trade-In Fair	Good	Pvt-Party Good	Retail Excellent
MPV—4-Cyl.—Truck Equipment Schedule T1						
Minivan	V521	20900	575	775	1575	2825
V6 3.0 Liter	U		200	200	265	265
MPV 4WD—V6—Truck Equipment Schedule T1						
Minivan	V523	24700	925	1300	2375	4000
NAVAJO 4WD—V6—Truck Equipment Schedule T1						
DX Sport Utility 2D	U44X	20350	425	600	1250	2300
LX Sport Utility 2D	U44X	23260	550	750	1550	2800
2WD	2		(125)	(125)	(165)	(165)
B2300 PICKUP—4-Cyl.—Truck Equipment Schedule T2						
Short Bed	R12A	10025	475	625	1325	2400
Cab Plus	R16A	12480	700	1000	1875	3250
SE Short Bed	R12A	11970	525	725	1475	2700
B3000 PICKUP—V6—Truck Equipment Schedule T2						
SE Short Bed	R12U	12140	625	850	1675	2975
SE Long Bed	R21U	12785	625	875	1700	3000
Cab Plus	R16U	12950	800	1125	2050	3500
SE Cab Plus	R16U	13630	875	1225	2175	3675
B3000 PICKUP 4WD—V6—Truck Equipment Schedule T2						
Short Bed	R13U	14895	750	1075	1950	3375
Cab Plus	R17U	15955	1025	1450	2550	4225
B4000 PICKUP—V6—Truck Equipment Schedule T2						
SE Long Bed	R21X	12960	625	875	1700	3000
LE Cab Plus	R16X	15815	750	1075	1950	3375
B4000 PICKUP 4WD—V6—Truck Equipment Schedule T2						
SE Short Bed	R13X	16885	800	1125	2025	3475
SE Cab Plus	R17X	17755	1050	1475	2575	4250

Body Type	VIN	List	Trade-In Fair	Trade-In Good	Pvt-Party Good	Retail Excellent
LE Cab Plus	R17X	19960	1125	1575	2750	4425

1995 MAZDA — (JM3or4F4)—(V522)-S-#

MPV—V6—Truck Equipment Schedule T1
L Minivan	V522	22505	625	900	1750	3075
LX Minivan	V522	23155	700	1000	1900	3300
LXE Minivan	V522	24845	850	1175	2150	3650
4WD	3		250	250	335	335

B2300 PICKUP—4-Cyl.—Truck Equipment Schedule T2
Short Bed	R12A	10765	525	725	1500	2750
Long Bed	R12A	11155	575	775	1550	2825
Cab Plus	R16A	13485	800	1125	2075	3550
SE Short Bed	R12A	12485	600	825	1650	2975
SE Cab Plus	R16A	14185	925	1325	2400	4050
4WD	3		400	400	535	535

B3000 PICKUP—V6—Truck Equipment Schedule T2
SE Short Bed	R12U	13155	675	950	1850	3200
SE Cab Plus	R16U	14855	1000	1400	2525	4175

B3000 PICKUP 4WD—V6—Truck Equipment Schedule T2
Cab Plus	R17U	17715	1150	1600	2775	4475

B4000 PICKUP—V6—Truck Equipment Schedule T2
SE Cab Plus	R16X	15400	850	1175	2150	3650
SE Cab Plus	R16X	16925	875	1225	2200	3725

B4000 PICKUP 4WD—V6—Truck Equipment Schedule T2
SE Short Bed	R13X	18360	900	1275	2350	4000
SE Cab Plus	R17X	19485	1150	1625	2800	4525
LE Cab Plus	R17X	20975	1300	1775	3000	4750

1996 MAZDA — (JM3or4F4)(LV522)-T-#

MPV—V6—Truck Equipment Schedule T1
DX Minivan	LV522	22845	725	1025	1925	3375
LX Minivan	LV522	22735	800	1150	2100	3600
ES Minivan	LV522	25135	950	1350	2450	4125
4WD	3		300	300	400	400

B2300 PICKUP—4-Cyl.—Truck Equipment Schedule T2
Short Bed	R12A	10600	625	875	1725	3075
Long Bed	R12A	10985	650	925	1800	3150
Cab Plus	R16A	13720	950	1325	2450	4125
SE Short Bed	R12A	12545	700	975	1875	3300
SE Cab Plus	R16A	14840	1100	1525	2700	4375
4WD	3,7		525	525	700	700

B3000 PICKUP—V6—Truck Equipment Schedule T2
SE Cab Plus	R16U	16675	1150	1625	2800	4525

B3000 PICKUP 4WD—V6—Truck Equipment Schedule T2
Cab Plus	R17U	18170	1400	1875	3125	4925

B4000 PICKUP—V6—Truck Equipment Schedule T2
LE Cab Plus	R16X	17845	1025	1450	2575	4275

B4000 PICKUP 4WD—V6—Truck Equipment Schedule T2
SE Short Bed	R13X	18810	1050	1475	2650	4325
SE Cab Plus	R17X	20065	1425	1900	3150	4950
LE Cab Plus	R17X	22140	1600	2100	3350	5200

1997 MAZDA — (JM3or4F4)(LV522)-V-#

MPV—V6—Truck Equipment Schedule T1
LX Minivan	LV522	24370	925	1275	2400	4050
ES Minivan	LV522	28270	1075	1500	2675	4350
4WD	3		350	350	465	465

B2300 PICKUP—4-Cyl.—Truck Equipment Schedule T2
Short Bed	R12A	11060	750	1050	1975	3425
SE Short Bed	R12A	13225	825	1175	2150	3675
SE Cab Plus	R16A	15480	1300	1775	3000	4750

B4000 PICKUP—V6—Truck Equipment Schedule T2
SE Cab Plus	R16X	16225	1550	2025	3275	5100

B4000 PICKUP 4WD—V6—Truck Equipment Schedule T2
Short Bed	R13X	16775	1250	1725	2950	4675
Cab Plus	R17X	18660	1700	2200	3450	5300
SE Cab Plus	R17X	20275	1750	2250	3500	5375

1998 MAZDA — (JM3or4F4)(LV522)-W-#

MPV—V6—Truck Equipment Schedule T1
LX Minivan	LV522	24370	1050	1475	2625	4300
ES Minivan	LV522	28270	1200	1700	2900	4650

TRUCKS & VANS

Body Type	VIN	List	Trade-In Fair	Good	Pvt-Party Good	Retail Excellent
4WD	3	......	400	400	535	535
B2500 PICKUP—4-Cyl.—Truck Equipment Schedule T2						
SX Short Bed	R12C	11975	775	1100	2075	3600
SE Short Bed	R12C	13215	900	1250	2375	4050
SE Cab Plus 2D	R16C	15355	1200	1675	2900	4650
SE Cab Plus 4D	R16C	15950	1625	2100	3375	5225
B3000 PICKUP—V6—Truck Equipment Schedule T2						
SE Cab Plus 2D	R16U	16305	1425	1900	3150	4975
SE Cab Plus 4D	R14U	16900	1625	2125	3400	5250
B3000 PICKUP 4WD—V6—Truck Equipment Schedule T2						
SX Short Bed	R13U	15925	1150	1625	2825	4575
SE Short Bed	R13U	17445	1350	1825	3075	4850
SE Cab Plus 2D	R17U	18940	1925	2475	3775	5675
SE Cab Plus 4D	R15U	19535	2175	2750	4050	6000
B4000 PICKUP—V6—Truck Equipment Schedule T2						
SE Cab Plus 2D	R16X	17155	1725	2225	3500	5375
SE Cab Plus 4D	R14X	17750	1850	2375	3675	5550
B4000 PICKUP 4WD—V6—Truck Equipment Schedule T2						
SE Cab Plus 2D	R17X	19840	1900	2450	3725	5625
SE Cab Plus 4D	R15X	20435	2250	2850	4150	6125

1999 MAZDA — (JM3or4F4)–(R12C)–X–#

Body Type	VIN	List	Fair	Good	Good	Excellent
B2500 PICKUP—4-Cyl.—Truck Equipment Schedule T2						
SX Short Bed	R12C	11795	925	1300	2450	4150
SE Short Bed	R12C	14710	1025	1450	2625	4350
Troy Lee Short Bed	R12C	15130	1150	1600	2825	4575
SE Cab Plus 2D	R16C	16225	1450	1925	3175	5000
SE Cab Plus 4D	R16C	16885	1900	2450	3725	5625
B3000 PICKUP—V6—Truck Equipment Schedule T2						
SE Cab Plus 2D	R16U	16800	1725	2225	3500	5400
SE Cab Plus 4D	R16U	17460	1925	2475	3775	5675
Troy Lee Cab Plus 4D	R16U	18955	2150	2725	4025	5975
B3000 PICKUP 4WD—V6—Truck Equipment Schedule T2						
SE Short Bed	R13U	18060	1625	2100	3375	5225
SE Cab Plus 2D	R17U	19715	2275	2875	4200	6150
SE Cab Plus 4D	R17U	20375	2550	3125	4475	6525
B4000 PICKUP—V6—Truck Equipment Schedule T2						
SE Short Bed	R12X	18090	1275	1775	3000	4775
SE Cab Plus 2D	R16X	20145	2025	2575	3875	5800
SE Cab Plus 4D	R16X	20805	2200	2775	4075	6025
B4000 PICKUP 4WD—V6—Truck Equipment Schedule T2						
SE Cab Plus 2D	R17X	22140	2225	2825	4150	6100
SE Cab Plus 4D	R17X	22800	2650	3225	4600	6650
Troy Lee Cab Plus 4D	R17X	23995	2875	3500	4900	6975

2000 MAZDA–(JM3,4F2or4F4)–(LW28)–Y–

Body Type	VIN	List	Fair	Good	Good	Excellent
MPV—V6—Truck Equipment Schedule T1						
DX Minivan 4D	LW28	20475	1250	1725	2950	4725
LX Minivan 4D	LW28	22530	1425	1900	3150	4975
ES Minivan 4D	LW28	26030	1750	2250	3525	5400
B2500 PICKUP—4-Cyl.—Truck Equipment Schedule T2						
SX Short Bed	R12C	12005	1100	1525	2750	4500
SE Short Bed	R12C	14315	1225	1700	2950	4725
SE Cab Plus 2D	R16C	16505	1725	2250	3525	5425
B3000 PICKUP—V6—Truck Equipment Schedule T2						
SX Short Bed	R12V	12400	1350	1850	3100	4925
SE Short Bed	R12V	14710	1500	1975	3250	5100
SE Cab Plus 2D	R16V	16975	2050	2600	3925	5850
SE Cab Plus 4D	R16V	17715	2300	2875	4200	6175
Troy Lee Cab Plus 4D	R16V	19120	2525	3125	4475	6500
B3000 PICKUP 4WD—V6—Truck Equipment Schedule T2						
SE Short Bed	R13V	18235	1900	2450	3775	5675
SE Cab Plus 4D	R17V	20720	2950	3600	4975	7075
B4000 PICKUP—V6—Truck Equipment Schedule T2						
SE Cab Plus 4D	R16X	21140	2600	3200	4550	6600
B4000 PICKUP 4WD—V6—Truck Equipment Schedule T2						
SE Cab Plus 4D	R17X	23050	3050	3700	5075	7200
Troy Lee Cab Plus 4D	R17X	24150	3325	4025	5450	7625

2001 MAZDA–(JM3,4F2or4F4)–(U06B)–1–

Body Type	VIN	List	Fair	Good	Good	Excellent
TRIBUTE 4WD—V6—Truck Equipment Schedule T1						
DX Sport Utility 4D	U06B	21055	2000	2550	3900	5850

1009

Body	Type	VIN	List	Trade-In Fair	Trade-In Good	Pvt-Party Good	Retail Excellent
LX Sport Utility 4D		U08B	22535	2725	3325	4700	6750
ES Sport Utility 4D		U081	23540	3050	3700	5100	7225
2WD				(500)	(500)	(665)	(665)
4-Cyl. 2.0 Liter		B		(475)	(475)	(635)	(635)
MPV—V6—Truck Equipment Schedule T1							
DX Minivan 4D		LW28	21155	1550	2050	3325	5175
LX Minivan 4D		LW28	23280	1725	2250	3525	5400
ES Minivan 4D		LW28	26760	2050	2600	3900	5825
B2300 PICKUP—4-Cyl.—Truck Equipment Schedule T2							
SX Short Bed		R12D	12930	1400	1875	3175	5025
SE Short Bed		R12D	15130	1650	2150	3450	5350
B2500 PICKUP—4-Cyl.—Truck Equipment Schedule T2							
SX Short Bed		R12C	12785	1375	1850	3100	4950
SE Short Bed		R12C	14985	1550	2025	3325	5200
B3000 PICKUP—V6—Truck Equipment Schedule T2							
SE Short Bed		R12V	15280	1825	2350	3650	5550
Dual Sport Short Bed		R12V	15315	1850	2400	3700	5600
SE Cab Plus 2D		R16V	17515	2450	3050	4375	6400
SE Short Bed		R16V	18180	2700	3300	4675	6750
Dual Sport Cab + 2D		R16V	17735	2800	3425	4800	6875
B3000 PICKUP 4WD—V6—Truck Equipment Schedule T2							
SE Short Bed		R13V	18810	2300	2875	4225	6200
SE Cab Plus 2D		R13V	20480	3100	3775	5175	7300
B4000 PICKUP—V6—Truck Equipment Schedule T2							
Dual Sport Cab + 4D		R17X	19935	3025	3675	5050	7175
B4000 PICKUP 4WD—V6—Truck Equipment Schedule T2							
SE Cab Plus 4D		R17X	22780	3525	4225	5625	7850

2002 MAZDA—(JM3,4F2or4F4)—(U06B)—2

Body	Type	VIN	List	Trade-In Fair	Trade-In Good	Pvt-Party Good	Retail Excellent
TRIBUTE 4WD—V6—Truck Equipment Schedule T1							
DX Sport Utility 4D		U06B	22575	2375	2975	4550	6850
LX Sport Utility 4D		U08B	23225	3100	3775	5425	7850
ES Sport Utility 4D		U081	24455	3450	4150	5800	8275
2WD				(500)	(500)	(665)	(665)
4-Cyl. 2.0 Liter		B		(500)	(500)	(665)	(665)
MPV—V6—Truck Equipment Schedule T1							
LX Minivan 4D		LW28	22770	1900	2450	3975	6150
ES Minivan 4D		LW28	27712	2275	2850	4375	6625
B2300 PICKUP—4-Cyl.—Truck Equipment Schedule T2							
Short Bed		R12D	13240	1625	2125	3650	5800
SE Cab Plus		R16D		2300	2900	4450	6750
B3000 PICKUP—V6—Truck Equipment Schedule T2							
Dual Sport Short Bed		R12V	15870	2100	2650	4225	6450
Dual Sport Cab + 2D		R16V	18290	3125	3775	5400	7800
B3000 PICKUP 4WD—V6—Truck Equipment Schedule T2							
Cab Plus 2D		R13V	20775	3450	4150	5775	8225
B4000 PICKUP—V6—Truck Equipment Schedule T2							
Dual Sport Cab + 4D		R17X	20085	3350	4050	5675	8100
B4000 PICKUP 4WD—V6—Truck Equipment Schedule T2							
Cab Plus 4D		R17X	22830	3925	4650	6300	8825

2003 MAZDA—(JM3,4F2or4F4)—(Z92B)—3

Body	Type	VIN	List	Trade-In Fair	Trade-In Good	Pvt-Party Good	Retail Excellent
TRIBUTE 4WD—4-Cyl.—Truck Equipment Schedule T1							
DX Sport Utility 4D		Z92B	20440	2750	3375	5000	7375
2WD				(575)	(575)	(765)	(765)
Manual Trans		0		0	0	0	0
TRIBUTE 4WD—V6—Truck Equipment Schedule T1							
LX Sport Utility 4D		Z941	22125	3700	4425	6100	8600
ES Sport Utility 4D		Z961	24885	4125	4875	6575	9150
2WD		0		(575)	(575)	(765)	(765)
MPV—V6—Truck Equipment Schedule T1							
LX S-V Minivan 4D		LW28A	21895	1850	2375	3925	6100
LX Minivan 4D		LW28A	23120	2325	2925	4450	6725
ES Minivan 4D		LW28A	26520	2700	3325	4900	7200
B2300 PICKUP—4-Cyl.—Truck Equipment Schedule T2							
Short Bed		R12D	13740	2125	2675	4275	6525
SE Cab Plus		R16D	17960	2900	3525	5150	7525
B3000 PICKUP—V6—Truck Equipment Schedule T2							
Dual Sport Short Bed		R12U	16590	2650	3250	4875	7200
Dual Sport Cab + 2D		R16V	18935	3825	4550	6225	8725
SE Cab Plus 4D		R46V	18935	3800	4500	6150	8650

TRUCKS & VANS

Body Type	VIN	List	Trade-In Fair	Good	Pvt-Party Good	Retail Excellent
B4000 PICKUP—V6—Truck Equipment Schedule T2						
Dual Sport Cab + 4D	R17E	20495	**4100**	4850	6575	9175
B4000 PICKUP 4WD—V6—Truck Equipment Schedule T2						
Cab Plus 2D	R17X	20260	**4050**	4800	6475	9000
SE Cab Plus 2D	R17X	21705	**4525**	5350	7050	9700
SE Cab Plus 4D	R17X	23240	**4750**	5550	7300	10000

2004 MAZDA—(JM3,4F2or4F4)—(Z92B)—4

Body Type	VIN	List	Trade-In Fair	Good	Pvt-Party Good	Retail Excellent
TRIBUTE 4WD—4-Cyl.—Truck Equipment Schedule T1						
DX Sport Utility 4D	Z92B	21087	**3450**	4150	5800	8275
2WD	0		**(650)**	(650)	(865)	(865)
Manual Trans			**0**	0	0	0
TRIBUTE 4WD—V6—Truck Equipment Schedule T1						
LX Sport Utility 4D	Z941	23972	**4425**	5225	6950	9600
ES Sport Utility 4D	Z961	25562	**4900**	5750	7525	10250
2WD	0		**(650)**	(650)	(865)	(865)
MPV—V6—Truck Equipment Schedule T1						
LX Minivan 4D	W28A	23780	**3475**	4050	5050	7375
ES Minivan 4D	W28A	28750	**3300**	4000	5550	7950
B2300 PICKUP—4-Cyl.—Truck Equipment Schedule T1						
Short Bed	R12D	14840	**2750**	3350	4975	7325
SE Cab Plus	R16D	18980	**3600**	4300	5950	8400
B3000 PICKUP—V6—Truck Equipment Schedule T1						
Dual Sport Short Bed	R12U	17915	**3350**	4050	5650	8075
Dual Sport Cab + 2D	R16V	19971	**4625**	5475	7150	9800
SE Cab Plus 4D	R46V	20140	**4600**	5425	7100	9750
B4000 PICKUP—V6—Truck Equipment Schedule T2						
Dual Sport Cab + 4D	R17E	21865	**4975**	5800	7550	10250
B4000 PICKUP 4WD—V6—Truck Equipment Schedule T2						
Cab Plus 2D	R17X	20850	**4900**	5725	7475	10150
SE Cab Plus 2D	R17X	22350	**5475**	6375	8075	10850
SE Cab Plus 4D	R17X	24090	**5725**	6675	8400	11150

2005 MAZDA—(JM3,4F2or4F4)—(Z92Z)—5

Body Type	VIN	List	Trade-In Fair	Good	Pvt-Party Good	Retail Excellent
TRIBUTE 4WD—4-Cyl.—Truck Equipment Schedule T1						
i Sport Utility 4D	Z92Z	22325	**4300**	5075	6750	9325
2WD	0		**(725)**	(725)	(965)	(965)
TRIBUTE 4WD—V6—Truck Equipment Schedule T1						
s Sport Utility 4D	Z941	24980	**5350**	6225	7950	10700
2WD	0		**(725)**	(725)	(965)	(965)
MPV—V6—Truck Equipment Schedule T1						
LX-SV Minivan 4D	W28A	22665	**3050**	3675	5275	7600
LX Minivan 4D	W28A	23485	**3650**	4350	5925	8350
ES Minivan 4D	W28J	29050	**4175**	4925	6550	9025
B2300 PICKUP—4-Cyl.—Truck Equipment Schedule T1						
Short Bed	R12D	15935	**3475**	4175	5800	8250
B3000 PICKUP—V6—Truck Equipment Schedule T1						
Extended Cab 4D	R46U	19480	**5550**	6475	8175	10950
Dual Sport Short Bed	R12U	20120	**4175**	4925	6625	9200
Dual Sport Ext 4D	R46U	21870	**5600**	6525	8225	11000
B4000 PICKUP 4WD—V6—Truck Equipment Schedule T2						
Extended Cab 4D	R47E	22220	**5875**	6825	8575	11350
SE Extended Cab 4D	R47E	26765	**6825**	7875	9600	12500

2006 MAZDA—(JM1or3,4F2or4)(CR293)—6–#

Body Type	VIN	List	Trade-In Fair	Good	Pvt-Party Good	Retail Excellent
MAZDA5—4-Cyl.—Truck Equipment Schedule T1						
Sport Minivan 4D	CR293	18895	**4900**	5725	7375	10000
Touring Minivan 4D	CR193	20410	**5525**	6450	8100	10800
TRIBUTE 4WD—4-Cyl.—Truck Equipment Schedule T1						
i Sport	Z92Z	23025	**5325**	6200	7950	10700
2WD	0		**(800)**	(800)	(1065)	(1065)
TRIBUTE 4WD—V6—Truck Equipment Schedule T1						
s Sport	Z941	25290	**6400**	7375	9150	12000
2WD	0		**(800)**	(800)	(1065)	(1065)
MPV—V6—Truck Equipment Schedule T1						
LX-SV Minivan 4D	W28A	22675	**4125**	4875	6475	8925
LX Minivan 4D	W28A	23510	**4750**	5575	7200	9775
ES Minivan 4D	W28J	29075	**5325**	6200	7850	10500
B2300 PICKUP—4-Cyl.—Truck Equipment Schedule T2						
Short Bed	R12D	15690	**4350**	5150	6800	9400
B3000 PICKUP—V6—Truck Equipment Schedule T2						
Extended Cab 4D	R46U	19510	**6650**	7675	9350	12200

Body	Type	VIN	List	Trade-In Fair	Trade-In Good	Pvt-Party Good	Retail Excellent
Dual Sport Short Bed		R12U	20145	5125	5975	7675	10350
Dual Sport Ext 4D		R46U	21900	6700	7725	9400	12250

B4000 PICKUP 4WD—V6—Truck Equipment Schedule T2

Body	Type	VIN	List	Trade-In Fair	Trade-In Good	Pvt-Party Good	Retail Excellent
Extended Cab 4D		R47E	22515	7000	8050	9775	12650
SE Extended Cab 4D		R47E	27060	8075	9225	11050	14050

2007 MAZDA—(JM1or3,4F2or4)(CR193)-7-#

MAZDA5—4-Cyl.—Truck Equipment Schedule T1

Body	Type	VIN	List	Trade-In Fair	Trade-In Good	Pvt-Party Good	Retail Excellent
Sport Minivan 4D		CR193	19130	6650	7650	9225	11900
Touring Minivan 4D		CR193	20645	7325	8425	10000	12750
Grand Touring 4D		CR193	21895	7975	9150	10800	13650

CX-7—4-Cyl. Turbo—Truck Equipment Schedule T1

Body	Type	VIN	List	Trade-In Fair	Trade-In Good	Pvt-Party Good	Retail Excellent
Sport Utility 4D		ER293	26010	8825	10050	11750	14850
Touring Sport Util		ER293	27760	9800	11125	12900	16050
Grand Touring Util		ER293	28560	10425	11850	13600	16850
AWD				950	950	1265	1265

CX-9—V6—Truck Equipment Schedule T1

Body	Type	VIN	List	Trade-In Fair	Trade-In Good	Pvt-Party Good	Retail Excellent
Sport Utility 4D		TB28Y	30830	13125	14800	16600	20200
Touring Sport Util		TB28Y	32930	13925	15675	17450	21100
Grand Touring Util		TB28Y	34470	14450	16275	18100	21800
AWD		3		950	950	1265	1265

B2300 PICKUP—4-Cyl.—Truck Equipment Schedule T2

Body	Type	VIN	List	Trade-In Fair	Trade-In Good	Pvt-Party Good	Retail Excellent
Short Bed		R12D	16170	5425	6325	7925	10500

B3000 PICKUP—V6—Truck Equipment Schedule T2

Body	Type	VIN	List	Trade-In Fair	Trade-In Good	Pvt-Party Good	Retail Excellent
Extended Cab 4D		R46U	19675	7900	9050	10750	13600
Dual Sport Short Bed		R12U	20310	6225	7200	8800	11450
Dual Sport Ext 4D		R46U	22065	7950	9100	10800	13650

B4000 PICKUP 4WD—V6—Truck Equipment Schedule T2

Body	Type	VIN	List	Trade-In Fair	Trade-In Good	Pvt-Party Good	Retail Excellent
Extended Cab 4D		R47E	22680	8275	9475	11150	14100
SE Extended Cab 4D		R47E	27225	9500	10775	12500	15600

2008 MAZDA—(JM1or3,4F2or4)(CR293)-8-#

MAZDA5—4-Cyl.—Truck Equipment Schedule T1

Body	Type	VIN	List	Trade-In Fair	Trade-In Good	Pvt-Party Good	Retail Excellent
Sport Minivan 4D		CR293	19580	9000	10250	11800	14650
Touring Minivan 4D		CR293	21245	9725	11025	12600	15600
Grand Touring 4D		CR293	23000	10425	11850	13450	16500

TRIBUTE 4WD—4-Cyl.—Truck Equipment Schedule T1

Body	Type	VIN	List	Trade-In Fair	Trade-In Good	Pvt-Party Good	Retail Excellent
i Sport Utility 4D		Z92Z	22660	9625	10925	12650	15750
i Touring Spt Util		Z92Z	23435	10675	12100	13750	16900
i Grand Touring Util		Z92Z	25625	11575	13075	14750	18050
HEV Tour Util 4D		Z59H		15000	16850	18650	22100
HEV Grand Tour Util		Z59H		15775	17750	19400	23000
2WD		0		(950)	(950)	(1265)	(1265)

TRIBUTE 4WD—V6—Truck Equipment Schedule T1

Body	Type	VIN	List	Trade-In Fair	Trade-In Good	Pvt-Party Good	Retail Excellent
s Sport Utility 4D		Z961	23900	10825	12250	13950	17200
s Touring Spt Util		Z961	24675	11075	12550	14200	17400
s Grand Touring Util		Z961	26865	11950	13525	15200	18500
2WD		0		(950)	(950)	(1265)	(1265)

CX-7—4-Cyl. Turbo—Truck Equipment Schedule T1

Body	Type	VIN	List	Trade-In Fair	Trade-In Good	Pvt-Party Good	Retail Excellent
Sport Utility 4D		ER293	24345	10575	12000	13700	16950
Touring Sport Util		ER293	26095	11650	13175	14950	18300
Grand Touring Util		ER293	26895	12350	13975	15700	19100
AWD				1025	1025	1365	1365

CX-9—V6—Truck Equipment Schedule T1

Body	Type	VIN	List	Trade-In Fair	Trade-In Good	Pvt-Party Good	Retail Excellent
Sport Utility 4D		TB28A	29995	15300	17200	18900	22600
Touring Sport Util		TB28A	32210	16125	18075	19800	23600
Grand Touring Util		TB28A	33950	16750	18775	20600	24500
AWD		3		1025	1025	1365	1365

B2300 PICKUP—4-Cyl.—Truck Equipment Schedule T2

Body	Type	VIN	List	Trade-In Fair	Trade-In Good	Pvt-Party Good	Retail Excellent
Short Bed		R12D	16170	6975	8025	9525	12150

B4000 PICKUP 4WD—V6—Truck Equipment Schedule T2

Body	Type	VIN	List	Trade-In Fair	Trade-In Good	Pvt-Party Good	Retail Excellent
Extended Cab 4D		R47E	22680	10100	11475	13100	16150
SE Extended Cab 4D		R47E	27225	11475	12925	14600	17850

MERCEDES-BENZ

1998 MERCEDES-BENZ — 4JG(AB54E)-W-#

ML-CLASS 4WD—V6—Truck Equipment Schedule T3

Body	Type	VIN	List	Trade-In Fair	Trade-In Good	Pvt-Party Good	Retail Excellent
ML320 Sport Util 4D		AB54E	38590	3475	4175	5600	7850
Third Seat				225	225	300	300

Body	Type	VIN	List	Trade-In Fair	Trade-In Good	Pvt-Party Good	Retail Excellent
1999 MERCEDES-BENZ — 4JG(AB54E)–X–#							
ML-CLASS 4WD—V6—Truck Equipment Schedule T3							
ML320 Sport Utl 4D		AB54E	39590	4100	4850	6375	8725
Third Seat				250	250	335	335
ML-CLASS 4WD—V8—Truck Equipment Schedule T3							
ML430 Sport Utl 4D		AB72E	44345	4950	5800	7425	10000
Third Seat				250	250	335	335
2000 MERCEDES-BENZ — 4JG(AB54E)–Y–#							
ML-CLASS 4WD—V6—Truck Equipment Schedule T3							
ML320 Sport Utl 4D		AB54E	36895	4875	5700	7325	9850
Third Seat				275	275	365	365
ML-CLASS 4WD—V8—Truck Equipment Schedule T3							
ML430 Sport Utl 4D		AB72E	44345	5825	6775	8425	11100
ML55 Sport Util 4D		AB74E	65495	9200	10425	12450	15850
Third Seat				275	275	365	365
2001 MERCEDES-BENZ — 4JG(AB54E)–1–#							
ML-CLASS 4WD—V6—Truck Equipment Schedule T3							
ML320 Sport Utl 4D		AB54E	38045	5850	6775	8400	11050
Sport Pkg				650	650	865	865
Third Seat				300	300	400	400
designo Edition				750	750	1000	1000
ML-CLASS 4WD—V8—Truck Equipment Schedule T3							
ML430 Sport Utl 4D		AB72E	44845	6850	7900	9575	12450
ML55 Sport Util 4D		AB74E	66545	10475	11850	13850	17400
Sport Pkg				650	650	865	865
Third Seat				300	300	400	400
designo Edition				750	750	1000	1000
2002 MERCEDES-BENZ — WDCor4JG(AB54E)–2–#							
ML-CLASS 4WD—V6—Truck Equipment Schedule T3							
ML320 Sport Utl 4D		AB54E	36945	6775	7800	9675	12750
designo Edition				800	800	1065	1065
Third Seat				300	300	400	400
Sport Pkg				700	700	935	935
ML-CLASS 4WD—V8—Truck Equipment Schedule T3							
ML500 Sport Utl 4D		AB75E	45595	7525	8625	10550	13700
ML55 Sport Util 4D		AB74E	66545	11800	13325	15550	19450
Sport Pkg				700	700	935	935
Third Seat				300	300	400	400
designo Edition				800	800	1065	1065
G-CLASS 4WD—V8—Truck Equipment Schedule T3							
G500 Sport Util 4D		YR49E	73145	21750	24300	27200	32900
designo Edition				800	800	1065	1065
2003 MERCEDES-BENZ — WDCor4JG(AB54E)–3–#							
ML-CLASS 4WD—V6—Truck Equipment Schedule T3							
ML320 Sport Utl 4D		AB54E	40315	7700	8825	10750	13900
ML350 Sport Utl 4D		AB57E	40665	8100	9275	11250	14550
Sport Pkg				700	700	935	935
Inspiration Edition				650	650	865	865
designo Edition				825	825	1100	1100
Third Seat				350	350	465	465
ML-CLASS 4WD—V8—Truck Equipment Schedule T3							
ML500 Sport Utl 4D		AB75E	46015	8500	9725	11700	15050
ML55 Sport Util 4D		AB74E	66565	13425	15150	17400	21500
Sport Pkg				700	700	935	935
Inspiration Edition				650	650	865	865
designo Edition				825	825	1100	1100
Third Seat				350	350	465	465
G-CLASS 4WD—V8—Truck Equipment Schedule T3							
G500 Sport Utility 4D		YR49E	74265	25575	28525	31500	37500
G55 Sport Utility 4D		YR46	90565	31250	34800	37900	44800
designo Edition				825	825	1100	1100
2004 MERCEDES-BENZ — WDCor4JG(AB57E)–4–#							
ML-CLASS 4WD—V6—Truck Equipment Schedule T3							
ML350 Sport Utl 4D		AB57E	39720	9200	10475	12500	15900
Inspiration Edition				675	675	900	900

2004 MERCEDES-BENZ

Body	Type	VIN	List	Trade-In Fair	Good	Pvt-Party Good	Retail Excellent
	designo Edition			850	850	1135	1135
	Third Seat			400	400	535	535
ML-CLASS 4WD—V8—Truck Equipment Schedule T3							
	ML500 Sport Utl 4D	AB75E	46470	9750	11075	13100	16550
	Inspiration Edition			675	675	900	900
	designo Edition			850	850	1135	1135
	Third Seat			400	400	535	535
G-CLASS 4WD—V8—Truck Equipment Schedule T3							
	G500 Sport Utility 4D	YR49	76870	29500	32825	35800	42000
	G55 Sport Utility 4D	YR46	93420	36075	40075	43100	50300
	designo Edition			850	850	1135	1135

2005 MERCEDES-BENZ — WDCor4JG(AB57E)-5-#

Body	Type	VIN	List	Trade-In Fair	Good	Pvt-Party Good	Retail Excellent
ML-CLASS 4WD—V6—Truck Equipment Schedule T3							
	ML350 Sport Utl 4D	AB57E	40370	10425	11850	13800	17300
	Special Edition			700	700	935	935
	designo Edition			875	875	1165	1165
	Third Seat			450	450	600	600
ML-CLASS 4WD—V8—Truck Equipment Schedule T3							
	ML500 Sport Utl 4D	AB75E	47120	11175	12650	14650	18250
	Special Edition			700	700	935	935
	designo Edition			875	875	1165	1165
	Third Seat			450	450	600	600
G-CLASS 4WD—V8—Truck Equipment Schedule T3							
	G500 Sport Utl 4D	YR49E	78420	33700	37425	40200	46700
	G500 Grand Ed Util	YR49C	80420	35075	39000	41700	48500
	designo Edition			875	875	1165	1165
G-CLASS 4WD—V8 Supercharged—Truck Equipment Sch T3							
	G55 Sport Utility 4D	YR46E	100620	41050	45575	48400	55800
	G55 Grand Ed Util	YR46C	103720	42325	46950	50000	57700

2006 MERCEDES-BENZ — 4JG(BB86E)-6-#

Body	Type	VIN	List	Trade-In Fair	Good	Pvt-Party Good	Retail Excellent
ML-CLASS 4WD—V6—Truck Equipment Schedule T3							
	ML350 Sport Utl 4D	BB86E	40525	19450	21750	23800	28200
	Premium Pkg			900	900	1200	1200
	Sport Pkg			700	700	935	935
ML-CLASS 4WD—V8—Truck Equipment Schedule T3							
	ML500 Sport Utl 4D	BB75E	49275	20375	22825	24900	29400
	Premium Pkg			900	900	1200	1200
	Sport Pkg			700	700	935	935
G-CLASS 4WD—V8—Truck Equipment Schedule T3							
	G500 Sport Utl 4D	YR49E	78420	38025	42250	44800	51500
G-CLASS 4WD—V8 Supercharged—Truck Equipment Sch T3							
	G55 Sport Utl 4D	YR71E	100620	46150	51150	53900	61600
R-CLASS AWD—V6—Truck Equipment Schedule T3							
	R350 Sport Wagon	CB65E	48775	17300	19350	21700	26300
	Premium Pkg			900	900	1200	1200
	Sport Pkg			700	700	935	935
R-CLASS AWD—V8—Truck Equipment Schedule T3							
	R500 Sport Wagon	CB75E	56275	18775	20975	23300	28000
	Premium Pkg			900	900	1200	1200
	Sport Pkg			700	700	935	935

2007 MERCEDES-BENZ — 4JG(BB22E)-7-#

Body	Type	VIN	List	Trade-In Fair	Good	Pvt-Party Good	Retail Excellent
ML-CLASS 4WD—V6—Truck Equipment Schedule T3							
	ML320 CDI Spt Util	BB22E	44455	27825	30975	32900	38000
	ML350 Sport Utl 4D	BB86E	43455	21750	24300	26300	30800
	Premium Pkg			900	900	1200	1200
	Sport Pkg			700	700	935	935
	Adaptive Cruise			475	475	635	635
ML-CLASS 4WD—V8—Truck Equipment Schedule T3							
	ML500 Sport Utl 4D	BB75E	49975	22825	25475	27400	32000
	ML63 Sport Utl 4D	BB77E	86275	42625	47225	49400	56100
	Premium Pkg			900	900	1200	1200
	Sport Pkg			700	700	935	935
	Adaptive Cruise			475	475	635	635
G-CLASS 4WD—V8—Truck Equipment Schedule T3							
	G500 Sport Utl 4D	YR49E	81675	46450	51450	53800	61200
G-CLASS 4WD—V8 Supercharged—Truck Equipment Sch T3							
	G55 Sport Utility 4D	YR71E	105275	55475	61450	63800	71900
GL-CLASS 4WD—V6 Turbo Diesel—Truck Equip Sch T3							
	GL320 CDI Spt Utl	BF22E	53175	35375	39300	41600	47700

Body	Type	VIN	List	Trade-In Fair	Trade-In Good	Pvt-Party Good	Retail Excellent
	Premium Pkg			350	350	465	465
	Adaptive Cruise			475	475	635	635
GL-CLASS 4WD—V8—Truck Equipment Schedule T3							
GL450 Sport Util 4D		BF71E	55675	**30675**	**34100**	**36400**	**42100**
	Premium Pkg			350	350	465	465
	Adaptive Cruise			475	475	635	635
R-CLASS 4WD—V6 Turbo Diesel—Truck Equipment Schedule T3							
R320 CDI Sport Wag		CB22E	44775	**22550**	**25100**	**27300**	**32300**
	Premium Pkg			900	900	1200	1200
	Adaptive Cruise			475	475	635	635
R-CLASS 4WD—V6—Truck Equipment Schedule T3							
R350 Sport Wagon		CB65E	43775	**19550**	**21850**	**24100**	**28800**
	Premium Pkg			900	900	1200	1200
	Sport Pkg			700	700	935	935
	Adaptive Cruise			475	475	635	635
R-CLASS 4WD—V8—Truck Equipment Schedule T3							
R500 Sport Wagon		CB75E	51275	**21175**	**23725**	**26000**	**30800**
R63 Sport Wagon		CB77E	88175				
	Premium Pkg			900	900	1200	1200
	Sport Pkg			700	700	935	935
	Adaptive Cruise			475	475	635	635

2008 MERCEDES-BENZ — 4JG(BB22E)-8-#

Body	Type	VIN	List	Trade-In Fair	Trade-In Good	Pvt-Party Good	Retail Excellent
ML-CLASS 4WD—V6 Turbo Diesel—Truck Equipment Schedule T3							
ML320 CDI Spt Util		BB22E	45425	**31550**	**35075**	**36800**	**41900**
	Premium Pkg			700	700	935	935
	Adaptive Cruise Control			500	500	665	665
ML-CLASS 4WD—V6—Truck Equipment Schedule T3							
ML350 Sport Util 4D		BB86E	44425	**27550**	**30675**	**32400**	**37200**
ML350 Edition Util		BB86E	52705	**28325**	**31550**	**33200**	**38100**
	Premium Pkg			700	700	935	935
	Adaptive Cruise Control			500	500	665	665
ML-CLASS 4WD—V8—Truck Equipment Schedule T3							
ML550 Sport Util 4D		BB72E	53175	**37050**	**41050**	**42700**	**48300**
ML63 Sport Util 4D		BB77E	87425	**50075**	**55475**	**57100**	**64000**
	Premium Pkg			900	900	1200	1200
	Adaptive Cruise Control			500	500	665	665
G-CLASS 4WD—V8—Truck Equipment Schedule T3							
G500 Sport Util 4D		YR49E	86975	**53500**	**59300**	**61200**	**68700**
	designo Edition			900	900	1200	1200
G-CLASS 4WD—V8 Supercharged—Truck Equipment Sch T3							
G55 Sport Utility 4D		YR71E	110675	**63400**	**70175**	**72000**	**80400**
GL-CLASS 4WD—V6 Turbo Diesel—Truck Equipment Schedule T3							
GL320 CDI Spt Util		BF22E	53775	**42425**	**47050**	**49100**	**55800**
	Premium Pkg			375	375	500	500
	Adaptive Cruise Control			500	500	665	665
GL-CLASS 4WD—V8—Truck Equipment Schedule T3							
GL450 Sport Util 4D		BF71E	56275	**42050**	**46650**	**48600**	**55100**
GL550 Sport Util 4D		BF86E	77750	**51950**	**57525**	**59500**	**66800**
	Premium Pkg			375	375	500	500
	Adaptive Cruise Control			500	500	665	665
R-CLASS 4WD—V6 Turbo Diesel—Truck Equipment Schedule T3							
R320 CDI Sport Wag		CB22E	46175				
	Premium Pkg						
	Distronic Cruise Control						
R-CLASS 4WD—V6—Truck Equipment Schedule T3							
R350 Sport Wagon		CB65E	45175	**29100**	**32450**	**34600**	**40100**
	Premium Pkg			900	900	1200	1200
	Distronic Cruise			500	500	665	665
	2WD			(950)	(950)	(1265)	(1265)

MERCURY

1994 MERCURY — 4M2-(V11W)-R-#

Body	Type	VIN	List	Trade-In Fair	Trade-In Good	Pvt-Party Good	Retail Excellent
VILLAGER—V6—Truck Equipment Schedule T1							
GS Minivan		V11W	19292	850	1175	2125	3600
LS Minivan		V11W	22975	1075	1500	2625	4300
Nautica Minivan		V11W	26218	1200	1675	2850	4550
	5 Passenger			(200)	(200)	(265)	(265)

1009

Body	Type	VIN	List	Trade-In Fair	Good	Pvt-Party Good	Retail Excellent

1995 MERCURY — 4M2-(V11W)-S-#

VILLAGER—V6—Truck Equipment Schedule T1

Body	Type	VIN	List	Fair	Good	Pvt-Party Good	Retail Excellent
	GS Minivan	V11W	21090	975	1350	2475	4125
	LS Minivan	V11W	24650	1225	1725	2925	4650
	Nautica Minivan	V11W	27535	1400	1875	3100	4900
	5 Passenger			(200)	(200)	(265)	(265)

1996 MERCURY — 4M2-(V11W)-T-#

VILLAGER—V6—Truck Equipment Schedule T1

	GS Minivan	V11W	21745	1050	1500	2650	4325
	LS Minivan	V11W	25595	1400	1850	3075	4875
	Nautica Minivan	V11W	28375	1600	2075	3325	5175
	5 Passenger			(250)	(250)	(335)	(335)

1997 MERCURY — 4M(2or4)-(U55P)-V-#

MOUNTAINEER AWD—V8—Truck Equipment Schedule T1

	Sport Utility 4D	U55P	29995	1150	1625	2825	4550
	2WD	2		(250)	(250)	(335)	(335)

VILLAGER—V6—Truck Equipment Schedule T1

	GS Minivan	V111	22395	1150	1625	2800	4525
	LS Minivan	V111	27595	1575	2075	3325	5150
	Nautica Minivan	V111	28995	1825	2350	3625	5500
	5 Passenger			(275)	(275)	(365)	(365)

1998 MERCURY — 4M(2or4)-(U55P)-W-#

MOUNTAINEER AWD—V8—Truck Equipment Schedule T1

	Sport Utility 4D	U55P	29785	1325	1825	3075	4850
	2WD	2		(300)	(300)	(400)	(400)
	4WD	4		0	0	0	0
	V6 4.0 Liter	E		(200)	(200)	(265)	(265)

VILLAGER—V6—Truck Equipment Schedule T1

	GS Minivan	V111	22885	1325	1800	3025	4800
	LS Minivan	V111	27485	1800	2325	3600	5475
	Nautica Minivan	V111	28885	2050	2625	3900	5825
	5 Passenger			(300)	(300)	(400)	(400)

1999 MERCURY — 4M2-(U55P)-X-#

MOUNTAINEER AWD—V8—Truck Equipment Schedule T1

	Sport Utility 4D	U55P	30015	1575	2075	3325	5200
	2WD	2		(350)	(350)	(465)	(465)
	4WD	4		0	0	0	0
	V6 4.0 Liter	E		(225)	(225)	(300)	(300)

VILLAGER—V6—Truck Equipment Schedule T1

	Minivan 4D	V11T	22995	1525	2025	3275	5125
	Sport Minivan 4D	V11T	25595	2325	2925	4250	6225
	Estate Minivan 4D	V11T	25595	2375	2975	4300	6275

2000 MERCURY — 4M2-(U86P)-Y-#

MOUNTAINEER AWD—V8—Truck Equipment Schedule T1

	Sport Utility 4D	U86P	30360	1850	2400	3700	5600
	Premier			550	550	735	735
	2WD	6		(400)	(400)	(535)	(535)
	4WD	7		0	0	0	0
	V6 4.0 Liter	E		(250)	(250)	(335)	(335)

VILLAGER—V6—Truck Equipment Schedule T1

	Minivan 4D	V11T	22995	1800	2325	3600	5475
	Sport Minivan 4D	V12T	25995	2675	3275	4600	6650
	Estate Minivan 4D	V14T	27695	2750	3375	4725	6750

2001 MERCURY — 4M2-(U86P)-1-#

MOUNTAINEER AWD—V8—Truck Equipment Schedule T1

	Sport Utility 4D	U86P	30695	2250	2825	4175	6175
	Premier			625	625	835	835
	2WD	6		(450)	(450)	(600)	(600)
	4WD	7		0	0	0	0
	V6 4.0 Liter	E		(275)	(275)	(365)	(365)

VILLAGER—V6—Truck Equipment Schedule T1

	Minivan 4D	V11T	23140	2100	2650	3950	5875
	Sport Minivan 4D	V12T	26365	3025	3675	5025	7125

TRUCKS & VANS

Body Type	VIN	List	Trade-In Fair	Trade-In Good	Pvt-Party Good	Retail Excellent
Estate Minivan 4D	V14T	27840	3100	3775	5125	7225

2002 MERCURY — 4M2-(U86W)-2-#

MOUNTAINEER AWD—V8—Truck Equipment Schedule T1

Sport Utility 4D	U86W	31310	3125	3800	5475	7900
Premier			700	700	935	935
w/o Third Seat			(800)	(800)	(1065)	(1065)
2WD	6		(500)	(500)	(665)	(665)
V6 4.0 Liter	E		(300)	(300)	(400)	(400)

VILLAGER—V6—Truck Equipment Schedule T1

Minivan 4D	V11T	19995	2275	2875	4400	6650
Sport Minivan 4D	V12T	24995	3275	3950	5525	7950
Estate Minivan 4D	V14T	26995	3350	4050	5650	8050

2003 MERCURY — 4M2-(U86W)-3-#

MOUNTAINEER AWD—V8—Truck Equipment Schedule T1

Sport Utility 4D	U86W	32605	4575	5400	7150	9850
Premier			800	800	1065	1065
w/o Third Seat			(800)	(800)	(1065)	(1065)
2WD	6		(575)	(575)	(765)	(765)
V6 4.0L Flex Fuel	E		(350)	(350)	(465)	(465)

2004 MERCURY — (2MRor4M2)-(A202)-4-#

MONTEREY—V6—Truck Equipment Schedule T1

Minivan	A202	29995	1600	2100	3650	5825
Premier			550	550	735	735

MOUNTAINEER AWD—V8—Truck Equipment Schedule T1

Sport Utility 4D	U86W	32855	6200	7175	8975	11850
Premier			900	900	1200	1200
w/o Third Seat			(800)	(800)	(1065)	(1065)
2WD	6		(650)	(650)	(865)	(865)
V6 4.0L Flex Fuel	K		(400)	(400)	(535)	(535)

2005 MERCURY — (2MRor4M2)-(A222)-5

MONTEREY—V6—Truck Equipment Schedule T1

Minivan	A222	29695	2300	2900	4450	6725
Premier			625	625	835	835

MARINER 4WD—V6—Truck Equipment Schedule T1

Sport Utility 4D	U571	25245	6150	7100	8875	11700
2WD	6		(725)	(725)	(965)	(965)
4-Cyl. 2.3 Liter	Z		(800)	(800)	(1065)	(1065)

MOUNTAINEER AWD—V8—Truck Equipment Schedule T1

Sport Utility 4D	U86W	33505	7975	9150	11050	14150
Premier			1000	1000	1335	1335
w/o Third Seat			(800)	(800)	(1065)	(1065)
2WD	6		(725)	(725)	(965)	(965)
V6 4.0 Liter	E,K		(450)	(450)	(600)	(600)

2006 MERCURY — (2MRor4M2)-(A222)-6

MONTEREY—V6—Truck Equipment Schedule T1

Minivan	A222	29325	3350	4050	5625	8025

MARINER 4WD—4-Cyl. Hybrid—Truck Equipment Schedule T1

Sport Utility 4D	U98H	29840	9900	11225	13100	16400

MARINER 4WD—V6—Truck Equipment Schedule T1

Sport Utility 4D	U571	25650	7300	8375	10150	13150
Premier			200	200	265	265
2WD	6		(800)	(800)	(1065)	(1065)
4-Cyl. 2.3 Liter	Z		(900)	(900)	(1200)	(1200)

MOUNTAINEER AWD—V8—Truck Equipment Schedule T1

Sport Utility 4D	U468	35195	10300	11650	13500	16850
Premier			875	875	1165	1165
w/o Third Seat			(800)	(800)	(1065)	(1065)
2WD	3		(800)	(800)	(1065)	(1065)
V6 4.0 Liter			(500)	(500)	(665)	(665)

2007 MERCURY — (2MRor4M2)-(A222)-7

MONTEREY—V6—Truck Equipment Schedule T1

Minivan	A222	29350	4900	5750	7300	9775

MARINER 4WD—4-Cyl. Hybrid—Truck Equipment Schedule T1

Sport Utility 4D	U39H	28615	11525	13025	14800	18200

TRUCKS & VANS

Body	Type	VIN	List	Trade-In Fair	Trade-In Good	Pvt-Party Good	Retail Excellent
MARINER 4WD—V6—Truck Equipment Schedule T1							
Sport Utility 4D		U901	25420	8700	9900	11650	14700
Premier				200	200	265	265
2WD		8		(875)	(875)	(1165)	(1165)
4-Cyl. 2.3 Liter		Z		(1000)	(1000)	(1335)	(1335)
MOUNTAINEER AWD—V8—Truck Equipment Schedule T1							
Sport Utility 4D		U47E	30270	12650	14300	16050	19550
Premier				950	950	1265	1265
w/o Third Seat		3		(800)	(800)	(1065)	(1065)
2WD		3		(875)	(875)	(1165)	(1165)
V6 4.0 Liter		E		(550)	(550)	(735)	(735)

2008 MERCURY — (2MRor4M2)—(U39H)-8

Body	Type	VIN	List	Trade-In Fair	Trade-In Good	Pvt-Party Good	Retail Excellent
MARINER 4WD—4-Cyl. Hybrid—Truck Equipment Schedule T1							
Sport Utility 4D		U39H	28370	15725	17650	19350	23000
2WD		2		(950)	(950)	(1265)	(1265)
MARINER 4WD—V6—Truck Equipment Schedule T1							
Sport Utility 4D		U911	24335	11850	13425	15150	18500
Premier Spt Util 4D		U971	26235	12700	14350	16000	19450
2WD		8		(950)	(950)	(1265)	(1265)
4-Cyl. 2.3 Liter		Z		(1100)	(1100)	(1465)	(1465)
MOUNTAINEER AWD—V8—Truck Equipment Schedule T1							
Sport Utility 4D		U478	32850	15300	17200	18850	22500
Premier		8		1025	1025	1365	1365
w/o Third Row				(800)	(800)	(1065)	(1065)
2WD		3		(950)	(950)	(1265)	(1265)
V6 4.0 Liter		E		(575)	(575)	(765)	(765)

MITSUBISHI

1994 MITSUBISHI–JA(4or7)–(R41H)–R–#

Body	Type	VIN	List	Trade-In Fair	Trade-In Good	Pvt-Party Good	Retail Excellent
MONTERO 4WD—V6—Truck Equipment Schedule T1							
LS Sport Utility 4D		R41H	26024	1750	2250	3500	5375
SR Sport Utility 4D		R51M	31920	2375	2975	4300	6325
MIGHTY MAX PICKUP—4-Cyl.—Truck Equipment Schedule T2							
Short Bed		S21G	10170	400	575	1200	2225
Macro Cab Short Bed		S23G	11640	725	1025	1900	3300
MIGHTY MAX PICKUP 4WD—V6—Truck Equipment Sch T2							
Short Bed		T21H	14639	650	925	1750	3075

1995 MITSUBISHI–JA(4or7)–(R41H)–S–#

Body	Type	VIN	List	Trade-In Fair	Trade-In Good	Pvt-Party Good	Retail Excellent
MONTERO 4WD—V6—Truck Equipment Schedule T1							
LS Sport Utility 4D		R41H	28920	2050	2625	3925	5850
SR Sport Utility 4D		R51M	35070	2800	3400	4825	6925
MIGHTY MAX PICKUP—4-Cyl.—Truck Equipment Schedule T2							
Short Bed		S21G	10779	475	625	1350	2450

1996 MITSUBISHI — JA4–(R41H)–T–#

Body	Type	VIN	List	Trade-In Fair	Trade-In Good	Pvt-Party Good	Retail Excellent
MONTERO 4WD—V6—Truck Equipment Schedule T1							
LS Sport Utility 4D		R41H	31458	2300	2900	4225	6200
SR Sport Utility 4D		R51M	38200	3075	3750	5175	7350
MIGHTY MAX PICKUP—4-Cyl.—Truck Equipment Schedule T2							
Short Bed		S21G	11590	525	700	1500	2750

1997 MITSUBISHI — JA4–(S21G)–V–#

Body	Type	VIN	List	Trade-In Fair	Trade-In Good	Pvt-Party Good	Retail Excellent
MONTERO SPORT 2WD—4-Cyl.—Truck Equipment Schedule T1							
ES Utility 4D		S21G	18980	775	1100	2050	3550
MONTERO SPORT 4WD—V6—Truck Equipment Schedule T1							
LS Utility 4D		T31P	25452	1625	2125	3375	5225
XLS Utility 4D		T41P	31555	1750	2275	3525	5400
2WD		S		(250)	(250)	(335)	(335)
MONTERO 4WD—V6—Truck Equipment Schedule T1							
LS Sport Util 4D		R41R	31040	2575	3175	4525	6600
SR Sport Util 4D		R51R	38827	3475	4175	5625	7900

1998 MITSUBISHI — JA4–(S21G)–W–#

Body	Type	VIN	List	Trade-In Fair	Trade-In Good	Pvt-Party Good	Retail Excellent
MONTERO SPORT 2WD—4-Cyl.—Truck Equipment Schedule T1							
ES Utility 4D		S21G	19390	800	1125	2125	3650

TRUCKS & VANS

Body	Type	VIN	List	Trade-In Fair	Good	Pvt-Party Good	Retail Excellent
MONTERO SPORT 4WD—V6—Truck Equipment Schedule T1							
LS Utility 4D		T31P	26140	**1700**	**2200**	**3475**	**5350**
XLS Utility 4D		T41P	32895	**1850**	**2375**	**3675**	**5550**
2WD		S		**(300)**	**(300)**	**(400)**	**(400)**
MONTERO 4WD—V6—Truck Equipment Schedule T1							
Sport Utility 4D		R51R	33975	**2875**	**3500**	**4900**	**7000**

1999 MITSUBISHI — JA4–(S21G)–X–#

Body	Type	VIN	List	Trade-In Fair	Good	Pvt-Party Good	Retail Excellent
MONTERO SPORT 2WD—4-Cyl.—Truck Equipment Schedule T1							
ES Utility 4D		S21G	19680	**850**	**1225**	**2350**	**4025**
MONTERO SPORT 4WD—V6—Truck Equipment Schedule T1							
LS Utility 4D		T31H	27445	**1850**	**2375**	**3675**	**5550**
XLS Utility 4D		T31H	29355	**2025**	**2575**	**3875**	**5800**
Limited Utility 4D		T41R	33085	**2625**	**3225**	**4550**	**6600**
2WD		S		**(350)**	**(350)**	**(465)**	**(465)**
MONTERO 4WD—V6—Truck Equipment Schedule T1							
Sport Utility 4D		R51R	31825	**3200**	**3875**	**5300**	**7475**

2000 MITSUBISHI — JA4–(S21H)–Y–#

Body	Type	VIN	List	Trade-In Fair	Good	Pvt-Party Good	Retail Excellent
MONTERO SPORT 2WD—V6—Truck Equipment Schedule T1							
ES Utility 4D		S21H	22982	**975**	**1350**	**2525**	**4250**
MONTERO SPORT 4WD—V6—Truck Equipment Schedule T1							
LS Utility 4D		T31H	27262	**2050**	**2625**	**3925**	**5850**
XLS Utility 4D		T31H	29782	**2225**	**2825**	**4125**	**6075**
Limited Utility 4D		T41R	31812	**2875**	**3500**	**4875**	**6950**
2WD		S		**(400)**	**(400)**	**(535)**	**(535)**
MONTERO 4WD—V6—Truck Equipment Schedule T1							
Sport Utility 4D		R51R	32262	**3625**	**4325**	**5750**	**7975**
Endeavor Pkg				**200**	**200**	**265**	**265**

2001 MITSUBISHI — JA4–(T21H)–1–#

Body	Type	VIN	List	Trade-In Fair	Good	Pvt-Party Good	Retail Excellent
MONTERO SPORT 4WD—V6—Truck Equipment Schedule T1							
ES Utility 4D		T21H	25467	**1750**	**2250**	**3550**	**5450**
LS Utility 4D		T31H	28177	**2350**	**2950**	**4275**	**6250**
XS Sport Utility 4D		T31R	29187	**2450**	**3050**	**4350**	**6375**
XLS Utility 4D		T31H	29827	**2525**	**3125**	**4450**	**6500**
Limited Utility 4D		T41R	33297	**3225**	**3900**	**5300**	**7425**
2WD		S		**(450)**	**(450)**	**(600)**	**(600)**
MONTERO 4WD—V6—Truck Equipment Schedule T1							
XLS Sport Utility 4D		W31R	31817	**3900**	**4650**	**6100**	**8375**
Limited Spt Utility 4D		W51R	35817	**4375**	**5175**	**6725**	**9150**

2002 MITSUBISHI — JA4–(T21H)–2–#

Body	Type	VIN	List	Trade-In Fair	Good	Pvt-Party Good	Retail Excellent
MONTERO SPORT 4WD—V6—Truck Equipment Schedule T1							
ES Utility 4D		T21H	25647	**1875**	**2425**	**4000**	**6200**
LS Utility 4D		T31H	28337	**2525**	**3125**	**4725**	**7025**
XLS Utility 4D		T31H	30187	**2700**	**3325**	**4925**	**7250**
Limited Utility 4D		T41R	33447	**3475**	**4200**	**5825**	**8275**
2WD		S		**(500)**	**(500)**	**(665)**	**(665)**
MONTERO 4WD—V6—Truck Equipment Schedule T1							
XLS Sport Utility 4D		W31R	32247	**4300**	**5075**	**6825**	**9500**
Limited Spt Util 4D		W51R	36357	**4825**	**5650**	**7450**	**10200**

2003 MITSUBISHI — JA4–(Z31G)–3–#

Body	Type	VIN	List	Trade-In Fair	Good	Pvt-Party Good	Retail Excellent
OUTLANDER AWD—4-Cyl.—Truck Equipment Schedule T1							
LS Sport Utility 4D		Z31G	19877	**3475**	**4175**	**5825**	**8300**
XLS Sport Utility 4D		Z41G	21370	**3975**	**4700**	**6400**	**8950**
2WD				**(575)**	**(575)**	**(765)**	**(765)**
MONTERO SPORT 4WD—V6—Truck Equipment Schedule T1							
ES Utility 4D		T21H	25802	**2375**	**2975**	**4525**	**6800**
LS Utility 4D		T21H	28362	**3125**	**3775**	**5400**	**7800**
XLS Utility 4D		T31H	30212	**3325**	**4025**	**5625**	**8050**
Limited Utility 4D		T41R	33472	**4225**	**5000**	**6700**	**9275**
2WD		S		**(575)**	**(575)**	**(765)**	**(765)**
MONTERO 4WD—V6—Truck Equipment Schedule T1							
XLS Sport Utility 4D		W31S	33947	**5575**	**6500**	**8300**	**11100**
Limited Spt Util 4D		W51S	37182	**6200**	**7150**	**9000**	**11900**

2004 MITSUBISHI — (Jor4)A4–(Z31G)–4–#

Body	Type	VIN	List	Trade-In Fair	Good	Pvt-Party Good	Retail Excellent
OUTLANDER AWD—4-Cyl.—Truck Equipment Schedule T1							
LS Sport Utility 4D		Z31G	20692	**4075**	**4825**	**6525**	**9075**

Body Type	VIN	List	Trade-In Fair	Good	Pvt-Party Good	Retail Excellent
XLS Sport Utility 4D	Z41G	22792	4625	5450	7175	9850
2WD	X		(650)	(650)	(865)	(865)

MONTERO SPORT 4WD—V6—Truck Equipment Schedule T1
LS Utility 4D	T31R	26392	3900	4650	6275	8775
XLS Utility 4D	T31R	28592	4150	4900	6550	9075
2WD	S		(650)	(650)	(865)	(865)

ENDEAVOR AWD—V6—Truck Equipment Schedule T1
LS Sport Utility 4D	N21S	28192	4100	4825	6525	9075
XLS Sport Util 4D	N31S	30492	5025	5875	7625	10350
Limited Sport Util 4D	N41S	33792	5625	6550	8300	11100
2WD	M		(650)	(650)	(865)	(865)

MONTERO 4WD—V6—Truck Equipment Schedule T1
| Limited Spt Util 4D | W51S | 35624 | 7725 | 8850 | 10750 | 13850 |

2005 MITSUBISHI — (Jor4)A4(LZ31F)-5

OUTLANDER AWD—4-Cyl.—Truck Equipment Schedule T1
LS Sport Utility 4D	LZ31F	21244	4825	5650	7400	10100
XLS Sport Utility 4D	LZ41F	23724	5475	6350	8100	10900
Limited Sport Util	LZ81F	25774	6150	7100	8875	11700
2WD	X		(725)	(725)	(965)	(965)

ENDEAVOR AWD—V6—Truck Equipment Schedule T1
LS Sport Utility 4D	MN21S	28294	4950	5775	7525	10250
XLS Sport Util 4D	MN31S	30894	6025	6975	8750	11550
Limited Sport Util	MN41S	33794	6625	7650	9425	12350
2WD	M		(725)	(725)	(965)	(965)

MONTERO 4WD—V6—Truck Equipment Schedule T1
| Limited Spt Util 4D | NW51S | 36424 | 9750 | 11075 | 13000 | 16350 |

2006 MITSUBISHI — (Jor4)A(3,4or7)(LZ31F)-6

OUTLANDER AWD—4-Cyl.—Truck Equipment Schedule T1
LS Sport Utility 4D	LZ31F	22094	5775	6700	8425	11200
SE Sport Utility 4D	LZ41F	23994	6450	7450	9200	12100
Limited Sport Util	LZ81F	26544	7225	8300	10100	13050
2WD	X		(800)	(800)	(1065)	(1065)

ENDEAVOR AWD—V6—Truck Equipment Schedule T1
LS Sport Utility 4D	MN21S	28594	6050	7000	8750	11550
Limited Sport Util	MN41S	32894	7875	9025	10800	13800
2WD	M		(800)	(800)	(1065)	(1065)

MONTERO 4WD—V6—Truck Equipment Schedule T1
| Limited Spt Util 4D | MW51S | 36784 | 11375 | 12850 | 14700 | 18200 |

RAIDER EXTENDED CAB—V6—Truck Equipment Schedule T1
LS Short Bed	HC22K	22400	4375	5200	6900	9525
DuroCross Short	HC32K	24085	5100	5950	7675	10400
4WD	T		1850	1850	2465	2465
V8 4.7 Liter	N		700	700	935	935

RAIDER DOUBLE CAB—V6—Truck Equipment Schedule T1
LS Short Bed	HC28K	24325	6000	6925	8675	11450
DuroCross Short	HC38K	26010	6100	7050	8800	11600
4WD	T		1850	1850	2465	2465
V8 4.7 Liter	N		700	700	935	935

RAIDER DOUBLE CAB—V8—Truck Equipment Schedule T1
| XLS Short Bed | HC48K | 31320 | 7250 | 8325 | 10100 | 13050 |
| AWD | M | | 1850 | 1850 | 2465 | 2465 |

2007 MITSUBISHI — (Jor4)A(3,4or7)(MS31X)-7

OUTLANDER—V6—Truck Equipment Schedule T1
| ES Sport Utility 4D | MS31X | 21995 | 6900 | 7975 | 9625 | 12450 |
| Third Seat | | | 450 | 450 | 600 | 600 |

OUTLANDER 4WD—V6—Truck Equipment Schedule T1
LS Sport Utility 4D	MT31X	23033	8425	9625	11300	14350
XLS Sport Util 4D	MT41X	25635	9200	10475	12200	15350
Third Seat			450	450	600	600
2WD	X		(875)	(875)	(1165)	(1165)

ENDEAVOR AWD—V6—Truck Equipment Schedule T1
LS Sport Utility 4D	MN21S	29624	7400	8500	10150	13000
SE Sport Utility 4D	MN31S	31374	9325	10625	12350	15450
2WD	M		(875)	(875)	(1165)	(1165)

RAIDER EXTENDED CAB—V6—Truck Equipment Schedule T1
| LS Short Bed | HC22K | 23665 | 5500 | 6400 | 8000 | 10650 |

RAIDER DOUBLE CAB—V6—Truck Equipment Schedule T1
| LS Short Bed | HC28K | 24650 | 7200 | 8275 | 9950 | 12750 |
| DuroCross Short | HC38K | 27395 | 7350 | 8425 | 10050 | 12900 |

Body	Type	VIN	List	Trade-In Fair	Trade-In Good	Pvt-Party Good	Retail Excellent
4WD	T			2025	2025	2700	2700
V8 4.7 Liter	N			750	750	1000	1000
RAIDER DOUBLE CAB—V8—Truck Equipment Schedule T1							
SE Short Bed	HC28N	27355	7875	9000	10700	13600

2008 MITSUBISHI—(Jor4)A(3,4or7)—(MT31W)-8

Body	Type	VIN	List	Trade-In Fair	Trade-In Good	Pvt-Party Good	Retail Excellent
OUTLANDER 4WD—4-Cyl.—Truck Equipment Schedule T1							
ES Sport Utility 4D	MT31W	22000	10925	12400	14100	17350
SE Sport Utility 4D	MS31W	25240	13325	15050	16750	20300
Third Row				475	475	635	635
2WD	S			(950)	(950)	(1265)	(1265)
OUTLANDER 4WD—V6—Truck Equipment Schedule T1							
LS Sport Utility 4D	MT31X	24520	12550	14150	15900	19300
XLS Sport Util 4D	MT41X	25760	14300	16075	17800	21400
Third Row				475	475	635	635
2WD	S			(950)	(950)	(1265)	(1265)
ENDEAVOR AWD—V6—Truck Equipment Schedule T1							
LS Sport Utility 4D	MN21S	29724	9000	10250	11900	14900
SE Sport Utility 4D	MN31S	31524	11075	12550	14200	17400
2WD	M			(950)	(950)	(1265)	(1265)
RAIDER EXTENDED CAB—V6—Truck Equipment Schedule T1							
LS Short Bed	HC22K	23735	7075	8125	9650	12300
RAIDER DOUBLE CAB—V6—Truck Equipment Schedule T1							
LS Short Bed	HC28K	25795	8950	10200	11800	14750
4WD	T			2200	2200	2935	2935

NISSAN

1994 NISSAN — (JN8or1N6)(HD17Y)-R-#

Body	Type	VIN	List	Trade-In Fair	Trade-In Good	Pvt-Party Good	Retail Excellent
PATHFINDER 4WD—V6—Truck Equipment Schedule T1							
XE Sport Utility 4D	HD17Y	23844	975	1350	2475	4125
SE Sport Utility 4D	HD17Y	27484	1450	1925	3175	4975
LE Sport Utility 4D	HC28Y	29379	1775	2275	3550	5425
2WD	S			(125)	(125)	(165)	(165)
QUEST—V6—Truck Equipment Schedule T1							
XE Minivan	DN11W	18909	1025	1450	2550	4225
GXE Minivan	DN11W	23419	1225	1725	2900	4600
PICKUP—4-Cyl.—Truck Equipment Schedule T2							
Short Bed	SD11S	9739	525	700	1450	2650
XE Short Bed	SD11S	10509	525	700	1450	2650
XE King Cab	SD16S	12059	800	1150	2050	3500
4WD	Y			400	400	535	535
V6 3.0 Liter	H			125	125	165	165
PICKUP—V6—Truck Equipment Schedule T2							
Long Bed	HD12S	11569	600	800	1600	2875
SE King Cab	HD16S	14659	875	1225	2175	3675
4WD	Y			400	400	535	535

1995 NISSAN — (JN8or4N2)(HD17Y)-S-#

Body	Type	VIN	List	Trade-In Fair	Trade-In Good	Pvt-Party Good	Retail Excellent
PATHFINDER 4WD—V6—Truck Equipment Schedule T1							
XE Sport Utility 4D	HD17Y	24988	1075	1525	2675	4350
SE Sport Utility 4D	HD17Y	29028	1725	2225	3475	5350
LE Sport Utility 4D	HC28Y	30749	2025	2600	3900	5800
2WD	S			(125)	(125)	(165)	(165)
QUEST—V6—Truck Equipment Schedule T1							
XE Minivan	DN11W	20229	1150	1625	2800	4525
GXE Minivan	DN11W	24999	1475	1950	3200	5000
PICKUP—4-Cyl.—Truck Equipment Schedule T2							
Short Bed	SD11S	10319	600	825	1625	2925
XE Short Bed	SD11S	11399	600	800	1625	2925
XE King Cab	SD16S	13079	925	1300	2400	4025
4WD	Y			400	400	535	535
V6 3.0 Liter	H			125	125	165	165
PICKUP—V6—Truck Equipment Schedule T2							
Long Bed	HD11S	12479	675	950	1800	3150
4WD	Y			400	400	535	535
PICKUP 4WD—V6—Truck Equipment Schedule T2							
SE King Cab	HD16Y	20989	1425	1900	3125	4925

Body	Type	VIN	List	Trade-In Fair	Trade-In Good	Pvt-Party Good	Retail Excellent

TRUCKS & VANS

1996 NISSAN — (JN8or4N2)(AR05Y)-T-#

PATHFINDER 4WD—V6—Truck Equipment Schedule T1
XE Sport Utility 4D	AR05Y	26803	**1200**	**1675**	**2875**	**4600**
SE Sport Utility 4D	AR05Y	29748	**1900**	**2450**	**3725**	**5625**
LE Sport Utility 4D	AR05Y	32129	**2250**	**2850**	**4175**	**6125**
2WD	S		**(200)**	**(200)**	**(265)**	**(265)**

QUEST—V6—Truck Equipment Schedule T1
XE Minivan	DN11W	21304	**1300**	**1800**	**3000**	**4750**
GXE Minivan	DN11W	26104	**1650**	**2150**	**3425**	**5275**

PICKUP—4-Cyl.—Truck Equipment Schedule T2
Short Bed	SD11S	11404	**675**	**925**	**1825**	**3200**
XE Short Bed	SD11S	12904	**725**	**1025**	**1925**	**3375**
XE King Cab	SD16S	14554	**1100**	**1550**	**2750**	**4450**
SE King Cab	SD16S	17004	**1175**	**1675**	**2875**	**4600**
4WD			**525**	**525**	**700**	**700**

1997 NISSAN — (JN8,1N6or4N2)(AR05Y)-V-#

PATHFINDER 4WD—V6—Truck Equipment Schedule T1
XE Sport Utility 4D	AR05Y	27318	**1575**	**2075**	**3325**	**5175**
SE Sport Utility 4D	AR05Y	30568	**2225**	**2800**	**4125**	**6100**
LE Sport Utility 4D	AR05Y	32719	**2550**	**3150**	**4500**	**6575**
2WD	S		**(250)**	**(250)**	**(335)**	**(335)**

QUEST—V6—Truck Equipment Schedule T1
XE Minivan	DN111	21669	**1500**	**1975**	**3200**	**5025**
GXE Minivan	DN111	26469	**1875**	**2425**	**3700**	**5575**

PICKUP—4-Cyl.—Truck Equipment Schedule T2
Short Bed	SD11S	11469	**750**	**1075**	**2000**	**3475**
XE Short Bed	SD11S	13469	**825**	**1175**	**2150**	**3675**
XE King Cab	SD16S	15119	**1375**	**1850**	**3075**	**4850**
SE King Cab	SD16S	17519	**1575**	**2050**	**3300**	**5125**
4WD			**650**	**650**	**865**	**865**

1998 NISSAN — (JN8,4N2or1N6)(AR05Y)-W-#

PATHFINDER 4WD—V6—Truck Equipment Schedule T1
XE Sport Utility 4D	AR05Y	27489	**1950**	**2500**	**3800**	**5725**
SE Sport Utility 4D	AR05Y	30589	**2575**	**3175**	**4525**	**6600**
LE Sport Utility 4D	AR05Y	33339	**2875**	**3500**	**4900**	**7000**
2WD	S		**(300)**	**(300)**	**(400)**	**(400)**

QUEST—V6—Truck Equipment Schedule T1
XE Minivan	DN111	23589	**1725**	**2225**	**3500**	**5375**
GXE Minivan	DN111	26539	**2150**	**2700**	**4025**	**5975**
GLE Minivan	DN111	27838	**2350**	**2925**	**4275**	**6250**

FRONTIER PICKUP—4-Cyl.—Truck Equipment Schedule T2
Short Bed	DD21S	12480	**925**	**1300**	**2425**	**4100**
XE Short Bed	DD21S	13680	**1000**	**1400**	**2550**	**4275**
XE King Cab	DD26S	15130	**1700**	**2200**	**3475**	**5350**
SE King Cab	DD26S	18480	**2000**	**2550**	**3850**	**5750**
4WD	Y		**750**	**750**	**1000**	**1000**

1999 NISSAN — (1N6,4N2orJN8)(AR05Y)-X

PATHFINDER 4WD—V6—Truck Equipment Schedule T1
XE Sport Utility 4D	AR05Y	27669	**2400**	**3000**	**4300**	**6325**
SE Sport Utility 4D	AR05Y	30769	**2950**	**3600**	**4975**	**7100**
LE Sport Utility 4D	AR05Y	33469	**3200**	**3875**	**5300**	**7475**
2WD	S		**(350)**	**(350)**	**(465)**	**(465)**

PATHFINDER 4WD (1999.5)—V6—Truck Equip Schedule T1
XE Sport Utility 4D	AR07Y	28819	**2375**	**2975**	**4300**	**6300**
SE Sport Utility 4D	AR07Y	30769	**2975**	**3625**	**5000**	**7125**
LE Sport Utility 4D	AR07Y	31719	**3525**	**4250**	**5675**	**7925**
2WD	S		**(350)**	**(350)**	**(465)**	**(465)**

QUEST—V6—Truck Equipment Schedule T1
GXE Minivan	XN11T	22679	**1950**	**2500**	**3825**	**5725**
SE Minivan	XN11T	24419	**2450**	**3050**	**4375**	**6400**
GLE Minivan	XN11T	26819	**2675**	**3275**	**4625**	**6700**

FRONTIER—4-Cyl.—Truck Equipment Schedule T2
XE Short Bed	DD21S	12010	**1100**	**1550**	**2750**	**4500**
XE King Cab	DD26S	14010	**1950**	**2500**	**3800**	**5725**
SE King Cab	DD26S	15510	**2375**	**2975**	**4300**	**6300**
4WD	Y		**850**	**850**	**1135**	**1135**
V6 3.3 Liter	E		**225**	**225**	**300**	**300**

SEE BACK PAGES FOR TRUCK EQUIPMENT

2000 NISSAN

Body	Type	VIN	List	Trade-In Fair	Trade-In Good	Pvt-Party Good	Retail Excellent
2000 NISSAN—(1N6,4N2,5N1orJN8)(ED28Y)-Y-#							
XTERRA 4WD—V6—Truck Equipment Schedule T1							
XE Sport Utility 4D	ED28Y	22019	**2200**	**2775**	**4100**	**6050**
SE Sport Utility 4D	ED28Y	26069	**2650**	**3225**	**4600**	**6650**
2WD	T		**(400)**	**(400)**	**(535)**	**(535)**
4-Cyl. 2.4 Liter			**(350)**	**(350)**	**(465)**	**(465)**
PATHFINDER 4WD—V6—Truck Equipment Schedule T1							
XE Sport Utility 4D	AR05Y	28919	**2875**	**3500**	**4900**	**7000**
SE Sport Utility 4D	AR05Y	30869	**3400**	**4100**	**5525**	**7700**
LE Sport Utility 4D	AR05Y	31819	**3625**	**4325**	**5750**	**7975**
2WD	S		**(400)**	**(400)**	**(535)**	**(535)**
QUEST—V6—Truck Equipment Schedule T1							
GXE Minivan	XN11T	22779	**2275**	**2850**	**4175**	**6150**
SE Minivan	XN11T	24919	**2800**	**3425**	**4775**	**6850**
GLE Minivan	XN11T	28919	**3000**	**3650**	**5025**	**7150**
FRONTIER—4-Cyl.—Truck Equipment Schedule T2							
XE Short Bed	DD21S	12110	**1250**	**1725**	**2975**	**4775**
XE King Cab	DD26S	14060	**2250**	**2825**	**4150**	**6125**
4WD	Y		**950**	**950**	**1265**	**1265**
V6 3.3 Liter	E		**250**	**250**	**335**	**335**
FRONTIER—V6—Truck Equipment Schedule T2							
Desrt Rnr XE King	ED26S	16260	**2575**	**3175**	**4525**	**6575**
Desrt Rnr SE King	ED26S	18410	**2725**	**3325**	**4675**	**6750**
SE King Cab	DD26Y	21010	**2675**	**3275**	**4625**	**6675**
XE Crew Cab 4D	ED27S	17810	**2975**	**3625**	**5000**	**7100**
SE Crew Cab 4D	ED27S	19110	**3175**	**3850**	**5250**	**7400**
4WD	Y		**950**	**950**	**1265**	**1265**
2001 NISSAN-(1N6,4N2,5N1orJN8)(ED28Y)-1-#							
XTERRA 4WD—V6—Truck Equipment Schedule T1							
XE Sport Utility 4D	ED28Y	22569	**2650**	**3250**	**4600**	**6675**
SE Sport Utility 4D	ED28Y	26619	**3075**	**3725**	**5125**	**7250**
2WD	T		**(450)**	**(450)**	**(600)**	**(600)**
4-Cyl. 2.4 Liter	D		**(375)**	**(375)**	**(500)**	**(500)**
PATHFINDER 4WD—V6—Truck Equipment Schedule T1							
XE Sport Utility 4D	DR07Y	30169	**3450**	**4150**	**5575**	**7800**
SE Sport Utility 4D	DR07Y	30869	**3925**	**4675**	**6125**	**8400**
LE Sport Utility 4D	DR07Y	31819	**4100**	**4850**	**6325**	**8650**
2WD	X		**(450)**	**(450)**	**(600)**	**(600)**
AWD	X		**0**	**0**	**0**	**0**
QUEST—V6—Truck Equipment Schedule T1							
GXE Minivan	ZN15T	22959	**2600**	**3200**	**4525**	**6575**
SE Minivan	ZN16T	24919	**3150**	**3825**	**5200**	**7325**
GLE Minivan	ZN17T	27569	**3375**	**4075**	**5475**	**7650**
FRONTIER—4-Cyl.—Truck Equipment Schedule T2							
XE Short Bed	DD21S	12219	**1500**	**1975**	**3250**	**5125**
XE King Cab	DD26S	14169	**2600**	**3200**	**4550**	**6600**
4WD			**1050**	**1050**	**1400**	**1400**
V6 3.3 Liter	E		**250**	**250**	**335**	**335**
FRONTIER—V6—Truck Equipment Schedule T2							
Desrt Rnr XE King	ED26T	16469	**2975**	**3600**	**4975**	**7075**
Desrt Rnr SE King	ED26T	18619	**3100**	**3775**	**5175**	**7300**
SE King Cab	ED26Y	21219	**3075**	**3725**	**5100**	**7225**
XE Crew Cab 4D	ED27T	18569	**3400**	**4100**	**5525**	**7700**
SE Crew Cab 4D	ED27T	20719	**3625**	**4325**	**5750**	**7975**
4WD	Y		**1050**	**1050**	**1400**	**1400**
FRONTIER—V6 Supercharged—Truck Equipment Schedule T2							
King Cab	MD26T	20519	**2950**	**3575**	**4950**	**7050**
Crew Cab 4D	MD27T	21969	**3550**	**4250**	**5650**	**7875**
4WD	Y		**1050**	**1050**	**1400**	**1400**
2002 NISSAN-(1N6,5N1orJN8)(ED28Y)-2-#							
XTERRA 4WD—V6—Truck Equipment Schedule T1							
XE Sport Utility 4D	ED28Y	22739	**2975**	**3600**	**5225**	**7600**
SE Sport Utility 4D	ED28Y	26739	**3425**	**4150**	**5775**	**8225**
2WD	T		**(500)**	**(500)**	**(665)**	**(665)**
4-Cyl. 2.4 Liter	D		**(400)**	**(400)**	**(535)**	**(535)**
XTERRA 4WD—V6 Supercharged—Truck Equipment Schedule T1							
XE S/C Spt Util 4D	MD28T	26239	**3200**	**3900**	**5525**	**7950**
SE S/C Spt Util 4D	MD28T	28039	**4100**	**4850**	**6550**	**9100**
2WD	T		**(500)**	**(500)**	**(665)**	**(665)**

Body	Type	VIN	List	Trade-In Fair	Good	Pvt-Party Good	Retail Excellent
PATHFINDER 4WD—V6—Truck Equipment Schedule T1							
SE Sport Utility 4D	DR07Y	29189	4325	5125	6875	9550
LE Sport Utility 4D	DR07Y	32039	4475	5275	7025	9725
2WD	X		(500)	(500)	(665)	(665)
QUEST—V6—Truck Equipment Schedule T1							
GXE Minivan	ZN15T	23279	2800	3425	5025	7375
SE Minivan	ZN16T	25039	3400	4100	5725	8150
GLE Minivan	ZN17T	27689	3675	4375	6025	8500
FRONTIER KING CAB—4-Cyl.—Truck Equipment Schedule T2							
Short Bed	ED27S	13339	2825	3450	5075	7425
XE Short Bed	DD26S	14339	2825	3450	5075	7425
4WD			1150	1150	1535	1535
V6 3.3 Liter	E		250	250	335	335
FRONTIER KING CAB—V6—Truck Equipment Schedule T2							
Desert Runner XE	ED26T	16539	3225	3900	5525	7975
Desert Runner SE	ED26T	19739	3400	4100	5750	8200
SE Short Bed	ED26Y	22339	3350	4050	5675	8125
4WD	Y		1150	1150	1535	1535
FRONTIER CREW CAB—V6—Truck Equipment Schedule T2							
XE Short Bed	ED27T	18739	3725	4450	6125	8625
XE Long Bed	ED27T	19299	3600	4300	5975	8450
SE Short Bed	ED27T	22339	3950	4700	6375	8925
SE Long Bed	ED27T	22799	3775	4500	6175	8675
4WD	Y		1150	1150	1535	1535
FRONTIER KING CAB—V6 Supercharged—Truck Equipment Schedule T2							
Short Bed	MD26T	20889	3200	3875	5525	7950
4WD	Y		1150	1150	1535	1535
FRONTIER CREW CAB—V6 Supercharged—Truck Equipment Schedule T2							
Short Bed	MD27T	23739	3875	4600	6275	8800
Long Bed	MD27T	24299	3700	4400	6075	8575
4WD	Y		1150	1150	1535	1535

2003 NISSAN—(1N6,5N1orJN8)(ED28Y)-3-#

Body	Type	VIN	List	Trade-In Fair	Good	Pvt-Party Good	Retail Excellent
XTERRA 4WD—V6—Truck Equipment Schedule T1							
XE Sport Utility 4D	ED28Y	23939	4150	4900	6550	9100
SE Sport Utility 4D	ED28Y	27239	4600	5425	7175	9850
2WD	T		(575)	(575)	(765)	(765)
4-Cyl. 2.4 Liter	D		(475)	(475)	(635)	(635)
XTERRA 4WD—V6 Supercharged—Truck Equipment Schedule T1							
SE S/C Spt Util 4D	MD28T	28539	5425	6325	8075	10900
2WD	T		(575)	(575)	(765)	(765)
MURANO AWD—V6—Truck Equipment Schedule T1							
SL Sport Utility 4D	AZ08W	30339	7975	9150	11100	14350
SE Sport Utility 4D	AZ08W	31139	8150	9325	11250	14550
2WD			(575)	(575)	(765)	(765)
PATHFINDER 4WD—V6—Truck Equipment Schedule T1							
SE Sport Utility 4D	DR09Y	29339	4950	5775	7550	10300
LE Sport Utility 4D	DR09Y	34339	5175	6025	7800	10550
2WD	X		(575)	(575)	(765)	(765)
FRONTIER KING CAB—4-Cyl.—Truck Equipment Schedule T2							
Short Bed	ED27S	13529	3375	4100	5725	8175
XE Short Bed	DD26S	14579	3550	4250	5900	8375
4WD	Y		1325	1325	1765	1765
V6 3.3 Liter	E		300	300	400	400
FRONTIER KING CAB—V6—Truck Equipment Schedule T2							
Desert Runner XE	ED26T	16709	3950	4675	6350	8875
Desert Runner SE	ED26T	21109	4200	4950	6625	9200
FRONTIER KING CAB 4WD—V6—Truck Equipment Schedule T2							
SE Short Bed	ED26Y	23709	4200	4950	6625	9200
FRONTIER CREW CAB—V6—Truck Equipment Schedule T2							
XE Short Bed	ED27T	18979	4525	5350	7075	9750
XE Long Bed	ED27T	19529	4400	5225	6950	9600
SE Short Bed	ED27T	22829	4825	5650	7425	10150
SE Long Bed	ED27T	23379	4700	5525	7250	9950
4WD	Y		1325	1325	1765	1765
FRONTIER KING CAB—V6 Supercharged—Truck Equipment Schedule T2							
Short Bed	MD26T	21359	4150	4900	6575	9150
4WD	Y		1325	1325	1765	1765
FRONTIER CREW CAB—V6 Supercharged—Truck Equipment Schedule T2							
Short Bed	MD27T	24329	4875	5700	7475	10200
Long Bed	MD27T	24879	4775	5575	7350	10050
4WD	Y		1325	1325	1765	1765

TRUCKS & VANS

Body	Type	VIN	List	Trade-In Fair	Good	Pvt-Party Good	Retail Excellent

2004 NISSAN—(1N6,5N1orJN8)(ED28Y)—4-#

XTERRA 4WD—V6—Truck Equipment Schedule T1

Body	Type	VIN	List	Fair	Good	Good	Excellent
XE Sport Utility 4D	ED28Y	22940		5425	6300	8050	10850
SE Sport Utility 4D	ED28Y	27240		5900	6850	8625	11450
2WD	T			(650)	(650)	(865)	(865)
4-Cyl. 2.4 Liter	D			(550)	(550)	(735)	(735)

XTERRA 4WD—V6 Supercharged—Truck Equipment Schedule T1

| SE S/C Spt Util 4D | MD28T | 28540 | | 6875 | 7925 | 9725 | 12700 |
| 2WD | T | | | (650) | (650) | (865) | (865) |

MURANO AWD—V6—Truck Equipment Schedule T1

SL Sport Utility 4D	AZ08W	30340		9275	10575	12550	15900
SE Sport Utility 4D	AZ08W	31290		9500	10775	12750	16100
2WD	T			(650)	(650)	(865)	(865)

QUEST—V6—Truck Equipment Schedule T1

S Minivan	BV28U	24780		4300	5075	6725	9250
SL Minivan	BV28U	27280		4825	5650	7375	10050
SE Minivan	BV28U	32780		4975	5800	7550	10250

PATHFINDER 4WD—V6—Truck Equipment Schedule T1

SE Sport Utility 4D	DR09Y	29440		5700	6650	8400	11200
LE Sport Utility 4D	DR09Y	34590		6000	6950	8725	11550
2WD	X			(650)	(650)	(865)	(865)

PATHFINDER ARMADA 4WD—V8—Truck Equipment Schedule T1

SE Sport Utility 4D	AA08B	36750		8950	10200	12100	15450
SE Off-Road Spt Utl	AA08B	39900		10000	11375	13350	16800
LE Sport Utility 4D	AA08B	41250		10525	11950	13900	17450
2WD	A			(650)	(650)	(865)	(865)

FRONTIER KING CAB—4-Cyl.—Truck Equipment Schedule T2

Short Bed	ED27S	13830		4100	4850	6525	9050
XE Short Bed	DD26S	14880		4375	5175	6875	9500
4WD	Y			1500	1500	2000	2000
V6 3.3 Liter	E			350	350	465	465

FRONTIER KING CAB—V6—Truck Equipment Schedule T2

| Desert Runner XE | ED26Y | 17030 | | 4725 | 5550 | 7275 | 9950 |

FRONTIER KING CAB 4WD—V6 Supercharged—Truck Equip Sched T2

| Short Bed | MD26T | 25430 | | 5175 | 6025 | 7775 | 10500 |

FRONTIER CREW CAB—V6—Truck Equipment Schedule T2

XE Short Bed	ED27T	19360		5475	6375	8100	10900
XE Long Bed	ED27T	19910		5400	6275	8000	10800
LE Short Bed	ED27T	24900		6000	6925	8700	11500
LE Long Bed	ED27T	25450		5725	6675	8400	11200
4WD	Y			1500	1500	2000	2000

FRONTIER CREW CAB—V6 Supercharged—Truck Equipment Schedule T2

Short Bed	MD27T	24810		6025	6975	8725	11550
Long Bed	MD27T	25360		6000	6925	8700	11500
4WD	Y			1500	1500	2000	2000

TITAN KING CAB—V8—Truck Equipment Schedule T1

XE Short Bed	AA06A	23050		4975	5825	7725	10600
SE Short Bed	AA06A	25050		5675	6600	8500	11450
LE Short Bed	AA06A	29450		5900	6825	8750	11750
4WD	B			1550	1550	2065	2065

TITAN CREW CAB—V8—Truck Equipment Schedule T1

XE Short Bed	AA07A	25750		6350	7350	9275	12350
SE Short Bed	AA07A	27350		7100	8150	10100	13300
LE Short Bed	AA07A	31750		7550	8650	10600	13800
4WD	B			1550	1550	2065	2065

2005 NISSAN—(1N6,5N1orJN8)(AN08W)—5-#

XTERRA 4WD—V6—Truck Equipment Schedule T1

S Sport Utility 4D	AN08W	24280		6800	7850	9575	12500
Off-Road Sport Util	AN08W	27280		7075	8125	9900	12850
SE Sport Utility 4D	AN08W	27880		7300	8375	10150	13150
2WD	T			(725)	(725)	(965)	(965)

MURANO AWD—V6—Truck Equipment Schedule T1

S Sport Utility 4D	AZ08W	29180		9950	11275	13200	16550
SL Sport Utility 4D	AZ08W	30680		10725	12150	14050	17550
SE Sport Utility 4D	AZ08W	31630		10975	12450	14350	17850
2WD	T			(725)	(725)	(965)	(965)

QUEST—V6—Truck Equipment Schedule T1

Minivan	BV28U	23910		4850	5675	7375	10050
S Minivan	BV28U	25110		5700	6650	8350	11100
SL Minivan	BV28U	26810		6325	7325	9075	11900

Body	Type	VIN	List	Trade-In Fair	Trade-In Good	Pvt-Party Good	Retail Excellent
SE Minivan		BV28U	32810	6750	7775	9500	12400
PATHFINDER 4WD—V6—Truck Equipment Schedule T1							
SE Sport Utility 4D		AR19W	27300	7700	8800	10700	13750
SE Sport Utility 4D		AR18W	28500	8725	9950	11800	15050
SE Off-Road Util		AR18W	31280	8825	10050	11900	15150
LE Sport Utility 4D		AR18W	35400	9100	10350	12200	15500
2WD		U		(725)	(725)	(965)	(965)
ARMADA 4WD—V8—Truck Equipment Schedule T1							
SE Sport Utility 4D		AA08B	37050	10100	11475	13450	16850
SE Off-Road Spt Utl		AA08B	40420	11325	12800	14750	18350
LE Sport Utility 4D		AA08B	42150	12000	13575	15550	19200
2WD		A		(725)	(725)	(965)	(965)
FRONTIER KING CAB—4-Cyl.—Truck Equipment Schedule T2							
XE Short Bed		BD06T	16080	4850	5725	7475	10150
FRONTIER KING CAB—V6—Truck Equipment Schedule T2							
SE Short Bed		AD06T	18980	5375	6250	7975	10700
LE Short Bed		AD06T	22780	6575	7575	9325	12200
Nismo Short Bed		AD06U	22580	6750	7775	9500	12400
4WD		V		1675	1675	2235	2235
FRONTIER CREW CAB—V6—Truck Equipment Schedule T2							
SE Short Bed		AD07T	21130	6675	7700	9450	12350
LE Short Bed		AD07T	24480	7150	8200	10000	12950
Nismo Short Bed		AD07U	24630	7875	9000	10850	13900
4WD		Y		1675	1675	2235	2235
TITAN KING CAB—V8—Truck Equipment Schedule T1							
XE Short Bed		AA06A	23300	5650	6600	8500	11450
SE Short Bed		AA06A	25450	6450	7425	9350	12450
LE Short Bed		AA06A	29900	6700	7725	9675	12800
4WD		B		1725	1725	2300	2300
TITAN CREW CAB—V8—Truck Equipment Schedule T1							
XE Short Bed		AA07A	26150	7225	8275	10250	13450
SE Short Bed		AA07A	27950	7975	9150	11150	14500
LE Short Bed		AA07A	32700	8600	9800	11850	15300
4WD		B		1725	1725	2300	2300

Body	Type	VIN	List	Trade-In Fair	Trade-In Good	Pvt-Party Good	Retail Excellent
XTERRA 4WD—V6—Truck Equipment Schedule T1							
X Sport Utility 4D		AN08W	23330	7225	8300	10050	12950
S Sport Utility 4D		AN08W	25530	8275	9475	11250	14400
Off-Road Spt Util		AN08W	27630	8600	9800	11600	14750
SE Sport Utility 4D		AN08W	28230	8825	10050	11850	15000
2WD		T		(800)	(800)	(1065)	(1065)
MURANO AWD—V6—Truck Equipment Schedule T1							
S Sport Utility 4D		AZ08W	29805	11475	12925	14800	18300
SL Sport Utility 4D		AZ08W	31355	12300	13925	15800	19350
SE Sport Utility 4D		AZ08W	32305	12650	14250	16100	19700
2WD		T		(800)	(800)	(1065)	(1065)
QUEST—V6—Truck Equipment Schedule T1							
Minivan		BV28U	24580	6525	7525	9225	12050
S Special Edition		BV28U	25880	7300	8400	10150	13050
SL Minivan		BV28U	27480	8150	9325	11100	14150
SE Minivan		BV28U	34080	8875	10100	11850	15000
PATHFINDER 4WD—V6—Truck Equipment Schedule T1							
S Sport Utility 4D		AR18W	27830	9000	10250	12100	15300
SE Sport Utility 4D		AR18W	29080	10200	11575	13450	16750
SE Off-Road Util		AR18W	31880	10300	11650	13500	16850
LE Sport Utility 4D		AR18W	36130	10625	12050	13900	17300
2WD		U		(800)	(800)	(1065)	(1065)
ARMADA 4WD—V8—Truck Equipment Schedule T1							
S Sport Utility 4D		AA08W	37970	11700	13225	15150	18650
SE Off-Road Util		AA08W	41505	13025	14700	16600	20300
LE Sport Utility 4D		AA08W	43270	13925	15675	17600	21400
2WD		A		(800)	(800)	(1065)	(1065)
FRONTIER KING CAB—4-Cyl.—Truck Equipment Schedule T2							
XE Short Bed		BD06T	16480	5850	6775	8500	11250
FRONTIER KING CAB—V6—Truck Equipment Schedule T2							
SE Short Bed		AD06T	19680	6425	7425	9175	12000
LE Short Bed		AD06T	23230	7725	8850	10700	13700
Nismo Short Bed		AD06U	23030	7900	9050	10850	13900
4WD		Y		1850	1850	2465	2465
FRONTIER CREW CAB—V6—Truck Equipment Schedule T2							
SE Short Bed		AD07T	21530	7875	9000	10800	13850
LE Short Bed		AD07T	24930	8425	9625	11400	14550

SEE BACK PAGES FOR TRUCK EQUIPMENT

2006 NISSAN

TRUCKS & VANS

Body Type	VIN	List	Trade-In Fair	Trade-In Good	Pvt-Party Good	Retail Excellent
Nismo Short Bed	AD07U	25080	9175	10425	12250	15450
4WD	Y		1850	1850	2465	2465
TITAN KING CAB—V8—Truck Equipment Schedule T1						
XE Short Bed	AA06A	23920	6400	7375	9325	12450
SE Short Bed	AA06A	28070	7250	8325	10300	13500
LE Short Bed	AA06A	30870	7575	8675	10650	13850
4WD	B		1900	1900	2535	2535
TITAN CREW CAB—V8—Truck Equipment Schedule T1						
XE Short Bed	AA07A	26770	8100	9275	11300	14650
SE Short Bed	AA07A	28570	9000	10250	12300	15750
LE Short Bed	AA07A	33370	9750	11075	13150	16650
4WD	B		1900	1900	2535	2535

2007 NISSAN—(1N6,5N1orJN8)(AN08W)-7-#

Body Type	VIN	List	Trade-In Fair	Trade-In Good	Pvt-Party Good	Retail Excellent
XTERRA 4WD—V6—Truck Equipment Schedule T1						
X Sport Utility 4D	AN08W	23505	8775	10000	11700	14750
S Sport Utility 4D	AN08W	25755	9900	11225	12950	16100
Off-Road Sport Util	AN08W	27805	10300	11650	13400	16600
SE Sport Utility 4D	AN08W	28555	10425	11850	13550	16800
2WD	U		(875)	(875)	(1165)	(1165)
MURANO AWD—V6—Truck Equipment Schedule T1						
S Sport Utility 4D	AZ08W	30000	13175	14850	16650	20200
SL Sport Utility 4D	AZ08W	31550	14100	15875	17700	21400
SE Sport Utility 4D	AZ08W	32500	14450	16275	18100	21800
2WD	T		(875)	(875)	(1165)	(1165)
QUEST—V6—Truck Equipment Schedule T1						
Minivan	BV28U	25350	8725	9950	11650	14650
S Minivan	BV28U	26300	9575	10875	12600	15700
SL Minivan	BV28U	28500	10525	11950	13650	16850
SE Minivan	BV28U	35300	11475	12975	14700	18050
PATHFINDER 4WD—V6—Truck Equipment Schedule T1						
S Sport Utility 4D	AR18W	28250	10475	11900	13600	16850
SE Sport Utility 4D	AR18W	29500	11900	13475	15250	18600
SE Off-Road Util	AR18W	32300	12000	13575	15350	18700
LE Sport Utility 4D	AR18W	36650	12400	14025	15800	19200
2WD	U		(875)	(875)	(1165)	(1165)
ARMADA 4WD—V8—Truck Equipment Schedule T1						
SE Sport Utility 4D	AA08B	38485	14025	15775	17550	21200
LE Sport Utility 4D	AA08B	43785	16525	18525	20400	24400
2WD	A		(875)	(875)	(1165)	(1165)
FRONTIER KING CAB—4-Cyl.—Truck Equipment Schedule T2						
XE Short Bed	BD06T	16700	6950	7975	9600	12350
FRONTIER KING CAB—V6—Truck Equipment Schedule T2						
SE Short Bed	AD06U	19600	7700	8825	10450	13300
LE Short Bed	AD06U	23550	9100	10350	12000	15050
Nismo Short Bed	AD06U	23250	9275	10575	12250	15300
4WD	W		2025	2025	2700	2700
FRONTIER CREW CAB—V6—Truck Equipment Schedule T2						
SE Short Bed	AD07U	21450	9250	10525	12200	15250
SE Long Bed	AD09U	22250	9175	10425	12100	15150
LE Short Bed	AD07U	25250	9900	11225	12950	16000
LE Long Bed	AD09U	25750	9900	11225	12950	16000
Nismo Short Bed	AD07U	25300	10675	12100	13800	17000
4WD	W		2025	2025	2700	2700
TITAN KING CAB—V8—Truck Equipment Schedule T1						
XE Short Bed	AA06A	24435	7225	8300	10200	13350
SE Short Bed	AA06A	26585	8100	9275	11250	14550
LE Short Bed	AA06A	31385	8500	9725	11700	15050
4WD	B		2075	2075	2765	2765
TITAN CREW CAB—V8—Truck Equipment Schedule T1						
XE Short Bed	AA07A	27285	9125	10400	12400	15800
SE Short Bed	AA07A	29085	10050	11425	13450	16900
LE Short Bed	AA07A	33885	11025	12500	14500	18100
4WD	B		2075	2075	2765	2765

2008 NISSAN—(J,1or5)N(1,6or8)(AS58V)-8-#

Body Type	VIN	List	Trade-In Fair	Trade-In Good	Pvt-Party Good	Retail Excellent
ROGUE AWD—4-Cyl.—Truck Equipment Schedule T1						
S Sport Utility 4D	AS58V	21195	12200	13775	15500	18900
SL Sport Utility 4D	AS58V	22615	12850	14450	16200	19700
2WD	T		(950)	(950)	(1265)	(1265)
XTERRA 4WD—V6—Truck Equipment Schedule T1						
X Sport Utility 4D	AN08W	24725	10425	11850	13500	16650

370   DEDUCT FOR RECONDITIONING

1009

Body	Type	VIN	List	Trade-In Fair	Trade-In Good	Pvt-Party Good	Retail Excellent
S	Sport Utility 4D	AN08W	26425	11700	13225	14950	18250
Off-Road Sport Util		AN08W	27075	12100	13675	15350	18650
SE	Sport Utility 4D	AN08W	29375	12250	13875	15550	18900
2WD		U		(950)	(950)	(1265)	(1265)

QUEST—V6—Truck Equipment Schedule T1
Minivan		BV28U	25795	11475	12975	14650	17950
S Minivan		BV28U	26425	12450	14075	15750	19050
SL Minivan		BV28U	30325	13425	15150	16750	20200
SE Minivan		BV28U	35825	14700	16525	18150	21700

PATHFINDER 4WD—V6—Truck Equipment Schedule T1
S	Sport Utility 4D	AR18B	28405	13725	15475	17200	20800
SE	Sport Utility 4D	AR18B	31705	15325	17250	18900	22500
SE	Off-Road Util	AR18B	34605	15425	17350	19000	22600
LE	Sport Utility 4D	AR18B	37705	15875	17825	19550	23200
2WD		A		(950)	(950)	(1265)	(1265)
V8 5.6 Liter		B		475	475	635	635

ARMADA 4WD—V8—Truck Equipment Schedule T1
SE	Sport Utility 4D	AA08C	38795	17650	19800	21600	25500
LE	Sport Utility 4D	AA08C	45295	20375	22825	24600	28800
2WD		D		(950)	(950)	(1265)	(1265)

FRONTIER KING CAB—4-Cyl.—Truck Equipment Schedule T2
XE	Short Bed	BD06T	16895	8550	9775	11250	14050

FRONTIER KING CAB—V6—Truck Equipment Schedule T2
SE	Short Bed	AD06U	19795	9450	10725	12300	15200
LE	Short Bed	AD06U	24095	10925	12400	13900	17000
Nismo	Short Bed	AD06U	24145	11125	12600	14150	17250
4WD		W		2200	2200	2935	2935
4-Cyl. 2.5 Liter		B		(300)	(300)	(400)	(400)

FRONTIER CREW CAB—V6—Truck Equipment Schedule T2
SE	Short Bed	AD07U	21645	11125	12600	14100	17200
SE	Long Bed	AD09U	22545	11025	12500	14000	17100
LE	Short Bed	AD07U	25795	11850	13375	14950	18150
LE	Long Bed	AD09U	26295	11800	13325	14900	18100
Nismo	Short Bed	AD07U	25495	12650	14300	15900	19150
4WD		W		2200	2200	2935	2935

TITAN KING CAB—V8—Truck Equipment Schedule T1
XE	Short Bed	AA06A	25135	9250	10525	12500	15850
XE	Long Bed	AA06E	25545	9125	10400	12350	15700
SE	Short Bed	AA06A	27395	10250	11625	13550	17050
SE	Long Bed	AA06E	27805	10050	11425	13400	16850
LE	Short Bed	AA06A	33365	10675	12100	14050	17600
LE	Long Bed	AA06E	33775	10525	11950	13900	17450
4WD		C,F		2250	2250	3000	3000

TITAN KING CAB 4WD—V8—Truck Equipment Schedule T1
Pro-4X	Short Bed	AA06C	32725	12700	14350	16350	20200

TITAN CREW CAB—V8—Truck Equipment Schedule T1
XE	Short Bed	AA07D	28065	11325	12800	14800	18400
XE	Long Bed	AA07G	28475	11275	12750	14750	18400
SE	Short Bed	AA07D	29965	12300	13925	15950	19700
SE	Long Bed	AA07G	30385	12150	13725	15750	19450
LE	Short Bed	AA07D	35935	13425	15150	17200	21100
LE	Long Bed	AA07G	36345	13275	14950	17000	20900
4WD		C,F		2250	2250	3000	3000

TITAN CREW CAB 4WD—V8—Truck Equipment Schedule T1
Pro-4X	Short Bed	AA07C	34925	15300	17200	19150	23100
Pro-4X	Long Bed	AA07F	35525	15100	17000	18950	22900

OLDSMOBILE

1994 OLDSMOBILE — 1GH–(U06D)–R–#

SILHOUETTE—V6—Truck Equipment Schedule T1
Minivan		U06D	20625	525	700	1475	2700
V6 3.8 Liter		L		50	50	65	65

BRAVADA AWD—V6—Truck Equipment Schedule T3
Sport Utility 4D		T13W	27120	1100	1550	2700	4375

1995 OLDSMOBILE — 1GH–(U06L)–S–#

SILHOUETTE—V6—Truck Equipment Schedule T1
Minivan		U06L	20795	600	800	1625	2925

TRUCKS & VANS

Body	Type	VIN	List	Trade-In Fair	Good	Pvt-Party Good	Retail Excellent
1996 OLDSMOBILE — 1GH–(U06E)-T–#							
SILHOUETTE—V6—Truck Equipment Schedule T1							
Minivan		U06E	21900	650	925	1800	3150
BRAVADA AWD—V6—Truck Equipment Schedule T3							
Sport Utility 4D		T13W	29995	1550	2025	3275	5100
1997 OLDSMOBILE — 1GH–(U06E)-V–#							
SILHOUETTE—V6—Truck Equipment Schedule T1							
Minivan		U06E	22245	750	1075	2000	3475
Extended Minivan		X06E	23075	900	1275	2375	4025
GL Extended		X06E	25145	1075	1500	2675	4350
GLS Extended		X06E	26805	1175	1675	2875	4600
w/o 2nd Sliding Door				(50)	(50)	(65)	(65)
BRAVADA AWD—V6—Truck Equipment Schedule T3							
Sport Utility 4D		T13W	30800	1800	2300	3575	5475
1998 OLDSMOBILE — 1GH–(U03E)-W–#							
SILHOUETTE—V6—Truck Equipment Schedule T1							
GS Minivan		U03E	25000	875	1250	2350	4025
GL Extended		X03E	24535	1200	1700	2900	4650
GLS Extended		X03E	27735	1425	1900	3150	4950
BRAVADA AWD—V6—Truck Equipment Schedule T3							
Sport Utility 4D		T13W	31160	2075	2625	3925	5850
1999 OLDSMOBILE — 1GH–(U03E)-X–#							
SILHOUETTE—V6—Truck Equipment Schedule T1							
GS Minivan		U03E	25370	1050	1450	2625	4325
GL Extended		X03E	24990	1450	1925	3175	5000
GLS Extended		X03E	28665	1725	2225	3475	5350
Premiere Extended		X03E	31580	1975	2525	3825	5725
BRAVADA AWD—V6—Truck Equipment Schedule T3							
Sport Utility 4D		T13W	31568	2400	3000	4300	6300
2000 OLDSMOBILE — 1GH–(X03E)-Y–#							
SILHOUETTE—V6—Truck Equipment Schedule T1							
GL Extended		X03E	25530	1750	2250	3525	5400
GLS Extended		X03E	29220	2025	2575	3875	5800
Premiere Extended		X03E	32130	2325	2925	4250	6200
BRAVADA AWD—V6—Truck Equipment Schedule T3							
Sport Utility 4D		T13W	31923	2775	3375	4750	6800
2001 OLDSMOBILE — 1GH–(X03E)-1–#							
SILHOUETTE—V6—Truck Equipment Schedule T1							
GL Extended		X03E	26920	2050	2600	3900	5825
GLS Extended		X03E	31055	2375	2975	4300	6250
Premiere Extended		X03E	33855	2725	3350	4675	6725
BRAVADA AWD—V6—Truck Equipment Schedule T3							
Sport Utility 4D		T13W	32335	3200	3875	5275	7400
2002 OLDSMOBILE — 1GH–(X23E)-2–#							
SILHOUETTE—V6—Truck Equipment Schedule T1							
GL Extended		X23E	27560	2275	2850	4375	6625
GLS Extended		X03E	31635	2600	3200	4775	7050
Premiere Extended		X13E	33535	3000	3625	5225	7575
AWD		V		550	550	735	735
BRAVADA AWD—6-Cyl.—Truck Equipment Schedule T3							
Sport Utility 4D		T13W	34967	4075	4800	6475	9025
2WD		S		(500)	(500)	(665)	(665)
2003 OLDSMOBILE — 1GH–(X23E)-3–#							
SILHOUETTE—V6—Truck Equipment Schedule T1							
GL Extended		X23E	28510	2750	3375	4950	7250
GLS Extended		X03E	32175	3125	3800	5400	7775
Premiere Extended		X13E	34225	3600	4300	5925	8350
AWD		V		650	650	865	865
BRAVADA AWD—6-Cyl.—Truck Equipment Schedule T3							
Sport Utility 4D		T13S	35145	4825	5650	7400	10100
2WD		S		(575)	(575)	(765)	(765)

TRUCKS & VANS

Body	Type	VIN	List	Trade-In Fair	Trade-In Good	Pvt-Party Good	Retail Excellent

2004 OLDSMOBILE — 1GH-(X23E)-4-#

SILHOUETTE—V6—Truck Equipment Schedule T1

Body	Type	VIN	List	Fair	Good	Good	Excellent
GL Extended		X23E	28790	3375	4075	5650	8050
GLS Extended		X03E	32450	3825	4550	6150	8600
Premiere Extended		X13E	34510	4325	5125	6775	9325
AWD		V		725	725	965	965

BRAVADA AWD—6-Cyl.—Truck Equipment Schedule T3

Sport Utility 4D		T13S	36245	5800	6750	8475	11250
2WD		S		(650)	(650)	(865)	(865)

PLYMOUTH — See DODGE TRUCKS

PONTIAC

1994 PONTIAC — 1G(YorM)-(U06D)-R-#

TRANS SPORT—V6—Truck Equipment Schedule T1

SE Minivan		U06D	18279	500	675	1375	2475
5 Passenger				(200)	(200)	(265)	(265)
V6 3.8 Liter		L		50	50	65	65

1995 PONTIAC — 1G(YorM)-(U06D)-S-#

TRANS SPORT—V6—Truck Equipment Schedule T1

SE Minivan		U06D	19964	575	775	1550	2825
5 Passenger				(200)	(200)	(265)	(265)
V6 3.8 Liter		L		50	50	65	65

1996 PONTIAC — 1GM-(U06E)-T-#

TRANS SPORT—V6—Truck Equipment Schedule T1

SE Minivan		U06E	21595	650	925	1800	3150
5 Passenger				(250)	(250)	(335)	(335)

1997 PONTIAC — 1GM-(U06E)-V-#

TRANS SPORT—V6—Truck Equipment Schedule T1

SE Minivan		U06E	21049	650	925	1825	3200
SE Extended Minivan		X09E	23939	975	1375	2500	4175
Montana				650	650	865	865
w/o 2nd Sliding Door				(50)	(50)	(65)	(65)

1998 PONTIAC — 1GM-(U03E)-W-#

TRANS SPORT—V6—Truck Equipment Schedule T1

Minivan		U03E	22950	775	1100	2050	3550
Extended Minivan		X03E	23660	1100	1550	2750	4450
Montana				75	75	100	100
w/o 2nd Sliding Door				(50)	(50)	(65)	(65)

1999 PONTIAC — 1GM-(U03E)-X-#

MONTANA—V6—Truck Equipment Schedule T1

Minivan		U03E	23455	900	1275	2425	4100
Extended Minivan		X03E	24455	1300	1775	3000	4775
w/o 2nd Sliding Door				(50)	(50)	(65)	(65)

2000 PONTIAC — 1GM-(U03E)-Y-#

MONTANA—V6—Truck Equipment Schedule T1

Minivan		U03E	24255	1075	1525	2725	4450
Extended Minivan		X03E	25365	1550	2050	3300	5150

2001 PONTIAC — (1GMor3G7)-(A03E)-1-#

AZTEK—V6—Truck Equipment Schedule T1

Sport Utility 4D		A03E	21995	1325	1800	3075	4875
GT Sport Utility 4D		A03E	24995	1825	2350	3625	5525
AWD		B		525	525	700	700

MONTANA—V6—Truck Equipment Schedule T1

Minivan 4D		U03E	24810	1325	1825	3075	4875
Extended Minivan 4D		X03E	27150	1850	2400	3675	5550

2002 PONTIAC

Body	Type	VIN	List	Trade-In Fair	Good	Pvt-Party Good	Retail Excellent
2002 PONTIAC — (1GMor3G7)–(A03E)–2–#							
AZTEK—V6—Truck Equipment Schedule T1							
Sport Utility 4D		A03E	20545	1725	2225	3750	5925
AWD		B		550	550	735	735
MONTANA—V6—Truck Equipment Schedule T1							
Minivan 4D		U03E	24990	1525	2025	3525	5650
Extended Minivan 4D		X03E	27390	2050	2600	4150	6325
2003 PONTIAC — (1GMor3G7)–(A03E)–3–#							
AZTEK—V6—Truck Equipment Schedule T1							
Sport Utility 4D		A03E	20870	2050	2600	4175	6400
AWD		B		650	650	865	865
MONTANA—V6—Truck Equipment Schedule T1							
Minivan 4D		U03E	24845	1875	2425	3975	6150
Extended Minivan 4D		X03E	26645	2550	3125	4700	6975
AWD		V		1000	1000	1335	1335
2004 PONTIAC — (1GMor3G7)–(A03E)–4–#							
AZTEK—V6—Truck Equipment Schedule T1							
Sport Utility 4D		A03E	21595	2500	3100	4700	7000
AWD		B		725	725	965	965
MONTANA—V6—Truck Equipment Schedule T1							
Minivan 4D		U03E	23845	2400	3000	4525	6775
Extended Minivan 4D		X03E	26220	3175	3850	5425	7800
AWD		V		1000	1000	1335	1335
2005 PONTIAC — (1GMor3G7)–(A03E)–5–#							
AZTEK—V6—Truck Equipment Schedule T1							
Sport Utility 4D		A03E	22060	3125	3800	5425	7825
AWD		B		800	800	1065	1065
MONTANA—V6—Truck Equipment Schedule T1							
Extended Minivan 4D		V23E	26755	4075	4825	6425	8900
MONTANA SV6—V6—Truck Equipment Schedule T1							
Minivan 4D		V03L	25235	2550	3125	4700	6975
5 Passenger				(600)	(600)	(800)	(800)
AWD		X		1000	1000	1335	1335
2006 PONTIAC — (1GMor3G7)–(L63F)–6							
TORRENT—V6—Truck Equipment Schedule T1							
Sport Utility 4D		L63F	22990	6900	7975	9725	12650
AWD		7		875	875	1165	1165
MONTANA SV6—V6—Truck Equipment Schedule T1							
Minivan 4D		V03L	25580	3600	4300	5875	8275
4/5 Passenger				(650)	(650)	(865)	(865)
AWD		X		875	875	1165	1165
2007 PONTIAC — (1GMor3G7)–(L63F)–7							
TORRENT—V6—Truck Equipment Schedule T1							
Sport Utility 4D		L63F	24395	8275	9475	11200	14200
AWD		7		950	950	1265	1265
2008 PONTIAC — (1GMor3G7)–(L33F)–8							
TORRENT—V6—Truck Equipment Schedule T1							
Sport Utility 4D		L33F	23470	10150	11525	13250	16350
GXP Sport Utility 4D		L537	27995	11900	13475	15200	18550
AWD		4,7		1025	1025	1365	1365

PORSCHE

Body	Type	VIN	List	Trade-In Fair	Good	Pvt-Party Good	Retail Excellent
2003 PORSCHE — WP1–(AB29P)–3–#							
CAYENNE AWD—V8—Truck Equipment Schedule T3							
S Sport Utility 4D		AB29P	56665	15575	17500	19900	24300
CAYENNE AWD—V8 Turbo—Truck Equipment Schedule T3							
Sport Utility 4D		AC29P	89665	19800	22150	24800	29900

Body	Type	VIN	List	Trade-In Fair	Good	Pvt-Party Good	Retail Excellent

TRUCKS & VANS

2004 PORSCHE — WP1-(AA29P)-4-#

CAYENNE AWD—V6—Truck Equipment Schedule T3
Sport Utility 4D AA29P 43665 **15375 17300 19500 23800**
CAYENNE AWD—V8—Truck Equipment Schedule T3
S Sport Utility 4D AB29P 56665 **17700 19900 22200 27000**
CAYENNE AWD—V8 Twin Turbo—Truck Equipment Schedule T3
Sport Utility 4D AC29P 89665 **23425 26175 28700 34100**

2005 PORSCHE — WP1-(AA29P)-5-#

CAYENNE AWD—V6—Truck Equipment Schedule T3
Sport Utility 4D AA29P 44995 **17550 19700 21900 26400**
CAYENNE AWD—V8—Truck Equipment Schedule T3
S Sport Utility 4D AB29P 57195 **20100 22450 24700 29500**
CAYENNE AWD—V8 Twin Turbo—Truck Equipment Schedule T3
Sport Utility 4D AC29P 90195 **27150 30275 32700 38400**

2006 PORSCHE — WP1-(AA29P)-6-#

CAYENNE AWD—V6—Truck Equipment Schedule T3
Sport Utility 4D AA29P 46015 **19800 22150 24400 29000**
  SportDesign .... ------ **1500 1500 2000 2000**
  Off-Road Tech .... ------ **1500 1500 2000 2000**
  Off-Road Design .... ------ **1500 1500 2000 2000**
CAYENNE AWD—V8—Truck Equipment Schedule T3
S Sport Utility 4D AB29P 58015 **22550 25100 27300 32200**
S Titanium Spt Util AB29P 65715 **27925 31175 33400 39000**
  SportDesign .... ------ **1500 1500 2000 2000**
  Off-Road Tech .... ------ **1500 1500 2000 2000**
  Off-Road Design .... ------ **1500 1500 2000 2000**
CAYENNE AWD—V8 Twin Turbo—Truck Equipment Schedule T3
Sport Utility 4D AC29P 91015 **31075 34600 36900 42800**
S Sport Utility 4D AC29P 112415 **37350 41450 43900 50500**
  SportDesign .... ------ **1500 1500 2000 2000**
  Off-Road Tech .... ------ **1500 1500 2000 2000**
  Off-Road Design .... ------ **1500 1500 2000 2000**

2007 PORSCHE — No Production

2008 PORSCHE — WP1(AA29P)-8-#

CAYENNE AWD—V6—Truck Equipment Schedule T3
Sport Utility 4D AA29P 47295 **30475 33900 35900 41200**
  SportDesign Pkg .... ------ **1500 1500 2000 2000**
  Off-Road Tech .... ------ **1500 1500 2000 2000**
CAYENNE AWD—V8—Truck Equipment Schedule T3
S Sport Utility 4D AB29P 58795 **37825 41950 43800 49800**
  SportDesign Pkg .... ------ **1500 1500 2000 2000**
  Off-Road Tech .... ------ **1500 1500 2000 2000**
CAYENNE AWD—V8 Twin Turbo—Truck Equipment Schedule T3
Sport Utility 4D AC29P 94595 **59875 66250 67900 75800**
  SportDesign .... ------ **1500 1500 2000 2000**
  Off-Road Tech .... ------ **1500 1500 2000 2000**

SAAB

2005 SAAB — 5S3E(T13S)-5-#

9-7X AWD—6-Cyl.—Truck Equipment Schedule T3
Linear Sport Util 4D T13S 38990 **7525 8625 10750 14100**
9-7X AWD—V8—Truck Equipment Schedule T3
Arc Sport Utility 4D T13M 40990 **8775 10000 12100 15600**

2006 SAAB — 5S3-(T13S)-6-#

9-7X AWD—6-Cyl.—Truck Equipment Schedule T3
4.2i Sport Utility 4D T13S 39240 **9100 10350 12500 16000**
9-7X AWD—V8—Truck Equipment Schedule T3
5.3i Sport Utility 4D T13M 41240 **10425 11850 14000 17700**

2007 SAAB — 5S3-(T13S)-7-#

9-7X AWD—6-Cyl.—Truck Equipment Schedule T3
4.2i Sport Utility 4D T13S 39735 **10825 12300 14400 18150**

Body Type	VIN	List	Trade-In Fair	Good	Pvt-Party Good	Retail Excellent
9-7X AWD—V8—Truck Equipment Schedule T3						
5.3i Sport Utility 4D	T13M	41735	12350	13975	16100	20000
2008 SAAB — 5S3-(T13S)-8-#						
9-7X AWD—6-Cyl.—Truck Equipment Schedule T3						
4.2i Sport Utility 4D	T13S	39935	14800	16650	18800	22900
9-7X AWD—V8—Truck Equipment Schedule T3						
5.3i Sport Utility 4D	T13M	42035	18075	20200	22400	26900
Aero Sport Utility 4D	T23H	45750	18425	20575	22700	27200

SATURN

2003 SATURN — 5GZ-(Z23D)-3-#

VUE—4-Cyl.—Truck Equipment Schedule T1						
Sport Utility 4D	Z23D	18295	3125	3800	5450	7875
AWD	4,6		650	650	865	865
V6 3.0 Liter	B		475	475	635	635

2004 SATURN — 5GZ-(Z23D)-4-#

VUE—4-Cyl.—Truck Equipment Schedule T1						
Sport Utility 4D	Z23D	19135	3875	4600	6300	8825
AWD	4,6		725	725	965	965
V6 3.5 Liter	B		550	550	735	735

2005 SATURN — 5GZ-(Z23D)-5-#

VUE—4-Cyl.—Truck Equipment Schedule T1						
Sport Utility 4D	Z23D	21190	4775	5600	7350	10050
AWD	4,6		800	800	1065	1065
V6 3.5 Liter	4		600	600	800	800
RELAY—V6—Truck Equipment Schedule T1						
2 Minivan	V03L	24485	2675	3275	4850	7150
3 Minivan	V23L	27580	3275	3975	5550	7950
AWD	X		800	800	1065	1065

2006 SATURN — 5GZ-(Z23D)-6-#

VUE—4-Cyl.—Truck Equipment Schedule T1						
Sport Utility 4D	Z23D	19345	5875	6800	8575	11350
AWD	4,6		875	875	1165	1165
V6 3.5 Liter	4		650	650	865	865
RELAY—V6—Truck Equipment Schedule T1						
2 Minivan	V03L	23590	3825	4525	6125	8550
3 Minivan	V23L	27490	4475	5300	6900	9450
AWD	X		875	875	1165	1165

2007 SATURN — 5GZ-(Z33Z)-7-#

VUE—4-Cyl. Hybrid—Truck Equipment Schedule T1						
Sport Utility 4D	Z33Z	22995	10300	11650	13400	16600
VUE—4-Cyl.—Truck Equipment Schedule T1						
Sport Utility 4D	Z23D	19770	7175	8225	9900	12700
AWD	4,6		950	950	1265	1265
V6 3.5 Liter	L		700	700	935	935
RELAY—V6—Truck Equipment Schedule T1						
Minivan	V531	22210	5475	6350	7875	10400
2 Minivan	V031	24540	6200	7175	8725	11300
3 Minivan	V231	28625	7700	8825	10400	13150
OUTLOOK—V6—Truck Equipment Schedule T1						
XE Sport Utility 4D	R137	27990	13275	15000	16850	20500
XR Sport Utility 4D	R237	30290	14600	16425	18300	22100
AWD	V		950	950	1265	1265

2008 SATURN — 5GZor3GS(L03Z)-8-#

VUE—4-Cyl. Hybrid—Truck Equipment Schedule T1						
Green Line Sport Util	L03Z	24795	12850	14450	16150	19600
VUE—4-Cyl.—Truck Equipment Schedule T1						
XE Sport Utility 4D	L33P	21395	9275	10575	12200	15200
AWD	4,7		1025	1025	1365	1365
V6 3.5 Liter	N		750	750	1000	1000
VUE—V6—Truck Equipment Schedule T1						
XR Sport Utility 4D	L537	24895	10825	12300	13950	17150

Body	Type	VIN	List	Trade-In Fair	Good	Pvt-Party Good	Retail Excellent
	Red Line Sport Utility	L937	27395	14400	16175	17900	21500
	AWD	4,7	......	1025	1025	1365	1365
	OUTLOOK—V6—Truck Equipment Schedule T1						
	XE Sport Utility	R137	28340	15525	17450	19250	23000
	XR Sport Utility 4D	R237	30640	16900	18975	20900	24800
	AWD	V	......	1025	1025	1365	1365

SUBARU

1998 SUBARU — JF1(SF615)-W-#

FORESTER AWD—4-Cyl.—Truck Equipment Schedule T1

Type	VIN	List	Fair	Good	Good	Excellent
Sport Utility 4D	SF615	19190	2325	2900	4250	6225
L Sport Utility 4D	SF635	21290	2675	3275	4650	6725
S Sport Utility 4D	SF655	23490	2950	3575	4975	7100

1999 SUBARU — JF1(SF615)-X-#

FORESTER AWD—4-Cyl.—Truck Equipment Schedule T1

Type	VIN	List	Fair	Good	Good	Excellent
Sport Utility 4D	SF615	19190	2750	3350	4725	6800
L Sport Utility 4D	SF635	21290	3075	3750	5175	7325
S Sport Utility 4D	SF655	23790	3400	4100	5525	7775

2000 SUBARU — JF1(SF635)-Y-#

FORESTER AWD—4-Cyl.—Truck Equipment Schedule T1

Type	VIN	List	Fair	Good	Good	Excellent
L Sport Utility 4D	SF635	21390	3750	4475	5925	8200
S Sport Utility 4D	SF655	23890	4150	4900	6375	8700

2001 SUBARU — JF1(SF635)-1-#

FORESTER AWD—4-Cyl.—Truck Equipment Schedule T1

Type	VIN	List	Fair	Good	Good	Excellent
L Sport Utility 4D	SF635	21590	4400	5200	6700	9050
S Sport Utility 4D	SF655	24190	4800	5625	7200	9675

2002 SUBARU — JF1(SF635)-2-#

FORESTER AWD—4-Cyl.—Truck Equipment Schedule T1

Type	VIN	List	Fair	Good	Good	Excellent
L Sport Utility 4D	SF635	21625	4975	5800	7600	10350
S Sport Utility 4D	SF655	24220	5400	6300	8075	10950

2003 SUBARU — (JF1or4S4)(BorS)(G636)-3

FORESTER AWD—4-Cyl.—Truck Equipment Schedule T1

Type	VIN	List	Fair	Good	Good	Excellent
X Sport Utility 4D	G636	21870	5625	6550	8325	11150
XS Sport Utility 4D	G656	24220	6125	7075	8900	11800

BAJA AWD—4-Cyl.—Truck Equipment Schedule T1

Type	VIN	List	Fair	Good	Good	Excellent
Sport Util Pickup 4D	T61C	24520	5375	6250	8000	10800

2004 SUBARU — (JF1or4S4)(BorS)(G636)-4

FORESTER AWD—4-Cyl.—Truck Equipment Schedule T1

Type	VIN	List	Fair	Good	Good	Excellent
X Sport Utility 4D	G636	22245	6425	7425	9200	12150
XS Sport Utility 4D	G656	24495	6975	8025	9850	12850

FORESTER AWD—4-Cyl. Turbo—Truck Equipment Schedule T1

Type	VIN	List	Fair	Good	Good	Excellent
XT Sport Utility 4D	G696	26320	7675	8775	10600	13650

BAJA AWD—4-Cyl.—Truck Equipment Schedule T1

Type	VIN	List	Fair	Good	Good	Excellent
Sport Util Pickup 4D	T61C	22545	6725	7750	9525	12450

BAJA AWD—4-Cyl. Turbo—Truck Equipment Schedule T1

Type	VIN	List	Fair	Good	Good	Excellent
Sport Util Pickup 4D	T63C	24545	8575	10500	13550	

2005 SUBARU — (JF1or4S4)(BorS)(G636)-5

FORESTER AWD—4-Cyl.—Truck Equipment Schedule T1

Type	VIN	List	Fair	Good	Good	Excellent
X Sport Utility 4D	G636	22670	7400	8500	10300	13300
XS Sport Utility 4D	G656	25070	8025	9200	11050	14200
XS LL Bean Spt Util	G676	26970	8650	9850	11700	14950

FORESTER AWD—4-Cyl. Turbo—Truck Equipment Schedule T1

Type	VIN	List	Fair	Good	Good	Excellent
XT Sport Utility 4D	G696	27070	8775	10000	11850	15100

BAJA AWD—4-Cyl.—Truck Equipment Schedule T1

Type	VIN	List	Fair	Good	Good	Excellent
Sport Util Pickup 4D	T62C	22770	8200	9375	11200	14300

BAJA AWD—4-Cyl. Turbo—Truck Equipment Schedule T1

Type	VIN	List	Fair	Good	Good	Excellent
Sport Util Pickup 4D	T63C	24770	9150	10425	12250	15500

TRUCKS & VANS

Body	Type	VIN	List	Trade-In Fair	Good	Pvt-Party Good	Retail Excellent

2006 SUBARU—(JF1or4S4)(B,SorW)(G636)—6

FORESTER AWD—4-Cyl.—Truck Equipment Schedule T1
X Sport Utility 4D		G636	23220	**8550**	**9775**	**11600**	**14750**
X LL Bean Spt Util		G676	27521	**9950**	**11275**	**13150**	**16450**

FORESTER AWD—4-Cyl. Turbo—Truck Equipment Schedule T1
XT Limited Spt Util		G696	29320	**10050**	**11425**	**13300**	**16600**

BAJA AWD—4-Cyl.—Truck Equipment Schedule T1
Sport Util Pickup 4D		T62C	23920	**9850**	**11175**	**13000**	**16200**

BAJA AWD—4-Cyl. Turbo—Truck Equipment Schedule T1
Sport Util Pickup 4D		T63C	26220	**10925**	**12350**	**14150**	**17550**

B9 TRIBECA AWD—H6—Truck Equipment Schedule T1
Sport Utility 4D		X82D	31320	**10575**	**12000**	**13850**	**17300**
Limited Sport Utility		X82D	32910	**11950**	**13525**	**15450**	**18950**
Third Seat				**425**	**425**	**565**	**565**

2007 SUBARU—(JF1or4S4)(B,SorW)(G636)—7

FORESTER AWD—4-Cyl.—Truck Equipment Schedule T1
X Sport Utility 4D		G636	22620	**9950**	**11275**	**13050**	**16200**
Sports X Spt Util		G636	22320	**10050**	**11425**	**13200**	**16350**
X LL Bean Spt Util		G676	27320	**11425**	**12875**	**14650**	**18050**

FORESTER AWD—4-Cyl. Turbo—Truck Equipment Schedule T1
Sports XT Spt Util		G636	25320	**11125**	**12600**	**14300**	**17650**
XT Limited Spt Util		G696	29320	**11525**	**13025**	**14800**	**18150**

B9 TRIBECA AWD—H6—Truck Equipment Schedule T1
Sport Utility 4D		X82D	30620	**12250**	**13825**	**15600**	**19000**
Limited Sport Utility		X82D	33120	**13725**	**15475**	**17250**	**20900**
Third Seat				**450**	**450**	**600**	**600**

2008 SUBARU—(JF1or4S4)(B,SorW)(G636)—8

FORESTER AWD—4-Cyl.—Truck Equipment Schedule T1
X Sport Utility 4D		G638	22640	**11750**	**13275**	**15050**	**18400**
Sports X Spt Util		G666	23140	**11900**	**13475**	**15200**	**18550**
X LL Bean Spt Util		G676	27340	**13325**	**15050**	**16750**	**20300**

FORESTER AWD—4-Cyl. Turbo—Truck Equipment Schedule T1
Sports XT Spt Util		G696	28640	**13025**	**14700**	**16400**	**19900**
XT Limited Spt Util		G696	29540	**13525**	**15250**	**16950**	**20500**

TRIBECA AWD—H6—Truck Equipment Schedule T1
Sport Utility 4D		X91D	30640	**14350**	**16125**	**17900**	**21500**
Limited Sport Utility		X92D	33240	**15975**	**17925**	**19700**	**23500**
Third Row				**475**	**475**	**635**	**635**

SUZUKI

1994 SUZUKI — (JSor2S)(3or4)(JC31C)—R

SAMURAI 4WD—4-Cyl.—Truck Equipment Schedule T2
JL Convertible		JC31C	9799	**225**	**325**	**875**	**1775**
Fiberglass Hard Top				**50**	**50**	**65**	**65**

SIDEKICK—4-Cyl.—Truck Equipment Schedule T2
JS Convertible 2D		TC01C	11779	**225**	**325**	**875**	**1775**
JS Sport Utility 4D		TE01C	13199	**475**	**650**	**1350**	**2450**

SIDEKICK 4WD—4-Cyl.—Truck Equipment Schedule T2
JX Convertible 2D		TA01C	13179	**375**	**550**	**1175**	**2175**
JX Sport Utility 4D		TD01V	14429	**625**	**900**	**1725**	**3050**
JLX Sport Util 4D		TD01V	15779	**750**	**1050**	**1925**	**3325**

1995 SUZUKI — (JS3,JS4or2S3)(JC31C)—S

SAMURAI 4WD—4-Cyl.—Truck Equipment Schedule T2
JL Convertible		JC31C	10234	**300**	**400**	**1000**	**1950**
Fiberglass Hard Top				**50**	**50**	**65**	**65**

SIDEKICK—4-Cyl.—Truck Equipment Schedule T2
JS Convertible 2D		TC01C	12344	**275**	**375**	**975**	**1925**
JS Sport Utility 4D		TE02V	13869	**550**	**750**	**1550**	**2825**
Limited				**50**	**50**	**65**	**65**

SIDEKICK 4WD—4-Cyl.—Truck Equipment Schedule T2
JX Convertible 2D		TA02C	13844	**475**	**625**	**1325**	**2450**
JX Sport Utility 4D		TD03V	15179	**725**	**1025**	**1900**	**3325**
JLX Sport Util 4D		TD03V	16689	**850**	**1200**	**2175**	**3675**
Limited				**50**	**50**	**65**	**65**

1009

1996 SUZUKI

Body	Type	VIN	List	Trade-In Fair	Good	Pvt-Party Good	Retail Excellent

1996 SUZUKI — (2SorJS)3(TC02C)-T-#

SIDEKICK—4-Cyl.—Truck Equipment Schedule T2
| JS Convertible 2D | TC02C | 13274 | 275 | 375 | 975 | 1925 |
| JS Utility 4D | TE02V | 14789 | 575 | 775 | 1575 | 2875 |

SIDEKICK 4WD—4-Cyl.—Truck Equipment Schedule T2
JX Convertible 2D	TA02C	15044	475	650	1350	2475
JX Utility 4D	TD03V	16389	750	1050	1975	3425
Sport JX Utility 4D	TD21V	18389	1100	1550	2700	4400
Sport JLX Util 4D	TD21V	19389	1125	1600	2775	4475

X-90 4WD—4-Cyl.—Truck Equipment Schedule T2
| Sport Utility 2D | LB11S | 15389 | 500 | 675 | 1375 | 2525 |
| 2WD | A | | (200) | (200) | (265) | (265) |

1997 SUZUKI — (2SorJS)3(TC02C)-V-#

SIDEKICK—4-Cyl.—Truck Equipment Schedule T2
JS Convertible 2D	TC02C	13299	275	400	1025	2000
JS Utility 4D	TE02V	14819	600	800	1650	3000
Sport JS Utility 4D	TE21V	17119	625	850	1725	3075

SIDEKICK 4WD—4-Cyl.—Truck Equipment Schedule T2
JX Convertible 2D	TA02C	15069	500	675	1500	2750
JX Utility 4D	TD03V	16419	775	1100	2050	3550
Sport JX Utility 4D	TD21V	18119	1200	1675	2875	4625
Sport JLX Utility 4D	TD21V	19619	1225	1725	2925	4675

X-90 4WD—4-Cyl.—Truck Equipment Schedule T2
| Sport Utility 2D | LB11S | 15019 | 525 | 725 | 1550 | 2825 |
| 2WD | A | | (250) | (250) | (335) | (335) |

1998 SUZUKI — (2SorJS)3(TC02C)-W-#

SIDEKICK—4-Cyl.—Truck Equipment Schedule T2
JS Convertible 2D	TC02C	13519	325	450	1100	2125
JS Utility 4D	TE02V	14829	625	875	1750	3125
Sport JS Utility 4D	TE21V	17329	650	900	1825	3200

SIDEKICK 4WD—4-Cyl.—Truck Equipment Schedule T2
JX Convertible 2D	TA02C	15289	550	750	1600	2925
JX Utility 4D	TD03V	16429	825	1175	2175	3725
Sport JX Utility 4D	TD21V	18329	1350	1850	3075	4850
Sport JLX Util 4D	TD21V	19829	1400	1875	3125	4925

X-90 4WD—4-Cyl.—Truck Equipment Schedule T2
| Sport Utility 2D | LB11S | 15229 | 600 | 825 | 1675 | 3050 |
| 2WD | A | | (300) | (300) | (400) | (400) |

1999 SUZUKI — (Jor2)S3(TC52C)-X-#

VITARA—4-Cyl.—Truck Equipment Schedule T2
JS Convertible 2D	TC52C	14719	400	550	1300	2450
JS Hard Top 4D	TE52V	15829	700	975	1925	3425
4-Cyl. 1.6 Liter			(200)	(200)	(265)	(265)

VITARA 4WD—4-Cyl.—Truck Equipment Schedule T2
JX Convertible 2D	TA52C	16519	475	650	1425	2650
JX Hard Top 4D	TD52V	17429	850	1200	2325	4025
4-Cyl. 1.6 Liter			(200)	(200)	(265)	(265)

GRAND VITARA—V6—Truck Equipment Schedule T1
| JS Utility 4D | TE62V | 18429 | 600 | 800 | 1725 | 3125 |

GRAND VITARA 4WD—V6—Truck Equipment Schedule T1
| JLX Utility 4D | TD62V | 19429 | 800 | 1125 | 2250 | 3950 |

2000 SUZUKI — (Jor2)S3(TC03C)-Y-#

VITARA—4-Cyl.—Truck Equipment Schedule T2
JS Convertible 2D	TC03C	13939	525	700	1600	2975
JS Hard Top 4D	TE52V	15949	800	1150	2275	3975
JLES Convertible 2D	TC52C	15439	625	875	1850	3300
JLS Hard Top 4D	TE52V	16749	950	1325	2500	4225

VITARA 4WD—4-Cyl.—Truck Equipment Schedule T2
JX Convertible 2D	TA03C	15739	575	800	1725	3125
JLX Hard Top 4D	TD52V	17549	975	1375	2575	4300
JLX Convertible 2D	TA52C	17329	1375	1850	3100	4950
JLX Hard Top 4D	TD52V	18349	1575	2050	3350	5225

GRAND VITARA—V6—Truck Equipment Schedule T1
| JLS Hard Top 4D | TE62V | 19749 | 750 | 1075 | 2100 | 3675 |
| Ltd Hard Top 4D | TE62V | 22149 | 900 | 1275 | 2450 | 4200 |

SEE BACK PAGES FOR TRUCK EQUIPMENT

2000 SUZUKI

Body Type	VIN	List	Trade-In Fair	Good	Pvt-Party Good	Retail Excellent
GRAND VITARA 4WD—V6—Truck Equipment Schedule T1						
JLX Hard Top 4D	TD62V	20749	1025	1425	2650	4375
Ltd Hard Top 4D	TD62V	23149	1050	1475	2700	4475

2001 SUZUKI — (Jor2)S3(TC03C)-1-#

Body Type	VIN	List	Trade-In Fair	Good	Pvt-Party Good	Retail Excellent
VITARA—4-Cyl.—Truck Equipment Schedule T2						
JS Convertible 2D	TC03C	14369	500	675	1600	3000
JS Hard Top 4D	TE52V	16079	975	1400	2600	4350
JLS Convertible 2D	TC52C	15869	800	1125	2300	4025
JLS Hard Top 2D	TE52V	16869	1050	1475	2700	4450
JLS Hard Top 4D	TE52V	17079	1100	1550	2800	4575
VITARA 4WD—4-Cyl.—Truck Equipment Schedule T2						
JX Convertible 2D	TA03C	15969	725	1025	2050	3650
JX Hard Top 4D	TD52V	17579	1175	1625	2900	4700
JLX Convertible 2D	TA52C	17469	1700	2175	3500	5400
JLX Hard Top 2D	TD52V	18469	1975	2525	3850	5775
JLX Hard Top 4D	TD52V	18579	1875	2400	3725	5650
GRAND VITARA—V6—Truck Equipment Schedule T1						
JLS Hard Top 4D	TE62V	19879	1000	1425	2650	4400
Ltd Hard Top 4D	TE62V	22279	1175	1650	2925	4725
GRAND VITARA 4WD—V6—Truck Equipment Schedule T1						
JLX Hard Top 4D	TD62V	21079	1350	1825	3100	4950
Ltd Hard Top 4D	TD62V	23479	1400	1875	3175	5050
XL-7 4WD—V6—Truck Equipment Schedule T1						
Sport Utility 4D	TX92V	21499	1500	2000	3300	5200
Plus Sport Util 4D	TX92V	23999	1675	2175	3500	5425
Touring Spt Util 4D	TX92V	24999	1725	2225	3550	5500
Limited Spt Util 4D	TX92V	26499	1850	2350	3675	5600
2WD	Y		(450)	(450)	(600)	(600)

2002 SUZUKI — (Jor2)S3(TC52C)-2-#

Body Type	VIN	List	Trade-In Fair	Good	Pvt-Party Good	Retail Excellent
VITARA—4-Cyl.—Truck Equipment Schedule T2						
JLS Convertible 2D	TC52C	16089	900	1275	2725	4750
JLS Hard Top 4D	TE52V	17299	1200	1700	3200	5325
VITARA 4WD—4-Cyl.—Truck Equipment Schedule T2						
JLX Convertible 2D	TA52C	17489	1850	2400	3950	6150
JLX Hard Top 4D	TD52V	18699	2075	2650	4225	6450
GRAND VITARA—V6—Truck Equipment Schedule T1						
JLS Hard Top 4D	TE62V	19099	1175	1675	3175	5325
Ltd Hard Top 4D	TE62V	22299	1450	1925	3500	5650
GRAND VITARA 4WD—V6—Truck Equipment Schedule T1						
JLX Hard Top 4D	TD62V	20299	1625	2125	3700	5875
Ltd Hard Top 4D	TD62V	23499	1725	2225	3775	5975
XL-7 4WD—V6—Truck Equipment Schedule T1						
Sport Utility 4D	TX92V	22319	1775	2275	3875	6075
Plus Spt Util 4D	TX92V	23819	1925	2475	4075	6300
Touring Spt Util 4D	TX92V	25319	1975	2525	4100	6350
Limited Spt Util 4D	TX92V	26519	2100	2675	4275	6525
2WD	Y		(500)	(500)	(665)	(665)

2003 SUZUKI — (Jor2)S3(TA52C)-3-#

Body Type	VIN	List	Trade-In Fair	Good	Pvt-Party Good	Retail Excellent
VITARA 4WD—4-Cyl.—Truck Equipment Schedule T2						
Convertible 2D	TA52C	17509	2400	3000	4575	6875
Hard Top 4D	TD52V	18719	2650	3250	4875	7200
2WD	C,E		(575)	(575)	(765)	(765)
GRAND VITARA 4WD—V6—Truck Equipment Schedule T1						
Hard Top 4D	TD62V	20319	1950	2500	4100	6350
2WD	E		(575)	(575)	(765)	(765)
XL-7 4WD—V6—Truck Equipment Schedule T1						
Touring Spt Util 4D	TX92V	22339	2475	3075	4675	7000
Limited Spt Util 4D	TX92V	25399	2625	3225	4850	7200
w/o Third Seat			(350)	(350)	(465)	(465)
2WD	Y		(575)	(575)	(765)	(765)

2004 SUZUKI — (Jor2)S3(TD52V)-4-#

Body Type	VIN	List	Trade-In Fair	Good	Pvt-Party Good	Retail Excellent
VITARA 4WD—V6—Truck Equipment Schedule T2						
LX Hard Top 4D	TD52V	17999	3350	4050	5675	8125
2WD	E		(650)	(650)	(865)	(865)
GRAND VITARA 4WD—V6—Truck Equipment Schedule T1						
LX Hard Top 4D	TD62V	19499	2450	3050	4650	6975
EX Hard Top 4D	TD62V	22499	2675	3300	4950	7325
2WD	E		(650)	(650)	(865)	(865)

DEDUCT FOR RECONDITIONING

1009

Body	Type	VIN	List	Trade-In Fair	Good	Pvt-Party Good	Retail Excellent

XL-7 4WD—V6—Truck Equipment Schedule T1
LX Sport Utility 4D	TX92V	22899	3175	3850	5525	7950
EX Sport Utility 4D	TX92V	25399	3350	4050	5700	8150
w/o Third Seat			(550)	(550)	(735)	(735)
2WD	Y		(650)	(650)	(865)	(865)

2005 SUZUKI — JS3(TD62V)-5-#

GRAND VITARA 4WD—V6—Truck Equipment Schedule T1
LX Hard Top 4D	TD62V	21694	3075	3700	5375	7800
EX Hard Top 4D	TD62V	23194	3300	4000	5650	8100
2WD	E		(725)	(725)	(965)	(965)

XL-7 4WD—V6—Truck Equipment Schedule T1
LX Sport Utility 4D	TX92V	25394	4100	4850	6525	9100
EX Sport Utility 4D	TX92V	28394	4250	5025	6750	9375
w/o Third Seat			(600)	(600)	(800)	(800)
2WD	Y		(725)	(725)	(965)	(965)

2006 SUZUKI — JS3(TD941)-6-#

GRAND VITARA 4WD—V6—Truck Equipment Schedule T1
| Sport Utility 4D | TD941 | 21794 | 5475 | 6375 | 8100 | 10900 |
| 2WD | E | | (800) | (800) | (1065) | (1065) |

XL-7 4WD—V6—Truck Equipment Schedule T1
Sport Utility 4D	TX92V	25494	5175	6025	7775	10500
w/o Third Seat			(650)	(650)	(865)	(865)
2WD	Y		(800)	(800)	(1065)	(1065)

2007 SUZUKI — (2orJ)S3(TD941)-7-#

GRAND VITARA 4WD—V6—Truck Equipment Schedule T1
| Sport Utility 4D | TD941 | 22519 | 6675 | 7700 | 9350 | 12150 |
| 2WD | E | | (875) | (875) | (1165) | (1165) |

XL7 4WD—V6—Truck Equipment Schedule T1
Sport Utility 4D	DA217	26584	7225	8300	9950	12800
w/o Third Seat			(700)	(700)	(935)	(935)
2WD	B		(875)	(875)	(1165)	(1165)

2008 SUZUKI — (2orJ)S3(TD941)-8-#

GRAND VITARA 4WD—V6—Truck Equipment Schedule T1
| Sport Utility 4D | TD941 | 22769 | 8375 | 9575 | 11200 | 14150 |
| 2WD | E | | (950) | (950) | (1265) | (1265) |

XL7 4WD—V6—Truck Equipment Schedule T1
Sport Utility 4D	DA217	25499	8950	10200	11850	14850
w/o Third Row			(750)	(750)	(1000)	(1000)
2WD	B		(950)	(950)	(1265)	(1265)

TOYOTA

1994 TOYOTA — (JT3orR1N4)(RN37W)-R-#

4RUNNER 4WD—4-Cyl.—Truck Equipment Schedule T1
SR5 Spt Utility 4D	RN37W	21338	2025	2600	3900	5800
2WD	2		(125)	(125)	(165)	(165)
V6 3.0 Liter	V		150	150	200	200

LAND CRUISER 4WD—6-Cyl.—Truck Equipment Schedule T1
| Sport Utility 4D | DJ81W | 34653 | 4725 | 5550 | 7225 | 9850 |
| Third Seat Pkg | | | 200 | 200 | 265 | 265 |

PREVIA—4-Cyl.—Truck Equipment Schedule T1
DX Minivan	AC11R	24218	700	975	1850	3200
LE Minivan	AC12R	26183	925	1300	2375	4000
All-Trac AWD	2		250	250	335	335

PREVIA—4-Cyl. Supercharged—Truck Equipment Schedule T1
| LE S/C Minivan | AC14R | 28543 | 1150 | 1625 | 2800 | 4475 |
| All-Trac AWD | 2 | | 250 | 250 | 335 | 335 |

PICKUP—4-Cyl.—Truck Equipment Schedule T2
Short Bed	RN81A	10443	750	1050	1925	3325
DX Short Bed	RN81P	11533	775	1100	2000	3425
DX Xtra Cab	RN93P	13083	1150	1600	2775	4450
4WD	0,1		400	400	535	535
V6 3.0 Liter	V		100	100	135	135

PICKUP—V6—Truck Equipment Schedule T2
| SR5 Xtra Cab | VN93G | 15943 | 1400 | 1875 | 3100 | 4875 |
| 4WD | 1 | | 400 | 400 | 535 | 535 |

TRUCKS & VANS

Body	Type	VIN	List	Trade-In Fair	Trade-In Good	Pvt-Party Good	Retail Excellent
T100 PICKUP—4-Cyl.—Truck Equipment Schedule T2							
Long Bed		UD10D	13623	975	1350	2450	4075
T100 PICKUP—V6—Truck Equipment Schedule T2							
DX Long Bed		VD10A	15323	1075	1525	2650	4325
DX 1 Ton Long Bed		VD10B	16063	1300	1800	2975	4700
SR5 Long Bed		VD10C	17153	1225	1725	2900	4600
4WD		2		500	500	665	665

1995 TOYOTA—(JT3,JT4or4TA)(RN37W)–S–#

Body	Type	VIN	List	Trade-In Fair	Trade-In Good	Pvt-Party Good	Retail Excellent
4RUNNER 4WD—4-Cyl.—Truck Equipment Schedule T1							
SR5 Spt Utility 4D		RN37W	22450	2350	2925	4275	6250
Limited				200	200	265	265
2WD				(125)	(125)	(165)	(165)
V6 3.0 Liter		V		150	150	200	200
LAND CRUISER 4WD—6-Cyl.—Truck Equipment Schedule T1							
Sport Utility 4D		DJ81W	39085	5450	6350	8125	10950
Third Seat Pkg				200	200	265	265
PREVIA—4-Cyl.—Truck Equipment Schedule T1							
DX Minivan		AC11R	24400	775	1100	2025	3475
LE Minivan		AC12R	26975	1025	1450	2575	4250
All-Trac AWD		2		250	250	335	335
PREVIA—4-Cyl. Supercharged—Truck Equipment Schedule T1							
DX S/C Minivan		AC13R	24900	1050	1500	2625	4300
LE S/C Minivan		AC14R	27475	1350	1825	3050	4800
All-Trac AWD		2		250	250	335	335
PICKUP—4-Cyl.—Truck Equipment Schedule T2							
Short Bed		RN81A	10985	825	1150	2100	3600
DX Short Bed		RN81P	11885	850	1225	2175	3675
DX Xtra Cab		RN93P	13495	1275	1750	2975	4700
4WD		0,1		400	400	535	535
V6 3.0 Liter		V		100	100	135	135
PICKUP—V6—Truck Equipment Schedule T2							
SR5 Xtra Cab		VN93G	16455	1600	2075	3325	5150
4WD				400	400	535	535
TACOMA—4-Cyl.—Truck Equipment Sch T2							
Short Bed		UN41B	12435	850	1175	2150	3675
Xtra Cab		UN53B	14545	1100	1525	2700	4375
4WD		6,7		400	400	535	535
V6 3.4 Liter		V		100	100	135	135
TACOMA 4WD—V6—Truck Equipment Sch T2							
SR5 Xtra Cab		VN73K	21715	2075	2650	3950	5900
T100 PICKUP—V6—Truck Equipment Schedule T2							
Long Bed		VD10D	15135	1100	1550	2725	4425
DX Long Bed		VD11E	16155	1250	1725	2950	4675
DX 1 Ton Long Bed		VD11G	16935	1550	2050	3275	5100
DX Xtra Cab		VD12E	18000	2000	2550	3850	5750
SR5 Xtra Cab		VD12F	19275	2350	2950	4275	6250
4WD		2		400	400	535	535
4-Cyl. 2.7 Liter		U		(100)	(100)	(135)	(135)

1996 TOYOTA—(JT3,JT4or4TA)(YP10V)–T–#

Body	Type	VIN	List	Trade-In Fair	Trade-In Good	Pvt-Party Good	Retail Excellent
RAV4 4WD—4-Cyl.—Truck Equipment Schedule T2							
Sport Utility 2D		YP10V	17058	1800	2325	3600	5500
Sport Utility 4D		HP10V	17758	2100	2650	3975	5925
2WD		G,X		(200)	(200)	(265)	(265)
Dual Sun Roofs				50	50	65	65
4RUNNER 4WD—4-Cyl.—Truck Equipment Schedule T1							
Sport Utility 4D		HM84R	23853	2575	3150	4525	6575
2WD		G		(200)	(200)	(265)	(265)
4RUNNER 4WD—V6—Truck Equipment Schedule T1							
SR5 Spt Utility 4D		HN86R	27453	2750	3350	4725	6800
Limited Spt Util 4D		HN87R	33408	3550	4275	5725	8000
2WD		G		(200)	(200)	(265)	(265)
LAND CRUISER 4WD—6-Cyl.—Truck Equipment Schedule T3							
Sport Utility 4D		HJ85J	45483	6275	7250	9125	12100
Third Seat Pkg				250	250	335	335
PREVIA—4-Cyl. Supercharged—Truck Equipment Schedule T1							
DX S/C Minivan		GK12M	26473	1225	1700	2900	4625
LE S/C Minivan		GK13M	29278	1625	2100	3350	5200
AWD				300	300	400	400
TACOMA—4-Cyl.—Truck Equipment Schedule T2							
Short Bed		NL42M	12643	950	1325	2450	4125

Body Type	VIN	List	Trade-In Fair	Good	Pvt-Party Good	Retail Excellent
Xtra Cab	VL52M	14793	1275	1750	2975	4725
4WD	6,7		525	525	700	700
V6 3.4 Liter	N		175	175	235	235
TACOMA 4WD—V6—Truck Equipment Schedule T2						
	WN74N	22648	2575	3175	4550	6625
T100 PICKUP—4-Cyl.—Truck Equipment Schedule T2						
Long Bed	JM11D	15113	1325	1800	3025	4800
T100 PICKUP—V6—Truck Equipment Schedule T2						
Xtra Cab	TN12D	18683	2375	2950	4300	6300
SR5 Xtra Cab	UN14D	20158	2775	3400	4775	6875
4WD	2		600	600	800	800

1997 TOYOTA–(JT3,JT4or4TA)(YP10V)–V

Body Type	VIN	List	Trade-In Fair	Good	Pvt-Party Good	Retail Excellent
RAV4 4WD—4-Cyl.—Truck Equipment Schedule T2						
Sport Utility 2D	YP10V	17128	1850	2375	3675	5575
Sport Utility 4D	HP10V	17828	2200	2775	4100	6075
2WD	G,X		(250)	(250)	(335)	(335)
Dual Sun Roofs			50	50	65	65
4RUNNER 4WD—4-Cyl.—Truck Equipment Schedule T1						
Sport Utility 4D	HM84R	24293	2850	3475	4875	6975
2WD	G		(250)	(250)	(335)	(335)
4RUNNER 4WD—V6—Truck Equipment Schedule T1						
SR5 Sport Util 4D	HN86R	27983	3125	3800	5250	7425
Limited Spt Util 4D	HN87R	34158	4100	4850	6375	8750
2WD	G		(250)	(250)	(335)	(335)
LAND CRUISER 4WD—6-Cyl.—Truck Equipment Schedule T3						
Sport Utility 4D	HJ85J	46293	7225	8300	10250	13400
Third Seat Pkg			350	350	465	465
PREVIA—4-Cyl. Supercharged—Truck Equipment Schedule T1						
DX S/C Minivan	GK12M	26963	1500	1975	3200	5025
LE S/C Minivan	GK13M	29858	1925	2475	3750	5625
All-Trac AWD	2		350	350	465	465
TACOMA—4-Cyl.—Truck Equipment Schedule T2						
Short Bed	NL42N	12813	1100	1550	2725	4425
Xtra Cab	VL52N	14983	1575	2075	3325	5175
4WD			650	650	865	865
V6 3.4 Liter	N		250	250	335	335
TACOMA 4WD—V6—Truck Equipment Schedule T2						
SR5 Xtra Cab	WN74N	22868	3125	3800	5225	7400
T100—4-Cyl.—Truck Equipment Schedule T2						
Long Bed	JM11D	15303	1600	2100	3350	5175
T100—V6—Truck Equipment Schedule T2						
DX Xtra Cab	TN12D	19213	2750	3375	4750	6800
SR5 Xtra Cab	UN14D	20428	3200	3900	5300	7475
4WD	2		700	700	935	935

1998 TOYOTA–(JT3,JT4or4TA)(YP10V)–W

Body Type	VIN	List	Trade-In Fair	Good	Pvt-Party Good	Retail Excellent
RAV4 4WD—4-Cyl.—Truck Equipment Schedule T2						
Sport Util Conv 2D	YP10V	17218	2025	2600	3900	5825
Sport Utility 2D	YP10V	17218	1975	2550	3850	5750
Sport Utility 4D	HP10V	18078	2375	2975	4300	6325
2WD	G,X		(300)	(300)	(400)	(400)
4RUNNER 4WD—4-Cyl.—Truck Equipment Schedule T2						
Sport Utility 4D	HM84R	25013	3150	3825	5250	7425
2WD	G		(300)	(300)	(400)	(400)
4RUNNER 4WD—V6—Truck Equipment Schedule T2						
SR5 Sport Util 4D	HN86R	28573	3600	4300	5775	8025
Limited Spt Util 4D	HN87R	35038	4625	5450	7050	9575
2WD	G		(300)	(300)	(400)	(400)
LAND CRUISER 4WD—V8—Truck Equipment Schedule T3						
Sport Utility 4D	HT05J	46413	8400	9600	11650	15050
Third Seat Pkg			400	400	535	535
SIENNA—V6—Truck Equipment Schedule T1						
CE Minivan	GF19C	21560	2125	2675	4000	5950
LE Minivan	ZF13C	24395	2500	3075	4425	6475
XLE Minivan	ZF13C	27520	2925	3550	4950	7050
w/o 2nd Sliding Door			(50)	(50)	(65)	(65)
TACOMA—4-Cyl.—Truck Equipment Schedule T2						
Short Bed	NL42N	13228	1300	1800	3050	4825
Xtra Cab	VL52N	15128	1875	2425	3725	5625
PreRunner Xtra	SM92N	17658	2425	3025	4350	6400
4WD	6,7		750	750	1000	1000

SEE BACK PAGES FOR TRUCK EQUIPMENT

TRUCKS & VANS

Body Type	VIN	List	Trade-In Fair	Good	Pvt-Party Good	Retail Excellent
V6 3.4 Liter	N		325	325	435	435
TACOMA 4WD—V6—Truck Equipment Schedule T2						
Limited Xtra Cab	WN74N	24448	3350	4050	5500	7700
T100—4-Cyl.—Truck Equipment Schedule T2						
Long Bed	JM11D	15248	1900	2450	3725	5625
T100—V6—Truck Equipment Schedule T2						
DX Xtra Cab	TN12D	19218	3150	3825	5250	7400
SR5 Xtra Cab	TN14D	20848	3700	4425	5875	8150
4WD	2		800	800	1065	1065

1999 TOYOTA—(4,5orJ)T(3,AorB)(YP10V)—X

Body Type	VIN	List	Trade-In Fair	Good	Pvt-Party Good	Retail Excellent
RAV4 4WD—4-Cyl.—Truck Equipment Schedule T2						
Sport Util Conv 2D	YP10V	17508	2750	3350	4725	6800
Sport Utility 4D	HP10V	18198	2650	3250	4625	6700
2WD	G,X		(350)	(350)	(465)	(465)
4RUNNER 4WD—4-Cyl.—Truck Equipment Schedule T1						
Sport Utility 4D	HM84R	25443	3500	4225	5650	7900
G			(350)	(350)	(465)	(465)
4RUNNER 4WD—V6—Truck Equipment Schedule T1						
SR5 Sport Util 4D	HN86R	28773	4100	4825	6325	8650
Limited Spt Util 4D	HN87R	36088	5200	6075	7700	10300
2WD	G		(350)	(350)	(465)	(465)
LAND CRUISER 4WD—V8—Truck Equipment Schedule T3						
Sport Utility 4D	HT05J	48718	9450	10725	12800	16300
Third Seat Pkg			425	425	565	565
SIENNA—V6—Truck Equipment Schedule T1						
CE Minivan	GF19C	22738	2375	2975	4300	6300
LE Minivan	ZF13C	24778	2800	3425	4775	6850
XLE Minivan	ZF13C	28099	3250	3925	5350	7525
w/o 2nd Sliding Door			(50)	(50)	(65)	(65)
TACOMA—4-Cyl.—Truck Equipment Schedule T2						
Short Bed	NL42N	13388	1600	2075	3375	5275
Xtra Cab	VL52N	15288	2225	2825	4175	6150
PreRunner Short	NM92N	15188	2200	2775	4125	6100
PreRunner Xtra	SM92N	18028	2875	3500	4925	7050
4WD	6,7		850	850	1135	1135
V6 3.4 Liter	N		400	400	535	535
TACOMA 4WD—V6—Truck Equipment Schedule T2						
Limited Xtra Cab	WN74N	25108	4000	4725	6225	8575

2000 TOYOTA—(4,5orJ)T(3,AorB)(HP10V)—Y

Body Type	VIN	List	Trade-In Fair	Good	Pvt-Party Good	Retail Excellent
RAV4 4WD—4-Cyl.—Truck Equipment Schedule T2						
Sport Utility 4D	HP10V	18558	2975	3625	5025	7150
2WD	G,X		(475)	(475)	(635)	(635)
4RUNNER 4WD—4-Cyl.—Truck Equipment Schedule T1						
Sport Utility 4D	HM84R	26046	3925	4650	6125	8400
2WD	G		(400)	(400)	(535)	(535)
4RUNNER 4WD—V6—Truck Equipment Schedule T1						
SR5 Sport Util 4D	HN86R	29786	4600	5425	6950	9425
Limited Spt Util 4D	HN87R	36948	5825	6750	8400	11050
2WD	G		(400)	(400)	(535)	(535)
LAND CRUISER 4WD—V8—Truck Equipment Schedule T3						
Sport Utility 4D	HT05J	51308	10625	12000	14100	17800
Third Seat Pkg			450	450	600	600
SIENNA—V6—Truck Equipment Schedule T1						
CE Minivan	ZF19C	23338	2700	3300	4650	6725
LE Minivan	ZF13C	25378	3125	3800	5200	7325
XLE Minivan	ZF13C	27414	3650	4350	5775	8000
w/o 2nd Sliding Door			(50)	(50)	(65)	(65)
TACOMA—4-Cyl.—Truck Equipment Schedule T2						
Short Bed	NL42N	12208	1925	2475	3800	5750
Xtra Cab	VL52N	14458	2650	3250	4625	6725
PreRunner Short	NM92N	14298	2600	3200	4575	6650
PreRunner Xtra	SM92N	17418	3375	4075	5525	7725
4WD			950	950	1265	1265
V6 3.4 Liter	N		475	475	635	635
TACOMA 4WD—V6—Truck Equipment Schedule T2						
Limited Xtra Cab	WN74N	24758	4625	5450	7000	9500
TUNDRA—V6—Truck Equipment Schedule T2						
Long Bed	JN321	15475	1800	2325	3675	5650
TUNDRA 4WD—V8—Truck Equipment Schedule T2						
SR5 Long Bed	KT441	23190	2650	3250	4675	6775

Body	Type	VIN	List	Trade-In Fair	Good	Pvt-Party Good	Retail Excellent
	V6 3.4 Liter	N		(450)	(450)	(600)	(600)
TUNDRA—V8—Truck Equipment Schedule T2							
	SR5 Access Cab 4D	RT341	22730	3075	3725	5175	7375
	Ltd Access Cab 4D	RT381	24975	3325	4025	5475	7725
	4WD	4		1000	1000	1335	1335
	V6 3.4 Liter	N		(450)	(450)	(600)	(600)

2001 TOYOTA–(4,5orJ)T(3,B,DorE)(HH20V)–1

Body	Type	VIN	List	Trade-In Fair	Good	Pvt-Party Good	Retail Excellent
RAV4 4WD—4-Cyl.—Truck Equipment Schedule T2							
	Sport Utility 4D	HH20V	18095	5275	6150	7725	10300
	2WD	G,Z		(500)	(500)	(665)	(665)
HIGHLANDER 4WD—V6—Truck Equipment Schedule T1							
	Sport Utility 4D	HF21A	26950	5850	6775	8400	11050
	Limited Spt Util 4D	HF21A	30445	6450	7450	9100	11850
	2WD	G		(450)	(450)	(600)	(600)
	4-Cyl. 2.4 Liter	D		(475)	(475)	(635)	(635)
4RUNNER 4WD—V6—Truck Equipment Schedule T1							
	SR5 Sport Util 4D	HN86R	29375	5225	6100	7675	10250
	Limited Spt Util 4D	HN87R	38085	6525	7525	9200	11950
	2WD	G		(450)	(450)	(600)	(600)
SEQUOIA 4WD—V8—Truck Equipment Schedule T1							
	SR5 Spt Util 4D	BT44A	34825	6400	7400	9150	12000
	Limited Spt Util 4D	BT48A	42755	8000	9175	11050	14300
	2WD	G		(450)	(450)	(600)	(600)
LAND CRUISER 4WD—V8—Truck Equipment Schedule T3							
	Sport Utility 4D	HT05J	53375	11900	13425	15600	19350
	Third Seat Pkg			475	475	635	635
SIENNA—V6—Truck Equipment Schedule T1							
	CE Minivan	ZF19C	24385	3050	3700	5075	7200
	LE Minivan	ZF13C	26235	3550	4250	5650	7875
	XLE Minivan	ZF13C	28916	4125	4875	6325	8625
TACOMA—4-Cyl.—Truck Equipment Schedule T2							
	Short Bed	NL42N	12325	2350	2925	4300	6325
	Xtra Cab	VL52N	14965	3075	3725	5150	7300
	PreRunner Short	NM92N	14215	3025	3675	5075	7225
	PreRunner Xtra	SM92N	16815	3950	4675	6150	8450
	PreRunner 4D	GM92N	18335	4600	5450	6975	9450
	PreRunner Ltd 4D	GM92N	22690	5075	5925	7525	10050
	4WD	4		1050	1050	1400	1400
	V6 3.4 Liter	N		550	550	735	735
TACOMA—V6—Truck Equipment Schedule T2							
	S-Runner Xtra Cab	VN52N	18385	3450	4150	5575	7825
TACOMA 4WD—V6—Truck Equipment Schedule T2							
	Limited Xtra Cab	WN74N	24895	5350	6225	7825	10400
	Double Cab 4D	HN72N	22345	5525	6425	8000	10650
	Ltd Double Cab 4D	HN72N	25840	5450	6350	7950	10550
	4-Cyl. 2.7 Liter	M		(475)	(475)	(635)	(635)
TUNDRA—V6—Truck Equipment Schedule T2							
	Long Bed	JN321	16085	1950	2500	3900	5925
TUNDRA 4WD—V8—Truck Equipment Schedule T2							
	SR5 Long Bed	KT441	23885	2875	3500	4950	7150
TUNDRA—V8—Truck Equipment Schedule T2							
	SR5 Access Cab 4D	RT341	23455	3325	4025	5525	7800
	Ltd Access Cab 4D	RT381	26205	3600	4300	5825	8125
	4WD	4		1100	1100	1465	1465
	V6 3.4 Liter	N		(475)	(475)	(635)	(635)

2002 TOYOTA–(4,5orJ)T(3,B,DorE)(HH20V)–2

Body	Type	VIN	List	Trade-In Fair	Good	Pvt-Party Good	Retail Excellent
RAV4 4WD—4-Cyl.—Truck Equipment Schedule T2							
	Sport Utility 4D	HH20V	18435	5925	6850	8700	11600
	2WD	G		(500)	(500)	(665)	(665)
HIGHLANDER 4WD—V6—Truck Equipment Schedule T1							
	Sport Utility 4D	HF21A	27370	6525	7525	9375	12400
	Limited Spt Util 4D	HF21A	31305	7150	8225	10150	13250
	2WD	G		(500)	(500)	(665)	(665)
	4-Cyl. 2.4 Liter	D		(500)	(500)	(665)	(665)
4RUNNER 4WD—V6—Truck Equipment Schedule T1							
	SR5 Sport Util 4D	HN86R	29385	5725	6675	8475	11350
	Limited Spt Util 4D	HN87R	36615	7125	8175	10100	13200
	2WD	G		(500)	(500)	(665)	(665)
SEQUOIA 4WD—V8—Truck Equipment Schedule T1							
	SR5 Spt Util 4D	BT44A	35305	7025	8075	10100	13350

TRUCKS & VANS

Body Type	VIN	List	Trade-In Fair	Trade-In Good	Pvt-Party Good	Retail Excellent
Limited Spt Util 4D	BT48A	43235	8775	10000	12150	15750
2WD	Z		(500)	(500)	(665)	(665)
LAND CRUISER 4WD—V8—Truck Equipment Schedule T3						
Sport Utility 4D	HT05J	53105	13225	14900	17250	21500
SIENNA—V6—Truck Equipment Schedule T1						
CE Minivan	ZF19C	24415	3300	3975	5600	8050
LE Minivan	ZF13C	26265	3850	4575	6250	8775
XLE Minivan	ZF13C	28522	4425	5225	6975	9650
TACOMA—4-Cyl.—Truck Equipment Schedule T2						
Short Bed	NL42N	12410	2625	3225	4850	7200
Xtra Cab	VL52N	15050	3375	4075	5750	8225
PreRunner Short	NM92N	14400	3325	4025	5675	8150
PreRunner Xtra	SM92N	17000	4325	5125	6850	9475
PreRunner 4D	GM92N	18620	5075	5925	7750	10550
4WD			1150	1150	1535	1535
V6 3.4 Liter	N		600	600	800	800
TACOMA—V6—Truck Equipment Schedule T2						
S-Runner Xtra Cab	VN52N	18570	3825	4550	6250	8800
PreRunner Ltd 4D	GM92N	23000	5600	6525	8350	11200
TACOMA 4WD—V6—Truck Equipment Schedule T2						
Limited Xtra Cab	WN72N	23655	5925	6850	8700	11600
Double Cab 4D	HN72N	22630	6025	6975	8825	11750
Ltd Double Cab 4D	HN72N	26150	5950	6900	8750	11650
TUNDRA—V6—Truck Equipment Schedule T2						
Long Bed	JN321	16115	1950	2500	4175	6500
TUNDRA 4WD—V8—Truck Equipment Schedule T2						
SR5 Long Bed	KT441	23915	2900	3525	5250	7750
TUNDRA—V8—Truck Equipment Schedule T2						
SR5 Access Cab 4D	RT341	23485	3425	4125	5850	8425
Ltd Access Cab 4D	RT381	27230	3675	4400	6150	8775
4WD	4		1200	1200	1600	1600
V6 3.4 Liter			(500)	(500)	(665)	(665)

2003 TOYOTA—(4,5orJ)T(B,DorE)(HH20V)–3

Body Type	VIN	List	Trade-In Fair	Trade-In Good	Pvt-Party Good	Retail Excellent
RAV4 4WD—4-Cyl.—Truck Equipment Schedule T1						
Sport Utility 4D	HH20V	18435	6450	7450	9250	12200
2WD	G,Z		(575)	(575)	(765)	(765)
HIGHLANDER 4WD—V6—Truck Equipment Schedule T1						
Sport Utility 4D	HF21A	25790	7175	8225	10100	13200
Limited Spt Util 4D	HF21A	31305	8150	9325	11250	14550
2WD	D		(575)	(575)	(765)	(765)
4-Cyl. 2.4 Liter	D		(600)	(600)	(800)	(800)
4RUNNER 4WD—V6—Truck Equipment Schedule T1						
SR5 Sport Util 4D	BU14R	29990	7650	8750	10650	13700
Sport Utility 4D	BU14R	31785	8200	9375	11300	14600
Limited Spt Util 4D	BU17R	36190	9325	10625	12650	16050
2WD	Z		(575)	(575)	(765)	(765)
V8 4.7 Liter	T		300	300	400	400
SEQUOIA 4WD—V8—Truck Equipment Schedule T1						
SR5 Spt Util 4D	BT44A	35565	8550	9775	11900	15400
Limited Spt Util 4D	BT48A	44030	10475	11900	14100	17900
2WD			(575)	(575)	(765)	(765)
LAND CRUISER 4WD—V8—Truck Equipment Schedule T3						
Sport Utility 4D	HT05J	53915	15150	17050	19350	23700
SIENNA—V6—Truck Equipment Schedule T1						
CE Minivan	ZF19C	24415	4225	4975	6650	9200
LE Minivan	ZF13C	26265	4825	5650	7400	10100
XLE Minivan	ZF13C	28522	5675	6600	8350	11150
TACOMA—4-Cyl.—Truck Equipment Schedule T1						
Short Bed	NL42N	12610	3225	3925	5575	8050
Xtra Cab	VL52N	15250	4175	4925	6650	9225
PreRunner Short	NM92N	14525	4125	4875	6600	9200
PreRunner Xtra	SM92N	17200	5225	6075	7900	10700
PreRunner 4D	GM92N	18820	6100	7050	8900	11800
4WD			1325	1325	1765	1765
V6 3.4 Liter	N		700	700	935	935
TACOMA—V6—Truck Equipment Schedule T2						
PreRunner Ltd 4D	GN92N	23430	6700	7725	9575	12600
TACOMA 4WD—V6—Truck Equipment Schedule T2						
Limited Xtra Cab	WN72N	24085	7175	8225	10150	13250
Double Cab 4D	HN72N	22830	7150	8200	10100	13200
Ltd Double Cab 4D	HN72N	26580	7325	8400	10300	13400

1009

Body Type	VIN	List	Trade-In Fair	Trade-In Good	Pvt-Party Good	Retail Excellent
TUNDRA—V6—Truck Equipment Schedule T2						
Long Bed	JN321	16465	2475	3075	4775	7225
TUNDRA 4WD—V8—Truck Equipment Schedule T2						
SR5 Long Bed	KT441	24265	3775	4475	6275	8925
TUNDRA—V8—Truck Equipment Schedule T2						
SR5 Access Cab 4D	RT341	23835	4400	5200	7050	9850
Ltd Access Cab 4D	RT381	27465	4725	5550	7425	10250
4WD	4		1375	1375	1835	1835
V6 3.4 Liter			(575)	(575)	(765)	(765)

Body Type	VIN	List	Trade-In Fair	Trade-In Good	Pvt-Party Good	Retail Excellent
RAV4 4WD—4-Cyl.—Truck Equipment Schedule T2						
Sport Utility 4D	HD20V	20290	7125	8175	10000	13050
2WD	G		(650)	(650)	(865)	(865)
HIGHLANDER 4WD—V6—Truck Equipment Schedule T1						
Sport Utility 4D	HD21A	27930	7975	9150	11050	14200
Limited Spt Util 4D	HF21A	31920	9325	10625	12550	15950
Third Seat			550	550	735	735
2WD	G		(650)	(650)	(865)	(865)
4-Cyl. 2.4 Liter	D		(700)	(700)	(935)	(935)
4RUNNER 4WD—V6—Truck Equipment Schedule T1						
SR5 Sport Util 4D	BU14R	29885	8950	10200	12100	15450
Sport Utility 4D	BU14R	31225	9575	10875	12850	16200
Limited Spt Util 4D	BU17R	36260	10925	12400	14350	17950
Third Seat			350	350	465	465
2WD	Z		(650)	(650)	(865)	(865)
V8 4.7 Liter	T		350	350	465	465
SEQUOIA 4WD—V8—Truck Equipment Schedule T1						
SR5 Spt Util 4D	BT44A	35695	10250	11625	13750	17500
Limited Spt Util 4D	BT48A	44760	12350	13975	16200	20200
2WD	Z		(650)	(650)	(865)	(865)
LAND CRUISER 4WD—V8—Truck Equipment Schedule T3						
Sport Utility 4D	HT05J	54765	17350	19450	21800	26400
SIENNA—V6—Truck Equipment Schedule T1						
CE Minivan	ZA23C	23495	5250	6125	7875	10600
LE Minivan	ZA23C	24800	5975	6900	8675	11500
XLE Minivan	ZA22C	28800	7025	8075	9900	12900
XLE Limited	ZA22C	35020	7750	8875	10700	13750
AWD	B		725	725	965	965
TACOMA PICKUP—4-Cyl.—Truck Equipment Schedule T2						
Short Bed	NL42N	12800	4000	4750	6475	9050
Xtra Cab	VL52N	15460	5025	5875	7675	10450
PreRunner Short	NM92N	14715	5000	5825	7625	10400
PreRunner Xtra	SM92N	17410	6200	7150	9000	11900
PreRunner 4D	GM92N	19030	7250	8300	10200	13250
4WD	W,H		1500	1500	2000	2000
V6 3.4 Liter			800	800	1065	1065
TACOMA PICKUP—V6—Truck Equipment Schedule T2						
S-Runner Xtra Cab	VN52N	20700	6025	6975	8825	11700
PreRunner Ltd 4D	GN92N	23640	7900	9050	11000	14200
TACOMA PICKUP 4WD—V6—Truck Equipment Schedule T2						
Limited Xtra Cab	WN72N	24295	8550	9775	11700	15050
Double Cab 4D	HN72N	23040	8375	9575	11500	14800
Ltd Double Cab 4D	HN72N	26790	8825	10050	12050	15400
TUNDRA—V6—Truck Equipment Schedule T2						
Long Bed	JN321	16495	2975	3600	5400	7975
TUNDRA 4WD—V8—Truck Equipment Schedule T2						
SR5 Long Bed	KT441	24415	4600	5425	7300	10150
TUNDRA—V8—Truck Equipment Schedule T2						
SR5 Access Cab 4D	RN341	23985	5400	6275	8175	11100
Ltd Access Cab 4D	RT381	27615	5750	6700	8600	11550
SR5 Double Cab 4D	ET341	26185	7325	8400	10400	13550
Ltd Double Cab 4D	ET381	29810	7950	9100	11100	14500
4WD	4		1550	1550	2065	2065
V6 3.4 Liter	N		(650)	(650)	(865)	(865)

Body Type	VIN	List	Trade-In Fair	Trade-In Good	Pvt-Party Good	Retail Excellent
RAV4 4WD—4-Cyl.—Truck Equipment Schedule T2						
Sport Utility 4D	HD20V	20515	7950	9100	11000	14100
2WD	G		(725)	(725)	(965)	(965)
HIGHLANDER 4WD—V6—Truck Equipment Schedule T1						
Sport Utility 4D	HD21A	27955	9000	10250	12100	15400

TRUCKS & VANS

TRUCKS & VANS

Body Type	VIN	List	Trade-In Fair	Trade-In Good	Pvt-Party Good	Retail Excellent
Limited Spt Utl 4D	EP21A	31945	10675	12100	14000	17500
Third Seat			600	600	800	800
2WD	E,G		(725)	(725)	(965)	(965)
4-Cyl. 2.4 Liter	D		(800)	(800)	(1065)	(1065)
4RUNNER 4WD—V6—Truck Equipment Schedule T1						
SR5 Sport Util 4D	BU14R	30335	10425	11850	13750	17200
Sport Utility 4D	BU14R	31605	11175	12650	14600	18150
Limited Spt Util 4D	BU17R	36610	12700	14350	16300	20000
Third Seat			400	400	535	535
2WD	Z		(725)	(725)	(965)	(965)
V8 4.7 Liter	T		400	400	535	535
SEQUOIA 4WD—V8—Truck Equipment Schedule T1						
SR5 Spt Util 4D	BT44A	36520	12150	13725	15900	19800
Limited Util 4D	BT48A	45525	14450	16275	18500	22700
2WD	Z		(725)	(725)	(965)	(965)
LAND CRUISER 4WD—V8—Truck Equipment Schedule T3						
Sport Utility 4D	HT05J	55590	19700	22050	24400	29100
SIENNA—V6—Truck Equipment Schedule T1						
CE Minivan	ZA23C	23790	6525	7525	9300	12200
LE Minivan	ZA23C	25295	7300	8400	10150	13150
XLE Minivan	ZA22C	29590	8650	9850	11700	14900
XLE Limited	ZA22C	35860	9425	10725	12600	15900
AWD	B		800	800	1065	1065
TACOMA PICKUP—4-Cyl.—Truck Equipment Schedule T1						
Short Bed	NX22N	13980	4975	5800	7600	10350
Access Cab	TX22N	17395	6350	7325	9150	12050
PreRunner Short	NX62N	14850	5400	6275	8050	10900
4WD	4,5		1675	1675	2235	2235
V6 4.0 Liter	U		900	900	1200	1200
TACOMA PICKUP—4-Cyl.—Truck Equipment Schedule T2						
PreRunner Access	TX62N	18155	7125	8175	10000	13050
TACOMA PICKUP—V6—Truck Equipment Schedule T2						
X-Runner Access	TU22N	23650	10050	11425	13400	16850
PreRunner Access	TU62N	19610	8150	9325	11200	14450
PreRunner Dbl 5'	JU62N	22240	9800	11125	13100	16500
PreRunner Dbl 6'	KU72N	22740	9725	11025	13000	16400
TACOMA PICKUP 4WD—V6—Truck Equipment Schedule T2						
Double Cab 5'	JU42N	24435	10825	12300	14250	17800
Double Cab 6'	MU52N	25815	10825	12250	14200	17750
TUNDRA—V6—Truck Equipment Schedule T2						
Long Bed	JU321	16520	3550	4250	6075	8775
TUNDRA—V8—Truck Equipment Schedule T2						
Work Truck Long	JT321	18995	4325	5125	7000	9850
SR5 Access Cab 4D	RT341	24700	6450	7425	9350	12450
Ltd Access Cab 4D	RT381	27640	6850	7900	9800	12950
SR5 Double Cab 4D	ET341	26685	8325	9525	11550	14950
Ltd Double Cab 4D	ET381	30310	9100	10350	12400	15900
4WD	4		1725	1725	2300	2300
V6 4.0 Liter	U		(725)	(725)	(965)	(965)

2006 TOYOTA—(3,5orJ)T(B,D,EorM)(BD33V)—6

Body Type	VIN	List	Trade-In Fair	Trade-In Good	Pvt-Party Good	Retail Excellent
RAV4 4WD—4-Cyl.—Truck Equipment Schedule T2						
Sport Utility 4D	BD33V	22305	8950	10200	12050	15250
Sport SUV 4D	BD32V	23880	9625	10925	12800	16050
Limited SUV 4D	BD31V	24560	10425	11850	13700	17100
Third Seat			425	425	565	565
2WD	Z		(800)	(800)	(1065)	(1065)
V6 3.5 Liter	K		800	800	1065	1065
HIGHLANDER 4WD—V6 Hybrid—Truck Equipment Sch T1						
Sport Utility 4D	EW21A	34995	14450	16225	18150	22000
Limited Utility 4D	EW21A	39855	16225	18225	20200	24200
Third Seat			650	650	865	865
2WD	D,G		(800)	(800)	(1065)	(1065)
HIGHLANDER 4WD—V6—Truck Equipment Schedule T1						
Sport Utility 4D	HD21A	27595	10200	11575	13450	16750
Sport SUV 4D	HD21A	29840	11075	12550	14400	17850
Limited Spt Utl 4D	EP21A	32425	12250	13825	15700	19250
Third Seat			650	650	865	865
2WD	D,G		(800)	(800)	(1065)	(1065)
4-Cyl. 2.4 Liter	D		(900)	(900)	(1200)	(1200)
4RUNNER 4WD—V6—Truck Equipment Schedule T1						
SR5 Sport Util 4D	BU14R	30475	12250	13825	15700	19250
Sport Utility 4D	BU14R	32815	12975	14650	16550	20200

Body Type	VIN	List	Trade-In Fair	Trade-In Good	Pvt-Party Good	Retail Excellent
Limited Spt Util 4D	BU17R	37190	14700	16550	18450	22300
Third Seat			425	425	565	565
2WD	Z		(800)	(800)	(1065)	(1065)
V8 4.7 Liter	T		425	425	565	565
SEQUOIA 4WD—V8—Truck Equipment Schedule T1						
SR5 Spt Util 4D	BT44A	36870	14250	16025	18250	22300
Limited Spt Util 4D	BT48A	45875	16750	18775	21100	25500
2WD	Z		(800)	(800)	(1065)	(1065)
LAND CRUISER AWD—V8—Truck Equipment Schedule T3						
Sport Utility 4D	HT05J	56680	22350	24900	27000	31900
SIENNA—V6—Truck Equipment Schedule T1						
CE Minivan	ZA23C	24190	8150	9375	11100	14200
LE Minivan	ZA23C	25695	9000	10250	12050	15250
XLE Minivan	ZA22C	29990	10575	12000	13800	17200
XLE Limited	ZA22C	36445	11475	12925	14800	18250
AWD	B		875	875	1165	1165
TACOMA PICKUP—4-Cyl.—Truck Equipment Schedule T2						
Short Bed	NX22N	14345	5825	6750	8550	11400
Access Cab	TX22N	17785	7375	8450	10250	13300
PreRunner Short	NX62N	15215	6325	7300	9100	12000
PreRunner Access	TX62N	18545	8200	9375	11250	14450
4WD	4,5		1850	1850	2465	2465
V6 4.0 Liter	U		1000	1000	1335	1335
TACOMA PICKUP—V6—Truck Equipment Schedule T2						
X-Runner Access	TU22N	24110	11475	12925	14900	18400
PreRunner Dbl 5'	JU62N	22605	11175	12650	14550	18100
PreRunner Dbl 6'	KU72N	23105	11125	12600	14500	18000
TACOMA PICKUP 4WD—V6—Truck Equipment Schedule T2						
Double Cab 5'	LU42N	24800	12350	13975	15900	19500
Double Cab 6'	MU52N	26180	12300	13925	15850	19450
TUNDRA—V6—Truck Equipment Schedule T2						
Long Bed	JU32I	16720	4225	4975	6850	9675
TUNDRA—V8—Truck Equipment Schedule T2						
Work Truck Long	JT321	19195	5075	5925	7900	10850
SR5 Access Cab 4D	RT341	24880	7575	8675	10650	13850
Ltd Access Cab 4D	RT381	27820	8025	9200	11200	14550
SR5 Double Cab 4D	ET341	27185	9500	10775	12850	16300
Ltd Double Cab 4D	ET381	30810	10350	11700	13750	17350
4WD	4		1900	1900	2535	2535
V6 4.0 Liter	U		(800)	(800)	(1065)	(1065)

Body Type	VIN	List	Trade-In Fair	Trade-In Good	Pvt-Party Good	Retail Excellent
RAV4 4WD—4-Cyl.—Truck Equipment Schedule T2						
Sport Utility 4D	BD33V	22855	10425	11850	13550	16800
Sport SUV 4D	BD32V	24470	11225	12700	14450	17800
Limited SUV 4D	BD31V	25110	12100	13675	15450	18850
Third Seat			450	450	600	600
2WD	Z		(875)	(875)	(1165)	(1165)
V6 3.5 Liter	K		800	800	1065	1065
FJ CRUISER 4WD—V6—Truck Equipment Schedule T1						
Sport Utility 2D	BU11F	24105	14750	16600	18400	22100
TRD Special Edition			1500	1500	2000	2000
2WD			(875)	(875)	(1165)	(1165)
HIGHLANDER 4WD—V6 Hybrid—Truck Equipment Schedule T1						
Sport Utility 4D	EW21A	34495	16525	18525	20400	24400
Limited Utility 4D	EW21A	36615	18525	20675	22600	26800
Third Seat			700	700	935	935
2WD			(875)	(875)	(1165)	(1165)
HIGHLANDER 4WD—V6—Truck Equipment Schedule T1						
Sport Utility 4D	HD21A	27945	11850	13375	15150	18500
Sport SUV 4D	HD21A	30190	12750	14400	16100	19600
Limited Spt Utl 4D	EP21A	32815	14700	16525	18350	22100
Third Seat			700	700	935	935
2WD	D,G		(875)	(875)	(1165)	(1165)
4-Cyl. 2.4 Liter	D		(1000)	(1000)	(1335)	(1335)
4RUNNER 4WD—V6—Truck Equipment Schedule T1						
SR5 Sport Util 4D	BU14R	30515	14200	15975	17750	21400
Sport Spt Util 4D	BU14R	32855	15100	16950	18700	22400
Limited Spt Util 4D	BU17R	37230	17000	19050	20900	24900
Third Seat			450	450	600	600
2WD	Z		(875)	(875)	(1165)	(1165)
V8 4.7 Liter	T		450	450	600	600

2007 TOYOTA

Body	Type	VIN	List	Trade-In Fair	Trade-In Good	Pvt-Party Good	Retail Excellent
SEQUOIA 4WD—V8—Truck Equipment Schedule T1							
SR5 Spt Util 4D	BT44A	37250	16550	18625	20800	25200
Limited Spt Util 4D	BT48A	46265	19600	21950	24200	28800
2WD		Z		(875)	(875)	(1165)	(1165)
LAND CRUISER AWD—V8—Truck Equipment Schedule T3							
Sport Utility 4D	HT05J	56820	28225	31450	33500	38800
SIENNA—V6—Truck Equipment Schedule T1							
CE Minivan	ZK23C	24800	10300	11650	13400	16550
LE Minivan	ZK23C	26325	11225	12700	14400	17700
XLE Minivan	ZK22C	30770	13025	14700	16400	19900
XLE Limited	ZK22C	36110	14025	15775	17550	21200
AWD		B		950	950	1265	1265
TACOMA PICKUP—4-Cyl.—Truck Equipment Schedule T2							
Short Bed	KX22N	14685	6850	7900	9575	12400
Access Cab	TX22N	18125	8550	9775	11500	14600
PreRunner Short	NX62N	15555	7425	8525	10200	13100
PreRunner Access	TX62N	18885	9450	10725	12550	15750
4WD		4,5		2025	2025	2700	2700
V6 4.0 Liter		U		1100	1100	1465	1465
TACOMA PICKUP—V6—Truck Equipment Schedule T2							
X-Runner Access	TU22N	24450	13025	14700	16500	20100
PreRunner Dbl 5'	JU62N	22945	12750	14400	16150	19700
PreRunner Dbl 6'	KU72N	23445	12650	14300	16050	19600
TACOMA PICKUP 4WD—V6—Truck Equipment Schedule T2							
Double Cab 5'	LU42N	25140	14075	15875	17700	21400
Double Cab 6'	MU52N	26520	14075	15825	17600	21300
TUNDRA PICKUP—V8—Equipment Schedule T1							
Short Bed	JT521	24075	10200	11575	13550	17100
Long Bed	LT521	24405	10000	11325	13350	16800
SR5 Double 6 1/2'	RT541	27495	12650	14250	16250	20000
SR5 Double 8'	ST541	27825	12150	13725	15750	19450
Ltd Double Cab 4D	RT581	34885	15975	17925	20000	24100
SR5 CrewMax 4D	ET541	30320	14075	15875	17950	21900
Limited CrewMax	ET581	38185	18575	20775	22900	27300
4WD		M		2075	2075	2765	2765
V6 4.0 Liter		U		(875)	(875)	(1165)	(1165)
V8 4.7 Liter		T		(500)	(500)	(665)	(665)

2008 TOYOTA—(3,5orJ)T(B,D,EorM)(BD33V)-8

Body	Type	VIN	List	Trade-In Fair	Trade-In Good	Pvt-Party Good	Retail Excellent
RAV4 4WD—4-Cyl.—Truck Equipment Schedule T2							
Sport Utility 4D	BD33V	23185	12450	14075	16500	19100
Sport SUV 4D	BD33V	24760	13275	14950	16700	20200
Limited SUV 4D	BD31V	25440	14200	15975	17700	21300
Third Row				475	475	635	635
2WD		Z		(950)	(950)	(1265)	(1265)
V6 3.5 Liter		K		800	800	1065	1065
FJ CRUISER 4WD—V6—Truck Equipment Schedule T1							
Sport Utility 2D	BU11F	23230	17100	19150	20900	24800
2WD		Z		(950)	(950)	(1265)	(1265)
HIGHLANDER 4WD—V6 Hybrid—Truck Equipment Schedule T1							
Sport Utility 4D	EW41A	34385	21275	23825	25500	29700
Limited Utility 4D	EW44A	40635	24100	26850	28500	32900
Third Row				750	750	1000	1000
HIGHLANDER 4WD—V6—Truck Equipment Schedule T1							
Sport Utility 4D	ES41A	29435	16650	18725	20500	24300
Sport SUV 4D	ES43A	32085	17650	19800	21500	25400
Limited Spt Util 4D	ES42A	34835	20275	22725	24500	28600
Third Row				750	750	1000	1000
2WD		D		(950)	(950)	(1265)	(1265)
4RUNNER 4WD—V6—Truck Equipment Schedule T1							
SR5 Spt Util 4D	BU14R	30975	17550	19700	21400	25300
Sport SUV 4D	BU14R	31010	18425	20575	22300	26400
Limited Spt Util 4D	BU17R	35385	20575	23025	24700	28900
Third Row				475	475	635	635
2WD		Z		(950)	(950)	(1265)	(1265)
V8 4.7 Liter		T		475	475	635	635
SEQUOIA 4WD—V8—Truck Equipment Schedule T1							
SR5 Spt Util 4D	BT44A	39185	23325	25975	28000	32900
Limited Spt Util 4D	BY68A	49135	26450	29500	31700	36800
Platinum Spt Util	BY67A	56285	31350	34900	36900	42500
2WD		Z		(950)	(950)	(1265)	(1265)
LAND CRUISER 4WD—V8—Truck Equipment Schedule T3							
Sport Utility 4D	HY05J	63885	41050	45575	47200	53300

Body	Type	VIN	List	Trade-In Fair	Good	Pvt-Party Good	Retail Excellent
SIENNA—V6—Truck Equipment Schedule T1							
CE Minivan	ZK23C	25025	11850	13425	15100	18350
LE Minivan	ZK23C	26550	12875	14500	16150	19550
XLE Minivan	ZK22C	30210	15000	16850	18500	22100
XLE Limited	ZK22C	36150	17350	19450	21200	25000
AWD	B		1025	1025	1365	1365
TACOMA PICKUP—4-Cyl.—Truck Equipment Schedule T2							
Short Bed	NX22N	14965	8425	9625	11250	14150
Access Cab	TX22N	18405	10250	11625	13300	16400
PreRunner Short	NX62N	15835	9050	10300	11900	14900
PreRunner Access	TX62N	19165	11225	12700	14400	17650
4WD	PU		2200	2200	2935	2935
V6 4.0 Liter	U		1200	1200	1600	1600
TACOMA PICKUP—V6—Truck Equipment Schedule T2							
X-Runner Access	TU22N	24730	15100	17000	18750	22400
PreRunner Dbl 5'	JU62N	23225	14800	16650	18400	22100
PreRunner Dbl 6'	KU72N	23725	14700	16550	18350	22000
TACOMA PICKUP 4WD—V6—Truck Equipment Schedule T2							
Double Cab 5'	LU42N	25420	16275	18275	20100	23900
Double Cab 6'	MU52N	26800	16275	18225	20000	23800
TUNDRA PICKUP—V8—Truck Equipment Schedule T1							
Short Bed	JT521	24115	12250	13875	15900	19600
Long Bed	LT521	24445	12050	13625	15650	19350
Double 6 1/2'	RU541	25545	13725	15475	17500	21400
Double 8'	ST541	26475	13425	15150	17200	21100
SR5 Double 6 1/2'	RT541	27535	14850	16700	18700	22600
SR5 Double 8'	ST541	27865	14400	16175	18250	22100
Ltd Double Cab 4D	RT581	35145	18575	20775	22800	27100
CrewMax 4D	ET541	28370	15325	17250	19200	23200
SR5 CrewMax 4D	ET541	30360	16525	18525	20600	24700
Limited CrewMax	ET581	38445	21375	23825	25900	30400
4WD	K,M		2250	2250	3000	3000
V6 4.0 Liter	U		(950)	(950)	(1265)	(1265)
V8 4.7 Liter	T		(500)	(500)	(665)	(665)

VOLKSWAGEN

1994 - 1998 VOLKSWAGEN — Not Imported

1999 VOLKSWAGEN — WV2(KH270)-X-#

Body	Type	VIN	List	Trade-In Fair	Good	Pvt-Party Good	Retail Excellent
EUROVAN—V6—Truck Equipment Schedule T1							
GLS Minivan	KH270	30465	4575	5400	6950	9425
MV Minivan	MH270	31965	4975	5825	7400	9950
Weekender Pkg			7000	7000	9330	9330

2000 VOLKSWAGEN — WV2(KH270)-Y-#

Body	Type	VIN	List	Trade-In Fair	Good	Pvt-Party Good	Retail Excellent
EUROVAN—V6—Truck Equipment Schedule T1							
GLS Minivan	KH270	31890	5625	6550	8150	10800
MV Minivan	MH270	33390	6075	7025	8675	11350
Weekender Pkg			7000	7000	9330	9330

2001 VOLKSWAGEN — WV2(KH470)-1-#

Body	Type	VIN	List	Trade-In Fair	Good	Pvt-Party Good	Retail Excellent
EUROVAN—V6—Truck Equipment Schedule T1							
Minivan	KH470	26815	6750	7800	9425	12200
MV Minivan	MH470	28315	7200	8275	10000	12850
Weekender Pkg			7000	7000	9330	9330

2002 VOLKSWAGEN — WV2(KB470)-2-#

Body	Type	VIN	List	Trade-In Fair	Good	Pvt-Party Good	Retail Excellent
EUROVAN—V6—Truck Equipment Schedule T1							
GLS Minivan	KB470	26815	7775	8900	10900	14100
MV Minivan	MB470	28315	8250	9425	11400	14750
Weekender Pkg			7000	7000	9330	9330

2003 VOLKSWAGEN — WV2(KB470)-3-#

Body	Type	VIN	List	Trade-In Fair	Good	Pvt-Party Good	Retail Excellent
EUROVAN—V6—Truck Equipment Schedule T1							
GLS Minivan	KB470	26815	9175	10425	12400	15800
MV Minivan	MB470	28315	9725	11025	13050	16500
Weekender Pkg			7000	7000	9330	9330

TRUCKS & VANS

2004 VOLKSWAGEN

Body	Type	VIN	List	Trade-In Fair	Good	Pvt-Party Good	Retail Excellent

2004 VOLKSWAGEN — WVG(BC67L)-4-#

TOUAREG 4WD—V6—Truck Equipment Schedule T3
Sport Utility 4D		BC67L	35515	9725	11025	13100	16550
4 Corner Air Suspension				2000	2000	2665	2665

TOUAREG 4WD—V8—Truck Equipment Schedule T3
Sport Utility 4D		GM67L	43255	10975	12400	14500	18200
4 Corner Air Suspension				2000	2000	2665	2665

TOUAREG 4WD—V10 Turbo Diesel—Truck Equipment Schedule T3
TDI Sport Util 4D		GH67L	58415	22250	24800	27300	32500

2005 VOLKSWAGEN — WVG(BG77L)-5-#

TOUAREG 4WD—V6—Truck Equipment Schedule T3
Sport Utility 4D		BG77L	37755	11025	12500	14500	18150
4 Corner Air Suspension				2000	2000	2665	2665

TOUAREG 4WD—V8—Truck Equipment Schedule T3
Sport Utility 4D		GM67L	44915	12600	14200	16250	20100
4 Corner Air Suspension				2000	2000	2665	2665

2006 VOLKSWAGEN — WVG(BG67L)-6-#

TOUAREG 4WD—V6—Truck Equipment Schedule T3
Sport Utility 4D		BG67L	37975	12600	14200	16150	19900
4 Corner Air Suspension				2000	2000	2665	2665

TOUAREG 4WD—V8—Truck Equipment Schedule T3
Sport Utility 4D		GM67L	45420	14450	16275	18300	22200
4 Corner Air Suspension				2000	2000	2665	2665

TOUAREG 4WD—V10—Truck Equipment Schedule T3
TDI Sport Utility 4D		PT77L	68420	27825	30975	33200	38600

2007 VOLKSWAGEN — WVG(BE77L)-7-#

TOUAREG 4WD—V6—Truck Equipment Schedule T3
Sport Utility 4D		BE77L	38660	14300	16075	18000	21800
4 Corner Air Suspension				2000	2000	2665	2665

TOUAREG 4WD—V8—Truck Equipment Schedule T3
Sport Utility 4D		CB77L	43660	16525	18525	20500	24500
4 Corner Air Suspension				2000	2000	2665	2665

TOUAREG 4WD—V10 Turbo Diesel—Truck Equipment Schedule T3
TDI Sport Utility 4D		PT77L	59690	30875	34300	36400	41800

2008 VOLKSWAGEN — WVG(BE77L)-8-#

TOUAREG 2 4WD—V6—Truck Equipment Schedule T3
Sport Utility 4D		BE77L	40000	24100	26850	28600	33200
4 Corner Air Suspension				2000	2000	2665	2665

TOUAREG 2 4WD—V8—Truck Equipment Schedule T3
Sport Utility 4D		CB77L	49000	26550	29600	31500	36400
4 Corner Air Suspension				2000	2000	2665	2665

TOUAREG 2 4WD—V10 Turbo Diesel—Truck Equipment Schedule T3
TDI Sport Utility 4D		PT77L	69000	36550	40675	42300	48000

VOLVO

2003 VOLVO — YV1(CN59H)-3-#

XC90—5-Cyl. Turbo—Truck Equipment Schedule T3
Sport Utility 4D		CN59H	36610	7600	8700	10750	13950
Third Row Seat				350	350	465	465
AWD				1200	1200	1600	1600

XC90 AWD—6-Cyl. Twin Turbo—Truck Equipment Schedule T3
T6 Sport Utility 4D		CM91H	40660	8075	9225	11250	14650
Third Row Seat				350	350	465	465

2004 VOLVO — YV1(CN59V)-4-#

XC90—5-Cyl. Turbo—Truck Equipment Schedule T3
Sport Utility 4D		CN59V	35475	9175	10425	12500	16000
Third Row Seat				400	400	535	535
AWD				1200	1200	1600	1600

XC90 AWD—6-Cyl. Twin Turbo—Truck Equipment Schedule T3
T6 Sport Utility 4D		CM91H	41650	9725	11025	13150	16700
Third Row Seat				400	400	535	535

1009

Body	Type	VIN	List	Trade-In Fair	Trade-In Good	Pvt-Party Good	Retail Excellent

TRUCKS & VANS

2005 VOLVO — YV1(CN592)-5-#

XC90—5-Cyl. Turbo—Truck Equipment Schedule T3
Sport Utility 4D	CN592	35525	10875	12350	14450	18150
Third Row Seat	Y		450	450	600	600
AWD	M		1200	1200	1600	1600

XC90 AWD—6-Cyl. Twin Turbo—Truck Equipment Schedule T3
| T6 Sport Utility 4D | CM911 | 41700 | 11475 | 12975 | 15100 | 18850 |
| Third Row Seat | Y | | 450 | 450 | 600 | 600 |

XC90 AWD—V8—Truck Equipment Schedule T3
| Sport Utility 4D | CM852 | 46080 | 12700 | 14350 | 16450 | 20400 |
| Third Row Seat | Z | | 450 | 450 | 600 | 600 |

2006 VOLVO — YV1(CN592)-6-#

XC90—5-Cyl. Turbo—Truck Equipment Schedule T3
2.5T Sport Utility 4D	CN592	36335	12800	14400	16500	20400
Third Row Seat	Y		500	500	665	665
AWD	M		1200	1200	1600	1600

XC90 AWD—V8—Truck Equipment Schedule T3
Sport Utility 4D	CM852	46535	14750	16600	18700	22800
Ocean Race Spt Utl	CM852	50555	16850	18875	21100	25500
Third Row Seat	Z		500	500	665	665

2007 VOLVO — YV1(CN982)-7-#

XC90—6-Cyl.—Truck Equipment Schedule T3
3.2 Sport Utility 4D	CN982	36830	17300	19350	21500	25800
Third Row Seat	Y,Z		550	550	735	735
AWD			550	550	735	735

XC90 AWD—V8—Truck Equipment Schedule T3
Sport Utility 4D	CT852	47120	19450	21750	23900	28400
Sport SUV 4D	CZ852	49995	21450	23900	26100	30800
Third Row Seat	T,Z		550	550	735	735

2008 VOLVO — YV4(CN982)-8-#

XC90—6-Cyl.—Truck Equipment Schedule T3
| 3.2 Sport Utility 4D | CN982 | 36955 | 22550 | 25100 | 27100 | 31900 |
| Third Row | Y,Z | | 575 | 575 | 765 | 765 |

XC90 AWD—V8—Truck Equipment Schedule T3
Sport Utility 4D	CZ852	49250	25175	28025	30100	35100
Sport SUV 4D	CT852	50615	27250	30375	32400	37500
Third Row	T,Z		575	575	765	765

1994–2001 TRUCK FACTORY EQUIPMENT

Equipment	94-95	96	97	98	99	00	01

MODEL PACKAGES (Truck Schedules T1 & T2)
(Add Only If Not Listed on Individual Vehicle Listing)

CHEVROLET/GMC:

	94-95	96	97	98	99	00	01
LT (Astro)/SLT (Safari)	100	100	100	100	125	150	175

FORD:

	94-95	96	97	98	99	00	01
Limited, Chateau	100	150	225	300	375	450	525
Eddie Bauer	600	625	650	675	700	—	—

ALL MAKES:
(All Other Model Packages Not Listed)

	94-95	96	97	98	99	00	01
	75	75	75	75	75	75	100

TRUCK SCHEDULE T1 (Deduct For)

	94-95	96	97	98	99	00	01
Manual Trans	(250)	(250)	(275)	(300)	(325)	(350)	(375)
w/o Pwr Steering	(125)	(125)	(150)	(150)	(150)	(150)	(150)
w/o Air Cond	(175)	(175)	(200)	(225)	(250)	(250)	(250)

TRUCK SCHEDULE T2 (Add For)

	94-95	96	97	98	99	00	01
Auto Trans	200	200	225	250	275	300	325
Power Steering	75	75	75	75	75	75	75
Air Cond	175	175	200	200	200	200	200
TOTAL	450	450	500	525	550	575	600

TRUCK SCHEDULE T3 (See Page 395)

OTHER OPTIONS (Truck Schedules T1 & T2)

	94-95	96	97	98	99	00	01
Cassette	25	25	25	25	25	50	75
Power Windows	75	75	100	100	100	100	100
Pwr Door Locks	50	50	50	50	50	50	50
Tilt Wheel	50	50	75	75	75	75	75
Cruise Control	25	25	25	25	25	25	25
TOTAL	225	225	275	275	275	300	325

	94-95	96	97	98	99	00	01
w/o AM/FM	(50)	(50)	(50)	(50)	(50)	(50)	(50)
CD (Single Disc)	100	100	100	100	125	150	175
CD (Multi Disc)	200	200	200	200	225	250	275
Premium Sound	50	50	50	50	50	50	50
Air Cond, Rear	125	125	150	175	200	225	250
Leather	50	50	75	100	125	150	175
Quad Seating (4 Buckets)	125	125	150	150	150	150	150

TRUCKS & VANS

1994 –2001 TRUCK FACTORY EQUIPMENT

Equipment	94-95	96	97	98	99	00	01
Van Seating Pkgs							
(11/12 Pass)	275	275	300	325	350	375	400
(15 Passenger)	525	525	550	575	600	625	650
Privacy Glass (Vans/Wagons/Sport Utilities)							
	50	50	50	50	50	50	50
Sliding Rear Window (Pickups)							
	25	25	25	25	25	25	25
Roof Rack	25	25	25	25	25	25	25
Sun Roof or Moon Roof							
(Sliding)	150	150	175	200	225	250	275
Pickup Shell/Cap	75	75	100	100	100	100	100
Bed Liner	50	50	50	50	50	50	75
Grille Guard	50	50	50	50	50	50	50
Winch	50	50	50	50	75	100	125
Custom Bumper	50	50	50	50	50	50	50
Stepside							
(Short Bed PU)	50	50	75	100	125	150	150
(Long Bed PU)	(250)	(250)	(250)	(250)	(250)	(250)	(250)
Running Boards	200	200	200	200	200	200	200
Alloy Wheels	75	75	100	125	150	150	150
Premium Wheels	150	150	175	200	225	250	275
Wide Tires or Oversize Off-Road Tires							
	50	50	50	50	50	50	75
ABS (4-Wheel)	75	75	100	125	150	150	150
Opt Fuel Tank	50	50	50	50	—	—	—
Towing Pkg	125	125	150	175	200	200	200
Dual Rear Wheels (Add Only on Models Not Listed as DR)							
	600	600	650	700	725	750	775

TRUCK SCHEDULE T3 (This Equipment Only)

Equipment	94-95	96	97	98	99	00	01
CD (Single Disc)	100	100	100	100	125	150	175
CD (Multi Disc)	200	200	200	200	225	250	275
Premium Sound	75	75	100	125	150	150	150
Sun/Moon Roof	150	150	175	200	225	250	275
Grille Guard	50	50	50	50	50	50	50
Running Boards	200	200	200	200	200	200	200
Premium Wheels	150	150	175	200	225	250	275
Towing Pkg	125	125	150	175	200	200	200
w/o Leather	(25)	(25)	(50)	(75)	(100)	(125)	(150)

TRUCKS & VANS

FOR MILEAGE ADJUSTMENT — SEE PAGE 9

Equipment	02	03	04	05	06	07	08

TRUCKS & VANS

MODEL & TRIM PACKAGES (Truck Schedules T1 & T2)
(Add Only If Not Listed on Individual Vehicle Listing)

CHEVROLET/GMC:
LS, LT, LTZ, TrailBlazer, Xtreme, SLE (Full-Size), SLT, Diamond, Warner Bros Ed

	125	450	500	550	600	650	725
SLE (Sonoma/Canyon/Safari), LS (S10/Colorado), ZR2 Suspension	125	275	300	325	375	425	475
SLS	125	225	—	—	—	—	—
SL, Z66, Z71	125	125	125	125	150	175	200

DODGE:
SLT, SXT, Laramie, Limited, Rumble Bee, Adventurer

	125	325	375	425	475	525	575
ST, Sport, Off-Road, TRX, Night Runner, Big Horn, Lone Star							
	125	125	125	125	150	175	200

FORD:
Limited, Chateau, Amarillo

	600	925	1050	1200	1350	1500	1650
Lariat	600	650	725	800	875	950	1025
XLT, XLT Sport, XLT NBX, FX4, Edge Plus, Adrenaline							
STX, XLS, Edge	125	450	500	550	600	650	725
	125	275	300	325	375	425	475
XL, Sport, Off-Road, Tremor, LE, NBX							
	125	125	125	125	150	175	200

ALL MAKES: (All Other Model Pkgs Not Listed)

	125	125	125	125	150	175	200

TRUCK SCHEDULE T1 (Deduct For)

	02	03	04	05	06	07	08
5-Spd Manual	(400)	(475)	(550)	(600)	(650)	(700)	(750)
6-Spd Manual	(400)	(300)	(350)	(400)	(425)	(450)	(475)
w/o Pwr Steering	(150)	(175)	(200)	(225)	(250)	(275)	(300)
w/o Air Cond	(250)	(300)	(350)	(400)	(450)	(500)	(550)

TRUCK SCHEDULE T2 (Add For)

	02	03	04	05	06	07	08
Auto Trans	350	400	450	500	550	600	650
Power Steering	75	100	125	150	150	150	150
Air Cond	200	250	300	350	400	450	475
TOTAL	625	750	875	1000	1100	1200	1275

TRUCK SCHEDULE T3 (See Page 398)

2002–2008 TRUCK FACTORY EQUIPMENT

Equipment	02	03	04	05	06	07	08
OTHER OPTIONS (Truck Schedules T1 & T2)							
Cassette	100	100	100	100	100	125	150
Power Windows	100	125	150	175	200	225	250
Pwr Door Locks	50	75	100	125	150	175	175
Tilt Wheel	75	100	125	150	175	200	200
Cruise Control	25	50	75	100	125	150	150
TOTAL	350	450	550	650	750	875	925
w/o AM/FM	(50)	(75)	(100)	(100)	(100)	(100)	(100)
CD (Single Disc)	200	200	200	200	200	200	200
CD (Multi Disc)	300	300	300	300	300	300	300
MP3 (Single CD)	300	300	300	300	300	300	300
MP3 (Multi CD)	400	400	400	400	400	400	400
Premium Sound	50	100	125	150	175	200	225
Video/DVD	200	250	275	300	325	350	375
NavigationSystm	400	450	475	500	525	550	575
Air Cond, Rear	250	300	350	400	425	450	475
Leather	200	250	275	300	325	350	375
Power Seat	25	25	25	50	75	100	125
Dual Pwr Seats	75	100	125	150	175	200	225
Quad Seating							
(4 Buckets)	150	200	250	300	325	350	375
Van Seating Packages							
(11/12 Pass)	400	450	500	550	600	650	700
(14/15 Pass)	650	800	950	1100	1225	1350	1475
Power Sliding Doors (Minivans)							
Single	25	25	25	25	25	50	75
Dual	50	50	75	100	125	150	175
Privacy Glass (Vans/Wagons/Sport Utilities)							
	50	75	100	100	100	100	100
Sliding Rear Window (Pickups)							
	25	50	75	75	75	75	75
Roof Rack	25	50	75	100	100	100	100
Sun/Moon Roof	300	350	400	450	500	550	575
Pickup Shell/Cap	100	150	175	200	225	250	275
Hard Tonneau	50	100	125	150	175	200	225
Bed Liner	100	100	100	100	125	150	175
Grille Guard	50	75	75	75	75	75	75
Winch	150	150	175	200	225	250	275
Custom Bumper	50	75	100	100	100	100	100
Parking Sensors	50	50	75	100	125	150	175
Custom Paint	25	25	25	50	75	100	125
Two-Tone Paint	25	25	25	50	75	100	125
Stepside Bed	150	200	250	300	325	350	375
Running Boards	200	200	200	200	200	200	200
Alloy Wheels	150	175	200	225	250	275	300
Premium Wheels	300	350	375	400	425	450	475

SEE PAGE 9 FOR PVT PARTY & RETAIL EQUIPMENT

TRUCKS & VANS

Equipment	02	03	04	05	06	07	08
Oversize Premium Wheels (20" Plus)							
	450	525	600	675	750	800	850
Wide Tires or Oversize Off-Road Tires							
	100	100	100	100	125	150	175
ABS (4 Wheel)	150	175	200	200	200	200	200
Towing Pkg	200	225	250	275	300	300	300
Dual Rear Wheels (Add Only on Models Not Listed as DR)							
	800	925	1050	1175	1300	1425	1550

TRUCK SCHEDULE T3 (This Equipment Only)

Equipment	02	03	04	05	06	07	08
CD (Single Disc)	200	200	200	200	200	200	200
CD (Multi Disc)	300	300	300	300	300	300	300
MP3 (Single CD)	300	300	300	300	300	300	300
MP3 (Multi CD)	400	400	400	400	400	400	400
Premium Sound	150	200	250	300	325	350	375
Video/DVD	200	250	275	300	325	350	375
NavigationSystm	400	450	475	500	525	550	575
Sun/Moon Roof	300	350	400	450	500	550	575
Premium Wheels	300	350	375	400	425	450	475
Oversize Premium Wheels (20" Plus)							
	450	525	600	675	750	800	850
Grille Guard	50	75	75	75	75	75	75
Parking Sensors	50	50	75	100	125	150	175
Running Boards	200	200	200	200	200	200	200
Power Sliding Doors (Minivans)							
Single	—	25	25	25	25	50	75
Dual	—	50	75	100	125	150	175
Towing Pkg	200	225	250	275	300	300	300
w/o Leather	(200)	(250)	(300)	(350)	(400)	(450)	(525)

FOR MILEAGE ADJUSTMENT — SEE PAGE 9

NOTES

NOTES

NOTES

TRUCKS & VANS

LIFE CREATES CAR SHOPPERS.
WE HELP CREATE CAR BUYERS.

Life Happens. From a job promotion to a new addition in the family, life events occur that leave millions of consumers in need of a new vehicle. And when that need occurs, Kelley Blue Book, *The Trusted Resource*,® is there.

Kbb.com has it covered:

- New Car Blue Book® Values
- Perfect Car Finder® Tool
- Side-by-Side Comparison Tool
- Video Reviews
- Advice Articles
- Vehicle Buying Guides
- Incentives & Rebates
- Safety Information
- Financing & Insurance

  And more...

Visit **www.kbb.com** today!

From new-car pricing to trade-in values, Kelley Blue Book provides information essential to the purchase of a new vehicle.

Kelley Blue Book
THE TRUSTED RESOURCE
kbb.com